《校勘總部》提要

《校勘總部》是《中華大典·文獻目録典·文獻學分典》的九個總部之一，在廣泛輯録歷代校勘理論和校勘實踐資料的基礎上，精心選擇部分有代表性的文獻，匯爲一編。

一、本總部分爲總論部、校勘内容部、校勘方法部、校勘原則部和校勘名著部，共五個部。

二、總論部設校勘、致誤通例兩個分部，每個分部包括論述和雜録兩個緯目。論述收録有關校勘概念、校勘功用、文獻致誤通例和校勘學發展的理論資料。雜録收録歷代有關典籍校勘的詔令、奏疏、機構、事例等資料。

三、校勘内容部設訛、脱、衍、倒四個分部，每個分部包括論述和綜述兩個緯目。論述收録有關訛、脱、衍、倒的概念性理論資料。綜述選録校勘實踐中發現的訛、脱、衍、倒的具體實例。

四、校勘方法部設對校、本校、他校和理校四個分部，每個分部設論述和綜述兩個緯目。論述收録有關校勘方法的資料。綜述選録有關校勘方法在校勘實踐中的具體實例。

五、校勘原則部設實事是正和多聞闕疑兩個分部，每個分部包括論述和綜述兩個緯目。論述收録相關理論性資料。綜述選録歷代校勘典籍中體現校勘原則的具體實例。

六、校勘名著部設《經典釋文》《周易舉正》《東漢刊誤》《儀禮識誤》《六經正誤》《荀子考異》《顔氏家訓考證》《韓集舉正》《昌黎先生集考異》《文苑英華辨證》《刊正九經三傳沿革例》《戰國策校注》《管子補注》《尚書考異》《老子翼考異》《義門讀書記》《九經辨字瀆蒙》《援鶉堂筆記》《十三經注疏正字》《羣書拾補》《水經注》《唐石經考異》《山海經新校正》《石經考文提要》《元史本證》《蜀石經毛詩考異》《汲古閣説文訂》《讀書雜志》《孫子十家注》《經籍跋文》《説文校議》《重刻剡川姚氏本戰國策札記》《十三經注疏校勘記》等四十一個分部，每個分部包括綜述、傳記和雜録三個緯目。綜述選録歷代校勘名著的序跋和相關評論資料。傳記選録歷代著名校勘學家的傳記資料。雜録酌録其他有關校勘名著的參考資料。

本總部嚴格遵守《中華大典》編纂通則和《文獻目録典》及《文獻學分典》的編纂體例。

本總部編纂工作始於二〇〇六年夏，輯録初稿完成於二〇〇七年秋，歷時一年有餘，主要編纂者爲張振利、李開升和陳娜三位同志。二〇

〇八年后開始調整資料和集中標點，主要參加者爲張振利、李開升、陳娜、馬素娟、陳瑩和謝輝等同志。

感謝北京師範大學圖書館爲輯録和複印資料提供便利。感謝北京師範大學古籍研究所和北京師範大學中國易學文化研究院同仁的幫助。

感謝廣西師範大學出版社的辛苦付出。

鄧瑞全

二〇一四年八月三日

目次

總論部

校勘分部

論　述

吳縝《新唐書糾繆》卷二〇　昔班固爲《漢書》，其間存用古字，使後世兼見古人文字之學，且又不妨本書，而餘光施及後人，斯可謂一舉而兩得，在小學家不爲無助。故其《叙傳》自云：「正文字，維學林。」此實史家之一美，而後世修書者之所宜法也。今新書則不然，不惟失一舉兩得，使人不忘古之意，而又時載不經訛誤之字，使後世何述焉？

陳騤《南宋館閣録》卷三　校讎式。紹興六年六月，史館修撰范沖、秘書少監吳表臣參定。諸字有誤者，以雌黄塗訖，別書。或多字，以雌黄圈之；少者，于字側添入。或字側不容注者，即用朱圈，仍於本行上下空紙上標寫。倒置，於兩字間書乙字。諸點語斷處，以側爲正。其有人名、地名、物名等合細分者，即於中間細點。諸點發字，本處註釋有音者，即以朱抹出，仍點發。其無音而別經傳子史音同有可參照者，亦行點發。或字有分明，如「傳記」之「傳」，柱戀切。爲「郵傳」之「傳」，株戀切。又爲「傳習」之「傳」；重緣切。「斷續」之「斷」，徒玩切。爲「斷絶」之「斷」，都管切。又爲「決斷」之「斷」；都玩切。「輕重」之「重」，直隴切。爲「再重」之「重」，儲用切。又爲「重疊」之「重」；傳容切。「春夏」之「夏」，亥駕切。爲「華夏」之「夏」；亥雅切。「遠近」之「近」，巨謹切。爲「附近」之「近」巨靳切。之類，雖本處無音，亦便行點發。點有差誤，却行改正，即以雌黄蓋朱點，應黄點處並不爲點。點校訖，每册末各書「臣某校正」。所校書，每校一部了畢，即旋申尚書省。

臧琳《經義雜記》卷三　今人校書，皆一人校其上下。據《風俗通義》知劉子政用二人對校。蓋一人並看兩本，恐有漏略，故一人讀書，一人持本。視聽兩用，庶可無失。然猶慮有音同文異也，故必一人先校。此校讎之不同，然闕一不可也。

孫從添《藏書紀要・校讎》　校讎書籍，非博學好古、勤于看書而又安閒者不能動筆。校讎書籍，所以每見庸常之人校書一部，往往弗克令終，深可恨也。惟勤學好問隱居君子方能爲之。古人每校一書，先須細心紬繹，自始至終改正字謬錯誤，校讎三四次，乃爲盡善。至于宋刻本，校正字句雖少，而改字不可遽改書上。元板亦然。須將改正字句寫在白紙條上，薄漿浮簽，貼本行上，以其書之貴重也。凡校正新書，將校正過善本對臨可也。倘古人有誤處，有未改處，亦當改正。明板坊本、新鈔本錯誤遺漏最多，須覓宋元板、舊鈔本、校正過底本或收藏家秘本細細讎勘，反覆校過，連行款俱要照式改正，方爲善本。若古人有弗可考究、無從改正者，今人亦當多方請教博學君子、善于講究古帖之士，又須尋覓舊碑版文字，訪求藏書家秘本，自能改正。然而校書非數名士相好，聚于名園讀書處，講究討論，尋繹舊文，方可有成。否則終有不到之處。所以書籍不論鈔刻好歹，凡有校過之書，皆爲至寶。至于字畫之誤，必要請教明于字學、聲韻者，辨別字畫音釋，方能無誤。古用雌黄校書，因古時皆用黄紙寫，裝成卷軸，故名黄卷。其色相同，涂抹無痕迹也。後人俱用白紙鈔刻，又當用白色涂抹。今之改字，用淡色青田石磨細，和膠做成錠子，磨涂紙上，改字最妙。用鉛粉終要變黑，最不可用。若大部書籍延請多人分校，呈于總裁，計日乃成。若校正刊刻，非博雅君子有力而好古者不能也。書籍上板，必要名手校正，方可刊刻，不然枉費刻資。草率刻成，不但遺誤後人，反爲有識所笑。惜乎古今收藏書籍之人，不校者多，校者甚少。惟葉石君所藏書籍，皆手筆校正，臨宋本、印宋鈔俱借善本改正。博古好學，稱爲第一。葉氏之書，至今爲寶。好古同嗜者賞識焉。

王鳴盛《十七史商榷・序》　欲讀書必先精校書，校之未精而遽讀，恐讀亦多誤矣。

章學誠《校讎通義・叙》　叙曰：校讎之義，蓋自劉向父子部次條別，將以辨章學術，考鏡源流，非深明於道術精微、羣言得失之故者，不足與此。後世部次甲乙，紀録經史者，代有其人，而求能推闡大義，條別學術異同，使人由委溯源，以想見於墳籍之初者，千百之中，不十一焉。鄭樵生千載而後，慨然有會於向、歆討論之旨，因取歷朝著録，略其魚魯豕亥之細，而特以部次條別，疏通倫類，考其得失之故，而爲之校讎。蓋自石渠、天禄以還，學者所未嘗窺見者也。顧樵生南宋之世，去古已遠，劉氏所謂《七略》、《別録》之書，久已失傳。《唐志》尚存，《宋志》已逸，嗣是不復見矣。所可推者，獨班固《藝文》一志，而樵書首譏班固，凡所推論，有涉於班氏之

業者，皆過爲貶駁之辭。蓋樵爲通史，而固則斷代爲書，兩家宗旨，自昔殊異，所謂道不同，不相爲謀，無足怪也。獨《藝文》爲校讎之所必究，而樵不能平氣以求劉氏之微旨，則於古人大體，終似有所未窺。又其議論過於駿利，隋唐史志，甲乙部目，亦略涉其藩，而未能推闡向、歆術業，以究悉其是非得失之所在。故其自爲《通志》《藝文》、《金石》、《圖譜》諸略，牴牾錯出，與其所譏前人著録之謬，未始徑庭。此不揣本而齊末者之效也。又其論求書之法，校書之業，既詳且備。然亦未究求書以前，文字如何治察，校書以後，圖籍如何法守。凡此皆鄭氏所未遑暇。蓋其涉獵者博，又非專門之精，鉅編鴻製，不能無所疎漏，亦其勢也。今爲折衷諸家，究其源委，作《校讎通義》，總若干篇，勒成一家。庶於學術淵源，有所釐別。知言君子，或有取於斯焉。

江藩《經解入門·有校勘之學第三十三》 校勘者何？校其異同，勘其謬誤。此例開於七十子，子夏知「三豕」爲「己亥」之譌，即校勘之類；而兩漢經師，特重此學。成帝時，劉向典校書，考易説，以爲諸《易》家説，皆祖田何，楊叔元丁將軍大義略同，唯京氏爲異；向又以中《古文易經》校施、孟、梁丘三家之《易經》，或脱去「无咎」、「悔亡」，唯費氏經與古文同。張霸《百兩篇》，劉向校之，非是，後遂黜其書。恭王於孔壁得《古文尚書》，孔安國以校伏生所誦，爲隸古寫之，增多二十五篇；又伏生誤合五篇，凡五十九篇，爲四十六卷。先後鄭氏亦精校勘之學，如《禮》注司農讀「匪頒」之「頒」爲「班布」之「班」，康成讀「利」爲「上思利民」之「利」，「嬪貢」之「嬪」鄭云故書作「賓」，「七事」之「七」鄭云故書爲「小」之屬皆是。蓋以讀書而不知校勘，則書之真僞，義之同異，文之脱誤，均無由見。故先儒必以校勘爲要。而國朝以校勘名家者，惠氏棟、何氏焯、盧氏見曾、全氏祖望、盧氏文弨、錢氏大昕、李氏文藻、戴氏震、王氏念孫、張氏敦仁、丁氏杰、孫氏星衍、阮氏元、顧氏廣圻、趙氏懷玉、鮑氏廷博、袁氏廷檮、吴氏騫諸儒；其最精，則稱戴、盧、丁、顧四人，所校各書，俱屬善本，是正文字，皆有依据，讀其書，可以知其功之所存。學者明乎此，則讀書自不敢不細心矣。

焦循《雕菰集》卷八《辨學》 今學經者衆矣，而著書之派有五：一曰通核，二曰據守，三曰校讎，四曰摭拾，五曰叢綴。此五者，各以其所近而爲之。通核者，主以全經，貫以百氏，協其文辭，揆以道理，人之所蔽，獨得其間，可以别是非、化拘滯，相授以意，各慊其衷。其弊也，自師成見，亡其所宗，故遲鈍苦其不及，高明苦其太過焉。據守者，信古最深，謂傳注之言，堅確不易，不求於心，固守其説，一字句不敢議，絶浮游之空論，衛古學之遺傳。其弊也，跼蹐狹隘，曲爲之原，守古人之言，而失古人之心。校讎者，六經傳注，各有師授，傳寫有譌，義蘊乃晦，鳩集衆本，互相糾核。其弊也，不求其端，任情删易，往往改者之誤，失其本真，宜主一本，列其殊文，俾閲者參考之也。摭拾者，其書已亡，間存他籍，採而聚之，如斷圭碎璧，補苴成卷，雖不獲全，可以窺半。是學也，功力至繁，取資甚便，不知鑒别，以贋爲真，亦其弊矣。叢綴者，博覽廣稽，隨有心獲，或考訂一字，或辨證一言，略所共知，得未曾有，溥博淵深，不名一物。其弊也，不顧全文，信此屈彼，故集義所生，非由義襲，道聽塗説，所宜戒也。五者兼之則相濟，學者或具其一而外其餘，余患其見之不廣也，於是乎辨。

葉德輝《藏書十約·校勘七》 書不校勘，不如不讀。校勘之功，厥善有八：習静養心，除煩斷欲，獨居無俚，萬慮俱消，一善也；有功古人，津逮後學，奇文獨賞，疑竇忽開，二善也；日日翻檢，不生潮霉，蠹魚蛀蟲，應手拂去，三善也；校成一書，傳之後世，我之名字，附驥以行，四善也；中年善忘，恒苦搜索，一經手校，可閲數年，五善也；典制名物，記問日增，類事撰文，俯拾即是，六善也；長夏破睡，嚴冬禦寒，廢寢忘餐，難境易過，七善也；校書日多，源流益習，出門採訪，如馬識途，八善也。具此八善，較之古人臨池仿帖，酬願寫經，孰得孰失，殆有霄壤之異矣。顧知校書之善矣，而不得校之之法，是猶涉巨川而忘舟楫，游名山而無藍輿，終歸無濟而已矣。今試言其法，曰死校，曰活校。死校者，據此本以校彼本，一行幾字，鈎乙如其書，一點一畫，照録而不改。雖有誤字，必存原本；顧千里廣圻、黄蕘圃丕烈所刻之書是也。活校者，以羣書所引改其誤字，補其闕文；又或錯舉他刻，擇善而從，别爲叢書，板歸一式；盧抱經文弨、孫淵如星衍所刻之書是也。斯二者非國朝校勘家刻書之秘傳，實兩漢經師解經之家法。鄭康成注《周禮》，取故書杜子春諸本，録其字而不改其文，此死校也；劉向校録中書，多所更定，許慎撰《五經異義》，自爲折衷，此活校也。其後隋陸德明撰《經典釋文》，臚載異本；岳珂刻《九經三傳》，抉擇衆長，一死校，一活校也。明乎此，不僅獲校書之奇功，抑亦得著書之捷徑也已。

葉德輝《書林清話》卷一《板本之名稱》 近人言藏書者，分目録、板本爲兩種學派。大約官家之書，自《崇文總目》以下，至乾隆所修《四庫全書總目提要》，是爲目録之學。私家之藏，自宋尤袤遂初堂、明毛晉汲古閣，及康、雍、乾、嘉以來各藏書家，斷斷於宋元本舊鈔，是爲板本之學。然二者皆兼校讎，是又爲校勘之學。

雜録

《呂氏春秋・慎行論・察傳》 子夏之晉，過衛，有讀史記者，曰：「晉師三豕涉河。」子夏曰：「非也，是己亥也，夫『己』與『三』相近，『豕』與『亥』相似。」至於晉而問之，則曰：「晉師己亥涉河也。」

《漢書・劉向傳》 而上方精於《詩》、《書》，觀古文，詔向領校中《五經》秘書。

又《劉歆傳》 河平中，受詔與父向領校秘書，講六藝傳記，諸子、詩賦、數術、方技，無所不究。向死後，歆復爲中壘校尉。

又 孝成皇帝閔學殘文缺，稍離其真，乃陳發秘臧，校理舊文，得此三事，以考學官所傳，經或脱簡，傳或間編。

又《藝文志》 至成帝時，以書頗散亡，使謁者陳農求遺書於天下。詔光禄大夫劉向校經傳諸子詩賦，步兵校尉任宏校兵書，太史令尹咸校數術，侍醫李柱國校方技。每一書已，向輒條其篇目，撮其指意，録而奏之。會向卒，哀帝復使向子侍中奉車都尉歆卒父業。

《舊唐書・顔師古傳》 貞觀七年，拜秘書少監，專典刊正，所有奇書難字，衆所共惑者，隨疑剖析，曲盡其源。是時多引後進之士爲讎校，師古抑素流，先貴勢，雖富商大賈亦引進之，物論稱其納賄，由是出爲郴州刺史。

又《職官二》 弘文館：後漢有東觀，魏有崇文館，宋有玄、史二館，南齊有總明館，梁有士林館，北齊有文林館，後周有崇文館，皆著撰文史，鳩聚學徒之所也。武德初置修文館，後改爲弘文館。後避太子諱，改曰昭文館。開元七年，復爲弘文館，隸門下省。【略】校書郎二人從九品上。【略】校書郎掌校理典籍，刊正錯謬。其學生教授考試，如國子學之制焉。

又 秘書郎四員從六品上。校書郎八人正九品上，正字四人正九品下。

又 著作局【略】校書郎二人正九品上，正字二人正九品下。

又 善狀之外有二十七最。【略】十曰讎校精審，明於刊定，爲校正之最。

王溥《唐會要》卷三五《經籍》 武德五年，秘書監令狐德棻奏：「今乘喪亂之餘，經籍亡逸，請購募遺書，重加錢帛，增置楷書，吏令繕寫。」數年間，羣書畢備。至貞觀二年，秘書監魏徵以喪亂之後，典章紛雜，奏引學者，校定四部書。數年之間，秘府粲然畢備。乾封元年十月十四日，上以四部羣書，傳寫訛謬，並亦缺少，乃詔東臺侍郎趙仁本、兼蘭臺侍郎李懷嚴、兼東臺舍人張文瓘等，集儒學之士，刊正然後繕寫。文明元年十月勅：「兩京四庫書，每年正月，據舊書聞奏，每三年，比部勾覆具官典，及攝官替代之日，據數交領。如有欠少，即徵後人。」景雲三年六月十七日，以經籍多缺，令京官有學行者，分行天下，搜檢圖籍。開元三年，右散騎常侍褚無量、馬懷素侍宴，言及内庫及祕書墳籍，上曰：「内庫書，皆是太宗高宗前代舊書。整比日常令宫人主掌，所有貝缺，未能填補，篇卷錯亂，尋檢甚難。卿試爲朕比之。」至七年五月，降勅於祕書省、昭文館、禮部、國子監、太常寺，及諸司，并官及百姓等，就借繕寫之。及整比四部書成，上令百姓官人入乾元殿東廊觀書，無不驚駭。七年九月勅：「比來書籍缺亡，及多錯亂，良由簿歷不明，綱維失錯，或須披閲，難可校尋。令麗正殿寫四庫書，各於本庫每部爲目録，其有與四庫書名目不類者，依劉歆《七略》排爲《七志》。其經史子集，及人文集，以時代爲先後，以品秩爲次第。其《三教珠英》，既有缺落，宜依舊目，隨文脩補。」十九年冬，車駕發京師，集賢院四庫書，總八萬九千卷：經庫一萬三千七百五十二卷，史庫二萬六千八百二十卷，子庫二萬一千五百四十八卷，集庫一萬七千九百六十卷。其中雜有梁陳齊周，及隋代古書，貞觀、永徽、麟德、乾封、總章、咸亨年，奉詔繕寫。二十四年十月，車駕從東都還京，有勅：「百司從官，皆令減省集賢書籍，三分留一，貯在東都。」至天寶三年六月，四庫更造《見在庫書目》：經庫七千七百七十六卷，史庫一萬四千八百五十九卷，子庫一萬六千二百八十七卷，集庫一萬五千七百二十卷。從三年至十四年，庫續寫又一萬六千八百四十三卷。天寶三年七月勅：「先王令範，莫越于唐虞；上古遺書，並稱于訓誥。雖百篇奥義，前代或亡，而六體奇文，舊規尤在。其寫書應古體文字，並依今字繕寫施行。其舊本仍藏書府。」其載十二月勅：「自今已後，宜令天下家藏《孝經》一本，精勤教習。學校之中，倍加傳授，州縣官長明申勸課焉。」十一年十月，勅祕書省檢覆四庫書，與集賢院計會填寫。貞元七年十二月，祕書監包佶奏：「《開元禮》所與《月令》相涉者，請選通儒詳定。」從之。開成元年七月，併定使奏：「祕書省四庫，見在新舊書籍，共五萬六千四百七十六卷，並無文案。及新寫文書，自今已後，所填補舊書，及別寫新書，並隨日校勘，並勒創立文案，別置納歷，隨月申臺，並觀察使每歲末，計課申數。具狀聞奏。」從之。太和三年正月，祕書省據御史臺牒，准開成元年七月勅，應寫書及校勘書籍，至歲末開奏者，今勘楷書等，從今年正月後，應寫書四百一十七卷。四年二月，集賢院奏：

「大中二年正月一日以後，至年終，寫完貯庫，及填缺書籍三百六十五卷，計用小麻紙一萬一千七百七張。」五年正月，祕書省牒報御史臺：「從今年正月已後，當司應校勘書四百五十二卷。」

又卷六四《集賢院》 貞元四年正月，勅減集賢寫御書一十人，付史館收管。其年六月，集賢院准《六典》，有學士及直學士，准《集賢注記》外，有校理、待制、留院、入院、侍講、刊校、修撰、修書及直院等，色類徒多，等目無益。今請登朝官五品已上，准《六典》爲學士，六品已下爲直學士。學士中取一人最高者判院事，闕學士，即以直學士中高者充。自餘非登朝官，不問品秩，並爲校理，其餘名一切勒停，仍永爲常式。從之。其年五月十一日，中書侍郎、同中書門下平章事李泌奏：「伏蒙以臣爲集賢殿大學士，竊尋故事，中書令張説，中朝元老，碩德鴻儒，懇辭大字，衆稱達禮。其後至德二載，崔圓爲相，加集賢殿大學士，其後因循，遂成恒例。伏望削去大字。崇文館大學士亦准此。」勅依。八年六月十三日，置集賢殿校書四員，正字兩員，仍于祕書省見任校書正字中量減。祕書省所減官員，便據數停之。【略】元和二年七月，集賢院奏：「伏准《六典》，集賢院置學士及校理修撰官，累聖崇儒，不失此制。至貞元八年，判院事官陳京，始奏停校理分祕書郎四員，正字兩員，爲集賢殿校理正字。今諸校書郎正字，並卻歸祕書省。當司請依舊置校理官，庶循名實，且復開元故事。又直官請減五人。寫御書請減十人。」從之。其年閏十二月，集賢殿大學士、中書侍郎、平章事武元衡奏：「以廚料欠少，更請本錢一千貫文，收利充用，置捉錢四人，其所置，請用直官，及寫御書各兩員，每員捉錢二百五十貫文，爲定額，即免額外置人。」勅旨：「已配捉錢人，宜至年滿准舊例處分，其闕便停，不得更補。餘依奏。」太和五年正月，集賢殿奏：「應校勘宣素書籍等，伏請准前年三月十九日勅，權抽祕書省及春坊、宏文館、崇文館見任校正，作番次就院同校。其廚料請准元勅處分，事畢日停。」從之。開成元年四月，集賢殿御書院請鑄小印一面，以御書爲印文。從之。大中六年正月，校理楊收逢侍御史馮緘與三院退朝入臺，收不爲之卻，乃追捕僕人笞之。時宰臣大學士馮植論奏，始著令。三館學士不避行臺，自植始也。

徐松《宋會要輯稿・崇儒四・勘書》 宋朝三館書，直館官校對。太祖、太宗朝收諸僞國圖籍實館閣，亦或召京朝官校對。皆題名卷末。

太宗淳化五年七月，詔選官分校《史記》，前、後《漢書》。崇文院檢討兼祕閣校理杜鎬，祕閣校理舒雅、吴淑，直祕閣潘慎修校《史記》，朱昂再校。直昭文館陳充、史館檢討阮思道、直昭文館尹少連、直史館趙況、直集賢院趙安仁、直史館孫何校前、後《漢書》。既畢，遣内侍裴愈賫本就杭州鏤板。咸平中，真宗謂宰臣曰：「太宗崇尚文史，而三史版本如聞當時校勘未精，當再刊正。」乃命直史館陳堯佐、周起，直集賢院孫僅、丁遜覆校《史記》。尋而堯佐出知壽州，起任三司判官，又以直集賢院任隨領之。景德元年正月校畢，篇末并録差誤文字五卷同進。詔賜帛有差。又命直祕閣刁衎、直史館晁迥與丁遜覆校前、後《漢書》版本。迥知制誥，又以直史館陳彭年同其事。景德二年七月，衎等上言：「《漢書》，歷代名賢競爲注釋，其得失相參，至有章句不同，名氏交錯。除無可考據外，博訪羣書，徧觀諸本，校定凡三百四十九，簽正三千餘字，録爲六卷以進。」即賜器幣有差。今之行者，止是淳化中定本，後雖再校，既已刻版，刊改殊少。

真宗咸平二年閏三月，詔三館寫四部書一本來上，當置禁中太清樓，以便觀覽。崇文院言：「先准詔寫四部書一本以備藏於太清樓，今未校者僅二萬卷。」真宗曰：「如龍圖閣所藏書，朕嘗閲覽，其間尚多訛舛。大凡讎校，尤須精至。可特詔委流内銓於常選人中擇歷任無過知書者以名聞。」又命吏部侍郎陳恕、知制誥楊億同試詩論各一首於銀臺司。第其優劣，得前大名府館陶尉劉筠，前陳州宛丘尉慎鏞，前均州鄖鄉尉沈京，前壽州安豐令張正符，前蔡州上蔡尉張遵，前光州固始尉聶震等六人。又詔有司推擇，再得四人，亦命恕等考試。得前舒州桐城簿王昱凡七人，並令於崇文院校勘，給本官俸料，太官供膳。張正符者，未卒業而死。

陸游《渭南文集》卷二八《跋京本家語》 本朝藏書之家，獨稱李邯鄲公、宋常山公，所蓄皆不減三萬卷，而宋書讎校尤爲精詳。

朱弁《曲洧舊聞》卷四 宋次道龍圖云：「校書如掃塵，隨掃隨有。」其家藏書皆校三五遍者，世之蓄書，以宋爲善本。居春明坊昭陵時，士大夫喜讀書者多居其側，以便於借置故也。當時春明宅子，比他處僦值常高一倍。

程俱《麟臺故事》卷二中《校讎》 淳化五年七月，詔選官分校《史記》、前後《漢書》。虞部員外郎崇文院檢討兼祕閣校理杜鎬、屯田員外郎祕閣校理舒雅、都官員外郎祕閣校理吴淑、膳部郎中直祕閣潘慎修校《史記》，度支郎中直祕閣朱昂再校；又命太常博士直昭文館陳充、國子博士史館檢討阮思道、著作佐郎直昭文館尹少連、著作佐郎直史館趙況、著作佐郎直集賢院趙安仁、將作監丞直史館孫何校前後《漢書》。既畢，遣内侍裴愈賫本就杭州鏤版。咸平三年十月，詔選官校勘《三國志》、《晉書》、《唐書》。以光禄少卿直祕閣黄夷簡、太僕少卿直祕閣錢惟演、

都官郎中直史館劉蒙叟、駕部員外郎崇文院檢討直祕閣杜鎬、太常丞直集賢院宋皐、著作佐郎祕閣校理戚綸校《三國志》，又命鎬、綸與虞部員外郎史館檢討董元亨、祕書丞直史館劉鍇詳校；兵部員外郎直昭文館許袞、刑部員外郎直昭文館陳充校《晉書》，黄夷簡續預焉，而鎬、綸、鍇詳校如前；金部郎中直昭文館安德裕、屯田郎中直昭文館句中正、主客員外郎直集賢院范貽永、殿中丞直史館王希逸洎董元亨、劉鍇同校勘《唐書》。宫苑使劉承珪領其事，内侍劉崇超同之。五年校畢，送國子監鏤版，校勘官賜銀帛有差，鍇特賜緋魚袋。四年九月，翰林侍讀學士國子祭酒邢昺、直祕閣杜鎬、祕閣校理舒雅、直集賢院李維、諸王府侍講孫奭、殿中丞李慕清、大理寺丞王焕、劉士玄、國子監直講崔偓佺表上重校定《周禮》、《儀禮》、《公羊》、《穀梁傳》、《孝經》、《論語》、《爾雅》七經《疏義》，凡一百六十五卷，命模印頒行，賜宴於國子監，昺加中散大夫，鎬等並遷秩。至景德二年九月，又命侍講學士邢昺兩制詳定《尚書》、《論語》、《孝經》、《爾雅》錯誤文字，以杜鎬、孫奭被詔詳校，疏其謬誤故也。

又　景祐二年九月，詔翰林學士張觀等刊定《前漢書》、《孟子》下國子監頒行。議者以謂前代經史，皆以紙素傳寫，雖有舛誤，然尚可參讎。至五代，官始用墨版摹六經，誠欲一其文字，使學者不惑。至太宗朝，又摹印司馬遷、班固、范曄諸史，與六經皆傳，於是世之寫本悉不用。然墨版訛駮，初不是正，而後學者更無他本可以刊驗。會祕書丞余靖建言《前漢書》官本差舛，請行刊正，因詔靖及王洙盡取祕閣古本對校，踰年，乃上《漢書刊誤》三十卷。至是，改舊摹版以從新校。然猶有未盡者，而司馬遷、范曄史尤多脱略，惜其後不復有古本可正其舛謬者云。明年，以校勘《史記》、《漢書》官祕書丞余靖爲集賢校理，大理評事國子監直講王洙爲史館檢討，賜詳定官翰林學士張觀、知制誥李淑、宋郊器幣有差。

江少虞《皇宋事實類苑》卷三一　景祐三年十一月，命太子中允集賢校理嵇穎、大理寺丞館閣校勘胡宿重校地理書。哲宗朝，臣僚言：「竊見高麗獻到書内，有《黄帝鍼經》九卷。據《素問・序》稱，《漢書・藝文志》『《黄帝内經》十八篇』，《素問》與此書各九卷，乃合本數。此書幾經兵火，散失幾盡，偏存於東夷。今此來獻，篇帙具存，不可不宣布海内，使學者誦習。伏望朝廷詳酌，下尚書工部雕刻印板，送國子監依例摹印施行。所貴濟衆之功，溥及天下。」有旨，命祕書省選奏通曉醫書官三兩員校對，及令本省詳定訖，依所奏施行。舊制，每日校對書籍功，册葉背面二十一紙，三館都監於每月終具逐員功課聞奏。自嘉祐中置編校書籍，此制遂廢。元祐六年復著爲令。又按《六典》：考工之職二十七最，十曰讎校精審，明於刊定，爲校定之最。乞以月終所奏，降付考功。詔依。紹聖四年四月，尚書省勘會館職：每月校對書籍已有條制，立定功課，即不須逐旋奏聞。其考功自來别無行遣，顯屬繁冗。奉聖旨，元祐六年指揮不施行。

陳騤《南宋館閣録續録》卷六《秘閣校勘》　寶慶二年，詔隆州井研縣人李心傳召赴行在。續於紹定元年正月有旨，特補從政郎，差充秘閣校勘。有司討論請給、人從，請給除合破本身料錢外，準正字例支破；其僱募兵士減半。二年三月，有旨，李心傳供職以來，已踰兩考，研覃典籍，恬静可嘉，特與改合入官，仍令隨秘書省班趂赴朝參等，序位在正字之下。續有旨，告授承事郎，依前秘閣校勘。四年正月，御筆：「李心傳已經輪對，議論詳明，盡言無隱，所當褒表。可特賜同進士出身，與陞擢差遣。」是月爲將作監丞兼國史院編修官兼實録院檢討官。紹定六年十一月，有旨，王休、杜游差充秘閣校勘。端平元年七月，臣僚指揮與在外合入差遣。

馬端臨《文獻通考・經籍一》引《過庭録》　惟宋宣獻家擇之甚精，止二萬許卷，而校讎詳密，皆勝諸家。

《宋史・職官志二・諸閣學士》　總閣學士。　直學士。　宋朝庶官之外，别加職名，所以厲行義、文學之士。高以備顧問，其次與論議、典校讎。得之爲榮，選擇尤精。

《宋史・列傳・宋綬》　家藏書萬餘卷，親自校讎，博通經史百家，其筆劄尤精妙。

又《儒林傳・林霆》　同郡林霆，字時隱，擢政和進士第，博學深象數，與樵爲金石交。林光朝嘗師事之。聚書數千卷，皆自校讎，謂子孫曰：「吾爲汝曹獲良産矣。」

岳濬《刊正九經三傳沿革例・音釋》　唐石本、晉銅版本、舊新監本、蜀諸本、與他善本，止刊古注，若音釋，則自爲一書，難檢尋而易差誤。建本、蜀中本，則附音于注文之下，甚便繙閲，然龐雜重贅，適增眴瞀。今欲求其便之尤便，則亦附音釋如建、蜀本然，亦粗有審訂。音有平上去入之殊，則隨音圈發。或者不亮其意，而以爲病，則但望如監本及他善本視之，捨此而自觀釋文，可也。若《大學》、《中庸》、《論》、《孟》四書，則併附文公音于各章之末。如《雍也》篇：「樂山」、「樂水」、「知者樂」，《釋文》皆音樂之類，自與注意背馳，微文公音，則義愈晦矣。雖此爲古注釋設，亦不害其爲相正。茲以其凡，疏所見於後。

王圻《續文獻通考》卷一七二《經籍考・内府書》 宋理宗淳祐十一年六月，秘書省言乞辟校勘檢閲等官，仍行下諸路漕司，所部州縣應有印本書籍解赴册府，以補四庫之闕，及故家巨族，必有遺書，山林名儒，豈無著述。許令投進，照格推賞。從之。時翰林學士、知制誥、兼侍讀真德秀乞進讀文公朱熹《大學中庸章句》、《論語孟子集註》，從之。

朱筠《笥河文集》卷一《謹陳管見開館校書摺子》 奏爲謹陳管見，仰祈睿鑒事：竊惟載籍重於左史，目録著於歷代，典至鉅也，制至詳也。我皇上念典勤求，訪求遺書，不憚再三，凡在鼓篋懷槧之倫，莫不蒸蒸然思奮，勉獻一得。矧臣蒙恩職厠文學，敢竭聞見知識一二，爲我皇上陳之：

一、舊本抄本，尤當急搜也。漢唐遺書，存者希矣，而遼、宋、金、元之經注文集，藏書之家尚多有之，顧無刻本，流布日少。其他九流百家，子餘史别，往往卷帙不過一二卷，而其書最精。是宜首先購取，官抄其副，給還原書，用廣前史藝文之闕，以備我朝儲書之全，則著述有所原本矣。

一、中秘書籍，當標舉現有者，以補其餘也。臣伏思西清東閣所藏，無所不備，第漢臣劉向校書之例，外書既可以廣中書，而中書亦用以校外書。請先定中書目録，宣示外廷，然後令各舉所未備者以獻，則藏弆日益廣矣。臣在翰林，常繙閲前明《永樂大典》，其書編次少倫，或分割諸書，以從其類。然古書之全而世不恒覯者，輒具在焉。臣請勑擇取其中古書完者若干部，分别繕寫，各自爲書，以備著録。書亡復存，藝林幸甚！

一、著録校讎，當並重也。前代校書之官，如漢之白虎觀、天禄閣，集諸儒校論異同及殺青；唐宋集賢校理，官選其人。以是劉向、劉知幾、曾鞏等，並著專門之業。歷代若《七畧》、《集賢書目》、《崇文總目》，其書具有師法。臣請皇上詔下儒臣，分任校書之選。或依《七畧》，或準四部，每一書上，必校其得失，撮舉大旨，叙於本書首卷，並以進呈，恭俟乙夜之披覽。臣伏查武英殿原設總裁、纂修、校對諸員，即擇其猶專長者，俾充斯選，則日有課，月有程，而著録集事矣。

一、金石之刻，圖譜之學，在所必録也。宋臣鄭樵以前代著録陋闕，特作二《畧》以補其失。歐陽修、趙明誠則録金石，聶崇義、吕大臨則録圖譜，並爲考古者所依據。請特命於收書之外，兼收圖譜一門，而凡直省所存鐘銘碑刻，悉宜拓取，一併彙送，校録良便。臣檮昧之見，是否可採，伏冀皇上睿鑒施行。謹奏。

嵇璜、劉墉等《清通志》卷一一一《校讎略七・欽定四庫全書提要校正書籍經部史部共六十七條》 唐史徵《周易口訣義》，《宋・藝文志》誤作「史文徽」。今據《永樂大典》本校正。【略】《周易口義》，宋倪天隱述其師胡瑗之説。《宋志》著録。又另有瑗《易解》十卷，似《易解》、《口義》各爲一書。據朱彝尊《經義考》引李振裕之説，以爲瑗欲著述而未逮，門人倪天隱述之，故曰《口義》。則瑗不得又有《易解》矣。《宋志》誤。今校正。

宋邵伯温《易學辯惑》，《宋・藝文志》但題《辯惑》，無「易學」字。今據《永樂大典》本校正。

宋鄭剛中《周易窺餘》，乾、坤二卦及《繫辭》以下，原闕不解。陳振孫《書録解題》以爲乾、坤之際，或有所避。今考原序有云：「自屯、蒙以往，萬一見其髣髴，則沿流泝源，乾坤之微可得而採。」據此，則無乾、坤二卦之解明矣，非有所避也。

宋楊簡《易傳》二十卷，《經義考》載《慈湖易解》十卷，又《己易》一卷，與此本書名卷數皆不合，卷首自序則與此本同。蓋是書爲明人翻刻，竄改篇第，誤分爲二，彝尊遂以沿訛。今校正。

宋方聞一《大易粹言》，《宋・藝文志》稱曾穜作，《經義考》亦承其訛。今據原序校正。

宋馮椅《厚齋易學》，《宋・藝文志》但題《易學》。按：王湜先有《易學》，宜所有别。今據《文獻通考》校正。

宋魏了翁《周易要義》，《經義考》於羣經類載《九經要義》二百六十三卷，注曰：「分見各經。」然各經皆載《要義》，易類則止載《周易集義》，似即以《集義》爲《要義》。今考《集義》原跋曰：「静山先生謫靖州，取諸經注疏，摘爲《要義》，又取諸大儒易説，爲《周易集義》。」則爲二書審矣。

宋李杞《周易詳解》，焦竑《經籍志》題曰《謙齋詳解》。今據自序校正。

元熊良輔《周易本義集成》，黄虞稷《千頃堂書目》稱良輔又有《易傳集疏》，不傳。考《易傳集疏》爲良輔之師同里熊凱所撰，虞稷誤合爲一人。今校正。

元曾貫《易學變通》，《經義考》稱爲《周易變通》，並云「已佚」。今據《永樂大典》採出，并校正。

明崔銑《讀易餘言》，《經義考》載銑《讀易餘言》五卷，又載銑《易大象説》一卷。考此書第三卷即《大象説》，彝尊誤分爲二。今校正。

宋傅寅《禹貢説斷》，納蘭成德《通志堂經解》稱爲《禹貢集解》，《經義考》亦沿其訛。今據《永樂大典》本校正。宋黄倫《尚書精義》，是編每條首列張九成之説，

似即本九成所著《尚書詳説》而推廣之，故陳振孫疑其僞託。然九成《詳説》之目僅見《宋志》，而書不傳，則藉是書而九成之説得以不遂湮没，亦無不可。

宋錢時《融堂書解》，《經義考》作《尚書演義》。今據《永樂大典》本校正。

宋趙善湘《洪範統一》，《宋・藝文志》作《洪範統論》，楊士奇《文淵閣書目》又作《統紀》。今據《永樂大典》本校正。

宋東陽陳大猷《尚書集傳或問》，按宋理宗時有兩陳大猷，一爲東陽人，一爲都昌人。《經義考》據董鼎《書傳纂注》，疑爲都昌陳氏所著。今據本書，兼考董氏原引各條，校正爲東陽陳氏。

漢毛亨《詩傳》，《漢書・藝文志》但稱毛公，《隋書・經籍志》稱漢河間太守毛萇傳。按鄭氏《詩譜》原有大小毛公，陸璣《草木鳥獸蟲魚疏》則云：「毛亨作《詁訓傳》，以授趙國毛萇。」自應以毛亨爲定。

吴陸璣《毛詩草木鳥獸蟲魚疏》，明北監注疏本引作「陸機」，今據《隋志》、《唐志》校正。又振孫謂其書引《爾雅》郭璞注當在郭後，不應稱吴人。考書中所引，並無郭璞一字。陳氏所云，未免失實。

宋段昌武《毛詩集解》，焦竑《經籍志》誤作「段文昌」。朱睦㮮《授經圖》作「段武昌」，則又繕寫倒其文也。今據舊本校正。

元梁益《詩傳旁通》，朱睦㮮誤題翟思忠撰。今據《經義考》校正。

明李先芳《讀詩私記》，《經義考》載先芳有《毛詩考正》，注曰：「未見。」而不載此書。其爲一書兩書，蓋不可考。然是書亦多辨定毛傳，或彝尊傳聞未審，誤記其名也。

宋程大昌《詩論》，本載入大昌《考古編》，故《宋志》不列其名。《經義考》始題曰《詩議》。曹溶《學海類編》則題曰《詩論》。今據舊本，當以曹説爲是。

《纂圖互注周禮》，不著撰人名氏，據《經義考》，有《纂圖互注毛詩》，彝尊定爲唐宋人帖括之書，則是書自係同時並出。乃彝尊又引繆泳之説，謂爲元人所輯，不免自相矛盾。

明王應電《周禮傳》十卷，《圖説》二卷，《翼傳》二卷。《經義考》載是書少《翼傳》二卷，已爲疏漏，又所引黄虞稷語，係《翼傳》之解題，而繫之《周禮傳》下，亦屬舛誤。

《禮記》，《隋志》稱《小戴記》爲四十六篇，馬融益以《月令》、《明堂位》、《樂記》三篇，合四十九篇。考此三篇皆入劉向《別録》，安得爲馬融所增？知今四十九篇，實戴聖原書，《隋志》誤也。

宋聶崇義《三禮圖集注》，周顯德中，崇義取自漢以來禮圖凡六本，重加訂正。考《隋志》有鄭玄《三禮圖》，今以是書合之鄭注，已多違異，則鄭氏圖出于僞託無疑。《隋志》未免沿訛也。

《春秋左傳》，《漢志》載《春秋古經》十二篇，《經》十一卷，注曰「公羊、穀梁二家。」而左氏經文不著于録。然杜氏《集解》稱分經之年與傳之年相附，是《左傳》又原自有經。今據徐彦《公羊傳疏》曰「《左氏》先著竹帛，故漢儒謂之古學。」則所謂《古經》十二篇者，即《左傳》之經。刻《漢書》者誤連二條爲一耳。

宋孫覺《春秋經解》十三卷，《宋志》載覺《春秋經解》十五卷，《春秋學纂》十二卷，《春秋經社要義》六卷。《書録解題》有《經解》而無《學纂》，王應麟《玉海》則有《學纂》而無《經解》。今考其《學纂》條下注，與今本《經解》一一符合，是《學纂》本《經解》之別名，《宋志》誤分爲二，又訛其卷數也。今校正。

宋蘇轍《春秋集解》，《宋・藝文志》作《春秋集傳》，《文獻通考》作《集解》。當以《通考》爲是。

宋李明復《春秋集義》，《宋志》既載李明復《春秋集義》，又載王夢麟《春秋集義》與此書正同。實則書本李氏作，而王氏刊行之，遂誤爲二也。今校正。

明高攀龍《春秋孔義》，《經義考》又稱有李攀龍《春秋孔義》，卷數亦同。考李攀龍並無是書，彝尊蓋誤分爲二也。

漢董仲舒《春秋繁露》，「繁」或作「蕃」，古字相通。《崇文總目》頗疑其僞，程大昌尤力排之。是書宋代已有四本，多缺篇缺字，今據《永樂大典》所存樓鑰本，凡補原缺一千一百二十一字，删一百二十一字，改定一千八百二十九字。

明羅汝芳《孝經宗旨》，《千頃堂書目》誤作「羅洪先」，今校正。

《孟子疏》，舊題宋孫奭作，然朱子《語録》指爲邵武士人作，蔡元定猶見其人，似未必誣也。

宋張九成《孟子傳》，《文獻通考》作《孟子解》，今據舊本校正。

《小爾雅》，無撰人名氏，見漢及隋唐各志，然其書久佚，今傳本即《孔叢子》第十一篇。漢晉儒説，惟杜預《左傳注》稍引其文，足證是書晚出，非《漢志》舊本矣。《讀書志》乃指爲孔氏古文，殆循名而失之矣。

《集韻》，舊本題宋丁度等奉勑編。今考司馬光《切韻指掌圖序》，實治平四年，光繼丁度等纂輯，而書始成。則非盡出丁度等也。

宋倪思《班馬異同》，熊方《補後漢書年表》，吴仁傑《兩漢刊誤補遺》，三書皆正

史之支流，當入正史。錢曾《述古堂書目》誤入雜史。今校正。

宋司馬光《資治通鑑》應入編年，《述古堂書目》誤列入正史，今校正。

《逸周書》，舊本題曰《汲冢周書》，《隋志》、《唐志》俱稱得之魏安釐王冢中。然《晉書·武帝紀》止稱《竹書》，無所謂《周書》，是《周書》不出汲冢也。據郭璞《爾雅注》、李善《文選注》，俱稱《逸周書》。今校正。

《東觀漢記》，《隋志》稱長水校尉劉珍等撰。考范書，珍未嘗爲長水校尉，且此書創自明帝時，至安帝時，珍始續成之，不得題爲珍等也。

唐許嵩《建康實録》，是編起吴大帝，迄陳後主，而以後梁附之，六朝皆都建康，故名。《讀書志》誤編實録門，已爲循名失實，《文獻通考》竟載入起居注，尤爲乖舛。今校正入别史類。

吴韋昭注《國語》，《三國志》作「韋曜」，蓋晉避司馬昭之名。至《國語》本書，《漢志》列入春秋類，今考是書，上包周穆王，下及魯悼公，既與時代不協，兼於經義無關，故改隸雜史。

《戰國策注》，舊本題高誘作。今考其書，實宋姚宏因誘注殘闕而補之。且其書自應與史記爲一類，《漢志》及隋、唐《志》並同，《讀書志》改入子部縱横家，《文獻通考》因之，實爲不類。今校正。

唐余知古《渚宫舊事》，《文獻通考》引《讀書志》，脱去「余」字，誤題爲唐知古撰。今校正。

宋陶岳《五代史補》，《讀書志》作《五代補録》，今據原本校正。

宋毛方平《丁卯實編》，《書録解題》誤作李珙撰。今據《永樂大典》本校正。

漢劉向《古列女傳》七卷，後有《續傳》一卷，不知誰作。或曰班昭，或曰項原，皆影附無據。舊合爲一編，宋王回乃以有頌無頌，離析其文爲今本。

《孔氏實録》，不著撰人名氏，《文淵閣書目》稱《孔子實録》，今據《永樂大典》本校正。

《卓異記》，舊本或題唐李翺，或題唐陳翺，或題唐陳翰。按陳翰乃《宋志》所載，不足據，即李翺、陳翺，時代皆不相及，亦必有誤。其書記唐代朝廷盛事，《讀書志》稱二十七事，今本實止二十六事也。

宋陸游《入蜀記》，是編載游入夔州道路所經，自應入傳記類。《述古堂書目》誤列入小説，今校正。

《越絶書》據書末《叙外傳記》以廋詞隱其姓名，當爲會稽袁康所作，同郡吴平所定。隋、唐《志》皆云子貢作，今校正。

唐樊綽《蠻書》，《新唐書·藝文志》著録，《宋史·藝文志》不載。今考《通鑑考異》所引《蠻書》，皆與是編同，則《宋志》爲疏矣。

《釣磯立談》，考書中自述，蓋五代史虚白之子所作，《宋志》竟誤以爲虚白作，今校正。

《江南餘載》，不著撰人名氏，《文獻通考》誤作《江南館載》，今校正。

《吴越備史》，舊本題宋武勝軍節度使掌書記范坰、巡官林禹撰。考《書録解題》，稱爲錢俶之弟儼作，託名林范。今校正。

《三輔黄圖》，不著撰人名氏，晉灼注《漢書》多引之，中又有唐至德二載所改地名。蓋是書本梁陳間人所撰，而唐人删補之也。

宋樂史《太平寰宇記》，《文獻通考》誤作《太平寰宇志》，今據史進書原序校正。

宋歐陽忞《輿地廣記》，《讀書志》謂實無其人，爲著書者僞託，今據《書録解題》校正。

宋羅濬《寶慶四明志》、《開慶續志》，《文獻通考》誤作「羅璿」，今據《書録解題》校正。

《河朔訪古記》，不著撰人名氏，焦竑《經籍志》亦云「不知誰氏」。考元劉仁本《羽庭集》，稱是書爲郭曬洛氏納新作，則焦氏爲未審矣。

元李好文《長安志圖》，《千頃堂書目》誤作《長安圖記》。今據舊本校正。

明沈津《鄧尉山志》，靳學顔爲之序，《千頃堂書目》遂誤以爲學顔作。今校正。

《州縣提綱》，不著撰人名氏，《文淵閣書目》題陳古靈撰。古靈，宋陳襄號也。《宋志》及晁、陳二家書目俱不載。考襄卒于元豐三年，今書内有紹興二十八年一條，則非襄書明矣。

宋李攸《宋朝事實》，《文獻通考》誤作「李伋」。今校正。

明錢溥《秘閣書目》，《千頃堂書目》稱此書爲馬愉撰，溥别有《内閣書目》一卷。今考溥序，實載此書卷目，則虞稷所紀誤矣。

又卷一一二《校讎略八·欽定四庫全書提要校正書籍子部集部共八十八條》

《孔叢子》，舊本題漢孔鮒，今按其書記鮒之没，自不得爲鮒撰。朱子疑其文氣不似西漢，即如六宗之説，與僞《孔傳》、僞《家語》並同，是亦晚出之明證也。

漢賈誼《新書》，《書録解題》謂非誼本書，今考《漢書》所引各條，皆與今本同，陳氏所云，非篤論也。

漢桓寬《鹽鐵論》，諸史皆列之儒家，《千頃堂書目》誤入史部食貨類中，今校正。

唐太宗《帝範》，《述古堂書目》誤入疏諫類，今校正入儒家。

唐鄭氏《女孝經》，《書録解題》誤題爲班昭作，今據原序校正。

《司馬法》，舊題齊司馬穰苴撰，隋、唐《志》並同。考《史記》稱威王命大夫追論古者司馬兵法，而附穰苴于其中，則非穰苴自撰明矣。

明曹允儒《握機經》三卷，又以《孫子》十三篇、《吴子》六篇爲《握機緯》。《千頃堂書目》有元人《孫子握機緯》十三篇，劉寅《吴子握機緯》二卷，與此書相符，殆即是書，而誤題之也。

《管子》舊有房玄齡注，晁公武以爲尹知章所託，考《唐書・藝文志》自有尹知章注《管子》三十卷，則晁氏考之未審也。

宋傅霖《刑統賦》，霖以竇儀等所作《刑統》不便記誦，乃韻而賦之，並爲之注。《讀書志》稱或人爲之注，蓋未之詳核也。

宋陳旉《農書》，《書録解題》作「陳雱」，殆因字形相近而訛。今據本書標名校正。

唐王冰注《黄帝素問》，《讀書志》誤作「王砅」，今據唐、宋《藝文志》校正。

隋巢元方《巢氏諸病源候論》，《隋志》稱吴景賢撰，不及巢氏書，《宋志》有巢氏書，而無吴書。惟《新唐書志》二書並載，一題吴景，一注巢元方。疑當時本屬官書，或爲監修，或爲編撰，標題遂異耳。《讀書志》止列巢氏，足證前史之謬。其《隋史》作吴景賢，賢蓋監字之訛。今校正。

唐王燾《外臺祕要》，卷首題校正醫書局校理林億等名，《述古堂書目》因誤題林億撰。今校正。

《壽親養老新書》四卷，前一卷宋陳直撰，後三卷元鄒鉉續撰。直書本名《養老奉親》，《文獻通考》誤倒其文，稱爲《奉親養老》。此本與鄒書合編，當係鄒改題今名也。

《傳信適用方》，不著撰人名氏。考《書録解題》有《傳道適用方》，稱吴彦夔撰，與此本卷帙正同，知此即吴書，當係陳氏訛信爲道耳。

《急救仙方》，不著撰人名氏。《宋志》及諸家書目皆不著録，惟焦竑《經籍志》載有《救急仙方》，注云「見《道藏》」，則係誤倒其文也。今據《道藏目録》校正。

晉劉徽《海島算經》，按徽自序，是書當名《重差》，初無《海島》之目，亦但附于勾股之下，不别爲書。《唐書・藝文志》始有劉徽《海島算經》之名，而《隋志》、《唐志》又有劉徽《九章重差圖》，或亦以另本單行，至《唐志》又列劉向《九章重差》一卷，則直誤以劉徽爲劉向，而重出矣。今據《永樂大典》本校正。

唐王孝通《緝古算經》，《唐志》及王堯臣《崇文總目》皆誤作李淳風注，今據本書首題孝通撰並注校正，不列淳風之名。

北周衛元嵩《元包》，《崇文總目》誤以爲唐人，《文獻通考》亦沿其訛。今據楊楫原序校正。

宋蔡沈《洪範皇極内外篇》，《經義考》作《洪範内外篇》。今據王圻《續通考》校正。

漢京房《京氏易傳》三卷，《讀書志》誤以爲即《錯卦》，不知《錯卦》八卷，别自爲書，已佚不傳。今據本書校正。

明萬民英《星學大成》，《千頃堂書目》以爲陸位撰。今據本書自序及凡例校正。

金張行簡《人倫大統賦》，《千頃堂書目》不著撰人名氏，實爲脱漏，今據本書標名校正。

唐朱景玄《唐朝名畫録》，《唐書・藝文志》題曰《唐畫斷》，《文獻通考》因之。今據景玄自序校正。

宋劉道醇《五代名畫補遺》，《讀書志》誤「劉道成」，《書録解題》則誤題爲《五代名畫記》，《文獻通考》又據兩家之目而重載之。今據書首陳詢直序校正。

宋李廌《德隅齋畫品》，《書録解題》誤作「德偶堂」，今據原書校正。

宋李孝美《墨譜》，《文獻通考》題爲《墨苑》。按《墨苑》别係一書，見是書出灰、磨試二條注中。馬《考》殆因此而訛。今據卷首馬涓、李元膺二序校正。

宋蔡襄《茶録》，《文獻通考》誤題爲《試茶録》。今據襄自序校正。

《東溪試茶録》，舊本題宋宋子安撰，《讀書志》誤作「朱子安」。今據《宋・藝文志》及左圭《百川學海》校正。

僧贊寧《荀譜》，《讀書志》誤作僧惠崇撰。今據《書録解題》及王得臣《麈史》校正。

唐羅隱《兩同書》，《書録解題》引《中興書目》，以爲唐吴筠撰。考《宋・藝文志》别有吴筠《兩同書》，與此書異，則謂爲筠撰者誤也。

漢班固《白虎通義》，《崇文總目》作《白虎通德論》。考《後漢書》固本傳，稱天子會諸儒，講論五經，作《白虎通德論》，令固撰集其事。蓋諸儒議奏，統名曰《白虎通德論》，固撰集後乃名曰《通義》。今據《唐書・藝文志》校正。

宋戴埴《鼠璞》，《文獻通考》誤入小説家，今校正入雜家類。

宋黄伯思《東觀餘論》，《述古堂書目》誤入金石門，今校正入雜家類。

宋洪邁《容齋五筆》，《述古堂書目》誤入類書門，今校正入雜家類。

唐李綽《尚書故實》，《宋志》凡兩載之，一見史部傳記類，一見子部小説類，而注其下云：「『綽』一作『緯』，『實』一作『事』。」今據曾慥《類説》所引，亦明標「綽」名，則作「緯」者誤矣。

宋宋敏求《春明退朝録》，《文獻通考》凡兩載之，一入故事，一入雜家，自係一書重出。今觀所記，雖述宋代掌故，而雜説雜事，亦錯出其間，故編入雜家類。

宋宋祁《筆記》，或誤作「宋庠」，至卷末庭戒治戒、左志右銘，皆祁身後事，應係其子孫編入。

宋王欽臣《王氏談録》，舊題王洙撰，即欽臣之父，蓋以卷末觀覽書目有王洙敬録字而誤也。今校正。

宋龐元英《文昌雜録》，《宋・藝文志》誤入故事，今校正入雜家類。

宋朱弁《曲洧舊聞》，《文獻通考》誤入小説家，今考其書，既涉史事，亦近諧謔，兼及神怪，故編入雜家類。

宋應俊輯《琴堂諭俗編》，《宋志》列入子部雜家，而史部刑法類中又出《諭俗編》一條，前後重複，且意在於諭民，並非斷獄，實於刑法門不合。今校正入雜家類。

元李冶《敬齋古今黈》，《文淵閣書目》誤題宋人，今校正。

《初學記》，《唐書・藝文志》載《玄宗事類》及是書，注曰：「張説類集，徐堅韋述等分撰」。《讀書志》則專舉是書，稱初係張説類集，又經堅與韋述等分門撰次。今考《南部新書》，載開元中集賢學士韋堅等纂經史文章之要，以類相從，上制曰《初學記》。當以晁氏之説爲是。而《唐志》相連遞及，誤合兩書爲一耳。

唐林寶《元和姓纂》，《鄭志》作李林寶撰。然樵於《氏族畧》中，又譏寶作《姓纂》，而不知林姓所自出，則知《藝文畧》中多一「李」字，顯爲傳刻所誤增耳。

宋馬永易《實賓録》，其後集爲文彪續補，《書録解題》標列甚明。考《讀書志》稱馬永易《異號録》，《宋藝文志》並載《實賓》、《異號》二録，皆題永易撰。今按是書初名《異號録》，至後集始易其名，因併追改本書。晁氏所見，蓋爲未經增廣之本，《宋志》直以一書誤爲兩書矣。

宋任廣《書叙指南》，按：廣係浚儀人，《文獻通考》訛作「任浚」。今校正。

明李黼《王制考》，雜採經史制度，自分門類，並非專疏《禮記》之《王制》。《經義考》附列《禮記》，未免循名失實。今校正。

唐韋絢《劉賓客嘉話録》，《唐志》作《劉公嘉話録》，《宋志》既載《劉公嘉話》，又載《賓客嘉話》，誤分兩書，今校正。

唐馮贄《雲仙雜記》，《書録解題》又有馮贄《雲仙散録》。考孔傳《續六帖》所引散録各條，皆今本《雜記》中語，則實非兩書矣。

宋鄭文寶《南唐近事》，《宋史・藝文志》誤作《南唐近事集》，今校正。

宋王闢之《澠水燕談録》，《宋志》誤作「王關之」，《文獻通考》又誤作「王闢」。今據本書題名校正。

宋陳長方《步里客談》，《宋志》作「陳唯室」。考長方號唯室，著其號而畧其名，殊失史家載筆之體。今校正。

梁吴均《續齊諧記》，《唐志》作「吴筠」。按：吴筠乃唐大曆時人，此書《隋志》已著録，則非吴筠明甚。今校正。

隋顔之推《還冤志》，《唐志》誤作《冤魂志》，今據《文獻通考》、《宋志》校正。

唐高彦休《唐闕史》，《書録解題》云：「彦休自號參寥子。」《唐志》亦同。《宋志》既載參寥子《闕史》，又別出高彦休《闕史》，誤爲兩人兩書。今校正。

宋吴淑《江淮異人録》，尤袤《遂初堂書目》誤作《江淮異人傳》。然諸書徵引，俱題作「録」。今據校正。

梁任昉《述異記》，《讀書志》以《唐志》、《述異記》題祖沖之作爲誤。按祖沖之原有《述異記》，《隋志》已著録，當是別爲一書，晁氏未免誤糾矣。

宋周文玘《開顔集》，《文獻通考》誤作「周文規」，今據本書標名校正。

魏王弼《老子注》，《隋志》作《老子道德經王弼注》，《舊唐書・經籍志》作《玄言新記道德》，亦稱弼注。《新唐書》又稱《玄言新記道德》爲王肅撰，而以弼所注者爲《新記玄言道德》。既已一書兩出，而書名顛倒，益滋訛舛矣。

《列子》，舊本題列禦寇撰，高似孫《緯畧》謂並無其人，今考《爾雅疏》實引其書，則知非莊子寓名之流，不得斥爲僞託也。

後蜀彭曉《周易參同契通真義》，《唐志》誤列於五行，《經義考》又誤列之周易。今校正入道家類。

晉葛洪《神仙傳》，諸家著録並同，《隋志》誤作《列仙傳》，今校正。

何粲《亢倉子注》，考亢倉子爲唐處士王士元所補，高似孫《子畧》誤以士元爲王褒，《讀書志》又誤以「粲」作「璨」。今校正。

明鄭璞輯《揚子雲集》六卷，所收諸箴凡三十篇，考雄箴實止二十八篇，璞蓋誤

入崔駰、崔瑗諸作也。今校正。

晉陶潛淵明舊集本八卷，昭明太子所定。此本爲北齊陽休之編，誤增入《聖賢羣輔録》、《五孝傳》二書。今校正，仍删存八卷，以符原第。

宋鮑照《參軍集》，舊本題作「昭」，唐人避武后諱也。又照本東海人，《讀書志》誤作上黨人。今並校正。

唐吴筠《宗玄集》三卷，附録《玄綱論》一卷，《内丹九章經》一卷。「宗玄」爲筠私謚，《玄綱論》見新舊《唐書》，當爲筠作。至《内丹九章經》未免荒誕。今姑以舊本存之。

唐釋貫休《禪月集》，《文獻通考》又别載貫休《寶月集》一卷。考其門人曇域序是集，初不云其别有書，《通考》蓋誤載也。

宋蘇轍《欒城集》，焦竑《經籍志》又别出《黄門集》七十卷，諸家並未著録，蓋本《欒城集》而誤分爲二也。今校正。

宋黄裳《演山集》，焦竑《經籍志》誤作《兼山集》，今據《宋志》校正。

宋周行己《浮沚集》，《書録解題》作《浮沚先生集》，《宋志》既載《行己集》，又别出《周博士集》，未免牴牾。今校正。

宋黄彦平《三餘集》，蓋義取三餘讀書，見于原序。《宋志》誤作「玉餘」。今校正。

宋洪邁《野處類稿》爲詩集，《文獻通考》既以别集詩集分類，又收是書入别集中，則亦未見其本而誤載也。

宋徐照《芳蘭軒集》，照嘗自號山民，故又名《山民集》，《書録解題》誤作「天民」。今校正。

宋周弼《汶陽端平詩雋》，考弼本汶陽人，書首菏澤李龏序紀述甚詳，《千頃堂書目》既誤題新建，又稱爲明洪武間人，尤屬訛謬。今校正。

宋鄧牧《伯牙琴》，蓋其詩集，義取知音難遇也，錢曾《讀書敏求記》誤入小説家。今校正入别集類。

元蕭𣂏《勤齋集》，焦竑《經籍志》作《勤齋貞敏集》，謚法、齋名並稱，未免煩複。今據《永樂大典》本校正。

明王翰《梁園寓稿》，焦竑《經籍志》止稱《寓稿》，脱去「梁園」之名，「寓」字無著。今校正。

唐李善《文選注》六十卷，李善注自南宋以來，皆與五臣註合刻，此本爲毛晉所刻，雖稱從宋槧單行本校正，今考書内尚有「向曰」、「濟曰」各條，刊除不盡，則晉亦因六臣本，削去五臣，獨留善注耳。

《六臣注文選》、《崇文總目》以五臣注誤列於李善注本之前，今校正。

陳徐陵《玉臺新咏》、《大唐新語》、《元和姓纂》均稱《玉臺集》，今據本書校正。

唐元結《篋中集》，詩凡二十四首，《館閣書目》皆稱元結作。今校正作者凡七人：沈千連、王季友、于逖、孟雲卿、張彪、趙微明、元季川。

宋謝枋得《文章軌範》，《讀書敏求記》誤入詩文評，今校正入總集類。

唐孟棨《本事詩》，諸家稱引並作「棨」字，《唐志》誤作「孟啓」。今校正。

宋張戒《歲寒堂詩話》，《讀書敏求記》誤作「趙戒」，今據《宋志》校正。

宋嚴羽《滄浪詩話》，舊本列於詩集之首，題曰《滄浪吟卷》。今校正析入詩話類。

宋王灼《碧雞漫志》，詳述曲調源流，《讀書敏求記》誤入子部，今校正入詞曲類。

錢泰吉《曝書雜記》卷二 《樂書正誤》格式頗精，鈔録一葉，以餉校書者。

卷	板	行	字	誤	改
第一卷	四板	十六行	第五字	特	當作「待」。以此行爲式。
四	一	十七			「簡而無虐，剛而無傲」，當作「剛而無虐，簡而無傲」。
五	一	六	十	鼓	鼙
	二	八	十六	楊	揚
		二十	二	莞	莞
	五	十	十七	聲	升
七	二	九	十三	楷	揩
		十	五	楷	揩
	三	四	五	圭	多此一字。多者當挑去之。
		七	七	輮	應。其下「田」字音「輮」，《有瞽》詩：「應田縣鼓。」
八	六	二十二	十六	効	效。字書中無「効」字，流俗作「効」，如此等皆當改正。後倣此。
十	四	十四			「勇者苦怯」之下，添入「疾病不養，老幼孤獨不得其所」十二字，用寫本校。

劉文淇等《舊唐書校勘記·凡例》 一、凡書中所引沈本，即沈氏東甫《新舊唐書合鈔》也。所引丁氏，即丁氏小鶴《合鈔補正》也。所引張本，即張氏登封《舊書考正》也。沈氏、丁氏書久已刊行，張氏書稿本藏於其家，尚未梓行，其原缺者，《地理志》三卷、四卷，《職官》、《輿服》、《經籍》、《食貨》、《刑法》共十一卷，彙傳《外戚》以下全缺，故書中未由引用。又張氏《考正》鈔本列傳卷一百《德宗順宗諸子傳》，首行有「歙程哲原本」五字，不知何本，俟考。

一、凡引《太平御覽》、《册府元龜》、《文苑英華》、《通鑑》等書，皆著明卷數，亦有不著卷數者，如本紀、列傳所載事跡，與《通鑑》所載，皆有年代可考者，易於檢查，不復一一盡載卷數。

一、是書之例，以宋人所引《舊唐書》爲主，或據劉昫所本之書，詳爲考證，不沾沾於新舊書之異同。其有引證《新書》者，亦必參攷羣書，顯有證據，然後引用。至於歷有一定之術，自不妨據《新志》所載各歷，稽其異同，訂訛補闕。

一、《舊唐書》卷數，《文獻通考》、《通志畧》、《玉海》、《直齋書録》、《唐書直筆》，皆云二百卷。今本有分上下卷者，有分上中下者，共增十四卷。《五代會要》云：開運二年，史館上新修前朝李氏書，紀、志、列傳共二百二十卷，並目録一卷。《五代史·晉紀》云：目録三卷。晁氏謂《舊書》約一百九十卷，俱誤。《册府元龜》載晉天福六年四月，趙瑩奏：臣與張昭等共議，所撰《唐史》，祇取本紀、列傳、十志，本紀以綱帝業，列傳以述功臣，十志以書刑政。下文詳叙十志之目：《禮志》、《樂志》、《刑法》、《天文》、《律歷》、《五行》、《職官》、《郡國》、《經籍》，僅有九志，而闕其一，其名次亦與今不同。《册府》所紀之十志，乃其初議，後或增爲十一，而名與次亦復有所移易歟。吕夏卿《唐書直筆》載志十一，其名與次悉與今本同。又按《御覽》所引《唐書選舉志》，今《舊書》無，《新書》始有。又引《唐書·官品志》，今《舊書》名《職官志》，而文亦不同。《御覽》所引《選舉》、《官品》二志，當爲韋述等所編，記中悉不登載。又如《舊書·李吉甫傳》云：父栖筠，自有傳。今本無之，而《通鑑》卷二百二十四卷明引《舊唐書·李栖筠傳》，則温公所見之本，實有此傳。凡若此者，今亦悉不登載。

劉毓崧《通義堂文集》卷五《校刻漢書凡例》 一、文淵閣本《漢書》，較武英殿本《漢書》，考證加詳，其纂修官爲邵二雲學士，提要亦出其手，見《南江文鈔》。學士深於史學，所校甚精，今兹議刻《漢書》，意在博考各家，則閣本尤當首列。雖巨帙傳抄不易，而《四庫全書考證》向有刻本流行，閣本與殿本異同，尚可見其大畧，亟宜登載，以定折衷。

一、荀氏《漢紀》雖改紀傳爲編年，而根柢實在《漢書》，所據之本，猶是漢時舊帙，巽巖李氏云：《資治通鑑》書月，皆舍班而從荀，蓋以悦修《紀》時，猶未訛舛。而「君蘭」、「君簡」、「端」、「瑞」、「興」、「譽」、「寬」、「竟」等字，猶兩存之，疑以傳疑，先儒蓋慎之也。所當取校，以存古本之遺。

一、類書中時代近古者，如《北堂書鈔》、《藝文類聚》、《初學記》之類，所引《漢書》，皆唐以前舊本。《太平御覽》雖時代較後，然其書多取材於北齊《修文殿御覽》，《直齋書録解題》載《修文殿御覽》三百六十卷，是南宋末年猶存也。陳氏謂《太平御覽》本於此書，蓋確有所見矣。所引《漢書》，容有六朝舊本，所當取校，以溯宋本之源。

一、《册府元龜》作於宋真宗景德、祥符之際，其叙事依據正史，西漢一朝大都出自《漢書》，小注亦採《漢書》顔注，且有標明應劭、孟康諸舊注者。真北宋初年之本，諸家所列宋本，皆在其後。楊侃《兩漢博聞》亦作於景德間。所當取校，以從宋本之朔。

一、林鉞《漢雋》作於南宋初年，婁機《班馬字類》、徐天麟《西漢會要》其書取漢時典章制度，見於《漢書》紀、表、志、傳者，以類相從，分門編載。皆作於南宋中葉，其所見《漢書》，皆兩宋舊本，所當取校，以擇宋本之長。

一、《史記》叙漢初事，爲《漢書》所本，《通鑑》叙漢時事，多本於《漢書》。王益之《西漢年紀》亦然。推之《集解》、《索隱》、《正義》，以及倪思《班馬異同》、胡三省《通鑑注》，凡與《漢書》有關者，所當取校，以考各本之異。

一、《文選》所録西漢人文，或採《漢書》，或採本集，其字句均可參稽。《漢文紀》亦然。他如賈長沙、董江都、司馬長卿、揚子雲諸集，其文載入《漢書》者，所當取校，以定各本之殊。

一、各書紀載可印證《漢書》者，經學如《韓詩外傳》、《春秋繁露》之類，小學如《急就篇》、《方言》之類，正史如《後漢書》之類，别史如《東觀漢紀》之類，地理如《三輔皇圖》、《水經注》之類，政書如《漢官儀》、《通典》之類，金石如《隸釋》、《隸續》之類，儒家如《新書》、《鹽鐵論》、《説苑》、《新序》之類，術數家如《京氏易傳》、《焦氏易林》之類，雜家如《淮南子》之類，畧舉十門，餘可類推。所當參校，以求原本之真。

一、前代校《漢書》者，小宋、三劉以外，莫著於吴氏之《兩漢刊誤補遺》。近時校《漢書》者，錢氏《考異》、《拾遺》以外，莫著於王氏之《商榷》。《蛾術編》亦然。若夫羣書考證，涉及《漢書》者，後漢人如《論衡》、《獨斷》等書，六朝人如《顔氏家訓》等書，唐人如《史通》等書，宋人如《夢溪筆談》、《容齋隨筆》、《野客叢書》、《困學紀聞》等書，明人如《丹鉛總録》等書，國朝人如《日知録》等書，所當詳校，以正今本之誤。

一、《漢書》紀、表、志、傳，往往不同，或傳寫有訛，則可依他卷以更本卷，或根源各異，則難據此篇以考彼篇。《漢書》雖出一家，究非一手，且所採亦非一書。觀其會通，無庸執一，所當互校，以免紛歧。

一、殿本《漢書》，考證各條分標名氏，蓋仿宋人校刻《漢書》之例。道光壬寅、癸卯，揚州刻《舊唐書》，除分校、寫樣、刻樣、延請四人外，另延四人分纂校勘記，每人分任數十卷，目録内臚列姓名。今輯《漢書校勘記》，成例可循，所當分校，以專責成。同人彼此覆校，意見合者，可以互相證明，即意見不合者，無妨並存其説於校勘記中，以待賢者決擇。

一、《漢書》字句古奥，較之《舊唐書》，難讀不啻倍蓰，雖錢警石先生裒校各本，俾閲者事半功倍，然編次《漢書校勘記》，須檢漢以來之書，較之《舊唐書校勘記》僅檢唐以來書者，仍覺其難。加以前此刻《舊唐書》，係照殿本寫樣，今刻《漢書》，欲兼採各本，擇善而從，去取權衡，尤宜慎重，所當緩校，俾得從容。《舊唐書》專據一本，故可正書先刻，校勘記後成。《漢書》不專據一本，故須校勘記先成，正書後刻。

一、《漢書》百卷，毓崧擬分任紀十二卷，表八卷，共二十卷。其中年、月、日、時、干支，端緒甚多，推求不易，然鄙性所近，不厭其煩，需查各書，擬就所有者先校，餘俟陸續借觀，期以明年冬末、後年春初，將校勘記稿本次第編就，然後核定正文付刊。綆短汲深，智小謀大，必須細校，庶少悔云。刻書譬諸辦案，照本不易者，如巡城問供，録送到部，其責任較輕；增删改移者，如巡方鞫獄，高下在心，其責任綦重。

葉德輝《書林清話》卷九《四庫發館校書之貼式》 乾隆纂修《四庫》時，每書發交館臣，首貼一紙，翰林院儲存底本，往往見之。其式如左。□者，原空字格，填寫數目也。

第　卷底本　十　頁
武英殿於　月　日發出
分校處於　月　日簽出　處發交謄録　寫成
十　頁於　月　日收到寫本於　月　日校畢交覆
收訖
覆校處於　月　日收於　月　日覆校畢交
殿
此卷計　萬　千　百　十　字
連前共交過　萬　千　百　十　字

按右式所載收發、簽校、謄録等名目，開館時皆設有專官。總校、分校以翰林編檢爲之。又有繕書處總校官，分校官，則翰林、六部郎中、主事、内閣中書、國子監學録皆有其人。至繕書處收掌官，則止中書科中書、國子監典簿、學正等。武英殿收掌官，僅各部筆帖式，無大臣也。諸人姓名職銜均載《欽定四庫全書》卷首，其簽校各書異同之處，于乾隆四十一年九月三十日奉上諭：令該總裁另爲編次，與《總目提要》一體，付聚珍板排刊流傳。即今《武英殿聚珍板叢書》所印《四庫全書考證》一百卷是也。當時簽校或誤，處分甚輕，總裁、總校、分校等按次記過，三月查核，交部議處，原不過薄示懲儆。此見乾隆四十三年五月二十六日上諭，亦載《欽定四庫全書》卷首，可覆按也。

致誤通例分部

論　述

郭京《周易舉正》卷上 「六二，黄離元吉。」注：居中得位，以柔處柔，履文明之盛，而得其中，故曰「黄離」也。柔居中正，處得其位，初則尚敬而我比焉，爲卦之主，能通其道，體明覆順，吉之大者，故曰「元吉」也。少三十七字，謹按：墨書者解「黄離」，朱書者解「元吉」，今本多脱朱書者，故録出之以備其義也。

又 九四。注：无應无乘。謹按：「乘」字誤作「承」字。然四應在初，初復陽體，兩雄必争，是无應也；三雖在下，得位剛强，是无乘也。蓋「乘」、「承」聲同，轉寫爲誤，尋義趣可知也。

又卷中 《巽·象》：「重巽以申命，命乃行也。」注：未有不巽而命行也。謹按：「命乃行也」一句，誤入註，觀文尋義，義亦相連，了不關注。至如《大過·象》註「以此救難，難乃濟也」，又與「易窮則變，變則通，通則久」，又與《艮·彖》「艮其止，止其所也」，又與《蹇》爻註「居難履正，正邦之道」何殊？並義理相連，誤亦明矣。

又 《節》：「亨，苦節不可貞。」《彖》曰：「節，亨。」剛柔分而剛得中，「苦節不

可貞」，其道窮也。説以行險，當位而節，中正以通，然後乃亨也。註：无説而行險，過中而爲節，則道窮也。謹按：「然後乃亨也」一句，誤將入註。此一句元釋節卦有亨通之義，審詳六十四卦爻彖義例，足見誤矣。且《序卦》云：「有天地，然後有萬物。」又《孝經》：「富貴不離其身，然後能保其社稷。」子曰：「吾自衛反於魯，然後樂正，《雅》、《頌》各得其所。」又曰：「歲寒然後知松柏之後凋也。」且六經三史，及凡著述，未有无發端，而以「然後」爲首辭者，理亦明矣。

張淳《儀禮識誤》卷一 辭經曰：「辭曰：『非禮也，敢。』對曰：『非禮也，敢辭。』」按注云：「辭，不受。對，答問也。二者皆卒曰敢，言不敢。」又按疏云：「辭謂賓辭主人，答謂賓答主人，介則在旁，曰『非禮也敢』。」以注及疏文義攷之，下羡一「辭」字審矣。又竊疑注「辭不受也」之句上更有二「辭」字，傳寫者誤以注文作經文。今減經以還注，減經從注疏。

毛居正《六經正誤》卷一《周易正誤》 《彖辭》「内陽而外陰」，初九注「三陽同志」，六五注「陰陽交通」，又曰「陰陽配合」，並誤作「陽」。案：「陽」字从阜，从易，易音暘，日氣也，从旦，从勿。「阜」今作「阝」。「陽」音「睗」，古「睗」字也，从阝，从「難易」之「易」。《爾雅》：「陽，予也。」今《易》中多作「陽」，其間作「陽」者皆誤。

朱熹《昌黎先生集考異》卷一 策名於。「策」，方從閣、杭作「筞」，云公《上宰相書》「非苟没於利、筞於名也」，與此義通。今按：唐人「策」字，俗體從「竹」從「宋」，亦有只從「艸」者，與「筞」字絶相近，故閣本作「筞」，蓋傳寫之誤耳。方引「筞於名」，亦與此語意不相似。「於」，或作「與」，亦非是。

又 我恨。方從杭本作「奈我」。閣本無「奈」字，亦無「恨」字。蜀作「我奈」。今按：杭、蜀本蓋因前篇之末有「奈」字而誤也，閣本亦少一字，皆非是。今從監本。

又卷二 百蟲與百鳥。諸本同。方從閣、杭、蜀本作「七鳥」，云：柳、謝、荆公皆作「七鳥」，謂《月令》七十二候之蟲鳥也。蘇耆《開譚録》亦見。柳仲塗有此詩解一篇傳於世，謂指釋老也。然以歐公《感二子詩》及東坡《李太白畫像贊》考之，蓋專爲李杜而作。今按：「百蟲」，即上文之「蟲鼠」。「百鳥」，即上文所言皆飄浮者耳。與七十二候初不相關也。且使果爲七十二候之鳥，而但云七鳥，則詞既有所不備，又鳥既爲七而蟲獨爲百，於例亦有所不通。今細考之，豈以草書百字有似於七而致誤耶？初不必過爲鑿説也。又釋老、李杜之説，恐亦未然。舊嘗竊意此但公爲己、孟郊作耳。「落城市」者，己也；「集巖幽」者，孟也。初亦不能無疑，而近見葛氏《韻語陽秋》，已有此説矣。讀者詳之。

又 完完。諸本作「貌貌」，或作「皃皃」。方從杭、范，荆公本作「完」。今按：「完」字説見《酬盧雲夫望秋》詩。洪本亦云古書「完」多誤作「皃」，此又轉寫爲「貌」耳。

又 淅然。「淅」，或作「晣」，亦作「晢」。方作「晢」，云：「明也，音之世切。」《高唐賦》：「晣兮若姣姬揚袂障日而望所思。」「晣」與「晢」同，故今本訛爲「淅」也。今按：「淅」爲「淅瀝淒凉」之義，「晢」爲「明」義。此詩上云「陰氣始」，下云「雲景秋」，則與「晢」義不相應，而宜爲「淅瀝」之意矣。蓋由「淅」而誤爲「晣」，又因「晣」而轉爲「晢」也。

又卷四 可追。諸本皆同，而方從閣、杭，以「追」爲「止」。今按：草書「追」字近似「止」字，二本偶以轉寫致誤，而方乃以好怪取之，不復計其文義之通塞，可一笑也。

又 好惡箴 無善而好。「善」，方從杭、蜀作「悖」。今按：二本蓋由下句而誤，方亦不顧文義而取之也。

又卷五 得一事爲名可自罷去。方從閣本，「名」字在「罷」字下，而「名」字下更有一「罷」字。杭本無「名」字，可自作自可，亦無下「罷」字。今按：此句諸本皆不可讀，但別本作「得一事爲名可自罷去」，比閣本只移一「名」字，去一「罷」字，比杭本但增一「名」字，倒一「自」字，而文義通暢，略無凝滯，今從之。又按：此二書誤字尤多，而閣、杭、蜀本又爲特甚，不知何故如此。大氐公於朝廷或抵上官，論時事及職事，則皆如公狀之體，不用古文奇語，此二篇亦其類也。竊意讀者厭其無奇而輒改之，故其多誤至此云。

又卷六 亂雜而無章將天醜其德莫之顧邪何爲乎不鳴其善鳴者也。諸本如此，方從閣本，以「亂」爲「詞」，又從閣、杭本，删去「將天」以下十九字。今按：方本極無理。蓋因「亂」而誤爲「辭」，又因「辭」而轉作「詞」耳。今當改「詞」爲「亂」，又補十九字，文意乃足。

又卷七 得罪。「罪」下，方有「死」字。今按：「死」字不當用，又上句已有，不應重出，蓋因上句而誤也。

又卷八 往在。「在」，方作「居」，云：唐人多以「在」爲「居」，公《本政》亦曰「居我其周從」是也。今按：以「在」爲「居」，亦草書之誤。《本政》「居」字已論於本篇，方説非是。

彭叔夏《文苑英華辨證》卷九《雜録一》 白居易《進士策問第二道》：「大時不齊，大信不約，大白若辱，大直若屈。雷一發而蟄蟲蘇、句萌達，霜一降而天地肅、草木衰，其爲時也大矣，斯豈不齊者乎？日月代明而晝夜分，刻漏者準之，無杪忽之失焉。春秋代謝而寒暑節，律吕者候之，無黍累之差焉。其爲信也大矣，斯豈不約者乎？堯讓天下而許由遁，周有天下而伯夷餓，其爲白也大矣，斯豈辱身者乎？桀不道，龍逢諫而死，紂不道，比干諫而死，其爲直也大矣，斯豈屈己者乎？」詳上下文，斯語極爲允當，而印行集本，卻於「辱身」、「屈己」之上，各添一「不」字，但欲與「不齊」、「不約」相應，而忘其淺陋。今別白言之，以見印本經後人添改，大率類此，益知舊書之可信也。

又《文苑英華辨證拾遺》 吕頌《爲張侍郎乞入覲表》德宗時任黔府觀察使。略

云：「貞元五年，於延英殿賜面辭之日，親奉進止，令臣一考即來者。」又云：「自到黔中，首末三年，更入新正，即及四載。」案：張侍郎名無考，《舊德宗紀》亦不載其名，據《再請入覲表》云：「近日以來，楊或作『暢』，案：『暢』是。悦、孫成、李速、裴腆，皆在遐裔，相次喪亡。」李速於貞元五年，觀察黔中，則張當即繼李速之任者。然考《英華》五百八十五。吕頌《黔州刺史謝上表》云：「去年某月日，恩敕授臣使持節都督黔州諸軍事，守黔州刺史，兼御史中丞。類表大夫。今年某月日，到所部上訖。」又《權載之文集》、四十九。《祭故吕給事文》不著頌名，案其事跡，與《謝上表》正合，有云：「出領符竹，澄清遠部，夕拜黄扉，昭宣王度。」前署貞元九年正月，則頌拜黔中，當在九年之前。考《舊德宗紀》，貞元五年三月，以大理卿李速爲黔州刺史，黔州觀察使。八年五月戊午，以光禄少卿崔穆爲黔州觀察使。據《再請表》，則李速當即于五年喪亡，而吕頌即繼其任，當亦在五年。至頌入拜給事，而崔穆代之，則當在八年。自貞元五年至八年，首末正得四年，中間不容又有張侍郎其人。「爲張侍郎」四字，當是衍文。《英華》於此類誤謬甚多，如柳冕《青帥乞朝覲表》、裴度《李大夫乞朝覲表》之類，不可盡依。

王楙《野客叢書》卷二《經書因誤》 經書間亦有流傳之誤，因遷就爲本文者甚多，如《禮記》引《君牙》之詞曰：「夏暑雨，小民惟曰怨，資冬祁寒，小民亦惟曰怨。」注謂「資讀爲至，齊梁之語，聲之誤也。夏日暑雨，小民怨天，至冬祁寒，小民又怨天。」案今《君牙》之文曰：「夏暑雨，小民惟曰怨咨；冬祁寒，小民亦惟曰怨咨。」其本文如此。惟《禮記》中誤寫「咨」爲「資」，而下文又脱一「咨」字，遂曲爲之説，以全其文義如此。又如《中庸》曰：「素隱行怪。」《漢志》則曰：「索隱行怪。」此如《書序》「八卦」謂之「八索」，徐邈以爲「八素」，蓋「索」與「素」字文相近故耳。

岳濬《刊正九經三傳沿革例・音釋》 有字本易識，初若不假音者，音釋爲難字設也，今凡正文之音皆存之，其有音切雖多而只同前音者，與别無他音而衆所共識者，未免擇其甚贅者間削去。惟注亦然，《釋文》每有「後可以意求」，及「更不重出」，及「後放此」之説，則不必贅出亦明矣。有音重複而徒亂人意者，如《堯典》「光被四表」。「被」，皮寄反，而徐又音「扶義反」，以「扶」字切之，則爲音「吠」。蓋徐以吴音爲字母，遂以「扶」爲「蒲」，以「蒲」切之，無異于「皮寄反」，法應删。又如《曲禮》「負劍辟咡詔之」，「辟」，匹亦反，是音「僻」矣。而徐氏又音「芳益反」，沈氏又音「扶赤反」，以「芳」與「扶」切之，實不成字。蓋吴音以「芳」爲「滂」，以「扶」爲「蒲」，二切皆音「僻」，又何必再三音此一字爲哉！如此者甚多。有的然之音不待釋者，「在上」之「上」，時亮反。「在下」之「下」，户雅反。此指高卑定體而言。若「自下而上」，時掌反。「自上而下」，遐稼反。此指升降而言。此本不必言，復有間見而不盡音者，滋惑也。如《曲禮》「居不主奥」，注：命士以上，「上」，時掌反。復自云：凡言以上者皆放此。是不必盡音而可以意求也。今所校者，于疑似處亦音之，間有注字不附者，亦一一圈發矣。又如「先」、「後」二字，指在先在後之定體，則先平聲，後上聲。若「當後而先之」，「當先而後之」，則皆去聲。又如「左」、「右」二字，指定體而言，則「左」、「右」皆上聲，指其用者而言，則皆去聲。亦已隨意圈發。有誤音而不容盡改者，如《易・繫》「六爻之義易以貢」，「易」，當音「肄」，而作如字。《書・盤庚》「汝分猷念以相從」，「分」，當如字，而作去聲。此類不敢盡改。《記・内則》注釋「鞶革」「鞶絲」，則曰：「是槃袠與？」考疏：「與」者，疑而未定之辭。《釋文》乃音「預」，于義不通。已依疏改音餘。《禮・秋官・司儀》：「賓拜送幣，每事如初，賓亦如之。」注以「賓亦如之」之「賓」讀爲「儐」，《釋文》乃誤以「賓拜送幣」之「賓」音「擯」，今疏其誤于下。經文云：賓三揖三讓，登，再拜授幣，賓拜送幣。每事如初，賓亦如之。注云：賓三揖三讓，讓升也。登，再拜授幣，「授」，當爲「受」，主人拜至且受玉也。每事如初，謂享及有言也。「賓」，當爲「儐」，謂以鬱鬯禮賓也。上于下曰禮，敵者曰儐。《禮器》曰：諸侯相朝，灌用鬱鬯。謂此朝禮畢儐賓也。疏云：賓主俱升，主人在阼階上北面拜，乃就兩楹間南面，賓亦就主君，賓授玉，主君受之，故云再拜受幣也。云賓拜送幣者，賓既授，乃退向西階上，北面拜送幣，乃降也。以注疏求經指，則拜受幣者，主也，拜送幣者，賓也。賓拜之賓，乃主賓之賓，非儐禮之儐也。注所謂賓當爲儐者，乃指言賓亦如之之賓，蓋謂受幣送幣之禮既畢，享及有言之事，又畢，主乃以鬱鬯禮賓，其禮亦如享及有言之禮也。故注既解賓亦如之之義，又繫之曰：謂此朝禮畢儐賓也。況注之上文先解經文每事如初之義，而後曰：「賓」當爲「儐」。以次第先後求之，則「賓」之當音「儐」者，在此而不在彼也。《釋文》乃提起「賓拜送」三字，下注云：依注，賓音儐。其不深考注義如此。有因字畫相近，而疑傳寫之誤，失其本音者，《禮・春官・龜人》：「西龜曰靁屬，北龜曰若屬。」注：左倪靁，右倪若。《釋文》：靁，力胄反。又如字。考疏則云：左倪靁者，《爾雅》云：「左倪不類。」不類即類，一也。右倪若者，不若即若也。同稱若，故爲一物。如以疏義下文不若即若，證上文不類即類一語，疑靁當讀爲類，從力胄反，豈胄字即胃字之誤耶？《左傳・文十五年》：「宋華耦來盟，其官皆從之。」注：卿行旅從，春秋時率多不能備禮。《釋文》：率，所類反。又音律。以義求之，率當讀爲類，從所類反，則讀如將帥之帥，豈所類反三字乃音類二字之訛耶？諸本皆然，今不輕改。有點畫微不同而音義甚易辨者，如母字，牡后反，中從兩

點，與從一直者不同。毋字音無，中從一直下，與從兩點者不同。《釋文》于《曲禮》「毋不敬」之毋，詳言之矣。如毋追、淳毋、《春秋》甯毋之類，則音之。如「錫予」之「錫」，星歷反，旁從易，「鏤鍚」之「鍚」，余章反，旁從昜。又如「戌」之與「戍」，音「恤」者係作一小畫，音「春遇反」者從人，謂人荷戈曰戍。「神祇」之「祇」，從示而無畫，「祗敬」之「祗」，從示而有畫。「底」音「抵」者上有點，「厎」音「止」者上無點。又如「己」之與「已」與「巳」，皆可考識。如此類甚多，初假借，本不必音，而間亦音矣。有當音而不音合增入者，如《書·舜典》「重華協于帝」，「重」字無音，尚以人所共知，不假增入。至于「讓于殳斨」，「殳」字無音，《記曲禮》「則左右屏而待」，「屏」字無音，《禮·冬官·廬人》「毄兵同强」，「毄」無音，凡此類增音亦多。然亦有不敢增音者，《記·玉藻》「山立揚休」，「休」無音，注曰：其息若陽之休物。疏則曰：揚，陽也。休，養也。若盛陽之氣生養萬物。如此，則從吁句反，不敢增。諸經中「樂」之當音「洛」者，如《記·大傳》「禮俗刑而後樂」，及《樂記》中數處，皆無音。乃間有音「岳」者，與注疏之義不合，其必有説，不敢輕改。又如「喪」字，凡「喪亂」、「喪亡」、「死喪」之「喪」，去聲；凡有「喪遭」之「喪」，平聲。《詩釋文》全不分別，如《風》之「凡民有喪」，《釋文》無音，猶可曰：此從平聲，係是正音，無假于音也。《板》之「喪亂蔑資」，《蕩》之「小大近喪」，《桑柔》、《雲漢》之「天降喪亂」，《召旻》之「天篤降喪」，《釋文》亦皆無音。猶可曰：喪有二音，以義求之，居然可見，亦無假于音也。然《頍弁》之「死喪無日」，《釋文》息浪反，《抑》之「日喪厥國」，亦音釋浪反。「死喪」、「喪國」之「喪」，與「喪亂」、「喪亡」之「喪」同義，此有音而彼無音，假曰前面出一音，後不復出，而二音乃間出于諸詩之間。又《禮·天官·膳夫》「王之稍事，設薦脯醢」，鄭司農云：非日中大舉而間食，謂之稍食。玄謂稍事，有小事而飲酒。《漿人》「共賓客之稍禮」，注謂王稍所給賓客者。《釋文》皆無音。疑當從上聲。至于《內宰》「均其稍食」，注謂吏禄廩，此正「廩稍」之「稍」，《釋文》無音，但于《大宰》「家削」下云：本亦作「稍」，所教反。若《地官》「稍人」及「甸稍」之「稍」，與「家稍」之義略同，可以類推。若「稍食」之「稍」，與「家稍」之義亦無音，何也？今各隨文義，合加圈發者，加圈發以別之。此類甚多，不可悉舉。有一音而前後自差錯者，如《書·舜典》「朕堲讒説殄行」，殄訓絶，凡書中「殄」字皆徒典反，係上聲，惟《益稷》「用殄厥世」乃徒現反，則去聲矣。及考《監韻》，只收上聲，不收去聲，烏有義同而音異哉？合改爲徒典反。如《記·王制》「屏之四方」之「屏」，必政反，係去聲，至「屏之遠方」，則必郢反，係上聲，同一義而有上去之殊。及以《監韻》參之，去聲訓除，上聲爲「屏蔽」之「屏」，若是，則去聲爲是。又如《檀弓注》「叔向」之「向」，香亮反，案《左傳·宣十五年》《釋文》：香丈反。係上聲，嚮同音。是一爲上聲，一爲去聲也。又如「遇於一哀而出涕」，涕音體矣，只本篇垂涕、洟涕，音他計反，亦同義而二音。又如《左傳·莊二十八年》「其娣生卓子」，卓，敕角反。至《僖四年》「卓子」之「卓」，又音吐濁反。《昭二十六年》「王子朝」，《釋文》：如字。凡人名字皆張遥反。至《論語》「衛公子朝」，則又音直遥反。又如《禮·天官之屬·庖人》「賈八人」，《釋文》：賈音古，又音嫁。注及下放此。至《夏官之屬·馬質》「賈四人」，止云：賈音嫁，注及下同。則棄初音而從次音矣。《秋官之屬·庶氏》，《釋文》：庶音煮，又章預反。後「庶氏掌除毒蟲」，止云：庶，章預反。則亦棄初音而從次音矣。其最差雜者，則《記·文王世子》「凡學，世子及學士必時」，《釋文》：凡學世子，户孝反，教也。下小樂正學干、籥師學戈、學舞干戚同。若以義推之，學世子之學既爲户孝反，學士之學當同音。又以經文學世子、學士必時推之，則春夏學干戈，秋冬學羽籥，正承上文必時之意，故疏有秋冬羽籥同教，春夏亦同教干戈之説。疏義以學爲教，則皆從户孝反，《釋文》何獨于小樂正學干、籥師學戈，同爲户孝反，而他皆不音耶？又注有注陽用事則學之以聲，陰用事則學之以事，亦皆當從户孝反，而《釋文》亦無音。使讀者拘于音例而失其旨趣，此大弊也。今姑識之，以俟觀者擇焉。有當音當切而比附聲近者，如所謂「附近」之「近」，「閒厠」之「閒」，「閒隙」之「閒」，平聲。「伺候」之「伺」，平聲。「争鬭」之「争」，「應對」之「應」，是也。今亦皆從其舊，不欲更爲音切。有一字數切而自爲龐雜者，一長上聲。字也，則丁丈、張丈、知丈、展兩反。一中去聲。字也，則丁仲、張仲、貞仲反。後來《監韻》所收，則長爲展兩反，中爲陟仲反，豈不明白歸一哉！初欲更而爲一，以他音亦有類是者，姑悉存其舊。有用吴音爲字母而反切難者，沈氏、徐氏、陸氏，皆吴人，故多用吴音。如以丁丈切長字，丁仲切中字，是切作吴音也。以至「蒲」之爲「扶」，「補」之爲「甫」，「邦」之爲「方」，「旁」之爲「房」，「征」之爲「丁」，「鋪」之爲「孚」，「步」之爲「布」，「惕」之爲「飭」，「領」之爲「冷」，「茫」之爲「亡」，「姥」之爲「武」，「敵」之爲「直」，是以吴音爲切也。此類不可勝紀，但欲知此則以吴音切之可也。有反切難而韻亦不收者，如《周禮·掌固》「夜三鼜以號戒」，注：趣與造音相近。而趣竟爲莊久反。「天子圭中必」，必，府結反。《論語》「其庶乎屢空」，空，力縱反。是已。有不必音而音，當音而不音者，如「治」字本不必音，乃音爲直吏反，平聲則不音，以爲正字，固也。而《周禮·小宰》注「平治也」，則云：如字，下治其施舍同。案「治」字從水從台，本音怡，諧聲，故爲平聲，于此獨音如字者，恐人疑爲去聲，故特音之，不可以此有音而他無音爲非平聲也。毛居正云：音持者，攻理也，凡未治而攻之者則平聲，經史中治天下，《左傳》治絲，大禹治水，治玉曰琢，治兵、治獄之類，是也。爲理與功效則去聲。

經史釋文音自可識，或無明音，亦準此推之。雖然，曷不以文公爲準乎？其釋《大學》「先治其國」、「欲治其國」，皆音平聲；「家齊而後國治，國治而後天下平」，皆音去聲，仍于二音之下俱云：後放此。是使人可以意求也。文公于《孟子·梁惠王上》「奚暇治禮義」亦音平聲，凡爲理物之義者放此。蓋平聲係使然，去聲係自然，初不難辨。又如「數目」之「數」、「三數」之「數」，每音上聲；「數筭」之「數」、「數責」之「數」，每音去聲。至《左傳釋文》，則「數責」之「數」，兼有上聲、去聲二音。至《史記釋音》，及宋景文《國語補音》，則以「數責」之「數」爲上聲矣。今四方之音，卻與《國語》、《史記》音合，惟吴音不爾。有當音或不音而可以例推者，《詩·載芟》「春藉田而祈社稷」，注：藉之言借也。「藉」字《釋文》無音。《孟子·滕文公》：助者，藉也。孫奭《釋文》亦無音。參以《記·王制》「古者公田藉而不稅」，注亦云：藉之言借也。《釋文》：藉，在亦反。借，子亦反。則知春藉田之藉，與助者藉也之藉，皆當從在亦反。又考之《說文》「帝耤千畝」，其上無卝，亦從入聲。又《漢書》「名聲藉甚」，注云：狼藉，甚盛也。其字上亦從卝。以此古籍字有入聲，不但藉田之藉、助藉之藉爲然也。今《監韻》亦收「藉田」之「藉」，在二十二昔韻，則「藉」之當從入聲爲愈明矣。近世學者因「藉借」之義，多有讀《孟子》「藉」字爲去聲，殊不知借字古亦是入聲也。有當音當切遺于前而見于後者，如《易·乾卦》九二注：德施周普，上則過亢。施亢二字，《釋文》初皆無音。至上九「亢龍有悔」，始音亢，苦浪反。《彖》「雲行雨施」，始音施，始豉反。《書序》「《康王之誥》合於《顧命》」，「顧」字，《釋文》初無音，至《顧命篇》，始音工户反。《禮·地官·均人》注：主平土地之力政者。「政」字《釋文》初無音，至後《均人之職》「地政」、「力政」，始音征。《冬官·輪人》注：蓋高一丈。「高」字《釋文》初無音，至《匠人營國》「雉長三丈，高一丈」，始音古報反。《春秋左傳·隱元年》「費伯帥師城郎」注：高平方與縣東南有郁郎亭。「方與」二字，《釋文》初無音，至二年「公及戎盟于唐」注：高平方與縣北有武唐亭，始音方與爲預。此類甚多，蓋陸德明作《釋文》時不甚檢點，故後先倒置爾。今各隨其義而加圈發。有經文兩字同而音義有異者，《周禮》之「施舍」，與《左傳》之「施舍」，音義有不同。《地官·大司徒》之「舍禁」、「弛力」，又與《小宰》、《小司徒》、《鄉師》之「施舍」，音義不同。《大司徒》之「弛力」，注：息繇役也。「舍禁」，注：公無例也。「舍」讀爲「捨」。《小宰》、《小司徒》之「施舍」，注謂應復免不給繇役者。《釋文》：施，式氏反。「舍」字無音。《左傳》之「施舍」，注以施爲施恩惠，舍爲舍勞役。「施」、「舍」二字，《釋文》皆無音。蓋《周禮》之「施」字從上聲，《左傳》之「施」字則從平聲，以注義施恩推之，亦可從去聲，以《釋文》無明音，只從平聲。蓋施舍之爲義，加也，設也，從平聲；及也，延也，從去聲。以義考之，則音可見。至「舍」字，則二經皆去聲也。《左傳》本不可以言經，今從俗所謂汴本十三經、建本十一經稱之。近出傳讀，多以《周禮》「施舍」之「舍」爲「捨」，蓋以注文復免不給繇役，有「捨」之義。殊不知「舍」之爲義，置也，所謂復免繇役及舍勞役，皆以置而不役爲義，則讀爲如字，音義俱通。《左傳釋文》多有此比，如《僖十五年》「吕甥對秦伯曰：服而舍之」，《二十八年》「晉侯欲殺魏犨，曲踊三百，乃舍之」，又「晉侯曰：宋人告急，舍之則絶」，凡此等「舍」字，《釋文》初音皆從如字，此又舍從去聲之明證也。有字同音異，隨注義以爲别者，如《詩大序》注：謂好逑也。好，呼報反。《關雎》「君子好逑」，則以如字爲初音，呼報反爲次音。蓋《大序》，鄭注也，故注文「好逑」之「好」從呼報反，圈發爲去聲。若《詩》，則先有毛傳，而後有鄭箋，當以毛音爲正，故《詩》文「好逑」從毛音，只爲如字。此類惟《詩》與《禮》最多，然《詩》則以毛傳爲正音，《禮》則多以康成之説折衷，此又在觀者尋其指趣而爲之區别也。有《釋文》起音之字與經文注文異者，如《記·曲禮》注「膺揭」，此引《少儀》經文也，《釋文》則以「揭」爲「葉」，音如字。《禮·地官·大司徒》「其植物宜早物」，本諸經文，只是「早」字，《釋文》則曰：「『皁』，音『早』。」又如：《均人》「旬用」之「旬」，注：「旬」，均讀如「畇畇原隰」之「畇」。《釋文》不以經文「旬」字起音，而以「畇」字起音。《釋文》云：「畇」，音「均」，又舒均反，又音「旬」。《春官·巾車》「藻車藻蔽」，注：故書作「䡵」。《釋文》不以經文「藻」字起音，而以「䡵」字起音。《釋文》云：「䡵」，音「總」，又音「藻」，又音倉會反。《夏官·圉師》「夏庌」，《釋文》不以經文「庌」字起音，而以注文「訝」字起音。《釋文》云：「爲訝」，五稼反。此皆陸氏因其時所祖之本，隨各字而起音也。觀者知其故，則可以知其音矣。有照注義當爲初音，而《釋文》以爲次音者，《詩》「不弔昊天」，毛、鄭注皆以「弔」爲「至」。《左傳·昭十六年》「帥羣不弔之人」，《哀十六年》「昊天不弔」，杜注亦皆以「弔」爲「至」。此「弔」字夷攷注義，當以丁歷反爲初音，《釋文》則以如字爲初音。《禮·夏官》「挈壺氏」，注：讀「絜髮」之「絜」，疏云：「絜」即「結」也。當以結爲初音，《釋文》以苦結反爲初音。《冬官》「韗人」，注：讀爲「運」，《釋文》以況萬反爲初音。「樸屬」，注：讀爲「樸」，《釋文》以普剥反爲初音。《春秋·哀四年》「盜殺蔡侯申」，注：不言弑，盜也。《釋文》殺申志反之類。

姚範《援鶉堂隨筆》卷三四 「八月，大閱于魏，合盧龍、橫海、昭義、安國及鎮定之兵十萬、馬萬匹，軍于麻家渡。」按：胡朏明《禹貢錐指》「又北播爲九河」句下

「唐時澶州清豐縣界有馬頰河」，余疑即此「麻家」，聲近而誤名耶？

王鳴盛《十七史商榷》卷四《滅楚名爲楚郡》 《楚世家》：「秦將王翦破楚，虜楚王負芻，滅楚名爲楚郡云。」孫檢注云：「滅去楚名，以楚地爲秦郡。」「秦郡」，震澤王氏刻本作「三郡」，疑是，當從之。秦莊襄王名楚，本諱楚字，故於破楚虜王後，除去楚名，而爲郡也。「楚郡」之「楚」字疑衍。三郡當謂南郡、九江、會稽，如黔中固是後來所置，非初滅六國時所有，南海、桂林、象郡亦然。且於楚亦僅羈縻，非其疆域。然如長沙郡，則寔楚地建爲郡者，而孫檢但言三郡，特約略之詞耳。其實當言四郡，抑古人「四」字亦積畫作「三」，故易混邪。

又卷八《田肯》 「田肯」，《史記》同，而《索隱》曰：「《漢書》及《漢紀》作『宵』。」案：郭忠恕《佩觿》曰：「《漢書》田肯，『肯』本作『肎』，故誤爲『宵』耳。」

又卷一〇《泄祕書》 《百官公卿表》：「昭帝元鳳四年，蘇昌爲太常，十一年，坐籍霍山書泄祕書免。」師古曰：「以祕書借霍山。」顧氏曰：「蘇昌益籍没霍山之書中有祕記，當密奏之，而輙以示人，故以宣泄罪之耳。山本傳言山坐寫祕書，顯爲上書獻城西第，入馬千匹，以贖山罪。若山之祕書從昌借之，昌之罪不止於免官，而元康四年，昌安得又爲太常邪？果如小顏說，則但當云坐借霍山祕書免足矣，何用文之重、詞之複邪？」顧氏說甚辨。案：蘇昌以元鳳四年爲太常，而霍山之敗，在宣帝地節四年，相距凡十二年，故云「十一年坐籍霍山書」云云。昌爲太常凡十二年而免也，作十一年者傳寫誤。

又卷三二《郡國太守刺史治所》 《郡國志叙》首云：「凡縣名先書者，郡所治也。」郡太守所治之縣，自宜先書，此例甚當。《前志》每郡先書者不必定太守治，則太守所治，宜逐郡詳書之，乃都尉治則書，太守治不書，此《前志》之不如《續志》者。至刺史治，《續志》皆詳書之，而《前志》亦不書，說已見前。若都尉，《前志》有治所，《續志》無者，《百官志》言：「建武六年，省諸郡都尉，并職太守。」注云：「每有劇賊，郡臨時置都尉，事訖罷之。」故《郡國志》無其治所。

司隸校尉部獨爲一卷，其治所自當在雒陽，故不注。劉昭於卷尾注引《漢書舊儀》曰「司隸治所」，此例之異者。《漢舊儀》或出衛宏，或出應劭，或出蔡質，皆不可知，「書」字誤衍。至交州部蒼梧郡所屬廣信縣下注云：「《漢官》曰：刺史治去雒陽九千里。」此「刺史治」三字，疑是司馬彪原注，蓋劉昭既用小字注此志，乃以司馬氏原注進爲大字，見昭自述，則此「刺史治」似當爲大字，在注之上，傳寫誤移入注矣，非司馬氏獨漏此州也。若九江郡所屬歷陽侯國，大字云「刺史治」，而壽春縣下小字云：「《漢官》云：刺史治去雒陽千二百里。」與《志》不同。二說之所以不同者，何氏焯謂《志》據中興以後，《漢官》據末年。攷《志》據永和五年，而交州注引王範《交廣春秋》云：「交州治嬴陵縣，元封五年移廣信縣，建安十五年治番禺縣。」元封，前漢武帝號，以此例之，可見《志》據永和，而《漢官》亦不據末年，若據末年，何不書「交州刺史治於番禺」乎？何說未的。

各州皆書「刺史治」，惟益州廣漢郡雒縣、涼州漢陽郡隴縣獨書「州刺史治」，多一字，亦宜删歸畫一。

又卷五四《綏輿里》 《南史·宋武帝紀》：「彭城縣綏輿里人。」《宋書》但云「綏里人」。上文「帝諱裕，字德輿」，疑相涉致誤，衍「輿」字。

又卷七五《宣詔院》 「仇士良收捕宣詔院副使尉遲璋，殺之。」此事《新書》在《文宗紀》，「宣詔」作「仙韶」，《新》是，《舊書》以音近而誤，原本誤同。《舊文紀》「開成三年四月，改《法曲》爲《仙韶曲》，仍以伶官所處爲仙韶院」是也。尉遲璋爲文宗合古樂，見高彦休《闕史》卷下。

又卷九六《職方與馬令合與戚光異》 陸游《南唐書》後附戚光《音釋》，列州軍之名，自注「凡三十八」，數之止三十七，此或傳寫之誤。就其三十七州軍中，有一處但作空格，旁注一「攝」字，不可解，餘三十六州軍則似的然者。馬令《南唐書》第三十卷《建國譜》列州凡三十五，數其下文所列之州，其目相符。今以二者校之，除兩處皆有之三十三州不論外，戚有而馬無者，一雄州，二通州，三雄遠軍，四南州。攷馬令《譜》彰州注云：「保大三年取，改爲南州，俄復舊。」戚於南下夾注多作空格，中有漳名云云，蓋馬《譜》「漳」字傳寫訛爲「彰」耳，歐陽氏《五代史·職方攷》亦作「漳」也。此即今福建漳州府，既是暫改俄復，何得言南不言漳？戚光謬甚。然則此州兩處實皆有，以上凡三十四州，此外所謂雄州者，據戚謂割揚之六合、天長置，此必暫置俄併者，故馬《譜》不取，戚列入亦非。通州亦不宜列入，戚誤甚，說詳後。其雄遠軍，據戚于昇州注，謂以當塗置此軍，乃昇州所屬，何必另列，戚亦誤。若然，馬所有之三十五州，戚尚少一，則歙州也。此州《職方》亦有，不應戚獨無，空格注「攝」字者，必即歙州也，因音近而誤。再以《職方》校馬《譜》，三十五州並同。南唐州數以歐、馬爲是，戚光不可用。

孫志祖《讀書脞録》卷一《〈釋文〉誤入注》 《詩·東門之池》箋：「孔安國云：『停水曰池。』見《泰誓傳》。」《儀禮·士昏禮》注：「『壻』，悉計反，从士，从胥。俗作『埍』。女之夫。」案：此皆陸氏《釋文》語，誤刻作箋注者，閻百詩《尚書古文疏

證》乃據此謂康成曾見《孔傳》，又云：「鄭作反語，有此一條。」以百詩之精博，猶不免爲俗刻所誤，予於此蓋信讀書之難也。

顧廣圻《思適齋集補遺》卷下《廣陵通典校例·移例》 「十三年，討虜將軍孫權遣長史張昭攻登於匡琦城」接「策將伐登，軍到丹徒，爲人刺死」下，原稾如此，又張翁無校。今案此條，係合《三國志·陳矯傳》「郡爲孫權所圍於匡奇」云云，《張昭傳》注引《吴書》「權征合肥，命昭别討匡琦」云云而爲之，其實誤也。考《吕布傳》注引《先賢行狀》云「策遣軍攻登於匡琦城」，最是。蓋《矯傳》「權」字當爲「策」字耳。此事雖無的年，必在建安三年禽吕布、五年策死之間，是後曹操辟矯爲司空掾屬，司空，操官也，若至十三年，則其六月，操已爲丞相矣，漢已罷三公官矣。八月劉表死，十一月操敗赤壁北還，十二月權始攻合肥，不得復有登遣矯、矯以是辟司空之事。温公《通鑑考異》亦嘗疑焉，可取而參訂也。然則《吴書》張昭討匡琦，别是一事，與此不涉。故改「十三年」至「張昭」十四字，作「策遣軍」三字，而移之於前。凡移者例視此。

又案《廣陵對》孫策用兵云云，陳登出奇制勝云云，則匡琦之戰爲之也。可見尊公於此事，並不定謂是權而非策也，正足爲移改之明證。

又《删例》 「策攻破揚州刺史劉繇别將於海陵。」在「初陶謙同郡笮融」上。原稾有，又張翁無校。今案此條，係從今本《三國志》裴注所引《江表傳》采入，其實誤也。考《通鑑》載此事作「於梅陵」，胡身之注曰：「《晉書·地理志》宣州南陵縣有梅根鎮。今有梅根港。」然則在温公時，《國志》注字自作「梅」，宋末尚爾，但後來乃譌作「海」耳。且觀《通鑑》上云「策攻劉繇牛渚營」，下云「轉攻湖孰、江乘」，所載全取《江表傳》。準以地望，是時策自歷陽渡江而南，方轉戰丹陽郡界中，何從越至江北之海陵乎？可知梅之必是，海之必非，而不當采入此書甚明也。故删。凡删者例視此。

又《改例》 「建安十八年，丞相操恐濱江郡縣」云云，「皆東渡江，江西遂虚，合肥以南唯有皖城」。原稾如此，又張翁無校。今案此條，係合《三國志·吴主傳》及《蔣濟傳》而爲之。考《吴主傳》云：「初，曹公恐江濱郡縣爲權所略，徵令内移。民轉相驚，自廬江、九江、蘄春、廣陵，户十餘萬皆東渡江，江西遂虚，合肥以南唯有皖城。十九年五月，權征皖城。閏月，克之。」承祚之意，自「初」字以下，至「唯有皖城」，爲十九年權征皖城先事起義，其法本出《左傳》，非謂此事在十八年也。故《蔣濟傳》云建安十三年云云，明年，使於譙，太祖問濟曰云云。明年，十四年也，正於十八年爲初。故改「八」字爲「四」字，而去「江西」以下十二字，爲其係皖城而不係廣陵也。凡改者例視此。

又《增例》 「質帝本初元年」至「以稱朕意」七十九字。原稾無，又張翁無校。今案：此在范蔚宗書《帝紀》，當采入而誤遺之耳。故增。凡增者例視此。

以上四例，各舉一條，餘不更出。

錢大昕《唐石經考異·周易》 《坤》：「至静而德方。」「德」下旁添「也」字。凡旁添之字多不足據，蓋宋以後人所爲。

又 《泰》：「苞荒。」「苞」初作「包」，後加「艹」。《象傳》同。陸亦作「苞」。岳本、今本并作「包」。凡「包承」、「包羞」并同。

又 「巧愈彌甚。」「愈」初作「喻」，後改。按注以廣爲譬喻釋巧喻之義，不當作愈。此亦後人妄改。岳本、監本亦作「愈」。

王念孫《讀書雜志》一之一《賞多則乏》 「罰多則困，賞多則乏。」引之曰：「賞多則乏」當爲「賞少則乏」。困與乏皆謂民也，民衆而罰多，則民必困，民衆而賞少，則民必乏。故上文云「人衆罰多賞少，政之惡也」，不得言「賞多則乏」明矣。此「多」字即涉上句「罰多」而誤。

又《美女破舌》 《武稱篇》：「美男破老，美女破舌。」盧曰：「今《戰國秦策》引此『破舌』作『破少』，唯高誘所注本與此同。」念孫案：「美女破舌」，於義亦不可通，「舌」當爲「后」，「美男破老，美女破后」，猶《左傳》言「内寵並后，外寵二政」也。見《閔二年傳》。「政」非「政事」之「政」，當讀爲「正」，謂正卿也。說見《經義述聞》。隸書「后」字或作「石」，與「舌」相似而誤。東魏《敬史君碑》「女石稱制」，即「后」字。段氏若膺《說文注》曰：「『舌』、『后』，字有互譌者，如《左傳》『舌庸』譌『后庸』，《周書》『美女破后』譌『破舌』是也。」

又《遷同氏姓》 「遷同氏姓，位之宗子。」念孫案：「遷」本作「選」，言選其同氏姓之賢者，而立以爲宗子也。今本「選」作「遷」，則文義不明，蓋涉上文「無遷厥里」而誤。《玉海》五十引此正作「選」。

又《兆墓》 《大開篇》：「兆墓九開，開厥後人。」念孫案：「兆墓」二字義不可通，當是「兆基」之誤。「九開」當爲「大開」，九、大字相似，《周官·大司樂》「九磬之舞」，鄭注：「『九磬』讀當爲『大韶』，字之誤也。」《管子·四時篇》「大暑乃至」，今本「大」字亦誤作「九」。又涉前《九開篇》而誤也。「大開」二字，即指本篇篇名而言，「兆基大開，開厥後人」者，兆，始也，《爾雅》：「肇，始也。」通作兆。哀元年《左傳》「能布其德而兆其謀」，杜

注：「兆，始也。」言始基此大開之謀，以開後人也。後序云：「文啟謀乎後嗣，以脩身敬戒，作《大開》、《小開》二篇。」是其證。

又《告》 《大開武篇》：「告歲之有秋，今余不獲其落。」念孫案：「歲之有秋」云云，乃取譬以明之，則「告」當爲「若」，下文「若農之服田，既秋而不獲，維禽其饗之」即其證。「若」與「告」字相似而誤。

又《由禱》 《酆謀篇》：「由禱不德，不德不成。」念孫案：「由禱不德」當爲「曲禱不德」，故孔注曰：「曲爲非義，神不德之。」「曲」與「由」字相似而誤。

又一之二《奏王》 「泰顛、閎夭皆執輕呂以奏王。」念孫案：「奏王」當依《史記》作「衛王」。上文「周公把大鉞，召公把小鉞，以夾王」，孔注曰：「二公夾衛王也。」則此泰顛、閎夭，亦是執劒以衛王，不當言奏王也。「奏」字蓋涉上文「叔振奏拜假」而誤。注云：「執王輕呂當門奏，太卒屯兵以衛。」失之。

又《位長》 「位長以遵之。」念孫案：「位長」本作「伍長」，下文「什長以行之」，「什長」與「伍長」文正相對。《大聚篇》曰：「五户爲伍，以首爲長。十夫爲什，以年爲長。」此之謂也。今本「伍長」作「位長」，則文義不明，蓋以「伍」「位」字形相似而誤。《玉海》六十七引此正作「伍長」。

又《農民》 「水性歸下，農民歸利。」念孫案：此本作「水性歸下，民性歸利」，《漢書·食貨志》：「民趨利如水走下。」「民性」與「水性」對文，民字總承上文士農商賈而言，非專指農民而言。今本作「農民」者，即涉上「農民歸之」而誤。《玉海》六十引此，正作「民性歸利」。

又《九畢》 「俘殷獻民，遷于九畢。」念孫案：書傳皆言「畢」，無言「九畢」者，《玉海》十五引此作「九里」。據孔注，以爲成周之地近王化，則作「九里」者是也。蓋「里」、「畢」字相似，又涉上文「葬武王於畢」而誤。

又《復格》 「復格藻棁。」孔注曰：「復格，累芝栭也。」惠氏半農曰：「復格即複笮。」引之曰：諸書無謂「笮」爲「格」者，「格」當爲「⿰木咨」，音「節」。字或作「楶」，或作「節」，謂柱上方木也。《説文》：「⿰木咨，欂櫨也。」「櫨，柱上枅也。」《倉頡篇》曰：「枅，柱上方木也。」見《文選·魯靈光殿賦》注。《爾雅》：「栭謂之楶。」李巡曰：「栭，今欂盧也。」見《明堂位》正義。《明堂位》「山節藻棁」，鄭注曰：「山節，刻欂盧爲山也。」栭或謂之芝栭，《魯靈光殿賦》「芝栭欑羅以戢孴」，張載曰：「芝栭，柱上節，方小木爲之，長三尺。」故孔云：「復⿰木咨，累芝栭也。」「⿰木咨」、「笮」一聲之轉，故《廣雅》云：「⿰木咨謂之笮。」然則笮也，⿰木咨也，栭也，芝栭也，枅也，欂櫨也，六者一物也。⿰木咨爲柱上方木，棁爲梁上短柱，故以「復⿰木咨藻棁」連文，猶《禮記》、《論語》之以「山節藻棁」連文也。「⿰木咨」與「格」字相似，世人多見「格」，少見「⿰木咨」，故「⿰木咨」誤爲「格」矣。

又一之三《率公鄉士》 《明堂篇》：「天子之位，負斧扆，南面立，率公卿士侍於左右。」念孫案：「率公卿士」，本作「羣公卿士」，「侍於左右」，謂侍於周公之左右也。今本作「率公卿士」者，後人不曉文義而改之耳。上文既言周公攝政，君天下，大朝諸侯於明堂之位，則此負扆南面立者，即周公也。乃又言「率公卿士侍於左右」，則率公卿士者果何人邪？此理之不可通者也。《玉海》九十五引此，正作「羣公卿士」。

又《薦然》 「怒色薦然以侮。」引之曰：「薦」字義不可通，「薦」當爲「茀」，字形相近而誤也。「茀」與「艴」同，《孟子·公孫丑篇》「曾西艴然不悦」，趙注曰：「艴然，愠怒色也。」《音義》：艴，丁音勃，張音佛。《楚策》曰：「王怫然作色。」「怫」與「茀」，皆「艴」之借字也。《莊子·人問世篇》「獸死不擇音，氣息茀然」，義與艴然亦相近。《大戴記》作「怒色拂然以侮」，「拂」亦「艴」之借字，以是明之。

又《瞿然以静》 「憂悲之色，瞿然以静。」念孫案：《玉藻》説喪之視容曰「瞿瞿梅梅」，則「瞿然」乃視容，非色容也。又案：經傳中凡言「瞿然」者，皆是驚貌，《説文》作「界」，云：「舉目驚界然也。」則又不得言「瞿然以静」矣。《大戴記》作「纍然以静」，是也。《玉藻》「喪容纍纍」，鄭注曰：「羸憊貌也。」《家語·困誓篇》注曰：「纍然，不得意之貌。」故曰：「憂悲之色，纍然以静。」「纍」字上半與「瞿」略相似，因誤而爲「瞿」矣。

又《克易》 「言行亟變，從容克易，好惡無常，行身不篤。」念孫案：「克易」二字義不可通，「克」當爲「交」，隸書「交」作「亥」，「克」作「克」，二形相似，故「交」誤爲「克」。上文「言行不類，終始相悖，外内不合」，《大戴記》「外内不合」上，有「陰陽交易」四字，今本「交」字亦誤作「克」。從容，舉動也。《楚辭·九章》注曰：「從容，舉動也。」説見《廣雅疏證·釋訓》。「從容」與「言行」對文，「從容交易」言其舉動之變易無常也。宣十二年《公羊傳》曰：「君之不令臣交易爲言。」義與此相近。「言行亟變」四句，大意相同，皆謂其性行之無常也。《大戴記》作「從容謬易」，義亦與「交易」同。

又二之一《攻魏將犀武軍》 「秦攻魏將犀武軍於伊闕，進兵而攻周。」念孫案：上「攻」字當作「敗」，今作「攻」者，因下「攻」字而誤也。秦既敗魏軍，乃進兵而攻周，若但言攻魏軍，則勝敗未可知，不得遽進兵而攻周也。《史記·周本紀》：「秦破韓、魏，扑師武。」《集解》引此《策》曰：「秦敗魏將犀武於伊闕。」是其證。高

注：「秦攻魏將犀武軍於伊闕，秦遂進攻周。」上「攻」字亦當作「敗」。下文「犀武敗於伊闕」，注曰：「秦將白起敗魏將犀武於伊闕，遂進攻周。」是其證。

又二之二《寡君》 「昔吴與楚戰於柏舉，三戰入郢，寡君身出，大夫悉屬，百姓離散。」念孫案：「寡君」當爲「君王」，此涉下棼冒勃蘇之詞而誤也。棼冒勃蘇對秦王言之，故稱「寡君」，此是子華述昭王出奔之事，當稱「君王」，不當稱「寡君」也。下文述蒙穀之事，正作「君王身出」。

又《求反》 「寡人之得求反，主墳墓，復羣臣，歸社稷也。」念孫案：「求」當爲「來」，謂得來反於楚也。隸書「來」字作「来」，「求」字或作「来」，《漢三公山碑》「乃求道要，本祖其原」，「求」字作「来」。《蕩陰令張遷碑》「紀行求本，蘭生有芬」，「求」字作「来」。二形相似，上下文又有「求」字，故「來」譌爲「求」。《逸周書・周祝篇》「觀彼萬物，且何爲來」，《孟子・離婁篇》「舍館定，然後來見長者乎」，《史記・李斯傳》「來丕豹公孫支於晉」，今本「來」字並譌作「求」。鮑云：「求，反國而得。」此曲爲之説也。《太平御覽・人事部》引此，正作「來反」。

又《外賓客》 「是以外賓客遊談之士，無敢盡忠於前者。」鮑注曰：「外，疏之也。」姚曰：「錢劉去賓字。」念孫案：「外賓客遊談之士」，句法頗累，錢、劉去「賓」字是也。外客，謂外來之客，鮑云「疏之」，非是。《史記・蘇秦傳》作「賓客游士」，此作「外客遊談之士」，文本不同。今本作「外賓客遊談之士」者，後人據《史記》旁記「賓」字，因誤入正文耳。楊倞注《荀子・臣道篇》引此有「賓」字，則所見本已誤。《文選・蜀都賦》注、《上吴王書》注引此，並無「賓」字，今據以訂正。

又二之三《長驅至國》 「濟上之軍奉令擊齊，大勝之，輕卒鋭兵，長驅至國。」姚曰：「『國』，錢作『齊』。」念孫案：作「齊」者，原文，作「國」者，後人據《史記・樂毅傳》改之也。後人以上文既言「擊齊」，此不當復言「至齊」，故改爲「至國」。不知「至齊」之「齊」，與「擊齊」之「齊」異義。「至齊」謂至齊都，猶言「至國」也。《齊策》云：「馮煖自薛長驅到齊。」亦謂到齊都也。《文選・東京賦》注，《爲曹洪與魏文帝書》注，《爲石仲容與孫皓書》注，《晉紀總論》注，引《策》文並作「至齊」。《新序・雜事篇》亦作「至齊」。又《文選・天監三年策秀才文》注，引《史記》「輕卒鋭兵，長驅至國」，然則《史記》作「國」，而《戰國策》作「齊」明矣。

又三之一《雍廩》 「齊雍廩殺無知、管至父等。」念孫案：「雍廩」本作「雍林人」，此後人依《左傳》改之也。《齊世家》曰：「齊君無知游於雍林，雍林人嘗有怨無知，及其往游，雍林人襲殺無知。」是史公誤以「雍林」爲邑名，故言無知游於雍林，雍林人襲殺之也。此文亦當云「齊雍林人殺無知」，故《正義》曰：「雍林邑人。」此正釋「雍林人」三字也。今本《正義》曰：「是雍林邑人姓名也。」案，既云雍林邑人，則不得又以雍林爲姓名。此句亦經後人改竄，惟「雍林邑人」四字尚未改耳。後人改「雍林」爲「雍廩」，又删去「人」字，非史公之意矣。又案《正義》内有「雍，於宫反。廩，力甚反」八字，亦後人所加。「雍」字不須作音，故《左傳》「雍廩」之「雍」無音。又《齊世家》之「雍林」，《鄭世家》之「宋雍氏」、「雍糾」，《正義》皆無音。此不當獨有音。且《正義》既作「雍林」，則又不當有「廩，力甚反」之音。故知此八字皆後人所加也。

又三之二《堵敖》 「堵敖囏元年。」念孫案：「堵敖」本作「杜敖」，此後人依《左傳》改之也。《索隱》本出「楚杜敖囏」四字，而釋之曰：「世家作『莊敖』，劉音『壯』，此作『杜敖』，今改爲「此作堵敖」。劉氏云『亦作堵』。今改爲「亦作杜」。『堵』、『杜』聲相近，與《世家》乖，不詳其由也。」據此則《史記》本作「杜敖」，「杜」、「堵」聲相近，故《左傳》作「堵敖」。莊十四年。其作「莊敖」者，「杜」譌爲「壯」，又譌爲「莊」耳。《左傳釋文》亦云：「《史記》作『杜敖』」。《漢書・古今人表》亦作「杜敖」，不得以《左傳》改《史記》也。又案《集解》引徐廣曰：「『囏』，一作『動』。」「動」當爲「勤」字之誤也。《齊語》「夫爲其君勤也」，《淮南・原道篇》「四支不勤」，今本「勤」字並誤作「動」。《説文》：「『囏』，籀文『艱』字。」「艱」古讀若「根」，説見《古韻標準》。「根」、「勤」聲相近，故「囏」通作「勤」，若「動」與「囏」，則聲遠而不可通矣。又「杜敖」上脱「楚」字，亦當依《索隱》補。

又三之三《憾》 「見舞《象箾》、《南籥》者，曰：『美哉！猶有憾。』」念孫案：「憾」本作「感」，後人依今本《左傳》改之耳。古無「憾」字，借「感」爲之。《説文》無「憾」字。昭十一年《左傳》「唯蔡於感」，《釋文》：「感，户暗反。」即今「憾」字也。宣十二年「二憾往矣」，成二年「大國朝夕釋憾於敝邑之地」，唐石經並作「感」。宣二年「以其私憾」，襄十六年「以齊人之朝夕釋憾於敝邑之地」，《釋文》並作「感」。《逸周書・大戒篇》曰：「内姓無感，外姓無謫。」《韓策》曰：「感忿睚眦之意。」《鹽鐵論・備胡篇》曰：「士卒失職，而老母妻子感恨。」《漢書・張安世傳》曰：「何感而上書，歸衛將軍富平侯印。」《杜鄴傳》曰：「内無感恨之隙。」字並與「憾」同。又見下。《索隱》本出「有感」二字，注曰：「感讀爲憾，字省耳，胡暗反。」今既改正文爲「憾」，又改注文曰：「憾或作感，字省耳，亦讀爲憾，又音胡暗反。」其失甚矣。襄二十九年《左傳》「美哉猶有憾」，《釋文》正作「感」。

又《衢》 「遇孟武伯於衢。」念孫案：「衢」本作「街」，此後人依《左傳》改之也。《索隱》本作「街」，注曰：「有本作『衛』者，非也。《左傳》『於孟氏之衢。』」案：「街」、「衛」字形相近，故「街」誤爲「衛」。《索隱》引《左傳》「孟氏之衢」者，以明其當

作「街」，不當作「衛」，非正文本作「衢」也。若正文本作「衢」，不得誤爲「衛」矣。又案《爾雅》：「四達謂之衢。」《説文》：「街，四通道也。」則「街」即是「衢」，史公述《春秋傳》，多以詁訓之字相代，後人改「街」爲「衢」，失史公之意矣。

又三之四《取淇卷》 「據衛取淇、卷，則齊必入朝秦。」念孫案：「卷」上本無「淇」字，此後人據《趙策》加之也。《索隱》本出「據衛取卷」四字，注曰：「《地理志》卷縣屬河南，《戰國策》云：據衛取淇。」《正義》曰：「卷城在鄭州原武縣西北七里。言秦守衛得卷，則齊必來朝秦。」據此，則正文内有「卷」，無「淇」，故《索隱》、《正義》皆釋「卷」字，而不釋「淇」字。且《正義》但言「守衛得卷」，則無「淇」字明矣。又案：《索隱》言「《戰國策》云據衛取淇」者，謂《史記》作「取卷」，而《戰國策》作「取淇」也。後人據《戰國策》加入「淇」字，則與《索隱》不合。乃或於引《戰國策》之下，加「無卷字」三字以申明之，單行本無此三字。其意謂《史記》作「取淇卷」，而戰國策無「卷」字也。不知《史記》作「取卷」，與《戰國策》作「取淇」者不同。故《索隱》曰：「《戰國策》云：據衛取淇。」若《史記》作「取淇卷」，則但云：「《戰國策》無『卷』字」足矣，何必更言「取淇」乎？此不思之甚也。

又《趙得講於魏》 「兵困於林中，林中，魏地。徐廣曰：「河南苑陵有林鄉。」重燕、趙，以膠東委於燕，以濟西委於趙。趙得講於魏，至公子延，因犀首屬行而攻趙。」念孫案：「趙得講於魏」，當從《燕策》作「已得講於魏」，言秦兵困於魏之林中，恐燕趙來擊，則以膠東委於燕，以濟西委於趙，已得講於魏，則又移兵而攻趙也。下文曰：「兵傷於譙石，遇敗於陽馬，而重魏，則以葉、蔡委於魏，已得講於趙，則劫魏不爲割。」是其證。今作「趙得講於魏」者，涉上下諸「趙」字而誤。此謂秦得講於魏，非謂趙得講於魏也。《索隱》曰：「講，和也，解也。秦與魏和也。」則小司馬本不誤。

又《待弱國之救》 「夫待弱國之救，忘彊秦之禍，此臣所以爲大王患也。」念孫案：「待」當爲「恃」，今作「待」者，涉上文「待諸侯之救」而誤也。上言秦之攻楚急而諸侯之救楚緩，故曰：「楚待諸侯之救，在半歲之外。」此言弱國不可恃，而彊秦不可忽。若改「恃」爲「待」，則非其指矣。《楚策》正作「恃弱國之救」。《楚策》上文「待諸侯之救」，「待」作「恃」，亦涉下文「恃弱國之救」而誤，當作《史記》改。

又《意疑孟嘗君》 「人或毀孟嘗君於齊湣王曰：『孟嘗君將爲亂。』及田甲劫湣王，湣王意疑孟嘗君。」念孫案：「意」下本無「疑」字，「意孟嘗君」者，「意」即「疑」也，疑其使田甲劫王也。《文選・長楊賦》注引《廣雅》曰：「意，疑也。」《呂氏春秋・去尤篇》曰：「人有亡鈇者，意其鄰之字。」《梁孝王世家》曰：「梁王陰使人刺殺袁盎，及他議臣十餘人，於是天子意梁王。《漢書・文三王傳》同，顔師古曰：『意，疑也。』」《張儀傳》曰：「嘗從楚相飲，已而楚相亡璧，門下意張儀。」《直不疑傳》曰：「其同舍有告歸，誤持同舍郎金，已去而金主覺，妄意不疑。」皆其證也。後人不知意之訓爲疑，故又加「疑」字耳。《太平御覽・人事部》引此，無「疑」字。

又《發》 「十九人相與目笑之而未發也。」《索隱》本「發」作「廢」，注曰：「鄭氏云『皆目視而輕笑之，未能即廢棄之』。」念孫案：「廢」即「發」之借字，《召南・騶虞篇》「壹發五豝」，《小雅・賓之初筵篇》「獻爾發功」，徐邈並讀如「廢」。「廢」、「發」古同聲，故字亦相通。《墨子・非命中篇》「發而爲刑政」，《上篇》「發」作「廢」。《列子・仲尼篇》「發無知，何能情，發不能，何能爲」，《釋文》：「『發』，一本作『廢』。」《莊子・列御寇篇》「先生既來，曾不發藥乎」，《釋文》：「『發』，司馬本作『廢』。」《齊策》「王何不廢將而擊之」，「廢將」即「發將」。謂目笑之而未發於口也。鄭氏不達，故誤解爲廢棄，然以此知正文之本作「廢」也，若作「發」，則不得有此誤解矣。後人改「廢」爲「發」，遂失其舊，乃或加「發一作廢」四字，以牽合已改之正文，則其謬益甚矣。

又《爲友　結友》 「貴而爲友者，爲賤也；富而爲交者，爲貧也。」念孫案：上句「友」字亦當作「交」，隸書「交」字或作「文」，形與「友」相似，又因下文「勝之友」而誤。《索隱》本作「貴而爲交」，注曰：「言富貴而結交情深者，爲有貧賤之時，不可忘之也。」則上句亦作「交」明矣。又《廉頗藺相如傳》：「臣嘗從大王與燕王會境上，燕王私握臣手曰：『願結友。』」「友」亦「交」之誤。《文選・恨賦》注、《太平御覽・治道部》引此，並作「願結交」。

又三之五《有命》 「人生有命兮，各有所錯兮。」念孫案：「有命」當從宋本作「稟命」，此涉下句「有」字而誤也。《楚辭》作「民生稟命」，王注曰：「言萬民稟受王命而生。」

又《自投》 「於是懷石遂自投汨羅以死。」《索隱》本「自投」作「自沈」，念孫案：下文云「自屈原沈汨羅後」，又云「側聞屈原兮，自沈汨羅」，又云「觀屈原所自沈淵」，則作「自沈」者是也。東方朔《七諫》亦云「懷沙礫以自沈」。

又《其生若浮兮其死若休》 「其生若浮兮，其死若休。」念孫案：《漢書》、《文選》並作「其生兮若浮，其死兮若休」。《索隱》本出「其死兮若休」五字，則上句亦當與《漢書》、《文選》同。今案：「其生兮若浮，其死兮若休，澹乎若深淵之静，汜乎若不繫之舟。」四句文同一例。且「浮」、「休」、「舟」三字，皆於句末爲韻，則《索隱》本是也。今本作「其生若浮兮，其死若休」，蓋蒙上文句法而誤。

又《衆終莫能就　請益其》　「臣欲使人刺之，衆終莫能就。」念孫案：「衆」與「終」，一字也，《鄘風·載馳篇》「衆稺且狂」，「衆」即「終」字，猶言「終温且惠」、「終窶且貧」也。說見《經義述聞》。《史記·五帝紀》「怙終賊刑」，徐廣曰：「終，一作『衆』。」《周頌·振鷺篇》「以永終譽」，《後漢書·崔駰傳》「終」作「衆」，是古字多借「衆」爲「終」也。今本作「衆終莫能就」者，一本作「衆」，一本作「終」，而後人誤合之耳。或讀「臣欲使人刺之衆」爲句，非也。欲使人刺之，與「衆」字意不相屬。《韓策》作「臣使人刺之，終莫能就」，是其明證矣。又下文「請益其車騎壯士，可爲足下輔翼者」，《韓策》「益其」作「益具」，於義爲長。

又《懷諸侯之德》　「案齊之故，有膠、泗之地，懷諸侯之德。」念孫案：此當從游本作「懷諸侯以德」，今本「以」作「之」者，涉上兩「之」字而誤。《漢書》正作「懷諸侯以德」。

又三之六《使人先遣使向邊境要遮漢人令報天子要邊》　「渾邪王與休屠王等謀欲降漢，使人先遣使向邊境要遮漢人令報天子要邊。」念孫案：自「使人」至「要邊」十八字，蕪累不成文理，蓋正文但有「使人先要邊」五字，「其遣使向邊境要遮漢人令報天子」十三字，乃《集解》之誤入正文者也。當在「使人先要邊」之下，今誤入「使人先」之下，「要邊」之上。《索隱》本出「先要邊」三字，注曰：「謂先於邊境要侯漢人，言其欲降。」《漢書》作「使人先要道邊」，此皆其明證矣。

又《能因力行之》　「然獨宣以小致大，能因力行之，難以爲經。」念孫案：「因」當爲「自」，言獨宣能自力行之，而他人則不能，故曰「難以爲經」也。隸書「因」字或作「囙」，見《漢泰山都尉孔宙碑》、《魯相史晨饗孔廟後碑》。形與「自」相似，故「自」誤爲「因」。《漢書》作「能自行之」，是其證。

又《偩而輕之》　「壬申生去大軍二百里，偩而輕之。」《漢書》「偩」作「負」，師古曰：「負，恃也，恃大軍之威而輕敵也。」念孫案：如《漢書注》，則《史記》「偵」字乃「偩」字之誤。《淮南·詮言篇》「自偩而辭助」，高注曰：「自偩，自恃也。」《史記·太史公自序》曰「栗姬偩貴」，又曰「偩愛矜功」，「偩」並與「負」同。後人多見「偵」，少見「偩」，故「偩」誤爲「偵」矣。

又《瑶池》　「《禹本紀》言『河出崑崙。崑崙其高二千五百餘里，日月所相避隱爲光明也。其上有醴泉、瑶池。』」念孫案：「瑶池」本作「華池」，後人多聞「瑶池」，寡聞「華池」，故以意改之耳。《論衡·談天篇》曰：「太史公曰：《禹本紀》言『河出崑崙，其高二千五百餘里，其上有玉泉、華池。』」《藝文類聚·山部》、《太平御覽·地部》、《白帖·崑崙山類》引《史記》，並作「華池」。又《文選·遊天台山賦》「嗽以華池之泉」，李善注引《史記》曰：「《禹本紀》言崑崙山高二千五百餘里，其上有華池。」又洪興祖《楚辭補注·離騷篇》曰：「《禹本紀》言崑崙山高二千五百餘里，其上有醴泉、華池。」此注即本於《史記》，是洪氏所見本尚作「華池」，而今本作「瑶池」，則元以後淺人改之也。又案《海内西經》「崑崙之虚方八百里，高萬仞」，郭璞曰：「自此以上二千五百餘里，上有醴泉、華池，見《禹本紀》。」是《禹本紀》自作「華池」，與他書言「瑶池」者異也。

又《抗》　「高祖至暴抗也。」念孫案：「抗」本作「伉」，淺學人多見「抗」，少見「伉」，故改「伉」爲「抗」耳。《索隱》本出「暴伉」二字，注曰：「伉音苦浪反，言暴猛伉直。」《酷吏傳贊》云「郅都伉直」是也。今并注文亦改爲「抗」，不知正文作「伉」，故須作音，若作「抗」，則不須作音矣。何弗思之甚也！

又《治鄭》　「子産治鄭，民不能欺。」念孫案：「治鄭」本作「相鄭」，今作「治」者，因下文「治單父」、「治鄴」而誤。《索隱》本於下文兩「治」字，皆避諱作「理」，而此獨作「相」，是正文本作「相」，非作「治」也。

又《理達於理》　「理達於理，文相錯迎。」念孫案：「理達於理」，文不成義，「理達」當爲「程達」，「程」、「理」右半相似，又涉下「理」字而誤也。「程」與「呈」古字通，《廣雅》：「程，見示也。」張衡《西京賦》「侲僮程林」，薛綜曰：「程猶見也。」灼龜爲兆，其理縱横呈達於外，故曰「程達於理，文相錯迎」也。《太平御覽·方術部》引此，正作「程達於理」。

又《醬千甔》　「醯醬千瓨，醬千甔。」念孫案：下句「醬」字當從《漢書》作「漿」，此涉上句而誤也。《北堂書鈔·酒食部》、《太平御覽·飲食部》引《史記》並作「漿千甔」。

又四之一《禍賊　猜禍吏》　「項羽爲人慓悍禍賊。」師古曰：「禍賊者，好爲禍害而殘賊也。」念孫案：「禍賊」當從《史記》作「猾賊」。《一切經音義》一引《三倉》曰：「猾，黠惡也。」《酷吏傳》曰：「寧成猾賊任威」是也。《史記》作「滑賊」。「猾賊」與「慓悍」義相承，「禍賊」則非其義矣。隸書「禍」字或作「祸」，「猾」字或作「猾」，二形相近，故「猾」誤爲「禍」。漢安帝《賜豫州刺史馮煥詔》「僄輕狡猾」，「猾」字作「猾」，是其證。「僄輕狡猾」，猶言「慓悍猾賊」耳。《晉語》「齒牙爲猾」，《史記·晉世家》「猾」字亦誤作「禍」。「猾」之爲「禍」，猶「渦」之爲「滑」。《吕氏春秋·開春篇》「昔王季歷葬於渦山之尾」，《論衡·死僞篇》作「滑山」。又《酷吏傳》「徒請召猜禍吏與從事」，「猜」、「禍」二字，皆「猾」字之譌。辯見《史記》。

又《則》　「然則於鄉里先耆艾，奉高年，古之道也。」念孫案：景祐本「然則」作「然即」，古字通以「即」爲「則」，今作「則」者，後人不識古字而改之也。

又《内長文》　「夫刑罰所以防姦也，内長文所以見愛也。」晉灼曰：「長音『長吏』之『長』。」張晏曰：「長文，長文德也。」師古曰：「言有文德者，即親内而崇長之，所以見仁愛之道。」《困學紀聞》曰：「或云『古寫本無注』。」《漢書》「内長文」三字作「而肆赦」。念孫案：舊注皆牽强，或説「内長文」作「而肆赦」，雖無明據，而於上下文義甚合。下文云「其赦天下」，可證也。「而」與「内」，「肆」與「長」，「赦」與「文」，皆字形相近而誤。

又四之二《初置》　「孝惠七年，初置淮陽國」，念孫案：「初置」當依《史表》作「復置」。《地理志》云：「淮陽國，高帝十一年置。」《高五王傳》云：「趙幽王友十一年立爲淮陽王，孝惠元年徙王趙。」是既徙之後，國除爲郡，至惠帝崩後，高后復置淮陽國，以封所詐立惠帝子强，不得言「初置」也。此涉上文「初置魯國」而誤。

又《東海》　「臨朐夷侯奴。東海。」念孫案：《地理志》東海無臨朐縣，此涉下條「東海」而誤也。「東海」當爲「東萊」，《地理志》曰：「東萊郡，臨朐。」《水經・巨洋水注》曰：「巨洋水逕臨朐縣故城東，漢武帝元朔二年，封菑川懿王子劉奴爲侯國。」是其證。

又《安意》　「象氏節侯賀。侯安意嗣。」念孫案：「安意」當作「安惪」，「惪」，古「德」字，與「意」相似而誤。《史表》正作「安德」。又《高后功臣表》有「齊受元孫安德」。

又《歊》　「歊安侯延年。」師古曰：「歊音許昭反。」念孫案：「歊」當依《史表》作「鄗」。李奇注《韓信傳》曰：「『鄗』音『羹臛』之『臛』。」《地理志》鄗縣屬常山，即《左傳・哀四年》齊國夏伐晉取鄗者也。延年爲趙敬肅王子，故封於常山。鄗縣故城在今趙州柏鄉縣北。後有鄗侯舟，亦敬肅王子，蓋延年以元鼎五年坐酎金失侯，故又封舟於鄗也。「鄗侯舟」下書「常山」，則此亦當有「常山」二字，而寫者脱之。「鄗」與「歊」字形相似而誤，師古望文爲音，失之矣。

又《湇》　「湇侯不疑。」念孫案：「湇」當依《史表》作「涓」。《水經・濰水注》云：涓水出馬耳山，北注於濰水。馬耳山在今青州府諸城縣西南，涓水出於其陰，北過諸城縣西，又北入濰水。此侯封於涓，蓋鄉聚之以水得名者。若湇水，則在南陽，此侯爲城陽頃王子，不當遠封南陽也。俗書「涓」字作「消」，與「湇」相似而誤。《地理志》琅邪有諸縣，其故城在今諸城縣西南，而琅邪與東海相近，故《表》在東海也。

又《終陵》　「終陵齊侯華母害。」念孫案：《地理志》無終陵縣，「終陵」當爲「於陵」，濟南郡之屬縣也。於陵故城在今濟南府長山縣西南，本齊於陵邑。下文有母害曾孫於陵大夫告，則母害之封於陵明矣。上文「南安嚴侯宣虎」有曾孫南安簪裹護，「肥如敬侯蔡寅」有曾孫肥如大夫福，「高宛制侯丙猜」有元孫之孫高宛大夫齮。下文若此者不可枚舉。篆文「於」字作「[illegible]」，與「終」相似而誤。《史表》作「絳陽」，則又「終陵」之誤。《水經・澮水注》以爲河東之絳縣，非也。

又四之四《鄭衛宋趙》　「桑間濮上，鄭、衛、宋、趙之聲並出。」念孫案：《漢紀》「趙」作「楚」，是也。自「設兩觀，乘大路」以下，皆述春秋時事，春秋時未有趙也。下文「至於六國」以下，乃及六國時事耳。此以「楚」從疋，「趙」從走，二形相似而誤。

又四之五《民以物序》　「故神降之嘉生，民以物序。」孟康曰：「各有分叙也。」念孫案：「序」當依《楚語》作「享」。應劭曰：「嘉生，嘉穀也。」嘉穀既生，則民取之以供粢盛，故曰「神降之嘉生，民以物享」也。嘉穀不生，則民無以供粢盛，故《楚語》又曰：「嘉生不降，無物以享。」與此文正相應也。《楚語》「享」字凡四見。若云「民以物序」，則義無所取，且與「無物以享」之文不相應。孟云「各有分叙」，此則望文生義，而非其本旨矣。「享」、「序」篆文相似，《趙策》「享萬古之勳」，《史記・趙世家》「享」誤作「序」。又涉上文「各司其序」而誤耳。《史記・曆書》亦作「民以物享」。

又《冕侯》　「黄帝得寶鼎冕侯。」「冕侯」，《封禪書》作「宛朐」，《續孝武紀》作「冤侯」。念孫案：「冕」當爲「冤」，冤句，音劬。濟陰之縣也。《地理志》、《郡國志》並作「冤句」，《水經・濟水篇》作「冤朐」，《王子侯表》、《楚元王傳》並作「宛朐」。今作「冕侯」者，「冤」、「冕」形近而誤，「句」、「侯」聲近而通，故《續孝武紀》作「宛侯」也。

又《建昭三月》　「建昭四年三月，雨雪，燕多死」，念孫案：「建昭四年」當爲「成帝建始四年」，今本作「建昭」者，涉上文「元帝建昭二年」而誤，又脱「成帝」二字。據下文云「其後許后坐祝詛廢」，則爲成帝時事明矣。且下文「陽朔四年」上無「成帝」二字，即蒙此文而省也。「三月」本作「四月」，後人以下文谷永對云「皇后桑蠶以治祭服」，正以是日大寒雨雪，故改「四月」爲「三月」。不知漢時行親蠶禮，亦有用四月者，《續漢書・禮儀志》：「三月，皇后帥公卿諸侯夫人蠶。」注云：「案谷永對稱『四月壬子，皇后蠶桑之日也』，則漢桑亦用四月。」據此，則《志》文本作「四

月」明矣。《成紀》云：「建始四年，夏四月，雨雪。」此尤其明證。

又《夫死父　下不壹　足多》　「平帝元始元年二月，朔方廣牧女子趙春病死，斂棺積六日，出在棺外，自言見夫死父，曰：『年二十七不當死。』」念孫案：「見夫死父」當作「見死夫死父」，今脱一「死」字，則文不成義。《漢紀·孝平紀》作「見死夫與父」，是其證。又下文曰：「六月，長安女子有生兒，兩頭異頸，面相鄉，四臂共匈，俱前鄉。」又曰：「凡妖之作，以譴失正，各象其類。二首，下不壹也。足多，所任邪也。」念孫案：「下不壹」當爲「上不壹」，人首在上，故上不專壹，則人生二首。上文所謂「各象其類」也。今作「下」者，涉上下文諸「下」字而誤。《漢紀》作「二首，上不一也」，是其證。「足多」當爲「手多」，此承上文「四臂共匈」而言，故曰「手多」。今作「足」者，亦涉下文「足」字而誤。《漢紀》作「手多，下僭濫也」，《開元占經·人占篇》引此《志》，作「手多，所任邪也」，是其證。

又四之六《班氏》　「襄陵有班氏鄉亭。」念孫案：《水經·汾水注》曰：「汾水又南歷襄陵縣故城西，晉大夫郤犨之邑也，故其地有犨氏鄉亭矣。」據此，則善長所見本作「犨氏」，而今本作「班氏」。《廣韻》「犨」字注曰：「又姓。」引《風俗通》云：「晉大夫郤犨之後。」然則犨氏爲郤犨之後，而襄陵又爲犨之故邑，故其地有犨氏鄉亭，作「班」者非也。蓋「犨」字或通作「讎」，《潛夫論·志氏姓篇》作「郤讎」。與「班」相似而誤。下文南陽郡犨，師古音昌牛反，而此處無音，則所見本已誤爲「班」矣。

又《魯山》　「魯陽，魯山，滍水所出。」念孫案：「魯山」當爲「堯山」，此涉上文「魯山」而誤。《説文》曰：「滍水出南陽魯陽堯山。」《水經》曰：「滍水出南陽魯陽縣西之堯山。」皆本《地理志》。今滍水出魯山縣西界之堯山，若魯山則在縣東，非滍水所出。

又《世祖即位更名高邑　明帝改曰漢陽》　「鄗，世祖即位更名高邑。莽曰禾成亭。」念孫案：後漢所改郡縣，皆《班志》所不載，「世祖」以下八字，非班氏原文，蓋應劭注語也，且當在「莽曰禾成亭」之下。今則前後倒置，又脱「應劭曰」三字矣。考後漢所改郡縣，如河東郡彘縣，順帝改曰永安；河內郡隆慮，避殤帝名改曰林慮；東郡觀縣，世祖更名衛國，以封周後；清縣，章帝更名樂平；壽良，世祖叔父名良，改曰壽張；汝南郡寢縣，世祖更名固始；新郪，章帝封殷後，更名宋山；陽郡胡陵，章帝封東平王倉子爲侯，更名湖陸；沛郡敬丘，明帝更名大丘；芒縣，世祖更名臨睢；清河郡厝縣，安帝以孝德皇后葬于厝，改曰甘陵；勃海郡千童，靈帝改曰饒安；平原郡富平，明帝更名厭次；千乘郡，和帝更名樂安；狄縣，安帝更名臨濟；武陵郡索縣，順帝更名漢壽；中山國苦陘，章帝更名漢昌；安險，章帝更名安憙；信都國，明帝更名樂安，安帝改曰安平；梁國甾縣，章帝改曰考城。以上二十條，皆是應注，則鄗之更名高邑，亦是應注明矣。又天水郡下云：「明帝改曰漢陽。」「明帝」上亦當有「應劭曰」三字。

又《白陸谷》　「南行唐，牛飲山白陸谷，滋水所出。」《攷異》曰：「《説文》作白陘谷。」念孫案：作「陘」者是也。《爾雅》曰：「山絶，陘。」考河北八陘，有「白陘」之目，見《元和郡縣志》引《述征記》。與此「白陘谷」義相近也。若作「白陸谷」，則義無所取。蓋俗書「陘」字作「陉」，與「陸」相似而誤。

又四之一三《易定》　「粵天輔誠，爾不得易定。」師古曰：「天道輔誠，爾不得改易天之定命。」念孫案：不言「易天之定命」，而言「易定」，則文義不明。余謂「定」當爲「企」，《説文》：「企，古文法字。」形與「定」相似而誤。《大誥》作「爾時罔敢易法」，是其證。

又《變改》　「如使危亡之言輒上聞，則商周不易姓而迭興，三王不變改而更用。」念孫案：「變」、「改」、「更」三字，語意重疊，「改」當爲「政」，謂變其政而更用之也。「變政」與「易姓」對文。此因字形相似而誤。

又《雄鴆》　「抨雄鴆以作媒兮，何百離而曾不壹耦。」師古曰：「《離騷》云：『吾令鴆爲媒兮，鴆告余以不好。雄鳩之鳴逝兮，余猶惡其佻巧。』故云百離不一耦也。」宋祁曰：「『鴆』，江南本作『鳩』，監本作『鴆』，今從監本。」念孫案：宋校非也。《離騷》本作「雄鳩」，此文及注亦本作「雄鳩」。《離騷》先言「鴆」而後言「雄鳩」，此文但言「雄鳩」，又云「百離而曾不壹耦」，則不言鴆而鴆在其中，故注必兼引「鴆」與「雄鳩」，而其義乃全。而監本作「雄鴆」，即因注內「鴆」字而誤。雄鳩善鳴，故曰：「雄鳩之鳴逝兮。」《淮南·天文篇》亦云：「雄鳩長鳴。」若作「雄鴆」，則非其指矣。偏考諸書，亦無「雄鴆」之文。子京不察，且并改注文之「雄鳩」爲「雄鴆」，則豈有上言「鴆」而下又言「雄鴆」者乎？弗思甚矣。

又四之一四《六學》　「六學者，王教之典籍，先聖所以明天道、正人倫、致至治之成法也。」念孫案：景祐本「六學」作「六藝」，是也。此承上句「六藝」之文而言。今本作「六學」者，涉下文「六學從此缺」而誤。

又《博士》　「韋賢治詩，事博士大江公及許生。」念孫案：景祐本無「博士」二字，是也。晉灼曰：「大江公即瑕丘江公也，以異下博士江公，故稱大。」則此文但作「大江公」，而無「博士」二字明矣。今本有者，即涉注內「博士江公」而誤。《經典

釋文序録》云：「韋賢受詩於江公及許生。」即本此傳，而亦無「博士」二字。

又《下固》「迺假固利兵，下固刺𡙇」，念孫案：上已言「假固利兵」，則無庸更言「固」，「下固」當依《史記》作「下圈」，即承上「使固入圈擊𡙇」而言，謂假以利兵，使之下圈刺𡙇，不當言「下固」也。「圈」、「固」字相似，又涉上下文「固」字而誤。

又《東粤》「東粤請舉國徙中國。」念孫案：「東粤」當依上文作「東甌」，此涉下文「東粤」而誤。下文立餘善爲東粤王，始有東粤之名，此不當稱「東粤」也。《史記》及《通典・邊防二》、《通鑑・漢紀九》並作「東甌」。

又四之一五《好治食》「織罽，刺文繡，好治食。」念孫案：「治食」二字，義無所取。《通典・邊防八》「治」作「理」，避高宗諱也。則唐本《漢書》已誤作「治」。《漢紀》作「好酒食」，是也。下文大宛俗耆酒，義與此同。今本「酒」作「治」者，涉上文「治園田」、「治宮室」而誤。

又《書革》「書革旁行爲書記。」念孫案：上「書」字本作「畫」，胡脈反。謂畫革爲字而旁行之，以爲書記也。師古曰：「今西方胡國，及南方林邑之徒，書皆橫行，不直下。」此是釋「旁行爲書記」五字，非釋「書革」也。今作「書革」者，即涉下文「書記」而誤。《漢紀》、《通典》作「書革」，皆後人以誤本《漢書》改之。《史記・大宛傳》作「畫革」，索隱曰：「畫音獲。」引韋昭《漢書注》爲解，不言漢書作「書革」也。《太平御覽・四夷部十四》引《漢書》正作「畫革」，《水經・河水注》同。

又《皆絲漆》「其地皆絲漆，不知鑄鐵器。」念孫案：「皆」本作「無」，無絲漆，不知鑄鐵器，皆言其與中國異也。今作「其地皆絲漆」者，涉上文「其人皆深目」而誤。《通典・邊防八》正作「無絲漆」。

又《卦諸將》「卦諸將，貳師最吉。」《通典》同。師古曰：「上遣諸將，而於卦中貳師最吉也。」念孫案：師古所説，於文義不順，「卦」當作「卜」，言卜諸將孰吉，則貳師最吉也。下文云「卜漢軍一將不吉」即其證。今作「卦」者，涉上下文「卦」字而誤。《漢紀》正作「卜」。

又《六人》「鄭氏、傅氏侯者凡六人。」念孫案：「六」當爲「四」，此涉下文「六人」而誤。四人者，一傅喜，二傅晏，三傅商，四鄭業也。並見上文。《五行志注》引此正作「四人」。

又《風雲》「彼皆躡風雲之會，履顛沛之埶。」念孫案：「風雲」當依《文選》作「風塵」，此涉上文「跨騰風雲」而誤。風塵之會，謂七國兵争時也。商鞅、李斯之遇合，與下文所稱周望、漢良者不同，皆不得言風雲之會。

又《州城》「方今雄桀帶州城者，皆無七國世業之資。」宋祁曰：「城，或作域。」念孫案：作「域」者是也。雄桀帶州域者，謂雄桀並立，各帶一州之域也。《周官・大司徒》曰：「九州之地域。」《史記・天官書》曰：「天則有列宿，地則有州域。」《漢書・食貨志》曰：「有國彊者兼州域。」若作「州城」，則非其指矣。「域」與「城」字形相似而誤。《管子・八觀篇》「國域大而田野淺狹」，《呂氏春秋・勿躬篇》「平原廣域」，《史記・天官書》「爲其環域千里内占」，《大宛傳》「漢遣驃騎破匈奴西域」，今本「域」字並誤作「城」。《漢紀・孝平紀》、《後漢書・班彪傳》、《宋書・符瑞志》並作「州域」。

又六之二《養其親》「養其親者，身伉其難。」念孫案：「養其親」本作「養及親」，養及於親，則德莫大焉，故必身伉其難也。今本「及」作「其」，即涉「伉其難」而誤。《藝文類聚・人部十七》、《太平御覽・人事部百一十》引此，並作「養及親」。《呂氏春秋・士節篇》、《説苑・復恩篇》同。

又七之二《還至　矢之所還　皆還父母妻子同産》「還至乎夏王桀。」念孫案：「還」字義不可通，或曰：「還」即「旋」字。案：禹、桀相去甚遠，不得言旋至乎桀。「還」當爲「遝」。「遝」與「逮」同，説見《漢書・天文志》。逮，及也。「遝」與「還」字形相似而誤。下文「還至乎商王紂」同。又《迎敵祠篇》「城之外矢之所還。」「還」亦當爲「遝」，謂矢之所及也。下文「矢之所還」同。又《號合篇》「自死罪以上，舊本脱「以」字，今補。皆還父母妻子同産」，「還」亦當爲「遝」，謂罪及父母妻子同産也。下文曰：「歸敵者，父母、妻子、同産皆車裂。」

又《序利　有序》「量我師舉之費，以争諸侯之斃，舊本「争」作「静」，涉下文「諸」字從言而誤。今改。則必可得而序利焉。」引之曰：「序利」當爲「厚利」。隸書「厚」字或作「⿸厂享」，見《漢荆州刺史度尚碑》。又作「⿸广享」，見《三公山碑》。形與「序」相似而誤。《詩序》「厚人倫」，《釋文》：「厚，本或作『序』，非。」《荀子・王霸篇》「桀紂即厚於有天下之埶」，《鹽鐵論・國病篇》「無德厚於民」，今本「厚」字並譌作「序」。此言量我興師之費，以争諸侯之斃者，則厚利必可得也。《明鬼篇》曰：「豈非厚利哉。」今本「厚」作「序」，則義不可通。又《備城門篇》：「百步一亭，亭一尉，舊本脱下「一」字，據《太平御覽・職官部六十七》補。尉必取有序忠信可任事者。」畢云：「有序，言有資格。」非也。「序」亦當爲「厚」，「厚」上當有「重」字。人必重厚忠信，然後可以任事，故曰「尉必取有重厚忠信可任事者」。《號令篇》曰：「葆衛必取戍卒有重厚者，請擇吏之忠信者，無害可任事者，令將衛。」是其證。今本「厚」作「序」，「序」上又脱「重」字，則義不可通。

又《正夫》「存乎正夫賤人死者。」畢云：「正同征。」念孫案：畢説非也，「正」

當爲「匹」。《白虎通義》曰：「庶人稱匹夫。」上文「王公」、「大人」爲一類，此文「匹夫」、「賤人」爲一類，無取於「征夫」也。隸書「匹」字或作「疋」，與「正」相似而誤。《禮器》「匹士大牢而祭，謂之攘」，《釋文》：「『匹』本或作『正』。」《緇衣》「唯君子能好其正」，注：「『正』當爲『匹』。」

又七之三《天胡説》　「若天不愛民之厚，天胡説人殺不辜，而天予之不祥哉。」念孫：「天胡説」之「天」當爲「夫」，此涉上下文「天」字而誤。夫，發聲也，言若天非愛民之厚，則人殺不辜。而天予之不祥者，果何説哉？《節葬篇》曰：「厚葬久喪果非聖王之道，夫胡説中國之君子，爲而不已，操而不擇哉？」是其證。

又《既可得留而已　既可謂而知也》　「故夫愛人利人，順天之意，得天之賞者，既可得留而已。」畢云：「據下云『既可謂而知也』，此句未詳。」念孫案：「既可得留而已」，當作「既可得而智已」，「智」即「知」也。《墨子》書「知」字多作「智」，見於《經説》、《耕柱》二篇者，不可枚舉。其他書作「智」者，皆見《管子・法法篇》。言順天之意，得天之賞者，既可得而知已。《尚賢篇》曰：「既可得而知已。」舊本作「既可得留而已」者，「智」誤爲「留」，又誤在「而」字上耳。下文云「故夫憎人賊人，反天之意，得天之罰者，既可謂而知也」，亦當作「既可得而知也」。此因「得」與「謂」草書相似而誤，「既可得而知」五字，前後相證，則兩處之誤字，不辯而自明。下篇亦云：「既可得而知也。」

又《尚書》　「故尚書夏書，其次商周之書。」念孫案：「尚書夏書」，文不成義，「尚」與「上」同，「書」當爲「者」，言上者則夏書，其次則商周之書也。此涉上下文「書」字而誤。

又《親伯父宗兄而卑子》　「若以尊卑爲歲月數，則是尊其妻子與父母同，上文云：喪父母三年，妻、後子三年。而親伯父宗兄而卑子也。」盧云：「似當云『而卑與子同也。』」引之曰：「而卑子也」當作「卑而庶子也」，「而」讀爲「如」，言卑其伯父宗兄如庶子也。上文云：伯父、叔父、弟兄、庶子。其今本「卑而」二字倒轉，又脱「庶」字。余謂「親伯父宗兄」，「親」當爲「視」，言視伯父宗兄如庶子之卑也。「視」、「親」字相似，《淮南・兵略篇》「上視下如弟」，今本「視」譌作「親」。又涉上下文「親」字而誤。

又七之四《端體之無序而最前者也》　引之曰：「序」當爲「厚」。《經説上》云「端佖，兩，「佖」與「比」通，比者，並也。有端而后可，次無厚而后可」，是其證也。無厚者，不厚也。訓端以無厚者，凡物之見端，其形皆甚微也。「厚」與「序」隸書相似而誤，説見《非攻下篇》。

又《守彌異所也》　畢云：「不移其所，故曰守。」引之曰：「彌異所」非不移其所之謂也，畢説非是。今案：「守」當爲「宇」，字形相似而誤。彌，偏也。宇者，偏乎異所之稱也。《經説上》解此云：「宇句，東西南北。今本「東西」下衍「家」字。」東西南北可謂異所矣，而偏乎東西南北，則謂之宇，故曰：「宇句，彌異所也。」高誘注《淮南・原道篇》云：「四方上下曰宇。」蔡邕注《典引》云：「四表曰宇。」四表即東西南北也。

又《亦遠》　「鑒。鑒者近，則所鑒大，景亦大；亦遠，所鑒小，景亦小。」引之曰：「亦遠」當作「亣遠」，「亣」，古「其」字，説見《公孟篇》。與「亦」相似，又因上下文「亦」字而誤。

又《或一害而一不害》　引之曰：兩「害」字俱當作「周」，隸書「周」字與「害」相似，故誤爲「害」。下文「此一周而一不周者也」與此相應，字正作「周」。

又《三足》　「鼎成三足而方。」念孫案：「三足」本作「四足」，此後人習聞鼎三足之説，而不知古鼎有四足者，遂以意改之也。《藝文類聚》、《廣川書跋》、《玉海》引此，皆作「四足」，則「三」字必元以後人所改也。《博古圖》所載商周鼎四足者甚多，未必皆屬無稽。《廣川書跋》曰：「祕閣二方鼎，其一，受太府之量一秙七斗，又一，受量損二斗三升。四足承其下，形方如矩。漢人謂鼎三足以象三德，又謂禹之鼎三足，以有承也。韋昭以《左氏》説莒之二方鼎，乃謂其上則方，其下則圓。方其時，古鼎存者盡廢，其在山澤丘隴者未出，故不得其形制。引之曰：《左傳》「莒之二方鼎」。服虔曰：鼎三足者圓，四足者方。則漢人説方鼎，固有知其形制者。」引《墨子》「鼎成四足而方」，以爲古鼎四足之證。

又《遺》　「今聞先王之遺而不爲，是廢先王之傳也。」念孫案：「遺」字義不可通，「遺」當爲「道」。此涉上文「傳遺」而誤也。上文曰「古之聖王欲傳其道於後世」，故此文曰「今聞先王之道而不爲，是廢先王之傳也」。

又《國治》　「國亂則治之，國治則爲禮樂。舊本脱「國」字，據下文補。國治則從事，國富則爲禮樂。」念孫案：下「國治」當爲「國貧」，「治」與「亂」對，「富」與「貧」對。「國亂則治之」，即上文所謂「君子聽治」也；「國貧則從事」，即上文所謂「庶人從事」也。《非儒篇》曰「庶人怠於從事則貧」，故曰「國貧則從事」。今本「貧」作「治」者，涉上文「國治」而誤。

又七之五《湪弋》　「一寸一湪弋，弋長二尺。」引之曰：「湪」當爲「涿」，字本作

「椓」，《説文》：「椓，擊也。」《周南・兔罝》傳曰「丁丁，椓杙聲」是也。「杙」與「弋」同。通作「涿」，《周官・壺涿氏》注曰「涿擊之」是也。「涿弋」又見下文，《史記・趙世家》「伐魏敗涿澤」，今本「涿」字亦誤作「潒」。凡經傳中從「豖」、丑玉反。從「彖」之字多相亂，説見《漢書・天文志》。

又七之六《三最》　「令吏民無敢三最並行。」引之曰：「最」當爲「冣」，「冣」與「聚」通，謂三人相聚，二人並行也。《説文》：「冣，才句切。積也。」徐鍇曰：「古以聚物之聚爲冣。」「冣」與「最」字相似，故諸書中「冣」字多譌作「最」。説見《漢書・馮唐傳》。

又八之一《草木疇生禽獸羣焉》　劉云：「『羣焉』當從《大戴禮》作『羣居』。」念孫案：「羣居」與「疇生」對文，今本「居」作「焉」者，涉下文四「焉」字而誤。

又《騏驥一躍不能十步駑馬十駕功在不舍》　楊注曰：「言駑馬十度引車，則亦及騏驥之一躍。據下云『駑馬十駕，則亦及之』，此亦當同，疑脱一句。」盧云：「案：『不能十步』，『十』當爲『千』。《玉篇》引《大戴禮》『騏驥一躒，不能千步』，今《大戴禮》『步』作『里』，此『千』作『十』，皆是譌字。『里』、『海』爲韻，『步』、『舍』爲韻。古音如是。」劉云：「案：『不能十步』，義最長。《大戴禮》作『千里』，於義疏矣。若《玉篇》作『千步』，直是譌字。盧反引以爲據，非也。十駕，十日之程也，旦而受駕，至暮脱之，故以一日所行爲一駕。若十度引車，則非駕義也。」念孫案：《吕氏春秋・貴卒篇》曰：「所爲貴驥者，爲其一日千里也。旬日取之，則與駑駘同。」《淮南・齊俗篇》曰：「夫騏驥千里，一日而通；駑馬十舍，旬亦至之。」此皆駑馬十日行千里之證。《大戴記》「騏驥一躒，不能千里」，「里」與「舍」不合韻，乃涉上文「無以致千里」而誤。《玉篇》引作「千步」，「千」字雖譌，而「步」字不譌。辯見《大戴記述聞》。

又《識志》　「安特將學雜識志，順詩書而已耳。」引之曰：此文本作「安特將學雜志，順詩書而已耳」，「志」即古「識」字也。今本並出「識」、「志」二字者，校書者旁記「識」字，而寫者因誤入正文耳。「學雜志」、「順詩書」皆三字爲句，多一「識」字，則重複而累於詞矣。楊注本作「雜志，謂雜記之書，百家之説」，今本作「雜識志，謂雜志記之書，百家之説」，皆後人據已誤之正文加之。下注云：「直學雜説，順詩書而已。」文義甚明，足正後人竄改之謬。

又《易知　不辭》　「君子易知而難狎，易懼而難脅，交親而不比，言辯而不辭。」《韓詩外傳》「易知」作「易和」，「不辭」作「不亂」。念孫案：《外傳》是也。「和」與「狎」義相近，「懼」與「脅」義相近，故曰：「易和而難狎，易懼而難脅。」今本「和」作「知」，則於義遠矣。「不辭」二字，文不成義，亦當依《外傳》作「不亂」。楊云：「不至於騁辭。」加「騁」字以釋之，其失也迂矣。「和」、「知」、「亂」、「辭」皆形近而誤。

又八之二《相人古之人無有也學者不道也》　元刻「相」下無「人」字，宋龔本同。念孫案：無「人」字者是。此謂古無相術，非謂古無相人也。謂學者不道相術，非謂不道相人也。下文云：「長短小大善惡形相，古之人無有也，學者不道也。」是其證。宋本作「相人」者，涉下「相人之形狀」而誤。

又《聞其詳》　「愚者聞其略而不知其詳，聞其詳而不知其大也。」念孫案：「聞其詳」本作「聞其小」，「略」與「詳」對，「小」與「大」對。據楊注云：「惟聖賢乃能以略知詳，以小知大。」則本作「聞其小而不知其大」明矣。今本「小」作「詳」，涉上句「詳」字而誤。《外傳》作「聞其細不知其大」，細亦小也。

又《渠匽》　「府然若渠匽隱栝之於己也。」楊注曰：「渠匽所以制水，隱栝所以制木。」引之曰：正文、注文「渠」字，疑皆「梁」字之誤。《爾雅》：「隄謂之梁。」鄭仲師注《周官・𪊨人》云：「梁，水偃也。」「偃」與「匽」通，即「堰」字也。「梁」與「匽」同義，故以「梁匽」連文。「梁」、「渠」形相似，遂誤爲「渠」耳。《史記・建元以來侯表》「煇渠忠侯僕多」，《廣韻》引《風俗通》「渠」作「梁」。《漢書・地理志》「彊梁原」，《水經・渭水注》作「荆渠原」。《後漢書・安帝紀》「高渠谷」，注引《東觀記》作「高梁谷」。

又《下脩》　「尚法而無法，下脩而好作。」念孫案：「下脩而好作」義不可通，「下脩」當爲「不循」，謂不循舊法也。《墨子・非儒篇》道儒者之言曰：「君子循而不作。」此則反乎君子之所爲，故曰「不循而好作」也。「不」與「下」，「循」與「脩」，字相似而誤。隸書「循」、「脩」二字相亂，説見《管子・形勢篇》。楊注云：「以脩立爲下而好作爲。」失之。

又《天下之籍》　「履天下之籍，聽天下之斷。」念孫案：上「天下」當爲「天子」，此涉下句而誤也。下文「履天下之籍」，宋本作「天子」，世德堂本同。是也。《文選・江淹〈雜體詩〉》注引此，正作「履天子之籍」。《淮南・氾論篇》：「周公履天子之籍，聽天下之政。」語即本於《荀子》。籍者，位也，謂履天子之位也。下文言「周公反籍於成王」是「籍」與「位」同義。《彊國篇》曰：「夫桀紂，執籍之所存，天下之宗室也。」「執籍」即「執位」，故《韓詩外傳》作「履天子之位，聽天下之政。」楊以「籍」爲天下之圖籍，非也。圖籍不可以言履。高注《淮南》，以籍爲圖籍，誤與楊同。

又八之三《故公平者職之衡也》　劉云：案注先解聽，後解衡。「職之衡」當

作「聽之衡」。此涉上文「職」字致誤。

又《知彊大者不務彊也》 引之曰：「彊大」當爲「彊道」。「彊道」謂所以致彊之道，即下文所謂「以王命全其力凝其德」也。不知此道而務以力勝，則務彊而反弱，即下文所謂「非其道而慮之以王」也。故曰：「知彊道者，不務彊也。」下文云「是知彊道者也」，正與此句相應。又云「是知霸道者也」、「是知王道者也」，皆與此句相應。此篇大旨，皆言王道、霸道、彊道之不同，故此文云：「知彊道者，不務彊也。」兩「彊」字亦上下相應，則「彊」下之字作「道」，不作「大」，明矣。今本作「彊大」，「大」字蓋涉上文三「彊大」而誤。楊云：「知彊大之術者，不務以力勝也。」則所見本已誤作「彊大」。

又《則諸侯疏之矣》 元刻無「之」字。念孫案：無「之」字者是也。下文「則諸侯離矣」，「離」下無「之」字，是其證。宋本作「諸侯疏之」，涉上文「諸侯親之」、「諸侯説之」而誤。

又八之五《最》 「執拘則最，得間則散。」楊注曰：「最，聚也。《公羊傳》曰：會，猶最也。何休曰：最，聚也。」引之曰：「最」當爲「冣」。《説文》：「冣，才句切。積也。」徐鍇曰：「古以『聚物』之『聚』爲『冣』。」「冣」與「最」字相似，世人多見「最」，少見「冣」，故書傳中「冣」字皆譌作「最」。《韓詩外傳》作「執拘則聚」，即「冣」字也。隱元年《公羊傳》及何注皆本作「冣」，今譌作「最」。楊所見本已然。辯見《經義述聞》。

又八之六《酒漿》 「芻豢、稻粱、酒醴、餰鬻、魚肉、菽藿、酒漿，是吉凶憂愉之情，發於食飲者也。」念孫案：「酒漿」當爲「水漿」，芻豢、稻粱、酒醴、魚肉，吉事之飲食也；餰鬻、菽藿、水漿，凶事之飲食也。今本「水漿」作「酒漿」，則既與凶事不合，又與上文「酒醴」相複矣。此「酒」字即涉上「酒醴」而誤。

又八之七《雖走》 「是以與治雖走，而是已不輟也」，楊注曰：「既私其所習，妬繆於道，雖與治並馳，而自是不輟。『雖』或爲『離』。」念孫案：作「離」者是也，言與治離走而自是不已也。作「雖」者，字之誤耳。隸書「離」、「雖」相似，説見《淮南·天文篇》。前説非。

又《故爲蔽》 宋吕、錢本並如是。楊注曰：「數爲蔽之端也。」盧依元刻，改正文之「故爲蔽」作「數爲蔽」。念孫案：作「故」者是也，注言「數爲蔽之端」者，數，所主反，下文言「人之蔽有十」，故先以「故爲蔽」三字總冒下文，然後一一數之於下。注言「數爲蔽之端」，亦是總冒下文之詞，而正文自作「故」，不作「數」也。若云「數爲蔽」，則不詞甚矣。元刻作「數」，即涉注文而誤。

又《賈師》 「農精於田，而不可以爲田師；賈精於市，而不可以爲賈師；工精於器，而不可以爲器師。」宋錢本「賈師」作「市師」，念孫案：作「市師」者是也。上文以兩「田」字相承，下文以兩「器」字相承，則此文亦當以兩「市」字相承。宋吕本如是。吕本作「賈師」者，涉上「賈精於市」而誤。

又《乘杜》 「乘杜作乘馬。」楊注曰：「《世本》云：相土作乘馬。『杜』與『土』同。」念孫案：古無謂「相土」爲「乘杜」者，「乘杜」蓋「桑杜」之誤。「相」、「桑」古同聲，故借「桑」爲「相」。《爾雅·釋蟲》：「諸慮，奚相。」《釋文》：「『相』，舍人本作『桑』。」隸書「桑」或作「桒」，「乘」或作「乗」，見《漢安平相孫根碑》。二形相似，又因下文「乘馬」而誤爲「乘」耳。《漢書·王子侯表》「桑丘節侯將夜」，今本「桑」誤作「乘」。楊云：「以其作乘馬之法，故謂之乘杜。」此則不得其解而曲爲之説。

又《與所緣有同異》 元刻「有」作「以」。宋龔本同。念孫案：作「以」者是也。下文云：「然則何緣而以同異。」又云：「此所緣而以同異也。」三「以」字前後相應。宋本作「有」者，涉上句「有名」而誤。

又《偏舉之》 「有時而欲偏舉之，故謂之鳥獸。鳥獸也者，大別名也，推而別之，別則有別，至於無別，然後止。」念孫案：此「偏」字當作「別」，與上條不同。上條以同爲主，故曰「偏舉之」，此條以異爲主，故曰「別舉之」。下文皆作「別」。鳥獸不同類，而鳥獸之中又各不同類，推而至於一類之中，又有不同。若雉有五雉，雇有九雇，牛馬毛色不同，其名亦異之類。故曰「鳥獸也者，大別名也，推而別之，別則有別，有，讀爲又，見上條。至於無別，然後止」也。今本作「偏舉」，則義不可通。蓋涉上條「偏舉」而誤。楊説皆失之。

又《辯執》 「辯執惡用矣哉。」盧補校云：「以注末釋辯説觀之，則正文『辯執』乃『辯説』之訛。注内更用『辯執』，『執』亦當作『説』。下文屢云『辯説』，則此之爲誤顯然。蓋因上有『臨之以執』語而誤涉耳。」

又 「故陶人埏埴而爲器，然則器生於工人之僞，非故生於人之性也。故工人斲木而成器，然則器生於工人之僞，非故生於人之性也。」念孫案：「器生於工人之僞」，楊後説以此「工人」爲「陶人」之誤，是也。此文本作「故陶人埏埴而爲器，然則器生於陶人之僞，非故生於陶人之性也。故工人斲木而成器，然則器生於工人之僞，非故生於工人之性也」。今本「陶人之性」、「工人之性」，皆作「人之性」。此涉上下文「人之性」而誤。下文云「瓦埴豈陶人之性」、「器木豈工人之性」，是其明

證矣。

又八之八《良由姦詐》 「隱諱疾賢，良由姦詐鮮無災。」念孫案：「良」當爲「長」，楊注「長用姦詐」，是其證。今本「長」作「良」者，涉注文「疾害賢良」而誤。注言「疾害賢良」者，加一「良」字，以申明其義耳。若正文則以「隱諱疾賢」爲句，「長由姦詐鮮無災」爲句，無「良」字。

又《利往卬上》 「利往卬上，莫得擅與，孰私得。」楊注曰：「利之所往，皆卬於上，莫得擅爲賜與，則誰敢私得於人乎？『卬』與『仰』同。」引之曰：「往」字文義不順，楊曲爲之説，非也。「往」當爲「隹」，「隹」，古「唯」字也。「唯」，或作「惟」、「維」，古鐘鼎文「唯」字作「隹」，石鼓文亦然。言臣民之利唯仰於上，莫得擅有所與也。凡隸書從「彳」從「亻」之字多相亂，故「往」字或作「住」，與「隹」相似而誤。

又《隆物　示下民　帝不齊均》 《智賦》：「皇天隆物，以示下民。或厚或薄，帝不齊均。桀紂以亂，湯武以賢。」念孫案：「隆」與「降」同，古字或以「隆」爲「降」，説見《墨子·尚賢中篇》。「示」本作「施」，俗音之，誤也。《廣雅》曰：「施，予也。」「帝」本作「常」，字之誤也。「物」字即指智而言，言皇天降智，以予下民，厚薄常不齊均，故有桀紂湯武之異也。今本「施」作「示」，「常」作「帝」，則義不可通。《藝文類聚·人部五》引此，正作「皇天隆物，以施下民。或厚或薄，常不齊均」。楊説皆失之。

又《幽晦》 「幽晦登昭，日月下藏。」元刻作「幽闇」。宋龔本同。念孫案：元刻是也。楊注「幽闇之人」，是其證。宋本「闇」作「晦」者，涉上文「旦暮晦盲」而誤。《藝文類聚·人部八》引作「幽暗登照」，「暗」與「闇」同。

又《脩六禮明十教》 楊注曰：「『十』或爲『七』。」念孫案：《王制》曰：「司徒脩六禮以節民性，明七教以興民德。」六禮，冠、昏、喪、祭、鄉、相見。七教，父子、兄弟、夫婦、君臣、長幼、朋友、賓客。則作「七教」者是也。凡經傳中「七」、「十」二字互誤者多矣。楊前注以《禮運》之「十義」爲「十教」，失之。

又《上好羞則民闇飾矣上好富則民死利矣二者亂之衢也》 楊注曰：「好羞貧而事奢侈，則民闇自脩飾也。」念孫案：楊説迂曲而不可通。「羞」當爲「義」，「羞」字上半與「義」同，又涉上文兩「羞」字而誤也。「上好義則民闇飾」者，言上好義，則民雖處隱闇之中，亦自脩飾，不敢放於利而行也。《呂氏春秋·具備篇》載宓子賤治亶父，使民闇行，若有嚴刑於旁，即所謂「民闇飾」也。《賈子·大政篇》曰：「聖明則士闇飾矣。」「上好義」與「上好富」對文，故下文又云：「欲富乎，與義分背矣。」「上好義則民闇飾，上好富則民死利」，即上文所云「上重義則義克利，上重利則利克義」也。《鹽鐵論·錯幣篇》「上好禮則民闇飾，上好貨則下死利」，即用《荀子》而小變其文。劉云：「『二者亂之衢』，『二』字承上兩句而言，則『亂』上當有『治』字。」

又八之補 「盡善挾洽之謂神。」呂、錢本「洽」並作「治」。念孫案：呂、錢本是也。「挾」與「浹」同，全體皆善，故曰「盡善」，全體皆治，故曰「浹治」。楊注：「挾讀爲浹。浹，周洽也。」正文「挾治」二字，元刻及世德堂本並作「挾洽」，「洽」字乃涉注文「周洽」而誤。盧從元刻，非也。「挾治」與「盡善」對文，若作「挾洽」，則與「盡善」不對矣。

又 《正論篇》：「故凡言議期命，是非以聖王爲師。」引之曰：「是非」當作「莫非」。正文云「莫非以聖王爲師」，故楊注云「皆以聖王爲師」。「皆」字正釋「莫非」二字。凡本書中言「莫非」、「莫不」者，注悉以「皆」字釋之。今本「莫非」作「是非」，則義不可通，蓋涉上文兩「是非」字而誤。

又 《禮論篇》：「不法禮，不足禮，謂之無方之民；法禮，足禮，謂之有方之士。」念孫案：「足」當爲「是」。《爾雅》曰：「是，則也。」則亦法也。《非十二子篇》曰：「不法先王，不是禮義。」《脩身篇》曰：「不是師法而好自用。」猶此言「不法禮，不是禮」也。「是」與「足」字相似而誤，楊説及余前説解「足」字皆未確。

又 《解蔽篇》：「知賢之謂明，輔賢之謂彊。勉之彊之，其福必長。」盧云：「『輔賢之謂彊』，宋本『彊』作『能』。案：『彊』字與上下韻叶。」念孫案：盧説非也。「知賢之謂明」，承上文「仁知且不蔽」而言。「輔賢之謂能」，承上文「能持管仲」、「能持周公」而言。「勉之彊之，其福必長」，承上文「名利福禄與管仲齊」、「與周公齊」而言。此四句本不用韻，元刻「能」作「彊」，乃涉下「勉之彊之」而誤。呂、錢本並作「能」。

又九之一《乘雲車入雲蜺》 「昔者馮夷、大丙之御也，乘雲車，入雲蜺。」高注曰：「以雲蜺爲其馬也。」念孫案：「雲車」與「雲蜺」相複，「雲」當爲「雷」。《太平御覽·天部十四》引此，正作「乘雷車」。下文曰「電以爲鞭策，雷以爲車輪」，《覽冥篇》曰「乘雷車，服應龍今本「服」下誤衍「駕」字，辯見《覽冥》。」皆其證也。「雷」與「雲」字相似，又涉下句「雲」字而誤。「入雲蜺」本作「六雲蜺」，高注「以雲蜺爲其馬也」，本作「以雲蜺爲六馬也」。「其」字古作「亓」，形與「六」相似，故「六」誤爲「其」。《史記·周本紀》「三百六十夫」，《索隱》曰「劉氏音破六爲古其字」，《管子·重令篇》「明主能勝六攻」，《淮

南·地形篇》「通谷六」、《易林·蠱之臨》「周流六虚」，今本「六」字皆誤作「其」。此言以雷爲車，以雲蜺爲六馬，故曰「乘雷車，六雲蜺」。《齊俗篇》曰「六騏驥，駟駃騠」，《藝文類聚·舟車部》引《尸子》曰「文軒六駃題」，《韓子·十過篇》曰「駕象車而六交龍」，司馬相如《上林賦》曰「乘鏤象，六玉虯」，並與此「六雲蜺」同義。《文選·七發》「六駕蛟龍，附從太白」，李善曰：「以蛟龍若馬而駕之，其數六也。」《淮南子》曰：『昔馮遲、太白之御，乘雷車，今本「雷」字亦誤作「雲」。六雲蜺。』此尤其明證矣。今本作「入雲蜺」，《太平御覽》引作「駕雲蜺」，皆後人不曉六字之義，而妄改之耳。若作「入雲蜺」，則與注中雲蜺爲六馬之義，了不相涉。若作「駕雲蜺」，則注但當云「以雲蜺爲馬」，無煩言「六馬」也。

又《莫敢》 「以其無争於萬物也，故莫敢與之争。」念孫案：「莫敢」，本作「莫能」，此後人依《文子·道原篇》改之也。唯不與萬物争，故莫能與之争，所謂柔弱勝剛彊也。若云「莫敢」，則非其指矣。下文曰：「攻大礱堅，莫能與之争。」《老子》曰：「夫唯不争，故天下莫能與之争。」又曰：「以其不争，故天下莫能與之争。」皆其證也。魏徵《羣書治要》引此，正作「莫能與之争」。

又《罟》 「張天下以爲之籠，《初學記》、《太平御覽》引此，並無「之」字。因江海以爲罟，又何亡魚失鳥之有哉。」高注曰：「罟，魚網也。《詩》云『施罟濊濊』。」念孫案：正文、注文内「罟」字，皆當爲「罛」。「罛」、「罟」聲相近，又涉上文「網罟」而誤也。凡魚及鳥獸之網，皆謂之罟，而罛則爲魚網之專稱。《爾雅》「鳥罟謂之羅，兔罟謂之罝，麋罟謂之罞，彘罟謂之羉，魚罟謂之罛」，《衛風·碩人篇》「施罛濊濊」，毛傳曰：「罛，魚罟。」此皆高注所本。若專訓「罟」爲魚網，則失其義矣。「罛」字必須訓釋，故引《詩》爲證。若「罟」字，則不須訓釋。上文「網罟」二字無注，即其證。且此文「失鳥」二字，承上「籠」字言之，「亡魚」二字，則承上「罛」字言之。若變「罛」言「罟」，則又非其指矣。《吕氏春秋·上農篇》「罛罟不敢八於淵」，高彼注云：「罛，魚罟也。《詩》云『施罛濊濊』。」正與此注同，足正今本之誤。《初學記·武部漁類》、《太平御覽·資産部罛類》引此，並作「因江海以爲罛」。

又《循誤爲脩》 「脩道理之數，因天地之自然。」念孫案：「脩」當爲「循」，隸書「循」、「脩」二字相似，故「循」誤爲「脩」。説見《管子》「廟堂既脩」下。「循道理」、「因天地」，循亦因也，若作「脩」，則非其指矣。《太平御覽》地部二、居處部八引此，並作「循」。《文子·道原篇》亦作「循」。又《俶真篇》「賈便其肆，農樂其業，大夫安其職，而處士脩其道」，「脩」亦當爲「循」。此四者皆謂各因其舊也，《文選·西都賦》注引此，正作「循」，《太平御覽·皇王部二》引此，亦作「循」。又《主術篇》「橋植直立而不動，俛仰取制焉；人主静漠而不躁，百官得脩焉」，「脩」亦當爲「循」，言人主静漠而不躁，則百官皆得所遵循，猶橋衡之俛仰取制於柱也。又《齊俗篇》「守正脩理，不苟得者，不免乎飢寒之患」，「脩」亦當爲「循」。《文選·東都賦》、《東京賦》注引此，並作「守道順理」，「順」亦「循」也。又《詮言篇》「法脩自然，己無所與」，「脩」亦當爲「循」，謂循其自然而已不與也。《文子·符言篇》作「治隨自然」，「隨」亦「循」也。又「欲見譽於爲善，而立名於爲賢，今本「賢」誤作「質」，辯見《詮言》。則治不脩故而事不須時」，「脩」亦當爲「循」，「須」當爲「順」，皆字之誤也。《文子》作「治不順理而事不須時」，「順」亦「循」也。又「由其道則善無章，脩其理則巧無名」，「脩」亦當爲「循」，「循其理」即「由其道」也。又「由此觀之，賢能之不足任也，而道術之可脩明矣」，「脩」亦當爲「循」。《文子·道德篇》作「道術可因」，「因」亦「循」也。又《兵略篇》「條脩葉貫，萬物百族，由本至末，莫不有序」，「脩」亦當爲「循」，循謂順其序也。《俶真篇》曰「萬物之疏躍枝舉，百事之莖葉條蘖，皆本於一根，而條循千萬」是也。又《泰族篇》「今夫道者，藏精於内，棲神於心，静漠恬淡，訟繆胸中，邪氣無所留滯，四枝節族，毛蒸理泄，則機樞調利，百脈九竅，莫不順此。其所居神者，得其位也，豈節拊而毛脩之哉」，「脩」亦當爲「循」，「循」與「拊」同意也。

又《生之充　二者》 「夫形者，生之舍也；氣者，生之充也；神者，生之制也。一失位，則二者傷矣。」念孫案：「充」本作「元」，此涉下文「氣不當其所充」而誤也。元者，本也，言氣爲生之本也。《文選·養生論》注引此，正作「元」，《文子·九守篇》亦作「元」。王冰注《素問·刺禁論》云：「氣者生之原。」語即本於《淮南》。「原」與「元」同。「一失位，則二者傷」，謂此三者之中，一者失位，則二者皆傷也。各本「二」作「三」，因下文「此三者」而誤。《文子》亦誤作「三」。唯《道藏》本、朱本作「二」。莊刻依諸本作「三」，非也。《文選》注引此，正作「二」。

又九之二《衡杓》 「欃槍衡杓之氣，莫不彌靡，而不能爲害。」高注曰：「欃槍，彗星也。杓，北斗柄第七星。」引之曰：北斗之星不聞爲害，高説非也。「衡」當爲「衝」，字形相似而誤。衝、杓，皆妖氣也。《晉書·天文志》引《河圖》曰：「歲星之精，流爲天槍、天衝，熒惑散爲天欃。」《吕氏春秋·明理篇》曰：「其雲狀有若人，蒼衣赤首不動，其名曰天衝。今本「衝」字亦誤作「衡」，據《太平御覽·咎徵部四》引改。」《開元占經·妖星占篇》引劉向《洪範傳》曰：「天衝，其狀如人，蒼衣赤首不動。」《史記·天官書》曰：「五星蚤出者爲贏，晚出者爲縮，必有天應見於杓星。」《漢

書・天文志》曰：「太歲在寅，歲星正月晨出，在斗、牽牛。失次，杓，早水晚旱。」是也。欃、槍、衝、杓，皆妖氣之名，故並言之。

又《翱翔》 「雲臺之高，墮者折青碎腦，而蟁蝱適足以翱翔。」高注曰：「蟁蝱微細，故翱翔而無傷毁之患。」念孫案：「適足以翱翔」，當作「適足以翾」，高注「翱翔而無傷毁之患」，當作「翾飛而無傷毁之患」。《説文》：「翾，許緣反。小飛也。」《原道篇》曰：「跂行喙息，蠉飛蝡動。」「蠉」與「翾」同。下文曰：「飛輕微細者，猶足以脱其命。」「飛輕」二字，正承「翾」字言之。若翱翔，則爲鳥高飛之貌，蟁蝱之飛，可謂之翾，不可謂之翱翔也。又下文「雖欲翱翔」，高注曰：「翱翔，鳥之高飛，翼上下曰翱，直刺不動曰翔。」而此注不釋翱翔之義，則正文本無「翱翔」二字明矣。隸書「翱」字或作「翾」，見《漢唐公房碑》。形與「翾」相近，故「翾」誤爲「翱」。後人不知「翱」爲「翾」之誤，因妄加「翔」字耳。《藝文類聚・蟲豸部》引此，正作「蟁蝱適足以翾」。

又《梣木色青翳而蠃瘉蝸睆》 「夫梣木色青翳，而蠃瘉蝸睆，此皆治目之藥也。」高注曰：「梣木，苦歴木名也，生於山，剥取其皮，以水浸之，正青，用洗眼，瘉人目中膚翳，故曰色青翳。青色，象也。此句内有脱文，蓋謂梣木色青，象目中青翳之色，故以同色者治之也。蠃蠡，薄蠃，蝸睆，目疾也。」引之曰：「色青翳」當作「已青翳」。注内「色青翳」同。「已」與「瘉」相對爲文，「已」亦「瘉」也，言梣木可以瘉青翳也。「瘉」今作「愈」，《呂氏春秋・至忠篇》「王之疾必可已也」，高注曰：「已，猶愈也。」故此注云：「用洗眼，瘉人目中膚翳，故曰已青翳也。」今正文及注皆作「色青翳」者，涉注内「青色」而誤耳。「蠃瘉蝸睆」當作「蠃蠡瘉燭睆」，注内「蝸睆」同。據高注云「蠃蠡，薄蠃」，則「蠃」下原有「蠡」字明矣。《太平御覽・鱗介部十三》引此，作「蠃蠷瘉燭睆」，又引注云：「蠃，附蠃，蠷，細長蠃也。燭睆，目中疾。」《一切經音義》二十引許慎注云：「燭睆，目内白翳病也。」《名醫别録》曰：「蝸籬味甘，無毒，主燭館，明目。」「蠃蠷」、「蝸籬」，並與「蠃蠡」同。《士冠禮》「蠃醢」，今文「蠃」爲「蝸」，《内則》作「蝸醢」。「燭館」與「燭睆」同。「蠃」、「蠡」聲相亂，故「蠃」下脱「蠡」字。「燭」、「蝸」草書相似，故「燭」誤爲「蝸」。宋《證類本草》引此已誤。

又《晽晽》 「昧昧晽晽，皆欲離其童蒙之心，而覺視於天地之間。」高注曰：「昧昧，欲明而未也。晽晽，欲所知之貌也。」念孫案：《説文》、《玉篇》、《廣韻》、《集韻》皆無「晽」字，「晽晽」當爲「楙楙」。注同。「昧昧」、「楙楙」，一聲之轉，皆欲知之貌也。《説文》云：「惀，欲知之皃。」《文子・上禮篇》作「昧昧懋懋」，「懋」與「楙」古字通，《皋陶謨》「懋遷有無化居」，《漢書・食貨志》「懋」作「楙」。今作「晽晽」者，「楙」誤爲「林」，又因「昧」字而誤加日旁耳。楊慎《古音餘》乃於侵韻收入「晽」字，吴志伊《字彙補》又云「晽音林」，並引《淮南子》「昧昧晽晽」，皆爲俗本所惑也。

又《淵清》 「是故神者，智之淵也，淵清則智明矣。智者，心之府也，智公則心平矣。」念孫案：以下二句例之，則「淵清」當爲「神清」，此涉上句「淵」字而誤也。《太平御覽》引此，正作「神清」。《文子・九守篇》同。

又《用也必假之於弗用也》 「由此觀之，用也必假之於弗用也。」念孫案：「用也」二字，文不成義，《太平御覽・方術部》引此，作「用者必假之於弗用者」，是也。今本兩「者」字皆作「也」，涉上文而誤耳。《文子》作「故用之者必假於不用者」，《莊子・知北遊篇》曰「是用之者假不用者也」，皆其證。

又《澤潤玉石》 「不通此者，雖目數千羊之羣，耳分八風之調，足蹀陽阿之舞，而手會緑木之趨，智終天地，明照日月，辯解連環，澤潤玉石，猶無益於治天下也。」高注曰：「澤，潤澤也。」念孫案：「澤潤玉石」本作「辭潤玉石」，高注「澤，潤澤也」，本作「潤，澤也」。此解「潤」字之義，非解「澤」字之義。辭潤玉石，謂其辭潤澤如玉石也。「目數千羊」二句，以耳目言之，「足蹀陽阿」二句，以手足言之，「智終天地」二句，以心言之，「辯解連環」二句，以口言之。若云「澤潤玉石」，則文不成義矣。今案：正文「澤」字，涉注文「潤，澤也」而誤。《太平御覽・人事部一百五》引此已誤。後人不達，又於注内加一「澤」字，以從已誤之正文耳。《文子・九守篇》正作「辭潤玉石」。

又九之三《天之偏氣怒者爲風天地之含氣和者爲雨》 「天之偏氣，怒者爲風；天地之含氣，和者爲雨。」劉本删去下句「天」字，而莊本從之。念孫案：《大戴禮・曾子天圓篇》「陰陽之氣偏則風，和則雨」，《藝文類聚・天部下》引曾子曰「天地之氣和則雨」，是風雨皆天地之氣，豈得以風屬之天，雨屬之地乎！下句當依《道藏》本作「天地」，上句當補「地」字。又案：「含氣」當爲「合氣」，「合」、「含」字相似，又涉上文「含氣」而誤也。「合氣」與「偏氣」正相對，作「含」則非其指矣。

又《雷戒》 「秋分雷戒，蟄蟲北鄉。」念孫案：「戒」當爲「臧」，字之誤也。「臧」，古「藏」字，「秋分雷藏」，與上文「春分雷行」相應。《時則篇》云「八月雷不藏」，是其證也。且「臧」與「鄉」爲韻，若作「戒」，則失其韻矣。「藏」字古皆作「臧」，故《説文》無「藏」字。今書傳中作「藏」者多，作「臧」者少，大抵皆後人所改也。此「臧」字若不誤爲「戒」，則後人亦必改爲「藏」矣。

又《淵虞》　「至於淵虞，是謂高春。」念孫案：「淵虞」當作「淵隅」，注同。「隅」「虞」聲相亂，又涉下文「虞淵」而誤也。桓五年《公羊傳》疏、舊本《北堂書鈔》及《藝文類聚》、《初學記》、《太平御覽》引此，並作「淵隅」。陳禹謨改爲「虞淵」，大謬。《楚辭・天問》補注引此，亦作「淵隅」，則南宋本尚不誤。

又《至於》　「至於蒙谷，是謂定昏。」念孫案：「至」本作「淪」，此涉上文諸「至」字而誤也。淪，入也，見《原道》、《精神》、《本經》三篇注，及《漢書・叙傳》應劭注。没也。見《覽冥篇》注、《楚辭・九歎》注及《説文》、《廣雅》。「淪於蒙谷」與上「出於扶桑」相對，舊本《北堂書鈔》及《藝文類聚》、《初學記》、《太平御覽》引此，並作「淪」。陳禹謨依俗本改「淪」爲「至」。《楚辭補注》同。

又《角生姑洗》　「角生姑洗。」引之曰：音律相生，皆非同位者，上文曰「姑洗爲角」，則角與姑洗爲一，不得云「角生姑洗」也。「生」當爲「主」。上文「黄鍾主十一月」云云，與此「主」字同義。角主姑洗，猶言姑洗爲角耳。「主」與「生」相似，又因上下文「生」字而誤。《宋書・律志》亦誤作「生」。秦氏《五體通攷》改作「角爲姑洗」，非是。五音爲六律之綱，可言「姑洗爲角」，不可言「角爲姑洗」也。

又《其以爲量》　「其以爲量，十二粟而當一分，十二分而當一銖。」念孫案：「量」當爲「重」，「重」、「量」字相近，又因上文「度量」而誤也。自十二粟以下，皆言其重之數，非言其量之數。《説文・禾部》注及《宋書・律志》並作「其以爲重」。

又《以勝擊殺》　「以勝擊殺，勝而無報。」引之曰：上文「子生母曰義，母生子曰保，子母相得曰專，母勝子曰制，子勝母曰困」，其名有五。下文「以專從事」、「以義行理」、「以保畜養」、「以困舉事」，分承「專」、「義」、「保」、「困」四字，不應於「制」字獨不相承。然則此句當作「以制擊殺」明矣。今本「制」作「勝」者，因上下文「勝」字而誤。「制」爲母勝子之名，若作「勝」，何以别於子勝母乎？

又《太陰所居辰爲厭日》　「太陰所居辰爲厭日。」引之曰：「太陰所居辰」當作「雌所居辰」，雌，北斗之神右行者也，月徙一辰。太陰則左行而歲徙一辰。兩者各不相涉。「太陰」二字，因下文「太陰所居」而誤也。「爲厭日」，本無「日」字，此因下句「厭日」而衍也。厭者，鄭注《周官・占夢》曰：「天地之會，建厭所處之日辰。」疏曰「建謂斗柄所建，謂之陽建，故左還於天。厭謂日前一次，謂之陰建，故右還於天」是也。今人猶謂陰建爲月厭，是雌所居辰名爲「厭」，不名爲「厭日」也。

又九之四《八極》　「天地之間，九州八極。」今本此下有注云：「八極，八方之極也。」念孫案：「八極」當爲「八柱」，「柱」與「極」草書相近，故「柱」誤爲「極」。《玉海・地理部》引此已誤。《初學記・地部上》、《太平御覽・地部一》及《白帖一》引此，並作「天有九部八紀，地有九州八柱」。又《太平御覽・州郡部三》引作「天地之間，九州八柱」。《楚辭・天問》曰「八柱何當，東南何虧」，《初學記》引《河圖括地象》曰「地下有八柱，柱廣十萬里」，皆其證也。又案：《文選・張協〈雜詩〉》注云：「《淮南子》曰：『八紘之外有八極。』高誘曰：『八極，八方之極也。』」是高注云云，本在下文「八紘之外，乃有八極」下，後人不知此處「八極」爲「八柱」之譌，又移彼注於此，以曲爲附會，甚矣其謬也。

又九之五《迎秋》　「天子親率三公、九卿、大夫，以迎秋於西郊。」念孫案：「迎秋」本作「迎歲」，後人依《月令》改之耳。上文「孟春」、「孟夏」及下文「孟冬」，並作「迎歲」。高注曰：「迎歲，迎春也。」又曰：「迎歲，迎夏也。」則此亦當云「迎歲，迎秋也」。後人既改「迎歲」爲「迎秋」，又删去高注，斯爲妄矣。「孟冬」下亦删去「迎歲，迎冬也」五字，而正文「迎歲」尚未改。

又《閉關閭》　「閉關閭，大搜客。」念孫案：古書無以「關閭」二字連文者，「關」當爲「門」，此涉上文「關梁」而誤也。上文及《天文篇》並云「閉門閭，大搜客」，《春秋繁露・五行順逆篇》云「閉門閭，大搜索」，《太平御覽・時序部十二》引此，作「守門閭」。

又九之六《右秉白旄　余任》　「武王伐紂，渡於孟津，陽侯之波，逆流而擊，疾風晦冥，人馬不相見，於是武王左操黄鉞，右秉白旄，瞋目而撝之曰：余任天下，誰敢害吾意者。」念孫案：「右秉白旄」，「秉」本作「執」，此後人依《牧誓》改之也。《論衡・感虚篇》引此，正作「執」。《論衡》稱「傳書言武王伐紂渡孟津」云云，共十二句皆與此同，是所引即《淮南》之文也。《太平御覽》地部二十六、三十六，皇王部九引此，亦作「執」。《泰族篇》亦云：「武王左操黄鉞，右執白旄。」「執」與「秉」同義，無煩據彼以改此也。「任」當爲「在」字之誤也。《道應篇》「本在於身」，「在」字亦誤作「任」。「余在」爲句，「天下誰敢害吾意者」爲句。《孟子》引《書》曰「四方有罪無罪，惟我在，天下曷敢有越厥志」，句法與此相似。《論衡・感虚篇》、《藝文類聚・儀飾部》、《太平御覽》地部二十六、三十六，皇王部九，儀式部一引此，並作「余在」。「害」讀爲「曷」，古字以「害」爲「曷」，通見詩書。曷，止也，言誰敢止吾意也。《爾雅》：「曷，遏，止也。」《商頌・長發篇》「則莫我敢曷」，《荀子・議兵篇》引作「則莫我敢遏」。

又《日八》　「朝發榑桑，日入落棠。」高注曰：「榑桑，日所出也。落棠，山名，日所入也。」念孫案：「日入」當爲「入日」，今本作「日入」，蓋涉高注「日所入」三字

而誤。不知高注自謂落棠山爲日所入，非正釋「入日」二字也。入日者，及日於將入也。「朝發榑桑」謂與日俱出，「入日落棠」謂與日俱入。上言「追猋」，此言「入日」，皆狀其行之疾也。若云「日入落棠」，則非其指矣。上文云「鳳皇徑躡都廣，入日抑節」，正與此「入日落棠」同意。《海外北經》「夸父與日逐走，入日」，郭璞曰：「言及日於將入也。」意亦與此同。

又《重萬物　服駕應龍　援絶瑞》「名聲被後世，光輝重萬物，乘雷車，服駕應龍，驂青虯，援絶瑞。」念孫案：「重」字義不可通，《爾雅・釋魚》疏引此作「光輝熏萬物」，是也。「熏」猶熏炙也，謂光輝熏炙萬物，《韓詩外傳》曰：「名聲足以薰炙之。」「薰」與「熏」同。故高注曰：「使萬物有輝光也。」「服應龍」、「驂青虯」相對爲文，故高注曰「在中爲服，在旁爲驂」。「服」下不當有「駕」字，此後人據高注旁記「駕」字，因誤入正文也。不知高注「駕應德之龍」，是解「服應龍」三字，非正文内有「駕」字也。《一切經音義一》、《太平御覽・鱗介部二》及《爾雅疏》引此，俱無「駕」字。「援絶瑞」本作「援絶應」，此亦涉注文而誤也。案：正文作「絶應」，故注釋之曰「殊絶之瑞應」，若正文本作「絶瑞」，則無庸加「應」字以釋之矣。《爾雅疏》引此作「絶瑞」，則所見本已誤。《御覽》引此，正作「絶應」。

又《高重京》「大衝車，高重京。」高注曰：「古者伐不敬，取其鯨鯢，收其骸尸，聚土而瘞之，以爲京觀，故曰高重壘，京觀也。」念孫案：「高重京」，「京」當爲「壘」。注云「故曰高重壘」，即其證也。注「京觀也」上，當更有一「壘」字，「壘，京觀也」四字，即承上注言之。今本正文「壘」作「京」，涉注文「京觀」而誤，注内又脱一「壘」字。《文子・上禮篇》作「高重壘」，是其明證矣。高以上文言濫殺，故謂重壘爲京觀，今案：衝車所以攻，重壘所以守，此二句别爲一義，「高重壘」即所謂深溝高壘，非京觀之謂也。

又九之七《三百六十六日　三百六十六節》「天有四時、五行、九解、三百六十六日，人亦有四支、五藏、九竅、三百六十六節。」念孫案：「三百六十六日」、「三百六十六節」，本作「三百六十日」、「三百六十節」，後人以《堯典》言「朞三百有六旬有六日」，故於上句加「六」字，因併下句而加之也。不知三百六十日，但舉大數言之。《繫辭傳》曰「乾坤之策凡三百有六十，當期之日」是也。若人之骨節，則諸書皆言三百六十。《吕氏春秋・本生篇》曰「則三百六十節皆通利矣」，《達鬱篇》曰「三百六十節、九竅、五藏、六府」，《太平御覽・人事部一》引《公孫尼子》曰「人有三百六十節，當天之數也」，皆其證矣。《春秋繁露・人副天數篇》曰：「天以終歲之數成人之身，故小節三百六十分，今本「分」作「六」，亦是後人所改，上文云：「人有三百六十節，偶天之數也。」即其證。今依上文改。副日數也。大節十二分，副月數也。」《淮南・天文篇》亦曰：「天有十二月，以制三百六十日，人亦有十二肢，以使三百六十節。」此皆以十二統三百六十，猶十二律之統三百六十音也，見《天文篇》。不得言「三百六十六」明矣。《太平御覽》引此已誤。《文子・九守篇》正作「三百六十日」、「三百六十節」。

又《氣志》「夫孔竅者，精神之户牖也，而氣志者，五藏之使候也。」念孫案：氣可言五藏之使候，志不可言五藏之使候，「氣志」當爲「血氣」，此涉下文「氣志」而誤也。上文曰：「血氣能專於五藏而不外越，則胸腹充而嗜欲省矣。」下文曰：「五藏摇動而不定，則血氣滔蕩而不休矣。」故曰：「血氣者，五藏之使候。」《文子・九守篇》正作「血氣」。

又《使口爽傷》「是故五色亂目，使目不明，五聲譁耳，使耳不聰，五味亂口，使口爽傷，趣舍滑心，使行飛揚。」高注曰：「爽病，病傷滋味也。」念孫案：「使口爽傷」，本作「使口厲爽」，注本作「厲爽，病傷滋味也」。《大雅・思齊》箋曰：「厲，病也。」《逸周書・謚法篇》曰：「爽，傷也。《廣雅》同。」故云：「厲爽，病傷滋味也。」後人以韻書「爽」在上聲，與「明」、「聰」、「揚」三字音不相協，故改「厲爽」爲「爽傷」，不知「爽」字古讀若「霜」，正與「明」、「聰」、「揚」爲韻。《衛風・氓篇》「女也不爽」，與「湯」、「裳」、「行」爲韻。《小雅・蓼蕭篇》「其德不爽」，與「瀼」、「光」、「忘」爲韻。《楚辭・招魂》「厲而不爽」，與「方」、「梁」、「行」、「芳」、「羹」、「漿」、「鶬」、「餭」、「觴」、「涼」、「妨」爲韻。案：「爽」字古皆讀若「霜」，《毛詩》、《楚辭》而外，不煩覼縷。故《老子》「五味令人口爽」，亦與「盲」、「聾」、「狂」、「妨」爲韻。而《莊子・天地篇》「五色亂目，使目不明；五聲亂耳，使耳不聰；五味濁口，使口厲爽；趣舍滑心，使性飛揚」，即《淮南》所本也。且「爽」即是「傷」，若云「使口爽傷」，則是使口傷傷矣。《文子・九守篇》作「使口生創」，亦是後人所改。乃既改正文之「厲爽」爲「爽傷」，又改注文之「厲爽」爲「爽病」，甚矣其謬也。諸書無訓「爽」爲「病」者。又高注「不明，視而昏也。不聽，聽無聞也。厲爽，病傷滋味也。飛揚，不從軌度也」，皆先列正文，而後釋其義，今改「厲爽」爲「爽病」，則與上下注文不類矣。

又《静則與陰俱閉動則與陽俱開》「其生也天行，其死也物化，静則與陰俱閉，動則與陽俱開。」念孫案：「與陰俱閉」、「與陽俱開」，本作「與陰合德」、「與陽同波」，後人以《原道篇》云「與陰俱閉，與陽俱開」，故據彼以改此也。不知「波」與「化」爲韻，自「其生也天行」至「不敢越也」，皆隔句用韻。若如後人所改，則失其韻矣。

《文子・九守篇》「静即與陰合德，動即與陽同波」，即用《淮南》之文。《莊子・天道篇》「其生也天行，其死也物化。静而與陰同德，動而與陽同波」，《刻意》篇同。又《淮南》所本也。

又《生時干心》　「使神滔蕩而不失其充，日夜無傷而與物爲春，則是合而生時干心也。」高注曰：「若是者合於道，生四時，化其心也，言不干時害物也。」劉績曰：「案：《文子》作『則是合而生時於心者也』，《九守篇》。《莊子》作『是接而生時於心者也』，《德充符篇》。則『干』乃『于』字之誤。」念孫案：高注「生四時化其心也」，當作「生四時之化于其心也」，此是釋「生時于心」之義，生時于心，而與物爲春，則是順時以養物，故注又云「言不干時害物也」。今本正文「于」字作「干」，即涉注文「干時」而誤。

又九之九《以避姦賊》　「人主深居隱處，以避燥溼，閨門重襲，以避姦賊。」念孫案：下「避」字當作「備」，俗讀「備」、「避」聲相亂，又涉上「避」字而誤也。《吕氏春秋・節喪篇》「姦邪盜賊寇亂之患，慈親孝子備之者，得葬之情矣」，俗本「備」作「避」，亦因上文而誤。重門所以防賊，故言「備」，作「避」則義不可通矣。《文選・西京賦》注引此，正作「備」。

又《鷄毒》　「天下之物，莫凶於鷄毒。」念孫案：「鷄毒」當爲「奚毒」，注同。此涉上文注内「枅讀如鷄」而誤也。《廣雅》、《本草》並作「奚毒」，《羣書治要》、《意林》及《太平御覽・藥部七》引《淮南》，亦作「奚毒」。《急就篇補注》引作「奚毒」，則南宋本尚不誤。無作「鷄毒」者。

又《有爲》　「是故君人者，無爲而有守也，有爲而無好也。」念孫案：「有爲」與「無爲」正相反，且下二句云「有爲則讒生，有好則諛起」，則不當言「有爲」明矣。「有爲」本作「有立」，「有立而無好」謂有所建立而無私好也。高注：「無所私好。」今本作「有爲」者，涉下句「有爲」而誤。《文子・上仁篇》正作「有立而無好」。

又《言建之無形也》　「故善建者不拔。」今本此下有注云：「言建之無形也。」念孫案：此六字乃正文，非注文也。「故善建者不拔」者，引《老子》語也，「言建之無形也」者，釋其義也。《精神篇》曰：「故曰：其出彌遠者，其知彌少。以言夫精神之不可使外淫也。」亦是引《老子》而釋之。後人誤以此六字爲注文，故改入注耳。《文子》正作「故善建者不拔，言建之無形也」。

又《其存》　「所持甚小，其存甚大，所守甚約，所制甚廣。」念孫案：「其存甚大」，本作「所任甚大」，「所持甚小，所任甚大」，即下文所謂「十圍之木，持千鈞之屋」也。今本「所任」作「其存者」，「其」字因與上下三「甚」字相似而誤，「任」誤爲「在」，後人因改爲「存」耳。《文子》作「所在甚大」，「在」亦「任」之誤。《羣書治要》引《文子》正作「所任甚大」。

又《鼙鼓》　「鼙鼓而食，奏雍而徹，已飯而祭竈。」高注曰：「鼙鼓，王者之食樂也。《詩》云：『鼓鍾伐鼙。』」念孫案：「鼙鼓而食」當爲「伐鼙而食」，今作「鼙鼓」者，涉注文而誤也。《周官・大司樂》曰：「王大食，三侑，皆令奏鍾鼓。」奏鍾鼓而食，故曰「伐鼙而食」。高注引《詩》「鼓鍾伐鼙」，正釋「伐鼙」二字之義。若云「鼙鼓而食」，則文不成義矣。且「伐鼙而食」、「奏雍而徹」相對爲文，《荀子・正論篇》曰：「曼而饋，伐皐而食，今本「伐」誤作「代」，辯見《荀子》。「皐」與「鼙」同，《考工記・韗人》「爲皐鼓」是也。雍而徹乎五祀。」即《淮南》所本也。《玉海・音樂部・樂器類》引此，正作「伐鼙而食」。

又《專誠》　「誠身有道，心不專一，不能專誠。」念孫案：以上文例之，則「不能專誠」當作「不能誠身」。據高注云「不脩其本，而欲得悦親誠身之名，皆難也」，則正文本作「不能誠身」明矣。今作「不能專誠」者，涉上文「心不專一」而誤。《中庸》作「誠身有道，不明乎善，不誠乎身矣」，次句雖異義，而首句、三句則同。

又九之一一《抽箕　扣墳墓》　「故有大路龍旂，羽蓋垂緌，結駟連騎，則必有穿窬拊楗，抽箕踰備之姦。」高注曰：「抽，握也。備，後垣也。」引之曰：「抽箕」當爲「扣墓」，高注「抽，握也」，當作「扣，掘也」。「扣」字本作「搰」，《説文》曰：「搰，掘也。」或作「扣」，《廣雅》曰：「扣，掘也。」《荀子・正論篇》曰「扣人之墓」是也。《吕氏春秋・節喪篇》「葬淺則狐貍扣之」，高注曰：「扣，讀曰掘。」是「扣」與「掘」聲相近，字亦相通也。今本「扣墓」作「抽箕」者，「抽」與「扣」字相似，故「扣」誤作「抽」。《説林篇》「伏苓扣，兔絲死」，《藝文類聚・草部上》引此，「扣」作「抽」。《論衡・薄葬篇》「不畏罪法而丘墓扣矣」，今本「扣」作「抽」。蓋世人多見「抽」，少見「扣」，故「扣」誤爲「抽」矣。「墓」與「基」，字亦相似，「墓」以形誤爲「基」。《漢書・叙傳》「陵不崇基」，《漢紀》「墓」字誤爲「基」。「墓」可誤爲「基」，故「基」亦可誤爲「墓」。《逸周書・大開篇》「兆基九開」，今本「基」誤爲「墓」是也。「墓」可誤爲「基」，故「莫」亦可誤爲「其」，《史記・孝文紀》「宗室將相王列侯以爲莫宜寡人」，《漢書》「莫」誤爲「其」是也。「基」又以聲誤爲「箕」耳。「穿窬拊楗扣墓踰備之姦」，皆謂盜賊也，「楗」謂户牡也，「拊楗」謂搏取户楗也。《吕氏春秋・異用篇》云「跖與企足得飴，以開閉取楗」是也。「備」與「培」同，下文「鑿培而遁之」，高注曰：「培，屋後牆也。《吕氏春秋・聽言篇》亦作「培」，《莊子・庚桑楚篇》作「阫」，《漢書・楊雄傳》

作「坏」。」故此注云：「備，後垣也。」又《兵略篇》「母扣墳墓」，「扣」亦「抇」字之誤。本或作「抉」者，後人以意改之耳。莊刻從或本作「抉」，非。

又《水擊　智昏》　「故水擊則波興，氣亂則智昏，智昏不可以爲政，與「正」同。波水不可以爲平。」念孫案：「水擊」當爲「水激」，聲之誤也。《羣書治要》引此，正作「激」，《氾論篇》亦云「水激興波」。「智昏不可以爲政」，「智昏」當爲「昏智」，「昏智」與「波水」相對，謂既昏之智，不可以爲正，已波之水，不可以爲平也。今本作「智昏」者，蒙上句而誤。《文子·下德篇》正作「昏智不可以爲正」。

又《有虞氏之祀》　「有虞氏之祀，其社用土，祀中霤，葬成畝。」念孫案：「有虞氏之祀」，「祀」當爲「禮」，此涉下文「祀中霤」而誤也。「有虞氏之禮」總下三事而言，不專指祭祀。下文「夏后氏之禮」，今本脱「之禮」二字，據下文補。「殷人之禮」、「周人之禮」，皆其證。

又《撥檖》　「伐梗枏豫樟而剖棃之，或爲棺槨，或爲柱梁，披斷撥檖，所用萬方。」高注曰：「撥，析理也。遂，順也。」念孫案：如高注，則「檖」字本作「遂」，故訓爲「順」也。今作「檖」者，因上文「棺槨」、「柱梁」等字而誤耳。茅本并注文亦改爲「檖」，而莊本從之，謬矣。

又《刀如新剖》　「庖丁用刀十九年，而刀如新剖。」劉本於「剖」下增「硎」字。念孫案：劉增是也。據高注云「硎，磨刀石」，則有「硎」字明矣。下「刀」字當作「刃」，「刃」、「刀」字相似，又涉上「刀」字而誤也。「刃如新剖硎」，言刀刃不頓也。《莊子·養生主篇》「今臣之刀十九年矣，而刀刃若新發於硎」，《呂氏春秋·精通篇》「宋之庖丁好解牛，用刀十九年，而刃若新磨研」，皆其證也。《太平御覽·資産部八》引此，作「刃如新砥硎」，雖「砥」與「剖」不同，而字亦作「刃」。

又《不能致》　「常欲在於虚，則有不能爲虚矣，若夫不爲虚而自虚者，此所慕而不能致也。」念孫案：此「所慕而不能致也」，義不可通，「不能致」當作「無不致」。上文「欲在於虚，則不能爲虚」，高注以爲爲者敗之，執者失之，是也。聖人無爲，故無敗，無執，故無失。故曰：「若夫不爲虚而自虚者，此所慕而無不致也。」「所慕無不致」猶言所欲無不得。《精神篇》曰「達至道者，性有不欲，無欲而不得」，義與此同也。今本作「不能致」者，涉上文「不能爲虚而」誤。《文子·道德篇》正作「此所欲而無不致也」。

又《易其處》　「道德之論，譬猶日月也，江南河北，不能易其指，馳騖千里，不能易其處。」念孫案：下「易」字本作「改」，此因上「易」字而誤也。《意林》及《文選·月賦》注、鮑照《翫月城西門解中》詩注引此，下「易」字並作「改」。

又九之一二《杓國門之關》　「孔子勁杓國門之關，而不肯以力聞。」注：「杓，引也。古者縣門下，從上杓引之者，難也。」念孫案：《列子釋文》引此作許注，今高注有之者，蓋後人以許注竄入也。又案：「杓」當爲「扚」，字從手，不從木。《玉篇》：「杓，甫遥、都歷二切，斗柄也。又市若切。」「扚，丁激切，引也。」《廣韻》：「杓，甫遥切，北斗柄。」「扚，都歷切，引也。」許注訓「扚」爲「引」，則其字當從手，《玉篇》、《廣韻》訓「扚」爲「引」，即本於許注。其證一也。《史記·天官書》「用昏建者杓」，《索隱》：「《説文》：杓，斗柄。音匹遥反。」又下文「扚雲如繩者」，《索隱》：「扚，《説文》音丁了反。許慎注《淮南》云：『扚，引也。』」是「扚」音丁了反，而訓爲「引」，與「杓」字不同。其證二也。《晉書·天文志》「扚雲如繩」，何超《音義》：「扚，音鳥。」「鳥」與丁了同音，其證三也。而今本《淮南》及《列子釋文》、《史記》、《漢書》，「扚」字皆誤作「杓」，《晉書》又誤作「忄勺」。與《玉篇》、《廣韻》不合。世人多見「杓」，少見「扚」，遂莫有能正其失者矣。

又《難合》　「且人固難合也，權而用其長者而已矣。」念孫案：「合」當爲「全」，言用人不可求全也。「全」、「合」字相近，又因上文「合其所以」而誤。《呂氏春秋》、《新序》並作「全」。

又《明又　明日又》　「明又復往取其枕，子發又使人歸之。明日又復往取其簪，子發又使歸之。」念孫案：「明又」、「明日又」，兩「又」字皆當爲「夕」。「夕」、「又」字相近，又因下句「又」字而誤。若以「又復」二字連讀，則「明」字文不成義。後人不知「又」爲「夕」之誤，故又加「日」字耳。偷以夜往，故言「夕」，上文曰「偷則夜出」是也。舊本《北堂書鈔·衣冠部一》引此，作「明夕取枕」、「明夕取簪」，陳禹謨依俗本，於「取簪」上加「又」字，而「夕」字尚未改。《太平御覽》四引，皆作「明夕復往取其枕」、「明夕復往取其簪」。

又《意欲》　「故人主之意欲見於外，則爲人臣之所制。」念孫案：古書無以「意欲」二字連用者，此涉上文「欲中王之意」而誤也。「意欲」本作「嗜欲」，《主術篇》曰「君人者，喜怒形於心，耆欲見於外，「耆」與「嗜」同。則守職者離正而阿上」，是其證。《羣書治要》引此，正作「嗜欲」。

又《師望之謂之》　「明日往朝，師望之謂之曰。」念孫案：「望之謂之」，當作「望而謂之」，今本「而」作「之」，因下「謂之」而誤。《太平御覽·工藝部三》引此，正作「望而謂之」，《呂氏春秋·搏志篇》同。今本「搏」誤作「博」，辯見《呂氏春秋》。

又《失從心志》「失從心志，而有不能成衡之事。」《道藏》本、劉本皆如是。念孫案：「失從心志」，當作「失從之志」。今本「之」作「心」者，因「志」字而誤。「有」與「又」同，此言魏王既不能合從，又不能連衡也。《呂氏春秋・離謂篇》作「失從之意，又失横之事」，是其證。《漢魏叢書》本改「有」爲「又」，而莊本從之，則昧於假借之義矣。

又《予之將軍之節》「墨者有田鳩者，欲見秦惠王，約車申轅，留於秦，周年不得見。客有言之楚王者，往見楚王，楚王甚説之，予以節，使於秦。至，因見予之將軍之節，惠王而説之。」陳氏觀樓曰：《呂氏春秋・首時篇》云「楚王説之，與將軍之節以如秦，至，因見惠王」，則此亦當云「至，因見惠王而説之」。其「予之將軍之節」六字，乃是上文「予以節」句注語，今誤入此句中，文義遂不可曉。念孫案：陳説是也。莊本又加「見」字於「而説之」之上，非是。

又《陰蔽隱》「是故石上不生五穀，禿山不游麋鹿，無所陰蔽隱也」。「陰」與「蔭」同。念孫案：「隱」字蓋「蔽」字之注，而誤入正文者，《廣雅》：「蔽，隱也。」《文子》無「隱」字，是其證。

又《載之木》「於是乃去其瞀而載之木，解其劒而帶之笏」。高注曰：「瞀，被髮也。木，鶖鳥冠也。知天文者冠鶖。」各本脱「天」字，今據《爾雅翼》所引補。引之曰：「載」與「戴」同，「木」當爲「朮」，字之誤也。「朮」即「鷸」字也，高注當作「朮，鷸鳥冠也。知天文者冠鷸」。今本「鷸」作「鶖」者，「鷸」、「鶖」字相近，又涉上文「瞀」字而誤也。《爾雅翼》引此，已誤。《説文》：「鷸，知天將雨鳥也。《禮記》曰：知天文者冠鷸。」《莊子・天地篇》「皮弁鷸冠搢笏紳脩」，釋文：「鷸，尹必反，徐音述。」《玉篇》及《爾雅釋文》、《漢書・五行志》注，「鷸」字並「聿」、「述」二音。《匡謬正俗》曰：「案：鷸，水鳥，天將雨即鳴，古人以其知天時，乃爲冠象此鳥之形，使掌天文者冠之。『鷸』字音『聿』，亦有『術』音，故《禮》之《衣服圖》及蔡邕《獨斷》謂爲術氏冠，亦因『鷸』音轉爲『術』耳。」以上《匡謬正俗》。《莊子釋文》曰：「鷸，又作『鶐』。」《續漢書・輿服志》引《記》曰「知天者冠述」，《説苑・脩文篇》作「冠鉥」。蓋「鷸」字本有「述」音，故其字或作「鶐」，或作「述」，或作「鉥」，又通作「朮」耳。「朮」與「笏」爲韻，若作「木」，則失其韻矣。鷸即翠鳥，故古人以其羽飾冠，冠鷸帶笏，皆所以爲飾，故《莊子》亦言「鷸冠搢笏」，若鶖無文采，則不可以爲飾矣。且鷸知天雨，故使知天文者冠之，若鶖則義無所取矣。諸書皆言知天文者冠鷸，無言「冠鶖」者。

又九之一三《作爲之　宮室》「聖人乃作爲之築土構木，以爲宮室。」高讀「聖人乃作」爲句，注云：「作，起也。」念孫案：高説非也，「作爲之」三字連讀。下文曰「而作爲之揉輪建輿，駕馬服牛」，又曰「而作爲之鑄金鍛鐵，以爲兵刃」，皆其證也。又案：「以爲宮室」，本作「以爲室屋」，淺學人多聞「宮室」，寡聞「室屋」，故以意改之也。案《月令》曰「母發室屋」，《管子・八觀篇》曰「宮營大而室屋寡」，《荀子・禮論篇》曰「壙壠其須象室屋也」，《呂氏春秋・懷寵篇》曰「不焚室屋」，《史記・周本紀》曰「營築城郭室屋」，俗本亦有改爲「宮室」者。《天官書》曰「城郭室屋門户之潤澤」，則「室屋」固古人常語。且此二句以「木」、「屋」爲韻，下三句以「宇」、「雨」、「暑」爲韻，若作「宮室」，則失其韻矣。《太平御覽・居處部二》引此，正作「室屋」。

又《音有本主於中》「故通於禮樂之情者能作，句。音有本主於中，而以知榘彠之所周者也」。念孫案：「音」當爲「言」，此承上句而釋其義也。今作「音」者，涉上文「中音」而誤。

又《不謳》「譬猶不知音者之歌也，濁之則鬱而無轉，清之則燋而不謳。」各本「燋」誤作「焦」，依注改。高注曰：「謳，和也。」陳氏觀樓曰：「謳」當作「調」，故注訓爲「和」。今作「謳」者，因下句「謳」字而誤。

又《處彊大勢位　何謀之敢當》「二君處彊大勢位，脩仁義之道，湯武救罪之不給，何謀之敢當。」念孫案：「處彊大勢位」，本作「處彊大之勢」，與「脩仁義之道」相對爲文。今本脱「之」字，衍「位」字，「位」字因上文「務高其位」而衍。則與下句不對。高注云「當其居彊大之勢，各本「居」誤作「君」，「君」下又衍「也」字，今改正。不能自知所行之非」，則「勢」下無「位」字明矣。《羣書治要》引此，正作「處强大之勢」。又案：「何謀之敢當」，「當」字義不可通，《羣書治要》引作「何謀之敢慮」，是也。「慮」字隸書或作「𩃎」，因誤而爲「當」。

又《溺死》「直躬，其父攘羊而子證之，尾生與婦人期而死之，直而證父，信而溺死，雖有直信，孰能貴之。」念孫案：「信而溺死」本作「信而死女」，言信而爲女死，則信不足貴也。今本「死女」作「溺死」者，涉上注「水至溺死」而誤。「直而證父」、「信而死女」相對爲文，且「女」與「父」爲韻，若作「溺死」，則文既不對，而韻又不諧矣。《文子・道德篇》正作「信而死女」。

又《車裂》「昔者萇宏，周室之執數者也，天地之氣，日月之行，風雨之變，律曆之數，無所不通，然而不能自知車裂而死。」《太平御覽・刑法部十一》引此同。念孫案：《左傳》、《國語》皆言周殺萇宏，而不言車裂，他書亦無車裂之事。案：

《莊子・胠篋篇》「萇宏胣」，《釋文》：「崔云：胣，裂也。」《淮南子》曰：「萇宏鈹裂而死。」據此，則古本本作「鈹裂」，今作「車裂」者，涉下文「蘇秦車裂」而誤也。注内「車裂」同。

又《顔喙聚》　「夫顔喙聚，梁父之大盜也，而爲齊忠臣。」念孫案：「喙」當爲「啄」，字之誤也。顔啄聚，《左傳・哀二十七年》、《吕氏春秋・尊師篇》、《韓子・十過篇》並作「顔涿聚」，《韓詩外傳》作「顔斲聚」，《説苑・正諫篇》作「顔燭趨」，《漢書・古今人表》作「顔燭雛」，《晏子春秋・外篇》作「顔燭鄒」，並字異而義同。「啄」與「涿」、「斲」、「燭」，聲並相近，「喙」則遠矣。「啄」、「喙」二字，書傳往往相亂。

又《一人》　「求於一人，則任以人力，自脩，則以道德。」念孫案：「求於一人」，劉本無「一」字，是也。《道藏》本有「一」字者，因上文「責備於一人」而誤。「求於人」與「自脩」相對爲文，「人」上不當有「一」字。下文「責人以人力」、「自脩以道德」，即其證。《文子・上義篇》作「於人以力，自脩以道」。

又九之一四《及宗》　「分而爲萬物，莫能及宗。」高注曰：「謂及己之性宗。」念孫案：「及」皆當爲「反」，字之誤也。宗者，本也，言莫能反其本也。下文云「能反其所生」，即反宗之謂，故高注曰「反己之性宗」也。《説山篇》曰「吾將反吾宗矣」，又曰「牆之壞，愈其立也，冰之泮，愈其凝也，以其反宗」，高注並云：「宗，本也。」是其證。「分而爲萬物」，《文選・演連珠》注引作「分爲萬殊」，案：上文既云「物以羣分」，此無庸復言「分爲萬物」，疑作「萬殊」者是也。今本「殊」作「物」，蓋涉下文「萬物」而誤。

又《善説而亡國》　「公孫龍粲於辭而貿名，鄧析巧辯而亂法，蘇秦善説而亡國。」念孫案：「亡國」當作「亡身」，故高注曰：「蘇秦死於齊也。」今本「身」作「國」者，涉下文「治國」而誤。又案：高注本在「蘇秦善説而亡身」之下，今本在「亡」字之下，「國」字之上，則是以「亡」字絶句，而以「國」字下屬爲句，大謬。此句與上二句相對爲文，若讀「蘇秦善説而亡」爲句，則與上二句不對。下文「由其道，則善無章，循其理，則巧無名」，亦相對爲文，若讀「國出其道」爲句，則文不成義。

又《怨》　「故譽生則毁隨之，善見則怨從之。」劉本依《文子・符言篇》改「怨」爲「惡」。念孫案：劉改是也。「譽」與「毁」對，「善」與「惡」對。《道藏》本作「怨」者，涉上文兩「怨」字而誤。

又九之一五《必勝之攻》　「故攻不待衝隆雲梯而城拔，戰不至交兵接刃而敵破，明於必勝之攻也。」念孫案：「攻」當爲「數」，此涉上下文「攻」字而誤也。數，術也。《太平御覽》引此，正作「必勝之數」。

又《二積》　「主之所求於民者二：求民爲之勞也，欲民爲之死也。民之所望於主者三：飢者能食之，勞者能息之，有功者能德之。民以與「已」同。償其二積，而上失其三望，國雖大，人雖衆，兵猶且弱也。」念孫案：「二積」當爲「二責」，此因上文諸「積」字而誤。「二責」謂爲主勞、爲主死，故曰「主之所求於民者二」，求猶責也。《太平御覽・兵部十二》引此，正作「責」。

又《不外其爪　噬不見齒》　「夫飛鳥之摯也，俛其首，猛獸之攫也，匿其爪。虎豹不外其爪，而噬不見齒。」念孫案：「虎豹不外其爪」與上句「匿其爪」相複，「爪」當作「牙」，此即涉上句「爪」字而誤。「噬不見齒」若仍指虎豹言之，則又與「不外其牙」相複，當作「噬犬不見其齒」，與上句相對爲文。今本脱去「犬」字、「其」字。舊本《北堂書鈔・武功部四》引此，正作「虎豹不外其牙，噬犬不見其齒」。陳禹謨依俗本改爲「虎豹不外其爪，而噬不見齒」。《太平御覽・兵部二》同。

又《民》　「兵之所以强者，民也。」念孫案：《文子・上義篇》作「兵之所以强者，必死也」，於義爲長。下句「民之所以必死者，義也」，即承此句言之。上文曰：「百人之必死，賢於萬人之必北。」是兵之所以强者，必死也。今本作「兵之所以强者，民也」，「民」字疑涉下句而誤。

又《亦以》　「臣既以受制於前矣，「以」與「已」同。鼓旗斧鉞之威，臣無還請，願君亦以垂一言之命於臣也。」念孫案：「亦以垂一言之命」，「以」當爲「無」。今作「以」者，涉上文「既以」而誤。軍不可從中御，故曰「臣無還請，君亦無垂一言之命於臣」，兩「無」字相因爲義。今本下「無」字作「以」，則義不可通。《太平御覽・兵部五》引此，正作「無」。

又九之一六《不能有》　「爲者，不能有也，不能無爲者，不能有爲也。」念孫案：「不能有也」，本作「不能無爲也」，下文「不能無爲者」，即承此句而申言之。高注云「好憎情欲，不能恬淡静漠，故曰『不能無爲也』」，是其明證矣。今本作「不能有」者，涉下文「不能有爲」而誤。《文子・精誠篇》正作「爲者不能無爲也」。

又《誕者》　「申徒狄負石自沈於淵，而溺者不可以爲抗；弦高誕而存鄭，誕者不可以爲常。」念孫案：「誕」下不當有「者」字，此涉上文「溺者」而誤。高注曰「誕，非正也。故曰『不可以爲常』」，則無「者」字明矣。《泰族篇》「弦高誕而存鄭，誕不可以爲常」，亦無「者」字。

又《鉤》　「人不愛江漢之珠，而愛己之鉤。」高注曰：「鉤，釣也。」念孫案：正

文「鉤」字本作「釣」，注本作「釣，鉤也」。「釣」爲「釣魚」之「釣」，又爲「鉤」之别名，故必須訓釋，若「鉤」字，則不須訓釋矣。古多謂「鉤」爲「釣」，故《廣雅》亦云：「釣，鉤也。」下文云：「操釣上山，揭斧入淵。」《説林篇》云：「一目之羅，不可以得鳥；無餌之釣，不可以得魚。」以上兩「釣」字，高氏皆無注者，注已見於此也。然則此注本作「釣，鉤也」明矣。《鬼谷子・摩篇》云：「如操釣而臨深淵。」東方朔《七諫》云：「以直鍼而爲釣兮，又何魚之能得。」皆其明證矣。《道藏》本作「愛己之鉤」，注作「鉤，釣也」，此因正文「釣」誤爲「鉤」，後人遂顛倒注文以就之耳。劉績不得其解，又改高注爲「鉤，釣鉤也」，以曲爲附會，而舊本之蹤跡，遂不可尋矣。諸本及莊本同。淺學人但知「釣」爲「釣魚」之「釣」，而不知其又爲「鉤」之别名，故書傳中「釣」字多改爲「鉤」。詳見《莊子》「鉤餌」下。

又九之一七《蘭芝　芝若》　「蘭芝以芳，未嘗見霜。」念孫案：「芝」當爲「芷」，字本作「茝」，即今之白芷也，隸書「止」與「之」相亂，因誤而爲「芝」。古人言香草者，必稱蘭芷，芝非香草，不當與蘭並稱。古人所謂芝者，衹是木上所生，《内則》人君燕食有「芝栭」，盧植曰：「芝，木芝也。」庾蔚曰：「無華葉而生者曰芝栭。」與《神農經》所稱五色神芝者不同。然《神農經》亦但稱五色神芝爲聖王休祥，而不以爲香草也。凡諸書中言「蘭芝」、言「芝蘭」者，皆是「芷」字之誤。《廣雅・釋天》「天子祭以鬯，諸侯以薰，大夫以茝蘭」，《周官・鬱人》疏引《王度記》作「芝蘭」。《荀子・宥坐篇》「芷蘭生於深林，非以無人而不芳」，《説苑・雜言篇》作「芝蘭」。《説苑・雜言篇》「如入蘭芷之室，久而不聞其香」，《家語・六本篇》作「芝蘭」。皆字形相近而誤。其他可以類推。《太平御覽・天部十四》引此，已誤作「蘭芝」，《文子・上德篇》正作「蘭芷」。又下文「蘭芝欲脩，而秋風敗之」，「芝」亦「芷」之誤。又《脩務篇》「佩玉環，揄步，「步」上脱一字，説見《脩務》。雜芝若」，高注曰：「雜佩芝若香草。」案：「芝」亦「芷」之誤。司馬相如《子虚賦》「衡蘭芷若」，張揖曰：「芷，白芷也。若，杜若也。」故注云「雜佩芷若香草」。若「芝」則非其類矣。《賈子・勸學篇》正作「雜芷若」，《列子・周穆王篇》同。

又《目不可以瞥　耳不可以察》　「聾無耳，而目不可以瞥，精於明也；瞽無目，而耳不可以察，精於聰也。」高注曰：「不可以瞥，瞥之則見也；不可以察，察之則聞也。」引之曰：正文注文皆義不可通，正文當作「聾無耳，而目不可以弊，精於明也；瞽無目，而耳不可以塞，精於聰也」，注當作「不可以弊，視之則見也；不可以塞，聽之則聞也」。「弊」與「蔽」通，《主術篇》「聰明光而不弊」、「耳目達而不闇」，《秦策》「南陽之弊幽」，高注：「弊，隱也。」《齊語》「使海於有蔽」，《管子・小匡篇》作「弊」，是「蔽」、「弊」古字通。今作「瞥」者，涉上文「目」字而誤。《太平御覽・鱗介部三》引此已誤。「塞」猶「蔽」也，鄭注《郊特牲》曰：「管氏樹塞門，塞猶蔽也。」作「察」者，亦字之誤。後人不知其誤，故妄改注文以從之耳。《文子・上德篇》正作「聾無耳，而目不可以蔽，精於明也；瞽無目，而耳不可以蔽，精於聰也」。

又《志遠》　「蹠巨者志遠，體大者節疏。」念孫案：蹠者，足也，「足大」與「志遠」，義不相通，「志」當爲「走」，言足大者舉步必遠也。《氾論篇》曰「體大者節疏，蹠距者舉遠」，是其證。隸書「走」、「志」相似，故「走」誤爲「志」。

又九之一八《與子反》　「出之者怨之曰：我非故與子反也，爲之蒙死被罪，而乃反傷我。」念孫案：「我非故與子反也」，「反」當爲「友」，言素與陽虎無交，而爲之蒙死被罪也。今作「反」者，涉上下文「反」字而誤。

又《陰行》　「夫有陰德者，必有陽報，有陰行者，必有昭明。」念孫案：「陰行」本作「隱行」，此涉上文「陰德」而誤也。「陰」與「陽」相對，「隱」與「昭」相對，今本「隱」作「陰」，則非其指矣。《説苑》、《文子》並作「隱行」，下文「有陰德也」、「有隱行也」，即承此文言之。

又《天下之所賞》　「故義者，天下之所賞也。」念孫案：「賞」當爲「貴」，此承上句「其言有貴者也」言之。《文子・微明篇》作「仁義者，天下之尊爵也」，是其證。今本「貴」作「賞」者，涉上文「雍季先賞」而誤。

又《糧食匱乏大夫病》　「城中力已盡，糧食匱乏，大夫病。」念孫案：「糧食匱乏」，《太平御覽》引此，無「乏」字，是也。今本「乏」字，蓋高注之誤入正文者耳。高注《主術》、《要略》二篇，並云：「匱，乏也。」此處脱去注文，「乏」字又誤入正文耳。力盡糧匱，士大夫病，「盡」、「匱」、「病」相對爲文，則「匱」下不當有「乏」字。《韓子》、《趙策》皆無「乏」字，是其證。「大夫病」，《御覽》引作「武夫病」，案此本作「武大夫病」，《淮南》一書，通謂士爲武，《韓子》作「士大夫羸」，《趙策》作「士大夫病」，此作「武大夫病」，一也。下文中行穆伯攻鼓，餽聞倫曰：「請無罷武大夫，而鼓可得也。」是其明證矣。《御覽》作「武夫病者」，不解「武大夫」之語，而刪去「大」字也。今本作「大夫病」者，亦不解「武大夫」之語，而刪去「武」字也。士大夫皆病，而但言「大夫」，則偏而不舉矣。

又《今王》　「今王欲爲霸王者也。」念孫案：「今王」當爲「今君」，此涉上下文「王」字而誤也。魏自惠王始稱王，此對文侯言之，不當稱王。下文云「君以爲不然」，則本作「君」明矣。《太平御覽》引此，正作「君」。

又九之一九《藜藋》 「藜藋之生，蟆蟆然日加數寸，不可以爲櫨棟。」念孫案：「藜藿」當爲「藜藋」，徒弔反。字之誤也。「藋」即今所謂灰藋也。《爾雅》：「拜，蔏藋。」郭注曰：「蔏藋似藜。」昭十六年《左傳》曰「斬其蓬蒿藜藋」，《莊子・徐無鬼篇》曰「藜藋柱乎鼪鼬之逕」，是也。藜、藋皆生於不治之地，其高過人，故曰「蟆蟆然日加數寸」，若藿爲豆葉，豆之高不及三尺，斯不得言「日加數寸」矣。藜、藋皆一莖直上，形似樹而質不堅，故曰「不可以爲櫨棟」，若藿則非其類矣。《太平御覽・木部六》引此，作「藜藿」，亦傳寫之誤。其《百卉部》「藋」下引此，正作「藜藋」。後人多聞「藜藿」，寡聞「藜藋」，故諸書中「藜藋」字多誤爲「藜藿」。説見《史記・仲尼弟子傳》。

又九之二二 《淮南内篇》舊有許氏、高氏注，其存於今者則高注，非許注也。前有高氏《叙》一篇，《天文篇》注又云「鍾律上下相生，誘不敏也」，則其爲高注無疑。其自唐以前諸書所引許注，有與今本同者，乃後人取許注附入，非高氏原文也。凡注内稱「一曰」云云者，多係許注，則其爲後人附入可知。宋人書中所引《淮南注》，略與今本同，而謂之許注，則考之未審也。《道藏》本題「許慎記上」，蓋沿宋本之誤。是書自北宋已有譌脱，故《爾雅疏》、《埤雅》、《集韻》、《太平御覽》諸書所引，已多與今本同誤者，而南宋以後無論已。余未得見宋本，所見諸本中，唯《道藏》本爲優，明劉績本次之，其餘各本皆出二本之下。兹以《藏》本爲主，參以羣書所引，凡所訂正，共九百餘條。推其致誤之由，則傳寫譌脱者半，馮意妄改者亦半也。

有因字不習見而誤者。若《原道篇》「先者踰下，則後者蹷之」，蹷，女展反，故高注云：「蹷，履也，音展，非展也。」而各本乃誤爲「蹷」矣。凡據諸書以正今本者，具見於本條下，後皆放此。《兵略篇》「涉血屦腸，輿死扶傷」，「蹷」亦「履」也，而各本又誤爲「屬」矣。《齊俗篇》「穿窬拊楗扫墓踰備之姦」，扫，户骨反，掘也。各本「扫」誤爲「抽」，「墓」誤爲「箕」。高注：「扫，掘也。」「掘」字又誤爲「握」，則義不可通。《兵略篇》「毋扫墳墓」，藏本「扫」字又誤爲「扣」矣。《説山篇》「鍇鼎日用而不足貴，周鼎不爨而不可賤」，鍇，讀若「彗」，高注曰：「小鼎也。」各本「鍇」誤爲「錯」，又誤在「鼎」字下矣。《説林篇》「設鼠者機動，釣魚者泛杌」，泛，釣浮也。杌，讀若「兀」，動也。機動則得鼠，泛動則得魚，故高注云：「杌，動，動則得魚也。」而各本「杌」字乃誤爲「杭」矣。「使但吹竽，使工厭竅，雖中節而不可聽」，但，拙人也，讀若「癰疽」之「疽」，字從且，不從旦，故高注云：「但讀燕，言、鉏同也。」而各本乃誤爲「但」矣。【略】「藜藋之生，蟆蟆然日加數寸」，藋，徒弔反，即今所謂灰藋也。藜藋之高過人，故云「日加數寸」，世人多聞「藜藿」，寡聞「藜藋」，而各本「藋」字，遂誤爲「藿」矣。《泰族篇》「呑聲清於耳，兼味快於口」，呑，於交反，與「咬」同，淫聲也，字從夭。而各本乃誤作「吠」矣。

有因假借之字而誤者。《覽冥篇》「蚖鱓著泥百仞之中」，「蚖鱓」與「黿鼉」同，各本「蚖鱓」誤爲「蛇鱓」，則與下文「蛇鱓」相亂矣。《道應篇》「孚子治亶父三年」，「孚子」即宓子賤也，「宓」、「孚」聲相近，故字相通，而各本乃誤爲「季子」矣。

有因古字而誤者。《時則篇》「孟秋之月，其兵戉」，戉，古「鉞」字也，而各本乃誤爲「戈」矣。《齊俗篇》「煎敖燎炙，齊味萬方」，齊，讀爲「劑」；味，即「甘受和」之「和」，「味」與「味」字相似，而各本遂誤爲「味」矣。【略】

有因草書而誤者。【略】

有因俗書而誤者。【略】

有兩字，誤爲一字者。【略】

有誤字，與本字並存者。【略】

有校書者旁記之字，而闌入正文者。《兵略篇》「明於奇賌、陰陽、刑德、五行、望氣、候星、龜策、禨祥」，賌，讀若「該」，奇賌者，奇祕之要，非常之術也。校書者不曉「奇賌」之義，而欲改爲「奇正」，故記「正」字於「賌」字之旁，而各本遂誤爲「奇正賌」矣。【略】

有衍至數字者。《俶真篇》「孟門終隆之山，不能禁也；湍瀨旋淵之深，不能留也；太行、石澗、飛狐、句注之險，不能難也。」各本「不能禁也」下衍「唯體道能不敗」六字，則上下文皆隔絶矣。

有脱數字至十數字者。《原道篇》「此俗世庸民之所公見也，而賢知者弗能避，有所屏蔽也」，高注云：「以諭利欲，故曰『有所屏蔽也』。」各本正文脱「有所屏蔽」四字，則注文不可通矣。《道應篇》「令尹子佩請飲莊王，莊王許諾，子佩具於强臺，莊王不往。明日，子佩跣揖，北面立於殿下」云云，各本脱「子佩具於强臺」至「明日」十二字，則上下文不可通矣。《氾論篇》「故馬免人於難者，其死也葬之，以帷爲衾；牛有德於人者，其死也葬之，以大車之箱爲薦」，各本「葬之」下脱「以帷爲衾」四字，「牛」下脱「有德於人者」五字，「葬」下脱「之」字，「大車」下脱「之箱」二字，則文不成義矣。《説山篇》「魄問於魂曰：『道何以爲體？』曰：『以無有爲體。』魄曰：『無有有形乎？』魂曰：『無有。』魄曰：『無有，何得而聞也？』」各本「何得而聞」上脱「魄曰無有」四字，則上下文不可通矣。「一淵不兩蛟，一棲不兩雄，一則

定，兩則争。」高注云：「以日月不得並明，一國不可兩君也。」各本脱「一棲不兩雄」以下十一字，又脱去注文，則「一淵不兩蛟」句，孤立無耦矣。《説林篇》「或謂冢，或謂隴，或謂笠，或謂簦，名異實同也。頭虱與空木之瑟，名同實異也」，各本脱「名異實同也」五字，則義不可通矣。《人間篇》「魯君聞陽虎失，大怒，問所出之門，使有司拘之，以爲傷者，戰鬬者也，不傷者爲縱之者，傷者受大賞，而不傷者被重罪」，各本脱「傷者戰鬬」至「縱之」者十三字，則上下文不可通矣。「夫上仕者，先避患而後就利，先遠辱而後求名，太宰子朱之見終始微矣。」仕，與「士」同，各本「仕」上脱「上」字，「先避」下又脱「患而後就利」至「太宰子朱」十六字，則上下文不可通矣。「請與公僇力一志，悉率徒屬，而必以滅其家，其夜乃攻虞氏，大滅其家。」各本脱「其夜」以下十字，則叙事未畢，且與上文「虞氏以亡」句不相應矣。

有誤而兼脱者。《原道篇》「輕車良馬，勁策利錣」，高注：「策，箠也。錣，箠末之箴也。『錣』讀『焫燭』之『焫』。」錣，竹劣反。焫，如劣反。藏本「錣」誤作「鍛」，注文誤作「策，箠也，未之感也。『鍛』讀『炳燭』之『炳』」，則義不可通矣。

有正文誤入注者。《主術篇》「故善建者不拔，言建之無形也」，此引《老子》而釋其義也。各本「言建之無形也」六字，皆誤作注文矣。《説林篇》「疾雷破石，陰陽相薄，自然之勢」，各本「自然之勢」四字誤入注，則上二句爲不了語矣。「行者思於道，而居者夢於牀，慈母吟於燕，適子懷於荆。精相往來也。」各本「精相往來也」五字，亦誤入注矣。

有注文誤入正文者。《道應篇》「田鳩往見楚王，楚王甚説之，予以節，使於秦，至，因見惠王而説之」，高解「予以節」云：「予之將軍之節。」各本此六字誤入正文「因見」之下，「惠王」之上，則文不成義矣。《人間篇》「非其事者，勿仞也，非其名者，勿就也，無功而富貴者，勿居也」，高解「非其名者勿就」云：「無故有顯名者勿處也。」而各本此九字皆誤入正文矣。

有錯簡者。《天文篇》「陽氣勝，則日脩而夜短，陰氣勝，則日短而夜脩，其加卯酉，則陰陽分，日夜平矣」，各本「其加卯酉」三句，錯簡在下文「帝張四維運之以斗」一節之下，則既與上文隔絶，又與下文不相比附矣。

有因誤而致誤者。**【略】**《主術篇》「夫華騮緑耳，一日而至千里，然其使之搏兔，不如狼契」，契，公入反，狼、契皆犬名也。後人不知狼、契爲何物，而改爲「豺狼」，其失甚矣。《齊俗篇》「故六騏驥，四駃騠，以濟江河，不若窾木便者，處勢然也」，窾木，謂舟也。古者謂所居之地曰處勢，言乘良馬，濟江河，不若乘舟之便者，處勢使然也。後人不識古義，而改「處勢」爲「處世」，其失甚矣。《道應篇》「故莊子曰『朝秀不知晦朔』」，高注：「朝秀，朝生暮死之蟲也。」後人依今本《莊子》改爲「朝菌」，不知《淮南》自作「朝秀」，不得據彼以改此也。《脩務篇》「夫亭歷冬生而人曰冬死，死者衆，薺麥夏死而人曰夏生，生者衆」，「亭歷」、「薺麥」，皆冬生夏死，故互言之。後人不知「亭歷」爲何物，而改爲「橘柚」，其失甚矣。

有因字不習見而妄改者。《齊俗篇》「故伊尹之興土功也，脩脛者使之跖鏵」，「鏵」，讀若「華」，臿也。跖，蹋也。故高注云：「長脛以蹋插者，使入深也。」後人不識「鏵」字，而改「鏵」爲「钁」，不知钁爲大鉏，鉏以手揮，不以足蹋也。《説山篇》「視日者眩，聽雷者𦗲」，𦗲，女江反，耳中聲也。後人不識「𦗲」字，而改「𦗲」爲「聾」，其失甚矣。

有不識假借之字而妄改者。《道應篇》「跖之徒問跖曰：『盜亦有道乎？』跖曰：『奚適其有道也！』」適，讀曰「啻」，言奚啻有道而已哉，乃聖勇義仁智五者皆備也。後人不知「適」與「啻」同，而誤讀爲「適齊適楚」之「適」，遂改「有道」爲「無道」矣。

有不審文義而妄加者。《覽冥篇》「夫燧取火於日，方諸取露於月」，夫燧，陽燧也，故高注曰：「『夫』讀『大夫』之『夫』。」後人乃誤以「夫」爲語詞，而於「燧」上加「陽」字矣。《氾論篇》「故使陳成常鴟夷子皮得成其難」，後人於「陳成」下加「田」字，而不知「田」即「陳」也。「今不知道者，見柔懦者侵，則務爲剛毅，見剛毅者亡，則務於柔懦。」「於」亦「爲」也，而後人又於「於」下加「爲」字矣。《人間篇》「曉然自以爲智存亡之樞機禍福之門户」，智，即「知」字也，「曉然」以下十六字連讀。後人不識古字，而讀「曉然自以爲智」絶句，又於「智」下加「知」字，以聯屬下文，各本「然」字又誤在「自」字下，則更不可讀矣。「故善鄙同誹譽在俗，趨舍同逆順在君」，此言善鄙同而或誹或譽者，俗使然也，趨舍同而或逆或順者，君使然也。後人不達，乃於兩「同」字上加兩「不」字，則意相反矣。「越王句踐一決獄不辜，援龍淵而切其股，血流至足，以自罰也，而戰武必死。」戰武，戰士也。必，與「畢」同，言戰士皆致死也。《淮南》一書通謂士爲武，後人不達，又於「武」下加「士」字，「必」下加「其」字矣。

有不識假借之字而妄加者。《本經篇》「異貴賤，差賢不，經誹譽，行賞罰」，賢不，即賢否也。後人不知「不」爲「否」之借字，遂於「不」下加「肖」字矣。《泰族篇》「天地之性物也有本末」，性物，即生物也。後人不知「性」爲「生」之借字，乃於「天

地之性」下加「也」字，又於「物也」上加「天地之生」四字，其失甚矣。

有妄加字而失其句讀者。《泰族篇》「趙政不增其德而累其高，故滅；知伯不行仁義而務廣地，故亡。國語曰」云云，後人誤以「故亡國」絶句，遂於「國」上加「其」字矣。《要略》曰「進退左右，無所擊危」，危，與「詭」同，詭，戾也。《主術篇》曰「舉動廢置，無所擊戾」，意與此同。劉績不解「無所擊危」之義，而於「無所」下加「失」字，讀「無所失」絶句，而以「擊危」下屬爲句，其失甚矣。有妄加數字至二十餘字者，《天文篇》「天有九野、五星、八風、五官、五府」，此先舉其綱，而下文乃陳其目，後人於「八風」下加「二十八宿」四字，又於注内列入二十八宿之名，而不知皆下文所無也。又下文星分度一節，乃紀二十八宿分度之多寡，非紀二十八宿之名，後人不察，又於其末加「凡二十八宿也」六字，斯爲謬矣。「太陰在寅，朱鳥在卯，句陳在子，元武在戌，白虎在酉」，後人於此下加「蒼龍在辰」四字，而不知蒼龍即太陰也。《泰族篇》「天地之道，極則反，盈則損」，後人於「天地之道」上，加「故《易》之失也卦，《書》之失也敷，《樂》之失也淫，《詩》之失也辟，《禮》之失也責，《春秋》之失也刺」六句，此取《詮言篇》文而增改之也。不知下文自有「《易》之失鬼，《樂》之失淫，《詩》之失愚，《書》之失拘，《禮》之失忮，《春秋》之失訾」六句，若先加此六句，則文既重出，而義復參差矣。「河以逶蛇，故能遠，山以陵遲，故能高，道以優游，故能化」，此以河之逶蛇、山之陵遲，諭道之優游也。後人於「道以優游」句上，加「入陰陽無爲故能和」七字，則與逶蛇、陵遲、優游之義，咸不相比附矣。

有不審文義而妄删者。《道應篇》「敖幼而好游，至長不渝解」，渝解，猶懈怠也。後人不知其義，遂以「至長不渝」絶句，而删去「解」字矣。《人間篇》「城中力已盡，糧食匱，武大夫病」，武大夫，士大夫也。《淮南》書謂士爲武，後人不達，遂删去「武」字矣。

有不識假借之字而妄删者。《人間篇》「此何遽不能爲福乎」，能，讀曰「乃」，言何遽不乃爲福也。後人不知「能」與「乃」同，遂删去「能」字矣。

有不識假借之字而顛倒其文者。《人間篇》「國危不而安，患結不而解，何謂貴智」，而，讀曰「能」，言危不能安，患不能解，則無爲貴智也。後人不知「而」與「能」同，遂改爲「國危而不安，患結而不解」矣。

有失其句讀而妄移注文者。《説山篇》「無言而神者，載無也，有言則傷其神。之神者，鼻之所以息，耳之所以聽」，高解「有言則傷其神」云：「道賤有言而多反有言，故曰傷其神。」據此，則當以「則傷其神」絶句，其「之神者」三字，乃起下之詞。之，此也，言此神者，鼻之所以息，耳之所以聽也。後人誤以「則傷其神之神者」爲句，而移注文於「之神者」下，則上下文皆不可讀矣。

有既誤而又妄改者。【略】《脩務篇》「明鏡之始下型，矇然未見形容，及其扢以元錫，摩以白旃，則鬢眉微毛可得而察」，扢，讀若「槩」，高注云：「扢，摩。」藏本正文「扢」字誤作「粉」，注文「扢」字又誤作「於」，劉本又改「於摩」爲「摩磨」，則誤之又誤矣。【略】

有既誤而又妄加者。《俶真篇》「雲臺之高，墮者折脊碎腦，而蟁蝱適足以翾」，翾，許緣反，小飛也。「翾」誤爲「翱」，後人遂於「翱」下加「翔」字，不知蟁蝱之飛，可謂之翾，不可謂之翱翔也。《覽冥篇》「治日月之行，律陰陽之氣」，高注：「律，度也。」此三字傳寫誤在「律」字之下、「陰陽」之上，以致隔絶上下文義。後人遂以「律」字上屬爲句，而於「陰陽」上加「治」字矣。《主術篇》「不智而辯慧懁給，則乘驥而或」，懁，與「儇」同。或，與「惑」同。高注云：「不智之人辯慧懁給，不知所裁之，猶乘驥而或，不知所詣也。懁，佞也。」傳寫以「懁」誤爲「懷」，「乘」誤爲「棄」，「或」誤爲「式」，後人又於「式」上加「不」字，則文不成義矣。《人間篇》「孫叔敖病且死」，「且」字因與「病」字相連而誤爲「疽」，後人以下文「謂其子曰」云云，乃未死以前之事，故又於「死」上加「將」字，而不知「疽」爲「且」之誤，且即將也。

有既誤而又妄删者。《主術篇》「堯、舜、禹、湯、文、武，皆坦然南面而王天下焉」，《藏》本作「王皆坦然天下而南面焉」，顛倒不成文理，劉本又删去「王」字，則誤之又誤矣。【略】

有既脱而又妄加者。《主術篇》「是故十圍之木，持千鈞之屋，五寸之鍵，而制開闔」，《藏》本脱「而」字，劉績不能補正，又於「制開闔」下加「之門」二字矣。《詮言篇》「故中心常恬漠，不累其德」，「累」讀「負累」之「累」，傳寫脱去「不」字，後人又誤以「累」爲「累積」之累，遂於「累」下加「積」字矣。

有既脱而又妄删者。《天文篇》「天地之偏氣怒者爲風，天地之合氣和者爲雨」，《藏》本上句脱「地」字，劉本又删去下句「天」字，則是以風屬天，雨屬地，其失甚矣。

有既衍而又妄加者。《氾論篇》「履天子之籍，造劉氏之冠」，「冠」上誤衍「貌」字，後人遂於「籍」上加「圖」字，以與「貌冠」相對，而不知「圖籍」不可以言履也。

有既衍而又妄删者。《主術篇》「主道員者，運轉而無端，化育如神，虚無因循，常後而不先也。臣道方者，論是而處當，爲事先倡，守職分明，以立成功也」。《藏》

本「臣道方者」作「臣道員者運轉而無方者」，以上十字藏本原文。其「員者運轉而無」六字，乃涉上文而衍。劉績又讀「臣道員者」爲句，「運轉而無方」爲句，而於「方」下删「者」字，則誤之又誤矣。

有既誤而又改注文者。《原道篇》「夫蘋樹根於水」，高注：「蘋，大萍也。」正文「蘋」字誤作「萍」，後人遂改注文之「蘋，大萍」爲「萍，大蘋」，以從已誤之正文矣。

有既誤而又增注文者。《俶真篇》「辯解連環，辭潤玉石」，高注：「潤，澤也。」正文「辭」字涉注文而誤爲「澤」，後人又於注文「潤，澤也」上加一「澤」字，以從已誤之正文矣。《精神篇》「故覺而若眯，生而若死」，眯，讀若「米」，高注：「眯，厭也。楚人謂厭爲眯。」「厭」即今「魘」字，傳寫以「眯」誤作「昧」，後人遂誤讀爲「暗昧」之「昧」，而於注内加「暗也」二字矣。《説山篇》「人不小覺，不大迷」，高注：「小覺不能通道，故大迷也。」兩「小覺」並誤爲「小學」，後人又於注文「小學」下加「不博」二字，以牽合正文矣。《泰族篇》「故因則大，作則細矣」，高注：「能循則必大也，欲作則小矣。」古「作」字爲「𠇐」，形與「化」相似，因誤爲「化」。後人又於注文「欲作」上加「化而」二字矣。

有既誤而又移注文者。《地形篇》曰「天地之間，九州八柱」，下文曰「八紘之外，乃有八極」，高注：「八極，八方之極也。」正文「八柱」誤爲「八極」，而後人遂移「八極」之注於前，以從已誤之正文矣。《道應篇》「輪扁斲輪於堂下」，高注：「輪扁，人名。」正文「輪扁」誤爲「輪人」，而後人遂移注文於下文「輪扁曰」云云之下矣。《詮言篇》「蘇秦善説而亡身」，高注：「蘇秦死於齊也。」正文「亡身」誤爲「亡國」，後人又移注文於「亡」字之下、「國」字之上，則是以「亡」字絶句，而以已誤之「國」字下屬爲句，其失甚矣。

有既改而又改注文者。《原道篇》「干越生葛絺」，高注：「干，吴也。」劉本改「干越」爲「于越」，并改高注，而不知「于」之不可訓爲「吴」也。「九疑之南，民人劗髮文身，以像鱗蟲」，劗，讀若「鑽」，又讀若「櫕」。高注：「劗，翦也。」後人不識「劗」字，遂改「劗髮」爲「被髮」，并改高注，而不知「被」之不可訓爲「翦」也。「聖人處之不爲愁悴怨慰」，怨，讀爲「苑」，苑、慰皆病也，故高注云：「慰，病也。」後人改「怨慰」爲「怨懟」，并改高注，而不知「懟」之不可訓爲「病」也。《地形篇》「夸父耴耳」，高注：「耴讀褶衣之褶。」後人改「耴耳」爲「耽耳」，并改高注，而不知「耽」之不可讀爲「褶」也。《氾論篇》「周棄作稼穡」，高注：「周棄，后稷也。」後人改正文「周棄」爲「后稷」，又改注文爲「稷，周棄也」，斯爲謬矣。《兵略篇》「西包巴蜀，東裹郯邳」，高注：「巴蜀、郯邳，地名。」後人改「邳」爲「淮」，并改高注，而不知淮乃水名，非地名也。「伐橪棗而爲矜」，橪，而善反。高注：「橪棗，酸棗也。」後人不識「橪」字，遂改「橪」爲「棘」，并改高注，而不知棘非酸棗也。

有既改而復增注文者。《道應篇》「吾與汗漫期於九垓之上」，高注：「九垓，九天也。」後人改「之上」爲「之外」，又於注文「九天」下加「之外」二字矣。《詮言篇》「三關交争，以義爲制者，心也」，高注：「三關謂食、視、聽。」後人改「三關」爲「三官」，又於注文「三關」上加「三官」二字，其失甚矣。

有既改而復删注文者。《時則篇》「迎歲於西郊」，高注：「迎歲，迎秋也。」後人依《月令》改「迎歲」爲「迎秋」，又删去注文矣。《繆稱篇》「甯戚擊牛角而歌，桓公舉以爲大田」，高注：「大田，田官也。」後人改「大田」爲「大政」，又删去注文矣。【略】《秦族篇》「故張瑟者，小弦絙，而大弦緩」，高注：「絙，急也。」後人依《文子》改「絙」爲「急」，又删去注文矣。

有既脱且誤而又妄增者。《人間篇》「故黄帝亡其元珠，使離朱攫剟索之」，攫，搏也。剟，與「掇」同，拾也。故高注云：「攫剟，善於搏拾物。」《藏》本正文脱「攫」字，注文作「剟搏善拾於物」，脱誤不成文理。劉績不達，乃於正文「剟」上加「捷」字，斯爲謬矣。

有既誤且改而又改注文者。《俶真篇》「蓶扈炫煌」，高注：「蓶，讀曰『唯』。扈，讀曰『户』。」《藏》本「蓶」誤作「藋」，「扈」誤作「蔰」，注文誤作「蔰，讀曰『扈』」。劉績不能釐正，又改「藋」爲「萑」，并改高注，而不知「萑」之不可讀爲「唯」也。「譬若周雲之蘢蓯遼巢彭薄而爲雨」，高注：「彭薄，藴積貌也。」藏本「彭薄」誤爲「彭漼」，劉績又改爲「彭濞」，并改高注，而不知「彭濞」乃水聲，非雲氣藴積之貌也。【略】

有既誤且衍而又妄加注釋者。《兵略篇》「發如猋風，疾如駭電」，「駭」下衍「龍」字，「電」字又誤作「當」，後人遂讀「疾如駭龍」爲句，而以「當」字屬下讀，且於「駭龍」下妄加注釋矣。

若夫入韻之字，或有譌脱，或經妄改，則其韻遂亡，故有因字誤而失其韻者。《原道篇》「中能得之，則外能牧之」，「牧」與「得」爲韻，高注：「牧，養也。」各本「牧」誤作「收」，注文又誤作「不養也」，則既失其義，而又失其韻矣。《俶真篇》「茫茫沆沆，是謂大治」，沆，胡朗反，高注：「『茫』讀『王莽』之『莽』，『沆』讀『水出沆』、『沆白』之『沆』。」「茫茫沆沆」，疊韻也。各本作「茫茫沈沈」，則非疊韻矣。《兵略篇》

「天化育而無形象，地生長而無計量，渾渾沉沉，孰知其藏」，「渾渾沉沉」，雙聲也。且「沉」與「象」、「量」、「藏」爲韻，各本作「渾渾沉沉」，則既非雙聲，而又失其韻矣。《天文篇》「秋分雷臧，蟄蟲北鄉」，臧，古「藏」字，與「鄉」爲韻，各本「臧」誤作「戒」，則既失其義，而又失其韻矣。《覽冥篇》「卧倨倨，興眄眄」，眄，即「盱」字，高注：「眄眄然視無智巧貌也。」「眄眄」與「倨倨」爲韻，各本「眄眄」作「眄眄」，則既失其義，而又失其韻矣。《齊俗篇》「夫明鏡便於照形，其於以承食，不如竹箅」，承，讀爲「烝」，謂烝飯也。箅，博計反，竹箅所以蔽甑底也。「箅」與「蜧」爲韻。各本「承」誤作「函」，「箅」誤作「簞」，又脱「竹」字，則既失其義，而又失其韻矣。《道應篇》「西窮窅冥之黨，東關鴻濛之光」，關，讀曰「貫」，鴻濛之光，謂日光也，東方爲日所出，故曰「東貫鴻濛之光」。「光」與「鄉」爲韻。《藏》本「關」誤作「開」，各本「光」字又誤作「先」，則既失其義，而又失其韻矣。「於是乃去其瞀而載之朮，解其劍而帶之笏。」高注：「朮，鷸鳥冠也。知天文者冠鷸。」「朮」即「鷸」之借字，與「笏」爲韻。各本「朮」誤作「木」，注文「鷸」字又誤作「鶩」，則既失其義，而又失其韻矣。《詮言篇》「動有章則訶，行有迹則議」，訶謂相譏訶也，「訶」與「議」爲韻。隸書「訶」字或作「訶」，因誤而爲「詞」，則既失其義，而又失其韻矣。「大寒地坼水凝，火弗爲衰其熱，大暑爍石流金，火弗爲益其烈」，「熱」與「烈」爲韻，各本「熱」、「暑」二字互誤，則既失其義，而又失其韻矣。【略】

有因字脱而失其韻者。《原道篇》「故矢不若繳，繳不若網，網不若無形之像」，「網」與「像」爲韻。各本「繳不若」下脱去四字，則既失其義，而又失其韻矣。《兵略篇》「同欲相趨，同惡相助」，「同欲」、「同惡」相對爲文。「欲」、「趨」爲韻，「惡」、「助」爲韻。各本「同欲」下脱「相趨」二字，「相助」上脱「同惡」二字，則既失其義，而又失其韻矣。

有因字倒而失其韻者。《原道篇》「游微霧，鶩忽怳」，「怳」與「往」、「景」、「上」爲韻，各本作「怳忽」，則失其韻矣。「蟠委錯紾，與萬物終始」，「始」與「右」爲韻，各本作「始終」，則失其韻矣。《俶真篇》「馳於外方，休乎内宇」，「宇」與「野」、「圄」、「雨」、「父」、「女」爲韻，各本作「宇内」，則失其韻矣。《天文篇》「閉關梁，決罰刑」，「刑」與「城」爲韻，各本作「刑罰」，則失其韻矣。《精神篇》「視珍寶珠玉猶礫石也」，「石」與「客」、「魄」爲韻，各本作「石礫」，則失其韻矣。《兵略篇》「不可制迫也，不可量度也」，「度」與「迫」爲韻，各本作「度量」，則失其韻矣。《人间篇》「蠹啄剖柱梁，蟁宝走牛羊」，「梁」與「羊」爲韻，各本作「梁柱」，則失其韻矣。

有因句倒而失其韻者。《脩務篇》「契生於卵，啟生於石」，「石」與「射」爲韻，各本「啟生於石」在「契生於卵」之上，則失其韻矣。

有句倒而又移注文者。《本經篇》「直道夷險，接徑歷遠」，「遠」與「垣」、「連」、「山」、「患」爲韻，高注云：「道之陁者正直之。夷，平也。接，疾也。徑，行也。」傳寫者以「直道」二句上下互易，則失其韻，而後人又互易注文以從之。《文選・謝惠連〈秋懷詩〉》注引《淮南》亦如此，則唐時本已誤矣。

有錯簡而失其韻者。《説山篇》「山有猛獸，林木爲之不斬；園有螌蟲，藜藿爲之不采。故國有賢臣，折衝千里」，此言國有賢臣，則敵國不敢加兵，亦如山之有猛獸，園之有螌蟲也。各本「故國有賢臣」二句，錯簡在下文「形勢則神亂」之下，與此相隔甚遠，而脈絡遂不可尋。且「里」與「采」爲韻，錯簡在後，則失其韻矣。

有改字而失其韻者。《原道篇》「四時爲馬，陰陽爲騶」，高注：「騶，御也。」「騶」與「俱」、「區」、「驟」爲韻，後人依《文子》改「騶」爲「御」，則失其韻矣。《天文篇》「正月指寅，十一月指子，一歲而帀，終而復始」，指寅者，顓頊麻所起也，至丑而一帀。指子者，殷麻所起也，至亥而一帀。故指寅指子，皆一歲而帀，且「子」與「始」爲韻。後人改「十一月指子」爲「十二月指丑」，則既失其義，而又失其韻矣。《精神篇》「静則與陰合德，動則與陽同波」，「波」與「化」爲韻。後人依《原道篇》改爲「静則與陰俱閉，動則與陽俱開」，則失其韻矣。《氾論篇》「其德生而不殺，予而不奪」，「殺」與「奪」爲韻。後人改「殺」爲「辱」，則既失其義，而又失其韻矣。「聖人乃作爲之築土構木，以爲室屋」，此二句以「木」、「屋」爲韻，下三句以「宇」、「雨」、「暑」爲韻。後人多聞「宫室」，寡聞「室屋」，而改「室屋」爲「宫室」，則失其韻矣。《詮言篇》「故不爲好，不避醜，遵天之道；不爲始，不專己，循天之理」，「好」、「醜」、「道」爲韻，「始」、「己」、「理」爲韻。後人依《文子》改「好」爲「善」，則失其韻矣。《泰族篇》「四海之内，一心同歸，背貪鄙而向仁義」，「義」與「和」、「隨」、「靡」爲韻。後人改「仁義」爲「義理」，則失其韻矣。

有改字以合韻而實非韻者。《道應篇》「攝女知，正女度，神將來舍，德將爲若美，而道將爲女居，惷乎若新生之犢，而無求其故」，此以「度」、「舍」、「居」、「故」爲韻。後人不知「舍」字之入韻，而改「德將爲」三字爲「德將來附」，以與「度」爲韻，則下文「若美」二字，文不成義矣。且古音「度」在御部，「附」在候部，「附」與「度」非韻也。

有改字以合韻而反失其韻者。《説林篇》「無鄉之社，易爲肉黍，無國之稷，易

爲求福」，「社」、「黍」爲韻，「稷」、「福」爲韻。後人不識古音，乃改「肉黍」爲「黍肉」，以與「福」爲韻，而不知「福」字古讀若「偪」，不與「肉」爲韻也。「槁竹有火，弗鑽不爇，土中有水，弗掘不出」，「爇」與「然」同，此以「水」與「火」隔句爲韻，而「鑽」與「爇」、「掘」與「出」，則於句中各自爲韻。後人不達，而改「弗掘不出」爲「弗掘無泉」，以與「爇」爲韻，則反失其韻矣。

有改字而失其韻，又改注文者。《精神篇》「五味亂口，使口厲爽」，高注：「厲爽，病傷滋味也。」此是訓「厲」爲「病」，訓「爽」爲「傷」，「爽」字古讀若「霜」，與「明」、「聰」、「揚」爲韻。後人不知，而改「厲爽」爲「爽傷」，又改注文之「厲爽」爲「爽病」，甚矣其謬也。《説林篇》「繡以爲裳則宜，以爲冠則議」，高注：「議，人譏非之也。」「宜」、「議」二字，古音皆在歌部，後人不知，遂改「議」爲「譏」，以與「宜」爲韻，并改高注，而不知「宜」字古讀若「俄」，不與「譏」爲韻也。有改字而失其韻，又删注文者，《要略》曰「一羣生之短脩，同九夷之風采」，高注：「風，俗也。采，事也。」「采」與「理」、「始」爲韻。後人改「風采」爲「風氣」，并删去注文，則既失其義，而又失其韻矣。

有加字而失其韻者。《泰族篇》「至治寬裕，故下不賊，至中復素，故民無匿」，賊，害也。言政寬則不爲民害也。匿，讀爲「慝」，謂民無姦慝也。「匿」與「賊」爲韻。後人於「賊」上加「相」字，「匿」下加「情」字，則既失其義，而又失其韻矣。

有句讀誤而又加字以失其韻者。《要略》曰「精神者，所以原本人之所由生，而曉寤其形骸九竅，取象於天，句。合同其血氣，句。與雷霆風雨，句。比類其喜怒，句。與晝宵寒暑句。」，與者，如也，言血氣之相從，如雷霆風雨，喜怒之相反，如晝宵寒暑也。「暑」與「雨」、「怒」爲韻。後人不知「與」之訓爲「如」，而讀「與雷霆風雨比類」爲句，遂於「與晝宵寒暑」下加「並明」二字以對之，則既失其句，而又失其韻矣。

有既誤且脱而失其韻者。《泰族篇》「神農之初作琴也，以歸神杜淫，反其天心，及其衰也，流而不反，淫而好色，至於亡國」，「淫」、「心」爲韻，「色」、「國」爲韻。各本作「神農之初作琴也，以歸神，及其淫也，反其天心」，錯謬不成文理，又脱去「及其衰也」以下十六字，則既失其義，而又失其韻矣。

有既誤且倒而失其韻者。《泰族篇》「天地所包，陰陽所嘔，雨露所濡，以生萬殊。翡翠瑇瑁，瑶碧玉珠，文彩明朗，潤澤若濡。摩而不玩，久而不渝」，「嘔」、「濡」、「殊」、「珠」、「濡」、「渝」爲韻。《藏》本「雨露所濡，以生萬殊」誤作「雨露所以濡生萬物」，「瑶碧玉珠」又誤在「翡翠瑇瑁」之上，則既失其句，而又失其韻矣。

有既誤且改而失其韻者。《覽冥篇》「田無立禾，路無莎薠，金積折廉，璧襲無嬴」，嬴，璧文也，與「禾」、「莎」爲韻。「薠莎」誤爲「莎薠」，後人又改「嬴」爲「理」，則失其韻矣。《道應篇》「此其下無地而上無天，聽焉無聞，視焉則眴」，眴，讀曰「眩」，與「天」爲韻。《藏》本「則眴」誤作「無眴」，朱本又改「眴」爲「矚」，則既失其義，而又失其韻矣。

有既誤而又加字以失其韻者。《説林篇》「予溺者金玉，不若尋常之纆」，纆，讀若「墨」，索也。「纆」與「佩」、「富」爲韻。「纆」誤爲「纏」，後人又於「纏」下加「索」字，則既失其義，而又失其韻矣。

有既脱而又加字以失其韻者。《説山篇》「詹公之釣，得千歲之鯉」，「鯉」與「止」、「喜」爲韻，「千歲之鯉」上脱「得」字，則文不成義。後人不解其故，而於「千歲之鯉」下加「不能避」三字，則失其韻矣。《脩務篇》「蘇援世事，分別白黑」，「黑」與「福」、「則」爲韻，「分」下脱「別」字，遂不成句。後人又於「黑」下加「利害」二字，而以「分白黑利害」爲句，則既失其句，而又失其韻矣。

以上六十四事，略舉其端以見例，其餘則遽數之不能終也。其有譌謬太甚，必須詳説者，具見於本條下，兹不更録，以省緐文。若人所易曉者，則略而不論。嗟乎！學者讀古人書，而不能正其傳寫之誤，又取不誤之文而妄改之，豈非古書之大不幸乎！至近日武進莊氏所刊藏本，實非其舊，其藏本是而各本非者，多改從各本，其藏本與各本同誤者，一槩不能釐正。更有未曉文義而輒行删改，及妄生異説者。並見各條下。竊恐學者誤以爲藏本而從之，則新刻行而舊本愈微，故不得不辯。高注囊括六藝，旁通百家，訓詁既詳，音讀尤審，急氣、緩氣、閉口、籠口諸法，實足補前人所未備。然瑜不揜瑕，亦時有千慮之一失。若《原道篇》「精通於靈府，與造化者爲人」，人者，偶也。説見本條下。後皆放此。言與造化者爲偶也。高注訓「爲」爲「治」，則誤以「人」爲「人民」之「人」矣。《俶真篇》「人莫鑑於沫雨而鑑於止水者，以其静也」，「沫雨」乃「流雨」之誤，「流雨」與「止水」相對爲文，而高注乃以「沫雨」爲「雨潦上覆甌」矣。「孔墨之弟子，皆以仁義之術教導於世，然而不免於傴，句。身猶不能行也，又況所教乎」，傴，疲也，謂躬行仁義而不免於疲也。高以「傴身」二字連讀，而釋之云：「傴身，身不見用，傴傴然也。」則下文「猶不能行也」五字，文不成義矣。《時則篇》「夏行冬令，格」，格，讀曰「落」，謂草木零落也。而高注乃讀爲「庋閣」之「閣」，謂恩澤不下流矣。《覽冥篇》「夫瞽師庶女，位賤尚葈」，

尚，主也。「菒」即「麻枲」之「枲」，「尚枲」即《周官》之「典枲」，言典枲爲賤官，而瞽師庶女，又賤於典枲也。而高注乃以「菒」爲「枲耳」矣。「故東風至而酒湛溢」，湛，讀曰「淫」，酒淫溢者，東風至而酒爲之加長也。而高乃以「酒湛」二字連讀，而訓爲「清酒」矣。「大衝車，高重壘」，衝車所以攻，重壘所以守也。而高注乃以「重壘」爲京觀矣。「廝徒馬圉，軵車奉饟，道路遼遠，霜雪亟集。短褐不完，人羸車弊。泥塗至膝，相攜於道，奮首於路，身枕格而死」，格，胡客反。輓，車之横木也。謂困極而仆，身枕輓車之木而死也。高注以格爲搒狀，則與上文全不相屬矣。《本經篇》「德交歸焉而莫之充忍也」，「充忍」即「充牣」，牣，滿也。德交歸焉而莫之充滿，所謂大盈若虚也。高乃以「忍也」二字別爲句，而訓「忍」爲「不忍」矣。「木巧之飾，盤紆刻儼，嬴鏤雕琢，詭文回波，淌游瀷淢，菱杼紾抱」，菱、杼，皆水草也。杼，讀曰「芧」，謂三棱也。畫爲菱芧在水波之中，故曰：「淌游瀷淢，菱杼紾抱。」高注以杼爲采實，采實即橡栗，斯與菱不類矣。《繆稱篇》「故唱而不和，意而不戴，中心必有不合者也」，戴，讀曰「載」，載，行也，言上有其意而不行於下者，誠不足以動之也。故下文曰：「上意而民載，誠中者也。」高訓「意」爲「恚」聲，「戴」爲「嗟」，則與下文不合矣。《道應篇》「相天下之馬者，若滅若失，句。若亡其一，句。若此馬者，絶塵弭轍」，高以「若亡」絶句，則「其一」二字上下無所屬矣。「此《筦子》所謂鳥飛而準繩者」，各本誤作「此所謂《筦子》梟飛而維繩者」，「準」字俗書作「准」，因誤而爲「維」。高注云：「從下繩維之。」則所見本已誤爲「維」矣。《氾論篇》「昔者齊簡公釋其國家之柄，而專任大臣將相，句。攝威擅勢，私門成黨而公道不行」，「相」與「柄」、「黨」、「行」爲韻。高讀「大臣」絶句，而以「將相」屬下讀，則句法參差，而又失其韻矣。《詮言篇》「周公殽腝不收於前，鍾鼓不解於縣」，腝，奴低反，有骨醢也。殽，俎實也。腝，豆實也。殽、腝、鍾、鼓，皆各爲一物。隸書從「耎」從「需」之字多相亂，故「腝」誤爲「臑」，而高注遂以「臑」爲前肩矣。《説山篇》「文公棄荏席，句。後黴黑」，黴黑謂面黑之人也。棄荏席一事，後黴黑又一事。高乃以六字連讀，而釋之云「棄其卧席之下黴黑者」矣。《脩務篇》説堯、舜、禹、文王、皋陶、契、啟、史皇、羿九人，而總謂之九賢，又謂堯、舜、禹、文王、皋陶爲五聖，契、啟、史皇、羿爲四俊，文義本自明了。祇因「啟生於石」，高本誤作「禹生於石」，遂爲之注云：「禹母脩己感石而生禹。」而偏考諸書，皆無禹生於石之事。且九賢之内無啟，則祇有八賢，而四俊祇有三俊矣。乃又據上文之「神農、堯、舜、禹、湯」，而以湯入五聖，又據上文「后稷之智」，而以稷入四俊。不知彼此各不相蒙也。凡若此者，皆三復本書而申明其義，不敢爲苟同，亦庶幾土壤之增喬嶽，細流之益淇河云爾。嘉慶廿年，歲在乙亥，季冬之廿日，高郵王念孫書。旹年七十有二。

又《餘編》上《溝迴陸　德迴乎天地》　《貴因篇》「禹通三江五湖，決伊闕，溝迴陸」。高注曰：「迴，通也。」念孫案：書傳無訓「迴」爲「通」者，「迴」當爲「迴」，「溝迴陸」當爲「迴溝陸」。《玉篇》「迴，徒東切，通達也。」昭四年《左傳》注曰：「陸，道也。」「迴溝陸」者，通溝道也。《淮南·本經篇》「平通溝陸」，正與此同義。迴之言洞也，《史記·倉公傳》「臣意診其脈曰迴風」，《集解》曰：「迴，音洞，言洞徹入四肢也。」《淮南·要略篇》「通迴造化之母」，今本「迴」誤爲「迴」，辨見《淮南雜志》。又云「使人通迴周備」，「迴」亦「通」也。又《上德篇》「德迴乎天地」，高注曰：「迴，通也。」「迴」亦「迴」之誤。世人多見「迴」，少見「迴」，故「迴」誤爲「迴」矣。

又《謀士》　《爲欲篇》「晉文公伐原，與士期七日，七日而原不下，命去之。謀士言曰：『原將下矣。』師吏請待之」。念孫案：原之將下，謀士無由知之。「謀士」當爲「諜出」，字形相似而誤。「諜」旁「世」字，唐人避諱作「廿」，遂與「謀」相似而誤。《漢書·藝文志》「大歲諜日晷二十九卷」，今本「諜」誤作「謀」。《史記·夏本紀》「稱以出」，《大戴禮·五帝德篇》譌作「稱以上士」。《墨子·號令篇》「若贖出親戚所知罪人者，以令許之」，又云「出候無過十里」，「出」字並譌作「士」。《荀子·大略篇》「君子聽律習容而後士」，「士」亦「出」之譌。僖二十五年《左傳》及《晉語》正作「諜出」，蓋諜者入城，探知其情，出而告晉侯也。

又《博志》　《不苟論》凡六篇，五曰《博志》。念孫案：「博」當爲「摶」，「摶」與「專」同，謂專一其志也。篇内云「用志如此其精也，何事而不達，何爲而不成」，是其明證矣。古書以「摶」爲「專」，傳寫者多誤作「博」，説見《管子》「博一純固」下。

又《屬官　屬下》　《有度篇》「屬官威民，退淫殆，止詐僞，莫如刑」，舊注曰：「屬官，欲令官之屬已。」念孫案：舊注甚謬，「屬」當爲「厲」，字之誤也。「厲官」、「威民」，義正相近。《詭使篇》「上之所以立廉恥者，所以屬下也」，「屬」亦「厲」之誤。俗書「屬」字作「属」，形與「厲」相近，故「厲」誤作「屬」。《荀子·富國篇》「誅而不賞，則勸厲之民不勸」，今本「厲」誤作「屬」。

又《侯侈》　《説疑篇》「桀有侯侈」，念孫案：「侯」當作「隹」，形相似而誤。隸書從「隹」從「侯」之字，往往譌溷。説見《墨子·非命篇》「惟舌」下。《墨子·所染篇》、《明鬼篇》並作「推哆」，《晏子·諫篇》、《漢書·古今人表》並作「推侈」。「隹」與「推」聲相近，故通作「推」也。其爲「隹」字無疑。

又《餘編》下《後委衡乎元冥》　「前長離使拂羽兮，後委衡乎元冥。」今李善本如

此。舊注曰：「委，屬也。水衡，官名也。」見《漢書・百官表》。六臣本作「後委水衡乎元冥」，五臣作「委水衡乎元冥」，《張衡傳》與五臣同。念孫案：五臣本及《張衡傳》是也。昭二十九年《左傳》曰「水正曰元冥」，故曰「委水衡乎元冥」，言以水衡之職屬之元冥也。舊注云「水衡，官名」，則正文内原有「水」字明矣。六臣本作「後委水衡乎元冥」者，後人以上句有「前」字，故加「後」字以對之，「後委水衡乎元冥」，斯爲不詞矣。今李善本作「後委衡乎元冥」者，又校書者嫌其不詞而删去一字也。乃不删「後」字而删「水」字，其謬益甚矣。

又《故聞其悲聲》 《洞簫賦》「故聞其悲聲，今李善本如此。則莫不愴然累欷，撆涕抆淚，其奏歡娛，則莫不憚漫衎凱，各本「衎」字皆譌作「衍」，案：五臣音苦汗切。其爲「衎」字明矣。「憚漫」爲疊韻，「衎凱」爲雙聲，《藝文類聚》引此亦作「衎」。今改正。阿那腲腇者已」。念孫案：李善本「故聞其悲聲」本作「故爲悲聲」，五臣本作「故其爲悲聲」，見六臣本注。今作「故聞其悲聲」者，後人以意改之也。不知「爲悲聲」、「奏歡娛」，皆指吹簫者言之。下文「愴然累欷」云云，方指聽簫者言之。若云「聞其悲聲」，則已指聽簫者言之，與下文「其奏歡娛」句不類，自亂其例矣。《藝文類聚・樂部》引此，正作「故其爲悲聲」。

王引之《經義述聞》卷四《劓刵人　刵劓劅黥》 「非女封又曰劓刵人，無或劓刵人」。傳曰：「劓，截鼻。刵，截耳。」正義曰：「劓在五刑爲截鼻，而有刵者，《周官》五刑所無，而《呂刑》亦云『刵劓』。《易・噬嗑・上九》云『何校滅耳』，鄭玄以臣從君坐之刑，此鄭尚書注也。故下云「孔意然否未明」。或以爲《周易注》，案：《周易集解》引鄭注云：「離爲槁木，坎爲耳，木在耳上，何校滅耳之象也。」不云「臣從君坐之刑」。或說誤。孔意然否未明，要有刵而不在五刑之類。」《呂刑》「惟作五虐之刑曰法，殺戮無辜，爰始淫爲刵劓劅黥」，《正義》引鄭注曰：「刵，斷耳。劓，截鼻。劅，謂椓破陰。黥，爲羈黥人面。」引之謹案：古人唯軍戰斬馘斷耳以獻，其於刑法則否。《呂刑》五刑，但有墨、劓、剕、宮、大辟，《秋官・司刑》同，而「剕」作「刖」。《掌戮》墨、劓、宮、刖之外，有髡而無斷耳之刑。《左氏春秋傳》言刖者五，莊十六年「刖强鉏」，十九年「遂自刖也」，僖二十八年「刖鍼莊子」，文十八年「乃掘而刖之」，成十七年「刖鮑牽」。言劓者一，昭十三年「後者劓」。《初學記・政理部》引《慎子説刑》，有黥、劓、刖、宮，無言刵者。《説文》：「聅，軍法以矢貫耳也。」引《司馬法》曰：「小罪聅，中罪刖，大罪剄。」「以矢貫耳」，僖二十七年《左傳》所謂貫三人耳也，亦非斷耳之刑。《噬嗑・上九》雖有「何校滅耳」之文，然《集解》引鄭注曰：「離爲槁木，坎爲耳，木在耳上，何校滅耳之象也。」是「滅耳」者，耳爲校所滅没，非謂斷耳也。《易》凡言「屨校滅趾」、「噬膚滅鼻」、「過涉滅頂」，皆取滅没之義，不足爲刵字之證。刵，當作「刖」，字形相似而誤也。《困・九五》「劓刖」，虞翻注曰：「割鼻曰劓，斷足曰刖。」正與《康誥》「劓刵」同義。揚雄《廷尉箴》曰「有國者無云何謂，是刖是劓」，即本於《康誥》也。鄭注《康誥》曰：「臣從君坐之刑。」則字當作「刖」。蓋僖二十八年《左傳》「刖鍼莊子」，正是臣從君坐之刑也。《呂刑》「刵劓」亦「刖劓」之譌。《説文》「斀」字注引《書》曰「刖劓斀黥」，是許氏所見本正作「刖」也。夏侯等《今文尚書》作「臏宮劓」，案：臏爲去膝蓋，與刖同類，故今文作「臏」，古文作「刖」，猶剕辟之「剕」，今文作「臏」，《周官》作「刖」也。若作「刵」字而訓斷耳，則與臏義不相當矣。且殺戮無辜，大辟也。刖，剕辟也。劓，劓辟也。劅，宮椓也。黥，墨辟也。爲刑凡五，故曰五虐之刑。此正五刑之所從出，若作「刵」，則遺剕辟矣。漢世稱述《尚書》者多矣，《史記》、兩《漢書》及諸子書，絶無言「刵」者，「刵」蓋譌字也。自「刖」譌作「刵」，而説經者遂有斷耳之訓，於是《説文・刀部》列入「刵」字，而字書、韻書及《尚書音義》皆承用之矣。《廣雅》亦曰：「刵，斷也，截也。」然試問《尚書》以外，曾有他書言「刵」者乎？其誤可想也。

又《巫咸乂王家》 引之謹案：「巫咸」，今文蓋作「巫戊」。《白虎通》曰：「殷以生日名子何？殷家質，故直以生日名子也。以《尚書》道殷家大甲、帝武丁也。於民臣亦得以生日名子何？不使亦不止也。以《尚書》道殷臣有巫咸、有祖己也。」據此，則「巫咸」當作「巫戊」，巫戊、祖己，皆以生日名也。《白虎通》用《今文尚書》，故與古文不同。後人但知古文之作「咸」，而不知今文之作「戊」，故改「戊」爲「咸」耳。《太平御覽・人事部三》引《白虎通》已誤作「咸」。不然，則「咸」非十日之名，何《白虎通》引以爲生日名子之證乎？《漢書・古今人表》「巫咸」亦當作「巫戊」，《漢書》多用《今文尚書》也。今本作「咸」，亦後人所改。

又卷五《士貳其行　其儀不忒》 《衛風・氓篇》「女也不爽，士貳其行」。箋曰：「我心於女故無差貳，而復關之行有二意。」正義曰：「言我心於汝男子也，不爲差貳，而士何謂二三其行於已也？」引之謹案：「貳」與「二」通。既言「士貳其行」，又言「士也罔極，二三其德」，文義重沓，非其原本也。「貳」當爲「貣」之譌，「貣」音他得切，即「忒」之借字也。《洪範》「衍忒」，《史記・宋微子世家》作「衍貣」。《管子・正篇》「如四時之不貣」，即《易》之「四時不忒」也。《爾雅》：「爽，差也。爽，忒也。」鄭注《豫卦・彖傳》曰：「忒，差也。」是「爽」與「忒」同訓爲「差」。「女也不爽，士貳其

行」，言女也不差，士則差其行耳。《爾雅》説此詩曰：「晏晏旦旦，悔爽忒也。」郭注曰：「傷見絶棄，恨士失也。」然則「悔爽忒」者，正謂恨士之爽忒其行。據《爾雅》所釋，《詩》之作「貣」明矣。箋解「女」字爲「汝」，「貳」字爲「二」，皆失之。其釋「不爽」曰「無差貳」，則「無差貣」之譌也。「差貣」即「差忒」也。《吕氏春秋・季夏紀》「無或差忒」。以「差貣」之解解「士貣其行」，則得之矣。又《曹風・鳲鳩篇》「其儀不忒」，毛傳曰：「忒，疑。」箋曰：「執義不疑。」《正義》釋「忒，疑曰：『《釋言》文。「言」當爲「詁」。執義如一，無疑貳之心。』」引之謹案：古無訓「忒」爲「疑」者，《爾雅・釋言》亦無「忒，疑也」之交，惟《釋詁》曰：「貳，疑也。」蓋毛、鄭本「忒」作「貳」，故訓「以」爲「疑」。《周語》「平民無貣」，「貣」誤作「貳」，韋注遂以「疑貳」釋之，正與此同。「貳」者「貣」之譌，「貣」即「忒」之借字。《緇衣》引此詩曰：「淑人君子，其儀不忒。」《釋文》：「不忒，他得反。本或作『貣』。」是《緇衣》之「不忒」，亦有作「不貳」者，「貳」亦「貣」之譌也。《説文》「差，貣也」，「貳」亦「貣」之譌。《孝經》及《經解》、《大學》、《荀子・富國篇》、《吕氏春秋・先己篇》引此詩，並作「忒」。高誘曰：「忒，差也。」蓋「忒」本字也，「貣」借字也，「貳」譌字也。「其儀不貣」與「棘」、「國」爲韻，「貣」、「棘」、「國」，古韻皆之部入聲，「貳」字爲脂部去聲。脂、之二部，古不相通。學者當據他書之引作「忒」，以訂毛、鄭本之「貳」爲「貣」，則古字之假借以明。後人不察而徑改爲「忒」，意則是而文則非矣。《玉篇》曰：「忒，疑也。」則所見《毛詩》已改「貳」爲「忒」，故於「忒」下誤收「疑也」之訓。此詩《釋文》但曰「不忒，他得反」，而不列作「貣」之古字，並不列作「貳」之譌字，亦以闕略失之。惟孔穎達《正義》曰「無疑貳之心」，則所見本尚作「貳」，而「貳」爲「貣」之譌，「貣」爲「忒」之借，皆可推測而知也。經傳「貣」字多譌作「貳」，互見《禮記》「宿離不貣」、《周語》「成事不貣」下。

又《祭祀役政喪紀之數》　《閭胥》「凡春秋之祭祀役政喪紀之數，聚衆庶」，引之謹案：「祭祀役政喪紀」不得言「數」，蓋因本篇屢言「某某之數」而誤也。若《大司徒》「人民之數」、「地域廣輪之數」之類。「數」當爲「事」。《州長》云「師田行役之事」，《黨長》云「喪紀祭祀之事」，此亦當云「春秋之祭祀役政喪紀之事」，惟有事，故聚衆庶。若作「數」，則文義不可通矣。鄭注、賈疏皆不解「數」字，則其爲「事」字可知。「事」字易明，無須作解也。唐石經始誤作「數」。又案：「役政」即「政役」，杜子春讀「政」爲「征」，是也。後鄭分「役」、「政」爲二，以爲政若州射黨飲酒，失之。上「祭祀」，下「喪紀」，皆二字爲一事，何「役政」獨爲二事乎？

又卷九《旬有三日坐》　《秋官・大司寇之職》「重罪旬有三日坐，朞役；其次九日坐，九月役；其次七日坐，七月役；其次五日坐，五月役；其下罪三日坐，三月役」。家大人曰：「旬有三日坐」，「三」當爲「二」，因下文「三日坐」而誤也。「朞役」者，十二月，役以十二月，則坐當以十二日，猶下文九日坐九月役，七日坐七月役，五日坐五月役，三日坐三月役也。

又《龜蛇四斿》　「龜蛇四斿，以象營室也。」注曰：「龜蛇爲旐。」引之謹案：經文本作「龜旐四斿」，今作「龜蛇」者，涉注文而誤也。上文「龍旂」、「鳥旟」、「熊旗」，上一字皆所畫之物，下一字皆旗名，此不當有異。若作「龜蛇」，則旗名不箸，所謂「四斿」者，不知何旗矣。龜蛇爲旐而稱「龜旐」者，猶熊虎爲旗而稱「熊旗」，約舉其一耳。上注「交龍爲旂」，釋「旂」字也，「鳥隼爲旟」，釋「旟」字也，「熊虎爲旗」，釋「旗」字也。此注「龜蛇爲旐」，釋「旐」字也。以注考經，其爲「龜旐」明甚。《續漢書・輿服志》載此文，正作「龜旐四斿」，《通典・禮二十六》同。今本《通典》作「龜蛇旐四斿」，甚爲不詞，「蛇」字明是後人所加。桓二年《左傳正義》、《太平御覽・兵部七十二》引此文亦皆作「龜旐」。唐石經始誤爲「龜蛇」。《説文》「旐」字注「龜蛇四游」，亦當作「龜旐」，後人依俗本《周禮》改之耳。他書引《考工記》作「龜蛇」者放此。

又卷一〇《至再拜》　《公食大夫禮》「公當楣北鄉，至再拜，賓降也，公再拜。」鄭注曰：「至再拜者，興禮俟賓，嘉其來也。公再拜，賓降矣。」疏曰：「至再拜者，公已一拜，賓即降下。公再拜者，賓降後又一拜。雖一拜，本當再拜，故皆以再拜言之。」引之謹案：一拜之時，豈得遽謂之再拜？賈説非也。「至再拜」，「再」當爲「壹」，因下「公再拜」而誤也。「至壹拜」者，賓至階上，公則壹拜也。先言「壹拜」，後言「再拜」，序也。《聘禮》及此篇下文，皆言「公壹拜，賓降也，公再拜」，此不當有異。鄭注《聘禮》及下文「公壹拜賓降」，皆云「不俟公再拜」，而此獨無之，則所據本已誤作「至再拜」矣。敖繼公《集説》謂「賓降」之上脱「公壹拜」之文，此説尤非也。「至再拜」即「至壹拜」之譌，何須又言「公壹拜」乎？若謂「至再拜」爲總括下文之詞，「公壹拜，賓降也，公再拜」乃申言上文之「再拜」，則十七篇中無此重沓之文。《聘禮》及此篇下文「公壹拜」之上，何不聞總括其詞曰「再拜」乎？

又《尸俎肵俎皆有肩臂》　「其他如饋食。」鄭注曰：「如特牲饋食之事。或曰：以左胖虞，右胖祔，今此如饋食，則尸俎肵俎皆有肩臂，豈復用虞臂乎？其不然明矣。」疏曰：「特牲饋食之禮，尸俎用右胖解之，主人俎左臂，左胖之臂，以爲虞祭。「以」與「已」同。主人豈得復取虞時左胖之臂而用之乎？明不然矣。」引之謹案：據賈疏，則注内「肵俎」當爲「阼俎」，謂主人俎也。今作「肵俎」者，涉上注「肵

俎」而誤。肵俎心舌，安得有臂乎？肩，衍字也。《特牲饋食記》曰：「尸俎，右肩臂。」「阼俎，臂。」是尸俎、阼俎皆有臂也。若肩，則尸俎有而阼俎無，不得云「皆有」。

又《孝子某》 「孝子某，孝顯相。」引之謹案：「子」當爲「孫」，下文「適爾皇祖某甫，以隮祔爾孫某甫」，皆告祖之辭。兩「爾」字皆稱其祖，非上「爾」其父，下「爾」其祖也。鄭注以爲兩告之，非是。上文卒辭曰「隮祔爾于爾皇祖某甫」，已告其父矣。至祔祭則統於尊而告祖，不得兩告也。「適爾皇祖」，謂孝孫以此祫事適皇祖之廟而薦之，非謂其父適皇祖之廟也。下「隮祔爾孫」始謂祔其父於皇祖耳。 猶《金縢》言「若爾三王」、「惟爾元孫某」也。自稱當言「孝孫」，不當言「孝子」，蓋因上文三言「哀子某」而誤。《曲禮》曰：「祭王父曰皇祖考。」今所祭之祖，於祭者曾祖也，而但謂之「皇祖」者，王父以上，亦得稱爲皇祖。《少牢饋食禮》「孝孫某，來日丁亥，用薦歲事于皇祖伯某」，案：祭法，大夫三廟，曰考廟，曰王考廟，曰皇考廟。皇考，曾祖也。《少牢饋食》，大夫之禮，而稱皇祖，是謂曾祖爲皇祖矣。《魯頌·閟宮》美僖公享祀曰「皇祖后稷」，又曰「周公皇祖，亦其福女」。哀二年《左傳》衛大子蒯聵禱曰：敢昭告皇祖文王」，則自始祖以下，皆得稱皇祖也。對「皇祖」言之，則曰「孝孫」矣。敖繼公謂以孝子爲稱，主於祔者，乃不得其解而爲之辭。

又卷一一《致其征》 「然後誅其君，致其征，弔其民。」家大人曰：「征」字已見上文，此不當復言「致其征」，「致其征」當爲「改其政」，與「誅其君」、「弔其民」文同一例。「政」、「征」聲相近，又涉上下文「征」字而誤。「改」、「致」亦字之誤也。鈔本《北堂書鈔·武功部二》、陳禹謨本又改爲「致其征」。《藝文類聚·武部》、《太平御覽·兵部三十四》引此，並作「改其政」。《家語》同。

又《寒日滌》 「寒日滌，句。凍塗。」傳曰：「滌也者，變也，變而煖也。凍塗者，凍下而澤上多也。」引之謹案：「日」非「日月」之「日」，偏考經傳，無以「寒日」二字連文者。「春日」之「日」，亦不得謂之「寒日」。「日」當爲「曰」，說文作「欥」，云：「詮詞也。」字通作「遹」，又作「聿」。說見《經傳釋詞》。《爾雅》：「粵、于、爰，曰也。爰、粵，于，於也。」然則曰之爲言，爰也，於也。「寒曰滌」者，寒氣於是乎變也。與《詩》言「我東曰歸」、「其湛曰樂」、「見晛曰消」、「昊天曰明」、「昊天曰旦」，文義相似。「曰」字皆語詞也。說見《釋詞》。下文「越有小旱」，傳曰：「越，于也。」「越」與「粵」同，「粵」、「曰」聲之轉，其義一也。傳曰：「滌也者，變也，變而煖也。」而不言日氣，則其字作「曰」不作「日」可知。書傳「曰」、「日」二字相亂，故「曰」誤爲「日」。或讀「寒日滌凍塗」爲一句，而云：春日煖，故凍釋而爲塗泥。則於「寒」字不相連屬。蓋古訓疏而句讀亦舛矣。

又《其類》 三月「羵羊，羊有相還之時，其類羵羵然」，家大人曰：「其類」二字文義不明，「類」當爲「貇」，「貇」與「貌」同，言其相還之貌羵羵然也。下文云「言桐芭始生貌拂拂然也」，是其例矣。隸書「貇」、「類」相似，故書傳中「貇」字多譌作「類」。說見後「靜而寡類」下。《集韻》、《類篇》並曰：「羵羵，羊相還皃。」

又《則入于小學小者所學之宮也》 「及大子少長，知妃色，《漢書》同。《賈子》「妃」作「好」。家大人曰：案孟子論人，曰少，曰知好色，曰有妻子。此說大子，亦曰幼，曰少長知好色，曰既冠成人，則作「知好色」者是也。「好」、「妃」字相似，故「好」譌作「妃」。顏注《漢書》曰：「妃色，妃匹之色。」於義未安。則入于小學。小者，所學之宮也。」家大人曰：此文本作「則入于學。學者，所學之官也」，今本「入于學」作「入于小學」，「學者」作「小者」，皆涉盧注「入小學」而誤。案：盧注云：「古者大子八歲入小學，十五入大學。」此是總說大子入學之事，非正文作「小學」而盧釋之也。既云「大子少長，知好色，則入于學」，則是十五入大學，非八歲入小學矣。「官」、「宮」亦字之誤。《廣雅》曰：「學，官也。」《文王世子》「凡始立學者」，鄭注曰：「謂始立學官者也。」《漢書·韓延壽傳》「脩治學官」，師古曰：「學宮，謂庠序之舍也。」皆其證。《賈子》、《漢書》皆作「則入於學。學者，所學之官也。」師古曰：「官，謂官舍。」

又《有別》 「天子春朝朝日，秋暮夕月，所以明有別也。」家大人曰：「有別」本作「有敬」，此涉上注「以別内外」而誤也。朝日夕月，皆所以教敬。《四代篇》曰：「天子盛服朝日于東堂，以教敬示威于天下也。」《朝事篇》曰：「天子率諸侯而朝日於東郊，所以教尊尊也。」《周語》曰：「於是乎有朝日夕月以教民事君。」義並與此同。故盧注云：「教天下之臣也。」今本「有敬」作「有別」，則與盧注不合矣。《南齊書·禮志》、《太平御覽·時序部三》引此，並作「所以明有敬也」，《賈子》、《漢書》同。

又《天子》 「殷周之所以長久者，其輔翼天子有此具也。」又下文曰：「天下之命，縣於天子。天子之善，在於早諭教與選左右。」又曰：「夫教得而左右正，各本此下衍「左右正」三字，今據《賈子》、《漢書》刪。則天子正矣。天子正而天下定矣。」盧注：「孟子曰：君正莫不正，君正則國定。」據此，則盧所見本已作「天子」。盧氏抱經據此注，以作「天子」者爲是，非也。辯見下。家大人曰：「天子」皆當作「大子」，此涉上下文「天子」而誤耳。上文「天子春朝朝日」云云，是說古天子之事，故總結之曰：「是天子不得爲非也。」又

「天子疑則問」云云，是説成王爲天子時事，又下文「天子不論先聖王之德」云云，是説三公以下諸臣之職，皆不指教大子而言。故皆言「天子」。殷周之所以長久者，其輔翼大子有此具也。是承上成王爲大子，有三公三少以諭教之，左右前後皆正人而言。故曰：「大子之善，在於早諭教與選左右。」又曰：「教得而左右正，則大子正矣。」若作「天子」，則語意不倫。《賈子》、《漢書》皆作「大子」，是其明證矣。又案：此篇自「殷爲天子」至「此時務也」，於《賈子》爲《保傅篇》，所説皆教大子之事。自「天子不論先聖王之德」至「大史之任也」，於《賈子》爲《傅職篇》，所説皆天子之事，當分別觀之。

又《雖有　不能》 「胡越之人，生而同聲，嗜慾不異。及其長而成俗也，絫數譯而不能相通。句。行雖有死不能相爲者，教習然也。」家大人曰：「雖有」當爲「有雖」，「不能」當爲「能不」。此涉上句「不能」而誤。「能不」者，而不也。古書多以「能」爲「而」，説見《經義述聞》「能不我知」下。「雖死而不相爲」六字連讀。《賈子》、《漢書》並作「行有雖死而不相爲者」，蘇林曰：「言其人之行，不能易事相爲處。」是也。盧注非。

又《宴瞻其學》 「天子宴瞻其學，左右之習反其師。」引之謹案：「宴瞻其學」當作「宴業詭其學」。《賈子·傅職篇》作「天子燕業反其學」，《續漢書·百官志》注、《通典·職官二》所引如是。建本、潭本「反」譌作「及」。本或作「燕辟廢其學」，後人據《學記》改之也。左右之習詭其師」。「燕」與「宴」通，「宴業」謂宴居時所習之業。《學記》曰：「時教必有正業，退息必有居學。」「宴業」即「居學」也，「宴」下脱去「業」字耳。「詭」與「反」同義，「宴業詭其學」，謂宴居之業，與所學者相反也。曹大家注《幽通賦》曰：「詭，反也。」《吕氏春秋·淫辭篇》曰：「所言非所行也，所行非所言也。言行相詭，不祥莫大焉。」《淮南·齊俗篇》曰：「禮樂相詭，服制相反。」本句彼言「反」，此言「詭」，下句彼言「詭」，此言「反」，其義一也。「詭」字右畔之「危」，與「詹」相似，又因上文「視瞻俯仰」而誤爲「瞻」耳。鈔本《北堂書鈔》引《大戴禮》作「宴業反其學」，陳禹謨依俗本改爲「宴瞻其學」。雖「反」與「詭」不同，亦足證「宴」下之有「業」字。

又《疾其過而不補也》 盧注曰：「補，謂改也。」戴氏校本「改」作「文」，此以意爲之，不可從。引之謹案：下文曰「補則不改矣」，則補非改也。「補」疑當爲「掩」，字形相似而誤。掩者，蓋也，匿也。掩則冀幸人之不知，故不改也。余曩以「補」爲古文「遂」字之誤，非是。

又《爲惡》 「亟達而無守，好名而無體，忿怒而爲惡，足恭而口聖，而無常位者。」家大人曰：「忿怒而爲惡」本作「忿怒而無惡」，「而無」二字，與上下文同一例。今本「無」作「爲」者，涉注文「爲惡」而誤耳。案：盧注云：「不以爲惡。」「不」字正釋「無」字。下又云：「或曰：無惡而怒。」則正文之作「無惡」甚明。若作「爲惡」，則與注相反矣。今依新校本訂正。

又《有士者》 「此則非士之罪也，有士者之羞也。」戴先生校本改「有士者」爲「有土者」，孔本仍作「有士者」，釋曰：「有士不用，則君之恥。」家大人曰：「有土者」猶言「有國者」，《史記·孔子世家》曰：「夫道之不脩也，是吾醜也。夫道既已大脩而不用，是有國者之醜也。」又《自序》曰：「且士賢能而不用，有國者之恥。」《鹽鐵論·國病篇》曰：「國有賢士而不用，非士之過，有國者之恥。」意並與此同。又《説苑·説叢篇》「士橫道而偃，四支不掩，非士之過，有土者之羞也。」此正用曾子語。今本「土」作「士」者，涉上句「士」字而誤耳。凡是書之顯然譌誤者，孔必曲爲之説，而不肯依他書改正，此亦守殘之癖也。

又卷一二《亦不可以忘》 「席後左端之銘曰：一反一側，亦不可以忘。」王曰：「以忘，一作『不志』。」孔曰：「席四銘通爲一章，當從『志』字，方與上『悔』下『代』合韻。」家大人曰：孔説是矣，而未盡也。此文本作「一反一側，尒不可不志」，尒，武王自謂也。下文「見爾前，慮爾後」，即其證。古者「爾汝」之「爾」通作「尒」，《漢校官碑》「卑尒熾昌」是也。後人但作「爾」，而「尒」字遂廢。「志」讀《檀弓》「小子識之」之「識」。此承上文「安樂必敬」云云而言，言雖一反一側之間，尒亦不可不識之也。今本「尒」作「亦」，以字形相似而誤；「不志」作「以忘」，則後人以盧注改之也。案：注云「言雖反側之間，不可以忘道」，此正釋「不可不志」之意。後人不達，遂改正文之「不志」爲「以忘」，以從盧注，謬矣。《太平御覽·服用部十一》引此，「志」字已誤作「忘」，唯「尒」字不誤。鈔本《北堂書鈔·服飾部二》、陳禹謨本删去。《藝文類聚·服飾部上》引此，並作「尒今本《類聚》作「爾」。不可不志」。

又《顔淵》 「是顔淵之行也。」家大人曰：「淵」本作「回」，盧注：「顔回，魯人，字子淵。」即其證。此篇於諸弟子皆稱名，不稱字，今本作「顔淵」者，涉注文而誤。《家語》正作「顔回」。

又《順君》 「是故君擇臣而使之，臣擇君而事之，有道順君，無道横命，晏平仲之行也。」「晏平仲」上當有「蓋」字。引之謹案：命即君之命，不得分君與命爲二也。「順君」當爲「順命」，言君有道，則順受其命，無道，則不受命也。《史記·晏嬰

傳》：「國有道即順命，無道即衡命。」「衡」與「横」同。《仲尼弟子傳索隱》單行本。引《大戴記》曰：「有道順命，無道衡命，蓋晏平仲之行也。」《家語・弟子行篇》同。王肅注曰：「君有道，則順從其命。衡，横也，謂不受其命而隱居也。」皆其證矣。今本「順命」作「順君」者，涉上文四「君」字而誤。

又《在尤之外》 「終日言不在尤之内，在尤之外，貧而樂也。」引之謹案：已言「不在尤之内」，則不須更言「在尤之外」矣。「在尤之外」四字，蓋注文之誤入正文者。《史記・仲尼弟子傳索隱》單行本。引此曰：「終日言不在悔尤之内，貧而樂也。」無「在尤之外」四字，是其證。《家語》同。

又《闇昏忽》 《五帝德篇》「上世之傳，隱微之説，卒業之辨，「卒業」二字有誤。闇昏忽之意。」家大人曰：「闇昏忽之意」不辭，「昏」字蓋盧注之誤入正文者。此篇盧注全脱，唯「昏」字誤入正文，故至今尚在。「闇忽」，不明之意，即上所云「隱微之説」也。上世之事，遠而難明，故言「闇忽」。揚雄《劇秦美新》曰：「道極數殫，闇忽不還。」「闇忽」二字本此。《吴越春秋・夫差内傳》：「闇忽埳中，陷於深井。」《家語》正作「闇忽之意」。

又《泜水》 《帝繫篇》「黄帝娶于西陵氏之子，謂之嫘祖。句。氏産青陽及昌意。「氏産青陽」之「氏」讀爲「是」。古書「是」字多作「氏」，説見惠氏《儀禮古義》。後凡「氏産」二字相連者放此。又下文「昆吾者衛氏也」以下六「氏」字，亦放此。青陽降居泜水，昌意降居若水」，《史記・五帝紀》「泜水」作「江水」，《路史・疏仡紀》曰：「江水，即泜水，今之湔泜水。」引《大戴禮》「青陽降居泜水」。家大人曰：《漢書・地理志》蜀郡湔氐道「《禹貢》崏山在西徼外，江水所出」，「氐」即「氐羌」之「氐」，蜀郡之有湔氐道，猶廣漢郡之有甸氐道、剛氐道也。《百官表》曰：縣有蠻夷曰道。湔氐，縣名，非水名。如江水出湔氐道徼外，而即可謂之湔氐水，豈白水出甸氐道徼外，而即可謂之甸氐水，涪水出剛氐道徼外，而即可謂之剛氐水乎？且「氐」是「氐羌」之「氐」，其字不從水。羅泌改「湔氐」爲「湔泜」，以牽合《大戴禮》之「泜」字，甚矣其謬也。《續漢書・禮儀志》注引《漢舊儀》曰：顓頊氏有三子，生而亡去爲疫鬼。一居江水，一居若水，一居人宫室區隅。蔡邕《獨斷》與《漢書儀》同。二書所記，與《大戴禮》、《史記》不同，而皆言「居江水」，不言「居泜水」。徧考地理之書，無謂江水爲泜水者。「泜」蓋字之誤也，隸書「工」字或作「𠄠」，「氐」字或作「互」，二形相似，故「江」誤爲「泜」。《淮南・説林篇》「使工厭竅」，今本「工」誤作「氐」，是其例也。羅泌引《大戴禮》作「泜」，則所見已是誤本。

又《灟》 「譬之如洿邪，水潦灟焉，莞蒲生焉。」家大人曰：「灟」當作「屬」，屬，讀曰「注」，《士昏禮》記「酌元酒三屬于尊」，注：「屬，注也。」《考工記・函人》「犀甲七屬」，注：「屬，讀如『灌注』之『注』。」《匠人》「水屬不理孫」，注：「屬，讀爲『注』。」《士喪禮》、《喪大記》之「屬纊」，《荀子・禮論篇》作「注纊」。謂洿邪爲水潦所注也。《説苑・建本篇》作「水潦所注」，是「屬」即「注」也。今作「灟」者，因「潦」字而誤加水旁耳。《説文》、《玉篇》、《廣韻》皆無「灟」字，唯《集韻》有之，亦非謂水潦。

又《刑法》 「刑法者，所以威不行德法者也。」家大人曰：「刑法」本作「刑罰」，謂不行德法，則以刑罰威之。盧注曰「德法不行則罰之」，是其證。上下文「刑罰」二字凡五見，今作「刑法」，則與上下文不合。此因「罰」、「法」聲相亂，上下文又多「法」字，故「罰」誤爲「法」。下文「無德法而專以刑罰御民」，今本亦誤作「刑法」。

又卷一三《此見於外》 「誠在其中，此見於外。」家大人曰：「此見於外」本作「必見於外」。下文言「必見」者五，文義並與此同。今本「必」作「此」者，涉上文「此之謂」而誤。盧曲爲之説，非也。隋蕭吉《五行大義》弟十四引《大戴》作「必見諸外」，蓋所見本與盧異。《逸周書》同。

又《周知天下之政》 「凡此五物者，每國别異之，天子以周知天下之政。」家大人曰：「政」本作「故」，此涉上文「政事」而誤也。「故」即上文所謂「事故」也。經傳通謂「事」爲「故」，不可枚舉。五物之見於上文者，唯禮俗政事一條，可謂之「政」，然「政」亦「事」也。其餘四條，則可謂之「事」而不可謂之「政」。若作「政」，則五物之中，舉其一而遺其四矣。《周官・小行人》正作「天下之故」。

又《法》 「此天子之所以養諸侯，兵不用，而諸侯自爲政之法也。」家大人曰：「法」本作「具」，此涉上文「法度」而誤也。「政」與「正」同。此言天子之所以養諸侯，兵不用，而諸侯自爲脩正者，賴有此具也。《射義》正義曰：「正，謂脩正。」此文兩見於《射義》、《聘義》中，其字皆作「具」。本篇上文兩見，其字亦作「具」，此不當獨作「法」。

又卷一四《并植》 「行并植於晉國。」鄭注曰：「并，猶專也。謂剛而專已。」吴澄《禮記纂言》曰：「并植，《國語》作『廉直』，疑『并』蓋『廉』字缺損，『植』蓋『直』之增多也。」家大人曰：吴説是矣而未盡也。「廉」與「并」形聲皆不相近。「廉」字無緣誤爲「并」。蓋「廉」字古通作「兼」，《史記・淮南衡山傳》「厲王母弟趙兼」，《漢紀》作「趙廉」。《淮南・詮言篇》「故廉而能樂」，《道藏》本「廉」作「兼」。「兼」、「并」字相近，因誤而爲「并」。《齊策》「管子并三行之過」，《史記・魯仲連傳》「并」作「兼」。《秦始皇紀》「秦法不得

兼方」，徐廣曰：「一云并力。」「直」、「植」亦古字通。注内「剛」字，正釋「直」字也。

又《三公五推》　「天子三推，三公五推，卿諸侯九推。」家大人曰：「三公五推」本作「公五推」。凡《月令》言「三公」者，皆與「九卿」對文，上文「天子親帥三公九卿諸侯大夫」是也。其言「公」者，則與「卿」對文，上文「賞公卿諸侯大夫於朝」是也。「賞公卿諸侯大夫」，不言三公九卿者，蒙上而省也。此文「公五推，卿諸侯九推」，不言三公九卿，亦是蒙上而省。今作「三公五推」，即涉上文而誤也。陳祥道《禮書》引作「三公五推」，則所見本已誤。《正義》内兩舉經文，皆無「三」字，《唐月令》亦無。又《周頌・載芟》正義、《穀梁傳・桓十四年》疏、《北堂書鈔・設官部二》、《禮儀部十二》，鈔本《北堂書鈔》設官、禮儀二部，引《月令》皆無「三」字。陳禹謨本《設官部》亦無「三」字，《禮儀部》則據誤本《月令》加入矣。《初學記・禮部下》、《白帖・藉田類》、《太平御覽》禮儀部十六、資産部二引此，皆無「三」字，惟《藝文類聚・禮部中》、《文選・藉田賦》注引此，有「三」字。又《呂氏春秋・孟春篇》、《周官・甸師》注，亦有「三」字，皆後人據誤本《月令》加之也。《續漢書・禮儀志》注引《甸師》注，無「三」字。

又《毋逆大數》　「凡舉大事，毋逆大數。」引之謹案：「大數」當從《呂氏春秋》作「天數」。高注曰：「天數，天道也。」今作「大」者，涉上句「大事」而誤。季夏之月，舉大事則有天殃，至秋則可以舉大事矣，而亦必順乎天道。即前所云「毋變天之道」也。下文「必順其時，慎因其類」，兩「其」字皆指天而言，若作「大數」，則意義不明。正義亦作「無逆天數」。今本「天」下有「之大」二字，乃後人以已誤之正文，改不誤之疏文也。據上文疏云「無逆於天，有順於時」，在「反受其殃」下。則此疏本作「無逆天數」明矣。自「凡舉大事」以下四句，《唐月令》已删去，無從考正。自宋撫州本，「天」字始誤作「大」，而各本皆從之。今據上文疏及《呂氏春秋》訂正。

又卷一六《父小功之末　己雖小功》　「大功之末，可以冠子，可以嫁子。父小功之末，可以冠子，可以嫁子，可以取婦。己雖小功，既卒哭，可以冠、取妻。」引之謹案：卒哭在弟三月，小功之末則在弟五月。己之小功，自己之子視之，則爲父之小功，而其身服緦。己之小功既卒哭，可以冠、取妻，是己之小功，三月而舉吉事，不待在末之弟五月也。而子於父之小功而已緦者，則必待在末之弟五月而後舉吉事。己之小功，既卒哭而可以自冠、自取妻，子於父之小功而已緦者，雖至在末之月，亦但可爲子冠、爲子取婦，《爾雅》曰：「子之妻爲婦。」而不可以自冠、自取妻。是薄於己之小功，而厚於己之緦麻，不且輕重倒置乎？若云統於其父，則父於小功卒哭後，己可自冠、自取妻，己於父之小功卒哭後，反不可以舉吉事，而必俟父小功之末，而猶不能冠、取妻。是父之視小功也輕，而己之視父小功也反重，豈統於其父之謂乎？揆之於理，殆不可通。今案：「父小功之末」，「小」當爲「大」，因下文兩言「小功」而誤也。鄭注曰：父小功卒哭，而可以取婦。則所見本已誤爲「小」。云「父大功」者，所以别於己之大功也。上「大功之末」爲己之大功，故此别之曰「父大功」。「父大功之末，可以冠子，可以嫁子，可以取婦」者，言己於父之大功，至服將盡之弟九月，乃可冠己之子，嫁己之子，及爲己之子取婦也。己大功之末，但可冠子、嫁子，父大功之末，則不但冠子、嫁子，而又可以爲子取婦者，父之大功輕於己之大功也。「己雖小功」，「雖」字不辭，凡抑揚其語則言「雖」以明之。小功親殺，《三年問》曰：「三年以爲隆，緦、小功以爲殺，期、九月以爲閒。」故己之傷之也輕而舉吉事也蚤，理直辭順，無所用其抑揚，不得言「雖」也。「雖」當讀「唯」，古字多借「雖」爲「唯」，《大雅・抑篇》「女雖湛樂從」，言女唯湛樂之從也。《管子・君臣篇》「故民迂則流之，民流則迂之，決之則行，塞之則止，雖有明君能決之，又能塞之」，言唯有明君能如此也。《楚辭・離騷》「余雖脩姱以鞿羈兮」，言余唯有脩姱之行，以致爲人所係累也。詳見《釋詞》。「己唯小功，既卒哭，可以冠、取妻」者，言以己之服而論，則唯小功之喪，既卒哭而舉吉事，不但可以冠子、嫁子及爲子取婦，又可以自冠、自取妻也。言「己」者，别於上文之言「父」也。言「唯小功」者，别於上文之「大功」也。己之大功不如是而小功如是，故言「唯」以别之。不言「父小功」者，父之小功輕於己之小功，己之小功既卒哭，可以冠、取妻，則己於父之小功既卒哭，亦可以冠、取妻，不待言矣。冠、取妻猶可，則其可以冠子，可以嫁子，可以取婦，更不待言矣。經有譌文借字，而學者不察，故多方解釋而終致抵牾，此亟當辨正者也。又案：己之大功，父爲之小功，若己爲女子，子適人者大功，於父則爲女孫，孫適人者小功。則當以己之大功論，從其重者以明厚也。至弟九月，始可以冠子、嫁子。若父之大功，己爲之小功，若父爲從父昆弟大功，於己則爲從祖父，從祖父小功。則以父之大功論，亦從其重者以明厚也。至弟九月，始可以冠子、嫁子、取婦。惟無父之大功而但有己之小功，若己爲外祖父母小功，於父則爲妻之父母，妻之父母緦。則如小功之禮行之，至卒哭之後，即可以冠、取妻矣。經文之意可推也。

又《文王之詩也》　《祭義》「《詩》云：『明發不寐，有懷二人。』文王之詩也」，《正義》曰：「此幽王《小雅・小宛》之篇，而云『文王之詩也』者，記者引《詩》，斷章取義，且詩人陳文王之德以刺幽王，亦得爲文王之詩也。」家大人曰：「詩」當作「謂」，此因上文「詩」字而誤也。《表記》曰：「《詩》云：『莫莫葛藟，施于條枚，凱弟

君子，求福不回。』其舜、禹、文王、周公之謂與！」文義與此略同。鄭於此句無注，則所見本必作「文王之謂」，若作「文王之詩」，則與《詩》義不合，不得無注。《家語・哀公問政篇》：「《詩》云：『明發不寐，有懷二人。』則文王之謂與！」王肅注曰：「假此詩以喻文王。」王肅作《家語》，多取《禮記》之文，則肅所見本尚不誤也。

又《建陰陽天地之情　建諸天地而不悖》 「昔者聖人建陰陽天地之情，立以爲《易》」，正義曰：「興建陰陽天地之情，仰觀天文，俯察地理，立此陰陽以作《易》。」引之謹案：陰陽天地之情，非人所能建立也，「建」字義不可通。「建」當爲「達」，字形相近而誤。《大戴記・朝事儀篇》「達瑞節」，今本誤作「建瑞節」。《呂氏春秋・古樂篇》「達帝功」，李善《上林賦》注誤引作「建帝功」。 達者，通也。《乾・文言》曰：「六爻發揮，旁通情也。」正謂徧通陰陽天地之情也。《樂記》曰：「禮樂偩天地之情，達神明之德。」文義亦與此相似。又《中庸》「建諸天地而不悖」，「建」亦當爲「達」。正義曰：「君子行道，須本於身，達諸天地，質諸鬼神。」又曰：「達諸天地而不悖者，言己所行之道，達於天地而不有悖逆，謂與天地合也。」則孔氏所見本作「達」明甚。「達諸天地而不悖」，猶《樂記》云「禮樂刑政四達而不悖」也。若如今本作「建」，則與「不悖」二字，義不貫通矣。後人不知，據《正義》以正經文之誤，反據已誤之經文改不誤之《正義》，於《正義》「達諸天地而不悖者」，則改「達」爲「建」，於「達於天地而不有悖逆」，則加「建」字於「達」字之上。「建達」二字，文義不倫，其妄增之跡顯然。唯「須本於身，達諸天地」未改。 且「建」訓爲「立」，經文若果作「建」，則正義當云「建立於天地之間」，必不以爲「達於天地」矣。唐石經始誤作「建」。

又《患邪淫》 《三年問》「將由夫患邪淫之人與，則彼朝死而夕忘之」，鄭注、孔疏皆不解「患」字，陳澔《集説》曰：「患，猶害也。邪淫之害性，如疾病之害身，故云『患邪淫』也。」吳澄《纂言》曰：「患，猶病也，謂有邪僻淫溺之病。」家大人曰：如陳説，則經文當作「爲邪淫所患之人」，如吳説，則又當作「有邪淫之患之人」，皆與「患邪淫」之文不合。今案：「患邪淫之人」當作「愚陋邪淫之人」，愚陋謂至愚極陋，不知禮義也。「愚」字與古文「患」字作「患」者相似，「患」見《説文》。 故「愚」誤爲「患」，又脱「陋」字。《荀子・禮論篇》正作「愚陋淫邪之人」。

又《求反諸己》 《射義》「發而不中，則不怨勝己者，反求諸己而已矣」，唐石經「反求」作「求反」。家大人曰：「求反諸己」，文義不順，蓋涉上文「求正諸己」而誤也。據《正義》云「唯內求諸己，不病害於物」，則正文本作「反求諸己」甚明。《中庸》云：「失諸正鵠，反求諸其身。」《孟子・公孫丑篇》亦云「反求諸己而已矣」。《小雅・賓之初筵》正義、《白帖》八十五引《射義》，皆作「反求諸己」。

又卷一七《王亦能軍》 五年傳「王亦能軍」，杜注曰：「雖軍敗身傷，猶殿而不奔，故言能軍。」引之謹案：王已傷矣，尚安能殿？自古軍敗而殿，皆羣臣爲之，不聞王侯身自爲殿也。「亦」當爲「不」，字形相似而誤。此言王之餘師不復能成軍耳。宣十二年傳「楚師軍於邲，晉之餘師不能軍」，正與此同。試連上文讀曰：「蔡、衛、陳皆奔，王卒亂，鄭師合以攻之，王卒大敗。祝聃射王中肩，王不能軍。」皆甚言王師之敗也。若云「王亦能軍」，則與上文隔閡矣。試連下文讀曰：「王不能軍，祝聃請從之。」是聃以王不能軍，故欲乘其敝也。哀十一年傳「齊人不能師，宵諜曰：『齊人遁。』冉有請從之三」，正與此同。若云「王亦能軍」，則又與下文隔閡矣。

又《其卜貳圉也》 「孤雖歸，辱社稷矣，其卜貳圉也。」杜注曰：「貳，代也。」引之謹案：古無訓「貳」爲「代」者，「貳」當爲「貣」，「貣」與「代」古同聲，《廣韻》「貣」，他得切。古音轉去聲，則他代切。《五經文字》「貣」，他代反。相承或借爲「貣」字。《説文》：「貣，從人求物也。」即今借「貸」字。「貸」從代聲，「貣」、「代」並從代聲。 《晉語》曰「其改置以代圉也」，此傳曰「其卜貣圉也」，「貣」即「代」之借字也。「貣」、「貳」字相似，學者多見「貳」，少見「貣」，故「貣」譌爲「貳」矣。鄭注《坊記》引此作「貳」，而解爲「君之貳」。《坊記》「唯卜之日稱二君」，鄭注：「二，當爲『貳』。唯卜之時，辭得曰：君之貳某爾。晉惠公獲於秦，命其大夫歸擇立君，曰：『其卜貳圉也。』」彼正義曰：「卜副貳之子圉令爲君。」則「卜貳圉」下，必增「爲君」二字，而其意始明，其失也迂矣。且《晉語》之文，正謂代立，非謂副貳也。蓋鄭所見本已譌作「貳」，故説之未確。惠氏《左傳補注》反以鄭説爲是，失之。 《史記・晉世家》「晉侯使呂省等報國人曰：『孤雖得歸，毋面目見社稷，卜曰立子圉。』」則史公所見傳文，已譌作「貳」，故直以「貳圉」爲「立子圉」，而改其文云「卜曰立子圉」，不知傳文本作「其卜貣圉」，故《晉語》作「其改置以代圉」，韋昭注曰：「欲令更立他公子以代子圉，言父子避位以感羣下。」其説是也。段氏《説文》「差」字注云：「以代圉謂用世次當立之圉。」大誤。 定八年傳「衛靈公謂大夫曰：『寡人辱社稷，其改卜嗣，寡人從焉。』」語意正與此同。是此傳之意，亦謂卜他公子以代子圉，非謂卜立子圉也。史公之改誤矣。杜以《晉語》之「代」，釋此傳之「貳」，亦未知「貳」爲「貣」之譌、「貣」爲「代」之借也。書傳「貣」字多有譌作「貳」者，詳見《詩》其「儀不忒」、《禮記》「宿離不貸」下。

又《子臧之服》 「子臧之服，不稱也夫。」《釋文》「服」作「及」，云：「一本作

服。」家大人曰：作「及」者是也。及謂及於難，桓十八年傳「周公弗從，故及」，杜注：「及於難也。」凡傳言「及」者皆放此。言子臧之所以及於難者，由服之不稱也。「不稱也夫」是推原其所以獲禍之故，昭元年傳「莒展之不立，棄人也夫」，語意與此相似。但言「不稱」而不言「服」者，蒙上文「不稱其服」而省也。「子臧之及」承上「身之災也」而言。下文「自詒伊慼，其子臧之謂矣」，又承「子臧之及」而言。若作「子臧之服」，則非其指矣。「服」字右半與「及」相似，又涉上文兩「服」字而誤。

又《殺女而立職》 「宜君王之欲殺女而立職也。」陳氏芳林《攷正》曰：「《韓非子》作『廢女』。《内儲説》。上云『黜商臣』，似作『廢』字爲『允』，然江芈怒，故甚其辭，讀者正不必泥也。」又曰：「唐劉知幾《史通・言語篇》引作『廢女』。」引之謹案：《韓子》及《史通》並作「廢」，是也。上言「黜商臣」，下言「能事諸乎」，則此文本作「廢女而立職」明矣。若商臣被殺，又誰事王子職乎？《列女傳・節義傳》載此事曰：「大子知王之欲廢之也，遂興師圍王宮。」亦其一證也。「廢」字不須訓釋，故杜氏無注。若是「殺」字，則與上下文不合，杜必當有注矣。自唐石經始從誤本作「殺」，而《史記・楚世家》亦作「殺」，則後人依《左傳》改之耳。若謂江芈怒而甚其詞，則曲爲之説也。古字多以「發」爲「廢」，傳文蓋本作「發」，「發」、「殺」形相近，因誤而爲「殺」矣。《説苑・説叢篇》「智者不妄爲，勇者不妄發」，今本「發」誤作「殺」。

又卷一八《攻靈公》 「趙穿攻靈公於桃園。」《釋文》「趙穿攻，如字。本或作『弑』。」引之謹案：「攻」本作「殺」，「殺」字隸或作「煞」，上半與「攻」相似，又因上文「伏甲將攻之」而誤爲「攻」耳。趙穿殺靈公，故大史書曰「趙盾弑其君」，若但攻之而已，則殺與否尚未可知，大史何由而書「弑」乎？杜注「宣子未出山而復」曰：「聞公殺而還。」《釋文》：聞公殺，申志反。蓋殺有如字及申志反二音，故别之曰「申志反」。《左傳釋文》殺音申志反者，凡十三見，並與此同。今本注及《釋文》俱改「殺」爲「弑」，非也。隱四年經「衛州吁弑其君完」，《釋文》：「弑，音試。凡弑君之類皆放此。可以意求，不重音。」《釋文》已云弑不重音，不應於此又音申志反也。「公殺」正謂趙穿殺靈公，則杜所據本作「殺」明甚。《釋文》「攻如字」亦當作「殺如字」。今本作「攻」者，後人以已誤之傳文，改不誤之《釋文》也。殺又音試，故别之曰「如字」。隱十一年傳「反譖公于桓公而請弑之」，《釋文》「弑」作「殺」，云：「音試。一音如字。」莊三十二年傳「不書殺，諱之也」，《釋文》：「殺，音試。一音如字。」僖九年經「晉里克殺其君之子奚齊」，《釋文》：「殺，如字。又作弑。今本「作」誤爲「音」。傳同。《公羊》音試。」二十四年傳「將焚公宫而弑晉侯」，《釋文》「弑」作「殺」，云：「音試。又如字。」三十三年傳注「冀芮欲殺文公」，《釋文》：「殺，音試。或如字。」襄二十一年傳注「終有弑殺之禍」，《釋文》：「殺，如字。一音試。」定四年傳「將弑王」，《釋文》「弑」作「殺」，云：「如字。又申志反。」是其例矣。不直曰「殺如字」，而云「趙穿殺如字」者，以别於上文注之「國以殺」，下文注之「聞公殺」，皆音申志反也。若「攻」字無申志反之音，直云「『攻』本或作『弑』」可矣，何須别之曰「如字」乎？且傳言「攻」者多矣，《釋文》皆不作音，何獨於此「攻」字而云「如字」乎？其爲後人所改明矣。鈔本《北堂書鈔・政術部十一》引此，正作「趙穿煞靈公於桃園」，「煞」即「殺」字也。陳禹謨本改從今本《左傳》，作「攻」。《史記・十二諸侯年表》「晉靈公十四年，趙穿殺靈公」，《晉世家》「盾昆弟將軍趙穿襲殺靈公於桃園」，亦皆言「殺」，本於《左傳》也。唐石經始誤爲「攻」，而諸本從之，遂使文義不明。當據《書鈔》、《釋文》以正之。《羣書治要》載此傳作「攻」，蓋後人以今本改之也。魏徵與虞世南、陸德明同時，斷無虞、陸作「殺」而魏獨誤「攻」之理，亦當據《書鈔》、《釋文》以正之。《晉語》「趙穿攻公於桃園」，「攻」字亦後人所改。

又《三軍萃於王卒》 「楚之良，在其中軍王族而已，請分良以擊其左右，而三軍萃於王卒，必大敗之。」襄二十六年傳「吾乃四萃於其王族，必大敗之」。《正義》曰：「《楚語》云：三萃以攻其王族，必大敗之。韋昭云：時晉有四軍，言三集者，中軍先入，而上下及新軍乃三集以攻之。韋昭見彼爲三字，故説之使通耳。蓋二文不同，必有一誤。」引之謹案：「三軍萃於王卒」、「三萃以攻其王族」，「三」皆當爲「亖」。《説文》曰：「亖，籀文四。」鄭注《覲禮》曰：「古書作三四或皆積畫，字相似，由此誤也。」晉之四軍，合而攻楚之中軍，故曰「四軍萃於王卒」，又曰「四萃於其王族」，不得言「三」也。學者多見「三」，少見「亖」，故「亖」字誤書作「三」。幸有襄二十六年「四萃」之文，足以證之耳。

又《射爲禮乎》 「射爲背師，不射爲戮，射爲禮乎？」《釋文》：「射爲，食亦反。下皆同。或一讀射而禮乎，音食夜反。」引之謹案：「射爲禮乎」，《釋文》作「射而禮乎」，是也。上文「射爲，食亦反」，乃「射爲背師」句之音。「射而禮乎」者，射而用禮射，不用軍射也。言射則爲背師，不射則爲戮，其惟射而禮乎。杜注曰：「禮射不求中。」則本作「射而禮乎」明矣。今本「射而」作「射爲」者，涉上文「射爲背師」而誤。唐石經「爲」字係改刻，蓋初刻本是「而」字也。《太平御覽・工藝部一》引此，正作「射而禮乎」。

又《遺民》 二十九年傳「思深哉，其有陶唐氏之遺民乎！不然，何憂之遠也」。

家大人曰：「遺民」本作「遺風」，此涉下文「猶有先王之遺民」而誤。案：杜注云：「晉本唐國，故有堯之遺風。」則傳文之作「遺風」甚明。而今本《正義》云：「作歌之民，與唐世民同。」顯與杜注不合。此後人以已誤之傳文改之也。《唐風·蟋蟀》正義云：「有唐堯之遺風，故名之曰唐。故季札見歌《唐》，曰：『思深哉，其有陶唐氏之遺風乎！』」彼疏所引，正作「遺風」，故知此疏爲後人所改也。《漢書·地理志》作「遺民」，亦後人依誤本改之。《史記·吴世家》正作「遺風」。又《蟋蟀》序云：「本其風俗，憂深思遠，儉而用禮，乃有堯之遺風焉。」義即本於《左傳》。「遺風」二字，與《史記》、杜注及《詩》正義所引皆合。自唐石經始作《遺民》，而各本皆沿其誤。

又卷一九《貌不道容》 十一年傳「今單子爲王官伯而命事於會，視不登帶，言不過步，貌不道容而言不昭矣」。引之謹案：「貌不道容」，「貌」當爲「視」，此涉上文「容貌」而誤，自唐石經已然，而各本皆從之。《漢書·五行志》作「貌」，亦後人依誤本《左傳》改之。案：上文云：「會朝之言，必聞於表著之位，所以昭事序也。視不過結禬之中，所以道容貌也。」單子視不登帶，則不能道容貌矣，故云「視不道容」，言不過步，則不能昭事序矣，故云「言不昭」。上下皆以「言」、「視」對文。今本「視」作「貌」，則與上文不合。且「貌」即「容」也，今云「貌不道容」，則是「容不道容」矣。此必當依上文改正。

又《偪介之關》 「縣鄙之人，入從其政，偪介之關，暴征其私。」杜注曰：「介，隔也。迫近國都之關。言邊鄙既入服政役，又爲近關所征税，枉暴奪其私物。」引之謹案：「偪介」本作「偪尒」，今俗作「尓」。「尒」即「邇」字也。「偪」、「尒」二字，義本相近，襄二十九年傳云「邇而不偪」是也。注本作「尒，近也，迫近國都之關」，「迫近」二字，正釋「偪尒」二字，則正文之本作「偪尒」明矣。祇因「尒」與「介」字形相似，故「尒」誤爲「介」，而注文之「尒，近也」，亦誤爲「介，近也」。後人以「介」無近義而有隔義，故改「近也」爲「隔也」，以牽合「介」字，不知偪與介隔，義不相近，不得言「偪介之關」。且注云「迫近國都之關」，又云「爲近關所征税」，皆承上「近也」二字言之。若改「近也」爲「隔也」，則全注皆不可通矣。陸、孔所見已是誤本，故陸云「介音界」，孔又曲爲之説云：「迫近國都爲關，以隔邊鄙之人。」則讀注不審，而爲誤本所惑也。《晏子春秋·外篇》作「偪介之關」，亦後人依《左傳》改之。案：《晏子·諫篇》云「貴戚不薦善，逼邇不引過」，《問篇》云「佞人求君逼爾而陰爲之與」，「爾」亦與「邇」同。又云「左右偪邇」，《晏子》書言「偪邇」者多矣，唯此一處作「偪介」，與本書不合，故知爲後人所改也。凡經傳中「邇」字作「尒」者，多誤而爲「介」，説見《穀梁傳·莊十五年》。

又《潛師閉塗》 六年傳「潛師閉塗，逆越女之子章，立之而後還」。服虔注曰：「閉塗，不通外使也。」見《史記·楚世家》集解。杜預同。引之謹案：「閉塗」二字，文不成義，塗非門關之類，不可得而閉也。且是時方將迎惠王於國中，而先絶其往來之塗，則惠王無由至軍中矣。「塗」當爲「壁」字，相似而誤也。「壁」字下作「土」，與「塗」同，其右旁之「辛」，又與「余」相似，故《墨子·備蛾傳篇》「適人辟火而復攻」，《備梯篇》「辟」誤作「除」。《史記·楚世家》「伏師閉塗」，徐廣曰：「塗，一作壁。」《列女傳·楚昭越姬篇》載此事，亦作「伏師閉壁」，是古本正作「壁」也。蓋楚之諸臣，恐昭王之死爲鄰國所知，故作爲伏師閉壘之狀，使人莫測其意也。服虔作注時，傳文已誤作「塗」，故不得其解。《史記》作「塗」者，乃後人以誤本《左傳》改之。其一本作「壁」，與《列女傳》合，則舊本也。小司馬不能審擇，乃從作「塗」之本，而以攢塗説之。案：攢塗者，殯也，殯當於寢，不當於軍中。且惠王未至而殯，無是理也。其説尤誤。

又卷二〇《水土無所演》 「夫水句。土演而民用也。水土無所演，宋明道本如是，俗本脱「所」字。民乏財用，不亡何待。」家大人曰：「水土無所演」，衍「水」字，演，潤也，土得水則潤，潤則生物而民得用之。若水竭，則土無所演，不能生物，而民失其用矣。故曰「土無所演，民乏財用，不亡何待」。韋注云「水氣不潤，土枯不養」，正釋「土無所演」四字，而正文内本無「水」字也。今本作「水土無所演」，則文義不明，蓋涉上句「水土演」三字而誤。《左傳·昭二十三年》正義引此，正作「土無所演」，無「水」字。宋十行本如是，明監本作「水土無演」，增「水」字，删「所」字，皆惑於俗本《國語》而誤。《史記·周本紀》、《漢書·五行志》、《説苑·辯物篇》並同。

又《命姓受祀》 「唯有嘉功以命姓受祀，迄于天下。」韋注曰：「受祀，謂封國受命，祀社稷山川也。祀，或爲氏。」家大人曰：作「氏」者是也。上文曰：「皇天嘉之，祚以天下，賜姓曰姒，氏曰有夏。」即此所云「命姓受氏，迄于天下」。又曰：「祚四嶽國，命以侯伯，賜姓曰姜，氏曰有呂。」下文曰：「亡其氏姓。」又曰：「命姓受氏，而附之以令名。」皆其明證也。隱八年《左傳》曰：「天子建德，因生以賜姓，胙之土而命之氏。」襄二十四年傳曰：「保姓受氏，以守宗祊。」「氏」與「祀」聲相近，又因上下文有「祀」字，故「氏」誤作「祀」耳。韋注謂受命而祀社稷山川，則曲爲之説也。

又《及匏有苦葉矣》 「穆子曰：豹之業及《匏有苦葉》矣。」家大人曰：「及

《匏有苦葉》矣」，《左傳・襄二十四年》正義引此，「及」作「在」，是也。《詩正義》引作「及」，與《左傳正義》不合，明是後人依誤本《國語》改之。案韋注云：「業，事也。」穆子之事在濟涇，故曰：「豹之業在《匏有苦葉》矣。」今本「在」作「及」，則文義不明，蓋涉上文兩「及涇」而誤也。《太平御覽・兵部三十六》引此已誤。定十年《左傳》：「駟赤曰：『臣之業，在《揚水》卒章之四言矣。』」文義正與此同。

又《淫也》 「沃土之民不材，淫也。」家大人曰：「淫也」當爲「逸也」，此涉上文兩「淫」字而誤。案上文云：「逸則淫，淫則忘善，忘善則惡心生。」是沃土之民之所以不材者，正以其逸也。下文云：「瘠土之民莫不嚮義，勞也。」「勞也」與「逸也」，文正相對。今本「逸也」作「淫也」，則與上下文不合矣。《列女傳・母儀傳》作「淫也」，亦後人以誤本《國語》改之。又《文選・西京賦》「處沃土則逸，處瘠土則勞」，李善注引此文「沃土之民不材，逸也。瘠土之民莫不向義，勞也。」又下注云：「庶人因沃瘠而勞逸殊。」正文、注文皆作「逸」。而今本注文之「逸也」獨作「淫也」，既與下注不符，又與正文不協，其爲後人所改無疑。《左傳・成六年》正義引此云「沃土之民不材，逸也」，襄二十五年正義及《白帖》八十並引此云「沃土之民逸」，今據以訂正。

又《則民不憾》 「陵阜陸墐，井田疇均，則民不憾。」韋注曰：「憾，恨也。」家大人曰：「憾」當爲「惑」。《月令》曰：「皆脩封疆，審端徑術，田事既飭，先定準直，農乃不惑。」即此所謂「井田疇均則民不惑」也。古「憾」字作「感」，說見《經義雜記》。與「惑」相似，「惑」誤爲「感」，後人又加心旁耳。《管子・小匡篇》正作「則民不惑」。

又卷二一《尋飯》 「襄子將食，尋飯，有恐色。」家大人曰：「尋」字義不可通，「尋」當作「專」，專，古「摶」字。《周官・大司徒》「其民專而長」，《釋文》：「專，徒丸反。」「專」與「尋」字形相近，故「專」誤爲「尋」。《曲禮》「毋摶飯」，鄭注曰：「爲欲致飽不謙。」此言共食不當摶飯也，若獨食，則不嫌矣。《鹽鐵論・取下篇》「摶粱齧肥」，「摶粱」即「摶飯」也。《呂氏春秋・慎大篇》載此事，正作「摶飯」。

又《是天啟之心也》 《鄭語》「叔熊逃難於濮而蠻，季紃是立，薳氏將起之，禍又不克，是天啟之心也」。韋注曰：「啟，開也，天開季紃，故叔熊不得立，有心字誤。」家大人曰：韋以下文「天之所啟，十世不替」，「啟」下無「心」字，故以有「心」字爲誤也。今案：「天啟之心」謂啟季紃之心也，叔熊不得立，是天啟季紃之心，使之紹其先業也。《晉語》曰：「非天，誰啟之心？」襄二十五年《左傳》曰：「天誘其衷，啟敝邑心。」昭二十七年傳曰：「天啟叔孫氏之心。」則有「心」字不誤。下文「天之所啟」，與此相承而不相背也。

又《天子》 「今君掩王東海，以淫名聞於天子。」家大人曰：「天子」當爲「天下」，此涉上下文「天子」而誤也。韋注曰：「淫，僭也。名，號也。」「以淫名聞於天下」，謂天下皆知吳之僭號，非獨聞於天子而已也。《左傳・哀十三年》正義、《文選・王粲〈贈文叔良詩〉》注引此，並作「聞於天下」。

又卷二四《乙未》 「二十八年十二月甲寅，天王崩。乙未，楚子昭卒。」何注曰：「乙未與甲寅相去四十二日，蓋閏月也。」引之謹案：杜氏《春秋長厤》明年閏八月，則是年不當有閏月。且《長厤》是年十二月甲寅，爲十二月十七日，明年二月癸卯，二十九年《左傳》：「二月癸卯，齊人葬莊公於北郭。」爲二月七日。若十二月後有閏月，則癸卯當在明年正月，不得在二月矣。何說非也。「乙未」當爲「己未」，《左氏經》亦作「乙未」，杜注曰：「十二月無乙未，日誤。」甲寅爲十二月十七日，則己未當爲二十二日。「己」與「乙」字形相似，故「己」誤作「乙」。《左氏經・莊三十二年》「冬十月己未，子般卒」，《公羊》、《穀梁》並作「乙未」，「乙」亦「己」之誤也。據杜氏《長厤》，是月無乙未。

又《夏一本作廉》 「十三年，盜殺陳夏彄夫。」《釋文》：「夏，户雅反。一本作廉。」引之謹案：「夏」與「廉」聲不相近，「夏」字無由通作「廉」，「廉」蓋「廡」字之誤。古聲「夏」、「廡」相近，「夏」古音「户」，詳見《唐韻正》。故「夏」通作「廡」。《檀弓》「見若覆夏屋者矣」，鄭注曰：「夏屋，今之門廡也。」「夏」、「廡」聲相近，故門廡謂之「夏屋」。《說文》：「庌，廡也。」「廡，堂下周屋。」《釋名》：「大屋曰廡。幽冀人謂之庌。」「庌」、「夏」聲亦相近。「夏」之爲「廡」，猶「庌」之爲「廡」也。《正義》以爲夏家之屋，失注意矣。是「廡」與「夏」聲義相近也。隸書「廉」字作「亷」，與「廡」相似，故「廡」誤爲「廉」耳。《公羊》古本蓋作「廡」，今作「夏」者，後人以二傳改之也。

又卷二五《汲鄭伯》 十年傳「汲鄭伯，逃歸陳侯，致相之會，存中國也」。范注曰：「汲，猶引也。鄭伯髡原爲臣所弑，而不書弑，此引而致於善事。」引之謹案：汲引之解，義甚迂回，鄭伯爲臣所弑，而不書弑，豈汲引之謂乎？「汲」疑當爲「没」，没者，終也。見《士昏禮》及《檀弓》注。《說文》作「歾」，又作「殁」。古謂以壽終爲得没。《魯語》曰「將壽寵得没」是也。不以壽終爲不没，《檀弓》曰「不没其身」是也。鄭伯爲臣所弑，是不没其身者也。而經不書「弑」而書「卒」，七年經傳。使若令終得没者然，故謂之「没鄭伯」。没鄭伯者，卒鄭伯也。卒，亦終也。《曲禮》曰：「壽考曰卒。」卒猶没也。「没」與「汲」形相似而誤耳。

又《一事注乎志》 十一年傳「一事注乎志，所以惡楚子也」。范注曰：「一事輒注而志之也。」引之謹案：「注」字義不可通，「注」當爲「詳」，「詳」字左旁草書與「氵」相似，右旁與「主」相似，故「詳」誤爲「注」。「詳乎志」者，詳于志也。已書楚師滅蔡，又書執蔡世子友以歸，又書用之，一事而志之甚詳，所以惡楚子之强暴也。故曰：「一事詳乎志，所以惡楚子也。」《春秋》之義，甚美甚惡，皆詳其事。成九年、襄三十年傳並曰：「詳其事，賢伯姬也。」此傳「一事詳乎志，所以惡楚子也」，皆謂詳志之以示法戒。范云「一事輒注而志之」，「注」亦當爲「詳」，謂詳其事而志之也。《釋文》：「注乎，張具反，又之住反。」則唐初已誤爲「注」，不始於石經矣。

又卷二六《晊大也》 《釋文》「晊，舊音之日反，本又作『至』，又作『胵』。」家大人曰：作「至」者是也。作「晊」者，涉上文「眅」字從日而誤。《説文》無「晊」字，其作「胵」者，又「晊」之誤也。《説文》：「胵，鳥胃。」《玉篇》充脂切。與大義無涉。郭曰：「至極亦爲大。」則郭本作「至」明矣。高注《吕氏春秋・求人篇》及《秦策》並云：「至，大也。」即用《爾雅》之訓。邵氏二雲《正義》曰：「《史記索隱》引樊光云：『郅，可見之大也。』《司馬相如傳》。晊，本作『郅』。」此説非也。樊本蓋已誤作「晊」，字從日，故云「可見之大」。《索隱》引樊注作「郅」者，以正文云「爰周郅隆」，郅隆，即「至隆」，作「郅」者借字耳。故從正文作「郅」以省繁文，非謂樊本作「郅」也。若作「郅」，則字從邑，不得言「可見之大」矣。《釋文》所列諸本，皆無作「郅」者，以是明之。

又《元良首也》 邵曰：「《書疏》引《釋詁》云：元首，首也。與郭本異。」家大人曰：宋十行本及閩本《尚書疏》皆作「《釋詁》云：元良，首也」，自明監本始作「元首，首也」，此涉上文「元首」而誤耳，乃俗本《尚書疏》之譌字，非孔沖遠所見《爾雅》本作「元首」也。《爾雅》所釋之字，與釋之之字，皆不同字，豈有以「首」釋「首」者乎？或沿邵氏之誤，以爲《爾雅》當作「元首首也」，則惑之甚者也。

又卷二七《革中絶謂之辨革中辨謂之韏》 引之謹案：「革中辨」之「辨」當爲「辟」，字形相近，《漢書・蕭何傳》「秦御史監郡者與從事辨之」，張晏曰：「何與共事備辨。」此作「辨」字解。蘇林曰：「辟何與從事也。」此作「辟」字解。然則張所見本作「辨」，蘇所見本作「辟」也。又涉上句「辨」字而誤也。「辟」與「韏」皆屈也，「辟」字或作「襞」，《説文》曰：「詘，詰詘也，一曰屈襞。」又曰：「襞，韏衣也。」徐鍇曰：「韏，猶卷也。」《廣雅》曰：「韏，詘，曲也。」又曰：「襞，韏，詘也。」鄭注《士喪禮》曰：「以席覆重，辟屈而反兩端，交於後。」高注《西周策》曰：「山形屈辟，狀如羊腸。」辟之言辟屈，韏之言卷曲也。」鄭注《大射儀》曰：「爲冪蓋，卷辟綴於篠。」《莊子・田子方篇》「口辟焉而不能言」，司馬彪注曰：「辟，卷不開也。」是「辟」與「卷」同義，故革中辟謂之韏也。不然，辨乃中分之名，與韏屈之義何涉乎？孫注上句曰：「辨，半分。」是也。郭注下句曰：「復分半。」則仍與上句無異。且如郭所言，則正文當云「辨中絶」，不當云「革中辨」矣。説文「韏」字解曰：「革中辨謂之韏。」「辨」字恐是後人以誤本《爾雅》改之也。段氏《説文注》欲改「辨」爲「辡」，音班。而以爲皮之縐文蹙蹙者，引《説文》「辡，駁文也」爲證，不知「辡」乃駁文，非縐文也，仍與「韏」字之義無涉。

又《咮謂之柳》 「咮謂之柳。柳，鶉火也。」郭曰：「咮，朱鳥之口。」《釋文》：「咮，豬究反。本或作『喙』，許穢反。《説文》云：喙，口也。昌穢反。」家大人曰：本或作「喙」者，「啄」字之譌，「啄」即「咮」之異文。陸音許穢反，非也。説文：「咮，鳥口也。」《曹風・候人篇》「維鵜在梁，不濡其咮」，毛傳曰：「咮，喙也。」襄九年《左傳》「咮爲鶉火」，即此所云「咮謂之柳」也。字或作「噣」，《説文》：「噣，喙也。」《玉篇》引《詩》作「不濡其噣」。《召南・小星》傳「三心五噣，四時更見」是也。或作「注」，《考工記・梓人》「以注鳴者」，《釋文》：「注，陟又反。」《史記・天官書》「柳爲鳥注」是也。或作「啄」，《漢書・東方朔傳》「尻益高者，鶴俛啄也」，顔注曰：「啄，鳥觜也，音竹救反。」又《天文志》曰「柳爲鳥啄」是也。「咮」、「噣」、「注」、「啄」，古同聲而通用，「喙」則聲遠而不可通。且毛傳以「喙」釋「咮」，則「咮」、「喙」之非一字甚明。而《漢書・天文志》「柳爲鳥啄」，《韓詩外傳》「鳥窮則啄」，《淮南・氾論篇》「顔啄聚」，今本「啄」字並譌作「喙」。《爾雅釋文》：「咮，本或作『喙』，許穢反。」《文選・洞簫賦》「垂喙蚉轉」，李善注：「喙，許穢切。或爲『咮』，都遘切。」此「啄」之誤讀爲「喙」者也。《説卦傳》「爲黔喙之屬」，《釋文》：「喙，況廢反。徐丁遘反。」《曹風・候人》傳「咮，喙也」，《釋文》：「喙，虚穢反。又尺税反。又陟角反。」此又「喙」之誤讀爲「啄」者也。蓋「啄」、「喙」皆訓爲「口」，而字形又相似，學者亂之久矣。

又卷三二《上下相因而誤》 家大人曰：經典之字，多有因上下文而誤寫偏旁者。如《堯典》「在璿機玉衡」，「機」字本從木，因「璿」字而從玉作「璣」。辨見段氏《古文尚書撰異》。《大雅・緜篇》「自土沮漆」，「沮」字本從彳，因「漆」字而從水作「沮」。辨見本條。《爾雅・釋詁》「簡，菿，大也」，「菿」字本從艸，因「簡」字而從竹作「箌」。唐石經始誤從竹，《釋文》引《説文》「菿，草大也」，則其字從艸可知。今本《釋文》從竹作「箌」，後人改之也。此本有偏旁而誤易之者也。《盤庚》「烏呼」，「烏」字因「呼」字而誤加口。《説文》：「孔子曰：烏，盱呼也。取其助氣，故以爲烏呼。」顔師古《匡謬正俗》曰：「《古文尚書》悉爲烏呼字。唐石經『烏』字作『嗚』，衛包所改也。」《周南・關雎》「展轉反側」，

「展」字因「轉」字而誤加車。《說文·車部》無「輾」字，《尸部》：「展，轉也。」則「展」與「轉」同義，故以「展」、「轉」連文。《釋文》：「輾，本亦作『展』。」是舊本尚有不誤者。《魏風·伐檀》「河水清且漣猗」，「猗」字因「漣」字而誤加水。《釋文》：「猗，本亦作『漪』。」《爾雅·釋水》「河水清且瀾漪」，《釋文》：「猗，本又作『猗』。」案：「猗」，本字也。「漪」，誤字也。「猗」爲語助，不當從水。

又《後人改注疏釋文》　引之謹案：經典譌誤之文，有注、疏、《釋文》已誤者，亦有注、疏、《釋文》未誤，而後人據已誤之正文改之者。學者但見已改之本，以爲注、疏、《釋文》所據之經，已與今本同，而不知其未嘗同也。如《易·繫辭傳》「莫善乎蓍龜」，唐石經「善」誤爲「大」，而諸本因之，後人又改正義之「善」爲「大」矣。說見《周易下》。**【略】**《天官·司書》「凡上之用財」，唐石經「財」下衍「用」字，而諸本因之，後人又改《敘官疏》之「用財」爲「用財用」矣。說見《周禮上》。《春官·肆師》「表貉則爲位」，唐石經「表」上衍「祭」字，而諸本因之，後人又改《司几筵注》之「表貉」爲「祭表貉」矣。《秋官·象胥》「次事士」，舊本「士」上衍「上」字，後人又增「上」字於注内矣。並說見《周禮下》。《燕禮》「閽人爲燭於門外」，後人於「燭」上加「大」字，又加於注疏内矣。《聘禮》「遂以入」，唐石經「入」下衍「竟」字，而諸本因之，後人又加「竟」字於疏内矣。《士喪禮》下篇「衆主人東即位」，舊本脫「主」字，後人又改疏以從之矣。《特牲饋食禮》「佐食爾黍于席上」，「反黍于其所」，唐石經「黍」下並衍「稷」字，而諸本因之，後人又改《少牢疏》以從之矣。並說見《儀禮》。《大戴禮·曾子立事篇》「患其不能以讓也」，舊本「患」誤作「貴」，後人又刪「不」字、「以」字，並改盧注矣。說見《大戴禮上》。《衛將軍文子篇》「蓋三千就焉」，舊本脫「千」字，後人又改盧注矣。說見《大戴禮中》。《曲禮》「前有車騎，則載鴻」，唐石經「鴻」上衍「飛」字，而諸本因之，後人又加「飛」字於《正義》内矣。「使自稱曰某」，唐石經「使」下衍「者」字，而諸本因之，後人又加「者」字於《正義》内矣。「豚曰腞肥」，唐石經依《正義》改「腞」爲「腯」，而諸本因之，後人又據以改注及《釋文》矣。《檀弓》「喪三年以爲極，亡則弗之忘矣」，「亡」字屬下讀。後人依《釋文》以「亡」字屬上讀，又於《正義》内「極」下加「亡」字矣。「先王之所以難言也」，唐石經初刻有「以」字，改刻刪去，而諸本因之。後人又於《正義》内刪「以」字矣。《王制》「亦弗欲生也」，唐石經「欲」譌作「故」，而諸本因之，後人又改《正義》以從之矣。《月令》「還乃賞公卿諸侯大夫於朝」，舊本「乃」誤作「反」，後人又改《孟冬正義》以從之矣。「孟冬行夏令，則風雨不時」，《唐月令》改「風雨」爲「雨水」，而諸本因之，後人又改《正義》以從之矣。「蠶事既畢」，舊本脫「既」字，後人又於《正義》内刪「既」字矣。「孟夏行春令，則蟲蝗爲災」，後人改「蟲蝗」爲「蝗蟲」，又改注、疏、《釋文》以從之矣。「度有短長」與「裳」、「量」、「常」爲韻，舊本「短長」誤作「長短」，後人又改《正義》以從之矣。「毋逆天數」，舊本「天」誤作「大」，後人又於《正義》内加「之大」二字矣。並說見《禮記上》。《禮器》「必先有事於郊宮」，後人改「郊宮」爲「頖宮」，又改注以從之矣。《喪服小記》「齊衰帶惡笄以終喪」，唐石經脫「帶」字，而諸本因之，後人又於《正義》内刪「帶」字矣。《少儀》「枕穎几杖」，唐石經誤倒「穎」字於「几」下，而諸本因之，後人又改《正義》以從之矣。《樂記》「曲直繁省廉肉節奏」，唐石經依《釋文》改「省」爲「瘠」，而諸本因之，後人又改注及《正義》以從之矣。並說見《禮記中》。《喪大記》「先入右」，唐石經「入」下衍「門」字，而諸本因之，後人又加「門」字於《正義》内矣。《祭義》「敷之而横乎四海」，唐石經「敷」誤作「溥」，而諸本因之，後人又改《釋文》、《正義》以從之矣。《祭統》「見其備於廟中也」，唐石經依《釋文》改「備」爲「脩」，而諸本因之，後人又改《正義》以從之矣。《中庸》「達諸天地而不悖」，唐石經「達」誤作「建」，而諸本因之，後人又改《正義》以從之矣。《投壺》「司射進度壺，以二矢半」，唐石經「以」上衍「閒」字，而諸本因之，後人又加入《正義》内矣。《儒行》「鷙蟲攫搏，不程其勇」，唐石經「其勇」誤作「勇者」，而諸本因之，後人又改《正義》以從之矣。並說見《禮記下》。《冠義》「遂以摯見於卿大夫」，唐石經依《釋文》改「卿」爲「鄉」，而諸本因之，後人又據以改正義矣。說見《儀禮》。《昏義》「教成之祭」，唐石經「之祭」誤作「祭之」，而諸本因之，後人又改《正義》以從之矣。說見《禮記下》。僖三十三年《左傳》「鄭之有原圃，猶秦之有具圃也」，唐石經下「圃」字誤作「囿」，而諸本因之，後人又據以改注及《正義》矣。說見《左傳上》。宣二年傳「趙穿殺靈公於桃園」，唐石經「殺」誤爲「攻」，而諸本因之，後人又改《釋文》之「殺」爲「攻」矣。襄二十九年傳「其有陶唐氏之遺風乎」，唐石經「風」誤爲「民」，而諸本因之，後人又據以改《正義》矣。三十一年傳「北宮文子見令尹圍之儀」，唐石經「儀」上衍「威」字，而諸本因之，後人又據以改《正義》矣。並說見《左傳中》。昭七年傳「孟僖子病不能禮」，唐石經依或本「禮」上加「相」字，而諸本因之，後人又據以改上文杜注矣。二十年傳「偪尒之關」，「尒」與「邇」同，舊本「尒」誤作「介」，後人又據以改杜注矣。定九年傳「如驂之有靳」，唐石經依《釋文》刪「有」字，而諸本因之，後人又據以改《正義》矣。並說見《左傳下》。《魯語》「禁罜麗」，舊本「罜」誤作「罝」，後人又據以改注矣。說見《國語下》。莊十八年《公羊傳》「此未有伐者」，後人於「伐」上加「言」字，又

加於二十六年疏内矣。說見《公羊傳》。《爾雅・釋獸》「鼳鼠」，唐石經「鼳」誤作「[illegible]」，而諸本因之，後人又據以改《釋文》矣。說見《爾雅下》。凡此者，皆改不誤之注、疏、《釋文》，以從已誤之經文，其原本幾不可復識矣。然參差不齊之迹，終不可泯，善學者循其文義，證以他書，則可知經文雖誤，而注、疏、《釋文》尚不誤，且據注、疏、《釋文》之不誤，以正經文之誤可也。

黄丕烈《重刻剡川姚氏本戰國策札記》卷上 對曰甘茂。吴氏補曰：「茂」，一作「戊」，後多有。《説苑》亦作「戊」。古字通。

又 臣恐齊王之爲君實立果。鮑改「爲」爲「謂」。吴氏補曰：《策》「爲」、「謂」通假。此當作「謂」。丕烈案：「爲」、「謂」非通假，乃寫者亂之。後倣此。

阮元等《十三經注疏校勘記》附《周易釋文校勘記》 南狩。手又反，本亦作「守」，同。宋本、盧本同，十行本缺。「又」、「作」二字，閩監本「又」誤「救」，「作」誤「與」。案此「救」、「與」二字，乃閩本以意補十行本之缺，故誤。

又《尚書注疏校勘記》卷八 而加虐乎。「乎」下古本有「也」字。按凡古本所加「也」字，有甚不可從者，此類是也。

又 厥德匪常。顧炎武曰：石經、監本同。按唐柳澤上書引此作「匪常」，今本作「靡常」，非《石經考文提要》云：亦沿蔡沈《集傳》因上「命靡常」而誤。

又卷九 作丕刑于朕孫。「孫」上，古本、唐石經俱有「子」字。按：顧炎武謂有「子」字誤。王鳴盛以爲據傳當有「子」字。段玉裁云：不必因上文「乃祖乃父」，而必兼舉子孫也。古人文字不拘，言朕孫者，出乃祖口中，自可統乃父在内。傳多增字，足利古本往往依以增經，不足爲據也。

又卷一〇 先使人瞑眩憒亂。浦鏜云：「憒」當「憒」字誤。按：上云：「瞑眩者，令人憒悶之意也。」此因彼而誤。

又 憲法也。按：此段今本將疏混入注中，山井鼎據古本、宋板正誤補闕，今録于下。傳：憲，浛也，言聖王法天以立教，臣敬順而奉之，民以從上爲治。疏：傳「憲法」至「爲治」。《正義》曰：「憲，法也」，《釋詁》文。人之聞見在於耳目，天無形體，假人事以言之。聰謂無所不聞，明謂無所不見，惟聖人於是法天，言法天以立教，於下無不聞見，除其所惡，納之於善。雖復運有推移，道有升降，其所施爲，未嘗不法天也。「臣敬順而奉之」，「奉」即上文「承」也，奉承君命而布之於民。民以從上爲治，不從上命則亂，故從乂也。按：岳本、纂傳俱與古本同。

又卷一一 惟十有三年春。陸氏曰：或作「十有一年」，後人妄依序文輒改之。

又 言吉人竭日以爲善。竭，岳本作「渴」，與《釋文》合。下並同。按《説文》：㵣，欲飲也。渴，盡也。竭，負舉也。今人多亂之。此「渴」字本當作「㵣」，從俗作「渴」。盧文弨校《釋文》，以爲當讀如「渴葬」之「渴」，是也非取渴盡之義，尤不當作負舉之「竭」。俗本既誤作「竭」，併《釋文》「渴，苦曷反」，改作「竭，巨列反」，謬甚。

又卷一三 有金人三緘其口。「三」，十行、閩本俱作「叁」。按《儀禮經傳通解續》作「叁」，十行本殆沿其誤。

又 言天美文王興周者。「文」，《纂傳》作「寧」，後並同。按王氏據蘇氏説，以「寧王」爲武王，凡孔傳「文王」字率改爲「寧王」，不可爲訓。

又 天閟毖我成功所。錢大昕曰：「天閟毖我成功所」，傳訓「閟」爲「慎」，又解之云：「天慎勞我周家成功所在。」孔疏云：「閟，慎，《釋詁》文。」考《釋詁》本云：「毖，慎也。」經既以「閟」爲「毖」，不當重出「毖」字。據《莽誥》云「天毖勞我成功所」，則知此經「毖」乃「勞」之譌，字形相涉，後人傳寫致誤。僞孔傳尚未誤也。按：下經「勤毖」，傳解作「勞慎」，此傳云「慎勞」，則經當作「毖勤」。《莽誥》於下云「天亦惟勞我民」，是訓「勤」爲「勞」也。

又卷一四 述康叔爲言故云亦。「亦」，宋板作「已」，按經文有「已」字，無「亦」字，今本誤以此「已」字屬下句，故有此誤。

又《毛詩注疏校勘記》卷一 非有心於愛增。閩本、明監本、毛本「增」作「憎」。案：「憎」字是也，古或用「增」爲「憎」字，如《墨子》「帝式是增」之屬，唐時則不應爾矣。按：此因上文有「增其所簡」而誤耳。

又 后妃之德也。閩本、明監本、毛本於此節及後節「用之邦國焉」下，皆有注。小字本、相臺本無。《考文》古本同。案：山井鼎云：皆《釋文》混入於注。是也。十行本附釋音，與注文疏文皆雙行小字，唯《釋文》首加圓圍爲別耳。故重刻者致誤也。又明監本注單行小字，側書，閩本、毛本别爲中等字，皆非其舊。

又 風風也。唐石經、小字本、相臺本同。案：《釋文》云：徐，上如字，下福鳳也。崔靈恩《集注》本下即作「諷」字。考《正義》標起止云「風風」，是《正義》本不作「諷」。《正義》下文又云「風，訓諷也」者，「風」、「諷」古今字，凡經注古字，《正義》每易爲今字而説之，其爲例如此也。今往往有合併時依經注誤改者矣。

又 而民思憂。閩本、明監本、毛本「思憂」誤「剛毅」。案：浦鏜校此下用《樂記》補數十字，皆非也。考《正義》引羣籍，有引其意，不全用其文，不可依本書改竄者，此類是矣。

又《周禮注疏校勘記》卷一 與此周禮十二月藏冰校一月。毛本「校」改「挍」。按：毛晉避所諱，全書皆然。

張文虎《校刊史記集解索隱正義札記》卷四 葆命集解寶猶神也。王、柯「神」作「主」。《撰異》云因下文而誤。

又 生子侒。《索隱》本作「倭」。古音「委」、「妥」同部，字形亦近，往往相亂。

俞樾《諸子平議》卷七 「今束鷄豚妄投之，其折骨決皮，可立得也。」樾謹

按：「得」字義不可通，乃「見」字之誤。《史記·趙世家》「未得一城」，《趙策》「得」作「見」，《留侯世家》「果見穀城山下黄石」，《漢書》「見」作「得」。蓋「得」字古作「㝵」，其上從「見」，故「見」、「得」二字，往往相混。

又 「巡求氓寡用財乏者，死三日而畢，後者若不用令之罪。」樾謹按：「死三日而畢」五字爲句，「死」當作「終」，字之誤也。古文「終」字或作「歿」，《廣雅·釋詁》曰：「歿，竟也。」「歿」與「死」相似，因致誤耳。巡求氓寡用財乏者，終三日而畢，若過三日，是不用令，將治以罪，故曰「後者若不用令之罪」。下文云「三日吏告畢上」，是適如其期，無敢後也。

又 「公曰：善哉知苦言。」樾謹按：「知」當作「如」，「苦」當作「若」，皆形似而誤也。「善哉如若言」，猶云善哉如若所言。

又卷八 「聖人用之，則爲官長。」二十八章。樾謹按：此河上公本也。河上注曰：「聖人升用，則爲百官之元長也。」是其本作「聖人用之」。至王弼注曰：「聖人因其分散，故爲之立官長。」則當作「聖人因之」，方與注合。今作「用」者，後人據河上本改之耳。

又卷一一 「廣與循。」《經下》。樾謹按：「循」乃「脩」字之誤。蓋以「廣」、「脩」相對爲文。隸書「脩」與「循」相似，古書二字互誤者，不可枚舉。《經説下篇》「廣循堅白」，「循」亦「脩」之誤。「廣脩」與「堅白」，皆二字平列。

又 「義志以天下爲芬，而能能利之，不必用。」樾謹按：「志」當作「者」，草書相似而誤。「能能」疊用無義，當作「而能利之，不能必用」。下文「孝以親爲芬，而能能利親，不必得」，亦當作「而能利親，不能必得」，誤與此同。

又 「百步爲幽䐗。」樾謹按：「䐗」即「竇」字之誤。其上本從「穴」，篆文「穴」字與隸書「肉」字相似，傳寫誤從「肉」。後人以從「肉」之字皆在左旁作「月」，因變而爲「䐗」矣。《管子·侈靡篇》有「䳄」字，即「窵」字之誤，正與此同。説詳《管子》，可以爲證。

又卷一二 「妄人者，門庭之間，猶可誣欺也，而況於千世之上乎。」樾謹按：「可」字衍文，涉上文「猶可欺也」而衍。「誣」乃「挾」字之誤，「挾」字右旁之「夾」，與「巫」相似，故誤也。上言衆人，乃受欺者，此言妄人，乃欺人者。若云「猶可誣欺」，則與衆人之可欺者同矣。且「誣欺」二字連文，亦爲不倫。《韓詩外傳》作「彼詐人者，門庭之間猶挾欺，而況乎千歲之上乎」，可據以訂正。

又卷一三 「人之城守，人之出戰，而我以力勝之也。」樾謹按：「出」當爲「士」，字之譌也。古書「士」、「出」二字，每每相混。《史記·五帝紀》「稱以出」，《集解》引徐廣曰：「出，一作士。」《淮南子·繆稱篇》「其出之誠也」，《新序·雜事篇》「出」作「士」，並其證也。守必以城，戰必以士，「人之城守」、「人之士戰」，正相對成文。「士」譌爲「出」，義不可通矣。

又 「是猶好聲色，而恬無耳目也。」《王霸》。樾謹按：「恬」當作「姡」，字之誤也。《爾雅·釋言》：「靦，姡也。」《釋文》引李巡、孫炎注並曰：「人面姡然也。」是姡然爲人面之貌，故《詩·何人斯篇》「有靦面目」，毛傳曰：「靦，姡也。」鄭箋曰：「姡然有面目。」是其義也。「姡無耳目」，猶言姡然無耳目。學者多見「恬」，少見「姡」，因誤「姡」爲「恬」，楊注即訓爲安然，失之矣。

又卷一五 「上不循於亂世之君，下不俗於亂世之民。」樾謹按：楊注曰：「循，順從也。俗謂從其俗也。」然以「從其俗」爲「俗」，義不可通。「俗」乃「鉛」字之誤，《荀子》書屢用「鉛」字，《榮辱篇》曰「鉛之重之」，又曰「反鉛察之，而俞可好也」。《禮論篇》曰「則必反鉛過故鄉」，注並曰：「鉛與沿同，循也。」是「鉛」、「循」同誼。「上不循於亂世之君」，「下不鉛於亂世之民」，兩句一律。「鉛」、「俗」字形相似，傳寫者因而致誤耳。

又卷一六 「而欲恒其生，畫其終，惑於數也。」樾謹按：「畫」者，「止」也。《論語·雍也篇》「今女畫」，孔注曰：「畫，止也。」「畫其終」者，止之使不終也。上文云「生者理之必終者也」，然則生固不可得而常，終固不可得而止矣。而欲恒其生，畫其終，故曰惑也。張注曰：「畫，亡也。」疑本作「畫，止也」，以形似而誤。《呂氏春秋·本味篇》「道者亡彼在己」，今誤作「止彼在己」，與此正可互證。殷敬順《釋文》曰：「畫，一作『盡』。」此乃字誤。盧氏文弨《羣書拾補》謂張本作「盡」，注云：「盡，亡也。」非是。

又 「不治而不亂。」《仲尼》。樾謹按：此本作「不治而自亂」，亂，治也，謂不治而自治也。正與下文「不言而自信」、「不化而自行」，文義一律。後人不達「亂」字之義，改爲「不亂」，失之矣。張注曰：「不以治治之，故不可亂也。」是其所據本已誤。盧本同。

又 「帝怒流於西極，失羣聖之居。」《湯問》。樾謹按：盧重元本作「帝恐流於西極，失羣仙聖之居」，當從之。五山之根，無所連著，其流於西極，勢使然耳，何怒之有？蓋涉下文「帝憑怒」而誤。又「仙聖」字上下文三見，可證此作「羣聖」之非矣。至「西極」字亦疑有誤。五山隨波上下往還，安知其必流於西極也？下文云

「岱輿員嶠二山流於北極」，可證其不必西流矣。「西極」似當作「四極」。

又　「物非我有也，既有，不得不去之。」樾謹按：「不得不去之」當作「不得而去之」，故下文曰：「雖不去物，不可有其物也。」今作「不得不去」，與下文不合矣。蓋涉上文「既生不得不全之」，故誤而爲「不」。

又　「爵高者人妒之，官大者主惡之，禄厚者怨逮之。」樾謹按：《淮南子·道應篇》作「禄厚者怨處之」，是也。「怨處之」謂怨讎之所處也，猶曰爲怨府也。「處」與「妒」、「惡」爲韻，若作「逮」，則失其韻矣。蓋由淺人不達「處」字之義而臆改。

又卷一七　「吾將爲賓乎。」樾謹按：此本作「吾將爲實乎」，與上「吾將爲名乎」相對成文。「吾將爲名乎？名者實之賓也。」其意已足。「吾將爲實乎」，當連下文讀之，其文曰：「吾將爲實乎？鷦鷯巢於深林，不過一枝。偃鼠飲河，不過滿腹。歸休乎君，予無所用天下爲。」蓋無所用天下，則以實而言，又不足爲矣。故云「吾將爲實乎」。《吕氏春秋·求人篇》載許由之言曰：「爲天下之不治與？而既已治矣。自爲與？啁噍巢於林，不過一枝，偃鼠飲於河，不過滿腹。歸已君乎，惡用天下！」其文與此大略相同。彼云「爲天下之不治與」，即此云「吾將爲名乎」，彼云「自爲與」，即此云「吾將爲實乎」。「實」與「賓」形似，又涉上句「實之賓也」而誤，不可以不正。若如今本，則爲賓即是爲名，兩文複矣。

又　「以德爲循。」樾謹按：《釋文》曰「『循』本亦作『修』。兩得。」然下文曰「以德爲循者，言其與有足者至於丘也。」則自以作「循」爲是。《說文·彳部》：「循，順行也。」故曰：「與有足者至於丘。」若「修」字，則無義矣。蓋字相似而誤。陸氏以爲兩得，非。

又　「俄而子輿有病，子祀往問之曰：偉哉！夫造物者將以予爲此拘拘也。」樾謹按：此當作「子來有病」，下文曰「俄而子來有病」，當作「子輿有病」。何以明之？《淮南子·精神篇》曰：「子求行年五十有四，而病傴僂，脊管高于頂，腸下迫頤，兩脾在上，燭營指天，匍匐自闚於井曰：偉哉！造化者其以我爲此拘拘邪！」即本《莊子》之文，而作「子求」。「求」者，「來」字之誤。《尚書·吕刑篇》「惟貨惟來」，馬融本「來」作「求」，是其例也。《釋文》引崔譔云：《淮南》作「子永行年五十四，而病傴僂。」《抱朴子·博喻篇》亦云「子永歎天倫之偉」。「永」亦「求」字之誤也。若是子輿，則與「求」、與「永」絶不相似，無緣致誤。故知此文本作「子來」，與下文傳寫互易矣。

又　「相造乎水者，穿池而養給，相造乎道者，無事而生定。」樾謹按：「定」疑「足」字之誤。「穿池而養給」，「無事而生足」，兩句一律。給亦足也，「足」與「定」字形相似而誤。《管子·中匡篇》「功定以得天與失天，其人事一也」，今本「定」誤作「足」，與此正可互證。

又卷一八　「而今也以天下惑，予雖有祈嚮，不可得也。」樾謹按：「祈」字無義。司馬云：「祈，求也。」則但云「予雖祈嚮」足矣。郭注云：「雖我有求嚮至道之情。」則又增出「情」字，殆皆非也。「祈」疑「所」字之誤，言天下皆惑，予雖有所嚮往，不可得也。「祈」、「所」字形相似，故誤耳。下同。

又　「以二缶鍾惑，而所適不得矣。」樾謹按：「二缶鍾」之文，未知何義。《釋文》云：「缶應作垂，鍾應作踵，言垂脚空中，必不得有之適也。」此於《莊子》之意不合。「所適」謂所之也，郭注曰「各自信據，故不知所之」是也。如陸氏説，則以「適」爲「適意」之「適」，當云「不得其適」，不當云「所適不得」也。今按：「鍾」當作「踵」，而「二」則「一」字之誤，「缶」則「企」字之誤。「企」下從止，「缶」字俗作「缶」，其下亦從止，兩形相似，因致誤耳。《文選·歎逝賦》注引《字林》曰：「企，舉踵也。」《一切經音義》十五引《通俗文》曰：「舉踵曰企。」然則企踵猶舉踵也。人一企踵，不過步武之間耳。然以一企踵惑，則已不得其所適矣。故下云：「而今也以天下惑，予雖有所嚮，其庸可得邪！」以天下惑，極言其地之大，以一企踵惑，極言其地之小也。上文「二人惑則勞而不至，惑者勝也。而今也以天下惑，予雖有所嚮，不可得也」，以「天下」對「二人」言，則以人之多寡言。此以「天下」對「一企踵」言，則以地之廣狹言。「一企踵」誤爲「二缶鍾」，則不得其義矣。

又卷一九　「今者丘得過也，若天幸然。」樾謹按：《釋文》曰：「『過』或作『遇』。」當從之。《讓王篇》「君過而遺先生食」，《釋文》「『過』本亦作『遇』」。是二字形近易誤也。「過」字義不可通，《釋文》謂得過失也，則失之迂曲矣。

又卷二〇　「姦民無主，則爲姦不勉，爲姦不勉，則姦民無樸，本姦民無樸，則農民不敗。」樾謹按：「勉」當爲「免」，言爲姦者不得免也。樸之言，樸屬也，《考工記》鄭注曰：「樸屬，猶附著，堅固貌也。」字通作「僕」，《詩·既醉篇》「景命有僕」，毛傳曰：「僕，附也。」「姦民無樸」謂姦民無所附屬也。「本」字衍文，因讀者誤以樸爲根株，故衍「本」字耳。鄭宷本於「姦民無樸」下有「樸根株也」四字，此乃舊解之誤入正文者，「本」字之衍，職此之由。

又　「輕者不止，則重者無從至矣。」《說民》。樾謹按：「至」當作「止」。上文云：「行刑重其輕者，輕者不生，則重者無從至矣。」蓋謂民且不敢犯輕罪，自不敢

犯重罪，故重者不至。即《去强篇》所謂「輕者不生重者不來」也。此云「行刑重其重者，輕其輕者，輕者不止，則重者無從止矣」，蓋謂民既敢於犯輕罪，亦必敢於犯重罪，故重者無從止也。乃涉上文而亦誤作「至」字，則與《商子》之意大謬矣。

又 「故王者刑於九而賞出一。」樾謹按：此當作「刑於九而賞於一。」《去强篇》曰：「王者刑九賞一，强國刑七賞三，削國刑五賞五。」是刑九賞一，乃刑多賞少之意，非如《農戰篇》所云「利從壹孔出」也，不當作「出一」明矣。下云「民之所欲萬，而利之所出一」，與此義本不相蒙。今作「賞出一」，蓋涉下文而誤。

又 「親親者以私爲道也，而中正者使私無行也。」樾謹按：「中正」當作「立中」，因「立」與「正」形近而誤，遂倒其文爲「中正」耳。上文曰：「故賢者立中，設無私，而民曰仁。」此文承彼而言，則當爲「立中」，不當爲「中正」矣。且「立中者使私無行」，與上文「立君者使賢無用」，兩文相對，益知今本之非。

又 「行賞賤禄，不稱其功，則戰士不用。」樾謹按：「賤」當作「賦」，形近而誤。《漢書・哀帝紀》「皆以賦貧民」，師古注曰：「賦，給與也。」

又 「天下有不服之國，則王以此春闈其農，夏食其食，秋取其刈，冬陳其寶，以大武摇其本，以廣文安其嗣。」樾謹按：「闈」當作「違」，「寶」當作「葆」，皆同聲叚借字。「陳」當作「凍」，形近而誤也。此數語見《周書・大武篇》，其文曰：「四時：一、春違其農。二、夏食其穀。三、秋取其刈。四、冬凍其葆。」孔晁注曰：「凍謂發露其葆聚。」商君所説，即本《周書・大武》之文，故曰「以大武摇其本」也。又曰「以廣文安其嗣」，今《周書》無廣文篇，而《文傳篇》曰：「文王受命之九年，時維暮春在鄗，召太子發曰：嗚呼！我身老矣。吾語汝我所保與我所守，傳之子孫。」然則所謂「以廣文安其嗣」者，豈即此篇乎？

又 「民之所樂，民强，民强而强之，兵重弱，故民之所樂民强民强而弱之，民重强。」樾謹按：此承上文「政作民之所惡民弱，政作民之所樂，民强」而言，當云：「政作民之所惡，民弱，民弱而强之，兵重弱。政作民之所樂，民强，民强而弱之，兵重强。」傳寫奪誤，遂不可讀。文中「故」字，即「政」字之形近而誤者。

又 「民之内事，莫善於農。」樾謹按：「善」當作「苦」。上云：「民之外事，莫難於戰，故輕法不可以使之。」此云：「民之内事，莫苦於農，故輕治不可以使之。」蓋惟民以戰爲難，以農爲苦，故輕法輕治不可使之也。「善」與「苦」形近而誤耳。下云「故農之用力最苦」，可證此文之誤。

又 「吏自操及杖以上。」樾謹按：「杖」乃「校」字之誤。上文曰「軍爵自一級已下至小夫，命曰校徒操出」，即此所謂「自操及校」也。彼文「出」字疑當作「士」，古書「士」、「出」字多互誤。

又卷二一 「此道所得親近不疑，而得盡辭也。」樾謹按：上「得」字衍文也，「道所」當作「所道」，「此所道親近不疑」，猶曰「此所由親近不疑」。古書每以「道」爲「由」，説已見前矣。《史記》作「此所以親近不疑」，「所道」即「所以」也。讀者不解「道」字，而誤倒之，又妄增入「得」字，遂至不可通矣。

又 「從是觀之，則聖人之治國也，固有使人不得不愛我之道，而不恃人之以愛爲我也。」樾謹按：「不得不愛我」當作「不得不爲我」，涉下句而誤耳。下文曰「恃吾不可不爲者安矣」，「不可不爲」即「不得不爲」也。又曰「明主者，使天下不得不爲己視，天下不得不爲己聽」，此「使人不得不爲我」之義也。可據以訂正。

又 「秦韓攻魏，昭卯西説而秦韓罷。」樾謹按：「昭卯」疑當作「明卯」，即「孟卯」也。《顯學篇》云「魏任孟卯之辨」是也。又作「芒卯」，《難三篇》云「孰與曩之孟嘗芒卯」是也。「明」、「孟」、「芒」古音俱同，「孟卯」之爲「明卯」，猶「孟津」之爲「盟津」，「芒卯」之爲「明卯」，猶「民甿」之爲「民萌」。今作「昭」者，蓋與「明」形似義同，因而致誤。

又 「是故決賢不肖愚知之美。」《六反》。樾謹按：「美」乃「筴」字之誤。上文云「嚴愛之筴，亦可決矣」，此云「決賢不肖愚知之筴」，其文義正相似。作「美」者，形近而誤耳。趙本改「美」爲「分」，未得其字。

又卷二二 「天子乃厲服厲飭。」《季秋紀》。樾謹按：「厲飭」本作「廣飭」，高注曰：「是月天子尚武，乃服猛厲，其所佩之飾，以射禽也。」「猛厲」下脱「之服廣」三字，本作「乃服猛厲之服，廣其所佩之飾，以射禽也」。《淮南子・時則篇》「天子乃厲服廣飾」，高注曰：「天子尚武，乃服猛厲之服，廣其所佩之飾，以取禽。」是其明證也。「廣」字涉上文而誤作「厲」，而注文又有脱字，遂不可復正矣。

又 「行不異亂，雖信今民猶無走。」樾謹按：高注曰：「行不異亂，雖欲信利，民無有歸走也。」然正文本無「利」字，且既行不異亂矣，又何信利民之有？高注非也。「信」疑「倍」字之誤，上云：「今之世至寒矣，至熱矣，而民無走者，取則行鈞也。」此云：「行不異亂，雖倍今民猶無走。」言雖寒熱加倍於今之世，民猶無可走也。「倍」、「信」形似而誤。《知士篇》「視若是者倍反」，《戰國策》作「若是者信反」，即其例。

又 「古之至兵，民之重令也。」《論威》。樾謹按：「古」乃「謂」字之誤，涉下文

「故古之至兵」句而誤也。「謂之至兵」四字爲句，乃結上之詞，當連上文讀之曰：「凡軍欲其衆也，心欲其一也，三軍一心，則令可使無敵矣。令能無敵者，其兵之於天下也，亦無敵矣。謂之至兵。」高氏本於此下出注曰：「至兵，至德君之兵也，令無不化，故謂之至兵也。」今誤移注文於「民之重令也」下，乃改注文「至兵」爲「至重」，而文義俱乖矣。「民之重令也」本與下文「重乎天下，貴乎天子」一氣相屬，今誤斷之，則文不成義，非高氏之舊，當訂正。

又 「晉文公造五兩之士五乘。」《簡選》。樾謹按：高注曰：「兩，技也。」以「技」訓「兩」，未知所出。疑《吕氏》原文作「五能之士」，古「能」字或叚「而」爲之，《不屈篇》曰「施而治農夫者也」，注曰：「而，能也。」是本書叚「而」爲「能」之證。「而」、「兩」形似，因誤爲「兩」矣。

又 「五員過於吴」。樾謹按：此當作「五員適於吴」，涉上文「過於荆」而誤耳。上文云「因如吴過於荆」，蓋紀其所經歷，故得言「過」。若吴則其所如也，不得言「過」矣。高注曰：「過猶至也」當作「適猶至也」。《莊子・天地篇》釋文引司馬注曰：「適，至也。」高氏訓「適」爲「至」，正與此同，足徵「過」字之誤。

又卷二三 「悤悤乎其心之堅固也。」《下賢》。樾謹按：高氏訓「悤悤」爲明貌，然於下「堅固」義不相應，殆非也。「悤悤」當作「勿勿」，《禮記》《禮器篇》、《祭義篇》鄭注，並曰：「勿勿，猶勉勉也。」《大戴記・曾子立事篇》盧注同。勉勉之義，與堅固相應，今誤作「悤悤」者，因俗書「悤」字作「怱」，或省作「匆」，與「勿」字相似，因而致誤耳。

又 「朝要甲子之期，而紂爲禽。」《貴因》。樾謹按：此當作「要期甲子之朝，而紂爲禽」，高注曰：「與諸侯要期以甲子之日。」可證正文之本爲「要期」也。「朝」、「期」二字形相似，又涉下文「吾已令膠鬲以甲子之期報其主」而誤耳。其下文曰：「武王與周公旦明日早要期，則弗得也。」亦以「要期」二字連文。

又 「若是而擊可大彊。」《悔過》。樾謹按：注云：「一作『若是而弗擊不可大彊』。」此蓋校者之詞，誤入注文，然作「若是而弗擊不可」，較今本爲勝，當從之。惟「大彊」二字，義不可通。今按：「若是而弗擊不可」，先軫之言已止於此，「大彊」二字屬下句，當作「大臣彊請擊之，襄公不得已而許之」，「彊請」與「不得已」正相應。上文「先軫言於襄公曰：秦師不可不擊也，臣請擊之」，若此文猶言「臣請擊之」，則詞複矣。今本即涉上文而誤。

又 「奪其智能，多其教詔，而好自以。」樾謹按：「奪」當作「奮」，形似致誤也。奮猶矜也，説見前《本味篇》。「奮其智能」，謂矜其智能。今誤作「奪」，義不可通。

又卷二四 「子嘗見兩蛟繞船，能兩活者乎。」《知分》。樾謹按：「兩活」無義，「兩」疑「而」字之誤，本在「能」字之上，其文曰：「子嘗見兩蛟繞船，而能活者乎？」「兩」、「而」形似，又涉上文「兩蛟」字而誤。後人因移之「能」字之下耳。

又 「嬰且可以回而求福乎，子惟之矣。」《知分》。樾謹按：高注曰：「惟，宜也。」義不可通。《吕氏》原文當作「子推之矣」。《晏子春秋・雜上篇》曰：「嬰且可以回而求福乎？曲刃鉤之，直兵推之。嬰不革矣。」《吕氏》此文，蓋即本《晏子春秋》而省其詞。「子推之矣」即所謂「直兵推之」。晏子謂持直兵者曰「子推之矣」，正見其勇於死義，若謂崔子曰「子惟之矣」，轉失當時語氣矣。「推」與「惟」形似，因而致誤耳。

又 「莫敢諫若，非弗欲也。」《驕恣》。樾謹按：此當作「莫敢諫者，非弗欲也」，言羣臣莫敢諫者，非不欲諫，乃未得進言之道耳。故下文曰：「春居之所以欲之與人同，其所以入之與人異。」今本「者」作「若」，以形似致誤耳。

又 「人肥必以澤。」樾謹按：高注曰：「人肥則顔色潤澤。」此大誤也。通篇皆言耕種事，不當此句獨言人之顔色，且此句與下文「人耨必以旱」正相對，然則澤者，雨澤也，非謂顔色潤澤也。「肥」疑「耜」字之誤，上文曰：「是以六尺之耜，所以成畝也，其博八寸，所以成甽也。耨柄尺，此其度也。其耨六寸，所以間稼也。」以「耜」、「耨」並言，則此文「人耜必以澤」、「人耨必以旱」，亦承上而以耜、耨並言可知矣。耜謂耕也，耨謂芸也，言耕宜雨，耘宜旱也。「耜」字從目，「肥」字從卪，篆文相似，又涉上文「地可使肥」而誤耳。

又卷二七 「因諸侯附親軌道致忠而信上耳。」樾謹按：自此以下凡用「因」字、「耳」字者十，其句法皆同。班固刪改以入《漢書》，大失《賈子》之真，當以此書爲正。後人習讀《漢書》，不覩《賈子》原文，故亦無襲用此句法者。或反以爲誤，失之。

又 「以時巡循。」《輔佐》。樾謹按：「巡」乃「順」字之叚借，「巡」、「順」並從川聲，古通用也。「循」乃「脩」字之誤，「循」、「脩」二字，隸書相似，往往致誤。《荀子・王制篇》曰「以時順脩」，楊注曰：「謂不失其時而順之脩之。」可據訂正。盧校云：「『循』即『巡』字，後人妄增。」猶未得也。

又卷二八 「翟，寠國也，惡見此臺也。」《退讓》。樾謹按：「見」當作「㝵」，古「得」字也，與「見」相似，往往致譌。《史記・趙世家》「踰年歷歲，未得一城」，《趙

策》「得」作「見」，亦「㝵」字之譌。

又 「無宜治之民。」樾謹按：上云「無常安之國」，則此當云「無恒治之民」，「恒」與「宜」相似而誤。《説苑·尊賢篇》正作「恒」字，當據訂正。

又卷二九 「是故鞭噬狗、策蹏馬而欲教之，雖伊尹、造父弗能化。」樾謹按：伊尹不聞以善御名，何得與造父並稱？「伊尹」疑當作「尹儒」，《吕氏春秋·博志篇》「尹儒學御三年，夢受秋駕於其師」，即其人也。傳寫脱「儒」字，後人臆補「伊」字於「尹」字之上耳。《道應篇》作「尹需」。

又 「藏於不敢。」樾謹按：《文子·道原篇》作「藏於不取」，當從之，即所謂「百姓足，君孰與不足」也。「取」與「敢」形似而誤。

又 「其道可以大美興，而難以算計舉也。」樾謹按：「美」當作「筴」，隸書「策」字也。《史記·五帝紀》「迎日推策」，晉灼曰：「策，數也。」是「大筴」即「大數」也。興，亦舉也，言止可以大數舉也。「筴」與「美」形似而誤。《大戴記·易本命篇》「此乾坤之筴」，盧辯注曰：「三百六十，乾坤之筴。」而今正文「筴」字亦誤作「美」，是其證也。高注曰：「言天地萬物，但可以大美興而育之。」是其所據本已誤。

又 「夫化生者不死，而化物者不化。」樾謹按：「化生」當作「生生」，涉下句而誤。《精神篇》曰：「故生生者未嘗死也，其所生則死矣，化物者未嘗化也，其所化則化矣。」是其體也。

又 「太陰治春，則欲行柔惠温涼。」樾謹按：「温」、「涼」異義，不得連文，「涼」當作「良」，聲之誤也。

又 「孟春行夏令，則風雨不時。」《時則》。樾謹按：《月令》作「雨水不時」，是也。仲春之月始雨水，則孟春之月而雨水，即爲雨水不時矣。漢太初以後，更改氣名，以雨水爲正月中，則正月雨水不復爲異，於是改「雨水不時」爲「風雨不時」，非《淮南》之舊矣。《吕氏春秋·孟春紀》亦作「風雨不時」，並太初以後人所追改。

又卷三〇 「故事有求之於四海之外而不能遇，或守之於形骸之内而不見也。」樾謹按：「守」當作「得」，言求之於四海之外而不能遇者，或得之於形骸之内也。「求」與「得」文義相應。下文曰：「故所求多者所得少。」正承此而言，今作「守之」，失其義矣。《一切經音義》一引衛宏《古文官書》曰：「㝵、得二字同體。」「㝵」與「守」相似，故誤爲「守」耳。

又 「行快而便於物。」《本經》。樾謹按：「快」當爲「決」。《周易·文言傳》鄭注謂古書傳作立心，與水相近。「決」、「快」相亂，正由此矣。《説文·水部》：「決，行流也。」是「決」有行義。上句曰「發動而成於文」，「發」亦「動」也。此云「行決而便於物」，「決」亦「行」也。

又 「昔孫權敖恬卧，而郢人無所害其鋒。」樾謹按：「害」字無義，王氏念孫謂是「用」字之誤，然「用」與「害」字形不似，無緣致誤也。「害」蓋「容」字之誤，「容」亦「用」也。《釋名·釋姿容》曰：「容，用也。合事宜之用也。」是其義也。無所容其鋒，即「無所用其鋒」，《老子》曰「兵無所容其刃」，此《淮南》所本也。

又 「夫乘衆人之智，則無不任也，用衆人之力，則無不勝也。」樾謹按：「無不任也」當作「無不聖也」。上文曰：「文王智而好問，故聖。武王勇而好問，故勝。」此即承上文而言。《説文·耳部》：「聖，通也。」「無不聖」即無不通也。後人不達「聖」字之義，疑「無不聖也」於文難通，故臆改爲「任」字，不知「任」即「勝」也，勇當言「勝」，智當言「聖」，若亦言「任」，則與「勝」義複，而無以爲智、勇之别矣。

又卷三一 「孔子聞之曰：夫善載腐肉朽骨棄劒者，佽非之謂乎。」樾謹按：「載」當作「哉」，聲之誤也。「哉」下脱「不以」二字。《吕氏春秋》正作「夫善哉！不以腐肉朽骨而棄劒者，其次非之謂乎」。

又 「古者，人醕工龎，商樸女重。」樾謹按：「重」本作「童」，《大戴記·王言篇》「民敦工璞，商慤女憧」，即《淮南》所本也。「童」與「憧」通，今作「重」者，形聲相似而誤。

又 「是故至於伏尸流血，相支以日。」樾謹按：「相支以日」甚爲無義。《文子·上義篇》作「相交於前」，當從之。「交」與「支」形似而誤，「交」誤爲「支」，因改「於前」爲「以日」，使成文義耳。

又卷三二 「郈公作難。」樾謹按：郈昭，伯魯大夫，不得稱「郈公」，乃「郈氏」之誤。上文云「郈氏介其雞」，是其明證也。今作「郈公」者，涉下文「魯昭公出走」而誤。又按：「魯昭公出走」句，王氏念孫謂衍「公」字，以上下文皆四字句故也。然上文云：「簡公遇殺，身死無後。」疑此文本作「昭公」，昭公不稱魯，猶簡公不稱齊，後人誤加「魯」字，遂致句法參差。而王氏乃議删「公」字，失之矣。

又 「藜藿之生蠉蠉然，日加數寸，不可以爲櫨棟。」樾謹按：高注曰：「櫨，屋也。」然則正文及注文並當作「廬」。《漢書·食貨志》注曰：「廬，田中屋也。」故高注訓「廬」爲「屋」，「以爲廬棟」猶曰「以爲屋棟」。《説山篇》曰「郢人有買屋棟者」，彼云「屋棟」，此云「廬棟」，其義一也。因「棟」字從木，遂并「廬」字而亦誤從木作「櫨」。櫨者，柱上枅也，若果是「櫨」字，何得以「屋」訓之？《本經篇》「標林欂櫨」，

高注曰：「櫨，柱上柎，即梁上短柱也。」然則高氏非不知柱上柎之義，何以於此篇必變其説乎？且以文義言之，「日加數寸」，言其長也，屋棟之木必取其長，若櫨則短柱耳，以方木爲之，其形如斗，故亦謂之「斗拱」，非必長木乃可爲之，何取於「日加數寸」者乎？

又 「故事有鑿一孔而生百隙，樹一物而生萬葉者。」樾謹按：「生百隙」本作「開百隙」，涉下句而誤也。下文曰：「所鑿不足以爲便，而所開足以爲敗。」是其證。

又 「一言聲然，大動天下。」《泰族》。樾謹按：「聲然」二字，文不成義，「聲」當作「罄」，涉上文「四海之内寂然無聲」而誤也。《周書·太子晉篇》「師曠罄然又稱曰」，孔注曰：「罄然，自嚴整也。」是其義也。下文「故聖人者懷天心，聲然能動化天下者也」，「聲然」亦「罄然」之誤。「能」讀爲「而」。

又 「小見不達必簡。」樾謹按：「小」上當有「道」字，因涉上句「小藪破道」，兩「道」字適相連，寫者之於上句「道」字下作二小畫以識之，而遂脱去也。「見」乃「則」字之誤，「則」字闕壞，止存左旁之「貝」，因誤爲「見」矣。「達」下當更有「達」字，亦因止作二小畫而脱去也。其文本曰：「道小則不達，達必簡。」《文子·上仁篇》作「道小必不通，通則必簡」，與此文小異而義同。若如今本，則不成文理矣。

又卷三三 「與物旁震。」《元圖》。樾謹按：丁謂本「與」作「與」，是也。下文云「與物時行」，正與此句一律，涉上文「百卉權輿」、下文「天地輿新」，故誤作「輿」耳。

又卷三四 「請問之。」《問神》。樾謹按：「之」當作「心」，隸書相似而誤也。上文「或問神曰心」，故或人又請問心也。《音義》曰：「天復本作請聞之。」蓋既誤「心」爲「之」，因又改「問」爲「聞」，以就其義。温公從之，非是。

又卷三五 「聆聽前世，清視在下。」樾謹按：「聆聽」疊用無義，故宋吴本改作「聆德」，温公從之。然其注曰：「前世不可見，故云聽。臣民今在下，故云視。」則雖從作「德」之本，而仍不及「德」字之義，若然，「德」字爲贅設矣。宋吴之本，殆不可從。今按：「聆」當作「泠」，「泠」與「清」本雙聲字，《文選·風賦》曰「清清泠泠」，蓋聲近者義亦相同，「泠聽前世，清視在下」，「泠」亦「清」也。楊子正以「泠聽」與「清視」相對爲文，後人不達，因其與「聽」連文，改「泠」爲「聆」，又因「聆聽」不宜疊用，而改「聽」爲「德」，愈改而愈失其真矣。

又 「陳平之無悟。」樾謹按：李注曰：「内明奇畫，外無違悟。」疑其所據本作「無悟」，《説文·午部》：「啎，逆也。」故注曰「外無違啎」。若是「悟」字，則「違悟」之文不相屬矣。後人多見「悟」，少見「啎」，因改「啎」爲「悟」。宋吴本又因「悟」字無義，易以「悞」字，而訓爲「謬悞」，愈失其真。温公反謂「悞」與「忤」同而從之，其失甚矣。

又 「如回之殘牛之賊也，焉德爾。」樾謹按：「焉德爾」當作「焉得爾」，咸曰：「言假令顔行之殘，冉行之賊，則安得不朽之壽如是哉！」正釋「焉得爾」之義。因涉上文「德故爾」而誤耳。

俞樾《古書疑義舉例》卷五《涉注文而誤例》 《考工記·梓人》：「强飲强食，詒女曾孫諸侯百福。」注曰：「曾孫諸侯，謂女後世爲諸侯者。」按：正文「諸侯」當作「侯氏」，此以「詒女曾孫侯氏百福」八字爲句。《大戴記·投壺篇》載此辭曰：「强食食爾曾孫侯氏百福。」雖文有奪誤，而正作「曾孫侯氏百福」可證也。鄭君此注，本云「曾孫侯氏，謂女後世爲諸侯者」。正文「侯氏」，涉注文而誤作「諸侯」，於是并改注文亦作「曾孫諸侯」矣。《韓非子·外儲説左篇》：「吾父獨冬不失袴。」舊注曰：「刖足者不衣袴，雖終其冬夏，無所損失也。」按：正文本作「吾父獨終不失袴」，故注以「終其冬夏無所損失」釋之。今作「冬不失袴」，即涉注文而誤「終」爲「冬」，此皆涉注而誤者也。

又《以注説改正文例》 段氏玉裁曰：「司巫：『祭祀則共匰主，及道布，及葙館。』杜子春云：『葙讀爲葙。葙，藉也。』書或爲『葙』。今本改云：『葙讀爲鉏。鉏，藉也。』則不可通。『蜮氏：下士一人。』鄭司農云：『蜮讀爲蟈。蟈，蝦蟇也。』今本改云：『蟈讀爲蜮，蜮，蝦蟇也。』則不可通。『士馴』，鄭司農云：『馴讀爲訓，謂以遠方土地所生異物告道王也。』今本改云：『訓讀爲馴。』則不可通。《祭統》：『鋪筵設詷几。』鄭注：『詷之言同也。』今本改『同之言詷。』以易識之字更爲難字，則不可通。《穆天子傳》：『道里悠遠，山川諫之。』郭注：『諫音閒。』是即讀『諫』爲『閒』，明假借法也。今作『閒音諫』，則非。《西京賦》：『烏獲舡鼎。』李善注曰：『《説文》，扛，横關對舉也。舡與扛同。』吴都賦：『覽將帥之權勇。』李注：『《毛詩》曰：「無拳無勇。」「權」與「拳」同。』今本正文作『扛』作『拳』，注文又譌舛而不可通。以上諸條，皆因先用注説改正文，又用已改之正文改注，於是字與義不謀，上與下不貫矣。」按段氏此論，前人所未發，讀古書者不可不知也。《周易·坤》：「初六履霜。」《釋文》曰：「鄭讀『履』爲『禮』。」按：履霜之義，明白無疑，鄭讀爲「禮」，義不可通。疑鄭氏所據本作「禮霜」，鄭注則曰「『禮』讀爲『履』」，破叚字而讀以本字也。後人用注説改經，又以既改之經文改注，而陸氏承其誤耳。《周官·男巫》：「春招

弭以除疾病。」注曰：「杜子春讀『弭』如『彌兵』之『彌』。」按：經文「弭」字當作「彌」，注文「彌」字當作「弭」，蓋經文作「彌」，而杜子春讀爲「弭兵」之「弭」，《左傳》「弭兵」字，作「弭」不作「彌」也。後人以注説改經文，遂改注文作「彌兵」，而義不可通矣。

又《以旁記字入正文例》 王氏念孫曰：「書傳多有旁記之字誤入正文者。《趙策》：『夫董閼于，簡主之才臣也。』『閼』與『安』，古同聲，即董安于也。後人旁記『安』字，而寫者並存之，遂作『董閼安于』。《史記・曆書》：『端蒙者，年名也。』『端蒙，旃蒙也。後人旁記『旃』字，而寫者並存之，遂作『端旃蒙』。《刺客傳》：『臣欲使人刺之，衆莫能就。』衆者，『終』之借字也。後人旁記『終』字，而寫者並存之，遂作『衆終莫能就』。《漢書・翟方進傳》：『民儀九萬夫。』『儀』與『獻』，古同聲，即民獻也。後人旁記『獻』字，而寫者並存之，遂作『民獻儀九萬夫』。」按：此皆旁記字之誤入正文者也。《周書・命訓篇》：「通道通天以正人。」按：下文云：「正人莫如有極，道天莫如無極。道天有極則不威，不威則不昭；正人無極則不信，不信則不行。」皆以「道天」、「正人」對舉。然則此文當作「道天以正人」。襄三十一年《左傳注》、《荀子・禮論篇注》並曰：「道，通也。」道天以正人，即通天以正人。疑他本或有作「通」字者，後人旁記於此，傳寫誤入正文，則爲「道通天以正人」，文不成義，乃又於「道」上加「通」字耳。《國語・晉語》：「不可以封國。」按：「國」字衍文。《楚語》曰：「其生不殖，不可以封。」韋注曰：「封，國也。」此作「不可以封國」者，蓋由別本作「國」，後人旁記于此而誤羼入也。《管子・版法解篇》：「故莫不得其職姓。」按：「得職」猶「得所」。《漢書・趙廣漢傳》「小民得職」，是其義也。職姓連文，甚爲不辭。姓者，「性」字之誤，得其性，即得其職也。此亦後人旁記異文而誤合之也。《明法解篇》「孤寡老弱不失其所職」，「所職」二字，亦爲不辭，誤與此同。《荀子・禮論篇》：「大路之素未集也。」楊注曰：「未集，不集丹漆也。」此説於義未足，殆非也。「未」當爲本末之「末」。素末是一事，素集是一事，亦寫者旁記異文而誤合之也。「末」者「幦」之叚字。上文「絲末」，楊注「末」與「幦」同，是其證。《大戴記・禮三本篇》作「素幭」，「幭」與「幦」同。《荀子》作「末」之本，與《大戴記》合。「集」者，「幬」之叚字。「集」音轉而爲「就」，《詩・小旻篇》與「猶」、「咎」、「道」爲韻，是其證。故「集」字得讀爲「幬」，《史記・禮書》正作「素幬」，《荀子》作「集」之本，與《史記》合。《墨子・雜守篇》：「守節出入，使主節必疏書，署其情，令若其事。而須其還報，以劒驗之。」「劒」、「驗」二字不可通。《墨子》原文，蓋止作「劒之」。假「劒」爲「驗」，「劒之」即「驗之」也。《韓非子・外儲説左上篇》：「以馬爲不進盡，釋車而走。」「進」、「盡」二字不可通。《韓非子》原文，蓋止作「不盡」。假「盡」爲「進」，「不盡」即「不進」也。凡此皆後人旁記異文而誤入之，與義同誤衍之例，可以參觀。

又《因誤衍而誤删例》 凡有衍字，宜從删削，乃有删削不當，反失其本真者。《周易・升・象傳》：「君子以順德，積小以高大。」《釋文》曰：「以高大，本或作『以成高大』。」按：此本作「積小以成大」，《正義》所謂「積其小善以成大名」也。後誤衍「高」字而作「積小以成高大」，則累於辭矣。校者不知「高」字之衍而誤删「成」字，此删削不當而失其本真者也。《淮南子・道應篇》：「洞洞屬屬而將不能，恐失之。」高注曰：「而將不能勝之，恐失之。」按：正文本作「而將不能勝之」，「而」與「如」，古通用，謂「如將不能勝之」也。高注「恐失之」三字，正解「如不能勝」之義。此三字誤入正文，校者反删去「勝之」二字，亦删之不當者也。

又《因誤衍而誤倒例》 校古書者鹵莽滅裂，有遇衍字不加删削，而以意移易使成文理者。《大戴記・哀公問於孔子篇》：「君何以謂已重焉？」此本作「君何謂以重焉」。「以重」即「已重」，「以」、「已」古字通也。後人據《小戴記》作「已重」，旁記「已」字，因而誤入正文，校者不知删削，乃移「以」字於「謂」字之上，使成文理。此因誤衍而誤倒者也。揚子《太玄・玄瑩篇》：「嘖情也，抽理也，瑩事也，昭君子之道也。」按上文云：「陰陽所以抽嘖也，從横所以瑩理也，明晦所以昭事也。」此當云「抽嘖也，瑩理也，昭事也」，方與上合。今「抽嘖」誤作「嘖情」，「情」字蓋即「嘖」字之誤而衍者。於是移「抽」字以易下句「瑩」字，而「瑩理」誤作「抽理」矣。又移「瑩」字以易下句「昭」字，而「昭事」誤作「瑩事」矣。至「昭」字無可易，乃移置下句之首，而「君子之道也」誤作「昭君子之道也」。蓋因一字之誤衍，而遂使諸字以次而疊降，以此校書，亦可云不憚煩矣。

又《因誤奪而誤補例》 凡有奪字則當校補，乃有校補不當，以至補非其字者。《大戴記・曾子立事》篇：「多知而無親，博學而無方，好多而無定者，君子弗與也。」按：下文云：「君子多知而擇焉，博學而算焉，多言而慎焉。」據此，則本文「好多」二字亦當作「多言」，校者因奪「言」字而誤補「好」字，此校補之不當者也。又《曾子本孝篇》：「庶人之孝也以力惡食。」按：「以力惡食」本作「以任善食」，盧注所謂「分地任力致甘美」是也。今「任善」二字，誤移在下句之首，作「任善不敢臣三德」，甚爲無義，可知其誤。此文因奪「任善」二字而誤補「力惡」二字，亦校補之

不當者也。《爾雅・釋草》：「中馗菌，小者菌。」注於上句曰：「地蕈也，似蓋。今江東名爲土菌，亦曰馗廚，可啖之。」又注下句曰：「大小異名。」按：中馗謂之菌，小者又謂之菌，何以見大小之異名乎？據《説文・草部》：「菌，地蕈也。」疑古本《爾雅》作「中馗地蕈小者菌」。故《説文》即以地蕈説菌，蓋對文别而散文通也。因正文奪「地蕈」二字，校者據注中「土菌」之文臆補「菌」字，而大小異名者，轉若大小同名矣。注文「地蕈似蓋」句，本無「也」字，乃舉正文地蕈而釋之。今正文奪「地蕈」字，而誤補「菌」字，則「地蕈」字于正文無見，乃增注文作「地蕈也」，而其誤不可復正矣。

又《因誤字而誤改例》 凡遇誤字則宜改正，乃有改之不得其字而益以成誤者。《周書・謚法篇》：「純行不二曰定。」按：此本作「純行不忒曰定」。古書「忒」字，或以「貣」字爲之。《尚書・洪範篇》「衍忒」，《史記・宋世家》作「衍貣」，是其證也。「貣」譌作「貳」，後人因改作「二」矣。又，《史記篇》：「奉孤而專命者，謀主必畏其威而疑其前事。」按：「謀主」二字不可曉，當作「其主」，言其主必畏而疑之也。「其」誤作「某」，後人因改作「謀」矣。此皆因誤字而誤改，益以成誤者也。《管子・霸言篇》：「故貴爲天子，富有天下，而伐不謂貪者，其大計存也。」按：「伐」乃「代」字之誤。《管子》原文本作「世不謂貪」，言一世之人不以爲貪也。唐人避諱，改「世」爲「代」，後人傳寫又誤「代」爲「伐」。《荀子・非相篇》：「傳者久則論略，近則論詳。」按：兩「論」字皆「俞」字之誤。「俞」讀爲「愈」，古字通用，見本書《榮辱篇注》。《韓詩外傳》正作「久則愈略，近則愈詳」，可證也。「俞」字誤作「侖」，校者又誤改作「論」。《韓非子・主道篇》：「是以不言善應，不約而善增。」按：《道藏》本、趙用賢本，「不言」下皆有「而」字，當從之。「增」乃「會」字之誤。「不言而善應」，語本《老子》。「不約而善會」，亦即《老子》所謂「善結無繩約而不可解」也。善會，猶善結也。「會」字誤作「曾」，校者又誤改作「增」。

又《一字誤爲二字例》 古書有一字誤爲二字者。《禮記・祭義篇》：「見閒以俠甒。」鄭注曰：「『見閒』當爲『覸』。」《史記・蔡澤傳》：「吾持粱刺齒肥。」《索隱》曰：「『刺齒肥』當爲『齧肥』。」《孟子・公孫丑傳》：「必有事焉而勿正心。」《日知録》載倪文節之説，謂當作「必有事焉而勿忘」。《禮記・緇衣篇》：「信以結之，則民不倍；恭以涖之，則民有孫心。」惠氏棟《九經古義》謂「孫心」當作「愻」。《説文》：「愻，順也。《書》云：『五品不愻。』」《今文尚書》作「訓」，《古文尚書》作「愻」，今孔氏本作「孫」，衛包又改作「遜」，古字亡矣，《緇衣》猶存古字耳。《尚書・多方篇》：「我有周惟其大介賚爾。」按：枚氏因大介連文，而以「大大賜汝」釋之，不詞甚矣。《説文・大部》：「夰，大也。從大，介聲，讀若蓋。」凡經傳訓大之介，皆其假字也。此經疑用本字，其文曰：「我有周惟其夰賚爾。」夰賚，即大賚也。後人罕見「夰」字，遂誤分爲「大介」二字。《國語・晉語》：「吾觀晉公子，賢人也。其從者，皆國相也。以相一人，必得晉國；若以相，夫子必反其國。」按：僖二十三年《左傳》曰：「吾觀晉公子之從者，皆足以相國。」疑此文「一人」二字乃「夫」字之誤。「以相」絶句，即《左傳》所謂「若以相」也。「夫必得晉國」絶句，即《左傳》所謂「夫子必反其國」也。「夫」者指目其人之辭，説詳襄二十三年《左傳正義》。今誤作「一人」二字，義不可通矣。

又《二字誤爲一字例》 古書亦有二字誤合爲一字者。襄九年《左傳》「閏月」。杜注曰：「『閏月』當爲『門五日』。『五』字上與『門』合爲『閏』，則後學者自然轉『日』爲『月』。」按：古鐘鼎文往往有兩字合書者，如《石鼓文》「小魚」作「⿱小魚」，《散氏銅盤銘》「小子」作「⿱小子」是也。古人作字，但取疏密相間，經典傳寫，則遂并爲一字矣。《禮記・檀弓篇》：「從母之夫，舅之妻，二夫人相爲服。」按：「夫」字衍文也，「二人」兩字誤合爲「夫」字，學者旁識「二人」兩字以正其誤，而傳寫誤合之，遂成「二夫人」矣。《國語》「夫」字誤分爲「一人」二字，《檀弓》「二人」字誤合爲「夫」字，甚矣古書之難讀也！《淮南子・説林篇》：「狂者傷人，莫之怨也；嬰兒詈老，莫之疾也；賊心⿱亡山。」陳氏觀樓曰：「『⿱亡山』字當爲『亡也』二字之譌。亡，無也。言狂者與嬰兒，皆無賊害之心，故人莫之怨也。」按：此亦二字合爲一字者。又，《人間篇》：「孫叔敖病疽將死。」按：「病」字、「將」字並衍文也。「疽」字乃「疒且」二字之誤。《説文・疒部》：「疒，痾也。人有疾痛，象倚箸之形。」朱氏駿聲謂：「疒乃疾病之本字。疾字，從矢，疒聲，乃疾速之本字。後人叚『疾』爲『疒』而『疒』廢矣。」愚按：其説是也。「孫叔敖疒且死」，猶云「孫叔敖疾且死」也。其事亦見《列子・説符篇》、《呂氏春秋・異寶篇》，並作「孫叔敖疾將死」。將，猶且也。彼作「疾」，此作「疒」，古今字耳。因「疒且」二字誤合爲「疽」字，後人乃於上加「病」字，下加「將」字，失之矣。又《脩務篇》：「琴或撥刺枉橈，闊解漏越，而稱以楚莊之琴，側室争鼓之。」高注曰：「『側室』或作『廟堂』。」按：「側室」及「廟堂」均無義。疑《淮南》原文本作「則尚士争鼓之」。「尚」與「上」通，尚士，即上士也。《考工記》：「桃氏爲劍」，「弓人爲弓」，並有「上士服之」之文。故此言琴，亦曰「上士鼓之」也。上文曰：「今劍或絶側羸文，齧缺卷銋，而稱以頃襄之劍，則貴人争帶之。」兩文相對，此曰「則上

士争鼓之」，猶彼曰「則貴人争帶之」也。因叚「尚」爲「上」，而「尚士」二字誤合爲「堂」字，淺人因改「則」字爲「廟」字，高所見或本是也。又因古本實是「則」字，遂改「堂」字爲「室」字，而加人旁於「則」字之左，使成「側」字，高所據本是也。展轉致誤，而要皆由於「尚士」二字之誤合爲「堂」字，所宜悉心校正也。

又《重文作二畫而致誤例》　古人遇重文，止於字下加二畫以識之，傳寫乃有致誤者。如《詩・碩鼠篇》：「逝將去女，適彼樂土；樂土樂土，爰得我所。」《韓詩外傳》兩引此文，並作「逝將去女，適彼樂土，適彼樂土，爰得我所。」又引次章亦云：「逝將去女，適彼樂國；適彼樂國，爰得我直。」此當以《韓詩》爲正。《詩》中疊句成文者甚多。如《中谷有蓷篇》疊「慨其歎矣」兩句，《丘中有麻篇》疊「彼留子嗟」兩句，皆是也。毛、韓本當不異。因疊句從省不書，止作「適＝彼＝樂＝土＝」，傳寫誤作「樂土樂土」耳。下二章同此。《莊子・胠篋篇》：「故田成子有乎盗賊之名，而身處堯、舜之安，小國不敢非，大國不敢誅，十二世有齊國。」《釋文》曰：「自敬仲至莊子，九世知齊政；自太公和至威王，三世爲齊侯，故云十二世。」按：此説非也。本文是説田成子，不當追從敬仲數起。《莊子》原文，本作「世世有齊國」，言自田成子之後，世有齊國也。古書重文從省不書，止於字下作「＝」識之，應作「世＝有齊國」；傳寫誤倒之，則爲「二世有齊國」，於是其文不可通。而從田成子追數至敬仲，適得十二世，遂臆加「十」字於其上耳。

又《重文不省而致誤例》　亦有遇重文不作＝畫，實書其字而致誤者。《周書・典寶篇》：「一孝子畏哉，乃不亂謀。」按：本作「一孝，句。孝畏哉，乃不亂謀。」猶下文曰：「二悌，悌乃知序。」「悌」下疊「悌」字，則「孝」下必疊「孝」字矣。今作「孝子畏哉」，「子」即「孝」字之誤也。又下文曰：「三慈惠，兹知長幼。」當作「三慈惠，慈惠知長幼」。「慈惠」下疊「慈惠」字，猶「孝」下疊「孝」字，「悌」下疊「悌」字也。今作「兹知長幼」，「兹」即「慈」字之誤也。此皆重文不省，而轉以致誤者也。

又《闕字作空圍而致誤例》　校書遇有缺字，不敢臆補，乃作口以識之，亦闕疑之意也。乃傳寫有因此致誤者。《大戴記・武王踐阼篇》：「機之銘曰：『皇皇惟敬，口生呫，口戕口。』」盧注曰：「呫，恥也。言爲君子榮辱之主，可不慎乎？呫，呫詈也。」孔氏廣森《補注》曰：「呫有兩訓，疑記文本作『呫生呫』，故盧意謂君有呫恥之言，則致人之呫詈也。」按：此説是也。惟其由呫生呫，故謂之「口戕口」。今作「口生呫」者，蓋傳寫奪「呫」字，校者作空圍以記之，則爲「口生呫」，遂誤作「口生呫」矣。

又《本無闕文而誤加空圍例》　亦有本無闕文而傳寫誤加空圍者。《周書・寤儆篇》：「欲與無口則，欲攻無庸，以王不足。」按：此三句本無闕文，「欲與無則，欲攻無庸，以王不足」，皆四字爲句。言欲與之而無則，欲攻之而無庸，以王則不足也。下文周公之言曰：「奉若稽古維王，克明三德維則，戚和遠人維庸。」正對此三句而言。淺人不知「無則」、「無庸」相對成文，而以「則」字屬下句，因疑「欲與無」下尚有闕文，乃作口以識之耳。又，《本典篇》：「能求士口者，智也；與民利者，仁也。」按：兩句一律，上句不當有闕文，誤加空圍，宜删。又，《官人篇》：「問則不對，佯爲不窮，口貌而有餘。」按：「貌」上本無闕文，「而」讀爲「如」，貌如有餘，即所謂佯爲不窮也。誤加空圍，亦宜删。又云：「有知而言弗發，有施而口弗德。」按：此文本作「有知而弗發，有施而弗德。」「發」讀爲「伐」，古字通用。「有知而弗伐，有施而弗德」，皆五字爲句。上句本無「言」字，下句亦無闕文。學者不知「發」與「伐」同，而臆加「言」字，則下句少一字矣，因作空圍以識之也，亦宜删。以上三條，並見王氏念孫《讀書雜志》。

又卷六《上下兩句互誤例》　古書有上下兩句平列，而傳寫互誤其字者。《詩・江漢篇》：「江漢浮浮，武夫滔滔。」王氏引之曰：當作「江漢滔滔，武夫浮浮」。《小雅・四月篇》：「滔滔江漢。」此云「江漢滔滔」，義與彼同。「浮」與「儦」聲義相近，「江漢滔滔，武夫浮浮」，猶《齊風・載驅篇》「汶水滔滔，行人儦儦」也。寫經者「滔滔」、「浮浮」上下互譌，後人又改傳、箋以從之，莫能是正矣。説見《經義述聞》。《禮記・明堂位篇》：「夏后氏之四璉，殷之六瑚。」按包咸、鄭玄注《論語》，賈逵、服虔、杜預注《左傳》，皆云：「夏曰瑚，殷曰璉。」與此不同。據《論語》云：「瑚璉也。」先瑚後璉，則瑚屬夏，而璉屬殷明矣。若是夏璉殷瑚，當云「璉瑚」，不當云「瑚璉」也，蓋記文傳寫誤倒耳。《周書・大聚篇》：「立勤人以職孤，立正長於順幼。」按：此當作「立正長以勤人，立職孤以順幼」。蓋立正長所以勤民事，而立職孤所以使幼者得遂其生也。正長也，職孤也，皆其名也；勤人也，順幼也，皆其事也。「立職孤以順幼」，與下句「立職喪以卹死」，文法正同，傳寫誤倒，失其義矣。《爾雅・釋本》：「唐棣，栘。常棣，棣。」按：《詩・何彼襛矣篇》、《采薇篇》，毛傳説「唐棣」、「常棣」，均與《爾雅》合。《晨風篇傳》：「棣，唐棣也。」則與《爾雅》異，此必有一誤。而《兼明書》引孔氏《論語解》曰：「唐棣，棣也。」亦與《晨風傳》同。《玉篇・木部》：「槺，徒郎切，棣也。」「槺」即「唐」字，疑毛傳當以《晨風》爲正，餘篇乃後人據《爾雅》改之。其實《爾雅》之文，本作「唐棣，棣。常棣，栘。」今本傳寫互易，

非其舊也。《爾雅》一書，訓釋名物，尤易混淆。《釋山》：「多草木岵，無草木峐。」《詩・陟岵篇》毛傳曰：「山無草木曰岵，山有草木曰屺。」又：「石戴土謂之崔嵬，土戴石爲砠。」《卷耳篇》毛傳曰：「崔嵬，土山之戴石者。石山戴土曰砠。」其義並與《爾雅》相反。《正義》謂「傳寫誤也」。《釋天》：「春爲蒼天，夏爲昊天。」《書・堯典》正義曰：「鄭玄讀《爾雅》曰：『春爲昊天，夏爲蒼天。』」則《爾雅》一書之傳述不同，自昔然矣。《周官・職方氏》：「正南曰荆州，其浸潁湛。」鄭注曰：「潁水出陽城，宜屬豫州，在此非也。」「河南曰豫州，其浸波溠。」注曰：「《春秋傳》：『除道梁溠，營軍臨隨。』則溠宜屬荆州，在此非也。」蓋荆、豫二州相次，傳寫誤倒之耳。凡此之類，安得有如鄭君之卓識悉爲考定哉？《論語・季氏篇》：「不患寡而患不均，不患貧而患不安。」按：「寡」、「貧」二字，傳寫互易，此本作「不患貧而患不均，不患寡而患不安」。「貧」以財言，「不均」亦以財言；不均則不如無財矣，故「不患貧而患不均」也。「寡」以人言，「不安」亦以人言；不安則不如無人矣，故「不患寡而患不安」也。《春秋繁露・度制篇》引孔子曰：「不患貧而患不均。」可據以訂正。《管子・八觀篇》：「萬家以下，則就山澤可矣；萬家以上，則去山澤可矣。」按：下、上二字，傳寫互易。上云：「萬家之衆，可食之地，方五十里，可以爲足矣。」是方五十里之地，可食萬家之衆。然萬家或有盈絀，故此又分別言之：「若在萬家以上，則宜兼就山澤之地；若在萬家以下，則山澤之地可去也。」如今本義不可通，所宜訂正。《老子》弟十章：「愛民治國，能無知乎？」又曰：「明白四達，能無爲乎？」按：上句當作「無爲」，下句當作「無知」。愛民治國，能無爲乎？即所謂「取天下當以無事」也。明白四達，能無知乎？即所謂「知其白，守其黑」也。易州唐景龍二年刻石本正如此，而王弼本誤倒之。至河上公本，兩句皆作「無知」，則詞複矣。《淮南子・天文篇》：「日冬至則水從之，日夏至則火從之，故五月火正而水漏，十一月水正而陰勝。」按：日冬至則水從之，日夏至則火從之，「水」、「火」二字當互易。冬至一陽生，故日冬至而火從之也；夏至一陰生，故日夏至而水從之也。「五月火正而水漏」，正説「夏至水從之」之義；言五月火方用事，而水氣已滲漏也。「十一月水正而陰勝」，「陰」乃「火」字之誤，「勝」字當讀爲「升」。「勝」、「升」古通用，謂十一月水方用事，而火氣已上升也，正説「冬至火從之」之義，如此則與下文一貫矣。此亦上下兩句互誤者也。

又卷七《不識古字而誤改例》 學者少見多怪，遇有古字而不能識，以形似之字改之，往往失其本真矣。今略舉數字示例。「其」，古文作「亓」。《周易・雜卦傳》：「噬嗑，食也。賁，其色也。」蓋以「食」、「色」相對成文，加「其」字以足句也。「其」，從古文作「亓」，學者不識，遂改作「无」字，雖曲爲之説而不可通矣。《周書・文政篇》：「基有危傾。」「基」字叚「其」爲之，蓋古字通用。《詩・昊天有成命篇》：「夙夜基命宥密。」《禮記・孔子閒居篇》作「夙夜其命宥密」，是其證也。因「其」字從古文作「亓」，學者不識，改作「示」字，「示有危傾」，義不可通矣。《國語・吴語》：「伯父多歷年以没其身。」語意甚明，因「其」字從古文作「亓」，學者不識，改作「元」字，「以没元身」，義不可通矣。「旅」，古文作「𣃨」。《尚書・康誥篇》：「紹聞旅德言。」旅者，陳也。言布陳其德言也。因「旅」字從古文作「𣃨」，學者不識，改作「衣」字矣。《周書・武稱篇》：「冬寒其衣服。」「衣」亦「旅」字之誤。《史記・天官書》曰：「主葆旅事。」是「旅」與「葆」同義。此篇曰：「冬寒其旅。」《大武篇》：「冬凍其葆。」文義同也。因「旅」字從古文作「𣃨」，學者不識，改作「衣」字而又加「服」字矣。《官人篇》：「愚依人也。」「衣」亦「旅」字之誤。「旅」讀爲「魯」，《説文》曰：「𣃨」，古文「旅」，古文以爲魯、衛之「魯」是也。「愚魯」連文，義正相近，因假「旅」爲「魯」，而又從古文作「𣃨」。學者不識，改作「衣」字，以「愚衣」無義，又從人作「依」矣。「服」，古文作「𠬝」。《尚書・吕刑篇》：「何敬非刑，何度非服。」「刑」、「服」對言，古語如此。《堯典》曰：「五刑有服，五服三就。」此篇曰：「上刑適輕下服，下刑適重上服。」並其證也。《史記》作「何居非其宜」。《爾雅》曰：「服、宜，事也。」是服、宜同義，故經文作「服」，《史記》作「宜」也。「服」字從古文作「𠬝」，學者不識，改作「及」字，則《史記》作「宜」之故不可曉矣。《大戴記・王言篇》：「服其明德也。」其義明白無疑。因「服」字從古文作「𠬝」，學者不識，改作「及」字，孔氏廣森作《補注》曰：「明德之所及也。」夫明德所及，不得言及其明德，可知其非矣。《淮南子・主術篇》：「蓋力優而德不能服也。」其義亦明白無疑。因「德」字從古文作「悳」，「服」字從古文作「𠬝」，學者不識，改「悳」爲「克」，改「𠬝」爲「及」。高注曰：「克，猶能也。」則「克不能及」爲「能不能及」，文義不可通矣。按僖二十四年《左傳》：「子臧之服，不稱也夫！」《釋文》「服」作「及」。蓋亦由古本是「𠬝」字，故誤爲「及」也。「近」，古文作「岓」。《禮記・大學篇》「見賢而不能舉，舉而不能近」，與「見不善而不能退，退而不能遠」，相對成文。因「近」字從古文作「岓」，學者不識，疑篆文「先」字之誤，遂改爲「先」字，與下句不一律矣。「自」，古文作「白」。《大戴記・文王官人篇》「自分其名以私其身」，與《周書・官人篇》「自以名私其身」，雖字句小異，意義則同。因「自」字從古文作「白」，學者以爲「黑白」之「白」，遂移至「分」字之下，作

「分白其名」，非《戴記》之舊矣。「終」，古文作「𢍏」。《大戴記・本命篇》「女終日乎閨門之内」，義本甚明。因「終」字從古文作「𢍏」，隸變作「夂」，學者不識，改作「及」字，孔氏《補注》曰：「及日猶終日。」則義不可通矣。「君」，古文作「□」。《國語・晉語》：「楚成王以君禮享之。」謂以國君之禮享之。下文「秦穆公饗公子如饗國君之禮」，正與此同。因「君」字從古文作「□」，學者不識，改爲「周」字。《管子・白心篇》：「知苟適可爲天下君。」猶下文言「可以爲天下王」也。因「君」字作「□」，學者不識，亦改爲「周」字。「讙」，古文作「吅」。《周書・時訓篇》：「鶡日不鳴，國有訛言；虎不始交，將帥不讙；荔挺不生，卿士專權。」「讙」與「歡」古字通用。因「讙」字從古文作「吅」，學者不識，改爲「和」字，則與上下文「言」字、「權」字不協韻矣。「師」，古文作「𡴀」。《墨子・備蛾傅篇》：「敵引師而去。」其文甚明。因「師」字從古文作「𡴀」，學者不識，改爲「哭」字。「引哭而去」，義不可通矣。「𤳳」，古儡字也。《説文・人部》：「儡，相敗也。從人，畾省聲。」「𤳳」字亦從人、從畾省，而止省去中間一回。猶「鸓」字從鳥，畾省聲，而籀文作「□」，止省去中間一回也。《管子・侈靡篇》：「若是者必從是𤳳亡乎？」𤳳亡，猶言敗亡也。學者不識「𤳳」字，傳寫誤作「𤳳」，尹注以爲即「臭」字，洪氏筠軒又疑是「罍」字之譌，胥失之矣。「垂」，古文作「𠂹」，見《説文・我部》。《管子・地員篇》「山之𠂹」，即山之垂也。《説文・土部》：「垂，遠邊也。」謂山之邊側也。學者不識「𠂹」字，誤作「才」字，而加木旁作「材」，失之矣。「起」，古文作「迡」。《漢書・孝哀帝紀》：「建平元年詔曰：『其與大司馬、列侯、將軍、中二千石、州牧、守相，舉孝弟惇厚、能直言、通政事，迡於側陋、可親民者，各一人。』」「起於側陋」，謂從微賤起家，故能周知民間疾苦，可使親民也。學者不識「迡」字，誤作「延」字。師古訓爲可延致而仕者，文義迂回；王氏念孫遂議移此四字於「州牧守相」之下矣。

又《字因上下相涉而加偏旁例》　字有本無偏旁，因與上下字相涉而誤加者。如《詩・關雎篇》：「展轉反側。」「展」字涉下「轉」字而加車旁；《采薇篇》：「玁狁之故。」「允」字涉上「玁」字而加犬旁，皆是也。《周官・大宗伯》職：「以禬禮哀圍敗。」鄭注曰：「同盟者會合財貨以更其所喪。」按：《周禮》原文本作「會禮」，故鄭君直以「會合財貨」説之。若經文是「禬」字，則爲「禬禳」之「禬」，非「會合」之「會」，鄭君必云「禬讀爲會」矣。鄭無讀爲之文，知其字本作「會」，涉下「禮」字而誤加「示」旁也。《大戴記・夏小正篇》：「緹縞」。按：「緹」字，古《夏小正》當作「是」，「是」與「寔」通，「寔」與「實」通，故傳曰：「是也者，其實也。」今作「緹」，涉下「縞」字而誤加「糸」旁。

又《分章錯誤例》　《詩・關雎篇》：「《關雎》五章，章四句。故言三章：一章，章四句；二章，章八句。」《釋文》曰：「五章，是鄭所分，『故言』以下是毛公本意，後放此。」按：《關雎》分章，毛、鄭不同，今從毛，不從鄭。竊謂此詩當分四章，每章皆有「窈窕淑女」句，凡四言「窈窕淑女」，則四章也。首章以「關關雎鳩」興「窈窕淑女」，下三章皆以「參差荇菜」興「窈窕淑女」，惟弟二章增「求之不得，寤寐思服，悠哉悠哉，展轉反側」四句。此古人章法之變。「求之不得」正承「寤寐求之」而言，鄭分而二之，非是。毛以此章八句，遂合三、四兩章爲一，使亦成八句，則亦失之矣。《論語》分章亦有可議者。如「子曰雍也可使南面」爲一章，「仲弓問子桑伯子」以下又爲一章。必謂仲弓聞夫子許己，因問子桑伯子以自質，則失之泥矣。此古注是而今非也。「子謂顔淵曰，用之則行，舍之則藏，惟我與爾有是夫」爲一章，「子路曰」以下又爲一章。子路之問，乃是自負其勇，必謂因夫子獨美顔淵而有此問，則視子路太淺矣。此古注與今本俱失者也。《老子》五十七章：「以正治國，以奇用兵，以無事取天下，吾何以知其然哉？以此。」按：此數句當屬上章。如二十二章曰：「吾何以知衆甫之然哉？以此。」五十四章曰：「吾何以知天下之然哉？以此。」並用「以此」二字爲章末結句是也。下文「天下多忌諱而民常貧」，乃别爲一章。今本誤。

又《分篇錯誤例》　《吕氏春秋・貴信篇》：「管子可謂能因物矣。以辱爲榮，以窮爲通，雖失乎前，可謂後得之矣，物固不可全也。」按：《貴信篇》文止於「可謂後得之矣」。言管仲失乎前而得乎後，其意已足。「物固不可全也」，乃下《舉難篇》之起句。故其下云：「由此觀之，物豈可全哉？」正與起句相應也。今本誤。《董子・深察名號篇》：「詰其名實，觀其離合，則是非之情，不可以相讕也。」按：此下當接「春秋辨物之理」至「五石六鷁之辭是也」六十三字，《深察名號篇》至此已畢。「今世闇於性言之者不同」至「離質如毛則非性矣，不可不察也」八十三字，與「栣衆惡於内」云云相接，即爲《實性上篇》。今此八十三字誤羼入《深察名號篇》「春秋辨物之理」一節之上，而兩篇遂不可分矣，非《董子》之舊。

戴望《管子校正》卷三　「上下交引而不和同。」丁云：「『交』，『狡』之借字。『引』當爲『弗』，古文『弗』與『引』相似而誤。『狡弗』猶『撟拂』也。」

又　「德有六興。」望案：「興」當爲「典」，典者，法也，常也。此與下文「所謂六興者何」，「凡此六者德之興也」，皆當作「典」。今本涉下「德不可不興也」句而誤。

又　「民知禮矣而未知務。」丁云：「『務』當爲『法』。此涉下文『五務』而誤。」

又　「力不可不務也。」丁云：「『力』當作『法』，此涉上文『力之務』句而誤。」

又　「方丈陳於前。」丁云：「此五字衍文。」尹注「方丈陳前」四字，似解上文「珍怪」二字，校者遂以之誤入正文耳。

又卷一〇　「制令傳於相。」宋本「傳」作「傅」。望案：當從宋本。《爾雅》曰：「傅，相也。」相，助也，言制令助於相也。下文曰：「信以繼信，善以傳善。」「傳」亦「傅」字之誤。傅，輔也，助也，君善臣亦善，是輔助之也。今本皆因字形相近而誤。

又　「道者誠人之姓也。」望案：「誠」當爲「成」，「姓」當爲「生」，皆聲相近而誤。

又卷一二　「此百姓之怠生，百振而食，非獨自爲也。」丁云：「『百』當爲『不』，此涉上文『百姓』而誤。『振』與『賑』同，給也。」張云：「『怠』疑當作『治』，言此百姓之所以爲生，不待上之振而自以得食。蓋富以財，貧以力，相交易而各得其所也。」尹注非。

孫詒讓《札迻》卷二　「齊景公出弋昭華之池，顔涿聚主鳥而亡之。」趙校云：「『顔涿聚』舊本作『顔鄧聚』，譌，據《御覽》八百三十二引改正。《晏子・外篇》作『顔燭鄒』，《史記》及《古今人表》皆同，聲相近。」案：此書舊本「鄧」字當作「斲」。唐人俗書「斲」字或作「鄧」，見蘇靈芝《憫忠寺碑》。又作「斵」，見李承嗣《造像銘》。並與「鄧」字絶相似，故傳寫易譌。「斲」與「涿」、「燭」音並相近。「斲聚」、「涿聚」、「燭鄒」皆形聲通借，不知孰爲正字。《御覽》作「涿」，疑據哀二十七年《左傳》文改，《韓傳》故書未必如是也。

又卷三　「陽渠水又東流逕漢廣野君酈食其廟南，廟在北山上，成公綏所謂偃師西山也。子安仰澄芬于萬古，讃清徽于廟像，文字厥集矣。」案：「文字厥集」，義難通。「字」當作「存」，形近而誤。朱謀瑋《水經注箋》謂「文字」下挩「載」字，未塙。

又卷四　「瀆田悉徙。」注云：「悉徙，謂其地每年皆須更易也。」吴翌鳳云：「悉，盡也。徙，當爲『壤』字之誤。」《校正》。案：「徙」當從吴校作「壤」。下文「付山白徙」，吴及丁校並謂與「陛山白壤」同，是也。並詳《校正》。「徙」、「徒」形相近，皆「壤」字傳寫之譌。「悉」當爲「息」，亦形近而誤。

又　「五種無不宜，其立后而手實。」注云：「謂立君以主之，手常握此地之實數也。」陳奐云：「『立』猶『樹』也。『后』與『厚』同。《小雅》傳云：『手，取也。』言五種之穀，其樹厚而取實也。」《校正》。案：此當作「其生後而先實」。「生」、「立」，「先」、「手」，並篆文相近而誤。「后」與「後」聲同，古多通用。注及陳説並繆。

又　「穀土之次曰五鳬，五鳬之狀，堅而不骼。」注云：「雖堅不同骨之骼也。」丁云：「『鳬』當爲『梟』字之誤。」《校正》。案：丁校非也。此「鳬」當爲「舄」，形近而誤。蓋即《草人》之「鹹潟」，鄭司農注云：「潟，鹵也。」字亦作「舄」。《史記・貨殖傳》「潟鹵」，《漢書・溝洫志》作「舄鹵」。下文云：「鳬土之次曰五桀，五桀之狀，甚鹹以苦。」此土與「五桀」相次，或當鹹而不甚苦與？

又　「不以威强退人之君，不以衆强兼人之地。」案：「退」當爲「迓」，形近而誤。「迓」讀爲「彊禦」之「禦」。《書・牧誓》「弗迓克奔」，《史記・周本紀》「弗迓」作「不禦」，《集解》引鄭注云：「禦，彊禦，謂彊暴也。」不强禦人之君，不强兼人之地，皆言不侵滅人國也。

又　「行乎无路，遊乎无怠，出乎无門。」案：「無怠」與上下文不協。《符言篇》亦云：「行於無怠。」彼文出《淮南子・詮言訓》，本作「行無迹」。此二篇「怠」字疑並當爲「迹」，「迹」、「怠」二字艸書相近而誤。

又　「懷險以爲平。」錢本「懷」作「攘」。案：「懷」當從《本經訓》作「壞」，「懷」、「攘」並形之誤。

又卷五　「深入，偕險絶塞。」案：「偕險」義難通，「偕」當爲「倩」，形近而誤。「倩」與「背」同。《禮記・明堂位》注：「負之言倩也。」《釋文》云：「『倩』本作『背』。」

又　「客至而作土以爲險阻及耕格阱。」嚴云：「案『及耕格阱』不成文，疑『耕』字誤。」案：「耕格」當作「柞格」，《周禮・雍氏》：「令爲阱擭。」鄭注云：「阱，穿地爲塹，所以禦禽獸，其或超踰則陷焉。擭，柞鄂也。」《國語・魯語》：「鳥獸成，設穽鄂。」韋注云：「穽，柞格也。」「柞」、「耕」形近而誤。「阱」字上下疑有挩字。

又　「能一首則優。」案：「能」下當挩「人得」二字，「優」當爲「復」，形之誤也。上文云「能人得一首則復」可證。

又　「内通則積薪，積薪則燔柱。」案：「内」當爲「穴」，篆文相似而誤。《墨子・備穴篇》云：「古人有善攻者，穴土而入，縛柱施火，以壞吾城。」即穴攻之法也。

又　「諸侯郡縣皆各爲置一法官及吏，皆此秦一法官。郡縣諸侯一受寶來之法。」案：「皆此秦一法官」，「此」當作「比」，形近而誤，言諸侯郡縣之法官，其職秩吏屬，與秦國都法官同也。「寶來」當作「禁室」，今本「禁」譌爲「來」，「室」譌爲

「寶」，又傎到其文，遂不可通。上文云「爲法令爲禁室」可證。

又 「遇民不修法，則問法官。」案：「修」當爲「循」，經典「脩」、「修」通用，隸書「脩」、「循」二字形略同，傳寫多互譌。漢《北海相景君碑陰》「循行」作「脩行」。《莊子·大宗師篇》「以德爲循」，《釋文》云：「『循』本亦作『脩』。」

又 「方且本身而異形，方且尊智而火馳。」案：「火」當爲「仌」，「仌」與「火」形近而誤。《説文·八部》云：「仌，分也，从重八。八，别也，亦聲。《孝經説》曰：『故上下有别。』」今經典通借「别」爲之，此古字之僅存者。「仌馳」，猶言舛馳，與「異形」文意相類。《外物篇》云：「火馳而不顧。」「火」亦「仌」之誤。

又 「舜曰：『天德而出寧，日月照而四時行。』」注云：「與天合德，則雖出而静。」案：「出」當爲「土」，形近而誤。《墨子·天志中篇》「君臨下土」，今本「土」譌「出」，亦其證。「天德而土寧」，即《老子》「天得一以清，地得一以寧」之義。天與土，日、月與四時，文皆平列。郭所見本已誤。

又 「於是乎刖而鬻之於齊，適當渠公之街，然身食肉而終。」《釋文》云：「或云：『渠公，齊之富室，爲街正，買梱自代，終身食肉至死。』一云：『渠公，屠者，與梱君臣同食肉也。』『街』音佳，一本作『術』。」案：「當」當爲「掌」，「渠」當爲「康」。齊康公名貸，見《史記·齊世家》。康公當周安王時，與莊子時代相去正不遠。「康」與「渠」形近而誤。《列子·湯問篇》：「秦之西有義渠之國。」張注引别本「渠」又作「康」，與此可互證。「街」當爲「閨」。蓋梱賣於齊，適爲康公守閨，即刖鬻之齊君爲閽人也，故上文云：「將與國君同食，以終其身。」若如或説，渠公爲「街正」、「屠者」，何得云「國君」乎。

又卷六 「子獨不見夫閉關乎，立而倚之，則婦人揭之，仆而措之，則不擇性而能舉其中，若操其端，則雖選士不能絶地。關尚一身，而輕重異之者，執使之然也。」案：「身」當爲「耳」，形近而誤。《管子·兵法篇》「教其耳以號令之數」，《墨子·公孟篇》「是言有三物焉，子今乃知其一耳」，今本「耳」並誤「身」，與此正同。「關尚一耳」，言門關猶一耳。下文云：「若達物生者，五尚一也耳。」「也」字疑衍。與此文例正同。「異之」，「之」字疑衍。

又 「惑故疾視愈亂，惇而易方。」注云：「惇，猶篤也。」案：「惇」當爲「悖」，形近而誤。注沿誤爲釋，不可從。

又 「從屬彌衆，弟子彌豐，充滿天下。」案：「從」當作「徒」，形近而誤。《有度篇》云：「孔、墨之弟子徒屬充滿天下。」《墨子·非儒篇》云：「其徒屬弟子皆效孔某。」皆「弟子」與「徒屬」並舉之證。

又 「秦之陽華。」注云：「陽華在鳳翔。或曰在華陰西。」案：《元和郡縣志》云：「岐州，至德元年改爲鳳翔郡。」則鳳翔之名起於唐中葉，非高氏所得聞。鳳翔蓋當作馮翊，字形之誤也。《淮南子·墬形訓》云：「秦之楊紆。」高注云：「楊紆，蓋在馮翊池陽，一名具圃。」可據以校此注。《爾雅·釋地》「十藪」，「周有焦護」。郭注云：「今扶風池陽縣瓠中是也。」高蓋以陽華、楊紆、瓠中、焦護爲一。其後一説謂在華陰，則《淮南注》無之。

又 「雕柱而桔諸侯。」注云：「雕畫高柱，施桔槔於其端，舉諸侯而上下之。」案：注以「桔諸侯」爲桔槔「舉諸侯而上下之」，所説近於戲，古書别無所見，恐不可信。竊謂「桔」當爲「梏」，形近而誤。梏諸侯，斥紂之酷。雕柱，斥紂之侈，二事不相冡也。《賈子新書·君道篇》云：「紂作梏數千，睨諸侯之不諂己者，杖而梏之。文王桎梏，囚于羑里。」此即「梏諸侯」之事。

又卷七 「將相之管主而隆國家，此人君者所外也。」蒲阪圓本作「後主而隆家」，云：「物本『後』作『管』，『隆』下有『國』字。物茂卿本。凌本同，非。凌瀛初本。《八經篇》：『家隆刧殺之難。』」案：「管主」、「後主」並無義。「管」當作「營」，形近而誤。「營主」，謂營惑其主也。《淮南子·原道訓》高注云：「營，惑也。」「隆國家」，當依蒲阪本删「國」字。彼引《八經篇》爲證是也。隆家，言搆諸大家使争鬩。詳後《八經篇》。

又 「荆莊王有茅門之法曰：『羣臣大夫諸公子入朝，馬蹏踐霤者，廷理斬其輈，戮其御。』」下文「茅門」作「茆門」，《説苑·至公篇》與此略同，亦作「茅門」。「一曰：楚王急召太子。楚國之法，車不得至於茆門。天雨，廷中有潦，太子遂驅車至於茆門。」《説苑》云：「楚莊王之時，太子車立於茅門之内。」案：「茅門」即雉門也。《説文·隹部》云：「雉，古文作鴙。」或省爲「弟」，與「茅」形近而誤。《史記·魯世家》：「築茅闕門。」即《春秋》定二年《經》之雉門兩觀也。諸侯三門：庫、雉、路。外朝在雉門外。茅門之法，廷理掌之，即《周禮·秋官》：「朝士，掌建邦外朝之法也。」天子、諸侯三朝皆有廷士。「士」、「理」字通。詳前《鶡冠子》。

又 「大臣兩重、提衡而不踦曰卷禍，其患家隆刧殺之難作。」案：「卷禍」，「卷」當作「養」，謂養成禍亂也。「養」、「卷」形近而誤。「家隆」，「隆」讀爲「鬨」。《呂氏春秋·察微篇》云：「楚卑梁公舉兵攻吳之邊邑，吳王怒，使人舉兵侵楚之邊邑，吳、楚以此大隆。」「大隆」，即「大鬨」也。《孟子》云：「鄒與魯鬨。」孫奭《音義》

引劉熙注云：「閧，構也，構兵以鬭也。」《説文·門部》云：「閧，鬭也。」此云「家隆」，即「家閧」，亦謂私家構兵争鬭也。「隆」與「閧」，古音相近得相通借。《古文苑·揚雄〈宗正箴〉》云：「昔在夏時，太康不恭，有仍二女，五子家降。」「降」與「隆」，聲類亦同，古字通用。彼「家降」與此「家隆」，事異而義正同。

又卷八 「而勉獲者咸蒙厚賞。」案：「勉獲」無義。「勉」當爲「勊」，形近而誤。前《輕重篇》云：「克獲之賞，以億萬計。」「克」、「勊」字通。

又 「是以盤庚萃居。」盧校云：「『萃』，《大典》『莘』，亦未詳。」張校云：「按即《盤庚下篇》『鞠人謀人之保居』也，但未詳此『萃』當彼經何字，并其説若何耳。」案：「萃居」，義固難通，張説亦未塙。「萃居」實當作「率苦」，形近而誤。《文選·張衡〈西京賦〉》云：「盤庚作誥，帥人以苦。」李注引《書·盤庚》「率籲冢慼出矢言」，蓋西漢經師有「帥人以苦」之説，桓、張並本於彼。「率」、「帥」古字通。此當在《力耕篇》前，誤錯著於此。

又 「文表而柔裏，亂實也。」案：「柔裏」，義不可通。「柔」當爲「枲」，形近而誤。「文表枲裏」，言以文繡爲表衣，而以枲麻爲裏衣也。後《散不足篇》云「絲裏枲表」，與此辭意正相反，而義則同，可以互證。《國病篇》云「文表無裏，紈袴枲裝」，義亦略同。

又 「蓋無染絲之飾。」又云：「常民染輿，大軨蜀輪。」又云：「中者染韋紹系。」案：「染」並當爲「漆」。「漆」俗書或作「柒」，與「染」形近而誤。北齊《治疾方》石刻，「漆瘡」字作「柒」。亦見《廣韻·五質》。「紹系」，疑亦當作「絲系」。《論功篇》云：「匈奴車器無銀黄絲漆之飾。」是其證。

又 「今富者䶃貂狐白鳧翥。」案：「鳧翥」，「翥」當爲「翁」，二字下皆從「羽」，相涉而誤。《急就篇》云：「春草雞翹鳧翁濯。」顔注云：「鳧者，水中之鳥，翁，頸上毛也。」又云：「言織刺此象以成錦繡繒帛之文也。」此「鳧翁」蓋謂裘飾，與繒帛文同。

又 「今富者繡茵翟柔。」案：「翟」當作「氍」，形近而誤。「氍柔」即「氍㲣」也。《釋名·釋牀帳》云：「『裘溲』，猶『婁數』，毛相離之言也。」《北堂書鈔》一百三十三引《聲類》云：「『氍㲣』，織毛爲席也。」《廣韻·十虞》引作「氍毹」。《一切經音義》十四云：「『㲣毹』，《字苑》作『氍㲣』，《釋名》作『裘溲』。」《通俗文》云：「織毛蓐曰『㲣毹』。」「氍」、「㲣」並瞿之俗，「瞿」、「裘」一聲之轉，「柔」、「深」、「毹」、「㲣」音並相近，「㲣」則「深」之俗也。

又 「鴻鵠保河海之中，厭而欲移徙之小澤，則必有九繒之憂。」案：「九繒」義不可通，當爲「丸矰」，「丸」、「九」形近而誤，「繒」與「矰」古字通。《戰國策·楚策》云「治其繒繳」，亦叚「繒」爲「矰」。「丸」謂彈，《説文·弓部》云：「彈，行丸也。」「矰」謂繳矢也。

又 「有能比和同力。」案：「和」當從《荀子·臣道篇》作「知」，形近而誤。

又 「於是以楊幹麻筋之弓六往。」案：古作弓無以麻代筋之法，「麻」當爲「麋」，形近而誤。《周禮·土訓》注：「幽、并地宜麻。」《釋文》云：「『麻』，劉、沈皆作『麋』。」與此相類。《攷工記·弓人》云：「麋筋斥蠖灂。」

又 「夫衛國雖貧，豈無文履一奇以易十稷之繡哉。」案：「奇」與「踦」通。《方言》云：「倚、踦，奇也。」《管子·侈靡篇》云：「一踦腓，一踦屨。」「稷」當爲「稯」，形近而誤。《莊子·則陽篇》：「是稷稷何爲者邪？」《釋文》云：「『稷』字又作『揔』。」一本作『稯』。」是其證。《説文》云：「布之八十縷爲稯。」《史記·孝景本紀》「令徒隸衣七稯布」。《西京雜記》云：「五絲爲䌰，倍䌰爲升，倍升爲緎，倍緎爲紀，倍紀爲緵。」《晏子春秋·内篇雜下》云：「夫十總之布，一豆之食，足於中，免矣。」「緵」、「稯」、「總」字通，蓋布八十縷，帛八十絲，通有此稱也。

又卷九 「喙食草糧。」案：「喙」當爲「啄」，形近而誤。

又 「必以子胥爲濤，子胥之身聚岸漼也。」案：「漼」當作「涯」，形近而誤。《黄氏日鈔》所引已誤。

又 「澤際有陸，人望而不見。陸在，察之若望，日亦在，視之若入。」案：「若望」，「望」當爲「亡」，聲近又涉上文而誤。

又 「蒸所與衆山之材榦同也，代以爲蒸，熛以火，煙熱究浹，光色澤潤。」案：「代」當作「伐」，「煙」當作「熛」，並形近而誤。

又 「造於助思，極窅冥之深。」案：「助」當爲「眇」，形近而誤。上文云：「眇思自出於胷中也。」

又 「口不能絀。」案：「絀」當爲「泄」，形聲相近而誤。

又 「東方朔曰：『目不在面而在於足，救昧不給，能何見乎？』」案：「昧」當爲「眯」，形近而誤。《説文·目部》云：「眯，艸入目中也。」

又 「災氣暑垂於天。」案：「暑」當作「著」，形聲相近而誤。

又 「事大而急者用鍾鼓，小而緩者用鈴㺂。」案：「㺂」非鈴之類，字當作「䈴」。《説文·竹部》云：「䈴，吹筩也。」《急就篇》云：「箛䈴起居課後先。」「䈴」與「㺂」形近而誤。

又 「犯中人身，謂護疾痛，當時不救，流偏一身。」案：「謂」當作「渭」，「護」當作「濩」，並聲近而誤。《周禮・秋官》賈疏引《左傳》服注云：「蜮含沙射入人皮肉中，其瘡如疥，偏身中濩濩蜮蜮。」《左傳・莊十八年》孔疏引作「濩濩或或」。《初學記》引《春秋説題辭》云：「渭之言渭渭也。」注云：「渭渭，流行貌。今本《初學記》引緯文，「渭」字不重，今依注增。「渭濩疾痛」，言渭渭濩濩，亦猶言濩濩或或，皆疾痛流行之狀，故云「流偏一身」也。

又 「不畏罪法，則丘墓抽矣。」案：「抽」當爲「扣」，形近而誤。下同。

又 「人之有胞，猶木實之有扶也。」案：「扶」當爲「核」，形近而誤。下文「扶殻」同。

又 「以敏於筆，文墨兩集爲賢乎？」案：「兩」當爲「雨」，形近而誤。後《自紀篇》云：「筆瀧漉而雨集，言滃淈而泉出。」《文選・王褒〈四子講德論〉》云：「莫不風馳雨集。」

又 「説隱公享國五十年，將盡紀元年以來邪？」案：「説」當爲「設」，形聲相近而誤。

又 「光武皇帝之時，陳元、范叔上書連屬，條事是非，《左氏》遂立。」案：「范叔」當作「范升」。下並同。陳元與范升議立《左氏》博士事，並見《後漢書》本傳。「升」與「叔」艸書相似，古書多互誤。《後漢書・周章傳》：「字次叔。」李注云：「『叔』或作『升』。」

又 「案仲舒之書，不違儒家，不及孔子。其言『煩亂孔子之書』者，非也。」案：「及」當爲「反」，形近而誤。

又 「韓非著書，李斯采以言事；揚子雲作《太玄》，侯鋪子隨而宣之。非、私同門，雲、鋪共朝。」案：「私」當作「斯」，音近而誤。

又 「年曆但記，孰使留之。」案：「記」當爲「訖」，形近而誤。

又卷一〇 「使其鄰比，相保相愛，刑罰慶賞，相延相及。」案：此用《周禮・大司徒》及《族師》兩職文，「愛」當作「受」。前《譴交篇》云：「五比爲閭，使之相憂。」「憂」亦當作「受」。俞讀已校正。「受」、「愛」、「憂」並形近而誤。

又 「寸煙泄突，致灰千室。」案：「煙」當作「熛」，二字形近而誤。説詳後《孫子》。

又 「縱横者，闞子、龐煖、蘇秦、張儀之類也。」案：「闞」當爲「闕」。《漢志》從横家《闕子》一篇。《後漢書・獻帝紀》李注引《風俗通》云：「闕氏，闕黨童子之後。縱横家有闕子著書。」「闕」、「闞」形近而誤。《子彙》本闞子下有注云：「字子我。」程本無。蓋明人所妄加，誤以爲《左傳・哀十四年》之闞止，大繆。

又 「煙火必素具。」案：「煙」當作「熛」。《説文・火部》云：「熛，火飛也，讀若標。」《羣書治要》引《尸子・貴言篇》云：「熛火始起，易息也。」「熛」與「煙」形近而誤。

又卷一一 「其色見淺者，湯液主治十日已。其見深者，必齊主治二十一日已。其見大深者，醪酒主治百日已。」案：前《湯液醪醴論篇》云：「必齊毒藥攻其中，鑱石鍼艾治其外也。」「必齊」之義，王氏無注，蓋以「必」爲決定之辭，「齊」即和劑也。「齊」、「劑」古今字，俞讀「齊」爲「資」，未塙。此常義，自無勞詁釋，然止可通於《湯液醪醴論》。若此篇云「必齊主治」，於文爲不順矣。竊謂此篇「必齊」對「湯液」、「醪酒」爲文，《湯液醪醴論》「必齊毒藥」對「鑱石鍼艾」爲文，「必」字皆當爲「火」，篆文二字形近，因而致誤。《史記・倉公傳》云：「飲以火齊湯。」「火齊湯」即謂和煮湯藥。此云「湯液主治」者，治以五穀之湯液；見《湯液醪醴論篇》。「火齊主治」者，治以和煮之毒藥也。《移精變氣論篇》云：「中古之治病，病至而治之湯液十日，以去八風五痺之病。十日不已，治以草蘇草荄之枝。」此「火齊」即草蘇之類。《韓非子・喻老篇》：「扁鵲曰：『疾在腠理，湯熨之所及也；在肌膚，鍼石之所及也；在腸胃，火齊之所及也。』」亦可證。

又 「故曰日晷徑千二百五十里。」李注云：「其言更出書，非直有此。」案：注「直」當作「真」，形近而誤。

又 「中衡左右，冬有不死之草，夏長之類。」案：「夏長之類」四字，當爲趙注誤錯入正文。下文：「凡北極之左右，物有朝生暮獲。」注云：「謂葶藶、薺麥、冬生之類。」與此注正相對也。

又 「戊辰，天子東田于澤中。」洪云：「『田』本作『狃』，從《太平御覽》八百三十二引改。」案：「狃」即「狩」字，篆文相近而誤。《御覽》作「田」，乃不解其義而誤改，不必據校。上文「辛未，獵菹之獸」，「獵」，今本作「紐」，洪據《事類賦》引改作「獵」。以此文證之，疑彼「紐」亦「狩」之誤。

又 「公孫弘以元光五年爲國士所推尚爲賢良，國人鄒長倩以其家貧，少自資致，乃解衣裳以衣之，釋所著冠履以與之。」案：林寶《元和姓纂・八御》云：「御，姓。《周禮》有御人，即夏官圉人。《左傳》有御叔。漢有御長倩者，丞相公孫弘故人。」當即此鄒長倩也。鄧名世《古今姓氏辨證》援此書作「鄒」，以駁林説，則宋本亦作「鄒」。又《廣韻・十八尤》「鄹」字，注云：「又姓。《西京襍記》有鄹長倩。」「鄒」、「御」、

「郵」形並相近，古籍歧互，未知孰爲正字也。

又 「蒲葵如栟櫚而柔，薄可爲葵笠。」案：「葵笠」當爲「簦笠」，涉上而誤。《説文·竹部》云：「簦，笠蓋也。」「笠，簦無柄也。」《急就篇》云：「竹器簦笠簟籧篨。」皇象碑本作「葼苙」。「葼」與「葵」字形相近。《國語·吴語》云：「簦笠相望於艾陵。」

又 「亦曰篣竹。」注云：「劉淵林云：『篣竹有毒。』」案：《吴都賦注》「篣」作「簩」，云：「音勞。」則《譜》與注並當作「簩」，今本作「篣」，形近而誤。

又卷一二 「復拜太尉如前遜位。」高校云：「『前』，鈔本作『月』，非是。」案：鈔本是也。此當作「數月遜位」。本傳云：「光和元年，遷太尉。數月，復以疾罷。」是也。「數」與「如」，草書形近而誤。上文「數億已上」，「數」，鈔本亦作「如」，是其證。凡「數」字，鈔本多誤作「如」，見後《幽冀二州刺史久缺疏》、《難夏育上言鮮卑仍犯諸郡》、《答詔問災異》、《表賀録换誤上章謝罪》諸篇高校語。

又 「仲宣之《去代》。」案：「代」當作「伐」，形近而誤。《隋書·經籍志·儒家》：「梁有《去伐論集》三卷，王粲撰。」即此《去伐》。言去矜伐。《藝文類聚》二十三引袁宏《去伐論》，仲宣論意，當與彼同。

又 「漢室陸賈，首發奇采，賦《孟春》而選《典誥》，其辯之富矣。」案：「賦孟春」，蓋《漢·藝文志》「陸賈賦三篇」之一。「選典誥」當作「進典語」。《諸子篇》云：「陸賈《典語》」並誤以「新語」爲「典語」也。《史記·陸賈傳》：「凡著十二篇。每奏一篇，高帝未嘗不稱善，號其書以『新語』。」「進」即謂「奏進」也。「進」、「選」、「語」、「誥」，皆形近而誤。

校勘内容部

訛分部

論　述

俞樾《諸子平議》卷一　「使民於宫室之用，薪蒸之所積，虞師之事也。」樾謹按：當作「使足於宫室之用，薪蒸之積」，「足」字與「民」字相似而誤，「所」字衍文。「正地者，其實必正，長亦正，短亦正，小亦正，大亦正。長短大小盡正，正不正，則官不理。」《乘馬》。樾謹按：「正不正」句，上「正」字乃衍文也。此承「正地者」而言，不正則官不理，即謂地不正也。今作「正不正」，不可通矣。蓋涉上句「長短大小盡正」而誤疊「正」字耳。下《爵位章》云：「是故爵位正而民不怨，民不怨則不亂，然後義可理，理不正則不可以治。」「理不正」句亦衍「理」字。此承「爵位正」而言，不正則不可以治，即謂爵位不正也。今作「理不正」，蓋亦涉上句「然後義可理」而誤疊「理」字耳。兩文一例，其誤亦同，皆宜訂正。

又　「雖廣其威可損也。」樾謹按：北宋本「損」作「須」，然則「威」疑「烕」字之誤。其烕可須，言其滅亡可待也。涉下文「是以威盡焉」而誤。「烕」爲「威」，遂臆改「可須」爲「可損」矣。

又卷二　「論賢不鄉舉，則士不及行。」樾謹按：「及」當爲「服」。「服」從𠬝聲，古或止作「𠬝」，與「及」相似，往往致誤。僖二十四年《左傳》「子臧之服不稱也夫」，《釋文》作「子臧之及」，曰：「一本作之服。」是其證也。《尚書・吕刑篇》：「何敬非刑？何度非及？」「及」當爲「服」。刑謂五刑，服謂五服，即《堯典》之五刑、五服也。《大戴記・王言篇》「及其明德也」，「及」亦當爲「服」，謂天下皆服其明德也，説詳《羣經平議》。此文「士不及行」當作「士不服行」，謂士不服行道藝也，字誤作「及」，失其義矣。

又　「凡君國之重器。」《重令》。樾謹按：宋本作「右國」，當從之。「右」讀爲「有」，後人不知「右」之通作「有」，而疑爲「君」之壞字，因臆改之耳。

又　「請修兵革，吾士不練，吾兵不實，諸侯故敢救吾讐，内修兵革。」樾謹按：「内修兵革」，亦宜作「請修兵革」。蓋即上語而申言之也，涉下文「内奪民用」而誤，又因下文云「乃令四封之内修兵」，適與相合，故讀者莫知訂正耳。

又　「功足以德天與失天，其人事一也。」樾謹按：「足」乃「定」字之誤，言鮑叔相小白而得國，管仲奉公子糾，以魯與齊戰而敗，此非人事有優劣，乃由小白得天，而公子糾失天也。功之成不成，定以得天與失天。若以人事論，則一而已矣。「定」與「足」字形相似而誤。《君臣上篇》「朝有足度衡儀」，「足」亦「定」字之誤。宋本正作「定」，可證也。若依尹注説此文，違戾甚矣。

又　「奇怪時來，珍異物聚。」樾謹按：「物」當爲「總」，言珍異總聚也。若作「物聚」，則不詞矣。因俗書「總」字作「揔」，其上半與「物」相似而誤。

又　「則五子者在矣。」樾謹按：《吕氏春秋・勿躬篇》作「則五子者足矣」，當從之。此作「在」者，涉下「夷吾在此」而誤。

又卷三　「繼最一世。」樾謹按：「繼」乃「彊」字之誤。草書系旁與弓旁相似，又涉上文「繼絶世」而誤耳。下文云：「彊最一伐，而天下共之，國必弱矣。」宋本作「彊最一代」，代即世也。然則此云「彊最一世」，彼云「彊最一代」，兩文正同。此「彊」字誤爲「繼」，彼「代」字誤爲「伐」，而兩不可通矣。

又　「霸王不在成曲。」樾謹按：尹注曰：「在於全大體。」然「成曲」之義，殊有未安。「曲」疑「典」字之譌。「霸王不在成典」，言圖霸王者不必拘守成法也。「曲」與「典」形近而誤。《國語・周語》「瞽獻曲」，注曰：「曲，樂曲也。」宋明道二年槧本如此。今本「曲」皆作「典」，是其例矣。

又　「主身者正德之本也。」樾謹按：「主」當作「立」，涉上文兩「主」字而誤。下文曰：「身立而民化，德正而官治。」身立德正，即承此文立身正德而言。

又　「不友善士，讒賊與鬬。不彌人争，唯趣人詔。」樾謹按：「鬬」一作「通」，「詔」一作「訟」，並當從之。不友善士，故讒賊與通。不彌人争，故唯趣人訟。四句之義，皆上下相承，而「通」與「訟」又韻也。今作「鬬」、「詔」，則失其韻矣。「訟」之與「詔」，以形似而誤。「鬬」字則因注文而羼入者。尹注云：「其見人争則恣令鬬，無彌縫之心。」此自解「不彌人争」之意，鬬即争也，豈正文有鬬字乎？

又　「若夫教者，摽然若秋雲之遠，動人心之悲。藹然若夏之静雲，乃及人之體。鵬然若謞之静，動人意以怨。蕩蕩若流水，使人思之。」樾謹按：「動人心之

悲」當作「動人心以悲」，與下文「動人意以怨」一律。古「以」、「而」字通用，説見王氏引之《經傳釋詞》。動人心以悲，猶云動人心而悲也。動人意以怨，猶云動人意而怨也。今作「之悲」，則不詞矣。蓋涉上句有「之」字而誤耳。「藹然若夏之靜雲」當作「藹然若夏雲之靜」，與上「秋雲」句一律。惟雲不能及人之體，尹注增成其義曰：「油然含潤，將降，其澤及人之體。」此曲説也。疑《管子》原文本作「藹然若夏雲之靜，動人意以怨」，與上文「摽然若秋雲之遠，動人心以悲」相對成文。「乃及人之體」當在「鵩然若謞之靜」下。「鵩然」句不可解，疑當作「窵然若高山」，與下「蕩蕩若流水」相對成文。「山」字與篆文「之」字相似而誤，又涉上文「夏雲之靜」句而衍「靜」字。後人因「若高之靜」義不可通，乃加言旁作「謞」耳。「鵩」字字書所無，乃「窵」字之誤。因其字從穴從鳥，篆文「穴」字與隸書「肉」字相似，傳寫者誤從肉，後人因從肉之字，皆在左旁作月，因變而爲「鵩」矣。《墨子・備城門篇》有「臏」字，即「竇」字之誤。正與此同。説詳《墨子》，可以爲證。「乃及人之體」，「乃」字衍文，即「及」字之誤而複者也。「及」讀爲「岌」。《文選・羽獵賦》「天動地岋」，注引韋昭曰：「岋，動貌。」窵然若高山岋人之體，言如登高山動人之體也。《管子》此文最舛譌難讀，今考正之如此。

又「百振而食，非獨自爲也。」樾謹按：「百」乃「自」字之誤。言自振作而食，非獨自爲也。兩「自」字正相應，因涉上句「百姓」字而誤「自」爲「百」，文不可通。

又「奈其斝辱。」樾謹按：「辱」字常屬下「知神次者」爲一句，乃覆舉上文而釋之也。「奈其斝」三字並衍文，即下文「執其斝」之誤而衍者。「執」字闕壞，止存左旁之「㚔」，因誤爲「奈」矣。尹曲爲之説，非是。

又卷四「莫人，言至也。」樾謹按：此云：「莫人，言至也。」下云：「不宜，言應也。」又云：「不顧，言因也。」皆釋上文「直人之言，不義不顧」之義。「不宜」即「不義」也。然則「莫人」乃「直人」之誤。疑《管子》原文本作「直人，言正也」，蓋以「正」釋「直」。《禮記・曲禮篇》「直而勿有」，《郊特牲篇》「直祭祝於主」，鄭注並曰：「直，正也。」以「正」釋「直」，乃古義也。「直」與「莫」、「正」與「至」，皆以形近而誤。

又「齊晉之水，枯旱而運。」樾謹按：「齊」與「晉」聲相近。《周易釋文》曰：「晉，孟本作齊。」是也。《管子》原文本作「晉之水」，聲誤爲「齊」，校者旁注「晉」字，傳寫并入正文，遂作「齊晉之水」矣。尹注謂是齊之西而晉之東，此曲説也。王氏《雜志》謂涉上文而誤。夫上文有「齊之水」、「楚之水」、「越之水」、「秦之水」，何獨謂作「齊」乎？是猶未明其致誤之由也。又按：「運」字無義，乃「渾」之叚字。惟其枯旱，是以渾濁，故曰「枯旱而渾」也。

又「涸川之精者生於蝺。」樾謹按：「於」字衍文。王氏《讀書雜志》已訂正矣。惟此文尚有可疑。上文云：「涸澤數百歲，谷之不徙，水之不絶者生慶忌。」是則當有「生」字者也。若此文言涸川之精者則即是蝺矣，何得更言生乎？據《太平御覽・妖異部》、《法苑珠林・六道篇》引此文「川」下並有「水」字，疑《管子》原文本作「涸川之水生蝺」，因涉上文「此涸澤之精也」而誤。若此文已云「涸川之精者生蝺」，而下文又云「此涸川水之精也」，則於文義複矣，知非《管子》原文也。

又「奢龍辨乎東方，故使爲土師。」樾謹按：「土師」當作「工師」。此官在唐虞爲共工，在《周官》爲司空。司空即司工，「空」者「工」之叚字也。故《小宰職》曰「冬官掌邦事」，不曰「冬官掌邦土」。漢世説經者，有司空主空土之説，僞古文遂曰「司空掌邦土」矣，説詳《羣經平議》。此文「工師」作「土師」，蓋以形近而誤。然與經義違矣，故不可不辨。

又「睹甲子，木行御。」樾謹按：「睹」字義不可通，疑當爲「都」。都，古字作「䣜」，因誤爲「覩」，後人遂書作「睹」耳。《爾雅・釋詁》曰：「都，於也。」「都甲子，木行御」，言於甲子之日，木行御也。下文「睹丙子火行御」、「睹戊子土行御」、「睹庚子金行御」、「睹壬子水行御」，諸「睹」字並當作「都」。

又「不誅不貞。」樾謹按：「貞」乃「賞」字之誤。上文於春曰「賦祕賜賞於四境之内」，於夏曰「發臧任君賜賞」，是皆有賞也。下文於秋曰：「命左右司馬衍組甲厲兵，合什爲伍，以修於四境之内，諛然告民有事，所以待天地之殺斂也。」於冬曰：「令民出獵禽獸，不釋巨少而殺之，所以貴天地之所閉藏也。」是皆有誅也。蓋賞以春夏，刑以秋冬，古制如此。至戊子土行御，則不誅不賞，但務農事而已。故不誅不賞，農事爲敬。「賞」字闕壞，遂誤爲「貞」。尹注從而爲之辭，斯曲説矣。

又「君危，不殺，太子危。」樾謹按：「殺」當爲「發」，聲之誤也。《釋名・釋用器》曰：「鏺，殺也。」《釋名》一書皆以聲取義，「鏺」從「發」聲，而訓爲「殺」，是「殺」與「發」聲近。《詩・噫嘻篇》「駿發爾私」，毛傳曰：「發，伐也。」《廣雅・釋詁》曰：「伐，殺也。」「發」訓「伐」而「伐」訓「殺」，然則「殺」之與「發」，義亦得通矣。「君危」自爲句，「不發」又自爲句。上文曰：「睹甲子木行御，天子出令，命左右士師内御，總別列爵，論賢不肖士吏，賦祕賜，賞於四境之内，發故粟以田數，出國衡，順山林，禁民斬木，所以順草木也。」此文承上而言，故曰：「天子不賦不賜賞，而大斬伐傷，

君危，不發，太子危，家人夫人死。」所云「不賦不賜賞而大斬伐傷」，與上文「賦祕賜賞於四境之内」及「禁民斬木」相應，所云「不發」，與上文「發故粟」相應。蓋當發故粟而不發，故其災禍如此也。「不發」正與「不賦不賜賞」一律，因字誤作「殺」，尹注遂誤以「君危不殺」四字爲句，解曰：「若君雖危而不見殺，則又太子危，而家人夫人有死禍也。」此曲説不可從。下文曰：「睹戊子土行御，天子修宫室，築臺榭。君危，外築城郭，臣死。」君危爲一事，臣死爲一事，然則此文亦當以君危爲一事，太子危爲一事，非君危不見殺，而後太子乃危也。

又 「卿相不得翦其私。」樾謹按：上云「翦公財以禄私士」，此乃云「翦其私」，義不可通。此「翦」字當讀爲「濟」，聲之誤也。《爾雅・釋言》：「翦，齊也。」郭注曰：「南方人呼翦刀爲劑刀。」是「齊」與「翦」聲相近，又涉上文「翦公財」而誤耳。

又 「夫日侵而産怨，此失君之所慎也。」樾謹按：「失君」當作「人君」，涉上文「失君則不然」而誤。

又卷五 「從左方涉，其深及冠，從右方涉，其深至膝。」樾謹按：水而及冠，是滅頂矣，又何涉乎？《説苑》作「從左方渡至踝，從右方渡至膝」，疑此文「冠」字亦當作「踝」，以聲近而誤也。左至踝，右至膝，是左淺而右深也。自「踝」誤作「冠」，則爲左深而右淺，遂改上文之「左袪衣」爲「右袪衣」、「左方涉」爲「右方涉」，皆非《管子》之原文矣。

又 「四鄰不計。」樾謹按：此本作「四隟不計」，故尹注曰：「四鄰與己爲隟，不計度而知之。」「四鄰與己爲隟」正解「四隟」之義。今作「四鄰不計」者，即涉注文而誤。下文曰：「故上惛則隟不計。」文與此同，彼奪四字耳。

又 「農事習則功戰巧矣。」樾謹按：「功」當作「攻」。上文云「耕農當攻戰」，此承上文而言，故曰「農事習則攻戰巧矣」。尹注曰：「習農則當功戰。」即依上文爲説。「功」亦應作「攻」。《荀子・議兵篇》：「械用兵革，攻完便利者强。」楊注曰：「『攻』當爲『功』。」是「攻」、「功」古通用。然觀尹注，則其所據本似本作「攻」，今作「功」者，聲近而誤。

又 「人主不參驗其罪過，以無實之言誅之，則姦臣不能無事貴重，而求推譽，以避刑罰，而受禄賞焉。」樾謹按：「姦臣」當作「人臣」。蓋人主以無實之言誅人，則人臣皆事貴重以求免，非必姦臣也。涉上文兩云「姦臣」而誤。

又卷六 「人衆田不度食若干。」《山國軌》。樾謹按：「不度食」當作「不足食」，涉上文「終歲度人食若干」而誤也。下文云：「終歲其食不足於人若干。」可證。

又 「桓公曰：『陒者所以益也。』」樾謹按：此本作「陒者所以隘也」，故管子對曰：「隘則易益也。」正承桓公此語而言。今作「所以益也」，即涉下句「益也」二字而誤耳。《禮記・禮器篇》「君子以爲隘矣」，《釋文》曰：「『隘』本作『陒』。」是「陒」、「隘」義得相通，故曰「陒者所以隘也」。「隘」誤作「益」，於義難通。且管子「隘則易益」之言爲贅設矣。

又 「故先王各用於其重。」樾謹按：「各」當爲「託」，聲之誤也。《國蓄篇》作：「先王爲其途之遠其至之難，故託用於其重。」可證。《揆度篇》作「故先王度用其重」，「度」亦當爲「託」。

又 「修河濟之流」。樾謹按：「修」乃「循」字之誤，言循流而下也。「循」誤作「脩」，因誤作「修」。本書類此者不可勝舉。

又 「百乘之國，中而立市，東西南北度五十里。」樾謹按：「度」當爲「各」，聲之誤也。謂東西南北各五十里也。上文「故先王度用其重而因之」，《地數篇》作「故先王各用於其重」，「度」、「各」聲近而誤，在本篇即可證矣。又按：此文當作「東西南北各百五十里」，故其下云：「三日出境」，明每日行五十里也。《荀子・大略篇》所謂「吉行五十」是也。下文「千乘之國，中而立市，東西南北度百五十餘里」，當作「度二百五十里」，故其下云「五日出境」，亦是每日行五十里也。何以明之？據下文曰：「萬乘之國中而立市，東西南北度五百里。」其下即云「十日出境」。夫五百里而十日出境，則日行五十里可知。前後必當一例，故知此文有奪誤也。詳《管子》之意，萬乘之國方千里，是古王畿之制。千乘之國方五百里，是《周禮》諸公之國之制。百乘之國方三百里，是《周禮》諸伯之國之制。蓋《管子》多與《周禮》合也。古者公侯爲一等，伯子男爲一等，故《左傳》曰：「在禮，卿不會公侯，會伯子男可也。」此文言公以該侯，言伯以該子男耳。若如今本，則百乘之國方百里，千乘之國方三百餘里，萬乘之國方千里，參差不齊矣。又五十五百，均無餘數，獨於百五十言餘，亦不可通也。

又 「則請重粟之價金三百。」樾謹按：此言粟價，而云「金三百」，義不可通。「金」乃「釜」字之誤。「釜」字壞其上半，故成「金」字矣。據《輕重甲篇》云：「故善者重粟之，賈釜四百。」則是鍾四千也。十鍾四萬，二十鍾者八萬，然則此文亦必與彼同。「三百」當作「四百」，古書「四」字或作「亖」，因誤爲「三」耳。

又 「此三人者，皆就官而衆。」《輕重己》。樾謹按：「衆」當作「稟」。《漢書・文帝紀》「吏稟當受鬻者」，師古注曰：「稟，給也。」就官而稟，謂就官而給也。作

「衆」者，形近而誤。

又卷八 「古之善爲士者。」十五章。樾謹按：河上公注曰：「謂得道之君也。」則「善爲士者」當作「善爲上者」，故以得道之君釋之。「上」與「士」形似而誤耳。

又 「輕則失本，躁則失君。」二十六章。樾謹按：河上公本作「輕則失臣」，注云：「王者輕淫，則失其臣。」竊謂兩本均誤。《永樂大典》作「輕則失根」，當從之。蓋此章首云「重爲輕根，静爲躁君」，故終之曰「輕則失根，重則失君」，言不重則無根，不静則無君也。王弼所據作「失本」者，「本」與「根」一義耳。而弼不曉其義，以「失本」爲喪身，則曲爲之説矣。至河上公作「失臣」，殆因下句「失君」之文而臆改耳。

又 「善有果而已。」樾謹按：河上公本作「善者果而已」，當從之。王注曰：「果猶濟也，言善用師者，趣以濟難而已矣。」是其所據本亦作「善者」，故以「善用師者」釋之。今作「善有」，以形近而誤。

又 「是以上德無爲，而無以爲。」三十八章。樾謹按：「無爲」與「無以爲」似無所區別。下文云：「上仁爲之，而無以爲。」夫「無爲」與「爲之」，其義迥異，而同言「無以爲」，其不可通明矣。《韓非子·解老篇》作「上德無爲而無不爲也」，蓋古本老子如此，今作「無以爲」者，涉下「上仁」句而誤耳。傅奕本正作「不」。

又 「木强則兵。」七十六章。樾謹按：「木强則兵」，於義難通。河上公本作「木强則共」，更無義矣。《老子》原文本作「木强則折」，因「折」字闕壞，止存右旁之「斤」，又涉上句「兵强則不勝」而誤爲「兵」耳。「共」字則又「兵」字之誤也。《列子·黄帝篇》引老耼曰：「兵强則滅，木强則折。」即此章之文，可據以訂正。

又卷九 「君子進不敗其志，内究其情。」樾謹按：「内」當作「衲」，即「退」字也。「進不敗其志」、「退究其情」，正相對成文，所謂大行不加，窮居不損也。因「退」從或體作「衲」，又闕壞而作「内」，畢氏遂據上句增入「不」字，説曰：「『疚』、『究』同，猶云内省不疚。」殊失其旨。

又 「内有以食饑息勞，將遺其萬民。」樾謹按：「將」當作「持」。「持養」乃古人恒言，詳見《七患篇》。此作「將養」，形似而誤。《天志中篇》正作「内有以食飢息勞，持養其萬民」，可據以訂正。《非命上篇》「將養老弱」，亦「持養」之誤。

又 「故古者聖王，明天鬼之所欲，不避天鬼之所憎，以求興天下之利。」樾謹按：此本作「明天鬼之所欲，而避天鬼之所憎」，今作「不避者」，篆文相似而誤。《天志中篇》正作「而辟天鬼之所憎」。

又卷一二 「天見其明，地見其光，君子貴其全也。」樾謹按：兩「見」字並當作「貴」。蓋「貴」字漫漶，止存其下半之「貝」，因誤爲「見」耳。「光」與「廣」通，説見王氏《讀書雜志》。言天貴其明，地貴其廣，君子貴其全。「貴」誤作「見」，則與「君子」句不一律，失《荀子》語意矣。

又 「遠舉則病繆，近世則病傭，善者於是閒也，亦必遠舉而不繆，近世而不傭。」樾謹按：「世」字當作「舉」。「遠舉」、「近舉」，相對爲文。楊注曰：「遠舉上世之事，則患繆妄。下舉近世之事，則患傭鄙。」蓋因正文有兩「舉」字，故注亦云然也。不曰「近舉下世」，而曰「下舉近世」者，避不詞耳。今作「近世」者，即涉注文而誤。

又 「察辯而操僻，淫大而用之。」樾謹按：楊注讀「察辯而操僻淫」爲句，誤也。當以「察辯而操僻」五字爲句。《大略篇》亦云「察辯而操僻」，是其證。「大」讀爲「汏」，「淫汏」連文。《仲尼篇》曰「若是其險汙淫汏也」，是其證。「之」者，「乏」之壞字。襄十四年《左傳》曰：「匱神乏祀」，《釋文》曰：「本或作『之祀』。」蓋「之」、「乏」形似，故易誤耳。「淫汏而用乏」與「察辯而操僻」相對成文。此文自「知而無法，勇而無憚，至利足而迷，負石而隊」，凡七句，語皆一律，而總之曰：「是天下之所棄也。」楊以「大而用之」四字爲句，而釋之曰：「以前數事爲大而用之。」則上下文氣隔矣。

又卷一三 「凡主相臣下百吏之俗。」樾謹按：「俗」當爲「屬」，聲近而譌也。下文又曰：「凡主相臣下百吏之屬。」可證「俗」字之譌。楊氏不據以訂正，而曰「俗謂風俗」，失之。

又 「須孰盡察。」樾謹按：「須」字無義，乃「順」字之誤。《禮論篇》曰：「非順孰脩爲之，君子莫之能知也。」亦以「順孰」連文，是其證。「順」與「須」形近而誤。楊注非。

又卷一四 「故君子敬其在己者。」樾謹按：「敬」當爲「尚」。《説文·尚部》：「尚，自急敕也。」經典通作「亟」。《爾雅·釋詁》：「亟，疾也。」《釋文》曰：「字又作尚。」是也。君子尚其在己者，猶云君子急其在己者。正與「小人錯其在己者」相對成義。學者罕見「尚」字，因誤爲「敬」耳。

又 「譬之，是猶傴巫跛匡，大自以爲有知也。」樾謹按：「大」字乃「而」字之譌。「而」、「大」篆文相似，因而致誤。注云：「猶巫尪大自以爲神異。」則曲爲之

説矣。

又 「祭齊大羹，而飽庶羞。」《禮論》。樾謹按：楊注曰：「『齊』讀爲『嚌』。」此因《大戴記》而誤也。「齊」當爲「躋」。《禮記・樂記篇》鄭注曰：「『齊』讀爲『躋』。」是也。文二年《左傳》「躋僖公」，杜注曰：「躋，升也。」然則「躋大羹」者，升大羹也，正與上文「尚玄尊先黍稷」一律。下文云：「豆之先大羹也。」是其義也。《大戴記禮・三本篇》作「嚌」，疑即「躋」之壞字。《史記・禮書》「嚌」下有「先」字，疑史公原文作「先大羹」，後人因《大戴》之文，妄增「嚌」字耳。

又 「帶甲嬰軸，歌於行伍，使人之心傷。」《樂論》。樾謹按：歌於行伍，何以使人心傷？義不可通。「傷」當爲「愓」。《荀子》書多用「愓」字。《脩身篇》曰：「加愓悍而不順。」注引韓侍郎云：「『愓』與『蕩』同字，作心邊昜，謂放蕩兇悍也。」又《榮辱篇》曰：「愓悍憍暴。」注亦云：「『愓』與『蕩』同。」歌於行伍，則使人之心爲之動蕩，故曰使人之心愓。「愓」、「傷」形似，因致譌耳。

又 「心不使焉，則白黑在前而目不見，雷鼓在側而耳不聞，況於使者乎？」樾謹按：下「使」字乃「蔽」字之誤。白黑之形，雷鼓之聲，尚且不見不聞，況於蔽者乎？此承上文「蔽於一曲」而言。下文「欲爲蔽」、「惡爲蔽」諸句，又承此而極言之，故篇名「解蔽」也。因涉「心不使焉」句而誤作「使」。既云「心不使焉」，又云「況於使者乎」，文不可通。楊曲爲之説，非是。

又 「見植林以爲後人也。」樾謹按：上文「見寢石以爲伏虎也」，「伏」與「寢」義相應。此云「後人」，則與「植林」不相應矣。植林豈必在後乎？疑《荀子》原文本作「立人」，「立」與「植」正相應。下文曰：「俯見其影，以爲伏鬼也。印視其髮，以爲立魅也。」亦以伏、立對文，可證也。今作「後人」者，疑涉上文誤「立」爲「伏」，又誤「伏」爲「後」耳。

又 「有時而欲偏舉之，故謂之鳥獸。鳥獸也者，大别名也。」樾謹按：上文云：「故萬物雖衆，有時而欲偏舉之，故謂之物。物也者，大共名也。」既有「大共」、「大别」之不同，而上云「偏舉之」，此亦云「偏舉之」，不可通矣。疑此「偏」字乃「偏」字之誤。上云「偏舉之」，乃普偏之義，故曰「大共名也」。此云「偏舉之」，乃一偏之義，故曰「大别名也」。「偏」與「偏」形似，因而致誤。

又 「吐而不奪，利而不流。」樾謹按：楊注曰：「吐而不奪，謂吐論而人不能奪。」此説非也。「吐」當爲「咄」，形似而誤。從土，從出之字，隸書每每相亂。若「敳」從出，而今譌作「敖」。「賣」從出，而今譌作「賣」是也。「咄」者，「詘」之叚字，從口、從言之字，古或相通。若「詠」之爲「咏」，「諧」之爲「喈」，「吟」之爲「訡」，「嘖」之爲「讀」是也。「詘而不奪」，「利而不流」，二句相對，言雖困詘而不可刦奪，雖通利而不至流蕩也。上文於聖人之辨説曰：「説行則天下正，説不行則白道而冥窮。」此於士君子之辨説曰：「詘而不奪，利而不流。」詘謂説不行，利謂説行，其文正相配也。

又卷一五 「合於犯分亂理而歸於暴。」《性惡》。樾謹按：「犯分」當作「犯文」。此本以「文」、「理」相對。上文曰：「順是故淫亂生而禮義文理亡焉。」下文曰：「合於文理而歸於治。」並其證也。「合於犯文亂理」與「合於文理」正相對成義。今作「犯分」，則與下文不合矣。當由後人習聞「犯分」，罕聞「犯文」，而誤改之耳。

又 「請布基慎聖人。」樾謹按：「人」字不入韻，疑有誤，當作「慎聽之」。「聖」與「聽」音近而譌。《尚書・無逸篇》「此厥不聽」，漢石經作「不聖」。《秦泰山碑》「皇帝躬聽」，《史記》作「躬聖」。並其證也。「聽」譌作「聖」，則「聖之」二字不成義，後人因改爲「聖人」矣。請布基慎聽之，欲人慎聽其言。下文云：「請牧基賢者思，欲賢者思其言。」義正同也。「慎聽之」三字，本《禮記・仲尼燕居篇》。

又卷一六 「吾與汝無其文，未既其實，而固得道與。」樾謹按：「無」當作「毌」，「毌」讀爲「貫」，蓋「貫」、「毌」本一字也。《爾雅・釋詁》：「貫，習也。」毌其文，言習其文也。《黄帝篇》：「吾與若玩其文也久矣，而未達其實。」《釋文》曰：「玩，五貫反，習也。」然則此作「毌」，彼作「玩」，聲近而義同。因「毌」字誤作「毋」，後人遂以「無」字易之，而義不可通矣。盧重元本作「既其文未既其實」，則據《莊子》改之，非《列子》之舊。

又 「賓客在庭者日百住。」樾謹按：「住」當爲「數」，聲之誤也。《黄帝篇》：「漚鳥之至者，百住而不止。」張注曰：「『住』當作『數』。」是其證矣。此篇盧重元本作「往」，則是誤字。

又 「雖毀之不知，雖稱之弗知。」樾謹按：上文言舜、禹、周、孔，曰：「雖稱之弗知，雖賞之不知。」則此言桀、紂，宜云：「雖毀之不知，雖罰之弗知。」「毀之」對「稱之」言，「罰之」對「賞之」言，方與下文「彼四聖雖美之所歸，彼二凶雖惡之所歸」文義相應。稱之、賞之，是美之所歸也。毀之、罰之，是惡之所歸也。今涉上文而亦作「稱之」，義不可通矣。

又卷二〇 「虚則知實之情，靜則知動者正。」《主道》。樾謹按：下「知」字當作「爲」。「静則爲動者正」，猶下文云「不智而爲智者正」也，涉上句而誤作「知」，於義

不可通。

又卷二一 「左右引王之説之曰，先告客以爲德。」樾謹按：「引」當作「以」，「曰」當作「日」，皆字之誤也。隸書「以」字或作「㠯」，因誤爲「引」矣。蓋因客説宣王，宣王説而大息，故左右以王之説之日，先告客以爲德也。

又卷二五 「以十端四選。」樾謹按：上云「是故以四選率之」，此當云「以十端率之」，「四選」二字涉上而誤。

又卷二六 「夏約故曰礿。」樾謹按：此本作「初受故曰礿」，即承「夏之所初受」而言，與「始生故曰祠」、「先成故曰嘗」、「畢熟故曰烝」，皆承上而言者一律。因上文「初受」誤作「受初」，於是此文亦作「受初」，而今本作「夏約」者，即「受初」之誤。「受」之與「夏」，「初」之與「約」，字形皆相似也。

又卷二七 「自武王已下，過五百歲矣，聖王不起，何慅矣。」樾謹按：「慅」字難通，明吉府本作「何怪矣」，當從之。怪猶異也，言何其異也。蓋過五百歲而聖王不作，可怪異之甚也。作「慅」者，形似而誤。

又卷二八 「故天之視聽，不可謂不察。」樾謹按：「視聽」乃「親德」之誤。《論衡》作「故天之親德也，可謂不察乎」，是其證也。上云：「臣聞皇天無親，惟德是輔。」故此云「天之親德」，即承上文爲説也。《廣雅・釋詁》：「察，至也。」不可謂不察者，不可謂不至也。後人不達「察」字之義，疑與「天之親德」意不相承，遂以形似之字易之，而爲「天之視聽」矣。

又 「行歸而過謂之順。」樾謹按：「過」當作「和」。古書「和」字或以「咼」爲之。《淮南子・説山篇》「咼氏之璧」，高誘注曰：「『咼』，古『和』字。」是也。《賈子》原文本作「咼」，後人不識，因改爲「過」矣。「和」與「順」義正相應。

又卷三一 「見卵而求晨夜。」樾謹按：「晨」當作「辰」。淺人誤謂與「夜」對文，故加日作「晨」，不知非其義也。辰者，時也。《詩・東方未明篇》「不能辰夜」，毛傳曰：「辰，時也。」《正義》曰：「不能時節此夜之漏刻，然則辰夜即時夜也。」《莊子・齊物論篇》正作「見卵而求時夜」，蓋皆本於《毛詩》。《淮南》用其文，《莊子》用其義耳。

俞樾《古書疑義舉例》卷七《據他書而誤改例》 《禮記・坊記篇》引《詩》：「横從其畝。」按：《毛詩》作「衡從其畝」。傳曰：「衡獵之，從獵之。」《釋文》引《韓詩》作「横由其畝」。東西耕曰横，南北耕曰由。此《經》引《詩》，上字既同《韓詩》作「横」，下字亦必同《韓詩》作「由」。鄭君疑南北耕不可謂之由，故不從韓義而別爲之説曰：「横行治其田也。」《廣雅・釋詁》曰：「由，行也。」鄭訓「横由」爲「横行」，其意如此。後人據《毛詩》以改《禮記》，而注義晦矣。《墨子・七患篇》：「爲者疾，食者衆，則歲無豐。」按：「疾」當作「寡」。爲者寡而食者衆，雖豐年不足供之，故歲無豐也。今作「爲者疾」，後人據《大學》改之。《荀子・勸學篇》：「君子博學而日參省乎己。」按：「省乎」二字衍文。《大戴記・勸學篇》作「君子博學如日參己焉」，「如」、「而」古通用，無「省乎」二字。此作「君子博學而日參省乎己」，後人據《論語》增之。《吕氏春秋・孟春紀》：「乘鸞輅。」按：「鸞」本作「鑾」。高注曰：「鸞鳥在衡，和在軾，鳴相應和，後世不能復致，鑄銅爲之，飾以金，謂之鑾輅也。」高意鑄銅象鸞鳥，故其字從金，從鸞省，若本是鸞字，不必有鑄銅飾金之説矣。今作「鸞輅」者，後人據《禮記》改之，遂并高注而竄易之。《淮南子・詮言篇》：「此四者，耳、目、鼻、口，不知所取去，心爲之制，各得其所。」按：上文云：「目好色，耳好聲，口好味。」此承上文而言，不當有「鼻」字，蓋後人據《文子・符言篇》增入之。不知彼上文「目好色，耳好聲，鼻好香，口好味」，與此不同，未可據彼增此也。

戴望《管子校正》卷一 「莫知其釋之。」宋本「釋」作「澤」。王云：「『澤』、『釋』古字假借，後人不知而妄改之，當從宋本」。望案：後解作「舍」。

又卷三 「若因夜虚守静人物，人物則皇。」宋云：「『夜』是『致』字之譌，即《老子》『致虚極守静篤』也。《幼官圖》作『處虚守静』，脱『致』字。『處』字涉下『虚』字而誤。」劉云：「下『人物』字疑衍。物，事。皇，大也。言人君能處虚守静，則發之人事盛大也。」望案：後圖本無下「人物」字。丁云：「『若因』二字當在『人物』上。若順也，順因人物虚静之道也。《心術篇》『静因之道也』，又曰『無爲之道因也』，又曰『因也者舍己而以物爲法者也』。」此十字下當接下文「常至命」云云。「凡物開静」七字四時同。「常」字上又脱一字，「則皇」與「則帝」、「則王」、「則霸」、「則衆」、「則强」、「則富」、「則治」、「則安」文法一例。《兵法篇》亦「皇」、「帝」、「王」、「霸」四者平列。今本脱譌不可讀。」

又 「發於驚。」望案：「驚」疑「警」字之誤。《釋名》曰：「敬，警也，行事肅警也。」發於警，正得臨事而懼之意。古字「警」、「驚」往往致誤。《詩・小雅》「徒御不警」，今亦誤爲「驚」矣。

又 「莫之能害。」元本作「莫之能圉」，後圖亦作「圉」，此涉上文「無害」而誤。

又 「勝心焚海内。」望案：「焚」字義不可通。尹注訓爲「焚灼」，甚非也。「焚」當爲「樊」，字形相近而誤。《詩・齊風》毛傳曰：「樊，藩也。」字本作「棥」，叚

借作「樊」。勝心樊海内者，言勝心足以牢籠海内若藩籬之也。《孟子》「益烈山澤而焚之」，莊氏葆琛謂「烈」當作「列」，「焚」作「樊」，言衷列山澤而藩籬之也。《左傳》「象有齒以焚其身」，宋本《北堂書鈔》引「焚」作「樊」，可證今本之誤。

又卷四　「雖廣其威可損也，故曰不正廣其荒。」丁云：「廣，大也。損，宋本作『須』，乃『頃』之誤。『頃』與『傾』同。傾者，覆滅之義，言雖大其威可以覆滅之也。下文曰『是以威盡焉』，『傾』與『盡』皆釋舉目荒字。《逸周書・大明武篇》『靡敵不荒』，孔晁注云『荒，敗也』，『荒』即『亡』之借字。」

又　「陰陽兩生而參視。」丁云：「『視』疑『死』字誤。『參死』對『兩生』言。下文云『得之必生，失之必死』，亦『生』、『死』對文。易之爲道，不外一陰一陽。乾爲化，坤爲成，所謂兩生也。若天地不正之氣變亂其中，則二氣沮喪，不能化成，是以參死。」

又卷五　「榮其名。」宋本、朱本「榮」皆作「營」。丁云：「『名』當爲『分』。營，治也。治其分猶上言務其職也。《管子》多以『職』、『分』對言；下文云『不能其事而失其職者，必使有恥』，文義蓋以『不能其事』四字承上『營其分』句言之。」

又卷七　「夷吾之爲君臣也。」元刻無「臣」字。陳先生云：「『爲君臣』當作『爲人臣』，此涉上文『君命』而誤。下文管仲曰：『爲人臣者，不盡力於信則不親。』信義正同」。俞云：「君謂僖公，尹注謂已立君臣之義，大非。」

又　「君曰不能。」丁云：「上下文皆作『公曰』，此『君』字亦當作『公』，蓋涉上下有『君』字而誤。」

又卷九　「彊國衆，合彊以攻弱以圖霸。」宋本作「弱國衆」，是也。今本涉下文多言「彊國衆」而誤。

又　「彊國衆而言王勢者，愚人之智也。彊國少而施霸道者，敗事之謀也。」元本、劉本無「道」字。丁云：「案：上文『勢』字亦衍。據尹注云『非言王之時』，則無『勢』字。又云『非施霸之時』，則無『道』字。」望案：「彊國少」當作「弱國少」，此涉下文「彊國少」而誤。唯其弱國少而欲施霸，則衆彊之國必不我與，故曰「敗事之謀也。」若作「彊國少」，則此句何解乎？下文：「彊國衆先舉者危後舉者利，彊國少先舉者王後舉者亡。」不必承此文言也。

又卷一一　「若一家之實」。丁云：「『實』當爲『長』字之誤。『長』與『是』形相似，一譌爲『是』，再譌爲『寔』，因又作『實』耳。尹注云『若家之從長』，所見本不誤。」

又　「倍其官。」丁云：「『官』當作『言』，此涉上文『治大官』而誤。尹注云『巧言令色委曲從君疑』，所見本作『言』字不誤。」

又卷一二　「賤有實敬無用。」陳先生云：「『敬』乃『苟』字誤。『苟』與『亟』同。後人不識『苟』字，因改『苟』爲『敬』。下『敬珠玉』亦當作『苟』。」

又　「百姓誰敢敖。」宋本無「敢」字。丁云：「宋本是也。『誰』乃『讙』之誤，寫者脱去『藋』字上半耳。《荀子・彊國篇》亦云『百姓讙敖』。楊注：『讙，喧譁也。敖，喧噪也。』『敖』亦讀爲『嗷』，謂叫呼之聲嗷嗷然也。」

又卷一三　「强而卑義信其强，弱而卑義免於罪。」丁云：「兩『義』字當作『者』，與上文兩『者』字一例。信，古『伸』字。」

又　「巨之徒滅。」丁云：「『巨』當爲『成』，承上『有成』、『無成』言之。」

又卷一四　「萬物有極。」丁云：「當作『萬物已極』，與『人情已得』對文。此涉下文『有德』而誤。」

又卷一五　「君臣上下貴賤皆發焉。」丁云：「『發』乃『法』字誤，俗音亂之。下文云『君臣上下貴賤皆法』，是其證。」

又卷一六　「忿怒之失度乃爲之圖。」丁云：「『忿』當是『喜』字之誤。下文『不喜不怒』即承此文言之。下文又云『必以喜怒憂患』，又云『悲憂喜怒』，皆『喜怒』連言。」

又卷一七　「或以平虚請論七主之過。」陳先生云：「『過』當爲『道』，涉下文兩『過』字而誤。六過一是爲七主，若云七主之過，則不可通矣。尹注非。」

又　「離氣不能令。」丁云：「『氣』字衍。『令』乃『合』字誤。離不能合，承上『使有離意』句。上下文皆四字爲句『令』字涉上『令内』而誤。尹注非。」

卷一八　「明知千里之外隱微之中曰動姦，姦動則變更矣。」望案：「動」當作「洞」，聲之誤。《鬼谷子》作「是謂洞天下姦」。

又卷一九　「薛下於萑，萑下於茅。」宋本注：「『萑』音『追』，芫蔚也，一作『蓷』。」中立本同趙本。張云：「『芫』當作『茺』。《釋艸》『萑蓷』郭注：『令茺蔚也。』《釋文》：『「萑」音「追」，蓷，他回反。』《王風・中谷有蓷》毛傳：『蓷，鵻也。』《釋文》：『蓷，他雷反。』引《韓詩》云：『茺蔚也。』並與尹注合。『芫』、『茺』形近而譌。」

又卷二〇　「聖人之諾已也。」丁云：「『已』乃『言』字誤。下文云『必諾之言故云諾言』，猶上文『必得之事故云求事』也。此涉下『不義則已』而誤。」

又卷二一　「忠正無罪而有罰。」丁云：「『正』當爲『臣』，涉下『行正』而譌。忠臣與邪臣對文。」

又　「臣乘馬第六十八。」《管子·輕重一》。宋本「臣」作「巨」，元本、朱本作「匡」。丁云：「疑當作『國』，俗書作『国』，形近而譌。」

孫詒讓《札迻》卷一　注云：「計下分三百八十五。」又云：「此爲計下分門，張氏《略義》引汪萊云：『宜爲「闆」』。」時作法耳。計下分以四寸汪云：「宜爲『分』。」一爲中。」又云：「日月從黄道外則即計下分，汪云：「挩『闆』字。」從内則下。」汪云：「挩『狹』字。」案：「計下分」並當作「斗下分」。古曆周天三百六十五度四分度之一，分繫二十八次，冬至日在牽牛，故餘分在斗下者四分一，曆算家謂之斗分。《晉書·曆志》引姜岌云：「《殷曆》以四分一爲斗分。」又王蕃云：「古緯斗下分七百三十三里十七步五尺一寸八分强。」《宋書·曆志》祖沖之云：「六家曆其術斗分多。」此云「斗下分闆」，即謂「斗分多」也。「斗」與「計」艸書形近而誤。

又　「以《春秋》西狩題范本作「顯」。釗表命。」案：「釗」當作「劉」，形近而誤。謂題録漢受命之符也。上云：「題録興亡。」《公羊·哀十四年》西狩獲麟傳，何注云：「夫子素案圖録，知庶聖劉季當代周，見薪采者獲麟，知爲其出。」即其義也。

又　「食外曰莘，食下曰根。」案：「莘」當作「葉」，形近而誤。《爾雅·釋蟲》云：「食葉蟘，食根蟊。」即此。

又　「神靈悉存，八八通時。」注云：「在，察也。」案：注「在」當依正文爲「存」，「存」、「在」形近而誤。

又　「天地以扣應。」注云：「扣者，聲也。」案：「扣」並當爲「和」，形之誤也。《寶典》引注云：「天地以和，神應先見也。」今本挩。

又　「故曰：八卦變象，皆在於己。」注云：「己，人君也。上列八卦烝之非常而爲交異而著。」案：注末當作「而爲灾異者」，「灾」、「交」，「者」、「著」，皆形近而譌。「而」字衍。

又　「布命九六，機衡維持，經持錯序，七九通符。」案：「維持」後注作「准時」，此疑誤。或下句「經持」當作「維持」，此涉彼而互誤耳。

又　「菟翚開，虎龍恷出。」注云：「菟龍虎，東方之禽，而皆爲災恷。」案：「翚開」，「開」當爲「闅」，「恷」當爲「怪」，並形近而誤。注同。

又　「雷讙虹行。」注云：「雷虹冬行，非時出。元冬季，蓋脱之也。」案：注當作「无冬字，蓋脱之也。」「无」、「元」，「字」、「季」，並形之譌。

又　「倫世師惠出人。」注云：「倫之世人師，謂能度王者於辰難。」案：「辰」當爲「卮」，形近而譌。下注云「度卮難即當力正」，是其證。

又卷二　「宗廟夷，社稷滅，其可通也。」案：「其」當爲「甚」，形近而誤。

又　「鄣防山而能清浄。」盧云：「《説苑》《雜言》。作『障防而清』。《古文苑》『山而』作『止之』。」案：「山」當即「之」字，隸書相近而誤。「而」、「能」二字古通，詳後《説苑》。必有一衍。

又　「物也者，洪名也，皆名也，而物有和名，此物也，非失物。」淩注引張惠言云：「『失』當作『夫』，『夫』猶『彼』也。」案：「洪名」、「和名」，義不可通，「洪」當爲「共」，「和」當爲「私」，皆形之誤。此言萬物者，物爲公共之名，而每物又各自有私名，故下云「此物非夫物」，明共名可相通，而私名則否也。《荀子·正名篇》云：「故萬物雖衆，有時而欲徧舉之，故謂之物，物也者，大共名也，有時而欲偏舉之，此「偏」當作「徧」。故謂之鳥獸。鳥獸也者，大別名也。」此「共名」猶彼云「大共名」，「私名」猶彼云「大別名」矣。《墨子·經上篇》云：「名，達類私。」説云：「名，物達也。命之臧，私也。是名也，止於是實也。」與此義亦正同。

又卷三　「蔡昭公南朝楚，被羔裘，囊瓦求之。」又云：「子胥於是報闔廬曰：『蔡公南朝，被羔裘，囊瓦求之。』」案：古朝服玄端皆羔裘通於上下，不足爲珍。「羔」並當爲「美」，形近而誤。郭忠恕《佩觿》云：「美羊之美爲美惡。」《公羊·定四年》傳云：「蔡昭公朝乎楚，有美裘焉，囊瓦求之，昭公不與。」《穀梁傳》略同。此書多用《公羊》説也。《吴越春秋·闔閭内傳》及《新序·善謀篇》並作「美裘」，可證。「蔡公南朝」下挩「楚」字，當據上文補。

又　「而王恒使其芻莖秩馬莖。」盧校改「莝」。案：盧校是也。「秩」當作「秣」。「莝」、「莖」，「秣」、「秩」皆形之誤。

又　「兩邦同城。」案：兩邦無同城之理，「城」當爲「域」，形近而誤。

又　「使被腸夷之甲三事。」案：《吴越春秋·王僚使公子光傳》云：「王僚乃被棠銕之甲三重。」此「使」當爲「僚」，「腸夷」即「棠銕」。「三事」當從彼作「三重」，「重」、「事」形近而誤。

又　「古公曰：『君子不以養害害所養。』」案：此文不可通，當作「君子不以養者害所養」。徐注引《孟子》可證。此「者」字涉下「害」字而誤。

又　「二鼓操進。」案：「操」當爲「譟」。《詩·大雅·大明》孔疏引《今文書·太誓》云：「師乃鼓譟。」《周禮·大司馬》鄭注云：「譟，讙也。」「譟」、「操」形聲相近而誤。

又　「甲堅士選，器飽弩勁。」案：「器」不可以言「飽」，「飽」當爲「飭」，形近而誤。

又　「更令吏曰令史，丞吏曰丞史，尉吏曰尉史。」孫校云：「案《漢書・陳涉傳》晉灼注引兩『吏』字俱作『史』。」案：晉灼所引近是。蓋舊諸史皆單稱史，今更制令之史即名曰令史，丞、尉史亦然。今本「史」作「吏」，形近而譌。

又　「過賢則賓。」案：「過」當作「遇」，形近而誤。《列子・説符篇》「君遇而遺先生食」，殷敬順《釋文》云：「『遇』，一本作『過』。」

又　「首山多馱鳥，其狀如梟而三目，有耳，其音如録，食之已墊。」注云：「未聞。」畢云：「《九經字様》云：『霴，音店，寒也。』傳曰『霴隘』，今經典相承作『墊』，則『墊』又『痁』字假音。」郝云：「《尚書》云：『下民昏墊。』《方言》云：『墊，下也。』是墊蓋下溼之疾。」

又卷四　「然故諶杵、習士、聞熾、博學之人不可亂也。」注云：「『杵』，所以毀碎於物者也。謂姦詐之人，僞託於誠，以毀君法。『習士』，謂習法之士。『聞識』，謂多聞廣識。」

又　「壏士之次曰五剽，五剽之狀，華然如芬以賑。」注云：「謂其地青紫若賑然也。」案：此亦《草人》之「輕爂也」，當云「華然如粉以脃」。《草人》鄭司農注云「輕爂，輕脃者」，可證。「剽」、「爂」字通。《釋名》字又作「漂」，亦見前。「粉」、「芬」聲同。「脃」、「賑」形近，傳寫譌互。尹望文釋之，殊繆。

又卷七　「不紹葉公之明，而使之悦近而來遠。」盧校依明淩瀛初本，「紹」作「昭」。案：盧校非也。此「紹」當作「詔」，謂詔告之以尚明之義。「紹」、「詔」形聲並相近。

又　「深授其化以厚終始，治去事以正來世。」案：此言孔子作《春秋》也。「厚」當爲「序」，漢隸「序」、「厚」二字形近，故傳寫多互譌。《毛詩序》「厚人倫」，《釋文》云：「『厚』本或作『序』。」亦其證也。序終始，謂序次十二公之事也。

又　「人之耳目曷能久熏勞而不息乎。」案：「熏勞」無義。「熏」當作「勤」，「勤」挩其半爲「堇」，又譌作「熏」，遂不可通。《文子・九守篇》襲此文，作「何能久熏而不息」，亦非。《御覽》三百六十三引《文子》作「人之耳目何能久勤而不愛」，文亦有譌，而「勤」字可正《文子》及《淮南》此文之誤。

又卷八　「何者？商君之遺謀，備飾素循也。」案：「飾」當作「飭」，「循」當爲「脩」，並形近而譌。《莊子・漁父篇》「飾禮樂」，《釋文》云：「飾，本作『飭』。」「脩」、「循」詳《商子》。

又　「又謹慎之民，用天之道，分地之利，擇莫犯土，謹身節用。」汪注「擇莫犯土」：「句有誤字。程本『土』作『法』。」案：此當作「捽草杷土」。《漢書・貢禹傳》云：「農夫父子，暴露中野，不避寒暑，捽屮顔注云：『屮，古草字也。』杷土，手足胼胝。」即王節信所本。今本上三字皆形近譌易，惟「土」字未譌，而程榮又臆改爲「法」，繆之甚也。

又卷一〇　「大夫修宫。」案：「宫」當爲「官」，形近而譌。賈子《新書・春秋篇》云：「大夫夢惡則修官。」亦見《新序・雜事二》。

又　「金木之性不寒，而衣緑飾。」案：「緑」，慶長本作「繡」。疑當作「緣」，形近而譌。

綜述

毛居正《六經正誤》卷六《春秋左氏傳正誤》　「莊伯，成師子也。」「成」作「戊」誤。

又　「曲沃莊伯以鄭人邢人伐翼。」「邢」作「邪」誤。

又　「邢國在廣平襄國縣。」「平」作「乎」誤。

又　八年注：「杞桓公卒。」「杞」作「祀」誤。僖二十八年「杞伯姬」同。

又　「皆稟之時君。」「稟」作「裏」誤。九年「三月，今正月」，「今」作「令」誤。

又　「大雩」注：「書不時。」「書」作「毫」誤。

又　「州公如曹」注：「爲下實來書也。」「書」作「壽」誤。

又　「今民各有心。」「今」作「令」誤。「人各有耦。」「有」作「是」誤。

又　「九年，季姜，桓王后也。」「桓王」作「烜士」誤。

又　「曹伯使其世子射姑來朝。」「世」作「廿」誤。

又　十年注：「書來戰。」「來」作「夾」誤。

又　「曰謀及婦人。」「曰」作「日」誤。

又　「日食不可以不存晦朔。」「不存」作「下存」誤。

又　「傳言譚不能及遠。」「傳」作「傅」誤。

又　「入例在文十五年。」「文」作「丈」誤。僖六年注：「例在文六年。」文十四

年注：「異文。」皆作「丈」，誤。

又「言有二心於己。」作「巳」誤。下「不親附己」同。

又「宗祏，宗廟中藏主石室。」「祏」作「祐」，「室」作「宣」誤。

又「生堵敖及成王焉。」「王」作「正」誤。

又「晉獻公之從祖昆弟。」「祖」作「柤」誤。柤，側加反，果名。

又「蔣在弋陽期思縣。」「弋」作「戈」誤。

又二十五年注：「今得其兆。」「今」作「令」誤。

又「賦納以言。」「賦」作「取」誤。注：「伐原在二十五年。」「伐」作「代」誤。

又「奉揚天子之丕顯休命。」「揚」作「楊」誤。

又「元年，晉侯伐衛。」「侯」作「陽」誤。

又「古者越國而謀」注：「合古之道而失今事霸主之禮。」「失」作「定」誤。

又「爲明年秦晉戰彭衙傳。」「秦」作「奏」誤。

又「始有玄纁束帛。」「纁」作「熏」誤。

又「四年敢于大禮。」「干」作「于」誤。

又「從臺上彈人而觀其避丸也。」「丸」作「九」誤。

又「欲令人愛之如蘭。」「令」作「今」誤。

又「旦召六卿。」「旦」作「且」誤。

又二十八年「晉殺祁盈及揚食我」注：「揚，叔向邑。」「揚」皆作「楊」誤。

又「粱則無矣」，「粱」作「梁」誤。「稻粱」从米，「棟梁」从木。

又「日日以幾」，作「日月」誤。

又**《春秋公羊傳正誤》**「公及邾婁儀父盟于眛。」「眛」作「昧」誤。《穀梁》亦然。

又「言奔則與外大夫來奔同文。」「來」作「求」誤。

又二年注「當案下例」，「當」作「常」誤。

又「君臣和則天下治。」「治」作「加」誤。

又九年注：「平地一尺雪者，盛陰之氣也。」「一」作「七」誤。

又「旱者，政教不施之應。」「旱」作「早」誤。

又十年注「鳴鼓而戰不相詐」，「詐」作「許」誤。

又十一年注「己病逐君之罪」，「己」作「巳」誤。下「己雖病」同。

又十四年注「此夫人淫泆」，「淫」作「治」誤。

又十三年注「圖計也」，作「也計也」誤。

又八年注「當北面受之」，「北」作「比」誤。

又二十四年注「子見篡逐」，作「遂」誤。

又十六年注「正委于臣政」，「正」作「三」誤。

又四年注「莊王滅蕭日」，作「曰」誤。

又九年注「月者閔之」，「閔」作「門」誤。

又五年注「魯失國寶」，作「實」誤。

又四年注「天去戒社」，作「杜」誤。

又**《春秋穀梁傳正誤》**　二年注「惡甚則日」，作「曰」誤。「夫人薨例日」，作「曰」誤。

又三年「而曰或外辭者」，「曰」作「日」誤。

又八年注「若今諸侯」，「今」作「令」誤。

又三年注「不得以陰陽分其名」，「分」作「令」誤。

又「母之子也可。」「母」作「毋」誤。

又四年注「卒例日」，「日」作「曰」誤。「又大去者」，「大」作「人」誤。

又三十一年注「外攘夷狄」，「攘」作「禳」誤。

又元年注「今曰子」，「曰」作「日」誤。

又二十七年注「夫三人行」，「夫」作「我」誤。

又「十有二月甲戌。」作「戍」誤。二十八年「其曰人」，「曰」作「日」誤。

又「不敢斥尊也。」「斥」作「斤」誤。「緇衣纁裳。」作「熏」誤。成七年作「纁」。

又元年注「成十五年奔楚」，「成」作「城」誤。

又二十六年「宋公殺其世子座」，本作「痤」。

沈揆《顔氏家訓考證》　案：《爾雅》、《喪服經》、《左傳》姪名雖通男女，並是對姑立稱。《爾雅》云：「女子謂兄弟之子爲姪。」《左傳》云：「姪其從姑。」《喪服經》亦一書也。

《隋書・經籍志》，《喪服》經傳及疏義凡十餘家，一本作《喪服經》者非。

又　劉縚、緩、綏兄弟，並爲名器。其父名昭。又云「劉」字之下，即有昭音。

《南史》劉昭本傳，子縚、緩附。一本以「昭」爲「照」者非。

又　若有知吾鍾之不調，一何可笑。《淮南子・脩務訓》：「昔晉平公令官爲鍾，鍾成而示師曠。師曠曰：『鍾音不調。』平公曰：『寡人以示工，工皆以爲調，而以爲不調，何也？』師曠曰：『使後世無知音則已，若有知音者，必知鍾之不調。』」「吾」字疑當爲「晉」字。一本以「鍾」爲「種」者尤非。

又　堂上養老，送兄賦桓山之悲。《家語》：「顔回聞哭聲，非但爲死者而已，又有生離別者也。聞桓山之鳥，生四子焉，羽翼既成，將分於四海，其母悲鳴而送之，哀聲有似於此，謂其往而不返也。孔子使人問哭者，果曰：『父死家貧，賣子以葬，與之長決。』子曰：『回也，善於識音矣。』」一本作「恒山」者非。

又　趙憙之降城。《後漢・趙憙傳》：「舞陰大姓李氏，擁城不下。更始遣柱天將軍李寶降之，不肎，云：『聞宛之趙氏有孤孫憙，信義著名，願得降之。』使詣舞陰，而李氏遂降。」諸本誤作「趙喜」。

方崧卿《韓集舉正》卷一　惟德無施而有獲。李、謝以閣本校。李本云：「無已去德字，今本復訛『惟』爲『誰』，其誤甚矣。」

又　余壹不知其可懷。《禮》「予壹不知其喪之踊也」，語原此。閣本、杭本皆作「壹」，舊監本、潮本尚作「一」。訛「壹」爲「豈」，自蜀本也。

又　驚且歎。閣、李、謝校同。潮本作「歡」，今作「觀」，皆訛。

又　五月壁路難攀緣。唐、蔡、謝校同。《鮑溶集》有陪公登華山詩，蓋五月也。傳訛「五月」字爲「青」，復於下增「無」字，非也。

朱熹《昌黎先生集考異》卷一　即阼。「阼」，或作「祚」。方云：《史記・文紀》有「皇帝即阼」一全語，實用「阼」字。今按：阼，謂東階也，作「祚」非是。

又　清風。「清」，方作「晴」。今按：清風興，羣陰伏，無清風則雨意未已也。「晴」字非是。

又卷三　猥欸。「欸」，或作「誒」。方從杭、蜀本，云：蜀音烏來切，《楚詞・九章》：「欸秋冬之緒風。」又《揚子》：「始皇方獵六國而翦牙欸。」王逸曰：「欸，嘆也。」《方言》曰：「欸，然也。南楚凡言然曰欸。」元次山有《欸乃曲》，亦音靄。今按：方説是也。「欸」，《説文》亞改切，又烏來切，譍也。《史記・項羽紀》作「唉」，亦音烏來反，《説文》同。黄魯直讀「欸乃」爲「襖靄」，誤矣。今或寫作「歎」字，亦誤。「乃」却當音「襖」也。

又卷四　公烏得無情哉。「烏」，或作「胡」。方從杭、《苑》作「乎」。今按：作「乎」語意輕脱，不類公它文，亦非寮屬所得施於其長者。蓋本作「烏」，自「烏」而「胡」，又自「胡」而訛耳。大氐此篇《文苑》多誤。

又　破缺。「破」，方作「故」。今按：瓦甎堅物，破缺乃不可用，而故則無甚害也。且修屋而盡易其故，則是新作，而非修之謂矣。作「故」非是。

又卷五　從順。「從」，方作「俗」。今按：後卷《與馮宿書》云：「委曲從順，向風承意。」則諸本作「從順」者，固韓公常用之語也。方本語意拙澀，非是。

又　驅而。「驅」，方作「執」。今按：作「驅」即屬下句，作「執」即屬上句。詳下文亦有「復驅之使就其故地」之文，而「持」、「守」、「執」三字，語太繁複，故當以「驅」爲正。

又卷六　古所云邪。「古」，方從閣本作「吾」。「云」，或作「聞」，而無邪字。今按：篇首云「古稱多感慨悲歌之士」，諸本作「古所云」，語乃相應。作「吾所聞」，猶爲近之，而語勢已微舛矣。若曰「吾所云」，則者無來歷，不成文字，必是謬誤無疑也。然此篇言燕趙之士，仁義出於其性，乃故反其詞，以深譏其不臣而習亂之意。故其卒章又爲道上威德，以警動而招徠之，其旨微矣。讀者詳之。

又　弓韔服。「韔」，或作「在」。方從閣、杭、蜀、《苑》作「張」，引《説文》云：「弓施弦爲張。」又云：「服，弓衣也。」今按：韔、服，皆弓室也，然《詩》云「言韔其弓」，又曰「交韔二弓」，則「韔」字又可通作虚字用矣。此云弓韔服，謂納弓於服耳。況弓施弦與否，於服無利害，作「張」非是。

又　解外膠。諸本作「膠」，方從杭、歐、謝本作「繆」，云：繆，莫侯切，猶綢繆也。《莊子》「内韄者不可繆而捉」，義蓋同此。今按：膠者，黏著之物，而其力之潰敗不黏爲解。今以下文頹墮、潰敗之語反之，當定作「膠」。

又　百車。「車」，方作「年」。今按：《後漢書》馮衍出妻書云：「詞語百車。」韓蓋用此，作「年」非是。

又　雪虐風饕。「雪虐」，方從杭本作「嘯虎」，云：以顛於馬下言之，由虎聲懼也。風饕，謂虎貪風而嘯不已。「虎」，近於「虐」，訛自此也。「饕」，或作「號」。今按：杭本全然不成文理，以上語「歲弊寒兇」言之，八字相偶，當爲「雪虐」明甚。

又　訐奪。或作「奮訐」，方作「許奪」。今按：奪，謂争執不與，猶今言定奪公事也。《墓誌》云「守法争議，棘棘不阿」，即此事也。方本無義，或本亦非。

又卷八　因徵。「因」，方作「顯」，云：《漢・韓安國傳》：「由此顯結於漢。」當用此義。今按：此召對獄耳，與方所引者不類，當只作「因」。

又卷九　齊芳於酒醴。「芳」，方作「高」，云：《禮》夏尚明水，商尚醴，周尚酒，今作「齊芳」，非。今按：明水當在酒、醴之上，不應反言「齊高」。此蓋以其都無臭味，嫌不足於芬芳，故有齊芳之語。方説非是。

彭叔夏《文苑英華辨證》卷五《年月三》　其有他本元誤，《文苑》因而襲之者。如杜佑《省官議》：「晉太元六年，省七百餘員。」案：晉武帝以乙酉歲受魏禪，年號太始，凡十年，至乙未歲改元咸寧，又至庚子改元太康，元年始滅吴。而《荀勗傳》所載議省州半吏在咸寧之後，《通鑑》亦書於咸寧之五年。今《通典》作「晉太元六年」，且有吴國尚在之語，所謂太元，迺東晉孝武年號，非晉初之武帝，佑不應爾，疑雕印時誤指太始爲太元，且又不及咸寧，而《新唐書》作《佑傳》，本傳同。亦襲其誤耳。鄭薰《移顔魯公詩記》：「魯公由刑部尚書貶夷陵郡别駕。大曆六年，又以前

秩轉盧陵郡，道出宣州之溧水縣，經古烈士左伯桃墓下，作詩一首，洎大中丁丑歲八十七年矣。」案：魯公以永泰二年丙午二月貶峽州别駕，旬餘改吉州司馬。六月，次江州之廬山，有東西林題名，必以秋至吉。是年十一月改元大曆，故次年丁未十月，公遊青原寺題名，便稱大曆二年。又明年戊申五月，移撫州刺史，己酉庚戌，皆在官。六年辛亥閏三月代到，而四月書《麻姑壇記》，猶以撫州繫銜。今於文集及石刻考之，是歲八月次上元縣，迺自撫歸京時也。上元與溧水實爲鄰邑，今皆隸昇州。當時溧水則隸宣城，公題詩烈士墓在六年，或是此時與記合。然謂公由刑部尚書貶夷陵，大曆六年，又以前秩轉盧陵郡，道出溧水。薰，唐人，不應謬誤如此。

又卷八《異域・地名附》 異域國名，有與史傳異者，如「紇扢斯門」。案《唐書・黠戛斯傳》：「黠戛斯，古堅昆國，亦曰紇扢斯，後訛爲黠戛斯。」李德裕《與紇扢斯書》與前篇《黠戛斯書》及唐《黠戛斯傳》，事迹並同。今《文苑》既出「黠戛斯門」，又有「紇扢斯門」，誤矣。韓愈《送鄭尚書序》：「真臘于陀利之屬。」案《南史》、《通典》並作「干陀利」，而諸本韓文並以「干」作「于」。又《烏公先廟碑》：「從戰榛鹿。」集本《文粹》並作「榛禄」。榛禄，山也。杜牧《爲中書門下請追尊號表》：「鄭吉之理焉耆，班超之鎮地乾。」「焉」當作「烏」，「地」當作「他」，見二《漢書》。如《通鑑考異》「焉耆入貢于魏」，《後魏書》皆作「烏耆」，云漢時舊國也。案《漢書》作焉，蓋字之訛耳。

又卷九《雜録一》 杜甫《南郊賦》：「屏玉軑以蠖略。」按《甘泉賦》：「蠖略蕤綏。」蠖，於鑊反，正言車馬之狀，而《集》作「蠼略」，非。

又 杜甫《少年行》：「臨軒下馬坐人牀。」而《集》作「臨街」。「傾銀注玉驚人眼」，而《集》作「注瓦」。皆是後人所改也。

又 陳子昂《贈倉曹乙推命禄詩》：「非同墨翟問，空滯殺龍川。」《集》作「至龍川」。按《墨子》：「墨子北之齊，遇日者曰：『帝以今日殺黑龍於北方，而先生之色墨不可以北。』墨子不聽，不遂而反。」此詩謂推命禄，則「殺龍」是。《集》本作「至」，非也。

又 陸襄《誄》：「心符屈婞。」見《離騷經》「婞直以身亡」，而或作「屈仕」。

又《雜録二》 庾信《哀江南賦》：「茫茫慘黷。」錢起《圖畫功臣賦》：「埽乾坤之慘黷。」杜甫《送郭中丞詩》：「中原何慘黷。」案《文選・陸機漢功臣贊》：「茫茫宇宙，上墋下黷。」墋，楚錦切，塵也。三字並當作「墋」。又《哀江南賦》下文復云：「人神慘酷。」則上不當用「慘」字明矣。而《周書》迺以「慘酷」爲「怨酷」。

又 高無際《井賦》：「棲永康之瑞鳥。」韋承慶《枯井賦》：「永康則金精化鳥。」「鳥」一作「馬」。案《藝文類聚》引《異苑》：「永康王曠井上有洗石，子婦覩二黄鳥鬭，掩取變成黄金。」則「馬」字非。

又 獨孤授《吉光裘賦》：「青鳳之燠徒稱。」雍陶《千金裘賦》：「誇煥於青鳳。」案《拾遺》：「周昭王以青鳳毛爲二裘，一燠質，二暄肌。」則「誇煥」之「煥」當作「燠」字明矣。

又 陸龜蒙《幽居賦》：「力止戡蟬。」案《列子》：「臣之力堪秋蟬之翼。」注：「堪，猶勝也。」則「戡」當作「堪」。

又《雜録三》 張籍《蘇州江岸留别樂天詩》：「銀泥裙映錦障泥，畫舸停橈馬簇蹄。清唱曲終鸚鵡語，紅旗影動薄寒嘶。漸消醉色朱顏淺，欲語離情翠黛低。莫忘使君吟詠處，汝墳湖北武丘西。」此詩張《集》不載，見《樂天集》，題作《武丘寺路宴留别諸妓》，「薄寒」作「駮騗」。《廣韻》云：「駮騗，蕃大馬也。」「汝墳」作「女墳」，乃虎丘寺真娘墓也。以此辨之，《文苑》誤矣。

又 康翊仁《鮫人潛織詩》：「三日丈人嫌。」案《樂府・焦仲卿妻詩》：「三日斷五匹，大人故嫌遲。」《後漢》范滂謂母爲「大人」。而《史記索隱》注，韋昭云：「古者名男子爲丈夫，尊父嫗爲丈人。」故《漢書・宣元六王傳》所云「丈人」，謂淮陽憲王外王母，即張博母也。故古詩云「三日斷五匹，丈人故嫌遲」也。

又 趙嘏《西峯即事獻沈大夫詩》：「山連謝宅餘霞在，水應琴雞舊浪春。」又有《宛陵寓居上沈大夫詩》「晚伴西峯醉客還」，又云「謝家雲水滿東山」，此二首皆言宛陵也。宛陵，今宣州謝玄暉守宣城，有謝公亭。又有詩云「餘霞散成綺」。又有琴溪，即琴高控鯉之地。則「雞」當作「谿」，沈大夫即沈傳師也。

又 姚崇《冰壺誡》：「龐恭致水。」「恭」字當作「參」，事見《後漢》。

又 牛僧孺《譴貓》：「趙厥亂岷蜀，以羅沖征之。」「厥」當作「廞」，「沖」當作「尚」，一名仲，事見《晉書》。

王楙《野客叢書》卷二五《史文因誤》 《漢書・甯成傳》曰：「爲人上，操下急如束溼。」師古謂束溼言其急之甚也，溼物則易束。《史記》則曰：「如束溼薪。」《李廣傳》曰：「諸妄校尉以軍功取侯者數十人。」張晏謂「妄」猶「凡」也。《史記》則曰：「諸部校尉。」《田蚡傳》曰：「竇嬰爲大將軍，蚡爲諸曹郎未貴，往來侍酒嬰所，跪起如子姓。」師古謂姓，生也，言同子禮，若己所生。《史記》則曰：「跪起如子姪。」觀《史記》之文，殊不費分解。雖「子姓」之語出於《禮記》，「子姪」二字亦近

人情。

岳濬《刊正九經三傳沿革例》　《記・曲禮》：「二名不偏諱」。「偏」合作「徧」。疏曰：「不徧諱者，謂兩字作名，不一一諱之也。」案舊杭本《柳文》載子厚除監察御史，以祖名察躬辭，奉敕「二名不遍諱，不合辭」。據此作「遍」字，是舊禮作「徧」字明矣。若謂二字不獨諱一字，亦通。但與鄭康成所注舊文意不合，可見傳寫之誤，然仍習既久，不敢如蜀大字本、興國本輕于改也。

又　《小宰》：「凡祭祀，贊王幣爵之事。」諸本「王」皆作「玉」，惟越注疏及建大字本作「王」。以義考之，良是。諸本作「玉幣爵」者，因大宰職有「贊玉幣爵」之文，遂以此「王幣爵」爲「玉幣爵」。小宰所贊之幣爵，固大宰所贊之玉幣爵也，但于此則決非「玉」字。何以明之？大宰贊玉幣爵，上文有贊王牲事，明贊玉幣爵，贊王之玉幣爵也。小宰職卑，不獲贊牲事，而與贊幣爵之事。上文未有「王」字，故以「王幣爵」言之，亦明其贊王也。注所謂從大宰助王，其義甚明。由此言，則「王」字是而「玉」字之爲非也，昭昭矣。

又　《孟子・滕文公章》：「草尚之風必偃。」注云：「尚，加也。」草而加以風必偃。諸俗本多因《論語》「草上之風必偃」，遂以「尚」爲「上」，今已改定。

劉績《管子補注》卷四　散之至於無間，不可名而山。宙合之裹，故散其終。上能無偷觀猶不可得其名，若山然也。績按：「山」乃「止」字誤。

何焯《義門讀書記》卷一五　「秦二年，秦泗川監平將兵圍豐。」師古曰：「泗川郡，『川』字或爲『水』，其寔一也。」按：《地理志》作「泗水郡」，「川」字傳寫之誤，作「水」者是也。

姚範《援鶉堂筆記》卷八　疏又云：「其上介之公幣則有五致：饔餼一也，夫人致禮幣二也，侑食幣三也，饗酬幣四也，郊贈幣五也，降於賓者以其上介無郊贈幣。」範按：上介有郊贈幣，無郊勞幣。此「贈」字係「勞」字之誤也。

又卷三六　「射官，救急澹不給。」「射」字誤。

沈廷芳《十三經注疏正字》卷一　而无別體。「而」當「兩」字誤。

又　象曰節疏：「閉塞其關也，商旅不行於道路也。」上「也」字當「使」字之誤，屬下句。

又　初九節疏：「既在陽始即能從而復之。」「陽始」誤「陽復」。

又　象曰：「先王以茂對時育萬物。」案：郭氏京云「物」上誤增「萬」字。

又　六二節疏：「六二處中得位。」「二」誤「三」。

又　象曰：「不耕穫未富也。」案：郭氏京云「求」字誤作「未」。

又　六三節註：「是有司之所以爲獲。」「獲」，毛本誤從禾。

又　「不家食」節疏：「所以不使賢者在家自食而獲吉也。」「也」當「者」字誤。

又　九三節註：「宜其淹溺而凶衰也。」「溺」誤「弱」。

錢大昕《唐石經考異・周易》　《鼎》「象曰：『鼎黄耳。』」石刻「象」作「彖」，誤。

又　「故先見怪焉，洽乃疑亡也。」「洽」字水旁後加，以文義求之，「合」字較勝。岳本亦作「洽」。監本作「始」，誤。

彭元瑞《石經考文提要》卷三　「揚且之晳也」。監本譌「楊且」，今从諸本。監本作「之晳」。案：《康熙字典・白部》下引此經，又注「晳」从析从白，與日部晳、晢二字義別。今從《欽定詩經傳説彙纂》、《唐石經》南宋巾箱本、岳珂本、《詩緝》、《毛詩集解》。

又卷四　「凡令禽獻。」坊本譌「禽獸」。今从諸本。

又　「七日眚禮。」監本譌「青禮」。今从諸本。

又　「凡國事之財用取具焉。」監本譌「事國」。今从諸本。

又　「以涉揚其芟作田。」監本譌「涉楊」。今从諸本。

汪輝祖《元史本證》卷一　「九年丁酉，蒙哥征欽察部，破之，擒其酋八赤蠻。」案《憲宗紀》亦以八赤蠻爲欽察酋長。《地理志》「欽察」作「欽叉」，事與《紀》同。攷《速不台傳》，敗欽察在太祖己卯，平欽察在太祖癸未。其征八赤蠻，則在太宗乙未，距欽察之平已十有三年。此以八赤蠻爲欽察酋長，誤矣。

又　「七月，燕京、河間、開平、隆興四路屬縣雨雹害稼。」案：是年五月，陞開平爲上都，此不當仍用舊名。隆興析路在至元四年，見《紀》；河間置路在至元二年，見《地理志》。此稱「路」俱誤。

又　「八年正月，設樞密院斷事官。」案《百官志》，樞密院斷事官，至元元年始置，八年增二員。此「設」字當是「增」字之誤。

又　「北京、益都饑。」案《五行志》，「北京」作「西京」，《紀》二月亦書「賑西京饑」，此誤。

又　「九月，益都府濟州進芝二本。」案《地理志》，濟州隸濟寧路，此云「益都府濟州」，誤。

又卷四　「二月，改泉州爲泉寧府。」案元年二月已書「陞全州爲全寧府」，此

複，又誤「全」爲「泉」。

又 「五月，湖廣左丞八都馬辛爲中書右丞。」案元年三月，「以江西左丞八都馬辛爲中書左丞」，《宰相表》元年四月至二年六月爲左丞，中間無改除湖廣之事，此「湖廣」當是「中書」之誤。

又卷六 「四月，真定武陟縣地震。」繼培案《地理志》，武陟屬懷慶路，其屬真定路者涉縣也。《五行志》作「真定陟縣」，「陟」亦「涉」字之誤。

又卷九 「連州，至元十九年降爲散州，隸廣東道。」案《紀》降州在元貞元年，隸廣東在至元二十九年，《志》誤合爲一。

又 「録事司。」案《紀》至元二十九年正月，「罷南雄、韶州、惠州三路録事司」。《志》於韶州獨存，誤。

王念孫《讀書雜志》一之一《代興》 《小明武篇》：「五教允中，枝葉代興。」盧曰：「『代興』當是『代舉』，方與上下韻協。」念孫案：「舉」字古通作「與」，說見《經義述聞・禮運》。因譌而爲「興」。

又一之四《不圖善》 「爾執政小子，不圖善偷生苟安。」念孫案：「不圖善」本作「不圖大囏」。「囏」，籀文「艱」字。大囏，即上所云國人爲患也。不圖大囏，則偷生苟安而已。若云「不圖善」，則與下句義不相屬矣。上文云：「爾執政小子，不勤德以備難。」正所謂不圖大囏也。今本作「不圖善」者，「囏」字闕其半而爲「喜」，「喜」與「善」相似而誤，又脱去「大」字耳。《羣書治要》正作「不圖大艱」。

又《東躅》 「師曠東躅其足曰：『善哉善哉。』」念孫案：「東躅」二字義不可通。「東」當爲「束」，字之誤也。束躅，疊韻字，謂數以足踏地而稱善也。故王子曰：「大師何舉足驟？」孔注：「束躅，踏也。」「東」亦「束」之誤。《北堂書鈔・政術部四》、《太平御覽》人事部十三、樂部十四引此並作「束躅其足」。

又二之一《今者》 「范睢至，秦王庭迎，謂范睢曰：『寡人宜以身受令久矣。今者義渠之事急，寡人日自請太后。今義渠之事已，寡人乃得以身受命。』」念孫案：既云「今義渠之事已」，則上文「義渠之事急」二句乃追叙之詞，不得言「今者」。《史記・范睢傳》作「會義渠之事急」，是也。言適會義渠之事急，故寡人不得以身受命耳。「今者」二字即「會」字之譌。

又三之一《太平治》 「天下於是太平治。」念孫案：「太」當爲「大」。「大」、「太」字相近，後人又習聞「天下太平」之語，故「大」誤爲「太」耳。《羣書治要》引此正作「大平治」。

又《至千萬世》 「二世三世，至千萬世。」念孫案：「至千萬世」當從宋本、游本作「至于萬世」，字之誤也。《漢書・賈山傳》：「秦皇帝曰：『以一至萬，則世世不相復也。』」是其證。舊本《北堂書鈔・禮儀部十五》、《文選・過秦論》注、《太平御覽・皇王部十一》引此並作「至于萬世」。陳禹謨本《北堂書鈔》依俗本改「于」爲「千」。《資治通鑑・秦紀二》同。

又《奉酌》 「天子儀，當獨奉酌祠始皇廟。」引之曰：《說文》：「酌，盛酒行觴也。」可言奉觴，不可言奉酌。「酌」當爲「酎」字之誤也。《說文》：「酎，三重醇酒也。」《漢書・景帝紀》：「高廟酎。」張晏曰：「正月旦作酒，八月成，名曰酎。至武帝時，因八月嘗酎，會諸侯廟中，出金助祭，所謂酎金也。」案：漢制以八月嘗酎，蓋本於秦制祭廟時。天子率羣臣奉酎酒以獻，故曰奉酎。《漢書・武五子傳》「何面目復奉齊酎見高祖之廟」是也。而《集解》、《索隱》、《正義》「酎」字皆無音釋，蓋所見本已誤爲「酌」矣。

又《十三年》 「孝公十三年，始都咸陽。」《正義》曰：「《本紀》云十二年作咸陽築冀闕，是十三年始都之。」念孫案：《秦本紀》：「孝公十二年作爲咸陽，築冀闕，秦徙都之。」是作爲咸陽與徙都咸陽皆十二年之事，非至十三年始徙都也。《商君傳》：「孝公以鞅爲大良造。居三年，作爲築冀闕宫庭於咸陽，秦自雍徙都之。」徙都與作冀闕亦同在一年。又案《秦本紀》「秦徙都之」下云：「并諸小鄉聚，集爲大縣，縣一令，四十一縣爲田開阡陌。」《商君傳》「秦自雍徙都」之下所紀與此略同。考《六國表》聚小邑爲縣及開阡陌之事皆在十二年，而《秦本紀》、《商君傳》紀此二事皆在徙都之後，則徙都之在十二年斷然無疑。此云「十三年始都咸陽」，「三」即「二」字之誤。《正義》曲爲之說，非也。

又三之一《垂涉》 「然而兵殆於垂涉。」《集解》：「許慎曰：『垂涉，地名也。』」念孫案：「垂涉」當依《荀子・議兵篇》作「垂沙」，字之誤也。《墨子・備城門篇》「城上沙」，今本「沙」誤作「涉」。《韓詩外傳》、《淮南・兵略篇》並與《荀子》同。今本《淮南》注：「垂沙，地名。」此即《集解》所引許注也。《楚策》亦云：「垂沙之事，死者以千數。」

又《樂之容》 「欣喜驩愛，樂之容也。」念孫案：「容」當依《樂記》作「官」，字之誤也。鄭注曰：「官猶事也。」《正義》用鄭注爲解，又引賀瑒云：「八音克諧，使物欣喜，此樂之事迹也。」則正文本作「官」明矣。今本《正義》亦誤作「容」，則與「猶事也」之訓不合。

又《知禮樂之道》 「知禮樂之道，舉而錯之天下無難矣。」念孫案：「知」當依

《樂記》、《祭義》作「致」。此後人妄改之也。《正義》曰：「極致禮樂之道。」則本作「致」明矣。

又《又不由人》 「正不率天，又不由人，則凡事易壞而難成矣。」念孫案：「正」與「政」同。「又不由人」本作「亦不由人」。今作「又」者，後人以意改之耳。《索隱》本作「亦不由人」，注云：「此文出《大戴禮》。」今本《大戴禮·誥志篇》作「下不由人」，「下」即「亦」字之誤。則作「亦」者是也。

又《焉逢攝提格太初元年》 「焉逢攝提格太初元年。」引之曰：當作「端蒙單閼」。下文「端蒙單閼」當作「游兆執徐」。自此以下，皆後人所改，當以次更正。説見《太歲攷》。

又三之三《城不浸》 「引汾水灌其城，城不浸者三版。」念孫案：「浸」當爲「没」，字之誤也。《文選·辯亡論》注、《太平御覽·治道部》引此並作「没」。《魏世家》作「湛」，與「沈」同。「湛」亦「没」也。《秦策》及《韓子·難篇》並作「沈」。《説苑·權謀篇》作「没」。《趙策》作「沈」，又作「没」。

又《異日》 「異日王飲酒樂，數言所夢，想見其狀。」念孫案：「異日」之文與上「他日」相複。「異日」本作「旦日」，字之誤也。旦日，謂夢見美女之明日也。《漢書·高祖紀》注：「旦日，明日也。」夜夢美女鼓琴而歌，故明日數言所夢而想見其狀，不待異日也。舊本《北堂書鈔·樂部二》引此正作「旦日」。陳禹謨依俗本改爲「異日」。《太平御覽·樂部八》同。

又《趙氏》 「趙氏壯者皆死長平。」念孫案：「氏」當爲「民」，字之誤也。《燕世家》及《燕策》皆作「民」。

又《無忌》 「無忌謂魏王曰。」楊倞注《荀子·彊國篇》引此「無忌」作「朱忌」。念孫案：作「朱忌」者是也。作「無忌」者，後人以意改之耳。《史記》他篇中或稱信陵君，或稱魏公子無忌，或稱魏將無忌，其但稱「無忌」者，則承上文而言。今「無忌」之名不見於上文，上文范痤上書信陵君，但稱信陵君不稱無忌。而忽云「無忌謂魏王曰」，則文義不明。假如平原君名勝，「勝」字未見於上文，而忽云「勝謂趙王曰」，其可乎？且下文稱「信陵君無忌矯奪晉鄙兵」，而此但稱「無忌」，則是詳於後而略於前，於理尤不可通。《魏策》作「朱己謂魏王曰」，「己」、「忌」古同聲，《鄭風·大叔于田》箋「『忌』讀如『彼己之子』之『己』」。則《史記》之本作「朱忌」甚明。楊倞引作「朱忌」，則唐時本尚未誤。鮑彪注《魏策》云：「朱己，《史》作『無忌』。」《大事記》謂「信陵之言深切綜練」，皆爲俗本所惑。

又三之五《養空而游》 「養空而游。」念孫案：「游」當爲「浮」，字之誤也。《索隱》本作「浮」，注曰：「言體道之人，但養空性，而心若浮舟也。」《漢書》、《文選》並作「浮」。服虔曰：「道家養空，虚若浮舟也。」皆其證。上文「其生兮若浮」，義亦同也。

又《揕其匈》 「臣左手把其袖，而右手揕其匈。」《集解》徐廣曰：「『揕』，一作『抗』。」《索隱》曰：「揕，謂以劒刺其胷也。抗，拒也，其義非。」念孫案：「抗」與「揕」聲不相近，「揕」字無緣通作「抗」。「抗」當爲「抌」。俗書從冘之字作「冗」，從亢之字作「亢」，二形相似，故「抌」譌爲「抗」。《説文》：「抌，深擊也。」《廣雅》曰：「抌，刺也。」《集韻》「抌」、「揕」並陟甚切。「揕」之爲「抌」，猶「湛」之爲「沈」也。《燕策》作「右手揕抗其胷」，「抗」亦「抌」字之譌。且亦是一本作「揕」，一本作「抗」，而後人誤合之耳。姚宏校本云：「一無『抗』字。」是其證矣。《列子·黄帝篇》「攩拯挨抌」，《釋文》云：「抌，方言擊背也。一本作『抗』，違拒也。」亦未知「抗」即「抌」之譌耳。

又《郡小吏》 「年少時爲郡小吏。」念孫案：《索隱》本「郡」作「鄉」，注曰：「劉氏云：『掌鄉文書。』」據此，則劉與小司馬本皆作「鄉」。鄉，謂上蔡之鄉也。今本「鄉」誤爲「郡」，又於注内加「郡一作鄉」四字，斯爲謬矣。《太平御覽·獸部》引此作「郡」，則所見本已誤。《藝文類聚·獸部》引此正作「鄉」。

又四之一《楚子諸侯人》 「羽使卒三萬人從漢王，楚子諸侯人之慕從者數萬人。」文穎曰：「楚子，猶言楚人也。諸侯人，猶諸侯國人。」念孫案：訓「楚子」爲「楚人」，於義未安。「子」當爲「予」，字之誤也。「予」即「與」字，「與其」之「與」通作「予」，猶「賜予」之「予」通作「與」。《大雅·皇矣篇》「此維與宅」，《漢書·郊祀志》、《谷永傳》並作「予」。《論語·顔淵篇》「君孰與足」，《漢書·谷永傳》作「予」。《史記·衛將軍驃騎傳》「與壯士爲剽姚校尉」，《儒林傳》「與博士弟子崇鄉里之化」，《漢書》並作「予」。言楚國與諸國之人皆慕從漢王也。《史記》作「楚與諸侯之慕從者數萬人」，是其明證矣。

又《其宜》 「宗室將相王列侯以爲其宜寡人，寡人不敢辭。」念孫案：「其」字文義不順，當依《史記》作「莫」，字之誤也。《漢武都太守李翕析里橋郙閣頌》：「雖昔魯班，亦莫儗象。」「莫」字作「其」。莫宜寡人，言無若寡人之宜者也。上文丞相平等曰：「大王奉高祖宗廟最宜稱，雖天下諸侯萬民皆以爲宜。」故曰「宗室將相王列侯以爲莫宜寡人」。

又《罘罳》 「未央宮東闕罘罳災。」宋祁曰：「江南本『罳』作『思』。」念孫案：

江南本是也。《説文》無「罳」字。《漢書》作「罘思」。《考工記・匠人》注作「浮思」。《明堂位》注作「桴思」，皆古字假借。他書或作「罘罳」者，皆因「罘」字而誤加网也。且顔注「罘」字有音而「罳」字無音，則本作「思」明矣。《五行志》正作「罘思」。

又四之二《二月》 「胡毋侯楚：『二月癸酉封。』」念孫案：「二月」當依《史表》作「十月」。自蒲領侯以下二十四侯，皆以元朔三年十月癸酉封，若此侯獨以二月封，則不當列於正月之前矣。

又四之三《下鄘》 「下鄘侯左將黄同。」師古曰：「『鄘』音『孚』。」念孫案：師古音非也。「鄘」當爲「酈」，南陽郡之屬縣也。如淳曰：「『酈』音『蹢躅』之『蹢』。」《史表》作「下酈」。《水經・湍水注》曰：「湍水東南流逕南陽酈縣故城。東漢武帝元封元年封左將黄同爲侯國。」字皆作「酈」。且《表》在南陽，則是「酈」字明矣。若鄘縣則在左馮翊，不在南陽也。

又《發平》 「發平侯登。」景祐本「發平」作「發于」。念孫案：當依《史記》作「發干」。《建元以來侯者表》。《衛青傳》亦作「發干」。《地理志》：「東郡發干，莽曰戢楯。」則當作「干」明矣。

又《戊戌》 「孝文後二年八月戊戌，丞相倉免。」《通鑑・漢紀七》同。念孫案：「戊戌」當爲「戊辰」，其後二日爲庚午，故下文云：「庚午，御史大夫申屠嘉爲丞相。」下文又云：「八月庚午，開封侯陶青爲御史大夫。」《漢紀》亦云：「八月庚午，御史大夫申屠嘉爲丞相，開封侯陶青爲御史大夫。」則「庚午」二字不誤。若戊戌則在庚午前三十二日，乃七月，非八月矣。《漢紀・孝文紀》正作「戊辰」。

又《蕩疑》 「蕩疑。」師古曰：「即『薄疑』也。」念孫案：「蕩」即「薄」之譌。雖姓亦有蕩，然據《元和姓纂》薄姓下引《風俗通義》云：「衛賢人薄疑。」《通志・氏族略》、《通鑑・周紀四》注並同。則當作「薄」明矣。《吕覽》、《務本》、《審應》。《韓子》、《内外儲説》。《淮南内篇》《道應》。並作「薄疑」，無作「蕩疑」者。

又四之四《振美》 「振美於辰。」念孫案：「美」當爲「羨」，字之誤也。《淮南・主術篇》：「羨者止於度，而不足者逮於用。」《文選・陸雲爲顧彦先贈婦詩》：「佳麗良可羨。」今本「羨」字並譌作「美」。羨之言延也，三月陽氣方盛，句萌奮發，萬物莫不振起而延長，故曰「振羨於辰」。《周官・典瑞》「璧羨」，鄭仲師曰：「羨，長也。」《考工記・玉人》「璧羨」，康成曰：「羨，猶延。」張衡《東京賦》「乃羨公侯卿士」，薛綜曰：「羨，延也。」《周官・冢人》注曰：「隧，羨道也。」隱元年《左傳》注作「延道」。是羨爲延長之義也。《太元・元數》「辰戌丑未」，范望曰：「辰取其延長。」是辰亦延長之義也。《釋名》曰：「辰，伸也，物皆伸舒而出也。」伸亦延長之義。「振羨」二字，俱是「辰」字之訓。孽萌於子，引達於寅，冒茆於卯，咢布於午，昧薆於未，由堅於申，留孰於酉，該閡於亥，皆以兩字共釋一字。若作「振美」，則非其指矣。《月令》、《正義》引作「美」，亦後人以誤本《漢志》改之。《續漢書・律曆志》、《史記・律書》、《索隱》引此並作「振羨於辰」。

又《慈母》 「雖慈母不能保其子，君安能以有其民哉！」念孫案：「慈母」當依景祐本作「慈父」。此以父喻君、子喻民，則作「慈父」者是也。《通典・食貨一》、《通鑑・漢紀七》並作「慈父」。

又四之五《寅趙》 「子周，丑翟，寅趙，卯鄭，辰邯鄲，巳衛，午秦，未中山，申齊，酉魯，戌吴越，亥燕代。」念孫案：「邯鄲」即趙也。辰爲邯鄲，則寅非趙矣。隋蕭吉《五行大義》引此作「寅楚」，是也。《淮南・天文篇》及《廣雅》並作「寅楚」。

又《天虖》 「趙孟曰：『天虖？』」念孫案：「天」當從景祐本作「夭」。下文「其幾何」，正承「夭」字言之。今本《左傳》亦譌作「天」，昭元年。唯唐石經不誤。

又四之六《達于河》 「浮于淮泗，達于河。」師古曰：「渡二水而入于河。」念孫案：「河」當依《説文》作「渮」。師古依文作解而不知其謬也。又下文山陽郡湖陵：「《禹貢》『浮于淮泗，今本譌作「泗淮」。通于河』，水在南。」「河」亦當作「渮」。《尚書》、《史記》皆譌作「河」。自《韻會舉要》始正其誤，而近世閻百詩、胡朏明言之益詳，毋庸復辯。《地理志》「渮」字多作「荷」。下文「道荷澤」、「又東至于荷」及濟陰郡下云「禹貢荷澤在定陶東」是也。《水經注》亦作「荷」。《泗水注》引《地理志》曰「荷水在南」。《五經文字》云：「渮，古本亦作『荷』。」

又《潏水》 「有潏水，北過上林苑入渭。」師古曰：「『潏』音『決』。」念孫案：「潏」當爲「澇」字，或作「潦」，通作「勞」。《史記・封禪書》曰：「霸産長水，灃澇涇渭。」《説文》曰：「澇水出右扶風鄠北入渭。」《水經・渭水注》曰：「澇水出南山澇谷，《郊祀志》作「勞谷」。北逕鄠縣故城西，又北注甘水而亂流入於渭。」即上林故地也。據《説文》、《水經注》則出右扶風鄠北過上林苑入渭者乃澇水，非潏水也。又案：《説文》：「潏水在京兆杜陵。」則非在扶風鄠也。《司馬相如傳》：「酆鎬潦潏。」師古曰：「潦水出鄠縣西南山潦谷而北流入于渭。《地理志》鄠縣有潏水，北過上林苑入渭。而今之鄠縣則無此水。許慎云『潏水在京兆杜陵』，此即今所謂沈水，從皇子陂西北流經昆明池入渭者也。蓋爲字或作水旁穴，與『沈』字相似，俗人因名沈水乎？《水經・渭水注》曰：「沈水上承皇子陂於樊川、西北流注渭。」亦謂是水爲潏水。將鄠縣潏水今則改名，人不識也？」案：師古以沈水爲泬水之譌，是也。但未

知《地理志》「滈水」乃「滂水」之譌，故明知鄠縣無滈水，而仍有改名不識之疑。

又《所都》 「栒邑有豳鄉。《詩》豳國公劉所都。」念孫案：「都」本作「邑」，後人改之也。上文「美陽」下云：「禹貢岐山在西北中水鄉，周大王所邑。」即其證。景祐本正作「邑」。《詩譜》、《正義》、《文選・北征賦》注引此並作「邑」。

又四之七《木官》 「嚴道有木官。」念孫案：「木」當爲「橘」，寫者脱其右半耳。左思《蜀都賦》「户有橘柚之園」，劉逵注引《地理志》曰：「蜀郡嚴道有橘官。」下文巴郡朐忍、魚復二縣並云「有橘官」。

又《鹽羌》 「臨羌，莽曰『鹽羌』。」念孫案：「鹽羌」當依《水經注》作「監羌」。凡縣名上一字稱「臨」者，王莽多改爲「監」。

又《威成》 「北地郡，莽曰威成。」念孫案：「威成」當依《水經注》作「威戎」。

又《原高》 「五原郡成宜，中部都尉治原高，西部都尉治田辟。」《水經・河水注》「原高」作「原亭」，云：「河水又東逕成宜縣故城南，又東逕原亭城南。闞駰《十三州志》曰『中部都尉治。』」念孫案：作「原亭」者是也。亭所以守也。中部都尉治原亭，西部都尉治田辟。師古讀「辟」爲「壁」，壁亦謂築城以守也。《匈奴傳》曰：「漢使光禄徐自爲出五原塞，築城障列亭至盧朐。」是也。

又四之一〇《惑失道　不爲利惑》 「惑失道，後大將軍。」師古曰：「惑，迷也。」念孫案：正文、注文皆本作「或」，今作「惑」者，後人不識古字而改之也。以字本作「或」，故師古釋之曰：「或，迷也。」《衛青霍去病傳》：「或失道。」師古亦曰：「或，迷。」若作「惑」，則不煩訓釋矣。《文選・范彦龍效古詩》注《太平御覽・兵部五》引此並作「或」。《史記》同。又《卜式傳》：「不爲利惑。」字亦本作「或」，宋祁曰：「一作或。」故師古曰：「言不惑於利。」若作「惑」，則又不煩訓釋矣。

又《又盡善也》 「韶盡美矣，又盡善也。」錢氏《養新録》曰：「《漢書・董仲舒傳》引孔子曰：『韶盡美矣，又盡善矣。』又引『武盡美矣，未盡善也。』上『矣』下『也』，語意不同。當是《論語》古本。今《漢書》亦改作『也』，唯景祐本是『矣』字。《西漢策要》與景祐本同。」念孫案：錢説是也。據顔注云：「故聽其樂而云盡美盡善矣。」則正文本是「矣」字。《羣書治要》引作「韶盡善矣」，文雖從省，而亦是「矣」字。

又四之一一《三十九年》 「秦始皇即位三十九年。」念孫案：「九」當爲「七」，見《史記・秦始皇紀》及《六國表》。《太平御覽・皇王部十一》引此作「九」，亦後人以誤本《漢書》改之。其《人事部四》引此正作「七」。

又《遞鍾》 「雖伯牙操遞鍾。」晉灼曰：「『遞』音『遞迭』之『遞』。二十四鍾各有節奏，擊之不常，故曰『遞』。」薛瓚曰：「《楚辭》云：『奏伯牙之號鍾。』號鍾，琴名也。馬融《笛賦》曰：『號鍾高調。』謂伯牙以善鼓琴不聞説能擊鍾也。」師古曰：「琴名是也。字既作『遞』，則與《楚辭》不同，不得即讀爲『號』，當依晉音耳。」念孫案：琴無遞鍾之名，作「遞」者「號」之譌耳。《淮南・脩務篇》亦云：「鼓琴者，期於鳴廉脩營而不期於濫脅號鍾。」

又《放獵》 「數從褒等放獵。」師古曰：「放士衆大獵也。一曰『游放及田獵』。」念孫案：「放獵」當爲「斿獵」，字之誤也。「斿」與「游」同。古書言游獵者多矣，未有言放獵者。舊本《北堂書鈔》設官部八、陳禹謨本仍改「游」爲「放」。藝文部八、此卷「游」字未改。《藝文類聚・雜文部二》、《太平御覽・文部三》引此並作「游獵」。

又四之一二《太宗》 「太宗亡嗣，擇支子孫賢者爲嗣。」念孫案：「太宗」當爲「大宗」。各本皆誤。

又《十匹》 「上迺賜福帛十匹。」念孫案：告霍氏者皆封侯而徐福僅賜帛十匹，則輕重相去太遠。「十匹」當爲「千匹」。《通鑑》作「十匹」，則所見《漢書》本已誤。《太平御覽》居處部十四、治道部十四引此並作「千匹」。《漢紀》同。

又《親見視》 「武帝親見視其創，嗟歎之。」念孫案：「見」即「視」字之誤。今作「見視」者，一本作「視」，一本作「見」，而後人誤合之。《太平御覽・職官部四十六》引此無「見」字。

又《恐怒亡所信鄉》 「義渠安邦召先零諸豪三十餘人，以尤桀黠，皆斬之，縱兵擊其種人，斬首千餘級。於是諸降羌及歸義羌侯楊玉等，恐怒亡所信鄉，遂劫略小種背畔。」師古解「恐怒亡所信鄉」曰：「恐中國汎怒，不信其心而納嚮之。『鄉』讀曰『嚮』。」劉奉世曰：「恐怒，且恐且怒也。羌未有變，而漢吏無故誅殺其人，故楊玉等謂漢無所信嚮，於是與他族皆叛也。」念孫案：顔、劉二説皆非也。「恐怒」二字義不相屬，「恐」當爲「怨」字之誤也。《吕氏春秋・長攻篇》：「財匱而民怨。」《韓子・六反篇》：「賦斂常重，則用不足而下怨上。」今本「怨」字並誤作「恐」。怨怒無所信嚮，謂怨怒漢吏不親信而歸嚮之也。《後漢書・西羌傳》述其事曰：「安邦召先零豪四十餘人斬之，因放兵擊其種，斬首千餘級。於是諸羌怨怒，遂寇金城。」此文大略本於《漢書》，「怨怒」二字，亦本漢書也。《王莽傳》曰：「五威將帥出，改句町王以爲侯，王邯怨怒不附。」文義亦與此相似。

又四之一三《商邑翼翼四方之極》 「《詩》曰：『商邑翼翼，四方之極。』」念孫案：此引《詩》本作：「京邑翼翼，四方是則。」乃齊詩，非毛詩。下文「今長安天子之都」，是承「京邑翼翼」言之。「郡國來者無所法則」，是承「四方是則」言之。今本「京」作「商」，「是則」作「之極」，皆後人以毛詩改之也。師古所見本已誤，説見《經義述聞》。

又《可甲卒》 「將作穿復土可甲卒五百人。」劉奉世曰：「『可』字疑非。」念孫案：「可甲」當爲「河東」，字之誤也。此謂將作穿復土，用河東卒五百人。《霍光傳》云：「發三河卒穿復土。」與此事同一例。《太平御覽·禮儀部三十二》引此正作「河東卒」。

又《賊取》 「賊取錢財數十萬。」宋祁曰：「賊，浙本作『賦』。」念孫案：浙本是也。「賦」、「賊」字相似，據注云「斂取錢財」，則當作「賦」明矣。

又四之一四《不在》 「爲治者不在多言，顧力行何如耳。」念孫案：「不在」景祐本、毛本並作「不至」，是也。今作「不在」者，後人以意改之耳。《霍去病傳》云：「上嘗欲教之吴孫兵法，對曰：『顧方略何如耳，不至學古兵法。』」《鹽鐵論·水旱篇》云：「議者貴其辭約而指明，可於衆人之聽，不至繁文稠辭。」文義並與此相似。舊本《北堂書鈔·設官部八》、陳禹謨本改「至」爲「在」。《太平御覽·人事部百一十五》引此並作「不至」。《史記》、《通鑑》同。《漢紀》作「不致」。

又五之一《政之所興》 「政之所興在順民心，政之所廢在逆民心。」念孫案：政之所興，唐魏徵《羣書治要》及《藝文類聚·治政部上》、《太平御覽·治道部五》引此並作「政之所行」。今作「政之所興」者，後人改「行」爲「興」，以對下文「政之所廢」耳。不知此四句本謂政順民心則行，不順民心則廢。下文曰：「令順民心則威令行。」是其證。改「行」爲「興」，則失其旨矣。

又《獨王》 「獨王之國，勞而多禍。」劉曰：「當依解作『獨任之國。』」念孫案：「任」字古通作「壬」，因譌而爲「王」。尹注非。

又《閉則類》 「民之生也，辟則愚，閉則類。」念孫案：「生」讀爲「性」。見《周官·大司徒》注。「閉」當爲「閑」字之誤也。《廣雅》曰：「閑，正也。」《爾雅》曰：「類，善也。」言民之性入乎邪僻則愚，由乎中正則善也。尹注非。

又五之三《國城》 「大國城大而田野淺狹者，其野不足以養其民。」念孫案：「國城」當爲「國域」。下文云：「城域大而人民寡，宫營大而室屋寡。」營亦域也。城在國中，宫在城中。若作「國城大」，則即是下文之「城域大」矣。域與城字相似，又涉下文「城」字而誤。

又《威羣》 「聚徒威羣，上以蔽君，下以索民。」洪曰：「『威羣』當爲『成羣』。下文云：『常反上之法制以成羣於國。』《法法篇》云：『人臣黨而成羣。』尹注非。」

又《和親》 「莫敢布惠緩行，脩上下之交，以和親於民。」念孫案：「和親」當爲「私親」，字之誤也。上文曰：「厚財博惠以私親於民。」是其證。

又《不巧》 「器械不巧，則朝無定。」念孫案：「巧」當爲「功」，字之誤也。《七法篇》作「器械不功」，尹彼注曰：「功謂堅利。」是也。器械堅利，則用之可久。故下文曰：「器械功，則伐而不費，今本亦誤作「巧」。《七法篇》作「功」。無取於巧也。」孫説同。

又五之五《繼》 「知蓋天下，繼最一世，材振四海。」引之曰：「繼」字義不可通，當是「計」字之譌。計最一世，言計謀爲一世之最也。「知」、「計」、「材」相對爲文。「計」與「繼」同聲，又涉上文「繼絶世」而誤。尹注非。

又《諸侯皆令》 「諸侯皆令，已獨孤，國非其國也。」念孫案：「令」當爲「合」，字之誤也。下文云：「諸侯合則彊，孤則弱。」是其證。尹注非。

又五之八《順守其從》 「既成其功，順守其從。」尹注曰：「從，順也。功成矣，則以順理守之，所謂逆取順守者也。」引之曰：「順」字因注「逆取順守」而誤。「順」當爲「則」。「既成其功，則守其從」與上文「已得天極，則致其力」，文義正同。注内「則以順理守之」正釋「則守其從」四字也。「從」即是「順」。若如今本作「順守其從」，則是「順守其順」，不復成文義矣。

又《閒識》 「無閒識博學辯説之士。」念孫案：「閒識」當爲「聞識」。下文「聞識博學之人」即其證。尹注非。

又《後反之》 「法立而還廢之，令出而後反之。」念孫案：「後」當依朱本作「復」，字之誤也。「復反」與「還廢」相對爲文。

又《河汝》 「常山之東，河汝之間，早生而晚殺，五穀之所蕃孰也。」念孫案：「河汝」當爲「河海」，字之誤也。篆文「海」、「汝」相似。常山在海西河北，故曰「常山之東，河海之間。」若汝水，則去常山遠矣。《初學記·地部上》、《太平御覽·地部四》引此並云：「其山北臨代，南俯趙，東接河海之間，早生而晚殺，五穀之所蕃孰。」文多於今本，而皆作「河海之間」。

又《果得》 「德成而智出，萬物果得。」念孫案：「果」當爲「畢」，字之誤也。尹注「物皆得宜」，「皆」字正釋「畢」字。《心術篇》亦云：「正形飾德，萬物畢得。」

又五之一〇《累於上》 「故人君挾其食，守其用，據有餘而制不足，故民無不累於上也。」念孫案：《通典·食貨十二》引此「累」作「繫」，又引尹注云：「食者，民之司命，言人君唯能以食制其事，所以民無不繫於號令。」今本「繫」譌作「累」，又全脱尹注。

又六之一《圭璋》 「寡人意氣衰，身病甚。今吾欲具圭璋犧牲，令祝宗薦之乎上帝宗廟。」念孫案：「圭璋」本作「圭璧」，此後人以意改之也。古者祈禱皆用圭璧，無用璋者。《金滕》曰：「植璧秉珪，乃告大王王季文王。」《大雅·雲漢》曰：「圭璧既卒，寧莫我聽。」《諫上篇》曰：「寡人之病病矣，使史固與祝佗巡山川宗廟，犧牲珪璧，莫不備具。」是其證。《羣書治要》正作「圭璧犧牲」。

又七之二《土地》 「土地之深，下毋及泉，上毋通臭。」念孫案：「土地」二字文義不明。「土地」當爲「堀地」，寫者脱其右半耳。下文曰：「掘地之深，下無菹漏，氣無發泄於上。」《節用篇》曰：「堀穴深不通於泉。」皆其證。

又七之三《極戒》 「然而莫知以相極戒也。」引之曰：「極」字義不可通。「極戒」當爲「儆戒」，字之誤也。《上篇》「相儆戒」三字凡五見。

又《誤文二》 「此吾所以知《商書》之鬼也。且《商書》獨鬼而《夏書》不鬼，則未足以爲法也。」舊本上「商書」譌作「商周」，下「商書」譌作「禹書」，今據上文改。

又七之四《獲之視人也獲事其親非事人也》 畢云：「『視』當爲『事』。」引之曰：畢説非也。「視」乃「親」字之譌。獲之親，句。人也。獲事其親，非事人也。兩「親」字上下相應，猶下文云：「其弟，美人也。愛弟，非愛美人也。」兩「弟」字亦上下相應。

又《非願無可爲者》 畢云：「非願，言非此之爲願。」念孫案：畢説非也。「願」當爲「顧」，字之誤也。「顧」、「願」草書相似。「顧」與「固」通。説見《釋詞》。「顧」上當有「此」字，言非此固無可爲者也。「此」字即指上數事而言。今本「顧」譌作「願」，又脱「此」字，則義不可通。

又七之五《智知》 「令吏民皆智知之。」念孫案：此本作「令吏民皆智之」。「智」即「知」字也。《墨子》書「知」字多作「智」，説見《天志中篇》。今本作「智知之」者，後人旁記「知」字，而寫者因誤合之耳。

又《茸》 「五步一爵穴，大容茸。」引之曰：「茸」字義不可通。「茸」當爲「苣」，字之誤也。《説文》：「苣，束葦燒也。」此云「爵穴大容苣」，下云「内苣爵穴中」，二文上下相應，故知「茸」爲「苣」之譌。

又七之六《金鐵》 「金鐵有積，粟米有積。」念孫案：「金鐵」當爲「金錢」，字之誤也。金錢、粟米，皆守城之要物，故並言之。若「鐵」則非其類矣。《號令篇》曰：「粟米錢金布帛。」又曰：「粟米布帛錢金。」《襍守篇》曰：「粟米布帛金錢。」皆其證。《太平御覽·居處部二十》引此正作「金錢」。

又《伐之服罪》 「凡有司不使去此字有誤。卒吏民聞誓令，伐之服罪。」引之曰：「伐」字義不可通。「伐」當爲「代」。卒吏民不聽誓令者，其罪斬。若有司不使之聞誓令，則當代之服罪矣。

又《椁》 「則以木椁之。」引之曰：「椁」字義不可通。「椁」當爲「揨」，字之誤也。《説文》：「朾，撞也。」朾，宅耕反。《廣雅》曰：「揨，撞，刺也。」「揨」與「朾」同，謂以木撞其堙衝梯臨也。見上文。

又八之一《六跪》 「蟹六跪而二螯。」盧云：「案：《説文》：『蠏有二敖八足。』《大戴禮》亦同。此正文及注『六』字皆『八』字之訛。」

又八之二《多少》 「故多言而類聖人也，少言而法君子也。多少無法，而流湎然，「而」與「如」同。雖辯小人也。」盧云：「此數語又見《大略篇》，彼作『多言無法』，此『少』字似訛。」

又《是猶傴伸而好升高也指其頂者愈衆》 楊注曰：「傴，僂也。『伸』，讀爲『身』。傴身之人而彊升高，則頭頂尤低屈，故指而笑之者愈衆。」劉云：「『伸』，蓋即『僂』字之譌。」

又八之三《析愿 抃急》 「析愿禁悍而刑罰不過。」念孫案：「析愿」二字義不可通，當從《韓詩外傳》作「折暴」，字之誤也。「折暴」與「禁悍」對文。下文曰：「如是而可以誅暴禁悍矣。」《富國篇》曰：「不足以禁暴勝悍。」皆以「暴」、「悍」對文，則此亦當作「折暴禁悍」明矣。楊云：「析，分異也，分其愿愨之民，使與凶悍者異也。」此不得其解而爲之詞。又下文：「抃急禁悍，防淫除邪。」「抃急」二字語意不倫，當亦是「折暴」之誤。下文：「暴悍以變姦邪不作。」正承此文而言，則當作「折暴禁悍」又明矣。楊云：「『抃』當爲『析』，『急』當爲『愿』。」亦失之。

又《百索》 「養山林藪澤草木魚鼈百索。」引之曰：「百索」二字義不可通。「索」當爲「素」，字之誤也。「百素」即「百蔬」。《富國篇》曰：「葷菜百疏。」《魯語》曰：「能殖百穀百蔬。」作「素」者借字耳。《月令》曰：「取蔬食。」《管子·禁藏篇》

曰：「果蓏素食。」是「蔬」、「素」古字通。楊云：「百索，上所索百物也。」此望文生義，而非其本旨。

又八之五《士其刑賞》 「定其當而當，然後士其刑賞而還與之。」引之曰：「士」字義不可通。「士」當爲「出」字之誤也。隸書「出」字或省作「士」，故諸書中「出」字或誤作「士」，説見《大略篇》「教出」下。高注《淮南・説林篇》曰：「當，丁浪反。猶實也。」言定其善惡之實而當，然後出其刑賞而還與之也。楊讀「士」爲「事」，又訓「事」爲「行」，展轉以求其通，鑿矣。

又《慕其德》 「故近者親其善，遠方慕其德。兵不血刃，遠邇來服，德盛於此，施及四極。」念孫案：「慕其德」，「德」本作「義」，後人改「義」爲「德」以與「服」、「極」爲韻，而不知與下文「德」字相複也。《文選・爲袁紹檄豫州文》注、《石闕銘》注、《太平御覽・兵部五十三》引此並作「義」。

又八之七《亭山》 「桀死於亭山。」楊注曰：「亭山，南巢之山。或本作『鬲山』。」案：《漢書・地理志》廬江有灊縣，當是誤以『灊』爲『鬲』，傳寫又誤爲『亭』。」念孫案：作「鬲山」者是也。「鬲」讀與「歷」同，字或作「歷」。《太平御覽・皇王部七》引《尸子》曰：「桀放於歷山。」《淮南・脩務篇》：「湯整兵鳴條，困夏南巢，譙以其過，放之歷山。」高注曰：「歷山，蓋歷陽之山。」案：漢歷陽故城爲今和州治，其面有歷湖，即《淮南・俶真篇》所謂「歷陽之都一夕反而爲湖」者也。《史記・夏本紀》正義引《淮南子》曰：「湯放桀於歷山，與末喜同舟浮江，奔南巢之山而死。」此所引蓋許注。歷山即鬲山也。《史記・滑稽傳》：「銅歷爲棺。」《索隱》曰：「歷，即釜鬲也。」是「鬲」、「歷」古字通。楊以「鬲山」爲「灊山」之誤，非也。《魯語》：「桀奔南巢。」韋注曰：「南巢，揚州地，巢伯之國，今廬江居巢縣是。」是南巢地在漢之居巢，不在灊縣也。且廬江有灊縣而無灊山，今以「鬲山」爲「灊山」之誤，則是以縣名爲山名矣，尤非。

又九之一《四支不動》 「是故疾而不搖，遠而不勞，四支不動，聰明不損，而知八紘九野之形埒。」念孫案：「動」當爲「勤」字之誤也。《齊語》：「天下諸侯知桓公之爲己勤也。」《管子・小匡篇》「勤」作「動」。《史記・十二諸侯年表》「楚堵敖囏」，徐廣曰：「囏，一作『勤』。」今本「勤」誤作「動」。《脩務篇》「四胑不勤。」即其證。「四支不勤，聰明不損，而知八紘九野之形埒」，即上文所謂「遠而不勞」也。「不勤」，即「不勞」，意與「不損」相近。若「不動」，則意與「不損」相遠矣。且「搖」、「勞」爲韻，「勤」、「損」爲韻。若作「動」，則失其韻矣。

又《致遠之術》 「箠策繁用者，非致遠之術也。」念孫案：「術」當爲「御」字之誤也。《繆稱篇》曰：「急轡數策者，非千里之御也。」義與此同。《羣書治要》引此正作「御」。《文子・道原篇》亦作「御」。

又《萍樹根於水》 「夫萍樹根於水。」高注曰：「萍，大蘋也。」念孫案：「萍」本作「蘋」。《埤雅》引此已誤。高注：「萍，大蘋也。」本作：「蘋，大萍也。」「萍」字或作「苹」。《爾雅》：「苹，音平。蓱，音瓶。其大者蘋。」音頻。《召南・采蘋》傳曰：「蘋，大蓱也。」《説文》「蘋」作「薲」，亦云：「大蓱也。」此皆以小者爲萍，大者爲蘋，即高注所本也。《呂氏春秋・本味篇》：「菜之美者，昆侖之蘋。」高注曰：「蘋，大萍。」舊本「大萍」誤作「大蘋」，今改正。足與此注互相證明矣。後人既改正文「蘋」字爲「萍」，又互改高注「蘋」、「萍」二字以就之，而不知其小大之相反也。

又九之三《月虚》 「月虚而魚腦減。」念孫案：「虚」當爲「虧」字之誤也。「虧」字脱去右半，因誤而爲「虚」。《埤雅》引此已誤。月可言盈虧，不可言虚實。《太平御覽・鱗介部十三》引此正作「月虧」。《藝文類聚・天部上》、《御覽・天部四》引此並作「月毀」。蓋許慎本。「毀」亦「虧」也。

又《鳥飛》 「故鳥飛而高，魚動而下。」念孫案：「飛」本作「動」，此後人妄改之也。同一動也，而有高下之殊，故曰：「鳥動而高，魚動而下。」猶《睽・彖傳》言「火動而上，澤動而下」也。若鳥言飛，則魚當言游矣。《太平御覽・鱗介部七》引此正作「鳥動而高」。

嚴可均《説文校議》卷一上 福：「祐也。」宋本作「祐也」。小徐、《韻會一・屋》引作「備也」。按：《祭統》：「福者，備也。」古讀「畐」、「備」聲同。「宀」部亦云：「富，備也。」

黄丕烈《重刻剡川姚氏本戰國策札記》卷上 有恥且格。今本「格」誤「假」。

又 子爲寡人謀。今本「爲」誤「曰」。

又 周最謂石禮曰。「石」，鮑本作「呂」。丕烈案：「呂」字是也。

又 謂薛公曰。今本「公」誤「君」。

又 故衆庶成彊。今本「彊」誤「疆」。

又 夫齊合則趙恐伐。今本「夫」下有「秦」字，乃誤涉鮑也。鮑補「秦」字，吴氏有正。

又 或謂照翦曰。今本「照」作「昭」。鮑本作「昭」，下同。丕烈案：「昭」字是也。

又 桑户棬樞之士耳。今本「棬」誤「捲」。

又 廷說諸侯之王。今本「王」誤「士」。鮑本作「主」。

又 請之魏約伐韓。今本「伐」誤「代」。

又 王遂亡臣。今本「遂」誤「逐」。

又 於是出私金。今本「私」誤「利」。

又**卷中** 則亡天下。今本「亡」誤「霸」。

又 官之所私出也。「官」，鮑本作「宮」。丕烈案：「宮」誤字也，鮑所説全謬。

又 束縛桎桔。今本「桔」誤「梧」。鮑本作「梏」。

又 身窟穴。今本「窟」誤「屈」。丕烈案：此以「窟」爲「掘」字，連下「中」字讀者非。

又 田單將攻狄。今本「狄」誤「翟」。

又 曰可往矣。今本「可」誤「何」。

又 今君欲一天下，安諸侯，存危國。今本「今」誤「令」，「危」誤「亡」。

又 有斷脰決腹。今本「脰」誤「頭」，下同。

又 緇帛之衣以朝。今本「帛」誤「布」。

又 多與存國相若。今本「國」誤「田」。

又 而遣之曰。今本「而」誤「之」。

又 褘佩與絲。今本「絲」誤「縣」。丕烈案：《荀子》、《外傳》皆作「錦」。

又 君獨無意湔拔僕也。今本「拔」誤「祓」。鮑本作「祓」。丕烈案：「祓」誤也。李善引作「拂」。「拂」、「拔」同字。

又 此天下之所明見也。今本「此」誤「而」。

又 今卿之所言者。今本「卿」誤「鄉」。丕烈案：《史記》作「叔」。

又 王曰秦之攻我也。今本「改」誤「伐」。

又 吾視居北圍城之中者。今本「北」作「此」。鮑本作「此」。丕烈案：「此」字是也。《史記》作「此」。

又 賭其一戰而勝。今本「賭」作「睹」。鮑本作「睹」。丕烈案：「睹」字是也。

又 何足問。今本「問」誤「間」。

又 必以長安君爲質。今本「長」誤「趙」。

又 祝曰必勿使反。今本「祝」誤「甚」。

又**卷下** 王曰善。今本「善」誤「然」。

又 周㝡。今本「㝡」誤「最」。

又 田需。今本「田」誤「曰」。

又 客謂公子理之傳曰。「傳」，鮑本作「傅」。丕烈案：「傳」字是也。

又 惠施爲韓魏交。今本「爲」誤「謂」。鮑改「韓」爲「齊」。

又 然則魏信之事主也。「主」，鮑本作「王」。丕烈案：「王」字是也。

又 必效城塞於王。今本「效」誤「攻」。

又 初時惠王伐趙。今本「初」誤「幼」。

又 文請行矣。今本「文」誤「臣」。

又 必爲合於齊。今本「爲」誤「不」。

又 今者臣來。今本「者」誤「之」。

又 周㝡善齊。今本「㝡」作「最」。鮑本作「最」。丕烈案：「㝡」字是，見前。

又 而强二敵之齊楚也。今本「楚」誤「强」。

又 至縞高之所。今本「縞」作「縮」。鮑本作「縮」。丕烈案：「縮」字是也。《古今人表》「中」上有「縮高」。

又 以爲嫪毒功。今本「以」誤「王」。

又 而我有兩趙也。今本「我」誤「子」。

又 水擊鵠鴈。今本「鴈」誤「雁」。

又 鄭彊。今本「彊」誤「疆」。下同。鮑本作「彊」。吴補：「一本並作『彊』。」丕烈案：當是鮑作「彊」，故吴校如此。

又 故謂大宰曰。今本「謂」誤「爲」。

又 公何不與趙藺離石祁。今本「藺」誤「蘭」。吴氏補曰：「恐『與趙』下有缺文。」

又 秦王謂魏王曰。今本下「王」字誤「主」。

又 不識坐而待伐。今本「伐」誤「我」。

又 大勝以千數。「千」，鮑本作「十」。丕烈案：「十」字是也。

又 臣故願公仲之國以侍於王。今本「侍」誤「待」。鮑改「國以」作「以國」。吴氏補曰：「當作『以國』。」

又 北有棗粟之利。今本「粟」作「栗」。鮑本作「栗」。丕烈案：「栗」字是也。

又 爲其兩譽也。今本「爲」誤「謂」。

又 夫官三年不歸。「官」，鮑本作「宦」。丕烈案：「宦」字是也。

又 則不過養其親其。下「其」字鮑本作「耳」。丕烈案：「耳」字是也。

又 今涇陽君。「今」，鮑本作「令」。丕烈案：「令」字是也。《史記》作「令」。

又 兵以臨易水。今本「水」誤「未」。下「則易水以北」，「水」誤「人」。「以」，鮑本

作「已」。

又 彼大將擅兵於外。今本「彼」誤「使」。

又 箕踞以駡曰。今本「踞」誤「倨」。

又 欲霸之亟成。「亟」，鮑本作「速」。丕烈案：鮑本誤。高注其證也。《新序》亦作「亟」。

阮元《十三經注疏校勘記・周易注疏校勘記》卷一 以爲伏羲畫卦。閩、監、毛本同。盧文弨云：「當作『重卦』，『畫』字誤。」

又 文王因而演易。閩、毛本同。監本「因」誤「卦」。

又 謂紂文王之時。閩本、寫本同。監、毛本「王」誤「武」。

又 故稱勿用以誡之。閩、毛本同。監本「誡」誤「誠」。

又 他皆倣此。錢本、閩、監本同。宋本「倣」作「放」，毛本誤傚。

又 其晝已長。閩、監、毛本同。浦鏜云：「『長』當『陽』字誤。」

又 所以重錢。宋本同。閩、監、毛本「錢」改「體」。下「故交其錢」同。按：《火珠林》始以「錢」代「著」，故謂之重錢、交錢，改「體」非是。

又 是九二處其地上所田食之處。閩本同。宋本「其」作「於」。監、毛本「田」誤「由」。

又 二爲大人。閩、監、毛本同。宋本「人」誤「夫」。

又 至于夕惕猶若厲也。岳本、閩、監、毛本同。古本「惕猶」作「猶惕」，郭京説同。按：《正義》云：「言雖至，於夕，恒懷惕懼，猶如未夕之前常若厲也。」則《正義》本「猶」在「惕」下，作「猶惕」者非。

又 何情之有。閩、監、毛本同。浦鏜云：「『情』當『正』誤。」

又 則豫卦歎云。閩、監、毛本同。錢本「歎」作「彖」，是也。

又 或難其解。閩、監、毛本同。宋本「其」作「具」，是也。

又 不和而剛暴。岳本、閩、監、毛本同。古本、足利本「暴」上有「則」字，下有「也」字。

又 大利之道。閩、監、毛本同。錢本、宋本「利」作「和」，是也。

又 法天之元德也。閩、監本同。毛本「元」誤「无」。

又 若限尚聖人。閩、監、毛本同。錢本、宋本「尚」作「局」，是也。

又 感應之事應。錢本、閩、監、毛本同。宋本下「應」作「廣」，是也。

又 亦於爻下有之。閩、監、毛本同。宋本「有」作「言」，是也。

又 夫乾者。岳本、閩、毛本同。監本「夫」誤「與」。

又 是文言第三節。錢本、宋本同。閩、監、毛本「三」誤「二」。

又 至失時不進。閩、監、毛本同。錢本、宋本「至」作「若」，是也。

又 猶非羣衆而行。閩、監、毛本同。錢本、宋本「非」作「依」，是也。

又 蓋乾坤合體之物。閩、監、毛本同。宋本「蓋」作「但」，是也。

又 與乾相通共文也。十行本「通」字模糊，閩、監、毛本如此。錢本、宋本作「連」，是也。

又卷二 位乎天位。岳本、閩、毛本同。監本上「位」誤「生」。

又 非但得乾之剛彊而不陷。錢本、宋本同。閩、監、毛本「彊」誤「健」。

又 以正中。錢本、閩、監本同。毛本作「以中正」誤。

又 暢其中正。岳本、閩、毛本同。監本「暢」誤「陽」。

又 但以需待酒食。宋本同。閩、監、毛本「待」誤「于」。

又 其在二乎。岳本、閩、監、毛本同。《集解》「二」作「五」，云：「傳寫誤以『五』爲『二』。」

又 柔來而文剛。閩、監本同。毛本「文」誤「又」。

又 則上云或從王事无成。錢本、宋本同。閩、監、毛本「上」誤「三」。

又 言爲師之正。錢本、宋本同。閩、監、毛本「正」誤「主」。

又 然否爲破敗。宋本同。閩、監、毛本「爲」誤「與」。

又 其惕出散。宋本、閩本同。監、毛本「散」誤「故」。

又 能畜正剛健。閩、監、毛本「正」作「止」，是也。監本「健」作「食」，誤。

又 是以初九九二。岳本、宋本、古本、足利本、閩本同。監、毛本「二」誤「五」。

又 輻車劇也。錢本、宋本、閩、監本同。毛本「輻」誤「軸」。

又 宜其履虎尾不見咥而享。岳本、閩、毛本同。監本「宜」誤「直」。古本下有「也」字。

又 義涉邪僻。錢本、宋本、閩、監本同。毛本「義」誤「易」。

又 過主則否。岳本、閩本、古本、足利本同。監、毛本「主」誤「上」。

又 五未得二。錢本、宋本、閩本同。監、毛本「二」誤「四」。

又 凡言義者。宋本、閩本同。《姤卦》注正作「凡」。監、毛本誤「若」。

又卷三 隨時之義大矣哉若。閩、監、毛本同。浦鏜云：「『都』誤『若』」。

又 今有不從。閩、監、毛本同。錢本「今」作「令」，是也。

又 利在拯難。宋本、閩、監本同。毛本「拯」誤「拯」。

又以物盛必衰。宋本、閩本同。監、毛本「盛」誤「凶」。

又有應在五。岳本、閩、監、毛本同。古本「應」誤「德」。

又爲此觀看。錢本、宋本、閩、監本同。毛本「看」誤「者」。

又故校之在足。閩、毛本同。監本「在」誤「而」。

又尋常刑罪。閩、監、毛本同。宋本「常」誤「當」。

又於官人而已。岳本、閩本同。監、毛本「於」誤「似」。

又至於反復凡經七日。錢本、閩、監本同。毛本「凡」誤「日」。

又天下雷行。石經、岳本、閩、監、毛本同。古本「行」誤「往」。

又六二處中得位。宋本同。閩、監、毛本「二」誤「三」。

又六二陰居陽位。閩、監、毛本同。錢本、宋本「二」作「三」，是也。

又自求口食。閩、監、毛本同。石經、岳本、宋本、古本、足利本「食」作「實」，是也。

又雖遇大過之難。閩、毛本同。監本「遇」誤「過」。

又棟爲末。閩、監、毛本同。錢本、宋本「棟」作「榱」。盧文弨云：「『榱』，是也。」

又**卷四**　取二氣相交也。錢本、宋本、閩、監本同。毛本「氣」誤「義」。

又故曰進如愁如。閩、監本同。毛本「進」作「晉」，是也。

又陸機以爲雀鼠。閩、監本同。毛本「機」改「璣」，非。

又獲心意也。石經、岳本、閩、監、毛本同。古本「也」誤「者」。

又澤是卑穢。錢本、宋本、閩、監本同。毛本「是」誤「爲」。

又出震而齊巽者也。岳本、閩、監、毛本同。古本「齊」誤「濟」。

又國主所任也。岳本、宋本、監本、古本、足利本同。閩、毛本「主」誤「王」。

又**卷五**　若用剛即戎。錢本、宋本、閩、監本同。毛本「戎」誤「以」。

又行爲其應。閩、監、毛本「爲」作「失」，岳本作「无」，古本作「無」。案：「爲」乃「無」之誤。「失」乃「无」之誤。

又特以不遇其時。錢本、宋本、閩本同。監、毛本「時」誤「位」。

又道成也。閩本同。錢本、宋本「道」作「終」，是也。監、毛本作「道成者」，尤誤。

又施而能嚴。岳本、宋本、閩本、古本、足利本同。監、毛本「施」誤「明」。

又不與物爭。《集解》作「不與物牽」，非也。

又何由得聚。宋本同。閩、監、毛本「聚」誤「衆」。

又彖曰柔以時升。石經、岳本、宋本、閩、監本、古本、足利本同。毛本「彖」誤「象」。

又處窮而不能自通者。岳本、宋本、閩本、古本、足利本同。監、毛本「窮」誤「困」。

又此就二五之爻。錢本、宋本、閩、監、毛本同。《考文補遺》引毛本「此」作「比」，誤。

又君子固窮。岳本、閩、監、毛本同。《釋文》「固窮」或作「困窮」，非。

又據于蒺蔾。石經、岳本、監、毛本同。閩本「據」誤「搋」。

又欲棄之。閩、監本同。毛本「棄」作「弃」，宋本誤「乘」。

又居无所安。岳本、閩、監本同。毛本「无」誤「尤」。

又應亦言困于臲卼。錢本、宋本同。閩、監本「應」誤「象」，毛本「應亦」誤「象不」。

又吉行者。錢本、宋本、閩、監本同。毛本「吉」誤「言」。

又汲水未出而覆。錢本、宋本、閩、監本同。毛本「出」誤「用」。

又則是上水之象。閩、監本同。毛本「是」誤「堤」。

又勤恤民隱。閩、監、毛本同。宋本「隱」誤「德」。

又**卷六**　然後可以君臨萬國。錢本、閩、監本同。毛本「君」誤「居」。

又災咎至焉。十行本「至」字筆畫舛誤。閩、監、毛本如此，宋本作「生」。

又故又因二五之爻。閩本同。監、毛本「二」誤「三」。

又民无不説也。錢本、閩本同。監、毛本「无」誤「莫」。

又故以當位責之也。錢本、宋本、閩本同。監、毛本「責」誤「貴」。

又故慎密不失。宋本同。閩、監、毛本「失」誤「出」。

又甘者不苦之名也。閩、監本同。毛本「甘」誤「苦」。

又以既濟爲安者。岳本、閩、監、毛本同。錢本、古本、足利本「安」作「象」，宋本作「家」。案：「家」即「象」之誤。

又**卷七**　故字體從繫。閩、監、毛本同。錢本、宋本「繫」作「毄」。按：「毄」字是也。

又未有營作。錢本、宋本、閩、監本同。毛本「營」誤「管」。

又自然成物之終也是。宋本同。閩、監、毛本「終」誤「始」。

又剛柔相摩。石經、岳本、閩、監、毛本同。《釋文》：「『摩』，本又作『磨』。」按：「摩」字是。

又先王卜征五年。宋本、閩、監本同。毛本「卜」誤「十」。

又謂小小疵病。閩、監本同。毛本下「小」誤「此」。

又上章明卦爻之義。錢本、宋本、閩、監本同。毛本「上」誤「此」。

又不煩亂邪僻也。宋本同。閩、監、毛本「亂」誤「辭」。

又易其至矣乎。石經、岳本、閩、監、毛本同。古本「乎」誤「于」。

又況其邇者乎。石經、岳本、閩、監、毛本同。古本「乎」誤「于」，下「出乎」、「加乎」、

「發乎」、「見乎」、「慎乎」並同。

又 以同人初未和同。錢本、宋本同。閩、監、毛本「和」誤「知」。

又 可以却本虚无。宋本、閩本同。監、毛本「却」誤「知」。

又 奇況四揲之餘。岳本、宋本、古本、足利本同。閩、監、毛本「況」誤「凡」。

又 則有三事。宋本、閩、監本同。毛本「事」誤「章」。

又 則乾坤或幾乎息矣。石經、岳本、監、毛本同。閩本「或」誤「成」。

又卷八 皆是未造此物之前。錢本、宋本、閩、監本同。毛本「皆」誤「此」。

又 易之以棺椁。石經、岳本同。閩、監、毛本「椁」作「槨」，非。《釋文》出「棺椁」。

又 名彌美而累愈彰矣。岳本、閩、監本同。毛本「彌」誤「愈」。

又 屨校滅趾。石經、岳本、閩、監、毛本同。《釋文》：「止，本亦作『趾』。」古本「屨」誤「履」。

又 君子脩此三者。石經、岳本、閩、監本同。毛本「脩」誤「修」。

又 乾坤其易之門邪乾陽物也。岳本、監、毛本同。閩本「陽」誤「坤」。《釋文》：「其易之門邪，本又作『門户邪』。」

又 則似周釋爲得也。錢本、宋本同。閩、監、毛本「似」誤「以」，下「則似危謂憂危」同。

又 近況比爻也。岳本、宋本、古本、足利本同。閩、監、毛本「況」誤「凡」。

又卷九 言是伏犧非文王等。閩、監、毛本同。錢本、宋本「言」作「明」。按：《集解》作「明是伏犧非謂文王也」。

又 地二載。宋本、閩、監本同。毛本「二」誤「三」。

又 不假用蓍成卦。錢本、宋本、閩、監本同。毛本「假」誤「暇」。

又 以其地道平均也。閩、監、毛本同。宋本「以」作「取」，是也。

又 君子道勝。岳本、宋本、古本、足利本同。《集解》亦作「勝」。閩、監、毛本誤「盛」。

又附《周易釋文校勘記》 閉。心計反。《字林》：「方結反。」十行本、閩本「心」作「必」。監本、盧本同。又「方」作「兵」。宋本「方」作「力」。案：「必」字、「兵」字是也。

又 爲其。于僞反。監本、盧本同。十行本「僞」字模糊。閩本作「爲」，非。宋本「于」作「胡」。按：「于」字不誤。

又 則否。備鄙反。宋本、十行本、盧本同。閩、監本「備」誤「都」。

又 經論。經論，匡濟也。本亦作「綸」。宋本、盧本同。十行本、閩、監本「論」作「綸」，「綸」作「倫」，非。

又 相近。下近五同。盧本同。閩、監本「五」作「王」。十行本模糊。宋本作「並」誤。

又 雖比。毗志反。十行本、閩、監本、盧本同。宋本「毗」作「以」。按：「以」字非。

又 用說。徐又音税。宋本、十行本、盧本同。閩、監本作「餘又音脱」誤。

又 包蒙。十行本、閩、監本、宋本、盧本作「苞蒙」，是也。

又 雲上。干寶云：「升也。」宋本、盧本同。十行本、閩、監本「升」誤「外」，又閩本「干」誤「于」。

又 訟。辯則日訟。宋本、十行本、閩、監本、盧本「則」作「財」，是也。

又 窒。徐得悉反。宋本、十行本、盧本同。閩、監本「悉」誤「息」。

又 此。徐又補履反。監本同。宋本、十行本、閩本、盧本「補」作「甫」，非也。

又 有它。本亦作「他」。十行本、閩、監本、盧本同。宋本「它」誤「池」。

又《尚書注疏校勘記》 古之王者。「王」，十行本誤作「正」。

又 欲其昭法誡。「法」，監本誤作「去」。

又 七十子喪而大義乖。「子」，監本誤作「于」。

又 僞起哀平。「平」，監本誤作「乎」。

又 案《周禮》小史職掌三皇五帝之書。浦鏜云：「『外』誤『小』」。是也。

又 而小史偏掌之者。浦鏜云：「『外』誤『小』。」

又 此索於《左傳》亦或謂之索。下「索」字宋板作「素」。按：宋本是也。

又 於秘府而見焉。「焉」，十行、閩、監俱誤作「爲」。

又 使小史掌之。浦鏜云：「『外』誤『小』。」是也。

又 反遭秦始皇滅除之。浦鏜云：「『反』當『及』字誤。」按：當「又」字誤。

又 悉詣守尉親燒之。「親」，宋板、監本俱作「雜」，是也。

又 案《史記》及《儒林傳》者云。「者」，十行、閩、監俱作「皆」，是也。

又 則全之泰誓。「全」，十行、閩、監俱作「今」，是也。

又 人於伏生所傳内。「人」，十行、閩、監俱作「入」，是也。

又 但伏生雖無此一篇。「一」，宋板作「三」。按：「一」字非也。

又 宣帝本始元年。「本始」，宋板、十行、閩本俱作「泰和」，誤。

又 但於先有張霸之徒。「於」，監本誤作「此」。

又 生所言史所書。「生」，十行、閩、監俱作「上」。按：「上」字是也。

又 增多伏生二十五篇者。「增」，十行、閩本俱誤作「曾」。

又 故引之各冠其篇首。「各」，監本誤作「名」。

又**卷二** 以垂無爲。宋板「垂」作「重」，非也。

又 《秦誓》八篇誓也。「秦」，十行本誤作「泰」。

又 取其徒而立功。「徒」，十行本誤作「徙」。

又 與畢公之類。「公」，宋板、十行本俱作「命」。按：「公」字非也。

又 本無尚書之題也。浦鏜云：「『尚』當『夏』字誤。」按：浦是也。

又 典實十八。「實」，十行、閩、監俱作「寶」。按：「實」字誤。

又 購募遺典。「募」，十行本誤作「慕」。

又 遜遁也。陸氏曰：「『遁』本又作『遯』。」

又 既非明。「明」，宋板、十行、閩、監俱作「名」。按：「明」字誤。

又 同於鄭元矣。「鄭」，監本誤作「奠」。

又 禪者汝涉帝位是也。「涉」，十行、閩、監俱作「陟」。按：「涉」字誤。

又 雖聖受而攝之。「聖」，宋板、十行、閩、監俱作「舜」。按：「聖」字非也。

又 更知禍災。「知」，宋板、十行、閩、監俱作「致」，不誤。

又 訓古爲大。「大」，宋板、十行、閩、監俱作「天」，不誤。

又 推賢尚善曰讓。「推」，十行本誤作「惟」。

又 照然而明顯矣。「照」，十行本作「昭」，是也。

又 然則俊德謂有德又。「又」，宋板作「人」，是也。

又 北稱幽則南稱明。「則」，宋板作「都」。按：「則」字非也。

又 是得一月則置閏焉。「是」，古本、宋板、十行本俱作「足」。按：「是」字非也。

又 皆以人事名官。「名」，監本誤作「爲」。

又 黎司地以屬人。「司」，十行、閩本俱作「言」誤。

又 天地相通人神雜優。「優」，十行、閩、監俱作「擾」，是也。

又**卷三** 《詩毛傳》訓塞爲實。「實」，監本誤作「貴」。

又 是五者同爲一事。「同」，十行本誤作「司」。

又 勑我五典五惇哉。「勑」，宋板、十行本俱作「自」。按：宋板非是。

又 禱戭。「禱」，十行本作「檮」，是也。

又 傳麓録至於大。「大」，十行、閩、監俱作「天」，是也。

又 無愆者無冬温夏寒也。「愆」下宋板、十行本俱有「伏」字，是也。

又 又加此二年。「二」，宋板、十行、正嘉閩本俱作「三」。山井鼎曰：「作『三』爲是。」

又 蓋自堯始祖之廟。「自」，十行、閩、監俱作「是」。按：「自」字非也。

又 耿中丞象之。「耿」，十行本誤作「耻」。

又 王蕃。「蕃」，十行本誤作「藩」。

又 江南宋元嘉年。浦鏜云：「『中』誤『年』。」按：《玉海》卷四引亦作「年」。

又 有天下者祭百神。「天」，十行本誤作「而」。

又 而傳之類謂攝位事類者。盧文弨云：「『之』當作『云』。」是也。

又 禋之言煙。「煙」，十行、閩、監俱誤作「禋」。

又 天宗三日月星辰。「辰」，宋板、十行本俱作「也」，是也。

又 方有一大山。「大」，十行、閩本俱誤作「太」。

又 脩五禮五玉。毛氏曰：「『玉』作『王』誤。」

又 各會朝于方岳之下。毛氏曰：「『于』作『二』誤。」

又 既以其歲二月。「既」，十行、閩本俱作「即」。按：「既」字非也。

又 《白虎通》云：「王者所以巡狩者也。」盧文弨、浦鏜皆云「也」當作「何」，是也。

又**卷四** 老無無妻謂之鰥。上「無」字，十行、閩、監俱作「而」，是也。

又 文經天地武定禍亂。「經」下古本加「緯」字，非也。

又 《易》亦云：「陰陽不測之謂神。」「亦」，十行、閩本俱作「又」，是也。

又 言天子常戒慎。「戒」，十行本誤作「我」。

又 故以土下言之也。「以」，十行、閩、監俱作「於」。按：「以」字非也。

又 此以相尅爲次。「尅」，宋板、十行、《纂傳》俱作「剋」。正嘉閩本俱作「克」，是也。

又 自功曰伐。「伐」，葛本誤作「戍」。

又 民叛之。「叛」，古本作「畔」。監本誤作「判」。

又 使所得存立。「所」，宋板、十行、閩、監俱作「皆」。按：「所」非也。

又 令與受其言也。「與」，十行、閩、監俱作「禹」。按：「禹」是也。

又 必謂四海之囚。「囚」，宋板、十行、閩、監俱作「内」，是也。

又 言享太福。「太」，十行、閩、監俱作「大」，是也。

又 謂帝王立卜筮之官。「謂」，十行、閩本俱作「是」，是也。

又 至誠感神。「誠」，監本誤作「諴」，注同。

又 待其有辭爲之振旅。「旅」，閩、監俱誤作「旋」。

又 何爲然也。「然」，上宋板有「其」字，是也。

又 事瞽同耳。「瞽」，宋板作「勢」，是也。

又　言其苗易感。「其」，宋板、十行、閩本俱作「有」。按：「其」字非也。

又　外失於儀。宋板作「外在失上儀」，非也。

又　是爲强毅也。「毅」，十行、閩本俱作「貌」，誤。

又　從寬而至剛也。「寬」，十行、閩本俱作「柔」，是也。

又卷五　又合此篇於《皋陶謨》。「謨」，十行、閩本俱誤作「謀」。

又　意在救人難危之厄。「難」，宋板作「艱」，是也。

又　言惡以形好也。「形」，十行、閩本俱誤作「刑」。

又　當誦詩以納諫。「當」，古本、岳本、宋板、《纂傳》俱作「掌」。按：「當」字非也。

又　書其過者以識之。「之」，宋板作「哉」。十行本「識之」誤作「以識」。

又　黻取能斷。「黼」，監本誤作「翻」。

又　若樂音合度。「音」，十行、閩本俱誤作「云」。

又　當行射侯之體。「體」，十行、閩、監俱作「禮」，是也。

又　鵠方三尺三寸少半寸。「半」，監本誤作「牛」。

又　士布侯畫以鹿家。「家」，宋板、十行、閩、監、《纂傳》俱作「豕」，是也。

又　彼言施施諸侯。下「施」字，十行、閩、監、《纂傳》俱作「於」，是也。

又　在壽春縣東北。「春」，監本誤作「眷」。

又卷六　禹之王。「王」，監本誤作「至」。

又　或仲虺始退其第。「虺」，宋板、十行、閩、監俱作「尼」。按：「虺」字非。

又　定山川次秩。「次」，監本誤作「夫」。

又　論天子於土地布行德教之事也。「布」，閩、監俱誤作「在」。

又　使之祀禮所視。「之」，宋板、十行、閩、監俱作「知」，是也。

又　故言分布治之也。宋板無「也」字。十行本「也」誤作「之」。

又　傳堯所至於書。「於」，十行本誤作「至」。

又　史傳者云。「者」，宋板、十行、閩、監俱作「皆」，是也。

又　諸川冀爲其先。「川」，宋板、十行、閩本俱作「州」。按：「川」字誤。

又　壺口治梁及岐。毛曰：「『岐』作『蚑』誤。」

又　必當其見圖籍。「其」，宋板、十行、閩、監俱作「具」。按：「其」字非也。

又　壺口當有至于太岳。「當有」，宋板、十行、閩、監俱作「雷首」，不誤。

又　山南見日。「日」，十行本誤作「曰」。

又卷七　故伐之。浦鏜云：「『敵』誤『故』。」

又　其王曰已下。「曰」，監本誤作「國」。

又　明堂云。「云」，宋板作「位」，是也。

又　未知何時改也。「時」，十行、閩、監俱誤作「故」。

又　各有軍事。「事」，閩、監、葛本俱誤作「士」。

又　攻治也。十行、閩、葛俱誤作「絶之也」。

又　傳五行至亂常。「常」，十行本誤作「帝」。

又　則爲啓之兄弟。「兄」，宋板作「見」，誤。

又　以其述祖之訓。「述」，十行本誤作「迷」。

又　御侍也。「侍」，十行本誤作「待」。

又　其弟侍母以從太康。「侍」，十行本亦誤作「待」。

又　則官民皆足。「足」，十行本誤作「定」。

又卷八　伊尹以夏政配惡。「配」，十行、閩、監俱作「醜」，是也。

又　正，政也。「政」，十行、葛本俱誤作「改」。按：閩本初亦作「改」，後改作「政」。

又　多有大罪。「大」，十行、閩、監俱誤作「夏」。

又　若其可喪。「若」，十行、閩、監俱誤作「君」。

又　二代不同。「二」，閩、監俱誤作「三」。

又　變制社稷欲遷其社。「制」，宋板、十行、閩、監俱作「置」，是也。「因變制社稷也」同。

又　史録其言。「史」，十行、閩本俱誤作「使」。

又　自簡賢附勢。「附」，十行本誤作「輔」。

又　古人名字。「字」，閩本誤作「或」。

又　恐來世論道我放天于。「于」，古本、岳本、葛本、宋板、十行、閩、監俱作「子」，是也。

又　肇我邦于有夏。「于」，十行本誤作「予」。

又　政謂擊之。「政」，宋板、十行、閩、監俱作「攻」，是也。

又　末是滅其國。「末」，閩本誤作「未」。

又　王懋昭大德建中于民。陸氏曰：「『中』本或作『忠』非。」

又　以布行虐政於天下百官。毛氏曰：「『官』作『宫』誤。」

又　言百姓兆民。「兆」，監本誤作「先」。

又卷九　傳自湯至亳殷。「殷」，十行本誤作「怨」。按：十行本此篇誤字尤多，今不

盡校。

又 大序注云。「大」，宋板作「又」，是也。

又 子開甲立。「開」，十行本誤作「門」，下同。

又 重我民無欲盡殺故。「欲」，十行本誤作「殺」。

又 不欲往彼殷地。「地」，十行、閩本俱誤作「也」。

又 今盤庚自耿遷于殷。「耿」，十行本誤作「欲」。

又 劉殺釋詁文。「文」，十行、閩、監俱誤作「云」。

又 大遷則貞龜。「則貞」，十行本誤作「考自」。

又 鄭王皆云。「王」，十行本誤作「注」。

又 又戒臣曰。「臣」，閩本誤作「且」。

又 非予自荒茲德惟汝含德。「含」，葛本誤作「舍」，注同。

又 汝克黜乃心施實德于民。「德」，葛本誤作「得」。

又 徒奉持所痛而悔之。「徒」，十行、閩本俱誤作「徙」。

又 威恩甚大。「威」，十行、閩、監俱誤作「滅」。

又**卷一〇** 有潤水壞道。「潤」，葛本、閩、監俱誤作「間」。

又 誰敢不敬順王之美命而諫者乎。「者」，岳本作「有」，誤。

又 省其身堪將師。「師」，十行、閩、監俱作「帥」。按：「師」誤。

又 經傳之無鎧與兜鍪。「之」下，宋板有「文」字，是也。

又 則人爲背之。「爲」，宋板作「違」，是也。

又 官不至其言。十行本「至」誤「全」。

又 謂君出恩以寵臣。「君」，十行本誤作「言」。

又 謂臣入慢以輕王。浦鏜云：「『王』當『主』字誤。」

又 羹須鹹醋以和之。「之」上，古本有「也」，誤甚。

又 言日有所益。「日」，十行本誤作「曰」。

又 故序言祭成湯升鼎耳以足之。「之」，十行、閩、監俱誤作「以」。

又 孔歷其名於伊訓之下。「訓」，閩、監俱誤作「尹」。

又 《正義》曰：「釋文云。」「文」，宋板、十行、閩、監俱作「天」，是也，下同。

又 故先周復商。「復」，宋板、十行、閩、監俱作「後」。按：「復」字非也。

又 釋文又云。「文」，字誤見上。「又」，十行、閩、監俱誤作「文」。

又 天道其如我所言。「我」，葛本、十行、閩、監俱誤作「其」。

又 是允得爲嗣。「得」，十行本誤作「德」。

又 即尼也。「尼」，十行本誤作「兄」。

又 且言西伯對東爲名。「伯」，十行、閩、監俱誤作「北」。

又 以王淫過戲逸。「逸」，古本、岳本、宋板、《纂傳》俱作「怠」。十行本誤作「迨」。

又 祖伊木必問至人。「木」，宋板、十行、閩、監、《纂傳》俱作「未」。按：「木」字非也。

又 動悉違法。「悉」，宋板作「皆」。十行本誤作「昔」。

又 卧仕之賢。「卧」，古本、岳本、葛本、宋板、十行、閩、監、《纂傳》俱作「致」，不誤。

又 安得默而不言。「言」，十行本誤作「呼」。

又 大祭祀之物。「大」，《纂傳》作「天」。按：各本俱作「大」，《纂傳》誤。

又**卷一一** 武成所以解一月者。「解」，宋板作「稱」。按：「解」字非也。

又 以其實是周之正月。「正」，宋板、十行、閩本、《纂傳》俱作「二」，是也。

又 民無二王。「民」，宋板作「土」。十行本誤作「王」。

又 於孟地置津。「於」，上宋板有「是」字。

又 使不流洫。「洫」，宋板作「溢」。按：「洫」字非也。

又 謂衣服采飾。「衣」，十行、閩本俱誤作「不」。

又 是則亦封之義也。「封」，宋板作「剔」，是也。

又 亦加以炭火之上。「以」，宋板、十行、閩、監俱作「於」，是也。

又 惡貫已滿。「滿」上，古本有「以」字誤。

又 是我與紂同罪矣。「紂」十行本作「討」，非也。

又 精者，事之祥，人之夢爽先見者也。宋板、十行、閩、監「精」俱作「夢」，「夢」俱作「精」。

又 羣八皆懼。「八」，宋板、十行、閩、監俱作「公」。按「八」字誤。

又 又下傳以百夫長爲卒帥。「帥」十行本誤作「師」。

又 傳鉞以至苦之。「鉞」十行本誤作「越」。

又**卷一二** 使有常生之資。「常」，葛本誤作「長」。

又 問何由。「問」，《纂傳》作「間」誤。

又 周天意何由也。「周」，宋板、十行、閩、監俱作「問」。按：「周」字誤。

又 故爲亂也。「故」，十行、閩本俱誤作「欲」。

又 水失其道。「道」，《纂傳》作「性」。按：「性」是也。

又 各爲人之用。「各」，十行、閩本俱誤作「名」。

又　百姓之所飲食也。「所」，十行、閩本俱誤作「求」。

又　故教爲先也。「教」，宋板作「食」。按：「教」字非也。

又　若以一字爲名。「字」，《纂傳》作「事」，是也。

又　燮和也釋詁文。「文」，十行本誤作「詁」。

又　須在土以正之。「土」，宋板、十行、閩、監俱作「上」，是也。

又　氣落驛不連屬。「落」，十行本誤作「洛」。

又　五者卜筮之常法。「筮」，古本、岳本、宋板、十行、《纂傳》俱作「兆」，是也。

又　王肅云卜五者。「者」，十行、閩、監俱誤作「也」。

又　故傳以爲夏殷周卜筮各異。「周」，監本誤作「同」。

又　《周禮》：「太卜掌三兆之法。」「三」，十行、閩本俱誤作「一」。

又　次及卿士衆民。「士」，十行本誤作「主」。

又卷一三　以聲色自娱。「娱」，監本誤作「誤」。

又　遊觀徒費時日。「徒」，十行本誤作「從」。

又　亦如國家失道焉。「失」，宋板、十行俱作「未」。盧文弨云：「《玉藻》云：『國家未道，則不充其服焉。』」宋板是也。

又　禾木無虧。「禾木」，宋板、十行俱作「桑果」。按：前釋經疏内亦有「禾木無虧」句。各本皆同。今本孔傳及此疏之誤俱由於此，其實前疏亦誤耳。

又　故我告汝有邦國之君。「有」，宋板作「友」。按：疏意似當以「有」爲是。

又　百尹氏也。「氏」，宋板作「是」。按：「氏」字不誤。

又　上文《大誥》「爾多邦綏，越爾御事。」宋板無「綏」字，是也。

又　代武庚爲殷後。「代」，監本誤作「伐」。

又　微子作誥。「誥」，十行、閩本俱誤作「告」。

又卷一四　而言新邑營及獻卜之事。「及」，監本誤作「反」。

又　七年制禮作樂。「七」，宋板作「六」。按：當作「六」。

又　目親以及物。「目」，宋板、十行、閩、監俱作「自」。按：「自」字是。

又　故《孝經》曰。「經」，監本誤作「輕」。

又　況惟所敬順疇盜之圻父。「盜」，十行、閩、監俱作「咨」，是也。

又　以司徒致民五土之藝。「致」，十行、閩、監俱作「教」，是也。

又　故言農夫也。「夫」，十行、閩本俱作「父」。按：「夫」字誤。

又　萬方皆來賓服。「萬」，古、岳、宋板俱作「方」。按：「方方」孔傳屢見，後人誤以上「方」字爲「万」字之誤，遂改作「萬」。《纂傳》已誤。夏氏曰：「如兄弟之密方方而來。」即用孔傳語也。

又　萬方皆來賓服。「萬」，宋板作「方」，是也。

又卷一五　周祖后稷。「祖」，葛本、十行、閩、監俱誤作「祀」。

又　命衆殷侯甸男服之邦伯。「衆殷侯甸」，監本誤作「衆股侯甸」。

又　周公以順位成之明日而朝至。「位」，十行本誤作「立」。

又　則是三月十二日也。「二」，十行本誤作「三」。

又　稷是天神。「天」，宋板、十行、閩、監俱作「人」。按：作「天」非也。

又　此言社于薪邑。「薪」，十行、閩、監俱作「新」，是也。

又　乃並觀於王。「於」，十行、閩、監俱誤作「君」。

又　無道猶改之。「猶」，十行、閩、葛俱誤作「尤」。

又　故以爲言也。「故」，宋板作「託」，是也。

又　無道猶改之。「猶」，十行、閩本俱誤作「尤」，下同。

又　言不泰。「泰」，岳、葛、十行、閩、監、《纂傳》俱作「忝」。按：「泰」字誤。

又　夫猶人人。「猶」，十行本誤作「尤」。

又卷一六　以告殷遺餘衆生。「生」，古、岳、葛本、宋板、十行、閩、監、《纂傳》俱作「士」。按：「生」字誤。

又　惟天不與信無堅固治者。「與」上，古本有「右」字。「信」十行、閩、監俱誤作「言」。

又　故輔佑我。「佑」，岳本、宋板、十行、《纂傳》俱作「佐」。按：「佑」字誤。

又　惟我周家下民。「下」，岳本作「不」，誤。

又　天有多言。「言」，宋板、十行俱作「名」。按：「言」字誤。

又　天爲過逸之行。「天」，古、岳、葛本、宋板、十行、閩、監、《纂傳》俱作「大」。按：「天」字誤。

又　既言天之效驗去惡與善。「去」，十行、閩本俱誤作「法」。

又　畏敬天命。「畏」，十行本誤作「長」。

又　然殷之未世。「未」，宋板、十行、閩、監俱作「末」，是也。

又　何以皆待王命。「以」，宋板、十行俱作「必」，是也。

又　故今謀於寬裕也。「今」，宋本作「令」。按：宋本是也。

又卷一七　則輔佑之。「佑」，岳本、宋板、十行、《纂傳》俱作「佐」，是也。

又 言人爲善爲惡。「人」，岳本作「又」，誤。

又 從管蔡作時。「時」，宋板、十行、閩、監俱作「亂」。按：「時」字誤。

又 是滅其奄而徙之。「徙」，十行本誤作「從」。

又 以洛誥語歸政之事。「語」，宋板、十行、閩本俱作「言」。按：「語」字非也。

又 以成王政之序。「王」，十行本誤作「以」。

又 亂主所好用同已者。宋本重「好」字。按：宋本是也。

又 安察囚情。「安」，古、岳本、宋板、十行、《纂傳》俱作「要」。按：「要」字不誤。

又 弗克以爾多方享天之命。「享」上，古本有「其」字，非也。

又 謂紂古本下有「之」字，非也。

又 武王服喪三年。「王」，十行本誤作「正」。

又 聖者上智之名。「者」，十行本誤作「君」。

又 狂必不可爲聖。「可」，宋板、十行、閩、監俱作「能」。按：「能」字是也。

又 與衆多士。「衆」，古、岳、宋板、《纂傳》俱作「殷」。按：「衆」字非也。

又 汝無怨我。岳本、宋、十行、《纂傳》作「汝無我怨」，是也。

又 又告者。「告」，宋板、十行俱作「誥」，不誤。

又 亦曰至長伯。「曰」，宋板作「越」。按：「曰」字非也。

又 既言上天云惡與善。「云」，宋板、十行、閩、監俱作「去」。按：「去」是也。

又 兹乃俾又。「又」，宋板、十行、閩、監俱作「乂」，是也。

又 掌贊正良馬而齊其飲食。「正」，宋板作「王」。案：宋板非也。

又 孺子今已即政爲王矣。「即」，十行本誤作「則」。

又 王其勿誤於衆治獄之官。「誤」，十行本誤作「設」。

又 不可任非其才。「非」，十行本誤作「不」。

又卷一八 罔不承德。「罔不」，十行本作「六服」，非也。

又 是説用人之法。「用」，監本誤作「周」。

又 傳於保下言保安天子於德義。「傳」，宋板、十行、閩、監俱作「傅」，是也。

又 吉禮之别十有三。「十有三」，宋板作「有十二」，是也。

又 以職主戎馬之事。「以」，十行、閩、監俱作「其」，是也。

又 負固不服。「負」，宋板作「貞」，誤。

又 是去而後反也。「後」，宋板作「復」。按：「後」字非也。

又 令既出口。「既」，十行本誤作「暨」。

又 阮諶二禮圖云。「二」，宋板、《纂傳》俱作「三」，是。

又 劉蓋今鑱斧。「鑱」，宋板作「鑱」，非是。

又 釋話云。「話」，十行、閩、監俱作「詁」，是也。

又 太保以盥手洗異同。「以」古本作「已」，似誤。「洗」十行、閩、葛俱誤作「先」。

又 太宗供王。「王」，葛本、十行、閩、監俱誤作「主」。

又 拜曰已傳顧命。「曰」，古、岳、宋、板、《續通解》、《纂傳》俱作「白」。按：「白」字是也。

又卷一九 言聖德洽。「洽」，十行本誤作「治」。

又 用端命于上帝。「于」，石經補缺誤作「予」。

又 則此云太僕是矣。「是」，《纂傳》作「足」。按：「足」是也。

又 其愆過則彈正之。「其」，宋板、十行俱作「有」。按：「有」字是。

又 今予命汝作大正。「正」上，古本有「僕」字。按：疏云：「命汝作太僕官大正」，則「大」字作如字讀，不讀爲「太」。古本非也。

又 令色無質。毛氏曰：「『令』作『今』誤。」

又 令選其在下屬官。「令」，十行本作「今」。

又 蚩尤是炎帝之末諸侯名也。「名」，十行、閩本俱作「君」。按：「君」字誤。

又 黄帝所伐者。「黄」，十行本誤作「皇」。

又 學蚩尤爲此者。浦鏜云：「『亂』誤『此』」，是也。

又 堯未又在朝。「未」，宋板、十行、閩、監俱作「末」。按：「未」字非也。

又 今爾罔不由慰曰勤。按：段玉裁云：「曰勤，《釋文》作『日月』字，『人實反，一音曰。』『音曰』當作『音越』。《正義》作『子曰』字，云：『言曰我當勤之。』」王鳴盛云：「孔傳：『今汝無不用安自居曰『當勤之』。按『曰當勤之』下文所謂『徒念戒而不勤』也。孔本本作『曰』字，今定作『曰』。唐石經作『日』，非也。」

又 我當行之哉。「行」，宋板、十行、閩、監俱作「勤」。按：「行」字非也。

又 今我爲天子。「今」，十行本作「令」。按：十行本是。

又 觀其犯狀。「觀」，十行、閩本俱誤作「覲」。

又 令其出金贖刑。「刑」，宋板、十行俱作「罪」，是也。

又 或雖有證見事涉疑似。「涉」，宋板、十行、閩本俱作「非」。

又 無服疑似之狀。「服」，宋板作「復」，是也。

又《正義》曰釋詁云。「詁」，宋板作「言」。按：「言」字不誤。
又卷二〇 王者至在位。「者」，十行、閩、監俱作「若」，是也。
又 同姓大國。「同」，十行本誤作「曰」。按：宋板上句之末有「曰」字，十行本遂誤此句「同」字爲「曰」耳。
又 在今王之先祖。「今」，十行本誤作「令」。
又 以思謂未得。浦鏜云：「『謂』當『惟』字誤。」按：浦云是也。
又 更歎而爲言。「更」下，宋板有「復」字，是也。
又 彤弓以講德習射。毛氏曰：「『弓』作『兮』誤。」
又 告其先祖諸有德美見記也。浦鏜云：「『者』誤『也』。」
又 然後專征代。「代」，十行、閩本俱作「伐」，是也。
又 其以爲飾。浦鏜云：「『且』誤『其』。」
又 凡金爲兵器者須鍛礪。「者」，宋板、十行、閩、監、《纂傳》俱作「皆」。按：「者」字非也。
又 今律文施機搶作坑穽者杖一百。浦鏜云：「『槍』誤『搶』。」是也。
又 王肅云杜閑也。「閑」，宋板作「閉」。按：「閑」字非也。
又 擭作罰也。浦鏜云：「『柞鄂』誤『作罰』。」
又 不得改過也。「過」，宋板、十行俱作「悔」，是也。
又 自用改過遲晩。「用」，宋板作「恨」，是也。
又 使君子迴心易辭。「迴」，岳本、《纂傳》俱作「回」，是也。
又 獨無他技藝。「獨」，宋板、十行俱作「雖」。按：「獨」字誤。
又 以束脩爲束帶脩飾。「飾」，十行本誤作「節」，下同。
又《禮記・大學》引此。「大」，十行本誤作「太」。
又附《尚書釋文校勘記》卷上 犧。許皮反。「許」，十行本誤作「辭」。
又 結繩。《易・繫辭》云。「云」十行本誤作「上」。
又 黃帝。母曰附寶。「附」葉本作「拊」。「寶」毛本誤作「實」字。按：《宋書志》作「符寶」。
又 左史。史官在左。「在左」，十行本作「左右」誤。
又 誓。凡十篇正八攝二一篇亡。「一」，十行本、毛本俱誤作「十」。
又 焚書坑。苦庚反。「苦」，毛本誤作「若」。
又 及傳。非經謂之傳。「經」，葉本作「純」誤。

又 四朝。四季朝京師也。「季」，葉本作「季」。盧文弨云：「『季』，古『年』字也，作『季』誤。」
又 遲。徐持夷反。「遲」，葉本作「迟」，毛本作「遅」。盧文弨云：「『持』當作『侍』。」案：作「侍」非也。
又 掩。本又作「弇」。「又」，毛本誤作「文」。
又 讒。士咸反。「士咸」，十行本作「仕減」。毛本亦作「仕咸」，是也。
又 從。才容反。「容」，十行本、毛本俱作「用」字。按：「用」字非也。
又 繹。字書作「襗」。「襗」，十行本、毛本俱誤作「釋」。
又 伯。亦作「拍」。「拍」，葉本、十行本、毛本俱作「柏」，是也。
又 遯。一音都困反。「都」，毛本作「徒」字。按：「徒」是也。
又卷下 匱。其魏反。「魏」，十行本、毛本俱作「媿」，是也。
又 辟。必亦反。「必」，葉本作「次」誤。
又 昧爽。「昧爽」謂早旦也。「早」，十行本作「甲」，非也。
又 麾。許危反。「危」，葉本作「魚」，非也。
又 陳于。上直刃反。毛居正曰：「『刃』作『忍』誤。」
又 貌。本亦作「䫉」。「䫉」，葉本亦作「貌」誤。
又 儼。魚簡反。「簡」，葉本、十行本、毛本俱作「檢」，是也。
又 晢。徐之列反。「之」，十行本作「丁」字。按：「丁」字是也。
又 闢。婢亦反。「亦」，十行本、毛本俱作「必」，非也。
又 別。彼列反。毛居正曰：「『彼』作『方』誤。」
又 之長。丁丈反。「丁」，毛本作「之」，非也。
又 不易。羊質反。「質」，葉本作「隻」字。按：「葉」是也。
又 孟長。丁丈反。「丁丈」，毛本誤作「之其」。
又 斷。丁亂反。「丁」，毛本誤作「下」。
又 汝長。丁丈反。「丁」，毛本作「之」，非也。
又 養。羊亮反。「羊」，十行本、毛本俱誤作「牛」。
又 差。初隹反。「隹」，十行本、毛本俱作「佳」字。按：作「佳」是也。
又 惡俗。上烏各反。「各」，毛本誤作「洛」。
又 梓。本亦作「杍」。「杍」，十行本、毛本俱誤作「杼」。
又 南宮括。土活反。「土」，葉本、毛本俱作「工」，是也。

又 禦侮。武臣折衝曰「禦侮」。毛居正曰：「『曰』作『日』誤。」

又《毛詩注疏校勘記》卷一 謹與朝散大夫。明監本「謹與」誤「議典」。閩本、毛本不誤。

又 則懷嬉戲抃躍之心。明監本「抃」誤「忭」。閩本不誤。

又 格則乘之庸之。閩本同明監本，「乘」作「承」。案：所改是也。

又 有康叔之餘烈。閩本、明監本、毛本「餘」誤「遺」。

又 不以數次爲無筭也。閩本、明監本、毛本「數」作「不」。案：「不」字是也。

又 止有論功頌德。閩本、明監本「頌」誤「顯」。

又 「五霸」之字或作「五伯」。明監本「字」誤「末」。閩本不誤。

又 是用詩義也。明監本「用」誤「詩」。閩本不誤。

又 周文王所居也。閩本、明監本、毛本同。案：浦鏜云：「『大』誤『文』。」以《漢書》考之，浦校是也。

又 此詩猶美江漢汝墳。明監本、毛本猶誤「有」。閩本不誤。

又 此詩既繼二公。明監本、毛本同。案：浦鏜云：「『繼』當『繫』字誤。」是也。

又 騶虞歎國君之仁心。明監本誤作「騶虞之與鵲巢未必」。閩本、毛本不誤。

又 且非此所須故也。閩本、明監本、毛本「此」誤「世」。

又 楚滅六并蓼。閩本、明監本、毛本「蓼」誤「蔑」。

又 平言之而意不足。閩本、明監本、毛本「平」誤「既」。

又 謂宫商角祉羽也。小字本、相臺本「祉」作「徵」。閩本、明監本、毛本亦同。案：考《正義》、《釋文》皆作「徵」。此「祉」字當是宋經注本避當時諱字耳。

又 一人之身則能如此。閩本、明監本、毛本「身」誤「心」。

又 下云治世之音謂樂音。閩本、明監本、毛本「云」誤「文」。

又 彈其宫則衆宫應。毛本「其」誤「以」。閩本、明監本不誤。

又 名得相通也。閩本、明監本、毛本「名」誤「各」。

又 精誠之至。閩本、明監本、毛本「至」誤「志」。

又 地曰祇。毛本「祇」誤「祗」。閩本、明監本不誤。

又 夫妻反目。毛本「妻誤「婦」。閩本、明監本不誤。

又《周禮注疏校勘記》卷一 一日人無主不散則亂。惠校本作「百人無主」。此「百」字誤分爲「一」、「日」二字。盧文弨曰：「《書·大禹謨》、《正義》亦有『百人無主不散則亂』之語。」

洪頤煊《管子義證》卷三 「則其制令。」星衍案：「其」字誤。《通典》一百四十八引作「有」。

又卷四 「秋出補人之不足者謂之夕。」星衍案：《荀子·内篇》：「春省耕而補不足謂之游，秋省實而助不給者謂之豫。」《孟子》亦作「一游一豫」。「夕」、「豫」聲相近。《白帖》三十六引「夕」作「豫」。下同。

又卷八 「一束十他。」星衍案：「他」是「倍」字之譌。

王引之《經義述聞》卷七《江漢浮浮武夫滔滔》 《江漢篇》：「江漢浮浮，武夫滔滔。」毛傳曰：「浮浮，衆彊貌。滔滔，廣大貌。」箋曰：「江漢之水，合而東流浮浮然。宣王於是水上命將率，遣士衆，使循流而下滔滔然。」引之謹案：經當作：「江漢滔滔，武夫浮浮。」傳當作：「滔滔，廣大貌。浮浮，衆彊貌。」箋當作：「江漢之水，合而東流滔滔然。宣王於是水上命將率，遣士衆，使循流而下浮浮然。」傳云「滔滔，廣大貌」者，《小雅·四月篇》：「滔滔江漢。」傳曰：「滔滔，大水貌。」此言「江漢滔滔」，義與彼同，故曰「廣大貌」也。云「浮浮，衆彊貌」者，「浮」與「儦」聲義相近。浮浮，猶儦儦也。《齊風·載驅篇》：「行人儦儦。」傳曰：「儦儦，衆貌。」猶浮浮之爲衆貌也。《鄭風·清人篇》：「駟介麃麃。」傳曰：「麃麃，武貌。」猶浮浮之爲彊貌也。人盛謂之儦儦，又謂之浮浮，猶雪盛謂之瀌瀌，又謂之浮浮耳。見《小雅·角弓篇》。《載驅篇》曰：「汶水湯湯。」又曰：「汶水滔滔。」此篇曰：「江漢滔滔。」又曰：「江漢湯湯。」《載驅篇》曰：「汶水滔滔，行人儦儦。」此篇亦曰：「江漢滔滔，武夫浮浮。」文義正相合也。下文「江漢湯湯」，亦大貌。《載驅》傳曰：「湯湯，大貌。」是也。下文「武夫洸洸」，亦彊貌。下傳曰：「洸洸，武貌。」是也。然則「滔滔，廣大貌」，正與「湯湯」同意。浮浮，衆彊貌，正與「洸洸」同意。故一章言「江漢滔滔，武夫浮浮」，二章言「江漢湯湯，武夫洸洸」也。而寫經者「滔滔」、「浮浮」四字上下互譌。後人不察，又改傳、箋以從之。於是「衆彊之貌」屬之江漢，「廣大之貌」屬之武夫，不知江漢大川，當言廣大，不當言衆彊。武夫尚武，當言衆彊，不當言廣大也。討論今本，大失毛公之意。且箋曰：「命將率，遣士衆，使循流而下浮浮然。」正取舟師浮於江漢之義。浮浮之言汎汎也。若作滔滔，則又非箋意矣。《風俗通義·山澤篇》引此詩曰「江漢陶陶」。「陶」與「滔」古字通。《楚詞·九章》「滔滔孟夏兮」，《史記·屈原傳》作「陶陶」。若非經文本作「江漢滔滔」，何以應劭引作「江漢陶陶」。《風俗通義·窮通篇》云：「《詩》美『滔滔江漢，南國之紀』」，所引乃《四月》六章也。此

云「江漢陶陶」，則引《江漢》首章也。此其明證也。上句爲「江漢滔滔」，則下句當爲「武夫浮浮」明甚。而孔氏《正義》已據誤本作解，陸氏《釋文》亦不列古今本之異同，則當時已上下互譌，莫能是正矣。

又《靡有不孝》 《魯頌·泮水篇》：「允文允武，昭假烈祖。靡有不孝，自求伊祜。」箋解「靡有不孝」曰：「國人無不法傚之者。」《正義》曰：「魯國之民，無有不爲孝者。」引之謹案：《正義》所云非箋意也。據箋以考經文，「孝」字蓋本作「季」。《説文》：「季，效也。《玉篇》：「季，古孝切，效也。」《説文》又音「交」，則説文亦訓爲「效」可知。蓋「季」、「效」聲相近，故云「季，效也」。《説文》「教」字以「季」爲聲，其解云：「上所施，下所效也。」正與「季」之訓「效」同，可以爲證。宋本《説文》「效」譌作「放」。《集韻》下平聲《五肴》引《説文》亦作「放」，而解之曰：「謂放效也」，不知「放」即「效」之譌也。《集韻》去聲《三十六效》云：「季，居效切，效也。」足正《説文》作「放」之誤。毛刻《説文》改「放」爲「效」，是也。從子爻聲。」與「孝」字從老，省者不同。「效」與「傚」同。經文作「季」而訓爲「傚」，故箋云：「無不法傚之者。」若如今本作「孝」，則鄭君必不如此訓釋矣。沖遠作《正義》時「季」字已譌作「孝」，故不喻箋訓法傚之意，而據誤字以釋之曰：「魯國之民，無有不爲孝者。」陸氏《釋文》不爲「季」字作音，蓋所見本亦誤爲「孝」矣，是以張參《五經文字》失收「季」字也。又案：「靡有不季」，謂僖公無事不法傚其祖，非謂國人傚僖公也，當承「昭假烈祖」爲義。

又《在武丁孫子武丁孫子武王靡不勝》 《元鳥篇》：「商之先后，受命不殆，在武丁孫子。」毛傳曰：「武丁，高宗也。」箋曰：「商之先君，受天命而行之不解怠者，在高宗之孫子。」又「武丁孫子，武王靡不勝」。箋曰：「高宗之孫子，有武功，有王德，於天下無所不勝服。」《正義》曰：「毛以爲商之先君受天之命，年世延長，所以不至危殆者，在此高宗武丁善爲人之孫子也。此武丁爲人之子孫，能行其先祖武德之王道，威德盛大，無所不勝任也。鄭以爲行之不解怠者，在武丁之孫子。武丁孫子，有武功有王德者，於天下無所不勝。由高宗功被後世，故子孫能服天下也。」引之謹案：武丁固善爲人子孫，然省去「善爲人」三字而謂之武丁孫子，則文不達義。若以爲高宗之孫子，則此詩本祀高宗，何得不美高宗而美高宗之孫子乎？且武王乃殷人稱湯之詞。《長發篇》：「武王載旆。」傳曰：「武王，湯也。」不得又以爲武丁及其孫子之稱也。竊疑經文兩言「武丁」，皆「武王」之譌。而「武王靡不勝」，則「武丁」之譌。蓋商之先君受命不怠者，在湯之孫子，故曰「在武王孫子」。武王孫子，猶《那》與《烈祖》之言湯孫也。湯之孫子有武丁者，繩其祖武，無所不勝任，故曰：「武王孫子，武丁靡不勝。」傳寫者上下互譌耳。毛傳：「武丁，高宗也。」屬於「在武丁孫子」之下，則所據已是誤本。武丁孫子，不可與湯同號武王，於是鄭訓爲武功王德以牽就之。武之與王，意義不倫，豈得並舉而稱之乎？

又卷九《上公鉶四十有二侯伯鉶二十有八子男鉶十有八》 「上公鉶四十有二，侯伯鉶二十有八，子男鉶十有八。」鄭注曰：「公鉶四十二，侯伯二十八，子男十八，非衰差也。二十八，書或爲二十四，亦非也。其於衰，公又當三十，於言又爲無施。」段氏《周禮漢讀攷》曰：「公三十，侯伯二十四，子男十八，爲降殺以六，於衰是矣。而云『於言又爲無施』者，爲鉶少於豆。但豆四十，鉶三十，則差者十。豆三十二，鉶二十四，則差者八。豆二十四，鉶十八，則差者六，亦非降殺之次，故云於言無施。」禮之大數，鉶少於豆，推其衰，公鉶四十二，當爲三十八，蓋近之矣。」引之謹案：「書或爲二十四」者，此《周禮》原文也。蓋侯伯之鉶，三八而爲二十四。加八鉶則爲三十二，上公之鉶之數也。今本「上公鉶四十有二」，「四」乃「三」之誤也。因上下文「豆四十，壺四十」而誤。減八鉶，則爲十六，子男之鉶之數也。今本「子男鉶十有八」，「八」乃「六」之誤也。「六」字脱去上半而爲「八」。試以上下文例之。「上公食四十，豆四十，壺四十。」皆五八之合數也，故其降殺以八。四八而爲三十二，故侯伯食三十有二，豆三十有二，壺三十有二也。三八而爲二十四，故子男食二十有四，豆二十有四，壺二十有四也。上公簋十，五二之合數也，故其降殺以二。四二而爲八，故侯伯簋八也。三二而爲六，故子男簋六也。上公腥三十有六，四九之合數也，故其降殺以九。三九而爲二十七，故侯伯腥二十有七也。二九而爲十八，故子男腥十有八也。然則上公鉶三十有二，四八之合數也，故其降殺亦以八。三八而爲二十四，故侯伯鉶二十有四也。二八而爲十六，故子男鉶十有六也。若云「上公鉶三十八」，則既多於四九之合數，又少於六七之合數，將何以爲降殺之本乎？鄭言「三十八蓋近之」者，意欲降殺以十，使公三十八，侯伯二十八，子男十八也。不知降殺以十者，必始於十之積數。如下文：「上公米四十車，禾五十車。侯伯米三十車，禾四十車。子男米二十車，禾三十車。」是也。若三十有八，不足四十之數，則不能降殺以十矣。再以鉶少於豆計之。上公豆四十，鉶三十二。侯伯豆三十二，鉶二十四。子男豆二十四，鉶十六。鉶少於豆者皆八，所謂較若畫一也。若云上公鉶三十八，則少於豆者二。侯伯鉶二十八，則少於豆者四。子男鉶十八，則少於豆者六，反致多寡參差矣。此

當據或本以正經文之譌，鄭君偶未審耳。

又卷一〇《不傳》 「簡聞小誦，不傳不習。」「傳」，元本作「傳」。家大人曰：「不傳」、「不傳」，皆義不可通。「傳」與「傳」皆「博」之譌也。《曾子·立事篇》曰：「君子既學之，患其不博也。既博之，患其不習也。」「不博不習」，正承「簡聞小誦」而言。小之言少也。《說文》：「少，不多也，從小丿聲。」《爾雅》：「槐小而散，榎。」樊光曰：「小，少也。」不博，則簡聞矣。不習，則少誦矣。《賈子·傅職篇》正作「不博不習」。

又《貸乎如入鮑魚之次》 「與君子游，苾乎如入蘭茝之室。與小人游，貸乎如入鮑魚之次。」「貸」，《永樂大典》本作「膩」。《羣書治要》引《曾子》同。馬總《意林》作「戲」。家大人曰：「貸」、「膩」、「戲」皆「膱」字之譌。《釋名》曰：「土黄而細密曰埴。埴，膱也，黏昵如脂之膱也。」今本「膱」字亦譌作「膩」。《廣雅》曰：「苾，香也。」「膱，臭也。」故曰：「苾乎如入蘭茝之室」，「膱乎如入鮑魚之次」。又案：「次」字，宋本與今本同。孔氏《補注》從《永樂大典》本作「肆」，而以《文選·辨命論》注引《大戴禮》作「肆」爲證。今案：「次」即「肆」也，《周官·廛人》「掌斂市次布」，鄭司農云：「次布，列肆之税布。」不必改爲「肆」。《羣書治要》引《曾子》正作「鮑魚之次」，與宋本同。《文選》注作「肆」者，後人依《家語·六本篇》改之耳。

又《情邇暢而及乎遠》 「情邇暢而及乎遠，察一而關于多，「關」與「貫」同。一物治而萬物不亂者，以身爲本者也。」引之謹案：「情邇暢而及乎遠」本作「情邇而暢乎遠」，與「察一而關于多」文正相對。《家語·入官篇》曰：「情近而暢乎遠，察一而貫乎多。」魏杜恕《體論》曰：「取諸身而能暢遠，觀一物而貫乎萬。」見《羣書治要》。皆本於此篇也。今本作「情邇暢而及乎遠」者，傳寫者以「而暢乎遠」誤作「暢而乎遠」，後人不得其解，遂於「乎遠」上加「及」字耳。孔氏《補注》又改「及」爲「極」，誤矣。

又卷一三《執之以物　度料》 「執之以物而遫決，驚之以卒而度料。」家大人曰：「執」字義不可通。「執」本作「設」。下文「難投以物」，「投」即「設」之譌。則此文本作「設之以物」明矣。物，事也，謂設之以事而能速決也。《齊語》曰：「設之以國家之患而不疚。」意與此同。下句本作「驚之以卒而度應」，今本「應」作「料」者，後人以意改也。據盧注云：「引之以卒然之事而能應時度焉。」則本作「應」明矣。《逸周書》正作「設之以物而數，決敬之以卒而度應」。速數、驚敬，古字通。

又《初氣主物》 家大人曰：當作「氣初生物」。「氣初生物，物生有聲，聲有剛有柔」云云，三者文義相承。今本「氣初」譌作「初氣」，「生」譌作「主」，則文不成義。《五行大義》所引正作「氣初生物」。《逸周書》同。

又《制無》 「作物配天，制無。用行三明，親親尚賢。」孔依上文改「制無」爲「制典」。家大人曰：孔改是也。《虞戴德篇》曰：「三代之相受必更制典物。」即此所謂「制典」也。此篇說禹、湯、文王之事，大略相同，則「制典」下亦當有「慈民」二字。「作物配天，制典慈民，用行三明，親親尚賢。」皆四字爲句，且「民」與「天」、「賢」爲韻。

又《所以明別義也》 「各執其圭瑞，服其服，乘其輅，建其旌旂，施其樊纓，從其貳車，委積之以其牢禮之數，所以明別義也。」家大人曰：「明」字後人所加。「義」古「儀」字也。說見後「不行禮義」下。別儀，即上文所云「以九儀別諸侯之命」也。自「執其圭瑞」以下，皆所以別儀。「別」上不當有「明」字。下文說諸侯相朝之禮，自「各執其圭瑞」以下，皆與此同，而云：「所以別義也。」無「明」字。又云：「所以別親疏外内也。」亦無「明」字。

又《八月化》 「風主蟲，故蟲八月化也。」孔曰：「『八月』字誤。《說文》：『蟲八日而化。』」家大人曰：孔校是也。《論衡·商蟲篇》亦云：「蟲八日而化生。」以上文例之，則「化」上當有「而」字。《淮南》、《家語》皆有。

又卷一五《獿雜子女》 「及優侏儒，獿雜子女，不知父子。」鄭注曰：「獿，獼猴也，言舞者如獿猴戲也。」家大人曰：「獿」當爲「擾」字之誤也。「擾」與「糅」古字通。《楚語》：「民神雜糅。」《史記·曆書》作「雜擾」，是其證。《史記·夏本紀》「擾而毅」，徐廣曰：「『擾』，一作『柔』。」「擾」之通作「柔」，猶「糅」之通作「擾」矣。糅，《說文》本作「粈」。「粈」之通作「擾」，猶《左傳》「公山不狃」，《論語》作「弗擾」矣。此言俳優侏儒之人，糅雜於男女之中，不復知有父子尊卑之等也。鄭注《鄉射禮記》曰：「糅者，雜也。」

又卷一六《士與其執事》 《喪大記》：「士與其執事，則斂。」鄭注曰：「斂者必使所與執事者，不欲使妄人褻之也。」《釋文》：「士與，音預，注同。」《正義》曰：「士與其執事則斂者，釋前士是斂也。與執事，謂平生曾與亡者共執事，今與喪所，則助斂也。」引之謹案：「與其執事」文義不明。「其」蓋「共」之譌也。平生曾與亡者共執事，則謂之與共執事矣。「與」當如字讀。注云「所與執事」，亦如字讀也。陸氏、孔氏所見本「共」字已譌作「其」，故《釋文》「與音預」，《正義》增「共」字以釋「與」字，又言「與喪」所以足「與」字之義，而不知經文之其本是「共」字。「與共」二字連讀爲義，非謂預其事，亦非謂與喪所也。

又卷二一《於其心也戚然》 「夫越王之不忘敗吴，於其心也戚然。」韋注曰：

「戚，猶惕也。」家大人曰：諸書無訓「戚」爲「惕」者。《説文》：「忯，惕也。」《春秋國語》曰『於其心忯然』。」然則今本作「戚」乃「忯」字之譌，而韋所見本正作「忯」，不作「戚」，故與《説文》同訓爲「惕」也。《廣雅》曰：「忯，愼愼也。」《玉篇》曰：「愼，心動也。」《廣韻》曰：「忯，意愼忯也。」義與「惕」並相近。

又卷二四《色然》 哀六年傳：「諸大夫見之，皆色然而駭。」何注曰：「色然，驚駭貌。」《釋文》：「色然，如字。本又作『垝』，居委反。又或作『危』。」引之謹案：「色」者，「歃」之借字也。《一切經音義》卷九：「歃，所力反。」《埤蒼》云：『恐懼也。』《通俗文》：『小怖曰歃。』《公羊傳》云：『歃然而駭。』」是也。《集韻》：「歃，恐懼也。」亦引《春秋傳》「歃然而駭」，與何本不同。蓋出王愆期、高龍、孔衍三家注也。「垝」、「危」皆「色」之譌，猶「脃」之譌爲「脆」矣。

又卷二五《春王正月》 「十有二年春王正月庚午，日有食之。」宋本以下皆如是。石經「正」作「三」。引之謹案：日食必於朔，杜氏《春秋長曆》是年三月庚午朔，則作「三」者是也。若正月，則《長厤》以爲辛丑朔，非庚午矣。《左氏》、《公羊》皆作「三」。

又卷三〇《弟廿論爾雅太歲戊己之號傳寫舛誤》 《爾雅》：「太歲在戊曰箸雍，在己曰屠維。」《太平御覽・時序部二》引孫炎：「箸，豬略切。」又引郭璞《音義》曰：「箸雍，或作祝黎。」引之案：「箸」與「屠」古同聲。「雍」乃「維」字之誤。「維」、「雍」二字相似，故《職方氏》「雷雍」誤作「慮維」。此文蓋有二本，一本作：「在戊曰箸維，在己曰祝黎。」一本作：「在戊曰祝黎，在己曰屠維。」「黎」、「維」二字爲韻，猶上文之「逢」、「蒙」爲韻。「兆」、「圉」爲韻，古音「兆」在宵部，「圉」在魚部，古或以二部爲韻。《楚辭・大招》「昭」與「遽」韻，《九辯》「固」與「鑿」、「教」、「樂」、「高」韻，《登徒子好色賦》「祛」與「妙」韻，是其例也。下文之「章」、「光」、「陽」爲韻也。《史記・數書甲子篇》：「戊辰年爲徒維執徐，「徒」與「屠」通。己巳年爲祝犂大芒駱。」《索隱》曰：「祝犂，己也。《爾雅》作『箸雍』。」「雍」亦「維」字之誤。下句「在己曰箸維」，則上句「在戊曰祝黎」矣。孫炎於「在戊曰箸維」音「箸」爲豬略切，上句「在戊曰箸維」，則下句「在己曰祝黎」矣。後人傳寫舛誤，於上句從作「箸維」之本，於下句從作「屠維」之本。「維」字又誤作「雍」，於是上下複出而韻又不諧矣。《淮南・天文篇》：「午在戊曰箸雍，在己曰屠維。」則後人據誤本《爾雅》改之。陸氏《釋文》不能釐正，而云「雍，於恭反」，非也。

汪遠孫《漢書地理志校本》 厥土惟白壤，厥賦上上錯，厥田中中。恒衛既從，大陸既作，鳥夷皮服。案：「鳥」作「島」者非。

又 厥棐玄纖縞，浮于淮泗，達于河。案：「達」當作「通」。山陽郡湖陵下作「通」。「河」當依《説文》作「菏」，今通作「荷」，「河」乃譌字也。詳《撰異》。

又 至于南河，荊河惟豫州，伊雒瀍澗，既入于河，滎波既豬。案：古「滎澤」作「熒」，不作「滎」。「波」當依《夏紀》作「播」。

又 過九江至于東陵，東迆北會于匯，東爲中江，入于海。道沇水，東流爲泲，入爲河，軼爲滎。案：「軼」，《夏紀》作「泆」。「滎」當作「熒」。

劉文淇等《舊唐書校勘記》卷一 「十一月戊辰，校獵於高陵。」《册府》百十五。作「十二月」。沈本作「十二月」。按：張氏宗泰云：「戊辰，十二月初三日。」

又 「以洛、荊、并、幽、交五州。」《御覽》一百八。「洛」作「洺」。按：九月始改東都爲洛川。「洛」字誤。《通鑑》亦作「洺」。

又 「河東水濱居人。」河，聞本作「於」。《册府》卷七。「河東」作「於是」，是也。「競進舟楫。」《册府》「舟楫」作「船」。「不謀而至前後數百人。」《册府》「至」下有「者」字，「人」作「里」。

又 「大聖大光孝皇帝。」聞本「光」上無「大」字。沈氏炳震云：「書中諸帝俱從開元十三載所上尊號，而高祖獨從八載所謚，故亦增入『大光孝大』字以昭畫一。」殿本從之。

又卷八 「丙辰，望日有食之。」沈氏炳震云：「是月辛丑朔，則丙辰爲十六日。《天文志》但云十五日，無干支，則又當爲『乙卯』，而《新書》之食又在朔日，未知孰是。」張氏宗泰云：「『日』當作『月』，《天文志》亦誤。《新紀》於朔書日食，當以望非月食之期而改之於朔。然月朔實不日食，詳見《天文志疏正》。」

又 「使慙庶彙。」沈本「使」作「俯」，是。《册府》八十九。作「俯」，「彙」作「類」。《御覽》百十五。「彙」作「衆」。「主掌錢穀賊盜。」《册府》作「並主掌錢穀之吏計較盜竊者」。「夫道大爲帝。」《册府》作「夫道大爲皇德大爲帝」，是。「表已在路並宜速還。」《册府》「表」上有「如」字，「速」作「却」。

又 「丁卯，宰相李石奏定長定選格。」沈本作「乙卯」。張氏宗泰云：「己酉、庚申中不得有丁卯，非『乙卯』即『丁己』之誤。」

又卷五一 「以姦佞有恩。」沈本「佞」作「倖」。按：《御覽》二百二十三。「恩」作「私」。

又 「學士承旨。」聞本「承」作「丞」，誤。

又　「戴勝之記。」張氏宗泰云：「勝」字當是「聖」字之誤。

又　「以季年復舊業。」《會要》「季」作「暮」。

又　「何所拘閡。」《會要》「閡」作「忌」。「裂爲二紀。」《全唐文》「裂」作「列」。案：《新書》同，上有「而」字。

又　「書曰其年春正月。」張氏宗泰云：「一本『其』作『某』。」案：《會要》、《全唐文》同。

又　「多附鍔以致名宦。」聞本「宦」作「官」。張氏宗泰云：「一本『宦』作『官』，非。」案：《册府》九百四十五。亦作「官」。

又　「進屬官司。」聞本「官」作「宫」。張氏宗泰云：「一本『官』作『宫』，非依《新書》改。」

張文虎《校刊史記集解索隱正義札記》卷一　大手書。「手」原誤「字」，依《小宰注》改。

又　十五里。官本與《郡縣志》合，各本作「五十里」，誤。

又　司馬𡰥。南宋本作「𡰥」，《字類》引同，與《漢書》合。它本作「𡰯」，作「尼」，並誤。

又　破魏二軍。「魏」字誤。《史詮》云當作「秦」。《漢書》作「其」。

又　守宛。《正義》「故城」。官本「城」，各本譌「地」。

又　十月。《正義》「己未年十月」。原譌「七月」，今改。

又　蝕中。《索隱》：「《説文》作『鎰，器名也。』」案：《説文》無「鎰」字。《集韻・六豪》云「鎰、鉡，銅器」，《類篇》同。中統、凌本作「鏜」，柯本「鍾」，皆誤。

又　淮陰侯復乘之。《正義》「扶富反」。原誤「侯富反」，今改。

又　近齊。各本譌「濟」，今改。

又　平城。《正義》「蹋頓」。當作「冒頓」，然各本皆作「蹋」，仍之。

又　崩長樂宫。《集解》「年六十二」。各本作「六十三」誤，依《御覽》引改。

又　風大臣。毛本「風」誤「封」。

又　吕城。各本譌「成」，今正。

又　增横行無思不服。「行」乃「謂」之譌，依《漢書補注》引改。

又　至啓。各本「至」譌「王」，《考證》據《漢書》注改。

又　京石水中。《渭水注》引作「橋之北首壘石水中」，《長安志》亦作「壘」，疑本作「絫」，因譌爲「京」。

又　各三百户。《漢書》同。北宋本、舊刻「三」作「二」，誤。

又　計遣。「計」當依《漢書》作「詔」。中統、游本作「諸」，蓋「詔」字之誤。

又　細柳。《集解》「石徼」。各本同。《漢書》注、《通鑑》注、今本《三輔黄圖》並同。毛本譌「右徼」。

又　淄川。官本「川」，各本譌「州」。

又　雄渠。《正義》「故白石侯立」。各本「白」譌「自」，「立」譌「五」，官本不誤。

又　中大夫令。《正義》「吕大夫令」。官本「令」，各本譌「分」。

又　七緵。《正義》「六十縷」。各本作「縫」，官本云「縷」字之譌。

又　晦雷。《集解》「一作『靁』字，又作『圖』字」。北宋、中統、游本「雷」作「書」。案：「書」乃「雷」之譌，「圖」乃「靁」之譌也。作「書」作「圖」則義不可通，故徐云未詳。

又　祠竈。《索隱》「髻」。原誤「浩」，依《莊子音義》改。

又　音誥。原譌「浩」，依《莊子音義》改。

又　柏寢。《正義》「振窮乏」。「振」各本譌「服」，蓋俗作「賑」而譌也。今依《韓非子》改。

又　神斗。王本「汗」，凌本「污」，或本作「協」，皆「汁」之譌，而「汁」又「斗」之譌也。今依《五帝本紀》《索隱》、《正義》及《漢書》注改。《考證》説同。

又　不虞。《索隱》「一曰」。各本譌「口」，依《説文》大徐本改。

又　領祀。《封禪書》作「秋」，《郊祀志》同，此「祀」字誤。

又　夕月。《集解》「郊泰一畤」。王、毛譌「時」。

又　竹宫。凌、毛「竹」譌「行」。

又　告禱。中統本誤作「以疇」。

又　比息。毛本「比」譌「此」。

又　議封禪。《正義》「以報天」。各本「報」譌「放」，依《白虎通》改。

又　二四。中統「二」譌「三」。

又卷三　《索隱》「案：天文有五官」。據此，則小司馬所見《史》本中東西南北並作「官」字，尚未誤也。

又　《正義》「棓，龐掌反。」「掌」字誤，後文作「蒲講反」，是也。

又　衡殷中州河濟之間。《正義》「黄河濟水」。官本「濟」，各本譌「清」。

又　南門。《正義》「南門二星」。柯本「二」譌「三」。

又　主疫。《正義》「氏房心三宿爲火」。官本「火」，各本譌「災」，疑誤合「大火」二字。

又 則後宫敍。王本「敍」譌「欽」。

又 主刺舉。官本「刺」，與《晉志》合。各本譌「判」。

又 主木草。《正義》「星七星」。官本「七」，各本譌「一」。

又 羽林天軍。《正義》「羽林四十五星」。官本與《晉》、《隋》二志及《御覽》六引《大象列星圖》合。各本「四」誤「三」。

又 婺女。《索隱》「《爾雅》云」。文見《廣雅》，此誤。

又 其失次有應在昴。前後並作「見」，此獨作「在」，誤。《占經》引甘氏作「見」，《正譌》説同。

又 長四丈。北宋本與《晉志》及上《正義》合。各本誤「尺」。

又 次三星妃。官本「妃」，各本誤作「並爲」二字。案：《晉志》作「夫人」。

又 曰降入。《索隱》「二月」。原譌「三月」，依《史》文改。

又卷四 太山。舊刻「太」作「泰」。

又 負子。《集解》「大子」。舊刻「大」，與《書傳》合。各本譌「太」。

又 魯欲背晉。舊刻「魯」作「公」。

又 曹君。《集解》「曹伯盧也。」吴校元板「盧」作「廬」。

又 冄季載。《索隱》「冄由鄭姬」。「由」誤「季」，汪校改，與《國語》合。

又 納貢于周。舊刻「于」作「事」。

又 成公脱。舊刻「説」，與《齊風譜》疏引合。然如《索隱》云，則所見本已譌。

勞格《晉書校勘記》卷一 「義熙十年九月丁巳朔，日有蝕之。」《宋志》作「己巳」，誤。

又 「四年閏正月己巳，填星犯井鉞。」《宋志》作「閏四月乙巳」，誤。

又卷二 「泰始五年薨。」王隱《晉書》云：「泰始四年薨。」《國志・王祥傳》注。與《本紀》合。案：下云「時文明皇太后崩始踰月」，攷后崩亦在四年，則云五年者誤矣。

又 「武帝受禪，以佐命之勳進車騎將軍，封高平郡公，遷侍中大將軍。」案：騫爲車騎將軍在魏元帝咸熙二年，傳誤。《職官志》：「武帝即位，陳騫爲大將軍。」又《武紀》：「泰始元年，賈充爲車騎將軍。」可證此傳之誤。

又卷三 「中護軍趙俊，請太子廢后。」「俊」字誤。《陸雲傳》作「趙浚」。

又 「尚書始疑詔有詐，郎師景露版奏請手詔。」《廣韻》五五，質。「帥亦姓，本姓師，晉景帝諱改爲帥，晉有尚書郎帥昗。」則此「師」字當是「帥」字之誤，「昗」作「景」，係唐史臣避世祖諱改。

又 「太元中，詔以故南頓王宗子柔之襲封齊王。」《頓傳》云：「三子綽、超、演無柔之名。」《南史・司馬暠傳》：「高祖柔之，以南頓王孫紹齊王攸後。」則「子」字當是「孫」字之誤。

俞樾《諸子平議》卷一 「道塗無行禽。」《立政》。樾謹按：尹注曰：「無禽獸之行。」此曲説也。禽獸之行，謂之「禽行」，已於文義未安，況倒其文曰「行禽」乎？此承上文「便辟無威於國」而言。「禽」猶「因」也。襄二十四年《左傳》：「收禽挾因」。是「禽」與「因」同。蓋以「拘因」而言，則謂之「因」。以「禽獲」而言，則謂之「禽」也。便辟左右之人，擅作威福，則赭衣滿路矣。今也不然，是以道塗無行禽也。下文「疏遠無蔽獄、孤寡無隱治」，皆以獄訟言，可證此文「禽」字之義。

又 「凡將立事，正彼天植。」《版法》。樾謹按：尹注曰：「謂順天道以種植。」此義非也。「植」乃「悳」字之誤，古「德」字也。「悳」字壞作「直」，因誤作「植」矣。《管子》原文本作「凡將立事，正彼天悳」，故《版法解》曰：「天悳者，天心也。」《周官・師氏職》鄭注曰：「在心爲德。」觀天心之解，知其字必作「悳」。若作「天植」，於義難通矣。

又 「死亡不食。」樾謹按：「食」乃「飭」之壞字。上文「飭天壤山川之故祀」，今亦誤作「食」，是其證也。「死亡不食」當作「死亡不飭」。《禮記・月令篇》曰：「飭死事。」即此「飭」字之義。

又 「今工以巧矣，而民不足於備用者，其悦在玩好。」樾謹按：尹注曰：「君悦玩好，則民務末作，故備用不足。」然本文無「君」字，注義非也。「悦」乃「説」字之誤。「其説在玩好」，言求其所以然之説，則在玩好也。《韓子》《内儲説》、《外儲説篇》並有「其説在某某」之文。《墨子・經下篇》言「説在某某」者七十八句。蓋古人自有此文法。下文「其悦在珍怪」、「其悦在文繡」，義並同此。

又卷二 「君臣之會六者謂之謀。」樾謹按：「六者謂之謀」當作「六者爲之媒」，言君臣會合，皆此六者爲之媒也。《説文・女部》：「媒，謀也。」《廣雅・釋詁》文同。是「謀」與「媒」聲近義通。《禮記・禮器篇》：「誰謂由也而不知禮乎？」《家語・公西赤問篇》作「孰爲」。宣二年《穀梁傳》：「孰爲盾而忍弑其君者乎？」《公羊傳》作「誰謂」。是「爲」與「謂」古亦通用也。

又 「令一人爲負以車。」樾謹按：尹注曰：「當令一人以車爲負載其行裝。」然正文明言「人爲負」，注乃云「車爲負」，義不可通。尹氏特疑車非人所能負，故曲

爲是説耳。今按「車」乃「連」字之誤。《海王篇》「行服連」，注曰：「輂名，所以載作器，人挽者。」然則此云「負連」，猶云「服連」。「負」、「服」古通用。《淮南子・人間篇》：「負輂載粟而至。」《御覽・治道部》「負輂」作「服撻」，是其證也。連本人挽者，故可以一人負之。下文云「若宿者令人養其馬」，然則彼從諸侯來者，固自有車馬。必令一人負以連者，當是分載其囊橐耳。

又卷三 「故貴爲天子，富有天下，而伐不謂貪者，其大計存也。」樾謹按：「伐」乃「代」字之誤。上文「化人易代」，宋本「代」誤作「伐」，即其例也。《管子》原文本作「世」。不謂貪，言一世之人不以爲貪也。唐人避諱改「世」爲「代」，因又誤爲「伐」耳。

又 「奔走而奉其敗事，不可勝救也。」樾謹按：「奉」乃「救」字之誤。上云：「坐而收其福，不可勝收也。」此云：「奔走而救其敗事，不可勝救也。」兩文相對。今誤作「奉其敗事」，不特義不可通，且與「不可勝救」句亦不合矣。

又 「好緣而好駔。」樾謹按：上「好」字乃「惡」字之誤。尹注曰：「緣即捐也，怯惡者必亂，故棄之。」是其所據本正作「惡緣」。惟尹解此句未得其義。緣之言循也。《廣雅・釋詁》曰：「緣，循也。」《莊子・列禦寇篇》注曰：「緣，循仗物而行者也。」然則「緣」與「駔」義正相反。惡緣而好駔，謂惡因循而好壯健也。

又 「祭之時上賢者也，故君臣掌，君臣掌則上下均。」樾謹按：「掌」當爲「黨」，字之誤也。《祭禮》有賓主，故有賓黨、主黨。天子諸侯之祭亦然，故曰「君臣黨」。

又卷四 「天曰虛，地曰静，乃不伐。」樾謹按：「伐」乃「貸」字之誤。「貸」字闕壞，止存上半之「代」，因誤爲「伐」矣。據下解曰：「天之道虛，地之道静，虛則不屈，静則不變，不變則無過，故曰不伐。」以「無過」釋「不伐」，則「不伐」是「不貸」之誤，明矣。《禮記・月令篇》：「宿離不貸。」鄭注曰：「不得過差也。」是「貸」之義爲過差。《周易・豫彖傳》曰：「天地以順動，故日月不過，而四時不忒。」「忒」與「貸」同。日月曰不過，四時曰不忒，文異而義不殊。然則此文言「不貸」，而後解言「無過」，正合古義。且言天地者，當美其不差貸，不當言不伐。天地之大，誰能伐之乎？於義求之，既不可通。「貸」字與上文「色」字、「則」字爲韻，今誤作「伐」，則於韻求之，又不合矣。是不可不正也。

又 「慕選者所以等事也。」《心術下》。樾謹按：「慕」乃「纂」字之誤。《詩・猗嗟篇》「舞則選兮」，毛傳訓「選」爲「齊」。《仲尼弟子傳》：「任不齊，字子選。」是選有齊義。《韓詩》作「舞則纂兮」，蓋「選」與「纂」聲近而義通。此云：「纂選者，所以等事也。」正以「纂選」之義，並爲「齊」也。《賈子・等齊篇》曰：「撰然齊等。」是其義也。「纂」與「慕」字形相似，因而致誤。尹注曰：「或占慕之，或選擇之。」失其義矣。

又 「昔者明王之愛天下，故天下可附。暴王之惡天下，故天下可離。」樾謹按：兩「之」字皆「心」字之誤。此承上文「正心之形，明於日月，察於父母」而言。正心者，誠心也，言明王誠心以愛天下，故天下可附。暴王誠心以惡天下，故天下可離也。下云：「故貨之不足以爲愛，刑之不足以爲惡。貨者愛之末也，刑者惡之末也。」正見愛惡之在於心耳。若但云「明王之愛天下」、「暴王之惡天下」，安見其愛不以貨、惡不以刑乎？又按：「貨」字乃「賞」字之誤。「賞」與「刑」相對爲文。今作「貨」則不倫矣。《内業篇》云：「賞不足以勸善，刑不足以懲過。」彼篇文義，多與此同。可據以訂正。

又 「君親六合，以考内身。」樾謹按：此「君」字乃「周」字之誤，與上文可互證。尹注曰：「遍六合之種，一一考之於身。」蓋以遍釋周，是其所據本未誤也。惟「親」字無義，尹亦無注。或「視」字之誤。「周視六合」，其義甚明，故尹注不及耳。

又 「上見功而賤，則爲人下者直，爲人上者驕。」樾謹按：「直」當爲「悳」，乃壞字也。「悳」古「德」字，言爲下者自以爲德也。《九變篇》曰：「凡民之所以守戰，至死而不德其上者，蓋有數焉。」注曰：「雖復至死，不敢恃之以德於上。」此文「悳」字，義與彼同。因字誤爲「直」，尹氏即以肆直釋之，誤矣。

又 「是故人有六多，六多所以街天地也。」《五行》。樾謹按：「六多」之義未詳。尹氏曲爲之説，殆非也。「街」字義亦難明。劉氏績曰：「街猶通也。」然則「街」當作「衕」，字之誤也。《説文・行部》：「衕，通街也。」「衕」之訓「通」，正得其義。而其誤爲「街」，亦有由矣。字亦作「迵」。《玉篇》：「迵，通達也。」《淮南子・要略篇》：「通迵造化之母。」《上德篇》：「德迵乎天地。」王氏念孫《讀書雜志》謂「迵」字並「迥」字之誤，是也。即可以説「衕天地」之義矣。

又 「不釋巨少而殺之。」樾謹按：「釋」乃「擇」字之誤。

又 「致刑，其民庸心以蔽，致政，其民服信以聽。致德，其民和平以静。致道，其民付而不争。」樾謹按：「致刑」、「致政」、「致德」、「致道」，皆二字爲句，「其民」屬下讀，言上能致其刑、政、德、道，故其民如此也。「蔽」字與「聽」、「静」、「争」不協韻，「蔽」蓋「敬」字之誤。《爾雅・釋詁》：「庸，勞也。」《釋訓》：「庸庸，勞也。」

是「庸」之義爲「勞」。上能致其刑，則其民勞心而敬矣。尹據誤本作注，又誤讀「致刑其民」爲句，遂以「庸心以蔽」爲就上之人言，解曰：「不用心以斷，則濫及不辜。」乃其解下文「和平以静」、「付而不争」，又就民言，何也，夫四句一律，下二句既以民言，則上二句亦以民言。故知「其民」二字必屬下讀，不屬上讀也。「付而不争」當作「附而不争」，古字通用。《尚書・梓材篇》：「皇天既付中國民。」《釋文》曰：「付，馬本作『附』。」《周官・小司寇職》：「附刑罰。」鄭注曰：「故書『附』作『付』。」並其證也。「附而不争」，謂民親附而不争。尹注曰：「人被道則相付任而不争。」未達叚借之旨。

又卷五　「誠暢乎天地，通於神明，見姦僞也。」樾謹按：「見」乃「兄」字之誤。《管子》書每以「兄」爲「况」字。《大匡篇》「兄與我齊國之政也」，是其證也。此言精誠可以暢天地通神明，况姦僞乎？言必爲其所化也。古字「也」與「邪」通，故陸德明《經典釋文》曰「『邪』、『也』弗殊」。然則「况姦僞也」猶云「况姦僞邪」，因叚「兄」爲「况」，又誤「兄」爲「見」，而其義全失。《鬼谷子・符言篇》作「誠暢於天下神明，而况姦者干君」。其文雖不同，然「况」字正不誤，可據以訂正。

又　「因之修理，故能長久。」樾謹按：「修」乃「循」字之誤。《鬼谷子》正作「循理」。下文「修名而督實」，「修」亦當爲「循」。《鬼谷子》作「循名而爲實」，其文雖不同，而「循」字不誤，可據訂。

又卷七　「廢罪順於民。」樾謹按：「廢罪」當作「廢置」，字之誤也。舉直錯諸枉，則民服，是謂「廢置順於民」。

又卷八　「愛民治國，能無知乎？天門開闔，能無雌乎？明白四達，能無爲乎？」樾謹按：《唐景龍碑》作「愛民治國，能無爲。天門開闔，能爲雌。明白四達，能無知」，其義並勝，當從之。愛民治國能無爲，即老子「無爲而治」之旨。明白四達能無知，即「知白守黑」之義也。王弼本誤倒之。河上公本兩句並作「無知」，則詞複矣。天門開闔能無雌，義不可通，蓋涉上下文諸句而誤。王弼注云：「言天門開闔，能爲雌乎？則物自賓而處自安矣。」是王弼本正作「能爲雌也」。河上公注云：「治身當如雌牝，安静柔弱。」是亦不作「無雌」。故知「無」字乃傳寫之誤，當據景龍本訂正。

又　「取天下常以無事。」四十八章。樾謹按：「常」乃「當」字之誤。河上公注曰：「取，治也。治天下常當以無事。」疑河上原注作「治天下當以無事」，後人因經文譌作「常」，因於注文增入「常」字耳。

又卷九　「所言不忠，所忠不信。」樾謹按：「言」乃「信」字之誤。

又　「是以民皆勸其賞，畏其罰，相率而爲賢者，以賢者衆而不肖者寡。」《尚賢中》。樾謹按：「相率而爲賢」絶句，「者」字乃「是」字之誤，屬下讀。惟其相率而爲賢，是以賢者衆而不肖者寡也。兩句皆用「是以」字，古人行文，不避重複。今誤作「相率而爲賢者」，則是民之相率爲賢，以賢者衆而不肖者寡之故，於義不可通矣。

又　「昔者伊尹爲莘氏女師僕。」樾謹按：「師」當爲「私」，聲之誤。「僕」猶「臣」也。《禮記・禮運篇》：「仕於公曰臣，仕於家曰僕。」是「臣」、「僕」一也。「私僕」猶曰「私臣」。《中篇》曰：「伊摯有莘氏女之私臣。」

又　「然胡不審稽古之治爲政之説乎？」樾謹按：「治」字乃「始」字之誤。下文曰「古者天之始生民，未有正長也」云云，是從古之始爲政者説，故此云「胡不審稽古之始爲政之説乎」。

又　「天子又總天子之義，以尚同於天。」樾謹按：當作「天子又總天下之義，以尚同於天」。義見上下文。

又　「然則崇此害，亦何用生哉？」《兼愛中》。樾謹按：「崇」字無義，乃「察」字之誤。「何用生」者，「何以生」也。《一切經音義》卷七引《蒼頡篇》曰：「用，以也。」《詩・桑柔篇》「逝不以濯」，《尚賢篇》引作「鮮不用濯」，即其證也。言國與國相攻，家與家相簒，人與人相賊，以及君臣父子兄弟之不惠忠、不慈孝、不和調，當察其害之何以生。故曰「然則察此害，亦何用生哉」。《上篇》曰：「當察亂何自起。」與此同義。

又　「先之譽令聞，先人發之。」樾謹按：畢校云：「『先之』二字，一本作『光』。」當從之。「光」、「廣」古通用。「光譽」即「廣譽」。《孟子》曰：「令聞廣譽施於身。」

又　「天不序其德。」樾謹按：「序」乃「享」字之誤。《莊子・則陽篇》「隨序之相理」，《釋文》曰：「『序』，一本作『享』。」是其例也。天不享其德，文義甚明。字誤作「序」，不可通矣。下文曰：「量我師舉之費，以諍諸侯之斃，則必可得而序利焉。」「序」亦「享」字之誤。

又卷一〇　「虚車府，然後金玉珠璣北乎身。」樾謹按：「車」乃「庫」字之誤，「北」乃「比」字之誤。《漢書・王尊傳》師古注曰：「比，周也。」「比乎身」，猶言「周

乎身」。

又 「義者，善政也。何以知義之善政也？曰：天下有義則治，無義則亂，是以知義之善政也。」《天志中》。樾謹按：三「善」字皆「言」字之誤。隸書「善」字或作「善」。《張遷碑》：「有張良善用籌策。」《靈臺碑》：「君子善之。」《孫叔敖碑》：「去不善如絶紂。」與「言」字相似，故「言」誤爲「善」。「義者言政也，何以知義之言政也？曰：天下有義則治，無義則亂，是以知義之言政也。」語意甚明，若作「善政」，則「義之善政」，不可通矣。《下篇》曰：「義者，正也。何以知義之爲正也？天下有義則治，無義則亂，我以此知義之爲政也。」並無「善」字，可知此文「善」字之誤。「義之言政」，猶「義之爲正」也。

又卷一一 「今我問曰：『何故爲室？』曰：『冬避寒焉，夏避暑焉，室以爲男女之别也。』」樾謹按：「避寒」、「避暑」、「爲男女之别」三句，皆以室言，不當於「男女之别」句獨著「室」字。「室」乃「且」字之誤。古書「且」字或誤爲「宜」。《詩・假樂篇》《釋文》曰：「且君且王，一本『且』並作『宜』。」是也。「且」誤爲「宜」，因誤爲「室」矣。

又 「兩軸三輪。」《備高臨》。樾謹按：既爲兩軸，不得三輪。「三」當爲「四」。古「三」、「四」字皆積畫，因而致誤。

又 「什大容二什以上到三十。」樾謹按：「什」、「十」並「斗」字之誤。「斗大容二斗以上到三斗」，猶下文云「大容一斗以上至二斗也」。凡「斗」字誤作「什」者，王氏已訂正，此又誤作「十」，則未及。

又 「縣各上其縣中豪傑，若謀士居大夫。」樾謹按：「居」乃「若」字之誤。「若謀士若大夫」，猶言或謀士或大夫也。秦爵有大夫，有官大夫，有公大夫，有五大夫，是民間賜爵至大夫者多矣，上不能悉知，故使縣各上其名也。上文關内侯、五大夫、公乘之名，悉如秦制，則此所謂大夫者，非必如周官之大夫也。

又 「客射以書無得譽。」樾謹按：「譽」當作「舉」，字之誤也。下文曰：「禁無得舉矢書。」

又卷一二 「胠於沙而思水，則無逮矣。」樾謹按：楊注曰：「『胠』與『袪』同。《方言》曰：『袪，去也。』謂失水去在沙上也。」然失水在沙上，而曰「去於沙」，甚爲不詞，楊注非也。「胠」當作「阹」。《文選・吴都賦》曰：「阹以九疑。」注曰：「阹，闌也。因山谷以遮獸也。」「阹於沙」義亦同。

又 「然而人力爲此，而寡爲彼，何也？」樾謹按：「力」乃「多」字之誤。「多」與「寡」對文成義，下同。

又 「然後使慤禄多少厚薄之稱。」樾謹按：「慤」當作「穀」。《孟子・滕文公篇》：「穀禄不平。」趙注曰：「穀所以爲禄也。」此文言穀禄，正與彼同。作「慤」者，聲之誤也。楊注曰：「慤，實也。」以本字讀之，失其旨矣。《王霸篇》曰：「心好利而穀禄莫厚焉。」此「穀禄」二字見於本書者。

又 「今世俗之亂君，鄉曲之儇子。」樾謹按：下文云：「中君羞以爲臣。」則此不應言「君」。且與「婦人莫不願得以爲夫，處士莫不願得以爲士」及「束乎有司」、「戮乎大市」諸語皆不合。疑本作「世俗之亂民」，傳寫誤耳。

又卷一三 「脩採清。」樾謹按：「採」乃「埰」字之誤。《方言》曰：「塚，秦晉之間謂之埰。」是也。「清」者，《説文・广部》：「廁，清也。」《急就篇》：「屏廁清溷糞土壤。」字亦作「圊」。《玉篇・口部》：「圊圊圂也。」蓋墟墓之間，清溷之處，皆穢惡所積聚，故必以時修治之也。楊注非。

又 「偃然案兵無動，以觀夫暴國之相卒也。」樾謹按：「卒」當作「捽」。《國語・晉語》「戎夏交捽」，韋注曰：「捽，交對也。」彼云「交捽」，此云「相捽」，義正同。

又 「此夫過舉蹞步，而覺跌千里者夫。」樾謹按：楊注曰：「言此歧路，第過舉半步，則知差而哭，況跌千里者乎？」然如注義，則以「跌千里者夫」爲句，不詞甚矣。「覺」當爲「⿱𦥯民」。《玉篇》引《聲類》曰：「⿱𦥯民，誤也。」《廣雅・釋詁》同。「⿱𦥯民」訓「誤」，正與楊注「跌」訓「差」，其義相近。言此歧路第過舉蹞步，而其⿱𦥯民跌乃至千里，故可悲也。自「⿱𦥯民」誤爲「覺」，而義不可明矣。

又卷一五 「故聖人之所以同於衆，其不異於衆者性也。」樾謹按：同於衆，即不異於衆也，於文複矣。據下文云：「所以異而過衆者，僞也。」疑此文亦當作「所以同於衆而不過於衆者，性也」。「而」譌作「其」，「過」譌作「異」，而詞意俱不可通矣。

又 「冢卿不脩幣。」樾謹按：上云「士不通財貨」，楊注曰：「不得貿遷如商賈也。」此云「冢卿不脩幣」，注曰：「謂不脩財幣販息之也。」然則與士之不通貨財，何以異乎？據《韓詩外傳》作「冢卿不脩幣施」，疑此文奪「施」字，「幣」乃「敝」字之誤。「施」當爲「杝」，古同聲叚借字也。「杝」即今「籬」字。《一切經音義》十四云：「『籬』、『杝』同力支反。」引《通俗文》云：「柴垣曰杝，木垣曰柵。」《説文・木部》：「杝，落也。」冢卿不脩敝杝，謂籬落敝壞不修葺之也。與下文「大夫不爲場園」，正同一意，皆不與民爭利之義。

又 「臨患難而不忘細席之言。」樾謹按：郝氏懿行曰：「『細席』恐『茵席』之譌，蓋『茵』借爲『絪』，『絪』又譌爲『細』耳。」王氏念孫載之《讀書雜志》，洵塙見矣。楊注引《尸子》「臨大事不忘昔席之言」，「昔」亦「茵」之譌。《荀子》作「細席」者，其原文是「絪席」也。《尸子》作「昔席」者，其原文是「茵席」也。兩文雖異而實同，郝、王均未見及。

又卷一六 「養正命。」《黄帝》。樾謹按：「正」當爲「生」。古字「生」與「性」通。《周官・大司徒職》：「辨五地之物生。」杜子春讀「生」爲「性」，是其例也。《列子》原文本作「養生命」，蓋叚「生」爲「性」，因誤爲「正」耳。張注曰：「『正』當爲『性』。」雖得其字，而古字亡矣。

又 「至人潛行不空。」樾謹按：張注曰：「不空者實有也。至人動止，不以實有爲閡者也。」其説甚爲迂曲。《釋文》曰：「『空』，一本作『窒』。」當從之。《莊子・達生篇》正作「不窒」。

又 「衎衎然若專直而在雄者。」樾謹按：《釋文》曰：「『在』，一本作『存』。」當從之。《莊子・天下篇》「施存雄而無術」，亦有「存雄」之文，可以爲證。

又 「同請扁鵲求治。」樾謹按：既言『請』，又言『求』，於義複矣。「請」乃「詣」字之誤。詣，至也，言至扁鵲之所而求治也。故下文曰：「二人辭歸。」

又 「利出者實及，怨往者害來。」樾謹按：「及」乃「反」字之誤。「出」與「反」猶「往」與「來」，相對成文。《孟子》曰「出乎爾者反乎爾」者也。

又卷一七 「蜩與學鳩笑之曰。」《逍遥遊》。樾謹按：《釋文》曰：「『學』，本或作『鷽』，音預。」據《文選・江文通雜體詩》：「鷽斯蒿下飛。」李善注：即以莊子此文説之，又引司馬彪曰：「鷽鳩，小鳥。」毛萇《詩傳》曰：「鷽斯鶡居。」鶡居，鴉烏也，音豫。然則李氏所據本，固作「鷽」不作「學」也。今《釋文》引司馬云：「學鳩，小鳩也。」此經後人竄改，非其原文矣。

又 「非不呺然大也。」樾謹按：《釋文》：「『呺』，本亦作『号』。崔作『誇然』。」《説文・号部》：「号，痛聲也。」「呺」、「誇」《説文》所無，蓋皆「号」之俗體。施之於此，義不可通。《文選・謝靈運初發都詩》，李善注引此文作「枵」，當從之《爾雅・釋天》：「元枵，虚也。」虚則有大義，故曰「枵然，大也。」《釋文》引李云：「号然，虚大貌。」是固以「枵」字之義説之。

又 「有倫有義。」樾謹按：《釋文》云：「崔本作『有論有議』。」當從之。下文云：「六合之外，聖人存而不論。六合之内，聖人論而不議。」又曰：「故分也者，有不分也。辯也者，有不辯也。」彼所謂「分辯」，即此「有分有辯」。然則彼所謂「論議」，即此「有論有議」矣。

又卷一八 「彼正正者，不失其性命之情。」樾謹按：上「正」字乃「至」字之誤。上文云：「故此皆多駢旁枝之道，非天下之至正也。」此云：「彼至正者，不失其性命之情。」兩文相承，今誤作「正正」，義不可通。郭曲爲之説，非是。

又 「外無正而不行。」樾謹按：「正」乃「匹」字之誤。《禮記・緇衣篇》：「唯君子能好其正。」鄭注曰：「『正』當爲『匹』，字之誤也。」是其例矣。此云：「中無主而不止，外無匹而不行。」與宣三年《公羊傳》「自内出者，無匹不行。自外至者，無主不止」文義相似。自外至者，無主不止，故此言中無主而不止也。自内出者，無匹不行，故此言外無匹而不行也。因「匹」誤爲「正」，郭注遂以「正己」爲説，殊非其義。《則陽篇》：「自外入者，有主而不執。由中出者，有正而不距。」「正」亦當作「匹」，誤與此同。

又卷一九 「是故丘山積卑而爲高，江河合水而爲大。」樾謹按：「水」乃「小」字之誤。「卑高」、「小大」，相對爲文。

又 「天寒既至，霜雪既降，吾是以知松柏之茂也。」樾謹按：「天」乃「大」字之誤。《國語・魯語》：「大寒降。」韋昭注曰：「謂季冬建丑之月，大寒之後也。」若作「天寒既至」，失其義矣。《吕氏春秋・慎人篇》亦載此事，正作「大寒」。

又卷二〇 「信則臣不敢爲邪。」樾謹按：「臣」當作「官」，因「官」誤作「宦」，又誤作「臣」耳。下文申説此文曰：「上信而官不敢爲邪。」可證「臣」字之誤。

又 「技藝之足以距口也。」樾謹按：「距」字無義，乃「鉆」字之誤。《莊子・人間世篇》、《釋文》引李云：「餬，食也。」崔云：「字或作『互』，或作『鉆』。」然則「鉆」即「餬」之俗字。足以鉆口，即足以餬口也。

又 「國作一歲者十歲强，作一十歲者百歲强，修一百歲者千歲强。」樾謹按：「作」之一字，於文未明。第三句作「修」，又不一律。且「十歲强」、「百歲强」，並無「一」字，而云「作一十歲者」、「修一百歲者」，此兩「一」字亦殊嫌贅設矣。反覆求之，乃知此文承上句「是以聖人作壹摶之也」而言。本云：「國作壹，一歲者十歲强。作壹，十歲者百歲强。作壹，百歲者千歲强。」乃極言「作壹」之效也。讀者誤謂「壹」、「一」同字，而於「作壹一歲」句删去「壹」字，於下兩句又誤以「壹十歲」、「壹百歲」連讀，改「壹」爲「一」，末句「作」字又誤爲「修」，於是其義全失矣。本篇「作壹」字屢見，此文四言「作壹」，乃一篇之大指也。傳寫錯誤亟宜訂正。

又「煩言飾辭而章無用。」樾謹按：「章」乃「竟」字之誤。竟猶終也，言終歸無用也。

又「此吾以殺刑之反於德，而義合於暴也。」樾謹按：「殺」乃「效」字之誤。「此吾以效刑之反於德」，猶言此吾以明刑之反於德也。《荀子・正論篇》：「故桀紂無天下，而湯武不弑君，由此效之也。」楊倞注曰：「效，明也。」蓋古語如此。

又「下修令而不時移。」樾謹按：「令」乃「今」字之誤。「下修今」與「上法古」爲對文。下文曰：「故聖人之爲國也，不法古，不修今。」是其證。

又「周官之人，知而謂之，上者自免於罪。」樾謹按：「周」當爲「同」，「謂」當爲「謁」，皆字之誤。

又「故興國而責之於兵。」樾謹按：「興」乃「舉」字之誤，言舉一國之人，皆責之於兵也。

又卷二一　「不能剋之也，又不能反，運罷而去。」樾謹按：「運」乃「軍」字之誤。上云「大王又并軍而至」，此云「軍罷而去」，文義正相應。蓋不能勝則宜退，既不能剋，又不能反，故其軍至於罷病而後去也。「軍」誤作「運」，義不可通。顧氏《識誤》斷「運」字爲句，謂「反」當作「及」，「運」讀曰「餫」，失之迂曲矣。

又「聽言之道，溶若甚醉。」樾謹按：舊注曰：「溶，閑漫之貌。」下文「動之溶之」，注亦曰：「凡所舉動，溶然閒暇。」顧氏謂「不見所出」。今按：「溶若甚醉」，此「溶」字當爲「容」，言其容有似乎醉也。下文「動之溶之」，此「溶」字當爲「搈」。《說文・手部》：「搈，動搈也。」「動之溶之」即「動之搈之」也。「動搈」亦作「動容」。《孟子・盡心篇》「動容周旋中禮」者是也。疑古本兩「溶」字皆止作「容」，一爲「容貌」之「容」，一爲「動容」之「容」，傳寫增水旁，因失其義矣。

又「下操度量以割其下。」樾謹按：此當作「上操度量以割其下」。舊注云：「故上必當操度量以割斷其下也。」是其所據本未誤。

又「因攢而縫。」《用人》。樾謹按：「攢」字無義，當作「簪」。《荀子・賦篇》：「簪以爲父。」楊倞注曰：「簪形似箴而大。」是簪亦箴類，故曰「因簪而縫」也。《說文・金部》：「鐕，可以綴箸物者。」「簪」即「鐕」之叚字，亦或作「撍」。《周易・豫九四》：「朋盍簪。」京作「撍」，是也。古本《韓子》當亦作「撍」，傳寫因誤爲「攢」矣。

又卷二二　「攻伐之與救守一實也。」《振亂》。樾謹按：高注曰：「攻伐欲陷人，救守欲完人，其實一也。」然「其實一也」謂之「一實」，義似未安。「一實」當作「一貫」。《知化篇》曰：「雖知之與勿知，一貫也。」《過理篇》曰：「亡國之主一貫。」是呂氏書多用「一貫」字。此文「實」字當亦「貫」字之誤耳。

又「自今單脣乾肺。」《禁塞》。樾謹按：「自今」乃「自令」之誤。畢校已及之矣。「單」字高注訓「盡」，然脣無可盡之理，殆非也。「單」當讀爲「燀」，省不從火耳。《後漢・泗水王歙傳》注：「燀，灼也。」然則燀脣者，灼脣也，與「乾」字同義。《順民篇》：「焦脣乾肺。」此言「燀」，猶彼言「焦」。

又「願一與吳徼天下之衷。今吳越之國，相與俱殘，士大夫履肝肺，同日而死，孤與吳王接頸交臂而僨，此孤之大願也。」樾謹按：「徼天下之衷」句，衍「下」字，畢校已及矣。「今吳越之國」，當作「令吳越之國」，蓋言願令如此也。作「今」者誤。

又「其所非，方其所是也。其所是，方其所非也。」樾謹按：兩「方」字，並「乃」字之誤。言所非乃其所是，所是乃其所非也。故曰「是非未定」。高氏不知「方」字之誤，而訓爲「比」，迂矣。

又「人時灌之，則惡之而日伐其根。」《至忠》。樾謹按：「日」當作「自」，字之誤也。此句「自」字與上句「人」字，正相對。下文曰：「夫惡聞忠言，乃自伐之精者也。」即承此言之，足徵「日伐之」當作「自伐矣」。

又卷二三　「道者止彼在己。」樾謹按：「止彼在己」，誼不可通。「止」疑「亡」字之誤。「亡彼在己」，言不在彼而在己也。古書每以「亡」與「在」相對。《荀子・正論篇》曰：「然則鬬與不鬬，亡於辱之與不辱也，乃在於惡之與不惡也。」《正名篇》曰：「故治亂在於心之所可，亡於情之所欲。」《堯問篇》曰：「吾所以得三士者，亡於十人與三十人中，乃在百人與千人之中。」《淮南・原道篇》曰：「聖亡乎治人，而在於得道，樂亡於富貴，而在於得和。」並其例也。《莊子・田子方篇》曰：「其在彼邪亡乎我，在我邪亡乎彼。」與此文「亡彼在己」，文法正同。「亡」譌作「止」，因失其旨矣。

又「一上一下，以禾爲量。」《必己》。樾謹按：「以禾爲量」，殊爲無誼。高氏引《淮南・繆稱篇》「禾三變」之文以釋之，亦曲說也。「禾」當作「和」。《莊子・山木篇》：「一上一下，以和爲量。」是其明證。「禾」即「和」之壞字。

又「士過者趨，車過者下。」樾謹按：「士過者趨」當作「徒過者趨」。「徒」與「車」相對成義。《晏子・春秋諫篇》曰：「載過者馳，步過者趨。」文義正與此同。「徒」字或作「辻」，闕壞而止存「土」字，因誤爲「士」耳。

又「故曰天無形而萬物以成。」《君守》。樾謹按：「曰」乃「昇」字之誤。「昇」

字闕壞，止存上半之「日」，因誤爲「曰」矣。下文：「至精無象而萬物以化。」高注曰：「説與界天同。」則其所據本正作「故界天無形」。

又卷二四 「澹乎四海。」《上德》。樾謹按：高注曰：「澹，之也。」「之」乃「足」字之誤。古書每以「澹」爲「贍足」之「贍」。《漢書》《食貨志》、《司馬遷傳》、《東方朔傳》、《趙充國傳》師古注並曰：「『澹』，古『贍』字。」是其證也。畢校本謂「澹」、「憺」義同，疑是「安也」之誤，非是。

又 「民農則其産復，其産復則重徙。」《上農》。樾謹按：兩「復」字並當作「後」，字之誤也。「後」與「厚」古通用。《釋名・釋言語》曰：「厚，後也。」《莊子・列禦寇篇》注曰：「静而怯乃厚其身耳。」《釋文》曰：「元嘉本『厚』作『後』。」是其證也。民農則其産後，言民農則其産厚也。其産厚故重徙矣。《御覽》兩「後」字並作「厚」，正得其義。但字仍當作「後」，以仍古書叚借之舊。《辯土篇》曰：「必厚其靹。」又曰：「其靹而後之。」亦「厚」、「後」通用之證。

又卷二五 「剔孕婦見其化。」《王道》。樾謹按：「見」字當作「觀」，乃壞字也。《吕氏春秋・過理篇》作「剖孕婦而觀其化」，可據以訂正。

又 「匹馬隻輪無反者。」樾謹按：僖三十三年《公羊傳》：「匹馬隻輪無反者。」《釋文》曰：「一本作『易輪』。」董仲舒云：「車皆不還，故不得易輪轍。」然則董子原文必作「易輪」，今作「隻」者，後人所改也。惟「不易輪轍」之義，殊爲迂曲。而董子所見傳文如此，必當有説。今按：「易」者，「析」之叚字。「析」、「易」疊韻，故蝘蜓名蜥蜴，而《詩・節南山篇》「胡爲虺蜴」，《説文・虫部》引作「胡爲虺蜥」。然則「易」之通作「析」，猶「蜴」之通作「蜥」矣。《説文・木部》「析，破木也」，其字亦或作「枿」。《張遷碑》「陽氣厥枿」是也。又或作「斦」。《魯峻碑》「斦薪弗荷」是也。「枿」、「斦」並從片，則「析輪」猶「片輪」也，與馬之稱匹，正同一律，較「隻輪」之文爲優矣。

又 「故予先言《春秋》詳己而略人。」《俞序》。樾謹按：下文有「故子夏言」、「故子池言」，則此文「予」字必「子」字之誤。「子先」未知何人，殆亦七十子之弟子歟？此篇所稱引，皆七十子之微言，惜多奪誤，難以盡通耳。

又 「吾聞聖王所取，儀金天之大經。」《官制象天》。樾謹按：「金」字無義。下文云：「何謂天之大經？」又云：「三而一成，天之大經也。」不言「金天」。此「金」字乃「法」字之誤，言聖人所取者，無不儀法乎天之大經也。「法」古文作「金」，因誤作「金」矣。

又卷二六 「魯桓即位十三年，齊、宋、衛、燕舉師而東，紀、鄭與魯戮力而報之。後其日，以魯不得遍，避紀侯與鄭厲公也。」樾謹按：上下文有「避齊桓也」、「避楚莊也」之文，則此文「避紀侯與鄭厲公也」八字爲句。「遍」乃「偏」字之誤。「偏」誤作「徧」，因爲「遍」矣。偏者，偏戰也。春秋之例，詐戰月，偏戰日。桓十年《公羊傳》注曰：「偏，一面也。結日定地，各居一面。」然則魯不得偏者，言不得獨當一面也。是時齊、宋、衛、燕伐我，魯不能獨當，與紀、鄭戮力，然後結日定地，各居一面，與之偏戰。偏戰然後得書日，故經書曰：「公會紀侯、鄭伯。己巳，及齊侯、宋公、衛侯、燕人戰。」傳曰：「曷爲後日？恃外也。其恃外奈何？得紀侯、鄭伯然後能爲日也。」是可知魯不得紀、鄭之助，不能爲日。不能爲日者，但能詐戰，而不能偏戰之謂也。故曰「魯不能偏也」。

又 「冬出居上，置之空處也。」樾謹按：「處」乃「虚」字之誤。上文曰：「陰常居空虚。」是也。《漢書・董仲舒傳》：「陰常居大冬，而積於空虚不用之處。」亦作「空虚」可證。

又 「比相生，而問相勝也。」《五行相生》。樾謹按：「問」乃「閒」字之誤。比相生，若春木生夏火是也。閒相勝，若秋金勝春木是也。

又 「率由舊章。舊章者，先聖人之故文章也。率由各有修從之也。」樾謹按：「各」字，乃「者」字之誤。「修」字乃「循」字之誤。「循」誤爲「脩」，因誤爲「修」矣。此引《詩》而釋之。「舊章者，先聖人之故文章也。率由者，有循從之也。」「有」與「又」通，本書借「有」爲「又」者，不可勝舉。「循」字解「率」字之義，「從」字解「由」字之義。言舉先聖人之故文章，又循而從之，是謂「率由舊章」也。

又卷二七 「故先王者見終始之變。」樾謹按：此本作「故先生覞終始之變。」「覞」字誤分爲「者見」二字，亦猶《禮記・祭義篇》分「覵」字爲「閒見」二字矣。

又 「案士息民以待其弊。」樾謹按：「案士」無義。「案」當從《史記》作「安」。「士」乃「士」字之誤。吉府本正作「士」，言安息其士民，以待諸侯之弊也。

又 「臣故曰：『時且過矣，上弗蚤圖，疑且歲閒所不欲焉。』」《宗首》。樾謹按：「閒」乃「聞」字之誤。「疑」猶「恐」也。《禮記・雜記篇》「皆爲疑死」，鄭注曰：「『疑』猶『恐』也。」是矣。「且」猶「將」也。《淮南・時則篇》「雷且發聲」，高誘注曰：「『且』猶『將』也。」是矣。「疑且歲聞所不欲焉」，猶曰「恐將歲聞所不欲焉」。上文云：「今或親弟謀爲東帝，親兄之子，西嚮而擊。今吴又見告矣。」聞所不欲，即指此等事而言。蓋謂不蚤圖之，則此等事恐無歲不聞也。「聞」與「閒」形似致

誤。《儀禮・士虞禮篇》鄭注曰：「不言養禮畢於尸聞嫌。」又曰：「此記更從死起異人之聞，其義或殊。」兩「聞」字今皆誤作「閒」，辯見《羣經平議》。此文「聞」誤作「閒」，正與彼同。盧氏文弨不能訂正，反謂此十九字不成文理，而刪去之，謬矣。《匈奴篇》云：「疑將一材而出奇厚贄以責漢。」此云「疑且」，猶彼云「疑將」，可以互證。

又 「臣觀寬大知通，竊曰：『是以摻亂業，握危勢。』」樾謹按：「是」當爲「足」。下文：「食穀之法，固百以是。」盧校曰：「『是』當爲『足』。」正與此同誤。

又 「其苦之甚矣。其欲有卒也類良有，所至逋走而歸諸侯，殆不少矣。」《益壤》。樾謹按：「卒」乃「立」字之誤。「其欲有立也類良有」七字爲句，蓋言吏民苦屬漢，欲有所立者多有也。「類」乃語詞，「良」猶「甚」也。「良有」即「甚有」也。《漢書》作「其苦屬漢而欲得王至甚」，即本此文而潤色之耳。《屬遠篇》云：「甚苦屬漢而欲王類至甚也。逋遁而歸諸侯，類不少矣。」可與此篇互證。「所至」二字屬下句讀。

又 「天子無可以徼倖之權。」《五美》。樾謹按：「天子」當作「天下」。吉府本不誤。

又 「天子不姻於親戚。」樾謹按：古人稱父母爲親戚。昭二十年《左傳》：「親戚爲戮，不可以莫之報也。」《韓詩外傳》：「親戚既没，雖欲孝誰爲孝？」並其證也。此本作「天子不恩於親戚」，後人不達「親戚」之義，故易以「姻」字耳。《大戴記・保傅篇》作「天子無恩於父母」，「父母」即「親戚」也。

又卷二八 「虞人翼五豝以待一發，所以復中也。」《禮》。樾謹按：「復」乃「優」字之誤，言優假尊者，使之易中也。上文云「所以優飽也」，文義正同。今誤作「復」，義不可通。既云以待一發，則無再發之事，又何復中之有？

又 「禮者所以節義而没不還。」樾謹按：「還」乃「遝」字之誤。《小爾雅・廣詁》：「没，無也。」《方言》曰：「遝，及也。」没不遝者，無不及也。故下所説皆逮下之事。

又 「天之處高，其聽卑，其牧芒，其視察。」樾謹按：「牧」乃「狀」字之誤，言天之處雖高，而其聽則甚卑，其狀雖若芒芒然，而其視則甚察也。

又 「昔者南榮跦醜聖道之忘乎己。」樾謹按：「忘」當爲「亡」。亡乎己者，不在乎己也。古人謂不在爲亡。《禮記・祭法篇》：「諸侯在其地則祭之，亡其地則不祭。」《荀子・正論篇》：「然則鬭與不鬭邪，亡於辱之與不辱也，乃在於惡之與不惡也。」《正名篇》：「故治亂在於心之所可，亡於情之所欲。」《淮南子・原道篇》：「聖亡乎治人，而在於得道。樂亡於富貴，而在於得和。」諸書並以「亡」與「在」對，是「亡」猶不在也。後人不達「亡」字之義，加心作「忘」，轉不可通矣。

又 「故苟上好之，其下必化之，此道之政也。」樾謹按：「此道之政也」，文不可通。當作「此道之謂也」，傳寫誤耳。上文云：「故勸之其上者，由其下而上睹矣，此道之謂也。」與此文法一律。

又卷二九 「人生而静天之性也，感而後動，性之害也。」樾謹按：「害」乃「容」字之誤。《禮記・樂記》作「性之欲也」，「欲」亦「容」字之誤。《史記・樂書》作「性之頌也」。徐廣曰：「頌音容。」蓋古本《樂記》字本作「容」，故徐廣讀「頌」爲「容」也。「静」、「性」爲韻，「動」、「容」爲韻。作「欲」、作「害」，則皆失其韻矣。且上言「動」下言「容」，「容」亦「動」也。《説文・手部》：「搈，動搈也。」「容」即「搈」之叚字，亦或作「溶」，《韓子・楊搉篇》曰「動之溶之」是也。「感而後動」，即是性之動，故曰「性之容也」。作「欲」、作「害」，則皆失其義矣。《史記》作「頌」者，「頌」與「容」古通用字。若是「欲」字、「害」字，則《史記》無緣誤作「頌」，徐廣又何據而讀爲「容」乎？故知此與《禮記》並誤也，説詳《羣經平議》。

又 「不知耳目之宣，而遊于精神之和。」樾謹按：「宣」當作「宜」，字之誤也。《莊子・德充符篇》：「夫若然者，且不知耳目之所宜，而遊心乎德之和。」即《淮南》所本。《文子・精誠篇》作「知丸竅四肢之宜，而游乎精神之和」，字正作「宜」，但「知」上脱「不」字耳。

又 「能有名譽者，必無以趨行求者也。」樾謹按：「趨」乃「越」字之誤。越之言逸也、躐也，越行猶言過行也，謂不以過甚之行求名譽也。《文子・九守篇》作「能有名譽者，必不以越行求之」，是其證。

又卷三〇 「木擊折轊，水戾破舟，不怨木石而罪巧拙者。」樾謹按：「水戾破舟」當作「石戾破舟」，故云「不怨木石」。今作「水戾」，則下句「石」字無著矣。「巧」字疑「功」字之誤。「功」與「工」通。《周官・肆師職》：「凡師不功。」「故書『功』爲『工』。」是也。不罪木石而罪工拙，「工」即「工人」之「工」，言不罪木石，而罪作舟車者之拙也。高注曰：「罪御者刺舟者之巧拙也。」是其所據本已誤。

又 「故上世體道而不德，中世守德而弗壞也。末世繩繩乎惟恐失仁義。」樾謹按：《文子・微明篇》作「中世守德而不懷」，此文「壞」字亦「懷」字之誤，「懷」即「懷來」之「懷」。言中世守德，未知仁義之爲美，猶無意乎懷來之也。字誤作「壞」，

失其旨矣。

又 「夜行瞑目而前其手，事有所至，而明有不害。」樾謹按：「至」當作「宜」，「害」當作「容」，皆字之誤也。容，用也，説見《主術篇》。「容」與「庸」通。《莊子·胠篋篇》「容成氏」，《六韜·大明篇》作「庸成氏」。「庸」爲「用」，故「容」亦爲「用」也。夜行者不用目而用手，是事之宜也，故曰「事有所宜，而明有不容也」。《説林篇》曰：「夜行者掩目而前其手，涉水者解其馬載之舟，事有所宜，而有所不施。」可證此文「至」字之誤。「不施」亦即「不用」也。

又 「山處者木。」樾謹按：「木」乃「采」之壞字，謂采樵也。「山處者采」，與上句「水處者漁」，下句「谷處者牧」、「陸處者農」一律。「漁」也、「采」也、「牧」也、「農」也，皆言其事也。若作「山處者木」，則上句當云「水處者魚」矣。《文子·自然篇》作「林處者採」，可據以訂正。《説林篇》：「漁者走淵，木者走山。」「木」亦當爲「采」。

又卷三一 「争者人之所本也。」樾謹按：「本」字無義，乃「去」字之誤。下文「始人之所本，逆之至也」，《説苑·指武篇》作「殆人所棄，逆之至也」。彼作「棄」，此作「去」，文異而義同。惟「始」字亦不可通。《説苑》作「殆」，尤爲無義。「始」乃「治」字之誤。吴起欲砥礪甲兵，故屈子以爲治人所去，言取人之所去者而治之也。《文子·下德篇》作「治人之亂，逆之至也」，「治」字不誤，可據以訂正。

又 「故大人之行，不掩以繩。」樾謹按：「掩」字無義。高注曰：「掩，猶揮也。」義亦未詳。「掩」乃「扶」字之誤。《管子·宙合篇》曰：「千里之路，不可扶以繩。」是其證也。下文「此所謂筦子梟飛而維繩者」，王氏念孫引陳觀樓説謂當作「此筦子所謂鳥飛而準繩者」。按：「鳥飛」、「準繩」，本《管子·宙合篇》，其曰「千里之路不可扶以繩，萬家之都不可平以準」，即説「鳥飛」、「準繩」之義也。然則此云「大人之行不扶以繩」，亦本《管子》。「掩」字之誤無疑矣。《宙合篇》又曰：「夫繩扶撥以爲正。」即此「扶」字之義。因「扶」字闕壞，止存「扷」形，淺人遂以意補成「掩」字耳。

又 「道全爲無用之事，煩擾之教。」樾謹按：「全」乃「令」字之誤。「令」猶「使」也。「道」與「導」同，謂導使爲無用之事，煩擾之教也。

又 「和者，陰陽調。日夜分而生物。春分而生，秋分而成。」樾謹按：下言「春分而生」，上言「日夜分而生物」，文義重複。且春分、秋分，皆日夜分也。日夜分而生物，於秋分而成，義亦不合。《文子·上仁篇》作：「和者陰陽調日夜分，故萬物春分而生，秋分而成。」然則此亦當同上。「而生」二字乃「故萬」之誤。

又 「國之所以存者道德也。」樾謹按：「德」當爲「得」，字之誤也。《文子·上仁篇》正作「得」。「國之所以存者道得也」，與下句「家之所以亡者理塞也」，正同一律。高注曰：「理，道也。」然則「道」、「理」一也，得則存塞則亡矣。高注此句曰：「道德施行，民悦其化，故國存也。」蓋以道德本屬恒言，故加「德」字以足句，非正文本作「道德」也。下文曰「存在得道，而不在於大也。亡在失道，而不在於小也」，正與此文相應。疑此「塞」字亦即「失」字之誤，故高氏無注矣。

又卷三二 「巢枝穴藏。」樾謹按：「枝」乃「攱」字之誤。「巢攱」、「穴藏」，相對成義。《史記·梁孝王世家》《索隱》引《通俗文》曰：「高置立攱棚曰攱閣。」即此「攱」字之義。巢高故言「攱」，穴深故言「藏」。

又 「故因其患則造其備。」樾謹按：「因」乃「困」字之誤，言困於患難則造作其備也。與下句「犯其難則得其便」一律。

又 「根深則本固。」樾謹按：「根」即「本」也，不得云「根深則本固」。「本」乃「末」字之誤。上文云「草木洪者爲本，而殺者爲末」是也。後人習於根本之説，遂妄改爲「本」字，失其義矣。根深則末固，與下句「基美則上甯」一律。《説文·木部》曰：「木上曰末。」然則「末」即木之上也。「末固」、「上甯」，文異而義同。王氏念孫據上文「猶城之有基，木之有根」，謂「本」當作「木」，然則下句「上」字亦當作「城」字矣。下句不言「城」，知此句亦不言「木」，王説非也。

又卷三三 「決欲招寇。」《積》。樾謹按：王本「決」作「快」，當從之。《方言》：「逞、曉、恔、苦，快也。自關而東，或曰曉，或曰逞。自關而西曰快。」然則快欲猶逞欲也，逞欲故招寇矣。諸家作「決」，乃字之誤。温公從之，非是。

又 「闕也皆合二，而密也成用一。」《元錯》。樾謹按：「成」乃「咸」字之誤。「咸用一」與「皆合二」相對爲文。范注曰：「二氣協和而成一。」是其所據本已誤矣。

又 「辰辰未戌丑。」樾謹按：許曰：「多作『辰戌丑未』，今從丁宋本。」然范注曰：「辰取其延長，未取其冥昧，戌取其悉戌，丑之言畜也。」是亦以辰未戌丑爲次。今作「辰戌丑未」，寫者誤耳，非范本之舊。

又卷三四 「或問經之艱易。曰：『存亡。』或人不諭，曰：『其人存則易，亡則艱。』」樾謹按：光曰：「『人』當作『文』，字之誤也。」今以下文證之，頗以温公之説爲是。下文曰：「延陵季子之於樂也，其庶矣乎。如樂弛，雖札末如之何矣。」夫人

如延陵季子，而樂弛則無如何，是所重者在其文，不在其人也。下文又曰：「如周之禮樂，庶事之備也，每可以爲不難矣。如秦之禮樂，庶事之不備也，每可以爲難矣。」是難不難由於備不備，益足見經之艱易，存乎文矣。温公所改，殆非無見。

又卷三五 「鼓之以道德，征之以仁義。」樾謹按：「征」乃「鉦」字之誤。《詩・采芑篇》：「鉦人伐鼓。」傳曰：「鉦以静之，鼓以動之。」是「鉦」、「鼓」相對爲文。「鼓之以道德」，「鉦之以仁義」，猶言以道德動之，仁義静之耳。今誤作「征」，殊失其義。

戴望《管子校正》卷一 「方六里一乘之地也。」丁云：「『六』蓋『八』字之誤。下文云『方一里九夫之田也』，又云『正月令農始作服于公田』，此古井田遺。《制侈靡篇》云：『乘馬甸之衆制之。』此《周官》丘甸之法。甸方八里出長轂一乘，與《司馬法》合。」

又卷三 「攻之以言。」望案：「攻」當從一本作「攷」。「攻」字誤。

又卷四 「是以聖人明乎物之性者必以其類來也。」安井衡云：「據尹注言『往來』，則『性』乃『往』之誤字。」

又 「立而不立者四。」丁云：「下『立』字當爲『亡』字之譌。」

又卷九 「舉大事用天道。」宋本、元本、劉本皆作「天心」。丁云：「據尹注云『心應天時，然後可以舉大事』，則當作『天時』，即上文所謂時至而舉兵也。人心、地道、天時三者並列。今本皆譌而爲『道』矣。」

又卷一二 「十言者不勝此一。」丁云：「『十』乃『六』字誤，指上文六句。」

又卷一四 「開久墳。」丁云：「『墳』乃『壙』字誤，即『礦』字之借。《周官》：『卝人掌金玉錫石之地。』『久壙』謂地久未發者，開之以假貸，與『發故屋』、『辟故窌』同義。尹注大謬。」

又卷一五 「人不能代。」朱本「代」作「伐」。張云：「疑作『伐』是也。據尹注，是亦作『伐』，而今本俱誤作『代』。」

又卷一六 「是故民氣。」丁云：「『民』乃『此』字誤。氣即精氣也，下文云『是故此氣也』，是其證。」

又卷一八 「夏有大露原煙，噎下百草，人采食之傷人。」陳先生云：「『噎』當是『曀』之譌字。《釋名》：『曀，翳也。』《小爾雅》：『曀，冥也。豬飼。』」彥博云：「『露』乃『霧』字誤，『原』乃『厚』字誤。」

王先謙《魏書校勘記》 「至是明刑竣法。」「竣」作「峻」，是。

又《太宗紀》：「永興二年，山陽侯奚后討平之。」「后」作「斤」，是。

又「四年，以田獵所護賜之。」「護」作「獲」，是。

又「三年數日水結。」「水」作「冰」，是。

又「延和三年，彭城公元粟進爵爲王。」「粟」作「栗」，是。

又《世祖紀》：「太平真君五年不聽師立學校。」「師」作「私」，是。

又「生人門誅。」「生」作「主」，是。

又《顯祖紀》：「和平六年，必謂銓衡允哀。」「哀」作「衷」，是。

又「三年侍中太宰頓丘王李竣薨。」「竣」作「峻」，是。

又《高祖紀》：「上延興四年于紀外奔。」「于」作「干」，是。

又「今德被珠方。」「珠」作「殊」，是。

又「六年靈丘郡土既褊琦。」「琦」作「埼」，是。

又「十有四年三十一日授服。」「三」作「二」，是。

又「十五年是月高麗鄧王國並遣使朝貢。」「王」作「至」，是。

又「振綱舉綱。」上「綱」作「網」，是。

又《世宗紀》：「景明元年，詔壽春置丘四萬人。」「丘」作「兵」，是。

又「三年，以戎旅人興。」「人」作「大」，是。

又「一於河南城。」「一」作「屯」，是。

又《肅宗紀》：「熙平元年，鞫爲茂草。」「鞫」作「鞠」，是。

又《孝莊紀》：「以榮爲使待節侍中。」「待」作「持」，是。

又「襲爵奏臨縣開國伯。」「奏」作「秦」，是。

又《出帝紀》：「太昌元年，以使持節衛將軍、光州刺史高科密爲車騎大將軍、儀同三司。」「科」作「仲」，是。

又「興和元年，前潁州刺史奚思業爲河南太使。」「太」作「大」，是。

又「武定八年，即日遜於別官。」「官」作「宫」，是。

又《孝文昭皇后傳》：「誕肓人君之象也。」「肓」作「育」，是。

又《宣武順皇后傳》：「烈時爲須軍。」「須」作「領」，是。

又《宣武靈皇后高氏傳》：「皇子後爲貴人。」「皇子後」作「世宗納」，是。

又《宣武靈皇后胡氏傳》：「傷遷折股。」「遷」作「腰」，是。

又《秦明王翰子儀傳》：「賜儀御馬御帝縑錦等。」「帝」作「帶」，是。

又「太祖秘而怒之。」「怒」作「恕」，是。

又「伏户流血。」「户」作「厂」，是。
又《常山王遵傳》：「別率騎七百之其歸路。」「之」作「邀」，是。
又《遵子素傳》：「雅信方正。」「信」作「性」，是。
又《昭子玄傳》：「封臨緇縣子。」「緇」作「淄」，是。
又《江陽王根子繼傳》：「自餘加以慰人，後悔悟從役者即令赴軍。」「人」作「喻」，「後」作「若」，是。
又「繼以高車優叛。」「優」作「擾」，是。
又《臨淮王彧傳》：「徐給事黄門侍郎。」「徐」作「除」，是。
又「避紹又諱啟求改名。」「又」作「父」，是。
又《臨淮王昌弟孚傳》：「糊其口命。」「糊」作「餬」，是。
又《廣陽王嘉子深傳》：「今左衛將軍楊津代深爲都督。」「今」作「令」，是。
又《濟陰王小新成傳》：「賦至喜而競飲。」「賦」作「賊」，是。
又「而芳以先朝尺庶。」「庶」作「度」，是。
又《任城王澄傳》：「聖明之曰。」「曰」作「日」，是。
又「研襝虚實。」「襝」作「檢」，是。
又《順子朗傳》：「贈都督一冀二州諸軍事。」「一」作「瀛」，是。
又《澄弟嵩傳》：「便以鷹頟自娱。」「頟」作「鷂」，是。
又《南安王楨子英傳》：「如其疆狡憑阻。」「疆」作「彊」，是。
又《誘弟略傳》：「後提行伯景式襲。」「伯」作「子」，是。
又「贊英將師之用。」「師」作「帥」，是。
又《廣川王略子諧傳》：「皆不得塋臣恒代。」「塋臣」作「就塋」，是。
又《高陽王雍傳》：「下第之人同汎上涉。」「同」作「因」，是。
又《劉庫仁傳》：「當思東歸。」「當」作「常」，是。
又《張白澤傳》：「班録酬廉。」「録」作「禄」，是。
又《崔模傳》：「指幼度謂行相。」「相」作「人」，是。
又「鄧宗虔傳」「虔」作「慶」，是。
又《穆壽傳》：「敷害機辨。」「害」作「奏」，是。
又《穆紹傳》：「時又歎尚之。」「又」作「人」，是。
又「紹權被而起。」「權」作「擁」，是。
又《周觀傳》：「還北鎮軍將。」「還」作「遷」，是。
又《谷纂傳》：「正光中入付。」「付」作「侍」，是。
又「返在軍北。」「返」作「反」，是。《北史》亦作「反」。
又「南征諸將，聞而生羨。」「征」作「鎮」，是。《北史》同。
又「李訢列其惡罪二十餘條。」「惡」作「隱」，是。《北史》同。
又《李式傳》：「我須南還。」「還」作「過」，是。《北史》亦同。
又《李子寧傳》：「襲爵開府默曹參軍。」「默」當作「墨」。
又《司馬楚之傳》：「屯潁州以距之。」「州」作「川」，是。
又「納降而颷。」「颷」作「旋」，是。
又「得使正人糾慝。」「正」作「王」，是。
又「何爲上假亦虎之信。」「亦」作「赤」，是。
又「令百官舉才堪幹事人足委此者。」「此」字誤。
又《許宗之傳》：「高祖踐祚。」「祖」作「宗」，是。
又《盧淵傳》：「定火之雄，未聞不武。」「火」字有誤，蓋謂太武親征赫連定事也。
又「父母亡，然同居共財。」「然」字誤。《北史》作「後」。
又「既定天下，始定都邑。」「下」「定」字作「建」，是。
又「郡功曹使博陵崔綽茂祖。」「使」作「史」，是。
又「埽盪進氛。」「進」作「遊」，是。
又「擢潁閭閻。」「潁」作「穎」，是。
又「潘符漂尚。」「漂」作「標」，是。
又「罔衍于式。」「衍」作「愆」，是。
又「漸漸殊域。」「上」「漸」作「澤」，是。
又「途邦失道。」「途」作「迷」，是。
又「允慰免之。」「免」作「勉」，是。
又《劉模傳》：「出除潁川刺史。」「川」宋本作「州」，誤。《北史》作「南潁川太守」，是也。魏有南潁川郡及潁川郡，無潁州，此「刺史」亦當作「太守」。
又「陡兹父事。」「陡」宋本作「涉」，不誤。
又「恩隆古道。」「恩」作「思」，是。
又《孔伯孫傳》：「先事免官。」「先」作「坐」，是。
又《劉顯宗傳》：「臣忝職史，敢冒以奏聞。」「敢」宋本作「教」。案：當從宋

本以「教」字讀句。時光以司徒領著作，故曰「史教」。

又「當爲獲送。」「獲」作「護」，是。

又「傳末校語詳及安世事。」「詳」作「祥」，是。

又「又車駕南訓漢陽。」「訓」作「討」，是。

又《游明根傳》：「高祖踐祚。」「祚」作「阼」，是。

又「後兖州民叛。」「叛」作「叛」，是。

又「明根此年踰七十。」「此」作「以」，是。

又《游肇傳》：「轉通直郎祕閣今。」「今」作「令」，是。

又《游安居傳》：「爵例録。」「録」作「降」，是。

又《劉芳傳》：「男子剋而婦人笄。」「剋」作「冠」，是。

又「國子學官與天子官對。」宋本無下「官」字。

又「宋氏舍文嘉注。」「舍」作「含」，是。

又「牲用太宰。」「宰」作「牢」，是。

又「《徐州人地録》二十卷。」「二」作「四」。

又「《周官》、《儀禮儀證》各五卷。」下「儀」作「義」，是。

又《劉廞傳》：「好學疆立。」「疆」作「彊」，是。

又《劉士貞傳》：「司員外散騎侍郎。」「司」作「自」，是。

又《劉永傳》：「頗好將略。」「好」作「有」，是。

又《鄭道昭傳》：「萬國馳誠混内外。」「内」作「江」，是。

又「開無彊之祚。」「彊」作「疆」，是。

又「故當以臣記淺濫官。」「記」作「識」，是。

又《崔楷傳》：「瞰睇州原。」「州」作「川」，是。

又「贊經朋行高。」「朋」作「明」，是。

又《鄭連山傳》：「同元禧逆徙邊。」「禧」作「僖」，是。

又《鄭先護傳》：「詔先護以本官爲東道都督。」「東」作「東」，是。

又《崔巨倫傳》：「人士遞賊。」「士遞」作「士避」，是。

又《崔巖傳》：「旦夕温清。」「清」作「凊」，是。

又《崔振傳》：「出爲冀州咸陽王禧騌騎府司馬。」「騌」作「驃」，是。

又《崔融傳》：「定州判駕。」「判」作「別」，是。

又《崔遊傳》：「及英敗於鐘離。」「鐘」作「鍾」，是。

又「贊門舊不陌。」「陌」作「隕」，是。

又《揚播傳》：「身自博擊。」「博」作「搏」，是。

又「水勢稍城播無精騎三百。」「城」作「減」，「無」作「領」，是。

又《楊侃傳》：「萬俟醜奴陷東秦。」「萬」作「万」，是。

又「尚書刑巒。」「刑」作「邢」，是。

又「不剋而返。」「剋」作「剋」，是。

又「且寶貪不籍刺史爲榮。」「籍」作「藉」，是。

又「大昌初。」「大」作「太」，是。

又《楊昱傳》：「轉太尉椽。」「椽」作「掾」，是。

又《楊逸傳》：「莫敢于犯。」「于」作「干」，是。

又《楊暐傳》：「本州太中正。」「太」作「大」，是。

又「使平載之後。」「平」作「千」，是。

又《劉昶傳》：「願垂曲思。」「思」作「恩」，是。

又「至壽春之東城戊。」「戊」作「戍」，是。

又「清河王懌親燭重之。」「燭」作「而」，是。

又「以弱爲疆。」「疆」作「彊」，是。

又「莫若行率凡衆。」「凡」作「此」，是。

又「恐機事一羌。」「羌」作「差」，是。

又「無不之相悦附。」「之」作「苟」，是。

又《韓麒麟傳》：「可滅絹布。」「滅」作「減」，是。

又「且號白日。」「且」作「旦」，是。

又《韓顯宗傳》：「爲欲爲膏粱兒地。」「粱」作「粱」，是。

又《程駿傳》：「文成踐作。」「文成」作「高祖」。「作」作「阼」，是。

又「延興未。」「未」作「末」，是。

又「然當時思澤。」「思」作「恩」，是。

又「亦遣人密至齊陰。」「齊」作「濟」，是。

又《畢衆敬傳》：「遂令其毋骸首散落。」「毋」作「母」，是。

又《畢祖暉傳》：「值肅寶貪退。」「肅」作「蕭」，是。

又《李彪傳》：「由所衍之道殊。」「衍」作「行」，是。

又「目爲赤子。」「目」作「自」，是。

又「車馬仍革。」「革」作「華」，是。

又「宋仲子以失舉相譚。」「相譚」作「桓譚」，是。

又「學博墳藉。」「藉」作「籍」，是。

又「窮理於有家。」「家」作「象」，是。

又「其惟載藉乎。」「藉」作「籍」，是。

又「若夫良治之子。」「治」作「冶」，是。

又「以其無録。」「録」作「禄」，是。

又《高道悦傳》：「又秦兼左僕射吏部尚書任城王澄。」「秦」作「奏」，是。

又「三公憚其風鯁。」「三」作「王」，是。

又《宋弁傳》：「皆滅戌士營農。」「滅戌」作「減戍」，是。

又《郭思恭傳》：「以第二子延伯繼伯。」「繼」下無「伯」字，是。

又《邢巒傳》：「四彊清晏。」「彊」作「疆」，是。

又「及符堅之世。」「符」作「苻」，是。

又「凶狻倂張。」「狻」作「狡」，是。

又「奉彼詔旨。」「彼」作「被」，是。

又《崔休傳》：「西方學士，咸相宗慕。」「西」作「四」，是。

又「崔子侃弟子聿，武定衣，東莞太守卒。」「衣」作「末」，是。

又《崔長謙傳》：「率於宿豫。」「率」作「卒」，是。

又《路思令傳》：「竊以此年以來。」「此」作「比」，是。

又《奚康生傳》：「印表送置之武庫。」「印」作「即」，是。

又「康生大爲將及臨川尹。」「大」作「久」，「川」作「州」，是。

又《崔延伯傳》：「莫不催殄。」「催」作「摧」，是。

又「贊配奴寶夤。」「配」作「醜」，是。

又《尒朱天光傳》：「以人馬寡少停留未進。」「人馬」作「軍人」，是。觀下文「榮復遣軍士二千人」，非馬少也。

又「欲令帝外力別更推立。」「力」作「奔」，是。

又「贊有其豺狼。」「其」作「甚」，是。

又《盧同傳》：「後前以來。」「後」作「從」，是。

又《張烈傳》：「非臣皆不負陛下。」「皆」作「能」，是。

又《楊謙之傳》：「有孝聞李亦有撫育過於已生。」上「有」作「以」。下無「有」字，是。

又《楊恭之傳》：「此桓夫之舉也。」「夫」作「文」，是。

又「昔漢文帝以五分錢小，故鑄四銖。」「故」作「改」，是。

又《張普惠傳》：「轉尚書都令使。」「使」作「史」，是。

又「此剋吉定兆而以淺改卜。」「此」作「比」，是。

又「並欲不放上省。」「放」作「復」，是。

又《成淹傳》：「本奉朝念，不容改易。」「念」作「命」，是。

又「正可顯人之美。」「人」作「臣」，是。

又《范紹傳》：「廣開屯田人座。」「人」作「八」，是。

又《馮元興傳》：「又既賜死。」「又」作「乂」，是。

又《鹿悆傳》：「且遣相喚。且奉音旨。」兩「且」俱作「旦」，是。

又「則恐材本耗損。」「本」作「木」，是。

又《斛斯椿傳》：「汝自仲遠擅其榮利。」「自」作「事」，是。

又《侯淵傳》：「常山太守甄楷屯據井徑。」「徑」作「陘」，是。

又「得其寶矣。」「寶」作「實」，是。

又《李鳳傳》：「之晞與魯安等。」「之」作「侃」，是。

又《高肇傳》：「與都督甄深等二十餘人。」「深」作「琛」，是。

又「置五經博士生員十有餘人。」「十」作「千」，是。

又「附例於後云。」「例」作「列」，是。

又《陳奇傳》：「推製昭皇太后碑文。」「推」作「雅」，是。

又《孫惠蔚傳》：「臣請依前丞臣盧昶所撰《甲乙新録》。」「請」作「今」，是。

又「當非三校書歲月可了。」「三」作「一二」，是。

又《盧景裕傳》：「由不世號居士。」「不」作「是」，是。

又《于簡傳》：「吾自目賓工致敬。」「工」作「主」，是。

又「和龍入皆歎曰。」「入」作「人」，是。

又《竇瑗傳》：「又釋奠開講。」「又」作「及」，是。

又「談者元譁。」「元」作「諠」，是。

又「案即此斷。」「即」作「郎」，是。謂三公郎也。

又《李洪之傳》：「詔太后問其親。」「詔」作「昭」，是。

又「輿罵至并州。」「罵」作「駕」，是。

又《高遵傳》:「其相憑屬。」「其」作「共」,是。

又「詔妻而責之曰。」「詔」作「召」,是。

又《羊祉傳》:「特節領步騎萬萬先驅。」「特」作「持」。「萬萬」作「三萬」,是。

又「蔡偕喈漢末之時。」「偕」作「伯」,是。

又《張淵傳》:「仰見造父,注晉大夫王御。」「王」作「善」,是。

又《魏溥妻傳》:「艮痛母老家貧。」「艮」作「良」,是。

又《刁思遵妻傳》:「爲思遵所湧。」「湧」作「娉」,是。

又《王叡傳》:「誠恩竭盡力命。」「恩」作「思」,是。

又「經徭役。」「經」作「輕」,是。

又《王椿傳》:「椿僮侯千餘。」「侯」作「僕」,是。

又「祗承兢威,心焉靡廉。」「威」作「感」,「廉」作「磨」,是。

又《王仲興傳》:「後與領王子勁。」「王子」作「軍于」,是。

又《寇猛傳》:「無所抱忌。」「抱」作「拘」,是。

又《趙修傳》:「世宗踐作。」「作」作「阼」,是。

又《劉胄傳》:「胄率元孫。」「率」作「字」,是。

又《徐義恭傳》:「多在其完。」「完」作「宅」,是。

又《趙邕傳》:「方本怡太和中。」「方本」作「邕父」,是。

又《侯剛傳》:「夫宜便依所執。」「夫」作「未」,是。

又「勢同膺準。」「膺準」作「鷹隼」,是。

又《宗愛傳》「世祖大會於江土」。「土」作「上」,是。

又《仇洛齊傳》:「浴齊生而非男。」「浴」作「洛」,是。

又《趙黑傳》:「信倩率意。」「倩」作「情」,是。

又《張宗之傳》:「聚黨於伊闕。」「闕」作「闞」,是。

又《張襄傳》:「除主中文散。」「中文」作「文中」,是。

又《劉騰傳》:「發其家。」「家」作「冢」,是。

又《封長業傳》:「齊受神例降。」「神」作「禪」,是。

又《石遵傳》:「遵以閔爲大將軍輔攻。」「攻」作「政」,是。

又《慕容暐傳》:「堅遣子平原公暐拒之。」「暐」作「暉」,是。

又「臣二子作婚。」「作」作「昨」,是。

又《苻健傳》:「比至潼關,充敗之。」「充」作「九」,是。

又「際獸饑則食人。」「際」作「野」,是。

又《苻堅傳》:「撫然有懼色。」「撫」作「憮」,是。

又「此虜何從而江。」「江」作「出」,是。

又《姚萇傳》:「號年白省。」「省」作「雀」,是。

又《姚興傳》:「長安霞懼。」「霞」作「震」,是。

又「增築重而。」「而」作「圍」,是。

又「乘西岸年圍。」「年」作「築」,是。

又「泰昌元年興死。」「昌」作「常」,是。

又《司馬紹傳》:「都督朱省桁南諸軍事。」「省」作「雀」,是。

又「發牧瘞斬屍。」「牧」作「敦」,是。

又《桓元傳》:「元當裝輕舸於舫側。」「當」作「常」,是。

又《馮文通傳》:「始難相親。」「難」作「雖」,是。

又「質任王任。」下「任」作「仁」,是。

又《劉義隆傳》:「遣便黄延年朝貢。」「便」作「使」,是。

又「盡炕其衆。」「炕」作「坑」,是。

又「顔駿專主軍謀。」「駿」作「竣」,是。

又《劉昱傳》:「昱行走逸遊。」「行」作「狂」,是。

又《蕭道成傳》:「每在疆埸。」「埸」作「場」,是。

又「位至諸王上。」「至」作「在」,是。

又《蕭昭業傳》:「既與子良向居。」「向」作「同」,是。

又「每人輒彌時不出。」「人」作「入」,是。

又「以粱肉奉之。」「粱」作「粱」,是。

又「征此諮議蕭坦之。」「此」作「北」,是。

又《蕭鸞傳》:「幸人公山。」「人」作「八」,是。

又《蕭寶卷傳》:「荆州行事蕭穎胄。」「胄」作「胄」,是。

又《蕭衍傳》:「李元履棄黄現遁走。」「現」作「峴」,是。

又「蕭寶卷之遺腹子也。」「遺」作「遺」,是。

又「運神器於顧盻。」「盻」作「眄」,是。

又「千陌鄙俚之夫。」「千」作「阡」,是。

又「衍令並德率軍拒景。」「並」作「正」,是。

又「赦二治尚方錢署罪人。」「治」作「冶」，是。

又「死者相沈。」「沈」作「枕」，是。

又《張元靖傳》：「一夜中髭尾禿。」「髭」作「髦」，是。

又《禿髮傉檀傳》：「天錫中。」「錫」作「賜」，是。

又《沮渠蒙遜傳》：「而王深梧大體。」「梧」作「悟」，是。

又《高句麗傳》：「一人著衲衣。」「衲」作「納」，是。

又「訖於武定永。」「永」作「末」，是。

又《百濟傳》：「身由高麗即叙。」「身」作「良」，是。

又「還爲外都大宫。」「宫」作「官」，是。

又「爲憂哀不復攝事。」「爲」作「奚」，是。

又「浮禽僭逆。」「浮」作「俘」，是。

又「乃可如以告責。」「如」作「加」，是。

又「有弓刀申稍。」「申」作「甲」，是。

又「然此北界氣候多寒。」「此」作「其」，是。

又「每冬水合後。」「水」作「冰」，是。

又《高昌傳》：「其中兀困者。」「兀」作「亢」，是。

又「倩戀本土。」「倩」作「情」，是。

又《鄧至傳》：「是時蕭頤。」「頤」作「賾」，是。

又「太陽蠻酋田育丘等。」「太」作「大」，是。

又《獠傳》：「多不敢遠能，能卧水底。」上「能」字作「行」，是。

又「後蕭衍甯朔將軍姜曰。」「曰」作「白」，是。

又「洛那國下遺使獻汁血馬。」「汁」作「汗」，是。

又《蠕蠕傳》：「其主宇之曰木骨閭。」「宇」作「字」，是。

又「大檀部落騎驚北走。」「騎」作「駭」，是。

又「望軍降者數十方。」「方」作「萬」，是。

又「遣莫河去汾比拔等來獻良馬貂裘。」「河」作「何」，是。此本下文亦作「何」。

又「國人咸以那蓋爲大所助。」「大」作「天」，是。

又「自非廣如兵衆。」「如」作「加」，是。

又「自序益以盈滿爲誡。」「誡」作「誡」，是。

又「十月己酉朔下，討擒萬俟醜奴蕭寶夤於安定。」「萬」作「万」，是。

又「二月辛丑下，交暈貫日井有一珥一抱。」「井」作「并」，是。

又「太宗元興元年。」「元」作「永」，是。

又「七年六月辛巳下，太尉宜都云穆觀薨。」「云」作「公」，是。

又《天象志》：「七年二月辛巳，有星孛于虚危下寒垣，有土功之事。」「寒」作「塞」，是。

又「三年三月癸未，月犯太白下，大敗宋師于樂卿。」「卿」作「鄉」，是。

又「和平元年十月下，于女繼天。」「于」作「子」，是。

又卷末削題「朝議郎行者作郎修國中張太素撰。」「削」作「前」，「者」作「著」，「中」作「史」，是。

又「二年八月己亥，太白犯軒轅下，矯詔幽太后干北宫。」「燏」作「矯」，是。

又「三年七月庚申下，先是蠕蠕阿奴瓌失國。」「奴」作「那」，是。

又「莊帝永安元年，擊反虜萬俟醜奴。」「萬」作「万」，是。

又「東西魏凡四太赦。」「太」作「大」，是。

又《地形志》：序「繡錯莫能比。」「錯」作「錯」，是。

又「陽平郡下陽平」注「太和二十一年後屬」。「後」作「復」，是。

又「高平郡下高平」注「後漢章帝更各」。「各」作「名」，是。

又「齊郡」注「奏置」。「奏」作「秦」，是。

又「開封郡下尉氏」注「併死陵」。「死」作「苑」，即「苑」字是也。

又「東泰山郡下領縣二。」「二」作「三」，是。

又「東新蔡郡下鮦陽。」「鮦」作「鮦」，是。

又「縮積分二萬七十七十九。」上「七十」作「七千」，是。

又「推七十二候下螻蛔鳴。」「蛔」作「蟈」，是。

又「南方蒼龍七宿七十五度。」「南」作「東」，是。

又「太和十三年下然於行事取哀。」「哀」作「衷」，是。

又「比勅臣等評議取哀附之祀典。」「哀」作「衷」，是。

又「十九年三月下伏清思裁。」「清」作「請」，是。

又《禮志》：「世宗景明二年下鴻美漸於往志。」「漸」作「慚」，是。

又「神龜初下，若不遷於祖，不須廢祖。」「於」作「太」，是。

又「此爲理重則立主矣。」「理」作「埋」，是。

又 《禮志》：「三年七月下，錫鸞爲行動之響。」「錫」作「鍚」，是。

又 「九聲之舞。」「聲」作「磬」，是。

又 「荀非達識至精。」「荀」作「苟」，是。

又 「天興元年下，及追曾皇曾祖皇祖皇考諸帝。」「追曾」作「追尊」，是。

又 《食貨志》：「世祖之平統萬下，復以河阿爲牧場。」「阿」作「陽」，是。

又 「羽蟲之孽下，獲禿鶖具於殿内。」「具」作「鳥」，是。

又 「後異下其二石記張吕之前已然之効。」「効」作「効」，是。

又 「征西大將軍常王王素。」上「王」作「山」，是。

又 「玉下，高祖太和五年，得玉車駉三枚。」「駉」作「釧」，是。

又 《官氏志》：「天賜元年九月，八品散官此郎中。」「此」作「比」，是。

又 「太和十九年詔曰：『下北欲制定姓族。』」「北」作「比」，是。

又 《釋老志》：「沙門皆衣赤布，後乃易以雜已。」「已」作「色」，是。

又 「莫及及難提所造者。」上「及」作「能」，是。

又 「趙興郡下陽周」注「黄帝冡」。「冡」作「冢」，是。

又 「頗長雖考之術。」「雖」作「推」，是。

孫詒讓《札迻》卷一 「故《易》者，所以經天地。」官本校云：「錢本作『繼天地』。」案：范欽本、盧見曾本及《易正義》引並作「繼」，似是。後文云：「天子者，繼天理物。」

又 「孔子曰：『《洛書摘六辟》日建紀者，歲也。』」案：「六」當作「亡」。《初學記》二十九引《洛書摘亡辟》，即此書也。《易緯通卦驗》云：「孔子表《洛書摘亡辟》曰『亡秦者，胡也』云云。」又《六法》有「七九摘亡」之文。《是類謀》亦云：「乙録摘亡，去惡降災。」注云：「摘其辟君爲惡者之名。」《初學記》六又引《河圖》云：「洛水者，地理陰精之官，帝王明聖，龜書出文，天以與命，地以授瑞，按天合際，居中護羣，王道和洽，吐圖佐神，逆名亂教，摘亡弔在，故聖人觀《河》、《洛》也。」此即《洛書摘亡辟》之義。「摘」與「讁」通。「摘亡辟」，言讁亡國之君也。

又 「《觀》表出準。」注云：「艮爲山澤，山通氣，其於人體則鼻也。艮又門闕，觀謂之闕，準在鼻上而高顯，觀人表出之象。」案：依注則正文「出準」當作「山準」。《白虎通義》云「伏羲山準」是也。注「觀人表出之象」，「出」亦當爲「山」。

又 「煌煌之耀，天爲之岡。」鄭注云：「皆以乾岡圖言盡繫於天也。」案：正文及注「岡」並當作「綱」。《古微書》引正文不誤。

又 「興雷炁感，上鈎鈐躍。」案：《六法》通例，皆以「興」、「亡」對舉，此「上」當爲「亡」之誤。

又卷二 「樂程鼓。」案：「程」當作「楹」，「楹」與「楹」字通。《考工記》「輪人爲蓋」，鄭司農注云：「楹，蓋杠也，讀如『丹桓宫楹』之『楹』。」「楹鼓」，即《禮記・明堂位》云「殷楹鼓」，鄭注云：「楹，謂之柱貫中上出也。」蓋植楹以建鼓，故謂之楹矣。此章云「主天法質而王」，故鼓亦用殷制也。

又 「至文王，形體博長。」案：「博」當爲「摶」。《考工記・梓人》鄭注云：「摶，圜也。」上文云：「至湯，體長專小。」《周禮・大司徒》云：「丘陵，其民專而長。」注云：「專，圜也。」「專」、「摶」字亦通。

又 「百物者最近地，故要以下，地也。天地之象，以要爲帶。頸以上者，精神尊嚴，明天類之狀也。頸以下者，豐厚卑辱，土壤之比也。足步而方，地形之象也。是故禮，帶置紳必直其頸，以别心也。帶而上者盡爲陽，帶而下者盡爲陰。各其分。」案：以上下文義推之，人象天地，上下以要爲分，而要又與帶正相直，要以上爲天，以下爲地，故帶以上爲陽，以下爲陰，所謂「天地之象，以要爲帶」也，不當更以頸上下爲分。且禮，紳帶皆繫於要，亦不當云「必直其頸」。此節三「頸」字皆當爲「要」之譌。「各其分」，「其」當爲「有」。《深察名號篇》云：「五號自讃，各有分。」是其證也。

又 「人之言醞去煙。」案：「醞」當作「醯」。《墨子・備穴篇》云：「益持醯，客即熏，以救目。」明醯可禦煙，故以救熏穴也。《藝文類聚》引此亦作「醞」，則唐本已誤。

又卷三 「家雜總，身窟穴，中罷於刀金。而士困於土功。」鮑云：「家雜總，全家併作。身窟穴中，謂地道。」黄云：「今本『窟』誤『屈』。」案：此以『窟』爲『掘』字，連下『中』字讀者非。」案：黄讀「穴」句斷，是也。「窟」當如字。「身」當爲「穿」。《墨子・備城門篇》：「俟亓穿井且通。」「穿」，今本亦譌作「身」，與此正同。黄讀爲「掘穴」則非。

又 「澈漠酒醴，羞饋食，以事舅姑。」王讀「澈」屬上「以事夫室」爲句，注云：「澈，潔清也。『漠』與『羃』同，《孟子母》云：『羃酒漿也。』」又引洪頤煊云：「『澈』當作『澂』，與『澄』字同。『澄漠酒醴』，言其清也。《禮運》曰：『澄酒在下。』」梁云：「澈，《説文・水部繫傳》引作『澂』。《爾雅》『漠，清也。』」案：此當從洪、梁讀。「澈」當從徐引作「澂」。《風俗通義・愆禮篇》云：「澄灑當作「漠」。酒醴，此字今本

挩。以養舅姑。」即本此文。

又「大荒之中，有神，人面無臂，兩足反屬于頭上，畢、郝兩本並作「山」，今依《道藏》本。名曰噓。」注云：「言噓啼也。」案：「噓」當作「噎」。下文云「下地是生噎」，即承此文而紀其代系也。《海内經》云「后土生噎鳴」，「后土」即「下地」也。亦即此神。彼云「噎鳴生歲十有二」，與此下文云「噎處於西極，以行日月星辰之行次」，事亦相類，但世系不合耳。郭注失之。

又「厥形雖隨。」郝云：「『隨』字似誤。」案：《匡謬正俗》五引此「隨」作「陋」是也，當據正。

又卷四「一車必有一斤、一鋸、一釭、一鑽、一鑿、一銶、一軻，然後成爲車。」案：《説文・金部》云：「釭，車轂中鐵也。」釭以沓轂之賢軹，一車兩輪，是有四釭，此云「一釭」，則不可通。且此方説重車所載之任器，非紀車上金木諸材也，亦不當及釭。「釭」當爲「鉏」之誤。《周禮・鄉師》注引《司馬法》云「輂一斧、一斤、一鑿、一梩、一鉏」，是其塙證也。

又「馬食府粟，狗饜芻豢，三保之妾，俱足粱肉。狗馬保妾，不已厚乎？」案：「三保」當作「三室」。《考工記・匠人》：「内有九室，九嬪居之。」蓋天子六宮有九室，諸侯三宮則三室也。此篇「室」字多譌爲「寶」，上文「懷寶鄉有數十」，洪頤煊《讀書叢録》謂「懷寶」爲「壞室」之譌是也。「寶」又譌爲「保」，遂不可通耳。「保妾」亦「室妾」之譌。

又「于是令勿委壞，餘材不收，斬板而去之。」案：「壞」當爲「壤」，形之誤也。景公爲鄒之長塗，須徵委壤土，今罷役，故令勿委壤也。孫《音義》釋「令勿委壞」云：「已成勿壞。」乃緣誤爲訓，失之。

又「上五有神人、真人、道人、至人、聖人，次五有德人、賢人、智人、善人、辯人，中五有公人、忠人、信人、義人、禮人，次五有士人、工人、虞人、農人、商人，下五有衆人、奴人、愚人、肉人、小人。」案：《五行大義》引此二十五人，惟上五與今本同，以下作「次五有德人、賢人、善人、忠人、辯人，中五有仁人、禮人、信人、義人、智人，次五有仕人，「士」「仕」通。後釋亦作「士」。庶人、農人、商人、工人，下五有衆人、小人、駑人、愚人、完人」。「完」當作「宍」，即俗書「肉」字。後釋作「肉人」，不誤。與今本差異。蕭氏又備釋二十五人之義，與所引符合，則今本爲傳寫之誤明矣。徐注並沿誤爲釋，蓋所見本已然。

又「其行悦而順情。」案：《淮南子・本經訓》有此文，「悦」彼作「侻」，高注云：「侻，簡易也。」此傳寫之誤。義詳前《晏子春秋》。

又卷五「舉兵伐曹五鹿，及反鄭之埤，東徵之畞。」嚴云：「葉校本作『舉兵伐衛，取五鹿，伐曹，救宋』。嚴可均校作『伐衛取五鹿，伐曹，南圍鄭之埤』。」案：「徵」當作「衛」。《吕氏春秋・簡選篇》云：「晉文公反鄭之埤，東衛之畞。」高注云：「使衛耕者皆東畞以遂晉兵也。」此文與彼正同。上云「伐曹取五鹿」，自是所傳之異。先秦諸子與《左傳》紀事不必同，葉、嚴校並改「曹」爲「衛」，失之。

又「至大不可圍。」又云：「不可圍者，數之所不能窮也。」成云：「至廣大者不可圍繞。」案：成説望文生訓，不足據。此「圍」當作「圉」，「圉」與「御」通，《則陽篇》云「大至於不可圍」亦同，皆謂其大無竟，莫能御止也。《繕性篇》云：「其來不可圉。」《釋文》云：「『圉』，本又作『禦』。」《易・繫辭上》云：「夫《易》，廣矣大矣，以言乎遠則不禦，以言乎邇則静而正。」《墨子・備城門篇》：「乃足以守圉。」「圉」，《道藏》本亦誤「圍」，是其證。

又卷六「吏謹將之無鈹滑。」注云：「『鈹』與『披』同，『滑』與『汩』同，言不使紛披汩亂也。」台州本無「亂」字。案：《正名篇》亦云：「疾養滄熱鈹滑輕重以形體異。」注云：「『滑』與『汩』同，『鈹』與『披』同，皆擾亂之名。或曰『滑』如字，『鈹』當爲『鈒』，傳寫誤耳，與『澀』同。」《正名篇》注二説，後説是也。此言吏持法謹，無太寬，無太嚴，猶形體之無澀滑也。

又「何謂四隱？交友，故舊，邑里，門郭。」案：「郭」當作「郎」，「郎」、「廊」古今字。《漢書・東方朔傳》「累郎屋」，顔注云：「郎，堂下周屋。」《司馬相如傳》云：「高廊四注。」顔注云：「堂下四周屋也。」《韓非子・十過篇》云：「有玄鶴二八，道南方來，集於郎門之垝。」《論衡・異虚篇》述此事作「廊門之危」，《紀妖篇》又作「郭門之上危」，「郎」譌爲「郭」，與此正同。《韓子・内儲説下篇》云：「齊中大夫有夷射者，御飲於王，醉甚而出，倚於郎門。」《戰國策・衛策》云：「客見魏王趨出，至廊門而反。」姚宏校本作「郭門」，誤與此同。「郎門」蓋即寢門，門内外有周屋，與塾相連屬，故以爲名，因之侍御近臣執事於門内外者謂之郎中。《韓子・説疑篇》云：「使郎中日聞道於郎門之外。」又《八經篇》云：「郎中約其左右。」此「門郎」即謂左右近習之臣。若作「郭」，則在國門之外，相去疏遠，不當與「交友」、「故舊」、「邑里」並舉矣。

又卷七「及文公反國，舉兵攻用兑而拔之。」顧云：「《藏》本同。今本『用兑』二字作『原』。」按：句有誤。」案：「用」，當爲「周」之誤。「兑」，讀爲「隧」，謂六遂也，「隧」「兑」字通。詳前《老子》。《國語・周語》云：「晉文公既定襄王於郟，王勞

之以地，辭，請隧焉。」韋注云：「隧，六隧也。」事亦見僖二十五年《左傳》。杜預注以「隧」爲王之葬禮，與韋説異。此文公攻原，即周襄王所賜之地，於王國爲都鄙，不在六遂，而云攻周遂者，蓋戰國時已有文公請六遂之説，展轉傳譌，遂以文公伐原爲攻周之遂地。先秦諸子解經，已不免沿譌，悉心推校，可略得其輗迹。今本作「原」，則明人不知而妄改，不足據也。

又 「人臣肆意陳欲曰俠，人主肆意陳欲曰亂；人臣輕上曰驕，人主輕下曰暴。行理同實，下以受譽，上以得非，人臣大得，人主大亡。」案：「驕」當作「撟」，謂撟君也。《荀子·臣道篇》云：「有能比知同力，率羣臣百吏而相與彊君撟君，君雖不安，不能不聽，遂以解國之大患，除國之大害，成於尊君安國謂之輔。」即此所謂「人臣輕上曰撟」。此「俠」與「撟」皆美名，「亂」與「暴」皆惡名，故云「下以受譽，上以得非」。若作「驕」，則不得爲譽矣。「撟」字又作「矯」。《荀子》楊注云：「『撟』與『矯』同，屈也。」後《忠孝篇》云：「故烈士内不爲家，亂世絶嗣而外矯於君。」義亦同。

又卷八 「芋今本譌「芉」，盧據《漢書·古今人表》正，今從之。下同。尹文者，荆之歐鹿彘者也。」案：「歐」當爲「敺」之誤。《渚宫舊事》一作「驅」，字同。

又 「孟嘗君將西入秦，賓客諫之，百通則不聽也，曰：『以人事諫我，我盡知之，若以鬼道諫我，我則殺之。』謁者入曰：『有客以鬼道聞。』曰：『請。』客入。」案：客以鬼道聞而請之入，則上不當云「我則殺之」。《戰國策·齊策》：「孟嘗君曰：『人事吾已盡知之矣，吾所未聞者，獨鬼事耳。』」是孟嘗君固欲聞鬼事者。此「殺」當爲「試」之誤，謂嘗試察之也。「試」譌爲「弑」，又譌爲「殺」，「試」、「弑」、「殺」三字，古多互通。《儀禮·士冠禮》注「篡殺所由生」，《釋文》云：「『殺』，本又作『弑』，亦作『試』。」遂不可通。

又 「蒲且修繳，鳧雁悲鳴。逢蒙撫弓，虎豹晨嘷。河以委蛇故能遠，山以陵遲故能高，道以優游，德以純厚故能豪。」案：此「嘷」、「高」、「豪」爲韻，惟第二句「鳴」字不協。李賡芸《炳燭編》謂是「號」字之譌，今攷「號」與「嘷」音義同，與「鳴」字形聲俱遠，殆非也。以意推之，「鳴」當爲「嗥」之壞字。《説文·口部》云：「嗥，聲嗥嗥也。」徐鉉引孫愐音「古堯切」，正與韻協，傳寫捝木形，遂成「鳴」字耳。

又 「或曰：『爲政先殺後教。』曰：『於乎！天先秋而後春乎？將先春而後秋乎？吾見玄駒之步，雉之晨雊也，化其可以已矣哉！』」案：「步」當作「走」，「晨」當作「震」，形聲之誤。《夏小正》云：「十二月玄駒賁。玄駒也者，螘也。賁者何也？走於地中也。正月雉震呴。呴也者，鳴也。震也者，鼓其翼也。」此即揚子所本。二者皆物化之先動者，故舉以明先春後秋之義也。

又卷九 「顓頊戴午。」案：後《講瑞篇》及《白虎通義·聖人篇》文並同。盧文弨校《白虎通》改「午」爲「干」，云：「《乾鑿度》云『泰表戴干』，《宋書·符瑞志》『首戴干戈』即此。」案：盧説是也。鄭注《乾鑿度》云：「干，楯也。」明不當作「戴午」。此「午」亦「干」之誤。《路史·史皇紀》注引《春秋演孔圖》云「顓頊戴干」，字不誤。《初學記·帝王部》引《春秋元命苞》又云「帝嚳戴干」。並可證此及《白虎通》之誤。

又 「傳曰：『太山之高巍然，去之百里，不見埵螺，遠也。』」案：「埵螺」當作「埵堁」。《淮南子·説山訓》云：「泰山之容，巍巍然高，去之千里，不見埵堁，遠之故也。」高注云：「埵堁猶塵今本作「席」，譌。翳也。」即仲任所本。後《説日篇》云：「太山之高，參天入雲，去之百里，不見埵塊。」「堁」、「塊」義亦同。孫奭《孟子音義》引丁公著云：「『堁』，《開元文字》音『塊』。」則「堁」、「塊」古通。

又 「或曰：『後來，之子必貴。』」案：元本「後」作「后」，與《呂氏春秋》及《指瑞篇》合，當據正。

又卷一〇 「王者有六樂者，貴公美德也。」案：「公」，何允中本作「功」，是，當據正。

又 「諸侯二十國厚有功，象賢以爲民也。」案：「二十國」當作「世國」，唐人避諱「世」字作「廿」，與二十合文相似，故誤分爲二字。下文又云「諸侯世位」，亦可證。

又 「圓中牙外曰琮。」盧云：「舊本『牙』字下有『身玄』二字，係衍文。」案：盧校非也。此當作「圓中牙身方外曰琮」。琮方有棱角，故云「牙身」。「玄」即「方」之誤，「方外」與「圓中」文相對。

又 「秦西巴蜀命放麑，舊作「獸」，盧據下文正。而孟氏旋進其位。」盧云：「『蜀』因連『巴』字而誤寫。程本改『屬』，今定作『違』。」案：「蜀」當爲「觸」。《周禮·司刑》鄭注引《尚書大傳》云：「觸易君命。」盧校非。

又卷一一 「帝曰：『子年少智未及邪？將言以雜合邪？』」注云：「言謂年少智未及而不得十全耶？爲復且以言而雜合衆人之用耶？」案：注説迂曲不可通。以文義推之，「雜」當爲「離」，二字形近，古多互譌。《周禮·形方氏》：「無有華離之地。」注：「杜子春云：『離，當爲雜，書亦或爲雜。』」下文「妄作雜術」，校譌引古鈔本、元槧本「雜」作「離」，是其證。「言以雜合」，謂言論有合有不合也。

又卷一二 「曰勉陞降以上下兮，求榘矱之所同。」注云：「言當自勉强，上求

明君，下索賢臣，與己合法度者，因與同志，共爲治也。」又《七諫・謬諫》云：「不量鑿而正枘兮，恐榘矱之不同。」洪校云：「『同』，一作『周』。」案：此「同」並當作「周」，與下「調」協韻。「同」、「周」形近。上文云：「何方圜之能周兮。」注云：「言何所有圜鑿受方枘而能合者。」洪校亦云：「『周』，一作『同』。」以彼及《七諫》別本證之，知此「同」亦當作「周」也。《淮南子・氾論訓》云：「有本主於中，而以知榘矱之所周者也。」淮南王嘗爲《離騷傳》，《氾論》所云，必本此文，然則西漢本固作「周」矣。上文「雖不周於今之人兮」，注云：「周，合也。」此注似亦以合法度釋「周」字，與上注同，疑王本自作「周」，今本涉注「同志」之文而誤耳。自今本誤作「同」，而與「調」韻不協，攷古音者遂滋異論。江永《古韻標準》以爲古人相效之誤，戴本《音義》同。段玉裁《六書音均表》則以爲古音三部與九部之合韻，俞正燮《癸巳類稿》又以爲雙聲爲韻，殆皆未究其本矣。

又 「嘉丕績于九有。」高云：「『丕』，鈔本作『無』，非是。」案：「無」蓋「庶」字之誤。《藝文類聚》四十六《職官部》引此碑正作「庶」。

又 「輔位重則上尊。」高云：「『上』，鈔本作『居』。」案：「居」蓋「君」字之誤。

脱分部

論述

朱熹《昌黎先生集考異》卷一 昔殷之高宗。或云此句上當有「在」字，或是「念」字，由上句末有「愚」字，相似而脱也。

王念孫《讀書雜志》四之九《爲將》 「吾獨不得廉頗、李牧爲將。」念孫案：《羣書治要》引此「牧」下有「時」字，是也。今本無「時」字者，後人不解其義而删之耳。「時」讀爲「而」，言吾獨不得廉頗、李牧而爲將也。「而」、「時」聲相近，故字相通。《賈誼傳》：「故自爲赤子而教固已行矣。」《大戴記・保傅篇》「而」作「時」。《聘義》曰：「然而用財如此其厚者。」《大戴記・朝事篇》「而」作「時」。《史記・大史公自序》：「專決於名而失人情。」《漢書・司馬遷傳》「而」作「時」，是其證。《史記》亦有「時」字。

又四之一一《入視之　臥内》 「其故人素輕買臣者，入視之。」景祐本「入」下有「内」字。念孫案：景祐本是也。今本無「内」字者，後人不曉古義而删之耳。「入内」，即上文所云入室中也。古者謂「室」爲「内」，故謂「入室」爲「入内」。《武紀》云：「甘泉宫内中産芝。」師古曰：「内中，謂後庭之室也。」《淮南傳》云：「閉大子使與妃同内。」《鼂錯傳》云：「家有一堂二内。」皆是也。其他書謂「室」爲「内」者甚衆，具見《經義述聞》「子有廷内」下。《太平御覽・職官部五十七》引此正作「入内視之」。「室」謂之「内」，故「臥室」謂之「臥内」。《盧綰》及《楚元王傳》並云：「出入臥内。」《周仁傳》云：「入臥内。」《霍光傳》云：「皆拜臥内牀下。」《金日磾傳》云：「直趨臥内，欲入。」《史丹傳》云：「直入臥内。」皆是也。而師古注《霍光傳》云：「天子所臥牀前。」注《金日磾傳》云：「天子臥處。」皆未曉「臥」、「内」二字之義。

又《制南海　八郡　七郡》 「制南海以爲八郡。」《漢紀・孝元紀》作「南制南海以爲八郡。」念孫案：上文言「西連諸國」、「東過碣石」、「北卻匈奴」，即此亦當云「南制南海」。今本「制」上無「南」字者，因「雨」、「南」字相亂而脱其一耳。「八郡」當爲「九郡」。《南粤傳》云：「遂以其地爲儋耳、珠崖、南海、蒼梧、鬱林、合浦、交阯、九真、日南九郡。」《漢紀・孝武紀》同。《孝元紀》亦誤作「八郡」。《五行志》云：「元鼎五年，四將軍衆十萬征南越，開九郡。」皆其證矣。《通典・邊防四》正作「制南海以爲九郡。」案：《通典》「制」上亦脱「南」字。又《韋元成傳》：「南滅百粤，起七郡。」「七」亦當爲「九」。

黄丕烈《重刻剡川姚氏本戰國策札記》卷上 小國不足亦以容賊。今本無「亦」字，乃誤涉鮑也。鮑衍「亦」字。吴氏補曰：「疑在『不』字上。一本無。」

又卷中 約兩主勢能制臣。今本無「兩」字，乃誤涉鮑也。鮑衍「兩」字。吴氏補曰：「恐字有誤。」

又 孰謀我。今本無「孰」字，乃誤涉鮑也。鮑衍「孰」字。吴氏補曰：「孰爲我謀。」

又 爲求壤埊也甚力之。今本無「之」字，乃誤涉鮑也。鮑衍「之」字。丕烈案：《楚策》無。

又 而樹怨而於齊秦也。今本無下「而」字，乃誤涉鮑也。鮑衍「而」字。吴氏補曰「疑衍」。

又卷下 毋謂天下何。吴補一本標云：「有『外之』字。」丕烈案：有者當是。此讀「外之毋謂天下何」七字爲一句，與下「内之」爲對文，涉「今吾爲子外之」而脱。

又 楚趙楚大破。今本無下「楚」字，乃誤涉鮑也。鮑衍「楚」字。吴氏補曰：「字衍《史》無。」

又 韓相公仲珉使韓侈之秦。今本無「珉」字，乃誤涉鮑也。鮑衍「珉」字，下同。吴氏補曰：「公仲珉，《策》屢各見。此兩言公仲珉，不可曉。公仲，即公仲侈。此云公仲死後韓侈云云，則韓侈别是一人，宜缺。」

又 身自削甲扎曰有大數矣。今本無「曰有大數矣」五字。鮑本無。今本乃誤依鮑本删去也。吴補：「一本與下文同。」丕烈案：兩「曰」字皆讀人質切。

阮元《十三經注疏校勘記・毛詩注疏校勘記》卷二 又再染以黑乃成緇。閩本、明監本、毛本同。案：「乃」上浦鏜云脱「則爲緅又復再染以黑」九字。考《周禮注》是也。此以「黑」複出而脱去。

又卷三 三諫不聽於禮得去也。閩本、明監本、毛本同。案：「不聽」下浦鏜云當有「則去之是三諫不聽」，是也。此「不聽」複出而脱。

又 綦常服也。閩本、明監本、毛本同。案：「綦」上當有「玉」字，因上句末「王」字形近而脱去也。

又卷四 周語有王公立飫。閩本、明監本、毛本同。案：十行本「語」至「立」剜添者一字。考此當是因上句衍「飫」而脱去一字，後就而補之，仍未去其衍字也。

又 如日之出。閩本、明監本、毛本同。案：「出」上當有「始」字，因上文衍「日」而此脱也。

又 又云麀然猶言久然爲如也。閩本、明監本、毛本同。案：「久」下當脱「如麀爲久」凡四字，以「久」字複出而誤也。

又卷六 飲食自歌自舞。閩本、明監本、毛本同。案：盧文弨云：「『飲食』下有『自然』二字，見《南山經》。」是也。此複出「自」字而脱。

又卷七 而淮夷爲國號。閩本、明監本、毛本同。案：「淮夷」下當有「與會是淮夷」五字，因複出而脱也。

王引之《經義述聞》卷一二《所親》 「是女所親也。」家大人曰：「親」下有「覩」字而今本脱之。此答子貢賜所親覩之語，則亦當有「覩」字。下文「吾語女耳之所未聞，目之所未見」，正對「女所親覩」而言。若無「覩」字，則文不成義。此因「親」、「覩」字形相似而寫者因脱其一耳。

又卷一五《齊衰惡笄》 《喪服小記》：「齊衰惡笄以終喪。」《考文》引古本、足利本「惡笄」上皆有「帶」字。段氏若膺曰：「案注云：『笄所以卷髮，帶所以持身。』《正義》云：『此一經，明齊衰婦人笄帶終喪無變之制。』亦先言笄，後言帶。則經文『帶』字當在『惡笄』下。《儀禮・喪服》『布總箭笄』疏引《喪服小記》云：『婦人帶惡笄以終喪。』『帶』字在『惡笄』上。是各本不同也。」家大人曰：笄在首，帶在要，故注及《正義》皆先笄而後帶。若經文則不然。故《正義》述之云：「要絰及笄，不須更易。」要絰，即帶也。不云「笄及要絰」，而云「要絰及笄」，則經文之先帶後笄明矣。《喪服》及《士虞禮》疏兩引此文，皆作「帶惡笄以終喪」，是孔、賈所見本「帶」字皆在「惡笄」上，與《考文》所引古本、足利本同。自唐石經始脱「帶」字，而《正義》内兩舉經文，皆無「帶」字。《通典・禮四十五》亦無「帶」字，則皆後人據已脱之經文删之也。

又卷二一《聞一善》 「聞一善若驚，得一士若賞。」家大人曰：「聞一善」本作「聞一善言」，今本無「言」字者，蓋後人以上句多一字，故删之以對下句耳。不知古人之文，不必字字相對。且善言入於耳，故曰聞。删去「言」字，則文義不明。《後漢書・文苑傳》注、《文選・薦禰衡表》注、《楊荆州誄》注引此並作「聞一善言」。

俞樾《諸子平議》卷二〇 「夫以法相治以數相舉者，不能相益。訾言者不能相損。」樾謹按：「以數相舉」下奪「譽」字。因「譽」、「舉」字形相似，故傳寫誤奪之耳。下文云：「民見相譽無益。」又云：「見訾言無損。」正承此而言，故知當有「譽」字也。

又卷二二 「還乃賞卿諸侯大夫於朝。」樾謹按：高注曰：「三公至尊，坐而論道，不嫌不賞，故但言卿諸侯大夫者也。」據此則「卿」上無「公」字。畢氏沅曰：「舊本『卿』上衍『公』字，乃後人據《月令》增入，而不知其與注不合。」其説是也。然《吕氏》原文實有「公」字。其上文云：「天子親率三公九卿諸侯大夫以迎春於東郊。」下文云：「率三公九卿諸侯大夫躬耕帝籍田。」又云：「反執爵于大寢，三公九卿諸侯大夫皆御。」並以「三公」、「九卿」對言，則此文亦必當有「公」字矣。若謂三公至尊，不嫌不賞，則執爵大寢，三公至尊，亦何嫌不預，而必及之乎？然則《吕氏》原文當與《月令》同。今奪「公」字者，涉下文「卿諸侯大夫九推」而誤。高氏所據本已無「公」字，正高氏《序》所謂「既有脱誤」者也。不加是正，而曲爲之説，疏矣。

俞樾《古書疑義舉例》卷六《字以兩句相連而誤脱例》 《周書・程典篇》：「思地慎制，思制慎人，思人慎德，德開開乃無患。」按：「德開開」三字文不成義。本作「慎德德開，開乃無患」，與上文皆四字爲句。兩「慎德」字相連，誤脱其一，而義不可通矣。《尚書・序》：「殷既錯天命，微子作誥父師、少師。」按：「微子作誥

父師、少師」，文義未足。本作「誥父師、少師」，兩「誥」字相連，誤脱其一而義不可通矣。《周易・渙》：「上九，渙其血，去逖出，无咎。」傳曰：「渙其血，遠害也。」則當於「血」字絶句。然「去逖出」三字殊不成義。疑本作「血去逖出无咎」，因兩「血」字相連而誤脱其一也。《小畜・六四》曰：「血去惕出无咎。」正與此爻文義相近。《老子》六十一章：「故大國以下小國，則取小國；小國以下大國，則取大國；故或下以取，或下而取。」按：「或下以取」、「或下而取」兩句，文義無別，殊爲可疑。當作「故或下以取小國，或下而取大國」，即承上文而申言之。因下文云：「大國不過欲兼畜人，小國不過欲入事人。」兩「大國」字適相連而誤脱其一，遂並删上句「小國」字，使相對成文耳。《列子・仲尼篇》：「孤犢未嘗有母，非孤犢也。」此本作：「孤犢未嘗有母，有母非孤犢也。」《莊子・天下篇釋文引李云：「言孤則無母，孤稱立則母名去。」是其義也。因兩「有母」字相連，誤脱其一。《商子・算地篇》：「故民生則計利，死則慮名，利之所出，不可不審也。」此本作：「名利之所出，不可不審也。」下文云：「利出於地，則民盡力；名出於戰，則民致死。」即承此而言。因兩「名」字相連，誤脱其一。《春秋繁露・執贄篇》：「暢有似於聖人者。」「聖人」下當疊「聖人」字。下所説皆聖人之德，至「暢亦取百草之心」，始説暢之似聖人，則此當作「聖人者」明矣。因兩「聖人」字相連，誤脱其一。《淮南子・主術篇》：「雍門子以哭見孟嘗君，涕流沾纓。」「孟嘗君」下當疊「孟嘗君」字。涕流沾纓，以孟嘗君言，非以雍門子言也。因兩「孟嘗君」字相連，誤脱其一。又《泰族篇》：「小藝破道，小見不達，必簡。」此文「道」下當疊「道」字，「達」下當疊「達」字，「見」字乃「則」字之誤。本云：「小藝破道，道小則不達，達必簡。」《文子・上仁篇》作：「道小必不通，通則必簡。」是其明證也。因兩「道」字、兩「達」字相連，誤脱其一。

又卷七《兩文疑複而誤删例》 《周書・酆保篇》：「不深乃權不重。」按：此當作：「不深不重，乃權不重。」蓋承上文「深念之哉，重維之哉」而言。謂不深念之，不重維之，則其權不重也。後人因兩句皆有「不重」字而誤删其一，不知上句「不重」乃重複之「重」，下句「不重」乃輕重之「重」，字雖同而義則異也。《商子・農戰篇》：「國作一歲者十歲强，作一十歲者百歲强，修一百歲者千歲强。」按：此承上句「是以聖人作壹摶之也」而言。本云「國作壹一歲者十歲强，作壹十歲者百歲强，作壹百歲者千歲强」，乃極言「作壹」之效。本篇「作壹」字屢見，此四言「作壹」，乃一篇之宗旨也。讀者誤謂「壹」、「一」同字，而於「作壹一歲」句删去「壹」字，於下兩句又改「壹」爲「一」，末句「作」字又誤爲「修」，於是其義全失矣。

郭京《周易舉正》卷上 《六三・象》曰：「即鹿无虞，何以從禽也？」脱「何」字，非。但定本詳尋義理，「何」字不可无也。

又 《否・九五》：「休否，大人吉。」註：「惟大人乃能然，故曰『大人吉』也。」「惟大人」字下脱「乃」字，誤加「而後」字。謹按：定本則如此不同，尋義理亦非妨廢，務歸正本，故亦舉之。

又 《隨・彖》曰：「隨，剛來而下柔，動而説。隨，大亨利貞无咎，而天下隨時，隨之時義大矣哉！」註：「相隨而不爲利，正災之道也，故大通利貞，乃得无咎也。爲隨而令大通利貞，得於時也。」謹按：《彖》「大亨」下脱「利」字，觀文驗註，理亦昭然。

又 「剛柔交錯，天文也。註：「剛柔交錯而成文焉，天之文也。」文明以止，人文也。」註：「止物不以威武，而以文明，人之文也。」「天文」上脱「剛柔交錯」一句。此是夫子廣美《賁卦》有天文之象，欲人君取義，以理化人。審詳天文及人文，註義誤脱，昭然可知。

又 《剥・彖》曰：「剥，剥落也。」按今本脱「落」字。其「落」字本與「剥」字成義，若无「落」字，縱加「剥」字，義亦不圓。即與《序卦》「象者，象也」、「比者，比也」，并《解卦》註「解者，解也」相類。舉此明彼，則可知矣。

又 《无妄》：「元亨利貞，其匪正有眚，不利有攸往。」《彖》曰：「无妄，剛自外來，而爲主於内，註：「謂震也。」動而愈健，註：「震動而乾健也。」剛中而應，註：「謂五也。」大亨以正天之命也。」註：「剛自外來，而爲主於内。動而愈健，剛中而應，則威剛方正，私欲不行，何可以妄？使有妄之道滅，无妄之道成，非大亨利貞而何？剛自外來，而爲主於内，則柔邪之道消矣。動而愈健，則剛直之道通矣。剛中而應，則齊明之德著矣。故大亨以正也。天之教命，何可犯乎？何可妄乎？是以匪正則有眚，而不利有攸往也。」謹按：經脱「愈」字，註脱「則」字。詳其義理，脱亦明矣。

又 《大畜・上九象》：「何天之衢？亨，道大行也。」脱「亨」字。尋其義理不圓，足明其脱也。

又 《坎》：「習坎。」註：「坎陷之名也。習謂便習之。」《彖》曰：「坎，習坎，重陷也。」謹按：卦首「習」字上脱卦名「坎」字。「彖曰」下亦脱「坎」字。且王註卦首先

解坎義，後論便習，足明「習」字上有「坎」字。且按《説卦》明八卦生成之用，云「勞乎坎」，且無「習」字。又説八卦名：「乾，健也。坤，順也。坎，陷也。」亦无「習」字。又《離卦》：「離上而坎下也，乾爲馬，坎爲水。」並无「習」字，誤脱益明矣。

又　《離·象》曰：「明兩作離，大人以明照繼明照于四方。」註：「繼，謂不絶也，明照相繼不絶曠也。」謹按：脱「明照」字。審詳註中，義自見矣。

又卷中　《解·初六》：「无咎。」註：「解者，解散也。屯難盤結，於是乎解也。」謹按：脱「散」字，已於上經《剥卦》論訖。

又　《萃》：「亨，王假有廟，利見大人。亨利貞，用大牲吉，利有攸往。」《象》曰：「萃，聚也。順以説剛中而應故聚也。王假有廟，致孝亨也。利見大人，亨利貞，聚以正也。用大牲吉，利有攸往，順天命也。」謹按：《象》舉爻辭，脱「利貞」字。凡六十卦，《象》先舉爻辭，後以義結，皆无遺漏，具録《象》如前。審而詳之，脱亦明矣。

又　《井》：「改邑不改井。无喪无得。往來井井。汔至亦未繘井。羸其瓶。凶。」《象》曰：「巽乎水而上水，井井養而不窮也。改邑不改井，无喪无得，往來井井，乃以剛中也。汔至亦未繘井，未有功也。羸其瓶，是以凶也。」謹按：脱「无喪无得。往來井井」兩句。凡《象》先舉卦名釋訖，次舉爻後以義結。六十三卦无如此者，足明誤脱矣。

又　《震》：「亨，震來虩虩，笑語啞啞。震驚百里，不喪匕鬯。」《象》曰：「震，亨。震來虩虩，恐致福也。笑語啞啞，後有則也。震驚百里，驚遠而懼邇也。不喪匕鬯，出可以守宗廟社稷，以爲祭主也。」註：「明所以堪長子之義也。不喪匕鬯，則已出可以守宗廟社稷也。」謹按：經脱「不喪匕鬯」字，註脱「社稷」字，非唯定本，理義且乖。

又　《小過》：「亨，利貞。可小事，不可大事。飛鳥遺之音不宜上，宜下，大吉。」《象》：「小過，小者過也。過以利貞，與時行也。柔得中，是以可小事也。」謹按：「是以」下脱「可」字。「小事」下誤增「吉」字。《象》舉爻辭，例无增損。若「可小事」下合有「吉」，則「不可大事」下合有「凶」。則小事不合有吉，斷可知也。

又卷下　《既濟》：「亨小，利貞。初吉終亂。」《象》曰：「既濟亨小，小者亨也。」註：「既濟者，以皆濟爲義也。小者不通，不爲皆濟，故舉小者以明既濟。」利貞，剛柔正而位當也。初吉，柔得中也。終止則亂，其道窮也。」註：「柔得中，則小者亨也。柔不得中，則小者未亨。小者未亨，雖剛得正，則未爲既濟也。故既濟之要，在柔得中也。以既濟爲，柔者道極無進，終惟有亂，故曰初吉終亂也。終亂不爲自亂，内止故亂，故曰終止則亂也。」謹按：《象》「亨小」下脱「小」字。既濟之義，只在小者亨。若小者不亨，不爲既濟。故夫子先舉爻辭「既濟亨小」，然後以「小者亨也」爲義結之。若「小」字空「者亨」兩字，實不成義也。審而詳之，義則明矣。註「小者不通」，「通」字誤作「遺」字。註中「通」字，本釋經文。又「通」字下「不」字，誤作「乃」字。上句「通」既誤作「遺」字，下句「不」字理當變爲「乃」字，則與閏月五日不殊。審詳之，義可見矣。

又　《雜卦》：「屯見而不失其居。」註：「雖見難而盤桓利貞，不失其居也。」謹按：註脱「難」字。處屯之初，盤桓不進，雖見其難，爲其利貞，不失其居。詳文句，可明其義理矣。

張淳《儀禮識誤》卷一　「衣。」注曰：「女從者畢袗元，則此亦元矣。」按：疏「此」下有「衣」字，從疏。

又　「不。」經曰：「某得以爲昏姻之故，不敢固辭，敢不從？」按：五代廣順中監本同。至顯德中吉觀國所校監本乃曰：「敢從。」中無「不」字。或曰歲久版脱之也。從廣順本。

又　「之以索。」注曰：「維謂繫聯其足。」按《釋文》云：「以索，悉各反。注同。」今注無「以索」字。經曰：「飾之以布，維之以索。」注舉「飾之以布」全句釋之，至下句不應獨曰「維」。此必今本脱去「之以索」三字，今增入。從《釋文》。

又　「也。」注曰：「其故處。」按：《釋文》下有「也」字。從《釋文》。

又卷二　「於。」注曰：「將縣重者也。」按：《釋文》釋前「重」字注云：「『於重』同。」則此「重」字上有「於」字。從《釋文》。

又　「之。」注曰：「黑衣裳赤緣謂之褖。」按：《釋文》云：「緣之。」則「緣」下有「之」字。從《釋文》。

又　「也。」注曰：「復于篚處。」按：《釋文》下有「也」字。從《釋文》。

又　「也。」注曰：「送終之禮。」按：疏下有「也」字。從疏。

又　「也。」注曰：「離挫。」按：《釋文》下有「也」字。從《釋文》。

又　「也」。注曰：「不忍一日離。」按：《釋文》下有「也」字。從《釋文》。

又　「諦。」經曰：「主人啼。」按：《釋文》云：「諦，大兮反。」從《釋文》。案：啼，《説文》作「嗁」。若「諦」，于義絶遠，當是訛舛，不可從。

又　「也。」注曰：「盉水便。」按：《釋文》下有「也」字。從《釋文》。

又　「中。」注曰：「室東南隅謂之窔。」按：疏「室」下有「中」字。《少牢饋食》。

缺。案：《永樂大典》注云「缺」。今攷《少牢饋食》注曰：「室中西南隅謂之奧。」當是引此句以證「室」下有「中」字耳。

又　「矢。」經曰：「䝙矢一乘。」按：《釋文》「䝙」字上更有一「矢」字。從《釋文》。

又卷三　「御餕。」「媵御」注云：「飯御贊並同。」監本以「飯」爲「餕」，是已。于上又脱一「御」字。經曰：「御餕婦餘。」《士昏禮》。

毛居正《六經正誤》卷二《尚書正誤》　「有斯明享。」注：「以其漸染惡俗。」漏「漸」字。

又卷三《毛詩正誤》　《四牡》：「黑鬣，本作『騮』。」欠「作」字。「殼謹。」經注作「慤」。潭本、《釋文》作「殻」。興國本作「㲉」。建本作「慤」。據經文，建本是。「駸駸，楚金反」。誤，當作「此金反」。《字林》「七林反」。《說文》「子林反」。《玉篇》「七林、子心二切」。《廣韻》「七林切」。並無「楚金反」。

又　《蓼蕭》：「沖沖，一音勑弓反。」欠「一」字。建本作「忡」。

又　《雨無正》：「是出，尺遂反。又音毳。」欠「又」字。

又　《韓奕》：「鞃，又作『弦』。王同。」欠「作」字。「王同」，謂王肅本與此同。作「三同」誤。興國本作「王同」。

又卷四《禮記正誤》　「角以爲斢。」作「斢」誤。「大夫士猶小斂也。」缺「也」字。

又　「各射己之鵠。」作「各已之鵠」，欠「射」字。

又　「稽顙。」注：「稽顙觸地無容」作「稽觸地無容」，欠「顙」字。建本作「先觸地無容」。

又卷五《周禮正誤》　《腊人》注：「腊之言夕也。」缺「之言也」三字。

《腊人》注：「庶羞皆有大者，此據肉之所擬祭者也，又引有司中。」欠「者此」至「又引」十二字。「胖宜爲脯」。「宜」作「冝」。

又卷六《春秋左氏傳正誤》　「凡蔣邢茅胙祭周公之胤也。」欠「胤」字。

又　「楚武王之祖父葬若敖者。」作「若者」，欠「敖」字。

又　十八年：「仲殺惡及視而立宣公。」作「而宣公」，欠「立」字。

又　元年注：「茅戎，戎別種也。」作「戎別也」，欠「種」字，誤。注疏及臨川本皆作「別也」。興國本「戎別種也」。建本「茅戎別種也」。《釋文》：「別種，音章勇反。」無「種」字者誤也。

又　二十五年注：「宗器，祭祀之器。」「之」字下欠「器」字。注疏及建本皆有「器」字。

又《春秋公羊傳正誤》　三年：「宣公謂繆公曰：『以吾愛與夷，則不若愛女。以爲宗廟社稷主，則不若女。』」欠「以爲」至「若女」十一字。

又　四年注：「義與逆女同。」欠「女」字。「諂，猶佞也。」「佞」作「侫」，誤。

又　二十五年注：「朝服祭其祖。」欠「祭」字。

又《春秋穀梁傳正誤》　注：「公及齊人狩于郜。」欠「郜」字。

又　「時但有言燕者。」「言」字下空一字。建本同。一本有「北」字。《正義》無「北」字。此必知其誤而剔去之也。

方崧卿《韓集舉正》卷一　生於大曆戊申。辛勤來歸。皆搜抉無隱。三語刊正「來」字，仍增「於」與「皆」字。杭本、蜀本、《文粹》並同。他文有當並出者准此。

又　可以人而不如鳥乎。以閣本校刪。《文粹》亦無。

又　幽怕青。杭、蜀諸舊本並同。鮑謝從上。

又　陪杜侍御遊湘西兩寺，獨宿有題一首，因獻楊常侍。杭、蜀本皆作「兩寺」。少陵詩亦有《岳麓道林二寺行》。今本「因」字併「一首」字刪之，非也。楊常侍，楊憑也，時觀察湖南。此後詩題與舊本不訛者，不復全具。

朱熹《昌黎先生集考異》卷五　去壇爲墠，去墠爲鬼，漸而之遠。方無「去壇去墠」四字。「之遠」作「遠之」。今詳四字，《祭法》本文。「之」猶「適」也，言漸而適遠也。方本皆誤。

又卷六　決去就爲先生別，又酌而祝曰凡去就。方從閣、杭本，無「爲先生別」以下十二字。今按：此閣、杭本由有二「去就」字而脱其中字，遂使下句全無文理，方從之，誤矣。

又卷七　始將既修樹舊碑，仍刻其文於新石，因銘其陰。舊碑石既多破落，文不可盡識，移之於新，或失其真，遂不復刻。此四十二字石本附祭文後，諸本皆有之。方云：「此蓋後人以碑本附入，閣、杭皆無之。」今按：此必公所自記，故石本有之，當附於此。方但以閣、杭本闕，遂直刊去，亦可惜也。今從諸本，而次一字書之。

又卷八　利害。「利」，或作「之」。李云：「古本無『利』字，《神道碑》『周知俗之病』，亦無『利』字。」今按：下文云「廢置所宜」，則此句合有「利」字，古本偶皆脱漏，不足爲據。

又卷九　功者亦未有不費少財而能收大利者也。方無「亦未」至「利者」十三字。今詳文意，上文引秦孝公、周成王事，故此以「未有不信而能成大功」結之。又引漢高祖事，故此以「未有不小費而能收大利」結之，不可欠闕。方本但以酷信閣、杭之故，不問可否，直行刪去。《舉正》亦不復載，殊爲無理，今悉補而足之。

又 將相。方無「將」字。今按：下文所記，實爲宰相者三人，裴、顧未爲真相，故特著其官職、戎馬之盛，則此處宜有「將」字，方本誤也。

彭叔夏《文苑英華辨證》卷六《脱文一》 凡有脱文見於他本者。如梁簡文帝《初秋詩》：「羽翣晨猶動，珠汗晝恒揮。秋風忽嫋嫋，向夕引涼歸。卷幌通河色，開窗望月輝。晚花欄下照，疎螢簟上飛。直置猶如此，何況送將歸。浮陰即染浪，清氣始乘衣。」《文苑》與《初學記》無末二句，而《類聚》有之。《集》本又以此二句在「輝」字韻上，恐是。劉孝綽《對雪詠懷詩》：「桂華殊皎皎，柳絮亦霏霏。詎比咸池曲，飄颻十里飛。恥均班女扇，羞儷曹人衣。浮光亂紛壁，積照朗彤闈。鸛鴿搖羽至，鵯鶋拂翅歸。相彼猶自得，嗟予獨有違。終朝守玉署，方夜勞石扉。未能奏緗綺，何由辨國闈。坐銷風露質，遊聯珠璧暉。偶懷笨車是，良知高蓋非。寄言謝端木，無爲陳巧機。」《文苑》與《初學記》止有前八句，而《集》本題作「校書祕書省對雪詠懷」，有全篇如上。何遜《早朝詩》：「詰旦鍾聲罷，隱隱禁門通。蘧車響北闕，鄭履入南宮。宿霧開馳道，初日照相風。胥徒紛絡繹，騶御或西東。暫喧耳目外，還保性靈中。方厭一作「驗」。遊朝市，此説不爲空。」《文苑》與《類聚》止有前八句，而《集》本題作「早朝車中聽望」，有全篇如上。蕭子顯《日出東南隅》、王褒《燕歌行》，《類聚》與《文苑》並略，而郭氏《樂府》有全篇。《日出東南隅》曰：「大明上迢迢，陽城射凌霄。光照窗中婦，絶世同阿嬌。明鏡盤龍刻，簪羽鳳凰雕。《文苑》、《類聚》無此二句。透迤梁家髻，冉弱楚宫腰。輕紈雜重錦，薄縠間飛綃。三六前年暮，四五今年朝。無此四句。蠶園拾芳繭，桑陌採柔條。出入東城裏，上下洛西橋。無此二句。路逢車馬客，飛蓋動襜軺。單衣鼠毛織，寶劍羊角銷。大夫疲應對，御者輟銜鑣。柱間徒脈脈，垣上幾翹翹。無此二句。女本西家宿，君自上宫要。漢馬三萬匹，夫壻仕嫖姚。鞶囊虎頭綬，左珥鳧盧貂。横吹龍鍾管，奏鼓象牙簫。無此四句。十五張内侍，十八賈登朝。皆笑顔郎老，盡訝董公超。」無此二句。《燕歌行》曰：「初春麗景鶯欲嬌，桃花流水遶河橋。薔薇花開百重葉，楊柳覆地數千條。隴西將軍號都護，樓蘭校尉稱嫖姚。無此二句。自從昔別春燕分，經年一去不相聞。無復漢地長安月，唯有漠北薊城雲。淮南鏡一作「桂」。中明月影，流黄機上織成文。充國軍行一作「行軍」。屢築營，陽史討虜陷平城。城下風多能卻陣，沙中雪淺詎停兵。無此六句。屬國小婦猶年少，羽林輕騎數征行。遥聞陌頭採桑曲，猶勝胡笳邊地聲。笳聲向暮使人泣，還使一作「長望」。閨中空佇立。桃花落地杏花舒，桐生井底寒葉疎。上句一作「桃抽覆地春花舒」。試爲來看上林鴈，應一作「必」。有遥寄隴頭書。」沈約《酹謝宣城詩》：「王喬飛鳧舄，東方金馬門。」云云。共十韻，見《文選》。而《文苑》止從《類聚》載上七韻，無下三韻。蓋《類聚》、《初學記》並是節文，而《文苑》止以二書編之耳。顧況《短歌行《文粹》作「悲歌」。三首》：「邊城路，今人犁田昔人墓。岸上沙，昔時江水今人家。今人昔人共長歎，四氣相催節迴换。明月皎皎入華池，白雲離離度青漢。以上《文苑》無。我欲升天天隔霄，我欲渡水水無橋。我欲上山山路險，我欲汲井井泉遥。越人翠被今何夕，獨立沙邊江草碧。紫燕西飛欲寄書，白雲何處逢來客。其一。新繫青絲百尺繩，心在君家轆轤上。我心皎潔君不知，轆轤一轉一惆悵。何處春風吹曉幕，江南渌水通朱閣。美人二八顔如花，泣向春風畏花落。臨春風，聽春鳥，别時多，見時少。愁人一夜不得眠，瑶井玉繩相對曉。其二。《文苑》無此四句。軒轅黄帝初得仙，鼎湖一去三千字。周流三十六洞天，洞中日月星辰聯。騎龍駕景遊八極，軒轅弓劍無人識。東海青童寄消息。其三。無上四句。」今以《文粹》添入。郭氏《樂府》又作六首，内三首與《文苑》元本同。聶夷中《送友人歸江南詩》：「皇州五更鼓，月落西南維。此時有行客，别我孤舟歸。上國身無主，下第誠可悲。天風動高柯，不振短木枝。歸路無愁腸，省家無愁眉。春日隋河路，楊柳飄飄吹。」《文苑》止收前六句，今以《集》本增入。宋之問《幸未央宫應制詩》「春發幔城中」，《集》作「春發幔城東」。仍有四句：「登高省時物，懷古發宸聰。鍾連長樂處，臺識未央中。」《文苑》以「東」作「中」，遂脱四句。吴邁遠《飛來雙白鶴詩》「千里猶寸移」，《樂府》作「千里猶待君」，仍有四句：「樂哉新相知，悲來生别離。持此百年命，共逐寸陰移。」《文苑》止作一句，遂脱二十字。今各增入。

又卷七《脱文二》 又如徐陵《册陳王九錫文》：「亂離永久，羣盜孔多。淛右凶渠，連兵構逆。豈止千兵五校白雀黄龍而已哉！公以中軍元帥，選是親賢。姦寇塗窮，灌然冰泮。」自「豈止」至「塗窮」二十七字，見《陳書》，而《文苑》從《南史》，止云「勢窮力蹙」四字。沈炯《勸進梁元帝表》：「陛下日角龍顔之姿，表於徇齊之日。彤雲素氣《南史》作「靈」。之瑞，基於應物之初。博覽則大哉無所與名，深言則曄乎昭《南史》作「文」。章之觀。忠爲令德，孝實動天。加以英威茂略，雄圖武算，指麾則丹浦不戰，顧盼則版泉自蕩。」七十六字，見《梁書》、《南史》，而《文苑》止作：「陛下孝實動天，忠爲令緒，加以闕二字。威窮，則版泉自蕩。」上官儀《賀涼州瑞石表》：「伏見涼州都督李襲譽表昌松瑞石，合百一十字，其文曰：『高皇海出多子，

李久王八千年太平天子。李世民王千年，太子李治書燕山人。樂太國子。尚注謌獎文。仁通千古。大王、五王、六王、七王、十王，鳳尾才子。天子武文。貞觀昌大聖廷。四方上下萬治。忠孝爲善。』」按《唐書・五行志》：「貞觀十七年八月四日原州昌松縣鴻池谷有石五，青質白文，成字曰：『高皇海出多子，李元王八十年太平天子。李世民千年太子，李治書燕山人士。樂太國主尚汪譚獎文。仁邁千古。大王、五王、六王、七王、十鳳毛才子。七佛八菩薩及上果佛田。天子文武，貞觀昌大聖延。四方上不治。示孝仙戈八爲善。』」詞既異同，而《文苑》脱十一字。《新史》云：「樂太國主，指安樂太平公主。七佛八菩薩及上果佛田，指武后。」則十字當增入，然與百一十字數皆不合。許敬宗《賀朔旦冬至表》：「伏見宣義郎李淳風表稱，竊見古歷，分日起於子半，勘得今歲十一月甲子朔旦冬至，而故太史令傳用乖天正。」按《唐會要》有此表云：「故太史令傅仁均欲尊異張曹玄法，減餘稍多，子初爲朔。遂差三刻，用乖天正。」脱二十一字，當增入。隋文帝《求賢詔》，見《隋書》仁壽三年，凡五百餘字。《文苑》止載「庶政爲懷」以下百餘字。權德輿《歲星居心贊》，《文苑》與《集》同，而《文粹》所載多百餘字。元稹《賢良策》、《文苑》、《文粹》、《文類》止云「設三式以任人」，而《集》本作四式。文載本篇。許籌珪《禪師影堂記》：自「結廬」而下，多脱略三不能，止有二不能，今以《傳燈録》增入。彭城王《檄征鎮文》、周太祖《檄高歡文》，脱略亦多，今以《宋書・范曄傳》及《周書》、《北史》增入。

又《脱文三》 其有他本節略，而文苑有全篇者。如劉孝威《望雨詩》：「瓊綃挂繡幕，象簟列華牀。侍童拂羽扇，廚人奉濫漿。」内則「有漿有濫」注：「濫，涼也。」《類聚》、《初學記》並無此四句。王胄《奉和悲秋應令詩》：「秋天擬文學，秋水擅莊蒙。草濕蒹葭露，波卷洞庭風。便坐飜桑葉，長坂歇蘭叢。簷喧猶有燕，陂静未來鴻。蟬噪聞疑斷，池清映似空。劉安悲落木，曹植歎征蓬。重明豈凝滯，無累在淵沖。隨時四序合，應物五情同。發言形惻隱，睿作挺神功。下材均朽木，何以慕雕蟲。」

此篇前五韻《初學記》作「蕭慤秋日詩」，《文苑》一百七十八卷亦載，云庾信作，而一百七十九卷。乃十韻，共題王胄作。觀其詞意，只是一篇，當以十韻爲正。宋之問《送杜審言詩》：「卧病人事絶，聞君萬里行。河橋不相送，江樹遠含情。別路追孫楚，維舟弔屈平。可惜龍泉劍，流落在豐城。」《集》本同。近洪氏邁。《絶句詩》選入，止收前二韻。駱賓王《帝京篇》：「春去春來苦自馳，爭名爭利徒爾爲。久留郎署終難遇，空掃相門誰見知。」《集》本無此四句。張説《開元大衍歷序》：「勒成一部，名曰『開元大衍歷』，《經》七章一卷，《長歷》三卷，《歷議》十卷，《立成法》十二卷，《天竺九執歷》一卷，《古今歷書》二十四卷，《略例奏草》一卷，凡五十二卷。」按《唐會要》云：「《經章》十卷，《長歷》五卷，《歷議》十卷，《立成法天竺九執歷》二卷，《古今歷書》二十四卷，《略例奏草》一卷，凡五十二卷。」《唐藝文志》云：「《大衍歷》一卷，又《歷議》十卷，《歷立成》十二卷，《歷草》二十四卷，《七政長歷》三卷，《心機算術括》一卷。」二書雖與《文苑》小異，而其卷具存，唯《集》本、《文粹》脱「《長歷》三卷」至「天竺九」，凡十七字。「九執」迺歷名，出西域也。李德林《天命論》，《隋書》本傳於内節去自「流於户外」至「入司文武」五百六十五字。劉洎《請太子尊賢重道書》，諸本於内節去「竊以良娣之選」至「重内而輕外也」一段。説已見《年月篇》。魏徵《明堂議》自「五帝」至「誠感自中」九十四字，「何者」至「罔知」一百五字，顔師古《議》自「聖上」至「僉議」一百五十四字，《舊唐書》、《會要》、《文粹》並節去。此類皆當從《文苑》。

又《脱文四》 其有元本脱逸，而《文苑》因而襲之者。如徐彦伯《題李適碑陰詩敘》云：「人三章，章八句，合一十五章。」據此當有五人名氏，其詩每名三章，今止有徐詩二章。嚴峻字挺之，以字行。《諫安福門酺樂表》與舊史所載同，但「三不可」，《舊史》作「四不可」，「四不可」作「五不可」。既有「五不可」，卻無「三不可」一段。而《新史》亦以爲陳「五不可」，疑脱一段。杜牧《沈傳師行狀》：「出爲湖南觀察使兼御史大夫，凡三歲轉爲。」此下諸本並同，疑有脱文。按《舊史》：「傳師出爲湖南，入爲尚書右丞，出爲洪州，轉宣州。」此皆可疑而亦可闕者也。

又卷九《雜録一》 又《衣食之源策》：「求靡萍於中陵，植橘柚於江北。」「靡萍」見左思《魏都賦》。「尋靡蓱於中逵」，五臣注：「靡，流也。」而《集》本無「靡」字、「柚」字。《楚詞・天問》「靡蓱九衢」。

又 孫樵《書田將軍邊事》「大入成都門，其三門」作兩句讀，而《文粹》、《集》本迺削「其三門」三字，止云「大入成都門」，遂不成文。

勞格《文苑英華辨證拾遺》 「安養百姓及諸改革制云。其中岳等三方，典禮猶闕，朕以眇身。」顧澗濱云：「『猶闕』下有脱文。『朕』上脱去題目，是別一篇，誤連。十年前在文局讀得，今記於此。道光乙酉八月，思適居士書。」

又 □良士《代韋令公謝先人贈官表》。表云：「贈臣父尚書右丞司農卿，先臣某，揚州大都督。」此是韋玢，元甫父。見《郎官石柱題名考》。左中。全文良士無考。案《舊・房式傳》：「劉闢反，高崇文至成都，房式、王良士、崔從、盧士玫等，白衣麻蹻銜士請罪，崇文寬禮之，表其狀，末云『彷徨海隅』。」是韋元甫無疑。本是二

首，一脱其文，一脱其目耳。

又　韋表微《翰林學士院新樓記》有云：「夏四月，中書鄭舍人駕部郎中，皆以鴻文碩學爲侍講學士。」案：《重修承旨學士壁記》：「大和元年四月二十三日，鄭澣自中書舍人、許康佐自度支郎中改駕部郎中，充侍講學士。」此記「郎中」上脱「許」字。

岳濬《刊正九經三傳沿革例・脱簡》　諸經惟《禮記》獨多見之。《玉藻》、《樂記》、《雜記》、《喪大記》注疏可考。興國本依注疏更定，亦覺辭意聯屬。今則不敢倣之，第以所更定者繫于各篇之後，庶幾備盡。《大學》一篇，文公所更定，天下家傳而人誦之。《書》之《武成》，先儒亦嘗更定，但今本止以注疏爲據，所以不敢增入。

又　《詩・定之方中》注：「馬七尺以上爲騋。」諸本皆是「馬七尺爲騋」，惟仁仲本有「以上」二字。以《釋文》考之，則舊有「以上」二字，而傳寫逸之也。《釋文》：于「騋牝」二音之下，便有「上時掌反」一音。考注文，則無「上」字，而《釋文》有「上」音，此明舊有「以上」二字也。疏曰：「七尺爲騋，《庚人》文也。」又考《禮・庚人》：「馬七尺以上爲騋，六尺以上爲馬。」則《周禮》亦有「以上」二字，余本爲是，今從之。《鴟鴞》：「予尾翛翛。」監本、蜀本、越本皆作「修修」。興國本及建寧本作「翛翛」。及考疏，則曰：「舊本作『消消』，定本作『翛翛』。」又考《釋文》則「翛翛，素彫反。」蓋監、蜀、越本以疏爲據，興、建諸本以《釋文》爲據也。今從《釋文》。又《巧言》：「昊天大憮。」蜀本、越本、興國本皆作「泰」。余仁仲本及建大字本作「大」。《釋文》：「大，音泰。徐，敕佐反。」此亦以《釋文》爲據也。今亦從《釋文》。

又　僖三十年：「若不闕秦，將焉取之？」諸本多無「若」字與「將」字。建上諸本則有之。真西山《文章正宗》亦依建上諸本。竊謂上句有「若」字，下句有「將」字，文意尤爲明暢。今從之。

劉績《管子補注》卷二　悦在愛施有。將悦於下在于施無令有。績按：當作「悦衆在愛施」。解作「説在愛施」，脱一「衆」字。註以「有」字屬上句，非。蓋言能廢私然後有衆也。

又卷三　用五數。績按：諸本脱此一句，非。

又卷四　故曰「有氣則生，無氣則死，生者以其氣」。日與心以成生爲功，而生成以氣爲生。此言氣者道之用，尤宜重也。績按：諸本無「生者以其氣」五字，非。

何焯《義門讀書記》卷十三　「大聖孰能當此受命而帝者乎？」「大」字上脱一「非」字。

又　「國皇星，大而赤。」注：「五星之精散爲六十四變，記不盡。」按：「記」上脱一「志」字。

又　「類狗，所墮及，望之如火光。」「及」下脱「炎火」二字。按：《漢書》亦無「炎火」二字，今從柯氏本增。

姚範《援鶉堂隨筆》卷八　「禳乃入。」「禳，如羊反。」脱音四字。樹按：阮校脱音無記。

又卷三六　卷四《園池》：「無用之官，不急之作。服淫侈之變。」按：「服」上疑脱三字。

又　「鴻鵠驊騮且同侶。」「且」下有脱字。

又　「耽湎沉。」脱一字。

沈廷芳《十三經注疏正字》卷一　《六二》節疏「蔑猶至棄也。」轉欲滅物之所處者。脱「所」字。

又　《六四》節疏「四剥道浸長。」脱「剥」字。

又　《彖》曰：「動而健。」案：郭氏京云：「動而愈健，脱『愈』字。」

又　《象》曰：「何天之衢。」案：郭氏京云：「何天之衢亨，脱『亨』字。」

又　《彖》曰節疏「習重乎險也」。一脱「乎」字。二「乎」字誤在「重險」上。

錢大昕《唐石經考異・周易》　《明卦適變通爻》：「物競而獨安於静者。」監本脱「於」字。

又　「䷶，《豐卦》之類是也。」監本脱卦畫。

畢沅《山海經新校正》卷一七　「大荒之中，有山名曰不句。海水北。」沅曰：「舊本脱此字，今據藏經本增。」

彭元瑞《石經考文提要》卷四　「有疕瘍者。」監本無「有」字。案：下「獸醫凡獸之有病者有瘍者」亦疊「有」字，今从《欽定三禮義疏》、唐石經、《周禮訂義》。

汪輝祖《元史本證》卷一　「二十一年。」案：「年」下失書「丙戌」。

又　「八年十一月，進攻長獲山，守將大淵降，命大淵爲四川侍郎。」案：「大淵」上脱「楊」字，本傳「長獲山」作「大獲城」。拜侍郎在己未冬，乃九年也。

又卷三　「且命奚不薛與思、播州同隸湖廣。」案：「奚不薛」上脱「亦」字，思、播是二州，且播州已於二十六年改播南路，不得仍稱「州」也。

又卷四　「至元三十年乙巳，受皇太子寶。」案：「乙巳」上失書「六月」，見《世祖紀》。

又卷六　「六月，次于上都之六十店。」案：「六十」下當脱「里」字，下云「次上

都之三十里店」可證。

又卷一〇 「世祖元年秋七月丁丑。」案：「元年」上失書「中統元」。

又 「十二年十二月，以受尊號遣使豫告天地。」案：「十二年」上失書「至元」。

段玉裁《汲古閣説文訂》 二上：小部「小，物之微也，从八，丨見而分之。」初印本如此。宋本、葉、趙本皆同。今依小徐於「分」之上剜補「八」字。

又 足部。「躋，《商書》曰：『予顛躋。』」初印本如此。宋本、葉、趙本《韻譜》、《集韻》、《類篇》皆同。今剜補「告」字於「子」字之上，以同《尚書》。《繫傳》鈔本多作「若予顛躋」。

王念孫《讀書雜志》一之一《成而生》 「長幼成而生曰順極。」念孫案：此當作「長幼成而生義曰順極。」故孔注曰：「使小人大人皆成其事上之心而生其義順之至也。」今本蓋脱「義」字。

又《脱文十五　至無日矣》「《夏箴》曰：『小人無兼年之食，遇天饑，妻子非其有也。大夫無兼年之食，遇天饑，臣妾輿馬非其有也。』」念孫案：此下有「國無兼年之食，過天饑，百姓非其有也」十五字，而今本脱之。上文云：「天有四殃，水旱饑荒。其至無時，非務積聚，何以備之？」是專指有國者而言，故此引《夏箴》以明家國一理之意。若無此十五字，則但言家而不及國，與上文不合矣。據孔注云：「古者國家三年必有一年之儲。」此正釋「國無兼年之食」以下十五字。若無此十五字，則又與注不合矣。《墨子・七患篇》引《周書》曰：「國無三年之食者，國非其國也。家無三年之食者，子非其子也。」即是約舉此篇之文。若無此十五字，則又與《墨子》不合矣。《羣書治要》及《太平御覽》時序部二十、文部四，《玉海》三十一所引皆有此十五字。

「戒之哉，弗思弗行，至無日矣。」案：《羣書治要》作「禍至無日矣。」今本脱「禍」字，則義不可通。

又《脱文十二　其如天下何》 「不明開塞禁舍者，其如天下何？」念孫案：「不明」上有「明開塞禁舍者其取天下如化」十二字，而今本脱之。其注文有「變化之頃謂其疾」七字，而今本亦脱之。「明開塞禁舍者」二句，正對下不明者而言。今脱此二句，則語意不完矣。下文「其如天下何」，本作「其失天下如化」。祇因上文及注皆已脱去，後人遂不解「如化」二字之意，而以意改之曰「其如天下何」。不知「如化」者，言其速也。明於開塞禁舍，則其取天下必速，故曰「取天下如化」。不明於開塞禁舍，則其失天下亦速，故曰「失天下如化」。兩「如化」上下相應。今改爲「其如天下何」，則失其旨矣。《小稱篇》曰：「民服如化。」《小明武篇》曰：「勝國若化。」《吕氏春秋・懷寵篇》曰：「兵不接刃而民服若化。」皆言其速也。故孔注曰：「變化之頃謂其疾。」《羣書治要》作：「明開塞禁舍者，其取天下如化。下引孔注「變化之頃」云云。不明開塞禁舍者，其失天下如化。」今據以補正。

又《王始》 「令行禁止，王始也。」盧曰：「『王始』疑是『王治』。」念孫案：「王始也」本作「王之始也」。「王」讀「王天下」之「王」。令行禁止，則可以王天下，故曰「令行禁止王之始也」。上文曰：「能制其有者，則能制人之有。」即是此意。今本脱「之」字，則文義不明。《羣書治要》正作「王之始也」。

又《無虎傅翼》 「無虎傅翼將飛入邑擇人而食。」念孫案：《韓子・難勢篇》引此「虎」上有「爲」字，而今本脱之，則文義不明。李善注《東京賦》引此亦有「爲」字。

又一之二《惟風行賄》 《和寤篇》：「后降惠于民，民罔不格。惟風行賄，賄無成事。」念孫案：「惟風行賄」，文不成義。「行」下當有「草」字而今本脱之。言民之歸惠，如草之應風也。其「賄賄無成事」五字上仍有脱文，大意謂賄不可以致民，若用賄，則必無成事也。孔注曰：「人之歸惠，如草應風。如用賄，則無成事。」是其證。

又《乃出場于厥軍》 念孫案：此下當有明日脩社及宫之事，而今本脱之。孔注曰：「治社以及宫。」是其證。《史記》曰：「其明日除道，脩社及商紂宫。」《太平御覽・皇王部九》引《帝王世紀》曰：「明日王命除道脩社。」皆本於《周書》也。又案：孔注「治社以及宫」下又云：「徹宜去者，宜居者，居遷也。」注有脱文。則此處脱文尚多，然皆不可考矣。

又《兆厥工》 《大戒篇》：「朕聞維時兆厥工。」念孫案：「兆厥工」三字，文義未明。孔注曰：「兆，始。工，官。言政治維是始正其官。」據此，則正文「兆」下當有「正」字。

又一之三《有春夏秋冬》 《周月篇》：「凡四時成歲，有春夏秋冬。」念孫案：「歲」下更有「歲」字，而今本脱之。《太平御覽・時序部二》引此正作「歲有春夏秋冬」。

又《中氣》 「中氣以著時應。」念孫案：「中氣」上有「月有」二字，而今本脱之。「月有中氣以著時應」，與上文「歲有春夏秋冬，各有孟仲季以名十有二月」，文同一

例。下文十二月中氣皆承此「月有」二字言之。《文選・顏延之讌曲水詩》注及《太平御覽》並作「月有中氣」。

又《嬖奪后》 《時訓篇》：「螻蟈不鳴，水潦淫漫。蚯蚓不出，嬖奪后。王瓜不生，困於百姓。」念孫案：「嬖奪后」下少一字，則文義不明，且韻與上下不協。《太平御覽・時序部八》引此作「嬖奪后命」，是也。「命」與「漫」、「姓」爲韻。「命」字古音本在鎮部，自周秦間始轉入諍部。「漫」字古音在願部。願部之字，古或與諍部通，故「漫」與「命」、「姓」爲韻。《管子・內業篇》曰：「凡人之生也，必以平正，所以失之必以喜怒憂患。」《淮南・原道篇》曰：「萬方百變消搖而無所定。」《要略》曰：「埒略衰世古今之變，以褒先聖之隆盛，而貶末世之曲政。」《太元・聚測》曰：「鬼神無靈，形不見也。燕聚嘻嘻，樂淫衍也。宗其高年，鬼待敬也。」皆其例矣。

又《明堂明諸侯之尊卑也》 念孫案：「明堂」下有「者」字，而今本脱之。《文選・東都賦》注引有「者」字。《明堂位》亦云：「明堂也者，明諸侯之尊卑也。」

又《明堂之制》 「明堂方百一十二尺，高四尺，階廣六尺三寸。室居中，方百尺。室中方六十尺。户高八尺，廣四尺。東應門，南庫門，西皋門，北雉門。東方曰青陽，南方曰明堂，西方曰總章，北方曰元堂，中央曰大廟。左爲左介，右爲右介。」

右文八十一，今本脱去。盧據《太平御覽・禮儀部十二》及《隋書・宇文愷傳》補入。然《御覽》「室中方六十尺」下無「户高八尺，廣四尺」七字，而《隋書》有之，其所引與《御覽》亦互有詳略。又《藝文類聚・禮部上》、《初學記・禮部上》引「室中方六十尺」下亦無「户高八尺」云云，而有「牖高三尺，門方十六尺」九字，亦互有詳略。

又《非不念而知故問伯父》 《本典篇》：「今朕不知明德所則，正教所行，字民之道，禮樂所生。非不念而知，故問伯父。」念孫案：「非不念而知」，文義不明。當作「非不念，念而不知。」前《大戒篇》曰：「非不念，念不知。」是其證。「故問伯父」，《文選・魏都賦》注、《新漏刻銘》注、《齊故安陸昭王碑》注並引作「敬問伯父」，是也。下文又云：「幼愚敬守以爲本典。」

又一之四《疾大夫卿士》 「女無以嬖御士疾大夫卿士。」念孫案：「大夫」上有「莊士」二字而今本脱之。上文注曰：「莊，正也。」上文之「莊后」對「嬖御」而言，此文之「莊士」對「嬖御士」而言。大夫卿士，又尊於莊士，故并及之。若無「莊士」二字，則失其本旨矣。《緇衣》引此正作「毋以嬖御士疾莊士大夫卿士」。

又《脱文十二》 《芮良夫篇》：「芮伯若曰」云云。念孫案：《羣書治要》「芮伯若曰」上有「厲王失道芮伯陳誥作《芮良夫》」十二字，而今本脱之。或曰：「《後叙》云：『芮伯稽古作訓，納王于善。暨執政小臣咸省厥躬，作《芮良夫》。』則本篇不當更有此數語。」予謂《大匡篇》曰：「維周王宅程三年，遭天之大荒，作《大匡》以詔牧其方。」《程典篇》曰：「維三月既生魄，文王合六州之侯，奉勤于商。商王用宗讒震怒無疆，諸侯不娯，逆諸文王。文王弗忍，乃作《程典》以命三忠。」《謚法篇》曰：「維周公旦，大公望開嗣王業，建功于牧之野。終，將葬，乃制謚，遂叙《謚法》。」以上三篇，與本篇文同一例，則本篇亦當有此數語，不得以後有《總叙》而謂此數語爲重也出。今從《治要》補。

又《奚可刻》 「故海之大也，而魚何爲可得？山之深也，虎豹貔貅何爲可服？人智之邃也，奚爲可測？跂動噦息而奚爲可牧？玉石之堅也奚可刻？」念孫案：末句亦當有「爲」字，而今本脱之，則文義不明，且與上文不協。

又二之一《後朞年下有脱文》 「後朞年，齊王謂孟嘗君曰：『寡人不敢以先王之臣爲臣。』孟嘗君就國於薛。」念孫案：《文選・答東阿王書》注引此曰：「後有毀孟嘗君於湣王，孟嘗君就國於薛。」據此，則「後朞年」下當有毀孟嘗君於湣王之事，而今本脱去也。蓋湣王聽讒，是以使孟嘗君就國。下文湣王爲書謝孟嘗君曰：「寡人沈於諂諛之臣，開罪於君。」正謂此也。《史記・孟嘗君傳》載此事亦云：「齊王惑於秦楚之毀，遂廢孟嘗君。」

又《雍門司馬前》 「齊王建八朝於秦，雍門司馬前曰：『所爲立王者，爲社稷邪？爲王邪？』今本「爲王」下有「立王」二字，因與上下文相涉而衍，今删。王曰：『爲社稷。』司馬曰：『爲社稷立王，王何以去社稷而入秦？』齊王還車而反。」念孫案：「雍門司馬前」本作「雍門司馬横戟當馬前」，今脱去「横戟當馬」四字。《北堂書鈔・武功部》「戟類」下出「横戟當馬」四字，下引《戰國策》曰：「齊王建八朝於秦，雍門司馬横戟當馬前。」《太平御覽・兵部》「戟類」所引亦如此。司馬横戟當馬前而諫，故齊王還車而反，事相因而文亦相承也。

又三之一《西陵》 「黄帝居軒轅之丘，而娶於西陵之女。」念孫案：「西陵」下脱「氏」字。下文「昌意娶蜀山氏女」、「帝嚳娶陳鋒氏女」，皆有「氏」字。《太平御覽》皇王部、皇親部引此並作「西陵氏」。《大戴禮・帝繫篇》亦作「西陵氏」。

又《欒及偏舞》 「立釐王弟積爲王，欒及偏舞。」念孫案：《太平御覽・皇王

部》引此「樂及偏舞」上有「遂享諸大夫」五字，是也。今本脱此五字，則叙事不明。莊二十年《左傳》曰：「王子積享五大夫，樂及偏舞。」《周語》曰：「王子積飲三大夫酒，子國爲客，樂及偏儛。」皆其證。

又《使者從關東》 「使者從關東，夜過華陰平舒道。」念孫案：「使者從關東」本作「鄭使者從關東來。」鄭使者，謂出使於鄭者也。鄭在關東，故曰「從關東來」。今本脱「鄭」字、「來」字，則文義不明。《文選・西征賦》注引此作「鄭使者從關東來」。《初學記・地部上》引作「鄭客從關東來」。《漢書・五行志》同。雖「客」與「使者」異文，而皆有「鄭」字、「來」字。

又《是其所以取之守之者異也》 「秦離戰國而王天下，其道不易，其政不改，是其所以取之守之者異也。」念孫案：「異」上當有「無」字。上文言取與守不同術，今秦以不仁取天下，而又以不仁守之，則其所以守之者無異於其所以取之者矣，故曰「是其所以取之守之者無異也」。脱去「無」字，則義不可通。

又《吕氏立三王》 「劉氏所立九王，吕氏立三王。」念孫案：「吕氏」下脱「所」字。《索隱》本有「所」字。《漢書》、《漢紀》並同。

又三之二《立其弟》 「齊簡公四年，田常殺簡公，立其弟爲平公。」念孫案：「弟」下本有「驁」字。驁，平公名也。《索隱》本出「弟驁」二字，注曰：「五高反，平公也。」《齊世家》、《田完世家》並云：「立簡公弟驁。」則有「驁」字明矣。今本脱去「驁」字，而移《索隱》於下文「齊平公驁元年」之下，又改其文曰「驁音五高反」而删去「平公也」三字，其失甚矣。

又《彭祖》 「戴敬侯彭祖。」念孫案：「彭祖」上脱「秋」字。《廣韻》秋字注曰：「又姓，宋中書舍人秋當。」《索隱》本作「秋彭祖」，注曰：「《漢表》作『祕』，音轡。今檢《史記》諸本並作『秋』。今見有姓秋氏，據此則《史記》本作『秋』，與《漢書》不同。」今本脱去「秋」字，又依《漢書》改《索隱》之「並作秋」爲「並作祕」，「秋氏」爲「祕氏」，斯爲謬矣。

又《侯劉揭》 「陽信侯劉揭。」念孫案：「侯」上脱「夷」字。夷，謚也。《索隱》本有「夷」字，《漢表》同。

又《元鼎六年》 念孫案：此年缺御史大夫位。《漢書・百官表》、《漢紀・孝武紀》並曰：「元鼎六年，齊相卜式爲御史大夫。」《索隱》本出「御史大夫式」五字，注曰：「卜式也。」當據補。

又《何道出》 「師涓援琴鼓之，未終，師曠撫而止之曰：『此亡國之聲也，不可聽。』平公曰：『何道出？』」念孫案：此本作「是何道出」，是，此也。道，從也。言此聲何從出也。脱去「是」字，則文義不明。《太平御覽・地部》引此作「是何道出」。《韓子・十過篇》作「此奚道出」。舊本「奚道」譌作「道奚」，今據本書及《論衡》改。《論衡・紀妖篇》作「此何道出」，皆其證也。

又《主風吹萬物而西之軫》 「清明風居東南維，主風吹萬物而西之軫。」念孫案：「軫」上當有「至於」二字。「主風吹萬物而西之」爲句，「至於軫」爲句。上文云：「東壁居不周風東，主辟生氣而東之，至於營室。」自此以下皆有「至於」二字。是其證。

又《水患》 「五星犯北落，入軍軍起火金水尤甚。火，軍憂。水患。」念孫案：「水患」當作「水，水患」，言水犯北落入軍，則有水患也。上文「火入旱，金兵，水水」，即其證。今本脱一「水」字，則文不成義。《漢書・天文志》正作「水，水患」。

又《郡國》 「郡國多姦鑄錢。」念孫案：「郡國」下脱「民」字。《索隱》本出「人多姦鑄錢」五字，「人」即「民」字也。《食貨志》作「郡國鑄錢民多姦鑄」，是《史記》、《漢書》皆有「民」字。

又三之三《崔杼歸》 崔氏婦自殺，崔杼歸，亦自殺。念孫案：「歸」上本有「毋」字，「毋」與「無」同。凡《史記》有「無」字多作「毋」。《索隱》本出「崔杼毋歸」四字。注曰：「『毋』音『無』。」襄二十七年《左傳》：「至則無歸矣，乃縊。」《吕氏春秋・慎行篇》：「崔杼歸，無歸，因而自絞也。」皆其證。宋本「毋」作「無」，而删去。《索隱》「『毋』音『無』」之注。今本又脱「無」字。

又《文在其手》 「及生子，文在其手曰『虞』。」念孫案：「文」上脱「有」字，當依《左傳》及《鄭世家》補。《初學記》、《太平御覽・天部》引《晉世家》皆有「有」字。

又《此受次賞》 「夫導我以仁義，防我以德惠，此受上賞。輔我以行，卒以成立，此受次賞。矢石之難，汗馬之勞，此復受次賞。若以力事我而無補吾缺者，此受次賞。」念孫案：上既云「此復受次賞」，則此亦當然。若無「復」字，則文義不明。《太平御覽・治道部》引此正作「此復受次賞」。

又《卑梁》 「初吴之邊邑卑梁，與楚邊邑鍾離小童争桑。」念孫案：《太平御覽・州郡部》引此「卑梁」下有「女」字，是也。《吴世家》曰：「楚邊邑卑梁氏之處女，與吴邊邑之女争桑。」《伍子胥傳》亦曰：「兩女子争桑。」《吕氏春秋・察微篇》亦曰：「楚邊邑卑梁處女。」

又《請成越》 「乃使人厚禮以請成越。」念孫案：《文選・荅蘇武書》注引此

作「請成於越」，今脱「於」字。

又《入之秦》「入之秦，不聽主令。」念孫案：「入之秦」當作「主入之秦」，謂韓王入上黨於秦，而馮亭不聽也。脱去「主」字，則文義不明。《趙策》作「主内之秦，不順主命」，是其證。

又《乃令蕭何》「於是乃令蕭何賜帶劍履上殿，入朝不趨。」念孫案：「蕭何」下脱去「第一」二字，當依《漢書》、《漢紀》補。上文是羣臣以爲曹參位次當居第一，而高祖及鄂千秋皆以爲蕭何當第一。此處若不言蕭何第一，則上文全無收束矣。蕭何第一爲一事，「賜帶劍履」云云，又爲一事。《太平御覽·治道部》引《史記》正作「乃令蕭何第一」。

又《長美色》「平爲人長美色。」念孫案：當從《漢書》作「長大美色」。下文人謂陳平何食而肥。「肥」與「大」同義。若無「大」字，則與下文義不相屬。《太平御覽·飲食部》引《史記》正作「長大美色」。

又三之四《不從》「故爲大王計莫如從親以孤秦，大王不從，秦必起兩軍，一軍出武關，一軍下黔中。」念孫案：「大王不從」下脱「親」字，當依《楚策》補。從，即容反。

又《萬世之後》「臣竊爲王恐，句。萬世之後，有秦國者，非王子孫也。」念孫案：《秦策》作：「臣竊爲王恐，恐萬世之後，有國者，非王子孫也。」此脱一「恐」字，則與下文義不相屬。

又《來吾君》「子安取禮而來吾君。」念孫案：「來」下脱「待」字，當依《趙策》補。

又三之五《直馳道》「又作阿房之宫，治直馳道。」念孫案：「直馳道」當作「直道馳道」。《秦始皇紀》：「二十七年，治馳道。」《集解》應劭曰：「馳道，天子道也，若今之中道然。」《六國表》曰：「始皇三十五年，爲直道，道九原，通甘泉。」《蒙恬傳贊》曰：「蒙恬爲秦壍山堙谷，通直道。」是直道與馳道不同。今本「直」下脱「道」字，則文義不明。《羣書治要》引此正作「治直道馳道」。

又《萬三千》「遣選車千三百乘，彀騎萬三千。」念孫案：「萬三千」下脱去「匹」字。《蘇秦傳》曰：「車千乘，騎萬匹。」又曰：「車六百乘，騎五千匹。」皆以「乘」、「匹」對文，此亦當然。《太平御覽·兵部》引此正作「彀騎萬三千匹」。《漢書·馮唐傳》同。《李牧傳》亦云：「具選車得千三百乘，選騎得萬三千匹。」

又《諸客坐》「齊王黄姬兄黄長卿，家有酒召客，召臣意諸客坐。」念孫案：「諸客」上脱「與」字。《太平御覽》引此作「與諸客坐」。

又《邪逆順》「及氣當上下出入，邪逆順。」念孫案：「邪」下脱「正」字。《太平御覽》引此作「邪正逆順」。

又三之六《道西北牂柯》「蒙問所從來，曰：『道西北牂柯。』牂柯江廣數里，出番禺城下。」念孫案：「道西北牂柯」下亦當有「江」字。道，從也，言從西北牂柯江來也。《索隱》本出「道牂柯江」四字。《漢書》、《漢紀》並作「道西北牂柯江，江廣數里」，是其證。

又《相如乃與馳歸家居徒四壁立》「相如乃與馳歸，家居徒四壁立。」念孫案：「馳歸」下脱「成都」二字，當從宋本補。《文選·左思詠史詩》注引此亦有「成都」二字。《漢書》同。「家居徒四壁立」本作「居徒四壁立」。「居」即「家」也。「家」、「居」二字古聲義並相近，故《説文》曰：「家，居也。」《周官·典命》注曰：「國家，國之所居。」《索隱》引孔文祥云：「家空無資儲，但有四壁而已。」「家」字正釋「居」字，故《漢書》作「家徒四壁立」。宋本及各本皆作「家居徒四壁立」，則文不成義。此後人依《漢書》旁記「家」字，而寫者因誤入正文也。汲古閣單行《索隱》本本作「居徒四壁立」，後補入「家」字，而字形長短不一，補刻之迹顯然。《文選·詠史詩》注引作「居徒四壁立」。《六帖》二十二曰：「司馬相如居徒四壁。」則無「家」字明矣。

又《宦署》「金馬門者，宦署門也。」念孫案：「宦」下脱去「者」字。《藝文類聚》、《太平御覽·居處部》及《文選》《西都賦》、《别賦》注引此並有「者」字。

又《求財》「求財買臣妾」。顧子明曰：「『財』下脱『物』字，前後文並作『求財物』。」

又三之三《三人行》「三人行，必得我師。」念孫案：「三人行」本作「我三人行」，今本無「我」字者，後人依俗本《論語》删之也。何晏注、皇侃《義疏》、《經典釋文》、唐石經、邢昺疏皆有「我」字。説見《石經考文提要》。《集解》引何注言「我三人行」，則《史記》原文亦有「我」字，當補入。

四之一《圍漢》「項羽圍漢滎陽。」念孫案：「漢」下脱「王」字，則文義不明。《文選·幽通賦》注引此無「王」字，亦後人以誤本《漢書》删之。其《漢高祖功臣頌》注引此正作「項羽圍漢王滎陽」。《漢紀》、《通鑑》並作「楚圍漢王於滎陽」。

又《民有罪》「元年，冬十二月，民有罪得買爵三十級以免死罪。」念孫案：「民有罪」上當有「令」字。《高紀》曰：「令郎中有罪耐以上請之。」是其例也。故師古曰：「令出買爵之錢以贖罪。」今本脱「令」字，則文義不明。《太平御覽·封建部》

一》引此已脱「令」字。舊本《北堂書鈔・封爵部》下引此有「令」字。陳禹謨本删去。

又《廢遷蜀嚴道死雍》 「淮南王長謀反，廢遷蜀嚴道，死雍。」念孫案：「死雍」上當更有一「道」字，而今本脱之。師古曰：「行至扶風雍縣在道而死。」此王釋「道死雍」三字也。《五行志》云：「淮南王遷于蜀，道死雍。」《史記・將相名臣表》云：「廢淮南王遷嚴道，道死雍。」皆其證。

又《有如日》 「夏四月戊申，有如日夜出。」念孫案：此言星狀如日而夜出也，「有」下脱「星」字，則文義不明。《漢紀・孝武紀》、《通鑑・漢紀九》並作「有星如日夜出」。

又《令就農》 「其罷甘泉建章宫衛，令就農，百官各省費。」宋祁曰：「唐本、監本『衛』字下有『各』字。」念孫案：唐本、監本是也。「各令就農」、「各省費」，兩「各」字文義相承。《漢紀》作「令各就農」，亦有「各」字。

又《原上》 「以渭城壽陵亭部原上爲初陵。」念孫案：「原」字上有「北」字，而今本脱之，則不知在何方矣。《漢紀》正作「北原上」。《宣紀》云：「以杜東原上爲初陵。」《哀紀》云：「以渭城西北原上永陵亭部爲初陵。」皆其例也。

又《脱四字》 「益三河大郡大守秩。」念孫案：《漢紀》「秩」下有「中二千石」四字，是也。太守秩二千石，益之則爲二千石。下文「令三輔都尉大郡都尉秩皆二千石」，與此文同一例。若無「中二千石」四字，則文義不明。

又《藍田地》 「建昭四年，夏六月，藍田地沙石雍霸水。」念孫案：此文當依《漢紀》、《通鑑》作「藍田地震，山崩沙石雍霸水」，此因地震故山崩而沙石壅水也。今本脱「震山崩」三字，則叙事不明。《太平御覽・咎徵部七》引此正作「地震」。下文「安陵岸崩」，亦承地震言之。

又四之二《脱二字》 「沈猷夷侯歲。」念孫案：《史表》「猷」作「猶」。《索隱》曰：「《漢表》在高苑。」又《楚元王傳》：「封元王子歲爲沈猶侯。」晉灼曰：「《王子侯表》屬千乘高苑。《地理志》作「高宛」。」今本末一格脱「高苑」二字，當補入。

又《脱二字》 「宜春侯成」。念孫案：此條末一格當有「豫章」二字，今誤入上條。《地理志》：「豫章郡宜春。」《水經・贛水注》云：「牽水西出宜春縣，漢武帝元光六年，封長沙定王子劉成爲侯國。」是其證。

又《脱一字》 「柳宿夷侯蓋。」念孫案：此條末一格有「涿」字，而今本脱之。《史表》「柳宿」《索隱》云：「《表》在涿郡。」是其證。涿與中山相連，此侯爲中山靖王子，故封邑在涿也。

又《以綴續前記》 「以綴續前記，究其本末，并序位次，盡于孝文，以昭元功之侯籍。」念孫案：「以綴」上當有「是」字，而今本脱之。《諸侯王表叙》云：「是以究其終始彊弱之變，明監戒焉。」《外戚恩澤侯表叙》云：「是以别而叙之。」皆其例也。

又《費侯》 「費侯陳賀。」師古曰：「費音扶味反，説者以爲季氏邑，非也。」念孫案：《地理志》：「東海郡費，故魯季氏邑。」《水經・沂水注》云：「治水東南逕費縣故城南，《地理志》東海之屬縣也，爲魯季孫之邑，漢高帝六年封陳賀爲侯國。」是陳賀所封之費，即故季氏邑也。「費」字當音彼冀反，今師古音扶味反，又云非季氏邑，皆所未詳。又《史表》作「圉侯陳賀」，此脱「圉」字，謚法「威德剛武曰圉」。

又《脱八字》 「江陽康侯蘇息。」《史表》作「蘇嘉」。念孫案：此條第三格内，當有「四月壬申封三年薨」八字。四月者，景帝六年四月也。至中元年凡三年，而康侯息薨。其中二年，則爲懿侯盧之元年。《史表》云：「六年四月壬申，康侯蘇嘉元年。」是其證。其「中二年懿侯盧嗣」云云，則當在第四格内。今本第三格内脱去八字，而第四、第五、第六三格内之字皆以次移上一格，當改正。

又四之三《左内史》 「内史周官，秦因之。景帝二年分置左内史。」念孫案：此本作「分置左右内史」，今本脱「右」字。下文之「右内史」、「左内史」皆承此句言之。據注云：「《地理志》『武帝置左右内史』，而此《表》云景帝分置，誤矣。」則此文本作「景帝分置左右内史」甚明。《史記正義論例》及《北堂書鈔・設官部二十八》、《白帖》七十六、《太平御覽・職官部五十》引此正作「左右内史」。《漢紀・孝惠紀》、《通典・職官十五》並同。

又《將大夫》 「中黄門有給事黄門，位從將大夫。」念孫案：「將」下有「軍」字，而今本脱之。上文云：「所加或列侯將軍卿大夫。」是其例也。《藝文類聚・職官部四》引此正作「將軍大夫」。《漢紀》同。

又《脱三字》 「慎靚玉。」念孫案：此下各本皆脱「顯王子」三字。當依景祐本補。

又四之四《一爲一分》 「以子穀秬黍中者，一黍之廣度之，九十分黄鍾之長，一爲一分。」念孫案：「一爲一分」本作「一黍爲一分」，脱去「黍」字，則文義不明。《周官・司市》疏、《典同》疏、《合方氏》疏、《大行人》疏、《月令》正義、《左傳・文六年》正義及《隋書・律曆志》、《史記・五帝紀》正義引此皆作「一黍爲一分」。《漢紀》同。

又《初六》 「黄鍾初九，律之首，陽之變也。因而六之，以九爲法，得林鍾。初六，吕之首，陰之變也。」念孫案：「林鍾」下更有「林鍾」二字。「林鍾初六」與「黄鍾初九」對文，而今本脱之，則文義不完。當依《周官・大師》疏引補。

又《脱一字》 「實如法得一。句。陰一陽，各萬一千五百二十。」念孫案：「實如法得一」下當更有「一」字。

又《大歲日》 「筭盡之外，則大歲日也。」《漢書攷異》曰：「『日』字誤，當云『大歲所在』。」引之曰：「日」字不誤，「日」下蓋脱「辰」字。日辰，謂十日十二辰也。紀歲必以日辰。六十甲子周而復始，故謂之大歲日辰。《爾雅》曰：「大歲在甲曰閼逢。」此大歲所在之日名也。又曰：「大歲在寅曰攝提格。」此大歲所在之辰名也。《淮南・天文篇》曰：「大陰所居，日爲德，辰爲刑。」大陰所居謂大歲所在也。上文曰：「數從丙子起。」丙子即大歲所起之日辰。

又《未嘗》 「自古以來，未嘗以亂濟亂，大敗天下如秦者也。」念孫案：「未嘗」下脱「有」字，則文義不明。當依《董仲舒傳》補。

又《以功定天下》 「武，言以功定天下也。」念孫案：「功」上脱「武」字，則文義不明。《白帖》六十一引此正作「以武功定天下」。《漢紀》及《風俗通義・聲音篇》、今本無「武」字，乃後人依《漢書》删之。《意林》引有。《通典・樂一》並同。

又《入舂槁》 「其奴，男子入于罪隸，女子入舂槁。」念孫案：「女子入」下亦有「于」字，而今本脱之，當依《周官・司厲》補。

又《農民户人》 「農民户人已受田，其家衆男爲餘夫，亦以口受田如比。」念孫案：「農民户人」本作「農民户一人」。「一人」二字，對下「衆男爲餘夫」言之。下文士工商家受田，五口乃當農夫一人，又承此「農民户一人」言之。今本脱「一」字，則文義不明。《通典・食貨一》無「一」字，亦後人依誤本《漢志》删之。《周官・載師》注及疏引此並作「農民户一人」。陳氏《禮書》引同。則北宋本尚未誤。

又四之五《祠稷》 「有司請令縣常以春二月及臘祠稷以羊彘。」念孫案：「稷」上脱「社」字。下文「民里社各自裁以祠」，即其證。《初學記・歲時部下》、《太平御覽・時序部十八》引此並作「祠社稷」。《史記》同。

又《上雍》 「其秋，上雍，且郊。」師古曰：「雍地形高，故云上也。」念孫案：「上雍」當從《封禪書》、《續孝武紀》作「上幸雍」。上謂武帝也。且郊者，上將郊也。下文云：「上遂郊雍。」即其證。本書言「幸雍」者多矣。此文偶脱「幸」字，師古遂望文生義而爲之説。《索隱》本從師古作「上雍」，皆非。

又《明堂》 「濟南人公玉帶上黄帝時明堂圖，明堂。句。中有一殿，四面無壁以茅蓋通水，水圜宫垣，爲復道，上有樓，從西南入，名曰昆侖。」念孫案：「明堂中有一殿」，「明堂」下亦當有「圖」字。此「圖」字統下九句而言，今本脱之，則文義不明。《太平御覽・禮儀部十二》引此已脱「圖」字。《初學記・禮部上》引作「明堂圖中有一殿」。《史記》《封禪書》、《孝武紀》並同。《續漢書・祭祀志》注、《藝文類聚・禮部上》、《初學記・居處部》並引作「圖中有一殿」。此省去「明堂」二字。《水經・汶水注》同。

又《足以揆今》 「夫周秦之末，三五之隆，已嘗專意散材，厚爵禄，竦精神，舉天下以求之矣。曠日經年靡有毫氂之驗，足以揆今。」念孫案：「足以揆今」上脱「往事之迹」四字，則語意缺而不完。當依《漢紀》補。

又《西羌反》 「後二歲餘，西羌反。」念孫案：上文言七國反，則并及漢滅七國事言。南越反，則并及滅南越事。下文言夜郎王歆大逆不道，則并及捕殺歆事。此不當但言西羌反而不及平羌事也。《開元占經・彗星占中》引此文云：「西羌反，右將軍奉世擊平之。」今本脱八字，當補入。

又《雪》 「元鼎二年三月，雪。」念孫案：上下文皆言雨雪，則此亦當有「雨」字。雨，于具反。《太平御覽・咎徵部五》引此正作「雨雪」。

又《脱一字》 「《京房易傳》曰：『亡天子，諸侯相伐，厥妖馬生人。』」念孫案：《開元占經・馬占》，此「亡」上有「上」字，是也。「上無天子」，語出《公羊傳》。

又《綏和二年》 「綏和二年九月丙辰，地震。」念孫案：「綏和」上脱「成帝」二字。

又四之六《古國有扈谷亭》 「右扶風鄠，古國，有扈谷亭，扈夏啟所伐。」念孫案：「古國」，國上當有「扈」字。下文「扈夏啟所伐」，即承此「扈」字言之。《甘誓》正義及《史記・夏本紀》索隱、正義引此志並曰：「扶風鄠縣，古扈國。」前京兆尹新豐下曰：「驪山，故驪戎國。」杜陵下曰：「故杜伯國。」左馮翊臨晉下曰：「芮鄉，故芮國。」皆其例也。又案：「有扈谷亭」，「亭」上當有「甘」字。《説文》曰：「扈，夏后同姓所封戰于甘者。在鄠，有扈谷甘亭。」《玉篇》同。《續漢書・郡國志》曰：「右扶風鄠有甘亭。」《帝王世紀》曰：「在縣南。」《水經・渭水注》曰：「甘水北逕甘亭西，亭在水東鄠縣南，昔夏啟伐有扈，作《誓》於是亭，故馬融曰：『甘，有扈南郊地名也。』」是其證。

又《脱四字》 「杜陽，杜水南入渭。」念孫案：景祐本此下有「詩曰自杜」四

字，是也。顔注云：「《大雅・緜之詩》曰：『民之初生，自土沮漆。』今本「沮漆」誤作「漆沮」，辯見《經義述聞》「自土沮漆」下。《齊詩》作『自杜』，言公劉避狄而來，居杜與沮漆之地。」此正釋「詩曰自杜」四字。若無此四字，則顔注爲贅設矣。引「自杜沮漆」而但曰「自杜」者，省文也。猶下文引「芮阸之即」而但曰「芮阸」矣。王氏《詩攷》及胡氏《通鑑・周紀》注引《漢志》並有此四字。

又《至南鄭》 「武功，斜水出衙領山，北至郿入渭。褒水亦出衙領，至南鄭入沔。」念孫案：「至南鄭」當作「南至南鄭」，與「北至郿」對文。今褒水自漢中府鳳縣東界，流過褒城縣東入漢，皆南流。

又《内黄澤》 「河内郡蕩陰，蕩水東至内黄澤。」念孫案：此文本作「蕩水東至内黄入黄澤。」下文魏郡内黄應劭曰：「黄澤在西。」下文曰：「羑水亦至内黄入蕩。」文義正與此同。脱去「入黄」二字，則文不成義。《説文》曰：「蕩水出河内蕩陰，東入黄澤。」《水經》曰：「蕩水東北至内黄縣，入於黄澤。」皆本《地理志》。

又《有筦叔邑》 「中牟，有筦叔邑。」念孫案：此當作「有筦城，故筦叔邑。」上文宏農郡「陜，有焦城，故焦國」，是其例也。《志》文若是者多矣。今本脱「筦城故」三字，則文義不明。《續漢書・郡國志》曰：「中牟有管城。」宣十二年《左傳》「次于管」，杜注曰：「熒陽京縣東北有管城。」《正義》引《土地名》曰：「古管國也。」《水經・渠水注》曰：「不家溝水東北逕管城西，故管國也，周武王以封管叔矣。」皆本《地理志》。

又《有長城》 「葉，楚葉公邑，有長城，號曰方城。」念孫案：「有長城」上原有「南」字，而今本脱之。《史記・齊世家》「楚方城以爲城」，《索隱》曰：「《地理志》：『葉縣南有長城，號曰方城。』」是其證。《左傳・僖四年》注亦云：「方城山在南陽葉縣南。」

又《脱四字》 「又有昆水，東南至定陵入汝。」念孫案：此下脱「莽曰魯山」四字。縣在魯山之陽，故曰魯陽，王莽因改爲魯山。《水經注》曰：「滍水又東逕魯陽縣故城南，王莽之魯山也。」是其證。

又《垓下》 「洨，垓下，高祖破項羽。」念孫案：「垓下」下脱「聚」字。《續漢書・郡國志》曰：「洨有垓下聚，高祖破項羽。」《水經・淮水注》曰：「洨縣有垓下聚，漢高祖破項羽所在也。」皆本《地理志》。《高紀》「圍羽垓下」，李奇曰：「沛洨縣聚邑名也。」此言「垓下聚」，而《高紀》但言「垓下」者，猶上文言「垂鄉高祖破黥布」，而《黥布傳》但言「垂」也。此記各縣鄉聚之名，則必當言「垂鄉垓下聚」矣。故垓下聚在今鳳陽府靈壁縣東南。

又四之七《池》 「益州郡俞元，池在南，橋水所出，東至毋單入温。」念孫案：「池」上脱「南」字。池在縣南，故曰南池。《水經・温水注》曰：「橋水上承俞元之南池，東流至毋單縣注於温。」即本《地理志》。

又《臘》 「收靡，南山臘，涂水所出。」念孫案：「臘」下脱「谷」字。《水經・若水注》曰：「涂水導源收靡縣南山臘谷。」即本《地理志》。

又《脱三字》 「巴郡，秦置屬益州。」念孫案：桓九年《左傳》：「巴子使韓服告于楚。」《正義》曰：「《地理志》：『巴郡，故巴國。』」據此，則「巴郡秦置」下當有「故巴國」三字，而今本脱之。應注云：「《左氏》巴子使韓服告楚。」正釋此三字也。

又《脱三字》 「東南至江州入江。」念孫案：此下脱「有鹽官」三字。《水經・漾水注》曰：「鹽官水北有鹽官，在嶓冢西五十許里，相承營煮不輟，味與海鹽同，故《地理志》云：『西縣有鹽官。』」是其證。

又《脱七字》 「金城郡河關。」念孫案：《水經・河水注》引《地理志》曰：「漢宣帝神爵二年，置河關縣。」則此縣下當有「宣帝神爵二年置」七字，而今本脱之也。

又《脩遠　溝搜》 「允街，莽曰脩遠。」念孫案：「脩遠」下脱「亭」字。王莽改允吾爲脩遠，故改此縣爲脩遠亭也。又朔方郡「莽曰溝搜」，「渠搜，莽曰溝搜亭」，今本亦脱「亭」字，皆當依《水經注》補。

又《火從地出》 「西河郡鴻門，有天封苑火井祠，火從地出也。」念孫案：「地」下脱「中」字。火從地中出，謂從井中出也。《郊祀志》：「祠天封苑火井於鴻門。」如淳曰：「《地理志》：『西河鴻門縣有天封苑火井祠，火從地中出。』」《水經注》引《地理風俗記》文與此同，皆有「中」字。

又《水》 「鬱林郡定周水首受無斂入潭。」念孫案：「水」上脱「周」字。《水經》曰：「存水出犍爲郁鄢縣，東南至鬱林定周縣爲周水。又東北至潭中縣注於潭。」注云：「存水東逕牂柯郡之毋斂縣北，而東南與毋斂水合。又東逕鬱林定周縣爲周水。」案：此所叙周水來源，與班志不同。而周水之在定周則同。其言合毋斂入潭，亦與《志》同。則《志》文水上當有「周」字明矣。又《温水注》曰：「潭水東流逕鬱林郡潭中縣，周水自西南來注之。」皆其證。

又《脱四字》 「淮陽國圉。」念孫案：《王莽傳》：「其以益歲以南付新平。」蘇林曰：「陳留圉縣，莽改曰益歲。」然則「圉縣」下當有「莽曰益歲」四字，而今本脱之也。

又《非禮》 「見儉之利，因以非禮。」念孫案：《羣書治要》引此「禮」下有「樂」字，是也。《墨子》有《節用》、《節葬》、《非樂》三篇，故曰：「見儉之利，因以非禮樂。」《穀梁序》疏引此已脱「樂」字。

又《所施》 「而用度箴石湯火所施，調百藥齊和之所宜。」念孫案：「所施」上亦當有「之」字，方與下句一例。《文選・東方朔畫贊》注引此有「之」字。

又四之八《脱二字》 「兼韓、魏、燕、趙、宋、衛、中山之衆。」念孫案：《史記・秦始皇紀》「燕」下有「楚齊」二字，是也。下文兩言「九國之師」。又云：「陳涉之位，不齒於齊、楚、燕、趙、韓、魏、宋、衛、中山之君。」是其證。今本《漢書》及《史記・陳涉世家》、《賈子》、《文選》並脱「楚齊」二字。

又《既欺》 「琅邪王劉澤既欺，不得反國。」念孫案：「既欺」本作「既見欺」，謂見欺於齊王而不得反其國也。今本脱「見」字，則文不成義。《燕王劉澤傳》注引此有「見」字。《史記・齊悼惠王世家》同。

又《魏將孫遬》 「別與韓信東攻魏將孫遬東張。」蘇林曰：「東張屬河東。」宋祁曰：「浙本『遬』字下有『軍』字。」念孫案：浙本是也。上下文皆言「攻某軍」、「擊某軍」，脱去「軍」字，則語意不完。《水經・涑水注》引此有「軍」字。《史記》同。

又《天下不復輸積》 「息牛桃林之壄，天下不復輸積。」宋祁曰：「浙本『天』字上有『示』字。」念孫案：浙本是也。《史記》、《漢紀》及《新序・善謀篇》皆有「示」字。

又《避逃我》 「吾求公。避逃我。」念孫案：「避逃」上更有一「公」字而今本脱之，則語意不完。《外戚恩澤侯表序》注、《文選・謝瞻張子房詩》注、《班彪王命論》注引此並作「吾求公，公避逃我」。《史記》及《新序・善謀篇》作「吾求公數歲，公避逃我」，皆重一「公」字。

又《所與》 「所與從容言天下事甚衆。」宋祁曰：「浙本『所與』下有『上』字。」念孫案：浙本是也。無「上」字，則文義不明。《史記》亦有「上」字。

又《爲匈奴圍》 「至平城爲匈奴圍。」宋祁曰：「『圍』字上疑有『所』字。」念孫案：《文選・劉琨重贈盧諶詩》注、《陸機漢高祖功臣頌》注引此皆有「所」字。《史記》同。

又四之九《輟洗起衣》 「於是沛公輟洗起衣，延食其上坐，謝之。」師古曰：「起衣，著衣也。」念孫案：古無謂「著衣」爲「起衣」者。此文本作：「輟洗起，句。攝衣，句。延食其上坐。」鄭注《士冠禮》曰：「攝猶整也。」謂整衣而延之上坐也。《史記・管晏傳》曰：「晏子懼然攝衣冠謝。」師古所見本脱「攝」字，遂以「起衣」連讀而訓爲「著衣」，誤矣。《史記》正作「攝衣」。《文選・王粲七哀詩》注、《傅元雜詩》注、《班彪王命論》注、《太平御覽・人事部一百四》引《漢書》皆作「攝衣」，《人事部》一百十五無「攝」字，乃後人以顏本《漢書》删之，與前所引不合。是所見本與師古不同也。《高紀》亦云：「於是沛公起，攝衣謝之。」

又《不相容》 「一尺布，尚可縫。一斗粟，尚可舂。兄弟二人，不相容。」臣瓚曰：「一尺布可縫而共衣，一斗粟可舂而共食，況以天下之廣而不相容也？」念孫案：正文、注文之「不相容」皆本作「不能相容」。此歌上四句皆三字，下二句皆四字，且「不能」與「尚可」對文，則「能」字斷不可少。今本正文、注文皆無「能」字者，正文脱「能」字，而後人并删注文也。《太平御覽・布帛部七》引此無「能」字，則所見本已誤。《世説新語・方正篇》注及《藝文類聚・布帛部》引此皆有「能」字。《史記》同。高誘《鴻烈解叙》亦同。又《史記集解》引瓚注亦有「能」字。

又《被服冠》 「自請願以所常被服冠見上。」宋祁曰：「浙本『冠』字上有『衣』字。」念孫案：浙本是也。既言「被服」，則當有「衣」字。下文衣紗縠禪衣，即承此「衣」字言之。脱去「衣」字，則上與「被服」不相屬，下與「禪衣」不相應矣。《太平御覽・居處部一》引此無「衣」字，亦後人依誤本《漢書》删之。其人事部二十、布帛部三引此皆有「衣」字。

又《智誼之指》 「開於道術，句。智誼之指，則教之力也。」念孫案：「智誼之指」本作「智誼理之指」。「智」讀曰「知」，古字多以「智」爲「知」，説見《管子・法法篇》。與「開」字相對爲文，謂開通於道術，識義理之指也。後人誤讀「智」爲「智慧」之「智」，則「智」、「誼」、「理」三字義不相屬，故删去「理」字，而不知「智」、「誼」二字，義亦不相屬也。《通鑑》無「理」字，則所見《漢書》本已然。《大戴禮》、《賈子》並作「知義理之指」。舊本《賈子》皆如是。近時盧氏紹弓刻本又删「理」字。

又《欲見》 「欲免去，懼大誅至。欲見，則未知何如。」念孫案：「欲見」當依《史記》作「欲見謝」，謂欲見帝而謝罪也。下文「卒見謝」，即承此句言之，則此句内原有「謝」字明矣。

又四之一〇《小苛禮》 「今大后以小苛禮責望梁王。」念孫案：「小苛禮」，《史記》作「小節苛禮」，是也。此脱「節」字，則文義不完。

又《自上古弗屬》 「今匈奴遷徙鳥集難得而制，得其地不足爲廣，有其衆不足爲彊，自上古弗屬。」師古曰：「不内屬於中國。《史記》作『自上古不屬爲人』。」

《索隱》曰：「案晉灼云：『不内屬於漢爲人。』」念孫案：如晉注，則《漢書》本作「自上古弗屬爲人」。而顔注云：「不内屬於中國。」則所見本已脱「爲人」二字矣。《史記・主父偃諫伐匈奴書》亦云：「禽獸畜之不屬爲人。」

又《爲侯》 「趙信以匈奴相國降爲侯。」念孫案：「侯」上脱「翕」字，當依《史記》補。「翕侯」又見《武功臣表》及《匈奴傳》。《史記》同。

又《桀紂之行》 「陵夷至虖桀紂之行，王道大壞矣。」宋祁曰：「浙本『行』下有『作』字。」念孫案：浙本是也。此言桀紂之行作而王道大壞，脱去「作」字，則語意不完。《羣書治要》及《文選・移讓太常博士書》注引此皆有「作」字。

又《予之齒》 「予之齒者去其角。」師古曰：「謂牛無上齒，則有角，其餘無角者，則有上齒。」宋祁曰：「『齒』字上古本、浙本同有『上』字。據注亦當有，只云予之齒，是通上下，殊非義理。」念孫案：《羣書治要》引作「予上齒者去其角」，無「之」字，與下句相對，句法較爲整齊。《春秋繁露・度制篇》亦云「有角不得有上齒」。

又《策詔諸儒》 「上策詔諸儒制曰。」念孫案：景祐本「儒」下有「曰」字，是也。「制曰」二字，即策中之語，則上句「曰」字不可省。《董仲舒傳》云：「天子乃復册之曰：『制曰』。」即其證。

又《得其要》 「得其要」。宋祁曰：「浙本云：『得其要術。』」念孫案：「術」字承上文「謂之術」而言。下文「不得其術」，又對「得其要術」而言，則有「術」字者是也。《羣書治要》引此亦有「術」字。《漢紀》同。

又四之一一《左氏國語》 「故司馬遷據左氏《國語》。」念孫案：「左氏」下脱「春秋」二字，則文義不全。《漢紀・孝武紀》引此贊正作「據左氏《春秋國語》」。

又《踰領》 「是時漢兵遂出踰領，適會閩越王弟餘善殺王以降。」宋祁曰：「一本『踰』字上有『未』字。」念孫案：一本是也。《漢紀》作：「兵已出未逾五嶺。」《南粤》、《閩粤》兩傳皆云：「兵未踰領。」《史記》同。

又《鄉曲之譽》 「身非王公大人名族之後，鄉曲之譽。」念孫案：《史記・主父傳》作「無鄉曲之譽」，是也。此脱「無」字，則文義不明。

又《微行始出》 「初建元三年，微行始出。」念孫案：「微行」上脱「上」字。《藝文類聚・職官部一》、《太平御覽・職官部四十》引此並作「上微行始出」。《文選・西京賦》注、《東京賦》注、《荅魏太子牋》注引此並作「武帝微行始出」。選注以「武帝」代「上」字，則有「上」字明矣。《通鑑》亦云：「建元三年，上始爲微行。」

又《從東司馬門》 「引董君從東司馬門，東司馬門更名東交門。」念孫案：「從東司馬門」下當有「入」字，而今本脱之。據蘇注云：「以偃從此門入，交會於内，故以名焉。」則有「入」字明矣。《太平御覽・居處部二》引此有「入」字。

又《不稱》 「進不稱往古以厲主意，退不能揚君美以顯其功。」念孫案：「進不」下亦有「能」字，而今本脱之。《文選》及《藝文類聚・人部八》皆作「進不能」。又「厲」字皆作「廣」。

又《佞臣一人》 「臣願賜尚方斬馬劍，斷佞臣一人以厲其餘。」念孫案：「佞臣一人」下原有「頭」字，而今本脱之。《後漢書・楊賜傳》注，《初學記・人部中》，《白帖》十三、九十二，《太平御覽》兵部七十二、人事部六十八、九十三引此並作「斷佞臣一人頭」。《漢紀》、《通鑑》同。

又《一矣》 「自陽朔以來，天下以言爲諱，朝廷尤甚。羣臣皆承順上指，莫有執正，何以明其然也？取民所上書，陛下之所善，試下之廷尉，廷尉必曰：『非所宜言，大不敬。』以此卜之，一矣。」念孫案：「一矣」二字文不成義。「一矣」本作「可見矣」，言以此卜之，可見羣臣之承順上指也。「可見矣」三字，與上文「何以明其然也」正相呼應。今作「一矣」者，脱去「見」字，又脱去「可」字下半耳。《漢紀・孝成紀》正作「以此卜之，可見矣」。

又四之一二《御衣》 「光遣宗正劉德至曾孫家尚冠里，洗沐，賜御衣。」念孫案：「御衣」當爲「御府衣」。《史記・李斯傳》：「公子高曰：『御府之衣，臣得賜之。中廐之寶馬，臣得賜之。』」是也。下文云：「入未央宫，見皇大后，封爲陽武侯，已而光奉上皇帝璽綬。」則此時未得遽賜御衣也。《宣紀》正作「賜御府衣」。

又《温明》 「東園温明。」念孫案：「温明」下有「祕器」二字，而今本脱之。據服注云：「東園處此器形如方漆桶。」顔注云：「東園，署名也。其署主作此器。」皆是釋「祕器」二字。後《孔光傳》：「光父霸薨，賜東園祕器。光薨，賜乘輿祕器。」師古皆無注，以注已見於此篇也。《太平御覽・禮儀部三十二》引此已脱「祕器」二字。《文選・齊竟陵文宣王行狀》注引此正作「東園温明祕器」。《漢紀》同。《北堂書鈔・禮儀部十三》引晉公卿禮秩云：「安平王孚薨，給東園温明祕器。」

又《上未起》 「明日，上未起。」念孫案：「未起」上脱「卧」字。《通鑑》無「卧」字，則所見《漢書》本已然。《文選・西征賦》注、《太平御覽・人事部五十八》引此並作「上卧未起」。《漢紀》同。

又《奉車》 「賞爲奉車。建駙馬都尉。」念孫案：「奉車」下亦有「都尉」二字，

而今本脱之。《百官表》云：「奉車都尉，掌御乘輿車。駙馬都尉，掌駙馬。」《藝文類聚・人部十七》、《太平御覽・儀式部三》引此並作：「賞爲奉車都尉，建駙馬都尉。」

又《士寒》 「將軍士寒手足皸瘃。」念孫案：「士」上有「將」字而今本脱之。將士皆寒不當獨言士寒也。《太平御覽・疾病部五》引此已脱「將」字。舊本《北堂書鈔・歲時部四》出「將士皸瘃」四字，注引此傳云：「將軍將士寒手足皸瘃。」足補今本之缺。陳禹謨本删注内「將」字，而正文尚未删。

又《不足以故出兵》 上賜報曰：「大开小开前言曰：『我告漢軍先零所在，兵不往擊，久留，得亡效五年時不分别人而并擊我？』其意常恐。今兵不出，得亡變生，與先零爲一？」充國奏曰：「校尉臨衆幸得承威德，奉厚幣，拊循衆羌，諭以明詔，宜皆鄉風。雖其前辭嘗曰『得亡效五年』，宜亡它心，不足以故出兵。」念孫案：「不足以故出兵」本作「不足以疑故出兵。」疑故者，疑事也。襄二十六年《左傳》注、昭三十一年《公羊傳》注、《周語》注、《吕氏春秋・本生篇》注並曰：「故，事也。」宣帝以罕开前言而疑其生變，故急欲出兵。充國則謂罕开雖有前言，而既聞明詔，宜皆鄉風，無有異心，不足因此疑事而出兵也。今本脱去「疑」字，則文不成義。《漢紀・孝宣紀》正作「不足以疑故出兵」。

又《一姓張》 「一姓張名延年。」念孫案：「一」下本有「云」字。上言「姓成名方遂」，此言「一云姓張名延年」，所謂傳聞異辭也。脱去「云」字，則文義不明。《漢紀》正作「一云姓張名延年」。

又《設祖道供張》 「公卿大夫故人邑子，設祖道供張東都門外。」念孫案：「設」上脱「爲」字。爲，于僞反。《文選・西征賦》注、《别賦》注、《張協詠史詩》注、《藝文類聚・人部十三》、《太平御覽・人事部百三十》引此皆有「爲」字。

又四之一三《歸誠》 「上親拜禹牀下，禹頓首謝恩。句。歸誠，言老臣有四男一女」云云。宋祁曰：「『恩』字下當有『因』字。」念孫案：宋説是也。「因歸誠」三字，下屬爲義。若無「因」字，則語意不完。此以「恩」、「因」二字相似，故寫者脱去「因」字耳。《通典・禮二十七》有「因」字。

又《奸忠直》 「以爲章主之過以奸忠直人臣大罪也。」師古曰：「奸，求也。求忠直之名也。『奸』音『干』。」念孫案：如師古説，則「忠直」下須加「之名」二字，而其義始明矣。《漢紀・孝成紀》作「以訐爲忠直」，是也。「訐」字正承「章主之過」而言。且用《論語》「訐以爲直」之文。今本「訐」誤爲「奸」，又脱「爲」字耳。

又《皇大子》 「皇大子希得進見。」念孫案：景祐本「皇」下有「后」字，是也。「皇后大子希得進見」，正對上文「傅昭儀及定陶王常在左右」言之。下文「皇后大子皆憂」，又承此句言之，則當有「后」字明矣。若但言大子希得進見，則文偏而不具。《太平御覽・人事部九十三》引此正作「皇后大子」。《通鑑》同。《元后傳》亦云「皇后自有子後希復進見」。

又《子嗣》 「喜以壽終子嗣。」師古曰：「史不得其子名也。」念孫案：《表》云：「高武貞侯傅喜薨，侯勁嗣。」此文傳寫脱「勁」字耳，非史失其名也。

又《手傷》 「況首爲惡，明手傷，功意俱惡。」念孫案：「手傷」下原有「人」字。「況首爲惡」，「明手傷人」，相對爲文。今本脱「人」字，則文義不明，而句法亦不協矣。據孟康注云：「手傷人爲功，使人行傷人者爲意。」則正文本作「手傷人」明矣。《通典・刑四》無「人」字，則所見本已誤。《漢紀・孝哀紀》有「人」字。

又《三朝之會　燕告急齊》 「今年正月己亥朔，日有食之三朝之會。」師古曰：「歲月日三者之始，故云三朝。」念孫案：「三朝」上原有「於」字。於，猶在也，言日食在三朝之會也。今脱去「於」字，則上下義不相屬。《後漢書・班固傳》注、《文選・東都賦》注、《鮑照數詩》注引此並作「日有食之於三朝之會」。又《匈奴傳》：「山戎伐燕，燕告急齊。」「齊」上亦脱「於」字。《太平御覽・四夷部二十一》引此有「於」字。《史記》同。

又《此人》 「此人顯於世者，何侯力也。」念孫案：「此人」當作「此四人」，謂兩龔兩唐也。見上文。今本脱「四」字，則文義不明。

又四之一四《谷子雲筆札樓君卿唇舌》 「長安號曰：谷子雲筆札，樓君卿唇舌。」念孫案：此本作「谷子雲之筆札，樓君卿之唇舌」，後人删去兩「之」字，則句法局促不伸。《太平御覽・人事部百三十六》引此無兩「之」字，亦後人依誤本《漢書》删之。其人事部百四、文部十一、二十二引此皆有兩「之」字。又《北堂書鈔・藝文部》九及十，《藝文類聚》人部十七、雜文部四，《文選・陸厥荅内兄希叔詩》注引此亦皆有兩「之」字。《漢紀》同。又《白帖》三十引「樓君卿之唇舌」。

又《推上天》 「文帝嘗夢欲上天不能，有一黄頭郎推上天。」念孫案：「推」下有「之」字，而今本脱之，則文義不暢。《太平御覽》人事部十七及四十引此並作「推之上天」。《史記》、《漢紀》同。

又《賢父子親屬宴飲》 「後上置酒麒麟殿，賢父子親屬宴飲。」念孫案：「賢」上脱「與」字，則上下句義不相屬。《太平御覽・人事部九十三》引此正作「與賢父

子親屬宴飲」。《漢紀》同。

又《作鳴鏑》 「冒頓乃作鳴鏑。」念孫案：「作」下原有「爲」字，後人以「爲」即是「作」，故刪去「爲」字，不知古書言「作爲」者多矣。《通鑑・漢紀三》已脫「爲」字。《文選・左思詠史詩》注、《曹植名都篇》注、《陸機從軍行》注、《張協七命》注、《丘遲與陳伯之書》注、《顏延之陽給事誄》注，六引《漢書》皆作「作爲鳴鏑」。《史記》同。

又《出不意》 「竊聞夜郎所有精兵，可得十萬，浮船牂柯，出不意，此制粵一奇也。」念孫案：「出」下脫「其」字，則語意不暢。《通典・邊防三》無「其」字，即沿誤本《漢書》也。舊本《北堂書鈔・政術部十四》、陳禹謨本刪「其」字。《太平御覽・州郡部十七》引《漢書》皆有「其」字。《史記》、《漢紀》同。

又《鏦嘉以矛》 「大后怒，鏦嘉以矛，正止大后。」宋祁曰：「『鏦』字上別本有『欲』字。」念孫案：別本是也。若無「欲」字，則與下文不合。景祐本及《史記》皆有「欲」字。

又《始燕時》 「自始燕時，嘗略屬真番朝鮮。」念孫案：「始燕時」本作「始全燕時」。全燕者，指戰國時燕國言之，所以別於漢之燕國也。《鄒陽傳》曰：「全趙之時。」《枚乘傳》曰：「今漢據全秦之地。」今本脫「全」字，則文義不明。《後漢書・東夷傳》注引此正作「全燕時」。《史記》、《通典》、《通鑑》同。

又四之一五《三百餘里　三百里》 「蒲昌海，一名鹽澤者也，去玉門陽關三百餘里，廣袤三百里。」戴先生《水地記》曰：「玉門關在故壽昌縣西百一十八里，陽關在縣西六里。壽昌本漢龍勒縣地，今安西府西百五十里有壽昌城。鹽澤去玉門千三百餘里，前、後《書》皆脫去『千』字。」念孫謹案：郭璞《西山經》注及《爾雅音義》引《漢書》見《釋水》《釋文》。皆無「千」字，蓋後人據《漢書》刪之也。《漢紀・孝武紀》作「去陽關三千餘里」，即「千三百餘里」之誤。《水經・河水注》作「東去玉門陽關一千三百里」。以二書考之，則《漢書》原有「千」字明矣。又案：「廣袤三百里」本作「廣袤三四百里」，謂澤之廣袤，不能知其確數，大約在三四百里之間也。《水經注》無「四」字，亦後人據《漢書》刪之。《太平御覽・地部三十七》引《水經注》作「廣輪四百里」，又脫去「三」字，然據此知《水經注》原有「四」字也。《漢紀》作「廣長三四百里」。《西山經》注及《通典・州郡四》並作「廣袤三四百里」。郭璞《爾雅音義》引《漢書》作「廣輪三四百里」。《禹貢正義》及《史記・大宛傳》正義、《爾雅・釋水》疏並引作「廣袤三四百里」，則今本脫去「四」字明矣。

又《僊上天》 「大一黃帝，皆僊上天。」念孫案：此本作「皆僊而上天」。今本脫「而」字，則句法局促不伸。《初學記・地部上》、《太平御覽・時序部一》引此並作「僊而上天」。

又《杜陵史氏女爲皇后》 「進所徵天下淑女，句。杜陵史氏女爲皇后。」念孫案：「杜陵」上原有「立」字，謂於所徵淑女中，選立史氏女爲后也。今本脫「立」字，則文不成義。《太平御覽・皇王部十四》引此有「立」字。《通鑑》同。

又《復思》 「遣使壞渭陵延陵園門罘罳，曰：『毋使民復思也。』」念孫案：此本作「毋使民復思漢也」，今本脫「漢」字，則文義不明。《太平御覽》皇王部十四、居處部十三引此正作「復思漢」。《漢紀・孝平紀》、《水經・穀水注》並同。

又《黃衣幘》 「力士三百人，黃衣幘。」念孫案：「幘」上原有「赤」字。力士赤幘者，《續漢書・輿服志》云：「武吏常赤幘，成其威也。」今本脫「赤」字，則義既不明而句又不安矣。《太平御覽・車部一》引此正作「黃衣赤幘」。

又五之一《獨有》 「唯夜行者獨有也。」念孫案：「獨有也」當從朱本作「獨有之也」。尹注云：「故獨有之也。」後解云：「故曰『唯夜行者獨有之也。』」今本「也」誤作「乎」，據此文改。皆其證。《淮南・覽冥篇》作「惟夜行者爲能有之」，亦有「之」字。

又五之五《其孰能一人之上也》 「公又問曰：『不幸而失仲父也，二三大夫者，其猶能以國寧乎？』管仲對曰：『君請矍己乎？鮑叔牙之爲人也好直，賓胥無之爲人也好善，甯戚之爲人也能事，孫在之爲人也善言。』公曰：『此四子者，其孰能一人之上也。寡人并而臣之，則其不以國寧何也？』」引之曰：「其孰能一人之上也」，若作一句讀，則文不成義。當以「其孰能」絶句，言此四子者，其孰能以國寧也？「其孰能」下當有管仲謂其不能以國寧之語。「一人之上也」三句，則桓公不解其何以不能，又從而問之也。今本有脫文耳。不然，則不以國寧之問何自而來邪？一，皆也。《大戴禮・衛將軍文子篇》「則一諸侯之相也」，盧注曰：「一，皆也。」一人之上，言四子之材，皆在人之上也。而尹注曰：「言四子皆有超絶之材，無人能過其上。」則所見已是脫誤之本，故連「其孰能」三字解之。然如其説，則是孰能在四子之上，豈所謂一人之上乎？失之矣。

又五之六《脫十字》 「公子開方事公十五年，不歸視其親。齊衛之閒，不容數日之行。」念孫案：此下脫「於親之不愛焉能有於公」十字。《羣書治要》有。《呂氏春秋・知接篇》作：「其父之忍，又將何有於君？」《韓子》作：「其母不愛，安能愛君？」皆其證。上文云：「於子之不愛，將何有於公？」「於身之不愛，將何有於公？」文義正與此相對。

又《人皆欲知而莫索之其所以知彼也》 「人皆欲知，而莫索之其所以知，彼也。其所以知，此也。」念孫案：此當作：「人皆欲知，而莫索其所以知。其所知，彼也。其所以知，此也。」「人皆欲知」云云，覆舉上文也。「其所知」云云，乃釋上文之詞。今本「莫索」下衍「之」字，「彼也」上又脱「其所知」三字，遂致文不成義。

又五之八《缺二句》 「致政其民，服信以聽。」劉曰：「此下缺『致法其民』二句。」

又《脱七字》 「甯子其欲室乎？」念孫案：《藝文類聚・人部十九》、《太平御覽・人事部一百四十一》引此句下並有「仲以其言告桓公」七字，與上文「桓公使管仲求甯戚」句相應，當據補。

又五之九《收穀賦》 「收穀賦。」念孫案：《續漢書・五行志》注引作「收穀賦錢」，是也。《説文》：「賦，斂也。」「賦錢」與「收穀」對文。

又《黄而糗流徙》 「其泉黄而糗，流徙。」念孫案：「黄而糗」，《後漢書・馮衍傳》注引作「黄而有臭」，是也。上文云：「其水白而甘。」下文云：「其泉鹹。」又云：「其水黑而苦。」則此文當作「其泉黄而有臭」，無取於糗也，尹注非。「流徙」上當有「水」字。下文云：「斥埴，其泉鹹，水流徙。」是其證。

又五之一〇《事其主》 「人主能安其民，則事其主如事其父母。」念孫案：「事其主」上脱「民」字，當依《羣書治要》補。下文云：「則民不爲用。」正與此文相對。

又《脱一字》 「六攻者何也？親也，貴也，貨也，色也，巧佞也，玩好也。」念孫案：「何也」下脱「曰」字，當依《羣書治要》補。上下文「何也」下皆有「曰」字。

又《邪之所務事者》 「是故邪之所務事者。」念孫案：朱本及《羣書治要》「邪」上皆有「姦」字，當據補。上下文皆作「姦邪」。

又《脱文十九》 「先王以守財物，以御民事，而平天下也。」念孫案：《通典・食貨八》引此「平天下也」下有「是以命之曰衡。衡者，使物一高一下，不得有調也」十九字。又引尹注云：「若五穀與萬物平，則人無其利，故設上中下之幣，而行輕重之術，使一高一下，乃可權制利門，悉歸於上。」今本正文、注文皆脱去。

又五之一一《此國策之者也》 「謹聽其言而藏之官，使師旅之事無所與，此國策之者也。」念孫案：「國策之」下當有「大」字。上文云：「不以狹畏廣，不以少畏多，此國策之大者也。」是其證。

又《此之所以》 「此之所以分壤樹穀也。」孫云：「『之所以』上脱『天地』二字。」

又《珠象而以爲幣》 「吴越不朝，珠象而以爲幣乎？」念孫案：「珠象」上脱「請」字，下文皆有，當據補。

又五之一二《十倍而不足》 「十倍而不足，或五分而有餘者。」念孫案：「十倍」上亦當有「或」字，與下句對文。

又《脱四字》 「請以令與大夫城藏。」引之曰：此當作「請以令與卿諸侯令大夫城藏」。城藏者，藏粟於城中也。下文曰：「下令卿諸侯令大夫城藏。」正承此句言之。其曰「使卿諸侯藏千鍾，令大夫藏五百鍾，列大夫藏百鍾」，則分承此句言之也。今本「大夫」上脱「卿諸侯令」四字，則與下文不合。

又《脱一字》 「則是魯梁不賦於民財用足也。」念孫案：「財用」上脱「而」字。下文云：「則是楚不賦於民而財用足也。」即其證。

又六之一《獨何以當》 「天下大國十二，皆曰諸侯，齊獨何以當？」念孫案：此承上文兩「當之」而言，則「當」下亦有「之」字而今本脱之。

又《何以易》 「公曰：『然何以易？』」念孫案：「易」下當有「之」字，而今本脱之。下文晏子對曰：「移之以善政。」「移之」即「易之」。

又《脱文九十九》 「梁丘據死，景公召晏子而告之曰：『據忠且愛我，我欲豐厚其葬，高大其壟。』晏子曰：『敢問據之忠與愛於君者可得聞乎？』公曰：『吾有喜於玩好，有司未能我共也，則據以其所有共我，《羣書治要》「是以」上有「吾」字，與下「吾是以」對文。是以知其忠也。每有風雨暮夜求必存，吾是以知其愛也。』晏子曰：『嬰對則爲罪，不對則無以事君，敢不對乎？嬰聞之，臣專其君謂之不忠，子專其父謂之不孝，妻專其夫謂之嫉。事君之道，導《羣書治要》作「爲臣道君以」，「道君以」屬下讀。親於父兄，有禮於羣臣，有惠於百姓，有信於諸侯，謂之忠。爲子之道《治要》「之道」作「道父」，屬下讀。以鍾愛其兄弟，施行於諸父，慈惠於衆子，誠信於朋友，謂之孝。爲妻之道，《治要》無「之道」二字。使其衆妾皆得歡忻於其夫，謂之不嫉。今四封之民皆君之臣也，而維據盡力以愛君，此下各本脱去九十九字，據《羣書治要》補。何愛者之少邪？四封之貨，皆君之有也，而維據也以其私財忠於君，何忠者之寡邪？據之防塞羣臣，壅蔽君，無乃甚乎！』公曰：『善哉！微子，寡人不知據之至於是也。』遂罷爲壟之役，廢厚葬之令，令有司據法而責，羣臣陳過而諫。故官無廢法，臣無隱忠而百姓大説。」《太平御覽・禮儀部三十七》作「晏子曰：『不可。』公遂止」，乃取《晏子》原文而約舉之，故與《治要》不同。

又《不以　不可　若治視之》　「內不以禁暴，外不可威敵。」念孫案：上文曰：「內可以禁暴，外可以威敵。」則此當云：「內不可以禁暴，外不可以威敵。」今本上句脱「可」字，下句脱「以」字，則句法不協。

「津人皆曰『河伯也』，若治視之，則大黿之首。」案：「治視之」上不當有「若」字，此涉下文「若治之功」而衍。《爾雅·釋水》疏引無「若」字。

又《聖人之得意何如　藉斂和乎百姓樂及其政天明象而贊》　「聖人之得意何如？」念孫案：「聖人」上脱「公曰」二字。《羣書治要》有。「舉事調乎天，藉斂和乎百姓，樂及其政，遠者懷其德」。案：《羣書治要》作：「舉事調乎天，藉斂和乎民，百姓樂其政，遠者懷其德」，是也。既言民而又言百姓者，古人之文不嫌於複。「子庶民則百姓勸」，即其證也。此四句皆五字爲句，而兩兩相對。今本脱一「民」字，衍一「及」字，而文義皆參差不協矣。「天明象而贊，地長育而具物，神降福而不靡，民服教而不僞。」下三句皆六字，唯首句少一字。孫曰：「當云『天明象而贊地』，今本脱一『地』字，因下有『地』字故。」念孫案：《羣書治要》作「天明象而致贊」，是也。致贊，謂天致禎祥以贊王者，昭元年《左傳》「天贊之也」，杜注：「贊，佐助也。」非贊地之謂也。《淮南·本經篇》曰：「四時不失其敘，風雨不降其虐。日月淑清而揚光，五星循軌而不失其行。」正所謂「天明象而致贊」。

又《請問莊公與今孰賢》　念孫案：「今」下脱「君」字，「今君」見下文。

又《可以爲下》　「有明上可以爲下，遭亂世不可以治亂。」念孫案：「可以爲下」上亦當有「不」字，言此反天地之衰，倍先聖之道，塞政教之途者，有明上則足以危身，明上，謂明君也。前弟二十日：「狂僻之民，明上之所禁也。」義與此同。遭亂世則足以惑世，故曰：「有明上不可以爲下，遭亂世不可以治亂。」「遭亂世不可以治亂」即上文所云「世行之則亂也」。「有明上不可以爲下」即上文所云「身行之則危也」。今本脱去「不」字，則義不可通。

又六之二《三年毀聞于國》　「景公使晏子爲阿宰，今本「阿」上有「東」字，乃後人所加，盧已辯之。三年毀聞于國。」念孫案：「三年」下有「而」字而今本脱之。下文云：「三年而譽聞于國。」又云：「三年而毀聞于君。」「三年而譽聞于君」，則此亦當有「而」字。《羣書治要》及《藝文類聚·職官部六》、《太平御覽·職官部六十四》皆作「三年而毀聞于國」。

又《脱文六》　「晏子出，仲尼送之以賓客之禮。不計之義，維晏子爲能行之。」念孫案：「不計之義」，《初學記·文部》引作「不法之禮」，上有「反，句。命門弟子曰」六字。然則「不計之義」二句，乃孔子命門弟子之語。今脱去上六字，則不知爲何人語矣。《外上篇》曰：「晏子出，仲尼送之以賓客之禮，再拜其辱。反，命門弟子曰」云云，文義正與此同。《韓詩外傳》載此事亦云：「孔子曰：『善，禮中又有禮。』」

又《室何爲夕》　「公召大匠曰：『室何爲夕？』」念孫案：以下文「立室」、「立宮」例之，則「室」上當有「立」字，而今本脱之。

又《脱粟之食》　「晏子相齊，衣十升之布，脱粟之食。」念孫案：「脱粟」上當有「食」字。後弟二十六云：「食脱粟之食。」即其證。今本脱「食」字，則文義不明，且與上句不對。《後漢書·章帝紀》注、《北堂書鈔·酒食部三》、《初學記·器物部》、《太平御覽·飲食部八》引此並云：「晏子相齊，食脱粟之飯。」

又《發書之言曰》　「及壯，發書之言曰。」念孫案：此本作：「及壯，發書，句。書之言曰。」今本少一「書」字，則文義不明。《白帖》十引此重一「書」字。《説苑·反質篇》同。

又《非一也》　「故三君之心非一也，而嬰之心非三心也。」念孫案：「非一也」本作「非一心也」，與「非三心也」對文。今本「一」下脱「心」字，《羣書治要》有。

又《權宗　脱一字》　「陂池之魚，入于權宗。」念孫案：「權宗」當依《説苑·政理篇》作「權家」，字之誤也。「君迺反迎而賀臣，愚不能復治東阿。」案：「君迺反迎而賀臣」絶句，與上「君反以罪臣」對文。「臣」下當更有一「臣」字，屬下句讀。今本脱一「臣」字，則文義不明。《説苑》亦脱「臣」字。

又《嬰爲三心》　「嬰爲三心，三君爲一心故。」念孫案：「嬰」上當有「非」字，言嬰所以事三君而得順者，非嬰爲三心，乃三君爲一心故也。《上篇》曰：「嬰之心非三心也。」是其證。今本脱「非」字，則義不可通。

又《譏之》　「今某失之於夫子，譏之，是吾師也。」念孫案：「譏之」上當更有「夫子」二字，而今本脱之，則文義不明。上文曰：「君子不及人，以爲師。」故此曰：「夫子譏之，是吾師也。」

又《處君之中》　「處民之中，其過之識，況乎處君之中乎？」念孫案：「處君之中」本作「處君子之中」。下文曰：「舜者處民之中，則自齊乎士。處君子之中，則齊乎君子。」是其證。今本脱「子」字，則義不可通。

又《立於閭》　「皆操長兵而立於閭。」今本「操」誤作「摽」，依孫本改。念孫案：下文作「立於衢閭」，則此亦當有「衢」字，而今本脱之。衢閭，謂當衢之閭也。《管子·輕

重甲篇》：「有餓餒於衢閭者。」《楚策》：「彼鄭周之女，粉白黛黑，立於衢閭。」

又《伏尸而號》 「行哭而往，伏尸而號。」念孫案：「伏尸而號上」有「至」字，而今本脱之，則叙事不備。行哭而往，尚未至也，則「至」字必不可少。《説苑·君道篇》及《羣書治要》、《太平御覽·人事部百二十八》並作「至伏尸而號」。今本《御覽》「至」誤作「制」。《文選·褚淵碑》注、《齊安陸昭王碑》注並作「至則伏尸而哭」。

又七之一《脱文一》 「是以天欲人相愛相利，而不欲人相惡相賊也。」念孫案：「是以」下有「知」字而今本脱之，則文義不明。上文曰：「奚以知天之欲人之相愛相利而不欲人之相惡相賊也？」「奚以知」，正與「是以知」相應。

又《聖王上脱文》 「程繁問於子墨子曰：『聖王不爲樂。』」念孫案：「聖王」上當有「夫子曰」三字，而今本脱之，則文義不明。下文：「今夫子曰：『聖王不爲樂。』」是其證。

又《命曰騶虞》 「周成王因先王之樂，命曰『騶虞』。」念孫案：《御覽》引作：「周成王因先王之樂，又自作樂，命曰『騶吾』。」是也。上文云：「湯因先王之樂，又自作樂，命曰『護武』。王因先王之樂，又自作樂，命曰『象』。」即其證。今本脱去「又自作樂」四字，則義不可通。《困學紀聞》所引已同今本。書傳中「騶虞」字多作「騶吾」，故《困學紀聞·詩類》引《墨子》尚作「騶吾」，今作「騶虞」者，後人依經典改之。

又《脱文八》 「今天下之士君子，皆欲富貴而惡貧賤，然女何爲而得富貴而辟貧賤哉？曰：莫若爲王公大人骨肉之親無故富貴面目美好者。自「莫若」以下二十字爲一句，舊本脱「故富貴面目美好者」八字，據上下文補。王公大人骨肉之親無故富貴面目美好者，此非可學而能者也。」

又《脱文十二》 「若此則飢者不得食，寒者不得衣，亂者不得治。」舊本脱「得食」以下十二字，今據上文補。

又《選天下之賢可者》 「是故選天下之賢可者。」念孫案：「選」下有「擇」字而今本脱之。下文及中、下二篇皆作「選擇」。《太平御覽·皇王部二》引此同。

又《脱文六》 「故計上之賞譽，不足以勸善。計其毀罰，不足以沮暴。此何故以然？句。則義不同也。然舊本脱此六字。案：「此何故以然」是問詞，「則義不同也」是荅詞。「然則欲同一天下之義，將柰何可」又是問詞。舊脱中六字，則上下文皆不可通矣。今據上文補。則欲同一天下之義，將柰何可？」

又七之二《脱文三》 「故不孝不慈無有。」舊本脱「故不慈有」四字。畢據下文補「有」字。今以上下文考之，當作「故不孝不慈亡有」。「不孝不慈亡有」，總承上文而言。下文曰：「故盜賊亡有」、「故大夫之相亂家、諸侯之相攻國者亡有」，與此文同一例。今補。

又《脱文一》 「故天下兼相愛則治，交相惡則亂。」舊本脱「交」字，今據下二篇補。

又《古者　脱文一》 「古者王公大人爲政於國家者，情欲譽之審，賞罰之當，刑政之不過失。」念孫案：「古者」當爲「今者」。説見《尚賢篇》。「譽」上有「毀」字，而今本脱之，則文義不明。《尚同篇》：「舉天下之人，皆欲得上之賞譽，而畏上之毀罰。」是其證。「過失」下有脱文。下文曰：「今者舊本亦作「古者」，今改。王公大人，情欲得而惡失，欲安而惡危，故當攻戰而不可不非。」

又《脱文一》 「今天下之所譽善者，其説將何哉？」舊本脱「哉」字。《天志篇》曰：「天下之所以亂者，其説將何哉？」今據補。

又《脱文一》 「若苟寡，是城郭溝渠者，寡也。」念孫案：「城郭溝渠」上當有「脩」字，而今本脱之，則義不可通。此「脩」字正承上文「城郭脩」、「城郭不脩」而言。

又《脱文三》 「因其國家去其無用之費。」舊本脱「用之費」三字，今據下文及《中篇》補。

又《乃命元宮》 「高陽乃命元宮。」念孫案：此當作「高陽乃命禹於元宮」。下文「禹征有苗」，正承此文而言。又下文「天乃命湯於鑣宮」，與此文同一例。今本脱「禹於」二字，則文義不明。

又七之三《脱文三》 「然而天下之士君子之於天也，忽然不知以相儆戒。」舊本脱「士」字及「之於」二字，今據上下文補「士」字，又以意補「之於」二字。

又《脱文十五》 「然則天亦何欲何惡？天欲義而惡不義。然則率天下之百姓以從事於義，則我乃爲天之所欲也。然則我何欲何惡？我欲福禄而惡禍祟。若我不爲天之所欲而爲天之所不欲，舊本脱「若我」以下十五字，今據《中篇》補。然則我率天下之百姓以從事於禍祟中也。」

又《脱文二》 「何以知義之爲善政也？曰：『天下有義則治，無義則亂，是以知義之爲善政也。』」舊本脱兩「爲」字。下篇曰：「何以知義之爲正也？天下有義則治，無義則亂，我以此知義之爲正也。」今據補。

又《脱文三》 「今天下之士君子，皆明於天子之正天下也，而不明於天之正天子也。」舊本「不明於天」下脱「之」字，「正」下又脱「天子」二字，今補。

又《脱文一》 「今輪人以規，匠人以矩，以此知方圜之别矣。」舊本脱「知」字。中篇曰：「圜與不圜，方與不方，皆可得而知。」今據補。

又《脱文十》「與踰人之欄牢。竊人之牛馬者，與入人之場園。竊人之引之曰：舊脱「者與入人之場園竊人之」十字，當據上下文補。桃李瓜薑者。」

又《脱文九》「請或聞之見之，則必以爲有。莫聞莫見，舊脱「則必」以下九字，今據下文及《非命篇》補。則必以爲無。」

又《古者聖王必以鬼神爲》 念孫案：「爲」下當有「有」字，而今本脱之。「必以鬼神爲有」，見上文。其下仍有脱文，不可考。

又《脱文二》「此非所以爲上士之道也。」舊本脱「之」字、「也」字。上文曰：「則非所以爲君子之道也。」與此文同一例，今據補。

又《脱文四》「即必不能蚤出暮入，耕稼樹藝多聚叔粟，是故叔粟不足。」舊本脱「是故叔粟」四字，今據上下文補。

又《脱文二》「是故古之聖玉發憲出令，設以爲賞罰以勸賢。」畢云：「《中篇》作『勸沮』，是。」念孫案：原文是「勸賢」，不得徑改爲「勸沮」。余謂「勸賢」下當有「沮暴」二字。「勸賢」承賞而言，「沮暴」承罰而言。《尚賢篇》曰：「賞不當賢而罰不當暴，則是爲賢者不勸而爲暴者不沮矣。」《尚同篇》曰：「賞譽不足以勸善，而刑罰不可以沮暴。」皆其證。

又《何故相》「仁人以其取舍是非之理相告，無故從有故也，弗知從有知也。無辭必服，見善必遷，何故相。」念孫案：「何故相」下當有「與」字，而今本脱之，則義不可通。「相與」謂「相敵」也。古謂「相敵」爲「相與」。襄二十五年《左傳》：「一與一，誰能懼我？」哀九年傳：「宋方吉，不可與也。」《越語》：「彼來從我，固守勿與。」「與」字並與「敵」同義，詳見《經義述聞・左傳襄二十五年》。言既爲仁人，則無辭必服，見善必遷，何故兩相敵也。上文曰：「若皆仁人也，則無説而相與。」是其明證矣。

又七之四《損偏也者兼之體也其體或去存謂其存者損》 引之曰：經上云「損偏去也」，則此當云「損偏去也者，兼之體也。其體或去或存，謂其去者損」。寫者脱誤耳。

又《而必易合於而長其直也》 引之曰：「於」下蓋脱「中」字。上文云：「必正起於中緣正而長其直也。」此亦當云「易合於中」。

又《鬼非人也兄之鬼兄也》 引之曰：「鬼非人也」當作「人之鬼非人也」，寫者脱去「人之」二字耳。《小取篇》云：「人之鬼，非人也。兄之鬼，兄也。」是其證。

又《非殺臧也專殺盜非殺盜也》 引之曰：「非殺臧也」上有脱文，以下二句例之，當云「專殺臧，非殺臧也」。

又《其然也有所以然也同其所以然不必同　其取之也有以取之》 引之曰：「同其所以然不必同」當作「其然也同，其所以然不必同」，承上文「其然與所以然」言之也。下文「其取之也同，其所以取之不必同」，文義正與此合，寫者脱去上三字耳。又下文「其取之也有以取之」，「以」上當有「所」字。下文「其所以取之不必同」，即承此言之也。上文「其然也，有所以然也」，文義正與此合，寫者脱「所」字。

又《祭之鬼非祭人也》 引之曰：「祭之鬼」當作「祭人之鬼」，承上文「人之鬼」而言也，寫者脱「人」字。

又《脱文二　耶》「巫馬子謂子墨子曰：『子之爲義也，舊本脱「曰子」二字，今以意補。人不見而耶，鬼不見而富。』」引之曰：「耶」字義不可通，蓋「服」之壞字也。「富」讀爲「福」。「福」、「富」古字通，説見《經義述聞・尚書》「惟訖于富」下。而，汝也。人不見而服者，未見人之服汝也。鬼不見而富者，未見鬼之福汝也。故下文曰：「而子爲之，有狂疾也。」「服」與「福」爲韻。

又《脱文二》「言足以遷行者常之，不足以遷行者勿常。不足以遷行而常之，是蕩口也。」舊本脱下「不足」二字，今據上句補。

又《脱文二》「使之爲一犬一彘之宰。」舊本脱「一犬」二字，今據《羣書治要》補。《魯問篇》亦云「竊一犬一彘」。

又《脱文十一　精》「且有二生於此善筮，舊本「筮」誤作「星」，今據下文改。一行爲人筮者，一處而不出者。行爲人筮者，舊脱「一處」以下十一字，今據上下文義補。與處而不出者，其精孰多？」念孫案：「精」當爲「糈」，字之誤也。《莊子・人閒世篇》「鼓筴播精」，《釋文》：「精，如字。一音『所』，字則當作『糈』。」是「糈」與「精」字形相似而易譌也。郭璞注《南山經》曰：「糈，先呂反，今江東音『所』。」《説文》：「糈，糧也。」言兩人皆善筮，而一行一處，其得米孰多也。《史記・貨殖傳》云：「醫方諸食技術之人，焦神極能，爲重糈也。」是其證。

又《脱文二》「百門而閉一門焉，則盜何遽無從入？」舊本脱「閉」字、「入」字，今據《魯問篇》及《太平御覽・疾病部一》引補。

又《脱文二》「尚同而無下比，此文具見《尚同》三篇，舊本脱「同」字，今補。是以美善在上而怨讎在下，安樂在上而憂慼在臣。」舊本脱「是」字，今據《尚賢篇》補。

又《脱文二》「國家務奪侵凌，即語之兼愛非攻，故曰『擇務而從事焉』。」舊本脱「攻故」二字，今據上文及《非攻篇》補。

又《脱文二》「短褐之衣，藜藿之羹。」舊本脱「藜」字、「之」字，今以意補。

又《脱文一　誤文一》「今而以夫子之教家厚於始也。」念孫案：此言吾始而家貧，今而以夫子之教，家厚於始也。今本脱「今」字，「教」字文誤作「政」，則義不可通。

又《脱文一》「公輸子削竹木以爲誰，成而飛之，三日不下。」念孫案：此當作：「削竹木以爲誰，誰成而飛之。」今本少一「誰」字，則文不足義。《太平御覽・工藝部九》所引已與今本同。《初學記・果木部》、《白帖》九十五並多一「誰」字。

又七之五《脱文一》「二步一苔，廣九尺，袤十二尺。」念孫案：此當作：「二步一苔，苔廣九尺。」上文「二步一渠，渠立程丈三尺」，與此文同一例。今本少一「苔」字，則文不足意。如淳注《漢書・鼂錯傳》引此重「苔」字。

又《脱文一》「有奚，奚蠡大容一斗。」念孫案：「有奚」下當有「蠡」字。下句「奚蠡」，即承此而言。杜子春注《周官・鬯人》曰：「瓢，謂瓠蠡也。」「瓠蠡」、「奚蠡」，一聲之轉。

又《迎穴爲連》引之曰：「連」下當有「版」字，而今本脱之。上文曰：「連版以穴高下廣陜爲度。」是其證。

又《脱文一》「城希裾門而直桀。」引之曰：「城」下當有「上」字。「希」與「睎」同，「直」與「置」同，「桀」與「楬」同，言城上之人，望裾門而置楬也。《備蛾傳篇》作「城上希薄門而置楬」，是其證。舊本「楬」誤作「搗」，辯見《備蛾傳篇》。今本脱「上」字，則文不成義。

又《闕文一》「子墨子曰：問雲梯之邪？」念孫案：此當作「問雲梯之守邪」。上文曰「敢問守道」，又曰「願遂問守道」。《備城門篇》曰：「問穴土之守邪？」《備蛾傳篇》曰：「子問蛾傳之守邪？」《襍守篇》曰：「子問羊坽之守邪？」舊脱「之」字，今補。皆其證。今脱「守」字，則文不成義。

又《燒傳湯》「燒傳湯斬維而下之。」引之曰：「燒傳湯」三字，義不相屬。「燒」下當有「苔」字，而今本脱之。《備城門篇》「城上二步一苔」。上文兩言「燒苔」，是其證。

又七之六《城上吏卒　脱五字》「城上吏卒置之背，卒於頭上，城下吏卒置之肩，在軍於左肩，中軍置之胷。」引之曰：「城上吏卒置之背」，「卒」字涉下文「吏卒」而衍。下文「卒置於頭上」，則不得又置之背也。「在軍於左肩」，惠氏《禮説》改「在」爲「左」。案：「左軍於左肩」下當有「右軍於右肩」五字，而今本脱之。又案：頭上也、肩也、背也、胷也，皆識之所置也。《説文》：「微，識也，以絳帛箸於背。」張衡《東京賦》「戎士介而揚揮」，同「微」。薛綜曰：「揮謂肩上絳幟。」皆其證。今不言「識」者，「城上吏」之上又有脱文耳。

又《當應鼓而不應不當應而應鼓》念孫案：此當作：「當應鼓而不應鼓，不當應鼓而應鼓。」今本上下二句皆脱一「鼓」字。

又《可口　平而迹》「人所往來者，令可口。迹者無下里三人，平而迹。」引之曰：此當作：「人所往來者，令可以迹。句。迹者無下里三人，平明而迹。」言人所往來之道，必令可以迹。《周官・迹人》注：「迹之言跡知禽獸處。」《襍守篇》曰：「可以迹知往來者少多。」其迹者之數無下里三人，至平明時而迹之也。《襍守篇》云：「距阜山林，皆令可以迹，平明而迹。」是其證。今本「可」下脱「以迹」二字，「平」下又脱「明」字，則義不可通。

又《脱文一》「門下謁者一長。」引之曰：「長」下當有「者」字，而今本脱之。下文曰：「更中涓一長者。」是其證。

又《兄弟知》「葆者或欲從兄弟知者，許之。」引之曰：「知」下當有「識」字，而今本脱之，則文義不完。《號令篇》曰：「其有知識兄弟欲見之。」是其證。

又《有分者》「吏從卒四人以上，有分者，大將必與爲信符。」引之曰：「分」下當有「守」字，而今本脱之，則文義不明。分守，謂卒之分守者也。下文曰：「男女老小先分守者，人賜錢千。」是其證。

又《時酒肉》「及勇士親戚妻子，皆時酒肉。」念孫案：「酒肉」上當有「賜」字，而今本脱之，則文義不明。下文曰：「父母妻子皆同其宫賜衣食酒肉。」是其證。

又八之一《孰脩爲》「非孰脩爲之君子，莫之能知也。」念孫案：《禮論篇》曰：「非順孰脩爲之君子，莫之能知也。」楊彼注云：「順，從也。孰，精也。脩，治也。爲，作也。」此文脱「順」字。楊又云：「孰，甚也。甚脩飾作爲之君子。」直望文生義耳。當從《禮論篇》補「順」字。

又八之二《不欺》「聖人何以不欺？」念孫案：「不欺」當作「不可欺」。「聖人不可欺」正對上文「衆人可欺」而言。下文「鄉乎邪曲而不迷」云云，正所謂聖人不可欺也。今本脱「可」字，則失其義矣。楊注云：「人不能欺，亦不欺人。」則所見本已脱「可」字，故曲爲之説，而不知與上下文不合也。《外傳》正作「不可欺」。

又《變執次序節然也》「周公鄉有天下，今無天下，非擅也。成王鄉無天下，

今有天下，非奪也。變執次序節然也。」引之曰：「節」上有「之」字，而今本脱之，則文義不明。此言周公鄉有天下而今無，成王鄉無天下而今有，皆變執次序之節如此也。據楊注云：「節，期也。權變次序之期如此。」則正文原有「之」字明矣。《榮辱篇》曰：「是非知能材性然也，是注錯習俗之節異也。」文義與此相似。

又八之三《王者之政也》 念孫案：「王者」上當有「是」字。「是王者之政也」，乃總承上文之詞。下文「是王者之人也」、「是王者之制也」、「是王者之論也」，皆與此文同一例。今本脱「是」字，則語意不完。《韓詩外傳》有「是」字。

又《王者之等賦政事財萬物所以養萬民也》 念孫案：「之」下當有「法」字。「王者之法」乃總目下文之詞。下文「是王者之法也」，正與此句相應。上文「王者之人」、「王者之制」、「王者之論」，皆上下相應。此文脱「法」字，則上下不相應矣。「等賦」二字連讀。楊云：「賦税有等，所以爲等賦。」《富國篇》云：「等賦府庫者，貨之流也。」「政」讀爲「正」，言等地賦，正民事，以成萬物而養萬民也。財者，成也。說見《非十二子篇》。楊讀「王者之等賦」爲句，「政事財萬物」爲句，皆失之。劉云：「『所以』二字當在『財萬物』上。」

又《速乎急疾　威乎刑罰》 「故君國長民者，欲趨事遂功，則和調累解。「累解」二字未詳，注非。速乎急疾。忠信均辨，說乎賞慶矣。必先脩正其在我者，然後徐責其在人者。威乎刑罰。」念孫案：「速乎急疾」、「威乎刑罰」下皆當有「矣」字，與「說乎賞慶矣」對文。

又八之四《然常欲人之有　啖啖然》 「内不脩正其所以有，然常欲人之有。」又下文：「不好脩政其所以有，今本「脩」誤作「循」，據上文改。「政」與「正」同。啖啖然常欲人之有。」今本脱「然」字，據上文補。念孫案：下文言「啖啖然」，則上文「然」上亦當有「啖啖」二字，而今本脱之。引之曰：啖啖，猶欿欿也。《說文》：「欿，欲得也。讀若『貪欿』，與「啖」聲近而字通，故曰「啖啖然常欲人之有。」楊云：「啖啖，并吞之貌。」則誤讀爲「啖食」之「啖」矣。

又《一天下》 「若是則一天下，名配堯禹。」引之曰：「一天下」上有「功」字，而今本脱之，則與下句不對。下文：「功壹天下，名配舜禹。」是其證。

又《是狂生者也》 「危削滅亡之情，舉積此矣。而求安樂，是狂生者也。」盧云：「元刻作『是聞難狂生者也』。」宋錢佃校本亦云「是狂生者也」。諸本作「是聞難狂生者也」。念孫案：此文本作：「危削滅亡之情，舉積此矣。而求安樂是聞，不亦難乎？是狂生者也。」今本脱「聞不亦難乎是」六字。此因兩「是」字相亂而脱去六字。元刻亦僅存「聞難」二字。《非傳》作：「夫危削滅亡之情皆積於此，而求安樂是聞，不亦難乎？是枉生者也。」「枉」蓋「狂」之誤。《臣道篇》亦云：「迷亂狂生。」

又《道者何也曰君道也》 念孫案：此篇以君道爲題，而又釋之曰：「道者何也？曰君道也。」則贅矣。《韓詩外傳》作：「道者何也？曰君之所道也。」於義爲長。君之所道，謂君之所行也。《儒效篇》曰：「道者人之所道也。」與此文同一例。今本蓋脱「之所」二字。

又八之五《民齊者强不齊者弱》 元刻「不齊」上亦有「民」字。宋龔本同。念孫案：有「民」字者是也。上文之「政令」，下文之「賞刑械用兵革」，皆於上下句兩見，則「民」字亦當兩見。

又《脱文八》 「《詩》曰：『淑人君子，其儀不忒。』此之謂也。」陳云：「玩上文語意，其下尚有『其儀不忒，正是四國』二句，今脱之也。儀即義也，故《尸鳩篇》『儀』皆讀爲『義』。」念孫案：此正承上文「遠方慕義」而言，所引《詩》蓋本作「其義不忒」，今本「義」作「儀」者，後人據《詩》改之耳。

又《不可勝》 「王者之功名不可勝。日志也。」楊注曰：「日記識其政事，故能功名不可勝數。」念孫案：玩楊注則正文「不可勝」下當有數字。

又《瞻曠》 「堂上不糞，則郊草不瞻曠芸。」念孫案：此言事當先其所急，後其所緩，故堂上不糞除，則不暇芸野草也。「芸」上不當有「瞻曠」二字，不知何處脱文，闌入此句中也。據楊注引《魯連子》「堂上不糞者，郊草不芸」，無「瞻曠」二字，即其證。楊注又曰：「堂上猶未糞除，則不暇瞻視郊野之草有無也。」此則不得其解而曲爲之說。

又《皆知其所以成莫知其無形夫是之謂天》 楊注曰：「言天道之難知。或曰當爲『夫是之謂天功』，脱『功』字耳。」念孫案：或說是也。人功有形而天功無形，故曰「莫知其無形，夫是之謂天功」。「天功」二字，下文凡三見。

又八之七《孝具》 「天非私齊魯之民而外秦人也，然而於父子之義，夫婦之别，不如齊魯之孝具敬父者何也？」楊云：「『敬父』當爲『敬文』，敬而有文，謂夫婦有别也。」念孫案：「敬文」見《勸學》、《禮論》二篇。念孫案：「於父子之義夫婦之别」上當有「秦人」二字，而今本脱之。又案：「孝具」二字不詞，且與「敬文」不對。「具」當爲「共」字之誤也。「孝共」即「孝恭」，「令德孝恭」，見《周語》。正與「敬文」對。楊云：「孝具，能具孝道。」此望文生義，而非其本旨。

又八之八《道聖王　道古賢聖　脱文四》 「請成相道聖王。」念孫案：「道聖

王」，從聖王也。古謂「從」爲「道」，説見《史記・淮南衡山傳》。下文「道古賢聖基必張」，義與此同。楊皆以道爲言説，失之。又案：「道古賢聖基必張」上當有一四字句，而今本脱之。此篇之例，兩三字句，一七字句，一四字句，又一七字句，共五句爲一章，今少一四字句。此指當時之君而言，與上成湯異事，故知有脱文。

又《脱文三》　「願陳辭。世亂惡善不此治。」引之曰：「願陳辭」下脱一三字句。

又《和之璧　爲天子寶》　「和之璧，井里之厥也。盧云：「『厥』同『橜』。《説文》：『橜，門梱也。』《荀子》以『厥』爲『橜』。《晏子》以『困』爲『梱』，皆謂門限。《意林》不解，乃故爲『璞』矣。」念孫案：此段説也，見《鍾山札記》。玉人琢之，爲天子寶。」念孫案：《文選・劉琨荅盧諶詩序》：「天下之寶，當與天下共之。」注引此「和」下有「氏」字，《晏子春秋・雜篇》同。「爲天子寶」作「爲天下寶」，又引《史記・藺相如傳》：「和氏璧，天下所共傳寶也。」於義爲長。下文亦云：「子贛、季路，爲天下列士。」

又《少不諷》　「少不諷，壯不論議。」念孫案：「少不諷」當從《大戴記》作「少不諷誦」。「諷誦」與「論議」對文，少一「誦」字，則文不足意矣。楊云：「諷謂就學諷《詩》、《書》。」則所見本已脱「誦」字。

又八之補　「欲調壹天下，制秦楚，則莫若聰明君子矣。」呂、錢本「欲」下皆有「得」字，是也。上文兩言「欲得」，則此亦當然。元刻「以」下脱「得」字。

又　「大國之主也，不隆本行，不敬舊法，而好詐，故若是，則夫朝廷羣臣，亦從而成俗，不隆禮義而好傾覆也。」呂、錢本「成俗」下皆有「於」字。念孫案：呂、錢本是也。「亦從而成俗於不隆禮義而好傾覆也」十五字爲一句。下文云：「則夫衆庶百姓，亦從而成俗於不隆禮義而好貪利矣。」句法正與此同。元刻「以」下脱「於」字，則失其句矣。

又九之一《霄雿　無垠》　「上游於霄雿之野，下出於無垠之門。」高注曰：「霄雿，高峻貌也。無垠，無形狀之貌。」念孫案：霄雿者，虚無寂漠之意。《俶真篇》曰：「虚無寂漠，蕭條霄雿。」是也。上言「霄雿」，下言「無垠鄂」，義本相近。高以正文言上游，遂以「霄雿」爲高峻貌，非其本指也。「無垠」下有「鄂」字，今本正文及注皆脱去。《漢書・楊雄傳》「紛被麗其亡鄂」，顔師古曰：「鄂，垠也。」「垠鄂」與「霄雿」相對爲文。《文選・西京賦》「前後無有垠鄂」，李善注：「《淮南子》曰：『出於無垠鄂之門。』許慎曰：『垠鄂，端崖也。』」《七命》注同。是許本有「鄂」字。《太平御覽・地部二十》：「《淮南子》曰：『下出乎無垠鄂之門。』高誘曰：『無垠鄂，無形之貌也。』」是高本亦有「鄂」字。

又《繳不若無形之像》　「故矢不若繳，繳不若無形之像。」念孫案：《初學記》引此作：「矢不若繳，繳不若網，網不若無形之像。」是也。上文言射者不能與羅者競多，故曰「繳不若網」。又言張天下以爲籠，因江海以爲罛，又何亡魚失鳥之有？故曰「網不若無形之像」。且「網」與「像」爲韻，今本脱去四字，則失其韻矣。

又《脱四字》　「此俗世庸民之所公見也，而賢知者弗能避也。」高注曰：「以諭利欲，故曰有所屏蔽也。」念孫案：如高注，則正文「避」字下當有「有所屏蔽」四字，而今本脱之也。此承上文而言，言先者有難而後者無患，此庸人之所共見也，而賢知者猶不能避，則爲争先之見所屏蔽故也，故注云「故曰有所屏蔽也」。凡注内「故曰」云云，皆指正文而言，以是明之。

又九之二《所得》　「今夫善射者有義表之度，如工匠有規矩之數，「如」讀爲「而」。此皆所得以至於妙。」陳氏觀樓曰：「『所得』上脱『有』字，高注『有所得儀表規矩之巧也』，是其證。」

又九之三《日行一度而歲有奇》　「日行一度而歲有奇四分度之一。」引之曰：「日行一度」本作「日行危一度」，後人删去「危」字耳。「日行危一度而歲有奇四分度之一」者，言每歲日行至危之一度，而有四分一之奇零也。蓋四分度之一，微茫難辨，其所在本無定處，推步者視周天之度起於何宿，則附餘數於度所止之宿。如殷曆以冬至日躔起度，則度起牽牛，而以四分度之一附於斗。《開元古經・北方七宿占篇》引石氏曰「斗二十六度四分度之一」是也。斗牽牛爲星紀，度起星紀則以四分度之一附於析木。下文曰「星分度箕十一四分一」是也。尾箕，析木也。顓頊曆以立春日躔起度，則度起營室，而以四分度之一附於危，即此所云「日行危一度而歲有奇四分度之一」是也。《廣雅》説七燿行道曰：「日月五星行黄道，始營室東壁。」又曰：「行須女虚危，復至營室。」是度起營室，而止於危。《月令》所謂「日窮于次」也。故以四分度之一附於危焉。危不止一度，而獨附於一度者，星度多少，古今不同，唯第一度不異，故附於此耳。《開元占經・日占篇》引此正作「日行危一度」，又引注曰：「危，北方宿也。」則有「危」字明矣。若如今本作「日行一度」，則所謂四分度之一者，不知附於何宿矣。甚矣其不可通也！

又《養老鰥寡》　「戊子受制，則養老鰥寡，行粰鬻，施恩澤。」念孫案：「養老鰥寡」當作「養長老，存鰥寡」，今本脱「長」、「存」二字，則句法與上下文不協。《時則篇》曰：「季夏存視長老，行稃鬻。仲秋養長老，行稃鬻飲食。」《春秋繁露・治水

五行篇》曰：「土用事，則養長老，存幼孤，矜寡獨，施恩澤。」《開元占經・填星占篇》引巫咸曰：「填星受制，則養老，蓋脱「長」字。存鰥寡，行饘粥，施恩澤。」皆其證。

又《則萬物螾》　「指寅，則萬物螾。」念孫案：此當作：「指寅，句。寅，句。則萬物螾螾然也。句。」「寅則萬物螾螾然」者，猶云「寅者，言萬物螾螾然」，故高注曰「動生貌」。《史記・律書》亦曰「寅者言萬物始生螾然也」。今本「寅」下脱一「寅」字，「螾」下又脱「螾然也」三字，則文不成義，且句法與下文不協矣。《太平御覽・時序部一》引此正作「寅則萬物螾螾然也」。

又《未昧也》　「未，昧也。」念孫案：「未」下脱「者」字。自「午者，忤也」至「丑者，紐也」皆有「者」字。「昧」本作「味」，後人以《漢書・律曆志》云「昧薆於未」，故改「味」爲「昧」，不知《淮南》自訓「未」爲「味」，與《漢書》不同也。《五行大義論・支幹名篇》及《太平御覽》引《淮南》並云：「未者，味也。」《白虎通義》及《廣雅》並云：「未，味也。六月滋味也。」「六月」下有脱文。《史記・律書》：「未者，味也。言萬物皆成，有滋味也。」義並與《淮南》同。

又九之四《縣圃》　「或上倍之，是謂縣圃。」念孫案：上文「縣圃涼風樊桐」，高注云：「皆崑崙之山名。」上文又云：「崑崙之丘，或上倍之，是謂涼風之山。」則此「縣圃」下亦當有「之山」二字。《水經・河水注》引此作「是謂元圃之山」，是其證。洪興祖《楚辭補注》引此亦有「之山」二字。

又《宜竹》　「漢水重安而宜竹。」念孫案：《太平御覽》地部二十三、二十七引此「竹」下皆有「箭」字。今本脱之。《禮書》引此已無「箭」字。古人言物産者，多並稱竹箭，故曰「漢水重安而宜竹箭」。《周官・職方氏》曰：「其利金錫竹箭。」《楚語》曰：「楚有藪曰雲連徒洲，金木竹箭之所生。」皆是也。

又《脱文》　引之曰：《説山篇》：「江出岷山，河出崑崙，濟出王屋，潁出少室，漢出嶓冢。」高注云：「已説在《地形》也。」今《地形篇》無「潁出少室」之文，蓋寫者脱去。

又九之六《聖若鏡》　「故聖若鏡，不將不迎，應而不藏。」念孫案：「聖」下脱「人」字。《意林》及《太平御覽》人事部四十二、服用部十九引此並有「人」字。《莊子・應帝王篇》「至人之用心若鏡」，《文子・精誠篇》「是故聖人若鏡」，亦皆有「人」字。

又九之七《脱三字》　「是故肺主目，腎主鼻，膽主口，肝主耳。」念孫案：《文子》作：「肝主目，腎主耳，脾主舌，肺主鼻，膽主口。」説肝腎肺之所主，與此互異而多「脾主舌」一句。案：此言五藏之主五官，不當獨缺「脾」與「舌」。下文「膽爲雲，肺爲氣，脾氣風，腎爲雨，肝爲雷」，即承此文言之。則此當有「脾主舌」一句，但未知次於何句之下耳。《白虎通義》亦曰「脾繫於舌」。

又《夫以天下爲者》　「藏詩書，脩文學，而不知至論之旨，則拊盆叩瓴之徒也。夫以天下爲者，學之建鼓矣。」念孫案：「夫以天下爲者」以上當有「無」字。無以天下爲者，承上文許由而言。《莊子・逍遥遊篇》許由曰：「予無所用天下爲。」《讓王篇》曰：「唯無以天下爲者，可以託天下。」「學之建鼓」對「拊盆叩瓴」而言，言無以天下爲者，其於世俗之學者，猶建鼓之於盆瓴也。今本「以天下」上脱「無」字，則義不可通。《文子・九守篇》正作「無以天下爲者」。

又九之八《有能治之者也》　「及僞之生也，飾智以驚愚，設詐以巧上，天下有能持之者，有能治之者也。」高注曰：「有能持之者，桀紂之民。有能治之者，湯武之君也。」念孫案：「有能治之者也」當作「未有能治之者也」，言詐僞並起，天下有能以法持之者，未有能以道治之者也。其能治之者，必待至人。下文「至人之治也」云云，是也。《文子・下德篇》作「天下有能持之而未有能治之者也」，是其證。高所見本蓋脱「未」字。

又《能愈多》　「昔者蒼頡作書，而天雨粟，鬼夜哭。伯益作井，而龍登玄雲，神棲崑崙。能愈多而德愈薄矣。」《太平御覽・鱗介部一》引此「能愈多」作「智愈多」。念孫案：當作「智能愈多」。「智能」二字總承上文言之。今本脱「智」字，《御覽》脱「能」字。《文子・下德篇》作「智能彌多而德滋衰」，是其證。

又《爲琁室瑶臺象廊玉牀》　「晚世之時，帝有桀紂。爲琁室瑶臺象廊玉牀，紂爲肉圃酒池。」念孫案：「爲琁室上」脱「桀」字。《大戴禮・少閒篇》注、《北堂書鈔・帝王部二十》、《太平御覽・皇王部七》引此「爲」上皆有「桀」字。

又《成之迹》　「取成之迹，相與危坐而説之，鼓歌而舞之，故博學多聞而不免於惑。」陳氏觀樓曰：「『取成之迹』當依《文子・精誠篇》作取『成事之迹』。」

又《身無患》　「故閉四關，則身無患，百節莫苑。莫死莫生，莫虚莫盈。」念孫案：「身無患」當依《文子・下德篇》作「終身無患」。「終身無患，百節莫苑」，相對爲文，下二句亦相對爲文。脱去「終」字，則句法參差不協矣。

又《歌舞節》　「樂斯動，動斯蹈，蹈斯蕩，蕩斯歌，歌斯舞。歌舞節，則禽獸跳矣。」念孫案：「歌舞節」當作「歌舞無節」。

又《非强而致之》　「夫三年之喪，非强而致之。」高注曰：「非强行致孝子之

情也，情自發於中。」念孫案：「非强而致之」，「强」下當有「引」字。高注當作「非强引致孝子之情」。今本正文脱「引」字，注内「引」字又誤作「行」。《羣書治要》引此正作「非强引而致之」。

又九之九《民之化也》 「故民之化也，不從其所言而從所行。」念孫案：「民之化也」，本作「民之化上也」。下句「其」字正指上而言。脱「上」字，則義不相屬。《文子・精誠篇》正作「民之化上」。

又《樂聽其音》 「故曰：『樂聽其音，則知其俗。見其俗，則知其化。』」念孫案：「樂」字與下文義不相屬，當有脱文。《文子・精誠篇》作：「聽其音則知其風，觀其樂即知其俗，見其俗即知其化。」

又《不與焉》 「故爲治者不與焉。」念孫案：「不與」上當有「智」字。《老子》曰：「以智治國，國之賊。不以智治國，國之福。」故曰「爲治者智不與焉」，脱去「智」字，則文不成義。高注曰：「治在道，不在智，故曰『不與焉』。」「不與」上亦當有「智」字。則有「智」字明矣。《文子・下德篇》正作「知不與焉」。

又《入榛薄險阻》 「伊尹，賢相也，而不能與胡人騎騵馬而服騊駼。孔墨博通，而不能與山居者入榛薄險阻也。」念孫案：「險阻」上脱「出」字。「入榛薄出險阻」與「騎騵馬服騊駼」相對爲文。《羣書治要》引此有「出」字。

又《其以移風易俗矣》 「權勢之柄，其以移風易俗矣。」念孫案：「其以移風易俗矣」，文義未足。下文曰：「攝權勢之柄，其於化民易矣。」則此亦當曰：「權勢之柄，其以移風易俗易矣。」蓋上「易」爲「變易」之「易」，下「易」爲「難易」之「易」。《漢書・禮樂志》：「其感人深，其移風易俗易。」今《樂記》脱下「易」字，辩見《經義述聞》。顔師古曰：「易，音弋鼓反。」是其證也。今本無下「易」字者，後人誤以爲複而删之耳。

又《脱文二句》 「無大小脩短，各得其所宜。《羣書治要》作「大小脩短，皆得所宜」。規矩方員，各有所施。」念孫案：《羣書治要》引此「各有所施」下有「殊形異材莫不可得而用也」二句，今本脱去。下文：「天下之物莫凶於奚毒，然而良醫橐而藏之，有所用也。」即承「莫不可得而用」言之，則原有此二句明矣。凡《治要》所引之書，於原文皆無所增加，故知是今本遺脱也。

又《與臣下争》 「君人者，釋所守而與臣下争，則有司以無爲持位。守職者，以從君取容，是以人臣藏智而弗用，反以事轉任其上矣。」念孫案：「與臣下争」當作「與臣下争事」。唯君與臣争事，是以臣藏智弗用，而以事轉任其上也。脱去「事」字，則文義不明。《文子・上仁篇》正作「與臣争事」。

又《捨其易成者》 「夫以正教化者，易而必成。以邪巧世者，難而必敗。凡將設行立趣於天下，捨其易成者，而從事難而必敗者，愚惑之所致也。」念孫案：「捨其易成者」當作「捨其易而必成者」。今本脱「而必」二字，則與上文不合。《文子・微明篇》正作「捨其易而必成」。

又《事可權者多愚之所權者少此愚者之所多愚》 「人之情，不能無衣食。衣食之道，必始於耕織，萬民之所容見也。「容」與「公」古字通。劉本改作「公」，莊從劉本，非。物之若耕織者，始初甚勞，終必利也衆。句。愚人之所見者寡，事可權者多，愚之所權者少，此愚者之所多患。」念孫案：「事可權者多」二句當作「事之可權者多，對上文「物之若耕織者，始初甚勞，終必利也衆」。愚人之所權者少」。對上文「愚人之所見者寡」。各本脱「之」字、「人」字，則文義不明。「此愚者之所多患」，劉本作「此愚者之所以多患也」。案：當作「此愚者之所以多患也」。對下文「此智者所以寡患也」。《道藏》本脱「以」字、「也」字，劉本脱「所」字。

又九之一〇《慙乎景》 「夫察所夜行，周公慙乎景，故君子慎其獨也。」念孫案：「慙」上當有「不」字，方與下意相屬。《文子・精誠篇》作「聖人不慙於景」。《晏子春秋・外篇》：「君子獨立不慙于景，獨寢不慙于魂。」

又《行政善善未必至也》 「周政至，殷政善，夏政行。行政善，善未必至也。至至之人不慕乎行，不慙乎善。」念孫案：「行政善，善未必至也」，當作「行政未必善，善政未必至也」。今本上句脱「未必」二字，下句脱「政」字，則文義不明。高注「夏政行」曰：「行，尚粗也。」是「行政未必善」也。又注「殷政善」曰：「善施教，未至於道也。」是「善政未必至」也。又注「周政至」曰：「至於道也。」故曰「至至之人，不慕乎行，不慙乎善」。「至至」即「至道」，説見上文「至至」下。

又九之一一《人之所能已》 「不强人之所不能爲，不絶人之所能已。」陳氏觀樓曰：「『能已』上亦當有『不』字。《文子・上仁篇》正作『不絶人所不能已』。」

又《所以巧》 「若夫規矩鉤繩者，此巧之具也，而非所以巧也。」念孫案：「巧也」上當有「爲」字。下文云：「故弦，悲之具也，而非所以爲悲也。」與此相對爲文。《太平御覽・工藝部九》引此正作「非所以爲巧」。《文子・自然篇》同。

又《求水》 「扣門求水，莫弗與者，所饒足也。」念孫案：此用《孟子》語，則「水」下當有「火」字。《羣書治要》、《意林》引此皆作「求水火」。

又九之一二《無爲知　弗知之深》 「若是則無爲知，與無窮之弗知，孰是孰

非？無始曰：『弗知之深而知之淺，弗知内而知之外，弗知精而知之粗。』」念孫案：「弗知之深」，「之」字當在上文「無爲」下。「無爲之知」與「無窮之弗知」相對爲文。今本「無爲」下脱「之」字，則文不成義。「弗知」下衍「之」事，則與下二句不對。《莊子・知北遊篇》作：「若是，則無窮之弗知與無爲之知，孰是而孰非乎？無始曰：弗知深矣，知之淺矣，弗知内矣，知之外矣。」是其證。

又《曰善》 「以示翟煎曰善。」念孫案：「曰善」上當更有「翟煎」二字。「以示翟煎，翟煎曰善」，與上文「示諸先生，先生皆善之」、「奏之惠王，惠王甚説之」文同一例。今本「翟煎」二字不重寫者，脱之也。《太平御覽》引此已誤。《羣書治要》引此作「以示翟煎，翟煎曰善」，《吕氏春秋》作「以示翟翦，翟翦曰善也」，皆其證。

又《蹀足謦欬疾言》 「惠孟見宋康王，蹀足謦欬疾言曰：『寡人所説者，勇有功也，不説爲仁義者也。』」念孫案：「蹀足」上當更有「康王」二字，今本脱去，則文義不明。《列子・黄帝篇》作「惠盎見宋康王，康王蹀足謦欬疾言」，是其證。「有功」當爲「有力」，字之誤也。

又《故老子曰下脱五字》 「故《老子》曰：『勇於不敢則活。』」念孫案：「《老子》曰」下脱「勇於敢則殺」一句。兩句相對爲文，單引一句，則文不成義。《文子・道德篇》亦有此句。

又《所自來者》 「今受其先人之爵禄，則必重失之。所自來者久矣，而輕失之，豈不惑哉？」念孫案：「所自來者」上當有「生之」二字。此承上文保生而言，言人皆重爵禄，而輕其生也。脱去「生之」二字，則文不成義。《莊子・讓王篇》、《吕氏春秋・審爲篇》、《文子・上仁篇》皆有「生之」二字。

又《求者》 「敗矣子之所使求者。」念孫案：「求」下脱「馬」字。《郤正傳》注及《白帖》引此並有「馬」字。《列子》同。

又《時争利》 「砥礪甲兵，時争利於天下。」念孫案：「時」上當有「以」字，謂因時而動，與天下争利也。脱去「以」字，則文義不明。《説苑》有「以」字。

又《不可》 「故周鼎著倕而使齕其指，先王以見大巧之不可也。」念孫案：「不可」下脱「爲」字。《吕氏春秋》作「先王有以見大巧之不可爲也」，是其證。《本經篇》亦云：「故周鼎著倕，使銜其指以明大巧之不可爲也。」

又九之一三《波至而自投於水》 「楚人有乘船而遇大風者，波至而自投於水。」念孫案：「波至而」下當有「恐」字。下文「惑於恐死而反忘生也」，即承此句言之。《羣書治要》、《意林》、《藝文類聚・舟車部》、《白帖》六十三、《太平御覽》地部三十六、舟部二引此皆作「波至而恐」。

又《故馬免人於難者六句内脱文》 「故馬免人於難者，其死也葬之。牛其死也葬，以大車爲薦。」念孫案：《藝文類聚・獸部上》、《太平御覽》禮儀部三十四、獸部八引此並作：「故馬免人於難者，其死也葬之，以帷爲衾。牛有德於人者，其死也葬之，以大車之箱爲薦。」今本「葬之」下脱去「以帷爲衾」四字，「牛」下脱去「有德於人者」五字，「葬」下脱去「之」字，「大車」下脱去「之箱」二字，當補入。

又九之一四《以相饗　反生鬬》 「今有美酒嘉肴以相饗，卑體婉辭以接之，欲以合歡，争盈爵之間，反生鬬。鬬而相傷，三族結怨。」念孫案：《文選・鮑照結客少年場行》注引此「以相饗」，「饗」上有「賓」字。「反生鬬」，「反」上有「乃」字，句法較爲完緒。

又九之一五《同欲相助》 「故同利相死，同情相成，同欲相助。」念孫案：「同欲相助」當作「同欲相趨，趨，七句反，向也。同惡相助」。今本上句脱「相趨」二字，下句脱「同惡」二字。「同欲」、「同惡」，相對爲文。且「利」、「死」爲韻，「情」、「成」爲韻，「欲」、「趨」爲韻，「惡」、「助」爲韻。「欲」與「助」，則非韻矣。古韻「欲」、「趨」屬侯部，「惡」、「助」屬御部，故「欲」與「助」非韻。《史記・吴王濞傳》：「同惡相助，同好相留，同情相成，同欲相趨，同利相死。」是其證。《文子・自然篇》作「同行者相助」，此以意改耳。《吕氏春秋・察微篇》亦云「同惡固相助」。

又《山高尋雲谿肆無景》 「山高尋雲，谿肆無景。」念孫案：《太平御覽》引出「山高尋雲霓，谿深肆無景」是也。「谿深」二字連讀，今本脱「深」字，則與上句不對。「肆無景」三字連讀，故高注云：「肆，極也，極谿之深，不見景也。」若以「谿肆」連讀，則文不成義矣。《晉書・羊祜傳》：「高山尋雲霓，深谷肆無景。」即用《淮南》語。

又九之一六《不可使長》 「鸚鵡能言而不可使長，長，竹丈反，高注：「長，主也。」是何則得其所言而不得其所以言。」念孫案：「不可使長」，「長」下當有「言」字。高注曰：「不知所以長言。」下注又曰：「不能自爲長主之言。」則有「言」字明矣。脱去「言」字，則文不成義。《藝文類聚・鳥部中》、《太平御覽・羽族部十一》引此皆有「言」字。

又《一淵不兩蛟下脱文》 「故末不可以强於本，指不可以大於臂。下輕上重，其覆必易。一淵不兩蛟。」念孫案：「一淵不兩蛟」即承上文言之，以明物不兩

大之意，而語勢未了，其下必有脱文。《太平御覽・鱗介部二》引此「一淵不兩蛟」下有「一棲不兩雄，《韓子・揚榷篇》曰：「毋弛而弓，一棲兩雄。」一則定，兩則争」凡十一字，又引高注云：「以日月不得並明，一國不可兩君也。」上文「一淵不兩蛟」下引「鮫魚之長其皮有珠」云云，與今本高注同，則此所引亦是高注。今本皆脱，當據補。《文子・上德篇》亦云：「一淵不兩蛟，一雌不二雄。一即定，兩即争。」

又《周之所存　身所以亡》「大夫種知所以强越，而不知所以存身。萇弘知周之所存，而不知身所以亡。」念孫案：下二句「存」上脱「以」字，「身」下脱「之」字。

又《不可慮》「事或不可前規，物或不可慮。」念孫案：「物或不可慮」，文義未明，且與上句不對。《文子・上德篇》：「事或不可前規，物或不可豫慮。」賈誼《鵩鳥賦》：「天不可豫慮兮，道不可豫謀。」即用《淮南》之文。今本蓋脱「豫」字。

又《縱之其所而已》「爲魚德者，非挈而入淵；爲蝯賜者，非負而緣木，縱之其所而已。」念孫案：「縱之其所而已」，「所」下當有「利」字。淵者，魚之所利，木者，蝯之所利，故曰「縱之其所利而已」。高注故曰：「縱之其利而已也。」「利」上當有「所」字，各本正文脱「利」字，《困學紀聞》引此已誤。而注文「利」字尚存。莊本又改「利」字爲「所」字，則并注文亦無「利」字矣。《文子・上德篇》作「縱之所利而已」，與高注「利」字合，則正文原有「利」字明矣。

又九之一七《自藜藿》「爲客治飯而自藜藿，名尊於實。」念孫案：「自藜藿」本作「自食藜藿」，今本脱「食」字，則文義不明。舊本《北堂書鈔・酒食部三》出「爲客治飯自食藜藿」八字，注云：「《淮南子》云：『爲客治飯而自食藜藿，名尊於實也。』」陳禹謨本「食」字誤在「藜藿」下。《太平御覽・飲食部八》引同。

又《或謂簦下脱文》「或謂冢，或謂隴，或謂笠，或謂簦。頭虱與空木之瑟，名同實異也。」念孫案：「或謂簦」下當有「名異實同也」五字，言「冢」與「隴」，「笠」與「簦」，名異而實同。「隴」本作「壠」。《方言》：「冢，秦晉之閒或謂之壠。」《廣雅》：「簦謂之笠。」若「頭虱」與「空木之瑟」，則名同而實異也。

又《爲其不出户而堁之也》「蒙塵而眯，固其理也。爲其不出户而堁之也。」高注曰：「爲不出户而塵堁眯之，非其道。」引之曰：如高注，則正文「爲其不出户而堁之」下當有「非其道」三字，而寫者脱之也。道亦理也。「固其理也」、「非其道也」，相對爲文。「爲」猶「謂」也。「爲」字古與「謂」同義，説見《釋詞》。蓋出户而後蒙塵，蒙塵而後眯。若謂不出户而堁之，則無是理也。今本無「非其道」三字，則文不成義，且與上文不對矣。又「道」與「理」爲韻，《恒・彖傳》：「久於其道也。」與「已」、「始」爲韻。《月令》「毋變天之道」，與「理」、「紀」爲韻。《管子・心術篇》「心處其道」，與「理」爲韻。《正篇》「臣德咸道」，與「紀」、「理」、「止」、「子」爲韻。若無此三字，則失其韻矣。下文「雖欲養之非其道」，亦與「酒」爲韻。

又《聖人行於水衆人行於霜》「聖人行於水，衆人行於霜。」念孫案：此本作：「聖人行於水，無迹也。衆人行於霜，有迹也。」今本脱「無迹也」、「有迹也」六字，則文義不明。《文選・洛神賦》注引此作：「聖足行於水，無跡也。衆生行於霜，有跡也。」《太平御覽・天部十四》引此作：「聖人行於水無跡，衆人行於霜有跡。」是其證。據高注云：「水有形而不可毁，故聖人行之無迹。」則正文本有「無迹也」三字明矣。下注當云：「霜雪有形而可毁，故衆人行之有迹。」今本云：「霜雪履有迹，故衆人行之也。」則後人依已誤之正文改之耳。

又九之一八《以爲下脱文》「魯君聞陽虎失，大怒問所出之門，使有司拘之，以爲傷者受大賞，而不傷者被重罪。」念孫案：「以爲」二字與下文義不相屬。《太平御覽》引此作：「以爲傷者，戰鬭者也。不傷者爲縱之者。傷者受厚賞，不傷者受重罪。」是也。今本無「傷者戰鬭」以下十三字，此因兩「傷者」相亂，故寫者誤脱之耳。

又《反利　反取》「此所謂害之而反利者也。」念孫案：「利」下脱「之」字。《太平御覽》引此有「之」字。上文云：「或欲害之，乃反以利之。」是其證。又下文：「此所謂與之而反取者也。」「取」下亦脱「之」字。上文云：「或與之，而反取之。」是其證。

又《爲僇》「斬司馬子反爲僇。」念孫案：《後漢書》注引此「爲僇」上有「以」字，是也。今本脱「以」字，則詞意不完。《吕氏春秋》、《韓子》、《説苑》皆有「以」字。

又《雲起》「山致其高而雲起焉，水致其深而蛟龍生焉。」念孫案：「雲」下脱「雨」字。「雲雨」、「蛟龍」，相對爲文。《太平御覽・鱗介部二》引此正作「雲雨起焉」。《説苑・貴德篇》、《文子・上德篇》及《論衡・龍虚篇》引傳並同。《荀子・勸學篇》：「積土成山，風雨興焉。積水成淵，蛟龍生焉。」亦以「風雨」、「蛟龍」相對。

又《好善者》「昔者宋人好善者。」念孫案：「好善」上脱「有」字。《列子・説符篇》作「宋人有好行仁義者」。《論衡・福虚篇》作「宋人有好善行者」，皆有

「有」字。

又九之一九《土地宜》 「相土地宜，燥濕肥墝高下。」念孫案：「宜」上脫「之」字。《太平御覽・皇王部三》引此有「之」字。

又《海內之事》 「又況贏天下之憂而海內之事者乎？」念孫案：「海內」上脫「任」字。《藝文類聚》人部四、雜器物部、《太平御覽》人事部一百一十、器物部六引此皆有「任」字。

又《有餘》 「知者之所短不若愚者之所脩，賢者之所不足不若衆人之有餘。」念孫案：「有餘」上亦當有「所」字。

又《順風》 「夫鴈順風以愛氣力。銜蘆而翔，以備矰弋。」念孫案：「順風」下本有「而飛」二字，與「銜蘆而翔」相對爲文。今本脫此二字，則與下文不對。《藝文類聚・鳥部中》、《白帖》九十四、《太平御覽・羽族部四》引此並作「從風而飛，以愛氣力」，《說苑・說叢篇》作「順風而飛以助氣力」，皆其證。

又《不出門》 「今使人生於辟陋之國，長於窮櫚漏室之下，長無兄弟，少無父母，目未嘗見禮節，耳未嘗聞先古，獨守專室而不出門，使其性雖不愚，然其知者必寡矣。」念孫案：「門」下當有「户」字。「不出門户」與「獨守專室」相對爲文。且「户」與下「母」、「古」、「寡」爲韻。「下」讀若「户」，「寡」讀若「古」，「母」合韻音莫補反，並見《唐韻正》。若無「户」字，則失其韻矣。

又《以爲知者也》 「曉然意有所通於物，故作書以喻意以爲知者也。」高注曰：「喻，明也，作書者以明古今傳代之事，以爲知者施也。」念孫案：如高注，則「喻意」當作「喻事」，「知者」下當有「施」字。施，設也，言作書以明事，爲後之知己者設也。又下文：「故師曠之欲善調鍾也，以爲後之知音者也。」「以爲後之知音者」與「以爲知者施」同意。各本「知音」上有「有」字，因上文「若有知音者」而衍。《呂氏春秋・長見篇》作「以爲後世之知音者也」，無「有」字。注曰：「喻上句作書爲知者施也。」各本「知者」作「知音」，因正文「知音」而誤，今據上注改。則正文有「施」字明矣。今本「喻事」作「喻意」，涉上句意字而誤。知者下脫「施」字，則文義不明。

又九之二〇《日月合明鬼神合靈》 「故大人者，與天地合德，日月合明，鬼神合靈，與四時合信。」念孫案：此用《乾・文言》語也。「日月」、「鬼神」上並脫「與」字。《文子・精誠篇》正作「與日月合明，與鬼神合靈」。

又《知者不妄發》 「夫知者不妄發，擇善而爲之，計義而行之，故事成而功足賴也，身死而名足稱也。」念孫案：「夫知者不妄發」，《羣書治要》引作「夫知者不妄爲，勇者不妄發」，是也。下文「擇善而爲之」及「事成而功足賴」，皆承「知者不妄爲」而言。「計義而行之」及「身死而名足稱」，皆承「勇者不妄發」而言。今本脫「爲」字及「勇者不妄」四字，此因兩「不妄」相亂故寫者誤脫之。則與下文不合。《說苑・說叢篇》亦云：「夫智者不妄爲，勇者不妄發。」今本「發」誤作「殺」。

又《越爲之》 「夫刻肌膚鑱皮革，被創流血，至難也，然越爲之以求榮也。」念孫案：「越」下脫「人」字。高注：「越人以箴刺皮。」即其證。《羣書治要》引此正作「越人」。

又《棄義》 「且法之生也，以輔仁義。今重法而棄義，是貴其冠履而忘其頭足也。」念孫案：「義」上脫「仁」字。《太平御覽・治道部五》引此已誤。上下文皆言「仁義」，無但言「義」者。

又《然後成曲》 「弦有緩急小大，然後成曲。車有勞軼動静，而後能致遠。」案：《史記》、《漢書》多以「軼」爲「逸」。《道藏》本、劉本皆作「軼」。《漢魏叢書》本改「軼」爲「逸」，而莊本從之，未達假借之義。念孫案：「成曲」上亦當有「能」字。《文子・微明篇》正作「然後能成曲」。

又《然而傷和睦之心而構仇讐之怨》 「使民居處相司，有罪相覺，於以舉姦，非不掇也。然而傷和睦之心，而構仇讐之怨。」念孫案：末二句當從《羣書治要》所引作：「然而不可行者，爲其傷和睦之心，而構仇讐之怨也。」今本「然而」下脫去「不可行者爲其」六字及「也」字，則語意不完，且與上五條不對矣。

又《此三代之所昌》 「上無煩亂之治，下無怨望之心，則百殘除而中和作矣，此三代之所昌。」念孫案：「此三代之所昌」當從《羣書治要》所引作「此三代之所以昌也」。今本脫去「以」字、「也」字，則文義不明。

又九之二一《服傷生而害事》 「厚葬靡財，而貧民服傷生而害事。」念孫案：「服傷生而害事」，文義未明。「服」上當有「久」字。「厚葬」、「久服」，相對爲文。《墨子・節葬篇》多言「厚葬久喪」。《晏子春秋・外篇》：「厚葬破民貧國，久喪遁哀費日。」皆《淮南》所本也。

又《餘編》下《齷齪而筭》 《吴都賦》：「齷齪而筭，顧亦曲士之所歎也。旁魄而論都，抑非大人之壯觀也。」念孫案：「齷齪而筭」下當有「地」字。「齷齪而筭地」、「旁魄而論都」，相對爲文。劉逵注云：「言筭量蜀地，亦是曲僻之士。」則「筭」

下原有「地」字明矣。

黄丕烈《重刻剡川姚氏本戰國策札記》卷上　薛公必破秦。鮑「必」下補「不」字。吴氏補曰：「《史》此下有『不』字，是。」

又　則欲其爲我詈人也。「我」，鮑本無。

又　而常以國輸楚王。鮑「國」下補「情」字，改「王」爲「楚」，屬下讀。吴氏補曰：「『國』下當有『情』字。」

又　而投其石。鮑「石」下補「曰」字。

又　何愛餘明之照四壁者。「愛」下，鮑本有「於」字。

又卷中　何以知其然。鮑「然」下補「也」字。吴氏補曰：「上文例宜有『也』字。」

又　事成予之五大夫。王曰：「善。」乃以十乘行之。此十六字鮑本無。

又　四塞以爲固。「四塞」二字，鮑本無。吴補：「別本有『四塞』字。《史》同。此脱。」

又　有勞其身愁其志以憂社稷者。此十二字鮑本無。

又　亦有不爲爵勸。「有」，鮑本無。鮑補「有」字。

又　必不敢倍盟。鮑「盟」下補「背盟」二字。吴氏補曰：「宜復有『背盟』二字。」

又　乃奉惠子。今本脱「乃」字。

又　則伐秦者趙也。鮑「則」下補「不」字。吴氏補曰：「『則』下宜有『不』字。」

又　親寡君之母弟也。今本脱「之」字。

又　是危也。「是」下鮑本有「重」字。丕烈案：有者當是。

又　而令趙王重其行而厚奉之。「令」下鮑本有「之」字。丕烈案：有者當是。此讀「趙」字句絶，「王重」以下別爲句。

又卷下　亟以少割收魏方疑。「魏」字鮑本重。丕烈案：重者當是。

又　魏王曰「善」。今本脱「王」字。

又　蹄閒三尋者。今本脱「者」字。吴補：「一本此有『騰』字。」丕烈案：《史記》作「騰者」。

又　焉辭孤竹之君。「焉」鮑本無。丕烈案：焉，於也，屬下讀，鮑無者非。

又　用兵如刺蜚繡。今本脱「繡」字。鮑本無。吴補：「一本『刺繡』。」丕烈案：《史記》作「刺蜚」。此必策文作「繡」，《史記》作「蜚」，遂兩存也。今本刪去「繡」字者誤。

又　不如遂行遂行。今本脱「遂行」二字。

又　每篇閒有異者。今本脱「異」字，吴引不誤。

又　先秦古書。吴引無「先」字。丕烈案：無者誤脱也。

阮元《十三經注疏校勘記・周易注疏校勘記》卷一　並依此説也。閩、毛本同。監本「依」誤「焉」，闕「此」字。

又　故乾彖云。錢本、宋本同。閩、監、毛本脱「故」字。

又　故蒙昧之象也。錢本、宋本、閩、監本同。毛本脱「昧」字。

又卷二　故食其舊日之德禄位。盧文弨云：「『禄位』上當有『謂』字。」

又　未有居衆人之所惡而爲動者所害。郭京云：「『而』乃『不』字之誤。」盧文弨謂：「『而』下脱『不』字耳。」

又卷三　聰不明也。岳本、閩、監、毛本同。古本脱「也」字。

又　養育其民。閩、監、毛本同。宋本「其民」間闕一字。

又　雖不及六二之休復。宋本同。閩、監、毛本脱「之」字。

又卷四　吝其宜也。此下十行本、閩、監、毛本並脱去《正義》一段。今據錢本、宋本録之於下。《正義》曰：「『咸其股執其隨往吝』者，九三處二之上，轉高至股。股之爲體，動静隨足。進不能制足之動，退不能静守其處。股是可動之物，足動則隨，不能自處，常執其隨足之志，故云『咸其股執其隨』。施之於人，自無操持，志在隨人，所執卑下，以斯而往，鄙吝之道，故言『往吝』。」

又　故可以行小事而獲吉也。宋本、閩本同。監、毛本脱「故」字。

又　《正義》曰：「未失道者既遇其主，雖失其位亦未失道也。」此疏錢本、宋本在「九二」疏末。十行本在「未失道也」下。閩本與十行本同。監毛本脱去。

又卷五　故爲舉莛與楹。孫志祖云：「今本《莊子》『故爲』下有『是』字。」

又　迄至亦未繘井。石經、岳本、閩、監、毛本同。古本脱「亦」字。

又　其道光明。石經、岳本、閩、監、毛本同。古本脱「其」字，下「行其庭」同。

又卷七　則俱由剛柔而著。岳本、宋本、古本、足利本同。閩、監、毛本脱「則」字。

又　《正義》曰：「彖謂卦下之辭言説乎一卦之象也。」閩本同。監、毛本脱「卦下之辭言」五字，錢本、宋本並有。

又　謂易與道義爲門户也。宋本同。閩、監、毛本脱「易」字。

又卷八　即位九十八年而盟。錢本、宋本同。閩、監、毛本脱「而」字。

又　故云衰意也。浦鏜云：「『衰』下脱『世之』二字。」

又卷九　取耦數於地。錢本、宋本同。閩、監、毛本脱「取」字。

又　必有喜遇也。岳本、宋本、古本、足利本「喜」作「嘉」。閩、監、毛本脱「也」字。

又　《周易・雜卦》第十一。石經、釋文、岳本、錢本、錢校本同。古本「卦」下有「傳」

字。按：監本此節注文全脱，當依此補。

又 復反也。岳本、閩、監、毛本同。古本無「也」字。下「親寡旅也」、「履不處也」並同。石經此三字漫滅，以字數計之當有「也」字。

又附《周易釋文校勘記》 鼫。一名鼫鼠。宋本、盧本同。十行本、閩、監本脱「鼠」字。

又 失得。宋本、盧本同。十行本、閩、監本脱「失」字。

又 以爲。宋本、十行本、閩、監本同。盧本下增「子」字，是也。

又 乾。依字作乾下乙，乾從旦放。放音偃。十行本、閩本同。監本脱此十三字。宋本「乾」並作「軋」，盧本同，是也。

又 亨由於貞也。石經、古本、足利本同。閩、監本脱「亨」也。

又《周易略例校勘記》 若中孚之九二。錢本同。閩、監本脱「之」字。

又《尚書注疏校勘記》卷一 則書者寫其言。閩、監俱脱「者」字。

又 《詩》有序五百一十一篇。「五」，十行、閩、監俱作「三」，是也。浦鏜云：「『有序』字當誤倒。」按：或「序」下脱「者」字。

又 天下學士。嘉靖、閩、監俱脱「天下」二字。

又 其後兵大起流亡。十行本「大」作「火」，脱「亡」字。閩本亦脱「亡」字。

又卷三 比鞭爲重。十行本「比」誤作「此」，脱「重」字。

又 知垂所讓四人。按：「垂」下脱「益」字。

又卷五 《易辭》云。「易」下宋板有「繫」字，是也。

又卷六 三江既入此湖也。浦鏜云：「脱一『入』字。」

又 指其澤謂之。「之」下宋板、十行、閩、監、《纂傳》俱有「藪」字，是也。

又 厥田惟下下厥賦下上上錯。十行本脱一「上」字，閩本擠入。

又 多而得名耳。浦鏜云：「『多』上脱『但在河内』四字，從《詩》疏校。」

又 水去可爲耕作畎畝之治。十行、閩本俱脱「去」字。

又 浮于洛達于河。唐石經脱「達于」二字。

又 隴西郡西嶓冢山西漢水所出。宋板「嶓」上有「縣」字。十行、正、嘉、閩本、《纂傳》俱有「縣」字，脱「嶓」字。「出」下宋板亦有「也」字。按：「縣」不當有。

又 是二者皆山名沱出于江。「名」下宋板有「也」字。十行、正、嘉、閩本俱有「也」字，脱「沱出」二字。「江下」宋板、正、嘉俱有「也」字。

又 傳合黎至沙東。十行本脱「東」字。

又卷七 待太康於洛水之北。葛本脱「於」字。

又 言雖不經以取信。浦鏜云：「『以』字上當有『難』字。」

又 萬姓皆共仇我。十行本脱「萬」字。

又 湯使亳衆往爲之耕。十行、閩本俱脱「衆」字。

又卷八 所以比於日者。「比」下宋板有「桀」字，是也。

又 謂於會之所。浦鏜云：「『會』下當脱『同』字。」

又 經稱尹躬及湯有一德。「湯」下宋板有「咸」字，是也。

又 曰嗚呼天難諶。閩本「曰」字空。葛本脱「曰」字。按：葛本多依閩本，此亦一證。

又卷九 恐隕越於下。十行、閩本俱脱「隕」字。

又卷一〇 經營求之於外野。十行、閩、監、葛本俱脱「營」字、「外」字。按：岳本、《纂傳》俱有。

又 事神禮煩亂而難行。「煩」下宋板有「則」字。按：有「則」字與注合。

又 傳言至至自消。十行、閩、監俱脱一「至」字。

又 以紂自絶先王。十行、閩、監俱脱「王」字。

又卷一一 古文《泰誓》伐紂時事。十行、閩、監俱脱「時」字。

又 日亡吾乃亡矣。自此句「矣」字起至下文「觀其心」止，凡三十字，十行、閩、監俱脱。

又 近死魄。十行、正德、嘉、萬、閩、葛俱脱「近」字。

又卷一二 傳皇大至之道。十行本脱「傳」字。

又 卜五。監本脱「卜」字。按：上傳「卜筮之數」，監本「數」下有「七」，字即此經「卜」字之誤也。

又 謂惡是善。十行、閩、監俱脱上二字。

又卷一四 《周禮》上公五百。「百」下宋板有「里」字，是也。

又 故於我一二邦。葛本、閩、監俱脱「我」字。

又 故曰德刑也。十行、閩、監俱脱「刑」字。

又卷一五 周謂洛邑。十行、閩、監俱脱「謂」字。

又 周公自非己意也。「自」下宋板有「言」字是。

又 特加文武各一牛。十行、閩、葛俱脱「一」字。

又卷一六 罰無罪殺無辜。十行本脱「罪」字。

又卷一七 洪惟圖天之命。十行本脱「圖」字。

又卷一八　一人冕執瞿。葛本脱「執」字。

又卷一九　齊訓中也聖訓通也。宋板無上「也」字。十行本脱「中也聖訓」四字。

又　襄三十年《左傳》云。「十」下宋板有「一」字。按：「一」字當有。

又《尚書釋文校勘記》卷上　《尚書・音義》上起第一盡第五。葉本脱此行，下卷仍有。

又　彝。宗彝虎也。段玉裁校本「虎」下有「蜼」字，是也。

又　穗。字亦作「穟」。十行本、毛本俱脱「字」字。

又　大戊。馬云：「太甲子。」十行本脱「云」字。

又　省。一本作「眚」。毛本脱「一」字。

又卷下　豆。本又作「梪」。毛本脱「又」字。

又　頒。馬云猶也。段玉裁云：「『猶』下脱一字，不知何字耳。」盧文弨云：「以徐音求之，或是『分』字。」

又　王崩。注云：安民立政曰「成」。十行本、毛本俱脱「云」字。

又《毛詩注疏校勘記》卷一　詁訓毛自題之。明監本、毛本「訓」下有「傳」字。閩本剜入。案：所補是也。

又　魯真公之十四年。閩本同。明監本「真」誤「貞」。物觀《考文補遺》載此無「之」字，誤脱。

又《周禮注疏校勘記》卷一　序周禮廢興。所見閩本闕此篇。

又　腊人之類。惠校本「腊人」上有「鼈人」，此脱。

又　言女奴曉事謂識文者爲之也。閩本「識文」改「爲女」。浦鏜云：「『曉』下脱『祝』。」

又　内治之貳。浦鏜云：「上脱『掌』。」

又　彼皆據喪。案：「據」下當脱「王」。

又　羞用百二十品。唐石經作「羞用百有廿品」。宋本、余本、嘉靖本、毛本「百」下皆有「有」字。疏中引經同。此本及閩、監本脱。《石經考文提要》云：「宋本九經、宋纂圖互注本、宋附釋音本、余仁仲本皆有『有』字。」

又　皆謂造食之處即厨是也。毛本脱「之」。閩、監本「厨」作「廚」。毛本與此同。

洪頤煊《管子義證》卷一　「而夫人不敢以燕以饗廟。」頤煊案：此有脱譌。以《服制篇》證之，「饗」字下當有「公以廟將軍大夫不得以燕卿以」十三字。

又　「故兵未出境而無敵者八，是以欲正天下。」星衍案：《通典》百四十八、《太平御覽》二百七十一引作此：「八者皆强，故兵未出境而無敵。八者悉備，然後能正天下。」文義方明晰，今本脱誤。

又　「藪澤以時禁發之。」星衍案：據下文《幼官圖篇》「藪澤」上脱「毋征」二字。

又卷二　「則大臣之贅下。」星衍案：以注文繹之，「贅」字下當脱「福」字。

又卷四　「侈靡第三十五。」頤煊案：《藝文類聚》八十引：「周容子夏以侈靡見桓公，桓公曰：『侈靡可以爲天下乎？』子夏曰：『可。夫雕橑然後炊之，雕卵然後瀹之，所發積藏散萬物也。』」又《初學記》二十六、《白帖》九十七、《太平御覽》八百九十二引：「武王爲侈靡，《輕重乙篇》有「武王問於癸度」。令人豹襜豹裘方得入廟，故豹皮百金，功臣之家羅千鍾，未得一豹皮。」皆今本所無。此篇一問一答，以「侈靡」名篇，又「雕卵」二句見下文，二條疑皆此篇之闕文。

又卷八　「此之所以分壤樹穀也。」星衍案：據《中山經》「此」字下脱「天地」二字。

又　「端譟晨樂聞於三衢。」星衍案：《太平御覽》四百九十二引作「晨譟於端門樂聞於三衢」，此有脱誤。《御覽》八十二又引作「晨譟聞於衢」。

王引之《經義述聞》卷二《小過小者過而亨也　乾元者始而亨者也》　家大人曰：《小過・彖傳》：「小過，小者過而亨也。」「小過」下當有「亨」字。《乾・文言》：「乾元者，始而亨者也。」「乾元」下亦當有「亨」字。傳先舉經文「亨」字而後解之。如《遯・彖傳》曰：「遯亨，遯而亨也。」《既濟・彖傳》曰：「既濟亨，小者亨也。」《正義》曰：「當更有『小』字。」是其例矣。《小過正義》曰：「此釋『小過』之名也，并明小過有亨德之義。」則唐初「小過」下已脱「亨」字。王弼《乾・文言》注曰：「不爲乾元，何能通物之始？是故始而亨者必乾元也。」則魏時乾元下已脱「亨」字。因上「乾元用九」而誤脱。

又《不速之客來敬之終吉》　「不速之客來，敬之，終吉。」雖不當位，未大失也。」家大人曰：「吉」下當有「也」字。《象傳》無連三句不用「也」字者。且入韻之字，其下皆有「也」字。此傳「吉」字與「失」爲韻，不得獨無。傳之以「吉」、「失」爲韻者，如《訟・象傳》：「食舊德，從上吉也。復即命渝安貞，不失也。」《比・象傳》：「比之初六，有他吉也。比之自内，不自失也。」《小畜・象傳》：「復自道其義，吉也。牽復在中，亦不自失也。」《隨・象傳》：「官有渝，從正吉也。出門交有功，不

失也。」「吉」下皆有「也」字。此一證也。《象傳》稱述經文即以爲韻者，其韻下皆有「也」字。如《比・象傳》：「比之初六，有它吉也。」《大有・象傳》：「大有初九，无交害也。」此類不可枚舉。其有上二句稱述經文，下二句統釋其義者，亦如之。如《訟・象傳》：「不克訟，歸逋竄也。自下訟上患，至掇也。」《歸妹・象傳》：「帝乙歸妹，不如其娣之袂良也。其位在中，以貴行也。」與此傳正同，而第二句末皆有「也」字。此又一證也。唐石經已脱「也」字。

又卷八《斂市絘布》 「廛人掌斂市絘布、總布、質布、罰布、廛布。」家大人曰：「市」下有「之」字，而今本脱之。自唐石經已然。上文《質人》云：「掌成市之貨，賄人民牛馬兵器珍異。」下文《泉府》云：「掌斂市之不售貨之滯於民用者。」此文云：「掌斂市之絘布、總布、質布、罰布、廛布。」三「之」字文同一例。《載師》注：《載師》疏及《序官》疏三引此文皆有「之」字。

又《凡治野》 「遂人，凡治野，夫閒有遂，遂上有徑」云云。家大人曰：「野」下原有「田」字。於田中設五溝五涂以治之，故曰「治野田」。「凡治野」三字已見上文。此文自作「凡治野田」，與上文不同。疏不釋上文之「凡治野」，而於此釋之云：「遂地在郊外田野之中，故云凡治野田。」今本賈疏「野」下無「田」字，乃後人據已脱之經文删之，與疏意不合。明是釋此文「野田」二字，以别於上文也。自唐石經始脱「田」字，而各本皆沿其誤。《周頌・噫嘻》箋及《魯頌・駉》正義引此並作「凡治野田」。《噫嘻》正義釋之云：「言凡治郊外野人之田。」

又《與其施舍者》 「以歲時登其夫家之衆寡，及其六畜車輦，辨其老幼廢疾，與其施舍者。」引之謹案：《鄉大夫職》曰：「國中貴者、賢者、能者、服公事者、老者、疾者皆舍。」是施舍者正謂老幼廢疾，不得分以爲二，而言與其施舍者也。「與其施舍者」上當有「可任者」三字，寫者脱去耳。《鄉師職》曰：「以國比之灋，以時稽其夫家衆寡，辨其老幼貴賤廢疾馬牛之物，辨其可任者與其施舍者。」《族師職》曰：「辨其貴賤老幼廢疾可任者。」是其例也。下文《頒職》作「事」，正謂頒之於可任者耳。若無「可任者」三字，則與下文不相生矣。

又卷九《遂御》 「喪祝，及祖，飾棺，乃載，遂御。」家大人曰：「御」下當有「之」字。案鄭仲師云：「遂御之，喪祝爲柩車御也。」康成云：「御之者，執翿居前，卻行爲節度。」疏云：「遂御之者，各本無「之」字，乃後人依已脱之經文删之，今據本疏下文補。喪祝執纛卻行御正柩，故云遂御之。」則經文有「之」字明矣。自唐石經始脱「之」字，而各本遂沿其誤。《後漢書・蔡邕傳》注、《太平御覽・禮儀部三十一》引此並作「遂御之」。《小宗伯》云：「及執事眡葬獻器，遂哭之。」《鬱人》云：「共其裸器，遂貍之。」《巾車》云：「飾遣車，遂廞之行之。」文義並與此同。

又《大夫鴈》 「射人，三公執璧，孤執皮帛，卿執羔，大夫鴈。」各本並同。家大人曰：「大夫」下不當獨省「執」字，寫者脱之耳。唐石經正作「大夫執鴈」。《大宗伯職》亦然。

又《物之可以封邑者》 「邍師，掌四方之地名，辨其丘陵墳衍邍隰之名物，之可以封邑者。」鄭注以「物」字屬下讀，云：「物之，謂相其土地，可以居民立邑。」宋王安石以「名物」連讀。鄭鍔以「辨其丘陵墳衍邍隰之名物之可以封邑者」十七字作一句讀。引之謹案：《山師》、《川師》皆云：「辨其物。」《地官・大司徒》亦云：「辨其山林川澤丘陵墳衍原隰之名物。」則「物」字當上屬爲句，但如鄭鍔連上下作一句讀，則文不成義，名物豈可以封邑乎？今案：「之可以封邑者」，「之」字上蓋有脱文。邍師掌四方之地名，則當云「地之可以封邑者」。《大司徒》：「以天下之圖，周知九州之地域廣輪之數，辨其山林川澤丘陵墳衍原隰之名物，而辨其邦國都鄙之數，制其畿疆而溝封之。」注曰：「封，起土界也。」《封人》：「凡封國封其四疆，造都邑之封域者亦如之。」《縣師》：「凡造都邑，量其地，辨其物，而制其域。」《土方氏》：「掌土圭之灋，以土地相宅而建邦國都鄙。」皆謂辨其地之可以封邑者也。「丘陵墳衍邍隰之名物」與「地之可以封邑者」皆邍師辨之，故曰：「辨其丘陵墳衍邍隰之名物，地之可以封邑者。」

又卷一〇《用二鬲》 「夏祝鬻餘飯，用二鬲。」家大人曰：「用二鬲」上當有「盛」字。《釋文》不爲「盛」字作音，則陸本無「盛」字。唐石經及諸本無「盛」字，從陸本也。疏云：「前商祝奠米飯米，夏祝徹之，今乃鬻之而盛於鬲。」又《周官・舍人》疏引此文云：「鬻餘飯盛以二鬲。」「以」、「用」古字通，説見《周易》「終不可用也」下。則賈本有「盛」字。《太平御覽・禮儀部二十七》引此作「盛用二鬲」，從賈本也。案：鬲所以盛鬻，若無「盛」字，則文義不明。先鄭司農注《周官・小祝》引此文云：「粥餘飯，盛以二鬲。」是先鄭所見本有「盛」字。

又《衆人》 《士喪禮下篇》：「主人從升，婦人升，東面，衆人東即位。」唐石經「衆人」作「衆主人」。《集説》云：「今本脱『主』字，以記考之可見。」盧氏抱經《儀禮詳校》曰：「疏疊經文，亦無『主』字。下云『自衆主人以下』，云『以下』，則不專指衆主人，作『衆人』者是也。」家大人曰：盧説非也。《士喪禮》全篇皆言「衆主人即位」、「衆主人復位」，無言「衆人」者，亦無言「衆主人以下」者。此文與上篇「衆主人

東即位」同，故鄭注云：「東方之位。」賈疏本云：「衆主人東即位者，唯主人主婦升，衆主人從柩至西階下，遂鄉東階下即西面位。」今本「衆主人東即位者」無「主」字，「衆主人從柩」作「自衆主人以下從柩」，多「自以下」三字，後人加此三字以牽合「衆人」二字，而盧遂爲其所惑。皆後人據已誤之經增删未誤之疏，賈氏無此謬也。後記云：「主人升，柩東西面，衆主人東即位，婦人從升，東面。」與此文略同。彼疏云：「云衆主人東即位者，柩未升之時，在西階下東面北上。柩升，主人從升，衆主人乃即阼階下西面位。」説與此疏同。今本作「衆主人以下乃即阼階下西面位」，「以下」二字亦後人所加，顯與記文不合。則此文本作「衆主人」明矣。《通典・禮四十五》正作「衆主人東即位」。當從唐石經。

又《乃朼》 《特性饋食禮》：「乃朼。」鄭注曰：「右人也，左人載之。」家大人曰：經文當作「乃朼載」，注當作：「朼，右人也，左人載之。」「朼右人也」是釋經「朼」字，「左人載之」是釋經「載」字也。今本經尾脱「載」字，唐石經已然。而注首又脱「朼」字矣。下文之「卒載」，即承「載」字言之，則此文當作「乃朼載」明矣。《周官・御僕》注引此正作「乃匕載」。「匕」與「朼」同。《士喪禮》亦作「乃朼載」。彼注云：「乃朼，以朼次出牲體，右人也。載，受而載於俎，左人也。」説與此注同。則此注亦當作「朼右人也」明矣。

又《主人拜送》 《少牢饋食禮》：「主人酳尸，尸拜受。主人拜送。」家大人曰：「主人拜送」本作「主人西面拜送」。凡主人主婦事尸，皆西面。故上文：「主人西面立于户内，拜妥尸。」下文：「尸醋主人，主人拜受爵。尸荅拜，主人西面奠爵，又拜。又主婦西面拜獻尸，尸拜受，主婦西面拜送爵。」《祭統》《正義》云：「少牢特牲，尸皆在室之奥，主人西面事之。」是也。又案《士虞禮》：「主人酳尸，尸拜受爵，主人北面荅拜。」鄭注云：「主人北面以酳酢，變吉也。」疏云：「案少牢，各本少牢上衍「特牲」二字，今據下文删。尸拜受，主人西面拜送，與北面相反，故云變吉也。」特牲直有主人拜送，雖不見主人面位，約與少牢同，皆西面也。彼疏兩引此文，皆云西面。自唐石經始脱「西面」二字，而各本遂沿其誤。

又卷一一《脱文二十三》 「夫習與正人居，不能不正也。猶生長於楚，不能不楚言也。」家大人曰：此文本作：「夫習與正人居，不能毋正也。猶生長於齊，不能不齊言也。習與不正人居，不能毋不正也。猶生長於楚，不能不楚言也。」今本脱去「毋正」至「不能毋」二十三字，則文不成義。當依《漢書》補入。

又《檀臺》 「桓公以齊强於天下，「桓公」各本作「威王」，乃後人誤以《説苑》改之。盧注已誤，今依盧氏抱經説改正。而簡公以弑於檀臺。」盧曰：「注云：『檀，臺名也。』則正文本無『臺』字可知。舊本正文作『檀臺』誤。」家大人曰：盧説非也。正文本作「檀臺」，注當作「檀臺，臺名也」，傳寫脱一「臺」字耳。哀十四年《左傳》、《史記》《齊世家》、《田完世家》並作「檀臺」。若但言「檀」，何以知其爲臺名乎？《賈子》亦作「檀臺」，足徵舊本之不誤。

又《異而相應》 「故同聲則異而相應，意合則未見而相親。」家大人曰：「異而相應」本作「處異而相應」，鄒陽云：「意合則胡越爲昆弟」，故曰「處異而相應」。與「未見而相親」對文。今本脱「處」字，則文義不明而句法參差矣。《賈子》及《説苑・尊賢篇》並作「處異而相應」。

又《以齊至》 「燕昭王得郭隗，而鄒衍、樂毅以齊至。」家大人曰：「以齊至」本作「自齊魏至」。《燕策》曰：「樂毅自魏往，鄒衍自齊往。」是其證。若云「以齊至」，則義不可通。《賈子》正作「自齊魏至」。

又《而能夙絶之》 「大上不生惡，其次而能夙絶之也，其下復而能改也。」家大人曰：「而能夙絶」上當有「生」字。「生」與「不生」對文。「生而能夙絶之」亦與「復而能改」對文。盧注云：「有意而隨絶之。」「有意」二字正解「生」字。下注「既爲而能改之」，「既爲」二字亦解「復」字。今本脱「生」字，則文不成義。上文：「禍之所由生，自孅孅也，是故君子夙絶之。」亦上言「生」而下言「絶」也。《羣書治要》引《曾子》正作「生而能夙絶之」。

又《所興作》 《曾子天圓篇》：「神靈者，品物之本也，而禮樂仁義之祖也，而善否治亂所興作也。」家大人曰：「所」下有「由」字，而今本脱之，則語意不完。下文曰：「此之謂品物之本，禮樂之祖，善否治亂之所由興作也。」正與此相應，則有「由」字明矣。

又卷一二《三就》 《衛將軍文子篇》：「夫子之門人，蓋三就焉。」家大人曰：「蓋三就焉」當作「蓋三千就焉」。三千，言其多也，故下文云「不得辯知」。《史記・孔子世家》：「弟子蓋三千焉。」語即本於此篇。《吕氏春秋・遇合篇》亦云「委質爲弟子者三千人」。今本脱「千」字，則義不可通，且與下文不相屬矣。又案：「就者」謂來就夫子也，而注釋「三就」云「謂大成、次成、小成也」，則是以「就」爲「成就」而曲爲之説。此注蓋後人所加。案：下注「先就夫子」云云，即指此「就」字而言，則盧不以「就」爲「成就」可知。今以「就」爲成，明與下注異義，故知爲後人所加。《家

語・弟子行篇》作「蓋有三千就焉」，即襲此篇之文。

又《不學其貌竟其德敦其言於人也無所不信》 孔以「不學其貌」爲句，釋曰：「不貌爲君子。」「竟其德爲」句，「敦其言」爲句，釋曰：「竟，盡也。敦，厚也。」家大人曰：「不學其貌，竟其德」，皆義不可通，孔曲爲之説，非也。「不學」上有「博無」二字而今本脱之。「博無不學」爲句，言其學之博無所不學也。《曾子立事篇》曰：「君子既學之，患其不博也。」又《天圓》一篇所言皆博學之事，然則曾子未嘗不博學也。「竟」當爲「恭」，字之誤也。「其貌恭」爲句，「其德敦」爲句，「其言」下屬爲義，此依《家語》訂正。

又《顓孫》 「是顓孫之行也。」家大人曰：「顓孫」下脱「師」字，當依注及《家語》補。

又《天道》 「啟蟄不殺，則天道也。」家大人曰：「天道」上有「順」字，而今本脱之，則文義不明。啟蟄，天道也。啟蟄不殺，是順天道也。《家語》正作「順天道」。

又《參己 故知明則行無過》 「是故木從繩則直，金就礪則利。君子博學知日參己焉，故知明則行無過。」孔改上「知」字爲「如」，釋曰：「如，而也。參己者，學乎兩端，以己參之。」家大人曰： 孔改「知」爲「如」是也，而釋「參己」，則曲爲之詞。「日參己」當從《荀子》作「日參省乎己」。「參」讀爲「三」。《玉篇》曰：「己，身也。」即曾子所謂「日三省吾身也」。今本脱「省乎」二字，則文不成義。「故知明則行無過」亦當從《荀子》作「則知明而行無過」。此「則」字與上兩「則」字文同一例。「知明」承「博學」而言，「行無過」承「三省」而言。今本「則」作「故」，「而」作「則」，則文義不順。

又《不可教》 「政不正，則不可教也。不習，則民不可使也。」家大人曰：「不可教」上亦有「民」字而今本脱之，則與下文不協。《家語》作則「民不從其教」，亦有「民」字。

又《致愛》 《盛德篇》：「喪祭之禮，所以教仁愛也。致愛，故能致喪祭。」家大人曰：「致愛」本作「致仁愛」，而今本脱「仁」字。「仁愛」二字疊上文也。凡疊上文者不省，上下文皆然。《家語・五刑篇》正作「致仁愛」。

又《貴賤有序》 「義者，所以等貴賤，明尊卑。貴賤有序，民尊上敬長矣。」家大人曰：「貴賤有序」當作「貴賤有別，尊卑有序」。今本脱「有別尊卑」四字，此因兩「有」字相亂，以致脱去四字。則與上文不合。《家語》正作「貴賤有別，尊卑有序」。

又《脱文十六》 「相侵陵，生於長幼無序而教以敬讓也。」家大人曰： 此文本作：「相侵陵，生於長幼無序而遺敬讓。遺，忘也。鄉飲酒之禮，所以明長幼之序而教以敬讓也。」下文曰：「故有鬬辨之獄，則飾鄉飲酒之禮。」是其證。今本脱去「而遺敬讓」至「長幼之序」十六字，此因兩「而」字相亂，以致脱去十六字。則文不成義。當據前後文及《家語》補。

又《論吏德行》 「是故古者天子孟春論吏德行能理功，能德法者爲有德，能行德法者爲有行，能理德法者爲有能，能成德法者爲有功。」盧以「德行」絶句，注云：「考羣臣之德行。」孔於「德行能」下删「理」，字於「德法者爲有德」上補「得」字，云：「德行能功，即下文四者。注偏舉德行，失之。」家大人曰： 孔説是也。「論吏德行能功」，「吏」下有「之」字而今本脱之，則句不舒展。《初學記・歲時部》、《太平御覽・時序部三》引此皆有「之」字。《家語・執轡篇》同。

又卷一三《不隱》 「五氣誠于中，發形于外，民情不隱也。」家大人曰：「不隱」本作「不可隱」。上文「雖欲隱之陽喜必見」云云，正謂民情之不可隱。今本脱「可」字，則語意不完。《五行大義》引有「可」字。《逸周書》同。

又《海外》 「海外肅慎北發渠搜氐羌來服。」家大人曰：「海」下脱「之」字。下文三言「海之外肅慎北發渠搜氐羌來服」，文皆與此無異，則此亦當有「之」字。

又《朝事第七十七》 家大人曰：「朝事」下有「儀」字而今本脱之。篇内「儀」字或作「義」者，古文也。《覲禮》注疏及《大雅・韓奕》正義、《商頌・長發》正義、《王制》、《玉藻》正義引此皆作「朝事儀」。

又《典命諸侯之五儀至爲伯》 「典命，諸侯之五儀、諸臣之五等以定其爵，故貴賤有別，尊卑有序，上下有差也。命上公九命爲伯。」家大人曰： 此文當依《周官》作：「典命，掌諸侯之五儀，諸臣之五等之命。」其「上公九命爲伯」六字，則下屬爲義。今本「典命」下脱「掌」字，「五等」下脱「之」字，自「以定其爵」至「有差也」十八字，皆涉上文而衍，今依新校本訂正。孔欲顛倒其文，又以「命上公九命爲伯」連讀，皆失之。

又《故命者三句》 《本命篇》：「故命者，性之終也，則必有終矣。」家大人曰： 此當依《家語》作：「故命者，性之始也。死者，生之終也。有始，則必有終矣。」文義始通，且與上文相合。今本脱去「始也，死者生之」六字及「有始」二字，則文不成義。注曲爲之説，非也。

又《五十而室》 「大古男五十而室。」家大人曰：「室」上有「有」字而今本脱之。《内則》「三十而有室」，文義與此同。《周官・媒氏》疏引此正作「五十而

有室」。

又《多言去》 家大人曰：「多」上有「口」字而今本脱之。下文：「口多言，爲其離親也。」正釋此句之義，則此亦當有「口」字。

又《脱文八》 「晝生者類父，夜生者類母。」家大人曰：此下當有「至陰生牝，至陽生牡」八字。據盧注云：「至陰至陽，類其多也。至陰爲男，至陽爲女者，即陰窮反陽，陽窮反陰之義。」則正文之有此八字甚明。今脱此八字，則盧注皆不可通矣。又案：盧所見本似作「至陰生牡，至陽生牝」，故有「陰窮反陽，陽窮反陰」之説。然《淮南》、《家語》並作「至陰生牝，至陽生牡」，與「晝生者類父，夜生者類母」，意正相同。蓋盧本「牝」、「牡」二字互誤也。

又卷一四《從若斧者焉》 「見若斧者矣，從若斧者焉。」家大人曰：「從」上有「吾」字而今本脱之。「吾從若斧者焉」，乃夫子之言。鄭注云：「孔子以爲刃上難登，狹又易爲功。」此正釋夫子所以從若斧者之故，非以此爲子夏之言也。下句「馬鬣封之謂也」，方是子夏之言，而《正義》云：「子夏既道從若斧形，恐燕人不識，故舉俗稱馬鬣封以語燕人。」則孔所見本已脱「吾」字，故以「從若斧者焉」爲子夏之言，而唐石經以下皆沿其誤。案：夫子言「吾從若斧者焉」，故子夏曰：「今一日而三斬板而已封，尚行夫子之志乎哉！」若夫子不言所從，則子夏何由意揣而知之？是「從若斧」句爲夫子之言，而「從」上當有「吾」字也。本篇云：「三年之喪，吾從其至者。」又云：「殷已慤，吾從周。」並與此「吾從」文同一例。《初學記·禮部下》、《白帖》六十六引此並作「吾從若斧者焉」，則唐時別本尚有「吾」字。《家語·公西赤問篇》亦有「吾」字。

又《故以其旗識之》 「銘，明旌也，以死者爲不可别已，故以其旗識之。」家大人曰：「故以其旌識之」本作「故以其旗識識之」。上「識」是「旗識」之「識」，今作「幟」。下「識」是「表識」之「識」。今本無上「識」字，傳寫遺脱耳。《釋文》出「識之」二字，云：「式志反，皇如字。」則所見本已脱去上「識」字。《周官·小祝》：「置銘。」杜子春注引《檀弓》曰：「銘，明旌也，以死者爲不可别，故以其旗識識之。」今本亦無上「識」字，蓋後人據誤本《檀弓》删之也。案《釋文》出「識識」二字，云：「並傷志反，一讀下『識』如字。」則陸氏所見本原有上「識」字明矣。盧氏紹弓《釋文攷證》曰：「案：注云『以死者爲不可别，故以其旗識之』，無『識識』連文。蓋陸氏所見本『旗』作『識』，故以『識識』連文。」盧爲此説，蓋未攷。《士喪禮》注也。《士喪禮》「爲銘」。鄭注曰：「銘，明旌也，以死者爲不可别，故以其旗識識之。」今本惟此注内「識」字未經删去。《釋文》出「旗識識之」四字，云：「上音試，下音式。」據此，則杜、鄭所見本皆有上「識」字明矣。古「旗幟」字通作「識」。《説文》曰：「微，識也。」《周官·司常》：「掌九旗之物名，各有屬，以待國事。」鄭注曰：「屬，謂徽識也。」「徽」與「微」同。疏曰：「徽識，謂在朝在軍所用小旌，故以屬言之。」又下文曰：「皆畫其象焉。官府各象其事，州里各象其名，家各象其號。」鄭注曰：「事名號者，徽識，所以題别衆臣，樹之於位，朝者各就焉。三者，旌旗之細也。《士喪禮》曰：『爲銘，各以其物，亡則以緇，長半幅，赬末，長終幅，廣三寸，書名於末。』此蓋其制也。徽識之書，則云某某之事、某某之名、某某之號，今大閲禮象而爲之。兵，凶事，若有死事者，亦當以相别也。」疏曰：「云三者旌旗之細也者，對上大常已下爲旌旗之大者也。云此蓋其制也者，此在朝表朝位，其銘旌制亦如此。案《禮緯》云：『天子之杠高九仞，諸侯七仞，大夫五仞，士三仞。』《士喪禮》：『竹杠長三尺。』則死者以尺易仞。『天子九尺，諸侯七尺，大夫五尺，士三尺。』其旌身亦以尺易仞也。若然，在朝及在軍，綴之於身亦如此，故云此蓋其制也。」若然，徽識爲旌旗之小者，故司常謂之屬。死之銘旌，即生之徽識，是銘旌之制亦小於旌旗。而《檀弓》謂之旗識者，以其爲旌旗之屬，故兼旗言之耳，謂之旗識則可，謂之旗則不可。以此知經文必有「識」字也。後人於《檀弓》脱文不能校補，而轉據誤本《檀弓》以删《周官》之注。惟賴有《士喪禮》注及兩處《釋文》足以證明其失耳。

又《先王之所難言也》 「喪有死之道焉，先王之所難言也。」唐石經初刻「所」下有「以」字，改刻删去，而各本皆從之。家大人曰：有「以」字者是也。《正義》曰：「言人之喪也，有如鳥獸死散之道焉，先王之所以難言死散之義。」今本無「以」字，則文不成義。此後人依已脱之經文删之也。若言其死散，則人之所惡，故難言也。」「故」字正釋「所以」二字。鄭注云：「聖人不明説，爲人甚惡之。」亦是釋「所以」二字。

又《蠶事畢》 「孟夏之月，蠶事畢。」家大人曰：此本作「蠶事既畢」，與季春之「蠶事既登」文同一例。各本皆脱「既」字，而《正義》述經文亦無「既」字，則後人依已脱之經文删之也。《初學記·禮部下》引此無「既」字，亦後人所删。案上文《正義》曰：「蠶事既畢，不言是月者」云云，則此文之有「既」字甚明。《衛風·氓》正義、鈔本《北堂書鈔·政術部五》、陳禹謨本删「既」字。《藝文類聚·禮部中》、《初學記·中宫部》引此皆作「蠶事既畢」。《太平御覽·皇親部十一》引《月令章句》亦作「蠶事既畢」。《呂氏春秋·孟夏篇》同。《唐月令》改爲「蠶事既登」，亦有「既」字，今石本

「登」上缺三字，正是「鬵事既」三字。《白帖》八十二、《太平御覽・時序部六》引此並作「鬵事既登」，從《唐月令》也。則《月令》之有「既」字又甚明，不得以此字可有可無，遂棄古本而從俗本也。

又卷一五《葬引》 「葬引至于堩，日有食之，則有變乎？且不乎？」家大人曰：「葬引至于堩」本作「葬既引，句。至于堩」。上文云：「君之喪既引，聞父母之喪，如之何？」又云：「父母之喪既引，及塗，聞君之喪，如之何？」與此「葬既引」文同一例。若無「既」字，則文義不完。然據《正義》「曾子以葬引至塗」云云，則所見本已脱「既」字，不始於唐石經矣。《士喪禮》記注引此正作「葬既引，至于堩」。

又《公素服不舉》 「公素服不舉，爲之變，如其倫之喪」。下文釋之曰：「素服居外，不聽樂，私喪之也。」朱子曰：「『公素服』下脱『居外不聽樂』五字。」引之謹案：襄二十六年《左傳》：「古之治民者，將刑爲之不舉，不舉則徹樂。」是不舉盛饌，則亦不聽樂，二者相因，但言不舉，而不聽樂已在其中。且「不舉」下尚有「爲之變」三字，則所包者衆矣。居外亦在其中。莊二十年《左傳》：「今王子積歌舞不倦，樂禍也。夫司寇行戮，君爲之不舉，而況敢樂禍乎？」上言「歌舞」而不言「盛饌」，下言「不舉」而不言「徹樂」，互文也。此文上言「不舉」，下言「不聽樂」，亦互文也。然則「公素服」下本無脱文明矣。

又《其移風易俗》 「其感人深，其移風易俗。」《荀子・樂論篇》、《説苑・脩文篇》並同。《史記・樂書》「其移風易俗」作「其風移俗易」。《漢書・禮樂志》作「其移風易俗易」，下「易」字，顔師古音弋豉反。家大人曰：當從《漢書》補下「易」字。蓋樂之感人既深，則其移風易俗必易。二句相對爲文，若下句末無「易」字，則文不成義，且與上句不對矣。《漢書・董仲舒傳》：「樂者，所以變民風化民俗也，其變民也易。」正與此「易」字同義。祇以「易」、「易」同字，後人誤以爲重複，故或改「移風」爲「風移」而删去上「易」字，則爲「風移俗易」矣。或删去下「易」字，則爲「移風易俗」矣。《荀子》、《説苑》無下「易」字，即後人依《禮記》删之。而《漢書》「易」字獨未删，則以師古音弋豉反故也。《釋文》「易」字無音，《正義》釋「移風易俗」而不及下「易」字，則唐初本已無此字，不始於石經矣。《淮南・主術篇》：「攝權勢之柄，其以移風易俗易矣。」今本無下「易」字，亦後人誤以爲複而删之也。下文曰：「攝權勢之柄，其於以化民易矣。」句法與上文同，則上文亦有「易」字可知。蓋讀書未審而率意删改者，大類如此。

又《詩曰衣錦尚絅》 「《詩》曰：『衣錦尚絅。』惡其文之箸也。」《正義》曰：此《詩・衛風・碩人》之篇。案：《詩》本文云『衣錦褧衣』，此云『尚絅』者，斷截詩文也。」引之謹案：「衣錦尚絅」，《詩》無此語。竊謂「詩曰」下本有「衣錦絅衣」四字，於是「衣錦尚絅」遂承「詩曰」之下，故誤以爲引《詩》作「衣錦尚絅」，而謂之斷截詩文也。沖遠作《正義》時已脱「衣錦絅衣」四字。《碩人》箋曰：「褧，禪也。尚之以禪衣，爲其文之大箸。」《鄭風・丰篇》：「衣錦褧衣，裳錦褧裳。」箋曰：「褧，禪也。蓋以禪縠爲之，中衣裳用錦而加禪縠焉，爲其文之大箸也。」蓋《中庸》「衣錦尚絅」二句，正釋《詩》之「衣錦褧衣」，故鄭箋《詩》而用其義，則所據《中庸》本有「衣錦絅衣」四字可知。否則《中庸》所引，與《詩》本文有異，鄭不應不置一詞也。

又卷一七《馬三匹》 「皆賜玉五穀，馬三匹，非禮也。王命諸侯，名位不同，禮亦異數，不以禮假人。」引之謹案：古無以三馬賜人者，「三」當爲「三」。「三」，古「四」字，脱去一畫耳。《文侯之命》曰：「用賚爾馬四匹。」《小雅・采菽》曰：「君子來朝，何錫予之。雖無予之，路車乘馬。」乘馬，四馬也。《覲禮》曰：「天子賜侯氏以車服，路下四。」是也。禮自上以下，降殺以兩，故侯之賜數不與公同。昭六年傳曰：「楚公子棄疾見鄭伯，如見王，以其乘馬八匹私面。見子皮如上卿，以馬六匹。見子産以馬四匹，見子大叔以馬二匹。」是其例也。《竹書紀年》：「武乙三十四年，周公季歷來朝，王賜玉十瑴，馬八匹。」今本「八」誤作「十」，從《太平御覽・皇王部八》引改。然則賜玉五瑴者，馬當四匹矣。

又《雖衆》 「雖衆，無所用之。」家大人曰：「雖衆」本作「雖君之衆」。此對上文「以此衆戰」、「以此攻城」而言，故曰「雖君之衆，無所用之」。唐石經脱去「君之」二字，則文義不明，而各本皆沿其誤。《商頌・殷武》正義，《周官・大司馬》疏，《文選・西征賦》注，《白帖》五十三、五十八，《太平御覽・州郡部十四》引此並作「雖君之衆」。

又《受下卿之禮》 「管仲受下卿之禮而還。」家大人曰：「受」上當有「卒」字。上文「管仲辭上卿之禮」，是欲受下卿之禮也。王雖不許，而管仲終不敢以上卿自居，故曰「卒受下卿之禮而還」。若無「卒」字，則與上文不相應矣。自唐石經始脱「卒」字，而各本皆沿其誤。杜注：「卒受本位之禮。」「卒受」二字即本於正文。《白帖》五十九、《太平御覽・人事部六十四》引此並作「卒受下卿之禮」。《史記・周本紀》同。

又《懷公命無從亡人》 二十三年傳：「九月晉惠公卒，懷公命無從亡人。

期，期而不至，無赦。」家大人曰：「懷公」下脱「立」字，則與上句不相承。唐石經已然，而各本皆沿其誤。凡諸侯即位，必書「某公立」。此不書立，亦與全書之例不符。《太平御覽》人事部五十九、治道部二兩引此文，皆作「懷公立，命無從亡人」，則宋初本尚有未脱「立」字者。《史記·晉世家》云：「九月，惠公卒，大子圉立，是爲懷公。乃令國中諸從重耳亡者與期，期盡不到者，盡滅其家。」其文皆出於《左傳》。《史記》之「大子圉立」，即《左傳》之「懷公立」也，則傳文原有「立」字明矣。

又《丁未朝于武宮》　「丙午，入于曲沃。丁未，朝于武宮。」引之謹案：「丁未」下當有「入于絳」三字，而今脱去。武宮在絳，不在曲沃，必先入于絳而後朝于武宮。若但言入于曲沃而不言入于絳，則似以武宮爲曲沃宗廟矣，且即位必於國中，豈有言入于曲沃而不及入于絳者乎？《晉語》載此事正作「丙午入于曲沃，丁未入于絳，即位于武宮」，是其明證。武宮在絳者，曲沃自武公始爲晉侯而徙絳，《漢書·地理志》河東郡絳縣：「晉武公自曲沃徙此。」故於絳立武宮也。宣二年傳：「趙宣子使趙穿逆公子黑臀于周而立之。壬申，朝于武宮。」立之者，即位於絳也。成十八年傳：「晉欒書使逆周子于京師而立之。庚午，盟而入。辛巳，朝于武宮。」盟而入者，入于絳也。則其朝于武宮，非絳宗廟而何？韋昭不悟僖傳之朝于武宮在入于絳之後，乃謂武宮在曲沃，疏矣。辯見《晉語》「蒸于武宮」下。

又卷一八《薄之也》　「《軍志》曰：『先人有奪人之心，薄之也。』」家大人曰：「薄之也」本作「薄之可也」。上文引《詩》而釋之曰：「先人也。」此又引《軍志》「先人有奪人之心」，以明先人之可以制勝，然後終言之曰：「薄之可也。」此四字乃總結上文之詞，今本作「薄之也」，則是專釋《軍志》之文而餘文不與焉，失其旨矣。鈔本《北堂書鈔·車部一》引此正作「薄之可也」。陳禹謨本删去。《通典·兵十五》同。自唐石經始脱「可」字，而各本皆沿其誤。

又《臣不敢及》　襄四年傳：「《三夏》，天子所以享元侯也，使臣弗敢與聞。《文王》，兩君相見之樂也，臣不敢及。」家大人曰：「臣」上亦當有「使」字。《三夏》、《文王》皆非宴使臣之樂，故曰「使臣弗敢與聞」，又曰「使臣不敢及」，則上下異文矣。下文云「君所以勞使臣」，又云「君教使臣」，「使」字皆不可省也。《鄉飲酒禮》疏引此無「使」字，亦後人依俗本《左傳》删之。案《正義》云：「諸侯來朝，乃歌《文王》。遣臣來聘，必不得同矣。」「遣臣」即「使臣」，則傳文本作「使臣不敢及」明矣。《魯語》云：「夫先樂金奏《肆夏繁》、《遏》、《渠》，天子所以饗元侯也。夫歌《文王》、《大明》、《緜》，則兩君相見之樂也。皆非使臣之所敢聞也。」彼文總説六詩，而曰「皆非使臣之所敢聞」，則此亦當云「使臣不敢及」明矣。自唐石經始脱「使」字，而各本皆沿其誤。《小、大雅譜》《正義》及《太平御覽·禮儀部二十一》引此並作「使臣不敢及」。

又《范匄少于中行偃而上之》　九年傳：「范匄少于中行偃而上之，使佐中軍。」杜注曰：「使匄佐中軍，偃將上軍。」引之謹案：「上之」二字上蓋脱「中行偃」三字。此言范匄年少於中行偃，而偃以匄爲賢，讓之使居己上也。下文「韓起少於欒黶，而欒黶士魴上之，「士魴」二字衍，説見下。使佐上軍」，是其例矣。若但云「上之」而不言上之之人，則文義不明。杜注「欒黶士魴上之」云「黶魴讓起」，而此不云「偃讓匄」，則所見本已脱「中行偃」三字。

又卷一九《不爲義疚》　「君子動則思禮，行則思義。不爲利回，不爲義疚。」《釋文》：「爲，于僞反。」杜解「不爲義疚」曰：「疚，病也，見義則爲之。」引之謹案：「不爲義疚」當作「不爲不義疚」，杜曲爲之説，非也。上文曰「終爲不義」，下文曰「懲不義也」，又曰「作而不義」，文皆相承，此處脱一「不」字耳。「不爲不義疚」，言不爲不義而内省多疚也。不義，即回邪也。昭二十年傳曰：「君子不爲利疚於回，不以回待人。不蓋不義，不犯非禮。」語意略與此同。《後漢書·文苑傳》：「不爲利回，不爲義疚。」《中論·考僞篇》引傳文亦作「不爲義疚」，則後漢時傳文已脱「不」字。

又卷二〇《助宣物　贊陽秀》　「元閒大吕，助宣物也。」家大人曰：「助」下有「陽」字而今本脱之。據韋注云：「陰繫於陽，以黄鍾爲主。」又云：「以陽爲首，不名其初。」又云：「大吕助陽宣散物也。」「吕助」二字連讀，義本《律曆志》，説見下。則正文本作「助陽宣物」明矣。上文云：「大蔟所以金奏贊陽出滯也。」下文云：「南吕贊陽秀物也。」今本脱「物」字，説見下。「贊陽」與「助陽」文同一例。《漢書·律曆志》云：「吕以旅陽宣氣。」又云：「大吕，吕，旅也。言陰大旅助黄鍾，宣氣而牙物也。」高注《淮南·天文篇》云：「大吕，所以配黄鍾，助陽宣物也。」義皆本於《國語》。《月令》注引此正作「大吕助陽宣物」。「五閒南吕，贊陽秀也。」家大人曰：「秀」下有「物」字而今本脱之，則文不成義。據韋注云：「南，任也。陰任陽事，助成萬物也。贊，佐也。」《月令》《正義》引此注，下有「陰佐陽秀成物也」七字。則正文本作「贊陽秀物」，與「助陽宣物」文同一例明矣。《律曆志》云：「南吕，南，任也，言陰氣旅助夷則，任成萬物也。」説與韋注同。《月令》注引此正作「南吕贊陽秀物」。

又《居處好學》　「於子之鄉，有居處好學，慈孝於父母，聰惠質仁，發聞於鄉里者，有則以告。」引之謹案：「居處」下脱「爲義」二字。下文「於子之屬，有居處爲

義好學」云云，並與此同，則此文亦當有「爲義」二字。《管子・小匡篇》正作「於子之鄉，有居處爲義好學」，當據補。

又卷二一《鮮有慢心雖其慢》 「夫人知極，俗本「極」上衍「有」字，宋本無。鮮有慢心。雖其慢，乃易殘也。」韋注「鮮有慢心」曰：「言人自知其極，則戒懼不敢違慢覬欲也。」引之謹案：鮮有慢心，則不慢矣，何以又云慢乃易殘？上下相反，非其原文也。今案：「鮮」下當有「不」字，「雖」當讀曰「唯」，言人知其位已極，則志足意滿，鮮不有怠慢之心，唯其怠慢，乃有釁可乘，易於殘毁也。韋作注時已脱「不」字，故失其本指，而以爲不敢違慢耳。古字「雖」與「唯」通，詳見《禮記》「己雖小功」下。

又《唯無忌之》 「且人中心唯無忌之，何可敗也？」韋注曰：「言驪姬唯無忌憚之心，執之已固，何可敗也？」家大人曰：如韋注，則正文「之」字下當有「固」字，謂其無忌憚之心已固不可敗也。今本脱「固」字，則文不成義，且與「何可敗也」義不相屬。

又《桓公在殯宋人伐之》 「葵丘之會，獻公將如會，遇宰周公」云云。「是歲也，獻公卒。八年，爲淮之會，桓公在殯，宋人伐之。」韋注曰：「八年，葵丘後八年也。桓公復會諸侯於淮，在魯僖十六年。魯僖十七年冬，齊桓公卒，五公子争立，大子奔宋，宋襄公伐齊，納之，是爲孝公。」引之謹案：「桓公在殯」上當有「九年」二字。《左傳・僖十七年》：「冬十月乙亥，齊桓公卒。十二月辛巳，夜殯。十八年春，宋襄公以諸侯伐齊。夏五月，宋敗齊師于甗，立孝公而還。秋八月，葬齊桓公。」是「桓公在殯，宋人伐之」之事也。案：晉用夏正，僖十八年春，宋襄公伐齊。經書「春王正月」，則當爲晉惠公之八年十一月，周之正月，夏之十一月也。晉獻公以二十六年卒，見下文。自二十六年至惠公八年，爲九年，在會于淮之後一年，不得仍屬之八年也。當云：「九年，桓公在殯，宋人伐之。」寫者脱去「九年」二字耳。

又《冀缺耨》 「臼季使，舍於冀野。冀缺耨，其妻饁之。敬，相待如賓，從而問之，冀芮之子也。」家大人曰：「冀缺耨」上有「見」字而今本脱之。自「冀缺耨」至「相待如賓」皆言臼季之所見如此，下文「從而問之」云云，亦從「見」字生出。若無「見」字，則隔斷上下語脈矣。《藝文類聚・人部四》、《太平御覽・人事部四十三》引《國語》皆作「見冀缺耨」。僖三十三年《左傳》同。

又《余病喙》 「郤獻子傷曰：『余病喙。』」家大人曰：「喙」下有「矣」字，而今本脱之，則語勢不完。「喙」字亦作「𣨶」。《方言》：「𣨶，⿰亻券也。」「⿰亻券」，古「倦」字。郭璞曰：「今江東呼『極』爲『𣨶』，音喙。《玉篇》：「𣨶，困極也。」《大雅・緜篇》：「維其喙矣。」毛傳：「喙，困也。」《外傳》曰：『余病𣨶矣。』」《太平御覽・兵部八十七》引作「余病喙矣」。成二年《左傳》作「余病矣」。皆有「矣」字。

又卷二四《如勿與而已矣》 「母欲立之，已殺之，如勿與而已矣。」何注曰：「如即不如，齊人語也。」家大人曰：「如」上當有「不」字而寫者脱之。桓十四年傳曰：「御廩災，不如勿嘗而已矣。」文十六年傳曰：「先祖爲之，已毁之，不如勿居而已矣。」則此亦當云「不如勿與而已矣」。不然，同一齊人語，何以此言如而彼皆言不如乎？何注殆不可從。凡以「如」爲「不如」者，皆爲此注所誤，說見《釋詞》。

又卷二七《水出其左營丘》 《爾雅注疏校勘記》曰：「本出其左營丘，唐石經及各本並同。《史記・周本紀》集解、《禮記・檀弓》正義皆引作『水出其前而左曰營丘』。《水經・淄水注》引作『水出其前左爲營丘』。又云：『營陵城南無水，惟城北有一水，世謂之白狼水，西出丹山東北流。由《爾雅》出前左之文，不得以爲營丘矣。』今臨淄城中有丘淄水出其前，家大人曰：「前」下脱「左」字。故有營丘之名，與《爾雅》相符。邵氏《正義》據此謂舊本《爾雅》經有『前』字，注云『淄水過其南及東』，『東』、『南』二字，正釋『前左』二字。然考《詩・齊譜》《正義》引孫炎注《爾雅》云：『水出其左營丘。』無『前』字。經文水出其前、後、左、右四字相對，與下『左高咸丘』、『右高臨丘』、『前高旄丘』、『後高陵丘』，文法整對。劉熙《釋名》本《爾雅》亦言『水出其左曰營丘』。蓋《史記》、《水經注》等蒙上『水出其前』湑丘之文引之。王氏穀塍云：凡古人祇言左右者，皆據前言之。猶言東西亦據前言之。若對文則並舉，如《釋畜》言馬有前右、後右、前左、後左矣。此言『水出其左』，謂水出其前左也。引者加『前』字，須人易曉耳。」家大人曰：此説非也。此文本作「水出其前而左營丘」。營者，環也。水環其前與左也。若但言「水出其左」，則「營」字之義不見。孫炎、郭璞何以皆言水過其南及東乎？古人屬文，不必字字相對。若但齊其文而不顧其義，則以小害大矣。上文「途出其右而還之畫丘」。途出其前戴丘。途出其後昌丘」，首句亦多「而還之」三字。然去此三字，則「畫」字之義不見。郭注言爲道所規畫。亦猶「水出其前而左營丘」，去「前而」二字則「營」字之義不見也。據王説云：「凡古人祇言左右者，皆據前言之。水出其左，謂水出其前左也。」然則水出其右，亦謂水出其前右乎？湑丘、沮丘、正丘皆一面有水，唯營丘兩面有水，故言水出其前而左，豈得謂凡言左右者皆據前言之乎？左高咸丘、右高臨丘、左澤定丘、右陵泰丘，皆非謂前左前右也。而謂水出其左，即水出其前左，豈其然乎？若謂引《爾雅》者加「前」字，須人易曉，則尤爲曲説。《史記集解》及《水經注》、《禮記

正義》所引皆有「前」字，《集解》、《正義》所引「前」下皆有「而」字，是也。齊之營丘，淄水先過其前而後過其左，故曰「水出其前而左」，與「途出其右而還之」文同一例。《水經注》無「而」字者，省文耳。然「而」字可省，「前」字則斷不可省也。豈皆欲人易曉而加之乎？《水經注》又曰：「營陵唯城北有一水，由《爾雅》出前左之文，不得以爲營丘矣。」云「《爾雅》出前左之文」，則是《爾雅》原有「前」字，非善長欲人易曉而加之也。若《爾雅》但言水出其左，則諸君又何以知其爲前左而加「前」字以曉人乎？《元和郡縣志》亦曰：「《爾雅》曰：『水出其前經其左曰營丘。』」自開成石經始脱「前而」二字，而各本皆沿其誤。若《詩正義》無此二字，即後人依誤本《爾雅》删之，不得援以爲據。案《詩正義》曰：「水所營繞故曰營丘？《釋丘》云：『水出其左營丘？』孫炎曰：『今齊之營丘，淄水過其南及東，是也。』」「南」「東」二字正釋「前生」二字，則孫本有「前而」二字可知。《正義》上言水所營繞，下引孫注過其南及東，則所引經文亦有「前而」二字可知。後人删此二字，則上下文皆不可通矣。《禮記正義》曰：「《釋丘》云：『水出其前而左曰營丘。』以水營遶，故曰營丘。」説與《詩正義》同。故知《詩正義》亦有「前而」二字而後人删之也。若《釋名》無此二字，則不足爲據。上文「途出其右而還之畫丘」，《釋名》無「而還之」三字，豈得謂《爾雅》亦無此三字乎？

又卷三〇《第十二論淮南子建除所主文有譌脱》　或曰：「《淮南·天文篇》『太陰在寅，子爲開，主太歲，丑爲閉，主太陰。』此太陰太歲不同之證。」案宋本、《道藏》本並作：「丑爲閉主，太陰在寅，歲名曰攝提格。」則「太陰」二字乃下屬爲句，與下文「太陰在卯」之屬相同。「主」下當别有所主之事而今脱去。洪邁《容齋續筆》始誤讀「主太陰」爲句，王應麟《小學紺珠》誤與此同。而俗本遂重「太陰」二字，非也。上文云「太陰在寅」，何得又以丑主太陰乎？或曰：「太陰始寅終丑，故曰丑爲閉，主太陰。」案：月建在寅則丑爲閉，在卯則寅爲閉。推之十二辰，皆還相爲閉，非專以丑爲閉也。若以太陰終丑解「丑爲閉」，則他辰之爲閉者，義不可通矣。假如月建在卯則寅爲閉，豈得謂太陰終寅乎？況太陰既始於寅，則何不以所始之寅主之而以所終之丑主之乎？且《天文篇》曰：「天神之貴者，莫貴於青龍。或曰天一，或曰太陰。」而無「太歲」之名。天一、元始、太陰、元始之屬，皆太歲也。而謂之「天一太陰」，不謂之「太歲」。咸池爲太歲，則又「大歲」之譌。辯見《潛研堂集》。然則《天文篇》無稱「太歲」者也，此「太歲」亦當作「大歲」，寫者誤加點耳。斗杓爲小歲，咸池爲大歲。見《天文篇》。上文「酉爲危主杓」，杓，小歲也。此文「子爲開主大歲」，大歲，咸池也。大歲月從右行四仲，與歲從左行之太歲迴殊。若作「太歲」，則左行從寅起。上言寅爲建者，正月斗建寅也。太歲應歲星與日同次之月斗所建之辰，《周官·馮相氏》注。則當以寅主太歲，何得主之以斗所不建之子乎？或曰：太歲始子終亥，故曰子爲開主太歲。案：月建在寅，則子爲開，在卯則丑爲開，推之十二辰，皆還相爲開，非專以子爲開也。若以太歲始子解「子爲開」，則他辰之爲開者義不可通矣。假如月建在卯則丑爲開，豈得謂太歲始丑乎？《開元占經》引《天文篇》舊注曰：「太陰謂太歲也。」蓋許慎注。《廣雅》「太陰太歲也」此本。使篇内太陰、太歲分爲二，注者必不爲此注矣。可見「太歲」乃「大歲」之譌，而「太陰」、「太歲」之未嘗分也。偏考書傳，亦無分「太陰」、「太歲」爲二者。乃據《淮南》譌脱之文以强爲分别，非也。

汪遠孫《漢書地理志校本》　漆。水在縣西，有鐵官。莽曰漆治。案：《詩·緜》正義引「水」上有「漆」字，此脱。段曰：「此以水名名縣，删之不可通。」

又　杜陽。杜水南入渭。《詩》曰「自杜」。莽曰通杜。案：從景祐本，有「詩曰自杜」四字，此脱。《大雅·緜》：「自土沮漆。」顔注曰：「《齊詩》作『自杜』。」陳氏奂曰：「孟堅習《魯詩》，疑《魯詩》亦作『杜』，以杜爲水名也。」

又　滎陽。卞水、馮池皆在西南。有狼湯渠，首受沛，東南至陳入潁，過郡四，行七百八十里。案：弘農郡陜下云：「東虢在滎陽。」《王莽傳》以陳留以西付祈隧，祈隧故滎陽。然則「滎陽」下當有「莽曰祁隧」四字，而今本脱之。陳屬淮陽國。

又　中牟。圃田澤在西，豫州藪。有筦叔邑，趙獻侯自耿徙此。案：《爾雅》云：「鄭有圃田。」王曰：「『有筦叔邑』當作『有筦城，故筦叔邑』。上文宏農郡陜『有焦城，故焦國』，是其例也。今本脱『筦城故』三字。」

劉文淇等《舊唐書校勘記》卷一　「夏四月癸巳。」按：三月有癸巳，四月不應有癸巳，《舊書》脱去閏月耳。《通鑑》「三月癸巳」後有「閏月癸丑朔日有食之」。又《册府》：二十四。「閏三月，甘露降於安縣。」

又卷八　「丙午即皇帝位。」張氏宗泰云：「本脱『閏月』，當依《新紀》補『丙午閏正月初三日』。」按：張説是。《御覽》百十四。有閏月。

又　「己亥朔，上親薦獻太清宫太廟。」按：「太廟」上有脱文。《册府》：三十。「己亥朔，備法駕，親薦獻於太清宫，遂齋於太廟。庚子，享太廟。」又天寶定制：「太清宫稱獻，太廟稱享，亦不同日。」此文顯有遺脱。

又　「韋綬爲興元尹。」張氏宗泰云：「據本傳『韋綬』上脱『禮部尚書』，下脱『檢校户部尚書』。『禮部』上仍當有『以』字。」

又　「以牛僧孺同中書門下平章事。」張氏宗泰云：「『以』下脱『御史中丞』，『孺』下脱『爲御史中丞』。」按：《册府》七十三。作「以户部侍郎牛僧孺同平章事」。

又　「丙戌夜月犯右執法。」張氏宗泰云：「據兩《志》『犯』下脱『畢甲午月犯』」

五字。」

又 「癸巳以晉州慈州。」張氏宗泰云：「癸巳，十二月六日。『癸巳』上脱『十二月』。」

又卷五一 「又議祭五人帝不稱臣。」張本「稱」上有「合」字，云依《册府》。丁氏子復云：「《册府元龜》『不』下有『合』字。」按：所引《册府》係卷五百九十。

又 「崇敬知禮儀志衆稱允當。」《册府》六百七。脱「當」字。

又 「一爲左師一爲右師。」《册府》六百四。兩「師」字下皆有「氏」字。「位正四品」，聞本、張本「品」下有「上」字。丁氏子復云：「《册府元龜》『位正四品上』。」按：《全唐文》同。

又 「三任十五年。」《册府》四百六十四。「三」上有「凡」字。

又 「遷考功員外。」沈本「外」下有「郎」字。

又 「融奏曰。」《册府》五百二十。「奏」上有「狀」字。

又 「時集賢學士甚衆。」《册府》三百二十四、四百五十七。「學」上有「闕」字，「士」下有「求者」二字。

又 「李德裕用事惡李漢。」沈本脱去「惡李漢」三字。

又 「充鳳翔隴節度使。」閣本「隴」下有「右」字。《考證》云：「刊本脱『右』字，據《地理志》增。」

又 「事下中書宰臣召問禮官曰。」《會要》「事」上有「既而」二字，「曰」上有「等」字。

又 「準禮三年喪。」《會要》「喪」上有「之」字。

又 「題其篇曰則天順聖武后云。」《會要》、《册府》、《全唐文》「武后」上並有「皇」字。

張文虎《校刊史記集解索隱正義札記》卷一 爲泗水亭長正義有寓室。案：《周語》作「畺有寓望」，此脱誤。

又卷三 參芒角動摇。官本與《晉志》合。各本脱「參芒角」三字。

又 杓自華以西南集解法太白主。「主」下有脱字。

又 明近正義小而不明。官本有「不」字，各本脱。

又 天市正義在房心東北。官本有「在」字，各本脱。

又 次三星嬪。官本有「星」字，各本脱。

又 理陰陽。官本、凌本有「陰」字，與《晉志》合。王、柯脱。

又 次二星主關梁次三星主南越占明大。官本與《晉志》合。各本脱此十五字。

又 察日月之行正義太歲在四孟四季。官本有「在」字，與《漢志》注合。各本脱。

又 以揆歲星順逆正義天官云。《御覽》七引作「天官占」，此脱「占」字。

又 叶洽歲索隱故曰。下當脱「協洽」二字，合刻並有。

又 閹茂歲索隱故曰。下當脱「閹茂」二字，合刻並有。

又卷四 太伯卒集解。柯本脱。案：《吴郡志・冢墓門》引《史記正義》云「《括地志》『太伯冢在吴縣北五十里無錫縣界西梅里村鴻山上，去太伯所居城十里』」三十二字，當在此下。

又 仲雍卒索隱。柯本脱。

又 句卑卒。中統本脱「句」字。

又 哀公時。宋本脱「時」字。

又 申繻諫止。舊刻「止」下有「公」字，與凌引一本同，官本亦有。

又 商管聲應。《六韜》「商聲應管」下有「當以朱雀，羽聲應管」二句，此脱。

勞格《晉書校勘記》卷一 「十一年七月辛亥晦，日有蝕之。」《宋志》脱「十一年」三字。

又 「揚州統丹陽、吴、會稽、吴興、新都、東陽、臨海、建安、豫章、鄱陽、臨川、安成、廬陵、南部十四郡。」今數之止十三郡，蓋脱廬陵一郡。

又 「又於尋陽僑置松滋郡，遥隸揚州。」《州郡志》云：「僑立安豐、松滋二郡，遥隸揚州。」此脱「安豐」二字。

又 「吴黄武五年，割南海、蒼梧、鬱林三郡立廣州。」《廣州篇》云：「南海、蒼梧、鬱林、高梁四郡。」此脱「高梁」二字，又誤「四」爲「三」也。

又 「金晨行星五十二度十九萬四千九十分。」「九十」上脱「九百」二字。

又卷二 「三年改封西河。」「三年」上脱「咸寧」二字。《水經注》引《斌碑》云：「王以咸寧四年改命爵士。」趙一清曰：「善長親見此碑，或是史誤。」

又 「咸寧初，以齊之梁鄒益封。」《地理志》脱「梁」字。

又卷三 「左將軍王輿。」「左」下脱「衛」字。

俞樾《諸子平議》卷二 「齊車千乘，卒，先致緣陵。」樾謹按：「卒」下有闕文。據上文「大侯車二百乘，卒二千人」、「小侯車百人，卒千人」，則「齊車千乘」，當言「卒萬人」矣。先致者，先至也。「致」與「至」通。

又 「戰於後故敗狄。」樾謹按：「戰」上闕「諸侯」二字。上文「齊請救於諸侯，而齊車卒先致緣陵，故諸侯之師戰於後也」，「後」字正對上「先」字而言。尹注誤以

「後故」連讀，解爲地名，非是。

又卷四　「國更立法以典民則祥。」樾謹按：上下文凡四言「不祥」，則此亦當作「不祥」，傳寫奪「不」字耳。立法固所以典民，然成法具在，必更易之，則不祥矣。尹所據本奪「不」字，故失其解。

又　「刑以弊之，毋失民命。」樾謹按：「刑以弊之」，當作「弊之以□其□」，方與下文「令之以終其欲」、「遏之以絶其志意」、「養之以化其惡」、「明之以察其生」，文法一律。因「弊」之下奪四字，遂據上文於弊之上加「刑以」二字，非其舊矣。

又　「比周以相爲匿，是忘主死交，以進其譽。」樾謹按：「是」下奪「故」字，後解作「比周以相爲慝，是故忘主死佼，以進其譽」，可證也。尹注誤讀「是」字絶句，劉氏已訂正矣。惟「匿」字亦當從後解作「慝」，言比周而爲姦慝也。「匿」、「慝」古字通。《洪範五行傳》「朔而月見東方謂之側匿」，《漢書·孔光傳》作「側慝」。

又卷五　「夫叙鈞者所以多寡也。」樾謹按：「所以」下有奪字。下文云：「權衡者所以視重輕也，户籍田結者所以知貧富之不訾也。」可證。

又　「而謀有功者五。」樾謹按：當作「謀而有功者五」。

又　「治安百姓。」《形勢解》。樾謹按：「治安」上當有「主」字。「主治安百姓」與「地生養萬物」相對，猶上文「主牧萬民」與「天覆萬物」相對也。

又卷七　「景公與晏子登寢而望國。」樾謹按：寢非可登之地，此本作「景公與晏子登路寢之臺而望國」，傳寫奪之耳。上章「景公登路寢之臺」，下章「景公成路寢之臺」，三章皆一時之事。

又卷八　「爲天下渾其心，聖人皆孩之。」四十九章。樾謹按：「爲天下渾其心」下，河上公本有「百姓皆注其耳目」七字。王弼本當亦有之，故注云：「如此則言者言其所知，行者行其所能，百姓各皆注其耳目焉，吾皆孩之而已。」是可證其有此句也。注有「各用聰明」四字，在「爲天下渾其心」句下，正解「百姓皆注其耳目」之誼，而經文奪此句，當據河上公本補之。

又　「知和曰常，知常曰明，益生曰祥，心使氣曰强。」樾謹按：此下本有「是故用其光，復歸其明」二句，後人因已見於五十二章，而删去之耳。《淮南子·道應篇》引《老子》曰：「知和曰常，知常曰明，益生曰祥，心使氣曰强，是故用其光，復歸其明也。」是古本有此二句之明證，且「用其光復歸其明」，正見物不可終壯之意。故下文曰：「物壯則老，謂之不道。不道早已。」今脱此二句，則與下文之意不屬矣。《文子·下德篇》曰：「知和曰常，知常曰明，益生曰祥，心使氣曰强，是謂元同。用其光，復歸其明。」亦有下二句。

又卷九　「賊愛其身不愛人，故賊人以利其身。」樾謹按：兩「人」字下並奪「身」字。本作「賊愛其身，不愛人身，故賊人身，以利其身」，方與上句一律。下文云：「視人身若其身，誰賊？」亦以「人身」、「其身」對言。中篇云：「今人獨知愛其身，不愛人之身，是以不憚舉其身，以賊人之身。」並可證「人」下當有「身」字也。

又　「子墨子言曰：『天下之士君子，特不識其利辯其故也。』」樾謹按：「辯其」下脱「害」字。下文：「愛人者人必從而愛之，利人者人必從而利之，是其利也。惡人者人必從而惡之，害人者人必從而害之，是其害也。」

又　「非人者必有以易之。若非人而無以易之，譬之猶以水救火也，其説必將無可焉。」樾謹按：以水救火，何不可之有？畢校云：「一本作『火救水』。」然《墨子》此譬本明「無以易之」之不可，若水火是相反之物，無論以水救火、以火救水，皆是有以易之，與設喻之旨不合。疑《墨子》原文本作「猶以水救水，以火救火也」，故曰「其説必將無可」。今本作「水救火」，别本作「火救水」，皆有脱文。

又　「意我先從事乎？惡人之親，然後人報我以愛利吾親乎？」樾謹按：「惡」下脱「賊」字，當據上文補。

又　「以攻戰之故，土地之博，至有數千里也。人徒之衆，至有數百萬人，故當攻戰而不可爲也。」《非攻中》。樾謹按：「不可爲也」，當作「不可不爲也」，方與上文語意相屬。此是飾攻戰者之言，非子墨子之言也。今脱「不」字，義不可通。

又卷一〇　「凡其爲此物也，無加用而爲者。」樾謹按：上文云：「無不加用而爲者。」此脱「不」字。

又　「使王公大人行此，則必不能蚤朝。」樾謹按：「蚤朝」下脱「宴退」二字。「蚤朝晏退」，與下「蚤出夜入」、「夙興夜寐」對文。若無「晏退」二字，文義未完。《尚賢中篇》、《非樂上篇》、《非命下篇》並有「蚤朝晏退」之文。《尚賢篇》與「夜寢夙興」、「蚤出莫入」相對，《非樂篇》、《非命篇》與「蚤出暮入」、「夙興夜寐」相對，是其證也。

又　「若豪之末，非天之所謂也。」樾謹按：「非」上脱「無」字。下文同。言雖至秋豪之末，無非天之所爲也。「謂」當作「爲」，古字通用。下文正作「爲」。

又　「誰爲知？天爲知。然則義果自天出也。」樾謹按：此上脱「誰爲貴天爲貴」六字。《中篇》曰：「然則孰爲貴？孰爲知？曰：天爲貴，天爲知而已矣。」是其證。

又「比列其舟車之卒。」樾謹按：「卒」下脱「伍」字。《非攻下篇》作「皆列其舟車之卒伍」，是其證也。「皆列」即「比列」，王氏念孫説。

又「自夫費之，特注之汙壑而棄之也。」樾謹按：畢云：「一本作『非直注之』。」是也。「直」、「特」固得通用，而「非」字則必當有。墨子蓋謂非空棄之而已，且可以合驩聚衆也。今脱「非」字，則義不可通。下文正作「非直注之汙壑而棄之也」。當據補。

又「即我未必然也。」樾謹按：「我」下脱「以爲」二字，當據上文補。

又「與其百姓兼相愛交相利，則。」樾謹按：「則」上脱「移」字，下脱「分」字。上文曰：「與其百姓兼相害交相利，移則分。」是其證也。王氏念孫謂「則」即「利」字之誤而衍者，非。

又「是故國爲虚厲，身在刑僇之中，必不能曰我見命焉。」樾謹按：「必不能曰」下有闕文。下文「必不能曰我罷不肖，我從事不疾，必曰我命固且窮。」是其證也。

又「務興天下之利，曲直周旋，利則止。」樾謹按：「利則止」，當作「不利則止」，傳寫脱「不」字也。《非樂上篇》曰：「必務求興天下之利，除天下之害，將以爲法乎天下。利人乎即爲，不利人乎即止。」與此文有詳略，而義正同。

又卷一一「必去喜去怒去樂去悲去愛而用仁義。」樾謹按：「去愛」下當有「去惡」二字，傳寫脱之。喜、怒、樂、悲、愛、惡共六者，皆宜去之，即上文所謂「去六辟」也。

又「三年之喪，學吾之慕父母。」樾謹按：「吾」下脱「子」字。《管子・海王篇》：「吾子食鹽二升少半。」尹知章注曰：「吾子謂小男小女也。」此文公孟子曰：「三年之喪，學吾子之慕父母。」故下子墨子曰：「夫嬰兒子之知，獨慕父母而已。」嬰兒子即吾子也。

又「北方有侮臣，願藉子殺之。」《公輸》。樾謹按：「有侮臣」下脱「者」字。

又「及窮巷閒無人之處」。樾謹按：「閒」上脱「幽」字。「幽閒」二字連文。《明鬼篇》作「幽澗毋人」，「澗」即「閒」之叚字。《天志篇》作「幽門無人」，「門」即「閒」之壞字。王氏念孫已訂正。

又卷一四「《詩》曰：『何恤人之言兮。』此之謂也。」樾謹按：「何恤」上本有「禮義之不愆」五字，而今奪之。《文選・答客難篇》：「《傳》曰：天不爲人之惡寒而輟其冬，地不爲人之惡險而輟其廣，君子不爲小人之匈匈而易其行。天有常度，地有常形，君子有常行。君子道其常，小人計其功。《詩》云：『禮義之不愆，何恤人之言。』」李善注曰：「皆孫卿子文。」是其證也。《正名篇》引此《詩》曰：「禮義之不愆兮，何恤人之言兮。」亦其證也。

又「天下有聖而在後者，則天下不離。」樾謹按：「後」下當有「子」字。下文云：「聖不在後子，而在三公，則天下如歸。」楊注曰：「後子嗣子，謂丹朱商均。三公宰相，謂舜禹。」此説是也。《荀子》之意，謂傳賢與傳子同。天下有聖而在後子，則傳之子可也。聖不在後子而在三公，則傳之賢可也。故兩言「天下厭然，與鄉無以異也，以堯繼堯，夫又何變之有矣」。正見傳賢、傳子之不異也。乃自此文奪「子」字，而其義不顯，楊氏遂疑後三句爲重出矣。

又卷一六「故吾知其不相若矣」。樾謹按：「吾」下脱「安」字。上云「死之與生，一往一反」，故云「安知其不相若」，言死生一致也。下云「吾又安知營營而求生非惑乎」，正承此而言。若作「知其不相若」，則於語意大背矣。淺人見下兩言「安知」，句末並用「乎」字，而此是「矣」字，疑其不協，遂妄删「安」字。不知「矣」猶「乎」也，語有輕重耳。古書多以「矣」字代「乎」字，説詳王氏《經傳釋詞》。

又「孤犢未嘗有母，非孤犢也。」樾謹按：「有母」下當更疊「有母」二字。本云「孤犢未嘗有母，有母非孤犢也」。《莊子・天下篇》釋文引李云：「駒生有母，言孤則無母，孤稱立則母名去也。」此可證有母非孤犢之義。因古書遇重字多省不書，但於字下作二畫識之，故傳寫脱去耳。

又「一兒以日初出遠，而日中時近也。」樾謹按：「兒」下當有「曰我」二字，方與上句一律。

又「若實名貧僞名富。」《楊朱》。樾謹按：此下當有「實名賤，僞名貴」二句。上文曰：「凡爲名者必廉，廉斯貧。爲名者必讓，讓斯賤。」故此引管仲陳氏事，證爲實名則貧賤，爲僞名則富貴也。

又卷一七「奚以之九萬里而南爲。」樾謹按：「南」上本有「圖」字。上文曰：「而後乃今將圖南。」故此即承上文言也。《文選》注正作「奚以之九萬里而圖南爲」。

又卷一八「覆卻萬方，陳乎前而不得入其舍。」樾謹按：「萬」下脱「物」字。此本以「覆卻萬物」爲句，「方陳乎前而不得入其舍」爲句。方者，並也。方之本義爲兩舟相並，故方有並義。《荀子・致仕篇》：「莫不明通，方起以尚盡矣。」楊注曰：「方起，並起。」《漢書・揚雄傳》：「雖方征僑與偓佺兮。」師古注曰：「方謂並

行也。」皆其證也。「方陳乎前」，謂萬物並陳乎前也。今上句脱「物」字，而以「方」字屬上讀，則所謂陳前者，果何指歟？郭注曰：「覆卻雖多，而猶不以經懷。」是其所據本有「物」字。蓋正文是「萬物」，故以多言。若如今本作「萬方」，當以廣大言，不當以多言也。《列子・黄帝篇》正作「覆卻萬物，方陳乎前而不得入其舍」，可據以訂正。

又 「光曜問乎無有曰：『夫子有乎？其無有乎？』光曜不得問，而孰視其狀貌。」樾謹按：《淮南子・道應篇》「光曜不得問」上有「無有弗應也」五字，當從之。惟無有弗應，故光曜不得問也。此脱五字，則義不備。

又卷二〇 「故民生則計利，死則慮名。利之所出，不可不審也。」樾謹按：「名」下當疊「名」字。蓋曰「名利之所出，不可不審也」，故下云「利出於地，則民盡力。名出於戰，則民致死」，正承此文而言。古書遇重文止作二小畫識之，傳寫奪去耳。

又 「親則別。」《開塞》。樾謹按：當作「親親則別」，傳寫奪一「親」字。

又 「故國者其摶力也，以富國强兵也。」樾謹按：「國」上有闕文。據上文云：「夫聖人之治國也，能摶力能殺力。」下文云：「治國者貴民一。」則所闕者，當是「治」字。

又 「名尊地廣以至王者，何故名卑地削，以至於亡者，戰罷者也。」樾謹按：「何故」下奪「戰勝者也」四字。「亡者」下奪「何故」二字。當云：「名尊地廣以至王者，何故？戰勝者也。名卑地削，以至於亡者，何故？戰罷者也。」如此則文義方備。下文云：「不勝而王，不敗而亡者，自古及今，未嘗有也。」即承此而言。

又 「國治或重。」樾謹按：「國」下奪「或重」二字，「重」下奪「亂」字，當作「國或重治，或重亂」。下云：「是謂重治。」又云：「是謂重亂。」即承此而言。下文云：「兵或重强或重弱。」正與此文一律，可據訂正。

又 「四境之内，丈夫女子皆有名於上者著，死者削。」《境内》。樾謹按：此奪「生」字，當作「生者著，死者削」，説見《去强篇》。

又 「故國富於貧治重强。」《弱民》。樾謹按：此有闕文。《去强篇》云：「國富而貧，治曰重富，重富者强。」當據補。

又 「法明省，任力言息。治者國治，言息兵强。」樾謹按：「法明」下奪「治」字。「法明治省，任力言息。」四字爲句，承上文「治衆國亂言多兵弱」而言，謂法明則治省，任力則言息也。「治者國治」，當作「治省國治」。「省」與「者」字形相似而誤耳。此又承「法明治省任力言息」而言，謂治省則國治，言息則兵强也，正與上文「治衆國亂言多兵弱」相對成義。

又卷二一 「荀息伐虢之還反。處三年，興兵伐虞，又克之。」《十過》。樾謹按：「伐虢」下脱「克」字。下云「又克之」，正承此而言。《吕氏春秋・權勳篇》：「荀息伐虢，克之。還反伐虞，又克之。」是其證。

又 「根者，書之可謂柢也。」《解老》。樾謹按：「根」上當有「直」字。上文云：「樹木有曼根有直根。」此云「直根」者，書之所謂柢也。柢也者，木之所以建生也。曼根者，木之所持生也。蓋承上文而分釋之。《韓子》之意，以《老子》所謂深根固柢者，根是曼根，柢是直根也。今奪「直」字，失其旨矣。

又 「人無毛羽，不衣則不犯寒。」樾謹按：「犯寒」上當有「足以」二字，言不衣則不足以犯寒也。下文曰：「故聖人衣足以犯寒。」是其證。

又 「曰信名，信名則羣臣守職。」樾謹按：「曰信名」之下當有「信義信事」四字。蓋文公問安信，箕鄭告以信名、信義、信事，下乃一一申之也，今奪之則文不備。

又卷二二 「寒暑則不當。」《明理》。樾謹按：「寒暑」上當有「其」字，方與上三句一律。

又 「今不別其義與不義，而疾取救守，不義莫大焉。」樾謹按：「疾取救守」，義不可通。疑「疾」下奪「攻伐」二字。當云：「今不別其義與不義，而疾攻伐取救守，不義莫大焉。」下文屢以「攻伐」、「救守」對言，此可爲證。疾攻伐者，言深惡此攻伐之事也。《安死篇》曰：「今多不先定其是非，而先疾鬭争，此惑之大者也。」「疾攻伐」與「疾鬭争」同誼。吕氏之意，主乎攻伐而不取救守，故以疾攻伐取救守爲不義。《振亂篇》曰：「今之世，學者多非乎攻伐。非攻伐而取救守，取救守則鄉之所謂長有道而息無道，賞有義而罰不義之術不行矣。」文義與此相似。此云「疾攻伐取救守」，猶彼云「非攻伐而取救守」也。下文云：「故大亂天下者在於不論其義，而疾取救守。」誤與此同。高注訓「疾」爲「争」，其義迂曲矣。

又 「公孫宏敬諾。」《不侵》。樾謹按：「敬諾」上本有「曰」字，傳寫奪之耳。《戰國策》正作「公孫宏曰：『敬諾。』」

又卷二四 「疏賤者知，親習者不知。理無自然，自然而斷相過。」樾謹按：「理無自然」下奪「理無」二字。蓋言疏賤者知，而親習者不知，此理之所無由然也。理之所無由然而以之斷其孰爲相，則過矣。今奪二字，文義未足。

又卷二五　「宋伯姬恐不禮而死於火，齊桓公疑信而虧其地。」樾謹按：「疑」下亦當有「不」字。疑亦猶恐也。《禮記・雜記》：「五十不致毁，六十不毁，七十飲酒食肉，皆爲疑死。」鄭注曰：「疑猶恐也。」《大戴記・曾子立事篇》：「君子見善恐不得與焉，見不善恐其及己焉，是故君子疑以終身。」然則「疑」與「恐」同矣。此文上言「恐不禮」，下言「疑不信」，文異而義同。傳寫奪「不」字，義不了矣。

又　「立適以長不以賢，以貴不以長。」樾謹按：「以貴」上當據《公羊・隱元年傳》補「立子」二字。

又　「然則其略説柰何？曰：三正以黑統初，正日月朔于營室，斗建寅。」樾謹按：「三正以黑統初」，謂三正以黑統爲始也。「初」下有闕文，當據下文補「正黑統柰何曰正黑統者厤」十一字。

又　「士入仕宿衛天子者，比下士。下士者，如上士之下數。」樾謹按：下文言大國、次國，並云：「士宿衛公者，比上卿者有三人，下卿六人。比上下士者如上下之數。」則此文亦當云：「士入仕宿衛天子者，比上卿者有三人，下卿六人。比上下士者如上下之數。」傳寫奪誤。

又卷二六　「是故王意不普大皇。」樾謹按：「大」下奪「而」字。

又　「故王者爲民，治則不可以不明，準繩不可以不正。」《五行五事》。樾謹按：「則」下有闕文。或於「民」字絶句。「治」爲「法」字之誤。「法則不可以不明」，「準繩不可以不正」，二語相對。《周官・太宰》曰：「灋則以馭其官。」

又　「問爲而爲之。」樾謹按：當作「問其所爲而爲之」，奪「其所」二字。

又　「暘有似於聖人者。」樾謹按：「聖人」下當疊「聖人」二字。下所説皆聖人之德也，至「暘亦取百草之心」，始説暘之似聖人。然則此當作「聖人者」明矣。上文云：「雁乃有類於長者，長者在民上。」亦疊「長者」二字，正與此一律也。

又　「故貴爵而臣國所以爲仁也。」《天地之行》。樾謹按：此皆承上文而言。上文云：「高其位所以爲尊也，下其施行以爲仁也。」則此文「貴爵」下奪「所以爲尊也」五字。

又卷二七　「子生而立，其身以子，夫將何失？」《藩傷》。樾謹按：「立」字絶句。「其身以子」句當有闕文。蓋謂奪之其身以與其子也。盧校謂當作「其身而夭，子將何失」，非是。

又　「是以高下異則名號異，則權力異，則事勢異，則旗章異，則符瑞異，則禮寵異，則秩禄異，則冠履異，則衣帶異，則環佩異，則車馬異，則妻妾異，則澤厚異，則宫室異，則牀席異，則器皿異，則飲食異，則祭祀異，則死喪異。」《服疑》。樾謹按：「名號異」下當疊「名號異」三字。本云：「是以高下異則名號異，名號異則權力異。」以下諸句皆同。古書遇疊句多省不書，止於字下加二小畫識之，傳寫奪去耳。建本於「則死喪異」下又加「則」字，是誤於「則」字絶句矣。

又　「今所恃者，代、淮陽二國耳，皇太子亦恃之。」樾謹按：「恃」之下脱「二國耳」三字。皇太子亦恃之二國耳，謂亦恃此二國耳之猶此也。上文曰：「陛下所恃以爲藩捍者，以代、淮陽耳。」又曰：「唯皇太子之所恃者，亦以之二國耳。」與此文相同，可證。

又　「於是齊悼惠王之子孫王之，分地盡而止。」樾謹按：此本作：「於是齊悼惠王之子孫，各以次受其祖之分地。」下文云：「趙幽王、楚元王之子孫，亦各以次受其祖之分地。」即承此而言，可據訂也。又按《漢書》「盡而止」上有「地」字，此亦當有，傳寫奪之。

又　「作之宜一日，今十日不輕能成。用一歲，今半歲而弊。作之費日挾巧，用之易弊，不耕而多食農人之食，是天下之所以困貧而不足也。」樾謹按：「用一歲」，當作「用之宜一歲」，與「作之宜一日」相對爲文。「作之費日」，「用之易弊」，兩文亦相對，其中間不當有「挾巧」二字，此二字當在「不耕而多食」之上，謂其挾巧伎而不耕作，反多食農人之食也。

又　「進計者猶曰無爲」。樾謹按：上文云：「獻計者類曰：『無動爲大耳。』夫無動而可以振天下之敗者，何等也？夫曰『爲大治可也』，若爲大亂，豈若其小？」蓋舉獻計者之説，而一一破之也。此文當云：「進計者猶曰：『無動爲大。』」方與上文相應。乃云「進計者猶曰無爲」，則既遺「爲大」一説，而上云「無動」，此云「無爲」，亦殊不合矣。蓋《賈子》原文本作「無動爲大」，班固删削，遂成此誤，不可不正也。

又　「愛人之狀，好人之技，人道。信爲大操，帝義也。」樾謹按：師古注《漢書》本傳引此曰：「愛人之狀，好人之技，仁道也，信爲大操，常義也。」此文「人道」下奪「也」字。「仁」、「人」古通，「帝」、「常」形似。然上文曰「妨害帝義」，則「帝」字不誤。

又　「審詩商，命禁邪言，息淫聲。」樾謹按：「命」字上奪「脩憲」二字。「審詩商，脩憲命，禁邪言，息淫聲」，皆三字爲句。《荀子・王制篇》作「脩憲命，審詩商，禁淫聲」，是其證也。

又卷二八　「是法廢而威不立也。」《春秋》。樾謹按：此下有「非所聞也」四字。盧校以爲不類原文而去之，此大誤也。《論衡・福虚篇》載此事云：「念譴之而不行其罪乎？是廢法而威不立也，非所以使國人聞之也。」然則此文亦必與彼同，但奪去「以使國人之」五字耳。當據《論衡》補。

又　「故爲人君者，其出令也其如聲，士民學之其如響。曲折而從君，其如景矣。」樾謹按：「曲折而從君」上有闕文。當有如形一喻，然後如景句乃有所承。蓋聲響一喻，形景一喻，不可并而爲一。下文曰：「君鄉善於此，則佚佚然協民皆鄉善於彼矣，猶景之象形也。君爲惡於此，則啍啍然協民皆爲惡於彼矣，猶響之應聲也。」以後證前，知此文將言如景，必先言如形，其有闕文明矣。

又　「故國也者，行之綱，然後國臧也。」樾謹按：「行」下本有「政」字。上云：「臣忠君明，此之謂政之綱也。」此云：「故國也者行政之綱，然後國臧也。」兩文相承。今奪「政」字，則文不成義矣。

又卷三〇　「其得之乃失之，其失之非乃得之也。」樾謹按：「非」上脱「未始」二字，「非」下衍「乃」字。本作「其失之未始非得之也」，故高注曰：「自謂得道，乃失道者也。自謂失道，未必不得道也。」各依正文爲説耳。《文子・精神篇》曰：「其得之也，乃失之也。其失之也，乃得之也。」雖用《淮南》文，然意同而字句固小異矣。不得據彼改此，而轉與高注不合也。

又　「是以勇者盡於軍。」樾謹按：此下當有「智者」云云，而今闕之。下文云：「爲智者務於巧詐，爲勇者務於鬭争。」亦以「智」、「勇」並舉，是其證也。

又　「衆愚人之所見者寡，事可權者多，愚之所權者少，此愚者之所多患。」樾謹按：此有脱誤。當云：「物之可備者衆，愚人之所備者寡，事之可權者多，愚人之所權者少，此愚者之所以多患也。」下文曰：「物之可備者，智者盡備之，可權者盡權之，此智者所以寡患也。」與此文反覆相明，是其證也。「衆」上脱「物之可備者」五字。王氏念孫遂欲以「衆」字屬上句讀。然上文云：「物之若耕織者，始初甚勞，終必利也。」其文義已足，必綴「衆」字於句末，轉爲不詞矣。

又　「雍門子以哭見孟嘗君，涕流沾纓。」樾謹按：「孟嘗君」下當更有「孟嘗君」三字，而今脱之。《覽冥篇》曰：「昔雍門子以哭見於孟嘗君，已而陳辭通意，撫心發聲。孟嘗君爲之增欷歍唈，流涕狼戾不可止。」彼文再言「孟嘗君」，故知此亦當同，不然則涕流沾纓仍屬雍門子，而不屬孟嘗君，不見其感人之至矣。

又卷三一　「飄風暴雨，日中不須臾。」樾謹按：「飄風暴雨」下脱「不終朝」三字。《老子》曰：「飄風不終朝，驟雨不終日。」是其義也。「日中不須臾」，乃日中則仄之義，今脱「不終朝」三字，則若飄風暴雨亦不須臾者，失其義矣。《列子・説符篇》正作「飄風暴雨不終朝，日中不須臾」，可據以訂正。《吕氏春秋・慎大篇》亦脱「不終朝」三字。

又　「嘗有如此而得活者乎。」樾謹按：「嘗」下脱「見」字。下文對曰：「未嘗見也。」「嘗見」字與此相應。《吕氏春秋・知分篇》作「子嘗見有兩蛟繞船能兩活者乎」，正有「見」字。「能兩活」當作「而能活」，説見《吕氏春秋》。

又　「魄曰：言者獨何爲者，吾將反吾宗矣。」《説山》。樾謹按：「吾將反吾宗矣」上當有「魂曰」二字，此乃魂之言也。吾將反吾宗者，魂欲反其宗也。故下文曰：「魄反顧魂，忽然不見。」惟反其宗，所以不見也。高解「反吾宗」曰：「魂將反于無形。」則其所據本正有「魂曰」二字，不然何知其是魂而非魄乎？

戴望《管子校正》卷一　「而夫人不敢以燕以饗廟。將軍大夫以朝官吏。」望案：此文有譌脱。《繁露》作：「夫人不得以燕饗。公以廟。將軍大夫不得以燕鄉。以廟。將軍大夫以朝官吏。」當據補。宋云：「將軍大夫是大夫爲將軍，乃上大夫也。《墨子》亦有將軍大夫之名。」

又　「五暴而長命之曰某鄉」。中立本脱「曰」字。

又卷二　「兵無主則不蚤知」。丁云：「『知』下當脱『敵』字。下文『故蚤知敵』句即承此文言之。《兵法篇》『兵無主則不蚤知敵』，亦有『敵』字。」

又　「禍昌不寤。」朱本脱「禍昌」二字，「不寤」上有「而」字。後解作「禍昌而不寤」，此本乃脱去「而」字也。

又卷三　「藪澤以時禁發之。」後圖「藪澤」上有「毋征」二字，此脱去耳。

又卷五　「行於其民與不行於其民可知也。」望案：「行」上脱「而」字，當從下文補。

又卷六　「法者，先難而後易。」丁云：「『法者』下脱『無赦者也』四字。此與上文『惠者，多赦者也』對文。《意林》引作『惠者多赦，法者無赦』。」

又　「則内亂自是起。」宋本「起」下有「矣」字，今本脱。

又卷八　「菀濁困滯皆法度不亡。」張云：「『皆』下當脱一字。」

又　「於是魯君乃不殺。」宋本「是」下有「乎」字，《左氏正義》同，今本脱。

又　「而賢大夫在後。」宋本、朱本「賢」下有「士」字，今本脱。

又卷一一　「其從義理兆形於民心。」丁云：「案：『理』上脱『順』字。尹注

云：「『道術既出，則莫不從義而順理。』可證也。」

又卷一三「故曰不怵乎好。」丁云：「『不』上當有『君子』二字，今誤脱在『恬愉無爲』句上。」

又卷一四「中正無私。」丁云：「『中正』上脱『其事』二字。四時皆言其德其事，是其證。」

又卷一五「所謂賤而事之也。」望案：「所謂」上脱「此」字。宋本、朱本有。

又「則戰不必勝，守不必固矣。」丁云：「『不』下亦當有『能』字，與上文一例。」

又卷一六「能勿求諸人而得之己乎。」丁云：「當依《心術下篇》補『自』字於『而』字下。尹注云『自得者明』，亦有『自』字。」

又卷一九「莖葉如秩櫄。」宋本「秩」作「扶」。丁云：「秩櫄，木名，可如其葉，不可如其莖。當作『某莖某秀其葉如秩櫄』云云。今本『莖』上脱一字，『莖』下脱二字，『葉』上又脱『其』字。知者以上文言物種莖秀色七，下文言莖秀色六，而此大小邯鄲列在中間，不應不舉莖秀之色，其爲脱文無疑。雖下文五埴、五觳、五梟、五桀之種皆不言莖秀之色，然不可以彼例此。彼或下士之次之種，故略而不言，或本有脱亦未可知也。」

又「柄尺不跪。」《禮記・少儀》正義引此文「柄」上有「進」字。望案：尹注云：「豆有柄長尺，則立而進之。」則尹本有「進」字，今脱去耳。

又卷二一「身無煩勞而分職。」丁云：「『分職』下有脱文。」

又卷二二「山田閒田曰終歲其食不足於其人若干。」丁云：「『山田』上脱『謂』字。下文『謂高田之萌曰』。」

又卷二四「民何爲也。」望案：當作「民何不爲也」，脱「不」字。

王先謙《魏書校勘記》《世祖紀》：「始光元年，是劉義符爲其臣徐羨之等所廢殺。」「是」下脱「年」字。

又《尚書左僕射麗子顯和傳》：「皆是闕。石之宗。」「是」下作「盤」。

又《廣平王洛侯子匡傳》：「唯匡與肇闕。衡。」「肇」下作「抗」。

又「以蕭寶夤爲東揚州刺史據闕。城。」「據」下作「東」。

又《任城王彝兄順傳》：「紹甦不闕二字。言。」「不」下作「敢復」二字。

又《咸陽王禧傳》：「仲尼闕。鄉黨。」「尼」下作「在」。

又《許謙傳》：「千載闕二字。一朝可立。」「載」下作「之勳」二字。

又《長孫稚傳》：「府闕。罄竭。」「府」下作「庫」。

又「惟府庫有闕。無入。」「有」下作「出」。

又《盧魯元傳》：「布闕。以萬計。」「布」下作「帛」。

又《李敷傳》：「李訢、盧遐、度世等。」「李」上有「與」字。《北史》亦有此脱。

又「賜前後鼓吹。」「後」下有「部」字，是。

又「瘠土荒疇給百姓。」「給」上脱一字。

又「開國如故。」「開國」下脱「伯」字。

又「元象元年。」「年」下當脱一「卒」字。

又「贊議敦煌。」「議」上有脱文，當是舉酈範贊取三齊事，與韓秀議敦煌相對，不止脱一「秀」字也。

又「今升城卿自往見。」「今」下當脱一「在」字。

又「更爲吾作一返。」「一」下當脱一「往」字。

又《乙瓌傳》：「進爵爲西道都將。」「爲」下有脱文，當是進爵爲王，又爲西道都將也。

又《苟頽傳》：「賜吴甯子。」「賜」下脱「爵」字。

又《薛世遵傳》：「年四十二。」「二」下當有「卒」字。

又《裴駿傳》：「來襲聞縣中，先無兵仗。」「聞」下有「喜」字。

又《辛少雍傳》：「少雍終身不食肝。」「食」下應有「羊」字。

又《柳楷傳》：「蕭闕。西征。」闕處當是「寶夤」二字。

又「仁風敦洽於四海。」「敦」下當脱一字。

又《韓子熙傳》：「少自修。闕。」「修」下作「整」。

又末「列傳第七十四」。「列傳」下有「孝感」字，此脱。

又《王質傳》：「廢后陸叡穆泰等事。」「廢」下有「馮」字。

又「子車鹿會雄。闕。」「雄」下作「健」。

又「伽色尼國下出赤鹽。」「出」上有「土」字。

又《高車傳》：「氈闕。委積。」「氈」下作「皮」。

又《天象志》：「天賜五年下夫人劉氏。闕。」「氏」下作「薨」。

又「神瑞元年八月丁酉，月蝕牽中大星。」「牽」下有「牛」字。

又「二人闕。穆分部而立。」「人」下作「和」。

又「九年正月，火水皆入羽林下，時闕。歲討蠕蠕。」「時」下作「間」。

提行。

又　「二年四月，太白晝見，下又荆州也。」「也」下有「至」字，與下三年連文，不

又　「三年十一月，熒惑犯歲星下。注：乙氏爲祟焉。」「乙」上宋本闕一字。

又　「興和元年下至二闕。四月己丑。」「二」下作「年」。

又　「明紹宗攻王思政于潁川。」「明」下有「年」字。

又　浮陽郡下注：「屬闕。州。」「屬」下作「瀛」。

又　「息」。「息」上有「新」字。「新息」上有「弋陽」二字，合計七縣，此郡領縣七，宋本是也，此脱。

又　隴東郡下涇陽注：「涇水出。闕。」「出」下作「焉」。

又　「有」。二字模胡。「有」下作「圈地」。

又　南陽郡下冠軍注：「有模胡。水。」「有」下作「湍」。

又　順陽郡下丹水注：「前漢闕。怕農。」「漢」下作「屬」。

又　順陽注：「晉闕。南鄉。」「晉」下作「屬」。

又　「徵天下通鐘律之。闕。」「之」下作「士」。

又　「周日十四度下縮積分空二字。五十二。」「分」下作「四百」。

又　《禮志》天興二年下：「其餘從食者闕。一千餘神。」「者」下作「合」。

又　「如此則發召匪多爲闕。實廣。」「爲」下作「益」。

又　魏初至於太和下「自餘皆準此爲。闕。」「爲」下作「數」。

又　夜妖下「温而風則闕。螟螣之孽」。「則」下作「生」。

又　「厲威將軍後一行，公府。」闕二字。「府」下作「掾屬」。

又　「後二行中闕三字。鎮軍正參軍。」「中」下作「軍撫軍」三字。

又　「河提。」闕二字。「提」當作「堤」。下作「謁者」二字。

又　中書舍人。後一行「闕二字。二衛主簿。」「二」上作「領護」。

又　右六卿後一行「闕二字。南尹。」「南」上作「河」。

又　「寺主聽容一人出寺五百里闕。人千里。」上「里」下作「二」。

又　「自今有一人闕。度。」「人」下作「私」。

孫詒讓《札迻》卷一　「陽生秀白之州，載鍾名，太一之精也。」鄭注云：「『載』猶『植』也。齊人下疑脱「語」字。唐孫思邈有《齊民月令》，非鄭君所得引。《月令》云：『乾爲金。』今《月令》無此文，蓋以義推之。金於鍾律爲商，人象乾德而生殖之。一，姓也。商，名也。」案：依注，則正文「載鍾名」下當有「商」字。

又　「初世者戲也，姬通紀。《河圖》龍出，《洛書》龜予，演亦八者七九也。」注云：「初世也，《周禮》曰：『凡日行水逆地功爲之不行。』或『勒』。伏羲初遺十言之教而畫八卦，至文王乃通其教，演著陰陽人象之言者也。」案：此正文及注，范本、盧本皆殘缺，文不綴屬，惟官本略完備，然亦脱誤不可讀。《攷工記·匠人》云：「凡溝逆地防謂之不行。」鄭蓋即引彼文。以文義推校緯文，「初世」當爲「防世」，注當作：「防世者，《周禮》曰：『凡溝行水逆地防謂之不行。』或作『勒』。謂正文「防」字或作「勒」。伏羲初造十言之教而畫八卦。」鄭意「戲」即伏羲，「防世」即指畫卦之事。今本正文及注「防」並譌「初」，注引《攷工記》又譌「功」者，譌也。「溝」譌「日」，「謂」譌「爲」，「造」譌「遺」，又「或」下脱「作」字，遂不可通。「人象」疑「爻象」之誤。

又　「長大，卒嬉暴大楊。」注云：「楊楊，大貌也。」案：依注，正文「楊」字當重，今本誤脱。

又　「法曰坤。」案：《六法》例説，其表德及興亡所感，又亡之名所合及代者所起之方，其謀法之人，諸法或備或否。惟坤則一切無之，必有佚脱。

又　「人主致八能之士，或調黄鍾，或調六律，或調五聲，或調五行，或調律麻，或調陰陽，政德所行。」官本校云：「按《禮記·月令》孔疏作：『夏至，人主從八能之士，或調黄鍾，或調六律，或調五音，或調五聲，或調五行，或調律麻，或調陰陽，或調政德所行。』與此文異。」

又　「然擊黄鍾之磬。」案：《寶典》引「然」下有「後」字，當據補。

又　「鼓用革焉。」官本校云：「按：孫瑴《古微書》作『鼓用馬革』。」案：此與後「夏至鼓用黄牛皮」文正相對，孫本是也。《寶典》引亦同。又引注云：「鼓必用馬革者，冬至，坎氣也，於馬爲美脊爲亟心也。」今本全脱。

又　「鼓黄鍾之琴，瑟用槐木，瑟長八尺。吹黄鍾之律，閒音以竽補，竽長四尺二寸者。」案：《寶典》引作「瑟用槐長八尺一寸」。又引注云：「瑟用槐者，槐棘醜橋，《爾雅·釋木》「橋」作「喬」。取橑象氣上也。「取」下疑當有「其」字。上下代作謂之閒，閒則音聲有空時，空時則補之以吹竽也。」今本全脱。

又卷二　「士不信焉又多知，譬之豺狼與，其難以身近也。《周書》曰：『爲虎傅翼也，不亦殆乎！』」案：《後漢書·翟酺傳》李注引《外傳》云：「無爲虎傅翼，將飛入邑，擇人而食。夫置不肖之人於位，是爲虎傅翼也。」今本「《周書》曰」下，語氣未完，蓋脱「無爲」至「位是」二十二字，當據李引補。「無爲虎傅翼」三句，《逸周書·寤儆篇》文。《法言·淵騫篇》宋咸注引此書亦有「將飛」、「入邑」二語，疑北宋本尚未脱。

又　「故四時之比，父子之道，天地之志，君臣之義也。陰陽理人之法也。」案：此文有脱誤。《太平御覽》十七引此，「比」作「行」，又「道」下有「也」字，「陰陽」下有「之」字，「人」上有「聖」字，並當據補正。

又　「太廟有八名，其體一也。肅然清静謂之清廟，行禘祫序昭穆謂之宗廟，告朔行禮謂之明堂，行饗射養國老謂之辟雍，占雲物望氛祥謂之靈臺。其四門之學謂之大學，其中室謂之太室，總謂之合宫。」諸儒皆以廟學爲一，鄭氏以爲異處。官本校云：「案：自此以上，孔穎達《詩・靈臺》疏引之，以爲穎容《釋例》。《永樂大典》以爲杜氏之文，未知何據。案：《左傳・文二年》杜注云：「明堂，祖廟也。」孔氏《正義》云：「鄭玄以爲明堂在國之陽，與祖廟别處。《左氏》舊説及賈逵、盧植、蔡邕、服虔等皆以祖廟與明堂爲一，故杜用之。」則杜預説明堂祖廟義同此。或《釋例》述穎説，但前後並當有脱文耳。桓二年傳「清廟茅屋」注義亦與此同。

又卷四　「景公爲履。」案：據下文云「故魯工不知寒温之節，輕重之量，以害正生」，「生」、「性」字同。又云「令吏拘魯工」，則此當云使魯工爲履，今本蓋有脱文。

又　「大成若缺，其用不弊。大盈若沖，其用不窮。大直若屈，大巧若拙，大辯若訥。」傳校本「屈」作「詘」。案：《韓詩外傳》九引《老子》「屈」亦作「詘」，與傳本正同。「大巧若拙」句，在「大辯若訥」下，下又有「其用不屈」四字，以上文「其用不弊」、「其用不窮」二句例之，則有者是也。《韓》所據者，猶是先秦、西漢古本，故獨完備。魏、晉以後本，皆脱此句矣。

又　「所謂道者，無前無後，無左無右，萬物玄同，無是無非。」案：《五行大義》引「道」下有「人」字是也。此以上並釋上五人神人、真人、道人、聖人之義，故蕭吉云「《文子》發言二十五人，論止有四」是也。今本脱「人」字，則似汎論「道」字，上下文義全不貫屬矣。

又卷五　「在已彼，若扶之與景宋本脱，今據錢本增。攜，謝之與議，故之與右，洪頤煊《讀書叢録》云：「當作『古』。《淮南子・説林訓》作『先』。『古』、『先』義同。」諾之與已，相去千里也。」案：「在已」下當更有「在」字，今本誤脱。

又　「錯法而俗成，而用具。」案：「俗成」二字當重，今本誤脱。

又卷六　「醉者越百步之溝，以爲頣步之澮也。俯而出城門，以爲小之閨也。」注云：「閨，小門也。」案：「以爲小之閨也」句，文未足。《淮南子・汎論訓》云：「夫醉者俛入城門，以爲七尺之閨也。超江淮以爲尋常之溝也。」似即本此文。此「小之閨」，疑亦當作「七尺之閨」，今本蓋傳寫脱「七尺」二字而校者以注肊補一「小」字，故與上文不相對也。

又卷七　「軻拾瓦投鼃，太子令人奉槃金，軻用抵，抵盡，復進。」孫云：「《初學記・天部》、《史記・刺客列傳》索隱引作『太子奉金瓦進之』。」案：「奉槃金」當作「奉槃金丸」，今本脱一「丸」字。《初學記》、《史記索隱》引作「金瓦」，「瓦」即「丸」之誤。《太平寰宇記》「河北道易州」引《九州要記》云：「荆軻城南臨濡水，即軻以金圖投鼃處。」「金圖」當作「金圓」，「圓」亦即「丸」也。

又　「故行或合於世，或順於耳。」案：「行」不可言「順於耳」，此篇多以「言」、「行」對舉，此亦當作「言或順於耳」，今本誤脱一「言」字。

又卷八　「大夫曰：『昔除偃王行義而滅，舊本「王」字誤在「行」下，今從張之象本。好儒而削。』」案：「好儒而削」非徐偃王事，此上當有脱文。前《相刺篇》云：「昔魯穆公之時，公儀爲相，子思、子厚爲之卿，然北削於齊，以泗爲境。」疑此「好儒」上即脱「魯穆公」三字。

又　「拘世之議，人心不疑矣。」案：《商子》作「拘世以議，寡人不之疑矣」，此「人」上蓋脱「寡」字。上文衛鞅兩言「君無疑」，故秦孝公答云「寡人心不疑」，若作「人心不疑」，則與上文不相應，足知其誤。

又　「孔子曰：『爾聞瞽叟有子名曰舜。』」案：《御覽》四百十三引「爾聞」作「汝不聞」，是也，當據補「不」字。《家語・六本篇》云：「汝不聞乎，昔瞽瞍有子曰舜。」毛本「瞍」作「叟」，今從宋本。《韓詩外傳》八亦云：「汝不聞昔者舜爲人子乎。」並其證。

又卷九　「黄公取隣巫之女，卜謂女相貴，故次公位至丞相。」案：「黄公」當作「黄次公」。《漢書・循吏傳》：「黄霸，字次公。」下文及《骨相篇》並不脱。

又　「商鞅相秦，致力於霸，作《耕戰》之書。虞卿爲趙，決計定説，行退作《春秋》之思，起城中之議。《耕戰》之書，秦堂上之計也。」案：「虞卿」二句有脱文，「《春秋》之思」四字疑當重。「起」，元本作「趙」，是，當據正。

又　「《春秋左氏傳》曰『啓蟄而雩』，又曰『龍見而雩』，啓蟄、龍見，皆二月也。」案：左桓五年傳作「啓蟄而郊」，不云「雩」，仲任不知據何本。後《祭意篇》亦云：「二月之時，龍星始出，故傳曰『龍見而雩』。龍星見時，歲已啓蟄，而雩。」此文有譌，疑當云：「故又曰『啓蟄而雩』」。今本脱五字耳。

又　「又《詩》頌國名《周頌》，與杜撫、固所上漢頌，相依類也。」案：「固」上脱「班」字。後文云：「班孟堅頌孝明。」亦見後《佚文篇》。

又卷一〇　「士者，事也，任事之稱也。」案：《孝經》疏引此，上有「故《禮辨名記》曰」六字，當據補。《辨名記》，《大戴禮記》逸篇之一，《詩・魏風・沮洳》正義亦引之。

又　「黄者，中和之色。鍾者，動也。言陽氣於黄泉之下動養萬物也。」盧云：「舊本『陽氣』下有『動』字，今從《史記正義》删。」案：王涇《大唐郊祀録》二引「陽氣」下有「潛藏動」三字，則今本蓋脱「潛藏」二字，「動」字非衍文。下「動」字屬「養萬物也」爲句。盧讀「言陽氣於黄泉之下動」句，非。

又　「魂猶伝伝也，行不休也。」盧云：「舊作『魂猶伝伝也，行不休於外也』。今據《御覽》八百八十六改。」案：此尚有脱譌。《廣韻・二十三魂》引此作：「魂者，沄也，猶沄沄，行不休也。」《左傳・昭七年》孔疏引《孝經説》云：「魂，芸也。芸芸，動也。」「芸」、「沄」字通。《韻補》一引同。當據補正。《春秋繁露・山川頌》云：「混混沄沄」。《吕氏春秋・圜道篇》云：「雲西行云云然。」高注云：「運也」。「云」、「沄」字亦通。

又　「賻者，助也。賵者，覆也。」盧云：「四字舊脱。案：《説題辭》及服虔、何休之説皆以『覆』釋『賵』。」案：《一切經音義》十二引：「賵之言赴也，所以相赴佐也。」此真《白虎通》脱文，不當别據《説題辭》諸書補。盧校未塙。

又　「摯虞論邕《玄表賦》曰：『《通》精以整思，《玄》博而贍，《玄表》擬而不及。』余以爲仲治此説爲然也。」案：此蓋論摯虞《文章流别》之語，「邕」上當有「蔡」字。《文選》謝朓《拜中書記室辭隋王牋》李注引蔡邕《玄表賦》云「庶小善之有益」是也。宋本《蔡中郎集》無此賦。「通」上當有「幽」字，謂張平子《幽通賦》也。「仲治」當作「仲洽」，見《晉書》本傳。

又卷一一　「夏至南萬六千里。」甄注云：「今夏至影有一尺六寸，故其萬六千里。」案：注「故」下當有「知」字。

又　「髀者，股也。正晷者，句也。」趙注云：「股定然後可以度日之高遠。」案：注「股」上當有「句」字。

又　「差數及日光所還觀之。」趙注云：「以差數之所及，日光所還，以此觀之，則四極之窮也。」案：依注，正文「差數」下當有「所」字。日躔環黄、赤道，四極非日月所還。以文義校之，疑正文及注「還」當作「還」。「還」與「逮」通。詳前《吴越春秋》。前趙注云：「至極者，謂璇璣之際爲陽絶陰彰以日。夜之時，而日光有所不逮。」即其證也。

又　趙注云：「《河圖・括地象》云：『而有君長之州九，阻中國之文德，及而不治。』」案：注引《河圖》讖有脱誤。李氏《音義》引「括地象」下有「亦」字，「云」下有「里數」二字，《音義》全録。此注於義無取，疑亦衍文。並當據校補。蓋《河圖》讖本詳記四極里數，趙不全引，而以「里數」二字約舉之，今本并删此二字，遂不可通耳。

又　「欲知北極樞璿周四極。」趙注云：「極中不動，璿璣也。」案：注當作：「極中不動，動者璿璣也。」今本脱「動者」二字，則與下經「璿璣四游」之語不合矣。

又　注云：「四維，東萊子所造也。案：東萊子即徐岳。布十二時，四維之一。其文曰：『天行星紀，石隨龍淵。風吹羊圈，天門地連。兔居蛇穴，馬到猴邊。雞飛豬鄉，鼠入虎廛。』摯亦有四維之戲，與此異焉。」案：甄所引術文，亦不盡可解。末句「摯」下當有脱字。《藝文類聚》七十四引晉李秀《四維賦序》：「四維戲者，衛尉摯侯所造也。畫紙爲局，截木爲碁，取象元一分而爲二，準陰陽之位，擬剛柔之象，而變動無爲生乎其中。」與甄所述東萊子術迥異。《御覽・工藝部》引同。《晉書・摯虞傳》載，虞，惠帝時爲衛尉卿。甄注及李《賦》所言，當即虞也。

衍分部

論　述

王念孫《讀書雜志》一之一《惠而不忍人》　《命訓篇》：「惠而不忍人，人不勝害，害不如死。」念孫案：「惠而不忍人」當作「惠而忍人」，此反言之以申明上文也。上文言「惠不忍人」，故此言「惠而忍人，則人不勝害」。下文「均一則不和」云云，皆是反言以申明上文也。今本作「惠而不忍人」，「不」字即涉上文「惠不忍人」而衍。

又《不賓祭》　《大匡篇》：「祈而不賓祭，服漱不制。」孔注曰：「不賓殺禮。」引之曰：「不賓祭」當作「不祭」。《糴匡篇》云：「大荒有禱無祭。」正所謂祈而不祭也。襄二十四年《穀梁傳》亦云：「大侵之禮，鬼神禱而不祀。」「祈而不祭」爲句，「服漱不制」爲句。今本作「不賓祭」者，「賓」字涉下文「非公卿不賓」而衍。「祈」與「不賓」義不相屬。且下文云。「賓不過具」，則不得言「不賓」明矣。孔注亦當作「不祭殺禮」。《周官》荒政有眚禮，即孔所云殺禮也。今本「不祭」作「不賓」者，亦

後人據已誤之正文改之。

又《天下不虞周》 《寤儆篇》：「天下不虞周，驚以寤王。」念孫案：「下」與「不」字形相似，「不」字蓋涉「下」字而誤衍也。「天下虞周驚以寤王」者，孔注曰：「虞，度，言唯天下度周，故驚以寤王也。」上文曰：「今朕寤有商驚予。」若作「天下不虞周」，則義不可通。

又一之三《心遷移 氣惵懼》 「導之以利而心遷移，臨攝今本作「懾」，據《文選》注、《後漢書》注引改。以威而氣惵懼。」盧曰：「李善注《東都賦》引『惵懼』作『惵惵』。」念孫案：此文本作「導之以利而心移，臨攝以威而氣惵」。《玉篇》：「惵，徒頰切，恐懼也。」今本作「氣惵懼」者，閱者旁記「懼」字，而寫者因誤入正文。後人不知，又於上句加「遷」字而以「遷移」對「惵懼」，斯爲謬矣。《後漢書・章德竇皇后紀》注引《周書》有「懼」字，亦後人依誤本加之。《班固傳》注引《周書》無「懼」字。案：上文云「深導以利而心不移」，此云「導之以利而心移」，「移」與「不移」正相對，不當增入「遷」字。上文云「臨攝以威而氣不卑」，此云「臨攝以威而氣惵」，「惵」與「不卑」亦相對。凡人懼，則其氣卑下，故《東都賦》言「惵然意下也」。若云「臨攝以威而氣惵懼」，則大爲不詞。《大戴記》作「示之以利而易移，臨攝舊本如是，盧本改爲「懾」。以威而易懾」，「懾」與「惵」同義，而上句無「遷」字，下句亦無「懼」字。李善注《東都賦》云：「《周書》曰：『臨攝以威而氣惵。』句。惵猶恐懼也。」則《周書》本無「懼」字明矣。盧引李注以「惵惵」連讀，失之。

又《言弗發 曰弗德》 「有知而言弗發，有施而曰弗德。」念孫案：此文本作「有知與『智』同。而弗發，有施而弗德」。「發」讀曰「伐」。上文「發其所能，發名以事親」，《大戴記》作「伐」。《管子・四時篇》「求有功發勞力者而舉之」。高注《淮南・脩務篇》曰：「伐，自矜大其善也。」「有知而弗伐」，「有施而弗德」，皆五字爲句。上句本無「言」字，下句亦無闕文，後人於「弗發」上加「言」字，後人不知「發」與「伐」同，而誤以爲「發言」之「發」，故加「言」字。則上句多一字矣。校書者不知「言」字爲後人所加，而以爲下句少一字，遂於下句內作空圍以對「言」字，此誤之又誤也。《大戴記》正作「有知而不伐，有施而不置」。「置」與「德」同。《繫辭傳》：「勞而不伐，有功而不德。」《釋文》：「德，鄭、陸、蜀才作『置』。鄭云：『置當爲德。』」《荀子・哀公篇》：「言忠信而心不德，仁義在身而色不伐。」《大戴記・哀公問五義篇》「德」作「置」。

又一之四《始》 「自晉始如周，身不知勞。」念孫案：「自晉如周」句中不當有「始」字，蓋即「如」字之誤而衍者。

又二之二《大息》 「汗明見春申君，談卒，春申君大說之。汗明欲復談，春申君曰：『僕已知先生，先生大息矣。』」鮑注曰：「異於小休。」念孫案：鮑說甚謬。「先生息矣」，猶孟嘗君言先生休矣。「息」上不當有「大」字，此因上文「大」字而誤衍耳。《太平御覽・人事部》引此無「大」字。

又《楚君雖欲攻燕將道何哉》 「所道攻燕，非齊則魏。魏齊新怨楚，楚君雖欲攻燕，將道何哉？」鮑改「楚君」爲「楚軍」。念孫案：「君」字因上下文而誤衍耳，鮑改非也。「將道何哉」當作「將何道哉」。道，從也，見《禮器》注。言楚欲攻燕兵何從出也。置「道」字於「何」字之上，則文不成義矣。

又《董閼安于》 「夫董閼安于，簡主之才臣也。」念孫案：「閼」與「安」，一字也。定十三年《左傳》及《晉語》、《呂氏春秋・愛士篇》、《史記・趙世家》、《漢書・古今人表》並作「董安于」。《韓子・十過篇》及《鴻烈・道應篇》並作「董閼于」，是「閼于」即「安于」也。「安」與「焉」古同聲而通用。「閼于」之爲「安于」，猶「閼逢」之爲「焉逢」也。《爾雅》：「大歲在甲曰閼逢。」《釋文》：「閼，烏割反，又於虔反。」《史記・曆書》作「焉逢」。今作「董閼安于」者，一本作「閼」，一本作「安」，而後人誤合之耳。

又二之三《反於楚王》 「張儀惡陳軫於魏王曰：『軫善事楚，爲求壤地也甚力。』左華謂陳軫曰：『公不如以儀之言爲資而反於楚王。』陳軫曰：『善。』因使人先言於楚王。」鮑解「反於楚王」曰：「反，言報之。」念孫案：鮑說非也。以儀之言爲資而反於楚，「楚」下本無「王」字，此因下有「楚王」而誤衍耳。陳軫去楚適魏，而張儀惡之於魏王，謂其善事楚，爲之求地。軫即令人以此言聞於楚王，使楚王喜而復之，以上並見《楚策》。故曰「以儀之言爲資而反於楚」。「反」訓爲「歸」，非訓爲「報」。《楚策》記此事曰：「公不如以儀之言爲資而得復楚。」是其證。

又《請出西說秦》 「唐且謂魏王曰：『老臣請出西說秦，令兵先臣出，可乎？』」念孫案：「請」下不當有「出」字，此涉下文「出」字而誤衍耳。《史記・魏世家》、《新序・雜事篇》俱無「出」字。《藝文類聚・人部》、《太平御覽・人事部》引策文亦無。

又《膝下行》 「太子再拜而跪，膝下行流涕。」鮑注曰：「以膝行不立行，故言下。」念孫案：鮑說甚謬。「膝行」二字之間不當有「下」字，此因上文「下」字而誤衍耳。《史記・刺客傳》無「下」字。《文選・四字講德論》注引策文亦無。

又三之一《河西》 「出子二年，庶長改迎靈公之子獻公于河西而立之。」《正義》曰：「西者秦州西縣，秦之舊地。時獻公在西縣，故迎立之。」念孫案：如《正

義》則正文「西」上本無「河」字，蓋涉下文「奪秦河西地」而衍。《漢書·地理志》西縣屬隴西郡，故城在今秦州西南。上文曰：「宣王以莊公爲西垂大夫，居其故西犬丘。」故《正義》曰：「西者，秦之舊地。」

又《遂定其荆地》「荆王獻青陽以西，已而畔約，擊我南郡，故發兵誅得其王，遂定其荆地。」念孫案：「荆地」上不當有「其」字，蓋涉上句「其」字而衍。

又《或言鹿者》「問左右，左右或默，或言馬以阿順趙高，或言鹿者。」念孫案：「或言鹿」下不當有「者」字，此因下文「言鹿者」而誤衍耳。《羣書治要》、《後漢書·文苑傳》注、《太平御覽》職官部、獸部引此並無「者」字。

又《建國千餘歲》「朕聞古者諸侯建國千餘歲，各守其地。」念孫案：「歲」字因上文「治安皆千餘歲」而衍。此言千餘者，謂千餘國，非謂千餘歲也。下文「各守其地」即指千餘國而言，則「千餘」下本無「歲」字明矣。《漢書·文帝紀》無「歲」字。

又《深者二尺》「二年秋，衡山雨雹，大者五寸，深者二尺。」念孫案：「深者二尺」，「者」字因上句而誤衍也。雹有大小，故言大者五寸。若深二尺，則平地皆然，不得言「深者二尺」也。《秦始皇紀》二十一年：「大雨雪，深二尺五寸。」《漢書·五行志》：「宣帝地節四年五月，山陽濟陰雨雹，如雞子，深二尺五寸。」皆不言「深者二尺五寸」也。又《五行志》元帝建昭二年十一月：「齊楚地大雪，深五尺。」不言「深者五尺」也。《初學記》、《太平御覽·天部》引《史記》並無「者」字。

又三之二《晏嬰大破之》「齊靈公二十七年，晉圍臨淄，晏嬰大破之。」念孫案：《齊世家》曰：「晉使中行獻子伐齊，齊師敗，靈公走入臨菑。晏嬰止靈公，靈公弗從。」此文「晉圍臨淄」下，傳寫殘缺，僅餘「晏嬰」二字，其「大破之」三字，則因下一行晉表內「圍齊大破之」而衍。晉表以晉爲主，故言「圍齊大破之」。齊表以齊爲主，齊爲晉所破，則不得言「大破之」，故如此三字爲衍文也。明程一枝《史詮》反以「晏嬰」二字爲衍文，謬矣。

又《言陽氣之危垝》「東至於危。危，垝也，言陽氣之危垝，故曰『危，十月也。』」念孫案：「言陽氣之危垝」，「垝」上本無「危」字，此是訓「危」爲「垝」，故曰「危，垝也，言陽氣之垝」。《爾雅》曰：「垝，毁也，言陽氣至十月而毁也。」今本「垝」上有「危」字，即因上「危，垝也」而誤衍耳。

又《斗魁》「在斗魁中，貴人之牢。」念孫案：「魁」上本無「斗」字，此因《集解》「内在斗魁中」而誤衍也。此云在魁中，下文云「魁下六星」，皆承上「斗魁」而言，無庸更加「斗」字。《索隱》本無「斗」字。《漢書·天文志》亦無。

又《卿雲見》「卿雲見，喜氣也。」念孫案：「卿雲」下本無「見」字，此涉下文「見」字而誤衍也。凡言「某星見」、「某氣見」者，其下文必有吉凶之事。見上下文。此是以善氣釋卿雲，猶言「卿雲者，喜氣也」。「卿」與「慶」同，慶即喜也。若加一「見」字，則隔斷上下文義。上文「景星者，德星也」，若改爲「景星見，德星也」，其可乎？《藝文類聚·祥瑞部》引此有「見」字，《漢書·天文志》有「見」字，皆後人依誤本《史記》加之。《初學記·天部》、《太平御覽》天部、人事部、休徵部引《史記》皆無「見」字。《晉書·天文志》曰：「慶雲，亦曰景雲，此喜氣也。」《書大傳》注曰：「《天文志》曰：『若煙非煙，若雲非雲，郁郁紛紛，蕭索輪囷，是爲卿雲，此和氣也。』」此雖小變其文，而亦無「見」字。蓋喜氣和氣，皆是釋「卿雲」二字，不當有「見」字也。

又《占種其所宜》「各以其時，用雲色占種其所宜。」顧子明曰：「下『其』字因上『其』字而衍。《漢志》無。」

又《羨門子高　最後》「而宋毋忌、正伯僑、充尚、羨門子高，最後，皆燕人。」念孫案：「羨門子高」，「高」上本無「子」字，此因《索隱》内「羨門子高」而誤衍也。《索隱》本出「羨門高」三字，注曰：「秦始皇使盧生求羨門子高是也。」則正文内無「子」字明矣。《郊祀志》亦無「子」字。又案：《索隱》曰：「最後，猶言甚後也。服虔説止有四人是也。小顔云：『自宋毋忌至最後，凡五人。』劉伯莊亦同此説。非也。」念孫案：以「最後」爲人名者是也。「皆燕人」三字，乃總承上文之詞，若以「最後」爲甚後，則與上下文義皆不相屬矣。「最」疑「冣」字之誤。《説文》：「冣，積也。」徐鍇曰：『古以聚物之聚爲冣。』」《殷本紀》：「大冣樂，戲於沙丘。」《集解》徐廣曰：「冣，一作聚。」《周本紀》：「則固有周聚以收齊。」《集解》徐廣曰：「聚，一作冣。」今本「冣」字並誤作「最」。又《周本紀》之「周聚」，東、西《周策》並誤作「周最」。《趙世家》之「顔聚」，《趙策》誤作「顔最」。又《樂記》「會以聚衆」，鄭注：「聚，或爲冣。」今本亦誤作「最」。《高唐賦》：「有方之士，羨門高谿，上成鬱林，公樂聚穀。」「聚」與「冣」古字通。「穀」有「㱿」音，「㱿」與「後」聲相近，疑《史記》之「最後」即《高唐賦》之「聚穀」也。

又《春三月及時臘》「有司請令縣常以春三月及時臘，祠社稷以羊豕。」念孫案：「三月」當從《郊祀志》作「二月」。「臘」上不當有「時」字，此因上文「歲時」字而衍。《郊祀志》無「時」字。

又《通適》「故吏皆通適令伐棘上林，作昆明池。」念孫案：「皆通適」三字文不成義。「通」即「適」字之誤而衍者也。《索隱》本無「通」字。《食貨志》亦無。

又《市列肆》　「今宏羊令吏坐市列肆販物求利。」念孫案：「市列」下本無「肆」字，此涉《索隱》内「市肆」而誤衍也。市列，即肆也，故襄三十年《左傳》注曰：「羊肆，市列也。」無庸更加「肆」字。《索隱》本作「坐市列」，注曰：「謂吏坐市肆行列之中。」此是加「肆」字以申明其義，非正文内本有「肆」字也。《食貨志》亦作「坐市列」，顔師古曰：「市列，謂列肆。」是《史記》、《漢書》皆無「肆」字也。《鹽鐵論・救匱篇》：「内無事乎市列，外無事乎山澤。」《漢書・西域傳》：「罽賓國有市列。」

又三之三《爾而》　「爾而忘句踐殺女父乎？」念孫案：此當作「而忘句踐殺女父乎」。「而」即「爾」也。定十四年《左傳》作「而忘越王之殺而父乎」，是其證。今作「爾而」者，後人依《五子胥傳》旁記「爾」字，因誤入正文也。董份謂上「爾」字呼之，下「而」字連下，則從爲之辭耳。

又《一飯三吐哺起以待士》　「然我一沐三捉髮，一飯三吐哺起以待士。」念孫案：此文當有二本，一本作「一飯三起」，一本作「一飯三吐哺」，而後人誤合之也。《太平御覽・人事部》「沐類」、「賢類」、「禮賢類」、「待士類」引此並作「一飯三起以待士」，而無「吐哺」二字，此一本作「三起」之證也。《後漢書・陳元傳》注引作「一飯三吐哺以待士」，而無「起」字，此一本作「三吐哺」之證也。考諸書所記言「三起」者則不言「吐哺」，言「吐哺」者則不言「三起」。今既言「吐哺」而又言「起」，則詞意重沓。且一本作「三起」者，本以「一飯三起」爲句，而「以待士三」字則總承上二句言之。今作「一飯三吐哺起以待士」，則當斷「一飯三吐哺」爲句，而以「起」字下屬爲句，「起以待士」，斯爲不詞矣。

又《怨伐》　「允常之時，與吴王闔廬戰而相怨伐。」念孫案：「怨伐」二字義不相屬。諸書亦無以「怨伐」連文者。「伐」字蓋因下文而誤衍也。《文選・鵩鳥賦》注引此無「伐」字。

又《春温》　「夫大弦濁以春温者君也。」念孫案：「濁以春温」，文不成義。《索隱》本出「大弦濁以温者君也」八字，注云：「案：《春秋後語》『温』字作『春』。」春氣温，義亦相通也。」據此，則小司馬本無「春」字。今本作「春温」者，一本作「温」，一本作「春」，而後人誤合之耳。《太平御覽・人事部》引此作「春」，從别本也。陳祥道《禮書》引作「春温」，則所見本已誤。

又《如齊故俗諸儒以百數》　「參盡召長老諸生，問所以安集百姓。如齊故俗諸儒以百數，言人人殊。」念孫案：「如齊故俗諸儒以百數」，本作「如齊故諸儒以百數」。「齊故諸儒」四字連讀。「如」與「而」同。言參問所以安集百姓，而齊之故儒以百數，言人人殊也。《漢書》作「而齊故諸儒以百數」，是其明證矣。今本《史記》「故」下有「俗」字者，後人不知「如」與「而」同，而以「如齊故」三字連讀，遂於「故」下加「俗」字，謂參之治齊，欲如其故俗不事更張也。不知參問政於諸儒而諸儒言人人殊，未知所定。及蓋公教以清静無爲，然後用黄老之術而齊國大治。若參之治齊本欲行所無事，則不待蓋公教之矣。皆由不知「如」之讀爲「而」，故文義失而句讀亦舛也。

又《并葬黄石冢》　「留侯死，并葬黄石冢。」念孫案：「并葬黄石」下不當有「冢」字，此涉下文「上冢」而誤衍也。《漢書》作「并葬黄石」。《藝文類聚・地部》、《太平御覽・時序部・臘類》及《地部》引《史記》亦作「并葬黄石」。《初學記・歲時部》引作「并黄石葬」。《御覽・時序部・伏類》引作「并黄石葬之」。皆無「冢」字。

又《攻下殷王》　「漢王攻下殷王。」念孫案：「殷」下「王」字涉上文「殷王」而誤衍也。「攻下殷」者，謂攻下殷國，《項羽紀》：「立司馬卬爲殷王，王河内，都朝歌。」「殷」下不當有「王」字。下文「項王怒將誅定殷者將吏」，亦但言「殷」，不言「殷王」也。《太平御覽・珍寶部》引此無「王」字。《漢書》亦無。

又《監護軍長者》　「諸將盡讙曰：『大王一日得楚之亡卒，未知其高下而即與同載反使監護軍長者。』」念孫案：「長者」，諸將自謂，猶言使之監護我等也。「監護」下不當有「軍」字，此因上文「典護軍」而衍。《漢書》、《漢紀》皆無「軍」字。

又三之四《鞅欲變法》　「孝公既用衛鞅，鞅欲變法，恐天下議己。衛鞅曰：『疑行無名，疑事無功。』」念孫案：「鞅欲變法」，「鞅」字因上文而衍。此言孝公欲從鞅之言而變法，恐天下議己，非謂鞅恐天下議己也。孝公恐天下議己，故鞅有「疑事無功」之諫。若謂鞅恐天下議己，則與下文相反矣。《商子・更法篇》：「孝公曰：『今吾欲變法以治，更禮以教百姓，恐天下之議我也。』公孫鞅曰：『疑行無成，疑事無功，君亟定變法之慮，殆無顧天下之議之也。』」是其明證矣。《新序・善謀篇》同。

又《見破於人　見臣於人》　「今西面而事之，見臣於秦。夫破人之與見破於人也，臣人之與見臣於人也，豈可同日而論哉？」念孫案：下兩「見」字皆涉上「見」字而衍。《索隱》本出「臣人之與臣於人」七字，注曰：「臣人，謂己爲彼臣也。臣於人，謂使彼臣己也。」案：《索隱》誤解，當從《正義》。《正義》曰：「破人，謂破敵也。破於人，謂被敵破。臣人謂己得人爲臣，臣於人謂己事他人。」則無兩「見」字明矣。《趙策》亦無兩「見」字。

又《王業》 「今三川周室，天下之朝市也。而王不爭焉，顧爭於戎翟，去王業遠矣。」念孫案：「去王」下本無「業」字，此涉上文「王業」而誤衍也。「王」讀「王天下」之「王」。此言秦不爭於三川周室而爭於戎翟，則不能王天下，故曰「去王遠矣」。下文司馬錯曰：「三資者備而王隨之矣。」正對此句而言，則「王」下不當有「業」字。《索隱》本出「去王遠矣」四字，注曰：「王音于放反。」則無「業」字明矣。《秦策》有「業」字，亦後人依誤本《史記》加之，故姚宏校本曰：「曾、錢、劉無『業』字。」《新序・善謀篇》亦無「業」字。

又《入儀之梁》 「乃具革車三十乘入儀之梁。」念孫案：「入儀之梁」本作「入之梁」。下文曰：「故具革車三十乘而入之梁也。」是其證。「入」下有「儀」字，則文不成義。此因上下文「儀」字而誤衍也。《齊策》作「乃具革車三十乘内之梁」，「内」即「入」也。

又《廣成傳舍》 「舍相如廣成傳舍。」念孫案：「傳」下本無「舍」字，此涉《索隱》「傳舍」而誤衍也。《索隱》本出「廣成傳」三字而釋之曰：「廣成是傳舍之名。」若正文本作「廣成傳舍」，則《索隱》爲贅語矣。《太平御覽・居處部》引此有「舍」字，則所見本已誤。左思《魏都賦》「廣成之傳無以疇」，張載注引此作「舍相如廣成傳」，與小司馬本同，足正今本之誤。

又《而能》 「捐子之之心，而能不説於田常之賢。」《漢書》作「而不説田常之賢」。《文選》同。《新序・雜事篇》作「能不説於田常之賢」。念孫案：「能」與「而」同。《漢書》作「而」，《新序》作「能」，其實一字也。下文「獨化於陶鈞之上，而不牽於卑亂之語」，《新序》「而」作「能」，是其證也。《史記》作「而能」者，一本作「而」，一本作「能」，而後人誤合之耳。「能」字古讀若「而」，故與「而」通，説見《經義述聞》「能不我知」下。

又三之五《秋霜降　水搖動》 「故秋霜降者草華落，水搖動者萬物作。」念孫案：《索隱》本出「水搖者萬物作」六字，注曰：「水搖者，謂冰泮而水動也。」據此，則正文内本無「動」字，蓋因注文而誤衍也。此二句原文當本作「霜降者草華落，水搖者萬物作」。今本作「水搖動」，則多一字，後人不達，又於上句内加「秋」字以對下句耳。不知「霜降」、「水搖」相對爲文，若「秋霜降」與「水搖動」則參差不協，且下句不言「春」而上句獨言「秋」，亦爲不類矣。又案：《索隱》訓「搖」爲「動」，則正文内本無「動」字，後人不知「動」爲衍文，又改注文之「水動」爲「搖動」以牽合正文，甚矣其謬也。

又《倍則戲之》 「吾聞兵法，十則圍之，倍則戰之。」念孫案：宋本「戰」下無「之」字，是也。「十則圍之」者，言我兵十倍於彼，則圍之也。「倍則戰」者，言我兵倍於彼，則與之戰也。「戰」下不當有「之」字，此涉上句而誤衍耳。《太平御覽・兵部一》引《史記》無「之」字。《漢書》及《通典・兵十三》並同。《孫子・謀攻篇》：「十則圍之，五則攻之，倍則分之，敵則能戰。」能，乃也。古謂「乃」爲「能」，説見《漢書》「能或滅之」下。言兵數相敵，乃與之戰也。今本「戰」下有「之」字，亦涉上文而衍。《御覽》引《孫子》亦無「之」字。

又《後曹輩》 「梁刺客後曹輩，果遮刺殺盎安陵郭門外。」念孫案：「後曹」下本無「輩」字。曹即輩也。且「後曹」二字，即承上「後刺君者十餘曹」而言，則「曹」下愈不當有「輩」字，蓋因上《集解》内有「如淳曰曹輩」而誤衍也。《漢書》無「輩」字。

又《病蟯　寒薄吾》 「臨菑氾里女子薄吾病甚，臣意診其脈曰蟯瘕，病蟯得之於寒溼。」念孫案：「病蟯」之「蟯」因上文而誤衍也。凡篇内稱病得之於某事者，皆不言其病名，並見上下文。以病名已見於上文也。又下文「臣意所以知寒薄吾病者」，「寒」字亦因上文而衍。凡篇内稱「所以知某之病者」，皆不言其致病之由，亦見上下文。亦以致病之由已見上文也。或謂「寒」字當在「薄吾」下，非也。宋本無「寒」字。

又三之六《侵燕代》 「南并樓煩白羊河南王，侵燕代，悉復收秦所使蒙恬所奪匈奴地者。」念孫案：「侵燕代」三字因下文「遂侵燕代」而衍。冒頓既至河南，并樓煩白羊，遂復收秦所奪地，二事正相因。秦所奪地即河南地也。若加入「侵燕代」句，則別爲一事，與上下不相聯屬。且下文「遂侵燕代」四字爲贅語矣。《漢書》、《漢紀》並無「侵燕代」三字。

又《朝鮮不肯心附樓船》 「朝鮮大臣乃陰閒使人私約降樓船往來言，尚未肯決。左將軍數與樓船期戰，樓船欲急就其約，不會。左將軍亦使人求閒郤，降下朝鮮。朝鮮不肯心附樓船，以故兩將不相能。」念孫案：「朝鮮不肯心附樓船」，「朝鮮」二字蒙上而衍。此言樓船不會左將軍，左將軍亦不肯心附樓船，故曰「兩將不相能」，非謂朝鮮不肯心附樓船也。《漢書》「不肯」上無「朝鮮」二字。

又《巴蜀》 「始楚威王時，使將軍莊蹻將兵循江上，略巴蜀黔中以西。」念孫案：「蜀」字因上文「巴蜀」而衍。莊蹻將兵循江上，自巴黔中以西至滇池，不得至蜀也。《漢書》作「略巴黔中以西」，是其證。又《貨殖傳》「巴蜀寡婦清」，「蜀」字亦

因下文「巴蜀」而衍。《索隱》曰：「《漢書》作『巴寡婦清』。巴，寡婦之邑。清，其名也。」

又《地方三百里》 「蹏至滇池，地方三百里。」念孫案：此言滇池方三百里，「池」下不當有「地」字。《索隱》本及《漢書》皆無「地」字。「池」、「地」字相似，又因下句「地」字而誤衍也。下句云「旁平地肥饒數千里」，乃始言池旁之地耳。

又《徒諸名禍猾吏》 「徒諸名禍猾吏與從事。」《集解》引徐廣曰：「有殘刻之名。」《索隱》本作「徒請名禍猾吏」。《漢書》作「徒請召猜禍吏」。應劭曰：「徒，但也。猜，疑也。取吏好猜疑作禍害者，任用之。」念孫案：此當作「徒請召猾吏與從事」。上文云：「猾民佐吏爲治。」是也。《索隱》本作「徒請名禍猾吏」，「名」即「召」之譌，「禍」即「猾」之譌而衍者也。隸書「猾」、「禍」相似，說見《漢書・高祖紀》「禍賊」下。今本作「徒諸」，又「徒請」之譌。《漢書》作「徒請召猜禍吏」，「猜禍」二字皆「猾」字之譌。此是一本作「猜」，一本作「禍」，而寫者又誤合之也。「禍猾吏」、「猜禍吏」、「名禍猾吏」，皆文不成義。

又《幸雨立》 「女雖長，何益？幸雨立。我雖短也，幸休居。」念孫案：「幸雨立」本作「雨中立」。今本「雨」上「幸」字涉下「幸休居」而衍，又脱去「中」字，遂致文不成義。《太平御覽・天部》引此作「幸雨立」，亦後人依《史記》改之。《初學記・人部》、《御覽》人事部、樂部引此並作「雨中立」。

又《行十餘日》 「爲治齋宫河上。張緹絳帷，女居其中，爲具牛酒飯食，行十餘日。」念孫案：此謂居齋宫中十餘日也。「十餘日」上不當有「行」字，蓋涉下文「浮行數十里」而誤衍耳。《太平御覽・方術部》引此無「行」字。

又四之一《所殺者》 「由所殺蛇白帝子，所殺者赤帝子故也。」念孫案：下「所」字涉上「所」字而衍。殺者，謂殺蛇者也，則「殺者」上不當有「所」字。《文選・王命論》注引此無「所」字。《史記》同。《郊祀志》曰：「蛇白帝子，而殺者赤帝子也。」「殺」者上亦無「所」字。《史記・封禪書》同。

又《其薨葬》 「其薨葬，國得發民輓喪，穿復土，治墳無過三百人畢事。」念孫案：「其薨葬」，「薨」字涉上文四「薨」字而衍。諸王侯薨事已見上文，此文則專指葬事言之，故師古云：「畢事，畢葬事也。」不當更有「薨」字。《漢紀・孝景紀》無「薨」字。

又《人人》 「人人自以得上意。」宋祁曰：「『人人』南本只一个『人』字。」念孫案：南本是也。今本多一「人」字者，後人依《匡衡傳》加之。正文只一「人」字，故注申之云：「人人各自以當天子之意。」若正文本作「人人」，則無庸注矣。《匡衡傳》「人人自以爲得上意」，師古無注，即其證。

又《爲父後者》 「賜吏六百石以上爵五大夫，勤事吏二級爲父後者民一級。」念孫案：「爲父後者」四字涉上文而衍。景祐本無此四字，是也。宋祁亦云：「越本無此四字。」《漢紀》亦無。上文以立皇太子，故賜天下當爲父後者爵一級。初元二年四月。此不當有。其初元二年正月、四年三月、永光元年正月、二年二月、建昭五年三月賜民爵一級，皆無「爲父後者」之文。他篇放此。

又四之二《辟土》 「辟土節侯壯。」念孫案：《史表》「辟」下無「土」字，蓋「壁」、「辟」古字通，成二年《左傳》「辟司徒」，杜注：「主壘壁者。」《爾雅・釋天》：「營室東壁。」《曲禮》注「壘軍壁也」，《釋文》「壁」並作「辟」。故《漢表》作「壁」，而寫者誤分爲二字。師古音「闢」，非也。《水經・沭水注》云：「葛陂水西南流逕辟城南，世謂之辟陽城。漢武帝元朔二年封城陽其王子劉壯爲侯國。」則作「辟土」者誤也。漢之辟城在城陽莒縣，見《沭水注》。與東海相近，故《表》在東海也。

又《虞夏以之》 「昔唐以萬國致時雍之政，虞夏以之多羣后饗共己之治。」念孫案：「以」下「之」字涉上下文而衍。《漢紀・孝成紀》無。

又《匈奴河》 「從票侯趙破奴。元封三年，以匈奴河將軍擊樓蘭，封浞野侯。」念孫案：「奴」字涉上下文「匈奴」而衍。《史表》無「奴」字。《武紀》云：「遣匈河將軍趙破奴出令居。」薛瓚曰：「匈河，水名，在匈奴中，去令居千里，見《匈奴傳》。」《匈奴傳》：「從票侯趙破奴將萬餘騎出令居數千里，至匈河水。」今本「匈」下亦衍「奴」字。《衛霍傳》亦云：「趙破奴爲匈河將軍，攻胡至匈河水。」《史記》同。又《大宛傳》云：「遣從驃侯破奴將兵至匈河水。」

又四之四《高祖廟》 「高祖廟奏武德文始五行之舞，孝文廟奏昭德文始四時五行之舞，孝武廟奏盛德文始四時五行之舞。」念孫案：「高祖廟」，「祖」字涉上下文而衍。景祐本作「高廟」，是也。高祖廟之但稱高廟，猶孝文帝、孝武帝廟之但稱孝文、孝武廟也。《漢書》凡稱「高祖廟」者皆曰「高廟」。《景紀》曰：「高廟酎，奏武德文始五行之舞。」文義正與此同。其他不可枚舉。《後漢書・章帝紀》注、鈔本《北堂書鈔・樂部三》、陳禹謨本依俗本《漢書》增「祖」字。《初學記・樂部上》、《通典・樂一》引此皆無「祖」字。

又《曰》 「文始舞者，曰本舜招舞也。」念孫案：此不當有「曰」字，蓋涉下文「更名曰」而衍。《通典》有「曰」字，亦後人依誤本《漢書》加之。《續漢書・禮儀志》

注、《後漢書・明帝紀》注、《藝文類聚・樂部三》、《太平御覽・樂部十二》引此皆無「曰」字。《漢紀》同。下文云：「五行舞者，本周舞也。」亦無「曰」字。

又《明示》 「四時舞者，孝文所作，以明示天下之安和也。蓋樂已所自作，明有制也。樂先王之樂，明有法也。」念孫案：上一「明」字涉下兩「明」字而衍。上言示，下言明，明亦示也，無庸更加「明」字。景祐本作「以示天下之安和也」，無「明」字。宋祁亦曰：「邵本無『明』字。」《通典》所引與二本同。上文云：「以示不相襲也。」亦無「明」字。

又《五穀不爲多》 「賈誼諫曰：『今農事棄捐，而采銅者日蕃。釋其耒耨，冶鎔炊炭，姦錢日多，五穀不爲多。』」師古曰：「言皆采銅鑄錢，廢其農業，故五穀不多也。爲音于僞反。不爲多，猶言爲之不多也。」念孫案：師古之説甚迂。「五穀不爲多」，「多」字因上文「姦錢日多」而衍。《羣書治要》引此已誤。爲音于嬀反，不音于僞反。「五穀不爲」者，爲，成也，言五穀不成也。《晉語》：「黍不爲黍，稷不爲稷。」韋注曰：「爲，成也。」《廣雅》同。《呂氏春秋・任地篇》曰：「種稑禾不爲稑，種重禾不爲重。」言不成稑，不成重也。《墨子・襍守篇》曰：「歲不爲。」《賈子・孽産子篇》曰：「歲適不爲。」皆言歲不成也。《史記・天官書》曰：「風從西北來，戎菽爲。」《集解》引孟康《漢書注》曰：「爲，成也。」《淮南・天文篇》曰：「敦牂之歲，禾不爲。協洽之歲，菽麥不爲。」《本經篇》曰：「君臣不和，五穀不爲。」高注曰：「不爲五穀。」《續漢書・律曆志》注引《易緯》曰：「小寒晷未當至而至，來年麻不爲。穀雨晷當至不至，水物雜稻等不爲。」是「不爲」即「不成」也。此言民皆棄其農事而鑄錢，故五穀不成。《賈子・銅布篇》曰：「采銅者棄其田疇，家鑄者捐其農事，穀不爲則鄰於飢。」此尤其明證矣。

又《五均司市稱師》 「更名長安東西市令，及雒陽、邯鄲、臨甾、宛、成都市長，皆爲五均司市稱師。東市稱京，西市稱畿，雒陽稱中餘，四都各用東西南北爲稱。」念孫案：第二「稱」字涉下四「稱」字而衍。「五均司市師」者，司市師即上文所云「市令」、「市長」。《貨殖傳》云：「王莽以王孫卿爲京司市師。」是也。「師」上不當有「稱」字。《文選・西都賦》注、鮑照《詠史詩》注、《永明十一年策秀才文》注、《運命論》注引此並作「五均司市師」，無「稱」字。《通典・食貨十一》、《通鑑・漢紀二十九》並作「五均司市」，無「稱師」二字。

又四之五《莫大乎承天之序》 「帝王之事，莫大乎承天之序。承天之序，莫重於郊祀。」念孫案：「莫大乎承天」下本無「之序」二字，此因下文而衍也。「帝王之事，莫大乎承天。承天之序，莫重於郊祀。」四句相對爲文。序亦事也。《周頌・閔子小子》傳曰：「序，緒也。」《爾雅》曰：「緒，事也。」猶言帝王之事，莫大乎承天。承天之事，莫重於郊祀耳。《孟子・萬章篇》：「孝子之至莫大乎尊親，尊親之至莫大乎以天下養。」文義正與此同。若弟二句内有「之序」二字，則詞重意複矣。《通典・禮二》有此二字，則所見《漢書》本已誤。《漢紀・孝成紀》無此二字。《續漢書・祭祀志》注引《黄圖》載王莽奏亦云：「帝王之義，莫大於承天。承天之序，莫重於郊祀。」

又《其後發病》 「見而去，其後發病，雖勝亡功。」念孫案：「其後發病」當依《天官書》作「其發疾」。疾，速也，言氣暈既見而速去也。今本「疾」作「病」，涉上文而誤，「後」字亦涉上文而衍。景祐本「疾」字不誤。

又《西南行一刻而止》 「哀帝建平元年，正月丁未，日出時，有著天白氣，廣如一匹布，長十餘丈，西南行讙如雷，西南行一刻而止。」念孫案：下「西南行」三字涉上文而衍。《太平御覽・咎徵部二》引無此三字。「一刻而止」本作「一刻所止」，此後人不知「所」字之義而妄改之也。「一刻所」猶言「一刻許」。「許」與「所」聲近而義同。《小雅・伐木篇》：「伐木許許。」《説文》引作「伐木所所」。《漢書・疏廣傳》「數問其家金餘尚有幾所」，師古曰：「幾所，猶言幾許也。」言讙聲如雷者一刻許而止也。上文云：「有流星在斗西北子亥間，留一刻所。」又曰：「有流星從東南入北斗，二刻所息。」皆其證也。《檀弓》注：「封高四尺所。」《正義》曰：「所是不定之辭。」《游俠傳》曰：「原涉居谷口半歲所。」《史記・倉公傳》曰：「受讀解驗之，可一年所。」並與此「所」字同義。《開元占經・妖星占中》引此正作「一刻所止」。

又四之六《南燕》 「南燕，南燕國。」念孫案：上「南」字涉下「南」字而衍。國有南北燕，而縣無南北燕。可言南燕國，不可言南燕縣也。燕縣於戰國時爲魏地，秦置燕縣而漢因之。《魏策》：「蘇秦説魏王曰：『大王之地，北有河外卷衍燕酸棗。』」又《秦策》：「王舉甲而攻魏，拔燕酸棗虚桃人。」高注曰：「燕，南燕也。」《史記・高祖紀》曰：「復擊破楚軍燕郭西。」《索隱》曰：「故南燕國也，在東郡，秦以爲縣。」《曹丞相世家》曰：「程處反於燕。」《集解》徐廣曰：「東郡燕縣。」《灌嬰傳》曰：「擊破柘公王武軍於燕西。」《漢書》並同。《後漢書・樊儵傳》曰：「徙封燕侯。」《續漢書・郡國志》曰：「東郡燕，本南燕國。」《水經・河水注》曰：「河水又東逕燕縣故城北。」《濟水注》曰：「濮渠又東北逕燕城南。故南燕，姞姓之國也。有北燕，故以南氏國。」今本「國」作「縣」，乃後人依誤本《漢書》改之，與上文不合。皆其證也。《通典・州郡十》云：「漢南燕縣，古南燕國。」《元和郡縣志》云：「古之燕國，漢爲南燕

縣。」則杜、李所見《漢志》皆衍「南」字。隱五年《左傳》注：「南燕國，今東郡燕縣。」《正義》引此《志》云：「東郡燕縣，南燕國。」則唐初本尚不誤。師古注《高紀》曰：「燕，縣名，古南燕國。」則所見本亦不誤。今據以訂正。

又《也》 「涿郡故安閻鄉，易水所出，東至范陽入濡也。」念孫案：「也」字涉注文「入淶也」而衍。

又《臨樂子山　至蓋》 「泰山郡蓋臨樂子山，洙水所出，西北至蓋入泗水，今本『泗水』作『池水』，以字形相近而誤。《水經注》已辯之。又沂水南至下邳入泗。」念孫案：「臨樂子山」，「子」字涉上注「肥子國」而衍。自景祐本以下皆作「子」，毛本又譌作「于」。臨樂山在今沂州府蒙陰縣東北。《說文》云：「洙水出泰山蓋臨樂山，北入泗。」《水經》云：「洙水出泰山蓋縣臨樂山。」注引《地理志》曰：「臨樂山，洙水所出。」是其證。又《水經》云：「沂水出泰山蓋縣艾山。」注云：「或云出臨樂山。」是洙水、沂水，同出臨樂山，故《志》云「又沂水南至下邳入泗」也。「至蓋」當爲「至卞」，此涉正文「蓋縣」而誤。既言洙水出蓋，則不得又言至蓋。且《水經》與《注》並言「洙水至卞縣入泗」，卞縣有泗水，而蓋縣無泗水，又不得言至蓋入泗也。今本《水經注》引《地理志》作「至蓋」，此後人以誤本《漢志》改之，與經、注皆不合。下文言泗水出卞，卞縣故城在今兖州府泗水縣東，故云「洙水至卞入泗水」。而今之洙水乃在曲阜縣北上源，既不遠而下流又入沂，不入泗，與《漢志》、《水經》故道迥殊矣。

又四之七《秦豳》 「故秦地天下三分之一，而人衆不過什三，然量其富居什六。秦豳吴札觀樂，爲之歌秦。」念孫案：「秦豳」二字與上下文皆不相屬，蓋涉上文「兼秦豳兩國」而衍。

又《溉注》 「渠成而用溉注填閼之水，溉舄鹵之地四萬餘頃。」念孫案：上「溉」字涉下「溉」字而衍。下言「溉舄鹵之地」，則此句不得先言「溉」。據注云「引淤濁之水灌鹹鹵之田」，則上句無「溉」字明矣。上文云：「並北山東注洛，欲以溉田。」亦是先言「注」而後言「溉」也。《史記》及《水經・瀘水注》、《通典・食貨二》皆無上「溉」字。

又《魯論語》 「傳《魯論語》者。」念孫案：「語」字涉上文而衍。「論」下無「語」字者，省文也。上文「傳《齊論》者」，亦無「語」字。皇侃《論語疏叙》引劉向《別録》云：「魯人所學謂之《魯論》，齊人所學謂之《齊論》，合壁所得謂之《古論》。」皆其證也。舊本《北堂書鈔・藝文部二》引此正作「傳《魯論》者」，無「語」字。陳禹謨依俗本《漢書》增「語」字。

又《門人》 「如孔氏之門人用賦也，則賈誼登堂，相如入室矣。」念孫案：「門」下「人」字涉上文兩「人」字而衍。據注云：「孔氏之門不用賦。」則無「人」字明矣。此文本出《法言・吾子篇》，而《法言》亦無「人」字。鈔本《北堂書鈔・藝文部八》、陳禹謨本刪去。《藝文類聚・雜文部二》、《太平御覽・文部三》引此皆無「人」字。

又《武帝時說》 「《捷子》二篇，齊人武帝時說。」念孫案：《古今人表》捷子在尸子之後，鄒衍之前，或作「接子」。《史記・田完世家》：「自如騶衍、淳于髡、田駢、接子、慎到、環淵之徒。」《正義》曰：「接子，齊人。《藝文志》云：『《接子》二篇。』在道家流。」《孟子荀卿傳》正義同。是捷子乃六國時人，不言六國時者，蒙上條而省。非武帝時人。「武帝時說」四字乃涉下條注「武帝時說於齊王」而衍。

又四之八《有故怨》 「雍齒與我有故怨。」念孫案：「怨」字因注文而衍。蓋正文本作「雍齒與我有故」。「故」，服注申之曰：「未起之時，與我有故怨。」若正文有「怨」字，則服注爲贅語矣。「有故」即「有怨」。《呂氏春秋・精諭篇》：「齊桓公與管仲謀伐衛，退朝而入。衛姬望見君，下堂再拜，請衛君之罪。公曰：『吾與衛無故，子曷爲請？』」「無故」即「無怨」也。《史記》作「雍齒與我故」。《文選・幽通賦》注、《太平御覽・居處部二十三》引《漢書》並作「雍齒與我有故」。《新序・善謀篇》同。皆無「怨」字。

又《固請之》 「因固請之，得宿衛中。」宋祁曰：「『之』字可刪。」念孫案：宋說是也。此時平尚未得宿衛中，但請之耳。下文「大后以爲郎中令」，然後得其所請。若云「因固請之得宿衛中」，則是平已得宿衛，而下文爲贅語矣。「之」字涉下文兩「之」字而衍。《史記》無。

又《各有主者》 「平曰：『各有主者。』」宋祁曰：「越本無『各』字。」念孫案：越本是也。景祐本亦無「各」字。此涉下文「苟各有主者」而衍。下文平曰：「陛下即問決獄，責廷尉。問錢穀，責治粟內史。」故文帝曰：「苟各有主者，而君所主何事？」此文但言「有主者」，而已不須言「各」。《北堂書鈔・政術部下》、《藝文類聚・職官部一》、《太平御覽・職官部二》引此皆無「各」字。《史記》亦無。

又四之九《門下》 「當時爲大吏，戒門下客至，亡貴賤，亡留門下者。」宋祁曰：「『門下者』，邵本無『下』字。」念孫案：景祐本亦無「下」字，蓋涉上文「戒門下」而衍。《白帖》三十四、《太平御覽》職官部三十、人事部一百十六引此皆無「下」字。《史記》同。

又《所以爲大王樂》 「此臣之所以爲大王樂也。」宋祁曰：「景祐本無『以』

字。」念孫案：景祐本是也。此「以」字涉上文「此臣所以爲大王患也」而衍。上文當有「以」字，此不當有，三復之而其義自明。《漢紀》、《文選》皆無「以」字。

又《始受命》「宜改前世之失，正始受命之統。」念孫案：「命」字涉上文「受命」而衍。上文云：「《春秋》正即位，大一統而慎始也。」故此云「正始受之統」，且與「改前世之失」對文，則本無「命」字明矣。《漢紀》及《説苑·貴德篇》皆無「命」字。

又四之一〇《灌夫用一時決策而各名顯》「竇嬰、田蚡皆以外戚重，灌夫用一時決策師古曰：「謂馳入吴軍，欲報父讎也。」而各名顯。」念孫案：「名」上本無「各」字，今作「各名顯」者，一本作「名」，一本作「各」，而後人誤合之也。「用一時決策而名顯」者，「用」亦「以」也，言竇、田皆以外戚重，而灌夫則以一時決策而名顯也。名顯專指灌夫。下文「並位卿相」乃總承竇、田、灌言之耳。師古不知「各」爲「名」之誤衍，而以「各名顯」爲總上之詞，遂以「灌夫用一時決策」爲句，不與下連讀，失之矣。《史記》正作「灌夫用一時決策而名顯」。

又《所謂》「且古所謂功者，以任官稱職爲差，非所謂積日累久也。」念孫案：下「所」字涉上「所」字而衍。景祐本作「非謂積日累久也」。《通典·選舉一》、《通鑑·漢紀九》並同。《漢紀》作「不謂積日累久也」，皆無「所」字。

又《治民之本》「此八者，治民之本也。」宋祁曰：「江南本無『民』字。」念孫案：江南本是也。「民」字涉上下文而衍。上文八事皆治道之大者，不專指民而言。《漢紀》無「民」字。下文「凡此四者治之本」，亦無「民」字。

又四之一一《必奏先爲上分别其原》「奏讞疑，宋祁曰：「浙本『疑』字下有『事』字。」念孫案：《北堂書鈔》、《太平御覽》引《漢書》皆有「事」字。《史記》、《通典》同。師古曰：「爲讞疑奏之。」則所見本無「事」字。必奏先爲上分别其原。」念孫案：下「奏」字涉上「奏」字而衍。《史記》作「奏讞疑事，必豫先爲上分别其原」，則無下「奏」字明矣。舊本《北堂書鈔·設官部五》、陳禹謨本依俗本《漢書》加「奏」字。《太平御覽·職官部二十九》引《漢書》皆無下「奏」字。《通典·職官七》同。「奏讞疑」乃起下之詞，非承上之詞，師古連上文「平亭疑法」釋之，非也。

又《井水泉竭》「是時天雨，虹下屬宫中。飲井水，井水泉竭。」宋祁曰：「越本無『泉』字。」念孫案：越本是也。景祐本亦無「井水」二字，即承上文言之，不當更有「泉」字。此是一本作「水」，一本作「泉」，而後人誤合之也。《開元占經·虹蜺占篇》、《初學記·天部下》、《白帖》二引此並作「井水竭」。《漢紀》同。

又《埶陵》「故淮南王安緣閒而起，所以計慮不成而謀議泄者，以衆賢聚於本朝，故其大臣埶陵不敢和從也。」念孫案：此言漢多賢臣，故淮南大臣，不敢與王俱叛，故曰「其大臣不敢和從也」。「埶陵」二字，與上下文皆不相屬，蓋涉後文「埶陵於君」而衍，而服注以爲「臣埶陵君」，則所見本已衍此二字矣。

又四之一二《俗吏　任子》「今使俗吏得任子弟，率多驕驁，不通古今。」宋祁曰：「南本、浙本無『俗』字。」念孫案：南本、浙本是也。子弟以父兄得官，則多驕驁而不通古今，非獨俗吏之子弟爲然也。「俗」字涉上文「今俗吏」而衍。《通鑑·漢紀十八》有「俗」字，則所見本已誤。《羣書治要》及《太平御覽·治道部九》引此皆無「俗」字，《通典·選舉一》同。又下文「除任子之令」，「子」下脱「弟」字，當依《諸書》引補。

又四之一三《萬二千人騎》「於是遣奉世將萬二千人騎。」宋祁曰：「浙本、南本無『人』字。」念孫案：無「人」字者是也。此涉上文「二千人」而衍。《漢紀》亦無「人」字。

又《大都授》「侯伺常大都授時。」引之曰：「大」字涉注文「大講授」而衍。都即大也，不當更有「大」字。《廣雅》：「都，大也。」《五行志》：「豕出圂壞都竈。」師古注：「都，竈，烝炊之大竈也。」《武五子傳》：「將軍都郎羽林。」注：「都，大也，謂大會試之。」《鄭吉傳》：「故號都護。」注：「都，猶大也，總也。」《漢紀·孝成紀》有「大」字，亦後人依誤本《漢書》加之。據師古注云「都授謂總集諸生大講授」，則正文本無「大」字。

又四之一四《隔昆龍》「後北服渾窳屈躲丁零隔昆龍新犂之國。」師古曰：「五小國也。」念孫案：五小國者，一渾窳，二屈躲，三丁零，四隔昆，五新犂，「龍」字蓋涉上文「龍城」而衍。《史記》、《漢紀》皆無「龍」字。

又《莫相勸而歸》「軍吏畏亡將而誅，莫相勸而歸。」念孫案：此言浞野侯已爲匈奴所獲，軍吏皆恐失將而誅，故莫相勸歸也。「勸」下不當有「而」字，蓋涉上句而衍。《史記》無。

又四之一五《所以爲》「凡中國所以爲通厚蠻夷，愜快其求者，爲壤比而爲寇也。」念孫案：上「爲」字涉下「爲」字而衍。

又《烏孫男女》「公主與烏孫男女三人，俱來至京師。」念孫案：「烏」字涉上下文「烏孫」而衍。「孫男女三人」者，公主之孫男孫女共三人也，「孫」上不當有「烏」字。下文「公主卒，三孫留守墳墓」，是其證。《漢紀》有「烏」字，亦後人依誤，本《漢書》加之。《太平御覽·禮儀部三十二》引此無「烏」字。

又《不可乏》「食宜給足不可乏。」念孫案：此承上文而言，既有美田可以種穀，又以錐刀黄金采繒易穀於他國，則食宜給足不乏也。「不乏」二字之間不當有「可」字，此涉上文「可以易穀」而衍。《日知録》云「不可乏」當作「可不乏」，非也。既言「宜給足」，又言「可不乏」，則文義重複。

又《狐胡　車師柳谷》「狐胡國王治車師柳谷。」念孫案：國名無上下二字同音者，「狐胡」當依《太平御覽》所引作「孤胡」，《四夷部十八》。字之誤也。孤胡、龜茲，皆國名之疊韻者。龜茲，應劭音丘慈。案：古讀「丘」如「欺」。又案：孤胡與車師異地，不當云「治車師柳谷」，「師」字蓋涉下文「車師」而衍。《御覽》作「治車柳谷」，無「師」字。

又《銅沓冒》「切皆銅沓冒，黄金塗。」師古曰：「切，門限也。沓，冒其頭也。」念孫案：「冒」字涉注文而衍。景祐本無「冒」字，是也。「冒」即「沓」也，注訓「沓」爲「冒」，則正文無「冒」字明矣。《後漢書・班固傳》注、《文選・西都賦》注、《藝文類聚・居處部一》、《太平御覽・皇親部十》引此皆無「冒」字。《漢紀》及《續列女傳》亦無。

又《漢高祖》「初漢高祖入咸陽。」念孫案：「高祖」上不當有「漢」字，此涉下文「漢傳國璽」而衍。《北堂書鈔・儀飾部二》、《太平御覽・儀式部三》引此皆無「漢」字。

又五之一《故曰》「故曰：『伐矜好專，舉事之禍也。』」劉績曰：「經文不應有『故曰』，此二字疑衍。」念孫案：「伐矜好專」二句，與上文義不相屬，則不當有「故曰」二字，此涉上注「故曰參之天地」而衍。

又《致于鄉屬》「五鄉之師出朝，遂于鄉官致于鄉屬，及于游宗，皆受憲。」引之曰：「致」下不當有「于」字，此涉上下兩「于」字而衍。鄉官謂鄉師治事處也，言五鄉之師出朝，遂于治事之處致其鄉屬，下及于游宗，皆來受憲也。下文云：「五屬大夫至都之日，遂於廟致屬吏，皆受憲。」是其證。

又《由田》「相高下，視肥墝，觀地宜，明詔期前後農夫以時均脩焉，使五穀桑麻皆安其處，由田之事也。」念孫案：「由」即「田」字之誤，今作「由田」者，一本作「田」，一本作「由」，而後人誤合之也。田謂農官也。《月令》「命田舍東郊」，鄭注曰：「田，謂田畯，主農之官也。」《法法篇》曰：「皋陶爲李，后稷爲田。」《小匡篇》曰：「弦子旗爲理，甯戚爲田。」

又《脩》「脩生則有軒冕服位穀禄田宅之分，死則有棺槨絞衾壙壟之度。」念孫案：「生」上不當有「脩」字，此涉上文「鈞脩」而衍。《春秋繁露・服制篇》文與此同，無「脩」字。

又《故攻國救邑不恃權與之國》「不遠道里，故能威絶域之民。不險山河，故能服恃固之國。獨行無敵，故令行而禁止。故攻國救邑不恃權與之國，故所指必聽。」念孫案：「故攻國救邑」「故」字涉上下文而衍。「不遠道里」、「不險山河」、「獨行無敵」、「攻國救邑」，皆承上文言之，則皆不當有「故」字。「不恃權與之國」，「恃」當爲「待」。《幼官》、《事語》二篇並云「不待權與」，是其證。今本「待」作「恃」者，涉上文「恃固」而誤。尹注同。

又五之二《習勝之》「必得文威武官習勝之。」念孫案：「習勝」者，習勝敵之術也。「勝」下不當有「之」字，此涉下文「勝之」而衍。注内「勝之」同。宋本、朱本皆無「之」字。

又《奇舉發》「奇舉發不意，則士歡用。」念孫案：「舉發不意」即下文所云「發不意」也。「舉發」上不當有「奇」字，此涉上文「依奇」而衍。自「舉機誠要」至「執務明本」，皆四字爲句，尹注非。

又《審别良苦》「可正而視，言察美惡，審别良苦，不可以不審。」念孫案：「察美惡」、「别良苦」，相對爲文。「别」上「審」字，涉下「審」字而衍。

又《貴在》「帝王者審所先所後，先民與地，則得矣。先貴與驕，則失矣。是故先王慎貴在所先所後。」念孫案：「貴在」二字涉下文「慎貴在舉賢」而衍。

又《衍文六句》「衆人之用其心也，愛者憎之始也，德者怨之本也，唯賢者不然。」念孫案：此六句皆涉下文而衍。下文云：「衆人之用其心也，愛者憎之始也，德者怨之本也。其事親也，妻子具則孝衰矣。其事君也，有好業，家室富足，則行衰矣。爵禄滿，則忠衰矣。唯賢者不然。」此則重出而脱其大半矣。又下文尹氏有注而此無注。若果有此六句，則尹氏何以注於後而不注於前，然則尹所見本無此六句明矣。

又《衍文一句》「故先王不滿也。」在「唯賢者不然」下。念孫案：此句與上文義不相屬，亦涉下文而衍也。下文云：「釜鼓滿，則人概之。人滿則天概之。故先王不滿也。」此亦重出而脱其大半。

又五之三《三者字》「雖不聽而可以得存者，雖犯禁而可以得免者，雖毋功而可以得富者。」念孫案：三「者」字皆因下文而衍。下文曰：「凡國有不聽而可以得存者，則號令不足以使下。有犯禁而可以得免者，則斧鉞不足以威衆。有母功而可以得富者，

則祿賞不足以勸民。」上有「有」字，則下當有「者」字。此文上無「有」字，則下不當有「者」字。《版法解》無。

又《胥足上尊時而王　頃時而王》「君子食於道，則上尊而民順。小人食於力，則財厚而養足。上尊而民順，財厚而養足，四者備體，則胥足上尊時而王不難矣。」念孫案：「胥足上尊時而王」，「足上尊」三字，因上文而衍。胥，待也，言待時而王也。尹注：「胥，相也。」失之。又《君臣篇》：「上尊而民順，財厚而備足，四者備體，頃時而王不難矣。」「頃」當爲「須」，「須」亦「胥」也。

又《雖》「故巧者能生規矩，不能廢規矩而正方圜。雖聖人能生法，不能廢法而治國。」念孫案：「雖」字涉上下文兩「雖有」而衍。《羣書治要》引此無「雖」字。

又《古今　此二者　不廢》「兵當廢而不廢，則古今惑也。此二者不廢而欲廢之，則亦惑也。」念孫案：此文本作：「兵當廢而不廢，則惑也。不當廢而欲廢之，則亦惑也。」今本「古今」二字涉上文「古今」而衍。「此二者」三字涉下文「此二者」而衍。「不廢而欲廢」之「不」下又脱「當」字。尹注非。

又《彼知能弱齊》「夷吾受之，則彼知能弱齊矣。夷吾不受，彼知其將反於齊也。必將殺之。」念孫案：「彼知能弱齊」本作「彼能弱齊」。彼謂魯也。《小匡篇》作「則魯能弱齊矣」，是其證。「彼」下「知」字，涉下文「彼知」而衍。

又《踐位》「桓公二年，踐位召管仲。」念孫案：桓公踐位已見上文，此自謂桓公二年召管仲耳。「踐位」二字乃涉上文而衍。尹氏不察而云「入國二年，方得踐位」，謬矣。

又《外亂之本》「內奪民用，士勸於勇，外亂之本也。」念孫案：「外亂之本也」本作「亂之本也」，「亂」上「外」字涉下文「外犯諸侯」而衍。「內奪民用，士勸於勇」，其事皆在內而不在外。下文「外犯諸侯」乃始言外事耳。尹注非。

又《諸侯許諾》「桓公告諸侯曰：『請救伐。』諸侯許諾。大侯車二百乘，卒二千人。小侯車百乘，卒千人。諸侯皆許諾。」引之曰：「諸侯許諾」四字，因下文「諸侯皆許諾」而衍。「請救伐」以下五句皆桓公告諸侯之詞，此四字不得闌入。

又五之四《兩必字》「是故先王必有置也，而後必有廢也。必有利也，而後必有害也。」念孫案：兩「而後」下皆不當有「必」字，此涉上文而衍。《小問篇》云：「是故先王必有置也，然後有廢也。必有利也，然後有害也。」是其證。

又《時使》「維順端慤以待時，使使民恭敬以勸。」念孫案：上「使」字因下「使」字而衍。尹注曰：「待時，待可用之時也。」別無「使」字明矣。今本注文「可用之時」下有「而使之」三字，乃後人所加。宋本無。《齊語》作「惟慎端慤以待時」，韋注曰：「待時，動不違時也。」是其證。

又《兩故字》「是故匹夫有善，故可得而舉也。匹夫有不善，故可得而誅也。」念孫案：下兩「故」字皆涉上「故」字而衍。《齊語》無。下文：「匹夫有善可得而舉，匹夫有不善可得而誅。」亦無兩「故」字。

又五之五《視其名》「身外事謹，則聽其名，視其名，視其色，是其事，稽其德，以觀其外。」引之曰：「視其名」三字，因上下文而衍。尹解「聽其名」曰「當聽其名之真僞」，解「視其色」曰「既知其名，又須視其色之是非」，而不爲「視其名」作解，則無此三字明矣。

又《云下》「故天不動，四時云下而萬物化。」引之曰：「下」字因下文「政令陳下」而衍。尹注同。「云」即「運」字，言四時運而萬物化也，「運」字古讀若「云」，故與「云」通。說見《淮南·兵略篇》「元遂」下。

又《是所願也得於君者是將欲過其千乘也》「今夫衛公子開方，去其千乘之太子而臣事君，是所願也。得於君者，是將欲過其千乘也。」洪云：「『願』下衍『也』字。『願得於君』四字連讀。」念孫案：尋尹注亦無「也」字。下「是」字亦涉上「是」字而衍。

又《官治者》「官治者，耳目之制也。」引之曰：「治」字因下文「官治」而衍。尹注曰：「官稟君命而後行，若耳目待上制而後用，「上」字誤，當爲「心」。故曰『官者耳目之制』。」則無「治」字明矣。此但言「官」，下文乃言「官治」也。

又《四者　敗》「四者有一，至敗敵人謀之。」念孫案：「至」字因上文兩「至」字而衍。「敗」當作「則」，字之誤也。言四者，若有一於此，則敵人謀之矣。四者謂亂也，騰也，虐也，北也。尹注非。

又《民流通則迂之》「故民迂則流之，民流通則迂之。」尹注曰：「人太迂曲不行，則流通之。人太流蕩，則迂屈之。」引之曰：「民流」下「通」字因注而衍。注於上「流」字訓爲「流通」，下「流」字訓爲「流蕩」，則「民流」下無「通」字明甚。若有「通」字，不得訓爲「流蕩」矣。

又五之六《夏之靜雲　乃及》「藹然若夏之靜雲乃及人之體。」孫云：「『夏之靜雲』當作『夏雲之靜』，與上文『秋雲之遠』相對。」念孫案：此當作「藹然若夏雲及人之體」，九字作一句讀，言君子教澤及人，藹然若夏雲之爲雨，而及人之體，莫不沾濡也。今本作「若夏之靜雲」，「之靜」二字涉下文「若鴿之靜」而衍。據尹

注，但言「夏雲之起油然含潤」，而不言其静，則本無「之静」二字明矣。其「乃」字則「及」字之誤而衍者耳。

又《君長》 「吾君長來獵君長虎豹之皮。」念孫案：此當作「吾君長來獵虎豹之皮」。尹注云：「君好虎豹皮，故來獵。」是其證。其下「君長」二字則因上而衍。

又《大有臣》 「大有臣甚大，將反爲害。」念孫案：上「大」字涉下「大」字而衍。尹注非。

又《智乎》 「人皆欲智，而莫索其所以智乎。」念孫案：「智」下不當有「乎」字，此涉下文兩「智乎」而衍。

又《不言　不與萬物異理》 「故必知不言無爲之事，然後知道之紀。殊形異埶，不與萬物異理，故可以爲天下始。」念孫案：「不言」下脱「之言」二字。「不與萬物異理」，「不」字涉上文「不言」而衍。並見下解中。尹注非。

又《故曰　奚率求》 「故曰『心術者，無爲而制竅者也』。故曰『君無代馬走，無代鳥飛』。」念孫案：凡言「故曰」者，皆覆舉上文之詞。此文「心術者」二句，是釋「無代馬走」、「無代鳥飛」之意，不當有「故曰」二字，蓋涉上下文而衍。又下文「故曰去知，則奚率求矣」，「故」下亦衍「曰」字，「奚」下不當有「率」字，此即「奚」字之誤而衍者。「去知則奚求」、「無臧則奚設」，相對爲文，則無「率」字明矣。尹注非。

又《間之理者》 「以無爲之謂道，舍之之謂德。故道之與德無間，故言之者不別也。間之理者，謂其所以舍也。」尹注曰：「道德之理可間者，則有所舍，所以舍之異也。」引之曰：「之理」二字因注而衍。「間者」上又脱「無」字。無間者，謂其所以舍也，言道之與德所以謂之無間者，謂德即道之所舍，上文曰「德者道之舍」。故無間也。尹所見本已脱「無」字，故以爲「可間」，豈有上言「無間」而下又言「可間」者乎？失之矣。

又五之七《物至而名自治之》 「是以聖人之治也，静身以待之，物至而名自治之。」引之曰：「名自」二字因下文「正名自治」而衍。物至而治之，謂事來而後理之也。尹注以循名責實解之，則所見本已衍「名自」二字。

又《其人入　從於適》 「兵之出出於人，其人入入於身。兵之勝從於適，德之來從於身。」念孫案：「其人」之「人」涉上句「人」字而衍。尋尹注亦無「人」字。洪云：「『適』，古『敵』字。『敵』與『身』對言之。上二句亦以『人』與『身』對。尹注非。」

又《五肉》 「五肉已具，而後發爲九竅。」念孫案：此承上文「心生肉」而言，則「肉」上不當有「五」字，蓋涉上文「五藏已具」而衍。《太平御覽・人事部一》引此無「五」字。

又《齊晉》 「齊晉之水。」念孫案：自「齊之水」以下七條，皆專指一國而言，無兼兩國者。此「齊」字涉上文而衍。尹曲爲之説，非也。《意林》無「齊」字。

又五之八《必其將亡之道》 「人既迷芒，必其將亡之道。」尹注曰：「凡此二事，皆滅亡之道也。」引之曰：「之道」二字因注而衍。「人既迷芒」，「必其將亡。」言其將亡可必也。皆以四字爲句。且「芒」與「亡」爲韻也。若增「之道」二字，則亂其文義而又失其韻矣。

又《終其欲　明之毋徑》 「令之以終其欲，明之毋徑。」劉曰：「『明之毋徑』當作『毋使民徑』。」念孫案：劉説是也。「毋使民徑」與下「毋使民幸」文同一例。今本「毋」上衍「明之」二字，涉上文「道以明之」而衍。「毋」下又脱「使民」二字。尹注非。又案：「終」當爲「絶」，字之誤也。尹注同。《廣雅》曰：「徑，邪也。」民有欲則入於邪，故曰「絶其欲，毋使民徑」。下文亦云：「遏之以絶其志意。」

又五之九《刑賞》 「刑賞不當，斷斬雖多，其暴不禁。」念孫案：「賞」字與下二句義不相屬，此涉下文「賞雖多」而衍。

又《視其陰所憎》 「視其陰所憎，厚其貨賂，得情可深。」念孫案：「陰」字涉下文「陰内辯士」而衍。「視其所憎」與上文「視其所愛」相對。據尹注云：「視敵所憎者，多與之賂。」則「所憎」上無「陰」字明矣。

又五之一〇《車器》 「奚仲之爲車器也。」念孫案：「器」字涉下文兩「器」字而衍。《藝文類聚・舟車部》、《太平御覽・車部二》引此皆無「器」字。

又《動者》 「弱子，慈母之所愛也。不以其理動者下瓦，則慈母笞之。」念孫案：宋本無「動者」二字，是也。《太平御覽・刑法部十五》引此亦無。此涉下文兩「動者」而衍。孫説同。

又《版法者》 「版法者，法天地之位，象四時之行。」念孫案：「版」字涉上「版法解」而衍。「法天地之位」云云，乃釋「法」字，非釋「版法」二字。諸解皆不釋篇名，故知「版」爲衍文也。鈔本《北堂書鈔・刑法部上》、陳禹謨本删去。《藝文類聚・刑法部》、《太平御覽・刑法部四》引此皆無「版」字。

又《從事之勝任》 「欲衆之親上鄉意也，欲其從事之勝任也。」念孫案：「從事之勝任」，「之」字涉上句而衍。「從事勝任」與「親上鄉意」對文。下文云：「如

此，則衆親上鄉意，從事勝在矣。」是其證。

又《務其黨重臣》「故羣臣皆務其黨重臣而忘其主。」念孫案：上「其」字涉下「其」字而衍。「務黨重臣」四字連讀。

又《賤策乘馬》「賤策乘馬之數柰何。」念孫案：「賤」字涉上文「獨貴獨賤」而衍。下文云：「此之謂策乘馬之數也。」無「賤」字。

又《若干》「人有若干百十之數矣。」舊本「十」爲作「干」，據《輕重甲篇》及《通典》引改。念孫案：「若干」二字涉上文「人有若干步畝之數」而衍。上文步畝之數無定，故言「若干」。此既云「人有百十之數」，則不得更言「若干」矣。《通典》所引已誤。《輕重甲篇》無「若干」二字。

又《并藏》「然而人事不及，用不足者，何也？利有所并藏也。」念孫案：「利有所并藏也」，「藏」字涉上文「穀有所藏」而衍。「并」與「屏」同。《弟子職篇》曰：「既徹并器。」《輕重丁篇》曰：「大夫多并其財而不出。」《史記・吴王濞傳》曰：「願并左右。」「并」皆與「屏」同。屏即藏也。上言「穀有所藏」，此言「利有所并」，互文耳。《漢書・食貨志》引此正作「利有所并也」。《輕重甲篇》云：「有餓餒於衢閭者何也？穀有所藏也。」又云：「民有賣子者何也？財有所并也。」《鹽鐵論・錯幣篇》亦云：「交幣通施，民事不及，物有所并也。計本量委，民有飢者，穀有所藏也。」則「并」下本無「藏」字明矣。據尹注云：「豪富并藏財貨。」則所見本已衍「藏」字。《通典》引尹注「并藏財貨」，則所見即是尹本，而又於正文内删去「并」字，尤非。

又五之一《三年與少半　十一年與少半》「故王者歲守十分之參，三年與少半。成歲三十一年，而藏十一年與少半，藏參之一。不足以傷民，而農夫敬事力作。」引之曰：「三年」二字因下文而衍。當作「歲守十分之參與少半」，言一歲之穀，分爲十分，守其三分與一分之少半，是所守者爲十分中三分之一也。成歲者，順成之歲也。「藏十一年」衍「一」字，當作「藏十年」，言順成之歲三十一年，而藏其十年與一年之少半，是所藏者爲三十一年中三分之一也，故曰「藏參之一」。

又《請散》「請散棧臺之錢，散諸城陽。鹿臺之布，散諸濟陰。」念孫案：「請散」之「散」，涉下文而衍。《太平御覽・資産部十六》引此無「散」字。

又《其勝禽獸之仇》「其勝禽獸之仇，以大夫隨之。」引之曰：「禽獸之仇」義不可通，禽獸安得有仇乎？下文曰：「猛獸勝於外。」則所勝者禽獸，非禽獸之仇也。「之仇」二字蓋因下文「若從親戚之仇」而衍。尹不能釐正而曲爲之説，非。

又《此何故也》「故三月解匄而弓弩無匡軫者，此何故也？以其家習其所也。」念孫案：「此何故也」四字涉上文而衍。上是桓公問語，此是管仲對桓公語，不當言「何故」。

又《吾》「使夷吾得居楚之黄金，吾能令農毋耕而食，女毋織而衣。」念孫案：「吾」字涉上句「夷吾」而衍。

又五之一二《分有四時》「夫歲有四秋，而分有四時。」念孫案：此言以四秋分屬四時也，「分」下不當有「有」字，蓋涉上「有」字而衍。下文同。《太平御覽・時序部二》引此作「歲有四秋而分四時」，無下「有」字。

又《禪籍　不如令者不得從天子下諸侯》「諸從天子封於太山，禪於梁父者，必抱菁茅一束以爲禪籍，不如令者不得從。天子下諸侯載其黄金，争秩而走。」念孫案：「以爲禪籍」，「禪」字涉上文「禪於梁父」而衍。「籍」當爲「藉」。藉，薦也。《史記・封禪書》曰：「江淮之間，一茅三脊，所以爲藉也。」是其證。引之曰：「不如令者不得從」爲句，「天下諸侯」連讀。其「子」字則因上文「從天子」而衍。

又《反此》「令衡籍吾國之富商蓄賈稱貸家，以利吾貧萌。農夫不失其本事，反此有道乎？」念孫案：「反此有道乎」當依前後文作「爲此有道乎」。今本爲作「反」者，涉下「反之」而誤。

又《民之父母也》「《詩》曰：『愷悌君子，民之父母也。』」念孫案：「也」字涉下文「父母也」而衍。《通典・食貨十二》引無「也」字。

又《賣賤》「四郊之民賣賤，何爲不富哉？」念孫案：「賣賤」當作「買賤」，言四郊之民多買賤物，所以致富也。今作「賣賤」者，涉上文「賤賣」而誤。

又《其行義》「公曰：『其行義柰何？』」念孫案：「其」字涉上文「公其行義」而衍。

又六之一《不興　不爲與》「貴戚離散，百姓不興。」念孫案：「興」字於義無取，當是「與」字之誤。「百姓不與」即上文之「百姓不親」也。《繫辭傳》曰：「民不與。」「景公自爲而小國不爲與，爲人而諸侯爲役。」今本「爲人」上有「在」字，乃上文之脱字，誤入此文内，孫氏《音義》已及之。案：「小國不爲與」，「爲」字涉上下諸「爲」字而衍。「小國不與」與「諸侯爲役」對文，則「與」上不當有「爲」字。「百姓不與」、「小國不與」，兩「與」字正同義。

又《不危　不弱》「古者君民而不危，用國而不弱，惡乎失之？」念孫案：兩「不」字涉下文「不危不弱」而衍。景公問君民而危，用國而弱者，惡乎失之，故下文晏子之對皆言其所以危弱之故。若云「不危」、「不弱」，則不得言「惡乎失之」，且與

下文相反矣。

又六之二《不待時而入見》 「晏子聞之，不待時而入見。」各本此下有「景公」二字，乃涉上文而衍。今據《羣書治要》刪。念孫案：「不待時而入見」，本作「不時而入見」，「時」即「待」字也。「不待而入見」，謂先入見也。古書「待」字多作「時」，説見《經義述聞》「遲歸有時」下。《外下篇》：「晏子不時而入見。」即其證。後人不知「時」爲「待」之借字，故又加「待」字耳。《説苑・貴德篇》作「不待請而入見」，「請」字亦後人所加，其謬更甚。《羣書治要》無「待」字。

又《天子大夫》 「寡人以天子大夫之賜，得率百姓以守宗廟。」念孫案：「天」字後人所加，「以子大夫之賜得率百姓以守宗廟」，猶宋穆公言「若以大夫之靈得保首領以没也」。後人不解古書文義，乃妄加一「天」字。「天子」、「大夫」並稱，斯爲不倫矣。《説苑・正諫篇》有「天」字，亦後人依俗本《晏子》加之。《羣書治要》正作「子大夫」。

又《未有老辭邑者矣》 「自吾先君定公至今，用世多矣，齊大夫未有老辭邑者矣。」念孫案：下「矣」字涉上「矣」字而衍。

又七之一《而可》 「三者莫可以爲治法而可，然則奚以爲治法而可。」念孫案：既言「莫可以爲治法」，則不當更有「而可」二字，此涉下句而衍。

又《故》 「故法令不急而行，民不勞而上足用，故民歸之。」念孫案：上「故」字涉下「故」字而衍。《羣書治要》無。

又《親疏》 「今上舉義不辟親疏。」念孫案：「親」字涉上文而衍。「不避疏」義見上下文。

又《外有以》 「内有以食飢息勞，將養其萬民，外有以懷天下之賢人。」念孫案：「外有以」三字涉上文「外有以爲皮幣」而衍。下文曰：「内者萬民親之，賢人歸之。」是養民與懷賢皆内事，非外事也。

又《執》 「則此語古者國君諸侯之不可以不執善承嗣輔佐也。」念孫案：善，謂善待此承嗣輔佐之人，即上文所云「高予之爵，重予之禄，任之以事，斷予之令」也。「善」上不當有「執」字，蓋涉上下文「執熱」而衍。

又《推而上之以》 此五字與上下文義不相屬，蓋涉上文「推而上之」而衍。

又《情請爲通》 「故古者聖王唯而畢云：「『而』讀與『能』同。」審以尚同以爲正長，是故上下情請爲通。」畢云：「《文選》注《東京賦》。引作『是故上下通情』。」念孫案：此本作「是故上下請通」，「請」即「情」字也。《墨子》書多以「請」爲「情」。今作「『情』、『請』爲通」者，後人旁記「情」字，而寫者遂誤入正文，又涉上文「以爲正長」而衍「爲」字耳。《文選》注引「情通」作「通情」者，乃涉賦文「上下通情」而誤。

又《談謀度》 「助之思慮者衆，則其談謀度速得矣。」念孫案：「謀度」上不當有「談」字，蓋涉上文「言談」而衍。

又七之二《不愛其異室》 「盜愛其室，不愛其異室。」念孫案：下句不當有「其」字，蓋涉上下文而衍。下文「不愛異家」、「不愛異國」皆無「其」字，是其證。《意林》引無「其」字。

又《莫若》 「故君子莫若欲爲惠君忠臣慈父孝子友兄悌弟，當若兼之不可不行也。」念孫案：「若欲爲惠君忠臣」云云，「若」上不當有「莫」字，蓋涉上文「莫若」而衍。

又《往》 「與其牛馬肥而往，瘠而反，往死亡而不反者。」念孫案：下「往」字涉上「往」字而衍。

又《剥振神之位　攘殺其犧牲》 「此刺殺天民，剥振神之位，傾覆社稷，攘殺其犧牲。」念孫案：「剥」與「振」義不相屬。「振」當爲「振」字之誤也。《説文》：「剥，裂也。」《廣雅》：「振，曹憲音必麥反。裂也。」是「剥」、「振」皆裂也，故曰「剥振神位」。自「刺殺天民」以下皆以四字爲句。今本作「剥振神之位」，「之」字涉上文「取天之人，攻天之邑」而衍。「攘殺其犧牲」，「其」字亦涉上文「攘殺其牲牷」而衍。

又七之三《借若》 「今若使天下之人，借若信鬼神之能賞賢而罰暴也，舊本「罰暴」二字倒轉，據上文改。則夫天下豈亂哉？」念孫案：上言「若使」，則下不得又言「借若」。余謂「若」字涉上文而衍。「借」乃「偕」字之誤。「偕」與「皆」通。《湯誓》：「子及女皆亡。」《孟子・梁惠王篇》「皆」作「偕」。《周頌・豐年篇》：「降福孔皆。」《晉書・樂志》「皆」作「偕」。言使天下之人皆信鬼神之能賞賢而罰暴，則天下必不亂也。

又《天下之》 「旦暮以爲教誨乎天下之，疑天下之衆。」畢於上「之」字下補「人」字。念孫案：畢補非也。此文本作「旦暮以爲教誨乎天下」，句。今本「天下」下有「之」字者，涉下句「天下之衆」而衍。畢不解其故，而於「之」下補「人」字，誤矣。下文「天下之衆」即「天下之人也」。

又《若以爲不然》 念孫案：此五字隔斷上下文義，蓋涉下文「若以爲不然」而衍。

又《則是以》 「與其百姓兼相愛，交相利，則是以近者安其政，遠者歸其德。」念孫案：「是以」上不當有「則」字，蓋即「利」字之誤而衍者。上下文「是以天鬼富

之，諸侯與之，百姓親之，賢士歸之」，「是以」上皆無「則」字。

又《其》 「喪父母三年，其妻後子三年。」念孫案：「其」字涉下文「伯父叔父弟兄庶子其」而衍。《節葬篇》「父母死喪之三年」，下無「其」字，是其證。畢讀「其」爲「朞」，而以「喪父母三年其」爲句，大誤。

又《也》 「暴亂之人也得活，天下害不除。」念孫案：「也」字涉上下文而衍。此言暴亂之人爲天下害，聖人興師誅罰，將以除害也。義見上文。若用儒術令士卒曰毋逐奔云云，則暴亂之人得活，而天下之害不除矣。是「暴亂之人」下本無「也」字。

又七之四《今久古今且莫》 引之曰：上「今」字因下「今」字而衍。「且」當爲「旦」，言古今異時，旦莫異時，而偏歷古今旦莫，則久矣，故曰「久，句。古今旦莫」，故經上云「久，句。彌異時也」，彌，偏也。

又《荆》 「子墨子游荆耕柱子於楚。」念孫案：「耕柱子」上不當有「荆」字。《魯問篇》曰：「子墨子游公尚過於越。」「耕」、「荆」聲相近，則「荆」蓋「耕」字之誤而衍者。

又《用是》 「是以國爲虚戾，身爲刑戮用是也。」念孫案：「用是」二字涉上文而衍。上文「是以國爲虚戾，身爲刑戮也」，無「用是」二字，是其證。

又七之五《五十步》 「五十步一堞下爲爵穴。」引之曰：下文云「五步一爵穴」，則此亦當云「五步一堞」，不當云「五十步」，「十」字蓋涉下文「五十步一積竈」而衍。

又《備矣》 「然則羊黔之攻敗矣，備矣臨以連弩之車。」畢以「備矣」絶句，云：「『備』同『犕』。」引之曰：畢説非也。「備矣」之「矣」即因上「敗矣」而衍。「備臨以連弩之車」當作一句讀。備臨，即備高臨也。《備蛾傅篇》：「然則蛾傅之攻敗矣。」下云「備蛾傅爲縣脾」，猶此云「備臨以連弩之車」也。若以「備矣」爲句，則下句「臨以連弩之車」文不成義矣。

又七之六《父老小　不舉》 「里中父老小不舉守之事及會計者。」引之曰：「父老」下不當有「小」字，蓋涉下文「老小」而衍。「舉」讀爲「吾不與祭」之「與」，「與」、「舉」古字通，説見《經義述聞・周官》「王舉則從」下。謂里中父老不與守城及會計之事者。

又八之一《不積》 「爲善不積邪，安有不聞者乎？」念孫案：「不積」之「不」涉上下文而衍，當依《羣書治要》删，説見《大戴記・述聞勸學篇》。

又《不善在身》 「不善在身，菑然必以自惡也。」宋呂、錢、龔本並如是。盧從元刻於「在身」下增「也」字。念孫案：元刻「也」字乃涉上下文而衍。上文「見善」、「見不善」及「善在身」下皆無「也」字。

又《唯利飲食之見》 「恈恈然唯利飲食之見。」引之曰：「飲食」上本無「利」字，「唯飲食之見」，言狗彘唯見有飲食也。下文「恈恈然唯利之見」，與此文同一例。今本作「利飲食之見」，「利」字即涉下文「利」字而衍。

又《是又人之所生而有也是無待而然者也是禹桀之所同也》 念孫案：此二十三字涉上文而衍。下文「爲堯禹則常安榮，爲桀紂則常危辱」云云，與上文「在注錯習俗之所積」句緊相承接，若加此二十三字，則隔斷上下語脈，故知爲衍文。

又《幾不》 「非不欲也，幾不長慮顧後而恐無以繼之故也。」念孫案：「非不欲也」二句文意緊相承接，中不當有「幾不」二字，蓋涉下文「幾不甚善」而衍。下文「幾」字有音而此無音，則爲衍文明矣。

又八之二《三數行》 「人有此三數行者。」引之曰：「三數行」文不成義，當作「有此數行」。數行，謂上文之「三不祥」與「三必窮」也。其「三」字即涉上文而衍。

又《故曰　息》 「故曰『文久而息，節族久而絶』。」念孫案：「故」，衍字也。自「曰文久而息」以下，皆與上文「聖王有百，吾孰法焉」二句自相問荅，則「曰」上不當有「故」字明矣。蓋涉下文三「故曰」而衍。下文曰：「是以文久而滅，節族久而絶。」「滅」與「絶」爲韻，則此亦當然。今本「滅」作「息」，則失其韻矣。「息」字蓋涉注文「滅息」而誤。

又《古今一度也》 「故以人度人，度，徒落反。以情度情，以類度類，以説度功，以道觀盡，古今一度也。」念孫案：「古今一度也」當作「古今一也」，言自「以人度人」以下，皆無古今之異，故曰「古今一也」。《彊國篇》：「治必由之，古今一也。」《正論篇》：「有擅國，無擅天下，古今一也。」《君子篇》：「故尊聖者王，貴賢者霸，敬賢者存，慢賢者亡，古今一也。」文義並與此同，則「一」下不當更有「度」字，蓋涉上數「度」字而衍。楊注云：「古今不殊，盡可以此度彼。」則所見本已有「度」字。《外傳》無。

又《謂爲》 「夫是之謂爲能貴其所貴。《傳》曰：『唯君子爲能貴其所貴。』」引之曰：上「爲」字涉下「爲」字而衍。《韓詩外傳》、《説苑》皆作「夫是之謂能貴其所貴」，無「爲」字。

又《故言君子必辯》 「志好之，行安之，樂言之，故言君子必辯。」楊讀「故言」爲一句，而釋之曰：「所以好言説以此三者也。」念孫案：楊説非也。「故君子必

辯」爲一句，「故」下本無「言」字。此言君子志好之、行安之、樂言之，是以必辯也。上文云：「故君子之於言也，志好之，行安之，樂言之，故君子必辯。」是其證。今本作「故言君子必辯」，「言」字乃涉上文而衍。楊斷「故言」爲一句以結上文，則「君子必辯」四字竟成贅語矣。

又《見本分》 「小辯不如見端，見端不如見本分。」扶問反。引之曰：「本分」上本無「見」字，此涉上兩「見端」而衍。本分者，本其一定之分也。楊注云：「見端首不如見本分。」則所見本已衍「見」字。下文「小辯而察，見端而明，本分而理」，皆承此文言之，而「本分」上無「見」字，故知「見」爲衍文。

又《財利至則言善而不及也必將盡辭讓之義然後受》 元刻無「言」字。念孫案：無「言」字者是也。據楊注云：「善而不及。而，如也。」則「善」上無「言」字明矣。注又云：「言已之善寡如不合當此財利也。」此「言」字乃申明正文之詞，非正文所有也。宋本有「言」字，即涉注文而衍。

又《聖人　如是則可謂聖人矣》 「如是則可謂聖人矣。」念孫案：自「脩百王之法」以下十句，非聖人不足以當之，故曰「如是則可謂聖人矣」。下文「如是則可謂聖人矣」，乃涉此文而衍。自「井井兮其有理」以下十句，楊注皆以爲論大儒之德，則非論聖人明矣。此下安得又有「如是則可謂聖人矣」八字乎？盧不知下文之衍，又以《哀公篇》孔子對哀公語有「如此則可謂賢人矣」一句，在君子大聖之間，遂改此文之「聖人」爲「賢人」，以別於下文之聖人，不知本書之例，皆以士、君子、聖人分爲三等，與孔子對哀公者不同。上文云：「行之曰士也，敦慕焉，君子也。知之，聖人也。」《脩身篇》云：「好法而行，士也。篤志而體，君子也。齊明而不竭，聖人也。」《解蔽篇》曰：「嚮是而務，士也。類是而幾，君子也。知之，聖人也。」皆以士、君子、聖人分爲三等，與此文同一例，不得於君子之上添出賢人名目。各本及《韓詩外傳》皆作「聖人」，無作「賢人」者。上文之「篤厚君子」即賢人也，故《外傳》曰：「篤厚君子，未及聖人也。」是篤厚君子之上即是聖人，不得又添一賢人名目。

又《脩脩兮　用統類之行》 「脩脩兮其用統類之行也。」念孫案：「脩」讀爲「條」。《春秋繁露·如天之爲篇》曰：「行而無留若四時之條條然。」是「條條」爲行貌，故曰「條條兮其統類之行也」，作「脩」者借字耳。《韓子·難篇》：「百官脩通。」《管子·明法解篇》「脩」作「條」。《集韻》：「脩，他彫切，縣名，周亞夫所封。」即《史記·絳侯世家》之「條侯」，是「條」、「脩」古字通。楊以「脩脩」爲整齊貌，則與「行」字義不相屬。引之曰：「統類」上不當有「用」字，蓋涉上句而衍。

又《在一大夫之位以下三十二字》 「在一大夫之位，則一君不能獨畜一國，不能獨容成名，況乎諸侯莫不願得以爲臣。」盧云：「此三十二字當爲衍文。《韓詩外傳》無。必删此三十二字，上下語勢方脗合。」念孫案：此三十二字涉《非十二子篇》而衍。

又八之三《中庸民》 「元惡不待教而誅，中庸民不待政而化。」念孫案：「元惡」、「中庸」對文。「中庸」下不當獨有「民」字，此涉注文「中庸民」而衍。《韓詩外傳》無「民」字。

又《兩者字》 「子產取民者也，未及爲政者也。管仲爲政者也，未及脩禮者也。」元刻「未及爲政」、「未及脩禮」下皆無「者」字。宋龔本同。念孫案：元刻是也。此兩「者」字皆涉上下文而衍。《韓詩外傳》、《羣書治要》及《文選·永明十一年策秀才文》注引此皆無兩「者」字。上文「未及取民也」亦無「者」字。

又八之四《錯之險》 「國者，天下之大器也，重任也，不可不善爲擇所而後錯之。錯之險則危。」宋呂本如是。宋錢本作「錯險則危」，無「之」字。元刻、世德堂本同。盧從呂本。念孫案：「錯險則危」與「塗薉則塞」對文，則無「之」字者是也。呂本有「之」字者，涉上句「錯之」而衍。

又八之五《故兵要在乎善附民而已》 元刻無「善」字。宋龔本同。念孫案：無「善」字者是也。下文：「臨武君曰：『豈必待附民哉？』」正對此句而言，則無「善」字明矣。宋本有「善」字者，涉上文「善附民者」而衍。《羣書治要》亦無「善」字。

又《曷若》 「曷若兩者孰足爲也。」念孫案：「曷若」二字與上下文義不相屬，此涉上文「曷若是」而衍。「兩者」二字指上文勝人之道與勝人之勢而言，楊注：「兩者，勝人之道與勝人之勢，一則天下歸一，一則爲天下笑。問何者可爲也。」則不當有「曷若」二字明矣。楊云：「問以爲何如也。」此望文生義而曲爲之說。

又八之六《天下未嘗有説》 「以天下之合爲君，則天下未嘗合於桀紂也。然則以湯武爲弒，則天下未嘗有説也。」念孫案：「天下未嘗有説」，「天下」二字涉上文而衍。據楊注云：「自古論説未嘗有此。」則本無「天下」二字明矣。

又《可以》 「可以奪之者可以有國，而不可以有天下。」念孫案：「奪之」上不當有「可以」二字，此涉上下文而衍。

又八之七《法其法以求其統類類以務象效其人》 元刻無下「類」字。念孫案：元刻是也。「法其法，以求其統類，以務象效其人」，三句一氣貫注。若多一

「類」字，則隔斷上下語脈矣。宋本下「類」字即涉上「類」字而衍。

又八之八《仁人》 「暴人芻豢，仁人糟糠。」引之曰：下「人」字涉上「人」字而衍。上已言暴人，則下「人」字可蒙上而省。此篇之例，兩三字句下皆用七字句，以是明之。

又《也》 「明達純粹而無疵也，夫是之謂君子之知。」引之曰：「疵」、「知」爲韻，「也」字涉上文而衍。《藝文類聚》無。

又《大偏與諸生》 「夫水，大偏與諸生而無爲也，似德。」念孫案：「偏與」上不當有「大」字，蓋涉上文「大水」而衍。據楊注云：「偏與諸生，謂水能偏生萬物。」則無「大」字，明矣。《初學記・地部中》引此無「大」字。《大戴記・勸學篇》、《説苑・雜言篇》、《家語・三恕篇》並同。

又八之補 「如是，則貴名起之如日月，天下應之如雷霆。」盧云：「『起之』，宋本無『之』字。」念孫案：宋本是也。「貴名起如日月」，言貴名之顯箸也。《王霸篇》：「如是，則夫名聲之部發於天地之間也，豈不如日月雷霆云乎哉？」「起」下不當有「之」字。元刻及世德堂本有「之」字，乃涉下句「天下應之」而衍。吕、錢本皆無「之」字。

「天地者，生之始也。禮義者，治之始也。君子者，禮義之始也。爲之貫之積重之致好之者，君子之始也。」引之曰：「君子之始也」，「之始」二字蓋涉上三「之始」而衍。此言禮義爲治之始，而爲之貫之積重之致好之者，則君子也，故君子又爲禮義之始。下文「無君子，則天地不理，禮義無統」，仍是此意。此承上文「君子爲禮義之始」而申言之，則「君子」下不當更有「之始」二字。楊云：「君子以積學爲本。」則所見本已衍此二字。

又九之一《我身》 「天下之要不在於彼，而在於我。不在於人，而在於我身。身得則萬物備矣。」念孫案：「不在於人而在於我身」，「我」字涉上句而衍。「彼我」、「人身」，相對爲文。「身」上不當有「我」字。劉本移「我」字於下文「身得之」上，而讀「我身得」爲一句，亦非。《文子・九守篇》正作「不在於人而在於身，身得則萬物備矣」。

又九之二《唯體道能不敗》 「孟門終隆之山，不能禁也。舊本脱「也」字，今據下文補。唯體道能不敗。湍瀨旋淵吕梁之深，不能留也。太行石澗飛狐句注之險，舊本「句注」作「句望」。劉績曰：「當作『句注』。」今依劉注改。莊氏伯鴻曰：「句望，今《漢書・地理志》作『句注』，以義攷之。『注』應即『汪』字也。古『汪』、『望』同聲。凡古字通者，皆以聲同相通。若『汪』與『注』，乃字之誤耳。古『汪』字作『泩』，『注』字作『泩』，後人但識『注』，不識古字『汪』，因之傳譌矣。」念孫案：莊説非也。「句注」之爲「句望」，草書之誤耳。《漢書・文帝紀》「屯句注」，師古曰：「『句』音『章句』之『句』。」凡昆侖、空桐、薄落、岣嶁之屬，皆山名之疊韻者。句注亦是也。若作「句望」，則失其讀矣。諸書及本書《地形篇》皆作「句注」，無作「句望」者。乃反以本書偶誤之字爲是，而以諸書之作「句注」者爲非，且以「注」爲「汪」之誤，「望」爲「汪」之通，見異思遷，展轉附會，此近日學者之公患也。不能難也。」念孫案：「唯體道能不敗」六字，與上下文義不相屬，乃上文「休於天鈞而不僞」之注誤衍於此。上注云：「僞，敗也。天鈞，北極之地，積寒之野。休之輒敗，唯體道能不敗也。」

又九之三《歲鎮行一宿》 「鎮星以甲寅元始建斗，歲鎮行一宿。」念孫案：「行」字因上下文而衍。既云「歲鎮一宿」，則無庸更言「行」。《開元占經・填星占》引此無「行」字。《史記・天官書》亦無。

又九之四《陰屬於陽》 「鳥魚皆生於陰，陰屬於陽。」念孫案：下「陰」字蒙上而衍。此謂鳥魚皆屬於陽，非謂陰屬於陽也。《大戴禮》、《家語》並作：「鳥魚皆生於陰，而屬於陽。」盧辯曰：「生於陰者，謂卵生也。屬於陽者，謂飛游於虚也。」則無下「陰」字明矣。《文選・辯命論》注、《太平御覽・羽族部一》引《淮南》皆無下「陰」字。

又《晉出龍山結給》 「晉出龍山結給。」高注曰：「結給，合一名也。龍山，在晉陽之西北，晉水所出，東入汾。」引之曰：「晉出龍山結給」當作「晉出結細」，「龍山」二字因注而衍。「紬」字右畔作「合」，則因下句「合出封羊」而誤。注當作：「結紬山，一名龍山。」今本作「結給」，亦隨正文而誤，又脱「山」字，衍「合」字、「也」字耳。《水經・晉水注》曰：「《晉書地道記》及《十三州志》並言晉水出龍山，一云出結紬山，在晉陽縣西北。」《太平御覽・地部十》引《郡國志》曰：「懸瓮山，一名龍山，亦名結紬山，晉水出焉。」是結紬山乃晉水所出，故曰「晉出結紬」。「結紬」疊韻字，「結」古讀若「吉」。若作「結給」，則失其韻矣。且龍山即是結紬，不得並言「龍山結紬」也。注言「結紬山，一名龍山」者，猶上注言「發包山，一名鹿谷山」，「薄落之山，一名笄頭山」，「猛山，一名高陵山」。其云「一名某山」，乃高以當時山名釋之，不得闌入正文。

又九之五《桃李始華》 「始甬水，桃李始華，倉庚鳴。」引之曰：次句内本無「始」字，今本有者，後人據《月令》旁記「始」字，因誤入正文也。高注曰：「自冬冰雪至此，春分穀甬，案：「春分穀甬」四字乃後人所改。《逸周書・時訓篇》：「甬水之日桃始華。」則非春分穀雨時也。《吕氏春秋》注作「自冬冰雪至此，土發而耕」。故曰『始雨水』。」是

首句有「始」字也。又曰「桃李於是皆秀華」，是次句無「始」字也。《月令》「桃始華，倉庚鳴」，皆三字爲句，若無「始」字，則句法參差矣。此文「桃李華，倉庚鳴」，亦三字爲句，若加一「始」字，則句法又參差矣。故「桃李華」不言「始」，而「桃華」則言「始」。「倉庚鳴」不言「始」，而「蟬鳴」則言「始」。「蟬鳴」言「始」而「寒蟬鳴」則不言「始」，皆變文協句也。《吕氏春秋・仲春篇》正作「桃李華」。

又《白鍾》「孟秋之月，西宮御女白色，衣白采，撞白鍾。」念孫案：「白鍾」之「白」因上文而衍。春鼓琴瑟，夏吹竽笙，秋撞鍾，冬擊磬石。「鍾」上不宜有「白」字。而《北堂書鈔・歲時部二》、《藝文類聚・歲時部上》、《太平御覽・時序部九》引此皆有「白」字，則其誤久矣。

又九之六《欲以生殊死之人》「是猶王孫綽之欲倍偏枯之藥而欲以生殊死之人。」念孫案：下「欲」字因上「欲」字而衍。「欲倍偏枯之藥而以生殊死之人」作一句讀，不當更有「欲」字。高注曰：「欲倍其劑以生已死之人。」則無下「欲」字明矣。

又九之七《貪富貴　直宜》「推此志，非能貪富貴之位，不便侈靡之樂，直宜迫性閉欲，以義自防也。」高注曰：「宜，猶但也。」念孫案：「貪」不當有「不」字，「直」下不當有「宜」字。「宜」即「直」之誤而衍者也。高注「宜」字亦當爲「直」。「直」之言「特」也。《祭義》曰：「參直養者也，安能爲孝乎？」《孟子・梁惠王篇》曰：「直不百步耳，是亦走也。」《莊子・德充符篇》曰：「某也直後而未往耳。」《齊策》曰：「衍非有怨於儀，直所以爲國者不同耳。」義並與「特」同。《吕氏春秋・忠廉篇》：「特王子慶忌爲之賜而不殺耳。」高注曰：「特，猶直也。」《鄘風・柏舟篇》：「實維我特。」《韓子》「特」作「直」。《史記・叔孫通傳》：「吾直戲耳。」《漢書》「直」作「特」。言子夏非能不貪富貴，不樂侈靡，特以義自强耳。「特」、「但」一聲之轉，故云「直猶但也」。

又九之九《勇力》「由此觀之，勇力不足以持天下矣。」念孫案：「力」字因「勇」字而衍。「勇不足以持天下」與上文「智不足以治天下」相對爲文，不當有「力」字。《羣書治要》及《太平御覽・人事部七十六》引此皆無「力」字。下文「勇不足以爲强」，亦無「力」字。

又《員者運轉而無》「主道員者，運轉而無端，化育如神，虚無因循，常後而不先也。臣道員者，運轉而無方者。劉本删去下「者」字而莊本從之，非是。説見下。論是而處當，爲事先倡，守職分明，以立成功也。」念孫案：「臣道員者，運轉而無方者」本作「臣道方者」，其「員者運轉而無」六字，則因上文而誤衍也。《羣書治要》引無此六字。《文子・上義篇》亦無。主道員，臣道方，方員不同道，故下文云：「君臣異道則治，同道則亂也。」《吕氏春秋・圜道篇》亦云：「主執圜，臣執方。方圜不易，其國乃昌。」

又九之一〇《得賢》「己未必得賢，而求與己同者，而欲得賢，亦不幾矣。」念孫案：「己未必得賢」，「得」字因下文「得賢」而衍。《羣書治要》引此無「得」字。

又《物莫無所不用》「物莫無所不用。」念孫案：此當作「物莫所不用」，「莫」即「無」也。「無」字蓋涉下文「無所不用」而衍。

又《理詘伸倨佝》「容貌顏色，理詘伸倨佝。」劉績云：「後有『倨句詘伸』，見《兵略篇》。疑此作『詘伸倨句』，衍『理』字。」念孫案：劉説是也。倨句，猶曲直也。《樂記》曰：「倨中矩，句中鉤。」「伸」誤爲「伸」，「句」誤爲「佝」。因「倨」字而誤加人旁。「理」字因下文「循理」而衍。各本「佝」字又誤爲「徇」，而莊本從之，謬矣。

又《克不能及》「中行繆伯，手搏虎而不能生也，高注：「力能殺虎而德不能服之。」蓋力優而克不能及也。」高注：「克，猶能也。」念孫案：「克不能及」當爲「克不及」。克，能也。言搏虎之力雖優，而服虎之能則不及也。「優」與「不及」義正相對，則「及」上不當有「能」字。高注「克，猶能也」，是指上句「能」字而言。正文「能」字即因上句「能」字而衍。

又九之一一《以物》「凡以物治物者不以物，句。以睦。句。治睦者不以睦，以人。治人者不以人，以君。」念孫案：「凡以物治物者」，「以物」二字因下文而衍。《吕氏春秋・貴當篇》、《文子・下德篇》皆無此二字。

又《一體》「故百家之言，指奏相反，其合道一體也。譬若絲竹金石之會樂同也。」念孫案：「體」字因下文「不失於體」而衍。「合道一」與「會樂同」，文正相對，則「一」下不當有「體」字。下文又云：「其知馬一也，其得民心鈞也。」皆與此文同一例。

又《心手衆虚之閒》「游乎心手衆虚之閒。」念孫案：「衆虚」二字因上文「游乎衆虚之閒」而誤衍也。上文説庖丁解牛批卻導窾，游刃有餘，故曰「游乎衆虚之閒」。此是説工匠爲連鐖之事，不當言「衆虚」也。且心手之閒謂心與手之閒也，則不當有「衆虚」二字明矣。《文子》作「遊於心手之閒」，無「衆虚」二字。

又九之一二《愛利之心》「臣有道於此，使天下丈夫女子莫不歡然皆欲愛利之心。」念孫案：「愛利」之下不當有「心」字，此因上文「未有愛利之心」而誤衍也。

《文子》、《列子》、《吕氏春秋》皆無「心」字。下文云：「天下丈夫女子莫不延頸舉踵而願安利之。」亦無「心」字。

又《受教順》 「夫聖人之舉事也，可以移風易俗，而受教順可施後世。」念孫案：「教順」上本無「受」字，此因上文「不受金」而誤衍也。教順，即教訓也。「訓」、「順」古多通用，不煩引證。「教訓」上有「受」字，則與下四字義不相屬矣。《説苑》、《家語》並作「教導可施於百姓」，是其證。

又《爲吴兵先馬走》 「越王句踐請身爲臣，妻爲妾，親執戈，爲吴兵先馬走。」念孫案：「爲吴兵先馬走」當作「爲吴王先馬」。今本「吴王」作「吴兵」，涉下文「襄子起兵」而誤。其「走」字則涉注文而衍也。據注云：「先馬，句。走先馬前。」《道藏》本、劉本、朱本並同。茅本於此下加「而走也」三字，蓋誤以「先馬走」絶句故也。莊本同。則正文無「走」字明矣。「爲吴王先馬」，即上文所謂「身爲臣」也。若作「吴兵」，則非其指矣。《越語》曰：「其身親爲夫差前馬。」《韓子·喻老篇》曰：「身執戈，爲吴王洗馬。」「先」、「洗」古字通。皆其證。

又九之一三《乃爲靻蹻而超千里肩負儋之勤也》 「乃爲靻蹻而超千里肩負儋之勤也，而作爲之揉輪建輿，駕馬服牛，民以致遠而不勞。」高注曰：「靻蹻，靻靸也。」念孫案：「靻」皆當爲「靼」，字從旦不從且。《説文》：「靼，柔革也。」《玉篇》多達、之列二切。「屩，履也。」「靸，小兒履也。」《釋名》云：「靸，韋履深頭者之名也。」今正文言「靻蹻」，與「屩」同。注文言「靻靸」，皆是韋履之名，則字當從旦。《廣韻》：「靻，則古切。靻勒名。」字從且，兩字聲義判然。茅一桂不知「靻」爲「靼」之誤，輒加「音祖」二字，其失甚矣。下文「蘇秦靻蹻嬴蓋」，「靻」亦「靼」字之誤。又案：「爲靻蹻」之「爲」音于僞反。「爲靻蹻而超千里肩負儋之勤也」，乃起下之詞，非承上之詞，「爲」上不當有「乃」字，此因上文「乃爲窬木方版」而誤衍也。下文云：「爲鷙禽猛獸之害，傷人而無以禁御也，而作爲之鑄金鍛鐵以爲兵刃。」「爲」上無「乃」字，是其證。「肩負儋之勤」，《道藏》本、劉本及諸本並同。《漢魏叢書》本於「負儋」上加「荷」字，而莊本從之，斯爲謬矣。

又《所知》 「人各以其所知去其所害，就其所利。」念孫案：「人各以其所知」當作「人各以其知」。「知」與「智」同，言各用其智，以去害而就利也。今本「知」上有「所」字者，涉下兩「所」字而衍。《文子·上禮篇》正作「各以其智去其所害，就其所利」。

又《可傳於後世》 「世俗言曰：葬死人者，裘不可以藏。裘不可以藏者，非能具綈緜曼帛温煖於身也。世以爲裘者，難得貴賈之物也，而可傳於後世，無益於死者，而足以養生，故因其資以讋之。」念孫案：裘無益於死者，而足以養生，故曰「可傳於後世」，劉本作「不可傳於後世」，「不」字因上文「不可以藏」而衍。諸本與劉本同，莊本亦同。唯《道藏》本無「不」字。

又九之一四《以欲用害性》 「不貪無用，則不以欲用害性。」念孫案：劉本無下「用」字，是也。此因上「用」字而衍。

又《勸而就利者》 「故道不可以勸而就利者，而可以寧避害者。」念孫案：「勸」下「而」字因下句而衍。《文子·符言篇》無「而」字。

又《不足以弊身》 「功之成也不足以更責，高注：「更，償也。」事之敗也不足以弊身。」念孫案：「不足以弊身」，「不」字涉上文而衍。此言功成則不足以償其責，事敗則適足以斃其身也。《文子·符言篇》作「事敗足以滅身」，是其證。

又九之一五《卻笠　發笱》 「硤路津關，大山名塞。龍蛇蟠，卻笠居，羊腸道，發笱門。」念孫案：「卻笠居」，《後漢書·杜篤傳》注引作「簦笠居」，是也。「簦笠」與「龍蛇」相對爲文，謂山形偃覆如簦笠，故高注有「偃覆」之語。今本作「卻笠居」，注云：「卻，偃覆也。笠登。」《太平御覽》引同。案：「卻笠」二字文不成義。訓「卻」爲偃覆，亦義不可通，疑傳寫錯誤也。注內「登」字即「簦」字之誤，疑當作「偃覆如簦笠」。「發笱」二字於義無取。「發笱」當作「魚笱」。「羊腸」、「魚笱」，相對爲文。高注：「發笱，竹笱所以捕魚，其門可入而不得出。」「發笱」二字，亦因正文而衍。《太平御覽·兵部二》及《後漢書》注引此並作「魚笱門」。《御覽》引注文亦無「發笱」二字。

又《社稷之命在將軍即今國有難願請子將而應之》 「凡國有難，君自宫召將。詔之曰：『社稷之命，在將軍即。今國有難，願請子將而應之。』」念孫案：「即」當爲「身」，「在將軍身」爲句。「今國有難」爲句。隸書「身」字或作「身」，與「即」字左半相似，因誤而爲「即」。「願請子將而應之」，「請」字涉下文「還請」而衍。《藝文類聚·武部》、《太平御覽》兵部五、七十一，儀式部一引此並作：「社稷之命在將軍身，今國有難，願子將而應之。」是其證。

又九之一六《必先始於》 「欲學歌謳者，必先徵羽樂風。欲美和者，必先始於陽阿采菱。」念孫案：下「必先」二字因上「必先」而衍。「始於」與「必先」相對爲文，不當更有「必先」二字。《北堂書鈔·樂部一》、《藝文類聚·樂部一》、《太平御覽·樂部三》引此並作「始於陽阿采菱」，無「必先」二字。

又《大相去之遠》 「視方寸於牛，不知其大於羊。總視其體，乃知其大相去之遠。」念孫案：「乃知其大」，「大」字因上文而衍。「乃知其相去之遠」，文義甚明，句中不當有「大」字。

又九之一七《遠望尋常之外》 「明月之光，可以遠望，而不可以細書。甚霧之朝可以細書，而不可以遠望尋常之外。」莊云：「《太平御覽》天部十五。作『不可以望尋常之外』，無『遠』字爲是。」念孫案：莊説是也。「遠」字即因上文「遠望」而衍。舊本《北堂書鈔・天部二》引此亦無「遠」字。

又九之一八《欲以利之門户》 「事或欲以利之，適足以害之。或欲害之，乃反以利之。利害之反，禍福之門户，不可不察也。」念孫案：「或欲利之」，「或欲害之」相對爲文，「利」之上不當有「以」字，此因下句「以」字而誤衍也。《太平御覽・學部三》引此無「以」字。「禍福之門户」，「户」字亦因上文「禍福之門户」而衍。「利害之反」，「禍福之門」相對爲文，則「户」字可省。《覽冥篇》「利害之路，禍福之門」，即其證。《太平御覽》引此無「户」字。《文子・微明篇》同。

又九之一九《沐浴霪雨》 「禹沐浴霪雨，櫛扶風。」念孫案：「沐」下本無「浴」字，此涉高注「沐浴」而誤衍也。「沐霪雨」，「櫛扶風」相對爲文，多一「浴」字，則句法參差矣。劉本又於「櫛」上加「梳」字，以對「沐浴」，尤非。《藝文類聚・帝王部一》、《太平御覽・皇王部七》、《文選・謝朓和王著作八公山詩》注引此皆無「浴」字。《莊子・天下篇》「禹沐甚雨，櫛疾風」，此即《淮南》所本。

又《知其六賢之道》 「周室以後，無六子之賢，而皆脩其業。當世之人，無一人之才，而知其六賢之道者何？」念孫案：「知其六賢之道」，「其」字涉上文「脩其業」而衍。

又九之二〇《又況》 「又況登太山，履石封，以望八荒，視天都若蓋，江河若帶，又況萬物在其間者乎。」念孫案：下「又況」因上「又況」而衍。「萬物在其間」即承上文言之，非有二義。

又《射快》 「人欲知高下而不能教之用管準則説，欲知輕重而無以予之以權衡則喜，欲知遠近而不能教之以金目則射快。」高注：「金目，深目，所以望遠近射準也。」陳氏觀樓曰：「『則快』二字與『則説』、『則喜』相對爲文，『快』上不當有『射』字，蓋因高注『射準』而衍。下文『豈直一説之快哉』，正與此句相應。莊本依劉本作『快射』，亦非。」

又《餘編・昭列顯於奎之分野》 《魯靈光殿賦》：「承明堂於少陽，昭列顯於奎之分野。」念孫案：「昭列顯於奎之分野」，句法甚累。既言「昭」而又言「顯」，亦爲重沓。蓋正文本作「昭列於奎之分野」，後人以李善注云「其光昭列顯於奎之分野」，因於正文内加「顯」字。不知注内「顯」字乃承上「昭列」而申言之，非正文所有也。不審文義而據注妄增，各本相沿不改，其亦弗思之甚矣。

又《故亦非華説之所能精》 《文賦》：「是蓋輪扁所不得言，故亦非華説之所能精。」今李善本如此。念孫案：「故亦非華説之所能精」，李善本有「亦」而無「故」，五臣本有「故」而無「亦」。今李善本兼有之者，後人據五臣本旁記「故」字，而傳寫者因誤合之也。六臣本作「亦非華説之所能精」。又云：「『亦』，五臣作『故』。」劉良曰：「『文章之妙，故非此輩所能精察而言。』」是其明證矣。

黄丕烈《重刻剡川姚氏本戰國策札記》卷上 欲取秦秦齊合。今本「取秦」下有「也」字，乃誤涉鮑也。鮑本「秦」字不重，鮑補「也秦」二字。吴氏正曰：「注據《史》補二字，然言『齊合』，則秦自見，省文耳。下章『齊合』亦然。一本『欲取秦，秦齊合』。」

又 周君形不小利事秦。今本「不」下有「好」字。鮑本有。丕烈案：此「小」字因下文而衍。讀以「秦」字句絶。鮑本有「好」字，乃讀「利」字爲句，所解全謬，今本依之，非也。

又 不善於公且誅矣。今本「公」下有「者」字，乃誤涉鮑也。鮑補「者」字。

又 唯儀之甚憎者。今本「甚」上有「所」字，乃誤涉鮑也。鮑補「所」字。丕烈案：《史記》有。

又卷中 而滅二子患也。今本「子」下有「之」字，乃誤涉鮑也。鮑補「之」字。

又 殺騎劫初燕將攻下聊城。吴氏正曰：「自『燕攻齊』止『殺騎劫』二十五字，或他策脱簡，而『初燕將』止『讒之』十一字，亦他本所無也。」丕烈案：《史記》無「燕攻齊」至「殺騎劫」，有「燕將攻下聊城人或讒之」，當是《策》文本與《史記》不同，校者以《史記》文記其異同，遂羼入也。吴所説甚詳，然仍多不可通者，不若衍其羼入，餘均依舊，以存《策》文與《史記》之異説。

又 魯連乃書約之矢。今本「書」上有「爲」字，乃誤涉鮑也。鮑補「爲」字。丕烈案：《史記》有。

又 誠知秦力之不至。今本「誠」下有「不」字，「之」下有「所」字，乃誤涉鮑也。鮑補「不」字，改「不」爲「所」。丕烈案：《史記》、《新序》作「誠知秦力之所不至」。

又 是以攻齊之已弊救與秦争戰也。今本「救」下有「之而」二字，乃誤涉鮑也。鮑補二字。吴氏正曰：「一本無『救』字。『救』即『敝』字譌衍。」

又 而獨以吾國爲知氏質乎。今本「質」下有「一作資」三小字，乃以鮑記於旁而誤入

也。鮑改「質」爲「資」。吴氏補曰：「當音致，與之以地猶質也。」丕烈案：吴説亦未是。質，的也。下卷兵爲招質，與此合義。吴氏以爲招質未詳，非也。《韓子》有此文，亦作「質」。又《存韓策》有「則秦必爲天下兵質矣」之語，皆可互證也。

又 欲走而之韓。今本「韓」上有「齊」字，乃誤涉鮑也。鮑改「韓」爲「齊」。丕烈案：今本并存「齊韓」二字，誤甚矣。

又 公不如儀之言爲資。今本如下有「以」字，乃誤涉鮑也。鮑補「以」字。吴氏補曰：「『如』下宜有『以』字。《楚策》有是也。」

又 間齊行以百金。今本「行」下有「人」字，乃誤涉鮑也。鮑「行」下補「人」字。吴氏正曰：「行以百金，猶云行幾金於某。」

又卷下 葬於楚山之尾。吴氏補曰：「《吕氏春秋》作『葬於渦水之尾』，後云『天故使明水見之』。《初學記》引『一作渦山』，《論衡》作『滑山』。」丕烈案：「初學記引」四字乃吴氏自注語。吴本注中有注，今刻本多誤。説已見《齊策》。

又 願之及楚趙之兵。今本「願」下有「君」字，乃誤涉鮑也。鮑補「君」字。吴氏補曰：「《史》『願君逮楚趙』。」

又 伐榆關。今本「伐」上有「魏」字，乃誤涉鮑也。鮑補「魏」字。吴氏補曰：「此宜有『魏』字。」丕烈案：此因即説本國事，故不更云「魏」，取便文也。補者非是。

又 公戰不勝楚塞三川。「楚」下鮑本復有「楚」字。丕烈案：《史記》有，然實衍字。此謂秦塞三川也，鮑本當是誤依《史記》添入耳。

又 而交楚也。今本「交」下有「事」字，乃誤涉鮑也。鮑補「事」字。吴氏補曰：「恐『交』字下有缺字。」

又 刺韓傀。「刺」下鮑本有「殺」字。丕烈案：《史記》「刺殺俠累」，《索隱》引《戰國策》「刺韓傀」，無「殺」字。鮑本當是誤用《史記》添入耳。

又 計之非金無以也。今本「計」上有「韓」字，乃誤涉鮑也。鮑補「韓」字。吴氏正曰：「然而止以也句計之，恐當作『之計』。」丕烈案：依文自通，鮑補、吴正皆非。

又 其次長賓之秦秦挾賓客以待破。「之」，鮑本作「客」。吴氏正曰：「《史》『長賓之秦，挾賓以待破』。《史》文爲是」。按：《魏策》有此文法。「賓」即「擯」，二「客」字因「賓」字誤衍。

又 其償破秦必矣。「破」，鮑本無。吴補一本有此「破」字。丕烈案：《史記》有「破」無「償」。此當是《策》文作「償」，《史記》作「破」，因兩存也。

又 果令趙請。今本「請」下有「之」字，乃誤涉鮑也。鮑補「之」字。

阮元《十三經注疏校勘記·周易注疏校勘記》卷二 尚德載。石經、岳本、閩、監、毛本同。古本「載」上有「積」字。按：此蓋因下文相涉而衍。

又《尚書注疏校勘記》卷一〇 大命不摯。「命」下唐石經旁添「胡」字。陸氏曰：「『摯』，本又作『蟄』。」按：《説文》作「蟄」，引《書》云：「大命不蟄。」據《説文》則「胡」字不應有也。《殷本紀》作「大命胡不至」。石經旁添字乃後人依《史記》增入也。

又 以去見其爲卿士也。浦鏜云：「『卿士』當『無道』誤。」許宗彦云：「『卿士』不誤。『上以此知其爲卿士也』八字因末句而誤衍。」

又卷一二 是諸侯各有分也亡。案：「亡」字似因傳文而誤衍。

又卷一八 常在於道德教之。許宗彦云：「『教之』二字，因下句而衍。」

又《毛詩注疏校勘記》卷三 公謂行父曰。閩本、明監本、毛本同。案：十行本「行父曰」剜添者一字，是本無「曰」字，後依《左傳》加而衍也。

洪頤煊《管子義證》卷一 「必重盡其民力。」星衍案：「民」字因上文而衍。

又 「由田之事也。」星衍案：「由田」當作「司田」，下文有「大司田」，此脱「司」字。「由」即涉「田」字而衍。

又 「故曰五經既布。」星衍案：「故曰」二字因上文而衍。

又卷二 「則衆有大遺苞矣。」頤煊案：下文無「大」字，此涉上文而衍。「遺苞」當讀作「遺莩」。《公羊·隱八年》「盟于包來」，《左氏》作「浮來」。《漢書·楚元王傳》「浮丘伯」，《鹽鐵論》作「包丘子」。「包」、「孚」古字通用。《孟子》「塗有餓莩」，趙歧曰：「餓死者曰莩。」謂年大凶則衆棄餓死之人於道旁，尹注非。

王引之《經義述聞》卷二《比吉也》 《比·彖傳》：「比，吉也。比，輔也，下順從也。原筮元永貞无咎，以剛中也。」《朱子語類》曰：「『比，吉也』，『也』字衍，當云『比，吉』。『比輔也，下順從也』，『比，輔也』解『比』字，『下順從也』解『吉』字。」家大人曰：「比，吉也」，「也」字涉下文「比，輔也」而衍。其「比吉」二字則當在下文「原筮」之上，不當在「比，輔也」之上。請以四證明之。凡彖傳，必先釋卦名而後及卦辭。若「比吉」二字在「比，輔也」之上，則是先列卦辭而後釋卦名。六十四卦，皆無此例。一也。凡傳釋卦辭，必列卦名於其上。若《蒙·彖傳》曰：「蒙亨，以亨行時中也。」《需·彖傳》曰：「需有孚光亨貞吉，位乎天位，以正中也。」厥類甚多，不可枚舉。然則此亦當云：「比吉，原筮元永貞无咎，以剛中也。」若無「比吉」二字，則自亂其例。二也。九五以剛處中，所以比而得吉，然則「以剛中也」正釋「比吉」之義。「原筮元永貞」之上必當有「比吉」二字。三也。《祭統》曰：「身比焉，順也。」《管子·五輔篇》曰：「爲人弟者比順以敬。」是「比」與「順」同義。昭二十八年《左傳》曰：「擇善而從曰比。」是「比」與「從」同義。《荀子·王制篇》曰：「天下莫不順

比從服。」是「比」與「順從」同義。然則下「順從也」仍是釋「比」字之義，謂「比，輔也」之「比」。非釋「吉」字之義。以上文原無「比吉」二字故也。四也。

又《作結繩》「作結繩而爲罔罟。」家大人曰：「作」字涉上文「作八卦」而衍。「結繩而爲罔罟」，文義已明。加一「作」字，則贅矣。下文「斲木爲耜，揉木爲耒」，若云「作斲木」、「作揉木」，其可乎？「結繩而治」亦不云「作結繩」也。《正義》述經文有「作」字，及他書引此或有「作」字者，皆後人依已衍之經文加之也。案《正義》論重卦之人云：「伏犧結繩而爲罔罟。」是孔所見本無「作」字。又虞注云：「結繩爲罟。」何注桓四年《公羊傳》云：「《易》曰：『結繩網以田魚。』」《説文》云：「网，庖犧所結繩㠯田㠯漁也。」《潛夫論・五德志篇》云：「伏羲作八卦，結繩爲網以漁。」《風俗通義・皇霸篇》云：「《易》稱伏羲氏始作八卦，以通神明之德，以類萬物之情。結繩爲網罟，以佃以漁。」是王、許、何、應、虞諸人所見本皆無「作」字。又《乾鑿度》引孔子曰：「伏羲氏始作八卦，結繩而爲網罟，以畋以漁。」亦無「作」字。又劉逵《吴都賦》注，《北堂書鈔・帝王部十七》，《藝文類聚・帝王部一》，《初學記・武部》，《太平御覽》皇王部三，資産部十三、十四，所引《御覽》乃影宋鈔本，非刻本也，後皆放此。《一切經音義》十二引此亦皆無「作」字。自唐石經始衍「作」字，而各本皆沿其誤。

又卷三《舍我穡事而割正夏》引之謹案：「我后不恤我衆，舍我穡事而割正夏。」傳曰：「我后，桀也。正，政也。言奪民農功而爲割剥之政。」據傳所釋經文，「正」下似無「夏」字。下文「率割夏邑」傳曰：「相率割剥夏之邑居。」下文言「夏」，此不言「夏」，尤屬顯然。《史記・殷本紀》：「舍我嗇事而害政。」是其證矣。《正義》曰：「舍廢我稼穡之事，奪我農功之業，而爲割剥之政於夏邑。」則唐初本已有「夏」字，此即涉下文「率割夏邑」而誤衍耳。

又卷六《韎者茅蒐染韋也》《瞻彼洛矣篇》：「韎韐有奭。」毛傳曰：「韎者，今本「韎」下衍「韐」字。茅蒐染韋也。今本「韋」譌作「草」。一入曰韎。今本脱「入」字。案「一入曰韎」絶句，《正義》以「韎韐」二字連讀，非是。『韐』，所以代『韠』也。」箋曰：「韎者，今本『韎』下衍『韐』字，下『茅蒐韎』同。茅蒐染也。茅蒐，韎聲也。韐，今本「韐」上衍「韎」字。以上諸誤辯見段氏若膺《儀禮漢讀考》。祭服之韠，合韋爲之。」引之謹案：毛傳原文本作：「韎，染韋也。」今本「韎」下有「者茅蒐」三字，此涉鄭箋「韎者茅蒐染」而誤衍也。蓋毛以染韋一入之色爲韎，而不以茅蒐爲韎，故曰：「韎，染韋也，一入曰韎。」鄭以「韎」爲茅蒐之合聲，則以茅蒐爲韎，而不以一入爲韎，故曰：「韎者，茅蒐染也。茅蒐，韎聲也。」若毛以茅蒐爲韎，則與「一入曰韎」之文自相違異。且毛既云「韎者茅蒐染韋」，則鄭不須更云「韎者茅蒐染」矣。孔、陸所見已是誤本，故不言鄭與毛異耳。《晉語》：「韎韋之跗注。」韋注曰：「三君云：『一染曰韎。』鄭後司農説以爲『韎，茅蒐染也』。」云鄭以爲茅蒐染，則毛不以爲茅蒐染明矣。三君皆從毛義，故但言「一染曰韎」而不言「茅蒐」也。《説文》：「韎，茅蒐染韋也。一入曰韎。」「茅蒐」二字亦後人依誤本毛傳加之也。賈景伯注成十六年《左傳》及《晉語》並云：「一染曰韎。」叔重之學，出於景伯，故云：「韎，染韋也，一入曰韎。」且賈、許皆治《毛詩》，故以一入爲韎。至康成始以茅蒐爲韎，不得於《説文》注中增入「茅蒐」二字。且「茅蒐爲韎」與「一入爲韎」，二者各爲一義，不可强同也。鄭《駁五經異義》曰：「韎，草名。齊魯之閒言茅蒐，聲如韎。」蓋《異義》亦從《毛詩》以一入爲韎，故鄭駁之如此。若以茅蒐爲韎，則義與鄭同，不當有駁。《異義》與《説文》同出一人之手，則《説文》亦不以茅蒐爲韎明矣。

又卷八《臘人無府史》「臘人，下士四人，府二人，史二人，徒二十人。」引之謹案：大宰府六人，史十有二人。疏吕、臘人、食醫之等府史俱無者，以其專官行事，更無所須故也。據此，則「臘人」下無「府二人史二人」六字，此因上籩人下醫師皆有「府二人，史二人」之文而誤衍。唐石經已然。

又《爨亨煮》「亨人，職外内饔之爨亨煮。」家大人曰：「煮」即「亨」也。既言「亨」，則無庸更言「煮」。案鄭注云：「爨，今之竈，主於其竈煮物。」疏云：「主外内饔爨竈亨煮之事。」皆是以「竈」釋「爨」、以「煮」釋「亨」，而經文原無「竈煮」二字也。唐石經有「煮」字，即涉注文而衍，而各本遂沿其誤。《詩・楚茨》及《左傳・桓十四年》正義引此有「煮」字，疑亦後人依唐石經加之。《瓠葉》正義云：「天官亨人掌外内饔之爨亨，句。煮物之名。」句。《正義》以「煮」釋「亨」，則經文之有「亨」無「煮」甚明。故知他篇引此有「煮」字者，後人所加也。《大宰》及《少年饋食》疏引此皆作「職外内饔之爨亨」，無「煮」字。《特牲饋食》疏云：「《周禮・亨人》其職主爨亨之事以供外内饔。」亦無「煮」字。

又卷九《嶽山》「其山鎮曰嶽山。」引之謹案：「嶽」下「山」字涉上下文而衍。《爾雅・釋山》釋文、《漢書・郊祀志》注、《後漢書・明帝紀》注引此皆無「山」字。自唐石經始衍「山」字，而各本遂沿其誤。據鄭注云：「嶽，吴嶽也。」則本無「山」字可知。或謂注省去「山」字，非也。注文「會稽」、「醫無閭」下皆無「山」字，以經文本無故也。其「衡」、「華」、「沂」、「岱」、「霍」、「恒」下皆有「山」字，以經文本有故也。

此云「嶽，吴嶽也」，則經文本無「山」字，而非鄭之省文明矣。《逸周書·職方篇》有「山」字，亦後人依俗本《周禮》加之。據孔晁注云：「華山，西嶽也。嶽，吴嶽也。」則亦無「山」字可知。

又卷一〇《布席于奥》 「媵布席于奥。」《釋文》無「布」字。朱梁補石本有。張淳《儀禮識誤》、李如圭《儀禮集釋》並從《釋文》。或曰：「下文『御布對席』與此文相當，則有『布』字爲是。」家大人曰：無「布」字者是也。下文「御布對席」，若無「布」字則文不成義。此言「媵席于奥」，則文義已明。鄭注《鄉飲酒》云：「席，敷席也。」無庸更加「布」字。下文言「席于」者六，皆無「布」字。又各篇中言「筵于某處」者，「筵」上亦無「布」字。《釋文》出「媵席」二字，而不言「本或作『媵布席』」。《周南·草蟲》正義引此作「席于奥」，是舊本皆無「布」字也。「布」字即涉下文「布對席」而衍。

又卷一一《此之謂也》 「此之謂明王之守也，折衝乎千里之外，此之謂也。」家大人曰：「此之謂也」四字涉上「此之謂」而衍。上文曰：「明王之守也，必折衝乎千里之外。其征也，袵席之上乎還師。」故此釋之曰：「此之謂明王之守也，折衝乎千里之外。」則不當更有「此之謂也」四字明矣。下文「此之謂袵席之上乎還師」，與此文相對，亦無「此之謂也」四字。

又《何以謂之爲居》 《夏小正篇》：「正月，鴈北鄉。鄉者何也？鄉其居也。鴈以北方爲居，何以謂之爲居？生且長焉耳。」家大人曰：「何以謂之爲居」，「爲居」二字因上文而衍。傳凡言「何以謂之」者，皆於「之」字絶句。下文「雉震呴」曰：「正月必雷，雷不必聞，惟雉爲必聞之。何以謂之？雷則雉震呴，相識以雷。」「緹縞」曰：「先言緹而後言縞者何也？緹，先見者也。何以謂之？小正以著名也。」「何以謂之」猶曰「何以言之」耳。高誘注《秦策》曰：「謂，猶言也。」此申明上文「鴈以北方爲居」之義，非專釋「居」字。

又《初昏南門見》 《大衍曆議》曰：「《小正》曰：『十月初昏南門見。』失傳也。定星方中，則南門伏，非昏見也。」見《唐書·曆志》。秦氏《五禮通考》曰：「十月日躔星紀，南門二星，朝見於東南隅，非昏見也。『初昏』二字衍文。」孔氏《補注》曰：「昏，謂昏姻也。是月始令民昏姻，逮來歲春仲而止。」引之謹案：秦説是，孔説非也。上文「四月初昏南門正」，因此衍「初昏」二字耳。不得曲爲之説而以爲昏姻也。《小正》言「初昏」者凡五，正月初昏參中，四月初昏南門正，五月初昏大火中，六月初昏斗柄正在上，七月初昏織女正東鄉。皆謂日入以後。今於嫁娶之始亦曰初昏，則何以别於日入以後之稱初昏乎？且何以「初昏」二字不置之他所，而置之「南門見」之上，使與「初昏參中」之屬相亂乎？《小正篇》中未有溷殽無辨若此者也。「二月綏多女士」傳曰：「冠子取婦之時也。」是嫁娶謂之「綏女士」。如十月果言嫁娶，則當云「初綏女士」，乃與上文相應，不當改變其文而曰「初昏」也。「二月綏多女士」，蓋舉嫁娶之最盛者言之，而餘則從略。猶《周官·媒氏》但言「中春之月令會男女」，而不言他時之嫁娶也。二月已言綏多女士，何須十月又言初昏乎？譬之四時皆有田獵，而《小正》獨言十有一月王狩，亦舉其最盛者言之，不聞又言春蒐夏苗也。《小正傳》釋經文多有前後相比例者，如解「正月鴈北鄉」，則引「九月遰鴻雁」。解「獺獸祭魚」，則引「十月豺祭獸」是也。「綏多女士」，傳但言冠子取婦之時，而不引十月初昏，則十月未嘗言嫁娶明矣。

又卷一二《不懃》 「好學省物而不懃。」家大人曰：「不」字涉上句「不忘」而衍。省者，察也。「省物而懃」與「好學」同意，猶言懃於省物耳。注乃以「省」爲「減省」之「省」而釋之曰：「事省則不懃。」此曲爲之説也。《家語》作「好學博藝，省物而懃」，是其證。王曰：「省録諸事而能勤。」

又《服污》 「邇臣便辟不正廉，而羣臣服污矣。」盧注曰：「服，事也。」家大人曰：盧訓「服」爲「事」，「事污」之語不可通。余謂「污」上本無「服」字。上文云：「邇臣便辟者，羣臣僕之倫也。」故此云：「邇臣便辟不正廉，而羣臣污矣。」今本有「服」字者，涉下文「邇道之服」而衍。《家語·入官篇》無「服」字。

又卷一三《順民天心嗇地》 「順民天心嗇地，作物配天，制典慈民。」家大人曰：「順民天心嗇地」本作「順天嗇地」。「順天」與「嗇地」對文。「順天嗇地」又與下二句對文。今本上「民」字涉下「民」字而衍，「心」字又涉注文「順天之心」而衍，遂致文不成義。據注云「順天之心」，則正文之作「順天」明矣。注言「順天之心」者，加「之心」二字以申明其義，而正文本無「心」字。

又《掌諸侯之儀》 「是故古者天子之官有典命官，掌諸侯之儀。大行人掌諸侯之儀以等其爵。」家大人曰：上「掌諸侯之儀」五字涉下文而衍。典命、大行人皆掌諸侯之儀以等其爵，則「掌諸侯之儀」五字不當重出。此是總説典命、大行人所掌之事，下乃以二官分列。

又《獨成之道》 「事無獨爲，行無獨成之道。參知而後動，可驗而後言。」陳氏觀樓曰：「『事無獨爲』四句，各相對爲文，則次句不當有『之道』二字，蓋涉上文『三從之道』而衍。《家語》無。」

又卷一四《使者自稱曰某》 「列國之大夫，入天子之國曰某士，自稱曰陪臣某，於外曰子，於其國曰寡君之老。使者自稱曰某。」「使者自稱」，《釋文》作「使自稱」，注曰：「本或作『使者自稱』。」家大人曰：《釋文》作「使自稱」是也。本或作「使者自稱」者，上文曰：「使者自稱曰寡君之老。」涉彼而誤耳。今本及唐石經皆作「使者自稱」，即沿或本之誤也。案：「使」字爲一句，「自稱曰某」爲一句，謂列國之大夫使於諸侯則自稱其名也。鄭注曰：「使，謂使人於諸侯也。」「人」字疑衍。則經文「使」下本無「者」字明矣。又案《正義》釋經曰：「使者自稱曰某者，若此卿爲使在他國，與彼君語，則稱名也。」又釋注曰：「《玉藻》云：『大夫私事使，私人擯，則稱名。』彼以私事使稱名，此文使自稱曰某，稱名與彼相當，故知使謂使人於諸侯也。」據此，則孔所見本亦作「使自稱曰某」。而前列經文，仍作「使者自稱曰某」，則後人據已誤之經文加之也。《通典・職官十八》亦作「使自稱曰某」。

又《反服之禮》 「毋爲戎首，不亦善乎？又何反服之禮之有？」家大人曰：此本作「又何反服之有」。《孟子・離婁篇》云：「此之謂寇讎，寇讎何服之有？」文義與此相似。「反服」下不當有「之禮」二字，蓋涉上文「舊君反服之禮」而衍。自唐石經已然。《世説新語・方正篇》注、《通典・禮五十九》、《白帖》三十八引此皆無「之禮」二字。

又卷一五《大夫强而君殺之義也由三桓始也》 鄭注曰：「三桓，魯桓公之子，莊公之弟，公子慶父、公子牙、公子友。慶父與牙通於夫人以脅公，季友以君命鴆牙，後慶父弒二君又死也。」引之謹案：上文言：「庭燎之百，由齊桓公始也。大夫之奏《肆夏》也，由趙文子始也。」下文言：「公廟之設於私家，由三桓始也。」皆因變古而譏之。若臣强而君殺之，本爲合義之事，則無須箸其所始以示譏矣。且慶父、叔牙之死，由於季友之大義滅親，魯君未嘗殺之也。如曰季友以君命酖牙，因以爲君殺之，則當云：「大夫强而君殺之，由魯莊公之酖叔牙始也。」文義方明，何得不言殺臣之君，又不言所殺者之名，而但云由三桓始乎？況季友即三桓之一，而云「大夫强而君殺之，由三桓始」，則是季友亦爲君所殺矣，其可通乎？三復經文，「由三桓始也」句，與上文意義絶不相因，蓋涉下文「由三桓始也」而衍。「大夫强而君殺之義也」乃縱言其理，非必有人以實之也。而唐顔師古《匡謬正俗》乃云：「『殺』讀爲『降殺』之『殺』，謂衰弱也。言大夫不當饗君，自三桓已來，大夫强而君弱，是以有君就饗於大夫者耳。」案：如顔説，讀「殺」爲「降殺」之「殺」，而以「大夫强而君殺」六字連讀，則「之義也」三字絶不可通。必改「之義」爲「之故」而後可矣。宋陸佃又謂：「古者殺大夫，非義也。後世大夫世執國政，君由是弱矣。有殺之者，更以爲義，則若三家者有以啓之也。」案：此篇凡言「由某始」者，皆直言此事始於此人。今以「大夫强而君殺之義也」爲若三桓者有以啓之，則是三桓以後乃有君殺强臣而以爲義之事，不得謂之「由三桓始」矣。蓋皆不知「由三桓始也」之涉下文而衍，故强爲之説而卒不可通。

又《婦盥饋》 「婦盥饋，舅姑卒食。婦餕餘，私之也。」《釋文》曰：「一本無『婦盥饋』三字。」家大人曰：無此三字者是也。其有此三字者，後人據《士昏禮》加之耳。案《昏義》云：「婦以特豚饋，明婦順也。」此自婦言之也。此文「舅姑卒食」三句則自舅姑言之，非自婦言之，故《正義》云：「所以食竟以餘食賜婦者，此示舅姑相恩私之義也。」是「私之也」句，專承「舅姑卒食婦餕餘」而言，與「婦盥饋」無涉。唐石經有「婦盥饋」，乃誤從《釋文》也。據《正義》云：「禮本亦有云婦盥饋者。」則《正義》本無此三字甚明。今從《正義》本。

又卷一六《皆以齒》 「尸飲五，君洗玉爵獻卿。尸飲七，以瑶爵獻大夫。尸飲九，以散爵獻士及羣有司。皆以齒明尊卑之等也。」《正義》曰：「謂獻卿大夫士及有司等，其爵雖同，皆長者在先，故云皆以齒。」引之謹案：此言尊卑之等，非言長幼之序也，不得云「皆以齒」。「皆以齒」三字蓋涉下文「凡羣有司皆以齒」而誤衍。《正義》不能釐正，而云「爵同則長者在先」。若然，則序爵又以序齒，而弟四倫之尊卑，與弟九倫之長幼，遂雜糅而無別矣。且上云「皆以齒」，下云「明尊卑之等也」，文義不大相剌謬邪？鄭注不釋「皆以齒」之義，蓋所見本無此三字。

又卷一七《以狄師攻王》 「逐奉大叔以狄師攻王。」引之謹案：下文始以狄師伐周，則此攻王者非狄師也。「狄師」二字蓋因下文而衍。當作「遂奉大叔以攻王」。蓋積叔桃子先奉大叔以攻王，欲以大叔代王也，因國人納王而弗克，故是年之秋，又以狄師伐周，立大叔耳。遂奉大叔以攻王，猶莊十九年傳五大夫奉子頽以伐王也。

又《曰稱舍於墓》 二十八年傳：「聽輿人之謀，曰稱舍於墓。」《正義》曰：「此『謀』字或作『誦』，涉下文而誤耳。」謂涉下文「輿人之誦曰」而誤也。家大人曰：「曰」字亦涉下文而衍。鄭注《射義》曰：「稱，猶言也。」輿人之謀言舍於墓也，「稱」上不當復有「曰」字。唐石經已誤衍。《通典・兵十五》、《太平御覽・兵部四十五》引此皆無「曰」字。

又《無能爲故也》 十五年《傳》：「冬十一月，晉侯、宋公、衛侯、蔡侯、陳侯、鄭伯、許男、曹伯盟于扈，謀伐齊也。齊人賂晉侯，故不克而還。書曰諸侯盟于扈，無

能爲故也。」家大人曰：「故」字涉下文「王故也」而衍。云「書曰諸侯盟于扈，無能爲也」者，不書「晉侯宋公」云云而總之曰「諸侯」，言其無能爲也。十七年「諸侯會于扈」傳曰：「書曰諸侯，無功也。」文義正與此同，則「無能爲」下不當有「故」字。自唐石經始衍「故」字，而各本皆從之。僖十四年、文七年《正義》兩引此文皆無「故」字。

又卷一八《鬭穀於菟》　「楚人謂乳穀，謂虎於菟，故命之曰鬭穀於菟。」引之謹案：傳凡言「命之曰某」者，皆名也，未有連姓言之者。「鬭」字蓋涉他篇「鬭穀於菟」而衍。自朱梁補石經已然，而各本皆沿其誤。《漢書·敘傳》：「楚人謂乳爲穀，謂虎爲於檡。與「菟」同。故名穀於檡。」《論語·公冶長篇》皇疏：「此兒爲虎所乳，故名之曰㝅於菟也。」㝅，奴口反。《説文》：「㝅，乳也，從子㱿聲。」作「穀」者，借字耳。皆無「鬭」字。

又《欒黶士魴上之》　「韓起少於欒黶，而欒黶、士魴上之，使佐上軍。」杜注曰：「黶魴讓起，起佐上軍，黶將下軍，魴佐之。」引之謹案：「士魴」二字蓋因下文「滕人薛人從欒黶士魴」而衍。杜所見本已然。蓋下軍將次於上軍佐，韓起若不佐上軍，則欒黶當佐上軍矣，故欒黶與韓起相讓。若士魴爲下軍佐，與上軍佐位不相近，無由讓上軍佐於韓起也。且上文韓起少於欒黶，不言少於士魴，則不當有「士魴」二字。

又《威儀》　「衛侯在楚，北宮文子見令尹圍之威儀，言於衛侯曰：『令尹似君矣，將有他志。』」家大人曰：「令尹圍之威儀」本作「令尹圍之儀」，其「威」字則涉下文「威儀」而衍。「儀」謂「容儀」也，故杜注曰：「言語瞻視行步不常。」言令尹之言語瞻視行步，有似於人君，非謂其有威儀也。下文云：「有威而可畏，謂之威。有儀而可象，謂之儀。」令尹有他志，而瞻視言動上似於人君，何可畏可象之有？且下文明言令尹無威儀，則不得言見令尹之威儀矣。《正義》曰：「言令尹之儀，今本「之儀」作「威儀」，顯與本疏下文不合，乃後人依已誤之正文改之。已是國君之容矣。服虔曰：『言令尹動作以君儀，故云以君矣。』服本「似君」作「以君」，今本《正義》譌作「似君」，惠氏已辨之。服言『以君儀』者，明年傳云：『二執戈者前矣。』是用君儀也。」以上《正義》。案：服言「以君儀」，孔言「用君儀」，皆但言儀而不言威儀，則正文之無「威」字明矣。至下文引《詩》「敬慎威儀」云云，乃言威儀耳。自唐石經始衍「威」字，而各本皆仍其誤。《羣書治要》有「威」字，亦後人以誤本《左傳》改之。《漢書·五行志》引此無「威」字。

又卷一九《使處吴竟》　「使處吴竟爲白公。」家大人曰：子西召勝歸楚，則當「使處楚竟」，不當「使處吴竟」。且吴爲敵國，子西安能使勝處吴竟乎？唐石經此處殘缺不可考，而各本皆有「吴」字。《太平寰宇記》蔡州褒信縣下引此同。子謂「吴」字乃涉上文「在吴」而衍。請以七證明之。杜注云：「白，楚邑也。」白既爲楚邑，則不當云「使處吴竟爲白公」。一也。上文子西曰：「舍諸邊竟，使衛藩焉。」謂舍諸楚竟也。若云「使處吴竟」，則與上文不合。二也。下文云：「吴人伐慎，白公敗之。」則勝之在楚不在吴甚明。若云「使處吴竟」，則又與下文不合。三也。《楚語》：「子西曰：『欲寘之竟。』」韋注引此文云：「使處竟爲白公。」今本韋注「竟」上有「吴」字，乃後人依誤本《左傳》加之，與正文不合。曰「處竟」、曰「寘之竟」，皆指楚竟而言。四也。《楚語》又云：「靈王虐，白公子張驟諫。」是白在楚竟，故楚子張亦號白公。五也。《史記·五子胥傳》云：「遂召勝，使居楚之邊邑鄢，號爲白公。」文與《左傳》略同，而云「楚之邊邑」，不云「吴之邊邑」。六也。《周官·調人》疏引此作「使處竟爲白公」，無「吴」字。七也。

又卷二〇《省風土》　「瞽帥音官以省風土。」宋明道本無「省」字。引之謹案：明道本是也。今本「省」字蓋因注而衍。韋注曰：「風土，以音律省土風，風氣和，則土氣養。」則正文無「省」字明矣。《晉語》：「夫樂，以開山川之風，以耀德於廣遠也。風德以廣之，風山川以遠之，風物以聽之。」文義與「風土」相似，無煩加「省」字也。鈔本《北堂書鈔·禮儀部十二》引賈逵本正作「瞽帥音官以風土」，無「省」字。陳禹謨本增「省」字。舊音於上文「省功」音小井反，且云：「下『省民』、『省風』同。」則唐本已有衍「省」字者矣。

又《選其官之賢者而復用之》　引之謹案：「用」，衍字也。韋注曰：「復，白也，謂鄉長選其賢者以白桓公。」下文曰「有人」云云，即白桓公之語也。若加「用」字，則與下文語勢隔閡，且用賢之權在桓公，不在鄉長。「有人」云云，亦但謂其人如是，而無請用之語，不得以爲用之也。「用」字蓋涉上文「擇其善者而業用之」而衍。《管子·小匡篇》正作「選官之賢者而復之」，《中匡篇》「管仲懼而復之」。無「用」字。

又卷二一《申生受賜以至于死》　引之謹案：「至于」二字義不可通，蓋因上文「不聽伯氏以至于死」而衍。宋明道本已然。《檀弓》作「申生受賜而死」。而猶以也。

又《公懼》　「公懼遽見之。」家大人曰：「懼」字涉下文「公懼」而衍。此時伯楚

尚未以吕郤之謀告公，不得言公懼也。《文選・思元賦》注、《獄中上梁王書》注引此並作「公遽見之」。僖二十四年《左傳》作「公見之」，皆無「懼」字。陳氏芳林《外傳考正》删「懼」字，是也。

又《許諾》　「孤敢不順從君命長弟。許諾。」家大人曰：「許諾」二字涉下文「吴王許諾」而衍。上文吴王責晉侯曰：「君億負晉衆庶將不長弟以力征一二兄弟之國。」故此文董褐復命曰「君若無卑天子而曰吴公，孤敢不順從君命長弟」，此下不當有「許諾」二字也。《左傳正義》、《文選》注引此皆無「許諾」。

又卷二四《大閱者何簡車徒也　蒐者何簡車徒也》　「六年秋八月壬午，大閱。傳曰：『大閱者何？簡車徒也。』」「昭八年秋，蒐于紅。傳曰：『蒐者何？簡車徒也。』」「十一年，大蒐于比蒲。傳曰：『大蒐者何？簡車徒也。』」引之謹案：「大閱者何？簡車徒也」當作「大閱者何？簡車也」。「徒」字涉昭十一年傳而衍也。「蒐者何？簡車徒也」當作「蒐者何？簡徒也」。「車」字亦涉昭十一年傳而衍也。蓋蒐惟簡徒，大閱惟簡車，大蒐則合車徒而並簡之，故傳分別言之。何注「大閱者何簡車也」曰：「大簡閱兵車，使可任用而習之。」但言車而不言徒，則「車」下無「徒」字可知。注「蒐者何簡徒也」曰：「徒，衆。」但言「徒」而不言「車」，則「徒」上無「車」字可知。桓六年、昭八年、十一年傳並曰：「蓋以罕書也。」注曰：「比年簡徒謂之蒐，三年簡車謂之大閱，五年大簡車徒謂之大蒐。言簡徒當比年爲之。昭八年之簡徒，非比年也。簡車當以三年，桓六年之簡車，非三年也。簡車徒當以五年，昭十一年之簡車徒，非五年也。是以譏其罕也。」據此，則「蒐爲簡徒」、「大閱爲簡車」、「大蒐爲簡車徒」，傳本各自爲義，故注本之而爲此說。若蒐與大閱、大蒐傳皆謂之「簡車徒」，則三者異名而同實，注何得强爲分别，而以簡徒爲蒐、簡車爲大閱乎？以此言之，何所據「大閱」，傳正作「簡車」，「蒐于紅」，傳正作「簡徒」，明甚。《漢書・刑法志》：「連帥比年簡徒，「徒」各本誤作「車」。卒正三年簡車，「車」各本誤作「徒」。顏注曰：「徒，人衆也。」則所見本已誤。羣牧五載大簡車徒。」說與何注同。蓋西漢以來，《公羊》家舊有此說，故《漢志》及何注皆祖述之，要皆出於《傳》文之分言簡車、簡徒、簡車徒也。此又一證矣。徐疏不言簡車、簡徒、簡車徒，傳文有分合之不同。昭八年、十一年疏又兩引「大閱」傳作「簡車徒」也，則所見本已誤衍，不始於唐石經矣。又案：李善注《魏都賦》、《謝朓登孫權故城詩》並引《公羊傳》曰：「大閱者何？簡車馬也。」「馬」字蓋涉《左傳》而衍。《左傳》：「大閱，簡車馬也。」何注但言「車」，不言「馬」，則本無「馬」字可知。李所見本衍「馬」字，徐所見本衍「徒」字，皆誤本也。《穀梁傳》曰：「大閱者何？閱兵車也。」不言「徒」，亦不言「馬」，與《公羊》古本合。

又卷二五《稱人以殺大夫》　「九年春，齊人殺無知。」傳曰：「稱人以殺大夫，殺有罪也。」家大人曰：「大夫」二字涉上下文而衍。「隱四年，衛人殺祝吁于濮。」傳曰：「稱人以殺，殺有罪也。」與此文同一例，則不當有「大夫」二字明矣。僖七年，鄭殺其大夫申侯。彼是君殺大夫，故傳曰：「稱國以殺大夫，殺無罪也。」此不當言殺大夫。自唐石經始有之，而各本遂沿其誤。僖七年疏引此無「大夫」二字。

又《宋萬之獲也》　十一年傳：「内事不言戰，舉其大者其日成敗之也，宋萬之獲也。」引之謹案：傳謂宋萬爲公所獲也，「獲」上不當有「之」字，蓋涉上文「釋蔡侯之獲也」而衍。疏舉傳文作「宋萬之獲也」，則唐初已衍「之」字，不始於石經矣。

又《諸侯不得專封諸侯》　僖二年傳：「說城楚丘曰：其不言衛之遷焉，何也？不與齊侯專封也。其言城之者，專辭也。故非天子不得專封諸侯，諸侯不得專封諸侯。雖通其仁，以義而不與也。」引之謹案：下「不得」蓋涉上「不得」而衍，唐石經已然。案：既言非天子不得專封，則無庸更言諸侯不得專封。且下文言「不與」者，不與其專封也。若「專封」上有「不得」二字，則與下文不貫矣。

又卷二七《繇膝以下爲揭》　引之謹案：此六字蓋唐以前學者所增，非《爾雅》原文也。《爾雅》曰：「繇膝以上爲涉。」謂濟水之時，水濡至膝，又過膝而上也。又曰：「繇帶以上爲厲。」謂水濡至帶，又過帶而上也。蓋涉水者由淺入深，故水之濡體，由下而上。斷無先濡上而後濡下之理。可云「繇膝以上」、「繇帶以上」，不可云「繇膝以下」也。後世學者見「涉」與「厲」分言淺深之度，而「揭」獨不言，以爲闕略，乃依「繇膝以上爲涉」之文而增「繇膝以下爲揭」，而不知其義不可通也。《詩・匏有苦葉》傳曰：「由膝以上爲涉。」又曰：「以衣涉水爲厲，謂由帶以上也。」又曰：「揭，褰衣也。即揭衣。」皆用《爾雅》之文，而獨不及「由膝以下爲揭」，則所據《爾雅》本無此一句可知。《正義》曰：「傳不引《爾雅》『由膝以下爲揭』者，略耳。」案：古本《爾雅》無此句，故傳不引，非略也。皇侃《論語・憲問篇》疏引《爾雅》云：「繇膝以下爲揭。」則此句之增已久，不始於陸氏《釋文》矣。《釋文》：「則揭，起列反。下『爲揭』同。」

又卷二八《豕子豬》　「豕子豬。」家大人曰：「豬」即「豕」，非豕子也。「子」字蓋涉上文「兔子嬎」而衍。自唐石經已然，而邢疏遂沿其誤。疏云：「其子名豬。」《廣韻》引《爾雅》「豕子豬」，亦誤。案郭注云：「今亦曰彘，江東呼豨，皆通名。」郭以

豕、豬、彘、豨爲一物，則豬非豕子甚明。今人皆謂豕爲豬，無謂豕子爲豬者。下文之「䝐豶幺幼奏者豱」，皆指豕言之，非指豕子言之。䝐豶，謂豕之犍者。幺幼，謂豕之小者。奏者豱，謂豕之皮理腠蹙者。至「豕生三豵二師一特」，乃言豕子多寡之異名耳。又案《方言》云：「豬，北燕朝鮮之間謂之豭，關東西或謂之彘，或謂之豕，南楚謂之豨。《小爾雅》：「豕，彘也。彘，豬也。」其子或謂之豚，或謂之貕，吴楊之間謂之豬子。」然則豬也、豭也、彘也、豕也、豨也，五者一物也。豚也、貕也、豬子也、豕子也，四者一物也。今以豕子與豬爲一物，可乎？《説文》：「豬，豕而三毛叢居者。」亦不以豬爲豕子也。定十四年《左傳》：「既定爾婁豬，蓋歸吾艾豭。」婁豬、艾豭，皆豕也，但有牝牡之分耳則不得以豬爲豕子明矣。《小雅·漸漸之石》傳及《楚辭·大招》注並云：「豕，豬也。」即用《爾雅》之文，則《爾雅》原無「子」字可知。今本《左傳正義》及《急就篇》注、《藝文類聚·獸部中》引此並作「豕子豬」，則後人依誤本《爾雅》加之也。案《左傳正義》云：「《釋獸》云：『豕，豬。』牝豝，牝者謂之豝則豭，是豬之牝。」是孔以豭爲牡，豝爲牝，豬爲總名也。今改「豕豬」爲「豕子豬」，則與孔説不合矣。《急就篇》注云：「豕之三毛藂居者曰豬。而《春秋左氏傳》曰：『既定爾婁豬。』《爾雅》曰：『豕，豬。』然則亦其通稱也。」是顔以豬爲豕之通稱。今改爲「豕子豬」，則又與顔説不合矣。《藝文類聚》引《爾雅》云：「豕，豬。䝐，豶。幺，幼，奏者，豱。」皆謂豕，非謂豕子也。今改爲「豕子豬」，則又與下文不合矣。《初學記·獸部》、《太平御覽·獸部十五》引此並無「子」字，正與郭注、毛傳、《方言》合。今據以訂正。

張文虎《校刊史記集解索隱正義札記》卷一 母家駰鈞。「鈞」字涉下而衍，南宋本、中統本並無。

又 祐福兆祥。中統、游本「祐福」下多「也」字，蓋即「兆」字譌衍。

又卷四 成請老於崔杼。吴校删「杼」字，是，蓋涉下而衍。

又 伐周惠王索隱二十年。此下原衍「齊伐山戎」四字，涉下三十年文而誤，今删。

俞樾《諸子平議》卷一 「十日不食，無儔類盡死矣。」《樞言》。樾謹按：「無」字衍文。既云「盡死矣」，不必言「無」，涉上句「七日不食無國土」而衍。

又卷二 「教訓習俗者衆，則君民化變而不自知也。」《八觀》。樾謹按：「化變而不自知」，當以民言，不當以君言，此「君」字涉下文「明君在上位」句而衍。

又 「又多不發起，訟不驕。」樾謹按：尹注曰：「又教之和通，不相告發。雖有起而訟者，莫不恭恪，不爲驕傲。」此於句讀未審也。當以「起」字絶句。「多」字衍文，涉下文「又多發起」句而衍。《七臣七主篇》曰：「然疆敵發而起，雖善者不能存。」即可證此文「發起」之義。上云「野爲原」，謂能辟草萊也。此云「又不發起」，謂能治盜賊也。又云「訟不驕」，謂能聽獄訟也。「驕」讀爲「矯」。《國語·周語》曰：「其刑矯誣。」韋注曰：「以詐用法曰矯。」是其義也。下文云：「又多發起訟驕。」亦當以「起」字絶句。其下又云：「又多而發訟驕。」則誤衍「而」字，奪「起」字。

又卷三 「故之身者使之愛惡，名者使之榮辱。」樾謹按：「身」上衍「之」字，蓋涉上文「澤之身，去之身，審行之身，審去之身」四句而衍。「身者使之愛惡」，「名者使之榮辱」，兩文相對。今作「之身者」，於義難通。尹注曲爲之説，非是。

又 「古之祭者，有時而星，有時而星熺，有時而熰，有時而朐。」樾謹按：此四句皆以天象言，謂方祭之時，天象不同如此。即上文所謂「視之天變，觀之風氣」也。星者，《詩·定之方中篇》「星言夙駕」，《釋文》引《韓詩》曰：「星，晴也。」坎句「星」字涉上句而衍，當作「有時而熺」。熺者，《禮記·樂記篇》「天地訢合」，鄭注曰：「訢讀爲熹，熹猶蒸也。」《正義》曰：「言天地氣之蒸動，猶若人之喜也。」「熺」、「熹」一字耳。「熰」字他無所見，疑亦以氣言。「朐」者，「昫」字之誤。《説文·日部》：「昫，日出温也。」

又 「鼠應廣之實，陰陽之數也。華若落之名，祭之號也。」樾謹按：「應」字、「若」字皆衍文也。尹解上句曰：「鼠，憂也。凡此皆君之憂人，故廣爲祈福祥而祭之。」不釋「應」字之義，則上句無「應」字也。「應」即「廣」字之誤而複者耳。尹解下句曰：「言祭時爲物作美號，若花落也。」以「花落」連文，即正文「華落」字也。然則「華落」兩字之間不當有「若」字，因注言「若花落」遂誤羼入正文耳。《管子》原文本作「鼠廣之實，句。陰陽之數也。華落之名，句。祭之號也」。雖其義不盡可通，而其文猶可考也。「華」、「落」對文。

又卷四 「故曰：『上離其道，下失其事。』」《心術上》。樾謹按：此不當有「故曰」二字，涉下解而衍。

又 「其氣不足，則發撊瀆盜賊。」樾謹按：「發」字涉上句而衍。據尹注無。

又 「能服信政，此謂正紀。能服日新，此謂行理。」樾謹按：上云：「立常行政，能服信乎。中和慎敬，能日新乎。」此承上文而言，當作：「能服信，此謂正紀。能日新，此謂行理。」上句「政」字涉上文「臨政官民」而衍。下句「服」字即涉上句「能服信」而衍。

又卷六 「民無糧賣子數矣」。樾謹按：「數矣」二字衍文，涉上文「又失諸夏

秋之筴數也」而衍。宋本作「數也」，此其初衍之本。今作「數矣」，則又誤「也」字爲「矣」字。

又卷七　「津人皆曰河伯也，若治視之，則大黿之首。」樾謹按：「若治」二字，衍文也。「津人皆曰河伯也，視之則大黿之首」，蓋津人始皆驚疑，以爲河伯，及審視之，則大黿之首耳。視之者津人，非古冶子也。古冶子親殺黿，挈其頭而出，復何視乎？因涉下文「若治之功」而衍「若冶」二字耳。《爾雅·釋水》疏引此文無「若」字，疑原文并無「冶」字，後人據誤本《晏子》增入之，而省「若」字也。

又卷八　「不敢以取强。」樾謹按：「敢」字衍文。河上公注曰：「不以果敢取强大之名也。」注中「不以」二字即本經文。其「果敢」字乃釋上文「果」字之義，非此文有「果」字也。今作「不敢以取强」，即涉河上注而衍。王注曰「不以兵力取强於天下也」，亦「不以」二字連文，可證經文「敢」字之衍。《唐景龍碑》正作「不以取强」，當據以訂正。

又　「蜂蠆虺蛇不螫。」五十五章。樾謹按：河上公本作「毒蟲不螫」，注云「蜂蠆虵虺不螫」。是此六字乃河上公注也。王弼本亦當作「毒蟲不螫」，後人誤以河上注羼入之。

又　「知止可以不殆。」樾謹按：《唐景龍碑》無「可以」二字，是也。王注曰「知止所以不殆也」。蓋加「所以」字以足句，而寫者誤入正文，故今河上公本作「知之所以不殆」。此作「可以」者，又「所以」之誤矣。

又卷一〇　「細計厚葬，爲多埋賦之財者也。」樾謹按：「細」字無義，蓋即上句「紲」字之誤而衍者。「紲」本作「紝」，因誤爲「細」矣。「埋賦」二字亦不可通。「賦」當作「贓」。《玉篇·貝部》：「贓，作郎切，藏也。」是「埋贓」即「埋藏」也。「贓」、「賦」相似，因而致誤耳。「贓」字雖《説文》所無，然「藏」字亦《説文》所無，且從艸無義，不如從貝之爲勝。《玉篇》收「贓」字，而訓爲「藏」，或轉爲古字古義乎？

又　「今知氏大國之君寬者。」樾謹按：「知」字衍文，蓋涉上句「吾以知天下之士君子」、「何以知天下之士君子」兩句並有「知」字而衍。「氏」當讀爲「是」。《禮記·曲禮篇》「是職方」，鄭注曰：「『是』或爲『氏』。」《儀禮·覲禮篇》「大史是右」，注曰：「古文『是』爲『氏』也。」《周官·射人》注引作「大史氏右」。然則「是」、「氏」古通用。「今氏」即「今是」也。「今是」即「今夫」也。《禮記·三年問篇》：「今是大鳥獸。」《荀子·禮論篇》「今是」作「今夫」。《荀子·宥坐篇》「今夫世之陵遲亦久矣」，《韓詩外傳》「今夫」作「今是」。並其證也。上文曰：「今是楚王食於楚之四境之內。」此云：「今氏大國之君。」文法正同。上文作「是」，此文作「氏」，則字之異耳。「寬者」下當有闕文，蓋言其土地之廣大也，故下文以「然」字作轉語。今無他據，不敢臆補。

又卷一一　「知材知也者，所以知也，而必知若明慮。」《經説上》。樾謹按：《經上篇》有「知材也」，又有「知接也」。「知接」之「知」是本字，「知材」之「知」則是「智」字。故此先著「知材」二字，然後以「知也者」釋之。所以別於下文之「知也」者，古人文字之密也。「若明慮」句，「慮」字涉下「慮也者」而衍。下文「若睨知」句，「知」字涉下「知也者」而衍。「若見恕」句，「恕」字涉下「恕也者」而衍。並當删去。

又　「且自前曰且，自後曰已。方然亦且，若石者也。」樾謹按：「若石者也」涉下句「君以若名者也」而衍，又誤「名」爲「石」耳。此當讀云：「且，句。自前曰且，句。自後曰已，句。方然亦且。」蓋凡事從事前言之，或臨事言之，皆可曰且。如「歲且更始」之「且」，事前之「且」也。如「匪且有且」之「且」，毛傳曰：「此也。」此方然之「且」也。惟從事後言之，則爲已然之事，不得言「且」，故云「自後曰已」。

又卷一二　「饒樂之事，則佞兑而不曲。」樾謹按：「不」字衍文，涉下「不慤不録」而衍。曲者，委曲也，言遇饒樂之事，必委曲以取之也。因衍「不」字，楊注曰「不曲謂直取之」，誤矣。

又　「守法數之有司，極禮而褫。」樾謹按：「極禮而褫」，文不可通。疑「禮」字衍文也。「極而褫」三字爲句。上云「文久而息，節族久而絶」，此云「極而褫」，正與「久而息」、「久而絶」一律。楊注曰：「褫，解也。有司世世相承，守禮之法數，至於極久，亦下脱也。」是楊氏所見本尚未衍「禮」字，故云「至於極久亦下脱」，是「極」下無「禮」字也。所云「守禮之法數」者，此「禮」字乃楊氏增出，以解「法數」之誼，非正文有「禮」字也。今作「極禮而褫」，即因注文而衍。

又　「重味而成珍備。」樾謹按：「珍備」二字無義。此本作「重味而備珍怪」。《正論篇》：「食飲則重太牢而備珍怪。」是其證也。因涉上句「重色而成文章」，誤衍「成」字，遂倒「備珍」爲「珍備」，而臆删「怪」字矣。《韓詩外傳》作「重色而成文，累味而備珍」，上句無「章」字，下句無「怪」字，然「成文備珍」正本《荀子》，可據以訂正。

又卷一四　「彼君子者，固有爲民父母之説焉。」樾謹按：「子」字，衍文也。此本説君之喪所以三年之故，故引《詩》而釋之曰：「彼君者固有爲民父母之説焉。」下文云：「父能生之，不能養之。母能食之，不能教誨之。君者，已能食之矣，又善

教誨之者也。」下言「君者」，則此文亦當作「君者」，涉上「愷悌君子」之文而衍「子」字耳。

又卷一五 「聞之曰：『無越踰不見士。』」《堯問》。樾謹按：楊注曰：「周公聞之古也，越踰謂過一日也。」然則《荀子》原文當作「聞之無越日不見士」，楊注原文當作「越日謂過一日也」。今衍「踰」字者，涉下文楊注有「越踰」字而誤衍也。既衍「踰」字，則「越踰日」之文甚爲不辭，乃以「日」字爲「曰」字之誤，而移置「聞之」二字之下，遂成今本之誤。盧校云：「宋本『曰』作『日』。」此則其舊迹之猶未盡泯者也。

又卷一六 「舍者迎將，家公執席，妻執巾櫛。」樾謹按：「者」字衍文。盧重元本無「者」字，是也。「舍」與「舍者」不同。下云：「舍者避席。」又云：「舍者與之争席矣。」皆謂同居逆旅者。此云「舍」，則謂逆旅主人也。主逆旅者即謂之舍，猶典市者即謂之市，主農者即謂之田。《禮記・王制篇》注曰：「市，典市者。」《月令篇》注曰：「田，主農之官。」是其例也。今涉下文而誤衍「者」字，則與下兩言「舍者」無别矣。《莊子・寓言篇》已誤，當據盧本删。

又 「終髮北之北，有溟海者天池也。」樾謹按：《釋文》曰：「一本無『髮』字。」當從之。終北，國名。下文曰：「禹之治水土也，迷而失塗，謬之一國，濱北海之北，其國名曰終北。」是也。「終北之北」，謂在其國之北。今衍「髮」字者，蓋後人據《莊子・逍遥遊篇》加之。不知彼自言「窮髮之北」，此自言「終北之北」，兩文不同。若據彼以增此，則既言「終髮北」，又言「之北」，文義複沓矣。

又卷一七 「是皆脩其身，以下傴拊人之民。」樾謹按：「下」字衍文。「脩其身以傴拊人之民」，不當有「下」字，涉下文「以下拂其上者也」因而誤衍耳。

又 「予因以求時夜」。樾謹按：《釋文》云：「一本無『求』字。」當從之。下云：「浸假而化予之右臂以爲彈，予因以求鴞炙。」蓋以彈求鴞，乃可爲炙，故曰「因以求鴞炙」。若鷄則自能時夜，既化予之左臂以爲鷄，則因以時夜可矣，又何求焉？「求」字即涉下句而衍。

又卷一八 「然則鄉之所謂知者，不乃爲大盗積者也。」《胠篋》。樾謹按：「不」字衍文。此即上文而斷之，不當作疑詞。下文曰：「故嘗試論之，世俗所謂知者，有不爲大盗積者乎？所謂聖者，有不爲大盗守者乎？」則因此文而推論之，用「者乎」作問詞，宜有「不」字矣。此文「不」字即涉下文而衍。

俞樾《古書疑義舉例》卷五《兩字義同而衍例》 古書有兩字同義而誤衍者。蓋古書未有箋注，學者守其師説，口相傳受，遂以訓詁之字誤入正文。《周官・亨人》：「職外内饔之爨亨煮。」既言「亨」，又言「煮」，由古之經師相傳，以此「亨」字乃「亨煮」之「亨」，而非「亨通」之「亨」，因誤經文「爨亨」爲「爨亨煮」矣。王氏念孫謂誤始唐石經，非也。

《周易・履・六三象傳》：「不足以與行也。」按：「以」字衍文。傳文本云：「眇能視，不足以有明也。跛能履，不足與行也。」古「與」、「以」二字通用。上句用「以」字，下句用「與」字，乃虚字變换之例，説見前。學者不知「與」字之即「以」字，而更加「以」字於「與」字之上，轉爲不辭矣。

隱元年《左傳》：「有文在其手曰：『爲魯夫人。』」按：「曰」字，衍文也。閔二年傳「有文在其手曰『友』。」昭元年傳「有文在其手曰『虞』。」彼傳無「爲」字，故有「曰」字。此傳有「爲」字，即不必有「曰」字。猶桓四年《公羊傳》「一曰乾豆，二曰賓客，三曰充君之庖」，《穀梁傳》作「一爲乾豆，二爲賓客，三爲充君之庖」，有「爲」字則無「曰」字，是其例也。「曰」、「爲」並用，亦兩字同義而誤衍。

《國語・晉語》：「若無天乎？云若有天，吾必勝之。」王氏念孫曰：「『云』字當在『若』字下，『若無天乎』爲一句，『若云有天』爲一句。」今按：王説是矣，而未盡也。古本蓋止作「若無天乎？若云天，吾必勝之。」云，即有也。《廣雅釋詁》曰：「云，有也。」文二年《公羊傳》曰：「大旱之日短而云災，故以災書。此不雨之日長而無災，故以異書也。」「云災」、「無災」，相對爲文，云災，即有災也。此以「無天」、「云天」相對爲文，正與彼同。「云」、「有」二字同義而誤衍，傳寫又誤倒之耳。

《大戴記・五帝德篇》：「闇昏忽之義。」按《大戴》原文本作「闇忽之義」，與上文「上世之傳，隱微之説」文法一律。其衍「昏」字者，闇，即昏也。《禮記・祭義篇》鄭注曰：「闇，昏時也。」「闇」、「昏」二字同義而誤衍。

《老子》弟六十八章：「是謂配天古之極。」按：《老子》原文當作「是謂配古之極」，與上文「是謂不争之德，是謂用人之力」文法一律。其衍「天」字者，古，即天也。《尚書・堯典》鄭注曰：「古，天也。」「天」、「古」二字同義而誤衍。

《晏子春秋・諫下篇》：「聾喑非害國家而如何也。」按：「如」字衍文，「而何」即「如何」，有「而」字不必更有「如」字。

《管子・君臣上篇》：「非兹是無以理人，非兹是無以生財。」按：「是」字衍文，「非兹」即「非是」，有「兹」字不必更有「是」字。

《墨子・備城門篇》：「令吏民皆智知之。」按：「智」、「知」義同。《釋名・釋

言語》曰：「智，知也。」《墨子》原文本作「令吏民皆智之」。傳其學者謂此「智」字乃知識之「知」，因相承而衍「知」字矣。《淮南子・人間篇》：「曉然自以爲智知存亡之樞機，禍福之門户。」「知」字亦誤衍，與《墨子》同。

又《兩字形似而衍例》　凡兩字義同者，往往致衍，已見前矣。兩字形似者，亦往往致衍。《荀子・仲尼篇》：「求善處大重，理任大事，擅寵於萬乘之國，必無後患之術。」按：「處大重」、「任大事」相對爲文，「重」下不當有「理」字。楊注曰：「大重，謂大位也。」亦不釋「理」字之義。是「理」字衍文，蓋即「重」字之誤而衍者也。

《墨子・非攻下篇》：「率不利和。」按：「利」字衍文，「率」乃「將率」之「率」，言將率不和也。「利」即「和」字之誤而衍者。又，《天志下篇》：「而況有踰人之牆垣，担格人之子女者乎？」按：「担」字衍文，「格人之子女」與「踰人之牆垣」相對成文，「担」即「垣」字之誤而衍者。

《列子・説符篇》：「今趙氏之德行無所施於積。」按：《吕氏春秋・慎大篇》無「施」字，「施」即「於」字之訛而衍也。

《韓非子・詭使篇》：「名之所以成，城池之所以廣者。」按：「池」乃「地」字之誤，「名之所以成」、「地之所以廣」，相對成文，不當有「城」字，「城」即「成」字之訛而衍也。

《吕氏春秋・安死篇》：「此言不知鄰類也。」按：《聽言篇》曰：「乃不知類矣。」《達鬱篇》曰：「不知類耳。」並無「鄰」字。此云「鄰類」，義不可通。「鄰」即「類」字之訛而衍也。

《商子・兵守篇》：「四戰之國，好舉興兵以距四鄰者國危。」「舉」字即「興」字之誤而衍。《管子・事語篇》：「彼壤狹而欲舉與大國争者。」「舉」字即「與」字之誤而衍。《吕氏春秋・異寶篇》：「其主俗主也，不足與舉。」「舉」字亦即「與」字之誤而衍。《淮南子・泰族篇》：「夫欲治之主不世出，而可與興治之臣不萬一。」「興」字亦即「與」字之誤而衍。

《春秋繁露・考功名篇》：「其先比二三分以爲上中下以考進退。」按：　一句中因誤而衍者二字。「比」即上「先」字之誤，「二」即下「三」字之誤。

《太玄・永次四》：「子序不序。」按：　上「序」字即上「子」字之誤而衍者。王注云：「子而不居子之次序。」是王涯本正作「子不序」也。又，《居次三》：「長幼序序子克父。」按：　下「序」字即下「子」字之誤而衍者。宋陸、王本並作「長幼序子克父」，獨范望本衍一「序」字。

又《涉上下文而衍例》　古書有涉上下而誤衍者。《既濟・彖辭》：「亨小利貞。」「小」字衍文，涉下文《未濟》「亨小狐汔濟」而誤衍也。《禮記・檀弓篇》：「禮有微情者，有以故興物者，有直情而徑行者。」弟三句「有」字衍文。「有微情者，有以故興物者」，皆禮之所有。「直情而徑行者」，戎狄之道也，本非禮之所有，安得言有乎？此「有」字涉上兩「有」字而誤衍也。

《周書・大匡篇》：「樂不牆合。」按：「牆」、「合」二字無義，涉下句「牆屋有補無作」之文誤衍「牆」字也。盧氏文弨以「宫縣」釋之，則曲説矣。

《管子・正篇》：「能服信政，此謂正紀。能服日新，此謂行理。」按：　上文云「立常行政，能服信乎？中和慎敬，能日新乎」，此承上文而言，當作「能服信，此謂正紀。能日新，此謂行理。」上句「政」字，涉上文「臨政官民」而衍。下句「服」字，即涉上句「能服信」而衍。

《墨子・尚同下篇》：「故又使國君選其國之義，以義尚同於天子。」下「義」字涉上「義」字而衍，以上下文證之可見。

《吕氏春秋・侈樂篇》：「遂而不返，制乎嗜欲。制乎嗜慾無窮，則必失其天矣。」下「制乎」字，涉上「制乎」字而衍。《適威篇》：「子陽極也，好嚴有過。而折弓者恐必死，遂應猘狗而弑子陽，極也。」上「極也」字涉下「極也」字而衍。《壹行篇》：「陵上巨木，人以爲期，易知故也，又況於士乎？士義可知故也，則期爲必矣。」下「故也」字涉上「故也」字而衍。又，《遇合篇》曰：「客有進狀，有惡其名，言有惡狀。」按：　此十二字中衍三字，皆涉上下文而誤衍者也。「客」字下，涉下而衍「有」字，「其」字下，涉上文「楚王怪其名」句而衍「名」字，末「狀」字亦涉上而衍。吕氏原文本作「客進狀有惡，其言有惡。」兩「有」字均讀爲「又」。「狀又惡，其言又惡」即下文所謂「惡足以駭人，言足以喪國」也。今多衍字，致不可解，此古書之所以難讀也。

又《涉注文而衍例》　古書有涉注文而誤衍者。《詩・丘中有麻篇》：「將其來施。」傳曰：「施施，難進之貌。」箋云：「施施，舒行伺閒，獨來見已之貌。」按經文止一「施」字，而傳、箋並以「施施」釋之，此以重言釋一言之例，説見前。今作「將其來施施」，即涉傳、箋而誤衍下「施」字。《顔氏家訓・書證篇》曰：「江南舊本悉單爲『施』。」

《大戴記・曾子制言篇》：「其功守之義，有知之則願也，莫之知苟吾自知也。」

按：「其功守之義」五字，乃盧注之誤入正文者，孔本、阮本均已訂正。

《禮記・檀弓篇》：「望反諸幽，求諸鬼神之道也。」按：「反」字衍文。據《正義》曰：「望諸幽者，求諸鬼神之道也。」是《記》文本無「反」字，乃涉上注文「庶幾其精氣之反」因而誤衍。又，《緇衣篇》：「毋以嬖御士疾莊士大夫卿士。」注曰：「莊士亦謂士之齊莊得禮者，今爲大夫卿士。」按：《禮記》原文本作「毋以嬖御士疾莊士」，與上文「毋以嬖御人疾莊后」一律。鄭注：「今爲大夫卿士」本作「或爲大夫卿士」，蓋別本有作「毋以嬖御士疾大夫卿士」者，故鄭記其異也。今正文作「莊士大夫卿士」，即涉注文而衍。又改注文「或爲」作「今爲」，而《正義》從而爲之辭，失之甚矣。

《商子・墾令篇》：「姦民無主，則爲姦不勉。爲姦不勉，則姦民無樸。姦民無樸，則農民不敗。」鄭宋本於「姦民無樸」下有「樸根株也」四字，乃舊解之誤入正文者。

《韓非子・難三篇》：「且夫物衆而智寡，寡不勝衆，智不足以偏知物，故則因物以治物。下衆而上寡，寡不勝衆者，言君不足以偏知臣也，故因人以知人。」按：《韓非》原文本作「且夫物衆而智寡，寡不勝衆，故因物以治物。下衆而上寡，寡不勝衆，故因人以知人。」舊注於上句「寡不勝衆」云：「言智不足以偏知物也。」於下句「寡不勝衆」云：「言君不足以偏知臣也。」傳寫誤入正文，而又有錯誤，遂不可讀。

又卷六《字以兩句相連而誤疊例》 《周書・度訓篇》：「是故民主明醜以長子孫，子孫習服鳥獸。」按：「子孫」字不當疊，疊者誤也。此以「是故民主明醜以長子孫」爲句，「習服鳥獸」爲句，疊「子孫」字則不可通矣。又，《程典篇》：「土勸不極美，美不害用，用乃思慎。」按：「美」字、「用」字均不當疊，疊者誤也。「土勸不極美不害」當作「土物不極美不割」，即《文傳篇》所謂「毋伐不成材」也。「勸」與「物」形似而訛，「害」與「割」聲近而借，今疊「美」字、「用」字，則不可通矣。又，《大開武篇》：「天降寤於程，程降因於商，商今生葛，葛右有周，維王其明用開和之言，言孰敢不格。」按：「程」字不當疊，「降寤於程」，「降因於商」，皆天所降也，若作「程降因於商」，則不可通矣。「葛」字亦不當疊。孔注曰：「商朝生葛，是祐助周也。」可知孔所據本不疊「葛」字也。「言」字亦不當疊。孔注曰：「可否相濟曰和，欲其開臣以和，則忠告之言無不至也。」是孔讀「維王其明用開和之」爲句，「言孰敢不格」爲句，其不疊「言」字可知也。今疊「葛」字、「言」字，義皆不可通矣。一行之中，誤疊之字，纍纍如貫珠，古書豈易讀哉！

《大戴禮・四代篇》：「於時鷄三號以興庶虞，庶虞動，蜚征作。」按：「庶虞」字不當疊，「於時鷄三號以興」七字爲句，興，即謂鷄興也。鷄夜伏而晨興，故曰「三號以興」。學者誤讀「以興庶虞」爲句，遂重出「庶虞」字耳。楊氏《大訓》本「庶虞」字不疊，可據以訂正。《孟子・告子篇》：「施於四體，四體不言而喻。」按：「四體」字不當疊，「四體不言而喻」，義不可通。若謂四體不言而人自喻，則四體豈能言者？若謂我之四體，不待我言而自喻我意，則凡人皆然，豈必君子。《文選・魏都賦》劉淵林注、應吉甫《華林園集詩》李善注引此文，並作「不言而喻」，不連「四體」字，可據以訂正。

文九年《公羊傳》：「非王者則曷爲謂之王者，王者無求。」按：「王者」字不當疊。上文言「王者無求」，故此發問，言非王者曷爲謂之王者無求。今疊「王者」字，則無義矣。《國語・晉語》：「夫利君之富，富以聚黨，利黨以危君。」按：「富」字不當疊，「利」與「賴」古字通。此言賴君之富以聚徒黨，又賴徒黨以危君也。今疊「富」字，義反隔矣。《管子・乘馬篇・陰陽章》：「正地者其實必正，長亦正，短亦正，小亦正，大亦正，長短大小盡正，正不正則官不理。」末句本作「不正則官不理」，涉上句而誤疊「正」字。又，《爵位章》：「是故爵位正而民不怨，民不怨則不亂，然後義可理，理不正則不可以治。」末句本作「不正則不可以治」，涉上句而誤疊「理」字。凡此皆兩句相連而誤疊者也。

又卷七《誤增不字例》 古書簡奧，文義難明，後人不曉，率臆增益，致失其真，比比皆是。乃有妄增「不」字，致與古人意旨大相刺謬者。《管子・法法篇》：「盡而不意，故能疑神。」「疑神」猶言「如神」。《形勢篇》曰：「無廣者疑神。」是其證也。後人不曉「疑神」之語，改作「故不能疑神」，失其旨矣。又，《參患篇》：「法制有常，則民散而上合。」與上文「治國無法，則民朋黨而下比」相對爲文。散者，散其朋黨也。後人不曉「民散」之語，改作「則民不散而上合」，失其旨矣。又《商子・修權篇》：「故多惠言而剋其賞」，此謂口惠而實不至也，故與「數加嚴令而不致其刑」相對爲文。後人不曉，改作「不多惠言」，失其旨矣。《呂氏春秋・淫辭篇》：「罪不善，善者故爲畏。」此「故」字當讀爲「胡」，「胡」與「故」，古字通用。言所罪者止是不善者，則善者胡爲畏也。楊倞注《荀子・解蔽篇》引《論衡》，正作「善者胡爲畏」，是其明證。後人不曉，改作「善者故爲不畏」，失其旨矣。凡此之類，皆後人妄加，致與古人立言之旨南轅而北轍。善讀者宜體會全文，訂正其誤，不可爲其所惑也。

《莊子》一書，文章超妙，讀者不得其用筆之意，拘牽文義，妄加「不」字甚多。如《胠篋篇》：「然則鄉之所謂知者，乃爲大盜積者也。」此即上文而斷之。下曰：「故嘗試論之，世俗所謂知者，有不爲大盜積者乎？所謂聖者，有不爲大盜守者乎？」又承此而推言之，與此文不同。讀者誤據下文，於此文亦增「不」字，作「不乃爲大盜積者也」，則文不成義矣。又，《天道篇》：「世人以形色名聲爲足以得之。夫形色名聲，果足以得彼之情，則知者不言，言者不知，而世豈識之哉？」四十二字一氣相屬。今妄增「不」字，作「果不足以得彼之情」，則不相屬矣。《達生篇》：「世之人以爲養形足以存生。而養形果足以存生，則世奚足爲哉？」二十五字亦一氣相屬，「而」字當讀爲「如」。今妄增「不」字，作「而養形果不足以存生」，則不相屬矣。凡此皆拘牽文義者所爲也。

《賈子·屬遠篇》：「故陳勝一動而天下振。」言天下爲之振動也。今作「天下不振」，失之。《淮南子·原道篇》：「夫內不開於中而强學問者，入於耳而不著於心。」此言道聽而塗説也。今作「不入於耳」，失之。於是知不善讀書而率臆妄改，皆與古人反脣相譏也。

《揚子法言·學行篇》：「川有瀆，山有嶽，高而且大者，衆人所能踰也。」又曰：「使我紆朱懷金，其樂可量也。」從《文選》注訂正。此兩「也」字均當讀爲「邪」。古「也」、「邪」字通用。「衆人所能踰也」，言不能踰也。「其樂可量也」，言不可量也。學者不達古語，妄加「不」字，作「衆人所不能踰也」、「其樂不可量也」。淺人讀之，似乎文從字順，而實則翩其反矣。

《列子·仲尼篇》：「不治而自亂。」亂，治也。謂不治而自治也。與下文「不言而自信，不化而自行」一律。今作「不治而不亂」，此則臆改而非妄加，然其失當，則亦同科。

戴望《管子校正》卷一 「必重盡其民力。」《治要》引此無「民」字。孫云：「『民力』之『民』涉上文而衍。」

又 「故民情可得而御也。」陳先生云：「『民情』之『情』蒙上文『人情』而衍。」

又 「以命士止于帶緣。」「以」字涉上文而衍。

又卷二 「故蚤知敵人如獨行。」張云：「『獨行』即上所謂『獨出獨入』。」丁云：「案：當作『蚤知敵則獨行』，與下文一例。今本涉注文而衍『人』字，又誤『則』作『如』。《兵法篇》故曰：『蚤知敵則獨行。』是其證。」

又卷三 「合內空周外。」望案：「空」即「內」字之誤而衍者。後圖亦誤。

又 「十二絶氣下下爵賞。」丁云：「惠周惕云：『「下下」當作「上下」，古文作「二二」。』案：此當衍一『下』字，應讀『絶氣下爵賞』句。與上文『十二天氣下賜予』、下文『十二白露下收聚』句法一例。」

又 「戒審四時以別息。」丁云：「『審』字涉下文『審取予』而衍。戒，慎也。」

又 「故曰五經既布。」孫云：「『故曰』二字因上文而衍。」

又卷四 「聽不順不審不聽。」丁云：「『不順』宋本作『不慎』。案：二字衍。『聽不審不聽』與下『視不察不明』、『慮不得不知』句例相同。上文云：『問審謂之聽』，故聽不審則不聽也。下文『不審不聽則繆』，即承上言之。玩尹注，亦無『不順』二字。」

又 「一薄然而典品無治也。」望案：《呂氏春秋·知士篇》高注曰：「『一』猶『乃』也。」「典品」二字涉上文而衍。

又卷七 「見冢㒜。」丁云：「『冢』下不當有『㒜』字。蓋後人旁註以冢爲㒜，因而誤衍。」

又 「多小信。」丁云：「上文言季友恭以精博於禮，承上好學訓禮言之。乃云多小信，恐非文義。《小匡篇》亦不言季友多小信，此必涉下文兩言『小信』而衍無疑。」

又 「楚國之教，巧文以利，不好立大義，而好立小信。」張云：「下二句涉下文而衍。上衞、魯二國皆只一句，此當一例。」

又卷八 「以疾從事於田野。」丁云：「『疾』字涉上文『疾耰』而衍。」

又 「禍福相憂。」望案：「福」字涉上文「祭祀相福」而衍。元刻無「福」字。

又 「吾欲輕重罪而移之於甲兵。」丁云：「『重』字涉下文『重罪』而衍。元本無『重』字。《齊語》作『輕過』，亦無『重』字。下文『重罪』、『輕罪』對舉，皆得贖以甲兵，則所輕者非獨枉重罪也。」

又 「余一人之命有事於文武。」丁云：「『之命』二字蓋因下文『天子之命』而衍。《齊語》同。僖九年《左傳》云『天子有事於文武』，無『之命』二字。」

又卷九 「則必從其本事矣。」丁云：「『本事』之『事』涉上文『大事』而衍。舉大事必從其本，不必加一『事』字。下文『何謂其本公』之『本』即承此『本』字言之。元本作『從其事』，亦非。」

又 「兵威而不止。」丁云：「上下文婁言兵，此言止兵，非文義。『止』當爲『正』，此涉下文『三滿而不止』而衍。下文曰：『夫先王之争天下也，以方正。』又

曰：『正四海者不可以兵獨攻而取也。』」

又 「上帥士以人之所戴。」陳先生云：「『上』字疑涉下文兩『上』字衍。『帥』當爲『率』。據尹注『上帥其士所爲者，皆人之所戴』，則正文『以』下脱『爲』字，未能臆定也。」

又卷一一 「沈疑之得民也者。」宋本作「沈疑者得民者也」。丁云：「當作『沈疑之得民也』，與上文『微謀之泄也』句法一例。『者』字涉下文而衍。」

又 「嘗試多怨争利，相爲不遜，則不得其身。」丁云：「『嘗試』二字涉下『嘗試往之中國』而衍。『多怨争利』，承上『除怨無争』言之。『相爲不遜』，承上『修恭遜敬愛辭讓』言之。古音『之』、『真』對轉，『遜』與『利』、『身』爲韻也。」張云：「『則不得其身』與上『則不失於人矣』一例。『身』與『人』爲均。句末疑脱『矣』字。」

又卷一二 「略近臣合於其遠者立。」丁云：「『立』即『亡』字之誤。下文『亡國之起』四字義不可通，蓋涉上下文而衍。」

又 「重不可起輕。」宋本「起」下無「輕」字。望案：此涉下文「輕重」而衍。

又 「母全賞好德惡亡使常。」丁云：「『亡』同『無』。『使』字涉上衍。好德惡無，常言全賞必窮不能久也。」

又 「天地若夫神之動化變者也。」丁云：「『天地』二字涉下文『天地之極』而衍。尹注亦無。」

又 「而君臣相上下相親，則君臣之財不私藏。」丁云：「『而君臣相』四字涉上下文而衍。『上下相親，則君臣之財不私藏』，承上文『上侈而下靡』言之。尹讀大謬。」

又卷一三 「故曰上離其道。」望案：此「故曰」二字乃涉後文而衍。

又卷一五 「刑以㢢之母失民命。」吴云：「『刑以』二字涉上而衍。」丁云：「『㢢之』下當有脱文，與下『令之』、『遏之』、『養之』、『明之』句例相同。」

又 「其殺戮人者不怨也，其賞賜人者不德也。」宋本無下「者」字。張云：「兩『人』字、『者』字疑當各衍其一。蓋是一本作『人』，一本作『者』，校者不察而並存之。」

又 「遵主令而行之有傷敗而罰之。」丁云：「『行』下『之』字衍。『行有傷敗』與『行有功利』對文。此涉上文『故遵主令而行之』而衍。『而』當爲『因』，『因罰之』與『因賞之』對文。」

又卷一八 「人乃終身無患害而孝慈焉。」望案：「害」字涉上文「五害」而衍。

又卷一九 「其草宜黍秫與茅。」丁云：「上文云『黄唐無宜也，唯宜黍秫也』，黍秫列在五種中，非草名。此涉上文而誤衍。但『與茅』二字亦有誤。」俞云：「《管子》原文疑當作『其草宜苧茅』。《説文》：『苧，艸也。可目爲繩。』是『苧』與『茅』正同類也。『苧』字壞作『予』，校寫者因『予』字無義，見下文有『其草魚腸與蕕其草蓄與蔞』之文，疑『予』、『與』古人通用，遂改作『與』。而本文又無他草，不得言與，乃據上文唯『宜黍秫』妄加『黍秫』字耳。」

又卷二一 「上分下游於分之間而用足。」丁云：「當作『上下游於分之間而用足』，『分』字涉上下文而衍。『上下游於分之間』，即上文所謂『乘馬之准與天下齊准也』。」

又卷二三 「發草立幣而無止。」丁云：「『發草』與『立幣』連言不詞，疑涉上而衍。」

又卷二四 「女子居涂。」望案：「涂」上一本有「内」字，疑《管子》本或作「内」，或作「涂」，而校者合之耳。

又 「祖者所以功祭也，非所以戚祭也。」吴云：「兩『所』字皆涉下文『所以』字而衍。」

王先謙《魏書校勘記》 「以仲琁爲營構將作。」案：碑作「營構都將」。《北史》作「營構將」。疑當從碑。此「作」字涉下文而衍。

孫詒讓《札迻》卷三 「義均是始爲巧倕，是始作下民百巧。」案：「義均」當即「倕」之别名。「是始爲巧倕」，「始」字不當有，蓋涉下而衍。上文云「白馬是爲鯀」，文例正同，可證此文之誤。前「西南有巴國」章云：「後照是始爲巴人。」《注》云：「爲之始祖。」彼巴爲國名，後照爲其始祖，故云「始爲」。此倕非國名，而云「始爲」，於文宂贅矣。

又卷八 「惠子曰：『子居艘楫之間，則吾不如子。』」案：此「居」上不當有「子」字，蓋涉上文而衍。

又卷一一 「周髀長八尺，夏至之日晷一尺六寸。」趙注云：「此數望之從周城之南千里也，而《周官》測景尺有五寸，蓋出周城南千里也。《記》云：『神州之土，方五千里，雖差一寸，不出幾地之分，先四和之實，故建王國。』」案：「此數望之從周城」，即後榮方告陳子語，趙注引之，明此「尺六寸」之晷，據周城測之也，下不當更有「之南千里也」五字。此誤涉下文「蓋出周城南千里也」而衍。「不出幾地之分」，「幾」當從胡本作「畿」。「先四和之實」，「先」當作「失」。胡本作：「先王知之實，故建王國。」誤。

郭京《周易舉正》卷上　《文言》第二節：「是以動而有悔。」註：「《文言》首不論乾而先説元。」謹按：今本「文言」字上誤增「乾」字。既在乾，《文言》註義不合更舉「乾」。《文言》既與王氏理殊，又乖《易》簡之體，雖非反背入邪，終是不依正本。

又　《初六》：「履霜堅冰至。」註：「始於履霜，至於冰堅，所謂至柔而動也剛。陰之爲道本於卑弱，而後積著者也，故取履霜以明其始。」《象》曰：「履霜，陰始凝也。」謹按：「陰始凝也」上誤增「堅冰」字。履霜與堅冰，時候頗異，不合相連結。《義疏》云：「初六陰氣之微，初寒之始，履踐其霜，微而漸積，乃至堅冰也。履霜者，從初至三。堅冰者，從四至上。」觀注尋疏，誤亦昭然。

又　《比・象》曰：「比吉」。「吉」字下誤增「也」字。凡象先舉爻辭，後以義結，下皆有「也」字。爻辭下並无「也」字。且據原筮「元永貞无咎，以剛中也」，「不寧方來，上下應也」，「後夫凶，其道窮也」。此三節爻辭下无「也」字，足爲體例。又下經《漸卦》「女歸吉」下亦誤增「也」字。餘六十二卦爻辭下並无「也」字，誤亦明矣。

又　《初六》：「有孚比之无咎。有孚盈缶，終來有它吉。」註：「處比之始，爲比之首者也。夫以不信爲比之首，則禍莫大焉。故必有孚，然後乃得免比之咎。故曰『有孚比之无咎也』。處比之首，應不在一。必无私吝，則莫不比之。著信立誠，盈溢乎質素之器，則物終來無衰竭也。親乎天下，著信盈缶，應者豈一道而來？故必有它吉也。」「故必有孚」字下今本多誤增「盈缶」字。從「處比之首應不在一」下方釋「盈缶」之義，審詳首末理註，義自明矣。

又　《同人・象》：「同人曰：『同人于野，亨，利涉大川，乾行也。』」註：「所以能同人于野，亨，利涉大川，非二之所能也。」註「所以」下誤加「乃」字，與前《否・九五》註相類，亦務歸正也。

又　《象》曰：「天下雷行，物與无妄，先王以茂對時育物。」「物」上誤增「萬」字。今本見註中「萬」字，不審是註家意義，便致誤增。但註末舉經文，歎美對時育物，莫盛於斯，足明其誤也。

又卷中　《困・初六》：「臀，困于株木，入于幽谷，三歲不覿。」《象》曰：「入于幽谷，不明也。」謹按：「不明」字上誤增「幽」字，義亦甚明也。

又　《鼎》：「元吉，亨。」《象》曰：「鼎象也，以木巽火亨飪也。聖人亨以亨上帝，以養聖賢。」註：「亨者，鼎之所爲也。革去故而鼎取新，故爲亨飪調和之器也。去故取新，聖賢不可失也。飪，熟也。天下莫不用也，乃上以亨上帝，而下以養聖賢也。」謹按：「經帝」字下誤增而「大亨」字。註「養」字上誤增「大亨」字。非但定本，且義理冗長，誤自明焉。

又　《歸妹・六五・小象》：「不知其娣之袂良。」謹按：「良」字下誤增「也」字。驗三百八十三爻小象，先舉爻辭，後以義結，爻辭下盡无「也」字，誤亦明矣。

又　《中孚》：「豚魚吉，信及也。」謹按：「及」字下誤增「豚魚」字。驗六十四卦象，先舉爻辭，後以義結，更不重言爻文，足明誤矣。

又卷下　第十二章：「是故聖人有以見天下之賾。」謹按：「是故」字下誤增「夫象」字。此一節本是第六章首，於此引之者，爲「極天下之賾者」以下，爲引文成義之勢。有「夫象」字，驗第六章，足見誤矣。

張淳《儀禮識誤》卷一　「布。」經曰：「賸布席于奥。」按：《釋文》云：「『賸席』中無『布』字。」從《釋文》。

又　「也。」注曰：「固以請也。」按：疏無「也」字，從疏。

又　「盥。」經曰：「執觶興盥洗北面。」按：原本缺。案：《永樂大典》此處注原本缺三字。今攷下文乃引賈氏疏語，蓋脱「疏」字耳。曰：「鄉射大射禮皆直云取觶洗南面，反尊于其所。不云『盥』，此俗本有『盥』者，誤。」今去「盥」字，從疏。

又　「侯。」注曰：「凡君有事于諸侯臣之家。」按：疏無「侯」字，從疏。

又　「其。」注曰：「少退別其處。」按：《釋文》「別于之」注云：「『別處』同。」「別處」謂此也，無「其」字，從《釋文》。

又　「言。」注曰：「不言鉼錯俎尊。」按：《釋文》云：「『不鉼』中無『言』字。」從《釋文》。

又卷二　「者。」注曰：「卑者見尊。」按：《釋文》「見侯注」云：「『卑見』同。」「卑見」謂此也，中無「者」字，從《釋文》。

又　「庶。」注曰：「公之昆弟不言庶者，此無服無所見也。」按：疏云：「若爲母則兼云庶，以其適母適庶之子皆同服，妾子爲母見厭不申。今此經不爲母服，爲昆弟以下長殤並同，故不言庶也。」攷疏之義，無蓋「庶」字也，從疏。

又　「絇。」經曰：「皆繶緇絇純。」按：《釋文》云：「『緇純』中無『絇』字。」鄭

氏注《周禮・屨人》全引此文亦無「絇」字。鄭氏又云：「言繶必有絇純，言絇亦有繶純。」今之有「絇」字，後人加之也，從《釋文》。

又 「在。」注曰：「不在數明衣。」按：《釋文》云：「『不數』中無『在』字。」從《釋文》。

又 「之。」注曰：「決以韋爲之藉。」按：《釋文》云：「『爲藉』中無『之』字。」從《釋文》。

毛居正《六經正誤》卷二《尚書正誤》 《泰誓》：「冒，莫報反。音同。」建本無「音同」二字，顯是贅寫，當去。右二經釋音反切用吴音，如「丁」當作「征」，「武」當作「母」，「扶」當作「蒲」，「甫」當作「補」、作「浦」之類，辯之備矣。後四經如此等可以類推，故不復具載，學者自察焉。

又卷三《毛詩正誤》 《無衣》：「秦人刺其君好攻戰。」作「刺其君子」，多「子」字，誤。

又卷四《禮記正誤》 「士薦牲。」「士」作「上」誤。「關譏而不征」注：《周禮》「國凶荒則無門關之征，猶譏也」作「無門關之征，征猶譏也」，多一「征」字，誤。

又 「旄期稱道不亂」注：「八十九十曰旄，百年曰期。」多一「頤」字。《釋文》亦然。蓋《曲禮》自「十年曰幼」至「八十九十曰耄」、「七年曰悼」、「百年曰期」，皆以一字爲目。自學至頤皆言作用奉養之義，非名百歲爲期頤也。詳見《毛詩正訛》。

方崧卿《韓集舉正》卷一 獨閔閔其曷已兮。閣本、杭本此下十二「兮」字皆無，蜀本始出，李、謝刪去。「閔閔」，杜氏《左傳》註「憂貌」。杭本作「閔閔」，蜀本作「悶悶」。

又 再拜言曰。李、謝從唐本刪。《文苑》此序入表類，其去「曰」字宜矣。

朱熹《昌黎先生集考異》卷四 行者牽者。「牽」，方作「奔」。或併無四字。今按：牽，謂牽而行也。後有走者，則奔者爲重複，當存「牽」而去「奔」。

又卷六 則何信之有。諸本「何」下有「不」字，方本亦然。舊讀此序，嘗怪「則何不信之有」以下文意斷絶，不相承應，每竊疑之。後見謝氏手校真本，卷首用「建炎奉使」之印，未有題字云：「用陳無己所傳歐公定本讎正。」乃刪去此一「不」字。初亦未曉其意，徐而讀之，方覺此字之爲礙，去之而後一篇之血脉始復通貫，因得釋去舊疑。嘗謂此於韓集最爲有功，但諸本既皆不及。方據謝本爲多，而亦獨遺此字，豈亦未嘗見其真本邪？嘗以告之，又不見信，故今特删「不」字，而復詳著其説云。

又 握刀左右雜佩。方從杭本，「刀」下有「在」字，而讀連下文「左」字爲句。謝本又校作「在右」。今按：若如方意，則當云「左握刀，右雜佩」矣，不應云「握刀在左」，亦不應唯古有佩也。「在」爲衍字無疑，杭本誤也。《禮疏》云：「帶劍之法在左，右手抽之爲便。」則刀不當在右，謝本亦非矣。「左右雜佩」當自爲一句，《内則》所謂「左右佩用」者也。

又卷八 授集賢殿正字。或作「授校書郎」。方云：《柳集》可考，或本非是。此下方有「藍田尉」三字。今按：三字下文已見，不當重出。

又卷九 懼復。「懼」下方有「不」字，云：「士寧懼其無以繼也」。若去「不」字，則下文皆衍。今按：士寧、萬榮專命竊據，故懼士卒之圖己而復加厚焉。尋上下文，未見其惜費而薄之之意也，況以下文「又加厚」、「每加厚」推之，「不」字之衍甚明，方説誤矣。

又 而叔文不需文珍等所惡獨不得賜。今按：此數句重複不可讀，疑因後來修改，已增新字而不去舊文，如前買乳母之例也。蓋上文已有「俱文珍等惡其專權」之句，則此不當更有「文珍等所惡」五字。有「不需」字，即不當更有「獨不得賜」四字。若并有此九字，即上不當有「不需」字。且此「文珍等」字上亦合更有脱字，謬誤甚明，今當削去「文珍等」以下九字，則語意明白，無復可疑矣。

吴師道《戰國策校注》卷一 小國不足。衍「亦」字。「亦」補曰：「疑在『不』字上。一本無。」

劉績《管子補注》卷四 聽不慎。績按：衍此「不慎」二字。

何焯《義門讀書記》卷一三 「出而留桑榆間。」注：「正出，舉日平正，出桑榆而上者餘二千里。」按：「舉日」作「氣言」，「而」字衍。

又 「平望，在桑榆上，千餘二千里。」上「千」字衍。

沈炳震《九經辨字瀆蒙》卷三 「同人曰。」《同人》「同人曰同人于野亨」，《本義》「衍文」。

又 「亨。」《賁》：「彖曰賁亨。」《本義》：「『亨』字疑衍。」《萃》：「萃亨王假有廟。」《釋文》：「馬、鄭、陸、虞等本並無此字。」《本義》：「衍文。」

又 「侯之。」「能説諸心能研諸侯之慮。」《本義》：「『侯之』二字衍。」

姚範《援鶉堂筆記》卷八 「洗有簏在西南順」注：「簏亦以盛勺觶，陳於洗西南順北爲上也。」疏云：「西南順北爲上也者」云云。按：賈以「洗有簏在西」爲句，則此釋句誤。或「西」字爲衍文也。

又 「賓三退負序」疏：「三辟退負序也者。」「者」字衍。樹：按阮校云：「諸本皆無『辟』字。」

又卷三六 《毀學》：「今公卿以其富貴笑儒者爲之常行。」「爲」字衍。

沈廷芳《十三經注疏正字》卷一 疏：「不利有攸往小人道長者。」「道」衍字。

又 上六節疏：「言不可害於義理也。」「可」當衍字。

汪輝祖《元史本證》卷一　「六年十月，耶律阿海降，入見帝於行在所。」案：《本傳》歲壬戌，「太祖與宗親大臣同休戚者，飲辨屯河水爲盟，阿海兄弟皆預焉。」是其降已久，此時特見帝行在耳。「降」字蓋誤衍。

又卷二　「中書右丞阿里左右副都元帥。」案：「右」字衍，十三年稱「淮東左副都元帥」。

又　「割江東南康路隸江西省。」案：《地理志》南康陞路在至元十四年，至二十二年割隸江西，《紀》於二十二年正月亦書「分江浙行省所治南康隸江西行省」，則此文當屬誤衍。

又卷三　「三月，以威寧、昌等州民饑給鈔。」案：《五行志》作「威寧、昌州饑」，昌州與威寧俱隸隆興，「威寧」正是「咸寧」之誤，《紀》於「昌」下又衍「等」字。

又卷四　「三月，立江淮等處財賦總管府及提舉司。」案：立總管府已書于至元二十六年，此乃立提舉司也。「及」字誤衍。

又卷五　「五月，以御史中丞亦列赤爲中書右丞相。」案：下文作「右丞」，《宰相表》同，此「相」字衍。

又卷七　「二年十二月，漢陽路饑。」案：《紀》在二年正月，《志》上已書「二年正月」，此「二年十二月」五字誤衍。

又卷一〇　「大德九年二月」。案：上已書「大德」，此衍。

又　「至大三年春正月。」案：「至大」字衍。

王念孫《讀書雜志》一之一《一人》　「古者，明王奉法以明幽，幽王奉幽以廢法。奉則一人也，而績功不同。」念孫案：「一」下不當有「人」字，蓋衍文也。績、功，皆成也。《爾雅》：「功，績，成也。」説見《經義述聞》。明王奉法以成其治，幽王奉幽以成其亂，皆有所奉，而其成也不同，故曰「奉則一也而績功不同」。

又《適無見過過適》　「適無見過過適，無好自益，以明而迹。」念孫案：此文本作「無見過適，無好自益，以明而迹」，三句各四字，而以「適」、「益」、「迹」爲韻。「適」讀爲「謫」，「無見過謫」者，無見責於人也。《廣雅》：「謫，過，責也。」《商頌·殷武篇》：「勿予禍適。」毛傳曰：「適，過也。」《吕氏春秋·適威篇》：「煩爲教而過，不識數爲令而非不從。」高注曰：「過，責也。」《史記·吴王濞傳》曰：「賊臣鼂錯擅適過諸侯。」「適過」猶「過適」也。今本「無見過」上衍一「適」字，「過」下又衍一「過」字，則文不成義。

又一之二《右擊之》　《克殷篇》：「乃右擊之以輕呂。」念孫案：持劍必以右手，無須言「右擊之」。上文「擊之以輕吕」，不言「右」。《史記·周本紀》亦無「右」字，蓋衍文也。或以「右」爲「又」之誤，亦非。上文已言「王又射之三發」，則無庸更言「又」。《太平御覽·刑法部十二》引此無「右」字。

又一之三《醉之酒　從之色》　「醉之酒以觀其恭，從與「縱」同。之色以觀其常。」念孫案：「酒」、「色」二字後人所加也。「醉之以觀其恭」，文義已明，無庸更加「酒」字。若「縱之以觀其常」，則非止一事，但言「色」則偏而不具矣。且「喜之」、「怒之」、「醉之」、「縱之」、「遠之」、「昵之」六者相對爲文，則原無「酒」、「色」二字可知。《羣書治要》作「醉之以觀其失，縱之以觀其常」，《大戴記》作「醉之以觀其不失，縱之以觀其常」，皆無「酒」、「色」二字。

又一之四《謂之曰伯》　「士率衆時作，謂之曰伯。」念孫案：「曰」字涉下文而衍。「曰」與「謂之」同義。此文「謂之胄子」、「謂之士」、「謂之伯」、「謂之公」、「謂之侯」、「謂之君」，言「謂之」則不言「曰」。下文「曰子一人」、「曰天子」、「曰天王」，言「曰」則不言「謂之」，故知「曰」爲衍字也。《北堂書鈔·封爵部上》、《太平御覽·封建部二》引此皆無「曰」字。

又二之一《衍文十七》　「故夫善爲王業者，在勞天下而自佚，亂天下而自安，諸侯無成謀則其國無宿憂也。何以知其然？自「諸侯」至此凡十七字，皆涉下文而衍。佚治在我，勞亂在天下，則王之道也。鋭兵來則拒之，患至則趨之，使諸侯無成謀，則其國無宿憂矣。何以知其然也？」

又《單單》　「且自天地之闢，民人之治，爲人臣之功者，誰有厚於安平君者哉？而王曰『單單』。」念孫案：此衍一「單」字。下文：「今國已定，民已安矣，王乃曰『單』。」鮑於「單」下補一「單」字，吴謂與前連舉不同，皆非也。上文曰：「周文王得吕尚，以爲太公。齊桓公得管夷吾，以爲仲父。今王得安平君而獨曰『單』。」「單」字不連舉，此文即承上言之，亦不當連舉也。

又二之二《君之不用也》　「知過見君之不用也，言之不聽，出，更其姓爲輔氏。」念孫案：「君之不用」、「言之不聽」語意相複，此本作「知過見言之不聽」，其「君之不用也」五字，衍文耳。《文選·爲曹公與孫權書》注、《後漢書·蘇竟傳》注引此並作「智果見言之不聽」，《韓子·十過篇》作「智過見其言之不聽也」，皆無「君之不用」句。

又二之三《伐魏之事不便》　「伐魏之事不便，魏雖刺髡，于王何益？若誠不便，魏雖封髡，于王何損？」鮑注上三句曰：「伐魏不便，魏所欲也。而髡止之，故

魏刺之。雖刺髡而齊實不便，非益也。此設辭也。」吴曰：「鮑强注，終不通。愚案：『伐魏之事不便』，當無『不』字，義乃通。」念孫案：吴説是也。《藝文類聚·寶玉部》、《太平御覽·珍寶部》引此並作「伐魏之事便，魏雖刺髡，於王何益」。

又三之一《厥田斥鹵　厥貢鹽絺》　「其土白墳，海濱廣潟，厥田斥鹵，田上下，賦中上，厥貢鹽絺。」念孫案：此文本作：「其土白墳，海濱廣潟，田上下，賦中上，貢鹽絺。」凡禹貢「厥」字，吏公皆以「其」字代之。「其土白墳」，「其」字統下土、田、賦、貢而言。「潟」即「斥」字也。故《集解》云：「徐廣曰：『潟，一作澤，又作斥。』鄭玄曰：『斥，謂地鹹鹵。』」「潟」字又作「舄」。《河渠書》「溉澤鹵之地」，《索隱》曰：「『澤』，一作『舄』，本或作『斥』。」《吕氏春秋·樂成篇》「終古斥鹵」，《漢書·溝洫志》作「千古舄鹵」。後人不曉字義，乃於「海濱廣潟」下加「厥田斥鹵」四字，上文有「廣潟」，則不得更言「斥鹵」。下文有「田上下」，則不得先言「厥田」。且樹穀曰田，斥鹵之地，豈得謂之田乎？而移「鄭元曰斥謂地鹹鹵」八字於「厥田斥鹵」之下，且於謂「地鹹鹵」下加「索隱曰鹵音魯説文云鹵鹹地東方謂之斥西方謂之鹵」二十二字，自「鹵音魯」以下皆《索隱》單行本所無。又於「貢鹽絺」上加「厥」字，甚矣其謬也！《漢書·地理志》作「厥土白墳，海瀕廣潟，田上下，賦中上，貢鹽絺」，足正今本之謬。

又《王用之又廢申后去太子也》　「幽王以號石父爲卿，用事。國人皆怨石父爲人佞巧，善諛好利。王用之又廢申后去太子也。申侯怒，與繒西夷犬戎攻幽王。」念孫案：廢申后去太子一事，已見上文，此處不應重見。「王用之」三字亦與上文用事相複。今案：「王用之又廢申后去太子也」本作「王之廢申后去太子也」，乃復舉上文以起下文申侯與犬戎攻周之事，與號石父之事各不相涉。祇因「王之廢申后去太子」，「王」下衍一「用」字，因上文「用事」而衍。遂致不成文理。後人不得其解，遂於「廢申后」上加一「又」字，以曲爲彌縫耳。《羣書治要》引此作「王之廢后去太子也」。《太平御覽·皇王部十》引作「幽王之廢申后去太子也」。今據以訂正。

又三之二《曲直得其次序》　「於是中焉，房皇周浹，曲直得其次序。」引之曰：「直」字後人所加。《索隱》曰：「委曲得禮之序。」則「曲」下本無「直」字明矣。《荀子》正作「曲得其次序」。

又《名曰三能》　「魁下六星兩兩相比者，名曰三能。」念孫案：「名」字後人所加。此書稱星名，皆言「曰某」，無言「名曰某」者。《索隱》本無「名」字。《太平御覽·天部》引此亦無「名」字。《漢書·天文志》同。

又《而食益盡》　「而食益盡，爲主位。」念孫案：「而」讀曰「如」。「益」即「盡」字之誤而衍者也。《漢志》作「不然食盡爲主位」，「盡」上無「益」字，是也。「不然」二字亦有誤。「而食盡爲主位」者，如日食盡，則其咎在主位也。故《漢書·天文志》引《夏氏日月傳》曰：「日食盡，主位也。不盡，臣位也。」或以「而」爲衍字，非是。

又三之三《次近所旁》　「又閒令吴廣之次近所旁叢祠中。」《索隱》本無「近」字。念孫案：「近」即「所」字之誤而衍者也。次所，謂戍卒止次之所也。其旁有叢祠，故曰「次所旁叢祠」，加一「近」字，則文不成義矣。《漢書》亦無「近」字。

又三之四《自喜名》　「吴起爲人，節廉而自喜名也。」念孫案：「名」字後人所加。自喜，猶自好也。《孟嘗君傳贊》「好客自喜」，《田叔傳》「爲人刻廉自喜」，《鄭當時傳》「以任俠自喜」，皆其證。加一「名」字，則非其指矣。《太平御覽·皇親部》引此無「名」字。

又《乃劫之》　「乃劫之王如高府。」念孫案：「劫」下本無「之」字。哀十六年《左傳》曰：「白公以王如高府。」《楚世家》曰：「因劫惠王置之高府。」此曰「乃劫王如高府」，其義一也。「劫」下不當有「之」字。明證矣。

又三之五《何所不》　「今大王誠能反其道，任天下武勇，何所不誅？以天下城邑封功臣，何所不服？以義兵從思東歸之士，何所不散？」念孫案：三「所」字皆後人所加。《索隱》本出「何不誅」三字，注曰：「劉氏云：『言何所不誅也。』」又出「何不散」三字，注曰：「劉氏云：『用東歸之兵，擊東方之敵，無不散敗也。』」則王文内無三「所」字明矣。《漢紀》有三「所」字，亦後人據誤本《史記》加之。《漢書》、《新序》並無三「所」字。《鹽鐵論·結和篇》：「夫以天下之力勤何不摧」、「以天下之士民何不服」句法與此同。

又三之六《青駹馬　烏驪馬》　「其西方盡白馬，東方盡青駹馬，北方盡烏驪馬，南方盡騂馬。」念孫案：「青駹烏驪」下本無「馬」字，後人依上下文加之也。「西方盡白馬」，「東方盡青駹」，「北方盡烏驪」，「南方盡騂馬」，皆五字爲句，其馬色之一字者，則加「馬」字以成文。兩字者，則省「馬」字以協句。《爾雅·釋地》之説八方「東」、「西」、「南」、「北」之下，皆有「方」字，而「東南」、「西南」、「西北」、「東北」之下，皆無「方」字，例與此同也。後人不知古人屬文之體，而於「青駹」、「烏驪」下各加一「馬」字，則累於詞矣。《藝文類聚·獸部上》、《太平御覽·獸部五》引此「青駹」、「烏驪」下皆無「馬」字。

又《士卒》　「初漢兩將軍大出圍單于，所殺虜八九萬，而漢士卒物故亦數萬，

漢馬死者十餘萬。」念孫案：「卒」字後人所加。「漢士」與「漢馬」對文。士即卒也，無庸更加「卒」字。《索隱》本及「漢書」皆無「卒」字。

又四之一《大破之》　「與南陽守齮戰犨東，大破之。」念孫案：「大」字後人所加。景祐本無。《史記》亦無。

又《往從之》　「漢王往從之。」念孫案：「往」字後人所加。景祐本無。《史記・高祖紀》亦無。

又《戰死》　「兩軍士戰死者數萬人。」念孫案：「戰」字後人所加。云死者數萬人，則戰死可知。景祐本無「戰」字。《匈奴傳》作「漢士物故者萬數」，亦無「戰」字。

又《皆來觀》　「作角抵戲，三百里内皆來觀。」念孫案：「來」字後人所加。景祐本無。《太平御覽・工藝部十二》引此亦無。《漢紀》作「三百餘里内人皆觀」。

又《魯郡》　「鳳凰集魯郡。」齊氏息園曰：「案：魯是時尚爲國，不得稱郡。《通鑑》但云『集魯』，可謂至慎。」念孫案：漢有魯國無魯郡，「郡」字後人所加。魯即魯國，猶上文言「鳳皇集膠東」耳。《通鑑》作「鳳皇集魯」即用《漢書》之文，非《漢書》有「郡」字而《通鑑》删之也。《文選・四子講德論》注，《藝文類聚・祥瑞部下》，《太平御覽》刑法部十八、羽族部二引此並作「鳳皇集魯」。《宋書・符瑞志》同。

又四之二《范代》　「范陽靖侯范代。」念孫案：下「范」字衍。《史表》作「靖侯代」，《水經・易水注》曰「易水逕范陽縣故城南。漢景帝中三年封匈奴降王代爲侯國」，皆無「范」字。《史記・孝景紀》正義引《漢表》亦無「范」字。上文之桓侯賜，下文之翕侯邯鄲，皆不書姓，則匈奴降王固有不書姓者。

又四之三《皇太后》　「皇太后、皇后、公主所食曰邑。」念孫案：「皇太后」三字後人以意加之也。不言皇太后者，言后與公主，則太后可知。《漢紀》及《通典・職官十五》並作「皇后、公主所食曰邑」。今本並作「皇太后」，「太」字乃後人依誤本《漢書》加之。《史記・呂后紀》集解、本書《高紀》注並引如淳曰「《百官表》『皇后、公主所食曰邑』」，無「皇大后」三字。張晏注《高紀》亦同。

又四之四《大不備》　「是去小不備而就大不備，大不備或莫甚焉。」師古曰：「大不備者，事之虧失莫甚於此。」念孫案：此文兩言「大不備」，語意重複。下「大不備」當是衍文。「或」，古「惑」字，言去小不備而就大不備，惑莫甚於此也。注非。

又四之五《奇書》　「迺爲帛書以飯牛，陽不知，言此牛腹中有奇書，殺視得書，書言甚怪。」念孫案：「奇書」之「書」，後人以意加之也。少翁若言牛腹中有書，則恐人覺其僞，故但言此牛腹中有奇，及殺視之，乃得帛書，而其言甚怪，正所以惑人也。後人不達而於「奇」下加「書」字，謬矣。景祐本無「書」字。《史記》《封禪書》、《續孝武紀》皆無。

又《泰一鏠旗》　「以牡荆畫幡日月北斗登龍，以象大一三星。爲泰一鏠旗，命曰靈旗。」念孫案：「鏠旗」之「旗」，後人以意加之也。景祐本無「旗」字。注同。宋祁亦曰：「新本云『泰一鏠』，無『旗』字。」此謂畫日月北斗登龍於幡上，又畫三星於大一之前，爲泰一鏠，「鏠」與「鋒」同。命之曰靈旗，不得謂之「泰一鏠旗」也。《封禪書》、《續孝武紀》皆無「旗」字。《集解》引晉灼云：「畫一星在後，三星在前爲泰一鋒。」亦無「旗」字。

又四之六《以建萬國》　「是故易稱先王以建萬國，親諸侯。」念孫案：「建」上本無「以」字，此後人依《易・象傳》加之也。孟堅引《易》以證上文「百里之國萬區」，加一「以」字，則累於詞矣。景祐本無「以」字。

又《石濟水》　「房子贊皇山，石濟水所出。」念孫案：「濟水」上衍「石」字。《說文》：「濟水出常山房子贊皇山。」《風俗通義》同。案：應劭誤以此濟水爲四瀆之濟，則「濟」上本無「石」字明矣。《續漢書・郡國志》曰：「常山國房子有贊皇山，濟水出。」「濟」上皆無「石」字。

又《丹》　「東萊郡腄，丹水所出，丹東北入海。」念孫案：下「丹」字衍。

又四之七《新都谷》　「廣漢郡雒，章山，雒水所出，南至新都谷入湔。」念孫案：「新都」下衍「谷」字。新都乃縣名，非谷名也。《華陽國志》曰：「李冰導洛，通山水，出瀑口，經什邡，與郫別江會新都大渡。」《水經・江水注》曰：「洛水出洛縣章山，又南逕洛縣故城西，又南逕新都縣，與緜水湔水合。」是其證。漢新都故城在今新都縣東。

又《一都之會》　「宛西通武關東受江淮，一都之會也。」念孫案：「都會」之間不當有「之」字。篇内皆言「一都會」，無「之」字。《史記・貨殖傳》亦無。

又四之八《圖之》　「乃出詔書爲王讀之，曰：『王其自圖之。』」念孫案：下「之」字後人所加。景祐本及《史記》並無。

又《女弟》　「樊噲帝之故人，又呂后女弟呂須夫。」念孫案：「弟」上本無「女」字，後人以意加之也。女弟而但曰弟者，省文耳。景祐本及《史記》皆無「女」字。《樊噲傳》云：「噲以呂后弟呂須爲婦。」《五行志》云：「趙皇后弟昭儀。」《高五王傳》云：「紀大后取其弟紀氏女爲王后。」「弟」上皆無「女」字。

又四之九《負處》　「漢王起蜀漢之兵擊三秦，出關而責義帝之負處。」朱祁

曰：「或無『負』字。」念孫案：無「負」字者是。責義帝之處者，責，問也，處，所也，猶言問義帝安在也。「處」上加一「負」字，則義不可通。此涉下文「殺義帝之負」而衍。《史記》及《新序・善謀篇》皆無「負」字。

又四之一〇《頃王子》 「復立頃王子畯弟部鄉侯閔爲王。」宋祁曰：「兩浙本無『頃王子』三字。」念孫案：兩浙本是也。閔爲畯弟，則爲頃王子可知，無庸更言「頃王子」矣。上文云：「復立元弟上郡庫令良。」下文云：「立尊弟高。」皆不言「某王子」，是其例也。

又《道邊》 「渾邪王與休屠王等謀欲降漢使人先要道邊。」師古曰：「道，猶言也。先爲要約，來言之於邊界。」念孫案：「使人先要道邊」當依《史記》作「使人先要邊」。《集解》云：「遣使向邊境要遮漢人，令報天子。」是也。今本《集解》誤入正文內，辯見《史記》。「道」即「邊」字之誤而衍者。師古曲爲之説，非也。或謂道邊爲路旁，尤不成語。

又四之一一《而世又不與能死節者比》 「假令僕伏法受誅，若九牛亡一毛，與螻螘何異？而世又不與能死節者比，特以爲智窮罪極，不能自免，卒就死耳。」念孫案：「不與能死節者比」，「比」字後人所加。據師古注云：「與，許也，不許其能死節。」則無「比」字明矣。《文選》李善本無「比」字，注云：「與，如也，言時人以我之死不如能死節者。」皆其明證也。劉良注云：「言世人輕我見誅死，不與死王事者相比。」則所見本已有「比」字。今五臣本作「而世俗又不能與死節者次比」，既將「與能」二字倒轉，又於「世」下加「俗」字，「比」上加「次」字，揆之李、劉二注，均不相符。此後人妄收，非五臣原本也。蓋「與」字顏訓爲「許」，李訓爲「如」，於義均有未安。後人不得其解，因於句末加「比」字耳。今案：「與」猶「謂」也，言世人不謂我能死節者，特謂我罪固當死無可解免耳。古者「與」與「謂」同義。《夏小正傳》曰：「獺獻魚，其必與之獻何也？」「與之獻」，「謂之獻」也。「來降燕乃睇室，舊本脱「室」字，今據傳文補。與之室何也？」「與之室」，「謂之室」也。《韓詩外傳》：「子路與巫馬期曰。」「與巫馬期」，「謂巫馬期」也。《史記・高祖紀》：「劉季乃書帛射城上，謂沛父老曰。」《漢書》「謂」作「與」。是「與」與「謂」同義，「不與能死節」即「不謂能死節」也。後人不達而於句末加「比」字，斯爲謬矣。「與」字顏訓爲「許」，李訓爲「如」，若於句末加「比」字，則「許」、「如」二訓皆不可通矣。

又《左丘明》 「及如左丘明無目，孫子斷足。」宋祁曰：「越本無『明』字。」念孫案：越本是也。無「明」字者，省文便句耳。上文「左丘失明」即其證。後人不達而增入「明」字，則累於詞矣。景祐本及《文選》皆無「明」字。

又四之一二《上曰以下十二字》 「『陛下視今爲治邪？亂邪？』上曰：『亦極亂耳，尚何道？』房曰：『今所任用者誰與？』」《通鑑》同。念孫案：景祐本作「陛下視今爲治邪？亂邪？所在用者誰與」，無「上曰」以下至「房曰今」十二字，是也。下文「上曰：『然。幸其瘉於彼，又以爲不在此人也。』」云「幸其瘉於彼」，是對上文「治邪亂邪」而言。云「不在此人」，是對上文「所任用者誰」而言。故師古曰：「言今之災異及政道，猶幸勝於往日，又不由所任之人也。」若如今本云：「亦極亂耳，尚何道？」則與下文「瘉於彼」之語相左。然則「上曰」以下十二字皆後人所加明矣。《世説新語》注、《羣書治要》皆無此十二字。《漢紀》亦無。

又《治罪》 「事下廷尉治罪。」念孫案：「罪」字後人所加。「事下廷尉治」者，治其事之曲直，非謂治罪也。上文魏相上書自陳，願下明使者治廣漢所驗相家事，故宣帝使廷尉治其事。既而廣漢所驗皆誣，乃治廣漢之罪。此不得先言治罪也。景祐本無「罪」字。

又《今日》 「今日鷹隼始擊。」念孫案：「日」字後人所加。「今鷹隼始擊」，即承上文立秋日言之，無庸更加「日」字。《太平御覽・時序部十》引此有「日」字，亦後人依誤本《漢書》加之。其職官部五十一、羽族部十三引此皆無「日」字。又《文選・西征賦注》，舊本《北堂書鈔》歲時部三、陳禹謨本同。設官部二十九，陳本加「日」字。《藝文類聚》歲時部上、鳥部中，《初學記・歲時部上》，《白帖》三引此亦皆無「日」字。

又四之一三《長安子》 「故霸還長安子福名數於魯，奉夫子祀。」宋祁曰：「江南淳化本作『長安』。浙本作『遷長子福名數於魯』，無『安』字。晏公論羨『安』字甚堅。案：霸既詔許以八百户祀孔子，即是令長子福還名數於魯，以此八百户爲祀矣。雖浙本作『遷』，『遷』與『還』小異而大同。言『長安』則後人妄添，且復終始無義。昔穎川陳彭年亦以『安』字爲衍。」念孫案：陳、晏、宋説皆是也。或引龔説以此傳前言霸徙名數於長安，故此言「還長安子福名數」，其説殊謬，不足辯。景祐本及《太平御覽・禮儀部四》所引並作「長子福」，無「安」字。

又《大丈夫》 「大丈夫固時有是。」念孫案：「大」字後人所加。尚方禁以盜人妻見斫，面有瘢，故博笑謂之曰：「丈夫固時有是。」據顏注云：「言情欲之事，人

所不免。」則不得言「大丈夫」明矣。景祐本及《白帖》四十一引此皆無「大」字。

又四之一四《湯素稱以爲廉武帝使督盜賊》 「以刀筆吏稍遷至御史，事張湯。湯素稱以爲廉武，句。帝使督盜賊。」念孫案：「帝」字後人所加。此言張湯素稱尹齊之廉武，使之督盜賊，上文《王溫舒傳》曰：「事張湯，遷爲御史，督盜賊。」下文《楊僕傳》曰：「河南守舉爲御史，使督盜賊關東。」非謂武帝使督盜賊也。《史記》「使督」上無「帝」字，是其明證矣。後人誤以「廉」字絶句，而以「武」字屬下讀，因妄加「帝」字耳。下文曰：「上以爲能，拜爲中尉。」方指武帝言之。

《爲彈》 「相與探丸爲彈。」師古曰：「爲彈丸作赤黑白三色而共探取之也。下文云：「得赤九者斫武吏，黑者斫文吏，白者主治喪。」彈音徒旦反。」念孫案：正文内本無「爲彈」二字，丸即彈丸也。既言「探丸」，則不得更言「爲彈」。師古云「爲彈丸作赤黑白三色而共探取之」者，此自釋「相與探丸」四字，非正文内有「爲彈」二字也。云「彈音徒旦反」者，此自爲注内「彈」字作音，非爲正文作音也。凡師古自音其注内之字者，全部皆然，不可枚舉。後人不察而於正文内加「爲彈」二字，斯爲謬矣。《太平御覽・兵部八十一》引此有「爲彈」二字，亦後人依誤本《漢書》加之。其地部二、刑法部九所引皆無此二字。

又《縱兵》 「漢兵約單于入馬邑而縱兵。」師古曰：「放兵以擊單于。」念孫案：「縱」下「兵」字後人以意加之也。《史記》作「漢兵約單于入馬邑而縱」。「縱」謂縱兵擊之也，《史》、《漢》中多謂縱兵爲「縱」。《史記・高祖紀》曰：「高祖與項羽決勝垓下，孔將軍、費將軍縱。」《漢書》「縱」作「從」，師古誤訓「從」爲「隨」，辯見前「將數十騎從」下。《李廣傳》曰：「中貴人將騎數十縱。」又曰：「聞鼓聲而縱，聞金聲而止。」《朝鮮傳》曰：「率遼東兵先縱。」以上二條《漢書》同。本書《王莽傳》曰：「今年刑在東方，誅貉之部先縱焉。」皆其證也。「縱」下本無「兵」字，故師古釋之曰「放兵以擊單于」。若本作「縱兵」，則無煩訓釋矣。《韓長孺傳》：「約單于入馬邑縱兵。」師古無注。後人加「兵」字，何弗思之甚也。

又四之一五《焉耆》 「北道西踰蔥領則出大宛、康居、奄蔡、焉耆。」念孫案：景祐本無「耆」字，是也。「焉」字絶句，「焉」下「耆」字則後人妄加之也。大宛、康居、奄蔡，皆在蔥領之西。自都護治所西至大宛四千三十一里，至康居五千五百五十里。又自康居西北至奄蔡，可二千里。並見下文。故曰「西踰蔥領出大宛康居奄蔡」也。若焉耆，則在蔥領之東，且在都護治所之東北四百里，亦見下文。豈得云「西踰蔥領出焉耆」乎？《漢紀・孝武紀》、《後漢書・西域傳》、《通典・邊防七》「焉」下皆有「耆」字，此後人依誤本《漢書》加之耳。《通鑑・漢紀十二》無「耆」字，與景祐本同，則北宋本尚未誤也，故知諸書内「耆」字皆後人所加。

又五之一《民力》 「欲爲天下者，必重用其國。欲爲其國者，必重用其民。欲爲其民者，必重盡其民力。」孫云：「『民力』之『民』因上文而衍。」念孫案：《羣書治要》引此無「民」字。

又五之二《則功得而無害也》 「審於動静之務，則功得而無害也。」念孫案：「也」字衍，前篇無「也」字。以上下文例之，亦不當有「也」字。

又《先帝常》 「大人之行，不必以先帝常，義立之謂賢。」念孫案：「帝」即「常」字之誤而衍者。尋尹注亦無「帝」字。「先常」猶言「故常」。「不必以先常」句絶，言大人之行，不必遵守故常，唯義立之爲賢也。

又《萬物之橐也》 「天地萬物之橐也宙合有橐天地」。「有」與「又」同。念孫案：「也」字衍。「天地萬物之橐宙合有橐天地」已見上文，此復舉上文而釋之，不當有「也」字。

又五之五《不相告》 「不動而疾，不相告而知。不爲而成，不召而至。」念孫案：「不相告而知」，衍「相」字。

又五之六《苛病起兵》 「逐堂巫而苛病起兵，逐易牙而味不至，逐豎刁而宫中亂，逐公子開方而朝不治。」念孫案：「苛病起」下不當有「兵」字，尹曲爲之説，非也。《羣書治要》、《吕氏春秋》皆無「兵」字。

又《御》 「天子出令，命左右使人内御，御其氣足，則發而止。」念孫案：下「御」字衍。據尹注云：「其閉藏之氣足，則發令休止也。」則「其氣」上無「御」字。

又五之八《能匿》 「故能匿而不可蔽，敗而不可飾也。」念孫案：「能」下本無「匿」字。後解作「能不可蔽，敗不可飾」。《韓子・有度篇》作「能者不可蔽，敗者不可飾」，則無「匿」字明矣。據尹注亦無「匿」字。

又《有時先恕》 「有時先事，有時先政，有時先德，有時先恕。」念孫案：原文内本無「有時先恕」四字，後人以下文言「先之以恕」，故增此四字也。今案：下文但言「此謂先之以事，此謂先之以政，此謂先之以德」，而不言「此謂先之以恕」，則本無「有時先恕」句明矣。又下文云：「發倉廩山林藪澤以共其財，舊本「倉」譌作「食」，依朱本改。後之以事先之以恕，以振其罷，此謂先之以德。」則「先之以恕」即是「先之以德」。既言「有時先德」，則無庸更言「有時先恕」矣。後人據下文增入此句，而不知正與下文不合也。

又《見是》「桓公闔然止，瞠然視，援弓將射，引而未敢發也。謂左右曰：『見是前人乎？』」念孫案：「見是前人乎」本作「見前人乎」。其「是」字即「見」字之誤而衍者。《藝文類聚・武部》、《太平御覽》地部三十二、兵部六十引此皆無「是」字。《太平御覽・神鬼部二》引此有「是」字，此卷内所引多與今本同，蓋所見本已誤也。其地部、兵部所引皆不誤，則承用舊類書也。

又五之九《有百姓》「故法不煩而吏不勞，民無犯禁，故有百姓無怨於上。」劉曰：「『有』字疑衍。」念孫案：「有」即「百」字之誤而衍者。

又《樂其殺》「故必誅而不赦，必賞而不遷者，非喜予而樂其殺也。」念孫案：「其」字涉上文「知其然」而衍。尹注無。

又《不法法》「夫不法法則治。」念孫案：「不」字涉上文而衍。法法者，守法也。《周官・小宰》「五曰廉灋」，鄭注：「灋，守灋不失也。」言能守灋，則國必治也。故下文曰：「不失其法，然後治。」若反是，則謂之「不法法」。故《法法篇》曰：「不法法，則事毋常也。」尹注非。

又六之一《欲飲酒》「尹欲飲酒七日七夜。」念孫案：「飲酒」上不當有「欲」字，蓋即「飲」字之誤而衍者。上文「景公飲酒七日七夜不止」，無「欲」字。

又《君之賊者　逮桓公之後者》「管仲，君之賊者也。」念孫案：賊，害也。管仲射桓公中鉤，故曰「君之賊」，「賊」下不當有「者」字。僖三十三年《左傳》：「管敬仲，桓之賊也。」亦無「者」字。下篇「又焉可逮桓公之後者乎」，亦衍「者」字。上文「可以逮先君桓公之後乎」，無「者」字。《羣書治要》亦無。

又六之二《喟然嘆曰令吏養之》「公悲之，喟然嘆曰：『令吏養之。』」念孫案：「嘆曰」二字後人所加。「公悲之喟然，令吏養之。」皆是記者之詞。《諫上篇》「令吏誅之」，下篇「令吏謹守之」，《雜下篇》「令吏葬之」，皆記者之詞。後人加「嘆曰」二字，則以「令吏養之」爲景公語，謬以千里矣。《説苑・貴德篇》有「歎曰」二字，亦後人依俗本《晏子》加之。《藝文類聚・火部》引《晏子》作「公喟然令吏養之」，無「嘆曰」二字。《諫上篇》「公喟然曰」，後人加「嘆」字。《下篇》「喟然流涕」，後人加「嘆而」二字，謬皆與此同。辯見《諫上》、《諫下》。

又《既醉以酒既飽以德》孫曰：「《小雅・賓之初筵篇》無此二句。」念孫案：此二句後人所加。《晏子》引《賓之初筵》以戒景公，前後所引，皆不出本詩之外，忽闌入《既醉》之詩，則大爲不倫。其謬一也。《既醉》之詩，是説祭宗廟旅酬無筭爵之事，非賓主之禮，今加此二句，則與下文「賓主之體也」五字不合。其謬二也。《説苑・反質篇》有此二句，亦後人依俗本《晏子》加之，斷不可信。

又七之一《助治天助明》「唯辯而使助治天助明也。」念孫案：下「助」字衍。「唯辯而使助治天明」者，「辯」讀爲「徧」。古「徧」字多作「辯」，説見《日知録》。天明，天之明道也。哀二年《左傳》曰：「二三子順天明。」言所以設此卿士師長者，唯徧使助治天道也。《中篇》作「維辯使治天均」。

又七之二《衍文三》「又有君大夫之遠使於巴越齊荆，往來及否，未及否未可識也。」念孫案：此當作「往來及否，未可識也」。今本重出「及否未」三字。

又《也》「至殺不辜人也，扡其衣裘，取戈劍者。」念孫案：「也」即「扡」字之誤而衍者。

又七之三《天之意　天之志》「故子墨子之有天之意也。」念孫案：「天之意」本作「天之」。「天之」即「天志」，本篇之名也。「子墨子之有天之」，已見上文。古「志」字通作「之」，説見《號令篇》「常司上」之下。後人不達，又見上下文皆云「順天之意」、「反天之意」，故於「天」之下加「意」字耳。《下篇》曰：「非獨子墨子以天之志爲法也。」又曰：「當天之志而不可不察也。」「天之志者，義之經也。」三「志」字亦後人所加，「之」即「志」字也。

又七之四《故一人指非一人也是一人之指乃是一人也》引之曰：「故一」下衍「人」字，「一人之指」上衍「是」字。當作「故一指非一人也，一人之指，乃是一人也」。

又七之六《父母》「鄉長者父老豪傑之親戚父母妻子。」又下文：「及勇士父母親戚妻子。」引之曰：「父母」二字皆後人所加也。古者謂父母爲「親戚」，説見《經義述聞・左傳》「親戚爲戮」下。故言「親戚」則不言「父母」。後人不達，故又加「父母」二字耳。篇内言「父母妻子」者多矣，皆不言「親戚」。下文有親戚妻子，則但言親戚而不言父母，是親戚即父母也。

又《衍二字》「其欲復以佐上者，其構賞爵禄罪人倍之。」引之曰：「罪人」二字與上下文不相屬，蓋衍文。

又八之一《草木潤》「玉在山而草木潤，淵生珠而崖不枯。」元刻無「草」字。念孫案：元刻是也。「木」與「崖」對文，故上句少一字。宋本「木」上有「草」字者，依《淮南・説山篇》加之也。案：《文選・吴都賦》「林木爲之潤黷」，李善注引此作「玉在山而木潤」。《困學紀聞》十引建本《荀子》同。《江賦》、《文賦》注並同。《藝文類聚・木部》、《太平御覽・木部一》所引亦同。而《草部》不引，則本無「草」字明

矣。《大戴記》作「玉居山而木潤」。《續史記·龜策傳》作「玉處於山而木潤」。文雖小異，而亦無「草」字。

又八之二《門人》 「仲尼之門人，五尺之豎子，言羞稱乎五伯。」念孫案：「仲尼之門人」，「人」字後人所加也。下文同。下文兩言「曷足稱乎大君子之門」，皆與此「門」字相應，則無「人」字明矣。《春秋繁露·對膠西王篇》：「仲尼之門，五尺之童子，言羞稱五伯。爲其詐以成功，苟爲而已也，故不足稱於大君子之門。」《漢書·董仲舒傳》同。《風俗通義·窮通篇》：「孫卿小五伯，以爲仲尼之門，羞稱其功。」語皆本於《荀子》而亦無「人」字。《文選·陳情事表》注、《解嘲》注兩引《荀子》，皆無「人」字。

又八之三《上好攻取功則國貧上好利則國貧》 盧云：「元刻無『攻取』二字。」念孫案：宋錢佃校本亦云：「『上好攻取功』，諸本作『上好功』。」案：諸本是也。上文以「不隆禮」、「不愛民」對文，以「已諾不信」、「慶賞不漸」、「將率不能」對文，此以「好功」、「好利」對文，則不當有「攻取」二字。宋本「攻」即「功」字之誤，又衍一「取」字。

又八之四《主》 「主之所極然帥羣臣而首嚮之者，則舉義志也。」引之曰：「之所」上本無「主」字，此後人不曉文義而妄加之也。後人以下有「羣臣」二字故加「主」字。之，猶其也。見下及《釋詞》。言其所極然帥羣臣而首嚮之者，則皆義志也。上文「之所」與「之所以」，「之」上皆無「主」字。《王制篇》三言「之所以接下之人百姓者」，「之」上亦無「主」字。《議兵篇》作「其所以接下之人百姓者」，是「之」與「其」同義。據楊注「主所極信」云云，則所見本已有「主」字。

又《所以同》 「是百王之所以同也，而禮法之樞要也。」楊注曰：「是百王之同用愛民之道而得民也。」盧云：「正文『以同』疑當作『同以』，觀注言『同用』可見。」念孫案：盧説非也。「是百王之所以同」，「以」衍文也。上下文皆云：「是百王之所同，而禮法之大分也。」《禮論篇》云：「是百王之所同，古今之所一也。」皆言「所同」，不言「所以同」，則「以」爲衍文明矣。據楊注言「同用愛民之道」，則所見本似已衍「以」字。

又八之五《不足印》 「上足印，則下可用也。上不足印，則下不可用也。」楊注曰：「印，古仰字。不印，不足印也。」盧云：「以注觀之，正文當本是『上不印』，衍『足』字。」

又《於塞外》 「則雖爲之築明堂於塞外而朝諸侯，殆可矣。」楊注曰：「『於塞外』三字衍也，以前有兵不復出於塞外，故誤重寫此三字耳。」念孫案：此説是也。後説非。

又《故水旱不能使之飢渴寒暑不能使之疾祆怪不能使之凶》 劉云：「案『渴』字衍。此承上文而言彊本節用，故水旱不能使之饑。養備動時，故寒暑不能使之疾。脩道不貳，故祆怪不能使之凶。」念孫案：《羣書治要》無「渴」字。下文「水旱未至而飢」，亦無「渴」字。注内「渴」字亦後人據已衍之正文加之。

又八之六《行之爲》 「其知慮至險也，其至意至闇也，楊注：「『至意』當爲『志意』。」其行之爲至亂也。」引之曰：「知慮」、「志意」、「行爲」相對爲文，則「行」下不當有「之」字。《荀子》書「行爲」字皆作「僞」，今作「爲」者，後人以其所知，改其所不知耳。

又《不老者休也休猶有安樂恬愉如是者乎》 楊注曰：「不老，老也，猶言不顯顯也。或曰：衍『不』字。夫老者，休息之名，言豈更有休息安樂過此者。」念孫案：或説是。

又八之八《勞心力》 「禹勞心力，堯有德，干戈不用三苗服。」引之曰：「力」上本無「心」字，後人以《左傳》言「君子勞心，小人勞力」，故以意加「心」字耳。不知禹抑洪水，本是勞力於民，故《淮南·氾論篇》、《論衡·察意篇》並言「禹勞力天下」，非小人勞力之謂也。且此篇之例，凡首二句皆三字，加一「心」字，則與全篇之例不符矣。

又《豈獨無故》 「已無郵人，我獨自美，豈獨無故？」楊注曰：「或曰：下無『獨』字。」盧云：「無『獨』字則與全篇句法合。」

又九之二《周室之衰》 「施及周室之衰。」引之曰：「之衰」二字後人所加也。尋繹上文，自伏羲氏以下皆爲衰世，則方其盛時，亦謂之衰，不待其衰而後爲衰也。下文「周室衰而王道廢」，始言周室之衰耳。若此句先言周室之衰，則下文不須更言衰矣。《文子·上禮篇》作「施及周室」，無「之衰」二字。

又《以覩其易也 形物之性也》 「莫窺形於生鐵而窺於明鏡者，以覩其易也。夫唯易且静，形物之性也。」念孫案：「以覩其易也」，「以」下本無「覩」字。「以其静也」、「以其易也」，相對爲文，則不當有「覩」字。《太平御覽》服用部十九、方術部一引此並無「覩」字。「夫唯易且静，形物之性也」。語意未明。《御覽·方術部》引作：「夫唯易且静，故能形物之性情也。」高注：「形，見也。」較今本爲善。《文子》作：「神清意平乃能形物之情也。」

又九之四《三百仞 五十里 九淵》 「凡鴻水淵藪，自三百仞以上，二億三

萬三千五百五十里有九淵。」念孫案：「三百仞」之「百」、「五十里」之「里」、「九淵」之「淵」，皆衍文。此言鴻水淵藪自三仞以上者，共有二億三萬三千五百五十九也。《廣雅》曰：「湋，潭，淵也。」自三仞以上，二億三萬三千五百五十有九。」即用《淮南》之文。

又九之六《非乃得之也》 「其得之，乃失之。其失之，非乃得之也。」念孫案：「非」字義不可通，衍文也。高注云：「自謂失道，未必不得道也。」則無「非」字明矣。劉本作「其失之也，乃得之也」，此依《文子・精誠篇》改。

又九之九《重爲惠若重爲暴》 「是故重爲惠若重爲暴，則治道通矣。」念孫案：「重爲惠若重爲暴」，本無「若」字，後人以「詮言篇」云：「重爲善若重爲非。」故加「若」字也。不知彼文是言爲善者必生事，故曰「重爲善若重爲非」。此言「惠」、「暴」俱不可爲，則二者平列，不得云「重爲惠若重爲暴」也。下文「爲惠者生姦」、「爲暴者生亂」，即承此文言之。則「惠」、「暴」平列明矣。《文子・自然篇》作：「是故重爲惠重爲暴，即道達矣。」無「若」字。

又《不可同羣》 「夫鳥獸之不可同羣者，其類異也。虎鹿之不同游者，力不敵也。」念孫案：「不可同羣」，「可」字後人所加。「鳥獸不同羣」、「虎鹿不同游」，相對爲文，則上句內不當有「可」字。後人熟於「鳥獸不可與同羣」之文，因加「可」字耳。

又《與天下交》 「智不足以爲治，威不足以行誅，則無以與天下交也。」念孫案：「與天下交」當作「與下交」。下，謂羣臣也。「下」字上下文凡四見。上文曰：「法律度量者，人主之所以執下，舍是則智不足以爲治，威不足以行誅矣。」故曰「無以與下交」。《大學》曰：「與國人交。」「下」上不當有「天」字。《文子・上仁篇》有「天」字，亦後人依誤本《淮南》加之。《羣書治要》引《文子》無「天」字。

又九之一〇《仁義》 「君子非仁義無以生，失仁義則失其所以生。小人非嗜欲無以活，失嗜欲則失其所以活。故君子懼失仁義，小人懼失利。」念孫案：三「仁」字皆原文所無，此後人依上文加之也。不知此八句與上異義，上文是言仁義不如道德，此文是言君子重義、小人重利，故以「義」與「利」、「欲」對言，而仁不與焉。《太平御覽・人事部六十二》「義」下引此無三「仁」字。《文子・微明篇》同。

又《苟簡易》 「故君之於臣也，能死生之，不能使爲苟簡易。」念孫案：「簡」字後人所加。高注云：「君不能使臣爲苟合易行之義。」則無「簡」字明矣。下文曰：「父之於子也，能發起之，不能使無憂尋。」與此相對爲文。加一「簡」字，則文不成義，且與下文不對矣。

又九之一一《致煖　兵戈》 「其衣致煖而無文，其兵戈銖而無刃。」高注：「楚人謂刃頓爲銖。」念孫案：此本作「其衣煖而無文，其兵銖而無刃」，後人於「煖」上加「致」字，於義無取。戈爲五兵之一，言兵而戈在其中，不當更加「戈」字。且「其衣致煖」與「其兵戈銖」不對，明是後人所改。《文子・道原篇》正作「其衣煖而無采，其兵鈍而無刃」。

又九之一二《尊重》 「齊王大説，遂尊重薛公。」念孫案：「遂尊重薛公」本作「遂重薛公」。重，即尊也。《秦策》：「請重公於齊。」高注：「重，尊也。」又《西周策》、《齊策》注、《吕氏春秋・勸學節》、《喪二篇》注、《禮記・祭統》注並同。古書無以「尊重」二字連用者，《戰國策》、《史記》、《漢書》及諸子書皆但言重無言尊重者。唯俗語有之。《羣書治要》引此無「尊」字，蓋後人所加也。

又《金鐵鍼》 「豐水之深千仞，而不受塵垢。投金鐵鍼焉則形見於外。」念孫案：「金鐵」下不當有「鍼」字。「鍼」即「鐵」之誤也。「鐵」或省作「銕」，形與「鍼」相近。今作「金鐵鍼」者，一本作「鐵」，一本作「鍼」，而後人誤合之耳。《文選・沈約貽京邑游好詩》注、《太平御覽・珍寶部十二》引此皆無「鍼」字。《文子・上禮篇》作「金鐵在中，形見於外」。《羣書治要》所引如是。今本《文子》「金鐵」作「金石」，乃後人所改。

又九之一三《治人之具》 「故法制禮義者，治人之具也，而非所以爲治也。」念孫案：「人」字後人所加。高注云：「言法制禮義可以爲治之基耳，非所以爲治。」則無「人」字明矣。《文子・上義篇》無「人」字。《泰族篇》曰：「故法者，治之具也，而非所以爲治也。」亦無「人」字。

又九之一四《從事於性》 「故聖人損欲而從事於性。」念孫案：此本作「故聖人損欲而從性」。上文曰：「欲與性相害，不可兩立。」故此言「損欲而從性」也。後人改「從性」爲「從事於性」，則似八股中語矣。《文子・符言篇》正作「損欲而從性」。《太平御覽・方術部一》引此作「損欲而存性」。雖「存」與「從」不同而皆無「事於」二字。

又《累積其德》 「故中心常恬漠，累積其德。」引之曰：「累積其德」當依《文子・符言篇》作「不累其德」。「累」讀如「負累」之「累」，言中心恬漠，外物不能累其德也。下二句云：「狗吠而不驚，自信其情。」「自信其情」與「不累其德」文正相對。《吕氏春秋・有度篇》曰：「惡欲喜怒哀樂，六者累德者也。」寫者脱去「不」字，校書者又誤讀「累」爲「積累」之「累」，因加「積」字耳。

又九之一五《所以加　所勝》「故文之所以加者淺，則勢之所勝者小。德之所施者博，則威之所制者廣。」念孫案：上二句當作「故文之所加者淺，則勢之所服者小」。今本「加」上衍「以」字，「服」字又誤作「勝」。「服」、「勝」左畔相似，又因上下文多「勝」字而誤。下言「威之所制者廣」，「威之所制」，猶言「勢之所服」耳。「服」與「制」義相近。若作「勝」，則非其指矣。《漢書·刑法志》作：「文之所加者深，則武之所服者大。」《文子·下德篇》作：「文之所加者深，則權之所服者大。」皆其證。

又《不用達》「若以水滅火，若以湯沃雪，何往而不遂？何之而不用達？」劉績曰：「衍『用』字。」

又《奇正胲》「明於奇正胲、陰陽、刑德、五行、望氣、候星、龜策、禨祥。」陳氏觀樓曰：「『正』字後人所加。『奇胲』以下皆二字連讀。上文云：『明於刑德奇胲之數。』高注：『奇胲，陰陽奇祕之要。』是其證。《說文》作『奇侅』，《史記·倉公傳》作『奇咳』，《漢書·藝文志》作『奇胲』，並字異而義同。」

又九之一六《千年之松》「千年之松，下有伏苓，今本「伏」作「茯」，乃後人所改。《呂氏春秋·精通篇》注引此正作「伏」。《說林篇》「伏苓抇，兔絲死」，字亦作「伏」，今據改。上有兔絲。上有叢蓍，下有伏龜。」念孫案：「千年之松」四字，後人所加也。此言聖人從外知內，以見知隱，故上有兔絲，則知下有伏苓。以下二句例之，則此當云「上有兔絲，下有伏苓」，今云「下有伏苓上有兔絲」者，變文協韻耳。上有叢蓍，則知下有伏龜。兔絲在伏苓之上，故曰「上有兔絲」，非謂在松之上也。伏苓在兔絲之下，故曰「下有伏苓」，亦非謂在松之下也。若云「千年之松，下有伏苓，上有兔絲」，則是以上下爲松之上下矣。然則「上有叢蓍，下有伏龜」又作何解乎？高注云：「伏苓，千歲松脂也。兔絲生其上而無根。」此謂松脂入地，千年爲伏苓，《博物志》引《神仙傳》曰：「松脂入地，千年化爲伏苓。」非謂千年之松下有伏苓也。且注云：「兔絲生其上。」「其」字指伏苓而言，不指松言。則正文內本無「千年之松」四字明矣。《呂氏春秋·精通篇》注、《太平御覽·藥部六》、《嘉祐本草·補注》、《埤雅》引此皆無「千年之松」四字。《史記·續龜策傳》引《傳》曰：「下有伏靈，上有兔絲。」亦無「千年松」之語。

黃丕烈《重刻剡川姚氏本戰國策札記》卷上　列爲侯王。今本誤重「侯」字。

又　周文君免士工師藉。鮑衍「士」字。吳氏補曰：「疑衍。」

又　用兵與陳軫之智。鮑衍「用兵」二字。

又　天下不以爲多張儀。鮑衍「爲」字。丕烈案：「《史記》無。」

又卷中　兵弱而憎下人也。鮑衍「也」字。

又　强襲郢而棲越。鮑衍「强」字。

又　何也何則形同憂。鮑衍下「何」字。

又　誠欲以伯王也爲志。鮑衍「也」字。

又　故曰衛鞅之始與秦王計也。鮑衍「曰」字。

又卷下　則國救亡不可得也已。鮑衍「也」字。

又　秦疾攻楚楚還兵。鮑衍「楚」字。

又　外於楚以重公也。鮑衍「於」字。

又　秦韓不敢合。鮑衍「敢」字。

又　素服縞素。鮑衍上「素」字。吳氏補曰「字衍」。

阮元《十三經注疏校勘記·周易注疏校勘記》卷一　百姓既未離禍患。盧文弨云：「『未』字衍文。」

又卷二　聽訟吾猶人也。岳本、閩、監、毛本同。古本「人」下衍「吾」字。

又　今亦從之去則射之。盧文弨云：「此八字乃衍文。」

又　三既能與五之同功。盧文弨云：「『五』衍文。」

又　非取其旁九四言不用三也。盧文弨云：「『九四』二字衍文。」

又卷三　故君子以濟民養德也。岳本、閩、監、毛本同。古本、足利本「故」下衍「曰」字。

又　剛所以不害。盧文弨云：「『以』字衍。」

又　不見天之使四時而四時不忒。岳本、閩、監、毛本同。古本「之」上衍「下」字。「而四時」作「而時」。

又卷四　薄可知也。岳本、閩、監、毛本同。古本「也」上衍「之」字。

又　君子罔也。石經、岳本、閩、監、毛本同。古本「罔」上有「用」字，非。

又　而上陰不罔己路。岳本、閩、監、毛本同。古本「陰」下衍「有」字。

又　故得悔亡也。岳本、閩、監、毛本同。古本「也」上衍「之」字。

又卷五　允升大吉。石經、岳本、閩、監、毛本同。古本下衍「也」字。

又　已來至而未出井也。岳本、閩、監、毛本同。古本「已」下衍「以」字。

又　計獲一瓶之水。閩、監、毛本同。錢本、宋本「獲」作「覆」。按：盧文弨云：「此句下多衍文，當以《集解》正之云：『計覆一瓶之水，何足言凶？但此喻人德行不恒，不能善始令終，故就人言之凶也。』」

又　象曰震蘇蘇。石經、岳本、閩、監、毛本同。古本下衍「也」字。

又 娣少女之稱也。閩、監、毛本同。岳本、宋本、古本、足刊本「娣」作「妹」，是也。《考文》引毛本「娣」下誤衍「者」字。

又卷六 懷其資。石經、岳本、閩、監、毛本同。《釋文》本或作「懷其資斧」，非。

又 旅人先笑後號咷。石經、岳本、閩、監、毛本同。古本「後」上衍「而」字。

又 然則戕者皆殺害之謂也。盧文弨云：「皆衍文，否則『者』字當作『弑』。」

又卷七 以告吉凶。岳本、宋本、古本、足利本同。閩、監、毛本「告」下衍「人」字。《集解》亦無「人」字。又古本下有「也」字，下「洗濯萬物之心」下、「坤道包物」下、「乾道始生」下並同。

又卷八 此於九事之第一也。浦鏜云：「『於』字衍」是也。

又卷九 則雷疾風行。盧文弨云：「『則』當作『明』。」《集解》作「明則」，衍「則」字。

又 決必有遇。石經、岳本、宋本、古本、足利本同。閩、監、毛本「有」下衍「所」字。

又 豐多故也。石經、岳本、閩、監、毛本同。《釋文》：「豐多故，衆家以此絶句。親寡旅也。荀本『豐多故親』絶句，『寡旅也』别爲句」，是其本無「也」字。

又附《周易釋文校勘記》 其須。水邊作非。宋本、十行本、閩本、盧本同。監本「非」上有「須」字，誤。

又 楊叔元。案：葉本亦衍「元」字。盧文弨云：「宋本無『元』字，與《漢書》同。」

又《周易略例校勘記》 則近而不相得。盧文弨云：「『不』字衍。」

又 皆以陽處陰爲美也。石經、足利本同。閩本「美」作「失」。監本作「吉」。古本「陰」下衍「位」字。

又 睽而通也。石經、閩、監本同。古本「也」上衍「者」字。

又《尚書注疏校勘記》卷一 於是詔太常使掌故臣鼂錯往受之。監本無「臣」字。浦鏜云：「『臣』字衍。」是也。

又卷二 我先師棘子下生安國亦好此學。按：「子」字衍文。

又卷四 神覆動天。許宗彦曰：「『神』字衍。」按：「神」疑當作「祇」。

又卷五 鄭元以戛擊鳴球三者。按：「球」衍文。

又卷六 浮于江沱潛漢。陸氏曰：「『江沱潛漢』四水名，本或作『潛于漢』，非。」《正義》曰：「本或『潛』下有『于』，誤耳。」

又 正義曰考工記。「曰」下十行本衍「義曰」二字。

又卷八 而割正夏。按段玉裁云：「孔傳『正，政也，言奪民農功而爲割剝之政』。按：傳不言於夏邑，則各本『夏』字賸也。《正義》云：『爲割剝之政於夏邑』，增此三字以暢經意耳。《史記·殷本紀》云：『舍我嗇事而割政。』裴駰引孔安國曰：『奪民農功而爲割剝之政。』蓋今古文《尚書》皆無『夏』字，後人據《正義》妄增之，非也。」

又 契始封商湯號爲商知契始封商。十行、閩、監俱無下九字。浦鏜云：「當誤衍。」

又 言伐桀之事。此句上十行本衍「言伐桀之事，未知得罪于天地」兩句。

又卷九 其下直言先后。此句下十行本衍「又略而不言，先其下直言先后」二句。

又卷一〇 立可待。古本作「立在可待也」。按：此「在」字亦衍文。

又 我又下視殷民所用爲治民者皆讎怨斂聚之道也。「民者」二字，宋板、十行、閩本俱倒。盧文弨云：「『民』字衍文。」

又卷一二 言天地之大法。古本下衍「之矣也」三字。

又 故常道所以敗。古本下衍「之也」二字。

又 箕星好風畢星好雨。浦鏜云：「按：疏云不言畢星好雨具於下傳，此有者當是後人增入。」

又卷一四 以殷餘民封康叔。「封」上古本有「邦」字。山井鼎曰：「『邦』、『封』古或通用。」按：注及疏意當作「邦康叔」，「封」字衍文。

又 所服行美道服行美事治民。「道」字宋板在「事」字下。山井鼎曰：「不可解。」盧文弨云：「『服行美事』，依注『行美』二字衍。」

又附《尚書釋文校勘記》卷下 敘。馬讀「敘」字屬下。「敘」下十行本、毛本俱衍「句」字。

又 吧。音俟。此下十行本、毛本俱有「徐音士」三字，乃衍文。

又《毛詩注疏校勘記》卷一 是不由作之先後。明監本、毛本「後」下衍「也」字。閩本不衍。

又 故諸爲訓者。明監本、毛本「爲」下衍「傳」字。閩本剜入。

又 是后稷自彼堯時。閩本、明監本誤作「是后稷播種之時」。山井鼎《考文》載此「堯」下有「之」字，誤衍。

又《周禮注疏校勘記》卷一 昌之成。《禮記·禮運》正義引《易緯》作「昌之成運」。按：此用「靈」、「成」、「經」爲韻語，「運」乃衍文也。

又 拒燧皇。浦鏜云：「『拒』衍。」

又 爲鳥師而鳥名。閩、監、毛本「爲」上衍「故」。

王引之《經義述聞》卷二《積小以高大》 《升·象傳》：「君子以順德，積小以高大。」《釋文》：「以高大，本或作『以成高大』。」《集解》及史徵《口訣義》與或本同。

惠氏《周易述》增入「成」字，證以《中庸》鄭注所引《易》曰「君子以慎德，積小以成高大」。引之謹案：岳本《中庸》注作「積小以高大」，無「成」字。《七經考文》所引宋本同。《中庸・正義》述鄭注亦無「成」字。監本有「成」字，乃淺學人所增，不足爲據。《升卦》正義述經文作「積小以高大」，且釋之曰：「始於細微以至高大。」《口訣義》引何妥曰：「積其微小以至高大。」是孔氏、何氏所見本並無「成」字。唐石經同。陸雖列或本作「以成高大」，而正文仍作「以高大」，是不以或本爲主也。《集解》載《升卦》鄭注曰：「聖人在諸侯之中，明德日益高大。」《大雅・下武》箋引《易》曰：「積小以高犬。」《魏志・鍾會傳》注：「會爲其母傳曰：『君子之行，皆積小以致高大。』」《晉書・王羲之傳》：「濟否所由，實在積小以致高大。」尤足見經文之無「成」字也。似未可據俗本《中庸注》以改經文。

又《嫌於無陽》　《坤・文言》：「陰疑於陽必戰，爲其嫌於無陽也，故稱龍焉。」引之謹案：此有二本，一作「嫌於無陽」，王注曰：「爲其嫌於非陽而戰。」《正義》曰：「爲嫌純陰非陽，故稱龍以明之。」是也。一作「嫌於陽」，無「无」字。《集解》引荀爽「嫌」作「兼」曰：「消息之位，坤在于亥，下有伏乾，爲其兼於陽，故稱龍也。」在《經》「龍戰于野」下。是也。案：荀本爲長。《説文》：「嫌，疑也。」「嫌於陽」即上文之「疑於陽」也。「疑」之言「擬」也。《周官・司服》注。自下上至之辭也。《燕義》注。陰盛上擬於陽，《正義》謂「陰盛爲陽所疑」，失之。故曰「嫌於陽」。陽謂之龍，上六是陰之至極。陰盛侶陽，故稱龍。《上六》正義。盛雖侶龍而猶未離於陰，故曰「猶未離其類也，故稱血焉」。文義上下相生，郅爲顯箸。若云「嫌於非陽」，則陰盛侶陽之義不見，而與下文之「未離其類」，反不相應矣。《詩・采薇》正義引鄭本「嫌」作「慊」，注曰：「慊，讀如『羣公溓』之『溓』。」即文十三年《公羊傳》「羣公廩」。古書篆作立心，與水相近，讀者失之，故作「慊」。溓，雜也。陰謂此上六也。陽謂今消息用事乾也。上六爲蛇得乾氣雜侶龍，鄭訓「慊於陽」爲「雜於乾」，則不得有「无」字矣。乾者，陽也，豈無陽之謂乎？又案：「慊」即「嫌」字。《説文》：「慊，疑也。」《漢書・趙充國傳》：「偷得避慊之便。」師古曰：「『慊』，亦『嫌』字。」《坊記》：「貴不慊於上。」鄭注：「『慊』，或爲『嫌』。」鄭以「慊」爲「恨不滿之貌」，失之，辨見本條。是也。人臣貴而嫌於上，則陰盛而嫌於陽之謂矣。「慊於陽」之「慊」當讀「嫌」而訓爲「疑」，不當讀「溓」而訓爲「雜」。鄭謂上六爻辰值巳，巳爲蛇，與四月消息用事之乾相雜，故侶龍。此牽合四月之乾，而反與十月之坤大相刺謬。案：《臨》爲十二月之卦，而其《彖》云：「至于八月有凶。」周之八月，夏六月也。則六月爲遯，推而至於十月爲坤可知。初六一陰生，主五月，至上六六陰全，始主十月耳。若依爻辰之次，則六三已值亥而主十月，上六反值巳而主四月，不且違失經義乎？

又卷九《次事上士》　《象胥》：「凡作事，王之大事諸侯，次事卿，次事大夫，次事上士，下事庶子。」疏曰：「直言上士，不言中士、下士者，總以王之三等之士皆曰上士，與《王制》所言元士同也。」引之謹案：《周禮・序官》凡言上士者，皆對中士、下士言之，無合三等之士言之者。《掌客》：「從者三公眡上公之禮，卿眡侯伯之禮，大夫眡子男之禮，士眡諸侯之卿禮，庶子壹眡其大夫之禮。」其序卿、大夫、士、庶子之等與此同，而但稱爲「士」，不稱「上士」。《夏官・司士》：「凡會同，作士從，賓客亦如之。作士適四方使爲介。」正此所謂「次事使士」者，亦無「上士」之稱。「上」蓋衍文也。若有「上」字，則與直言「士」者不同，鄭必訓釋其義。今鄭不爲「上」字作解，則所見本無此字也。注内「次事使上士」，「上」字亦後人依誤本經文加之。

又《以象日月也》　《輈人》：「輪輻三十，以象日月也。」鄭注曰：「輪象日月者，以其運行也。日月三十日而合宿。」引之謹案：「日」，衍字也。《大戴禮・保傅篇》：「三十輻以象月。」盧注曰：「車爲月。」《賈子・容經篇》亦作「三十輻以象月」。蓋月者，三五而盈，三五而闕，凡三十日而成一月，故輪輻象之。若日，則一日行一度，三百六十五日四分日之一而一周天，非三十日所能限矣。鄭君所見本已衍「日」字，不得已而以合宿言之。如其説，則經文「日月」下當增「之會」二字，而其義始明，殆以迂回失之。且三十日而與日會者月也，月來會日，非日來會月，但言月可矣，何須兼言日邪？再以上下例之，象天、象地、象星及象大火之類，皆單指一事言之，不應此句並言日月也。《續漢書・輿服志》作「以象日月」，即承鄭本之誤。

又卷一〇《服鄉服》　「賓服鄉服以拜賜。」唐石經及各本同。《儀禮經傳通解》刪上「服」字，説曰：「注云：『今文曰賓服鄉服。』明古文無『服』，今有之，衍文也。」《集説》同。宛平嚴氏鐵橋《唐石經校文》曰：「案鄭注：『今文曰賓服鄉服。』與經文無異，是經注必有一誤。然經文爲『賓鄉服絶』無證據，安知非注文轉寫衍一『服』字？而敖氏等輒刪經就注，未免武斷。」家大人曰：嚴説是也。唐石經衹載經文而不載注，唐石經作「賓服鄉服」，則經文有兩「服」字矣。經文有兩「服」字，則注文衹有一「服」字，當云「今文曰『賓鄉服』」矣。今本注文亦作「賓服鄉服」，上「服」字乃涉經文而衍，非經文涉注文而衍也。注不云「今文無服」而云「今文曰賓

鄉服」者，今文有一「服」字，則不得言無「服」。且古文有。兩「服」字，若言無「服」，則於兩「服」字不知何指？故必全舉其文云「賓鄉服」也。《鄉射禮記》：「君射則爲下射。」注云：「今文曰『君射則爲下』。」言今文無下一「射」字也。《聘禮》：「迎于外門外。」注云：「今文曰『迎于門外』。」言今文無上「外」字也。《覲禮》：「迎于外門外。」注云：「古文曰『迎于門外』。」言古文無上「外」字也。例並與此注同。

又《爲大燭》　「宵，則庶子執燭於阼階上，司宮執燭於西階上，甸人執大燭於庭，閽人爲大燭於門外。」唐石經「閽人」句内無「大」字。《唐石經校文》曰：「《大射儀》無『大』字，明此亦當無。又此節注與《大射儀》注正同，唯作『燭』、作『大燭』爲異。『大』字當是後人校增。疏云：『此閽人爲大燭於門外，亦是大燭在地者。』兩『大』字亦非賈氏本文。何以明之？《周禮・司烜氏》：『共墳燭庭燎。』注：『樹於門外曰大燭，於門内曰庭燎。』『門外』之文，與此句相當，而彼疏但引上句『甸人爲大燭於庭』，不引此句，爲此非大燭也，以是明之。」家大人曰：嚴説是也。案注云：「庭大燭，爲位廣也。」庭位廣，故特用大燭，則門外不用大燭矣。疏云：「《詩》『庭燎之光』，毛云：『庭燎，大燭也。』鄭云：『夜未央而於庭設大燭。』並指此『甸人執大燭』之文也。」以上賈疏。大燭專屬甸人，則閽人所爲者非大燭矣。後人惑於《司烜氏》注「樹於門外曰大燭」之文，遂於此句及注、疏内各加「大」字，既不合《大射》經文，又與本注、本疏相抵啎，斯爲謬矣。《小雅・湛露》正義及《初學記・器物部》引《燕禮》皆作「閽人爲燭於門外」，無「大」字。《正義》又云：「彼兩階與門言燭，唯庭言大燭。」此尤其明證也。孫氏頣谷《讀書脞録》反據後人妄加之字以證經文，其失也惑矣。

又卷一一《民皆有别則貞則正亦不勞矣》　「上敬老則下益孝，上順齒則下益悌，上樂施則下益諒，上親賢則下擇友，上好德則下不隱，上惡貪則下恥争，上强果則下廉恥。民皆有别，則貞則正，亦不勞矣。此謂七教。」戴先生校本删去「則貞」二字，改「正」爲「政」，而以「則政亦不勞矣」作一句讀。海康陳氏觀樓曰：「案：『貞正』與『强果』相應，猶上文『恥争』之於『惡貪』也，『則貞則正』四字當不誤。觀前後文法，上兩段末句一曰『明王奚爲其勞』，一曰『明王焉取其費』，此段之末曰『七者布諸天下』云云，後段之末曰『脩此三者，則四海之内』云云，皆兩兩相對。此處忽插『亦不勞矣』四字，則語意不倫，蓋因上文『不勞』而誤衍也。戴删『則貞』二字，又改『正』爲『政』，以『則政』屬下句讀，皆非。」家大人曰：「此謂七教」總承上七事而言，則此上不當有「民皆有别則貞則正亦不勞矣」十二字。陳以「亦不勞矣」爲衍文，是也。「民皆有别則貞則正」本作「民皆有别則貞正」，乃是「上强果則不廉恥」之注文，誤入正文耳。此篇盧注全脱，唯此七字誤入正文，是以至今尚存，而「正」上又衍一「則」字。《家語》作：「上敬老則下益孝，上尊齒則下益悌，上樂施則下益寬，上親賢則下擇友，上好德則下不隱，上惡貪則下恥争，上廉讓則下恥節，「節」字有誤。此之謂七教。」無「民皆有别」以下十二字，是其證。

又《君子》　「君子猶然如將可及也，而不可及也。如此，則可謂君子矣。」各本脱「則」字，今據上下文補。家大人曰：「猶然」上衍「君子」二字。上文曰：「所謂君子者。」下文曰：「如此則可謂君子矣。」則此句内不當更有「君子」二字。《荀子》、《家語》皆無。

又卷一二《不積　不至》　「爲善而不積乎？豈有不至哉？」盧曰：「『至』，一作『聞』。」家大人曰：「爲善而不積乎」，衍「不」字。「豈有不至哉」，一本作「聞」，是也。此承上「聲無細而不聞」四句而言，故言爲善而積，則未有不聞者。《曾子・制言篇》曰：「士執仁與義而不聞，行之未篤故也。胡爲其莫之聞也？」意正與此同。若云「豈有不至哉」，則與上文了不相涉矣。孔曲爲之説，非。《荀子》作：「爲善不積邪，安有不聞者乎？」「積」上亦衍「不」字。《羣書治要》引《荀子》作：「爲善積也，與「邪」同。安有不聞者乎？」

又卷一三《習立禮樂》　「儐而禮之，三饗三食三宴，以與之習立禮樂。」家大人曰：「立」字於義無取，蓋衍字也。上下文皆言「習禮樂」，無「立」字。

又卷一四《妨農之事》　「毋作大事以妨農之事。」家大人曰：下句本作「以妨農事」，「農」下衍一「之」字，則累於詞矣。《唐月令》及《禮記考文》所引古本、足利本，皆無「之」字。上文《正義》自「耕者少舍」至「以妨農事」云云，亦無「之」字。《齊民要術》一、《小雅・大田》正義、《後漢書・明帝紀》、《光武十五傳》注、《白帖》三、《太平御覽・資産部二》引此亦皆無「之」字。《吕氏春秋》同。《淮南》作「以妨農功」，亦無「之」字。

又卷一七《東關嬖五》　二十八年傳：「驪姬嬖，欲立其子，賂外嬖梁五與東關嬖五。」杜注曰：「姓梁名五，杜閨闥之外者。東關嬖五，别在關塞者，亦名五。皆大夫爲獻公所嬖倖，視聽外事。」引之謹案：「外嬖」對「内嬖」而言。僖十七年傳：「内嬖如夫人者六人。」驪姬，内嬖也。二五，外嬖也。「外嬖」二字，統二五言之。「東關」下不當復有「嬖」字。梁五既稱其姓曰梁，東關五不應獨略其姓。《廣韻》東字注曰：「漢複姓。《左傳》晉有東關嬖五。」則東關爲姓矣。既以東關爲姓，則東關

下愈不當有「嬖」字。如梁五以梁爲姓，而謂之「梁嬖五」，可乎？《漢書古今人表》正作「東關五」。韋昭注《晉語》亦曰：「二五，獻公嬖大夫梁五與東關五也。」是古本無「嬖」字之明證。杜注皆失之。

又《漢水以爲池》「楚國方城以爲城，漢水以爲池。」《經義雜記》曰：「《釋文》作『漢以爲池』，云：『本或作「漢水以爲地」，「水」，衍字。』案：杜注云：『方成山在南陽葉縣南，漢水出武都至江夏南入江。』則方城者，山名，漢者，水名。傳文漢不言水，猶方城不言山也。」家大人曰：臧説是也。他書所引多作「漢水以爲池」，蓋後人依已衍之傳文加之也。《商頌・殷武》正義引服注云：「方城，山也。漢，水名。」若傳文本作「漢水」，則服注爲贅語矣。自唐石經依或本加「水」字，而各本皆沿其誤。

又卷一九《不能相禮》「孟僖子病，不能相禮。」《釋文》作「病不能禮」，曰：「本或作『病不能相禮』。」臧氏玉林《經義雜記》曰：「傳文本無『相』字，故注云：『不能相儀荅郊勞。』以此爲已病，傳如本有『相』字，文義已明，杜可無『不能相儀』之注矣。且下云：『苟能禮者從之，不能禮。』正與『能禮』相對。唐時本已衍『相』字，陸氏不從，是也。」惠氏定宇《補注》曰：「『相』字蓋襲上文『相儀』而誤。」引之謹案：臧、惠二説是也。古者謂習於禮曰「能禮」。《周語》：「晉侯其能禮矣。」是其證。上文：「公如楚，鄭伯勞于師之梁。孟僖子爲介，不能相儀。及楚，不能荅郊勞。」是不能者，相儀與荅郊勞二事，故總言之曰「不能禮」。如曰「不能相禮」，則專指相儀言之，遺郤荅郊勞一事矣。《史記・孔子世家》索隱曰：「《左傳》云：『孟僖子病不能禮，乃講學之。』病者，不能禮爲病，非疾困之謂也。」據此，則司馬貞所見本亦無「相」字。今《索隱》「病不能」下有「相」字，乃後人據俗本《左傳》增之也。觀《索隱》曰「不能禮爲病」，足證所引傳文無「相」字矣。王肅《家語・正論篇》注曰：「僖子病不知禮。」文雖小異，而亦無「相」字。又案：上文「不能荅郊勞」下注曰：「爲下『僖子病不能相禮』張本。」「相」字亦後人所增。《藝文類聚・人部六》引傳文正作「病不能禮」，無「相」字。

又卷二〇《聞畏而往》「聞畏而往，聞喪而還。」引之謹案：上「聞」字蓋衍。上文曰：「子之來也，非義楚也，畏其名與衆也，所謂畏而往也。」又曰：「聞康王卒，欲還，所謂聞喪而還也。」「畏」上不當有「聞」字，此涉下句而衍也。畏出於己，非出於人，何聞之有？《説苑・正諫篇》作「聞畏而往」，蓋後人據誤本《國語》加之也。

又卷二一《而難三公子之徒》「吾欲作大事，而難三公子之徒，如何？」難，患也，言所患者三公子也。説見《左傳》「非無賄之難」下。韋注曰：「三公子，申生、重耳、夷吾也。」引之謹案：「之徒」二字衍文也。下文曰：「蚤處之，使知其極。」謂分三公子以都城也。又曰：「驪姬曰：『吾欲爲難，安始而可？』優施曰：『必於申生。』」又曰：「是故先施讒於申生。」又曰：「夫曲沃，君之宗也，蒲與二屈，君之疆也，不可以無主，若使大子主曲沃，而二公子主蒲與屈，乃可以威民而懼戎。」又曰：「乃城曲沃，大子處焉。又城蒲，公子重耳處焉。又城二屈，公子夷吾處焉。」皆謂離間三公子，非謂去三公子之黨也，不得云「三公子之徒」。下文里克告荀息曰：「三公子之徒將殺孺子。」韋注始云：「徒，黨也。」而此不釋「徒」字，則所據本無「之徒」二字明甚。

又卷二四《此未有言伐者》十八年傳：「公追戎于濟西，此未有言伐者，其言追何？大其爲中國追也。」何注曰：「据公追齊師至嶲舉齊侵也。」引之謹案：「此未有言伐者」，「言」字後人所加。傳意謂此時未有伐魯者，而經言追則大其非爲己追而爲中國追也。僖二十六年：「齊人侵我西鄙，公追齊師至嶲，弗及。」彼云「齊人侵我西鄙」，則有伐者矣。有伐者而言追，是爲己追。此未有伐者而言追，是爲中國追也。下文「此未有伐中國者，則其言爲中國追何」與此「未有伐者」文義正同。又，十九年傳：「此未有伐者，其言梁亡何？」三十一年傳：「此未有伐曹者，則其言取之曹何？」與此文義亦同，乃謂此時未有伐之事，非謂經文未有言伐者也。「伐」上不當有「言」字。唐石經「無」。僖二十六年疏引此有「言」字，蓋後人據誤本加之。

又卷二五《如往月致月》二十二年傳：「公如，句。往時，正也。致月，故也。如往月，致月，有懼焉爾。」引之謹案：下「如」字蓋衍。「公如」乃統下之辭，故范注曰：「陳公行例。」則下文但分言往與致，不須更言如矣。定八年傳：「公如，句。往時致月，危致也。往月致時，危往也。往月致月，惡之也。」「往月」上亦無「如」字。唐石經始誤衍。

又卷二七《不遹不蹟也不徹不道也》郭注「不遹不蹟也」曰：「言不循軌跡也。」陳氏碩甫曰：「不遹者，即《邶風・日月篇》之『報我不述』也。古《毛詩》當作『報我不遹』。孫炎云：『遹，古述字。』」毛傳曰：「述，循也。」即《釋詁》之「遹，循也」。而《常棣》箋「每雖也」，俗本亦依誤本《爾雅》作「每有雖也」，唯相臺岳氏本無「有」字。《校勘記》云：「無『有』字者爲是。箋正用《皇皇者華》傳也。」案：《皇皇

者華》正義曰：「下篇『每有良朋』之下有『每雖』之訓，謂《常棣》箋有『每雖』之訓也。」則箋作「每雖也」而無「有」字明甚。箋訓出於《爾雅》，則《爾雅》亦無「有」字可知。《玉篇》、《廣韻》並云：「每雖也。」義本《爾雅》及毛傳、鄭箋而不云「每有雖也」，是其證。

汪遠孫《漢書地理志校本》 陽曲。舊注應曰：「河千里一曲，當其陽，故曰陽曲也。」案：《元和志》作「曲當其陽」，多一「曲」字。

又 涅氏。涅水也。舊注顔曰：「涅水出焉，故以名縣也。」案：据注縣名涅，則「氏」衍字。《水經》：「沁水出上黨涅縣謁戾山。」又，《清漳水注》、司馬彪、袁崧《郡國志》並言涅縣有閼與聚，皆無「氏」字，可證。

劉文淇等《舊唐書校勘記》卷一 「立皇高祖已下四廟。」聞本「高」作「辛」。沈本作「高」。張氏宗泰云：「當作『高』，『皇』字衍。」

又 「二年十一月。」張氏宗泰云：「『二年』字衍。此武德元年十二月也。當據《新書》删之。」

又卷八 「以湖南觀察使盧行術爲陜虢觀察使。」聞、沈本「以」下有「前」字，是。殿本空「使盧」以下七字。張氏宗泰云：「據下三年二月丁未所書『行』字衍。」

又 「是夜彗起於軫，其長三丈，東西指。」張氏宗泰云：「『東』字衍。」

又卷五一 「曲環將幽隴兵收濮州也。」沈本無「也」字。張氏宗泰云：「『也』字衍文。」

張文虎《校刊史記集解索隱正義札記》卷一 正義碭縣。「碭」下原衍「陽」，今删。

又 顔師古曰。《水經・睢水注》作「師曰」，此衍。

又 治爲萬民命集解一無此字。案：《漢書・吕紀》無「爲」字、「命」字，皆衍。

又 平陸侯禮。「禮」上各本衍「劉」字，《索隱》本無。

又 王卬正義齊悼惠王。各本下重「悼惠王」三字，衍，官本無。

又 孝景中子索隱自河間。單本「自」上衍「是」字。

又 鼎湖索隱韋昭云。「云」字當衍，各本無。

又 無風雨菑。各本句首衍「既」字，舊刻及吴校元板無，與《封禪書・郊祀志》合。

又 度爲。中統、游本下衍「作」字。

又卷三 曰牽正義占不居其所。各本「占」下衍「一反」二字，官本無。

又 第一星爲后。各本下衍「妃」字，官本無。

又 尾爲九子正義尾爲析木之津。「尾」字當衍。

又 入軫中。「軫」下衍「星」字，《索隱》本無，與《漢志》合。今删。

又 正義胡規反。王本重衍一「胡」字。

又 類彗。各本下衍「星」字，官本無。

又卷四 竟代立。王、柯、凌無「代」字。

又 正義鄭作庱。「鄭作」二字，合刻者所加。

又 未有患也。游、王、柯、凌「未」上複衍「子」字。

又 滅沈集解汝南平輿縣北有郕亭。「北」字吴增，與《春秋》文三年經、注合。「郕」彼作「沇」。

又 二十八年楚莊王卒。仁和杭氏《史記疏證》云表在八年，「二十」字衍。

勞格《晉書校勘記》卷一 「九年十月乙未朔，日有蝕之。是時帝既冠，當親萬機，而委政大臣，著君道有虧也。」案：是年十月辛丑朔，非乙未朔。盧云：「此因下『咸康元年十月乙未朔』誤衍，『是時』已下二十字當移於下條。」

又 「元帝太興二年七月甲午，歲星熒惑會于東井。」《宋志》無。案：七月庚子朔，無甲午。盧學士云：「當是衍文。」

又 「命十二律，其二中不失一。」「其二中」三字衍。

又卷二 「長水校尉孫季舒。」「孫」字衍。

又卷三 「子允，遷西豫州刺史，卒於官。」「西」字衍。

又 「復除仲孫堅益、豫、梁、之三郡。」「豫」字衍。梁州三郡，巴西、梓潼、宕渠也。

又 「濬乃直指三江山」。「江」字衍。

俞樾《諸子平議》卷二 「良田不在戰士，三年而兵弱。」樾謹按：「兵」字衍文也。「三年而弱」與下「五年而破」、「十年而亡」、「十年而滅」句法一律，故申説之曰：「戰不勝，弱也。地四削入諸侯，破也。離本國徙都邑，亡也。有者異姓，滅也。」可證此文無「兵」字。

又卷三 「法制有常，則民不散而上合。」樾謹按：「不」字衍文也。上云「治國無法則民朋黨而下比」，此云「法制有常則民散而上合」，兩文正相對。散者，散其朋黨也。昔文王厲政於臧丈人，而列士散植壞羣。見《莊子・田子方篇》。此所謂「民散」即「散植壞羣」之義。後人不達其旨，而妄增「不」字，非《管子》原文也。

又 「吾君長來獵，君長虎豹之皮。」樾謹按：上「長」字衍文。下「長」字當訓

爲「上」。《呂氏春秋・貴公篇》：「用管子而爲五伯長。」《勿躬篇》：「雖不知可以爲長。」高注並曰：「長，上也。」此文當以「吾君來獵」爲句，「君長虎豹之皮」爲句。君長虎豹之皮者，君上虎豹之皮也，與下文「上金玉幣上甲兵」，文異而義同。尹注曰：「君好虎豹皮故來獵。」則其所據本尚未衍上「長」字。若如今本，則「君長」二字連文，君長虎豹之皮，文義未明，尹何以云「君好虎豹皮」乎？注文「好」字，正釋「長」字之義。「長」即「上」也，「上之」是「好之」也。後人不達，誤以「君長」連讀，遂於上句亦增「長」字，而文義失矣。

又 「先後功器事之治。」樾謹按：「事」字衍文也。尹注曰：「功有大小，器有精麤，各定其先後之差也。」是其所據本無「事」字。

又 「其亟而反其重陔動毀之進退。」樾謹按：「之」字衍文也。尹注曰：「或遲重滯凝，久而不去者，或發動而有所毀傷者，或乍進乍退者。」是三「者」並列，不當有「之」字。

又卷四 「求之者不得處之者。」樾謹按：下「之者」二字衍文也。求之者不得處，謂不得其處也。尹注謂「不知其處而得之」，是其所據本未衍。

又 「以無爲之謂道。」樾謹按：「以」，衍字。尹注曰：「無爲，自然者道也。」是無「以」字。

又 「或世見或世不見者，生蟡與慶忌。」樾謹按：「生」字衍文也。據下文云：「或世見或不見者蟡與慶忌。」無「生」字可證。

又 「除急漏田廬。」樾謹按：「除急」二字，衍文也。尹注曰：「田中之廬欲漏之，不欲人惡盛陽之氣也。」不及「除急」之義，是尹所據本無此二字。

又卷五 「夫亡國踣家者，非無壤土也。」樾謹按：「者」字衍文也。此以國家言，故曰「非無壤土」。若有「者」字，則以人言，不當云「壤土」矣。下文：「夫凶歲雷旱，非無雨露也。亂世煩政，非無法令也。暴主迷君，非無心腹也。」並無「者」字，故知此「者」字誤衍。

又 「奚仲之爲車器也。」樾謹按：「車器」二字不詞。據下文云：「巧者奚仲之所以爲器也。」則此文亦當作「奚仲之爲器也」。「車」字蓋後人妄加耳。《藝文類聚》及《御覽》引此文並作「奚仲之爲車」，蓋反以「器」字爲衍而删之。《考工記》曰：「一器而工聚也者，車爲多。」車亦器也。此文以作「器」爲長。

又 「爲人君而不明君臣之義，以正其臣，則臣不知於爲臣之理，以事其主矣。」樾謹按：「不知」下不當有「於」字，乃衍文也。下文云：「爲人父而不明父子之義，以教其子而整齊之，則子不知爲人子之道以事其父矣。」「不知」下亦無「於」字，可證。

又卷六 「彼壤狹而欲舉與大國争者。」樾謹按：「舉」，衍文，蓋即「與」字之誤而衍者。

又 「今夫給之鹽筴，則百倍歸於上。」樾謹按：「百」字衍文。上云：「月人三千錢之籍，爲錢三千萬。今吾非籍之諸君吾子也，而有二國之籍者六千萬。」是國之常征，止三千萬。鹽筴之利，得六十萬，適加一倍，故曰「倍歸於上」。若作「百倍」，則太多矣。蓋後人不察文義而妄加。又按：上文「三千萬」、「六千萬」之數，王氏引之説最塙。尹注皆非也。説具《讀書雜志》。今不録。

又 「毋聚大衆，毋行大火，毋斷大木，誅大臣，毋斬大山，毋戮大衍，滅三大而國有害也。」樾謹按：「誅大臣」三字，衍文也。此蓋以「斷大木」、「斬大山」、「戮大衍」爲滅三大，其上文「聚大衆」、「行大火」，非滅之也，故不數也。若加「誅大臣」，則爲滅四大矣。又按：「斬大山」之「斬」當讀爲「塹」，與《形勢解篇》「斬高」同。

又卷七 「是以鬼神不饗其國以禍之，祝史與焉。」樾謹按：「之」字衍文。「其國以禍」四字爲句，言國以之而受禍也。與上文「國受其福」相對爲文。説詳《羣經平議・左傳》。

又 「子胥忠其君，故天下皆願得以爲子。今爲人子臣，而離散其親戚，孝乎哉？足以爲臣乎？」樾謹按：「今爲人子下」不當有「臣」字，蓋衍文也。盆成適之意，蓋謂忠孝一也，故子胥自忠其君耳，而天下之父母，皆願得以爲子矣。今爲人子而父母不得合葬，是離散其親戚也。親戚謂父母也。《韓詩外傳》：「親戚既没，雖欲孝誰爲孝？」是其證也。爲人子而離散其親戚，非孝矣。非孝即非忠矣。故曰「足以爲臣乎」。王氏念孫不達此意，謂有闕文，非是。

又卷八 「故從事於道者，道者同於道，德者同於德，失者同於失。」二十三章。樾謹按：下「道者」二字衍文也。本作「從事於道者同於道」，其下「德者」、「失者」蒙上「從事」之文而省，猶云「從事於道者同於道，從事於德者同於德，從事於失者同於失」也。《淮南子・道應篇》引《老子》曰：「從事於道者同於道。」可證古本不疊「道者」二字。王弼注曰：「故從事於道者，以無爲爲君，不言爲教，緜緜若存，而物得其真，於道同體，故曰『同於道』。」是王氏所據本正作「故從事於道者同於道」。然以河上公注觀之，則二字之衍久矣。

又卷九 「君子戰雖有陳，而勇爲本焉。喪雖有禮，而哀爲本焉。士雖有學，

而行爲本焉。」《脩身》。　樾謹按：「君子」二字衍文也。此蓋以「戰雖有陳」、「喪雖有禮」二句，起「士雖有學」一句。若冠以「君子」二字，則既言「君子」，不必又言「士」矣。馬總《意林》作：「君子雖有學，行爲本焉。戰雖有陳，勇爲本焉。喪雖有禮，哀爲本焉。」與今本不同，然有「君子」字即無「士」字，亦可知今本既言「君子」又言「士」之誤矣。「士雖有學」與「君子雖有學」文異而義同。或它本自有作「君子」者，而馬氏誤移作首句，傳寫者乙正之，仍從古本作「士雖有學」，而篇首「君子」二字失於刪去耳。

又　「是故置本不安者，無務豐末。」樾謹按：「者」，衍字也。下文：「近者不親，無務來遠。親戚不附，無務外交。事無終始，無務多業。舉物而闇，無務博聞。」上句並無「者」字，是其證。

又　「無乃非有血氣者之所不能至邪。」《三辯》。　樾謹按：「非」字衍文。

又卷一〇　「且語言有之曰：『焉而晏曰焉而得罪，將惡逃避之。』」《天志上》。樾謹按：畢改兩「曰」字皆作「日」，然上「曰」字實不誤。「且語有之曰」，蓋述古語也。「言」字即「語」字之誤而衍者。下「曰」字當從畢改作「日」。「焉而」字疊出，文義難通。疑上「焉而」字亦爲衍文。《墨子》本作：「且語有之曰：『晏日焉而得罪，將惡逃避之。』」晏者，清也，明也。《説文・日部》：「晏，天清也。」《小爾雅・廣言》：「晏，明也。」《文選・羽獵賦》：「于是天清日晏。」《淮南子・繆稱篇》：「暉目知晏，陰蜡知雨。」並其證也。此謂人苟於昏暮得罪，猶有可以逃避之處。若晏日則人所共覩，無所逃避矣。下文曰：「夫天不可爲，林谷幽門無人，明必見之。」然則《墨子》正以晏日之不可逃避，起下文「明必見之」之意。「晏」之當訓「明」無疑矣。畢注謂「猶云日暮途遠」，是但知晏晚之義，而忘天清之本訓，宜於《墨子》之意不得矣。

又　「而況有踰人之牆垣，抯格人之子女者乎？」樾謹按：「抯」字無義，當爲衍文，蓋即「垣」字之誤而複者。「格人之子女」與下「竊人之金玉蚤累」、「竊人之牛馬」一律，曰「格」、曰「竊」，皆以一字爲文也。下文「踰人之牆垣，抯格人之子女者」，亦衍「抯」字。又下文「此爲踰人之牆垣，格人之子女者」，正無「抯」字，可證上兩處之衍矣。畢反謂其脱「抯」字，非也。「格人之子女」，謂拘執人之子女。《後漢書・鍾離意傳》注曰：「格，拘執也。」是其義。

又　「奈何乎使文王之地及我，吾則吾利，豈不亦猶文王之民也哉？」樾謹按：「則」上「吾」字，「豈」上「利」字，並衍文。

又　「此上之所賞而百姓之所譽也。執有命者之言曰：『上之所賞，命固且賞，非賢故賞也。上之所罰，命固且罰，不暴故罰也。』」樾謹按：「上之所罰命固且罰不暴故罰也」十三字當爲衍文，説詳下。

又卷一一　「遠脩近脩也，先後久也。」樾謹按：上「脩」字衍文。「遠近脩也」，「先後久也」，相對爲文。以地之相去言曰「脩」，以時之相去言曰「久」。

又　「權非爲是也，非非爲非也。」《大取》。　樾謹按：下句當作「非爲非也」，衍一「非」字。

又　「不愛人，不待周不愛人。不失周愛，因爲不愛人矣。」樾謹按：「周」猶「徧」也。「失」字衍文。此言不愛人者，不待徧不愛人，而後謂之不愛人也。有不徧愛，因爲不愛人矣。今衍「失」字，義不可通，乃淺人不達文義而加之。

又卷一二　「君子博學而日參省乎己。」《勸學》。　樾謹按：「省乎」二字後人所加也。荀子原文蓋作「君子博學而日參己」。參者，驗也。《史記・禮書》曰：「參是豈無堅革利兵哉？」《索隱》曰：「參者，驗也。」《管子・君臣篇》曰：「若望參表。」尹注曰：「參表謂立表，所以參驗曲直。」是「參」有「參驗」之義。君子博學而日參驗之於己，故知明而行無過也。後人不得「參」字之義，妄據《論語》「三省吾身」之文，增「省乎」二字，陋矣。《大戴記・勸學篇》作「君子博學如日參己焉」，「如」、「而」古通用，無「省乎」二字，可據以訂正。

又　「愚款端愨，則合之以禮樂，通之以思索。」樾謹按：自「血氣剛强則柔之以調和」以下八句，文法皆同，此獨多「通之以思索」五字，與上文不一律。據《韓詩外傳》無此五字，當爲衍文。楊注曰：「愚款端愨，多無潤色，故合之以禮樂。」不及「思索」之説，是其所見本未衍也。

又卷一三　「是以大者之所以反削也。」樾謹按：上「以」字衍文。「是大者之所以反削也」與上文「是彊者之所以反弱也」正相對。

又　「案然脩仁義，伉隆高，正法則，選賢良，養百姓。」樾謹按：「然」衍字。「案」乃語詞。上文云：「案平政教，審節奏，砥礪百姓。」與此文一律，可證。

又　「非特以爲淫泰夸麗之聲。」《富國》。　樾謹按：「聲」字衍文也。《荀子》原文蓋作「非特以爲淫泰夸麗也」，因「也」字誤作「之」，後人妄加「聲」字耳。下文云：「非特所以爲淫泰也。」句法與此同，是其證。

又　「曉然以至道，而無不調和也。」樾謹按：「然」字衍文，當作「曉以至道，而無不調和也」，言事暴君者，當以至道曉之也。楊注曰：「曉然，明喻之貌。」「曉然

以至道」，甚爲不詞。蓋楊氏所見已衍「然」字。

又卷一四　「以其不可道之心取人，則必合於不道人，而不知合於道人。」樾謹按：「知」字衍文也。下文云：「以其可道之心取人，則合於道人，而不合於不道人。」正與此文相對。彼云「不合」，而不云「不知合」，則此文亦無「知」字明矣。

又卷一五　「人人皆以我爲越踰好士，然故士至。」樾謹按：「踰」字亦衍文也。「人人皆以我爲越好士」者，越之言過也，人人皆以我爲過於好士也。「然故士至」者，「然故」即「是故」也，説見王氏《經傳釋詞》。《大略篇》曰：「然故民不困財。」亦以「然故」連文，是其證也。楊注曰：「人不知則以爲越踰，然士亦以禮貌之故而至也。」此由不達「然故」之義，故爲抑揚其辭。至「越踰」連文，則以「踰」字釋「越」字，注家往往有此例，非以正文有「踰」字也，而正文「踰」字之衍，即因此矣。

又卷一六　「九變者究也，乃復變而爲一。」樾謹按：上「變」字衍文，本作「九者究也，乃復變而爲一」，因涉上文「一變」、「七變」而誤爲「九變」，則於詞贅矣。

又　「頤輅食醢，頤輅生乎食醢。黄軦食醢，黄軦生乎九猷。」樾謹按：「頤輅食醢黄軦食醢」八字皆衍文。《莊子・至樂篇》止作「頤輅生乎食醢，黄軦生乎九猷」，無此八字。

又　「夫漿人特爲食羹之貨，無多餘之贏。」樾謹按：「無」字衍文。《釋文》曰：「一本無『無』字。」是也。張注曰：「所貨者羹食，所利者盈餘而已。」則張本亦無「無」字，淺人妄加也。若云「無多餘之贏」，則下不必更言「其爲利也薄」矣。盧重元本無「無」字。《莊子・列禦寇篇》亦無「無」字，當據删。

又卷一八　「世人以形色名聲爲足以得彼之情。夫形色名聲果不足以得彼之情，則知者不言，言者不知，而世豈識之哉？」樾謹按：「果不足以得彼之情」句，衍「不」字。《莊子》之意，謂形色名聲果足以得彼之情，則所恃乎得情者，莫如言矣。而知者不言，言者不知，世又何從識之哉？正見得彼之情，不在形色名聲也。此二十七字本一氣相屬，妄增「不」字，則語意隔絶。「果」字、「則」字上下相應之妙全失矣。《達生篇》：「世之人以爲養形足以存，生而養形果不足以存生，則世奚足爲哉？」亦衍「不」字。「而」、「如」古通用。「如養形果足以存生，則世奚足爲哉？」兩句一氣。今衍「不」字，則亦隔絶矣。凡此皆淺人拘泥字句者所妄加，不達《莊子》文法也。

又卷一九　「顔闔對曰：『恐聽者謬而遺使者罪，不若審之。』」樾謹按：上「者」字衍文。「恐聽謬而遺使者罪」，恐其以誤聽得罪也。聽即使者聽之，非聽者一人，使者一人也。《吕氏春秋・貴生篇》正作「恐聽繆而遺使者罪」。

又卷二〇　「民無所於食則必農」。樾謹按：「民」字衍文也。上云：「則辟淫游食之民，無所於食。」此云：「無所於食則必農。」兩文相承，若有「民」字，必并有「辟淫游食之」五字，於文方足。今無此五字，故知亦無「民」字也。下文云：「壹山澤則惡農慢惰倍欲之民，無所於食。無所於食，則必農。」文與此同，可證矣。施氏《先秦諸子》本正無「民」字，當據以訂正。

又　「要靡事商賈爲技藝，皆以避農戰，具備國之危也。民以此爲教者，其國必削。」樾謹按：「具備國之危也」六字乃衍文。下云：「要靡事商賈爲技藝，皆以避農戰。民以此爲教，則粟焉得無少，而兵焉得無弱也？」兩文大略相同，而無此六字，故知此亦不當有矣。

又　「舉口數生者著，死民者削。」樾謹按：「民」字衍文。此蓋言舉户口之數，生者則著之，死者則削之也。襄二十七年《左傳》：「仲尼使舉是禮也。」《釋文》引沈注曰：「舉謂紀録之也。」此「舉」字義與彼同。《境内篇》云：「四境之内，丈夫女子皆有名於上者著，死者削。」則又奪「生」字，當作「生者著，死者削」，可與此文互訂。

又卷二一　「詔以韓客之所上書，書言韓子之未可舉。」樾謹按：「子」字，衍文也。韓非因聞貴臣之計，舉兵將伐韓，故上此書，言韓之未可舉也。誤衍「子」字，義不可通。乾道本、《道藏》本皆同。惟趙用賢本無「子」字，亦當從之。

又　「故刼殺擁蔽之主，非失刑德而使臣用之，而不危亡者，則未嘗有也。」樾謹按：「失刑德而使臣用之」，不當有「非」字，「非」衍文。

又　「掘其根本，木乃不神。填其洶淵，毋使水清。」樾謹按：顧氏以「本」字爲衍文，是也。下句「洶」字蓋亦衍文。舊注云：「淵者，水之停積，水清鑒之者衆。」不釋「洶」字，是舊本未衍也。上云：「木數披，黨與乃離。」此云：「掘其根，木乃不神。填其淵，毋使水清。」皆上句三字，下句四字，今衍「本」字、「洶」字，非其舊也。至趙本作「木枝數披」，則更失之矣。

又　「凡此八者，人臣之所以道成姦，世主所以壅刼，失其所有也。」《八姦》。樾謹按：「道」字衍文也。「所以成姦」、「所以壅刼」，兩文相對。讀者見篇首云「凡人臣之所道成姦者有八術」，誤以「道成姦」三字連讀，故妄增入之，不知「所道成姦」即「所由成姦」也，義與「所以」同。此既云「所以」，即不得復有「道」字矣。

又卷二二　「夫弗知慎者，是死生存亡可不可未始有别也。」樾謹按：此當作

「是死生存亡可不未始有別也」。「可不」即「可否」也。「死生」、「存亡」、「可不」皆兩字相對，後人不知「不」爲「否」之叚字，故又加「可」字耳。《序意篇》曰：「若此則是非可不可無所遁矣。」亦當作「是非可不」，其誤正與此同。

又 「見權親勢及有富厚者。」樾謹按：「親」字衍文也。高注曰：「見權勢及富厚者。」可知正文本無「親」字，當據以訂正。

又 「世之人主，多以珠玉戈劍爲寶，愈多而民愈怨，國人愈危，身愈危累。」樾謹按：「國人愈危」句衍「人」字。「身愈危累」句衍「危」字。「民愈怨」、「國愈危」、「身愈累」，皆三字句。下文曰：「故樂愈侈而民愈鬱，國愈亂，主愈卑。」亦皆三字句，是其例也。今誤衍「人」字、「危」字，則不特句法參差，且國人即民也，既言「民」又言「國人」，於義複矣。

又卷二三 「代火者必將水，天且先見水氣勝，水氣勝故其色尚黑。其事則水，水氣至而不知數備，將徙于土。」《應同》。樾謹按：「水氣勝故其色尚黑其事則水」，此十二字當爲衍文。乃淺人不察文理，以上文之例增入，而不知其不可通也。當呂氏箸此書時，秦猶未并天下，所謂尚黑者，果何代乎？呂氏之意，以爲周以火德王，至今七百有餘歲，則火氣之衰久矣，其中閒天已見水氣勝矣，但無人起而當之耳，故曰「水氣至而不知數備，將徙于土」。言後之有天下者，又當以土德王也。今增入「故其色尚黑，其事則水」二語，則與「水氣至而不知」文不相屬矣。厥後秦始皇有天下，推五德之運，以爲水德之始，此由其時不韋已死故也。若不韋猶在朝用事，則必以爲水數已備，秦得土德矣。

又 「馬之美者，青龍之匹，遺風之乘。」樾謹按：此論果之美，而忽及馬之美，殊爲不倫。疑此當蒙上文「所以致之」爲句。「馬之美」三字乃衍文也。當云：「所以致之者，青龍之匹，遺風之乘。」蓋果之美者，皆不可以致遠，時日稍久，則味變矣，故必有青龍之匹，遺風之乘，然後可以致之也。後人不得其義，疑此二句言馬，與上文言果者不屬，因加「馬之美」三字，使自爲一類，而不悟與本篇之旨，全不相涉，且上句「所以致之」四字，亦無箸矣。

又 「子不耕於東海，吾不耕於西海也，吾馬何得不食子之禾。」樾謹按：「吾不」二字衍文也。「子不耕於東海，耕於西海也」，此「也」字讀爲「邪」，古字通用。言東海西海，非皆子所耕邪？吾馬何得不食子之禾乎？《淮南子·人間篇》作：「子耕於東海，至於西海，吾馬之失，安得不食子之苗？」其義更明。後人不達古書語意，臆加「吾不」二字，使與上句相對，而文義不可通矣。

又 「弗聽，有頃諫之。」樾謹按：「頃」字衍文也。「弗聽有諫之」，「有」當讀爲「又」，言又諫之也。後人不知「有」爲「又」之叚字，故妄加「頃」字耳。

又卷二四 「罪不善善者，故爲不畏。」樾謹按：此本作「罪不善善者故爲畏」，「故」讀爲「胡」。《墨子·尚賢中篇》：「故不察尚賢爲政之本也。」一本「故」作「胡」。下文曰：「胡不察尚賢爲政之本也？」是上文「故」字乃「胡」之叚字。《管子·侈靡篇》：「公將有行，故不送公。」亦以「故」爲「胡」，並其證也。「故爲畏」即「胡爲畏」，言所罪者止是不善者，則善者胡爲畏也。後人不知「故」與「胡」通，而疑「故爲畏」三字文不成義，遂臆加「不」字，失其旨矣。楊倞注《荀子·解蔽篇》引《論衡》正作「善者胡爲畏」。

又 「又況於弱魏王之令乎。」樾謹按：「乎」字衍文。「又況於弱」四字爲句，當連上文讀之曰：「魏雖强，猶不能責，無責又況於弱。」「魏王之令」四字屬下文讀，當云：「魏王之令孟卬爲司徒，以棄其責則拙也。」今衍「乎」字，遂失其讀，并失其義。

又 「中非獨弦也，而弦爲弓中之具也。」《具備》。樾謹按：「弓」字衍文也。無弦則必不能中，故弦爲中之具。今衍「弓」字，則文不成義矣。

又 「吾子胡不位之。」《離俗覽》。樾謹按：「之」字衍文也。高注曰：「何不位天子之位也。」則所據本正作「胡不位」。

又卷二五 「攷意而觀指，則《春秋》之所惡者，不任德而任力，驅民而殘賊之。其所好者，設而勿用，仁義以服之也。」《竹林》。樾謹按：「其所好者設」五字，當爲衍文。

又 「故元者爲萬物之本，而人之元在焉。安在乎乃在乎天地之前。」《重政》。樾謹按：「乃在乎」三字衍文也。「安在乎天地之前」，言不必在天地之前也。《易》曰：「有天地然後有萬物。」聖人之言，未有及天地之前者。「有物混成，先天地生。」此老氏之旨，非聖人之言也。下文曰：「故春正月者，承天地之所爲也，繼天之所爲而終之也。其道相與，其功持業，安容言及天地之元？天地之元，奚爲於此？」此正申說「安在乎天地之前」之意，可證此三字是衍文矣。

又 「大能通古今，別然不，然乃能服此也。」《服制象》。樾謹按：下「然」字衍文也。此以「通古今」、「別然不」爲對文。《玉篇·士部》引《傳》曰：「通古今辯然不謂之士。」是其證也。後人不知「然不」即「然否」，而於「不」下又加「然」字，失之矣。《荀子·哀公篇》：「情性者，所以理然不取舍也。」《大戴記·哀公問五義篇》

作「所以理然不然取舍者也」，蓋亦後人所增，失與此同。

又卷二六 「泰伯至德之侔天地也，上帝爲之廢適易姓而子之，讓其至德海内懷歸之。」《觀德》。樾謹按：「讓」字衍文。「上帝爲之廢適易姓而子之」，謂天與之也。「其至德海内懷歸之」，謂人歸之也。中間不得有「讓」字。

又 「聖人以爲無王之世，不教之名民，莫能當善。」樾謹按：「名」，衍字。

又 「以其有餘徐來不暴辛也。」《基義》。樾謹按：「有餘」二字衍文。「餘」即「徐」之誤而衍者。既衍「餘」字，因又增入「有」字耳。上文云：「天之氣徐，乍寒乍暑，故寒不凍暑不暍。」並無「有餘」之義，故知其誤。

又 「木者，君之官也，夫木者農也。」《五行相勝》。樾謹按：下文云：「土者，君之官也。」蓋土居中央，于五行最尊，故爲君之官。此乃云「木者，君之官也」，義不可通，當爲衍文。

又卷二七 「東割膏腴之地，北收要害之郡。」《過秦上》。樾謹按：《史記》無「北」字，是也。《文選》有「北」字，而李善注引李斯上書曰：「惠王用張儀之計，西并巴蜀，南取漢中，東據成皋之險，割膏腴之壤。」亦無「北」字。蓋要害之郡即指成皋之險，在東不在北，則「北」字衍文也。

又 「攻擊奪者爲賢，貴人善突盜者爲忻。」《時變》。樾謹按：「攻」當作「工」。「貴」、「人」並衍文。「貴」即「賢」字之誤而衍者，因又衍「人」字耳。「忻」乃「折」字之誤，故潭本作「折」，「折」與「折」尤相似也。「善突盜者爲折」，「折」讀爲「哲」，古字通用。《尚書・吕刑篇》「折民惟刑」，《墨子・尚賢中篇》作「哲民惟刑」，是也。「爲哲」與「爲賢」同意。下云：「諸侯設陷而相飭，設輹而相紹者爲知。」「知」亦「哲」也。「諸侯」二字未詳，疑衍字。

又 「今俗侈靡，以出相驕。出倫踰等，以富過其事相競。」樾謹按：下「出」字衍文。「倫踰等」三字即在上「出」字之下，本作「今俗侈靡，以出倫踰等相驕，以富過其事相競」，傳寫脱「倫踰等」三字，補者誤箸句下，又衍一「出」字耳。

又卷二八 「惠王之後而蛭出，故其久病心腹之積皆愈。」樾謹按：「故」字衍文。《論衡・福虚篇》作「及久患心腹之積皆愈」，無「故」字。

又 「大夫國士畜我。」樾謹按：「大」字衍文也。上云「夫衆人畜我」，此云「夫國士畜我」，兩文正同。古人書「大夫」字，或止於「夫」下積二畫，如《嶧山碑》「御史夫二臣德」是也。故往往相亂。《晏子春秋・問篇》：「晏子聘於魯，魯昭公問曰：『大儼然辱臨。』」是誤「大夫」爲「夫」也。此云「大夫國士畜我」，是誤「夫」爲「大夫」也。雖屬錯謬，而尚可見古書之真。別本有作「是以」者，則後人率意妄改耳。盧校反謂建本謬，非也。又《階級篇》作「國士遇我」，此作「畜我」，義通。盧氏必從別本作「遇我」，亦失之拘矣。

又 「命者，制令也，基者，經也，勢也。」樾謹按：「制令」當爲「制度」，蓋訓「命」爲「制度」，訓「基」爲「經」，故下文曰「經制度」，即釋「基命」之義。後人不達其意，疑「命」當訓「令」，遂改爲「制令」。然詔令稱制，三代未聞。「制令」二字，義不相連。《賈子》述叔向之言，不當以「制令」連文也。至「基」之訓「勢」，未聞其義，直當爲衍文耳。

又卷二九 「夫精神氣志者静，而日充者以壯，躁而日耗者以老。」樾謹按：下兩「者」字皆衍文。「日充以壯，日耗以老」，猶言日充而壯，日耗而老也，有「者」字則文不成義。《文子・九守篇》正無兩「者」字。

又 「與其有説也，不若尚羊物之終始也，而條達有無之際。」樾謹按：「終始」下衍「也」字。「不若尚羊物之終始，而條達有無之際」，兩句一氣相屬，今衍「也」字，則文義隔絶矣。

又卷三〇 「故聖人者，由近知遠，而萬殊爲一。古之人同氣於天地，與一世而優游。」樾謹按：「古之人」三字，衍文也。四句一氣相屬，皆蒙「故聖人者」爲文，若有「古之人」三字，則文義不貫矣。此文本云：「故聖人者，由近而知遠，以萬殊爲一同，句氣蒸於天地，與一世而優游。」今本「而」字脱去，校者誤補於「遠」字之下，遂誤删「以」字。「一同」與「萬殊」本相對爲文，今衍「古之人」三字，遂以「同」字下屬，而誤删「蒸」字，皆非其舊。《文子・下德篇》作：「聖人由近以知遠，以萬里爲一同，炁蒸乎天地。」宜據以訂正。彼云「由近以知遠」，即「由近而知遠」也。「以萬里爲一同」，即「以萬殊爲一同」也。彼云「氣蒸乎天地」，故知此脱「蒸」字矣。上文云：「氣乃上蒸。」即此「蒸」字之義也。

又 「樂斯動，動斯蹈，蹈斯蕩，蕩斯歌，歌斯舞，歌舞節則禽獸跳矣。」樾謹按：「歌舞節則禽獸跳矣」本作「舞則禽獸跳矣」，與下文「動則手足不静」、「發怒則有所釋憾矣」，文義一律。「歌」字、「節」字皆衍文也。下文曰：「故鐘鼓管，簫干鍼羽旄，所以飾喜也。」是此時所謂舞者，尚未有干鍼羽旄之飾，不過手之舞之足之蹈之而已，其去禽獸跳踉無幾也。今衍「歌」字、「節」字，義不可通。王氏念孫謂當作「歌舞無節」，不知「節」與「不節」，尚非所論於此也。

又卷三一 「若以石投水中，何如？」樾謹按：「中」字衍文。《列子・説符

篇》、《吕氏春秋·精諭篇》並作「若以石投水」。

又 「不貪無用，則不以欲用害性。」《詮言》。樾謹按：下「用」字衍文。《文子·符言篇》作「不貪無用，即不以欲害性」，是其證。

又卷三二 「夫欲治之主不世出，而可與興治之臣不萬一。」樾謹按：「興」字衍文。蓋即「與」字之誤而衍者。高誘注《吕氏春秋·觀世篇》引此文曰：「欲治之君不世出，可與治之臣不萬一。」是其明證。《文子·下德篇》亦無「興」字。

又 「歸而封孫叔敖，辭而不受，病疽將死。」樾謹按：諸書無言孫叔敖以病疽死者。「疽」乃「疒且」二字之誤。「病將」二字皆衍文也。《説文·疒部》：「疒，痾也。人有疾痛，象倚著之形。」是古「疾病」字止作「疒」，其從矢之「疾」，蓋「疾速」字，而非「疾病」字也。後人叚「疾」爲「疒」，「疾」行而「疒」廢矣。疒且死，即疾且死也。其事亦見《列子·説符篇》、《吕氏春秋·異寶篇》，並作「疾將死」，「將」猶「且」也。彼作「疾」，此作「疒」，古今字耳。因「疒且」二字誤合爲「疽」字，後人乃於上加「病」字，下加「將」字，失之矣。

又 「然而莫能至焉者，偷慢懈惰，多不暇日之故。」樾謹按：「不」字衍文。多暇日者，謂其人偷慢惰懈而不學，故多暇日也。今衍「不」字，失其指矣。《荀子·脩身篇》曰：「其爲人也，多暇日者，其出入也不遠矣。」即《淮南》所本。

又 「故百川並流，不注海者不爲川谷。」樾謹按：既云「百川」，則不得又云「不爲川」。「川」字衍文也。後人因下句云「不爲君子」，故妄增「川」字，使字數相當耳。《文子·上義篇》正作「不注海者不爲谷」。

又卷三三 「將其車，入于丘虚。」樾謹按：「丘」字衍文也。《次七》：「出險登丘，或牽之牛。」范注曰：「火生土故爲丘。」彼「丘」字有注，此「丘」字無注，知所見本無「丘」字也。因注云：「將軍入險，在於丘虚之中。」故後人於經文增入「丘」字，不知注有「丘」字以足句耳。其下云：「車以喻君，君而隨臣。臣道不正，猶入虚也。」是可爲經文無「丘」字之證。《測》曰：「將車入虚，道不得也。」亦無「丘」字。《增·次七》：「丘貞。」范注亦曰：「火生土，故言丘。」可《和·七》有丘象，《六》無丘象矣。且以義言之，《次五》曰：「拔車出淵。」《次六》曰：「將其車，入于虚。」《次七》曰：「出險登丘。」蓋由淵而虚而丘，經文固自有次第也。今「出淵」誤作「山淵」，「入于虚」誤作「入于丘虚」，全失其義矣。

又 「南征不利遇崩光。」樾謹按：章晉本作「遇乎崩光」，宋惟幹本「遇於崩光」，並非也。范注曰：「陽而南征，與陰相遇。光明崩毁，故不利。」然則遇崩光，謂相遇而崩毁其光。若作「遇乎崩光」，或作「遇於崩光」，均不可通矣。

又卷三四 「使我紆朱懷金，其樂不可量已。」樾謹按：「不」字衍文。「已」當從世德堂本作「也」。「也」、「邪」古字通。「其樂可量也」，猶云「其樂可量邪」，與上文「衆人所能踰也」文法一律。學者不達古語，妄增「不」字，又改「也」字爲「已」字，失其舊矣。《文選·鮑明遠擬古詩》李善注引此文正作「使我紆朱懷金，其樂可量也」，當據以訂正。

戴望《管子校正》卷一 「理不正則不可以治，而不可不理也。」丁云：「不正，謂爵位不正也，對『上爵位正』言之。『理』字涉上句『義可理』而衍。『而不可不理也』當作『而不可理也』，對上『義可理』言之。」望案：「以」字及「而不可不理也」六字皆衍文。

又 「蔓山其木可以爲材，可以爲軸，斤釜得入焉，九而當一。汎山其木可以爲棺，可以爲車，斤釜得入焉，十而當一。」張云：「蔓山所出何遜於林？『九』當作『五』。汎山不可解，其所出與下林同，何云『十而當一』？疑此二十一字皆衍文。」

又 「其商苟在市者三十人。」丁云：「『苟』字於義難通，疑即『商』字之誤而衍者。」

又卷二 「是則戰之自勝。」丁云：「《參患篇》作『則戰之自敗』。此『勝』字誤，當作『敗』。『是』字衍文。」

又卷三 「大勝者積衆勝，無非義者焉可以爲大勝。」望案：「大勝者」三字衍文，當讀「積衆勝無非義者」爲句，「焉」猶「乃」也。「焉」字屬下爲句。尹注非。丁説同。

又卷四 「先王用一陰二陽者霸。」望案：「先王」二字當衍。

又卷五 「而飢飽之國可以知也。」宋本「飢」作「饑」，後皆放此。《御覽·地部三十》引無「以」字。丁云：「下文七句皆無『以』字，節末復舉亦無『以』字，此誤衍。」

又 「用力之所生，生於勞身。」望案：此「用」字當衍。

又卷七 「用力不農不事賢。」望案：《詩·北山傳》曰：「賢，勞也。」此「賢」字當訓爲「勞」。上文「事賢多」亦謂「服勞多」也。《御覽·資産部二》引作「農不事賢行」，誤連下文「行此三者」行字爲句，又衍一「農」字。

又卷八 「政事其不治。」望案：「其」字衍。《册府元龜》引無。

又卷一〇 「是所願也得於君者。」洪云：「『也』字衍。當讀『是所願得於君

者』爲句。」

又卷一一 「比黨者誅明也。」劉云：「『明』字衍。」

又 「嘗試往之中國諸夏蠻夷之國。」望案：「中國」二字衍。諸夏即中國，不得於「諸夏」之上更言「中國」也。

又卷一二 「承從天之指。」望案：「從」字衍。蓋一本作「承」，一本作「從」，校者誤合之耳。下文同。

又 「利静而不化。」望案：尹注無「静」字，疑正文「静」字衍。

又 「是以爲國紀。」丁云：「『以』字衍。」

又 「供而後利之。」丁云：「『供而後利』與下『成而無害』句例同，『之』字衍。」

又 「是故聖人萬民艱處而立焉。」望案：「萬民」二字當衍。

又卷一三 「使獘其羽翼。」陳先生云：「『羽』字衍。『使獘其翼』與『使盡其力』皆四字爲句。『力』、『翼』爲均。尹注云：『盡力獘翼。』其所見本無『羽』字。」

又 「以無爲之謂道。」望案：據尹注，則「以」字衍文。

又 「明君聖人亦不爲一人枉其法。」丁云：「『明君』二字衍。下文但言『聖人』即蒙此文言之，不當有『明君』二字。」

又 「灑乎天下滿。」宋本「灑」作「洒」。丁云：「『滿』字衍。上下文皆四字爲句。」

又 「内固之一可爲長久。」丁云：「『一』字衍，言固之於内可以長久也。尹注云：『適可以知内自固之則長久。』亦無『一』字。」張云：「『長久』當爲『久長』。『長』與下『王』字爲均。」

又卷一四 「是故上見成事而貴功，則民事接勢而不謀。」丁云：「『民事』之『事』因上文而衍。《爾雅》曰：『接，捷也。』《詩・烝民》傳曰：『捷捷，言樂事也。』」

又 「以風雨節士益力。」丁云：「『以』字衍。」

又 「夏雨乃至也。」丁云：「『也』字衍。上文云：『春雨乃來。』」

又卷一五 「能服信政，此謂正紀。能服日新，此謂行理。」丁云：「案：『政』字與下『服』字皆衍文。『能服信』承上『能服信乎』句。『能日新』承上『能日新乎』句。『服信』猶『信服』。上文云『服信以聽』，是也。尹注云『能行信正』，非。『能日新』句指德言，此涉上文『服信』而衍『服』字，義不可通。尹注云『能行日新』，亦非。蓋由淺人見下文皆四字爲句，遂欲整齊句例，强加一字以足成之，殊不知於理難通也。」

又卷一六 「先傅曲木，曲木又求曲木，曲木已傅，直木無所施矣。先傅直木，直木又求直木，直木已傅，曲木亦無所施矣。」丁云：「當作『又求曲木』，『又求直木』，衍『曲木』、『直木』四字。尹注云：『編棧者，先附曲木，其次還須曲木，求其類。』玩『其次』二字，即解『又』字，則『又』字上無『曲木』二字可知矣。馬棧傅木一曲而無不曲，故云『先傅曲木，又求曲木也』。」

又 「夫淵然清静者。」丁云：「『夫』字衍。」「日者臣視二君之在臺上也。」「二」字衍。《說苑》、《吕覽》皆無「二」字。

又卷一七 「能利害者。」中立本「能」下衍「以」字。

又 「夫動静順然後和也。」丁云：「『也』字衍。與下文兩句一例。」

又卷一九 「不無有三分而去其乘。」丁云：「『不無』二字衍。『有』同『又』。下文『又三分』其句例。」

又卷二〇 「不以其理動者下瓦。」宋本無「動者」二字。《御覽・刑法部十五》引同此本衍。

又卷二一 「嫉妒之人不得用其賊心。」丁云：「『賊』字衍。《任法篇》曰：『人用其心，以幸於上。』又曰：『羣臣百姓安得各用其心而立私乎？』」

又卷二二 「粱渭陽瑣之牛馬滿齊衍。」丁云：「『齊』字衍。滿衍是繁盛之義。《山至數篇》云：『伏尸滿衍。』則『滿衍』二字連文。」

又卷二四 「故君請重重而衡輕輕。」望案：「衡」字衍。

戴望《管子義證》卷一 「築障塞匿。」星衍案：「匿」字衍，尹注非。

又卷三 「問州之大夫也。」星衍案：「也」字衍。

又卷四 「是所願也。」頤煊案：「也」字衍，當讀「是所願得於君者」爲句。

又卷八 「秦之明山之曾青。」星衍案：《揆度篇》作「秦明山之曾青」，上「之」字衍。

又 「崑崙之虚不朝。」星衍案：《太平御覽》八百九引無「之」字。《爾雅》有崑崙虚之璆琳琅玕焉。又云：「河出崑崙虚。」此不宜有「之」字。

王先謙《魏書校勘記》 《裴芬之傳》：「在州有清静之之稱。」衍一「之」字。

又 「己酉，月犯西咸下，稱建平元年。」「稱」下無「建」字。

又 「陰安」注：「太太和十九年復。」「太」字誤重，宋本不誤。

孫詒讓《札迻》卷二 「星莫大於大辰、北斗常星。官本此下衍「北斗常星」四字。淩本同。部星三百，衛星三千，大火二十六星，伐十三星，北斗七星，常星九辭二十

八宿。多者宿二十八九。」盧云：「『九辭』不可曉。」案《史記·天官書》云：「故紫宮、房心、權衡、咸池、虚危列宿部星，此天之五官坐位也。」張守節《正義》云：「五官部内之星也。」《史記》「部星」蓋通指五官恒星。此「部星」別於「衛星」，則當專指中官之星，古用蓋天説，凡蓋以部爲中，與張守節説異。詳後《論衡》。「衛星」謂東南西北外四官之星也。《晉書·天文志》載太史令陳卓總甘、石、巫咸三家所著星圖，大凡二百八十三官，一千四百六十四星，則「三百」、「三千」蓋約舉之數，非實測也。「大火二十六星」者，《爾雅·釋天》云：「大辰，房、心、尾也。大火謂之大辰。」今考房四星，心三星，尾九星，共十有六星，此衍「二」字。「伐十三星」者，《史記·天官書》云：「參爲白虎。三星直者，是爲衡石。下有三星，兑，曰罰，爲斬艾事。其外四星，左右肩股也。小三星隅置，曰觜觿，爲虎首，主葆旅事。」《正義》云：「『罰』，亦作『伐』。」此云「十三星」者，蓋通參三星、外四星、罰三星及觜觿三星計之，猶《考工記》説伐六星，此并數參三星而不計外四星、觜觿三星。《晉·天文志》李播《天文大象賦》説參七星，此并數外四星而不計伐及觜觿。今天官家説並同。古今分合不同也。「常星九」，疑當作「常星五」，即謂五緯也。《韓非子·解老篇》云：「五常得之以常其位，列星得之以端其行。」五常亦指五星言之。此下文別有「部星」、「衛星」，明「常星」與他書言恒星者異也。惟「辭」字無義，當是衍文。

又卷七　「乃使其臣張孟談，於是乃潛於行而出。」案：「潛」下明刻無「於」字，此誤衍也。《十過篇》云：「張孟談曰：『臣請試潛行而出，見韓、魏之君。』」「潛」下亦無「於」字。《戰國策·秦策一》載此事亦作「潛行而出」。

又　「人主所以謂齊亡者，非地與城亡也。」案：「主」字衍。

又　「任智則君欺，任修則君事亂。」案：下句「君」字衍。

又卷八　「若夫劒客論博奕辯盛色而相蘇，秦立權以不相假。」案：「劒客論」，即《史記·叙傳》所謂劒論也。「盛色而相蘇」句斷。「秦」字衍。前《國病篇》云：「大夫色少寬，面文學而蘇也。」《荀子·議兵篇》云：「蘇刃者死。」楊注云：「『蘇』，讀曰『傃』。傃，向也，謂相向格鬭也。」此「盛色而相蘇」，亦謂盛其辭色而相向辯難也。今本「蘇」下有「秦」字，則不可通，當删。

又　「楚成王贊諸屬諸侯。」《纂注》引澀井孝德云：「『贊』，恐當作『贅』。贅，聚也。」案：澀井説是也，此當作「楚成王贅諸侯」。「贅」與「屬」同，校者注「屬」於「贅」下，遂誤衍二字耳。此書多以「贅」爲「屬」，如《奉使篇》云「梁王贅其羣臣而議其過」是也。《孟子》「屬其耆老」，《尚書大傳》作「贅其耆老」，是「贅」與「屬」通。《毛詩·大雅·桑柔傳》云：「贅，屬也。」

又卷九　「惟世碩儒公孫尼子之徒頗得其正。」案：「儒」字衍。《漢書·藝文志·儒家》云：「《世子》二十一篇。名碩。」「《公孫尼子》二十八篇。」上文亦云：「周人世碩以爲人性有善有惡，作《養性書》一篇。」

又　「王公子問於桓君山以揚子雲，君山對曰：『漢興以來，未有此人。』」案：此王公即王莽也，「子」字衍。此文出桓譚《新論》。《御覽》四百三十二引《新論》云：「揚子雲何人邪？答曰：『才知開通，能入聖道，漢興以來，未有此人也。』」即仲任所本。譚嘗仕王莽，故《新論》多稱莽爲王翁。見《意林》。此「王公」猶云「王翁」也。《御覽》引《新論》不著所問之人，此可以補其闕。

又卷一〇　「心所以爲禮何？」案：以上下文例校之，「爲」字衍。《五行大義》引亦無。

又　「張景陽，郢中之大淫也，而威諸侯。」案：《利害篇》云「淫如景陽」，無「張」字，此誤衍也。景陽，「景」姓「陽」名。《淮南子·氾論訓》云：「景陽淫酒，被髪而御於婦人，威服諸侯。」高注云：「景陽，楚將。」此即劉氏所本。景陽亦見《戰國策·楚策》、《史記·楚世家》。

又卷一一　「晝夜易處，加四時相及。」趙注云：「南方日中，北方夜半。」案：以《注》義推之，則「時」謂日中、夜半，不得云「四時」。正文「四」字是衍文，當删。「加時」猶下文「日加卯酉之時」是也。「及」當爲「反」之誤。

又　「星辰乃得行列。」趙注云：「《靈憲》曰：『衆星被曜，因水火轉光，故能成其行列。』」案：《靈憲》元文「因水」下無「火」字，此誤衍。

倒分部

論述

王念孫《讀書雜志》五之二《適勝》　「察數而知治，審器而識勝，明謀而適勝。」念孫案：「適勝」當爲「勝適」。「適」即「敵」字也。《兵法篇》云：「察數而知

治，審器而識勝，明理而勝敵。」是其證。今作「適勝」者，涉上句「識勝」而誤。

又八之四《其治法》宋呂本如是　「故其治法，其佐賢，其民愿，其俗美。」宋錢本「其治法」作「其法治」。盧從呂本。念孫案：錢本是也。上文「治法」與「亂法」對，「賢士」與「罷士」對，「愿民」與「悍民」對，「美俗」與「惡俗」對。此云：「其法治，其佐賢，其民愿，其俗美。」皆承上文而言，則作「其法治」者是也。呂本作「其治法」，即涉上文「治法」而誤。

黄丕烈《重刻剡川姚氏本戰國策札記》卷中　舉茅爲姚賈。今本「舉茅」作「茅舉」，乃誤涉鮑也。鮑改「舉茅」爲「茅舉」。

又　約一國而反成而封侯之基。今本「而反成而」作「而成反而取」，乃誤涉鮑也。鮑本作「成反」，補「取」字。丕烈案：考《史記》云：「而成封侯」，可見「取」字係臆補。而今本又誤依之也。

又卷下　秦之行暴於天下正告楚曰。「於」，鮑本無。「天下正」作「正告天下」。丕烈案：《史記》作「秦之行暴，正告天下告楚曰」。或鮑本依之改耳。

王引之《經義述聞》卷一〇《必殺全》　「記，腊必用鮮，魚用鮒，必殺全。」家大人曰：「必」字在「殺」字上，則文義不順。「必殺全」本作「殺必全」，與上文「行事必用昬昕」、「皮帛必可制」、「腊必用鮮」皆文同一例。疏曰：「云殺必全者，義取夫婦全節無虧之理。」是其證。朱梁補石及各本皆作「必殺全」者，涉注文「殺全」而誤。注云：「殺全者，不餒敗，不剥傷。」此鄭氏約舉經文，故無「必」字。引之謹案：殺，牲體也，俎食也。《士冠禮》：「醮辭曰：肴升折俎。」「肴」與「殺」同。《大雅·既醉》箋曰：「殺，謂牲體。」是也。「殺必全」者，謂豚之左右體全載於俎也。上文「經豚合升」注曰：「合左右胖升於鼎也。」疏曰：「以夫婦各一，故左右胖俱升。」是牲體之升於鼎，已用全矣。及其升俎，亦必用全，以夫婦各一胖故也。《少牢饋食禮》：「腊一純而鼎。」注曰：「合升左右胖曰純。」純，猶全也。殺之全，猶腊之純耳。鄭注以「殺全」爲不餒敗、不剥傷。案：凡爲殺者，皆不當餒敗、剥傷，不必昬禮而始然也，殆失之矣。

又卷一五《未有麻絲　治其麻絲》　「未有麻絲，衣其羽皮。」家大人曰：「麻絲」當爲「絲麻」。「麻」與「皮」爲韻。「皮」古讀若「婆」，説見《唐韻正》。自「及其死也」至「是謂大祥」，皆用韻之文，無此二句獨不用韻之理。《白帖》五十七引作「無絲麻」。《太平御覽·服章部六》引作「未有絲麻」。皆其證。下文「治其麻絲以爲布帛」，亦當作「絲麻」。《小雅·采菽》正義、《儀禮·喪服》疏、篇内凡兩引。《北堂書鈔·帝王部十七》、《白帖》八十二、《太平御覽》服章部六、布帛部五並引作「治其絲麻」。又《郊特牲》正義曰：「《禮運》云：『後世有絲麻。』」《大雅·卷阿》正義曰：「治其絲麻，以爲布帛，民之職也。」皆其證。自唐石經始作「麻絲」，而各本遂沿其誤。諸書所引亦有作「麻絲」者，皆後人以誤本《禮記》改之也。《家語·問禮篇》云：「未有絲麻，衣其羽皮。」又云：「治其絲麻以爲布帛。」皆用《禮運》之文。

又卷一六《教成祭之》　《昬義》：「教成祭之，牲用魚，芼之以蘋藻。」家大人曰：「教成祭之」當作「教成之祭」，謂三月教成，乃祭女所出之祖而告之，故曰「教成之祭」。其祭以魚爲俎實，蘋藻爲羹菜，與正祭之用牲牢者不同，故曰「教成之祭牲用魚，芼之以蘋藻」也。若倒「之祭」爲「祭之」，則「教成」當别爲一句，而「祭之」二字文不成義矣。自唐石經始作「祭之」，而各本皆沿其誤。鄭注本作：「祭，祭其所出之祖也。」《采蘋》箋亦云：「此祭，祭女所出祖也。」《正義》釋經本作「教成之祭者」云云，釋注本作云「祭，祭其所出之祖也者」云云。今本注文作：「祭之，祭其所出之祖也。」《正義》述經文、注文亦作「祭之」，皆後人據已誤之經增改未誤之注、疏也。據《正義》下文云：「故知此告成之祭，唯此「之祭」二字未改。亦使有司也。」則經文本作「之祭」甚明。《召南·采蘋》箋全用此文，而云：「教成之祭，牲用魚，芼之以蘋藻。」又《采蘩》、《采蘋》正義言「教成之祭」者凡二十有五。《左傳·襄二十八年》正義亦作「教成之祭」。又《采蘋》正義云：「鄭知經非正祭者，以昬義教成之祭，言芼之以蘋藻，此亦言蘋藻，故知爲教成之祭。」此尤其明證也。鈔本《北堂書鈔·禮儀部五》引《昬義》亦作「教成之祭」。陳禹謨本又改爲「祭之」。

又二四《以吾愛與夷則不若愛女》　「以吾愛與夷，則不若愛女。以爲社稷宗廟主，則與夷不若女。」疏標「以吾」至「愛女」五字，解曰：「若，如也。言吾愛於與夷，則不止如女而已，言其甚也。」引之謹案：傳意是謂與夷雖我所甚愛，而不可以爲社稷宗廟主。今乃言愛與夷不若愛女，則是愛之不甚，非其語意也。今案：「與夷」字、「女」字當是上下互譌。尋文究理，蓋本作「以吾愛女則不若愛與夷」，寫者錯亂耳。作疏者不能釐正，乃云「不止如女」以曲成其義。案：傳云「不若」，未嘗言「不止若」也。且上下兩言「不若」，皆謂「不如」，何獨於上「不若」解爲「不止若」乎？蓋所見已是誤本，故强爲之説而終不可通也。

俞樾《諸子平議》卷二七　「六七諸公皆無恙。」《親疏危亂》。樾謹按：「六七」

下又言「諸」，不辭甚矣。「諸公」當作「公諸」。「諸」讀爲「者」，古字通用。《爾雅・釋魚》：「龜，俯者靈，仰者謝。前弇諸果，後弇諸獵。」「諸」即「者」字也。《禮記・郊特牲篇》：「或諸遠人乎？」《士虞禮》注作「或者遠人乎」，是其證也。「六七公諸皆無恙」，猶言「六七公者皆無恙」。後人不達其義，涉下文屢言「諸公」，因誤倒之耳。《漢書》正作「六七公者」，可證。

俞樾《古書疑義舉例》卷六《上下兩句易置例》 古書凡三四句平列者，其先後本無深義，傳寫或從而易置之。《文選》于令升《晉紀總論》曰：「太康之中，天下書同文，車同軌。」李善《注》引《禮記》：「子曰：『今天下書同文，車同軌。』」視今本兩句倒置，此或因正文而誤。然奏彈曹景宗文曰：「將一車書。」《曲水詩序》曰：「合車書於南北。」注並引《禮記》曰：「書同文，車同軌。」此則非因正文而然。疑李氏所據《禮記》與今不同也。

《論語・公冶長篇》：「朋友信之，少者懷之。」《韓詩外傳》引作「少者懷之，朋友信之」。《雍也篇》：「知者樂水，仁者樂山。」李鼎祚《周易集解》引作「仁者樂山，知者樂水」。《泰伯篇》：「啓予足，啓予手。」《魏書・崔光傳》引作「啓予手，啓予足」。「巍巍乎其有成功也，焕乎其有文章。」《後漢書・馬融傳》注引作「焕乎其有文章，巍巍乎其有成功」。「非飲食而致孝乎鬼神，惡衣服而致美乎黻冕。」《文選・東京賦》注引作「惡衣服而致美乎黻冕，菲飲食而致孝乎鬼神」。《鄉黨篇》：「與下大夫言，侃侃如也。與上大夫言，誾誾如也。」《史記・孔子世家》作「與上大夫言，誾誾如也。與下大夫言，侃侃如也」。《先進篇》：「言語宰我、子貢，政事冉有、季路。」《鹽鐵論》作「政事冉有、季路，言語宰我、子貢」。「有民人焉，有社稷焉。」《論衡・問孔篇》作「有社稷焉，有民人焉」。《顔淵篇》：「非禮勿視，非禮勿聽，非禮勿言，非禮勿動。」《禮記・曲禮》正義引作「非禮勿動，非禮勿言，非禮勿視，非禮勿聽」。《子路篇》：「父爲子隱，子爲父隱。」《韓詩外傳》引作「子爲父隱，父爲子隱」。《憲問篇》：「晉文公譎而不正，齊桓公正而不譎。」《風俗通・皇霸篇》引作「齊桓公正而不譎，晉文公譎而不正」。《季氏篇》：「危而不持，顛而不扶。」《後漢書・安帝紀》引作「顛而不扶，危而不持」。《子張篇》：「仕而優則學，學而優則仕。」《玉篇・人部》仕下引作「學而優則仕，仕而優則學」。以上並見翟氏灝《論語考異》。按：即《論語》一書，而它書所引上下倒置者已不可勝計，則羣經可知矣。雖於義理無甚得失，亦讀古書者所宜知也。

《大戴記・禮三本篇》：「天地以合，四時以洽，日月以明，星辰以行。」按：「日月以明」當在「四時以洽」之上，自此至終篇，皆兩句一韻也。《荀子・樂論》、《史記・樂書》皆不誤，可據以訂正。又，《少閒篇》：「糟者猶糟，實者猶實，玉者猶玉，血者猶血，酒者猶酒。」按：「酒者猶酒」句當在「糟者猶糟」下，二語相對成文，糟濁而酒清也。「玉者猶玉」、「血者猶血」，二語亦相對，玉白而血赤也。至「實者猶實」句，或别有對文而今闕之，當爲衍句。

《老子》弟二十一章：「道之爲物，惟恍惟惚。惚兮恍兮，其中有象。恍兮忽兮，其中有物。」按：「惚兮恍兮」兩句，當在「恍兮忽兮」兩句之下，蓋承上「惟恍惟惚」之文，故先言「恍兮惚兮，其中有物」，與上文「道之爲物，惟恍惟惚」四句爲韻。下云「惚兮恍兮，其中有象」，乃始轉韻也。王弼注曰：「萬物以始以成，而不知其所以然，故曰：『恍兮惚兮，惚兮恍兮，其中有象』也。」注文當是全舉經文，而奪「其中有物」四字，可知王氏所據本猶未倒也。

《淮南子・俶真篇》：「勢利不能誘也，辯者不能説也，聲色不能淫也，美者不能濫也，智者不能動也，勇者不能恐也。」按：「聲色」句當在「辯者」句前，則聲色貨利以類相從。辯者、美者、智者、勇者，亦以類相從矣。《文子・九守篇》正如此，可據以訂正。

又《字句錯亂例》 古書傳寫或至錯亂，學者宜尋繹其前後文理，悉心考正。《周易・説卦傳》：「爲曳，其於輿也爲多眚。」按：「爲曳」二字，當在「其於輿也」之下，「其於輿也爲曳。」如《睽》：「六三，見輿曳」是也。《睽》自三至五正互坎，以經注經，莫切於此矣。《序卦傳》：「豫必有隨，故受之以隨。以喜隨人者必有事，故受之以蠱。」按：「以喜」二字，當在「必有隨」之上。其文曰：「豫以喜必有隨，故受之以隨。隨人者必有事，故受之以蠱。」《正義》引《鄭注》曰「喜樂而出，人則隨從」，正解「豫以喜必有隨」之義也，可據以訂正。

《歸妹》：「初九，歸妹以娣，跛能履，征吉。象曰：『歸妹以娣，以恒也。跛能履，吉相承也。』九二，眇能視，利幽人之貞。象曰：『利幽人之貞，未變常也。』」按：「眇能視」三字，當在「跛能履」之上。「眇能視，跛能履」兩句連文，與《履》六三爻同。九二則但曰「利幽人之貞」，與《履》「九二，履道坦坦，幽人貞吉」辭意相近。《履》九二言「幽人」，《歸妹》九二亦言「幽人」。《履》六三言「眇能視，跛能履」，則知《歸妹》初九亦言「眇能視，跛能履」矣。兩句一意，不得分屬二爻也。《象傳》止曰「跛能履」，不及「眇能視」，乃文具於前而略于後之例，説已見前。後人不達此例，以《象傳》無此三字，乃誤移之下爻耳。余著《羣經平議》，未見及此，因附著于此。

《尚書・盤庚篇》：「乃祖乃父，丕乃告我高后曰：『作丕刑于朕孫。』」《釋文》曰：「『我高后』本又作『乃祖乃父。』」按：「我高后」既作「乃祖乃父」，則「乃祖乃父」必作「我高后」，《釋文》傳寫奪去耳。尋繹文義，以别本爲長。上言「乃祖乃父，乃斷棄女，不救乃死」就臣而言也。此言「我高后丕乃告乃祖乃父曰『作丕刑于朕孫』」就君而言也。上文「高后丕乃崇降罪疾曰『曷虐朕民』」，又曰「先后丕降與女罪疾曰『曷不暨朕幼孫有此』」，亦是一就君言，一就臣言，可證。

《周書・克殷篇》：「泰顛、閎夭皆執輕吕以奏王，王入即位于社太卒之左。」孔注曰：「執王輕吕當門，奏太卒，屯兵以衛也。」按：《經》文本作「泰顛、閎夭皆執輕吕以奏王太卒，王入即位于社之左。」故孔注如此。《堯典・枚傳》曰：「奏，進也。」奏王太卒者，言進王之大卒以衛王也。後人誤讀「皆執輕吕以奏王」爲句，謂與「周公把大鉞，召公把小鉞，以夾王」相對成文，因移「太卒」字於「社」字之下耳。孔晁作注時，尚未誤。又《世俘篇》：「時甲子夕，商王紂取天智玉琰五環身厚以自焚。凡厥有庶告焚玉四千。五日，武王乃俾千人求之，四千庶玉則銷，天智玉五在火中不銷。」按：「凡厥有庶告焚玉四千」，「告焚」二字當在「四千」之下，「庶玉」二字連文。此云「凡厥有庶玉四千」，故下云「四千庶玉則銷」，兩文正相應也。「告焚」二字自爲句，既告焚之五日，武王乃使人求之。告焚者，以商王紂自焚告，非以焚玉告也。注曰：「衆人告武王焚玉四千。」則孔氏作注時已誤矣。

《詩・皇矣篇》：「維此王季，帝度其心。貊其德音，其德克明。克明克類，克長克君。王此大邦，克順克比。比于文王，其德靡悔。既受帝祉，施于孫子。」箋云：「王季之德，比于文王，無有所悔也。必比于文王者，德以聖人爲匹。」按：父比于子，義殊未安。「維此王季」句，昭二十八年《左傳》及《禮記・樂記》所引，並作「維此文王」，《正義》謂《韓詩》亦作「文王」。「維此王季」既作「維此文王」，則「比于文王」，必作「比于王季」，毛詩蓋傳寫誤耳。

《大戴記・王言篇》：「明王之所征，必道之所廢者也。彼廢道而不行，然後誅其君，致其征，弔其民，而不奪其財也。」按：「致其征」三字，當在「誅其君」之上。其文曰：「彼廢道而不行，然後致其征。」此乃申説上文。又曰：「誅其君，弔其民，而不奪其財也。」則起下文時雨之意，文義甚明。傳寫誤倒。王肅作《家語》，遂易「致其征」爲「改其政」矣。又《夏小正篇》：「初俊羔助厥母粥。」按：《經》文言「初」者，如「初歲祭耒」、「初服于公田」，皆以人事言。至禽獸之事，無一言「初」者。且不曰「俊羔初助厥母粥」，而曰「初俊羔助厥母粥」，義亦未安。此文「初」字當在上經「禪」字之上。其文曰：「往耰黍初禪。」言往耰黍者，初著單衣也。傳寫誤倒耳。又《武王踐阼篇》：「觴豆之銘曰：『飲自杖，食自杖，戒之憍，憍則逃。』」按：「戒之憍，憍則逃」乃上「履屨之銘」。其文云：「慎之勞，勞則富。戒之憍，憍則逃。」兩文相對，而義亦反復相成，傳寫誤移于此耳。

《大戴記・小辨篇》：「禮樂而力忠信其君其習可乎？」按：此當作「君其習禮樂而力忠信，其可乎」。「君其習」三字誤移在「可乎」之上，則不可通。《禮記・禮運篇》：「故聖王所以順山者不使居川，不使渚者居中原而弗敝也。」按：此當作「故山者不使居川，不使渚者居中原，聖王所以順而弗敝也」。「敝」讀作「瞥」。《詩・采薇篇》釋文引《埤蒼》曰：「瞥，弓未反，戾也。」順而弗瞥者，順而弗戾也。「聖王所以順」五字，誤移在「山者」之上，則不可通。

昭元年《左傳》：「十二月，晉既烝，趙孟適南陽，將會孟子餘，甲辰朔，烝于温。」按：此本作「十二月甲辰朔，晉既烝，趙孟適南陽，將會孟餘子烝于温」。蓋言「甲辰朔晉烝祭之後，趙孟將適南陽，會合餘子之在孟邑者，與之烝祭于温也」。温、孟皆趙氏之邑，餘子即宣二年傳所謂「又宦其餘子，亦爲餘子」者也。因「甲辰朔」三字，傳寫誤移在「烝于温」之上，而「餘子」又倒作「子餘」，雖服子慎不得其解矣。又二十年傳：「翟僂新居于新里，既戰，説甲于公而歸。」按：翟僂新既居新里，安得脱甲于公，疑左氏原文本作「翟僂新居于新里，既戰，説甲而歸于公」，亦傳寫誤倒其文也。

《管子・霸形篇》：「於是令之縣鍾磬之榱。」按：下文兩言「鍾磬之縣」，疑此「縣榱」二字傳寫誤倒，本作「榱鍾磬之縣」。「榱」通作「繯」，《廣雅》曰：「繯，絡也。」

《墨子・非儒下篇》：「夫仁人事上竭忠，事親得孝，務善則美，有過則諫。」按：「得」字、「務」字傳寫誤倒，本作「事親務孝，得善則美。」「務孝」與「竭忠」，「得善」與「有過」，皆相對成文。

《莊子・大宗師篇》：「俄而子輿有病，子祀往問之曰：『偉哉！夫造物者將以予爲此拘拘也。』」按：「子輿有病」當作「子來有病」。《淮南子・精神篇》作「子求」，《抱朴子・博喻篇》作「子永」。「求」與「永」，並「來」字之誤也。下文「俄而子來有病」當作「子輿有病」，傳寫誤倒之。

《吕氏春秋・審己篇》：「今夫攻者砥厲五兵，侈衣美食，發且有日矣。所被伐者不樂，非或聞之也，神者先告也。」按：「侈衣美食」四字，當在「所被伐者」下。又

《審應篇》：「待其功而後知其舜也，是市人之知聖也。」按上「舜」字當作「聖」，下「聖」字當作「舜」。

《春秋繁露・盟會要篇》：「《傳》曰：『諸侯相聚而盟，君子修國曰此將率爲也哉。』」按：「修國」二字當在「此將率爲」之下。又《循天之道篇》：「是故當百物大生之時，羣物皆生而此物獨死。可食者，告其味之便於人也。其不可食者，告殺穢除害之不待秋也。當物之大枯之時，羣物皆死，如此物獨生。」按：「可食者告其味之便於人也」十一字，當在「如此物獨生」之下。

《賈子・時變篇》：「今俗侈靡，以出相驕，出倫踰等，以富過其事相競。」按：「出倫踰等」四字，「出」衍文，「倫踰等」三字當在上「出」字之下。本作「以出倫踰等相驕，以富過其事相競」。又《瑰瑋篇》：「作之費日挾巧，用之易弊，不耕而多食農人之食。」按：「挾巧」二字，當在「不耕」之上，本作「挾巧不耕而多食農人之食」。

《淮南子・主術篇》：「大寸生於稞，稞生於日，日生於形，形生於景。」按：王氏引之以「稞」爲「標」字之誤，是也。惟「標生於日」，義不可通。疑本作「寸生於標，標生於形，形生於景，景生於日」，與下文「樂生於音，音生於律，律生於風」，文義一律。此皆字句之錯亂者，不可不正也。

又《簡策錯亂例》 凡字句錯亂者，尋其文義，移易其一二字，即怡然理順矣。若乃簡策錯亂，文義隔絶，有誤至數十字者，則非合其前後，悉心參校，不易見也。鄭君注《禮》，屢云爛脱。今舉數事，以見例焉。

《周易・繫辭下傳》：「神農氏没，黄帝、堯、舜氏作，通其變使民不倦，神而化之，使民宜之。易窮則變，變則通，通則久，是以自天祐之，吉無不利。黄帝、堯、舜，垂衣裳而天下治，蓋取之乾坤。」按：「易窮則變」二十字，以上下文法言之，殊爲不倫。疑「易窮則變，變則通，通則久」乃上篇「動則觀其變而玩其占」以下之脱簡。「是以自天祐之，吉無不利」乃文之重出者也。幸此文重出，而爛脱之迹，猶未盡泯，可以校正。當移至上篇曰：「是故君子居則觀其象而玩其辭，動則觀其變而玩其占，易窮則變，變則通，通則久，是以自天祐之，吉無不利。」

《禮記・儒行篇》：「儒有不隕穫於貧賤，不充詘於富貴，不慁君王，不累長上，不閔有司，故曰儒。」按：上文所陳十五儒，皆以「儒有」起，「有如此者」結。此文亦以「儒有」起，而以「故曰儒」結之，既不一律，且義亦未足。豈所謂儒者，止以其不慁君王，不累長上，不閔有司乎？疑「儒有不隕穫」至「不閔有司」二十六字，當在上文「其尊讓有如此者」之前，與前所列十五儒一律。孔子説儒者之行，蓋十有六也。上文「温良者，仁之本也」至「猶且不敢言仁也」，當在此文「故曰儒」之上，乃孔子總論儒行也。自簡策錯亂，而十六儒止存十五儒。鄭君説温良者一節爲聖人之儒行，説儒有不隕穫於貧賤一節爲孔子自謂，其失甚矣。

宣十八年《左傳》：「楚莊王卒，楚師不出，既而用晉師，楚於是乎有蜀之役。」按此二十一字，本在上文「夏，公使如楚乞師，欲以伐齊」之下，編次者因《經》書「甲戌楚子旅卒」在「邾人戕鄫子于鄫」之後，遂割傳文而綴諸此，使經事相次耳，非左氏之舊。

《國語・周語》：「是日也，瞽帥音官以省風土，廪於藉東南，鍾而藏之，而時布之於農。」按：是日者，耕藉之日也，甫耕未及斂也，何遽及此。且王所藉田以奉齍盛，何以布之於農乎？疑「廪於藉東南鍾而藏之而時布之」十三字，當在下文「耨穫亦如之」之下，「民用莫不震動恪恭於農」之上。「於農」二字，即涉下文而衍。幸衍此二字，爛脱之迹，尚未盡泯，可以校正。今移至下文曰：「耨穫亦如之，廪於藉東南，鍾而藏之，而時布之，民用莫不震動，恪恭於農。」如此則文義自順矣。

《孟子・盡心篇》下：「貉稽曰：『稽大不理於口。』孟子曰：『無傷也，士憎茲多口。』」按：此章之文止於此。下文《詩》云：「憂心悄悄」一節，當在「貉稽曰」之前，與上章合爲一章。其文曰：「孟子曰：『君子之戹於陳、蔡之閒也，無上下之交也。』《詩》云：『憂心悄悄，愠於羣小，孔子也。肆不殄厥愠，亦不殞厥問，文王也。』」蓋因孔子而及文王，正以文王比孔子也。若果孟子爲貉稽引《詩》，則當有次弟，安得先孔子而後文王乎？又《鄉原章》曰：「『何以是嘐嘐也？』言不顧行，行不顧言，則曰：『古之人，古之人，行何爲踽踽涼涼？』」按：此三十字當在「其志嘐嘐然」之下，「夷考其行」之上。「曰：『何以是嘐嘐也？』」萬章問也，「言不顧行」以下，孟子答也。狂者言行不相顧，每以古人之行爲隘小而非笑之，則曰：「古之人，古之人，行何爲踽踽涼涼？」此狂者譏古人之詞。及考其所爲，實未能大過古人，故曰「夷考其行而不掩焉者也」。此三十字誤移在後，而前文止存「曰古之人古之人」七字，乃爛脱之未盡者，可藉以考見其舊也。

《管子・幼官篇》：「二千里之外，三千里之内，諸侯五年而會至習命，三年名卿請事，二年大夫通吉凶，十年重適入正禮義，五年大夫請受變。」按：「三年」、「二年」之後，又云「十年」、「五年」，於義難曉。此二句當在下文「三千里之外諸侯世一至」之下，蓋世一至則太疏闊，故五年必使大夫請受變，十年必使重適入正禮義也。又《揆度篇》：「二五者童山竭澤，人君以數制之人。味者所以守民口也，聲者所以

守民耳也，色者所以守民目也。人君失二五者亡其國，大夫失二五者亡其勢，民失二五者亡其家。」按：「童山竭澤」四字，當在上文「至於黄帝之王」句下。《輕重戊篇》「黄帝之王，童山竭澤」是其明證。「人君以數制之人」句下「人」字衍文。此本云「二五者，人君以數制之。人君失二五者亡其國，大夫失二五者亡其勢，民失二五者亡其家」，至「味者所以守民口也」三句，當在「二五者人君以數制之」之上。試連上文讀之曰：「其在色者，青、黄、白、黑、赤也。其在聲者，宫、商、羽、徵、角也。其在味者，酸、辛、鹹、苦、甘也。味者所以守民口也，聲者所以守民耳也，色者所以守民目也。」如此，則文義俱順矣。「二五者，人君以數制之」本與「人君失二五者」相連。雖羼入此三句而尚留一「人」字，亦其迹之未泯者也。

《揚子法言・學行篇》：「吾不覩參辰之相比也，是以君子貴遷善。遷善者聖人之徒也。百川學海而至於海，丘陵學山而不至於山，是故惡夫畫也。頻頻之黨，甚於鷃斯，亦賊夫糧食而已矣。」按：「遷善」與「參辰」不相比，意不相承。「頻頻之黨」與「惡畫」之義，亦不相承，此兩節疑傳寫互易。當曰：「吾不覩參辰之相比也，頻頻之黨，甚於鷃斯，亦賊夫糧食而已矣。百川學海而至於海，丘陵學山而不至於山，是故惡夫畫也。是以君子貴遷善，遷善者聖人之徒也。」兩節傳寫互易，而其義皆不可通。此皆簡策之錯亂者，不可不正也。

又卷七《兩字平列而誤倒例》 平列之字，本無順倒，雖有錯誤，文義無傷。然亦有不可不正者。《禮記・月令篇》：「制有小大，度有長短。」按：「長短」當依《吕氏春秋・仲秋紀》作「短長」，今作「長短」，則與韻不協矣。又云：「量小大，視長短。」按：「小大」當依衛湜《集説》本作「大小」。上文云：「制有小大，度有短長。」則「小」字當在「大」字之前，以下句「短」字在「長」字之前，「小大」、「短長」各相當也。此云「量大小，視長短」，則「大」字當在「小」字之前，以下句「長」字在「短」字之前，「大小」、「長短」，亦各相當也。《正義》曰：「大，謂牛、羊、豕成牲者。小，謂羔、豚之屬也。」先釋「大」字，後釋「小」字，是其所據本不誤。此類宜悉心訂正，庶不負古人文理之密察也。

綜述

郭京《周易舉正》卷上 《乾卦・九三》：「君子終日乾乾，夕惕若，厲无咎。」註：「純修下道，則處下之禮曠，終日乾乾，至于夕猶惕，若厲也。」謹按：定本「猶」字在「惕」字上，則「夕」字爲絶句。今則「惕」字在「猶」字上，則「惕」字爲絶句。則下「若」字宜訓爲「如」。「夕」字爲絶句，則「若」字宜爲語辭。「若」字爲語辭，則與周公爻辭體同，亦與夫子《文言》義合，又與註意相順。其爻辭則《豐・六二》「有孚發若吉」，註云「若辭也」。《巽・九二》「用史巫紛若吉」。《節・六二》「不節若，則嗟若，无咎」。《離・六五》「出涕沱若戚嗟若吉」。其《文言》則云「雖危无咎矣」。且雖危則是實有危，假如有人雖馬墜不傷，雖病不死，則雖危是實有危也。「若」訓爲「如」，則與周公爻辭體背，又與夫子《文言》義乖，亦與註意不順，足明轉寫誤爲顛倒矣。

又卷下 「又幾者動之微，吉之先見者也。」註：「幾者去無入有，而理未形，不可名尋，不可形睹者也。唯神也不疾而速，故能期然玄照，鑒於未形者也。」謹按：「而理」字顛倒作「理而」。且「而理」則易悟，作「理而」則難明。凡註釋本在曉人，豈强爲難會者也？理亦昭然矣。

又 《略例》：「明象而或者定馬於乾。」謹按：按文責卦，有乾無馬。今本作「有馬無乾」，其按文責卦，只按責乾卦文辭。既云有馬，則乾卦文辭實無「馬」字。既云無乾，則《易》無乾卦矣。推而尋之，理甚明矣。

張淳《儀禮識誤》卷一 「道婦。」注曰：「勉帥婦道以敬其爲先妣之嗣。」按：《釋文》上「帥道」之注云：「『下『帥道』同。」謂此句也。此句當曰「勉帥道婦」。從《釋文》。

又卷三 「燋也」。「其次閽人。」按：經「燋也」在「閽人」下。《燕禮》。

又 「饗食。」「公食」注云：「『食饗』當作『饗食』。」《公食大夫禮》。

又 「作傅。」「作傅其次俠門」。按：經「作傅」在「俠門」下。《覲禮》。

毛居正《六經正誤》卷六《春秋左氏傳正誤》 十三年「王沿夏將欲入焉」。作「入欲焉」誤。

又《春秋公羊傳正誤》 七年注：「据執季孫隱如不地。」作「不如地」誤。

沈揆《顔氏家訓考證》 陳思王《鷂雀賦》曰：「頭如果蒜。」諸本皆作「雀鷂賦」，又云「蒜果」者非。

方崧卿《韓集舉正》卷一 無所墜失。蜀本與《文粹》皆作「失墜」。閣本、杭本只作「無所墜」。《左傳》、《國語》多用「失墜」字。今本倒之，疑非。

又 有富無窶。閣。李、謝校。杭本作「富有貧窶」。蜀本作「有富無窶」，要當以閣本爲正。

又 有鬼兮咣余歸輔。杭、蜀同。荆公洪謝本並校從上。

又 深吐秀。杭、蜀同。閣本只作「深吐秀」。荆公與李、謝諸校本多從杭本。

又 陂澤平茫茫。閣。杭、蜀本皆作「路茫茫」，以今韻求合也。

又 半夜。蜀。謝作「中夜」。

又 去我奚適。三館本。歐謝校同。閣本「奚」作「爰」，上語「可以生」作「可勞生」，豈有訛耶。

又 滌瑕蕩垢清朝班。唐。晁校以文意考之，蓋言追還之人皆得滌瑕垢而朝清班，惟已爲使家所抑，故只量移江陵也。白樂天詩有「早接清班登玉墀」，坡谷詩皆當用「清班」字。

朱熹《昌黎先生集考異》卷一 自疑。或云「此當作『疑自』」，謂疑由上疏也，故下文云「上疏豈其由」。當乙。

又卷二 無時衰。閣本「無時」作「時無」。方云：《選》潘岳詩：「庶幾有時衰，莊缶猶可擊。」閣本恐非。今按：閣本無理之甚，不待潘詩而後知其非也。方本則是而説衍矣。

又卷四 且欲與常馬等。或無「且」字。「且」或作「而」。今按：「且」字恐當在「等」字下。

又卷七 一吏軌民。「一吏」，方從杭、蜀本作「吏一」，云：「一」，當如「壹民而重威」之「壹」。吏一軌民，用吉日辰良體也。今按：方説「一」字是也。但因沈存中説「吉日辰良」一句，遂更不問是非，每有訛舛，悉以遷就如此，以「一吏」爲「吏一」，則無理之尤耳。

又 偕盡其力能。「偕」上或有「王」字。一作「偕能盡其功」。「其力」，方作「力其」，非是。今按：「能」字合在「盡」字上。

彭叔夏《文苑英華辨證》卷九《雜録一》 杜頠《故絳行》：「君不見虒祁宫。」《左傳》：「晉侯築虒祁之宫。」注：「虒祁，地名，在絳西四十里，臨汾水。」而《文粹》迺作「祈褫宫」，非也。

沈炳震《九經辨字瀆蒙》卷三 「時之。」「隨時之義大矣哉。」《本義》：「王肅本『時』在『之』字下。」今當從之。

又 「亨小。」《既濟》：「既濟亨小利貞。」《本義》：「『亨小』當爲『小亨』。」

沈廷芳《十三經注疏正字》卷一 疏以此卦象釋能致无妄之義。「以此」二字當誤倒。

又 初九象辭註故能已利。「已利」字誤倒，從《釋文》校。

段玉裁《汲古閣説文訂》 「[illegible]，莫交切。[illegible]，里之切。」初印本如此。宋本、葉、趙本、《韻譜》皆同。今剜改互易之。

王念孫《讀書雜志》一之一《騰上》 《寶典篇》：「倫不騰上，上乃不崩。」孔注曰：「不騰，不越。」念孫案：「騰上」當爲「上騰」。「騰」與「崩」爲韻。九德皆用韻之文。

又一之二《開告于予嘉德之説》 「維其開告于予嘉德之説。」引之曰：此本作「維其開告予于嘉德之説」，故孔注曰：「開告我於善德之説也。」《般庚》曰：「予告女于難。」彼以「告女于」連文，猶此以「告予于」連文也。下文：「資告予元。」亦「以告予」連文。今本「予」字在「于」字下，則義不可通。

又《以昏求臣至俾無依無助》 「以昏求臣作威不詳，不屑惠聽無辜之亂。」注：「詳，善也。不察無罪以惡民也。」亂是羞于王，注：「言順不進辭于王。」趙曰：「或是『言進不順辭于王』。」案：趙説是。王阜良乃惟不順之言。于是人斯，乃非維直以應，維作誣以對，俾無依無助。」注：「阜，大良善也。王求善，而是人作誣以對，故王無依助也。」念孫案：此文顛倒錯誤，今改訂如左：

以昏臣「昏臣」二字連讀。下文「譬若匹夫之有昏妻」，注曰：「喻昏臣也。」是其證。「以昏臣」三字上有脱文。作威不詳，不屑惠聽無辜之辭。乃惟不順之辭，是羞于王。「乃惟不順之」五字，本在「辭是羞于王」上，故注曰：「言進不順辭于王。」王阜求良言，阜求良言，謂大求善言也。故注曰：「阜，大良，善也。王求善，而是人作誣以對。」據此則「阜良」二字之間，原有「求」字明矣。于是人斯乃非維直以應，維作誣以對，俾無依無助。」今本「求」字誤入上文「昏臣」二字之間。兩「辭」字皆誤作「亂」。「乃惟不順之」五字又誤入下文「良言」二字之間，則義不可通。盧改併上下文，又改下「亂」字爲「辭」，而以「亂辭」二字連讀，則愈不可通。

又二之一《計聽知覆逆者以下五十一字》 此篇記齊伐楚，楚王使陳軫西講於秦之事。末云：「計聽知覆逆者，唯王可也。」計者，事之本也。聽者，存亡之機也。計失而聽過，能有國者寡也。故曰「計有一二者難悖，聽無失本末者難惑」。念孫案：自「計聽」以下五十一字，與上文絶不相屬，此是著書者之辭，當在上篇「計失於陳軫過聽於張儀」之下。上篇言楚所以幾亡者，由於計之失，聽之過，故此即繼之曰：「計聽知覆逆者，唯王可也。」「唯」與「雖」同。上篇曰：「弊邑之王所甚説者，無大大王。唯儀之所甚願爲臣者，亦無大大王。弊邑之王所甚憎者，無先齊王。唯儀之所

甚憎者，亦無先齊王。」《史記·張儀傳》兩「唯」字皆作「雖」。《表記》曰：「唯天子受命于天。」鄭注：「『唯』，當爲『雖』。」《墨子·尚同篇》曰：「唯欲毋與我同，將不可得也。」《荀子·性惡篇》曰：「今以仁義法正，爲固無可知可能之理邪？然則唯禹不知仁義法正，不能仁義法正也。」《史記·淮陰侯傳》曰：「唯信亦爲大王不如也。」「唯」並與「雖」同。「王」讀如「王天下」之「王」，言人主計聽能知覆逆者，雖王天下可也。下文云：「計失而聽過，能有國者寡也。」亦承上篇而言。此篇所記陳軫之言，《史記·張儀傳》有之，而獨無「計聽」以下五十一字，則此五十一字明是上篇之錯簡也。

又二之二《城市之邑七十》 「馮亭陰使人請趙王曰：『韓不能守上黨，今有城市之邑七十，願拜内之於王。』」吳曰：「『七十』，《史》作『十七』。下同。」念孫案：作「十七」是也。《秦策》曰：「上黨十七縣，皆秦之有也。」是其證。

又三之一《小大》 「動静之物，小大之神。」念孫案：「小大」當從宋本作「大小」，此吳氏荷屋所藏單刻《集解》宋本也。其缺者，則以兼刻《索隱》本補之，是以二本各存其半。此之所有，即彼之所無。然皆係宋槧，故可寶也。寫者誤倒耳。《正義》先釋「大」，後釋「小」，則本作「大小」明矣。《羣書治要》引此正作「大小」。《大戴禮》同。

又《莫敢發之》 「比三代，莫敢發之。」念孫案：「莫敢發之」本作「莫之敢發」，淺學人改之耳。僖三年《左傳》「未之絶也」，今本作「未絶之也」，亦淺人所改。《鄭語》作「莫之發也」。《文選·幽通賦》注、《運命論》注引《史記》並作「莫之敢發」。《列女傳·孼嬖傳》同。《論衡·異虚篇》作「皆莫之發」。

又《置廷宫中》 「收天下兵，聚之咸陽，銷以爲鍾鐻，金人十二，重各千石，置廷宫中。」念孫案：此當作「置宫廷中」。今本「廷」字誤在「宫」字之上，則文不成義。《文選·過秦論》注、《太平御覽·皇王部》引此並作「置宫廷中」。《通鑑·秦紀二》同。「庭」、「廷」古字通。

又三之五《購縣之》 「韓取聶政屍暴於市，購問莫知誰子。於是韓購縣之有能言殺相俠累者，予千金。」念孫案：「購縣之」當爲「縣購之」，謂縣金以購之也。下文曰：「王縣購其名姓千金。」《韓策》曰：「縣購之千金。」皆其證。

又《古傳方》 「臣意聞菑川唐里公孫光善爲古傳方。」念孫案：「古傳方」當作「傳古方」。《索隱》曰：「謂好能傳得古方也。」《正義》曰：「謂全傳寫得古人之方書。」皆其證。

又三之六《負私從馬》 「乃粟馬，發十萬騎，負私從馬凡十四萬匹。」念孫案：「負私從馬」文不成義，當依《漢書》作「私負從馬」，寫者誤倒耳。「負從馬」者，負衣裝以從之馬也。非公家所發，故曰「私負從馬」。顔師古曰：「私負衣裝者，及私將馬從者。」分「私負」與「從馬」爲二事，亦非。《正義》曰：「謂負擔衣糧私募從者。」則所見本「私負」已誤爲「負私」矣。下文曰：「糧重不與焉。」《正義》言「負糧」，亦非。

又四之一《延于側陋》 「其與大司馬、列侯、將軍、中二千石、州牧、守相，舉孝弟惇厚能直言通政事延于側陋可親民者各一人。」念孫案：「延于側陋」四字與上下文義不相屬，此四字當别爲一句，在「州牧守相」之下，而以「舉孝弟惇厚能直言通政事可親民者」十五字連讀，則上下文皆貫通矣。師古注云：「孝弟惇厚直言通政事之人，雖在側陋，可延致而任。」則所見本已與今本同。

又四之二《陽信》 「陽信胡侯吕青。」念孫案：「陽信」當依《史表》作「新陽」。《地理志》汝南郡新陽，應劭曰：「在新水之陽。」新陽故城，在今潁州府太和縣西北。《水經·潁水注》曰：「新溝水東北逕新陽縣故城南，漢高帝六年封吕青爲侯國。」即《陳勝傳》所云「吕臣爲蒼頭軍起新陽」者也。若陽信自屬勃海郡，乃文帝時劉揭所封，非吕青所封。蓋「新」字古通作「信」，《王子侯表》之「新鄉侯」，《王莽傳》作「信鄉侯」。師古曰：「古者『新』、『信』同音。」《史記·高祖紀》：「吕青爲令尹。」《索隱》曰：「案《表》，青封信陽侯也。」是小司馬所見《史表》正作「信陽」。又倒在「陽」字下耳。

又四之三《安樂　昌》 「安樂侯李蔡昌。」念孫案：「安樂」當爲「樂安」。《地理志》樂安屬千乘郡。《水經·濟水注》曰：「濟水東北逕樂安縣，故城南，漢武帝元朔五年，封李蔡爲侯國。」《史表》、《百官公卿表》及《史》、《漢》《李廣傳》、《衛青傳》皆作「樂安」，唯此《表》作「安樂」，故《李廣傳》注以此爲誤也。「昌」上當有「博」字，寫者脱之耳。《索隱》引此已誤。《地理志》博昌、樂安並屬千乘，樂安故城在今青州府博興縣北，博昌故城在博興縣南。二縣本相近，蓋封於樂安而食邑在博昌，故上書樂安侯而下書博昌。小司馬以爲琅邪之昌縣，非也。

又四之一三《尚相得死》 「匹夫相要尚相得死，何況至尊？」《通鑑·漢紀二十六》同。念孫案：「尚相得死」，文不成義，當依《漢紀·孝哀紀》作「尚得相死」。

又四之一四《以避文法》 「故盗賊滈多，上下相爲匿，以避文法焉。」念孫案：「以避文法」本作「以文避法」。《史記》作「以文辭避法」，徐廣曰：「詐爲虚文，言無盗賊。」是也。今本「文避」二字倒轉，則非其旨矣。《後漢書·杜林傳》注引《漢書》正作「以文避法」。

又《護發兵烏孫西域》 「及校尉常惠，使護發兵烏孫西域。」念孫案：次句顛倒不成文理，當云：「使護烏孫兵發西域。」《宣紀》云：「校尉常惠持節護烏孫兵。」

《常惠傳》云：「以惠爲校尉，持節護烏孫兵。」《西域傳》云：「遣校尉常惠使持節護烏孫兵。」皆其證。

又五之一《婦言人事》　「婦言人事，則賞罰不信。」洪曰：「當作『婦人言事』，尹注非。」

又五之二《義失正》　「夫行私，欺上，傷民失士，此四者用，所以害君義失正也。」念孫案：「義失正」當爲「失義正」。下文曰：「爲君上者，既失其義正。」是其證。

又《可沈可浮》　「可淺可深，可沈可浮，可曲可直，可言可默。」引之曰：「可沈可浮」當從上文作「可浮可沈」。「深」、「沈」爲韻，「直」、「默」爲韻。

又《未嘗之有》　「無善事而有善治者，自古及今，未嘗之有。」引之曰：「未嘗之有」當作「未之嘗有」。《五輔篇》：「古之聖主所以取明名廣譽厚功大業，顯於天下，不忘於後世，非得人者，未之嘗聞。」文義與此同。

又五之三《財厚博惠以私親於民者正經而自正矣》　「昔者聖王之治其民也不然，廢上之法制者，必負以恥。財厚博惠以私親其民者。此下有脱文。正經而自正矣。」尹注曰：「臣厚財而作福，則正禮經以示之，其人自正矣。」念孫案：「財厚」當依注作「厚財」。此言廢上之法制，及厚財博惠以私親於民者，皆聖王之所禁也。「厚財博惠以私親於民者」與「正經而自正矣」文義不相連屬，兩句之間，當有脱文。尹强爲之解而終不可通也。

又《則戰不勝以下三句》　「若此，則民毋爲自用。民毋爲自用，則戰不勝。戰不勝而守不固，守不固則敵國制之矣。」念孫案：「則戰不勝」以下當作「則戰不勝而守不固，戰不勝而守不固，則敵國制之矣」。此文之兩「民毋爲自用」、兩「戰不勝而守不固」義皆上下相承。今則下三句顛倒而失其指矣。《七法篇》曰：「國貧而用不足，則兵弱而士不厲。兵弱而士不厲，則戰不勝而守不固。戰不勝而守不固，則國不安矣。」文義正與此同。

又五之六《故法》　「故法而守常。」念孫案：此當作「法故而守常」。「法故」與「守常」對文。「法故而守常」與下文「尊禮而變俗」、「上信而賤文」，文亦相對。尹注非。

又五之一一《端噪晨》　「昔者桀之時，女樂三萬人，端噪晨，樂聞於三衢。」念孫案：《太平御覽・人事部一百三十四》引作「晨噪於端門，樂聞於三衢」，是也。今本既脱且倒，則文不成義。孫説同。

又《所無因》　「天酸然雨，十人之力不能上。廣澤遇雨，十人之力，不可得而恃。夫舍牛馬之力，所無因。」念孫案：「所無因」當作「無所因」。人力不足恃，則必借牛馬之力，故曰：「夫舍牛馬之力，無所因。」

又《齊之北澤燒火光照堂下》　引之曰：「燒」字絶句。「火」字下屬爲句。尹注「獵而行火曰燒式照反」九字，本在「燒」字下，今本移入「火」字下，則誤以「齊之北澤燒火」爲句矣。

又五之一二《何故》　「此其何故也。」念孫案：當作「此其故何也」。下文同。

又六之一《嚴居朝》　「公曰：『嚴居朝，則曷害於治國家哉！』」念孫案：「嚴居朝」本作「朝居嚴」，寫者誤倒之耳。上下文皆作「朝居嚴」，此文不當獨異。《説苑・正諫篇》正作「朝居嚴」。

又《大之事小》　「大之事小，弱之事强，久矣。」念孫案：「大之事小」當作「小之事大」。今本「小」、「大」互易，則義不可通。

又六之二《美哉其室將誰有此乎》　念孫案：「美哉其室，將誰有此乎」當作「美哉室，其誰將有此乎」。今本「其」字誤入上句内，則文義不順。「誰將」又誤作「將誰」。案：本篇標題曰「景公坐路寢曰誰將有此」，「誰將」二字尚不誤，則「將誰」者誤也。後弟十五云：「後世孰將踐有齊國者乎？」「孰」字亦在「將」字上。昭二十六年《左傳》正作「美哉室，其誰有此乎」。

又《爲何者也　何以老爲妻》　「出於室，爲何者也。」念孫案：當作「何爲者也」。《雜上篇》：「使人問焉，曰：『子何爲者也？』」下篇：「王曰：『縛者曷爲者也？』」文義並與此同。言此出於室者，何等人也。今本作「爲何者也」，則文不成義。《韓詩外傳》正作「何爲者也」。「位爲中卿，田七十萬，何以老爲妻？」案：當作「何以老妻爲」，言富貴如此，何用老妻爲也。今作「何以老爲妻」，則文不成義。《韓詩外傳》作「何用是人爲」，文義亦同。

又八之二《分別　譬稱》　「分別以喻之，譬稱以明之。」念孫案：「分別」當在下句，「譬稱」當在上句。譬稱所以曉人，故曰「譬稱以喻之」。分別所以明理，故曰「分別以明之」。今本「譬稱」與「分別」互易。《韓詩外傳》及《説苑・善説篇》引此並作「譬稱以喻之，分別以明之」。

又《士仕》　「古之所謂士仕者。」念孫案：「士仕」當爲「仕士」，與下「處士」對文。今本「仕士」二字倒轉，下文同。楊曲爲之説，非。

又《然不然》　「不恤是非然不然之情。」引之曰：「然不然」本作「然不」，即「然

否」也。《哀公篇》：「情性者，所以理然不取舍也。」是其證。「取舍」與「然不」對文，「是非」與「然不」亦對文。後人不知「不」爲「否」之借字，故又加「然」字耳。《性惡篇》「不恤是非然不然之情」，誤與此同。

又《行事》 「行事失中，謂之姦事。」宋呂本如是。宋錢本及各本「行事」皆作「事行」。盧從呂本。念孫案：上文云：「事行無益於理者廢之，知説無益於理者舍之。」此云：「事行失中謂之姦事，知説失中謂之姦道。」皆承上文而言，則作「事行」者是也。《仲尼篇》云：「其事行也，若是其險汙淫汏也。」楊注：「事險而行汙也。行，下孟反。」案：楊於《仲尼篇》已釋「事行」二字，故此不復釋。《王制篇》云：「立身則從傭俗，事行則遵傭故。」皆其證。

又八之四《商賈敦慤無詐則商旅安貨通財而國求給矣》 念孫案：「商旅安貨通財」當作「商旅安貨財通」。「貨財通」與「商旅安」對文。今本作「貨通財」，則義不可通。《王制篇》：「使賓旅安而貨財通。」是其證。今本「賓」誤作「賓」，辯見《王制篇》。

又《數十》 「古有萬國，今有數十焉。」念孫案：《富國篇》「數十」作「十數」，是也。當《荀子》著書時，國之存者已無數十矣。

又八之六《至文以有別至察以有説》 念孫案：以，猶而也。説見《釋詞》。言至文而有別，至察而有説也。《史記》「以有」二字皆倒轉，誤也。楊前説誤解「以」字，後用小司馬説讀「説」爲「悦」，尤非。

又《卜日　卜宅》 「然後月朝卜日，月夕卜宅。」楊注曰：「月朝，月初也。月夕，月末也。先卜日知其期，然後卜宅，此大夫之禮也。士則筮宅。《士喪禮》『先筮宅，後卜日』，此云『月朝卜日，月夕卜宅』，未詳也。」引之曰：當作「月朝卜宅，月夕卜日」。今本「宅日」二字上下互誤耳。斷無先卜日後卜宅之理。

又八之七《精於物者也》 盧云：「案：此句當在『不可以爲器師』之下，誤脱在此。」念孫案：此汪説也，見丙申校本。

又九之二《有命在於外》 「使我可係羈者，必其有命在於外也。」念孫案：「有命在於外」當作「命有在於外」。言既爲人所係羈，則命在人而不在我也。今本「命有」二字誤倒，則文義不明。《文子·精誠篇》正作「必其命有在外者矣」。《莊子·山木篇》：「物之所利，乃非已也，吾命有在外者也。」即《淮南》所本。

又九之三《五億萬里》 「天去地五億萬里。」念孫案：《開元占經·天占篇》引此作「億五萬里」。《太平御覽·地部一》引《詩含神霧》亦云：「天地相去億五萬里。」然則「億五」二字今本誤倒也。

又《其加卯酉三句》 「其加卯酉，則陰陽分，日夜平矣。」引之曰：此三句不與上文相承，尋繹文義，當在前「日短而夜脩」之下。云「其加卯酉」者，王弼注《老子》曰：「加，當也。」承夏日至冬日至言之。彼言冬夏至，此言春秋分也。言「陰陽分，日夜平」者，承陽勝陰勝日夜脩短言之，言至春秋分，則陰陽無偏勝，日夜無脩短也。寫者錯亂在此，今更定其文如左：

「夏日至則陰乘陽，是以萬物就而死。冬日至則陽乘陰，是以萬物仰而生。晝者陽之分，夜者陰之分。是以陽氣勝，則日脩而夜短。陰氣勝，則日短而夜脩。其加卯酉，則陰陽分，日夜平矣。」

又《引而止也　呻之也》 「林鍾者，引而止也。指申，申者，呻之也。」念孫案：「之」字當在上文「引而止」下，今本誤在「呻」字下，則文不成義。自「午者忤也」至「丑者紐也」，「也」上皆無「之」字。《五行大義論·律呂篇》、《論支榦名篇》及《太平御覽》引此並云：「林鍾者，引而止之也。申者，呻也。」是其證。

又九之八《鑿齒》 「猰貐、鑿齒、九嬰、大風、封豨、脩蛇，皆爲民害。」念孫案：《漢書·揚雄傳》應劭注、《文選·辯命論》注、《太平御覽》皇王部五、兵部三十六引此「鑿齒」皆在「封豨」下，各本誤在「猰貐」下。又案：《道藏》本、劉本、朱本「猰貐」以下六者之注文本分見於下文六句之下，《文選·王融曲水詩序》注、《辯命論》注、《太平御覽》皇王部五、兵部三十六、羽族部十四所引皆如是。故「鑿齒獸名」云云，本在下文「誅鑿齒於疇華之澤」之下。自茅本始移六者之注於此文下，而次鑿齒之注於「猰貐」之下，九嬰之上，則是以已誤之正文，改不誤之注文也。莊本從之，謬矣。

又九之一一《由是》 「夫乘奇技，僞邪施者，「僞」與「爲」同。自足乎一世之閒。守正循理，今本「循」誤作「脩」，辯見《原道》。不苟得者，不免乎飢寒之患，而欲民之去末反本，由是發其原而壅其流也。」念孫案：「由是」當爲「是由」。「由」與「猶」同。《羣書治要》引此正作「是猶」。

又九之一二《輪人　其人在焉》 「桓公讀書於堂，輪人斲輪於堂下，釋其椎鑿而問桓公曰：『君之所讀書者何書也？』桓公曰：『聖人之書。』輪扁曰：『其人在焉？』」高注曰：「輪扁，人名。問作書之人何在也。」念孫案：「輪人」當依《莊子·天道篇》作「輪扁」。輪扁之名，當見於前，不當見於後也。高注「輪扁人名」四字，本在此句之下，因「扁」誤爲「人」，後人遂移置於下文「輪扁曰」云云之下耳。陳氏觀樓曰：「『其人在焉』當作『其人焉在』。故高注云：『問作書之人何在。』」

又《攻圍之未合》　「趙簡子死，未葬。中牟入齊，已葬五日，襄子起兵攻圍之。未合，而城自壞者十丈。」念孫案：此當作「襄子起兵攻之，句。圍未合，而城自壞者十丈」。今本「之圍」二字誤倒，則文不成義。《太平御覽・兵部四十九》引此不誤。《韓詩外傳》作：「襄子興師而攻之，圍未市，而城自壞者十丈。」《新序・雜事篇》作：「襄子率師伐之，圍未合，而城自壞者十堵。」

又《何爲之禮》　「左右諫曰：『偷者，天下之盜也，何爲之禮？』」念孫案：「之禮」當爲「禮之」。上文「出見而禮之」，即其證。《蜀志・郤正傳》注引此正作「何爲禮之」。

又九之一三《道而先稱古》　「夫存危治亂，非智不能道。而先稱古，雖愚有餘。」念孫案：「道」字當在「而」字下。「道先稱古」與「存危治亂」相對。《羣書治要》引此正作「道先稱古」。

又《本無主》　「此本無主於中，而見聞舛馳於外者也。」陳氏觀樓曰：「『本無主於中』當作『無本主於中』。上文云：『有本主於中，而以知榘矱之所周。』正與此『無本主於中』相對。下文亦云：『中有本主以定清濁。』」

又九之二〇《流源　淵深》　「流源千里，淵深百仞，非爲蛟龍也。」念孫案：《太平御覽・鱗介部二》引此「流源」作「源流」，「淵深」作「深淵」，是也。源流者，有源之流。《原道篇》云「源流泉浡，沖而徐盈」是也。今作「流源」，則文不成義。「深淵」與「源流」相對爲文，猶上文言「高山深林大木茂枝」也。今作「淵深」，則與上文不類矣。

又《相率而爲致勇之寇　方面》　「昭王奔隨，百姓父兄攜幼扶老而隨之。乃相率而爲致勇之寇，皆方面奮臂而爲之鬭。」念孫案：此當作「乃相率致勇而爲之寇」，與下句相對爲文。各本「而爲」二字誤在「致勇」之上，則文不成義。「方面」與「奮臂」亦相對爲文。《道藏》本、劉本皆作「方面」。《漢魏叢書》本「面」誤爲「命」，而莊本從之，斯爲謬矣。

又《所在》　「君子與小人之性非異也，所在先後而已矣。」念孫案：「所在」當爲「在所」。

又《餘編》上《仁義存焉　義士存焉》　《胠篋篇》：「彼竊鉤者誅，竊國者爲諸侯。諸侯之門，而仁義存焉。」引之曰：「存焉」當爲「焉存」。焉，於是也，言仁義於是乎存也。《呂氏春秋・季春篇》注曰：「焉，猶於此也。」《聘禮記》曰：「及享，發氣焉盈容」，言發氣於是盈容也。《月令》曰：「天子焉始乘舟。」今本「焉」字在上句「乃告舟備具于天子」之下，此後人不曉文義而妄改之，今據《呂氏春秋・季春篇》、《淮南・時則篇》訂正。言天子於是始乘舟也。《晉語》曰：「焉始爲令。」言於是始爲令也。《三年問》曰：「故先王焉爲之立中制節。」言先王於是爲之立中制節也。《荀子・禮論篇》「焉」作「安」，楊倞曰：「『安』，語助。或作『安』，或作『案』。《荀子》多用此字，『焉』、『安』、『案』三字同義，詳見《釋詞》。」《大荒南經》曰：「雲雨之山有木，名曰欒，羣帝焉取藥。」言羣帝於是取藥也。《管子・揆度篇》曰：「民財足則君賦斂焉不窮。」言賦斂於是不窮也。《墨子・非攻篇》曰：「天乃命湯於鑣宮，用受夏之大命，湯焉敢奉率其衆以鄉有夏之境。」言湯於是敢伐夏也。《楚辭・九章》曰：「焉洋洋而爲客。」又曰：「焉舒情而抽信兮。」言於是洋洋而爲客、於是舒情而抽信也。又僖十五年《左傳》：「晉於是乎作爰田」、「晉於是乎作州兵」，《晉語》作「焉作轅田」、「焉作州兵」。《西周策》「君何患焉」，《史記・周本紀》作「君何患於是」。是「焉」與「於是」同義。莊八年《公羊傳》：「吾將以甲午之日，然後祠兵於是。」《管子・小問篇》：「且臣觀小國諸侯之不服者，唯莒於是。」是「於是」與「焉」同義。此四句以「誅」、「侯」爲韻，「門」、「存」爲韻，其韻皆在句末。《史記・游俠傳》作「竊鉤者誅，竊國者侯。侯之門，仁義存」，是其明證也。《盜跖篇》「小盜者拘，大盜者爲諸侯。諸侯之門，義士存焉」，「存焉」亦當作「焉存」。此皆後人不曉「焉」字之義而妄改之耳。

又《吉凶》　「能抱一乎？能勿失乎？能無卜筮而知吉凶乎？能止乎？能已乎？能舍諸人而求諸己乎？」念孫案：「吉凶」當爲「凶吉」。「一」、「失」、「吉」爲韻。「止」、「已」、「己」爲韻。《管子・心術篇》「能專乎？能一乎？能毋卜筮而知凶吉乎」，是其證。《内業篇》「凶吉」亦誤爲「吉凶」，唯《心術篇》不誤。

又下《貪不可冀無爲二母之所笑》　念孫案：《王命論》：「貪不可冀，無爲二母之所笑。」「無」字本在「貪」字上，言毋貪不可冀望之事，爲二母所笑也。《漢書・叙傳》作「毋貪不可幾」，《漢紀》作「無貪不可幾者」，是其證。又案：李周翰注云：「勿貪帝位，終不可冀望，徒爲二母所笑。」則「無」字本在「貪不可冀」之上明矣。今本「無」字在下句「爲」字上，蓋後人不曉文義而妄移其次耳。

嚴可均《説文校議》卷一上　「旁，从二闕，方聲。」小徐「闕」字在「方聲」下，誤。凡言「闕」者，轉寫斷爛，校者加「闕」字記之。小徐等指爲許語，皆承李陽冰之誤也。今此當闕「从人」二字。《H部》：「央，从大在H之内，大人也。『央』、『旁』同意。」許既言「央旁同意」，則旁字從人，古文旁從奇字儿無疑矣。或謂鼎彝器銘不從人。余謂《説文》與金刻偶亦小異。匪特金刻，即許所收重文亦往往與正篆

異。偏執者非。按：今二徐本云闕者，旁、單、呰、遼、謚、爪、𡰥、叚、币、㲋、䀚、宂、从、㕓、杲、栞、橐、棘、椒、質、㕣、𠱂、敳、㝮、网、㹠、𢎘、㔾、兕、屾、攽、豩、鶵、蠡、㒸、林、蠭、𩵋、㲋、戠、弜、所、晋、𩰫、鬻、昏，凡卅六見，余詳攷之，斷非許語。

黄丕烈《重刻剡川姚氏本戰國策札記》卷上　不得施謀有設之强。「謀」、「設」二字，鮑本互易。

又　杖於謀詐之弊。「謀詐」，鮑本作「詐謀」。

又　而以兵之急則伐齊。鮑改「之急」爲「急之」，吴氏有正。

又　而臣爲不能使矣。「爲」字，鮑本在「能」字下。

又卷中　棘溝之燒也。今本「棘溝」誤倒。

又　筋骨力勁。「骨力」，鮑本作「力骨」。

又　昔者齊燕戰於桓之曲。「齊燕」，鮑本作「燕齊」。

又　而迎王與后於城陽山中。「山中」，鮑本作「中山」，改爲「山中」。吴氏補曰：「當作『山中』。」

又　天下關閉不通。「關閉」，鮑本作「閉關」。

又卷下　而因又説文王之義。「因又」，鮑本作「又因」。丕烈案：《吕氏春秋》作「因有」。

又　秦趙約而伐魏。「趙約」，鮑本作「約趙」。

又　又爲陰啓兩機盡故宋衛效尤憚秦兵已令。「尤憚」，鮑本作「憚尤」，改爲「尤憚」。吴氏補曰：「策文有脱誤。」又曰：「《史》云：『又爲陶開兩道幾盡，故宋衛必効單父，秦兵可全』云云。按此文明順。」

又　而秦之求無窮。「之求」，鮑本作「求之」。

又　以因趙之衆。今本「趙之」誤「之趙」。

阮元《十三經注疏校勘記・周易注疏校勘記》卷一　以上九非位而上九居之。盧文弨云：「當作『上非九位而九居之』。」

又卷二　憂恤也。閩、監、毛本同。宋本作「恤憂也」，是也。

又卷四　退不能静處。岳本、閩、監、毛本同。古本、足利本「静處」作「處静」。案：疏云：「静守其處」，作「處静」非。

又　乃得大也。石經、岳本、閩、監、毛本作「乃大得也」。疏亦云：「是其志大得也。」

又　往則失之。岳本、閩、監、毛本同。錢本、宋本、古本作「往之則失」。

又　損下益上。岳本、閩、監、毛本作「損上益下」，是也。古本下有「也」字。下「必獲大功」下、「興益之宗」下、「救凶則免」下並同。

又卷五　而不能改其操。閩、監、毛本同。宋本「不能」作「能不」。

又　君子以除戎器。石經、岳本、閩、監、毛本同。《釋文》：「『除』，本亦作『儲』，又作『治』，荀作『慮』。」

又　正義曰驗注以訓震爲懼。盧文弨云：「當作『以震訓爲懼』。」

又　當有其事。閩、監、毛本同。宋本作「當其有事」。

又卷六　爲君主所疑。錢本、宋本、閩本同。監、毛本「君主」作「主君」。

又　如鳥巢之被焚。宋本、閩本同。監、毛本「巢之」倒。

又卷七　簡易之德。閩、監、毛本同。錢本「簡易」作「易簡」。

又　辨變化之小大。閩、監、毛本同。宋本「小大」作「大小」。

又　故可居治之位。宋本、閩本同。監、毛本「可居」作「居可」。

又　知死生之數也止謂用易道。錢本、宋本、閩本同。監本「止」作「正」。毛本同，「死生」作「生死」。

又卷八　心既寂静。閩、監、毛本同。宋本「寂静」倒。

又　故可以權行也。閩、監、毛本同。錢本、宋本「權行」倒。

又　今以阻險。宋本同。閩、監、毛本「阻險」倒。

又　情謂情實。閩、監、毛本同。錢本、宋本「情實」作「實情」。

又《周易略例校勘記》　去初上而論位分。石經、閩、監本、足利本同。古本「位分」倒。

又《尚書注疏校勘記》卷一　言及稱便。「稱便」二字，宋板、十行俱倒。

又　懼覽之者不一。「之者」二字，岳本倒。顔師古《匡謬正俗》曰：「孔安國《古文尚書・序》云：『先君孔子生於周末，覩史籍之煩文，懼覽者之不一，遂乃定禮樂明舊章。』覽者，謂習讀之，人猶言學者爾。蓋思後之讀史籍者以其煩文不能專一，將生異説，故删定之。凡此數句文對旨明，甚爲易曉。然後之學者輒改『之』字居『者』字上云『覽之者不一』，雖大意不失，而顛倒本文，語更凡淺，又不屬對，亦爲妄矣。今有晋宋時書不被改者，往往而在，皆云『覽者之不一』。」

又卷二　而違背之。「違背」二字，古本、宋板俱倒。

又　以此而從送日入也。「日入」二字，十行、閩、監俱倒。

又卷三　深夜乃卧。「深夜」二字，宋板倒。

又　正義曰寬宥周語文。浦鏜云：「『宥寬』字誤倒。」

又卷四　奉行帝之事故。浦鏜云：「『故事』誤倒。」

又　又云自由也。「自由」二字，宋板、十行本俱倒。按：《釋詁》作「由自」也。宋板不誤。

又卷五　澮畎深之。「澮畎」二字，《纂傳》倒。

又　汝當聽審之。「聽審」二字，《纂傳》倒。「之」，古本作「也」。

又　侯甸綏要荒服也。「侯甸」二字，《纂傳》倒。

又　信皆和諧。「和諧」二字，《纂傳》倒。

又卷六　漸進長。「進長」二字，《史記集解》倒。按：疏亦倒。

又　是沱爲江之别名也。按：當作「是沱爲江别之名也」。

又卷七　蓋訓遒爲聚。「訓遒」二字，《纂傳》倒。

又　或毗睚而害良善。「毗睚」二字，宋板倒。按：宋板是也。

又卷八　太甲潛出自桐。「出自」二字，閩、監俱誤倒。

又卷九　中上二篇。「中上」二字，《纂傳》倒。

又　汝無侮老成人。「無」古本作「亡」。「無弱」、「無有遠邇」同。古本「侮」上有「老」字。唐石經作「汝無老侮成人」。按：今本脱上「老」字。石經脱下「老」字。傳及疏内「侮老」疑亦俱當作「老侮」。按：段玉裁云：「唐石經是也。今版本作『侮老』，因『老成人』三字口習既孰，又誤會孔傳故倒亂之。」

又　故言下見汝。「言下」二字，宋板倒，是也。

又　是反父祖之行。「父祖」二字，《纂傳》倒，與疏合。

又　傳言汝至督之。「言汝」二字，十行、閩本俱誤倒。

又卷一〇　賢謂德行，能謂才用。二句《纂傳》倒。

又　故此爲解。浦鏜云：「『此爲』二字，當誤倒。」

又　以訓道諫王。浦鏜云：「『訓道』二字疑誤倒。或『以訓』二字倒。」按：下傳云「遂以道訓諫王」。則此「訓道」二字誤倒明矣。《纂傳》「道」作「導」，亦誤。

又　又爲姦宄於外内。「外内」二字，十行、閩、葛、監本、《纂傳》俱倒。

又　出處語默。「語默」二字，岳本倒。

又卷一一　五至以穀俱來。「五至」二字，十行、閩本、嘉、萬俱倒。

又　勸勉不怠。「勸勉」二字，《纂傳》倒。

又　天下罪人逃亡者。「逃亡」二字，古本倒。

又　流血漂舂杵。「流血」二字，宋板倒，是也。

又卷一二　治民必用剛柔正直之三德。「剛柔正直」，《纂傳》作「正直剛柔」。

又　言之决斷。「决斷」二字，《纂傳》倒。

又　厤數節氣之度。「節氣」二字，岳本倒。

又　歲日月星。「日月」二字，宋板、十行、閩、監俱倒。按：應作「月日」。

又　大小各有常法。「大小」二字，古、岳、葛本、宋板、十行、閩本、《纂傳》俱倒，與疏合。

又卷一三　皆惟正矣。「皆惟」二字，十行本倒。

又　言已童幼。「童幼」二字，岳本倒。

又　發雷風之威。「雷風」二字，《纂傳》倒。

又　案省故事。「案省」二字，《纂傳》倒。

又　責其以善言之助。「之助」二字，古本、宋板俱倒。按：疏云「責其無善言助己」，則傳當云「責其無善言之助」，「責」乃「責讓」之義，非「責任」之「責」也。

又卷一四　能受殷王之命。「王之」二字，古本倒，與疏合。

又　與上厥君終始相承。「終始」二字，十行倒。

又卷一五　必先正望朔。「望朔」二字，《纂傳》倒，是也。

又　是帝稷各用一牛。「一牛」二字，宋板倒。

又　以困窮也。「困窮」二字，宋板倒。

又　長與不長。「與不」二字，十行本倒。

又　天已知我王今初服政。「初服」二字，《纂傳》誤倒。

又　雖與相俱行。「與相」二字，宋板倒。按：當作「相與」。

又卷一六　亦是已有致上之言胥。「上之」二字，宋板倒。

又　享國長久。「長久」二字，古、岳、葛本、宋板、十行、閩本、《纂傳》俱倒，與疏合。

又卷一七　我今何敢多爲言誥而已。「我今」二字，十行本倒，與注合。

又　兩謂兩卿，長謂公卿。二句，《纂傳》倒，是也。

又　及衆當所慎之事。按：「當所」二字，亦宜倒。

又卷一八　使大小協睦也。「大小」二字，十行、閩、監俱倒。

又　復還本位。「復還」二字，宋板、十行、閩本俱倒。

又　其人祭則有受嘏之福禮。「人」，宋板作「大」，是也。許宗彦曰：「『之福』字，蓋誤倒。」

又卷一九　必自謂已實有美德。「美德」二字，十行本倒。

又　甸侯衛駿奔走。「甸侯」二字，《纂傳》誤倒。

又卷二〇 自悔往前用勇壯之計失也。「勇壯」二字，宋板倒。按：宋本是也。否則與注不合，與上文亦異。

又附《尚書釋文校勘記》卷下 冒。莫報反，注下同。按：當云：「下注同。」此誤倒。

又 王在新邑。孔馬絶句。「孔馬」二字，十行本、毛本俱倒。

又 昊天。秋殺氣也。「殺氣」二字，十行本、毛本俱倒。

又《毛詩注疏校勘記》卷一 於其所作疏内。閩本、明監本、毛本同。案：當作「其於作疏内」。「其於」二字誤倒。「所」字上句錯在此。

又 厲幽陳靈。閩本、明監本「厲幽」誤倒。

又 魯人大毛公爲詁訓傳。閩本、明監本、毛本「詁訓」誤倒。

又 風言賢聖治道之遺化。閩本、明監本、毛本「賢聖」誤倒，下同。

又《周禮注疏校勘記》卷一 史十有二人。毛本「十有」倒。

又 瘍醫。毛本倒，作「醫瘍」。

洪頤煊《管子義證》卷二 「本求朝之臣。」頤煊案：當作「求本朝之臣」。《重令篇》：「不逆於本朝之事。」《荀子·仲尼篇》：「與之高國之位，而本朝之臣莫之敢惡也。」《淮南·繆稱訓》：「齊桓失之乎閨内，而得之本朝。」本朝之臣，謂朝廷尊重之臣。尹注非。

又卷四 「非皆二子之憂也。」星衍案：《太平御覽》八百三十三「非皆」作「皆非」。

又 「朔月三日。」頤煊案：當作「三月朔日」。

又卷七 「故財貨不行於吏。」星衍案：《羣書治要》引「財貨」作「貨財」。

又 「雖貧賤卑辱。」星衍案：《羣書治要》引作「卑辱貧賤」。

王引之《經義述聞》卷三《無弱孤有幼》 「女無老侮成人，唐石經如此。各本作「女無侮老成人」，乃後人所改。漢石經作「女毋翕侮成人」，「侮成」二字相連，足與唐石經相證。山井鼎《七經孟子考文》引古本作「女無老侮老成人」，下「老」字亦後人據俗本加之。無弱孤有幼。」鄭注曰：「老弱，皆輕忽之意也。」某氏傳曰：「不用老成人之言，是老侮之。各本或作「侮老之」，或作「侮老人」，皆後人所改。不徙，則孤幼受害，是弱易之。」王氏鳳喈《尚書後案》曰：「『老』與『弱』對，『侮』與『孤』對，『成人』與『有幼』對。經意謂無老侮其成人者，無弱孤其有幼者，不可以《大雅·蕩篇》『老成人』説此經。鄭注是，僞孔非也。」引之謹案：王説是也。某氏傳以「孤有幼」連讀，殊爲不詞。當以「弱孤」連讀，言以爲孤弱而輕忽之也。孤之言寡也。成十三年《左傳》「寡我襄公」，杜注曰：「寡，弱也。」昭二十七年傳「專禍楚國，弱寡王室」，弱寡，猶弱孤也。《史記·南越傳》「王王太后弱孤不能制」，亦以「弱孤」連文。自某氏誤以「孤有幼」連讀，後人遂改「老侮成人」爲「侮老成人」，而以「老成人」連讀矣。

又卷四《臏宮劓割頭庶剠》 《吕刑》「刵劓劅黥」，《堯典》正義引夏侯等書作「臏宮劓割頭庶剠」。引之謹案：「宮劓割」當作「宮割劓」。《太平御覽·刑法部》「宮割」下引《尚書刑德放》曰：「宮者，女子淫亂，執置宮中不得出。割者，丈夫淫，割其勢也。」此即訓釋《甫刑》之詞。今文《尚書·吕刑》作《甫刑》。蓋宮、割皆是淫刑，「割」字即在「宮」字下，故書緯隨「宮」字解之。若在「劓」字之下，則與「宮」字不相連屬，不得如此訓釋矣。《白虎通義》説五刑曰：「割宮，在其中刑者也。」盧氏紹弓所得小字舊本如是，俗本脱此八字。「割宮」當爲「宮割」，亦本《甫刑》也。其下文曰：「宮者，女子淫，執置宮中不得出也。此下亦當有「割者」二字。此釋「宮割」二字之義皆用書緯文也。後人以今本《尚書》有「宮」無「割」，故刪「割者」二字。不知「丈夫淫割去其勢」乃釋「割」字，非釋「宮」字也。丈夫淫，割去其勢也。」先言「宮」而後言「割」，亦依《甫刑》「宮割」之文而解之也。《列女傳·貞順篇》曰：「士庶人外淫者宮割。」鄭注《文王世子》曰：「宮割臏墨劓刖，皆以刀鋸刺割人體也。」又曰：「宮割，淫刑也。」又注《孝經》曰：「科條三千，謂劓墨宮割臏大辟。男女不與禮交者宮割。」皆本《甫刑》也。或曰：「安知經文不作『劓宮割』乎？」曰：「不然。」《尚書大傳》曰：「決關梁踰城郭而略盜者，其刑臏。男女不以義交者，其刑宮。觸易君命，革輿服制度，姦軌盜攘傷人者，其刑劓。」《秋官·司刑》注引。亦即依《甫刑》「臏宮割劓」之文爲先後之次。是「臏」字當在「宮割」之上，「劓」字當在「宮割」之下。大傳不言「割」者，言「宮」可以統「割」，故《甫刑》前言「宮割」，後則但言「宮辟」、「宮罰」也。王氏《尚書後案》曰：「臏宮劓割頭庶剠者，臏即刵，割頭即大辟，庶剠即墨庶，煮也。《秋官·庶氏》『以藥物熏攻毒蠱』，故以名官。彼注『庶』讀如『藥煮』之『煮』。《司刑》注：『墨，黥也。先刻其面以墨窒之。』言刻額爲瘡，以墨塞瘡孔令變色，則墨須煮，故云庶剠也。」引之謹案：王氏不知「割」字本在「宮」字下而誤以「割頭」二字連讀。其説「庶」字之義，尤爲穿鑿。今考《御覽·刑罰部》「黥」下引《尚書·刑德放》曰：「涿鹿者，笮人顙也。黥者，馬羈笮人面也。」今本《御覽》「笮」誤爲「竿」。《酉陽雜俎·黥篇》引此作「笮」，今據以改正。《魯語》：「中刑用刀鋸，其次用鑽笮。」韋注曰：「笮，黥刑也。」又

引鄭注曰：「涿鹿黥，皆先以刀笮傷人，墨布其中，故後世謂之刀墨之民也。」今本「刀墨之民」脱「刀」字，「之」誤爲「土」，並據《酉陽雜俎》所引改正。然則墨刑在面謂之黥，在額謂之涿鹿。「涿」古讀若「獨」。涿鹿，疊韻字也。《逸周書·史記篇》「昔阪泉氏徙居至于獨鹿」，「獨鹿」即「涿鹿」。《周官·壺涿氏》故書「涿」爲「獨」。《左傳》「齊顔涿聚」，《晏子春秋·外篇》作「顔燭鄒」。《説苑·正諫篇》作「顔燭趨」。《漢書·古今人表》作「顔燭雛」。頭庶剠，即涿鹿黥。「頭」、「涿」古同聲。「涿」字古讀若「獨」。《釋名》：「頭，獨也，於體高而獨也。」「頭」、「獨」、「涿」古並同聲。「庶」則「鹿」之譌耳。草書「鹿」字作「[illegible]」，「庶」字作「[illegible]」，二形相似。

又卷九《薦豆籩徹》

「凡大祭祀，王后不與，則攝而薦豆籩徹。」家大人曰：「薦豆籩徹」當爲「薦徹豆籩」，謂豆籩之薦與徹皆掌其事也。今作「薦豆籩徹」，則文不成義，寫者誤倒之耳。唐石經同。疏云：「薦豆籩徹者，凡祭祀，皆先薦後徹，故退徹文在下。」此曲爲之説也。此疏恐經後人改竄，非賈氏原文也。蓋後人所見經文，已誤作「薦豆籩徹」，故不得其解而强爲之説耳。後「外宗」疏引此正作「薦徹豆籩」，與此疏不合，故知此疏爲後人所改。但言「薦徹豆籩」，即是先薦而後徹，何得退「徹」字於「豆籩」之下乎？據注云：「薦徹豆籩，王后之事。」則正文亦作「薦徹豆籩」可知。《九嬪職》云：「凡祭祀，贊后薦徹豆籩。」是其證。

又《若軍將有事則與祭有司將軍于四望》

《小宗伯》：「若軍將有事，則與祭有司將事于四望。」鄭注曰：「軍將有事，將與敵合戰也。鄭司農云：『則與祭，謂軍祭表貉軍社之屬，小宗伯與其祭事。』元謂與祭有司，謂大祝之屬。」《釋文》：「與，音預。」引之謹案：「于四望」三字當在「若軍將有事」之下，寫者錯亂耳。《大祝》云：「國將有事于四望，則前祝。」此云：「若軍將有事于四望，則與祭有司將事。」正相合也。「與」讀「與共」之「與」。《泉府》曰：「凡民之貸者，與其有司辨而授之。」《鄭長》曰：「若歲時簡器，與有司數之。」《掌固》曰：「有移甲與其役財用，與國有司帥之。」與祭有司將事者，謂與掌祭祀之有司共行事也。《士昏禮記》：「某既得將事矣。」鄭注：「將，行也。」《祭僕》云：「掌受命于王以眡祭祀，而警戒祭祀有司。」鄭彼注云：「祭祀有司，有事于祭祀者。」即此所謂「祭有司」也，不直曰「有司」而曰「祭有司」者，以大司馬之屬亦有有司，《大司馬》曰：「左右陳車徒，有司平之。」但彼掌軍事，此掌祭事，故別之曰「祭有司」也。先後鄭不察經文之誤，又未考《祭僕》之文，遂讀「與」爲「預」，而或以「與祭」絶句，或以「與祭有司」連讀，或以「有事」爲祭表貉軍社，或以「有事」爲合戰，胥失之矣。劉氏端臨謂「祭」字爲衍文，亦非。

又卷一〇《乏參侯道居侯黨之一西五步》

《鄉射禮》「乏參侯道，居侯黨之一，西五步」，鄭注曰：「侯道五十步，疏曰：「《記》云：『鄉侯道五十弓。』弓之下制六尺，與步相應，故鄭云步也。」此乏去侯，北十丈，疏曰：「五十步計之，步六尺，五十步，則三十丈，三分取一爲十丈。」西三丈。」疏曰：「經云西五步，五六三十，故云三丈也。」疏曰：「云乏參侯道者，謂三分侯道。云居侯黨之一者，黨，旁也。案：此説無據，遍考書傳，無訓「黨」爲「旁」者。謂在侯西北邪向之，故以旁言之。其居旁之一者，謂侯道内三分之，居一分之地十丈也。」案：注謂去侯北十丈，非謂居侯旁十丈也。敖繼公曰：「侯黨，指侯之西邊而言。此乏參分侯道而居其一，乃云侯黨者，明雖取數於侯道，實取節於侯黨也。」案：西五步，乃取節於侯黨。參之一，則取數於侯道。二者各殊，不得强爲牽就也。引之謹案：賈氏、敖氏之説皆非也。「之一」二字當在「乏參侯道」下，讀「乏參侯道之一」爲句。乏參侯道之一者，乏之去侯之度，參分侯道之一也。《考工記·車人》：「羊車二柯，有參分柯之一。」隱元年《左傳》：「大都不過參國之一。」文義正與此同。侯道三十丈，參分之一爲十丈。經言「乏參侯道之一」，故注言此乏去侯北十丈也。黨，所也。《曾子問》曰：「歸葬於女氏之黨。」《禮器》曰：「父黨無容。」哀五年《左傳》：「師乎師乎何黨之？」《史記·齊世家》集解引服虔注曰：「黨，所也。」《越語》：「夫上黨之國。」韋昭注曰：「黨，所也。」文十三年《公羊傳》：「往黨，衛侯會公於沓。反黨，鄭伯會公於斐。」何休注曰：「黨，所也。所猶時，齊人語也。」《齊策》曰：「歸於何黨矣。」《釋名》曰：「上黨，黨，所也。在山上，其所最高，故曰上黨也。」侯黨，設侯之所也。乏在其西五步，故云居侯黨西五步。六尺爲步，五六三丈。經言居侯黨西五步，故注言去侯西三丈也。不云「北幾步」者，參分侯道之一，爲去侯北十六步又六分步之四，奇數不成步，不可以步言，故不云「北幾步」，而云「參侯道之一」也。云「參侯道之一」，則南北之度已明，而猶未及東西之度，故又云「居侯黨西五步」也。傳寫者誤倒「之一」二字於「侯黨」下，於是「乏參侯道」遂成不了之語。而「居侯黨西五步」，六字之間雜以他句之字，頓使文義隔絶。且有參而後有一，不與參侯道言一，而於居侯黨言一，則文不成義矣。賈氏、敖氏不能釐正，但據已誤之本，多方牽就而卒不可通。豈知依注以考經，其脈絡本自分明，百世而下，猶可改而還其舊邪？

又《翭矢　志矢》

「翭矢一乘，骨鏃短衛。志矢一乘，軒輖中，亦短衛。」《識誤》曰：「案：《釋文》『翭』字上更有一『矢』字，從《釋文》。」盧氏抱經《儀禮音義攷證》曰：「本作『矢翭矢』，後人删去上一『矢』字耳。上『矢』字爲下『翭矢』、『志矢』作目，非衍文也。」家大人曰：「『翭矢一乘』本作『矢，句。翭一乘。』『志矢一乘』本作

「志一乘」。「猴」與「志」皆承上「矢」字言之，故不更言「矢」。今本「猴」上無「矢」字，而下文作「猴矢」、「志矢」者，「矢猴」誤作「猴矢」，後人不達，又於「志」下加「矢」字以對「猴矢」耳。自唐石經已然，而各本皆沿其誤。案：《釋文》出「矢猴」二字而釋之云：「音侯。又音侯。」是陸本「猴」上有「矢」字而「猴」下無「矢」字。若「猴」下有「矢」字，則當出「猴矢」二字，不當出「矢猴」二字矣。又案：鄭注云：「猴，猶候也，候物而射之矢也。」則正文但言「猴」而不言「猴矢」可知。注又云：「志，猶擬也，習射之矢。《書》曰：『若射之有志。』」則正文但言「志」而不言「志矢」又可知。又賈疏云：「引《尚書・盤庚》者，證志爲準擬之事。」又云：「前重後輕者，據殺矢、猴矢、枉矢、絜矢、矰矢、茀矢而言，此志是恒矢、痺矢，無前重後輕。」又《周官・司弓矢》注云：「恒矢之屬軒輖中，所謂志也。」正指此文「志一乘軒輖中」而言，則「志」下之無「矢」字益明矣。《爾雅》曰：「金鏃翦羽謂之鍭。」「鍭」、「猴」古字通。《大雅・行葦》曰：「四鍭既鈞。」是「鍭矢」但言「鍭」之證也。《爾雅》曰：「骨鏃不翦羽謂之志。」是「志矢」但言「志」之證也。張氏、盧氏但知上「矢」字之非衍，而不知下兩「矢」字之衍，失之矣。《後漢書・南蠻傳》注引此作「矢，鍭一乘」。「鍭」上有「矢」字而「鍭」下無「矢」字，與《釋文》合。《周官・司弓矢》疏引此作「志一乘」，無「矢」字，與彼注此疏皆合，今據以訂正。

又卷一一《道遠日益云》 「君子亂言弗殖，神言弗致。各本「亂言」下衍「而」字，「致」下衍「也」字，今據上下文刪。道遠日益云。衆言弗主，各本「言」作「信」，涉下「不信」而誤。今據注及上下文改。靈言弗與，人言不信不和。」家大人曰：余友汪氏容甫云：「『亂言弗殖』五句一氣相承，無容插入『道遠日益云』五字，此五字當在上文『兩問則不行其難者』下。『云』當作『矣』。見下引《荀子》。此承上之詞也，言君子疑則不言，未問則不言，兩問則不行其難者如此，則道遠日益矣。楊倞注《荀子》云：「爲道久遠，自日有所益。」《荀子・大略篇》：『君子疑則不言，未問則不言，今本「言」譌作「立」，楊注：「未曾學問，不敢立爲論議。」非是。道遠日益矣。』語皆本於《曾子》。以是明之。」陳氏觀樓説略同。

又《致敬而不忠》 《曾子立孝篇》：「盡力而無禮，則小人也。致敬而不忠，則不入也。」引之謹案：「致敬而不忠」當作「致忠而不敬」。此承上「微諫不倦」而言。不敬，則雖忠而言不見聽，故曰「不入」。《内則》云「諫若不入」是也。「致忠」與「盡力」事相類，「不敬」與「無禮」事亦相類。下文「禮以將其力」，承「盡力而無禮」言之。「敬以入其忠」，承「致忠而不敬」言之。然則今本作「致敬而不忠」者誤也。

又卷一二《枉者滅廢》 《武王踐阼篇》：「枉者滅廢，敬者萬世。」家大人曰：「滅廢」本作「廢滅」。後人不通古音，故改爲「滅廢」以與「世」字爲韻，不知「世」字古又讀若「設」，故與「滅」爲韻。《大雅・蕩篇》「在夏后之世」，與「揭」、「害」、讀若「曷」。「撥」爲韻。《莊子・大宗師篇》「所以行於世也」，與「殺」爲韻。皆其證也。王應麟曰：「《學記正義》、《尚書帝命驗》『滅廢』作『廢滅』。」是王所見《學記正義》本作「廢滅」，而今本《正義》作「滅廢」，則又後人依俗本《大戴》改之也。唯《史記・周本紀》正義引《帝命驗》作「廢滅」，則至今未改。

又《賜得則願聞之也》 家大人曰：當作「賜則願得聞之也」。今本「得」字在「則願」上，則文不成義。《永樂大典》本作「賜得願聞之也」，亦非。《家語》省其文作「賜願得聞之」，亦以「願得」連文。

又《大史内史》 家大人曰：此本作「内史大史」，後人以「大史」不當在「内史」之下，故互易之耳。不知上文亦作「内史大史」，且《周官内史》中大夫、大史下大夫，則「大史」固當在「内史」之下。《孝經序》正義引此正作「内史大史」。

又卷一三《治志》 「曰治志者也。」家大人曰：「治志」本作「志治」。上文「煩亂之而志不治」，正與「志治」相反。志治者，其志不亂也。《巽・象傳》：「利武人之貞志治也。」若作「治志」，則於義疏矣。《逸周書》正作「志治者也」。

又《生民》 「生民有黔陽。」「黔」今作「陰」。家大人曰：「生民」本作「民生」，言民生而有陰陽，故多隱其情，飾其僞也。見下文。據盧注云：「人含陰陽之氣，生而有知。有知，故生機僞。」則正文之先民而後生可知。《逸周書》作「民生則有陰有陽」。

又《故男以八月而生齒八歲而齔》 家大人曰：此二句本在下文「一陰一陽，然後成道」之下。今本上下互易，則文義倒置。今依《外傳》、《説苑》、《家語》訂正。

又《及日》 「是故女及日乎閨門之内。」家大人曰：「及日」當依新校本作「日及」，言終日所及，不出乎閨門也。今本作「及日」，則不詞。恐曲爲之説，非。

又卷一四《二夫人相爲服》 「從母之夫，舅之妻，二夫人相爲服，君子未之言也。」鄭注：「二夫人，猶言此二人也。」引之謹案：正文、注文之「二夫人」皆當作「夫二人」，寫者誤倒耳。上文「夫夫也，爲習於禮者」，注曰：「夫夫，猶言此丈夫也。」是「夫」即「此」也，故曰「夫二人，猶言此二人。」《左傳・成十六年》：「夫二人

者，魯國社稷之臣也。」《管子・大匡篇》：「夫二人者，奉君令。」「夫」字皆在「二」字上。是其證。若作「二夫人」，則文不成義矣。注文之「此二人」若改爲「二此人」，其可乎？《釋文》出「二夫人」三字，則唐初本已誤。「夫二人相爲服」者，謂從母之夫舅之妻，與己兩相爲服也。《喪服》小功章：「從母，丈夫婦人報。」傳曰：「何以小功也？以名加也。外親之服皆緦也。」鄭注曰：「丈夫婦人，姊妹之子，男女同。」疏曰：「言丈夫婦人者，姊妹之男女，各本「姊妹」上衍「母之」二字，今刪。與從母兩相爲服。」緦麻章：「甥。」傳曰：「甥者何也？謂吾舅者，吾謂之甥，何以緦也？報之也。」「舅。」傳曰：「何以緦也？從服也。」是從母及舅皆有與己兩相爲服之禮。若從母之夫舅之妻，與己相爲服，則禮之所無，故君子未之言也。

又《措之于參保介之御閒》 「天子親載耒耜，措之于參保介之御閒。」段氏校本據《正義》改「之御」爲「御之」。見《校勘記》。引之謹案：《正義》舉經文云：「措之于參保介御之閒。」此寫者誤倒也，仍當作「保介之御閒」。《周頌・臣工》箋曰：「月令孟春，天子親載耒耜，措之于參保介之御閒。」彼《正義》曰：「盡保介之御閒，皆《月令》文。彼説天子耕藉田之禮，天子親載耒耜，措置之於參乘之人保介之與御者二人閒。」則鄭氏、孔氏所見《月令》本作「保介之御閒」明甚，不應《月令》正義又倒其文爲「御之」也。《晉書・禮志》、《隋書・禮儀志》、《鄭風・清人》正義、桓十四年《穀梁傳》疏、李善《東京賦》注、《續漢書・禮儀志》注、鈔本《北堂書鈔・禮儀部十二》、《太平御覽・禮儀部十六》引此並作「保介之御閒」。《東京賦》：「乘鑾輅而駕蒼龍，介馭閒以剡耜。」「馭」與「御」同。「馭閒」二字即取《月令》之文。《呂氏春秋・孟春紀》亦作「保介之御閒」，不得改爲「保介御之閒」也。馬氏元伯曰：「保介之御閒，之，猶與也。鄭注曰：『置耒於車右與御者之閒。』『與』字正釋『之』字。」案：馬説是也。《立政》曰「文王罔攸兼于庶言庶獄庶慎，惟有司之牧夫」，又曰「其勿誤于庶獄，惟有司之牧夫」，皆謂有司與牧夫也。《攷工記・梓人》「爲筍虡，凡攫閷援簭之類，必深其爪，出其目，作其鱗之而」謂作其鱗與而也。說見《攷工記》。文十一年《左傳》：「皇父之二子死焉。」二子者，公子穀甥、司寇牛父也。言皇父與二子皆死也。成十六年傳「潘尫之黨」，襄二十三年傳「申鮮虞之傳摯」，謂潘尫與黨、申鮮虞與傳摯也。説見《釋詞》。又案：「于參」，《呂氏春秋》作「參于」。「參于保介與御閒」，文義甚順。鄭注以爲勇士參乘，非也。書傳凡言「參乘」，無但曰「參」者。

又卷一五《乘馬服車不齒》 「有貳車者之乘馬服車，不齒。觀君子之衣服服劍乘馬弗賈。」鄭注「乘馬服車不齒」曰：「服車，所乘車也，車有新舊。」《正義》曰：「車有新舊，則年歲有多少，價數有貴賤。」引之謹案：《曲禮》曰：「齒路馬有誅。」僖二年《公羊傳》曰：「吾馬之齒亦已長矣。」蓋齒者，年數也。馬有二歲曰駒，三歲曰駣。鄭司農《校人注》。八歲曰齠之分，《説文》：「齠，馬入歲也。」故可計其年齒。若車之新舊，本無年數之可分，則無由而齒之矣。衣服亦有新舊，曷嘗有年齒之可計乎？「服車」二字當在下文「乘馬」之下、「弗賈」之上。《王制》曰：「命服命車，不粥於市。」明他車可粥於市也。《論語・先進篇》「顏淵死，顏路請子之車以爲之槨」。孔注曰：「顏路家貧，故欲請孔子之車，賣以作槨。」車可賣，則有賈矣。但尊者之車，不可論其賈之貴賤，故曰「觀君子之衣服服劍乘馬服車弗賈也」。自傳寫者誤置「服車」於「不齒」之上，而其義遂不可通。鄭所見本蓋已誤。

又《枕几穎杖》 「笏，書，脩，苞苴，弓，茵，席，枕，几，穎，杖，琴瑟。」鄭注曰：「穎，警枕也。」《正義》曰：「以經枕外別言穎，穎是穎發之義，故爲警枕。」引之謹案：「穎」字當在「枕」下。「枕穎」相連，故知。穎爲枕屬。《正義》謂經枕外別言穎，則所見本「穎」在「枕」下可知。若如今本「穎」在「几」下，則是几外別言穎，非枕外別言穎矣。《正義》述經曰「枕也，几也，穎警枕也，杖也」。當作「枕也，穎警枕也，几也，杖也」。今本「穎，警枕也」在「几也」之下，則後人據已誤之經文改之也。《釋文》「穎」作「穎」。盧氏參校宋本作「穎」，與《集韻》合。通志堂本作「穎」，非也。《玉篇》、《廣韻》並曰：「穎，篋也。」古迥切。與鄭異義，蓋出盧、王二家注文。《內則》曰「縣衾篋枕」，是枕有篋以貯之也。「穎」與「枕」相連，故或以爲警枕，或以爲枕篋耳。唐石經始誤倒「穎」字於「几」下。

又卷一六《尚亦有利哉》 《大學》引《秦誓》曰：「以能保我子孫黎民，尚亦有利哉！」鄭注曰：「尚，庶幾也。」家大人曰：「尚亦」當爲「亦尚」。高誘注《淮南・覽冥篇》曰「尚，主也」，今書作「亦職有利哉」。傳曰：「亦主有利。」職，亦主也。「亦尚」與「亦職」同。寫者誤倒其文耳。《秦誓》又曰「亦尚一人之慶」，是其證也。尚，亦主也。説見前「亦尚一人之慶」下。《論衡・刺孟篇》引《秦誓》曰「黎民亦尚有利哉」，此尤爲確證。又案：《禮記》所引《尚書》有與伏生今文同者。若《無逸》之言「乃雍」，今文「雍」作「讙」，而《檀弓》、《坊記》引書並作「讙」，是也。《大學》引《書》「亦尚有利哉」，蓋亦與今文同。《論衡》所引皆今文《尚書》，以是明之。

又卷一七《錯簡二十八字》 「趙衰爲原大夫，狐溱爲温大夫。衛人平莒于我。十二月，盟于洮，修衛文公之好，且及莒平也。晉侯問原守於寺人勃鞮，對

曰：『昔趙衰以壺飧從，徑餒而弗食，故使處原。』」引之謹案：「晉侯」以下二十八字，當在「衛人平莒于我」之前。其曰「故使處原」，正說趙衰爲原大夫之由也，錯簡在下耳。

又卷二〇《陽不承獲甸》 「陽不承獲甸而祇以覿武，臣是以懼。」韋注曰：「言陽人既不得承王室爲甸服，又懼晉不惠卹其民，適以震威燿武而見殘破。」家大人曰：據韋注則正文本作「陽不獲承甸」。今本「獲承」二字誤倒，則文不成義。

又《不賞善》 「若貪陵之人來而盈其願，是不賞善也。」家大人曰：「不賞善」，《左傳・成十三年》正義引作「賞不善」，是也。貪陵之人，不善之人也，而如其願以子之，則是賞不善也。今本「賞不」二字倒轉，則義不可通。

又卷二一《若無天乎云》 「秦穆公曰：『殺其內主，背其外賂，彼塞我施，若無天乎？云若有天，吾必勝之。』」韋斷「云」字上屬爲句，注曰：「云，言也，晉所行，若言無有天也。」家大人曰：「若無天乎云」，文不成義，且與下二句不相聯屬。「云」字當在下文「若」字下，而以「若無天乎」爲一句，「若云有天」爲一句。《魏志・公孫淵傳》：「淵令官屬上書自直於魏云：『若無天乎？臣一郡吉凶尚未可知。若云有天，亦何懼焉。』」「若無天乎」、「若云有天」，皆用《晉語》文，蓋所見本「云」字在「若」字下也。穆公之意，以爲若無天，則勝負尚未可知。若有天，則吾必勝之也。「若無天乎」之下不更贅一語者。下文明言「若云有天，吾必勝之」，義見於下，故文省於上也。《晉語》記申生之言曰：「伯氏不出，奈吾君何？伯氏苟出而圖吾君，申生受賜以死，今本「死」上衍「至于」二字，辨見《國語》。雖死何悔！」《檀弓》記其言則曰：「伯氏不出而圖吾君，伯氏苟出而圖吾君，申生受賜而死。」「伯氏不出而圖吾君」之下不更贅一語，亦是義見於下而文省於上也。

又《吾不服諸夏而獨事晉》 韋注曰：「不服，心不服也。」引之謹案：韋意蓋謂諸夏事晉，靈王心不服矣。今案：而者，連及之詞。「吾不服諸夏而獨事晉」當作「諸夏不服吾而獨事晉」，傳寫者誤倒其文耳。昭十二年《左傳》：「楚子曰：『昔諸侯遠我而畏晉。』」正所謂「諸夏不服吾而獨事晉」也。若作「吾不服諸夏而獨事晉」，則義不可通矣。韋據誤本作注，故失其指。

又《象夢》 「而又使以象夢旁求四方之賢，得傳說以來，升以爲公。」家大人曰：「象夢」當爲「夢象」，謂以所夢見之人，作象而使求之也。據韋注云：「思賢而夢見之，識其容狀，故作其象而使求之。」則正文之作「夢象」甚明。今本「夢象」二字倒轉，則文義不順。《潛夫論・五德志篇》載其事云：「乃使以夢像求之四方側陋，得傳說，升以爲大公。」即用《國語》之文。

又卷二四《非有即爾》 二年傳：「器之與人，非有即爾。」何注曰：「即，就也。若曰：『取彼器與此人異國物。凡人取異國物，非就有，取之者皆持以歸爲有。』」引之謹案：據注則傳文當作「非即有爾」。傳作「非即有爾」，故注云「凡人取異國物非就有」也。下文「至乎地之與人，則不然」，注曰：「凡取地皆就有之，與器異也。」益足以見器之與人非即有矣。疏出「非有即爾」四字而解之曰：「謂非有就而有之爾。」則所據本已誤作「有即」。唐石經亦誤。

又《或曰往矣或曰反矣》 「或曰往矣，或曰反矣。」引之謹案：「往」、「反」當上下互易。何注曰：「或以爲鄭伯已知將見襲，必設備，不如還。或曰：『既出當遂往之。』」注先釋「反」後釋「往」，則傳之先言「反」後言「往」可知，寫者錯亂耳。唐石經已誤。

又卷二五《躬君》 「躬君弑於齊，使之主婚姻，與齊爲禮，其義固不可受也。」引之謹案：「躬君弑於齊」當作「君躬弑於齊」。范注曰：「魯桓親見殺于齊。」「魯桓」釋「君」字，「親見殺于齊」釋「躬弑於齊」四字，則范所據本作「君躬弑於齊」明甚。而《釋文》出「君弑」二字，則唐初「君」字已誤倒於「躬」字之下，不始於石經矣。或曰：「《釋文》當本作『躬弑』，後人以已誤之傳文改之也。」

又卷二八《如木楸曰喬》 引之謹案：「如木」當爲「木如」。上既言喬之形狀矣，此復明稱名取類之義，故特以「木」字别之。以首句即是言喬，故附於上句「曰喬」之下，一「木」字統下四句而言。上文「木自獘柛，立死椔，蔽者翳」，「木相磨槸，棤皵，梢梢擢」，「木」字皆統下文而言，且與上文更端，是其證也。今本作「如木楸曰喬」，則「木」爲衍文矣。

劉文淇等《舊唐書校勘記》卷一 「庚午，以僕射竇軌爲益州大都督。」沈氏炳震云：「正月無庚午，誤。《軌傳》武德三年拜益州道行臺左僕射，九年行臺廢，即授益州大都督。貞觀元年，徵爲右衛大將軍，非是年以僕射拜益州也。疑屬去年文，錯簡於此。」張氏宗泰云：「二月甲寅朔十七日得庚午。」

又卷八 「以德州刺史李景儉爲諫議大夫。」沈氏炳震云：「案：景儉元年十二月貶楚州刺史，未嘗爲德州。又案：《景儉傳》景儉初貶漳州，元稹爲相。改楚州諫官論之，稹懼物議，追還授少府少監，未嘗爲諫議大夫。疑非是。」張氏宗泰云：「考《景儉傳》景儉爲諫議大夫有二：一在元和末，由忠州刺史拜倉部員外郎，月餘驟遷諫議大夫。《傳》於下文又云『寵擢之後，淩蔑公卿，使酒尤甚。蕭俛、

段文昌輔政，景儉輕之，形於談謔。二人訴之穆宗，制貶建州刺史。未幾，元稹用事，自郡召還，復爲諫議大夫。其年十二月』云云，即上所書乘醉見宰相謾罵者也。是由刺史爲諫議大夫，與所書合。當即上八月甲寅下複書之錯簡，而又誤『建州』爲『德州』也。」

又 「戊寅，以新除武寧軍節度使李聽爲太子太保。」張氏宗泰云：「按：『寅』當作『申』，乃上辛丑、辛酉中錯簡。同一武寧軍節度使，李聽以辛丑除，高瑀又以辛酉除，二十日中連除兩節度，當無此事。此必李聽以辛丑除，後於戊申爲太子太保，故高瑀又以辛酉除也。不然則三月辛酉爲四月辛卯錯簡。」按：《通鑑》「李聽之前鎮武寧也，有蒼頭爲牙將。至是聽先遣親吏至徐州慰勞將士，蒼頭不欲聽復來，説軍士殺其親吏，臠食之。聽懼以疾固辭。辛酉，以前忠武節度使高瑀爲武寧節度使」，則「辛酉」二字非誤。既以高瑀代聽，乃以聽爲太子太保耳，亦非辛丑、辛酉中之錯簡。

又卷五一 「仍賜名。」沈氏炳震云：「案：此句當在上文『築臨涇城』句上。」

又 「須録孤遺。」《册府》、《全唐文》七十三。「孤」在「遺」下。

張文虎《校刊史記集解索隱正義札記》卷一 東往。南宋本倒。

又 楚漢久相持。「楚漢」毛本倒。

又 年少。中統、游本倒。

又 傳置。《索隱》本與《漢書》合，各本誤倒。

又 西河。凌本倒誤。

又卷三 北曰左肩，主左將。西北曰右肩，主右將。東南曰左足。此二十字各本並錯在「故軒轅氏占參」下，「左將」、「右將」下並衍「軍」字。官本與《晉志》合。

又 主後將。西南曰右足，主偏將。故軒轅氏占參。此十七字各本並錯在上文「三將軍東」下，「後將」、「偏將」下並衍「軍」字，「參」字誤作「之以」二字。官本與《晉志》合。

又 主天下兵振。官本與《晉志》合。各本「主」字錯在「天下」下。

又 芒角張王道缺。官本與《晉志》合。各本「芒角張」三字錯在「明與參等」上。

又 排賢用佞。各本「排用」互易，官本不誤。

又 曰鉞正義一星爲質。「一星」二字各本倒在下，官本不誤。

又 主木草。據《索隱》似本作「草木」，然《漢志》亦作「木草」。

又卷四 奇計正義律之音聲。今本《六韜》「之音」誤倒。

又 國未可量集解世數長短。宋本「數長」字誤倒。

又 商之以興集解有顛之越之。舊刻「顛之」字倒，無下「之」字。

又 芒子盈。「芒」字誤倒，依《左傳注疏》乙。

又 成叔武正義在濮州雷澤縣。「在」字原錯在「縣」下，《考證》移改。

俞樾《諸子平議》卷二 「割越地，南據宋鄭，征伐楚。」樾謹按：「南」字當在「鄭」字下。《管子》原文本作「割越地，據宋鄭，南征伐楚」，今本「南」字誤移在上，則「征伐楚」句不成義矣。《齊語》作「遂南征伐楚」，其明證也。

又 「與魯以戰，能使魯敗。」樾謹按：「與以」二字，傳寫互誤，當作「以魯與戰」，言以魯國之師與齊戰也。「能」字義不可通。管仲以魯師與齊戰，豈反使魯敗乎？「能」當讀爲「乃」。以魯與戰，乃使魯敗，明是天意，非人力所爲也。「能」與「乃」聲近，故得通用。《淮南・人間篇》「此何遽不能爲福乎」，《蓺文類聚・禮部》「能」作「乃」。《漢書・匈奴傳》「東援海代，南取江淮，然後乃備」，《漢紀》「乃」作「能」。並其證也。

又卷三 「而死民不服。」樾謹按：此本作「而民死不服」，言民至死不服也。「民死」二字傳寫誤倒，尹注遂斷「而死」二字爲句，失之矣。

又 「强而可使服事，辯以辯辭，智以招請，廉以標人。堅强以乘六，廣其德以輕上。位不能使之而流徙，此謂國亡之郄。」樾謹按：「國亡之郄」當依注作「亡國之郄」，與下文「成國之法」正相對成文。然則此七句者，非美事也，而尹注皆失之。今爲釋其義曰：「强而可使服事」者，言下不順從上令，强之而後可使服事也。「辯以辯辭」者，下「辯」字當讀爲「變」。《禮記・禮運篇》「大夫死宗廟謂之變」，鄭注曰：「『變』當爲『辯』。」是其例也。謂以辯給變亂人之辭也。「智以招請」者，「請」讀爲「情」。《荀子・成相篇》「聽之經明其請」，楊注曰：「『請』當爲『情』。」是其例也。《國語・周語》曰：「而好盡言以招人過。」此「招」字義與彼同。言恃其智以招人之情實也。「廉以標人」者，「標」讀爲「剽」。《後漢書・崔寔傳》「剽賣田宅」，李賢注曰：「『剽』一作『標』。」是其例也。《説文・刀部》「剽，砭刺也」，廉而剽人，言恃其廉而傷人也。「堅强以乘六」者，尹注曰：「君能堅意强力以乘上之六者。」然上文並無六者，注説非也。「六」乃「下」字之誤，草書相似故也。《國語・周語》曰「乘人不義」，韋注曰：「乘，陵也。」「堅强以乘下」，言堅强以陵下也。「廣其德以輕上位」者，「位」字當屬下讀，「廣其德以輕上」與「堅强以乘下」正相對成文，言廣樹其德，以分上之權，若齊之陳氏也。「位不能使之而流徙」者，「位」字據尹注作「任」，故云可以分其上之任，是「位」乃「任」之誤也。此文當作「任不能而使之流

徙」，言不能之人任之以事，而使之得罪流徙，所謂賊夫人之子也。今「而」字在「使」之下，乃傳寫誤倒。又誤「任」爲「位」而屬之上句，遂不可曉矣。

又 「無使其内使其外。」樾謹按：此當作「使其内無使其外」，與下句「使其小毋使其大」一律。

又 「如以予人財者，不如無奪時。如以予人食者，不如毋奪其事。」樾謹按：「如以予人財者」、「如以予人食者」當作「如以財予人者」、「如以食予人者」。「不如無奪時」當作「不如無奪其時」。

又卷四 「鬬譯跽。」樾謹按：此三字之義爲不可曉。據尹注曰：「譯傳言語相疾忌爲鬬訟者。」是其所據本作「譯忌鬬」，因傳寫奪「鬬」字，誤補之「譯」字之上，而「忌」字又從足作「跽」。此是所傳之異，非尹本之舊也。然尹説亦不可通。上文曰：「禁博塞，圉小辯。」上一字皆禁止之意，下二字皆實指其事。此文疑亦當同。「忌鬬」連文，雖未詳其義，然「譯」必「睪」之叚字。《説文・夲部》：「睪，司視也，從横目，從夲，令吏將目捕罪人也。」然則「睪」有捕治之義。禁圉之不止，從而捕治之，亦事之相因者矣。

又 「國法，法不一，則有國者不祥。」樾謹按：此本作「有國者，國法不一則不祥」，「有國者」三字總冒下五句。「國法不一則不祥」與下「民不道法則不祥」一律。因寫者奪「有國者」三字，而誤補之「則」字之下，則與下文句法不一律矣。「國法不一」句，又誤疊「法」字。尹注遂斷「國法」二字爲句，解曰：「有國者有法也。」增益以成其義，足知其非。

又卷五 「五種無不宜，其立后而手實。」《地員》。樾謹按：兩句傳寫誤倒。「其立后而手實」本在「五種」句前，總冒本篇。「五種無不宜」，自與「其木宜蚖蕃」云云相屬，乃專説五施之士。證以下文，其誤自見矣。

又卷六 「二五者，童山竭澤，人君以數制之人。味者所以守民口也，聲者所以守民耳也，色者所以守民目也。人君失二五者，亡其國。大夫失二五者，亡其勢。民失二五者，亡其家。」樾謹按：「童山竭澤」四字當在上文「至於黄帝之王」句下。《輕重戊篇》云「黄帝之王，童山竭澤」，是其明證。傳寫誤入此，不可通矣。「人君以數制之人」句亦不可通。疑下「人」字衍文也。此文本云「二五者人君以數制之。人君失二五者，亡其國。大夫失二五者，亡其勢。民失二五者，亡其身」。至「味者所以守口也」三句當在「二五者人君以數制之」之上。試連上文讀之曰：「其在色者青黄白黑赤也，其在聲者宮商羽徵角也，其在味者酸辛鹹苦甘也。味者所以守民口也，聲者所以守民耳也，色者所以守民目也。」如此則文義俱順矣。「二五者人君以數制之」又遠蒙「事名五正名五」而言，下接「人君失二五者亡其國」。今於中間又錯入「味者所以守民口也」三句，則文不貫矣。幸其衍一「人」字，知「以數制之」下本與「人君」相連，其迹未泯，尚可訂正。

又 「楚生鹿當一而八萬。」樾謹按：此本作「楚生鹿一而當八萬」，言一鹿直八萬泉也。傳寫者誤移「當」字於「一而」之上，義不可通。又按：下文曰「子爲我致生鹿二十，賜子金百斤」，是一鹿直金五斤也，而當八萬泉，則金一斤直泉一萬六千。蓋金一兩而泉一千也。《漢書・食貨志》曰：「黄金重一斤，直錢萬。」是春秋時金價貴於漢也。

又卷七 「爲禳君鴞而殺之。」樾謹按：《説苑》作「爲君禳鴞而殺之」，此文「君禳」字誤倒。

又 「召衣冠以迎晏子。」《外篇重而異者》。樾謹按：此本作「召晏子衣冠以迎」。上文景公曰「請易衣革冠更受命」，故此云「衣冠以迎」。王氏念孫謂「易衣革冠」已見上文，不當重出，非也。下云：「公下拜，送之門。」有迎乃有送，可知此四字之非衍，特傳寫奪去，而補者誤著之「召」字之下，則文不成義。《羣書治要》因删此四字矣。

又 「若使古之王者毋知有死。」樾謹按：「毋知有死」本作「如毋有死」。「如」與「而」通。「如毋有死」者，而毋有死也。《諫上篇》云「若使古而無死」，此云「若使古之王者，如毋有死」，文異而義同。因「如」誤作「知」，寫者遂移至「毋」字之下，義不可通矣。

又卷八 「如春登臺。」二十章。樾謹按：「如春登臺」與十五章「若冬涉川」一律。河上公本作「如登春臺」，非是。然其注曰：「春陰陽交通，萬物感動，登臺觀之，意志淫淫。」然是亦未嘗以「春臺」連文，其所據本亦必作「春登臺」，今傳寫誤倒耳。《文選・閒居賦》注引此已誤。

又 「道之爲物，惟恍惟惚。惚兮恍兮，其中有象。恍兮惚兮，其中有物。」二十一章。樾謹按：「惚兮恍兮」二句當在「恍兮惚兮」二句之下。蓋承上「惟恍惟惚」之文，故先言「恍兮惚兮，其中有物」，與上「道之爲物，惟恍惟惚」四句爲韻。下文「惚兮恍兮，其中有象」，乃始變韻也。王弼注曰：「萬物以始以成，而不知其所以然，故曰『恍兮惚兮，惚兮恍兮，其中有象也。』」注文當是全舉經文，而奪「其中有物」四字。然據此可知王氏所見本，經文猶未倒也。

又　「古之所以貴此道者，何不曰以求得有罪以免邪，故爲天下貴。」樾謹按：《唐景龍碑》及傅奕本並作「求以得」，正與「有罪以免」相對成文，當從之。「古之所以貴此道者何」九字爲句，乃設爲問辭以曉人也。「不曰求以得有罪以免邪」，言人能修道，則所求者可以得，有罪者可以免也。「不曰」字、「邪」字相應，猶言「豈不以此邪」，謙不敢質言也。下云「故爲天下貴」，則自問還自答也。河上公本「不曰」誤作「不日」，因曲爲之説曰「不日日遠行求索，近得之於身」，失其義矣。

又卷九　「夫惡有同方取，不取同而已者乎？」樾謹按：「取不」二字傳寫誤倒。「而」字當在「取同」二字之上。「已」當爲「人已」之「已」。此文本云「夫惡有同方不取，而取同已者乎」，「同方」謂同道也。「同已」謂與已意同也。聖人但取其與道同，而不必其與已意同，故曰「夫惡有同方不取，而取同已者乎」。傳寫錯誤，遂不可讀。畢曲爲之説，非是。

又　「以爲錦繡文采靡曼衣之。」《辭過》。樾謹按：「衣之」當作「之衣」，此十字一句讀。

又　「賊其人多，故天禍之。」樾謹按：當作「其賊人多」，與上文「其利人多，故天福之」相對。

又　「助之動作者衆，即舉其事速成矣。」樾謹按：此本作「即其舉事速成矣」。上文三言「則其」，此言「即其」，「即」、「則」古通用也。今作「即舉其事」，誤。

又卷一〇　「天之爲政於天子天下百姓未得之明知也。」樾謹按：下「之」字當在「知」字下，畢校已及。上「之」字當在「天」字上，屬上爲句。本云：「天子爲政於三君諸侯士庶人，天下之士君子，固明知之。」今「之」字誤在「天」字下，則「固明知」句文氣未足。且「天爲政」與「天子爲政」相對，不當作「天之爲政」也。畢校未及，故具説之。

又　「今國君諸侯之有四境之内也，夫豈欲其臣國萬民之相爲不利哉？」樾謹按：「臣國」當爲「國臣」，正對「國君」而言。君曰國君，故臣曰國臣也。今倒作「臣國」，義不可通。

又　「夫仁人事上竭忠，事親得孝，務善則美，有過則諫。」樾謹按：「得」字、「務」字傳寫互易。「事親務孝」，言事親者務爲孝也，與「事上竭忠」相對。「得善則美」，言有善則美之也，與「有過則諫」相對。

又卷一一　「勇，志之所以敢也。次無閒而不攖攖也。力，刑之所以奮也。」樾謹按：「次無閒而不攖攖也」當在上文「似有以相攖有不相攖也」之上，文義方以類相從。此文「勇，志之所以敢也。力，刑之所以奮也」兩語本相儷，中間闌入此句，則儷句隔絶矣。下文「利所得而喜也，害所得而惡也。譽明美也，誹明惡也。功利民也，罪犯禁也。賞上報下之功也，罰上報下之罪也。聞耳之聰也，言口之利也。法同則觀其同，法異則觀其宜」並是儷句，今皆以它文隔絶，由墨子寫此篇本旁行，故易以錯亂，今亦未敢一一訂正也。

又　「嘿則思，言則誨，動則事，使者三代御，必爲聖人。」《貴義》。樾謹按：「使者三代御」當作「使三者代御」。三者即嘿、言、動三事也。御，用也。《荀子・禮論篇》「時舉而代御」，楊注曰：「御，進用也。」此云「代御」，義與彼同，言更迭用此三者，則必爲聖人也。因「三者」二字傳寫誤倒，畢遂曲爲之説，謬矣。

又卷一二　「重死持義而不撓。」樾謹按：此本作「重死而持義不撓」，故楊注曰：「雖重愛其死，而執節持義，不撓曲以苟生也。」是楊氏所據本「而」字在「持義」之上。

又卷一三　「而順暴悍勇力之屬，爲之化而愿。」樾謹按：楊注曰：「順，從也，謂好從暴悍勇力之人，皆化而愿慤也。」然此句與下二句本一律，多一「順」字，則不詞矣。「而順」當作「順而」，「順而」猶「從而」也。「順而暴悍勇力之屬，爲之化而愿。旁辟曲私之屬，爲之化而公。矜糾收繚之屬，爲之化而調」皆承上文「所存者神，所爲者化」而言。《性惡篇》曰：「順是故争奪生而辭讓亡焉，順是故殘賊生而忠信亡焉，順是故淫亂生而禮義文理亡焉。」諸「順」字並與此同，猶言順是而暴悍勇力之屬皆爲之化焉。因「順而」譌爲「而順」，文義遂不可通。或乃疑其有闕文矣。

又卷一四　「水行者表深。」樾謹按：「水行」當作「行水」。「行水者表深」與下文「治民者表道」一律。《孟子・離婁篇》「如智者若禹之行水也」，此「行水」二字之證。

又　「溝中之瘠也，則未足與及王者之制也。」樾謹按：此文當在「東海之樂」下。《荀子》原文蓋云：「語曰：『淺不足與測深，愚不足以謀知。坎井之鼃，不可與語東海之樂。溝中之瘠，未足與及王者之制。』此之謂也。」「坎井之鼃」二句，所謂淺不足與測深也。「溝中之瘠」二句，所謂愚不足以謀知也。傳寫誤倒在上，又衍兩「也」字、一「則」字。

又卷一五　「不然，今塗之人者，皆内可以知父子之義，外可以知君臣之正。」樾謹按：「不然」二字當在「今」字之下。「今不然」三字爲句。上文云「今不然人之性惡」，是其例也。

又 「莫敢犯大上之禁。」《君子》。樾謹按：楊注曰：「『大』讀爲『太』。太上，至尊之號。」其説非也。此當作「莫敢犯上之大禁」，傳寫倒之耳。下文云「皆知夫犯上之禁，不可以爲安也」，不言「犯大上之禁」，可知此文之誤矣。

又 「請牧祺，明有基。」樾謹按：上文云「請牧基，賢者思」，此文亦當作「請牧基明有祺」，傳寫者誤倒「基」、「祺」兩字耳。楊注曰：「請牧治吉祥之事，在明其所有之基業也。」則所見本已倒矣。

又 「夫遇不遇者時也，賢不肖者材也。君子博學深謀，不遇時者多矣。由是觀之，不遇世者衆矣。」樾謹按：「由是觀之」四字，當在「君子博學深謀」句上。

又 「今女衣服既盛，顔色充盈，天下且孰肯諫女矣。由。」樾謹按：楊注曰：「告之畢，又呼其名，丁寧之也。」此説非是。下文孔子曰：「志之，吾語女。」此「由」字當在「孔子曰」之下，「由志之」三字連文。上文孔子曰：「由志之，吾語女。雖有國士之力，不能自舉其身。」亦以「由志之」三字連文，可證「孔子曰」下必當有「由」字也。《韓詩外傳》正作「孔子曰：『由志之，吾語汝。』」

又卷一六 「是殆見吾衡氣幾也。鯢旋之潘爲淵，止水之潘爲淵，流水之潘爲淵，濫水之潘爲淵，沃水之潘爲淵，氿水之潘爲淵，雍水之潘爲淵，汧水之潘爲淵，肥水之潘爲淵，是爲九淵焉。嘗又與來。」樾謹按：上文云：「是殆見吾杜德幾也，嘗又與來。」又曰：「是殆見吾善者幾也，嘗又與來。」然則此文「是殆見吾衡氣幾也」下即當言「嘗又與來」，方與上文一律。乃於中間羅列九淵，殊爲無謂。疑此五十八字乃它處之錯簡。《莊子・應帝王篇》止列首三句，而總之曰「淵有九名，此處三焉」，正以其與本篇文義無關，故略之耳。然可證《莊子》所見本已與今同，蓋古書之錯誤久矣。

又 「此者八徵，形所接也。」樾謹按：當作「此八者，形所接也」，與下文「此六者，神所交也」相對。

又 「其陰陽之審度，故一寒一暑。」樾謹按：「審度」二字傳寫誤倒，本作「其陰陽之度審」。下句云：「其昏明之分察，故一晝一夜。」「度」與「分」對，「審」與「察」對，以是明之。

又 「唯默而得之，而性成之者得之。」樾謹按：「而性成之」當作「性而成之」。《湯問篇》曰：「默而得之，性而成之。」是其證。

又卷一七 「聽止於耳，心止於符。氣也者，虚而待物者也。」樾謹按：上文云「無聽之以耳，而聽之以心。無聽之以心，而聽之以氣」，此文「聽止於耳」當作「耳止於聽」，傳寫誤倒也，乃申説「無聽之以耳」之義，言耳之爲用，止於聽而已，故無聽之以耳也。「心止於符」乃申説「無聽之以心」之義，言心之用，止於符而已，故無聽之以心也。符之言合也，言與物合也，與物合則非虚而待物之謂矣。氣也者，虚而待物者也，乃申説「氣」字，明當聽以氣也。郭注曰：「遺耳目，去心意，而符氣性之自得，此虚以待物者也。」誤以「符氣」二字連讀，不特失其義，且不成句矣。

又卷一八 「方且爲緒使。」樾謹按：「緒使」疑本作「使緒」，故郭注曰：「將興後世事役之端。」以「事役」字釋「使」字，以「端」字釋「緒」字也。下句曰：「方且爲物絯。」「使緒」、「物絯」兩文相對，言爲事作端緒，爲物作絯束也。若作「緒使」，不特意不可通，且與下句不倫矣。

又 「故曰：『聖人休休焉，則平易矣。』」《刻意》。樾謹按：「休焉」二字傳寫誤倒。此本作「故曰：『聖人休焉，休則平易矣。』」《天道篇》「故帝王聖人休焉，休則虚」，與此文法相似，可據訂正。

又 「於是逡巡而卻，告之海曰：『夫千里之遠，不足以舉其大。千仞之高，不足以極其深。』」樾謹按：「海」字當在「曰夫」二字之下。

又卷一九 「樂與政爲正，樂與治爲治。」樾謹按：《吕氏春秋・誠廉篇》作「樂正與爲正，樂治與爲治」。疑此文亦當同，傳寫誤倒。

又卷二〇 「無宿治，則邪官不及爲私利於民，而百官之情不相稽，則農有餘日。邪官不及爲私利於民，則農不敝。農不敝而有餘日，則草必墾矣。」《懇令》。樾謹按：此當作「無宿治，則邪官不及爲私利於民，而百官之情不相稽。邪官不及爲私利於民，則農不敝。百官之情不相稽，則農有餘日。農不敝而有餘日，則草必墾矣」，傳寫有奪誤耳。

又 「治國能富者貧，令貧者富，則國多力。」樾謹按：此當作「治國能令貧者富，富者貧」，今本傳寫誤倒，則「能富者貧」句，文義不足矣。且據上文云「貧者使以刑則富，富者使以賞則貧」，是「貧者」句宜在「富者」之前也。《説民篇》「治國之舉，貴令貧者富，富者貧」與此正同，可據訂。

又 「故天地設而民生，當此之時也。」樾謹按：此乃下《開塞篇》之起語。《開塞篇》曰：「天地設而民生之，當此之時也，民知其父而不知其母。」首二語誤入此篇，於上下文皆不屬，當刪。

又 「授官予爵，出則禄不以功，是無當也。」樾謹按：此本云「授官予爵出禄，不以功，則是無當也」，傳寫者誤移「則」字於「禄」字之上，遂不可通。

又卷二一 「人主欲見，則羣臣之情態得其資矣。」樾謹按：「欲見」當作「見欲」，與上文「見惡」、「見好」一例。見惡見好，即自見其所欲矣。下文曰：「豎刁易牙，因君之欲以浸其君者也。」正承此而言。《主道篇》曰：「君無見其所欲。」可證此文「見欲」之義。

又 「即邇以知其内，疏置以知其外。」樾謹按：「疏置」當作「置疏」，「疏」與「邇」對。今作「疏置」，則不對矣。下文曰：「倒言以嘗所疑，論反以得陰姦。」「論反」當作「反論」。「反論」與「倒言」相對，並傳寫誤也。

又 「事大未必有實，舉則圖而委，效璽而請兵矣。」《五蠹》。樾謹按：「舉則」二字誤倒。《道藏》本作「則舉」，當從之。《韓子》原文本作「事大必有實，則舉圖而委，效璽而請矣」，「未」字、「兵」字皆衍文也。言事大必有事大之實，非空言事大而已。舉圖而委，效璽而請，皆其實也。所謂「舉圖而委」者，謂舉地圖而委之大國，故下文曰「獻圖則地削」也。所謂「效璽而請」者，謂收百官之璽，效之大國，而請大國發之也，故下文曰「效璽則名卑」也。《外儲説右》云：「王因收吏璽，自三百石以上，皆效之子之，子之大重。」此雖非以小事大，然效璽之事則同。效璽初非請兵，淺人不得其解，於「請」下增入「兵」字，殊失本指。而趙用賢本乃於上句「委」字之下增「地」字以配之，謬矣。下文曰：「救小未必有實，則起兵而敵大矣。」「未」字亦衍文。謂救小必有救小之實，起兵敵大，是其實也。與此文正相對，因涉下文「救小未必能存」句而衍「未」字，遂於「事大必有實」句亦增「未」字。淺人不詳文義，率意增益，往往如此。

又 「人之情惡異於己者，此師徒相與造怨尤也。」樾謹按：兩句傳寫互易。「此師徒相與造怨尤也」與上文「此師徒相與異心也」文義相屬。「人之情惡異於己者」與下文「人之情不能親其所怨，不能譽其所惡」文義相屬，當乙正。

又 「能審因而加勝，則不可窮矣。」《決勝》。樾謹按：此本作：「能審因而加，則勝不可窮矣。」下云：「勝不可窮之謂神。」即承此言。今「則勝」二字傳寫誤倒。

又卷二三 「謁孔子而進食，孔子佯爲不見之。」《任數》。樾謹按：「孔子佯爲不見之」七字，當在上文「選間食熟」之上。《吕氏》本文蓋云：「孔子望見顔回，攫其甑中而食之，孔子佯爲不見之。選間食熱，謁孔子而進食。孔子起曰：『今者夢見先君，食潔而後饋。』」今到其文，則義不可通。李善注《文選・君子行》因并删此七字矣。

又卷二四 「待其功而後知其舜也，是市人之知聖也。」《審應》。樾謹按：上文云「未有功而知其聖也，是堯之知舜也」，然則此文亦當云「待其功而後知其聖也，是市人之知舜也」，「聖」、「舜」二字傳寫互易。

又 「以絳汾安邑，令負牛書與秦，猶乃善牛也。印雖不肖，獨不如牛乎？」樾謹按：此當作「令牛負書與秦」。高注曰：「言王使負牛持絳汾安邑之書，致之於秦，秦猶善牛。」亦當作「使牛負持」。正文、注文「牛」字並當在「負」字之上。蓋言王以地與秦，則雖使一牛負持其書以往秦，猶將善視此牛也，故曰「印雖不肖，獨不如牛乎」。今「牛」、「負」字倒，義不可通。畢氏沅曰：「負牛當亦是魏臣，在孟印之下。」誤矣。

又 「十人者其言不義也。」《期賢》。樾謹按：「其言」當作「言其」。「十人者言其不義也」，謂言伐衛之不義，「其」即指伐衛之事而言。

又 「竈突決，上棟焚。」《務大》。樾謹按：此本作「上焚棟」，傳寫誤倒。《諭大篇》作「竈突決則火上焚棟」，是其證。

又卷二五 「《春秋》曰：『晉伐鮮虞，奚惡乎晉而同夷狄也？』」樾謹按：自此至「是其所以窮也」當在《竹林篇》「鄭伐許」一節之前。彼文云：「《春秋》曰：『鄭伐許，奚惡於鄭而夷狄之也？』」中間亦有「問者曰」云云，與此文一律，故知兩文必相次也。《董子》原書當以「春秋分十二世以爲三等」節爲首篇，其篇名即曰「繁露」。今書稱「春秋繁露」者，以首篇之名，目其全書也。傳寫者誤取「楚莊王」及「晉伐鮮虞」二節，列于其前，遂以「楚莊王」題篇，并「繁露」之名而失之矣。然則「楚莊王」節宜在何處？曰「此固不可考」。然「晉伐鮮虞」節在《竹林篇》，則「楚莊王」節或亦當在《竹林篇》，蓋與「晉伐鮮虞」節本相次也。今本《竹林篇》「逢丑父」及「鄭伐許」兩節相次，古本此兩節之間，當有「楚莊王」及「晉伐鮮虞」兩節。「晉伐鮮虞」與「鄭伐許」固以類相從，而「楚莊王」節以楚莊殺陳夏徵舒、靈王殺齊慶封相提並論。「逢丑父」節以丑父欺晉、祭仲許宋相提並論，是二事亦以類相從也。然則此兩節之當廁於其間，無疑矣。傳寫者升此兩節於篇首，必非其舊。雖未敢率議遷迻，然不可不知其誤也。盧氏文弨注引錢説以爲後人掇拾綴緝所致，蓋已見及此，但未知爲《竹林篇》之錯簡耳。

又 「傳曰：『諸侯相聚而盟，君子修國曰此將率爲也哉！』」《盟會要》。樾謹按：「修國」二字當在「也哉」之上。「君子曰此將率爲修國也哉」，言將相率而修治其國也。上文曰：「以爲本於見天下之所以致患，其意欲以除天下之患。夫諸侯

相聚而盟，固欲相率而修治其國，其意本以除天下之患。而天下所以致患，即在於此。此春秋所以善胥命也。」「修國」二字誤倒在上，則文不可通。

又 「以爲一最。」樾謹按：當作「以一爲最」，與下文「五爲中，九爲殿」一律。

又 「是故以其三爲選。」樾謹按：依下文當作「是故其以三爲選」。

又卷二六 「今人有大義而甚無利。」《身之養》。樾謹按：當作「大有義而甚無利」，與下文「人甚有利而大無義」相對。

又 「號其大全，瞑也者，名其別離分散也。」《深察名號》。樾謹按：此本作「號其大全，名其別離分散也」，故下文曰「號凡而略，名詳而目」，正承此而言。「瞑也者」三字當在上文。按上文云：「士者事也，民者瞑也。士不及化，可使守事，從上而已。」此下當有「瞑也者」云云，乃釋「民者瞑也」之義。傳寫奪之，又誤著在後耳。

又 「今世闇於性，言之者不同。胡不試反性之名，性之名非生與？如其生之自然之資謂之性。性者，質也。詰性之質於善之名，能中之與？既不能中矣，而尚謂之質善，何哉？性之名不得離質，離質如毛，則非性矣。不可不察也。」樾謹按：此下當接「栣衆惡於内」云云，自此以下即爲《實性上篇》。《董子》論性，必反求諸性之名，故曰「性之名非生與」。論心必反求諸心之名，故曰「心之爲名栣也」。蓋古人言義理，不離乎聲音訓詁，即孔子正名之義。《實性篇》與《深察名號篇》所以相次也。後人因兩篇之文有相近者，遂將篇首「今世闇於性」云云誤羼入《深察名號篇》「春秋辨物之理」一節之上，而兩篇遂不可分矣。今定此爲《實性上篇》，而「孔子曰名不正則言不順」以下則爲《實性下篇》，庶不失《董子》之舊乎。

又卷二七 「二世不行此術，而重以無道，壞宗廟，與民更始作阿房之宮。」《過秦中》。樾謹按：「與民更始」四字當在「不行此術」句下。

又 「臣聞之，自禹以下五百歲而湯起。」《數甯》。樾謹按：《漢書》「射獵之娛，與安危之機孰急也」即接「使爲治勞知慮苦身體」云云，文氣吻合。今以「臣聞之自禹」以下至「又將誰須也」一段横隔其中，殊不可通。若移在篇首「臣竊惟事勢」之上則文理俱順矣。蓋由後人依《漢書》刪去此段，而校補者又不當其處耳。

又 「因觀成之廟，爲天下太宗，承太祖與天下漢長亡極耳。」樾謹按：此當作「爲天下大宗，承天下太祖，與漢長亡極耳」，「天下」二字誤在「漢」上，義不可通。

又 「天子都長安，而以淮南東南邊爲奉地。」樾謹按：自此至「陛下奈何久不正」，此與前段罷關意不相承，當合下《屬遠篇》爲一。蓋《壹通篇》之文至「審兼覆之義不便」而止。「天子都長安」以下即爲《屬遠篇》，傳寫者誤割之，非《賈子》之舊矣。

又卷二八 「知善而弗行，謂之不明。知惡而弗改，必受天殃。」樾謹按：「謂之不明」句當在「知惡而弗改」下。

又 「故古聖王君子不素距人，以此爲明察也。國之治政在諸侯大夫，士察之理在其與徒。」樾謹按：「察也」二字誤倒。「侯」字衍文。「士察」二字亦誤倒。本云：「故古聖王君子不素距人，以此爲明也。察國之治，句。政在諸大夫。察士之理，在其與徒。」下文云：「君必擇其臣。」即所謂察國之治政在諸大夫也。惟國之治在諸大夫，故君必擇其臣也。又云：「臣必擇其所與。」即所謂察士之理在其與徒也。惟士之理在其與徒，故臣必擇其所與也。舊校本作：「察國之治，在夫諸侯。察士之理，在其與徒。」下句得之，上句猶未得。又按：上句所謂「政在諸大夫」者，此「政」非「政令」之「政」，乃是語詞，猶言正在於此也。下文「政有命國無君也」，「政有命國無吏也」，「政有命國無人也」，又云「故政謂此國無君也」，「故政謂此國無吏也」，「故政謂此國無人也」，諸「政」字並同。《論語・述而篇》「正唯弟子不能學也」，即此文「政」字。

又卷二九 「扶摇抮抱羊角而上。」樾謹按：此當作「抮扶摇抱羊角而上」。讀者因《淮南》書多以「抮抱」連文，高氏此注又曰：「抮抱，引戾也。」故移「抮」字於下，使「抮抱」連文，以合於高注。不知高注自總釋二字之義耳，非正文必相連也。扶摇也，羊角也，皆風也。《莊子・逍遥遊篇》「摶扶摇而上者九萬里」，《釋文》引司馬云：「上行風謂之扶摇。」又曰「摶扶摇羊角而上者九萬里」，司馬云：「風曲上行若羊角。」是其義也。抮扶摇抱羊角而上，猶云摶扶摇羊角而上。今作「扶摇抮抱羊角」，則義不可通矣。

又 「今夫狂者之不能避水火之難，而越溝瀆之險者。」樾謹按：「不能」當作「能不」，傳寫誤倒。

又 「勢利不能誘也，辯者不能説也，聲色不能淫也，美者不能濫也，智者不能動也，勇者不能恐也。」樾謹按：「聲色」句移在「辯者」句前，則「勢利」、「聲色」以類相從，「辯者」、「美者」、「智者」、「勇者」亦以類相從矣。《文子・九守篇》正如此，可據以訂正。

又 「自東北方曰大澤，曰無通。」樾謹按：此當作「自東北方曰無通，曰大澤」，方與下文「東方曰大渚，曰少海。東南方曰具區，曰元澤。南方曰大夢，曰浩澤。西南方曰渚資，曰丹澤。西方曰九區，曰泉澤。西北方曰大夏，曰海澤。北方曰大冥，曰寒澤」文義一律。蓋無通也，大渚也，具區也，大夢也，渚資也，九區也，

大夏也，大冥也，所謂八殥也。大澤也，少海也，元澤也，浩澤也，丹澤也，泉澤也，海澤也，寒澤也，所謂八澤也。故下文總之曰：「凡八殥八澤之雲，是雨九州。」今「無通」、「大澤」傳寫誤倒，則先澤而後殥，與下不一律矣。高注「大澤無通，皆藪名也」，本作「無通，藪名也」。蓋無通是藪，大澤是澤。澤名已顯，故不必注。藪名未顯，故必注之。因「無通」、「大澤」傳寫誤倒，遂增「大澤」於「無通」之上，而以爲皆藪名矣。其注少海曰：「東方多水故曰少海，亦澤名也。」上注無「澤名」之文，而此云「亦」者，亦大澤也。大澤是澤名，少海亦是澤名，特因東方多水，故從大稱而曰海耳，實亦澤也，故言「亦」也。即此可見大澤與少海同所八澤之數。然則「大澤」不應在「無通」之上，其證一矣。下文浩澤注曰：「浩亦大也。」上注無「大」文，而此云「亦」者，亦大澤也。大澤以大得名，浩澤亦以大得名，故言「亦」也。即此可見大澤與浩澤同在八澤之數，然則「大澤」不應在「無通」之上，其證二矣。

又卷三〇 「黄雲絡。」樾謹按：此當作「絡黄雲」，方與上下文句法一律。高注曰「黄雲之氣絡，其車」正説「絡黄雲」之義，猶下注曰「白螭導在於前」是説正文「前白螭」之義，「奔蛇騰蛇也從在於後」是説正文「後奔蛇」之義，非正文作「白螭前」、「奔蛇後」也。後人因注文「絡」字在「黄雲」之下，輒改正文作「黄雲絡」以合之，謬矣。

又 「相攜於道，奮首於路。」樾謹按：高注曰：「奮首，民疲於役，頓仆於路，僅能摇頭耳。」此説極爲迂曲。《淮南》原文本作「奮於首路」，「首」猶「嚮」也。《漢書・司馬遷傳》「北首争死敵」，師古曰：「首，嚮也。」是其義也。「相攜於道，奮於首路」，言不得已自奮勉而嚮路也。《兵路篇》曰：「百姓之隨逮肆刑挽輅首路死者，一旦不知千萬之數。」正以「首路」連文，可證此篇之誤。

又 「夫惟能無以生爲者，則所以脩得生也。」樾謹按：「脩得生」本作「得脩生」。得脩生者，得長生也。《淮南》以父諱長，故變「長」言「脩」耳。《文子・九守篇》正作「得長生」，是其證。今作「脩得生」，則文不成義矣。高注曰：「無以生爲者，輕利害之鄉，除情性之欲，則長得生矣。」「長得生」亦當作「得長生」，後人依既倒之正文而改之耳。

又卷三一 「發一端，散無竟。周八極，總一筦。謂之心。」《人間》。樾謹按：「總一筦」三字當在「周八極」之上，蓋言發於一端，而散於無竟，總於一筦，而周於八極，猶下文所云「執一而應萬」也。兩句誤倒，失其義矣。

又 「智伯求地於魏宣子，宣子弗欲與之。」樾謹按：「弗欲與之」本作「欲弗與之」。下文「求地而弗與」，即承此而言。《戰國・趙策》作「魏桓子欲勿與」。

又 「乃澄列金木水火土之性，故立父子之親而成家。」樾謹按：「故立」當從《文子・上禮篇》作「以立」，王氏念孫已訂正矣。惟「木水」二字傳寫誤倒，當作「水木」。蓋金水木火土相生之序，故本之以立父子之親也。

又卷三三 「不禍禍傒天活我。」《傒》。樾謹按：《測》曰「禍不禍，非厥訧也」，疑贊辭亦當作「禍不禍」。范注曰：「近比於九秋，氣將降，禍不爲禍。」正釋「禍不禍」之義。是范氏作注時，經文未倒也。下云「故言不禍禍」，則後人據已倒之經文而改之。

又卷三四 「吾不覩參辰之相比也，是以君子貴遷善，遷善者聖人之徒與？」樾謹按：「君子貴遷善」與「參辰之不相比」意不相承。下文云：「百川學海而至于海，丘陵學山不至於山，是故惡夫畫也。頻頻之黨，甚於鸒斯，亦賊夫糧食而已矣。」「頻頻之黨」與「惡畫之義」亦不相承，疑此兩節傳寫互誤。揚子蓋因參辰之不相比，而戒人之黨比游晏，故曰「頻頻之黨甚於鸒斯」。《廣雅・釋訓》曰「頻頻，比也」，李軌注亦以「黨比游晏」釋之，則與「參辰之不相比」，意正一貫矣。至「君子貴遷善」，乃申明惡畫之義，遷善是不畫也。兩節傳寫互易，而其義皆不可通。今訂正如左：

「吾不覩參辰之相比也，頻頻之黨，甚於鸒斯，亦賊夫糧食而已矣。」

「百川學海而至於海，丘陵學山不至於山，是故惡夫畫也。是以君子貴遷善，遷善者聖人之徒與？」

又 「古者之學耕且養。」樾謹按：此本作「古之學者耕且養」，傳寫誤倒耳。「古之學者」與下文「今之學也」相對爲文。上句用「者」字，下句用「也」字，亦猶《論語・陽貨篇》「惡紫之奪朱也，惡鄭聲之亂邪樂也，惡利口之覆邦家者」，《孟子・盡心篇》「孩提之童，無不知愛其親者。及其長也，無不知敬其兄也」，並以「者」、「也」互用，是其例也。

胡澍學《黄帝内經素問校義》 「人將失之邪？」「今時之人，年半百而動作皆衰者，時世異邪？人將失之邪？」澍案：「人將失之邪」當作「將人失之邪」。下文曰：「人年老而無子者，材力盡邪？將天數然也？」「也」與「邪」古字通。《大戴禮・五帝德篇》「請問黄帝者人邪？抑非人邪」，《樂記》正義引「邪」作「也」。《史記・張儀傳》「此公孫衍所謂邪」，《秦策》「邪」作「也」。《淮南・精神篇》「其以我爲此拘拘邪」，《莊子・大宗師篇》「邪」作「也」。是也。上句用「邪」而下句用「也」者，書傳中多有之。昭二十六年《左傳》：「不知天之

棄魯邪？抑魯君有罪於鬼神，故及此也？」《史記・淮南衡山傳》：「公以爲吴興兵是邪？非也？」《貨殖傳》：「豈所謂素封者邪？非也？」是也。《徵四失論》曰：「子年少智未及邪？將言以雜合邪？」與此文同一例。「將」猶「抑」也。「時世異邪？將人失之邪」謂時世異邪？抑人失之邪？「材力盡邪？將天數然也」謂材力盡邪？抑天數然邪？「子年少智未及邪？將言以雜合邪」謂子年少智未及邪？抑言以雜合邪？注以「將」爲「且」，失之。《楚策》曰：「先生老悖乎？將以爲楚國祅祥乎？」《漢書・龔遂傳》曰：「今欲使臣勝之邪？將安之也？」「也」與「邪」通。《楚辭・卜居》曰：「吾甯悃悃款款朴以忠乎？將送往勞來斯無窮乎？甯誅鋤草茅以力耕乎？將游大人以成名乎？」以上「將」字亦並爲詞之「抑」。

又 「春必温病。」「冬傷於寒，春必温病。」澍案：「春必温病」於文不順，寫者誤倒也。當從《陰陽應象大論》作「春必病温」。宋本亦誤作「温病」，今從熊本、《藏》本乙正。《金匱真言論》曰：「故藏於精者春不病温。」《玉版論要》曰：「病温虚甚死。」《平人氣象論》曰：「尺熱曰病。」《温熱論》曰：「先夏至日者爲病温。」《評熱病論》曰：「有病温者，汗出輒復熱。」皆作「病温」。

又 「生長收藏。」「天有四時五行以生長收藏。」熊本、《藏》本「生長」作「長生」。澍案：作「長生」者誤倒也。有生而後有長，不得先言長而後言生。注曰：「春生夏長，秋收冬藏，謂四時之生長收藏。」是正文本作「生長」之明證。下文亦曰：「故能以生長收藏，終而復始。」

又 「春必温病。」熊本、《藏》本作「春必病温」。澍案：當從熊本、《藏》本乙轉。說見《生氣通天論》。

戴望《管子校正》卷一 「流水網罟得入焉五而當一。」張云：「『山林宜以類相從流水』三句當移『林』下，與『澤乃類』蓋錯簡。」

又卷三 「十二大暑至盡善十二中暑十二小暑終。」吴云：「『大暑』、『小暑』，以下文『十二大寒終』例之，則『大』、『小』二字當互易。」

又卷四 「以其與變隨化也。」望案：當作「以其與變化隨也」。「化」、「隨」二字誤倒。

又卷五 「粟行於三百里則國毋一年之積，粟行於四百里則國毋二年之積。」望案：「一」、「二」字當互易。

又 「亂國之道，易國之常，賜賞恣於己者，聖王之禁也。」丁云：「『亂國之道』至『聖王之禁也』十九字錯簡，疑當在下文『擅國權』之上。」

又卷八 「中諸侯國。」宋本、元本作「中國諸侯」，此誤倒。

又卷九 「未嘗有先能作難。」宋本作「未嘗有能先作難」，今本誤倒。

又卷一二 「勸者所以起本善而末事起不侈本事不得立。」張云：「此文疑有錯互。當云『勸者所以起末而善本末事不侈本事不得立』。此即上文所謂『省諸本而游諸末』也。」

又 「則周律之廢矣。」望案：當作「則周之律廢矣」，此誤倒耳。

又卷一三 「得也者其謂所得以然也。」丁云：「『其謂』當作『謂其』。下文『謂其所以舍』，『謂各處其宜』、『謂有理』，皆『謂』字在上。『以』與『已』同。」

又 「吾以故知古從之同也。」丁云：「當作『古之從同』。」今本誤倒。尹注云『知古之從者以其同也』可證。」

又卷一四 「中央曰土。」張云：「此節當在『夏末夏雨乃至』下，不當襍出於中間，蓋錯簡。」

又卷一五 「故夫滅侵塞擁之所生。」丁云：「依上文序次，當作『滅擁塞侵』。後解作『滅塞侵擁』，皆寫者倒亂。」

又 「則不可以禮義之文教也。」丁云：「當作『文教之也』。《霸言篇》『則是我以文令也』，與此文字同義。民不心服體從，則必加之以嚴刑峻罰，不可以禮義文教之也。」

又卷一六 「凡食之道大充傷而形不臧。」丁云：「當作『形傷而不臧』，與下『骨枯而血沍』對文。」

又 「兵車之會三而乘車之會六。」陳先生云：「《大匡》、《小匡》、《霸形篇》皆作『兵車之會六，乘車之會三』，此『三』、『六』誤倒。」

又 「然後可以危鄰之敵國。」丁云：「當作『鄰敵之國』。《中匡篇》作『救敵之國』，『救』與『仇』同。《形勢解》云『以事鄰敵』，二字連上。」

又卷一七 「七臣七主第五十二。」《襍篇三》。張云：「據篇中七主在前，七臣在後，則篇題『臣主』二字當互易。」

又 「以非買名以是傷上。」張云：「『非是』二字當互易。又案：七臣有六過而缺一是，蓋有脫文。」

又 「而謀有功者五。」丁云：「下文云『此五者謀功之道也』，當作『而謀功有五』。」

又 「是必士鬬。」朱本作「必是士鬬」。丁云：「當作『是士必鬬』。是，則也。『倍約絶使拂意，則士必鬬也』，尹注所見本不誤。」

又 「乃以其天材地之所生利養其人以育六畜。」丁云：「疑當作『乃以其天材地利之所生養其人以育六畜』。今本『利』字脱置在下句。下文云：『因天之固歸地之利。』」

又卷一八 「君體有之以臨天下。」丁云：「『有』字當在『臨』字下。《法法篇》：『資有天下制在一人。』」

又卷一九 「凡言與行思中以爲紀古之將興者必由此始。」莊氏述祖云：「『凡言與行』以下十八字當在『師出皆起』之下，今本誤。」

又卷二一 「尺寸尋丈者所以得長短之情也。」朱本「長短」作「短長」。《御覽・資産部十》引亦作「短長」。

又 「故臣有所欲賞。」丁云：「當作『臣欲有所賞』，與『臣欲有所罰』對文。」

又卷二四 「故不欲收穡户籍而給左右之用。」望案：「不欲」當作「欲不」，二字倒。

又 「且使外爲名於其内鄉爲功於其親。」吴云：「『内鄉』二字當互易。」

孫詒讓《札迻》卷一 「各居應其國中以動静逆順。」注云：「各居其國者，甲乙屬東，於國各有所主，若甲爲齊，乙爲東夷，王者起於此國中。『動』謂河洛之水，『静』謂陵陸之地，以應動静，謂之張云：「衍。」龍虵見於此。」案：據注，則正文當作「各居其國中，以應動静逆順」。今本「應」字錯著上句「居」字下，遂不可通。

又 「夫天道三微而成一著，三著而體成。」注云：「三微而成一著，自冬至至正月中爲《泰卦》。三著成體，則四月爲《乾卦》。以三微一著之義，則與三著成體不協，蓋寫之誤也。原經之義，三而成一，著一爻也，三著成體，乃《泰卦》也。是則十日爲微，一月爲著矣。十有八變而成卦之數，恐未盡注意，范本、盧本作「義」。故不改。」案：此正文二句，與上文不相屬，而與前孔子説《益》六二義「三王之郊，一用夏正」章文正同。注「三微而成一著」二句，亦與《玉燭寶典》引鄭注略同。見前。以下云云，又皆駁鄭注義，蓋後人約舉正文及注，而駁正其義，舊本當別書附綴册末，傳寫者誤連屬末章之後耳。

又卷二 「梠，旅也，連旅旅也，或謂之櫋。舊並作「槾」，畢校改。櫋，緜也，緜連榱頭，使齊平也。上入曰爵頭，形似爵頭也。」畢云：「《説文》云：『櫋，屋櫋聯也。』緜連，猶櫋聯也。」案：《淮南子・本經訓》云：「緜連房植。」高注云：「緜聯聯受雀頭著桷者。」今本「緜」誤「縣」，此從王念孫校正。《方言》云：「屋梠謂之欞。」郭注云：「雀梠，即屋檐也，亦呼爲連緜。」「連緜」即「緜連」之倒文，「雀梠」亦即「雀頭」也。「爵」、「雀」字通。

又卷三 「姚賈曰：『太公望，齊之逐夫，朝歌之廢屠，子良之逐臣，棘津之讐不庸。』」注云：「釣魚於棘津，魚不食餌。賣庸作，又不能自售也。」案：此當作「棘津之不讐庸」，故高注云：「賣庸作，不能自售也。」今本「讐不」二字誤倒，與注不相應，當乙正。

又 「舜又習堯禮，沈書于日稷，赤光起，玄龜負《書》，至于稷下，榮光休至。」案：「稷下」當作「下稷」，《類聚》、《御覽》並引《中候》云「至于下稷，榮光休至」。《御覽》又引鄭康成注云：「『稷』，讀曰『側』。」下側，日西之時。今本誤倒，則義不可通。

又卷五 「愚者笑之，智者哀焉。狂夫之樂，賢者喪焉。」案：「笑之」，《新序》作「之笑」，與下文「狂夫之樂」正相對，是也，當據乙正。「哀」，《新序》作「憂」，義亦較長。

又 「行是必久王。」案：當作「行是久必王」，今本誤倒，不可通。

又 「及禁剟一字以上。」案：「禁剟」當作「剟禁」，《説文・刀部》云：「剟，刊也。」謂刊削禁令之字。上文云：「有敢剟定法令，損益一字以上，罪死不赦。」

又卷六 「荆柱國莊伯令其父視，曰：『日在天。』『視其奚如？』曰：『正圓。』『視其時。』『日當今。』令謁者駕，曰：『無馬』。令涓人取冠，進上。」陳云：「『日日』二字倒誤。『日當今』，『日』字當作『曰』。」案：陳校是也。「進上」上亦當有「曰」字，陳失校。此章皆言辭意相左之弊，莊伯令其父視日者，「父」字疑誤。欲知其蚤莫，而乃答以「在天」。「視其奚如」者，欲知其中昃，而乃答以「正圓」。又令「視其時」者，問其所加何時，而乃答以適當今時。謁者本不掌駕，今令之駕者，謂令傳命使騶駕，而謁者乃辭以無馬。此皆與所使之意不相當也。惟「令涓人取冠」，曰「進上」，未詳其義耳。

又卷七 「美臛炙膹者。」盧云：「潭本『炙膹』倒。」案：潭本是也。「美」，當作「羹」，説詳前。

又卷八 「今子弟遠於勞外。」案：「勞於」二字當乙。

又卷一〇 「日月之災降異，非其舊也。」案：此與本章郡祀之義不相應，當在下條之首，而誤著於此。下云「天人之應，所由來漸矣」，與此二語，文正相承貫。

又 「今焚燃熛室，則飛馳灌之。」案：當作「焚熛燃室」，今本誤倒，遂不可通。

又卷一一　「自言甯先生顧王本作「雇」，今從《道藏》本。我作客，三百年不得作直。」案：「作客」當作「客作」，謂傭作。《西京襍記》云：「匡衡邑人大姓文不識，家富多書，衡乃與客作而不求償。」「作直」即「傭直」也。後《朱璜傳》云：「璜曰：『病愈，當爲君作客三十年。』」「作客」亦「客作」之誤。

王先謙《魏書校勘記》　《李順傳》：「世祖問與蒙遜復往之辭。」「往」、「復」誤倒，宋本不誤。

又　《韓茂傳》：「尋徵詣行所在。」「在」、「所」誤乙，宋本不誤。

又　《房愛親妻傳》：「景伯之爲清温。」無「爲」字。「清温」倒。案：當作「温清」。

又　《劉聰傳》：「年號爲河瑞。」「年號」作「號年」，是。

校勘方法部

對校分部

論述

張淳《儀禮識誤》卷一　「遁」，注曰：「辟。」「逡巡」，按《釋文》云：逡遁，音旬。鄭氏于《儀禮》用「逡遁」字凡十有一，釋「辟」者八，釋「退」者三，此與《士相見禮》皆釋「辟」者也。今本乃作「巡」，至開寶《釋文》之本，又獨于此作「巡」，未知孰據。《儀禮》用字固未嘗同，今諸《釋文》之本既皆作「遁」，且「遁」有退逃意，從諸本《釋文》。

朱熹《昌黎先生集考異》卷一　誰無施而有獲。方從閣本，「誰」作「惟」，下又有「德」字，云：「李本謂陳無己去『德』字，今本復訛『惟』爲『誰』，其誤甚矣。」今按：此句本用《楚詞》「孰無施而有報，孰不殖而有獲」之語，詞意既有自來，又與上下文勢相應，故嘉祐杭本與諸本多如此，乃是韓公本文相傳已久，非陳以意定也。閣本之繆如此，而方信之，反以善本爲誤，今不得而不辯也。又嘉祐杭本世多有之，而其不同處方皆不録，豈其偶未見耶？抑忽之而不觀也？

又　道邊死。方云：「閣本作『道邊死』，而從杭、蜀作『道死者』。」今按：古人謂「尸」爲「死」。《左傳》「生拘石乞而問白公之死」，《漢書》「何處求子死」。且古語又有「直如弦，死道邊」之説，韓公蓋兼用之。此乃閣本之善，而方反不從，殊不可曉也。

又卷二　不見公與相，起身自犂鉏。閣本作「不見公與汝，幸免自犂鉏」。今按：閣本之謬有如此者，它可盡信耶？

又卷四　舟不潛通。「不」字，方從石本作「用」。今按上下文意，蓋言置鎖雖足以禁舟之潛通，然未免虧疏宣洩之患，故須作水門耳。諸本作「舟不潛通」者是也。今上文既言「置鎖」，而下文乃云「舟用潛通」，則是鎖爲虛設，而其下句亦不應著「然」字矣。若以爲誤，則石本乃當時所刻，不應有誤，然亦安知非其書者之誤、刻者之誤？況或非所親見，則又安知非傳者之誤邪？其説之未盡者，又見於《溪堂》、《盤谷》等篇。覽者詳之。

又卷五　四鄰望之。閣、杭、蜀及諸本中「居之」下皆有此四字，方從石本删去。今按文勢及當時事實，皆當有此句。若其無之，則下文所謂恃以無恐者，爲誰恃之邪？大凡爲人作文，而身或在遠，無由親視摹刻，既有脱誤，又以毁之重勞，遂不能改。若此者蓋親見之，亦非獨古爲然也。方氏最信閣、杭、蜀本，雖有謬誤，往往曲從。今此三本幸皆不誤，而反爲石本脱句所奪，甚可笑也。

又卷六　友人。諸本及洪氏石本皆作「友」，方云：「樊氏石本作『有』。」今按：校此書者，以印本之不同而取正於石本，今石本乃又不同如此，則又未知其孰是也。然以理推之，則作「有」者爲無理，故今特詳著之，以見所謂石本者之不足信也。

又卷七　祖曰元暉，果州流溪縣丞，贈左散騎常侍。方云：「此十六字，閣、杭、蜀本皆闕，惟監本與石本同。」今按：方氏所校，專據三本，而謂今本皆不足取。今此數字乃三本所無而今有者，若非偶有石本，則必以爲後人校增而不之信矣。故知今本與閣、杭、蜀、《苑》、《粹》不同者，未必皆無所自也，觀者詳之。

又　壞傷。方從杭本，無「傷」字。今按：此「傷」字諸本皆有，文理、音韻皆無可疑。方氏特以杭本脱漏，遂不之信。寧使此銘爲歇後語，而不肯以諸本補之，甚可怪也。

又　名人魁士，鮮不與善好樂後進。「與善」屬上句，「好樂」屬下句。方從蜀本，以「善」爲「其」，而連「好樂」爲句。又云「名人魁士」，《呂氏春秋》語。今按：蜀本無理又如此，而方從之，然不言閣、杭本，則二本固與它本同矣。方最信此三本，今既自有不同，方乃舍二本之明白而從一本之訛謬，則其取舍又自不可曉者，非獨古本誤之也。

又卷八　右我。「右」，或作「祐」。今按：此文石本今最易得，而方本失考者凡五條，然則它云石本者，恐亦不能無謬也。

又卷九　《易大傳》曰：「書不盡言，言不盡意，然則聖人之意，其終不可得而見邪。」方據石本，意作旨，無「而」字，「邪」作「也」。今按：《易》實作「意」、「邪」，而無「終」、「而」二字，大氐石本亦自多誤也，後放此。

又　勞於一來，安於所適，道故如是。「於」，杭作「于」。「適」，方據石本與杭本並作「識」，今得真石本考之乃如此，然則方之所考亦不詳矣。蓋「適」猶「便」也，與唯適之安之語用字略同。言一來雖勞，而既來則當隨其所便，無處不安也。「道故如是」，即所以結上文「道無滯」之意。方以如爲此，亦石本誤。

王念孫《讀書雜志》八之補　《非相篇》「以其治亂者異道。」呂本「以其」作「其以」，與錢本同。前謂呂本作「以其」，因盧本而誤。

又　《王霸篇》「譬之猶衡之於輕重也，猶繩墨之於曲直也，猶規矩之於方圓也，正錯之而人莫之能誣也」。盧云「正」，各本作「故」，今從宋本。念孫案：「正錯之」，呂、錢本皆作「既錯之」，是也。衡既縣，則不可誣以輕重。繩墨既陳，則不可

誣以曲直。規矩既設，則不可誣以方圓。故曰「既錯之而人莫之能誣也」，盧謂宋本作「正」者，爲影鈔本所誤。影鈔本作「正」者，涉上文兩「正」字而誤。

又 《君道篇》「王猷允塞」，呂本「猷」作「猶」，與錢本同。前謂呂本作「猷」，因盧本而誤。見《議兵篇》。

又 「賈精於市而不可以爲賈師。」呂、錢本「賈師」皆作「市師」，與余説合。前謂呂本作「賈師」，因盧本而誤。

阮元《十三經注疏校勘記·尚書注疏校勘記》卷一 並受其義。山井鼎曰：「古本後人旁記云：『異本「義」下有「也」字。』」按：古本、異本多不足據，非本諸《正義》，即取諸唐宋人類書爲之。

又《毛詩注疏校勘記》卷一 故正得失。唐石經、小字本、相臺本同。案《釋文》云：「正本又作『政』」。《正義》云：「此正得失與雅者，正也，正始之道，本或作政，皆誤耳。」今定本皆作「正」字，《正義》本之同於定本者，此類是也。凡《正義》既著其所從，又兼載異本，或與定本同，或與俗本同也。

又卷四 六月言周室微而復興美宣王之北伐也。小字本、相臺本同。案：此定本也，《正義》本無。又《正義》云「案：集注及諸本並無此注」，是當以正義本爲長，各本皆沿定本之誤。

又 于三十里。小字本、相臺本同，唐石經「三十」作「卅」。案：傳、箋、《正義》皆云「三十」，《詩經小學》云「唐石經卅維物終卅里皆同」。蓋唐人仍讀爲「三十」是也，凡唐石經章句中「廿」字、「卅」字皆同此。

又 獸田獵搏獸也。小字本、相臺本同。案：惠棟云「上『獸』字亦當爲『狩』」，《考文》古本作「狩」，因覺其不詞而改之耳。

又 它山之石。唐石經、小字本、相臺本同，《考文》古本同，閩本、明監本、毛本「它」誤「他」，下章同。案《釋文》云：「『它』，古『他』字。」考此字與鄘柏舟漸漸之石經同，餘經或作「他」，用字不畫一之例也。《正義》應易爲「他」，十行本《正義》中作「它」，乃以經字改之耳。

又卷五 草木無有不死葉萎枝者。小字本、相臺本同。案：此定本、集注本也。《正義》云「定本及集注本云草木無有不死葉萎枝者」，其《正義》本未有明文，今無可考。《正義》釋經云「無能使草不有死者，無能使木不有萎者」，釋傳云「是草木無能不有枝葉萎槁者」，意必求之，或當「無有」，不作「無能不有」也。《考文》古本作「不有」，采《正義》。

又 維絲麻爾。小字本、相臺本同。案：「爾」當作「耳」，《正義》云「維絲麻耳」，《考文》古本作「耳」，采《正義》。

又 皆驚駭辟害爾。相臺本同，閩本、明監本、毛本同，小字本「辟」作「避」。案：「避」字非也，此《正義》所易之今字。《考文》古本作「避」，亦誤采《正義》。

又 維塵雍兮。唐石經、小字本同，閩本、明監本、毛本同，相臺本「雍」作「雝」。案：「雍」字是也。《九經字樣》云「《爾雅》作『雝』是其證」。《石經考異》云：「經中『雍』字皆放此。」《釋文》云：「『雍』字又作『壅』」。《考文》古本作「壅」，采《釋文》而誤。

又卷六 則往捍禦之。閩本、明監本、毛本同。案注作「扞」，《正義》作「捍」，「扞」、「捍」古今字，易而説之也。

又《周禮注疏校勘記》卷一 故謂禍灾。諸本「灾」作「災」，此蓋俗省。疏中「灾」、「災」錯出，此本補刻，多不足據。

俞樾《諸子平議》卷一四 「故爲蔽。」樾謹按：宋呂夏卿、錢佃本並如是，「故」猶「胡」也。《墨子·尚賢中篇》「故不察尚賢爲政之本也」，下文作「胡不察尚賢爲政之本也」，是「故」與「胡」同。《管子·侈靡篇》「公將有行，故不送公」，亦以「故」爲「胡」。「故爲蔽」猶云「胡爲蔽」。胡之言何也？乃設爲問辭。下文「欲爲蔽，惡爲蔽」云云，乃歷數以應之也。元刻涉注文而誤作「數爲蔽」，盧氏從之，非。

綜　述

郭京《周易舉正》卷中 「六三，萃如嗟如，無攸利往，无咎，小吝。」註：「履非其位，以比於四。四亦失位，不正相聚，患所生也。」今本註：「履非其位，以比於四。四亦失位，不正相聚，患所生也。」謹按：註「失位不正」字下，更合有「不正」字。「相聚」字下，不合更有「相聚不正」字。具録定本今本如上，審而詳之，誤可見矣。

又 「象艮其止，止其所也。」註：「艮背曰止，以明背則止也。施止不可於面，施背乃可也。施止於止，不施止於行，得其所也。故曰艮其止，止其所也。」謹按：註首「艮」字，今本多作「易」字，觀其義，義可見矣。

又卷下 下繫第一章：「剛柔相推，變在其中矣。繫辭而命之，動在其中矣。」註：「剛柔相推，況八卦相盪，或否或泰也。繫辭而命之。況六爻之動，動以適時者也，立卦之義，則見於彖象。適時之功，則存之爻辭，王氏之例詳矣。」今本註：「剛柔相推，八卦相盪，或否或泰也。繫辭而斷其吉凶，況之六爻，動以適時者也。立卦之義，則見於彖象。適時之功，則存於爻辭，王氏之例詳矣。」謹按：定本解變動則其舉經文，論八卦六爻，則義理相當。其今本解變義則全舉經文，釋動義則經文不具。其經文具者易會，經文不具者難明。兩註具録如前，正謬昭然可見矣。

張淳《儀禮識誤》卷一　「撤。」經曰：「徹笄席。」注曰：「徹，去也。」按《釋文》寫注作「撤」，注舉經以釋之，注字必與經同，宜皆作「撤」，從《釋文》。案：《說文》無「撤」字，「徹」通「撤」，去古皆用「徹」，如篇題有「司徹」，未聞有作「撤」者也。「撤」乃後代俗書，張氏不能訂正其非，轉改「徹」以從「撤」，疏矣。

又　「以。」注曰：「謂此上凡六物。」按《釋文》云：「以上」，從《釋文》。

又　「贄。」經曰：「奠摯見于君，遂以摯見于鄉大夫、鄉先生。」注曰：「摯，雉也。」按《釋文》云「贄，本又作『摯』，音『至』」，雖「贄」、「摯」皆有據，陸德明所釋之本必從貝也，從《釋文》。

又　「涖。」經曰：「吾子將莅之。」注曰：「莅，臨也。」按《釋文》云：「『涖』，音『利』，一音『類』。」其後《喪禮》經曰「涖卜」，《特牲饋食》經曰「吾子將涖之」，皆用「涖」字，從《釋文》。

又　「鼏。」經曰：「綌幂加勺。」按《釋文》「幂」作「鼏」，後「撤尊幂」、《鄉飲酒》《鄉射》「尊綌幂」同，從《釋文》。案：《周禮》「幂人掌共巾幂」，祭祀以疏布巾幂八尊，以畫布巾幂六彝，可證《儀禮》中凡《尊幂》皆當作「幂」明矣。《說文》「幎从巾，冥聲」。《周禮》「有幎人」，今《周禮》作「幂」，即「幎」之變體。俗或訛作「冪」，又作「冪」，皆非五經文字。云「幂」與「鼏」同，蓋因《釋文》二字溷淆遂誤合爲一。張氏淳據《釋文》改「尊幂」從「鼎鼏」之「鼏」，于字學殊少精覈。

又卷二　「曰。」注曰：「小行人職日。」按監本「日」作「曰」，從監本。

又　「巳。」注曰：「上介出止使者則己布席也。」按杭本「己」作「巳」，從杭本。

又　「卿。」注曰：「大夫者，卿爲訝者也。」監、巾箱、杭本「卿」皆作「鄉」，按《釋文》云：「作『鄉』者非」，從《釋文》、嚴本。

又　「之。」注曰：「不敢由賓客位也。」按監本「客」作「之」，從監本。

又卷三　「廟。」謂禰，注云：「父廟也。」按監本「廟」作「庿」。《士冠禮》。

又　「由。」蝓，注云：「又音虫。」按監本「虫」作「由」。《士冠禮》。

又　「有許。」呫嘗，注云：「《穀梁》未嘗有呫血之盟。」又曰：「或楚未詳」，按建陽本于《穀梁》下有「有」字，監本以「詳」爲「許」。《士相見禮》。

又「宴。」樂之，注云：「宴樂同。」按監本「宴」作「宴」。《燕禮》。

又　「據。」告語，注云：「魚据反。」按監本「据」作「據」。《燕禮》。

又　「宰。」大僕，注云：「大寄。」按監本「寄」作「宰」。《燕禮》。

毛居正《六經正誤》卷一《周易正誤》　《繇辭》：「利涉大川。」「涉」作「涉」，誤。興國軍本作「涉」，涉，从水从步，步，从止从少。止，古趾字，借爲行止字，反止爲少，少，他達反，動足也，足一止一動爲步，非从「多少」之「少」也。

又　《隨卦》：「故舍音捨，下文同。」「捨」作「社」，誤，興國軍本亦然，唯建安余氏本不誤。

又卷二《尚書正誤》　「納日。」作「納」，誤，興國軍本从入。「成歲」作「歲」，誤，興國軍本从少。

又　「昏迷不恭。」作「昬」，誤，紹興府正義本文作「昏」，興國軍本同。「昏」音「惛」，朝昏昏昧也。「昬」音「閔」，强也，「盤庚不昬作勞」是也。

又　「敷奏以言。」注：「使各陳進治理之言。」《正義》云「各使自陳進其治化之言」，監本作「治禮之言」，誤，興國軍本作「治理」。

又卷三《毛詩正誤》　《鹿鳴》注書曰「篚厥玄黃」。作「厥篚玄黃」，誤，興國及建本皆作「篚厥」。

又　《凱風》「棘心」，居力反，俗作「棘」。既曰「俗作『棘』」，是本文作「棘」也，今作「棘」，誤唯興國本作「棘」。

又　《谷風》「蔓」音「萬」，作「万」誤，興國本作「萬」。《泉水》及《二子乘舟》詩「遠」字音于萬反，興國本作「萬」，其後亦皆作「万」。今據興國本正此三字，餘姑存之。蓋「万」本音墨，万俟，姓也，俗借作草書「萬」字，經典豈應用之。

又卷四《禮記正誤》　「孟春犧牲毋用牝。」作「犧牲毋牝」，欠「用」字，《釋文》「用牝」有「用」字，建本有「用」字。

又　「中央土其祀中霤。」作「霤」，誤。注疏及興國本、建本、潭本、《釋文》並作「霤」。

又　「章識申志反。」「申」作「由」，誤，潭、建、興國本並作「申」。

又　「鎡錤下音基。」「基」作「其」，誤，興國、建本皆作「基」。

又　「遠近閒徐古辦反。」「辦」作「辨」，誤，潭、建本並作「辦」。

又　「承含下胡暗反。」「暗」作「諳」，誤，諸本並作「暗」。

又卷五《周禮正誤》　《閽人》。作「閽」誤，中从昏，不从昬也。興國本作「閽」，後同。

又　《黨正》「昏冠」。作「昬」，誤，興國本作「昏」，後同。

又　《司門》「注：『視占不與衆同』」，「占」當作「瞻」，興國本作「瞻」。

又　《旅師》「而用之」。注：「『而』讀爲『若』，『爲』作『實』誤，興國、建本皆作『爲』。」

又卷六《春秋左氏傳正誤》　「僖二十四年，積叔。」作「積」。案：臨川、興國本並作「積」，當從之。建本並作「頹」，《説文》作「積」，《玉篇》、《廣韻》、《集韻》作「積」，亦作「頹」，《禮部韻略》作「頹」。

又　「二十八年，諜告。」作「誄」誤，諸本皆作「諜」，後同。

又　「元年，本必先顛而後枝葉從之。」「葉」作「茱」誤，諸本皆作「葉」。

又　「江黄道柏方睦於齊。」「柏」作「栢」誤。興國本作「柏」，經傳後多作「柏」，此作「栢」者，傳寫誤也。襄二十九年「松柏」同注疏作「柏」。

錢佃《荀子考異》　「青，取之於藍。」蜀一本無「於」字，一本作「青出於藍」。

又　此卷《勸學篇》内「聖心備焉」，諸本皆作「循焉」。

又　「傲囋非也。」諸本皆作「傲非也，囋非也」。

又　此卷《不苟篇》内「故懷負石而赴河」，諸本皆無「故懷」二字。

又　「舉人之過惡。」諸本無「惡」字。

又　「故君子不下室堂。」諸本無「室」字。

又　《榮辱篇》内「博之而窮者」，諸本無「之」字。

沈揆《顏氏家訓考證》　博有五皓之稱。「博有五白」，齊威公名小白，故改爲「五皓」，一本以「博」爲「傳」者非。

又　顧元歎慕蔡邕。《三國志》顧雍字元歎，以其爲蔡邕所歎，一本作「元凱」者非。

又　駉頌既美僖公，牧于坰野之事，何限騲騭乎。諸本皆作「驒駱」，獨謝本作「騲騭」。考之字書，「騲」，牝馬也，「騭」，牡馬也。顏氏方辯駉駉牡馬，故博士難以何限於「騲騭」。後又言必無騲也，亦非騲也，義益明白。「驒駱」二字，雖見駉頌，施之於此，全無意義，故當從謝本。

方崧卿《韓集舉正》卷一　昌黎先生文集序。序只云目爲「昌黎先生集」，蜀本、潮本諸卷皆不出「文」字。

又　門人李漢編。蜀本作「朝議郎行尚書屯田員外郎史館修撰，上柱國賜緋魚袋李漢編」，李本亦出此，今本下有「并序」二字，非。

又　吾何歸乎。杭本此一語在「於苟有食其從之」之下，「苟」亦作「敬」。

又　況榮名於薦書。閣，李、謝校，杭、蜀只同今文，公《上宰相書》「非苟没於利，榮於名也」與此義通。

朱熹《昌黎先生集考異》卷一　名薦書。方從閣本，「名」上有「列」字，「名」下有「於」字。今按：嘉祐杭本與謝本並無此二字，語簡而意已足，方本非是。

又　平茫茫。方作「茫茫平」，云用古韻。今按：此詩固用古韻，然皆因其語勢之自然，未嘗作意捨此而用彼也。諸本只作「陂澤平茫茫」，韻諧語協，本無不可，若作「陂澤茫茫平」，却覺不響，不應以欲用古韻之故牽挽而强就之也。又按：别本「平」或作「路」，而或作「何」者，語意尤勝，讀者詳之。

又卷二　失得。方作「失待」，或作「實待」，或作「實失」。今按：三本皆無理，唯嘉祐杭本作「失得」，似頗有理，而《舉正》不收。蓋其意曰：「失得之計，觀於柏馬可見云爾。」

又卷三　明誡。「誡」，或作「戒」。方云：「《説文》：『誡，敕也。』『戒，警也。』《漢・谷永傳》：『猶嚴父之明誡。』《後漢・西域傳》：『蹙國減土，經有明誡。』此語當用『誡』字，至下文『伸誡』，則當用『戒』字。」今按：謝本下文實作「申戒」。

又　雪擁。「擁」，方作「揜」。今按：方本此詩「於」、「暮」、「計」、「揜」四字，皆不如諸本之勝。

又卷四　之於五也一不少有焉則少反焉。諸本無一字。方從閣、杭、潮本，「也一」作「一也」，而并屬下句，云：「一謂仁也，言不少存乎仁，則少畔乎仁。」蜀本倒「一也」二字，杭、蜀「反」皆作「及」，非也。今按：「也一」二字當從蜀本，而以「也」字屬上句，「一」字屬下句。方及諸本皆非也。方以「一」爲「仁」，亦非是。此但言中人之性於五者之中，其一者或偏多，或偏少，其四者亦雜而不純耳。「反」字則方得之。

又　作原鬼。方從閣、蜀、《粹》，無「作」字。今按：古書篇題多在後者，如《荀子》諸賦正此類也。但此篇前已有題，不應複出，故且從諸本，存「作」字。

又　又有上者下者。方從杭本作「亦有馬之下者焉」。蜀本同，但「又」作「亦」。閣本作「亦有馬焉」。今按：此句三本皆無理，唯别本作「又有上者下者」而無「焉」字，乃與上下文意相屬，今從之。

又卷五　所與。「與」，方作「以」。今按：方以「以」、「與」可通用，故從杭本作「以」，然孰若從諸本之爲正邪！

又卷六　及此年。諸本作「及此年」，閣本作「明年」。方從杭本，作「時年」，云「謂此時之年也」。韋以元和十一年刺盛山，韓以長慶二年作序，閣本作「明年」，由「時」字訛也。今按：作「明年」則非實，作「時年」則不詞，當從諸本作「及此年」，則無可疑矣。

又卷七　事如夢中。諸本皆如此，方從閣、杭、《苑》及南唐本作「事半如夢」，云古夢音平、去聲通，石崇詩「周公不足夢」，與「可以守至冲」叶。今按：「事半如夢」，語意碎澀，不如諸本之渾全而快健。前人誤改，當以重押「中」字之故，不知公詩多不避也。

又卷八　長上。「上」，方作「尚」。《新史》、蜀本作「上」。今按：長上，蓋衛卒之號，猶

今言長入也，當從蜀本。

又卷九 磊磊軒天地決不沈没。方從《文苑》，「決」下有「必」字，又云：蜀本作「落落掀天地」，而無「必」字。又「地決」，或作「決地」，又或作「抉地」。今按：古潮本軒亦作「掀」，而無「必」字，蓋因柳子厚書云「所云磊磊軒天地者，決必沈没」，故諸本或誤加「必」字耳。今從《柳集》作「軒」，從潮本去「必」字。

彭叔夏《文苑英華辨證》卷九《雜録一》 徐陵《勸進梁元帝表》「滕公擁樹」，見《夏侯嬰傳》，一本作「面擁」。

又卷一〇《雜録五》 韓愈《藍田縣丞廳壁記》「勎數慢」，近世方崧卿《韓集舉正》云：「『勎』，《文苑》作『諺』，蜀本作『該』，『該』轉爲『勎』，其訛益甚。」又，「再進再屈于人」，洪氏《容齋續筆》云：「杭本韓文作『再屈千人』，蜀本作『再進屈千人』，《文苑》亦然。」《舉正》云：「蜀本作『再進再屈千人』，文苑作『再進屈千人』。」今從他本，以「千」爲「于」，仍多「再」字。方崧卿裒舉《文苑》，以證韓文，然比今本又自不同，意好事者，展轉改易，反失其真，今各存其説。

王楙《野客叢書》卷三〇《古本漢書》 前輩論作史，諸王合自叙一處，如《陳書》、《唐書》之類，正得其例。然往往多混於諸傳之中，其體蓋祖班固《西漢》之作。不知班史以諸王雜於諸傳之間者，蓋今本爾，古本班史正自别作一處。按《劉之遴》傳，鄱陽嗣王範得班固所上《漢書》真本。謂今本高五王、文三王、景十三王、武五王、宣元六王雜在諸傳後，古本悉類《外戚傳》下，《陳項傳》前，則知古本班史蓋如此。分於諸傳之中者，乃後本爾，不特此也。又謂古本《漢書》稱永平十六年五月二十一日己酉郎班固上，而今本無上書年月日字。古本叙傳號中篇，今本稱爲叙傳。今本叙傳載班彪行事，而古本云稚生彪，自有傳。今本紀及表志列傳不相合爲次，而古本相合爲次，總成三十八卷。今本《外戚傳》在《西域傳》後，而古本《外戚傳》在帝紀下。今本韓彭英盧吴述云：「信惟餓隸，布實黥徒。越亦狗盜，芮尹江湖。雲起龍驤，化爲侯王。」而古本述云：「淮陰毅毅，仗劍周章。邦之傑兮，實惟彭英。化爲侯王，雲起龍驤。」古本第三十七卷解音釋義，以助雅詁，而今本無此卷。似此九十條，今本與古本不同如此。所謂古本《漢書》，乃蕭琛在宣城，有北僧南度，惟齎一葫蘆，中有《漢書叙傳》。僧曰：「三輔耆老相傳，以爲班固真本。」琛固求得之，其書多有異今者。紙墨亦古，文字多如龍舉之例，非隸非篆，琛甚祕之，乃以餉鄱陽王。見《蕭琛傳》。

岳濬《刊正九經三傳沿革例・考異》 《雨無正》首章云「浩浩昊天，不駿其德」，章內「昊天疾威，弗慮弗圖」，俗本皆作「旻天」，以《釋文》有密巾反，遂併經與注併改作「旻」。直謂有作「昊天」者，非。考疏，則曰：「上有昊天」，明此亦爲「昊天」，定本皆作「昊天」，俗本作「旻天」，誤也，今從疏及諸善本。

又 「實覃實訏。」箋云：「訏，謂張口鳴呼也。」諸善本皆作「鳴」，余仁仲本作「嗚」，蓋以「鳴」字駭俗，而從「嗚」字也。及考疏，則曰：「訏，音呼，字又從言，故爲張口鳴呼」，是其聲音已大于呱呱之時，因言張口鳴呼，即説聲音之大，今從疏及諸善本作「鳴」。

又 「夏后氏，三年之喪，既殯而致事。殷人，既葬而致事」，而注中「周卒哭而致事」一句，獨興國本大書而爲經文，曰「周人卒哭而致事」，視經文復添一「人」字。以三代之禮並言之，未爲非也，及考舊監本注，「周」字乃作「則」字，如此，則是第言夏殷而不及周人，今皆從舊，不敢改也。

又 「濟濟者容也，容以遠。」諸本閒以王肅音爲口白反，遂以「容」字作「客」字。及考石經、舊監本、蜀大字本及越本注疏，並作「容」，疏云「容以遠，謂事容貌非所以接親親也」，一字爲「容」，一字爲「客」，未之有也，今依疏義及石經等本並改作「容」。

又 「慎静而尚寬，强毅以與人。」監本及諸本有無「尚」字者，建大字、興國本、余仁仲本則有「尚」字。及考疏，則曰「既慎而静，所尚寬緩也」，今從之。

吴師道《戰國策校注》卷一 周君患之，客謂周君正語之曰。「使以留之之情告之」，補曰：「一本『客謂周君曰正語之』，『正』猶『直』也。」

又 而實囚之。補曰：「一本下有『也』字。」

又 爲强韓、魏。爲猶代，補曰：「一本『而取宛』，葉以『北以强韓魏』。」

又 君不如使周最。元作「早」，補曰：「姚本正作『最』。」

劉績《管子補注》卷三 君服黄色，味甘味，聽宫聲。此土王之時，故服黄味甘聽宫也。然土雖均，王四季而正位在六月也。績按：别本註「用土之物也」。

又 君服青色，味酸味，聽角聲。此木王之時，故服青味酸聽角。績按：别本注「用木之物也」。

又 君服白色，味辛味，聽商聲。此金王之時，故服白味辛聽商。績按：别本註「用金之物也」。

又 立於謀，故能實不可故也。其所建立皆用深謀，故常堅實不復衰故。績按：别本注「立謀能有實效，不使衰故也」。

又卷四　夫成軸之多也，其處大也不究，其入小也不塞。究，窮也。大軸用大處，小用小處，因物施宜，故有大小也。績按：別本註「成軸既多，因物施宜，隨大小而用之者也」。

又　明迺哲哲迺明奮乃苓明哲乃大行此言擅美主盛自奮也以琅湯。績按：「湯」一本作「璘」。

焦竑《老子翼考異》第三章　使心不亂。古本作「使民心」。

又　是以聖人之治。古本「治」下有「也」，一無「之治」。

又　則無不治。古本作「無不爲矣」，彭耜本「無不治矣」。

又第四章　或不盈。陸本作「不滿」，開元本、蘇本「或」下有「似」。

又　湛兮似或存。碑本無「兮」，或作「常」，或作「若」。

何焯《義門讀書記》卷一三　「于是以五帝繫諜，尚書世紀。」諸本「尚書」下有「集」字。

又　「此亡國之聲也，不可遂。」「遂」，小字宋本作「聽」。

又　「以七月與東井、輿鬼晨出，曰大音。」「音」字小字宋本作「晉」。

又　「填星，其色黄，光芒者，曰黄鍾宫。」小字宋本「光」作「九」，「者」作「音」。

沈炳震《九經辨字瀆蒙》卷三　「時。」《隨》：「大亨貞无咎而天下隨時。」《本義》：「王肅本『時』作『之』，今當從之。」

又　「刑渥。」《鼎》：「其刑渥。」《釋文》：「鄭作『剭』，音『屋』。」《本義》：「晁氏曰：『形渥，諸本作刑剭，重刑也。』今從之。」

又　「天。」《繫辭下》：「觀鳥獸之文與地之宜。」《本義》：「王昭素曰：『與、地之間，諸本多有「天」字。』」

又　「而泰。」《序卦》：「履而泰然後安。」《本義》：「晁氏曰：『鄭本無「而泰」二字。』」

沈淑《陸氏經典異文輯》卷一　體仁。京房、荀爽、董遇本作「體信」。

又　利物。孟喜、京荀、陸績作「利之」。

又　揮。本亦作「輝」，義取光輝。

又　其唯聖人乎。王肅本作「愚人」，後結始作「聖人」。

又　嫌。鄭作「謙」，荀、虞陸、董作「嗛」。

又　經綸。本亦作「論」。

沈廷芳《十三經注疏正字》卷一　「六四，賁如皤如。」「皤」，鄭本作「燔」，音「煩」。

又　「註爲巳寇難二志相感不獲通亨。」「通亨」，當依《集解》本作「交通」，「難」誤「雖」。

又　「在于九月之末。」「末」，毛本誤「未」。

又　「六二節註以此而行未見有與。」案：盧本作「未見其與也」。

又　「六三節疏是自納于上以諂媚者也。」「自」，監本誤「目」。

又　「六三，險且枕。」「險」，鄭本作「檢」，云「木在手曰檢，在首曰枕」。

錢大昕《唐石經考異・周易》　《乾》「保合大和」。今本「大」作「太」，岳本亦作「大」。

又　君子以自强不息。今本「强」作「彊」，岳本亦作「强」。

又　問以辯之。今本「辯」作「辨」，陸氏《釋文》本作「辯」，岳本同。

又　《蒙》「苞蒙吉」。岳本、今本「苞」作「包」，陸亦作「苞」。

又　《需》「位于天位」。岳本、今本「于」作「乎」。

又　《比》「終來有它吉」。今本「它」作「他」。《象傳》有「它吉」，同。陸《釋文》、岳本、日本本并作「它」。《大過》「有它吝」，《中孚》「有它不燕」，今本亦作「它」，與石刻同。

又　《困》「利用享祀」。今本「享」作「亨」。

又　《井》「井甃无咎，脩井也」。毛本「脩」作「修」，岳本亦作「脩」。

又　井洌寒泉食。今本「洌」作「冽」，岳本亦作「洌」。

畢沅《山海經新校正》卷一六　大荒之中有山，名曰日月山，天樞也，吴姬。沅曰：舊本作「姖」，藏經本作「姬」。

又卷一七　大荒之中，有山名曰先檻大逢之山。沅曰：藏經本作「光檻」。

又　西北海外流沙之東，有國曰中輪。沅曰：舊本作「⿰車扁」，藏經本作此。

彭元瑞《石經考文提要》卷一　「有它吉。」監本作「有他」，今从《御纂周易折中》、武英殿本陸德明《經典釋文》、唐石經、李鼎祚《易傳》、南宋石經、宋本九經、南宋巾箱本、宋本《周易注疏》、岳珂本、張載《易説》、郭雍《大易粹言》、朱震《漢上易傳》、李衡《周易義海撮要》、沈該《易小傳》、趙彦肅《復齋易説》、王宗傳《童溪易傳》、王申子《大易輯説》、董楷《周易傳義附録》、俞琰《大易集説》、胡一桂《易本義附録纂注》、胡炳文《周易本義通釋》、董真卿《周易會通下》「有它吝有它不燕有它吉也」並同。

又卷二　「君子以自强不息。」監本作「自彊」，今从武英殿本、唐石經、《易傳》、南宋石經、宋本九經、南宋巾箱本、宋本《周易注疏》、《紫巖易傳》、《大易粹言》、《周

易義海撮要》、《童溪易傳》、《易翼傳》、《誠齋易傳》、《周易參義》。

又「視乃厥祖。」坊本作「烈祖」，亦沿蔡沈《集傳》。案：孔安國傳視其祖而行之，其訓厥也。今从武英殿本、唐石經、宋本九經、南宋巾箱本、宋本《附釋音尚書注疏》、宋本《纂圖互注尚書》、岳珂本、《尚書全解》、《尚書詳解》、《尚書表注》、董鼎《書傳》、《尚書句解》、元本《尚書注疏》、監本《九經誤字》。

又「則惟汝衆自作弗靖。」坊本作「爾衆」，今从武英殿本、唐石經、宋本九經、南宋巾箱本、宋本《附釋音尚書注疏》、宋本《纂圖互注尚書》、岳珂本、蘇軾《書傳》、《尚書説》、《東萊書説》、《尚書表注》、《尚書纂傳》、《書纂言》、《尚書句解》、《書集傳纂疏》、元本《尚書注疏》、監本《九經誤字》。

又卷三「昔育恐育鞫。」坊本作「育鞠」。案：《經典釋文》「鞫」本又作「鞠」，《康熙字典》「鞫」字下引此經并《釋文》，今从武英殿本、唐石經、宋《纂圖互注》本、岳珂本、《毛詩集解》、監本。

又「終然允臧。」監本作「終焉」。案孔穎達《正義》云「終然信善」，今从《欽定詩經傳説彙纂》、唐石經、宋本九經、南宋巾箱本、宋《纂圖互注》本、岳珂本、《呂氏家塾讀詩記》、《詩緝》、《毛詩集解》、劉瑾《詩傳通釋》。

又「羊牛下括。」坊本作「牛羊」，今从《欽定詩經傳説彙纂》、《御纂詩義折中》、武英殿本、唐石經、南宋石經、宋本九經、南宋巾箱本、宋《纂圖互注》本、岳珂本、《詩集傳》、《呂氏家塾讀詩記》、《詩緝》、《毛詩集解》、監本。

又「叔于田。」監本「叔」上有「大」字。案《經典釋文》云：「本或作『大叔于田』者誤」，《詩集傳》云：「二詩皆曰叔于田，故此加大以別之，非謂段爲大叔也。然不知者又加大於首章，失之矣。」今从《欽定詩經傳説彙纂》、《御纂詩義折中》、《詩傳通釋》、至善堂九經本。

又卷四「六日斂弛之聯事。」監本作「斂弛」，今从《欽定三禮義疏》、《經典釋文》、唐石經、宋本九經、宋《纂圖互注》本、宋《附釋音》本、《周禮訂義》、《周禮句解》、《周禮集説》、《三禮考注》、李黼《二禮集解》。

又「掌其戒禁。」監本作「戒令」，今从《欽定三禮義疏》、武英殿本、唐石經、宋本九經、宋《纂圖互注》本、宋《附釋音》本、余仁仲本、《周禮訂義》、《周禮句解》、《二禮集解》。

又「以英簜輔之。」監本作「英蕩」。案《欽定三禮義疏》引于寶曰：「英，刻書也。簜，竹箭也。刻書所事以助使節之信。」鄭鍔曰：「簜竹也，所謂瑶琨篠簜是也。」今从《周禮句解》。

吴騫《蜀石經毛詩考異》卷上「德亦然。」作「其德亦然也」，《七經孟子攷文》作「德亦宜然也」。

又傳「送御」。「御」作「迎」，下有「之車」二字。

又箋「我以」。上有「爵位」二字。

又「是如。」「是」下有「子」字，《七經孟子攷文》同。

又「序箋。」案拓本序下註俱無「箋」字，今恐與序文無別，故亦加「箋」字。

段玉裁《汲古閣説文訂》「一上丄部」，辛示辰龍童音章，皆从古文上。初印本如此，王氏、周氏兩宋本、已後或言兩宋本，或言宋本，皆同。葉石君抄本、趙靈均抄本、《五音韻譜》皆同此。今依小徐於「辛」下「示」上剜補「言」字，《説文》隨舉以見例云「辛則从辛之辛」，言在其中矣，何煩補乎。

又「」，醫無閭珣玗琪，《周書》所謂夷玉也，从玉旬聲，一曰器。初印本如此，各本皆同，今於「醫無閭」下剜添「之」字，「一曰」下剜添「玉」字，本小徐。

王念孫《讀書雜志》三之一《西伯曰文王》「子昌立，是爲西伯，西伯曰文王。」念孫案：「西伯曰文王」本作「西伯文王也」，今本既衍「曰」字，又脱「也」字。此是承上句而申明之，故曰「西伯，文王也」。《五帝紀》曰「文祖者，堯大祖也」，《項羽紀》曰「亞父者，范增也」，語意並與此同。若云「西伯曰文王」，則非其指矣。《文選·報任少卿書》注引此，正作「西伯文王也」。

又《申屠嘉》「淮陽守申屠嘉等十人。」念孫案：「屠」字宋本、游本皆作「徒」，此本謂王延喆本。初刻作「徒」，後改爲「屠」，「屠」字獨小於衆字，剜改之迹顯然。而各本皆從之，蓋未達假借之旨也。《酷吏傳》有「勝屠公」，《索隱》引《風俗通義》曰「勝屠，即申徒」，《通志·氏族略》亦引《風俗通義》曰「申徒氏，隨音改爲申屠氏」。

又三之二《弗生》「穆侯弗生元年。」念孫案：「生」上本無「弗」字，此後人依《晉世家》加之也。《索隱》本出「晉穆公生」四字「公」字誤，當作「侯」。。而釋之曰：「案《世家》名『費生』，今《晉世家》譌作「費王」。或作『潰生』，《世本》名『弗生』，則『生』是穆公名，『費』、『潰』、『弗』不同耳。」據此則穆侯本名「生」，或作「弗生」者，弗，發聲耳。或作「費」、「潰」，字異而義同也。「生」之爲「弗生」，猶「降」之爲「不降」，《夏

本紀》「帝不降」，《世本》作「帝降」。「閔」之爲「母涼」，《周本紀》「惠王閬」，《世本》作「母涼」，「涼」、「閬」古字通，母發聲。「皇之」爲「弗皇」，《魯世家》「惠公弗皇」，《漢書·律曆志》作「惠公皇」。上一字皆是發聲，故《索隱》以「生」爲穆侯名，無庸加「弗」字也。又「穆侯」上脱去「晉」字，亦當依《索隱》補。

又三之三《哀姜》「文公有二妃，長妃齊女哀姜。」念孫案：《索隱》本「哀姜」上有「爲」字，於義爲長。

又《鄒》「鄒費郯邳者，羅襲也。」念孫案：「鄒」，本作「騶」，古多以「騶」爲「鄒」字。《封禪書》「祠騶嶧山」。《吴世家》「爲騶伐魯陳」。《杞世家》「滕薛騶，夏殷周之間封也」。《田完世家》「騶忌騶衍」。《孟子傳》「齊有三騶子」。《韓長孺傳》「嘗受韓子雜家説於騶田生所」。《漢書·地理志》「魯國騶，故邾國」。《王吉傳》「能爲騶氏春秋」。又漢有騶氏《二鏡銘》、《造孔廟禮器碑》陰有「騶韋仲卿，蕩陰令」。《張遷碑》「陰有騶叔義」。《索隱》本出「騶費」二字，注曰：「鄒祕二音」。今本改「騶」爲「鄒」，則小司馬無庸作音矣。下文「塞鄒魯之心」，《孟子傳》「孟軻，鄒人也」。《索隱》本並作「騶」。《班馬字類》及毛晃《增脩禮部韻略》引《孟子傳》並作「騶」，宋本同。

又三之四《偶人》「見木偶人與土偶人相與語。」念孫案：「偶」，《索隱》本作「禺」，注曰：「音『偶』，又音『寓』，謂以土木爲之，偶類於人也。」是舊本作「禺」，有『偶』、『寓』二音。後人改「禺」爲「偶」，又改注文曰「偶，音『遇』」，斯爲謬矣。《封禪書》「木禺龍欒車一駟」，《索隱》曰：「禺，一音『寓』，寄也，寄龍形於木。一音『偶』，亦謂偶其形於木也。」《後漢書·劉表傳》論曰：「其猶木禺之於人也。」是「偶人」之「偶」古通作「禺」。《管子·海王篇》「禺策之商日二百萬」，尹知章曰：「禺，讀爲『偶』。」《漢書·匈奴傳》「此温偶駼王所居地也」，班固《燕然山銘》「斬温禺以釁鼓」，「温禺」即「温偶」。

又《嚪秦》「令趙嚪秦以伐齊之利。」「嚪」與「啗」同。念孫案：《索隱》本「嚪」下有「説」字，是也。《集解》引徐廣曰「嚪，進説之意」，則正文内有「説」字明矣。説秦伐齊，其大指在嚪之以利，故曰「嚪，進説之意」。《高祖紀》曰「使酈生陸賈往説秦將，啗以利」，義與此同也。

又三之五《釋》「卒釋去之。」念孫案：「釋」本作「醳」，古多以「醳」爲「釋」字。《管蔡世家》「鄭降楚，楚復醳之」。《魏世家》「與其以秦醳衛，不如以魏醳衛」。《孔子世家》「陽虎因内桓子，與盟而醳之」。《張儀傳》「掠笞數百不服，醳之」。《燕策》「王欲醳臣」。漢《石門頌》「醳艱即安」。《析里橋郙閣頌》「醳散關之嶃漯」。《北海相景君銘》「農夫醳耒」。並以「醳」爲「釋」。《索隱》本作「醳」，注曰：「音釋。」又《田儋傳》「乃釋齊」，《索隱》本亦作「醳」，注曰：「古『釋』字。」今本皆改「醳」爲「釋」而删去其注，後人之妄也。

又四之一《高帝紀》「高帝紀第一。」念孫案：宋景祐監本無「帝」字，下文《惠帝紀》至《平帝紀》亦皆無「帝」字，景祐本是也。《叙傳》云：「述高紀第一，下至述平紀第十二，皆無『帝』字。」又《項籍傳》云：「語在高紀他篇言語在某紀者並同。」師古注《惠紀》云：「解在《高紀》，他篇注言解在某紀者並同。」皆其證。

又《疾可治不醫曰可治》「上問醫曰：『疾可治不？』醫曰：『可治。』」念孫案：景祐本作「上問醫句。曰疾可治句。」。無「不醫曰可治」五字，是也。上問醫者，問疾之可治否也。曰疾可治者，醫言可治也。《史記》作「高祖問醫，醫曰病可治」，是其證，後人誤以「上問醫曰」連讀，則下文義不可通，故增此五字耳。宋祁亦曰：「舊本及越本並無『不醫曰可治』五字。」

又《崇嵩》「翌日親登崇嵩。」念孫案：「嵩」，當依景祐本作「高」。「崇高」即「嵩高」。

又四之二《三十五年》「牟平共侯渫，元狩三年，節侯奴嗣。三十五年，薨。大始二年，敬侯更生嗣。」念孫案：「三十五年」，當依景祐本作「二十五年」。自元狩三年至大始二年，凡二十六年。侯奴之薨在前一年，故曰「二十五年」。

又《十二年》「安丘懿侯張説，孝文十三年，共侯奴嗣。十二年，薨。孝景三年，敬侯執嗣。」念孫案：「十二年」，當依景祐本作「十三年」。自孝文十三年至孝景三年，凡十四年。侯奴之薨在前一年，故曰「十三年」。

又四之三《十八年》「陽城繆侯劉德，五鳳二年，節侯安民嗣。十八年，薨。初元元年，釐侯慶忌嗣。」念孫案：「十八年」，當依景祐本作「八年」。自五鳳二年至初元元年，凡九年。安民之薨在前一年，故云「八年」。

又四之五《冬》「二年，冬，東擊項籍而還入關。」念孫案：景祐本無「冬」字，是也。《高紀》云：「二年三月，漢王自臨晉渡河。六月，還櫟陽。」是高帝以三月東擊楚，以六月還入關，皆非冬時也。又下文詔曰：「今上帝之祭及山川諸神當祠者，各以其時禮祠之如故。」而《高紀》云：「六月，令祠官祀天地四方上帝山川，以時祠之。」是詔祠上帝山川諸神，亦是六月時事，非冬也。「冬」字乃後人所加，故《史記》無「冬」字。《通典》禮二、禮五並同。

又《憙》「而天子心獨憙，其事祕，世莫知也。」師古曰：「『憙』，讀曰『喜』。喜，好也，音許吏反。」念孫案：景祐本「憙」作「喜」，是也。喜，樂也，音許里反。

憙，好也，音許吏反。桓六年《穀梁傳》「陳侯憙獵」，《釋文》「憙，虚記反」。獨憙，獨好也。而景祐本作「喜」者，借字耳。注當作「『喜』，讀曰『憙』，憙，好也，音許吏反」。今本既改正文作「憙」，又互改注内「喜」、「憙」二字，而其義遂不可通。《太平御覽・神鬼部一》引《漢書》正作「喜」，《史記》同。又《賈誼傳》「遇之有禮，故羣臣自喜」，《賈子・階級篇》同。「喜」亦借字也。故師古曰「『喜』，讀曰『憙』，音許吏反。憙，好也，好爲志氣也」。而今本正文亦改爲「憙」，注文「喜」、「憙」二字亦互改矣。唯「憙好也」之「憙」未改。

又《封禪》 「漢帝亦當上封禪，封禪，則能僊登天矣。」念孫案：景祐本作「漢帝亦當上封，上封，則能僊登天矣」是也。下文曰「秦皇帝不得上封，陛下必欲上。稍上即無風雨，遂上封矣」。此涉上文兩「封禪」而誤，《封禪書》、續《孝武紀》並與景祐本同。

又四之六《范》 「東郡范。」念孫案：景祐本「范」作「笵」，此古字之僅存者。漢廬江太守范式碑碑額篆文亦作「笵」，今則范縣、范姓字皆從艸，無從竹者矣。

又《錯叔繡所封》 「沛郡公丘，故滕國，周懿王子錯叔繡所封。」景祐本「錯叔繡」下有「文公」二字。念孫案：景祐本是也，今本無「文公」二字者，後人以滕文公不當與祖同謚而删之也，不知子孫不可與祖父同名，未嘗不可同謚。周公之謚曰文，固與文王同謚矣。魯之文公又與周公同謚矣，推之他國，亦多有此，豈得憑臆妄删乎？《水經・泗水注》云「公丘縣故城在滕西北」，《地理志》「周懿王子錯叔繡文公所封也」，正與景祐本同。《路史・後紀十》「叔繡」下亦有「文公」二字。

又四之九《不治》 「此時而欲爲治安，雖堯舜不治。」宋祁曰：「浙本『治』字上有『能』字，存『能』則語成文。」念孫案：當作「此時而欲爲治安，雖堯舜不能」，浙本作「不能治」，「治」字蓋涉上句而衍，各本則又脱「能」字矣。《賈子・宗首篇》作「雖堯舜不能」，無「治」字。

又四之一〇《客遇之》 「如浞野侯爲虜所得，後亡還，天子客遇之。」宋祁曰：「浙本『客』作『容』。」念孫案：「客」字義不可通，《衛霍傳》但云「浞野侯趙破奴以浚稽將軍擊匈奴左王，爲虜所得，遂没其軍，居匈奴中十歲，復與其大子安邦亡入漢」。無所謂天子客遇之之事，「客」當依浙本作「容」，字之誤也。容，寬也，見《五行志》。遇，待也，見《管子・任法篇》注。寬待之，謂不問其没軍之罪。

又四之一二《空一字》 「已詔中郎將印將胡越佽飛射士步兵二校，益將軍兵。」「校」下空一字，念孫案：景祐本「校」下是「尉」字，當據補。上文云「詔印將八校尉」，是其證。各本「校」下不空一字，非。

又四之一三《在職》 「賢者在位，能者在職。」宋祁曰：「『在職』，越本作『布職』，别本同。」念孫案：景祐本亦作「布職」。毛本同，元紀曰：「明王在上，忠賢布職。」《廣雅》曰：「布，列也。」疑舊本作「布職」，而後人依《孟子》改之也。

又四之一四《印》 「漢賜單于印，言璽不言章，又無漢字，諸王已下迺有漢，言章。今印去璽加新，與臣下無别。」念孫案：景祐本「今印」作「今即」，是也。即者，若也。《西南夷傳》注「即，猶若也」。餘見《釋詞》，不能備載。言今若去璽加新，則與臣下無别也。今本「即」作「印」者，後人不曉即字之義而以意改之耳。《太平御覽・儀式部四》引此正作「即」。

又四之一五《元始》 「元始三年生昭帝。」念孫案：「元始」，當依景祐本作「大始」。

又《欲諫》 「令王路設進善之旌，非謗之木，欲諫之鼓。」念孫案：「欲諫」，當依景祐本及《賈誼傳》作「敢諫」。

又《皆異之》 「病名多相類，不可知，有數者皆異之，無數者同之。」念孫案：「皆」，當從宋本作「能」，字之誤也。此言病同名而異實，唯有數者能異之，無數者則不能也。《索隱》本作「能異之」，注曰「謂有術數之人，乃可異其狀也」，是其證。

又五之一《邪氣入内》 「邪氣入内，正色乃衰。」念孫案：「入」，當依宋本、朱本作「襲」，後解及《文選》長門賦注、七發注引此並作「襲」，「襲」即「入」也，《晉語》韋注、《淮南・覽冥篇》高注、《莊子・大宗師篇》司馬彪注、《吴都賦》劉逵注並云：「襲，入也。」無庸改「襲」爲「入」，孫氏淵如説同。

又《服絻》 「刑餘戮民，不敢服絻。」「絻」與「冕」同。「絻」，一本作「絲」。念孫案：刑餘戮民，不得與四民同服，非但不敢服絻而已。一本「絻」作「絲」，是也。《春秋繁露》作「刑餘戮民，不敢服絲元纁」，是其證。古者爵弁服元衣纁裳，皆以絲爲之，洪説同。

又五之二《如此》 「章道以教，明法以期，民之興善也，如此，湯武之功是也。」念孫案：「如此」，當從宋本作「如化」。《吕氏春秋・懷寵篇》曰：「兵不接刃而民服若化。」

又《美色淫聲》 「外淫于馳騁田獵，内縱于美色淫聲。」念孫案：「美色淫聲」，當從宋本、朱本作「美好音聲」，此後人以意改之也。「美好音聲」，即「美色淫聲」，且與「馳騁田獵」對文，後人之改謬矣。

又《宗至》 「誠信者，天下之結也，賢大夫不恃宗至，士不恃外權。」念孫案：「至」，當依宋本作「室」，言不恃宗室，不恃外權，而唯恃誠信也。

又五之三《務物》 「務物之人，無大士焉。」念孫案：「務」，當從宋本作「矝」，字之誤也。注內「務」字同。下文兩「矝」字，皆承此「矝」字而言。

又《則內亂自是起》 「蔽美揚惡，則內亂自是起。」念孫案：宋本「起」下有「矣」字，是也。上文曰「則外難自是至矣」，正與此句相應。

又《戮羣臣》 「寡君有不令之臣，在君之國，願請之以戮羣臣。」念孫案：「戮羣臣」，當從朱本作「戮於羣臣」。「戮於羣臣」者，下文曰「願生得之以徇於國，爲羣臣僇」是也。脫去「於」字，則義不可通。《左傳正義》引此，正作「願請之以戮於羣臣」，《齊語》作「欲以戮之於羣臣，故請之」。

又五之四《插衽》 「管仲詘纓插衽。」念孫案：「插」，當從宋本作「捷」。「捷」，古「插」字也。《小雅・鴛鴦篇》「戢其左翼」。韓詩曰「戢，捷也，捷其噣於左也」。《士冠禮注》「扱柶於醴中」。《鄉射禮注》「搢，插也」。《大射儀注》「搢，扱也」。《內則注》「搢，猶扱也」。《釋文》「『插』、『扱』二字並作『捷』」。《淮南・泰族篇》「捷吻而朝天下。捷吻，即插笏」。今作「插」者，後人所改耳。《太平御覽・服章部三》引此正作「捷」，鈔本如是，刻本「捷」譌作「揵」。孫說同。

又《投柎》 「方舟投柎。」念孫案：「投柎」，當依朱本及《齊語》作「設柎」。

又《壘》 「甲不解壘。」念孫案：「壘」，當依宋本、朱本、《齊語》作「纍」，韋注曰：「纍，所以盛甲也。」補音：「纍，律追反。」

又《社丘》 「築五鹿中牟鄴蓋與社丘。」引之曰：地無名「社丘」者，當從朱本作「牡丘」。《春秋・僖十五年》，公會齊侯、宋公、陳侯、衛侯、鄭伯、許男、曹伯盟于牡丘，是其地也。《齊語》正作「牡丘」。

又五之五《治者所道富也治而未必富也》 「治者，所道富也，治而未必富也。富者，所道强也，而富未必强也。强者，所道勝也，而强未必勝也。勝者，所道制也，而勝未必制也。」念孫案：「治而未必富也」當依朱本作「而治未必富也」，方與下文一例。道者，由也。見《禮器》、《中庸》注。尹注誤解「道」字。

又《異幸》 「上無淫侵之論，則下無異幸之心矣。」念孫案：「異幸」當依朱本作「冀幸」。

又五之六《喜宮》 「公喜宮而妬。」引之曰：「喜宮」當依朱本作「喜內」，故下句云：「豎刁自刑，而爲公治內。」《左傳》、《史記》皆言桓公好內，韓子作君妬而好內，是其證。

又五之一〇《隨》 「臣下隨而不忠，則卑辱困窮。」念孫案：「隨」當依宋本作「墮」。「墮」與「惰」同，言怠惰而不盡其力也。上文云「臣下能盡力事上，則當於主」，正與此文相對，洪說同。

又六之一《夫》 「夫儼然辱臨弊邑。」孫曰：「夫」，一本作「大夫」，然作「夫」亦是。秦二世刻石，「夫」下積二畫以爲「大夫」。念孫案：一本作「大夫」者是，孫說謬。

又七之一《不究》 「此道也，大用之天下則不究，小用之則不困。」畢云：「『究』，一本作『窕』，非。」念孫案：作「窕」者是也，說見《管子・宙合篇》。

又七之二《傳》 「若苟疑惑乎之二子者言，然則姑嘗傳而爲政乎國家萬民而觀之。」畢本「傳」作「傅」。念孫案：「傅」字義不可通，當依舊本作「傳」，「傳」與「轉」通。《呂氏春秋・必己篇》「若夫萬物之情人倫之傳」，高注曰：「傳，猶轉。」《莊子・天運篇》「無方之傳，應物而不窮」。《漢書・劉向傳》「禹稷與咎繇傳相汲引」，『傳』並與『轉』同。《淮南・主術篇》「生無乏用，死無轉尸」。《逸周書・大聚篇》「『轉』作『傳』」。襄二十五年《左傳》注「傳寫失之」《釋文》「傳」，一本作「轉」。言若疑惑乎二子之言，則試轉而爲政乎國家萬民以觀之也。

又八之一《兩能字》 「目不能兩視而明，耳不能兩聽而聰。」盧刪兩「能」字，云：「兩『不』字下，宋本俱有『能』字，錢本同。元刻無。」念孫案：元刻無兩「能」字者，以上下句皆六字，此二句獨七字，故刪兩「能」字以歸畫一。不知古人之文，不若是之拘也。若無兩「能」字，則文不足意矣。《大戴記》亦有兩「能」字。

又《羣類》 「禮者，法之大分，羣類之綱紀也。」元刻無「羣」字。宋、龔本同。念孫案：元刻是也。宋本作「羣類」者，蓋不曉「類」字之義而以意加「羣」字也。不知「類」者，謂與法相類者也。此文云「法之大分，類之綱紀」，《非十二子》及《大略篇》並云「多言而類，聖人也。少言而法，君子也」。《王制》、《大略》二篇又云「有法者以法行，無法者以類舉」，皆以「類」與「法」對文。據楊注云「類謂禮法所無觸類而長者，猶律條之比附」，則本無「羣」字明矣。

又《志意脩則驕富貴道義重則輕王公內省而外物輕矣》宋本如是 元刻於「富貴」、「王公」下，各加一「矣」字以對下文。又改下文之「而」字爲「則」字以對上文，而盧本從之。念孫案：元刻非也，「內省而外物輕」，乃申明上文之詞，非與上文作對句也。今皆改爲對句，則失其旨矣。

又八之二《以其治亂者異道宋吕本如是》 「夫妄人曰：『古今異情，以其治亂者異道。』」宋、錢本「以其」作「其以」。念孫案：此文本作「其所以治亂者異道」，謂古今之所以治亂者，其道不同也。錢本「其以」之間脱「所」字，吕本「其以」又誤作「以其」，則義不可通。《韓詩外傳》正作「其所以治亂異道」。

又《固曷足稱乎大君子之門哉》宋吕本如是 「其事行也，若是其險汙淫汏也，固曷足稱乎大君子之門哉。」宋錢本「險汚淫汏也」下有「如彼」二字，元刻無「如」字，以「彼」字屬下讀。念孫案：元刻是也。下文云「彼固曷足稱乎大君子之門哉」，正與此句相應，則「彼」字屬下讀明矣。錢本「彼」上衍「如」字，則以「如彼」與「若是」對文，與楊注不合矣。錢本及元刻「事行」作「行事」，亦與楊注不合。

又八之三《凝止之》宋吕錢本並如是世德堂本同 「和解調通，好假道人，而無所凝止之。」元刻「之」作「也」，盧從元刻。念孫案：作「之」者是也。《解蔽篇》云「以可以知人之性，求可以知物之理，而無所疑止之」，文義正與此同。

又八之六《衣衾》 「然後皆有衣衾多少厚薄之數。」楊注曰：「衣謂衣衾，《禮記》所謂君陳衣於庭百稱之比者也。衾，謂君錦衾，大夫縞衾，士緇衾也。食，謂遣車所苞遣奠也。」盧云：「正文『衣衾』，案注當本作『衣食』，元刻於注頗有删節，今悉依宋本。」念孫案：盧説是也，正文本作「然後皆有衣食多少厚薄之數」，「衣」字統「衣衾」而言。楊注本作「衣」，謂衣衾。此釋正文「衣」字。衣，《禮記》所謂君陳衣於庭百稱之比者也。衾，謂君錦衾，大夫縞衾，士緇衾也。此是楊氏自釋注内「衣衾」二字，非釋正文也，正文本無「衾」字。食，謂遣車所苞遣奠也。此釋正文「食」字。宋本正文「食」字誤而爲「衾」，注文《禮記》上又脱一「衣」字，則義不可通而元刻遂妄加删節矣。

又八之七《己所臧》 「不以己所臧古「藏」字。害所將受，謂之虚。」盧云：「『己所臧』，元刻作『所己臧』。」念孫案：「所己臧」與「所將受」對文，元刻是也。楊注「積習」二字，正釋「所己臧」三字，宋錢本、世德堂本並作「所己臧」。

又《慮積焉能習焉百後成謂之僞》 盧云：「『此『僞』字元刻作『爲』，非也。觀荀此篇及禮論等篇，『僞』即今之『爲』字，故曰『桀紂，性也。堯舜，僞也』，謂堯舜不能無待於人爲耳。後儒但知有真僞字，昧古六書之法而訾之者衆矣。下兩『而爲』承上文，亦必本是『而僞』。」

又八之八《大盈乎大寓》 「雲賦精微乎毫毛，而大盈乎大寓與『宇』同。」宋錢佃校本云：「諸本作『充盈乎大寓』非。」念孫案：作「充盈」者是也，下文「充盈大宇而不窕」即其證。「充盈」與「精微」對，監本作「大盈」則既與下「大」字複，又與「精微」不對矣。楊云「其廣大時，則盈於大宇之内」，則所見本已作「大盈」。《藝文類聚・天部上》引作「充盈乎天宇」。

又《五泰》 「請占之五泰。」盧云：「此與下文『五泰』，宋本皆作『五帝』，無『五泰五帝也』五字注，今從元刻，與《困學紀聞》所引合。古者『帝』字不與敗世害韻五支六脂之别也。」念孫案：敗世害，泰古音「並」，屬祭部，非唯不與五支之去聲通，并不與六脂之去聲通，此盧用段説而誤也，説見戴先生《聲韻攷》。

又八之補《勸學篇》 「以錐飡壺也。」宋吕本「飡」作「湌」，與錢本同。《脩身篇》「保利非義謂之至賊」，盧云：「『非』，元刻作『弃』。」念孫案：盧本作「非」者，爲影鈔宋本所誤也，刻本正作「弃」，「弃」與「保」義正相反，作「非」者，字之誤耳。吕、錢本、元刻及世德堂本皆作「弃」。

又 「其遠思也早。」吕本作「遠害」，與錢本同。

又 《榮辱篇》「憍泄者，人之殃也」，吕本「憍」作「憍」，與錢本、元刻同。

又 《非十二子篇》「縱情性，安恣睢，禽獸之行」，吕、錢本皆無「之」字。念孫案：吕、錢本是也。據楊注云「與禽獸無異，故曰禽獸行」，則無「之」字明矣。《性惡篇》云「禽獸行，虎狼貪」。《司馬法》云「外内亂，禽獸行」，句法並與此同。

又九之一《艽》 「禽獸有艽，人民有室。」高注曰：「『艽，蓐。』」劉本「艽」作「艽」，云：「『艽，音『仇』，獸蓐也，與《詩》『艽野』之『艽』同字，舊譌作『艽』。」念孫案：劉本是也。《廣韻》「艽，獸蓐也」，正與高注合。《脩務篇》曰「虎豹有茂草，野彘有艽莦，槎櫛堀虚連比，以像宫室」，此云「禽獸有艽，人民有室」，其義一也。

又九之九《王皆坦然天下而南面焉》 「堯舜禹湯文武，句。王皆坦然天下而南面焉。」念孫案：次句當作「皆坦然南面而王天下焉」，今本顛倒不成文理，劉本删去「王」字尤非。莊本同。

又《有以》 「一人跖耒而耕，不過十畝。中田之獲，卒歲之收，不過畝四石。妻子老弱仰而食之，《文子・上仁篇》作「仰之而食」。時有涔旱災害之患，有以給上之徵賦車馬兵革之費。」念孫案：「有以」之「有」，各本多作「無」，惟《道藏》本及茅本作「有」，「有」字是也。「有」，讀爲「又」，《淮南》通以「有」爲「又」，《史記》、《漢書》及諸子並同。言終歲之收，僅足供一家之食，既時有水旱之災，而又以此給上之徵賦也。後人不知「有」爲「又」之借字，而改「有」爲「無」，斯爲謬矣。莊刻仍從諸本作「無」，故特辯之。

又九之一〇《循性而行指》 「太公何力，比干何罪，循性而行指，或害或利。」念孫案：「循性而行指」，謂率其性而行其志也。《呂氏春秋・行論篇》「布衣行此指於國」，高注曰：「指，猶志也。」劉本改「指」爲「止」而諸本從之，莊本同。謬矣。

又《二鳳凰》 「昔二鳳凰至於庭。」劉本作「昔二皇鳳凰至於庭」。念孫案：此本作「昔二皇鳳至於庭」，《文選》注、《藝文類聚》、《太平御覽》、《玉海》並引高注，二皇，宓羲、神農也，今本脱之。《原道篇》「泰古二皇高」，彼注與此注同。《道藏》本「皇」字倒枉「鳳」字下，因誤而爲「鳳」，劉本補「皇」字而未删「鳳」字，各本及莊本同。皆非也。《文選・長笛賦注》、《藝文類聚・祥瑞部下》、《太平御覽・羽族部二》及《爾雅翼》、《玉海・祥瑞部》引此並作「二皇鳳至於庭」，無「凰」字。

又九之一三《卷而伸》 「夫繩之爲度也，可卷而伸也，引而伸之，可直而睎。」念孫案：「可卷而伸」，劉本作「可卷而懷」，是也。此言繩之爲物，可曲可直，故先言「卷而懷」，後言「引而伸」。且「懷」與「睎」爲韻，若作「伸」，則失其韻矣。《文子・上仁篇》正作「可卷而懷」。

又《患弗過》 「夫動静得，則患弗過也。」念孫案：「過」，當從劉本、朱本作「遇」，字之誤也。

又九之一四《亡乎萬物之中》 「物物者，亡乎萬物之中。」高注曰：「物物者，造萬物者也，此不在萬物之中。」念孫案：莊本改「亡」爲「存」，正與此義相反。

又《不以位爲患》 「智者不以位爲事，勇者不以位爲暴，仁者不以位爲患，可謂無爲矣。」劉本「患」作「惠」。念孫案：劉本是也。不以位爲惠，謂不假位以行其惠也。「爲惠」與「爲暴」相對，《主術篇》曰「重爲惠，重爲暴，則治道通矣」，義與此同。

又九之一五《誠必》 「心不專一，則體不節勁。將不誠必，則卒不勇敢。」念孫案：「誠必」與「專一」，相對爲文。「勇敢」與「誠心」，相因爲義。《管子・九守篇》曰：「用賞者貴誠，用刑者貴必。」《荀子・致士篇》曰：「人主之患，不在乎不言用賢，而在乎不誠必用賢。」《呂氏春秋・論威篇》曰：「又況乎萬乘之國而有所誠必乎，則何敵之有矣。」《賈子・道術篇》曰：「伏義誠必謂之節。」枚乘《七發》曰：「誠必不悔，決絶以諾。」是古書多以「誠必」連文。劉本「誠必」作「誠心」，因上文「心誠」而誤。諸本與劉本同，唯《道藏》本作「誠必」，莊不從《藏》本而從諸本，謬矣。

又九之一六《聽雷者聾》 「視日者眩，聽雷者聾。」念孫案：人視日則眩，聽雷，則未必聾也。《玉篇》「聵」，女江切。《淮南子》曰「聽雷者聵」，注云：「耳中聵聵然。」《埤蒼》云：「耳中聲也。」《廣韻》與《埤蒼》同。據此，則古本作「聽雷者聵」，今本「聵」作「聾」，而無「耳中聵聵」之注，則後人以意删改之耳。

又《謾他》 「媒但者非學謾他，但成而生不信，立慬者非學鬬争，慬立而生不讓。」念孫案：「但」與「誕」同，故高注曰「但，猶詐也」。「他」與「詑」同，謾詑，詐欺也。《説文》「謾，欺也」。又曰「沇州謂欺曰詑」。《玉篇》湯何、達可二切。《急就篇》「謾訑，首匿愁勿聊」，顔師古曰：「謾訑，巧黠不實也，或謂之訑謾。」《楚辭・九章》「或訑謾而不疑」，「詑」、「訑」、「他」字異而義同。《燕策》「燕王謂蘇代曰：『寡人甚不喜訑者言也。』蘇代對曰：『周地賤媒，爲其兩譽也。』」之男家，曰女美。之女家，曰男富。故曰「媒但者非學謾他，但成而生不信也」。「謾他」與「鬬争」，相對爲文，各本「謾他」並誤作「謾也」，或又於「鬬争」下加「也」字，以與「謾也」相對，其謬滋甚。惟《道藏》本不誤，莊刻仍依各本作「謾也」，又於「鬬争」下加「也」字，故特辯之。

又九之一七《少自其質》 「石生而堅，蘭生而芳，少自其質，長而愈明。」念孫案：「少自其質」，「自」當依劉本作「有」，字之誤也。《文子・上德篇》作「少而有之，長而逾明」。

又九之一八《病温而强之食》 「夫病温而强之食，病暍而飲之寒，此衆人之所以爲養也，而良醫之所以爲病也。」念孫案：劉本「温」誤作「濕」，莊本又改爲「溼」，皆非也。病温者不可以食，若作「病溼」，則非其指矣。《文子・微明篇》作「病温而强餐之熱，病暍而强飲之寒」，《説林篇》云「病熱而强之餐，救暍而飲之寒」，熱亦温也。又案「强之食」，「食」當依《説林篇》作「餐」，字之誤也。「餐」、「寒」爲韻，「養」、「病」爲韻，病，古音蒲浪反，説見《唐韻正》。若作「食」，則失其韻矣。

又《雞定》 「故禍之所從生者，始於雞定，及其大也，至於亡社稷。」念孫案：「雞定」，當依劉本作「雞足」，字之誤也。上文云「季氏與郈氏鬬雞，爲之金距」，故曰「禍始於雞足」，且「足」與「稷」爲韻，《泰族篇》「獄訟止而衣食足」，亦與「息」、「德」爲韻。《老子》「禍莫大於不知足」，與「得」爲韻。若作「定」則失其韻矣。莊伯鴻以「定」爲「麟之定」之「定」，大誤。

又九之二〇《雨露所以濡生萬物瑤碧玉珠翡翠瑇瑁》 「天地所包，陰陽所嘔，雨露所以濡生萬物，《道藏》本如是。瑤碧玉珠，翡翠瑇瑁，「瑇」，各本作「玳」，俗字也。今據《太平御覽》引改，依《漢書》當作「毒冒」。文彩明朗，潤澤若濡，摩而不玩，久而不渝。」念孫案：「雨露所以濡生萬物」本作「雨露所濡以生萬殊」，「瑤碧玉珠」本在

「翡翠瑇瑁」之下，《道藏》本「濡以」二字誤倒，「萬殊」誤作「萬物」，「翡翠瑇瑁」，又誤在「瑶碧玉珠」之下。案：「雨露所濡」爲句，「以生萬殊」爲句，如《藏》本則失其句矣。且此段以「嘔」、「濡」、「殊」、「珠」、「濡」、「渝」爲韻，如《藏》本則失其韻矣。劉本作「雨露所濡生萬物」，又脱去「以」字。《漢魏叢書》本乃於「生萬物」上妄加「化」字，而莊本從之，斯爲謬矣。《太平御覽・工藝部九》引此正作「雨露所濡以生萬殊，翡翠瑇瑁，瑶碧玉珠」。

陳鱣《經籍跋文・宋版周易注疏跋》 今秋從吴賈得宋刻大字本十三卷，每半葉八行，行十九字，皆頂格。經下夾行注，有「注云」二字。注下作大字陰文疏，字仍夾行。先整釋經文，然後釋注，再接大字經文。其款式與日本山井鼎《七經孟子攷文》所據宋本一一脗合。書中避「敬」、「恒」、「貞」、「恒」等字，而不避「慎」字，間有避「慎」字者，審係修版。疑即《沿革例》所謂紹興初監本，其刷印則在乾道、淳熙間也，楮墨精良，古香可愛。每葉楮背有「習説書院」四字長印，未知所在。每卷首有「孫修景芳」印，似係明人。其經文如今本《坤象傳》「應地無疆」，此作「无彊」。《大有象傳》「明辨哲也」，此作「辯哲」。《頤象傳》「自求口食」，此作「口實」。《解象傳》「而百果草木皆甲拆」，此作「甲坼」。《繫辭傳》「其受命也如嚮」，此作「如響」。「其孰能與於此哉」，此無「於」字。「力小而任重」，此作「力少」。「辨是與非」，此作「辯是」。「兼三才而兩之」，此作「三材下三才同」。《序卦傳》「傷於外者必反其家」，此作「於家」。《雜卦傳》「蠱則飭也」，此作「則飾」，俱與唐石經合。顧亭林《石經攷》以「力少」爲誤，錢辛楣辨之甚當。攷《集解》本作「力少」，《荀子・儒效篇》是猶力之少而任重。景祐本《漢書・王莽傳》「自知德薄位尊，力少任大」。《後漢書・朱馮虞鄭周傳贊》注引《易》亦作「力少」。《三國志・王修傳》注引《魏略》「力少任重」。今得宋本作「力少」，尤可證俗間傳刻之失。其注疏中可以勘今本之脱誤，更復不少。即如《咸象傳》疏一段，凡一百一字，今本全脱，宋本之足寶貴如此。惜缺其首卷，復從吴中周猗唐明經借影宋鈔十三卷本，前有《五經正義表》，係錢求赤手校。覓善書者補全，自謂生平幸事。錢校本題識并附録焉。

嚴可均《說文校議》卷一上 「説文解字弟一上」。「上」字，大徐所加。許君原本十四篇，叙目一篇。李陽冰分卅卷，小徐亦卅卷，大徐仍爲十五篇，而每篇析爲二，加「上」、「下」字以别之。大徐于「弟一上」之毒，新加標目一篇。按《許書》弟十五篇有目，何煩重出。宋本于新加標目篇耑誤題漢太尉祭酒許慎記，毛本初印亦如此，後刓去之。其標目部次，宋本與弟十五篇原目同。毛本卧身月衣四目跳在「尺尾目」下，依小徐部叙篇也。其音釋與宋本亦或小異，以非許書原文，置之不議。

又 「下」，宋本作篆文「丅」。

黄丕烈《重刻剡川姚氏本戰國策札記》卷上 以思其德下及康昭之後。「後」下，鮑本注云「『以思其德』，一作『恩德其上』。『下及』，一無『下』字。」

又 是以傳相放效。「傳」，鮑本作「轉」。

又 終於信篤之誠。今本「於」作「無」，鮑本作「無」。丕烈案：「無」字是也。

又 得九鼎厚寶也。今本「寶」作「實」，鮑本作「寶」。

又 因四塞之固。「固」，鮑本作「國」。

又卷中 車舍人不休傳衛國。「傳」，今本作「傳」，鮑本作「傳」。

又 則事以衆强。鮑改「事」爲「是」。

又 麒驥之衰也。今本「麒」作「騏」，鮑本作「騏」。

又 而敵萬乘之國二。「敵」，鮑本作「攻」。

又 再戰北勝。「北」，鮑本作「比」。

又 而爲利長者。「爲」，鮑本無。

又卷下 衍請因令王。「請」，鮑本無。

又 以更索於王。「更」，鮑本作「東」。《吴補》一本「更」。

又 施因令人。「人」，鮑本作「之」。

又 王聽公子公子不封。今本不作「必」，鮑本作「必」。

又 則是大王垂拱之割埊。「之」，鮑本作「多」。

又 必舍於秦。「舍」，鮑本作「合」。

阮元《十三經注疏校勘記・周易注疏校勘記》卷一 業資凡聖。閩、監本同，毛本、足利本、寫本「凡」作「九」。

又 輔嗣之注若此。錢本、閩、監本同，毛本「注」作「註」。按漢唐宋人經注字無作「註」者。

又 欲取改新之義。閩、監、毛本同，寫本「新」作「辛」。

又 今既奉勑删定。十行本「勑」字提行，下同，錢本同。閩、監、毛本不提行，毛本「勑」改「敕」。

又 天以爛明。閩、監、毛本同，寫本「爛」作「烱」。「其易之藴邪」，閩、監、毛本同，錢本「藴」作「緼」。

又 「上下無常」，閩、監、毛本同，錢本「無」作「无」，下同。

又卷二 是須道終畢。錢本、宋本、閩本同，監、毛本「須」作「需」。「故需道畢矣」，閩、監、毛本同，錢本、宋本「需」作「須」。

又 猶復不可終。岳本、閩、監、毛本同，《集解》「可」下有「以」字。

又 中乃吉也。岳本、閩、監、毛本同，古本、足利本「乃」下有「得」字。

又 猶不可以爲終也。岳本、閩、監、毛本同，《集解》無「也」字。

又 得其中吉。岳本、閩、監、毛本同，古本上有「乃」字，《集解》同。

又卷三 晦宴也。閩、監、毛本同，宋本、錢本「宴」作「冥」。

又 官有渝。石經、岳本、閩、監、毛本同，《釋文》「官有」，蜀才作「館有」。

又 「以欲隨宜者也」，岳本、閩、監、毛本同，錢本、宋本無「也」字。

又 隨不失正也。岳本、閩、監、毛本同，錢本、宋本無「隨」字。

又 是以欲隨其所宜也。閩、監、毛本同，錢本、宋本無「也」字。

又 必有係也。岳本、閩、監、毛本同，古本「係」上有「所」字。

又 體於柔弱。岳本、宋本、古本、足利本同，錢本、閩、監、毛本「於」作「分」，是也。

又 必有係也。岳本、閩、監、毛本同，古本「係」上有「所」字。

又 志在丈夫。岳本、閩、監、毛本同，《集解》下有「也」字。

又卷四 取女吉。石經、岳本、閩、監、毛本同，《釋文》「取」，本亦作「娶」。按「娶」，正字。「取」，假借字。「則萬物无由得應化而生」，錢本、閩、監、毛本同。宋本「應」作「變」。

又 以其各亢所處也。岳本、閩、監、毛本同，《釋文》「亢」，本或作「有」。

又 故觀其所感而天地萬物之情可見矣。閩、監、毛本同，錢本、宋本下有「也」字。

又卷五 故可揚于王庭。岳本、閩、監、毛本同，古本下有「也」字。

又 則柔邪者危。岳本、閩、監、毛本同，《釋文》出「則邪」，是其本無「柔」字。

又 尚力取勝也。岳本、閩、監、毛本同，古本「也」上有「者」字。

又 萃亨。石經、岳本、閩、監、毛本同，《釋文》王肅本同，馬、鄭、陸、虞等並無「亨」字。

又 王以聚至有廟也。岳本、閩、監、毛本同，錢本無「也」字。

又 全乎聚道。閩、監、毛本同，岳本、宋本、古本、足利本「乎」作「夫」。

又 故聚也。石經、岳本、閩、監、毛本同，古本無「也」字。

又卷六 豐其蔀日中見斗。石經、岳本、閩、監、毛本同，《釋文》「蔀」，鄭、薛作「菩」，「見斗」，孟作「見主」。「所豐在蔀」，岳本閩、監、毛本同，宋本、古本無「所」字。「故曰豐其蔀」，岳本、閩、監、毛本同，宋本、古本「曰」下有「所」字。「又處於內」，閩、監、毛本同，宋本上更有「陰」字。

又 象曰有孚發若信以發志也。石經、岳本、閩、監、毛本同，古本「若」下衍「吉」字，脱「也」字。

又 豐其沛日中見沬折其右肱。石經、岳本、閩、監、毛本同，《釋文》「沛」，本或作「旆」，子夏作「芾」，鄭、干作「韋」。「沬」，鄭作「昧」。「肱」，姚作「股」。

又卷七 韓康伯注。石經、岳本、古本、足利本同，《釋文》作「韓伯注」，云：本亦作「韓康伯注」，閩、監、毛本上加「晉」字。

又 周易繫辭上第七。石經、岳本、閩、監、毛本、古本足利本同，錢本、錢校本、宋本無「第七」二字，《釋文》「周易繫辭」，本亦作「嗣上」，「第七」，本亦作「繫辭上」，王肅本皆作「繫辭上傳」，訖於《雜卦》，皆有「傳」字，本亦有無「上」字者。又十行本此行頂格，與石經合，閩、監、毛本並上空一字。

又卷八 繫辭焉而命之。石經、岳本、閩、監、毛本同，《釋文》「命」，孟作「明」，古本無「焉」字。

又 「或否或泰」，岳本、閩、監、毛本同，古本下有「也」字，下「而後有吉凶」下，「故曰聖人之大寶曰位」下並同。

又 況之六爻。岳本、閩、監、毛本同，古本下更有「六爻」二字。

又 「見存之爻辭」。閩、監、毛本同，岳本、宋本、古本、足利本「見」作「則」。

又 立在其卦之根本者也。錢本閩監本同毛本立在作在立。

又 貞勝者也。石經、岳本、閩、監、毛本同，《釋文》「貞勝」，姚本作「貞稱」。

又卷九 周易兼義卷第九。錢本、錢校本、宋本作「周易注疏卷第十三」。「周易説卦第九」，石經、《釋文》、岳本、古本、足利本同，錢本、宋本無「第九」二字。

又 輔嗣之文言。閩、監、毛本同，錢本、宋本「之」作「以」。「將明聖人引伸因重之意」，閩、監、毛本同，錢本、宋本「重」下有「卦」字。

又 幽贊於神明而生蓍。石經、岳本、閩、監、毛本同，《釋文》「贊」，本或作「讚」。

又 蓍受命如嚮。閩、監、毛本同，岳本、宋本、古本、足利本「嚮」作「響」，《釋文》「嚮」本又作「響」。

又 不知所以然而然也。岳本、閩、監、毛本同，古本「也」上有「者」字。

又《周易略例校勘記》 貞之一者也。錢本、足利本同，閩、監本「貞」下有「正」字。

又 動是衆衆由一制也。錢本、閩、監本不重「衆」字。

又 衆得皆存其存有必歸於一故無心於存皆得其存也。錢本、足利本「必」作「心」，閩、監本作「衆皆所以得其存者必歸於一也」。

又 原必无二也。閩、監本同，石經「无」作「無」，後惟引經「无妄」等作「无」，餘並作「無」。

又 天下之衆衆皆无妄。足利本同，閩、監本不重「衆」字。

又 統之有宗主。足利本同，錢本、閩、監本「有」作「以」。

又 錯雜交亂。足利本同，閩、監本「錯」作「雜」。

又 无爲之一者道也君也統而推尋。足利本同，閩、監本無上九字。

又《尚書注疏校勘記》卷一 國子祭酒上護軍曲阜縣開國子臣孔穎達奉勑撰。按《七經孟子考文》所据宋板，此行在《尚書正義》卷第一之下。蓋唐時、北宋時單疏別行序文當列正義第一卷之首，今序文既别爲一篇，遂移此行於序題下耳。閩本「達」下有「等」字，按此行若如宋板，則「達」下宜有「等」字，以《正義》非一人所作故也。若在序題下，則不當有「等」字，序云：先君宣父，此孔氏之詞，非他人所得通用。

又卷二 西方萬物成。「成」上，古本有「咸字」。

又 助成物。古本作「助成萬物也」，宋板、岳本俱作「助成物也」。「毛更生整理」，「毛」下，古本有「羽」字。

又卷三 升聞天朝。十行、閩、監俱無「升」字。

又 星也。「星」下，古本有「辰」字。

又 祭亦以攝告。「告」下，古本有「之」字。

又卷四 言有恒。「恒」，岳本、《纂傳》俱作「常」。

又 故特以爲戒。「戒」下，古本有「矣也」二字。

又 「道義所存於心」，「心」下，古本有「者」字。

又卷六 下者墳壚。古本作「下者壚壚疏也」，岳本、宋板、十行、《纂傳》俱無「也」字，餘與古本同。許宗彦云：傳末疏字，今本誤爲黑質白文。按《史記・集解》孔安國曰：壚，疏也。

又卷九 毒爲禍患也。「爲」，宋板作「謂」。

又 遠近謂賒促。山井鼎曰：「賒」字，毛本與宋板同，其餘注疏本皆作「徐」。按十行本亦作「賒」，閩本作「徐」。

又卷一〇 正義曰晉語言。「言」，十行、閩、監俱作「云」。

又 猶王官宗伯。「宗」，十行、閩、監俱作「之」。

又卷一一 渡津乃作。「津」上，古本有「孟」字。

又 自嗣位至卒。「自」，宋板作「則」，十行、正嘉、閩本俱作「至」，監本亦作「自」，山井鼎曰：宋板爲「愈」。

又 以一月戊午。「午」，監本誤作「牛」。

又 正言一月。「正」，宋板作「止」。

又卷一二 立武庚。「庚」，古本作「康」，注同，非也。

又 以爲王者後。「後」上，古本有「之」字。

又 上武成序云武王伐殷。「殷」，宋板、十行、閩本俱作「紂」。

又 本紀云封紂子武庚禄父以續殷祀。「云」上，宋板有「又」字。

又 傳歸鎬至作之。十行、閩、監俱無「鎬」字。

又卷一三 則喪其德。古本下有「矣」字，下「其志」同。

又 故君子勤道。古本下有「之也」二字。

又 我周公。古本下有「也」字。

又 仁能順父。古本下有「之」字，非也。

又 能事鬼神。「能」下，古本有「知」字。

又 我先王亦永有依歸。「有」下，古本有「所」字。

又卷一四 自由當時之宜。「由」，十行本作「出」。

又 見亦主其勞。「主」，十行本作「上」。

又 其民猶至。「民」，宋板、十行俱作「且」。

又 惟是次序皆文王教。「序」，岳本作「叙」。

又 得在此東土爲諸侯。古本下有「也矣」二字。

又卷一五 王先服殷御事。「殷」上，古本有「𠂇」字，山井鼎曰：古文「有」字作「𠂇」。按古文「有」字作「又」，「𠂇」乃「左」字也，此古本傳写之訛。

又 言化洽。「洽」，十行、閩、葛俱誤作「治」，古本「洽」下有「之」字，非也。

又 萬年厭于乃德。「厭」，唐石經、古、岳、十行、《纂傳》俱作「猒」。按「厭飫」之「厭」，《説文》本作「猒」，今通作「厭」，别作「饜」，其誤久矣。十行本脱「于」字。

又卷一六 自帝乙以上。「以」，宋板作「巳」。

又 後嗣王紂。「紂」下，古本有「也」字。

又 罔顧于天顯民祇。「祇」，唐石經、岳、葛、十行、閩、監俱作「祗」。

又 無能明人爲敬。「人」，古本作「民」。

又卷一七 故退爲庶人。「庶」，古、岳本、宋板、十行、《纂傳》俱作「衆」。

又 蔡仲能用敬德。「仲」下，古本有「字也」二字。

又 不聞其爵。「聞」，宋板、十行俱作「云」。

又 留佐成王。「佐」，十行、閩、監俱作「佑」，按當作「佐」。

又《周禮注疏校勘記》卷一　殷人又增以三九二七口合三十九人。此本「二七」下闕一字，閩、監、毛本改爲「二十七」，「又」字，閩本同，監、毛本誤「有」。

洪頤煊《管子義證》卷一　「邪氣入内。」星衍案：宋本「入」作「襲」，《文選》長門賦注、七發注引俱作「襲」，《形勢解》亦作「襲」字。《文子·九守篇》「邪氣不能襲」，此作「入」字非。

又卷七　「臣下隨而不忠。」頤煊案：「隨」讀爲「怠墮」之「墮」，下文云「解惰簡慢，以之事主則不忠」，宋本「隨」作「墮」，古字皆通用。

又卷八　「故遷封倉邑。」星衍案：宋本「倉」作「食」，上下文俱作「遷封食邑」，此「倉」字誤。

又　「金鏂之數。」星衍案：「金」是「釜」字之譌，下文「釜鏂無止」其證也。宋本作「釜鏂之數」。

又　「夫妻服簞。」頤煊案：「服」讀爲「負」，見《考工記·車人注》。「簞」當依宋本作「簞」，盛食之器，言夫妻負簞而往者不以百里爲難，今本作「簞」誤。

王引之《經義述聞》卷五《子之還兮》　《齊風還篇》「子之還兮」，毛傳曰：「還，便捷之貌。」《韓詩》作「嫙」，云：「好貌。」家大人曰：《韓詩》説是也。二章「子之茂兮」，毛傳曰：「茂，美也。」三章「子之昌兮」，毛傳曰：「昌，盛也。」箋曰：「佼好貌。」「昌」、「茂」皆好，則「嫙」亦好也，作「還」者，假借字耳。《説文》「嫙，好也」，義本《韓詩》。《廣雅》同。好貌謂之嫙，猶美玉謂之璿矣。

《漢書·地理志》曰：「臨甾名營丘，故齊詩曰『子之營兮』。」顔師古曰：「毛詩作『還』，齊詩作『營』。」之，往也，言往適營丘。錢氏荅問曰：「營爲地名，則茂與昌亦地名。」《釋丘》云：「涂出其後，『昌丘』，即此詩之『昌與』。」家大人曰：《齊詩》説以「營」爲「營丘」，非也。凡詩中旄丘、頓丘、宛丘之類，皆連丘字言之，無單稱上一字者。「營」，本作「嫙」。「嫙」、「昌」、「茂」，皆好也。作「還」、作「營」者，借字耳。錢曰：「古人讀『營』如『環』。」《韓非子》云：「蒼頡之作書也，自環者謂之私，背私者謂之公。」《説文》引作「自營爲厶，背厶爲公」。是「營」即「環」也。《釋丘》「水出其左營丘」。郭景純謂淄水過其南及東，是營丘本取回環之義。營還同物，非别音也。若以「子之營」爲「子適營丘」，則下文「子之茂兮」、「子之昌兮」，皆不可通矣。錢以「茂」與「昌」爲地名，又以「昌」爲《爾雅》之「昌丘」，皆非也。地名「昌丘」，不得但謂之「昌」，且《鄭風》又言「子之丰兮子之昌兮」矣，豈得亦以「丰昌」爲地名乎？

又卷一三《霜雪大滿》　「霜雪大滿，甘露不降。」家大人曰：「滿」，本作「薄」，字之誤也。隸書「滿」或作「蒲」，「蒲」或作「滿」，二形相似，「薄」誤爲「蒲」，因誤而爲「滿」。《廣雅》曰：「薄，至也。」《臯陶謨》，外薄四海。言霜雪大至也。「霜雪大至」，與「甘露不降」正相對。《月令》曰：「雪霜大摯。」摯，亦至也。《西伯戡黎》「大命不摯」，《史記·殷本紀》作「大命胡不至」。是大薄即大至。今本「薄」作「滿」，則非其旨矣。楊簡本正作「霜雪大薄」。

汪遠孫《漢書地理志校本》　「得百里之國萬區，是故《易》稱『先王以建萬國，親諸侯』。」案：宋景祐本無「以」字。

又　「《書》云：『協和萬國，此之謂也，堯遭洪水，褱山襄陵。』」舊注顔曰：「褱」字與古「懷」字同，案北宋本無「古字」二字。

又　「既脩大原。」案：「大」，毛汲古本作「太」，俗字。

劉文淇等《舊唐書校勘記》卷一　「代州總管定襄郡王大恩。」沈本「王」下有「本」字。「冬十月癸酉」，沈本作「己酉」。「多爲黑闥所守」，沈本「守」作「誘」。「六月戊寅」，沈本作「戊戌」，是張氏宗泰云：戊戌，六月朔。

又卷八　「澧王寬薨。」沈本「寬」作「惲」，張氏宗泰云：據本傳，「寬」乃所改名，作「寬」，是。「放京兆府今年夏青苗錢」，沈本「夏」下有「税」字，是。「至此月壬子」，沈本無「此月」。「損田六千頃」，沈本「千」作「十」。

又卷五一　「琮落托有大志。」聞本提行，沈本同，「托」作「拓」。「又請太祖景皇帝配天事已具禮儀志」，張本無「已」字，云一本有。「登字冲之」，聞本、沈本提行，張氏宗泰云：一本「冲」作「仲」，非，依《新書》改。「三年檢校禮部尚書」，沈氏炳震云：《文宗紀》四年，張本「三」作「二」，云依本紀。「因此憤恚而卒」，聞本、沈本、張本「恚」作「恚」，案：《新書》作「以恚死」。

張文虎《校刊史記集解索隱正義札記》卷一　母曰劉媪正義無取。官本「取」，各本作「及」。

又　黑子正義黶子。柯、凌本「子」，王誤「而」。

又　數倍集解讎亦售。舊刻本末有「也」字，與《漢書》注合。

又　縱觀正義包愷。凌本「愷」，王、柯譌「慢」。

又　生孝惠帝。中統本有「帝」字，與《漢書》合。《類聚》及《班馬異同》引俱有。

又　欲告之。《索隱》本作「告」，蓋所見舊本如此。今本作「咎」，並依注改。

又　斬蛇正義常佩之劍。官本有「劍」字。

又卷三　旋璣。據《索隱》，則所見本作「機」，今單本亦作「璣」，蓋後人所改。

又 剽金。單本「剽」，各本作「罰」。

又 魁海岱以東北也集解首陽也。宋本無此「首」字。

又 賤人之牢正義故爲賤人牢也。凌本「故」，王、柯誤作「也」。

又 視其小大。官本「視」，各本譌「見」。

又卷四 吴太伯世家。宋本「太」作「大」，下並同。

又 吴太伯正義使子胥。官本「胥」，各本誤「齊」。

又 自號句吴集解宋忠。宋本、毛本「忠」，它本作「衷」。案：《吴郡志·考證門》引《史記正義》有「宋忠《世本注》」云，句吴，太伯始所居地名也」十六字，今本無《正義》，蓋合刻者以與《集解》複而刪之。

又 索隱夷語之發聲。單本脱「之」字，各本皆有而脱「語」字，吴校元板有。

又 伯仲雍之後得周章周章已君吴因而封之乃。王本脱此十八字。

勞格《晉書校勘記》卷一 「紀歲中十二。」一本「紀」下有「日」字。

「没分六萬七千三百一十五。」一本作「二百」。

「甲午紀，第四交會差率七十二萬三千七百三十九。」一本作「四十九」。

「甲辰紀，第五遲疾差率一萬八千八百四十八。」一作「一十萬」。

「甲寅紀，第六遲疾差率十萬八千六百六十八。」一作「七萬」。

「求次月，加大餘二十九，小餘二千四百一十九。」一作「小餘二千百四十九」。

「小寒十二月節，限數千二百四十五。」一作「三十五」。

「立春正月節，閏數千百四十七。」一作「三十七」。

俞樾《諸子平議》卷二 「故曰早知敵則獨行。」樾謹按：宋本作「而獨行」，當從之。而獨行者，如獨行也。《七法篇》曰：「故蚤知敵人如獨行。」

又卷六 「鍾鑲糧食，畢取贍於君。」樾謹按：「鑲」，宋本作「饟」，當從之，傳寫誤從金耳。「鍾」本作「種」，今從金旁亦誤。《山國軌篇》尹注引此文，正作「種饟糧食」，可證。

又 「魯梁之於齊也，千穀也，蠭螫也。」樾謹按：「千」，一本作「子」，當從之。子穀，蓋穀之不成者，猶言童蓈矣。《説文·艸部》「蓈」篆下云：「禾粟之穗，生而不成者，謂之童蓈。」子穀、童蓈，其義一也。

又 「一樹而百乘息其下者，以其不琑也。」樾謹按：「琑」，當从宋本作「捎」。《考工記·輪人》以其圍之防捎其藪，鄭注曰：捎，除也。此言一樹而百乘息其下者，以其不捎除之故。下文曰：「今吾沐涂樹之枝，日中無尺寸之陰。」正是捎除之也。

又卷八 「故常無，欲以觀其妙。常有，欲以觀其徼。」樾謹按：易州唐景龍二年所刻道德經碑，與今本異者數百事。此文作「常無欲觀其妙，常有欲觀其徼」，無兩「以」字，當從之。司馬温公、王荆公並於「無」字、「有」字絶句，亦當從之。「常」字依上文讀作「尚」，言尚無者欲觀其微也，尚有者欲觀其歸也。下云「此兩者同出而異名，同謂之玄」，正承「有」、「無」二義而言。若以「無欲」、「有欲」連讀，既有欲矣，豈得謂之玄乎。

又 「萬物作焉而不辭。」《二章》。樾謹按：「不辭」，當就聖人説，不當就萬物説。方與「生而不有，爲而不恃」一律。河上公注：「謂不辭謝而逆上。」非也。「不辭」猶「不言」，即上文所謂「行不言之教」者。唐傅奕本作「萬物作而不爲始」，畢氏沅謂「辭」、「始」同聲，以此致異，奕義爲長。然三十四章云「萬物恃之而生而不辭」，與此章文義相近，恐未可舍古本而從傅本也。

又 「解其紛。」樾謹按：《釋文》、河上公本「紛」作「芬」，然「芬」字無義，此句亦見五十六章。河上公於此注云：「紛，結恨也，當念道無爲以解釋。」於彼注云：「紛，結恨不休，當念道無爲以解釋之。」注義大略相同，則河上本「芬」字當讀爲「忿」。若以本字讀之，則注中結恨之義不可解。此章「紛結恨也」，俗刻又譌爲「結根」，而義益晦。賴此文兩見，注又相同，尚可訂正耳。王弼本五十六章，作「解其分」，注云：「除争原也，則亦讀爲忿矣。」顧歡本正作「忿」，乃其本字，「芬」、「紛」並叚字耳。

又 「谷神不死。」《六章》。樾謹按：《釋文》、河上本「谷」作「浴」，云：浴，養也，然「浴」字實無養義。河上本「浴」字，當讀爲「穀」。《詩》《小弁篇》、《蓼莪篇》、《四月篇》並云：「民莫不穀。」毛傳並云：「穀，養也。」「穀」亦通作「谷」。《爾雅·釋天》「東風謂之谷風」。《詩》正義引孫炎曰：「谷之言穀，穀，生也，生亦養也。」王弼所據本作「谷」者，「穀」之叚字。河上古本作「浴」者，「谷」之異文。王弼不達古文叚借之義，而有中央無之説，斯魏晉之清談，非老氏之本旨。

又卷一六 「其國無帥長，自然而已。」樾謹按：《釋文》「帥」或作「師」，當從之。周官太宰職，以九兩繫邦國之民，二曰長以貴得民，三曰師以賢得民，此「師長」二字之義。其國無師長，見其無貴賤無賢愚也。若作「帥長」，則止是無貴賤

耳，於義轉有所不盡矣。盧仲元本正作「師長」。

又 「柱指鉤弦，三年不成章。」樾謹按：盧重元本「鉤」作「鈞」，當從之。張注曰：「按指調弦，三年不能成曲。」是其所據本亦作「鈞」，故以調弦釋之。《國語・周語》「細鈞有鍾無鎛」，韋注曰：「鈞，調也。」

又卷一七 「日中始何以語女。」《應帝王》。樾謹按：《釋文》引李云：「日中始，人姓名，賢者也。」此恐不然，中始人名，「日」猶云「日者」也，謂日者，中始何以語女也。文七年《左傳》「日衛不睦」，襄二十六年傳「日其過此也」，昭七年傳「日君以夫公孫段爲能任其事」，十六年傳「日起請夫環」，並與此「日」字同義。李以「日中始」三字爲人姓名，失之矣，崔本無「日」字。

又卷一八 「夫白鶂之相視，眸子不運而風化，蟲雄鳴於上風，雌應於下風而化。」樾謹按：「而化」，一本作「而風化」，當從之。郭注曰：鶂以眸子相視，蟲以鳴聲相應，俱不待合而便生子，故曰風化，是郭所據本，兩句皆作「風化」，故總釋之如此也。

又卷一九 「終日嗥而嗌不嗄。」樾謹按：《釋文》「嗄」本作「嚘」，徐音「憂」，當從之。《老子》「終日號而不嗄」，傅奕本作「𠻳」，即「嚘」之異文也。揚子《太玄經》「夷次三日，柔，嬰兒于號三日不嚘」，二宋、陸、王本皆如是，蓋以「嚘」與「柔」爲韻，可知揚子所見老莊，皆作「嚘」也。

又卷二〇 「小夫死以上至大夫。」樾謹按：「小夫」字，各本皆同。而施氏先秦諸子本作「小失」，非也。上云「軍爵自一級已下至小夫」，則當時自有小夫名目，孫氏星衍校本，反從施作「失」，誤矣。

又卷二四 「養由基、尹儒，皆六藝之人也。」《博志》。樾謹按：明李瀚本「六藝」作「文藝」，畢刻從之，謂與下篇合，其實非也。養由基善射，尹儒善御，射與御皆六藝之事，則作「六藝」爲是。下《貴當篇》曰：「故賢主之時，見文藝之人也。」非特具之而已也，所以就大務也。」「文藝」亦當作「六藝」，此承上善相人者而言，亦藝術事也。今作「文藝」者，字之誤耳，反據此以改上篇，謬矣。

又卷二五 「安容言乃天地之元。」樾謹按：「乃」是「及」字之誤，聚珍本曰：「『乃』，他本作『及』。」當從之。

又卷二七 「循津闕。」《過秦下》。樾謹按：潭本「循」作「修」，是也。「修」通作「脩」，因誤作「循」耳。

又 「且謂天何，權不甚奇而數制人，豈可得也。」樾謹按：吉府本、建本並有此十六字，在「豈有異秦之季世乎」句下，當從之。「且謂天何」四字爲句，天即天時也。上云：「時且過矣，上弗蚤圖。」故此曰：「且謂天何，權不甚奇而數制人。」八字爲句。奇之言奇羨也，奇贏也。《史記・貨殖傳》曰：「時有奇羨。」《漢書・食貨志》曰：「操其奇贏。」是其義也。言漢與諸侯王，比權量力，亦不甚奇贏。而欲諸侯王數數受其制，豈可得也。此乃《賈子》原文，班固刪去之，而後人依《漢書》以刪《賈子》，故潭本無此十六字，盧氏謂其不成文理，從潭本削去，是讀《漢書》，非治《賈子》也。

又卷二八 「漻然漻然憂以湫。」《容經》。樾謹按：此當從潭本作「憂以下」，「湫」即「漻」之異文，不當重出。

又 「范蠡負室而歸五湖。」樾謹按：潭本作「負石而蹈五湖」，吉府本同，當從之。蓋此文言越之君臣，皆不善終，以明誣神而逆人，則天必敗其事也。下文曰：「大夫種繫領謝室，渠如處車裂回泉。」句踐不樂，憂悲薦至，內崩則死。然則范蠡負石蹈湖，亦是言其不得其死，非如蔡澤所謂超然避世，長爲陶朱者也。《呂氏春秋・悔過篇》「故箕子窮于商，范蠡流于江」，意與此近。古事相傳，往往不同，即如子胥爲夫差所殺，其事甚箸。此云子胥見事之不可爲也，何籠而自投水，然則說范蠡事，豈必如世所傳乎。

又 「文王有志爲臺，令近境之民聞之者，裹糧而至。」《君道》。樾謹按：民聞之者，民自聞之也，非文王令之聞之也，於義殊不可通。潭本作「令近規之，民聞之者，𧸖裹而至」，吉府本同。據此則當於「規之」絶句，「近」乃「匠」字之誤。《干禄字書》所載，如「匝」作「迊」，「匹」作「辺」，「匣」作「逥」，「陋」作「陃」，凡從匚之字，每變而爲辶，然則「匠」之誤作「近」，亦猶是矣。此言文王有志爲臺，令匠氏規度之，而民之聞之者，已裹糧而至矣。詩曰：「經始靈臺，經之營之。」此即所謂令匠規之者，蓋古詩說也。因「匠」誤作「近」，遂改「規」字爲「境」字以合之，其句讀舛，而義亦全失矣。

又卷三三 「陽扶物如鑽乎堅」《干》。樾謹按：范、王本作「陽氣扶物而鑽乎堅」，温公從二宋、陸本。然諸首辭多言陽氣者，如中首曰：「陽氣潛萌于黄宫。」周首曰：「陽氣周神而反乎始」。礥首曰：「陽氣微動。」閑首曰：「陽氣閑於陰。」皆是也。范、王本作「陽氣」，未始不可從。至「如」與「而」，古書通用。二宋、陸本作「如鑽乎堅」，即「而鑽乎堅」也。增首云：「日宣而殖。」二宋、陸本亦作「如」，温公於彼不從，於此從之，何歟？

又 「迷腹達目，以道不明也。」《達》。樾謹按：范本如此，温公從之，宋、陸本作「以不道明」，似於義爲長。蓋必達於腹，而後達於目，此明之以道者也。今迷腹而達目，則明不以道矣，是謂以不道明，范本誤。

又卷三四 「有教立道，無心仲尼。有學術業，無心顔淵。」樾謹按：「術」當讀爲「述」，《禮記・祭義篇》結諸心形諸色而術省之，鄭注曰：「『術』當爲『述』。」《韓勑後碑》「其術」，《韓君德政張表碑》「方伯術職」，《樊敏碑》「臣子褒術」，並以「術」爲「述」，皆其證也。「述業」與「立道」正相對，有教立道，作者之謂聖也。有學述業，述者之謂明也。又按《音義》曰：「天復本『心』作『止』。」當從之。言立道不止，則爲仲尼。述業不止，則爲顔淵也。李、宋吴本並作「心」，於義難通，温公從之，非是。

又卷三五 「力不足而死有餘。」樾謹按：力者，功也。《周官・司勳》「治功曰力」，是也。言蒙恬爲秦築長城，無救於秦之亡，以論功則不足，以致死則有餘矣。故曰「力不足而死有餘」，宋、吴本「死」作「屍」，誤也。温公從之，非是。

又 「天地裕於萬物乎，萬物裕於天地乎。」《孝至》。樾謹按：世德堂本無兩「乎」字，然觀宋咸注曰正文當云「萬物非裕於天地」，疑脱其「非」字。裕，饒裕也。天地生萬物，非冀其報，故能饒裕於萬物，而萬物不能饒裕於天地也。是宋所據本亦無兩「乎」字，不然則豈不知其爲疑問之辭，而顧疑其脱「非」字乎？

又 「幽宏横廣。」樾謹按：宋、吴及温公本均作「横度」，當從之。「廣」即「度」字之誤耳，惟「横度」之義，宋吴皆未得。「横」與「光」同，《書・堯典》「光被四表」，《後漢書・馮異傳》作「横被四表」是也。「度」與「宅」同，《堯典》「五流有宅」，《史記・五帝紀》作「五流有度」，《禹貢》「三危既宅」，《夏本紀》作「三危既度」是也。然則「横度」即「光宅」也，《書序》「昔在帝堯，聰明文思，光宅天下」，此即揚子所本。

戴望《管子校正》卷一 「野蕪曠則民乃菅。」元刻本「蕪曠」作「無儣」，望案：「菅」，疑「荒」字之誤。「荒」與「曠」爲均，或作「蕪」，誤。

又 「上無事則民自試。」元刻「則」作「而」，與《後解》合。

又 「惟有道者能備患於未形也。」宋本「惟」作「唯」。

又 「則沈玉極矣。」宋本「玉」作「王」，古「玉」字。

又 「飛蓬之問。」宋本「問」作「閒」，丁云：「閒」乃「聞」字之誤，《後解》作「問古」，「聞」與「問」通，玩尹注聲問之訓，所見本不作「閒」矣。《易・益象傳》「勿問之矣」，崔注「問」猶「言」也。觀《後解》云：「蜚蓬之問，明主不聽也。無度之言，明主不許也。」語意自明。

又卷二 「論材審用。」宋紹興本「材」作「財」。

又 「致所貴非實也。」元本、朱本「實」皆作「寶」，「實」字誤。

又 「莫敢開私焉。」元本作「莫敢閑焉」。

又 「必順於禮義，故不禮不勝天下。」宋紹興本、楊忱本「禮」皆作「理」。丁云：「作『理』是也。」《形勢解》俱是「理」字，《吕覽・勸學篇》「此生於不知理義」。

又 「三經既飭。」宋本「飭」作「飾」。

又 「驟令不行。」朱本「不」上有「而」字，與《後解》同。

又卷三 「用五數。」宋本脱此句。

又 「强國爲圈。」宋本「强」作「彊」。

又 「是故聖王飭此八禮。」中立本「王」誤作「正」。

又 「臣不殺君。」宋本「殺」作「弑」。

又 「五年大夫請變。」元本作「請受變」。案：前篇本有「受」字。

又卷四 「言偏環畢。」宋本「偏」作「偏」。

又 「可以無及於寒暑之菑矣。」宋本「及」作「反」。丁云：「反於寒暑之菑，猶言反時之菑耳。夏就清，冬就温，則反時之菑可以無之。」《左・宣十六年傳》「天反時爲災」，張云：「『及』如『及難』之『及』，不必徇宋本。」

又 「爵尊則肅士。」宋本「則」作「即」。

又卷五 「不論志行而有爵禄也。」宋本作「不論而在爵禄」，無「也」字。望案：「志行」二字當有，宋本脱也。

又 「民倍本行而求外勢。」宋本無「行」字。望案：下文尹注云：「人既倍本求外，則國之情僞盡枉於敵。」知尹所見本無「行」字，「勢」字疑後人所加，本謂「國」也。

又 「豪桀材人。」安井衡云：「古本作『材臣』。」

又卷六 「則民不誹議。」宋本「議」作「謗」，下文同。

又 「勢之苦之。」宋本無「苦之」二字。

又 「勇而不義傷兵」安井衡云：「古本『勇』上有『故』字。」

又 「生而不正。」宋本「而」作「於」，是。

又 「凡民從上也。」安井衡云：「古本自『凡民』下另行。」

又 「彼民不伏法死制。」中立本「制」誤「節」。

又　「進無所疑退無所匱。」元刻作「進而無疑退而無所匱」。
又　「淩山阬。」元刻「阬」作「險」。
又卷七　「諸侯之禮。」元刻「諸」上有「請」字。
又　「可以爲西土。」朱本「以」作「令」。丁云：「案：上文云『可令爲東國』，則作『令』字是也。尹注云：『西土，謂自齊西之土，令胥無理之，國與土交互言也。』趙本注文脱誤不可讀，今參朱本正之。
又　「管仲進而舉言上而見之於君。」宋本無「之」字。
又卷八　「民辦軍事矣。」元刻「辦」作「辨」。
又　「其心安焉。」宋本脱此句。
又　「其秀才之能爲士者。」劉本「才」作「材」。
又　「令不得遷徙。」宋本「令」誤「合」，「徙」誤「徒」。
又卷九　「均分以釣天下之衆而臣之。」中立本「釣」作「鈞」，是也。宋本、令本皆誤。
又　「是以聖王務具其備。」中立本「具」誤「懼」。
又　「大本而小標。」宋本「標」作「摽」。
又　「動作勝之。」元本、劉本皆無此一句。
又　「因其大國之重。」元本、劉本無「其」字，當爲衍文。
又卷一〇　「孫在之爲人。」宋本「人」下有「也」字，今本脱。
又　「民足於産。」朱本無此四字。
又　「以勢受禄。」安井衡云：「古本『受』作『授』。」
又　「上之所以導民也。」朱本「導」作「道」。
又　「人臣也者。」中立本作「臣人」，與上「君人」對文。
又　「正其德以蒞民。」宋本「蒞」作「莅」。
又　「寖久而不知。」宋本「寖」作「寑」。
又　「有侵偪殺上之禍。」宋本「殺」作「弒」。
又卷一一　「相必直立以聽官必中信以敬。」丁云：「趙本於『直』字、『官』字絶句，非也。此皆六字爲句，『相必直立以聽』，『官必中信以敬』二句對文，上文『妻必定』、『子必正』二句亦對文，『定』、『正』、『聽』、『敬』皆均，『中』即『忠』字。」
又　「明立寵設。」宋本「明立」作「明妾」。丁云：「尹注云『明立正嫡，設其貴寵子』，是所據本作『明立』。『設寵』，與下『禮私』、『愛驩』對文。惟『立』字，當依宋本作『妾』。『明』猶『尊』也，《牧民篇》『明鬼神祇山川』，與此『明』字同義。『寵』亦『妾』也。此句指妾寵言，下文禮私愛驩指妾寵所生子言。
又卷一二　「可與政其誅。」宋本、朱本無「其」字。望案：尹注云「可爲政誅其不法」，則尹所見本無「其」字。「可」，「何」字之省，「與」猶「以」也，「政」、「征」同。
又　「山不童而用贍。」宋本「童」作「同」，「贍」作「掞」。陳先生云：「『同』，讀爲『童』。『掞』，古『贍』字。『同』字，或誤作『用』。劉績本作『山不用而童贍』，『童』、『用』互易，其所據爲流俗之本。」
又　「積者立餘日而侈。」宋本、朱本「日」作「食」。丁云：「據尹注亦作『食』字，下文『千歲毋出食』，即承餘食言之。」
又卷一三　「埽除不潔。」宋本「潔」作「絜」，下「潔其宫」同。《説文》無「潔」字，作「絜」爲正。
又　「神乃留處。」宋本「乃」作「不」。丁云：「當從宋本，下文云『不絜則神不處』。」
又　「義者謂各處其宜也。」「各」一本作「名」。
又　「萬物畢得。」元本「畢」作「必」。
又　「是故曰。」元本無「是」字。
又　「無以物亂官。」宋本「無」作「毋」。張云：「此『官』字謂耳目口鼻之『官』，尹注非。」
又　「此之謂内德。」朱本「德」作「得」，《内業篇》同。
又卷一四　「文理明著。」中立本「著」誤「者」。
又　「反其常者。」中立本「反」誤「及」。
又　「空然勿兩之。」元本無「勿」字。
又　「夫不能自搖者夫或揝之。」元本「揝」作「搖」，中立本下「夫」字誤作「人」。王云：「『揝』，當爲『揞』。『揞』，古『搖』字也。見《七法篇》擔竿下。隸書『揞』字或作『搖』，《漢書·司馬相如傳》「消搖乎襄羊」。因譌而爲『揝』。《淮南·兵略篇》『推其揝擠其揭』，『揭』、『揝』亦『搖』字之譌。本書《本法篇》『揞竿而欲定其末』，『揞』字又譌作『擔』。蓋世人多見『搖』，少見『揞』，故傳寫多差也。朱本徑改『揝』爲『搖』，則非其本字矣。」
又卷一五　「以待天下之瀆作也。」宋本、朱本「之」下有「大」字。
又　「一偃一側。」中立本上「一」字誤入注文。

又 「皆虛其匈以聽於上。」宋本「於」作「其」。

又 「十至私人之門。」宋本、朱本「至」下有「於」字，《後解》亦有。

又 「不一圖國。」朱本「國」上有「其」字，《後解》亦有。

又 「迹行不必同。」元本無「行」字。

又 「以執勝也。」宋元本「執」字，正文及注皆作「執」。 劉云：「『執』，當作『埶』，《後解》作『勢』，同。」

又 「故逃徙者刑而上不能止者。」中立本「刑」上有「有」字。 陳先生云：「言雖有刑而上不能止其逃徙，與下文舜非嚴刑罰重禁令而民歸之相應。」

又卷一六 「凡道無根無莖。」安井衡云：「古本『凡』上有『故』字，故『凡道』至下文『命之曰道』二十三字皆屬上節，『天主正』以下提行。」

又 「仲父之聖至若此。」宋本無「若」字。

又 「甯戚應之曰浩浩乎。」元刻此句下有「育育乎」三字。 丁云：「當據元刻補，下文云『浩浩者水，育育者魚』，是其證，又『甯戚應我曰浩浩乎』下，亦脱『育育乎』三字。」

又卷一七 「秋毋赦過。」宋本「毋」作「無」，與上下文同。

又 「傷伐五穀。」宋本、朱本皆作「五藏」。 王云：「當作『五藏』。」《禁藏篇》云「冬收五藏」是也。 今作「五穀」者，涉注文而誤。 注云：「五穀之藏」，是釋「五藏」，非釋「五穀」。《續漢書・五行志》注引此正作「五藏」。

又 「近之不能勿欲遠之不能勿忘。」丁云：「中立本『忘』作『惡』，上文云『得所欲則樂，逢所惡則憂』，『欲』、『惡』對文。」望案： 安井衡所述古本正作「惡」。

又 「食飲足以和血氣。」中立本作「飲食」。

又 「不亂而亡者。」元本、朱本無「者」字。

又 「自古至今未嘗有也。」元本無「也」字。

又卷一九 「七八五十六尺而至於泉。」宋本作「八七五十六尺」，與上文「六七四十二尺」、「七七四十九尺」一律，下文「七九六十三尺」，亦當作「九七」。

又 「其下清商不可得泉。」宋本、朱本「清」作「青」。「徙山」，宋本作「徙山」，元本作「陡」。

又 「既徹并器乃還而立。」安井衡云：「古本無此二句。」

又 「攘臂袂及肘。」中立本「袂」誤「袄」。

又卷二〇 「以尺寸量長短則得。」宋本作「短長」。

又 「則臣不知於爲臣之理。」元本無「於」字。

又 「則醜恥而人不信也。」元本「則」下有「身」字。

又 「羣臣多姦立私以擁蔽主。」宋本「立」誤作「也」，「私」作「利」。

又卷二一 「必不勝也。」宋本作「必不能勝也」。

又 「人君唯無好全生。」宋本「無」作「毋」，下皆同。

又 「反於禽獸。」元本、朱本「反」作「及」。

又 「然則賢者不爲下。」元本「下」作「力」。

又卷二二 「夫民者親信而死利。」宋本「夫」作「故」，「親信」作「信親」。

又 「夏以奉芸。」宋本「芸」作「耘」。

又 「鍾鑲糧食。」宋本作「種饟」，《山國軌篇》尹注引此文同。

又 「終歲績其功業若干。」宋本無「若干」二字。

又 「終歲人已衣被之後。」宋本「已」作「若」。

又 「十畞之壤。」宋本「畞」作「鼓」。

又 「不陰據其軌皆下制其上。」元本「皆」作「者」。

又卷二三 「民更相制。」元本、朱本「更」作「吏」。

又 「此乃財餘以滿不足之數。」宋本「數」下有「也」字。

又卷二四 「汶淵洙浩滿三之。」宋本「浩」作「沿」。

又 「日至日穫。」元本下「日」字作「而」。

又 「少者三十鍾。」望案：「十」字誤，當依宋本作「千」。

又 「受息之氓九百餘家。」宋本「氓」作「萌」。

又 「出粟參數千萬鍾。」朱本無「數」字，是。

孫詒讓《札迻》卷二 「頃町界畝畦埒封。」皇本「埒封」作「畤窳」。 案：「封」與上下文韻並不叶，皇本作「窳」，是也。「窳」即「窊」之借字。《說文・穴部》云：「窊，污衺下也。」《爾雅・釋詁釋文》引《字林》云：「窊，汙也，音『烏』。」

又 「或曰：『寓寄食爲餬口。』」郭注云：「『傳曰「餬其口于四方」』是也。」戴氏《疏證》云：「『餬其口』，各本訛作『餬予口』，今據《左傳》改。」盧、錢並同。 案： 晁公武《郡齋讀書志》載所傳蜀中本正作「餬其口」云，國子監本作「餬予口」，今本正沿宋監本之誤耳。

又 「雞雛，徐、魯之間謂之⿱秋隹子。」注云：「子幽反。」戴云：「『⿱秋隹』字，各本訛作『秋侯』二字。《廣雅》：『⿱秋隹，雛也。』曹憲《音釋》：『⿱秋隹，字幽反。』與此注同。《玉

篇》、《廣韻》並云：『⿱羊隹，雞雛。』今據以訂正。」盧、錢本並同。案：《郡齋讀書志》載蜀中傳本正作「⿱羊隹」，云監本以「⿱羊隹」爲「秋侯」，然則今本亦沿監本之誤，宋時蜀本自不誤也。

又卷三 「齊魏得地而葆利，而詳事下吏。」注云：「事，治。」鮑同。黃云：「『下』，鮑本作『不』。案：《史記》、《新序》作『下』，『不』字譌。」吳云：「『不吏』，姚本『下吏』，是。詳其事以下於吏，慎重之意。」案：「詳」、「佯」字通。言齊魏僞爲事秦也。《史記・吳世家》索隱云：「詳，猶僞也。」高、吳說並未得其義，鮑本尤誤。

又 「靖郭君謂齊王曰：『五官之計，不可不日聽也而數覽。』王曰：『說五而厭之。』」姚云：「一本作『王曰：「日說五官吾厭之。」』」鮑本「五」作「吾」，注云：「言汝既說我，則不得自厭，故以委之。」吳云：「『也』字當在『覽』下。『王曰說吾』有缺誤。」案：此「而數覽」三字，當依吳校在「也」字上。「王曰：『說五而厭之。』」當作「王曰：『日聽一官，姚校別本作「王曰日說五官」，「說」即「聽」之誤。五日而厭之。』」一本「五」作「吾」，鮑本同，即「五日」二字之合并而誤者。言王因靖郭君言每日聽一官之計，至五日而王厭倦不復聽也。

又卷四 「聖人不降席而匡天下，情甚於⿰言梟呼。」《纘義》本「⿰言梟」作「梟」。錢本同。顧校依文瀾閣本作「譟」。案：景宋本作「⿰言梟」是也。《說文・口部》云：「嘄，聲嘄嘄也。」「⿰言梟」即「嘄」之俗，又與「叫」同，《周禮》釋文云：「『嘄』音『叫』。」《淮南子・繆稱訓》云：「故舜不降席而天下治，桀紂不下陛而天下亂，蓋情甚於叫呼也。」即僞託者所本。此書全剽竊《淮南子》僞作，詳錢跋及顧記。今本作「梟」即「⿰言梟」之壞字。閣本作「譟」，乃校者肊改，不當據校。

又 「老子學於常樅，見舌而守柔。」注云：「見古道皆守雌柔。『古』字亦作『舌』字，亦柔也。」顧云：「『而』下脫『知』字，當依《繆稱訓》補。」案：杜本正文「舌」作「古」。此文本《淮南子》，當以作「舌」爲是。但諦繹注義，則唐時蓋有兩本，一本同《淮南》作「舌」，一本作「古」，自是譌文。然徐既依「古」字爲釋，則不宜輒改作「舌」。宋槧徐本「舌」字雖是，而與注不相應。杜據徐注作《纘義》，杜本所載舊注，並即徐注。故「古」字尚沿襲未改也。

又卷五 「雖堯爲主，不能以不臣諧所謂不若之國。」案：明刻本、孫、錢及嚴可均本，「謂」字並在「所」字上，是也。惟嚴萬里本如是，疑肊改。以文義攷之，「諧謂」當爲「諧調」之誤。「調」、「謂」形相近。

又 「猶有家衆技也。」案：「有」當從成本作「百」。上文云「百家之學，時或稱而道之」，下文云「夫百家往而不反，必不合矣」，是其證。

又卷六 「設復言好人則彼屬於人矣。」汪校云：「彼，疑復。」案：宋本正作「復」。

又 「然後曰：『黃公好謙，故毀其子不姝美。』於是爭禮之，亦國色也。」案：宋本「不姝美」作「妹必美」是也。據上文，黃公有二女，衛人所娶者是其長，故人意其妹必美而爭禮之。今本作「不姝美」屬上「毀其子」爲句，則下二語文無所承矣。

又 「怪石也。」汪云：「《藏》本『怪石』上有『此』字。」錢引明吉府本同。案：宋本與《藏》本同。

又 「於物弗傷。」汪云：「『物』，姜本、沈本作『我』。」錢本同。案：宋本亦作「我」。

又卷七 「出入解續，不相越淩。」案：「續」，宋本作「贖」。上文亦云「察行陳解贖之數」，然不知「解贖」何義，注亦並無說。攷《釋名・釋衣服》云：「齊人謂如衫而小袖曰侯頭。侯頭猶解瀆，臂直通之言也。」疑「解續」、「解贖」、「解瀆」義同，「解贖」亦往來通達之語，猶「解瀆」爲直通之言也。

又 「籠蒙之視。」高注云：「籠蒙，猶妙睧，二字莊本作一「眇」字，今從宋本。目視也。」案：注「妙睧」即《法言・先知篇》之「眇緜」也。李注云：「眇緜，遠視。」莊本「妙」作「眇」，亦通，挩「睧」字，則非。

又卷八 「左執蘇從手，右抽險刀刎鍾鼓之懸。」盧云：「『陰』，宋本『金』，《類聚》『佩』。」案：《渚宮舊事》一亦作「金刀」，則宋本是也。

又卷九 「象自蹈土，鳥自食苹，土蹶草盡，若耕田狀。」案：「苹」，元本作「草」，是，當據正。「蹶」當爲「撅」，「撅」與「掘」同。《逸周書・周祝篇》云：「貑有爪而不敢以撅。」後《效力篇》云：「鍤所以能撅地者，跖蹈之也。」

又 「孔子才不容，斥逐，伐樹，接淅。」案：「接淅」，元本作「浣淅」，字當爲「滰淅」。《說文・水部》云：「滰，浚乾漬米也。」《孟子》曰：「孔子去齊，滰淅而行。」元本「浣」即「滰」之誤，明刻作「接」，乃淺學依今本《孟子・萬章篇》文改。

又卷一〇 「《禮》曰：『四十强而仕』。」盧云：「『仕』，何本作『士』，亦可通。」案：元本亦作「士」，盧失校。凡元本異同，盧校《補遺》內未及者，附記之。

又 「吉冕服受同。」案：「同」，元本作「銅」，與上文同，是也。「同」、「銅」說詳盧校《補遺》。

又 「又曰：『孫首也庸，不任輔政。』」案：此譌脫不可通。元本作「孫苟中

庸」，當據正。

又卷一一　「三孫荷弩，無益於輔。」張本「荷」作「維」，校云：「『孫』，别本作『系』。」此據毛晉本，凡張校云「别本」並同。翟本作「三絲維弩」。案：校宋本是也。「三孫荷弩」，言童孫三人荷弩，雖衆而不能挽强命中，故云「無益於輔」。《遯之家人》云：「狗畏猛虎，依人爲輔。三夫執戟，伏不敢趨，身安無咎。」此三孫荷弩而無益於輔，彼三夫執戟則可依爲輔，辭意相反，而文例正同。别本及翟本並誤。

又　「聾跛摧殆。」張云：「『殆』，别本作『筋』。」翟本作「筋」，校云：「『摧筋』，猶《弟子職》所謂『折櫛』。」注：「櫛，燭盡也。」丁云：「摧筋，謂摩筋摧揉之。」案：别本是也。「摧」當作「唯」。「唯筋」，義詳前《淮南子》。翟、丁説並繆。

又　「死於環域。」張本作「圜域」，校云：「别本作『國城』。」案：此卦辭四見，宋本《離之遯》作「圜域」，《恒之升》作「壞城」，《明夷之頤》作「環城」，諸文舛駁不合。參互校覈，實當作「圜城」。《周禮·秋官·司圜》注云：「圜土，獄城也。」今獄城圜是其義也。

又卷一二　「遯世無悶。」高云：「『遯』，鈔本作『道』，非是。」案：依鈔本當是「遁」字。「遁」、「遯」字通。《易遯》釋文云：「又作『遁』，同。」《隸釋·漢婁壽碑》云：「遁世無悶」。

又　「育賁之勇勢。」高云：「『育』，鈔本作『烏』。」案：「烏」謂「烏獲」也。鈔本亦是。

又　「疾餤餤而日遘，氣微微以長浮。銷精魂以遐翔，曾不可乎援留。」高云：「鈔本作『氣微微以長没消，精魂飄以遐翔』。『留』作『招』。」案：鈔本惟衍「没」字耳，餘皆是，當從之。「消」與「招」爲韻。

又　「猗歟將軍，膺期挺生。」高云：「『生』，鈔本作『直』，非是。」案：「生」，依鈔本當作「真」，與下「仁」、「臣」、「軍」協韻。「挺真」，見前《列仙傳》。

王先謙《魏書校勘記》　《穆帝紀》「就食晉粟」。宋本「晉」作「聰」。彭清藜曰：「聰父淵於晉光熙元年寇陷平陽，徙都之，晉魏兩軍約會平陽，正以就食聰粟也。宋本『是』下『事不果待』，『待』當作『行』。

又　「天安元年秋七月下闕二字。」宋本作「辛亥」。

又　「太和元年，漢川民泉曾譚酉等。」「曾」字模胡，宋本作「會」。

又　「北破蠕蠕往還之間。」「北」，宋本作「比」，是。

又　《李焕傳》「詔焕以本官爲軍師」。「師」，宋本作「司」，是。

又　「遂改修焉。」宋本作「修改」。慈銘案：碑言命工人修建容像雕素四科十子於側，聖像儒冠，諸徒青衿青領，後世升配，十哲實始於此。

本校分部

論　述

俞樾《諸子平議》卷九　「故食無備粟，不可以待凶饑。」樾謹按：「食」乃「倉」字之誤。「倉無備粟」，與下句「庫無備兵」，文正相對。若作「食」字，失其旨矣。下文云「食者國之寶也，兵者國之爪也」，「食」字即此文「粟」字，不得據彼而疑，此文當作「食」也。

綜　述

郭京《周易舉正》卷上　「九五，顯比，王用三驅，失前禽，邑人不誡吉。象曰：『顯比之吉，位正中也。失前禽，舍逆取順也。』」今本「舍逆取順」一句，誤在「失前禽」上。此小象三句釋爻辭，其第一、第三句，並先舉爻辭，後以義結。中間一句，猶先申義，後舉爻辭。三百八十三爻，並無此例，誤亦明矣。

張淳《儀禮識誤》卷一　「捷。」注曰：「扱柶于醴中。」按《釋文》云：捷，初洽反，本又作「插」，亦作「扱」。其後《鄉射》之注曰：「搢，插也，插于帶右。」《大射》之注曰：「搢，扱也。」《士喪禮》之注曰：「搢，插也，插于帶之右旁。」《釋文》皆作「捷」。由是觀之，《釋文》之前，「捷」字猶在。《釋文》之後，始盡變而爲「插」、「扱」爾，並從《釋文》。

又卷二　「面。」經曰：「降實散于篚，主人出，立于户外，西南。」按下文有云「上簋答拜受爵，降實于篚，主人出，立于户外，西面」，此「南」字亦當爲「面」，從下文。

又 「授。」經曰：「祝酌受尸。」按經上文「祝受尸爵」，今「酌以授尸」作「受」，非也，從經。

又 「左。」經曰：「主人佐執爵。」按經前後文，執爵皆左，此「佐」當爲「左」，從經前後文。

毛居正《六經正誤》卷四《禮記正誤》 「堂下布武。」注：「武」謂每移足，各自成迹，不相躡。注：「武」字當作「布」，蓋上句注已云。武，迹也，此注釋「布」字，義不當又云「武」。

朱熹《昌黎先生集考異》卷一 灘潬。「灘」，方作「沙」。「潬」，或作「澤」。方云：「郭璞曰：『江東人呼水中沙堆爲潬。』」「潬」即「灘」也。今按：下句便有「沙」字，恐只當作「灘」，二字複出，如上句言舟航之類。

又卷二 避使。「避」，或作「迎」，或作「邀」。方云：「當如『避舍』、『避道』之『避』。」今按：上言「掃宫」，則當爲「避舍」之「避」。

又 臣知。方作「知臣」。今按：下文言「雖無明言，潛喻厥旨」，則此句乃謂天感悟臣心，使臣默知天意耳。諸本多作「使知臣意」，非是。其下所云「有氣有形」以下即天意也。

又卷三 淮泗。「淮」，方作「雄」，云：「『雄』，言特出也。」今按：上句已有「誇雄」字，下句又云「尤恢奇」，則此作「雄」非是。

又 恢奇。「恢」，或作「魁」。方云：「恢奇，字見《史記·公孫弘傳》。此詩今本以恢爲魁，又惡上語意同，遂易『雄』爲『淮』，非也。」今按：作「恢」亦不免與上句相犯，況「淮」之不可爲「雄」，自避上句「誇雄」字，初不專爲此邪。

又 試廻。方作「廻馬」。今按：下句有「馬」字，方本非是。

又卷五 出入。方從杭、蜀本，無「入」字。今按：出入，漢人語多有之，公作《襄陽盧丞志》亦云「出入十年」，方誤矣。

又 此候。方從杭本作「候此」。今按：此與《與孟東野書》「春且時盡」相似，説已見於彼矣。

彭叔夏《文苑英華辨證》卷一〇《雜録五》 凡詩賦雜文等多重出，而頗有異同。蓋編《文苑》時，非出一手故也。又二百六十一卷，諸本並有兩卷。其篇數雖合總目，而詩多重複，或全異者。如周賀十二首，重者三。温庭筠十五首，重者五。杜牧九首，皆不同。許渾十四首，前卷闕其九，今合爲一卷，去其重複，注異同爲一作。按：楊文公作《楊徽之行狀》云：「受詔與諸公編《文苑英華》，以公專精風騷，特命編詩爲二百卷。」則詩出一人之手，不知何故重複如此。

吴師道《戰國策校注》卷一 嚴氏爲賊。嚴仲殺韓相傀，列侯三年，書殺俠累是也。殺人不以道曰賊，於此爲五年。正曰：「韓策陽堅，此作『豎』，字有訛。」索隱曰「紀年韓山堅賊其君哀侯」，韓山堅即韓嚴，非嚴遂使聶政殺俠累事也，説見上及韓策。

劉績《管子補注》卷二 衆之所忿置不能圖。衆忿難犯，故必置之，誰能圖之。績按：當依解作「寡不能圖」。

又 罰罪有過以懲之，殺僇犯禁以振之，植固不動，倚邪乃恐。言執法者必當深植而固守，則不可動移。若乃頓倚而邪，則法亂而身危，故可恐也。績按：「倚」，解作「奇」。「邪」，謂偏邪不正之人也。「恐」，謂恐懼迁善不敢爲惡也。

又卷三 通之以道，畜之以惠，親之以仁，養之以義，報之以德，結之以信，接之以禮，和之以樂，期之以事，攻之以官。攻，治。績按：當依後作「攷之以言」。

又 信利周而無私。申布秋利，既令周徧，無得有私。績按：「周」當依後作「害」。

又 若因處虚守静人物則皇。績按：前作「若因夜虚守静人物，人物則皇」。

又 秋行夏政葉，行春政華，行冬政耗。十二期風至，戒秋事。十二小卯薄百爵，十二白露下收聚，十二復理賜予，十二始前節賦事。績按：前作「十二始節賦事」，無「前」、「第」二字。

汪輝祖《元史本證》卷一 「歲癸丑，汪罕父子謀欲害帝。」案：以上「壬戌」下「甲子」證之，「丑」當作「亥」。

又 「母曰光獻皇后。」案《后妃表》，當作「光獻翼聖皇后」。

又 「中統元年七月，詔中書省給諸王塔察兒益都、平州封邑歲賦。」案《地理志》永平路，「平州」當作「平灤」。

又 「十一月，以忻都及前左壁總帥史樞並爲高麗金州等處經略使。」案《史樞傳》，「金州」作「鳳州」。《紀》八年亦稱「高麗鳳州經略司忻都」。

又卷二 「八月，鳳翔寶雞縣劉鐵妻一産三男。」案《五行志》，一作「劉鐵牛」。

又 「十月，陞襄陽府爲路。」案《地理志》，至元十年「更襄陽府爲散府」，十一年「改襄陽爲總管府」。

又 「十一年十二月，總管史塔剌渾等。」案即史弼，《本傳》時已陞副萬户。

又 「十二年正月，遣左衛指揮副使鄭温。」案《本傳》作「右衛」。

又 「以蠻夷未附者尚多，命宣慰司兼行元帥府事，並聽行省節度，置郡縣尹長，選廉能者任之。」案《賽典赤贍思丁傳》，十二年奏「雲南諸夷未附者尚多，今擬宣慰司兼行元帥府事，並聽行省節制」。又奏「哈剌章、雲南壤地均也，而州縣皆以萬户、千户主之，宜改置令長。」並從之。是置尹長專爲哈剌章也，此失書地。

又卷四　「三十一年五月，密州路諸城縣。」案《地理志》，密州隸益都路，不當稱「路」。

又　「封駙馬闊里吉思爲唐王。」案《本傳》及《諸王表》當作「高唐王」。

又　「元貞元年五月，中書左丞何榮祖。」案《宰相表》當作「右丞」。

又卷六　「以嘉興路崇德縣民四萬户所輸租税，供英宗后妃歲賜。」案《地理志》，「縣」當作「州」。

又　「七月，開平路雨雹。」案《五行志》作「開元路」。

又卷七　「延祐七年六月，荆門軍旱。」案《地理志》，「軍」當作「州」。

又　「元貞二年六月，開州長垣、靖豐縣蝗。」案《地理志》，「靖」當作「清」。

又　「滑州、太和州、内黄縣蝗。」案《地理志》，内黄屬滑州，太和乃潁州屬縣，非州也。

又卷八　「晉寧路岳陽。」本猗氏縣，屬平陽府，至元三年省入岳陽縣，四年以縣當東西驛路之要復置，併岳陽、和川二縣入焉。後復改爲岳陽縣。　案：《紀》至元四年，「猗氏」縣當作「冀氏」。

又　「安陸府，至元十五年陞。」案《紀》在十六年。

又　「沔陽府，至元十五年陞。」案《紀》在十六年。

又卷一〇　「德慶路，後屬廣東道。」案《紀》屬廣東在至元二十九年。

又　「肇慶路，至元十七年改爲下路總管府，仍屬廣東。」案《紀》屬廣東在二十九年。

王念孫《讀書雜志》一之二《無□其信》　「無□其信，雖危不動。」念孫案：闕文是「轉」字。轉者，移也。上守信而不移，則下親其上，雖危而不可動矣，故曰「無轉其信，雖危不動」。孔注曰：「轉移，是釋正文『轉』字也。」下文曰「上危而轉，下乃不親」，正與此文相應。

又《□□以昭》　「□□以昭，其乃得人。」念孫案：闕文是「貞信」二字。此承上文無轉其信而言，信不轉，故曰「貞信以與己同」。上之貞信已昭，則下莫不爲上用。故曰「貞信已昭，其乃得人也」。孔注曰「貞信如此，得其用也」，是其證。

又一之三《能求士□者智也》　念孫案：「能求士者智也」，「與民利者仁也」，句法上下相同，則上句不當有闕文。下文士有九等，皆得其宜，正所謂能求士者智也，其無闕文明矣。《玉海》六十七引此無闕文。

又《□貌而有餘》　「問則不對，佯爲不窮，□貌而有餘。」引之曰：自「貌而有餘」以上五句，皆四字爲句。「貌」上本無闕文，「而」讀爲「如」。「貌如有餘」，正承「佯爲不窮」而言。《大戴記》作「色示有餘」，則本無闕文明矣。

又二之一《犀首欲敗》　「張儀以秦梁之齊合横親，犀首欲敗。」念孫案：欲「敗」下當有「之」字。《秦策》曰：「樓啎約秦魏，紛彊欲敗之。」《趙策》曰：「楚王令昭應奉太子以委和於薛公，主父欲敗之。」《魏策》曰：「楚許魏六城與之伐齊而存燕，張儀欲敗之。」皆其證也。若無「之」字，則文不成義。

又三之五《知者決之斷也》　「故知者，決之斷也。疑者，事之害也。」念孫案：「知者，決之斷」當作「決者，知之斷」。下句「疑者，事之害」，正與此相反也。有智而不能決，適足以害事。故下文又申之曰「智誠知之，決弗敢行者，百事之禍也」。

又《黥之》　「上自擊東垣，東垣不下，卒罵上。東垣降，卒罵者斬之，不罵者黥之。」念孫案：「黥」，當從《高祖紀》作「原」。原之，謂宥之也。今作「黥」者，「原」誤爲「京」，隸書「原」或作「原」，「京」或作「京」，二形相似，故「原」誤爲「京」。《檀弓》是全要領以從先大夫於九京也。鄭注：「『京』蓋字之誤，當爲『原』。」後人又加黑旁耳。若不罵者亦黥之，則人皆不免於罪矣。

又四之三《厲温敦　呼連累》　「義陽侯厲温敦以匈奴謼連累單于率衆降侯。」念孫案：「厲」上當有「烏」字。烏厲，其姓。温敦，其名也。「連」當爲「速」字之誤也。《宣紀》「五鳳二年，匈奴呼遬累單于帥衆來降」，《匈奴傳》「呼韓邪單于左大將烏厲屈，與父呼遬累烏厲温敦，率其衆數萬人南降」，師古並曰：「遬」，古「速」字。

又四之四《詩語》　「音聲足以動耳，詩語足以感心。」念孫案：自漢以前，無以「詩」、「語」二字連文者。「詩語」當爲「詩謌」，字之誤也。《説文》「歌」或作「謌」。《五行志》「怨謗之氣，發於謌謡」。上文曰：「和親之説難形，則發之於詩歌詠言鍾石筦弦。」又引《堯典》「詩言志，歌詠言，聲依詠，律和聲，八音克諧」，此文「音聲足以動耳」，承上「聲律八音」而言。「詩謌足以感心」，承上「詩歌」而言，則「語」爲「謌」字之誤明矣。《漢紀·孝惠紀》正作「詩謌足以感心」。上文「詩歌詠言」，《漢紀》亦作「謌」，蓋此篇内「歌」字，本皆作「謌」。後人多見「歌」，少見「謌」，故皆改爲「歌」也。此「謌」字若不誤爲「語」，則後人亦必改爲「歌」矣。

又四之五《無冰》　「小奥不書，無冰然後書。」念孫案：「無」當依上下文作「亡」。此後人依《春秋》改之也。凡《漢書》「無」字皆作「亡」，其或作「無」者，即是

後人所改，他皆放此。

又五之一《不救於火》 「山澤不救於火，草木不殖成。」孫曰：「救」當作「敬」。下文「脩火憲，敬山澤」，其證也。「敬」與「儆」通，言山澤無焚萊之禁，則草木不殖成。

又《奉車兩》 「白徒三十人，奉車兩。」念孫案：「奉車兩」當爲「奉車一兩」。《山至數》篇「方六里而一乘，二十七人而奉一乘」，是也。

又五之二《心怨》 「國家煩亂，萬民心怨。」引之曰：「心怨」當爲「懟怨」。上文曰「萬民懟怨」，又曰「煩亂以亡其國家」，此文即承上言之。

又五之二《其攻》 「明主能勝其攻，今本「主」譌作「王」，以意改。故不益於三者，而自有國正天下。亂主不能勝其攻，故亦不損於三者，而自有天下而亡。」念孫案：「其攻」皆當爲「六攻」，字之誤也。「其」字古作「亓」，與「六」相似，故「六」譌爲「其」。《淮南・地形篇》「通谷六」，《易林》「蠱之臨，周流六虛」，今本「六」字，「並」譌作「其」。《史記・周本紀》「三百六十夫」，《索隱》曰「劉氏音破」，「六」爲古「其」字。勝六攻，即承上文「攻而毀之者六」而言。下文「六攻者何也」，又承此文「勝六攻」而言。《版法解》亦曰：「明君能勝六攻，不肖之君，不能勝六攻。」

又五之七《蓍龜》 「伏闇能存而能亡者，蓍龜與龍是也。」念孫案：「蓍龜」本作「神龜」。下文「神龜與龍」，即其證。此言龜與龍能存而能亡，無取於蓍也。今作「蓍龜」者，後人不曉文義而妄改之耳。據尹注亦無「蓍」字。

又《至定》 「嚴容畏敬，精將至定。」念孫案：「至」當爲「自」。上文「精將自來」，即其證，尹注非。

又六之二《君之賜卿位以尊其身　寵以百萬以富其家》 念孫案：「之賜」當作「賜之」。「寵以」當作「寵之」，與上文文同一例。如今本，則文義參差矣。《說苑・臣術篇》正作「賜之」、「寵之」。

又七之一《有慧》 「豈必智且有慧哉。」念孫案：「智且慧」，與前「貴且智」、「愚且賤」文同一例，「慧」上不當有「有」字，蓋後人所加。

又《運役》 「譬之若絲縷之有紀，而罔罟之有綱也。將以運役天下淫暴而一同其義也。」念孫案：「運役」二字，義不可通。當依上篇作「連收」，字之誤也。「連收」二字，正承「絲縷罔罟」而言。

又《也》 「即此語也，古者國君諸侯之間見善與不善也，皆馳驅以告天子。」念孫案：「即」，與「則」同。說見《釋詞》。「語」猶「言」也。「則此語」三字文義，直貫至「以告天子」而止，則「語」下不當有「也」字。此蓋後人不曉文義而妄加之。凡《墨子》書用「則此語」三字者，「語」下皆無「也」字。

又七之二《人與》 「人與爲人君者之不惠也，臣者之不忠也，父者之不慈也，子者之不孝也，此又天下之害也。又與今人衍「人」字。之賤人執其兵刃毒藥，水火以交相虧賊，此又天下之害也。」念孫案：「人與」，當依下文作「又與」。「與」者，如也。《廣雅》「與，如也」。說見《釋詞》。上文「若大國之攻小國也」云云，若，如也。此文兩言「又與」，亦謂「又如」也。單反欲改「又與」爲「人與」，傎矣。

又《難哉　哉》 「用而不可，難哉，亦將非之。」念孫案：「難哉」二字，與下文義不相屬。「難哉」當爲「雖我」，字之誤也。言兼愛之道，如其用而不可，則雖我亦將非之也。又下文曰：「不識於兼之有是乎，於別之有是乎，哉以爲當其於此也。天下無愚夫愚婦，雖非兼之，人必寄託之於兼之有是也。」「哉」亦當爲「我」。下文又曰：「我以爲當其於此也，天下無愚夫愚婦，雖非兼者，舊本「兼者」作「兼君」，涉上下文「兼君」而誤，今改正。必從兼君是也。」是其證。

又《子》 「然而天下之士非兼者之言，猶未止也，曰意可以擇士而不可以擇君子。」念孫案：「子」當爲「乎」，字之誤也。「乎」與「意」文義相承。下文曰「意不忠親之利而害爲孝乎」，是其證。

又七之三《衍文三　脫文一》 「觀其行，順天之意，謂之善行。反天之意，謂之不善行。」舊本謂「之善」下衍「意」字，謂「之不善下」脫「行」字，又衍「意非」二字，今據下文改正。

又《衍文一　脫文六》 「今天下之國，粒食之民，殺一不辜者，必有一不祥。」舊本民下衍「國」字，今刪。「殺一」下脫「不辜」者必有一「六」字，今據上中二篇補。

又《文義》 「有能多殺其鄰國之人，因以爲文義。」念孫案：「文義」二字，義不可通。「文」當爲「大」，字之誤也。謂多殺鄰國之人，聞之者不以爲不義，反以爲大義也。《非攻篇》曰：「小爲非，則知而非之。大爲非攻國，則不知非今本「不知」下衍「而」字。從而譽之，謂之義，此之謂也。」

又八之二《本政教》 「彼非本政教也，非致隆高也，非綦文理也。」引之曰：五伯亦有政教，不得言五伯非本政教。「本」當爲「平」字之誤也。隸書「本」字與「平」相似，故「平」誤爲「本」。《致士篇》曰：「刑政平而百姓歸之。」《孟子・離婁篇》曰：「君子平其政。」昭二十年《左傳》曰：「是以政平而不干。」《周南・芣苢序》箋曰：「天下和，政教平。」五伯猶未能平其政教，故曰非平政教也。「平」、「政」、「教」三

字，本篇一見，《王制篇》兩見，《王霸篇》兩見，其誤爲本政教者四，楊注《王霸篇》曰：「雖有政教未盡脩其本也，此不得其解而爲之説。」唯《王制篇》之一未誤，今據以訂正。

又《故詩書禮樂之歸是矣》 劉云：「之」下當有「道」字，與上兩「之道」對文。

又《然而不知惡者》 念孫案：「然而不知惡」，烏路反。與下「然而明不能別」對文，則「惡」下不當有「者」字。

又八之三《以無禮而用之》 「上雖好取侵奪，猶將寡獲也，而或以無禮而用之。」盧云：「元刻作『無禮節用之』。」念孫案：元刻是也。上文云：「上以法取焉，而下以禮節用之」，楊注：「以禮節用，謂不妄耗費也。」與此三句正相反，是其證。《羣書治要》正作「以無禮節用之」。錢本、世德堂本同。

又八之五《未至》 「祅怪未至而凶。」念孫案：「未至」二字，與上文複。《羣書治要》「至」作「生」，是也。下文「祅是生於亂」，即其證。「生」、「至」字相似，又涉上文「未至」而誤。

又八之七《察理》 「故人心譬如槃水，正錯而勿動，則湛濁在下而清明在上，則足以見鬚眉而察理矣。」郝云：「『理』上當有『膚』字。」《榮辱》、《性惡》二篇並云「骨體膚理」，是矣。

又《論》 「辭也者，兼異實之名以論一意也。」念孫案：「論」當爲「諭」，字之誤也。《淮南・齊俗篇》「不足以諭之」，今本「諭」誤作「論」。諭，明也，言兼説異實之名以明之也。字或作「喻」。下文曰「辯説也者，不異實名以喻動静之道也」，是其證。上下文言「喻」者甚多，此不應獨作「論」也。楊説以《春秋》云「論公即位之一意」，則所見本已誤。

又八之補 「萬物莫足以傾之之謂固。」引之曰：此上當有「曷謂固曰」四字。「萬物莫足以傾之之謂固」，與「曷謂固」，上下正相呼應。「曷謂固」與上文「之曷謂一」、「曷謂神」皆文同一例。「曷謂神」、「曷謂固」，承上「執神而固」言之。下文「神固之謂聖人」，又承上「曷謂神」、「曷謂固」言之。今本脱去「曷謂固曰」四字，則與上下文不相應矣。

又九之三《十二月》 「十二月，德居室三十日。」念孫案：「十二月」當爲「十一月」。上文云「冬至德在室」，是也。

又《徵生宮宮生商》 「徵生宮，宮生商。」劉績曰：「當作『宮生徵，徵生商』。」念孫案：劉説是也。上文曰「黄鍾爲宮，太蔟爲商，林鍾爲徵」，又曰「黄鍾下生林鍾，林鍾上生太蔟，所謂宮生徵徵生商也」，《宋書・律志》、《晉書・律曆志》並作「宮生徵，徵生商」。《地形篇》亦曰「變宮生徵，變徵生商」。高注：「『變』猶『化』也。」

又九之四《三十六國》 「凡海外三十六國。」引之曰：《論衡》《無形》、《談天》二篇並作「三十五國」。今歷數下文，自「脩股民」至「無繼民」，實止三十五國，「六」字誤也。

又九之八《接徑歷遠直道夷險　蹪蹈》 「脩爲牆垣，甬道相連。殘高增下，積土爲山。接徑歷遠，直道夷險，終日馳騖而無蹪蹈之患。」高注曰：「接，疾也。徑，行也。道之阸者正直之，夷，平也。」念孫案：「接徑歷遠」當在「直道夷險」之下，此以「垣」、「連」、「山」、「遠」、「患」爲韻，若移「直道夷險」於下，則失其韻矣。高注「接，疾也。徑，行也」，亦當在「夷平也」之下。蓋正文爲寫者誤倒，後人又改注以從之耳。《文選》謝惠連《秋懷詩》注引此已作「接徑歷遠，直道夷險」，則其誤久矣。又案：「蹪蹈」當爲「蹪陷」，字之誤也。俗書「陷」字作「陥」，又因「蹪」字而誤從足。「蹪」與「隤」同，高注《原道》、《説山》、《説林》、《脩務》並云「蹪，躓也」。楚人謂「躓」爲「蹪」。《玉篇》「陷，隤也」。《原道篇》曰「先者隤陷，則後者以謀」。又曰「蹪陷今本「陷」字亦誤作「蹈」。於污壑穽陷之中」，皆其證也。

又九之九《先自爲檢式儀表》 「是故人主之立法，先自爲檢式儀表，故令行於天下。」念孫案：「先自爲檢式儀表」當作「先以身爲檢式儀表」，言以身爲度，則令無不行也。下文引孔子曰「其身正，不令而行」，是其明證矣。上下文「身」字凡四見。今本「身」誤爲「自」，「自」上又脱「以」字。《文子・上義篇》作「先以自爲檢式」，「自」亦「身」之誤，唯「以」字未脱。

又《則輕重小大有以相制也》 「故枝不得大於榦，末不得强於本，則輕重小大有以相制也。若五指之屬於臂，搏援攫捷，莫不如志，言以小屬於大也。」念孫案：「則輕重小大有以相制也」，本作「言輕重小大有以相制也」。此釋上之詞，與下言「以小屬於大也」，文同一例。後人不達而改「言」爲「則」，上言「不得」，下言「則」，則文義不相承接矣。《文子・上義篇》正作「言輕重大小有以相制也」。

又《其所事者多》 「夫聖人之智，固已多矣。其所守者有約，故舉而必榮。愚人之智，固已少矣。其所事者多，故動而必窮矣。」念孫案：「其所事者多」，「多」上亦當有「有」字。「其所守者有約」，「其所事者有多」，兩「有」字皆讀爲「又」。「又」與「固已」，文義相承。《羣書治要》引此正作「其所事者又多」。《荀子・王霸篇》引孔子曰「知者之知，固已多矣。有以守少，能無察乎。愚者之知，固已少矣。有以守多，能無狂乎」，此即《淮南》所本。

又九之一〇《不身遁》　「不身遁斯亦不遁人。」高注曰：「遁，隱也。已不自隱身之行，亦不隱之於人也。」念孫案：「不身遁」，「身」當爲「自」，字之誤也。據高注云：「不自隱身之行，則所見本已誤作『身』。」上文「非自遁也」，高注云：「遁，欺也。」《廣雅》同，「遁」字亦作「遯」。《脩務篇》「審於形者，不可遯以狀」，高注曰：「遯，欺也。」此言「自遁」，亦謂自欺也。不自欺，斯不欺人，故下二句云「若行獨梁，不爲無人。不兢其容，謂不自欺也」。古者謂「欺」爲「遁」，《賈子・過秦篇》曰「姦僞並起而上下相遁」，《管子・法禁篇》曰「遁上而遁民者，聖王之禁也」，謂上欺君而下欺民也。《史記・酷吏傳序》曰「姦僞萌起，其極也，上下相遁」，皆謂上下相欺也。

又《餘編》上《上謀而下行貨》　《讓王篇》「今周見殷之亂而遽爲政，上謀而下行貨，阻兵而保威」。念孫案：「上謀而下行貨」，「下」字後人所加也。「上」與「尚」同。「上謀而行貨」，「阻兵而保威」，句法正相對。後人誤讀「上」爲「上下」之「上」，故加「下」字耳。《呂氏春秋・誠廉篇》正作「上謀而行貨，阻兵而保威」。

黄丕烈《重刻剡川姚氏本戰國策札記》卷上　其健者來使者。吴氏補曰：「『者』字疑衍。」丕烈案：據下句，「使」下無「者」字也。

又卷中　朱英謂春申君曰。吴氏正曰：「後語云『觀人朱英』。」注：「觀地在河北平原。史，觀津人朱英。」丕烈案：見後《魏策》。

又　今爲馬多力。「爲」，鮑本作「謂」。丕烈案：《楚策》作「謂」。

又　則豈楚之任也我。鮑改「我」爲「哉」。丕烈案：《楚策》作「哉」。

又　衛楚正。鮑改「衛」爲「燕」，「正」爲「僻」。丕烈案：鮑依後公孫衍説文也。

又　而羣臣之知術也如是其同耶。「而」，鮑本作「亡」。吴氏正曰：「下文有。」丕烈案：「亡」字當是，此不與下句同。《秦策》、《趙策》、《韓策》皆有此字，可證也。

又卷下　魏王之恐也見亡矣。鮑衍「也」字，改「矣」爲「也」。吴氏正曰：「下章有此句法。」丕烈案：下卷策文云「魏王之懼也見亡」，吴據此也。

阮元《十三經注疏校勘記・尚書注疏校勘記》卷一五　惟當用我此事在周之百官。「此事」，浦鏜據下疏改作「所爲」。

又卷一一　不如周家之少仁人。「少」，《纂傳》作「多」。按《纂傳》蓋據朱子《論語集注》。孫志祖云：「《論語集注》作『多仁人』，蓋沿邢疏之誤。」孔氏《正義》云：「明多惡不如少善。」則爲「少」字無疑。「人」下古本、岳本俱有「也」字。按岳本讀「不如周家之少」爲一句，「仁人也」爲一句，文義甚明，益知「少」字不當改作「多」。

又《毛詩注疏校勘記》卷一　昔育恐育鞫。唐石經、小字本、相臺本同，閩本、明監本、毛本亦同。案：《詩經小學》云：「顧寧人曰『唐石經自《采芑》、《節南山》、《蓼莪》之外，並作「鞫」。』」今但《公劉》、《瞻卬》二詩從之，餘多俗作「鞠」。段玉裁案《采芑》、《節南山》、《蓼莪》其字皆當作「鞫」，今考經中用字例不畫一。其用「蹋鞠」字者，假借也，仍以唐石經爲正。又案：此經蜀石經無下「育」字，誤也。以傳、箋、正義考之，皆當有，蜀石經之不可信每類此。

又　狐裘蒙戎，杜預云：「蒙戎，亂貌。」閩本、明監本、毛本同。案：此不誤。浦鏜云：傳作尨茸，非也。凡《正義》引羣籍有順經注爲文，不與本書同者，此類是矣，當各仍其舊。

又卷二　駟，四馬也。小字本、相臺本同。案：《釋文》云「一本駟介四馬也」。《考文》古本有「介」字，采《釋文》。一本此箋但説駟耳，其介甲也，已在傳矣。一本誤。按：毛傳文「茵，虎皮也，謂文茵之文乃是虎皮也。荷華，扶渠也，謂荷華之荷乃是扶渠也」。傳之例本如此，後人有删改，遂致不畫一。

又卷三　於園於囿皆有此樂。毛本二「於」字誤「于」，閩本、明監本不誤。案：凡《正義》所有「于」字，或順經順注，及引他書而順彼文也。其自爲文，則例用「於」字。互相錯亂者，皆非，餘同此。

又卷四　燕私者何也已而與族人飲也。閩本、明監本、毛本同。案：此不誤。「已」上補鏜云脱「祭」字，又云衍下「也」字，從《儀禮經傳通解》校，非也。《通解》多以意增删，不可據也。

又　伐木許許。小字本、相臺本同。唐石經初刻「滸滸」，後去水旁。案：《正義》云「其柿許許」，然下文同。《釋文》云「許許，呼古反」。是其本皆作「許」，不從水。《後漢書・朱穆傳》、《顔氏家訓・書證》引作「滸滸」，即沈所云「呼古反」是也。讀「許」爲「滸」，遂破爲「滸」而引之。凡羣書引詩文多不同者，往往類此，非毛氏詩別有作「滸」之本。唐石經初刻誤，所謂字體乖師法也。

又卷五　大德切瑳。小字本、相臺本同。閩本、明監本、毛本「瑳」誤「磋」。案：《正義》作「磋」。「瑳」、「磋」古今字易而説之之例也，不當依以改箋。

又　拊我畜我。唐石經小字本、相臺本同。案：《詩經小學》云：「戴震云『畜』當爲『慉』，《説文》『慉，起也』。」此箋：畜，起也，明是易「畜」爲「慉」。今考《釋文》云：「畜，喜郁反。」《正義》云：「畜我，承拊我之後，明起止而畜愛之。」是《釋文》、正義二本經皆是「畜」字。箋：畜，起也，仍用經字，以「畜」爲「慉」之假借而於訓釋中顯之者也，例見前。

又　所以視而供之。閩本、明監本、毛本同。案：箋作「共」，《正義》作「供」。「共」、「供」古今字，易而説之也，例見前。

又卷七　示無貶黜客之法。閩本、明監本、毛本同。案：此不誤。浦鏜云：「『義』誤『法』」，非也。《商譜》是「義」字，而《正義》云：「示無貶黜者，示法而已。」故此引作「法」，不盡依本文也。上文引仍作「義」，如此等者非有定例，不可拘也。

洪頤煊《管子義證》卷一　「萬事之生也。」星衍案：《形勢解》「生」作「任」。

又　「獨王之國。」星衍案：《形勢解》「王」作「任」。

又　「婦言人事。」頤煊案：當作「婦人言事」。《君臣上篇》「王德不立則婦人能食其意」，又云「婦人變寵假於男之知以援外權」，其證也，尹注非。

又　「舟車陳器有禁。」星衍案：《服制篇》「陳」作「甲」。

又　「脩生則有軒冕服位穀禄田宅之分」，星衍案：《服制篇》「生」上無「脩」字，「冕」下有「之」字，「穀」作「貴」。

又　「雖有賢身貴體。」星衍案：《服制篇》「身」作「才」，「貴」作「美」。

又　「天子服文有章。」頤煊案：當依《服制篇》作「服有文章」。

又卷二　「涅儒。」頤煊案：「涅儒」當作「温濡」。《幼官篇》「藏温濡」，其證也。温濡，即燥濕，與「動静」、「開闔」、「詘伸」、「取與」爲一例。「儒」、「濡」，古字通用。

又　「聚徒威羣。」頤煊案：「威羣」當作「成羣」。下文云「常反上之法制以成羣於國」，《法法篇》「則人臣黨而成羣」，其證也，尹注非。

又卷三　「其智多誨。」星衍案：「誨」當作「悔」，謂其多悔，故少胥其自及。下文「成而不悔爲上舉」，《宙合篇》「故政事不悔」，其證也，尹注非。

又　「季友。」星衍案：《小匡篇》作「季勞」。

又　「博於糧。」劉績曰：「《小匡》作『公子舉博聞而知禮』，『糧』字是『禮』字誤。」星衍案：劉説是也，「糧」、「禮」字形相近。

又　「蒙孫。」星衍案：《小匡篇》作「曹孫」，宿「蒙」、「曹」聲相近。毛詩「還遭我乎，猺之間兮」。《漢書・地理志》「猺」作「嶩」。《爾雅・釋言》「慒，慮也」。《釋文》云「『慒』，本作『悰』」，皆聲近之證。

又卷五　「闕其門。」星衍案：「闕」，當依上文作「開」。

又　「金心在中。」頤煊案：《内業篇》作「全心」，下文「金心之形」作「心氣之形」，此作「金」字譌，尹注非。

又　「害於戈兵。」星衍案：《内業篇》「戈」作「戎」。

又　「天地刑之。」星衍案：依下文「刑」當作「形」，注云：「天地又見其意有從順之形」，字亦作「形」。

又　「必先禁末作文巧末作文巧禁。」頤煊案：兩「文巧」當依下文作「奇巧」。

又卷六　「神明之極照乎知。」頤煊案：「照」當爲「昭」，「乎」字衍。「昭知萬物」爲句，與上下文極忒合韻。《心術下篇》作「神莫知其極，昭知天下通於四極」，其證也，尹注非。

又卷七　「執箕膺揲。」頤煊案：「揲」，當依下文作「葉」。《禮記・曲禮》注引作「揭」，《儀禮・士冠禮》注古文「葉」爲「揭」，《毛詩・小戎》正義引作「執箕膺揭」，傳寫之譌。

又　「犧牲珪璧。」星衍案：《形勢篇》「牲」作「牷」。

又　「蝚蝯飲焉。」星衍案：《形勢篇》作「猿猱」。《爾雅・釋獸》「猱蝯善援」。《説文》「蝯，善援」。字皆作「蝯」。「猱」，字當从犬旁作。

又　「請謁任譽。」星衍案：「譽」當作「舉」。《立政篇》本作「舉」，《任法篇》亦兩言「請謁任舉」，此「譽」字誤。

又　「小臣持禄養佼」星衍案：《明法篇》引「佼」作「交」。

又卷八　「不曰貧之。」星衍案：《揆度篇》「貧」作「用」。

又　「金起於汝漢之右洿」星衍案：《揆度篇》、《輕重乙篇》「洿」皆作「衢」。

又　「其徐遠」星衍案：「徐」當作「涂」，見上《地數篇》。

俞樾《諸子平議》卷一　「銜命者，君之尊也。」樾謹按：「銜命」，《形勢解》作「銜令」，其解曰「令出而民銜之」，此作「銜命」，雖於義亦通，然非《管子》原文矣，當據解訂正。

又　「美人之懷，定服而勿厭也。」樾謹按：此句之義，爲不可曉。據《形勢解》曰「貴富尊顯，民歸樂之，人主莫不欲也。故欲民之懷樂己者，必服道德而勿厭也，而民懷樂之」。然則《管子》原文，本作「欲人之懷，必服而勿厭也」，故其解如此。若作「美人之懷定服而勿厭」，則解何以不及「美」字定字之義乎？尹注曰：「欲令人貴美而懷歸者，須安定服行道德，勿有疲厭」，則其所據本已誤。夫令人貴美而懷歸，不得云美人之懷，即尹注之迂回難通。知《管子》原文，必不如是，當據後解訂正。

又　「若是安治矣。」《七注》。樾謹按：上文云：「若是而能治民者，未之有也。」下文云：「形勢器械未具，猶之不治也。」上下文均無「安」字，則此「安」字乃語辭也。古書每以「安」爲語辭，王氏引之《釋詞》引管子書凡九事，而不及此，蓋亦誤以爲實字矣。

又　「所賢美於聖人者，以其與變化隨也。」樾謹按：「美」乃「善」字之誤。上文云「夫植之正而不謬，不可賢也。植而無能，不可善也」。此云「所賢善於聖人者」，即承上而言，不容有異文。

又卷二　「則豪傑材臣，不務竭能。」樾謹按：「臣」，當依下文作「人」。

又卷三　「因其大國之重。」樾謹按：「其」字衍文。下文「因彊國之權，因重國之形」，並無「其」字。

又　「冗國所開口而食者，幾何人。」樾謹按：「冗」乃「問」字之誤，與上下文一律。尹注不釋「冗」字，則所見本未誤也。

又　「妾人聞之，君外舍而不鼎饋，非有内憂，必有外患。」樾謹按：「妾人聞之」，當作「妾聞之先人」。《侈靡篇》作「吾聞之先人」，是其證。

又　「而足以修義從令者，忠臣也。」《君臣上》。樾謹按：「修」與「從」，二義不倫，「修」乃「循」字之誤。下文云「下之事上也不虛，則循義從令者審也」，正作「循義從令」，可證此文「修」字之誤。

又　「開國閉辱，知其緣地之利者。」樾謹按：以下文證之，「其」字當在「開」字之下，「閉」字乃「門」字之誤，「辱」知下有「神次」二字，而今奪之。《管子》原文，本作「開其國門，辱知神次」。下云「開其國門者，玩之以善言。辱知神次者，操犧牲與其珪璧，以執其斝」，皆舉此文而釋之也。因傳寫奪誤，遂不可讀。尹注以「知其」二字屬下「緣地之利者」爲句，不知「緣地之利者」，亦是舉上文而釋之，不當有「知其」二字也。

又卷四　「使不能爲惛，惛而忘也者，皆受天禍。」《四時》。樾謹按：「使不能爲惛」下有闕文。據上文「使能之謂明，聽信之爲聖」，則此文當有「聽不信爲忘」六字。「忘」讀爲「芒」，《莊子・齊物論篇》「人之生也，固若是芒乎」。《釋文》曰「芒，昧也」，蓋與惛同義」。七臣《七主篇》「有芒主」。

又　「星者掌，發爲風。」樾謹按：此本作「星掌發，發爲風」。與下文「日掌賞，賞爲暑。歲掌和，和爲雨。辰掌收，收爲陰。月掌罰，罰爲寒」文法一律。今衍「者」字，奪「發」字。

又　「所惡其察，所欲必得。」樾謹按：當作「所惡必察」，兩句一律。下文云「所求必得，所惡必伏」，亦兩句一律，是其證。

卷五　「是謂雲氣。」樾謹按：下文云「靈氣在心，一來一逝」，疑此文「雲氣」亦「靈氣」之誤。隸書「靈」字或作「霊」，見「王稚子闕」，與雲相似，故誤爲「雲」耳。尹注曰：「能調其氣，故比於雲」，此其所據本已誤，故曲爲之說。

又　「度量馬力。」樾謹按：此本作「度量其力」，承上文「善視其馬」而言，不必言「馬」也。下文説明「主善治其民」，亦云「度量其力，不言民力」，可證此文「馬力」之誤。

又　「凡人君者，欲衆之親上鄉意也，欲其從事之勝任也，而衆者不愛則不親，不親則不明，不教順則不鄉意。」樾謹按：「不親則不明」句，當爲衍文，上下文均無此意，且下文曰「明教順以道之，是明屬君不屬民」，故知此句衍文也。「不教順則不鄉意」下尚有闕文。據下文當曰「不利則不勝任」。

又卷六　「重門擊柝不能去，亦隨之以法。」樾謹按：「去」字乃「者」字之誤。上文云「自言能爲司馬，不能爲司馬者，殺其身以釁其鼓。自言能治田土，不能治田土者，殺其身以釁其社。自言能爲官，不能爲官者，劓以爲門父」，故此言「重門擊柝不能者，亦隨之以法，不以其職微而寬之也」。重門擊柝，猶言抱關繫柝。

又　「三日出境，五日而反。」樾謹按：此本作「六日而反」，據下文「五日出境，十日而反。十日出境，二十日而反」，是反之日，必倍其出境之日。此云「三日出境」，則必六日而反，可知傳寫誤也。

又　「二十八月，萊莒之君請服。」樾謹按：「二十八月」當作「二十四月」。上文曰「二十四月，魯梁之民歸齊者十分之六」，此文亦必與彼同。蓋「二十四月」者，質言之則二年也。若作「二十八月」，於義無取，故知其非。

又卷九　「無巧工不巧工，皆以此五者爲法《法儀》。」樾謹按：「五」當作「四」。上文「百工爲方以矩，爲圓以規，直以繩，正以縣」，並無「五者」。

又　「古者民始生未有刑政之時，蓋其語人異義《尚同上》。」樾謹按：此本作「古」者，民始生，未有政長之時，蓋其語曰天下之人異義，中篇文同，可據訂。

又卷一一　「意獲也，乃意禽也。」樾謹按：「乃意禽也」當作「非意禽也」，與上文「非意木也」、「非意人也」一律。

又　「智是之世之有盜也，盡愛是世。」樾謹按：當作「智是世之有盜也，不盡是世」。下文「智是室之有盜也，不盡是室也」，可證。

又　「長人之異，短人之同，其貌同者也故同。」樾謹按：「長人之異，短人之同」當作「長人之與短人也同」，下二句正釋長人、短人所以同之故也。下文曰「指之人也與首之人也異，人之體非一貌者也，故異。將劍與挺劍異，劍以形貌命者也，其形不一故異」，並與此文一律，可證。

又卷一二　「必蚤正以待之也《儒教》。」樾謹按：「必」字衍文也。下文「孝弟以化之也」，與此句相對，下無「必」字，則此亦當無「必」字矣。「蚤」字無義，疑「脩」字之誤。「脩」字闕壞，止存右旁之「⿱夂月」，故誤爲「蚤」耳。《榮辱篇》曰：「脩正治辨

矣。」《非十二字篇》曰：「脩正者也。」《富國篇》曰：「必先脩正其在我者。」《王霸篇》曰：「内不脩正其所以有。」皆以「脩正」二字連文，可以爲證。《新序》引此作「布正」。「布」隸書或作「𢁉」，亦與「脩」字左旁相似。

又卷一三　「是一國作謀，則三國必起而乘我。」樾謹按：「三國」乃「二國」之誤。上文止有楚燕魏三國，若依此文，則是四國矣，故知其誤也。

又卷一四　「故如死如生，如存如亡，終始一也。」樾謹按：「如死如生，如存如亡」，義不可通，當作「事死如生，事亡如存」，上兩「如」字誤也。篇末云「哀夫敬夫，事死如事生，事亡如事存」，可知此文之譌，當據以訂正。

又卷二〇　「愛子惰民不窳。」樾謹按：此承上文而言，亦當作「愛子不惰食，惰民不窳」，因有兩「惰」字，寫者於上「惰」字下即接寫「民不窳」，遂并誤删上「不」字耳。

又卷三一　「故達道之人，不苟得，不讓福。」樾謹按：「讓」當爲「攘」。《詮言篇》「不能使福必來，信己之不攘也」，高注曰：「攘，卻也。」此云「不攘福」，義與彼同。

又　「其智也，告之者至，然後覺其動也。使之者至，然後覺其爲也。」樾謹按：「使之者至」上當有「其能也」三字。上文云「有智而無爲，與無智者同道。有能而無事，與無能者同德」，下文云「有智若無智，有能若無能」，皆以「智」、「能」對舉，故知此亦當然。

又　「一身之身，既數變矣。」樾謹按：上「身」字當作「人」。《氾論篇》曰「故一人之身而三變者，所以應時矣」，文義與此同。

又卷三二　「陳成常果攻宰予於廷中，而弒簡公於朝。」樾謹按：「攻」乃「殺」字之誤。殺宰予，弒簡公，君臣異辭，其實一也。下文曰「廷殺宰予」，是其明證。

又　「使未嘗鼓瑟者。」樾謹按：「瑟」當作「琴」。上文云「然而搏琴撫弦」，此與相應，不容異文。

戴望《管子校正》卷三　「夏行春政風行，冬政落重則雨雹行秋政水。」《四時篇》作「夏行春政則風，行秋政則水，行冬政則落」。

又　「冬行秋政霧行夏政雷行春政烝泄。」《四時篇》作「冬行春政則泄，行夏政則靁，行秋政則旱」。

又　「同異分官則安。」丁云：「『同異分官』句有脱誤，不可解。以上文句例求之，脱去四字。」

又　「善習五官。」洪云：「《兵法篇》曰：『三官不謬，五教不亂，九章箸明。』此『五官』當作『五教』。」

又　「七年重適入正禮義。」望案：當從前篇作「十年」，此「七」字誤。

又卷五　「不貴其人博學也。」張云：「『博學』二字與上下文不相比附，疑『舉』字誤爲『學』。」下云「君失其道，則大臣比權重以相舉於國，小臣必循利以相就也」，即此所謂「博舉」。

又卷六　「故全勝而無害。」丁云：「據《幼官篇》則『故』上當有脱文。」

王引之《經義述聞》卷八《民之財》　「三歲則大計羣吏之治，以知民之財器械之數，以知田野夫家六畜之數，以知山林川澤之數。」引之謹案：賈疏釋經曰：「『以知民之財用器械之數』者，民之財用，謂幣帛多少」，則所據經文「財」下有「用」字。「財用」、「器械」，相對爲文，與「田野夫家六畜山林川澤」文義亦相稱也。唐石經始脱「用」字。

又卷一〇《迎尸》　《少牢下篇》：「主人出迎尸。」家大人曰：「尸」下當有「侑」字。上文「尸與侑北面于廟門之外，故主人出而並迎之」，下文「主人拜尸荅拜，主人又拜侑」，「侑荅拜」，即承此文「迎尸侑言之」。後人以鄭注「賓客尸而迎之」云云，但言「尸」而不及「侑」，故删去「侑」字。不知鄭君之意，自以上篇正祭時，主人不迎尸以伸尸之尊。此迎尸，則待尸同於賓客，說見疏。故但言「尸」而不及「侑」，非謂主人迎尸而不迎侑也。上文議侑于賓疏云「自此盡侑荅拜」，論選侑，并迎尸及侑之事，引此文云「主人出迎尸侑」。又侑出俟于廟門之外」，疏云「立侑以輔尸，使出便迎之」，則此文本作「迎尸侑明」矣。自唐石經始删「侑」字，而各本皆沿其誤。

又卷一一《不善者》　「見善，恐不得與焉。見不善者，恐其及己也。」家大人曰：「恐其及己」，謂恐不善之及己也，則「見不善」下不當有「者」字。且與「見善」對文，則「者」字之衍明矣。《論語》「見善如不及，見不善如探湯」，即其證。

又卷一二《夫子未知以文也》　家大人曰：此當作「夫子和之以文曰」。朱本「和之」譌作「知未」，宋本譌作「未知」，曰譌作也，朱本「也」下有「曰」字。子路好勇，故夫子和之以文。下文引長發之詩，又曰「夫强乎武哉，文不勝其質」，此正夫子和之以文之事也。上文云「夫子說之以詩」，句法正與此同。盧注節其勇也，正釋「和之以文」四字。《家語》作「孔子和之以文，王肅曰：「和仲由以文。」說之以詩」，是其證。自下文「詩云」以下，皆夫子之言，篇内引詩者並同。盧本作「夫子未知以文也」而釋之

云「此夫子，即指仲由」，則下文皆不可通矣。

又《夫子》 「有爲道諸夫子之所。」家大人曰：「夫子」當作「孔子」。上下文皆稱「孔子」，記者之詞也。其稱「夫子」者，乃宰我之語，不當於此處闌入。《家語》正作「孔子」。

又《天德嗣堯》 「昔虞舜天德嗣堯。」家大人曰：「天德」上有「以」字，而今本脱之，則語意不完。《少閒篇》「昔虞舜以天德嗣堯」，是其證。

汪遠孫《漢書地理志校本》 至于衡山，過九江，至于敷淺原。案：豫章郡歷陵下作「傅淺原」。

劉文淇《舊唐書校勘記》卷八 「其夜北方有霧起。」張氏宗泰云：「『其夜』《五行志》作『乙酉』。十二月己亥朔，無乙酉。在『戊申』下當作『己酉』。『霧上有赤氣』，張氏宗泰云：『「上」當依志作「止」。』」

又 「甲戌，賜宰臣百僚上巳宴於曲江亭。」張氏宗泰云：「據上下所書，上巳皆在三日，此作『甲戌』，乃初九日。」

又 「奏廣湖封雷潘辯等七州戍軍。」張氏宗泰云：「依《地理志》，『湖』當作『潮』。」又按：「廣」下當脱「韶」字，以其由廣州析也，方合七州之數。

又 「仍以船材京内造時計其功當半年轉運之費。」張氏宗泰云：「據《張仲方傳》，『材』下有『於』字，『造』下有『作』字。」

又 「錢徽爲尚書右丞。」張氏宗泰云：「本傳作『左丞』。」

又 「甲申，許太子太傅蕭俛致仕是夜月掩昴。」張氏宗泰云：「據兩志，『是夜』當作『丙戌』。」丙戌，十二月十日，月行自昴三少至畢四半。

又 「乙未夜，月犯熒惑。」張氏宗泰云：「《天文志》作『辛丑』，是。」辛丑，七月二十二日。

又卷五一 「凡八年。」沈氏炳震云：「案本紀止六年。」

又 「凡八年。」沈氏炳震云：「案本紀止七年。」

又 「數日詔杜佑以鍔代之。」張氏宗泰云：「『詔』當作『召』。」

又 「元和九年卒。」沈氏炳震云：「本紀『十年』。」

張文虎《校刊史記集解索隱正義札記》卷一 馳道正義天子道秦始皇作之三丈而樹。「道」字、「三」字依《秦始皇紀集解》補。

勞格《晉書校勘記》卷一 「正始三年二月，大尉滿寵薨。」本紀在「三月」。

又 「太元十五年七月壬申，有星孛于北河。」本紀作「丁巳」。

又 「四年十月庚子，大星西北墜有聲。」本紀作「西南」。

又 「汝陰郡，泰始二年復置。」本紀「泰始元年，封皇叔父駿爲汝陰王」，則汝陰置郡，當在泰始元年。志云「二年」，誤。

又 「愍帝建興四年，司徒梁芬議追尊之禮，帝既不從，而右僕射索綝等。」據本紀及綝本傳，綝已于建興三年自右僕射進左僕射，此仍云「右僕射」，誤也。盧云「右」譌。

又卷二 「遣武昌監劉憲代之。」《武紀》作「留憲」。

又 「更立混爲洪嗣。」「混」，本紀作「英」。

又 「子宏立。」「宏」，《惠紀》作「泓」。

又 「出爲鎮東將軍，都督青徐二州諸軍事。」《武紀》云：「都督青州諸軍事。」

又卷三 「右衛督司馬雅。」《趙王倫傳》作「左衛司馬督」。

又 「六月己卯葬于顯平陵。」「己卯」當从本紀作「壬寅」。六月庚寅朔，無己卯。

又 「子臧，永康元年四月封臨淮王，己巳詔立臧爲皇太孫。」本紀在五月，《宋書·五行志》三。作「四月丁巳」。

又 「子尚，永康元年四月封爲襄陽王。」本紀在五月。

王先謙《魏書校勘記》 《高市賓傳》「及同郡李金俱被徵」，「金」即上李「欽」，脱右旁「欠」字。

又 「泰常八年十月戊戌，有牧上上師李譜文。」「牧上」作「收圭」，據下文當作「牧土」。

孫詒讓《札迻》卷一 「七九摘亡，名合行之蒙孫。」案：以下文校之，當作「行之名合蒙孫」。

又 「上之名行合，四卦氣亂也。」案：以上下文校之，當作「亡行之名合」，「亡」，即所謂「七九摘亡」也。下又缺二字。後《兑法》云「亡行之名合胡誰」，是其證也。「四卦」當屬「氣亂也」爲句，非亡者之名。

又卷二 「棠，樘也，在車兩旁，樘麾使不得進卻也。」畢云：「『棠』，疑當爲『堂』。」案：《急就篇》亦作「棠」，則漢人多如此作，不必改爲「堂」也。

又卷四 「高子聞之，以告中寢諸子。」注云：「諸侯諸子之居中寢者。」案：自此至「雖有聖人，惡用之」，與上下文義不相屬，而與前《戒篇》「桓公外舍，而不鼎饋」章文略同。或即彼文錯簡，複著於此。「中寢諸子」，當從《戒篇》作「中婦諸子」。古「寢」字作「寑」，與「婦」形近，故誤。注曲爲之説，失之。

又 「至湯而不然，夷競而積粟。」案：「夷競」，「競」當爲「竟」，即古「境」字，言平治疆界之道塗也。上文説「桀冬不爲杠，夏不束柎」，正與湯相反。丁校以「夷競」爲《揆度篇》「夷疏」之誤，《校正》。失之。

又卷五 「百縣之治一形，則從，迂者不敢更其制。」案：下文云「迂者不飾，代者不更，則官屬少而民不勞」，則此當作「則從，迂者不飾，代者不敢更其制」。今本脱「飾代者不」四字，與下文不相應。

又 「十里斷者國弱，九里斷者國彊。」嚴云：「案：『九』當作『五』，下《説民篇》亦作『五』。」案：《靳令篇》云：「以五里斷者王，以十里斷者彊。」《韓非子・飭令篇》「十」仍作「九」。

又卷六 「形而不名，未必失其方圓白黑之實，名而不可不尋名以檢其差。」案：「名而」下當有「無形」二字，各本並捝。「名而無形」，與上文「形而不名」正相對。

又卷七 「是疑而生於世，光所羞也。」案：「是」當作「見」。後文荆軻述田光言太子戒以國事，恥以丈夫而不見信，即蒙此文而言。

又 「巧冶不能鑄木，工巧不能斲金者，形性然也。」案：「工巧」當作「巧匠」。今本「匠」譌爲「工」，而文又倒，遂不可通。《泰族訓》云「故良匠不能斲金，巧冶不能鑠木」，是其證。《文子・上德篇》作「良匠不能斲冰」，「良匠」二字亦與《泰族訓》同。

又 「周公誅管叔、蔡叔，以平國弭亂，可謂忠臣也，而未可謂弟也。」案：當作「而未可謂悌弟也」，與上下文「未可謂孝子」、「未可謂忠臣」、「未可謂慈父」文例同。

又卷八 「梁闕者，邦國之固，而山川社稷之寶也。」案：「梁闕」當作「闕梁」。「山川」下當有「者」字。下文云「使闕梁足恃，六國不兼於秦；河山足保，秦不亡於楚、漢」，即承此文言之。

又卷九 「渥彊之人不卒其壽。」案：「不」當爲「必」。後《命義篇》云「稟得堅彊之性則氣渥厚而體堅彊，堅彊則壽命長」，此義與彼同。

又 「或難曰：『陶者用填爲簋廉。』」案：「填」當爲「埴」。上文云：「陶者用土爲簋廉。」「廉」，俞校作「㢘」，讀爲「甂」，是也。「土」、「埴」義同。

又 「三江時風，揚疾之波亦溺殺人。」案：「揚疾」義不可通，「疾」當爲「侯」。《黄氏日鈔》所引已誤。《感虚篇》云：「傳書言，武王伐紂，渡孟津，陽侯之波，逆流而擊。」事見《淮南子・覽冥訓》。

又卷一〇 「夫陶犬無守夜之警，瓦雞無司晨之益，塗車不能代勞，木馬不中馳逐。」案：下篇「鋸齒不能咀嚼」章亦有此四句。彼文較完，此複贅，當删。《終制篇》亦有「瓦雞乏司晨」之用語。

又 「方首鐵棓維胎重十二斤。」案：「維胎」義難通，當作「矩胸」。後文有方胸鋋、孫本誤「鋌」，今從施本、慶長本。矛、方胸鐵杷、方胸鐵叉、方胸兩枝鐵叉。「矩胸」即「方胸」，義同。後文又云：「天浮鐵螳螂，矩内圓外」，此以「矩」爲「方」之證。

又 「極廣吾道，以便戰所。」案：「極」當爲「亟」。《分險篇》亦云：「亟廣吾道，以便戰所。」

又卷一一 「日月失度，而寒暑相姦。」趙注引《考靈曜》曰：「璿璣中而星中是周，周則風雨時。」案：注「周」並當作「調」。下云「若急舒不調是失度」可證。

又卷一二 「其在漢室，赤泉侯佐高，丞相翼宣。」高云：「『侯』，鈔本作『祐』，無『佐』字。」案：鈔本是也。「祐」當作「佑」。此本作「赤泉佑高」，與「丞相翼宣」文正相儷。《彭城姜伯淮碑》云「其裔吕望，佑周克殷」，與此「佑高」義同。《姜碑》「佑」字，高本亦作「佐」，今從鈔本。

又 「三邦事寧。」高云：「鈔本『事』作『惟』。」案：「惟寧」與上「機密惟清」文正相儷，鈔本是也。

又 「在盈思中。」高云：「『中』，鈔本作『忡』。」案：「忡」當作「沖」。「中」字誤。《外集・樽銘》云：「盈而不沖，古人所箴。」

又 「乃有樊君，作人父母。」高云：「『樊君』，鈔本作『惠臣』。」案：當作「惠君」。後云「貽福惠君，壽考且寧」可證。

他校分部

論　述

朱熹《昌黎先生集考異》卷七 兼州别駕。「兼」，方作「處」，云：「考《舊傳》合。」今按：成王本以温州長史行剌史事，今兩奏功而得處州别駕，又不行州事，則於地望事權皆爲左降矣。以事理推之，不應如此，疑方本誤而諸本作「兼」者爲是，蓋以舊官仍兼本州别駕以寵之

爾。下文又云「部告無事」，則謂温州前此旱飢，而今始無事也。又云「遷真于衡」，則是自行刺史事而爲真刺史也，其間不應復有，處州一節明矣。《舊史》亦承《集》誤，不足爲據。

彭叔夏《文苑英華辨證》卷一〇《雜録五》 凡書、疏、表、啓等，《文苑》多與《舊唐書》、《貞觀政要》、《太宗實録》、《唐會要》同，而新史多潤色，其文頗異，今亦參取。

王楙《野客叢書》卷四《尚書牴牾》 《尚書大傳》與《古文尚書》所載不同。《大傳》謂「周公死，王誦欲葬於成周。天乃雷電以風，禾盡偃，大木斯拔，國人大恐。王乃葬周公於畢，示不敢臣也」。梅福、張奂等皆引以爲言。據今《尚書》言「大雷雨以風，禾盡偃，大木斯拔」，見於周公居東之日，而非其死葬之時。以此一事觀之，則知《大傳》與經牴牾多矣，豈惟《大傳》如此，今之《尚書》與漢本亦多不同。王嘉奏對引臯陶戒舜之語曰「無敖佚欲有國，兢兢業業，一日二日萬幾」。師古注：「『謂虞書咎繇之詞。言有國之人，不可傲慢逸欲，但當戒謹危懼，以理萬事之幾。』『敖』字與『教』字意甚相遠，而『敖』之意爲尤長。」元城先生謂恐「敖」字轉寫作「教」字耳。僕又觀陳蕃疏曰「臯陶戒舜無教逸游」，則於今本「教」字，初未嘗差也。漢人引經，率多如此，不特是也。如《尚書》「大齊于人，俾我一日」，而楊賜則曰「天齊乎人，假我一日」。《尚書》「上刑適輕，下刑適重」，再劉愷則曰「上刑挾輕，下刑挾重」。《尚書》「黎民於變時雍」，而陽朔二年詔則曰「黎民於蕃時雍」。《尚書》「方命圮族」，《蜀志》、《晉書》皆曰「放命圮族」。《尚書》「平章百姓」，《史記》曰「便章百姓」，徐廣注：「便，平也。」《劉愷傳》曰「辨章百姓」，鄭玄注：「辨，明也。」似此之類甚多，漢人各習其師，往往不同如此。

又卷六《毛詩異同》 《夢谿筆談》曰：書之闕誤，有見於他書者。如詩「天天是椓」，《蔡邕傳》作「天天是加」。「彼岨矣岐，有夷之行」，《朱浮傳》作「彼岨者岐，有夷之行」。《坊記》曰「君子之道，譬則坊焉」，《大戴記》則云「譬猶坊焉」。僕謂此一字猶不甚礙理者，他有礙理處甚多。《尚書》異同，僕已疏大略於前。詩之異同，如賈山書引匪言不能，胡此畏忌。「聽言則對，譖言則退」，而今詩則曰「聽言則對，誦言如醉」。又如楊秉疏引「敬天之威，不敢馳驅」，而今詩則曰「敬天之怒，無敢戲豫。敬天之渝，無敢馳驅」。漢人所引與今本文不同，往往而然。蓋嘗考之漢人引經，間有可以證其闕誤。然其傳謬，亦不爲無之，又不可盡以漢人所引爲是，折衷於理斯可矣。

又卷一〇《漢碑引經語》 漢人專門之學，各習其師所傳經書，不無異同。然當時亦有假借用字，所以與今文不同。因觀漢碑中引經書語，疏大略於此。《靈臺碑》曰：「德被四表。」《張公碑》曰：「元亨利正。」《蔣君碑》曰：「遵五屏四。」《劉修碑》曰：「動乎儉中，鬼神富謙，鄉黨遜遜如也。」《祝睦碑》曰：「鄉黨逡逡，朝廷便便。」《孔彪碑》曰：「無偏無黨，遵王之素。」《費氏碑》曰：「導齊以禮，有恥且格。」《王君廟碑》曰：「庶績咸喜。」《張表碑》曰：「畔桓利貞。」《范氏碑》曰：「徽柔懿恭，明允篤恕。」《薛君碑》曰：「永矢不愃。」《嚴發碑》曰：「鑴堅仰高。」此類甚多。《費鳳碑》有曰「泥而不滓」。洪氏謂此「涅而不淄」。非假借則傳異也。僕觀《史記・屈原傳》有曰「皭然泥而不滓」，劉勰《辨騷》則曰「皭然涅而不緇」，知此語尚矣，洪氏不引此，夫豈未之考乎？東漢如《熊君碑》、《隗囂傳》，亦皆有是語，不特《費鳳碑》也。

又卷一二《古人引用經子語》 古人有引用經子語，不純用其言，往往隨意增減，間亦有害理處。如范曄曰：「孔子稱『貧而無諂，富而無驕。未若貧而樂道，富而好禮者也』。」范升曰：「孔子云：『博學約之，弗畔矣夫。』」賈逵曰：「孔子稱『於禮讓爲國，於從政乎何有』。」閻纘曰：「孟軻云：『孤臣孽子，操心也危，慮患也深，故多善功。』」崔元亮曰：「孟軻云：『衆人皆曰殺之，未可也。卿大夫皆曰殺之，未可也。天下皆曰殺之，然後察之，乃寘於法。』」此等語雖不無損益，然不甚礙理。如劉向曰：「帝舜戒伯禹，毋若丹朱傲。」袁著曰：「舜禹相戒，毋若丹朱。按今《尚書》，此語乃禹戒舜，非舜戒禹，謂之相戒亦非。」如此等語，似於當來之意未安也。或者謂范曄舉孔子「稱貧而樂道，富而好禮」，恐《論語》中脱一「道」字。僕考前漢引此語，初無「道」字，而《禮記・坊記》則曰：「貧而好樂，富而好禮。」

王念孫《讀書雜志》一之三《古黄》 「文馬赤鬣縞身，目若黄金，名古黄之乘。」盧曰：「古黄」，《説文》作「吉皇」。《海内北經注》引作「吉黄」。此從舊本作「古黄」，與《初學記》所引亦合。念孫案：作「吉黄」者，是也。王本作「吉黄」，與《説文》、《山海經注》合，《山海經圖讃》亦作「吉黄」。《文選東京賦注》引《瑞應圖》云：「騰黄，神馬，一名『吉光』。」「光」、「黄」古同聲，「吉光」即「吉黄」也。《海内北經》作「吉量」，下字雖不同，而上字亦作「吉」，則作「吉黄」者是也。《藝文類聚・祥瑞部下》、《初學記・獸部》引此並作「古黄」，乃類書相沿之誤，不可從。

又六之一《穗乎　張躬》 「穗乎不得穫，秋風至兮殫零落。」念孫案：「穗乎」本作「穗兮」，與下句文同一例。隸書「兮」、「乎」相似，故「兮」誤爲「乎」。《太平御覽・人事部九十七》引此正作「穗兮」。「張躬而舞」，孫曰「《太平御覽》作『張掖而舞』」。念孫案：張躬，即張肱也，「躬」字古讀若「肱」，故與「肱」通。漢司隸校尉楊渙《石門

頌》「川澤股躬」。「躬」即「肱」字。故《左傳》鄭公孫黑肱字子張。鈔本《御覽》脱「躬」字，刻本作「張掖」乃後人以意補耳，不可從。

又七之一《前方丈》 「厚作斂於百姓以爲美食，芻豢蒸炙魚鼈。大國累百器，小國累十器。前方丈，目不能偏視，手不能偏操，口不能偏味。」畢改「前方丈」爲「美食方丈」，云：據《文選注》兩引改。《七命注》、《應璩與從弟君苗君胄書注》。念孫案：「美食」二字，與上文相複，畢改非也。《羣書治要》引作「前方丈」，則魏徵所見本正與今本同。《文選注》引作「美食方丈」者，此以上文之「美食」，與下文之「方丈」連引，而節去「芻豢」以下十七字，乃是約舉其詞，不得據彼以改此也。「前方丈」，《太平御覽・治道部八》引作「前則方丈」，句法較爲完足。

又《聆缶》 「農夫春耕夏耘，秋斂冬藏，息於聆缶之樂。」畢云：「聆」當爲「瓴」。又云《太平御覽》引作「吟謡」，是也，「缶」是「䍃」字之壞。念孫案：今本《墨子》作「聆缶」者，「聆」乃「瓴」字之譌。「瓴」即「瓴」字也，但移「瓦」於左，移「令」於右耳。《北堂書鈔・樂部七》缶下、鈔本《太平御覽》樂部三及二十二缶下引《墨子》並作「吟缶」，「吟」亦「瓴」之譌。蓋《墨子》書「瓴」字本作「瓴」，故今本譌作「聆」，諸類書譌作「吟」，而「缶」字則皆不譌也。其刻本《御覽》作「吟謡」者，後人不知「吟」爲「瓴」之譌，遂改「吟缶」爲「吟謡」耳。上文云：「諸侯息於鐘鼓，士大夫息於竽瑟。」此云：「農夫息於瓴缶。」鐘鼓、竽瑟、瓴缶，皆樂器也。《淮南・精神篇》「叩盆拊瓴相和而歌」。盆，即缶也。若「吟謡」，則非樂器，不得言「吟謡之樂」矣。

又《主别》 「推哆大戲，主别兕虎，指畫殺人。」畢云：「主别」，《太平御覽》引作「生捕」。《皇王部七》。念孫案：「主别兕虎」本作「生列兕虎」。「列」即今「裂」字也。《説文》「列，分解也。裂，繒餘也」。義各不同。《艮九三》「列其夤」。《大戴記・曾子天圓篇》「割列禳瘞」。《管子・五輔篇》「博帶棃，大袂列」。皆是古「分列」字，今「分列」字皆作「裂」，而「列」但爲「行列」字矣。鈔本《太平御覽》引《墨子》作「生裂兕虎」，故知今本「主别」爲「生列」之譌。刻本作「生捕」者，淺人以意改之耳。

又九之二《炊以鑪炭》 「臂若鍾山之玉，炊以鑪炭。三日三夜，而色澤不變。」念孫案：「炊」當爲「灼」，字之誤也。玉可言灼，不可言炊。《藝文類聚・寶部上》、《太平御覽・珍寶部四》引作「炊」，皆後人依誤本改之。其《御覽・地部三》引此正作「灼」，《白帖》七同。《吕氏春秋・士容篇》注作「燔以鑪炭」，「燔」亦「灼」也。

又《餘編》上《達帝功》 「《古樂篇》昔葛天氏之樂，三人操牛尾，投足以歌八闋，六曰達帝功。」畢氏弇山改「達」爲「建」，説云：《文選・上林賦注》「張揖引作『徹帝功』，李善謂以『建』爲『徹』誤，則當作『建』也」。念孫案：《上林賦注》「張揖曰葛天氏八曲，六曰『徹帝功』。李善曰《吕氏春秋》六曰『達帝功』，今注以『達』爲『徹』，誤。」念孫謂「徹」者，「通」也。「通」亦「達」也。《釋名》曰「達，徹也」。昭二年《左傳》「徹命于執事」。《周語》「其何事不徹」。韋、杜注並云：「徹，達也。」「徹」與「達」義同而聲亦相近，故張揖引此「達」作「徹」，李善駁之，誤也。至今本《文選》注「達」作「建」，乃傳寫之誤。「建」與「徹」聲義皆不相近。若本是「建」字，張揖無緣改「建」爲「徹」。考《初學記・樂部上》、《太平御覽・樂部四》引此並作「達帝功」，則作「達」者是也。《史記・司馬相如傳》索隱引作「建帝功」，亦後人據誤本《文選》改之。今據誤本《文選》以改本書，失之矣。

鈕樹玉《段氏説文注訂》卷一 「璊禾之赤苗謂之虋。」今改「虋」爲「穈」，注云：「今依毛詩、《釋文》宋槧，『穈』即艸部『虋』字之或體。艸部不言，或作『穈』，而此見之，亦可見或字不能悉載。」按：《玉篇》引作「虋」，無「穈」字。《廣韻》亦無「穈」，則陸氏引誤。

又 「莜艸田器。」今改「艸」爲「蕓」，注云：「今依《韻會》、《論語疏》。」按：《韻會》蓋因《論語疏》改《玉篇》注「草器名」，《廣韻》注「草田器」，則「艸」字不誤。今《論語》作「蓧」，《集解》引包曰「竹器」。

又 「兆」，注云：「此即今之『兆』字也。」證以《廣韻》，又引《廣韻》云：「𠧞，灼龜坼也。」出文字指歸以證，《説文》無「𠧞」、「兆」。按：《廣韻》「兆」，引《説文》「分也」，蓋出後人誤引。其「𠧞」引文字指歸者，並未檢及《説文》也。此《廣韻》之陋，不可從也。

俞樾《諸子平議》卷七 「先王之立愛以勸善也，其立惡以禁暴也。」王氏《讀書雜志》曰：「立惡」本作「去惡」，去惡斯可以禁暴。今作「立惡」，則文義反矣。《羣書治要》正作「去惡」。樾謹按：王氏説非也。此「惡」字乃「愛惡」之「惡」，非「善惡」之「惡」。若改「立惡」爲「去惡」，則上句「立愛」之文又不可通，必改爲「立善」始得矣。《禮記・祭義篇》「立愛自親始，教民睦也。立敬自長始，教民順也。」此云「立愛」、「立惡」，義與彼同，不當改「立」爲「去」。《羣書治要》作「去惡」，乃後人不知「立」字之義，而妄改之耳。

又 「乃令出裘發粟與飢寒。」樾謹按：國中之寒者何限，必人人衣之以裘，勢必無以給之。且文王之民，老者衣帛而已，未聞其衣裘也。「出裘」當作「去裘」。《意林》作「公乃去裘」，是也。公本被狐白之裘，聞晏子之言，不安於心，令左右之

人，爲之去裘，故曰「乃令去裘也」。「發粟與飢寒」本作「發粟與飢人」。因「去裘」誤作「出裘」，遂改「飢人」爲「飢寒」。《藝文類聚》、《太平御覽》諸書引此文，又因「飢寒」二字於文未安，於「飢寒」下增「者」字，皆非《晏子》原文也。《文選・雪賦注》引作「以與飢人」，可據以訂正。

又卷一五 「喜濕而惡雨。」樾謹按：注曰：濕謂浴其種，既生之後則惡雨也。其説甚得荀子之意。蓋此句與上文「夏生而惡暑」相對，生於夏宜不惡暑矣，而蠶則惡暑，其種必浴。有似喜濕者，宜不惡雨矣，而蠶則惡雨。此兩「而」字，正明其性之異也。《太平御覽・資産部》引作「疾濕而惡雨」，蓋後人疑蠶性惡濕，不得言「喜濕」，故妄改之。言「疾濕」又言「惡雨」，辭複而意淺，非《荀子》原文也。王氏念孫反據《御覽》以訂正《荀子》，誤矣。

又卷一六 「吾誠之無二心。」樾謹按：《爾雅・釋詁》「誠，信也。」吾誠之，即吾信之也。下文「唯恐誠之之不至」，即「唯恐信之之不至也」。《太平御覽》引此文，改「誠」爲「信」，意雖是而非古義矣。

又卷三〇 「堯乃使羿誅鑿齒於疇華之野，殺九嬰於凶水之上，繳大風於青丘之澤。」樾謹按：王氏念孫謂「疇華之野」，「野」本作「澤」。「青丘之澤」，「澤」本作「野」。引《北堂書鈔》、《太平御覽》爲證。然劉孝標《辨命論》曰：「鑿齒奮於華野，華野者疇華之野也。」若本作「疇華之澤」，何不曰「華澤」而曰「華野」乎？然則古本自作「疇華之野，青丘之澤」，類書所引，殆未足據。

又 「涕之出於目。」樾謹按：莊氏逵吉曰：《太平御覽》引此「目」作「鼻」，疑是，此説非也。《周易・萃上六》「齎咨涕洟」，《釋文》引鄭注曰：「自目曰涕，自鼻曰洟。然則涕出乎目，非出乎鼻，不得據《御覽》之誤字，以改淮南之不誤者也。」

又 「常欲在於虚，則有不能爲虚矣。若夫不爲虚而自虚者，此所慕而不能致也。」樾謹按：此言欲爲虚，則不能爲虚。若夫不爲虚，而自虚則又慕之，而不能致也。蓋性之自然，非可勉强，故慕之而不能致。《文子・道德篇》作此所欲而無不致也，於義不可通。王氏念孫反據以訂正《淮南》，殊爲失之。

又卷三二 「此所謂名可彊立者。」樾謹按：「彊立」本作「務立」。上文：「名可務立，功可彊成。」高注曰：務事也。然則此亦當言「務立」。今作「彊立」者，乃後人據《文子・精誠篇》改之。不知彼上文云名可强立，功可强成，與此文本不相同，不得據彼以改此也。

又 「一盃酒白，蠅漬其中。」樾謹按：「酒白」二字，文不成義。疑本作「白酒」，而傳寫誤倒之。《周官・酒正職》鄭注曰：昔酒，今之酋久白酒。然則白酒，正漢時常語。《藝文類聚・褉器部》引此「白」作「甘」，蓋因已倒爲「酒白」，故臆改爲「甘」字。「一盃酒甘」亦於義不安，未足據也。

孫詒讓《札迻》卷三 「余按《竹書紀年》梁惠成王十三年，鄭釐侯使許息來，致地平丘、户牖、首、垣諸邑，及鄭馳道，我取枳道，與鄭鹿，即是城也。」戴云：「『道』，近刻訛作『地』。」案：戴改「地」爲「道」，蓋據今本《紀年》及《通鑑地理通釋》校以「馳道」爲地名也。趙校亦同。並非是。馳地者，易地也。《戰國策・秦策》云：「秦攻陘，使人馳南陽之地。」正與《紀年》義同。梁取韓枳道，而與韓鹿，鄭即韓也。即「馳地」之義。今本《紀年》乃明人摭拾僞託，不足據校。「馳」與《戰國策・魏策》「馳期」之「弛」義同，詳前。

又卷四 「形骸已成，五藏乃形，肝主目，腎主耳，脾主舌，肺主鼻，膽主口。」徐注云：「五藏此唯四，與今説不同，未詳。」顧云：「《雲笈七籤》『脾』作『心』，《精神訓》無此句。」案：徐云「五藏唯四」者，謂有肝、腎、脾、肺而無心也。云「與今説不同」者，謂以膽備五藏之一也。下文亦别云「心爲之主」，則故書五藏不數心，可知張君房引「脾」作「心」，乃以今説改之，與注及下文並不合，不足據。《白虎通義・五行篇》亦云：「脾繫於舌。」與此義合。

又卷八 「臣竊選國俊，下里之士曰孫叔敖，秀羸多能。」盧云：「『羸』，《御覽》四百二十九又四百四十四俱作『才』。」案：《渚宫舊事》二載此事作「秃羸多能」，《注》云：「荀卿子曰：『叔敖突秃長左。』」《非相篇》。余知古蓋以「秃羸」之文與《荀子》「突秃」正同，故引以相證，則「秃」不當作「秀」，明矣。秃羸，言叔敖之形，首無髮而羸瘦，與「多能」二字不相冡。《御覽》作「秀才」，乃後人妄改，不足據也。

又卷九 「周宣王、燕簡公、宋夜姑時當死，故妖見毒因擊。」案：「宋夜姑」，《墨子・明鬼篇》作「詬觀辜」。後《祀義篇》亦作「射姑」，「射」、「夜」音近字通。《春秋・文六年》，晋狐射姑出奔狄，《穀梁經》「射」作「夜」。今本《墨子》譌舛不足據。

綜　述

劉攽《東漢刊誤》卷一 注詔如海濱。案：前書作「昭如」，此作「詔」，誤。

張淳《儀禮識誤》卷一 「媔。」注曰：「孝友睦姻任恤。」按《周禮》「姻」作

「媚」。鄭氏引經多用古字，若《玉藻》「視朔視朝」，鄭氏引作「眡」。《周頌》「於穆清廟」，鄭氏引作「庿」。于此必不改「媚」爲「姻」，從《周禮》。

又　「壹。」注曰：「古文一作『壹』。」按：經云「壹揖」、「壹讓升」，「壹」字當在上，從經。

又　「蕈。」注曰：「葛蕈。」按：《釋文》「葛蕈，大南反」。《五經文字》云：「《詩》『葛覃』亦作『蕈』。」《九經字樣》云：「葛覃，經典或作『蕈』，今不作『蕈』，非古也。」後《燕禮》同。從《釋文》。

又　「路。」注曰：「寢露寢。」按：疏「露」作「路」，後記之注亦作「路」，從疏。

又　「窮。」注曰：「鞠躬如也。」經同。按《釋文》云：「『鞠窮』，劉音『弓』，本亦作『躬』。」《爾雅》云：「『鞠』、『究』，窮也。鞠窮，蓋複語。」自《論語》作「鞠躬」，學者遂不復致思于其間。安知非鞠窮，若踧踖之謂者乎？如是則劉音亦誤矣。從《釋文》。

又卷二　「曰。」注曰：「卒哭日成事。」按：《檀弓》「日」作「曰」，此引《檀弓》文也，從《檀弓》。

毛居正《六經正誤》卷二《尚書正誤》　「天用勦絶其命。」作「勦」誤。「勦絶」之「剿」，从巢从刀，音子六反，截也，非从力也。「巢」从巛、从臼、从木，「臼」與「掬」同，非从果也。从力者，音尺交反，攬取也。《曲禮》「毋勦説」是也。

又　《堯典》「嵎夷」，馬云：「嵎，海嵎也。夷，萊夷也。」《尚書考靈曜》及《史記》作「禺銕」。案：《史記·堯本紀》「羲仲居郁夷曰暘谷」，即非作「禺銕」。《考靈曜》，緯書也。隋煬帝以其不經，取七緯之書盡焚之，唐初已不復存矣。此注所引乃馬融之言，非陸德明之言也。又案：《廣韻》、《説文》作「嵎峓」，音「夷」。「銕」，古「鐵」字也。《禹貢》「青州嵎夷既略」，又曰「萊夷作牧」，則「嵎夷」非「萊夷」也。孔氏以爲東表之地，近之。《史記·禹本紀》「堣夷既略」，堣字从土。《説文》「嵎」字下注云：「嵎，鐵。」蓋「峓」誤爲「銕」，「銕」轉爲「鐵」也。

又　《禹貢》「菏」，音「柯」，又工可反。「工」字作「土」，誤。虢，寡白反，「白」作「曰」，誤。束，如字，一音「來」。案：《周禮司約》注：「約，束。『約』音於妙反，與『要』同。『束』音詩注反。」今《禹貢》注「要束以文教」，當從《周禮》音。蓋「束」字無「來」音也。若取約勑之義，則「束」當作「束」，「來」當作「來」，皆音「棘」。

又卷六《春秋左氏傳正誤》　「戊申，使殺懷公于高梁。」注：「高梁在平陽楊縣西南。」「襄公二十九年，霍揚韓魏。」注：「揚屬平陽郡。字作『揚』，从扌从昜，是。此从木誤。」案：《漢·揚雄傳》「周伯僑食采於晉之揚，揚在河汾之間。」應劭曰：「揚，今河東揚縣。」《左傳》「霍揚、韓、魏皆姬姓也」。張衡云：「晉大夫食采於揚，爲揚食我，皆从扌。」

又卷六《春秋穀梁傳正誤》　「元年，鄭伯克段于鄢。」「段」作「叚」，誤，注同。「叚」音「假」，下同。《公羊傳》作「段」，是。

沈揆《顔氏家訓考證》　元年，制詔丞相斯去疾，瀍度量盡始皇帝爲之，皆有刻辭焉。今襲號而刻辭，不稱始皇帝，其於久遠也。如後嗣爲之者，不稱成功盛德刻此詔。故刻左，使毋疑。凡六十字，顔氏稱五十八字。一字磨滅，見有五十七字，了了分明。「皆有刻辭焉」，顔氏無「有」字。「而刻辭不稱」，顔氏誤以「而」字作「所」字。「其於久遠也」，顔氏誤以「也」字作「世」字。《説文》「丗」，注云：「秦刻石也。」字權銘正作「丗」字。「刻此詔，故刻左」，顔氏缺「故刻」二字，而云一字磨滅。字數不同，恐顔氏所見秦權，自有異同，故仍從顔氏。若「而」字、「也」字，則真誤矣，故改焉。

方崧卿《韓集舉正》卷一　有肆志之揚揚。《後漢·孔嵩傳》「晨門肆志於抱關」。「揚揚」，諸本多作「陽陽」，此當用《史記·晏嬰傳》「志氣揚揚」。《詩》「君子陽陽」，謂無所用其心也。

又　皇帝即阼。晁本校。《史記·文紀》有「皇帝即阼」一全語，實用「阼」字。

又　東西兩際海。《史記》「春申君上秦昭王書，王之地，一經兩海」。《太康地記》曰「河北得水爲河，塞外得水爲海」。

又　杯校。蜀《廣韻》出「杯珓」字，謂古者以玉爲之。《朝野僉載》亦作「杯角」。「角」與「校」義近。魏野有《詠竹校子》詩只用「校」字。《荆楚歲時記》又作「教」字用。

又　「朣朧」，選《秋興賦》：月朣朧而舍光，從日者非。

朱熹《昌黎先生集考異》卷四　圬者王承福傳。「圬」，或作「杇」。方云：「圬，音『烏』。」《左傳》「圬人以時塓館宮室」，杜注：「圬人，塗者。」題語正本此説，不當用「杇」字。今按：《論語》作「杇」。

又卷五　張而不弛文武不能也。「能」字，本皆作「爲」。方云：「考之《記》，實曰『張而不弛，文武弗能也；弛而不張，文武不爲也。』」則此「爲」字當作「能」字乃是。但李本云《論衡》嘗引此以闢董仲舒不窺園事，正作「爲」字，疑公自用《論衡》，非用《戴禮》也。今按：作「爲」無理，必有脱誤。不然，不應舍前漢有理之《禮記》而信後漢無理之《論衡》也。況公明言《記》曰，而無《論衡》之云，且又安知《論衡》之不誤哉？今據公本語，依《禮記》定作「能」字。

又　所教　所受教。諸本皆如此。閣本「教」作「命」。方從杭、蜀、《苑》，「所教」作「受命」，「所受教」作「所以受命」，云：「考《孟子》，上語當作『受命』。」今按：依《孟子》，則上語不當

有「受」字，下語不當有「以」字，而二「命」字本皆作「教」。童而習者皆能知之，不知方氏何據而云「考《孟子》，上語當作『受命』」也。

彭叔夏《文苑英華辨證》卷一《事證》 凡用事，有可以證他本之非者。如楊炯《渾天賦》：「日應於天。」桓君山由其發難。按晉《天文志》桓君山曰：「天若如推磨，右轉而日西行者，其光景當照此廊下，稍而東耳，不當拔出去。拔出去，是應渾天法也。」據此，則日應於天爲是，而《文粹》迺以「日」作「候」。又「影短而多暑，影長而多寒」，《周禮》「日南而景短多暑，日北而景長多寒。」諸史志並同，而《文粹》作「影長而多暑，影短而多寒」。又「執法者廷尉之曹大夫之象」，按《晉志》「左執法廷尉之象，右執法。」「御史大夫之象」，而《文粹》作「大臣之象」。又「星芒伏鼈」，按前志「旬始其怒青黑色象伏鼈」，宋均曰「怒，謂芒角刺出」，而《文粹》作「星流伏鼈」。王起禋《六宗賦》「天宗必降」，按《月令》「祈來年于天宗」，注：「謂日月星辰也。」詳此賦，上文言禋于三辰，則天宗爲是，而一本迺作『六宗』。」張九齡《神池頌》「天根有見，曾是不涸」。按《國語》「天根見而水涸」，注：「天根亢氏之間，寒露後五日朝見」，而集本迺作「天眼」。李庾《東都賦》「至天后朝，匪伊是居，於焉逍遥」，《文粹》「以至天后朝」作「高祖至于后朝」。按：東都，隋置，武德四年廢，則天改曰「神都」，遂居之，殆非高祖時也。杜牧《李給事》詩：「元禮退歸綸氏學」，按：李膺本潁川人，綸氏屬潁川，膺免官歸綸氏，教授常千人，而《集》本誤作「緱氏」。孫萬壽《寄京邑親友》詩「唐彬不競勤」，按：晉唐彬，知孫晧將至，遲留以示不競。而《隋書》本傳載此詩，迺作「吾彦不争勳」。吾彦本降將，初無不争功事。白居易《澗底松》詩「金張世禄黄憲賢，牛衣寒賤貂蟬貴」，黄憲本牛醫兒，「衣」字疑誤。而《集》本作「原憲貧」，詳上下文「黄憲賢」是。駱賓王《釣磯應》詰文「素龜，靈也，被髮阿門。白龍，神也，挂鱗且網」，《莊子》「宋元君夢人被髮闚阿門」，即白龜也。《說苑》「白龍爲豫且所網」，而集本以「阿門」作「河津」，「且網」爲「罝網」。蘇頲《策汴王》文「思窮占雨，沛經不測其精微」，按《東觀漢記》「沛獻王輔善京氏易，永平五年少雨，上以易林占之。繇曰：「蟻封穴户，大雨將至。」問輔，輔曰：『蟻穴居知雨將至，是占雨也。』」而《唐大詔令》作「沾雨」。皮日休《秦繆公謚論注》文「許里克以汾陽之田百萬，丕鄭負蔡一作「葵」。之田七十萬。」按《國語》注：百萬，百萬畝。七十萬，七十萬畝也，而《文粹》以「百萬」作「方百里」，「七十萬」作「方七十里」。又輿人誦之曰「佞之不佞」，《國語》作「佞之見佞」，而《文粹》作「侯之不侯」。張説《隴右監牧碑》「第賞堂邑之山林」，按《東方朔傳》「堂邑侯尚大長公主，主謂武帝臨妾山林」，而《集粹》並作「京邑」。又「夫其處身，則立無跂正也，視無還端也，聽無聲成也」，此語見《國語》，「跂」作「跛」，「聲」作「聳」，而「成」字《集粹》作「誠」，《國語》作「成」。「禁原焚牧」，「禁原」，見《周禮》「禁原蠶」，而《集粹》作「焚原燎牧」。張九齡《裴光庭碑》「詳施税簡稽之政」，《周禮》「大司馬施貢分職，簡稽鄉民」，而《集》以「施」作「征」。梁肅《獨孤及行狀》「惟四布然後迺劍」，「惟」字疑。《檀弓》「司徒旅歸四布」，注謂「四方之賻布」，而《集》作「待賜布」。及卒於常州，非待賜布乃斂也。此類當以《文苑》爲正。

王楙《野客叢書》卷三《班馬史文》 《容齋隨筆》曰：「《漢書》『袁種告盎飲亡何』，《史記》謂曰『飲亡苛』。二義不同。」僕謂「何」、「苛」二字，古者通用，實一義耳。觀《漢書·賈誼傳》謂「大譴大何」，《新書》謂「大譴大苛」，可證也。史傳又有傳寫譌舛，而認以爲正文。如《漢書·衛綰傳》「不孰何綰」，而《史記》作「不譙呵綰」。疑《史記》謂「不誰何綰」，傳寫誤以爲「譙呵」也。又如《史記》謂「大將軍出竄渾」，《漢書》則曰「出寘渾」。《漢書》謂「禽黎爲河綦侯」，《功臣表》則曰「烏黎」。《漢書》謂「調雖爲常樂侯」，《功臣表》則曰「稠雎」，此類甚多。往往因其字文而魚魯之耳。

又卷一四《古文尚書》 《遯齋閒覽》曰：「春秋襄公六年，楚殺令尹子辛。」君子謂楚共王於是乎不刑，因舉虞書成允成功爲證。又「哀公十八年，巴人伐楚，傳引官占惟先蔽志，昆命于元龜，此皆大禹謨之文。」杜預注曰：「逸書也。」是未嘗讀古文《尚書》耳。」僕謂當是之時，古文《尚書》未出，而預之所引，非今之本，是以不同。如《國語》引《泰誓》曰：「民之所欲，天必從之。」《湯誓》曰：「余一人有辠，無以萬夫。」韋昭注皆曰：「今書無此文，其散亡乎。」又引關石和鈞：「王府則有，衆非元后何戴。后非衆無與守邦，民可近不可下。」如此等語甚多。」韋昭皆注以爲逸書。按今《尚書》數處本文具存，初未嘗散失也，非特《國語》爲然。又如《禮記》引「君陳此謀此猷，惟我后之德。」《泰誓》「予克受，惟朕文考無罪。」鄭氏注亦以爲無此文，不知此文元在。杜預之見正與韋昭、鄭玄同，皆以本文爲逸詞。非不讀古文《尚書》，蓋古文《尚書》未行於時故爾。且預所見不獨是也，如「戒之用休，董之用威」，「與其殺不辜，寧失不經」，「慎始敬終，終以不困」。「臯陶邁種德，念兹在兹」，「聖有謨勳，明徵定保」，如此等語，預皆注爲逸書。又如穆叔舉《泰誓》「民之所欲，天必從之」，預注謂今《尚書》無此文，諸儒疑之。按諸語具存今《尚書》中。「聖有謨訓」作「聖有謨勳」，注謂「聖哲有謀功者」，此一字與今不同。

岳濬《刊正九經三傳沿革例・考異》 《書・泰誓》注：「吉人渴日以爲善，凶人亦渴日以爲惡。」疏以「渴」作「竭」，《釋文》「渴，苦曷反」，汎而觀之，疏則以其義爲「竭盡」之「竭」，《釋文》則音爲「飢渴」之「渴」。然考之《周禮》「渴澤用鹿」，渴，其列反，則「渴」字亦有「竭」音。《説文》「渴，丘葛反，盡也」，則音「飢渴」之「渴」，其字亦有「竭」義。注所謂「渴日」，蓋猶言「盡日」也，今只作「渴」。

吴師道《戰國策校注》卷一 而陽豎與焉。《鴻烈・人間訓》注：「豎，小使也。韓策名豎。」

劉績《管子補注》卷三 動静有功，畜之以道，養之以德。畜之以道則民和，養之以德則民合。和合故能習，習故能偕。「偕」謂同爲其事。績按：《兵法》作「和合故能諧，諧故能輯。諧輯以悉莫之能傷」，則「習」乃「輯」聲之誤，後倣此。

梅鷟《尚書考異》卷五 「辯章百姓。」司馬貞曰：「『辯』字古文《尚書》作『平』，史遷作『便』。」此文蓋讀「平」爲浦耕反，「平」既訓「便」，因作「便章」，其今文作「便章」。古「平」字亦作「便」，音婢緣反，「便」則訓「便」，遂爲「辯章」。鄒誕生本亦同也。

又 「辯秩東作。」司馬貞曰：「古文作『平秩』，史作『便程』。」

又 「辯在朔易。」大傳當如此，司馬貞以爲太史公據之而作『便在』，伏生書古文作『平在朔易』。今以上文例之，知其如此。

又 「舜讓於德不怡。」史遷「怡」作「懌」，古文改「不怡」作「弗嗣」。徐廣曰：「今文作『怡』，『怡』即『懌』也。」司馬貞曰：「謂『辭讓於德不堪，所以心意不説懌也』。」又前納於大麓，司馬貞亦譏孔註之非。其尊信聖經，真賢人君子之用心也。何者，作「怡」則下文「受終」，文脉方可貫。蓋心雖不安，而不得已也。若既曰「弗嗣」，而下文即曰「受終」，乖則甚矣，何先儒之不察耶。又《顧命》「王不釋」，古文乃改作「不懌」。

又 「眚災過赦。」史遷亦同，古文作「眚災肆赦」。鄭玄註眚災爲人作患害者也，過失雖有害則赦之。則今文「肆」作「過」，無疑矣玄註。然下句又云「怙其姦邪，終身以爲殘賊，則用刑之」。又「襄九年，晉居疾於虎牢，肆眚圍鄭」。古文用此「肆」字。

何焯《義門讀書記》卷一三 「湯崩。」注：「大司空御史長卿按行水灾。」按：《漢書・公卿表》「建平紀元凡四年，無長卿其人爲御史者」。

又 「信武，别定江陵，侯，五千三百户。」「陵」，《漢書》作「漢」。

又 「隨北端兑。」「兑」，《漢書》作「鋭」，古字通。

又 「輔星明近。」「輔星」，《漢書》作「柄輔」。

又 「其西有句曲九星三處羅。」「羅」下《漢書》有「列」字。

又 「三曰九游。」「游」，《漢書》作「斿」。

又 「疾其下國。」「疾」，《漢書》作「病」，下同。

又卷二一 「初，光武爲春陵侯家訟逋租於尤。」注所引《東觀記》「壬寅」，前書作「乙未」，「朱福」即「朱祐」。

沈炳震《九經辨字瀆蒙》卷三 「初六。」《坤》象曰：「履霜堅冰，陰始凝也。」《本義》：「按：《魏志》作『初六，履霜』，今當從之。」

沈廷芳《十三經注疏正字》卷一 上六有災眚。「災」，《釋文》作「灾」，云本又作「災」，鄭作「烖」。案：《説文》「烖」正字也，「灾」或字也，「災」籀文也。《子夏傳》云：「傷害曰災，妖祥曰眚。」鄭云：「異自内生曰眚，自外曰祥，害物曰災。」

畢沅《山海經新校正》卷一六 大荒之中有龍山，日月所入。有三澤水，名曰三淖。沅曰：《穆天子傳》引此作「有川名曰三淖」，其地即蜀也，古字「蜀」作「淖」。

王念孫《讀書雜志》一之一《時維暮春》 《文傳篇》：「文王受命之九年，時維暮春。」念孫案：「時維暮春」，《周書》文無此例，「時」字必後人所加也。《太平御覽》所引已與今本同。見盧注。《泰誓》正義引作「惟暮春」，《大雅・文王》正義引作「惟暮之春」，「之」字，蓋後人依《周頌・臣工篇》加之。皆無「時」字。

又一之二《振鹿臺之財巨橋之粟》 念孫案：此本作「振鹿臺之錢，散巨橋之粟」，故孔注曰：「振，散之以施惠也。」今本「錢」作「財」，用後人以晚出《古文尚書》改之，又脱去「散」字。《太平御覽・資産部》錢類引此作「發鹿臺之錢，散鉅橋之粟」。《史記》作「散鹿臺之錢，發鉅橋之粟」。而今本《史記》亦改「錢」爲「財」矣，辯見《史記》。

又《舊玉億有百萬》 《世俘篇》：「凡武王俘商舊玉億有百萬。」念孫案：此文本作「凡武王俘商，得舊寶玉萬四千，佩玉億有八萬」。「億有八萬」，乃佩玉之數，非舊寶玉之數。今本「舊」上脱「得」字，「舊」下脱「寶玉萬四千佩」六字，「八萬」又誤作「百萬」。鈔本《北堂書鈔・衣冠部二》引此，正作「武王俘商，得舊寶玉萬四千，佩玉億有八萬」。陳禹謨本删去。《藝文類聚・寶部上》、《太平御覽・珍寶部三》並同。今本《類聚》「佩」下脱「玉億」二字。《初學記・器物部》「佩」下亦引「武王俘商，得佩玉億有八萬」。

又二之一《血流至足》　「引錐自刺其股，血流至足。」《史記・蘇秦傳》集解及《太平御覽》人事部、器物部引此並作「血流至踵」。念孫案：作「踵」者是也。今本作「足」，傳寫脱其右畔耳。《曲禮》曰：「行不舉足，車輪曳踵」，是足爲總名而踵爲專稱。踵著於地，故血流至踵而止。若泛言至足，則其義不明。《莊子》亦言「汗流至踵」，不言「至足」也。見《田子方篇》。

又《足以爲限》　「清濟濁河，今本作「濟清河濁」，姚曰：「一作『清濟濁河』。」吴曰：「韓子作『清濟濁河』。」與下文協。念孫案：《文選注》、《初學記》引此並作「青濟蜀河」，今據改。足以爲限。長城鉅坊，足以爲塞。」高注曰：限，難也。難，乃旦反。念孫案：諸書無訓「限」爲「難」者。「限」，本作「阻」。今作「限」者，後人據韓子改之，因拜改高注耳。《文選》「謝朓始出尚書省詩注」、《初學記・地部》引此並作「阻」，《爾雅》及《邶風・雄雉》、《谷風》傳並云：阻，難也，正與高注合。

又二之二《虚辭》　「夫從人者，飾辯虚辭，高主之節行。」念孫案：「虚辭」本作「曼辭」，後人據《史記・張儀傳》改之耳。《文選・報任少卿書》「今雖欲自雕琢曼辭以自飾」，李善注：「如淳曰：『曼，美也。』」《戰國策》蘇秦曰：當作「張儀」。「夫從人飾辯曼辭。」曼，音萬。據此，則《策》文本作「曼辭」，與《史記》異也。

又《此蒙穀之功》　「此蒙穀之功多，與存國相若。」念孫案：「此」當爲「比」。言比校其功，與存國相等也。《後漢書・李通傳》注引此作「校蒙穀之功」，是其證。

又《三日　因鬼見帝下有脱文》　「蘇秦之楚，三日，乃得見乎王。談卒，辭而行，曰：『楚國之食貴於玉，薪貴於桂，謁者難得見如鬼，王難得見如天帝。今令臣食玉炊桂，因鬼見帝。』」念孫案：「三日」當作「三月」。《藝文類聚・火部》、《太平御覽・飲食部》及《文選》張協《雜詩》注引此並作「三月」。據下文云「王難得見如天帝」，則當作「三月」明矣。下文「汗明見春申君，候間三月而後得見」，事與此同也。「今令臣食玉炊桂，因鬼見帝」，語意未了，其下必有脱文。《類聚》、《御覽》、《文選》注引此，並有「其可得乎」四字，當是也。

又三之三《爲杯》　「彼爲象箸，必爲玉杯，爲杯則必思遠方珍怪之物而御之矣。」念孫案：「爲杯」，亦當作「爲玉杯」。此承上文言之，不當省「玉」字。《羣書治要》引此正作「爲玉杯」。

又三之四《坐爲計謀》　「於是乃以田忌爲將，而孫子爲師，居輜車中，坐爲計謀。」念孫案：《文選・報任少卿書》注引此「坐」作「主」，於義爲長。

又《抱柱》　「信如尾生，與女子期於梁下。女子不來，水至不去，抱柱而死。」念孫案：「柱」上本有「梁」字。《文選・獄中上梁王書》注、《太平御覽・人事部》引此並作「抱梁柱而死」，《燕策》及《莊子・盜跖篇》同。

又《辯口》　「齊襄王聞雎辯口。」念孫案：「辯口」本作「辯有口」，謂辯給有口才也。《太平御覽・居處部》引此作「辯有口才」，「才」字後人所加。《人事部・辯類》作「辯有口」，《陸賈傳》曰「名爲有口辯士」，《朱建傳》曰「爲人辯有口」，《武安傳》曰「蚡辯有口」，皆其證。

又三之六《令約》　「匈奴無入塞，漢無出塞，犯令約者殺之。」念孫案：「令約」當爲「今約」，謂犯今日之約也。《漢書》正作「今約」。

又《綢繆》　「綢繆偃蹇，怵臭以梁倚。」念孫案：「綢繆」本作「蜩蟉」，淺學人改之也。《漢書》作「蜩蟉」，張揖曰：「蜩蟉，掉頭也。」顔師古曰：「蜩，徒釣反。蟉，盧釣反。音義與「綢繆」迥别。」《索隱》本正作「蜩蟉」，注曰：「蜩，音徒弔反，蟉，音來弔反。」徒弔之音，與「雕」相近，故《集解》引徐廣曰：「蜩，一作雕。」今并《集解》、《索隱》内之「蜩」字，皆改爲「綢」，而不知其與徒弔之音不合也。

又《泳沫》　「邇陝游原，迥闊泳沫。」念孫案：「沫」本作「末」。「泳末」與「游原」相對。今作「沫」者，因「泳」字而誤加水旁耳。《文選》亦誤作「沫」，唯《漢書》不誤。

又四之一《生此》　「此沛公左司馬曹毋傷言之，不然籍何以生此。」念孫案：「生」當爲「至」，字之誤也。《史記》《項羽紀》、《高祖紀》並作「至」，《通鑑》、《漢紀》一同。

又《拔劒舞》　「因拔劒舞，項伯亦起舞。」念孫案：下句言「亦起舞」，則上句「舞」上亦當有「起」字，而今本脱之也。舊本《北堂書鈔・樂部三》明陳禹謨本改引《史記》。《太平御覽・兵部七十三》所引《御覽》乃鈔本，非刻本也。後皆放此。《文選・西征賦》注引此並作「拔劒起舞」，《史記・項羽紀》曰：「項莊拔劒起舞，項伯亦拔劒起舞」，皆其證。

又四之二《定漢》　「曲周景侯酈商，以將軍從起岐，攻長社以南，别定漢。」念孫案：「漢」下脱「中」字，當依《史記》補。定漢中，事見商傳。

又四之一一《郎淫官婢》　「郎淫官婢。」念孫案：此本作「郎有淫官婢」，與上「郎有醉小便殿上」，文同一例。今本脱去「有」字，則語意不完。舊本《北堂書鈔・設官部五》、陳禹謨本删「有」字。《初學記・職官部下》、《太平御覽・職官部二十七》

引此皆有「有」字，《通典・職官七》同。

又《左側》 「陛下左側讒人衆多。」念孫案：君側有讒人，不當獨指「左側」言之。「左側」當爲「在側」，字之誤也。《藝文類聚・蟲豸部》、《太平御覽・蟲豸部一》引此並作「在側」。

又五之一《民無取》 「民衆而兵弱者，民無取也。」洪氏筠軒曰：「『取』，當作『恥』。」謂民無愧厲，雖衆而弱。《北堂書鈔》二十七引下文，則「民無取」，《文選・射雉賦》李善注引下文「民無取」，「取」皆作「恥」，尹注非。

又五之三《兄》 「召忽曰：『犯吾君命而廢吾所立，奪吾糾也。雖得天下，吾不生也，兄與我齊國之政也。』」《困學紀聞・諸子類》引張嵲《讀管子》曰：「『兄』，古『況』字。」而注乃謂召忽謂管仲爲兄，陋矣。

又五之四《爲其君動　動於時》 「公曰：『管夷吾親射寡人中鉤，殆於死，今乃用之，可乎。』鮑叔曰：『彼爲其君動也。』」莊九年《左傳》正義引此「動」作「勤」，《齊語》作「動」。洪云：「『勤』字是。」僖二十八年《左傳》注曰：「盡心盡力無所愛惜曰勤。」念孫案：《小問篇》「力地而動於時，則國必富矣。」「動」亦當爲「勤」。《治國篇》曰「田墾則粟多，粟多則國富」，故曰「力地而勤於時，則國必富也」。尹注非。

又《則其制令》 「鄉有行伍卒長，則其制令。」孫云：「當依《通典》百四十八作『則有制令』。」

又六之一《置大　而長》 「夫以賤匹貴國之，害也。置大立少，亂之本也。」念孫案：「置大」本作「置子」。今本「子」作「大」者，後人不曉「子」字之義而妄改之也。子，即太子也。置子立少，謂廢太子而立少子也。上章公謂五子之傅曰「勉之，將以而所傅爲子」，本章曰「立子有禮，故孽不亂宗」，皆其明證矣。《羣書治要》正作「置子立少」。

「夫陽生而長國人戴之。」孫本於「而長」上加「生」字，云：「今本脱一『生』字，以意增。」念孫案：孫加「生」字非也。此文本作「夫陽生長而國人戴之」，言陽生長於荼，而爲國人所戴也。今本「長而」誤作「而長」，又加「生」字於其上，則贅矣。《羣書治要》正作「夫陽生長而國人戴之」。

又七之一《古者》 「古者王公大人爲政於國家者。」念孫案：此謂今之王公大人，非謂古也。「古者」，當依《羣書治要》作「今者」，義見下文。

又七之四《過仵景不從説在改爲》 引之曰：「從」當爲「徙」，徙，移也。《列子・仲尼篇》「景不移者，説在改也。」張湛注云：「景改而更生，非向之景。」引《墨子》曰「景不移，説在改爲也」，是其證。

又七之五《立樓》 「二百步一立樓。」畢改「立」爲「大」，云：「據《太平御覽》。」念孫案：畢改非也。《初學記・居處部》、鈔本《御覽・居處部四》、《玉海・宮室部》所引並作「立樓」，刻本《御覽》譌作「大樓」，不足爲據。

又八之一《絶江河》 「假輿馬者，非利足也而致千里。假舟檝者，非能水也而絶江河。」念孫案：「江河」本作「江海」，「海」與「里」爲韻。下文「不積小流，無以成江海」，亦與「里」爲韻。今本「海」作「河」，則失其韻矣。《文選・海賦》注引此正作「絶江海」。《大戴記・勸學篇》、《説苑・説叢篇》並同。《文子・上仁篇》作「濟江海」，文雖小異，而作「江海」則同。

又《天而道》 「君子大心則天而道，小心則畏義而節。」念孫案：「天而道」三字，文義不明，當依《韓詩外傳》作「敬天而道」，與「畏義而節」對文，楊注失之。

又九之一《三仞》 「昔者夏鯀作三仞之城，諸侯背之。」念孫案：「三仞」，《藝文類聚・居處部三》、《太平御覽・居處部二十》並引作「九仞」，是也。《初學記・居處部》引《五經異義》曰「天子之城高九仞，公侯七仞，伯五仞，子男三仞」，此謂「鯀作高城而諸侯背之」，則當言「九仞」，不當言「三仞」也。

又《無好憎》 「大包羣生而無好憎，澤及蚑蟯而不求報。」引之曰：「無好憎」本作「無私好」。此後人以意改之也。《文子・道原篇》正作「無私好」。此承上文「生萬物，成百事」而言，言水之利物，非有所私好而然也。下句「澤及蚑蟯而不求報」，亦是此意。加一「憎」字，則非其指矣。且「好」與「報」爲韻，上下文皆用韻。若作「無好憎」則失其韻矣。劉本作「無所私」，亦非。

又九之六《羽翼》 「羽翼弱水，暮宿風穴。」念孫案：「羽翼弱水」四字，文不成義。「羽翼」當爲「濯羽」，故高注云「濯羽翼於弱水之上」。今本作「羽翼」，即涉注內「羽翼」而誤也。舊本《北堂書鈔・地部二穴下》引此正作「濯羽弱水，暮宿風穴。」陳禹謨本删去。《文選・辯命論》注、《白帖》九十四並同。《説文》「鳳濯羽弱水，莫宿風穴」，即用《淮南》之文。

又《陰陽之所壅沈不通者》 「陰陽之所壅，沈不通者，竅理之。逆氣戾物，傷民厚積者，絶止之。」念孫案：「陰陽之所壅沈不通者」，當依《文子・精誠篇》作「陰陽所擁，「擁」、「壅」，古字通。沈滯不通者」。今本「所」上衍「之」字，「沈」下脱「滯」字，則句法參差，且與下文不對。若以壅沈二字連讀，則文不成義。

孫星衍《孫子十家注》卷一 道者，令民與上同意也。「令民」二字原本脱，今據《通典》、《北堂書鈔》、《太平御覽》補。又按下文「主孰有道」，張預注云：「所謂令民與上同意之道也。」

又 故可與之死，可與之生，而民不畏危。原本作「可以與之死，可以與之生而不畏危。」今據《通典》、《北堂書鈔》、《太平御覽》改正。又《通典》引「民」作「人」，避唐諱。「危」作「佹」，字之誤也。

又 天者，陰陽寒暑時制也。《通典》「制」上有「節」字，誤。《御覽》一引作「節制」，一引作「時制」。

又 凡此五者，將莫不聞，知之者勝。《御覽》無「知」字，非。

又 故校之以計。《通典》上有「用兵之道」四字，此意增也。又《御覽》「計」字上有「五」字。

又 佚而勞之。《御覽》作「引而勞之，親而離之」，下又有「佚而勞之」四字。按本文「誘」與「取」爲韻，「備」與「避」爲韻，「撓」、「驕」與「勞」爲韻，不應于「親而離之」下復重出也。

嚴可均《説文校議》卷一上 「祥。」小徐無，一云「善」。《韻會·七陽》引作「一曰善也」。

又 「禋」，「潔」當作「絜」，《釋詁·疏玉篇》引作「絜精意以享」，《國語》、《舜典》傳、《舜典》釋文引馬融注皆同，《藝文類聚》卷卅八、《初學記》卷十三引作「絜意以享」，與徐本異。

又 「髣」，「所以徬徨」，《楚茨》釋文、《釋宫》釋文引作「所徬徨也」。《韻會·八庚》引作「所以彷徨也」。《説文》有「徬」無「徬徨」，疑當作「方皇」。《荀子·禮論》「方皇周浹」，《甘泉賦》「溶方皇於西清」。

嚴可均《説文訂訂》 「訂弟一葉。管子水地至正合。」呈淑《玉賦》注引《説文》「摶以遠聞」，則舊《説文》是「摶」字。

黄丕烈《重刻剡川姚氏本戰國策札記》卷上 荆王亡奔走。「奔」，鮑本無。丕烈案：《韓子》作「荆王君臣亡走」。

又 今荆人收亡國。「今」，鮑本作「令」。丕烈案：《韓子》是「令」字。

又 其民輕而難用。「用」下鮑本有「也」字。丕烈案：《韓子》有。

又 亦無大齊王。今本「大」作「先」。丕烈案：《史記》四字皆作「先」，當是與《策》文皆作「大」者不同也。

又卷中 子無敢食我也。鮑氏補曰：「一本標《十二國史》。《春秋後語》「食我」作「噉我」，又云「人臣見畏者，君威也。君不用而威亡矣」，注：「《尹文子》有。」丕烈案：《新序》有此文，作「食我」，未有「故人臣而見畏者。是見君之威也，君不用，則威亡矣」。

又 君籍之以百里勢。鮑「勢」上補「之」字。丕烈案：《韓詩外傳》有。

又 昔伊尹。「尹」，鮑本無，鮑補「尹」字，吴氏補曰「缺尹字」。丕烈案：《外傳》有。

又 此不恭之語也雖然吴補：「一本『此』下有『古無虚諺』四字。」丕烈案：外傳無，《韓子》有。

又 未至絞纓射股。今本「絞纓」誤「纓絞」。丕烈案：《韓子》及《外傳》皆作「絞頸」。

又卷下 桑林之菀。吴氏正曰：「《太平御覽》作『欒林』。」丕烈案：《史記》作「桑林」，徐廣曰：「『桑』，一作『栗』。」《索隱》曰：「亦見《戰國策》。」當指徐注「栗」字言之。今《國策》作「桑」，當是後人用《史記》文所改。《御覽》作「欒」，亦譌字也。

又 以擅其主。吴氏補曰：「《韓子》作『驕』。」丕烈案：《韓子》作「以驕主」，無「其」字。

又 魏順謂市丘君曰。鮑改「市」爲「沛」，下同。吴氏有正。丕烈案：此《策》文，吴氏以爲見「孔叢子」，其實孔叢依此以作僞耳。

又 是以公孫郝甘茂之無事也。鮑衍「以」字，「之」字。丕烈案：《史記》有「以」字，無「之」字。

又 殆不合軍於南鄭矣。吴氏補曰：「按《史》止作『殆不合』矣，無『軍於南鄭』四字，竊謂《史》爲是。」丕烈案：《索隱》曰「殆不合於南鄭」，依《策》文爲説也，詳《史記》，與《策》文不同。此當讀「殆不合」爲一句，「軍於南鄭矣」爲一句，言待楚韓之勝也。

阮元《十三經注疏校勘記·周易注疏校勘記》卷四 能穴不能掩身。《詩》疏「掩」作「覆」。

又卷五 杞性柔刀。宋本、閩本同，監、毛本「刃」作「韌」。按：盧文弨云：「《禮記·月令》『命澤人納材，葦注此時柔刃可取』，又《毛詩》『抑箋柔忍之木』，《釋文》云本亦作『刃』，知『刃』非誤字。」

又卷九 吾君不游，吾何以休。吾君不豫，吾何以助。孫志祖：「云今《孟子》二『君』字俱作『王』。」

又《尚書注疏校勘記》卷一 「使讀説之」，按《文選》注「讀」作「讚」。

又卷二 世掌天地四時之官。《史記集解》無「四時」二字，按疏意似亦無此二字。

又卷三 輯五瑞。按：「輯」，古文作「楫」，見《漢書·倪寬傳》注。

又卷五 西有長賡。孫志祖云：「詩作長庚。」

又卷六 二山已可種蓺。「已可」，《史記集解》作「可以」。

又 同之於渭。盧文弨云：《史記集解》作「同于渭也」，是。

又 皆就次叙。「叙」下《史記集解》有「之」字。

又 分爲三。「三」下《史記集解》有「道」字。

又卷一一 子有亂臣十人。「臣」字唐石經旁添，《石經考文提要》云「此文諸經凡四見」，此與《論語・泰伯》句同。《左傳》「襄公二十有八年，武王有亂十人。昭公二十有四年，余有亂十人」是也。唐石經四見，皆無「臣」字。後人於《泰誓》、《左傳・昭公二十有四年》、《論語》皆旁增「臣」字。「襄公二十有八年」復失不增。若云唐石經脱字，不應四見皆同也。《經典釋文》於《論語》明出「子有亂十人」，注云：「本或作『亂臣十人』」，非是增「臣」字自《論語》別本始也。

又 若虎賁獸。《史記集解》無「獸」字。

又 甲子朝誓。「誓」下《史記集解》有「之」字。

又 師帥卒帥。兩「帥」字《史記集解》並作「率」。

又 今商王受，惟婦言是用。「是」字，唐石經旁註：「按《漢書・五行志》引此經無『是』字。」

又 妲己所舉言者貴之。「舉」，閩、監俱作「與」。按：「與言」二字乃「譽」字誤分爲二也，當据《列女傳》元文正之，十行本及毛本俱作「舉言」，尤誤。

又卷一二 是助合其居。孫志祖云：「《史記集解》引此注無『是』字。」

又 亂陳其五行。《史記集解》句首有「是」字，按疏云「是乃亂陳其五行」，似宜有「是」字。

又 木可以揉曲直。《史記集解》作「木可揉使曲直」。

又 所謀必成當。「當」，《史記集解》作「審」。

又 言當循先王之正義以治民。「循」，《史記集解》作「修」。

又卷一三 史爲册書祝辭也。「辭」，《史記集解》作「祠」。

又 謂疾不可救於天。「疾」下《史記集解》有「不可救也」四字。

又 救之則先王長有依歸。「救」上古本有「命」字，非也。「有依歸」，古本作「有所依歸也」。案此依《史記集解》改。

又 卜知吉凶。《史記集解》下有「者也」二字。

又卷一六 文王不敢盤于遊田以庶邦惟正之供。按：《後漢書・郅惲傳》注引此經云「文王不敢槃于游田以萬人惟政之共」。

又卷一九 成定東周郊境。「周」下古本有「之」字，按：《史記集解》亦無「之」字。

又 則正之於五刑。《史記集解》下有「矣」字。

又 從赦免。《史記集解》下有「之」字。

洪頤煊《管子義證》卷一 「滅不可復錯也。」星衍案：《藝文類聚》五十二引「復」錯作「得復」，《太平御覽》六百二十四引與今本同。

又 「四曰恥。」頤煊案：《賈子新書・俗激篇》「恥」作「醜」。

又 「政之所由興。」星衍案：《羣書治要》三十二、《藝文類聚》五十二、《太平御覽》六百二十四引「興」作「行」。

又 「故刑罰不足以畏其意。」星衍案：《羣書治要》引「畏」作「恐」，下句云「故刑罰繁而意不恐」，此作「畏」字誤。

又 「積於不涸之倉。」星衍案：《羣書治要》引「涸」作「凋」，《文子・精誠篇》作「積於不盡之倉」。

又 「使民於不争之官者。」星衍案：《長短經》八引「民」作「士」，「争」作「静」。

又卷二 「若鼓之有楟，擿擋則擊。」頤煊案：「楟」當作「桴」。左氏成十二年傳「石援桴而鼓」，《韓非子・功名篇》「至治之國君若桴，臣若鼓」，《字林》云「桴，鼓椎也」。「擿擋則擊」當作「擿擊則擋」，「擋」與「鐺」通，言若鼓之有搥，投擊之則鐺然而有聲也。尹注非。上文同。

又 「吾畏事，不欲爲事。吾畏言，不欲爲言。」星衍案：《白帖》三十、《太平御覽》七百四十兩「欲」字引俱作「敢」，而「老吃也」作「如老吃耳」。

又 「則上尊而民從。」星衍案：《長短經》一引作「則上尊崇」。

又 「則卒輕患而傲敵。」星衍案：《長短經》引作「則卒輕死」。

又 「所以著貴賤，所以守其服。」星衍案：《羣書治要》、《藝文類聚》五十一、《文選・羽獵賦》注、《太平御覽》一百九十八引兩「所」字俱作「足」。

又卷三 「昔三王者既弑其君。」星衍案：《太平御覽》七十六引「弑」作「殺」。

又 「寡人自以爲脩矣。」星衍案：《白帖》十五引作「以爲脱於罪矣」。

又 「君有加惠於其臣。」星衍案：《文選・陸厥答内兄詩》注引「加」作「嘉」，左氏莊九年《正義》引無「其」字。

又 「使臣不凍飢。」星衍案：《羣書治要》引「飢」作「餧」，《左氏正義》作「餒」。

又卷四 「雖鴻鵠之有翼。」星衍案：《太平御覽》六百二十七引作「黄鵠」，引上文作「桓公見黄鵠，謂管仲曰『鴻鵠東西南北，倏忽千里，所恃者六翼也』」，亦與此不同。

又「困殖之地。」星衍案：杜牧《孫子注》引「困」作「園」，謂「園地可種殖者」，或古「圂」字之省。尹注非。

又「此宮亂也此家亂也。」星衍案：《長短經》十二引「宮」作「家」，「家」作「宗」。

又「則失族矣。」星衍案：《羣書治要》引「族」作「彊」。

又卷五「具材也。」星衍案：《水經・河水》注作「其具材也而水最爲大」。

又「淖弱以清。」星衍案：《文選・運命論》注引「弱」作「溺」。

又「已獨赴下。」星衍案：《海賦》注引「已」作「水」。

又「瑕適皆見精也。」星衍案：《事類賦》注九引「精」作「情」，《荀子・法行篇》「精」亦作「情」，《聘義》「瑕不掩瑜，瑜不掩瑕，忠也」，「忠」字義亦與「情」相近，尹注非。

又「其音清摶徹遠。」星衍案：《太平御覽》八百三、《事類賦》注引「摶」作「専」，《説文》「其聲舒揚，専以遠聞」，「専」古「敷」字。

又卷六「不見其形，不聞其聲，而序其成。」星衍案：《文選・辨命論》注引作「視之不見其形，聽之不聞其聲，而序其成者，道也」。

又「炎帝封泰山。」星衍案：《禮記・王制》正義引「炎帝」作「少皡」。

又「桓公北伐孤竹。」星衍案：《水經・濡水》注：「按《管子》『齊桓公二十年征孤竹』。」

又卷七「其泉黄而糗。」星衍案：《後漢書・馮衍傳》注引作「其水黄而有臭」。

又「走馬前疾。」星衍案：《太平御覽》三百二十九引作「馬前疾走」。

又「其泉鹹。」星衍案：《馮衍傳》注引作「其味鹹」。

又「如見賓客。」星衍案：《文選・絶交書》注引「見」作「有」。

又「顏色毋怍。」星衍案：《文選》注引「怍」作「作」。

又「左酒右醬。」頤煊案：「醬」當作「漿」。《曲禮》「酒漿處右」，鄭注云「兩有之則左酒右漿」，義本此。《北堂書鈔》一百四十四、《太平御覽》八百六十一引「醬」作「漿」，《書鈔》引注云「漿右尚漱也」，不知何人所撰。

又卷八「故民無不累於上也。」星衍案：《通典》十二引「累」作「繫」。

又「民予則喜。」星衍案：《通典》十二引「民」上有「夫」字，「喜」作「憙」。

又「故民愛可洽於上也。」星衍案：《通典》十二引作「民憂」，此「愛」字誤。

又「刀幣之所起也。」星衍案：《中山經》「幣」作「鍛」。

又「上有陵石者。」星衍案：《太平御覽》三十八引作「緑石」，八百十引作「陵石」，與今本同。

又「君謹封而祭之。」星衍案：《北堂書鈔》一百四十四引「謹」作「遥」。

又「葛盧之山發而出水。」星衍案：《史記・五帝本紀》索隱引作「蚩尤受盧山之金而作五兵」，「盧」上無「葛」字。《高祖本紀》集解引作「交而出水」，《藝文類聚》六十引作「廢而出水」，「廢」、「發」古字通用。

又「以爲雍狐之戟芮戈。」頤煊案：《荀子・榮辱篇》「狐父之戟」，楊倞注「狐父，地名」，《管子》曰「蚩尤爲雍狐之戟，狐父之戈，豈近此耶」，《路史・後紀四》引作「雝狐之戟，狐父之戈」。此作「芮戈」誤。

王引之《經義述聞》卷一《童蒙求我》「蒙。」《釋文》「童蒙求我」，一本作「來求我」。惠氏《周易古義》引《吕氏春秋・勸學篇》注「《易》曰：『匪我求童蒙，童蒙來求我。』」，以證經文本有『來』字。家大人曰：王弼注曰：「童蒙之來求我，欲決所惑也。」又蔡邕《處士圈叔則碑》「童蒙來求，彪之用文」，是漢魏時經文皆有『來』字。唐釋慧苑《華嚴經音義》卷下引《易》亦作「童蒙來求我」，與《釋文》所載一本同。

又《苞蒙》「九二，苞，蒙。」鄭注曰：「『苞』當作『彪』。彪，文也。家大人曰：吕祖謙《周易音訓》引晁説之曰：「京房、鄭、陸績一行皆作『彪』，文也。鄭説蓋本於京房。」《藝文類聚》引《漢胡廣徵士法高卿碑》曰：「彪童蒙，作世師。」蔡邕《處士圈叔則碑》曰：「童蒙來求，彪之用文。」張華《勵志詩》「彪之以文」。又《司徒袁公夫人馬氏靈表》曰：「俾我小子，蒙昧以彪，皆用蒙卦之辭。」

又卷三「彊而義。」《後漢書・楊震傳》注引此作「强而誼」，又《匡謬正俗》引《洪範》「遵王之誼」。蓋唐初本如此，今本「誼」皆作「義」，則衛包所改也。

又卷七《商邑翼翼四方之極》「商邑翼翼，四方之極。」箋曰：「極，中也。商邑之禮俗，翼翼然可則傚，乃四方之中正也。」家大人曰：此兼用《韓詩》説也。《後漢書・樊準傳》詩曰：「京師翼翼，四方是則。」李賢注曰：「《韓詩》之文也，翼翼然盛也。」是《韓詩》「之極」作「是則」，正取則傚之義。鄭君先治《韓詩》，故本之以作此箋也。齊詩亦作「是則」。匡衡，傳齊詩者。見《漢書・儒林傳》。《漢紀・元帝紀》載衡疏曰：「詩云：『京邑翼翼，四方是則。今長安，天子之都也。親承聖化，其習俗無以異於遠方。郡國來者，無所法則，或見侈靡而傚效之。』」曰「法則」、曰「傚

效」，即承「四方是則」而言之也。《漢紀》之文，本於《漢書・匡衡傳》，而《傳》載衡疏作「商邑翼翼，四方之極」，與《漢紀》不同者，後人以毛詩改之也。案疏曰「道德之行，由内及外，自近者始，然後民知所法」，故引詩「四方是則」以證之。則，亦法也。若作「四方之極」，則失其指矣。顔師古注曰「商邑，京師也。極，中也」，則所見已是改竄之本，當據《漢紀》以正之。《後漢書》「京師翼翼」，本作「京邑翼翼」，因彼處下文「京師」字而誤也，亦當據《漢紀》以正之。《後魏書・甄琛傳》「詩稱京邑翼翼，四方是則」。後魏時《齊詩》已亡，則所引《韓詩》也。《白帖》七十六兩引詩，皆作「京邑翼翼，四方是則」。唐時《韓詩》尚存，則所引亦《韓詩》也。張衡《東京賦》曰「京邑翼翼，四方所視」，本於齊、韓《詩》也。薛綜注曰：「京，大也。大邑，謂洛陽也。翼翼，禮儀盛貌，言常爲四方觀翼翼然。」則齊、韓《詩》説也。李善注不引《韓詩》而引毛詩，失之。

又卷一一《盡善盡美》　「雖不能盡道術，必有所由焉。雖不能盡善盡美，必有所處焉。」家大人曰：「雖不能盡善盡美」，本作「雖不能盡善美」，與「雖不能盡道術」對文。今本作「盡善盡美」，下「盡」字，乃淺人依《論語》加之也。《荀子》作「雖不能盡道術，必有率也。雖不能徧美善，必有處也」，亦以「徧美善」對「盡道術」。《韓詩外傳》作「雖不能備乎道術，必有由也。雖不能盡乎美善，必有處也」，亦以「盡乎美善」對「備乎道術」。《家語》作「雖不能盡道術之本，必有率也。雖不能備百善之美，必有處也」，文雖小變，而亦以「備百善」對「盡道術」。《漢酸棗令劉熊碑》「雖未盡道善，必有所由處」，并四句爲兩句，而句法仍與此同，則此文本作「盡善美」明矣。

又《生乎今之世》　《哀公問五義篇》「生乎今之世」。家大人曰：「生今之世，志古之道。居今之俗，服古之服」皆四字爲句，則「生」下不當有「乎」字，疑淺學人依《中庸》加之也。《荀子・哀公篇》、《家語・五儀篇》皆無「乎」字，下文同。

又《然不然》　「情性也者，所以理然不然取舍者也。」家大人曰：「然不」下不當更有「然」字。「不」讀爲「否」。「然否」與「取舍」對文，後人不知「不」爲「否」之借字，故又加「然」字耳。《荀子》無。

又《大路車》　「大路車之素幭也。」家大人曰：「車」字後人所加。「大路」即車名，再加「車」字，則贅矣。經傳皆言「大路」，無言「大路車」者。《荀子》及《史記・禮書》皆無「車」字。

又卷一三《何器之能作》　「蚩尤，惛慾而無厭者也，何器之能作。」家大人曰：「器」本作「兵」，此後人妄改之也。「何兵之能作」，正對上文「蚩尤作兵」而言，不當改「兵」爲「器」也。古之所謂兵者，即指兵器言之。說詳《日知録》。後人謂執兵者爲兵，故不識其意而改「兵」爲「器」耳。《周官・肆師》疏引此作「何兵之能造」，《太平御覽・兵部一》引作「何兵之能作」，皆其證。

又《達道德者》　《易本命篇》「惟達道德者能原本之矣」。陳氏觀樓曰：「達道德者」本作「智通道者」，此後人依《家語》改之也。《執轡篇》。此言萬物皆生於道，故唯智通於道者能原本之。王肅改「通道」爲「達道德」，則非其旨矣。盧注引孔子曰「聖人智通於大道」云云，正釋「智通道」三字。《淮南子》《地形篇》。「唯知通道者能原本之」，即用此篇之語。

又《堅土之人肥虚土之人大》　「是故堅土人之肥，虚土之人大，沙土之人細。」盧注曰：「肥者，象地堅實。大者，象地虚縱也。」家大人曰：此當依《淮南》作「堅土之人剛，弱土之人肥，盧土之人大，沙土之人細」，《淮南》「盧」作「壚」，「壚」、「盧」古字通。《釋名》「土黑曰盧」，是也。《家語・執轡篇》作「堅土之人剛，弱土之人柔。墟土之人大，沙土之人細。」「墟」即「壚」字之譌，「柔」字則王肅所改也。《淮南》、《家語》皆用《大戴禮》文。「堅」與「弱」對，故「堅土之人剛，弱土之人肥」。《説文》「壚，黑剛土也」，與「沙土」對，故「盧土之人大，沙土之人細」。下文「息土之人美，秏土之人醜」，文亦相對。今本「堅土之人」下脱去「剛弱土之人」五字，「盧」字又譌作「虚」，則義不可通，盧注皆誤。

又卷一四《朱鳥》　「前朱鳥而後元武。」家大人曰：「朱鳥」本作「朱雀」，此後人以他書改之也。自開成石經已然，而各本皆從之。開成以前書引此有作「朱鳥」者，亦是後人所改。案：《正義》述經文正作「朱雀」，又「朱雀」字《正義》凡三見，「雀」字一見。又引崔靈恩説亦作「雀」。又《堯典》「日中星鳥」，《正義》引《曲禮》「前朱雀後元武」而釋之云：「雀，即鳥也。」則曲禮自作「朱雀」明矣。《後漢書・張衡傳》注，《北堂書鈔》帝王部十三、十六，武功部五，《太平御覽・兵部三十七》引此並作「朱雀」。衛湜《禮記集説》作「朱雀」，則宋時本尚有不誤者。

又卷二一《迎公》　「董因迎公於河。」家大人曰：「迎」本作「逆」，此後人以意改也。凡内外傳例言「逆公」，不言「迎公」。《太平御覽・方術部九》引此正作「逆」。

又《子孫》　「其子孫不可不崇也。」家大人曰：「孫」字後人所加。呂宣子，呂錡之子也，故曰「其子不可不崇」，不當有「孫」字。《左傳・成十八年》正義引此無

「孫」字。下文「其子不可不興也」，亦無「孫」字。

又《及爲成師》 「及爲成師，居大傅。」家大人曰：「師」當爲「帥」，字之誤也。爲成帥者，爲成公之中軍帥也。唐注曰：「爲成公軍帥，兼大傅官。」今本「帥」字亦譌作「師」。韋注引宣十六年《左傳》「晉命士會將中軍，且爲大傅」，皆其證也。《潛夫論・志氏姓篇》作「爲成率，居大傅」，「率」與「帥」同。襄二十七年《左傳》正義引作「及爲元帥」，「元」字蓋後人所改，而「帥」字則不誤。

汪遠孫《漢書地理志校本》 夾右碣石入于河。案：《史・夏紀》作「入于海」。 泲河惟兖州。案：《說文》亦作「泲」，今字通作「濟」。

又 九河既道，雷夏既澤，雍沮會同，桑土既蠶，是降丘宅土。金壇段氏玉裁《尚書撰異》曰：「《風俗通義・山澤篇》謹案《尚書》『民乃降丘度土』，此今文《尚書》也。『是』字作『民乃』二字，『宅』作『度』。」《地理志》「是降丘宅土」，蓋或用古文《尚書》改之也。

劉文淇《舊唐書校勘記》卷一 「高祖以周天和元年生於長安。」《册府》卷二。「元年」下有「十一月丁酉」，「長安」下有「是日紫氣充庭，祥光照室」。《御覽》引《唐書》「長安」下有「紫氣充庭，祥光照室，體有三乳，左掖下有紫誌如龍」。按：《册府》四十四。亦引「體有三乳」二句。

又 「七歲襲唐國公。」《御覽》百八。「歲」作「年」。按：「七年」承上「天和元年」之文而誤也，天和無七年。《册府》十八。引亦作「七歲」，與今本同。

又 「倜儻豁達任性，真率寬仁容，衆無貴賤咸得其歡心。」《册府》十八。「倜儻不羈，脱達大度，至性剛直無所矯飾，志略宏遠，寬仁容衆，凡所與遊集無貴賤咸得其歡心」。

又卷八 「貞元十一年七月。」《御覽》卷二。「七月」下有「十二日」。

又 「集羣臣班於月華門外。」《册府》百五十三。「權罷西宮臨朝，集羣臣於月華門外」。按：「臨朝」當作「朝臨」，《通鑑》「輟西宮朝臨，集羣臣於月華門外」。

又 「守中書舍人。」《册府》七十三。「中書」下有「侍郎中書」四字。「同平章事」，沈本作「並同中書門下平章事」。

又 「仍更遁逃。」《册府》百五十三。「遁」作「波」。

又 「有司舉舊典。」《册府》百七十三。「有司」上有「命」字。

又 「迴幸右軍。」《册府》百九。作「迴幸左神策軍」。

又 「朕既深歡慰。」《册府》卷二。作「朕既獲申歡慰」。「朕於光順門内殿」，《册府》「於」作「御」。

又卷五一 「朕有過失，卿書之否。」《會要》六十四。作「朕有過，卿宜書之」。「禹湯罪己」，《會要》、《册府》五百五十四。「禹」上有「臣聞」二字。「不忘規過」，《會要》、《册府》「規」作「書」。

又 「家無擔石之蓄。」《册府》四百六十二。「蓄」作「儲」。「恭儉温仁」，《御覽》四百三十一。「温」作「深」。「而親賢下士」，《御覽》「賢」作「覽」，誤。

張文虎《校刊史記集解索隱正義札記》卷一 「蛟龍」。《漢書》作「交龍」。

又 遂産。《類聚》十二引作「生」。

又 太公索隱名煓。各本作「燸」，字書、韻書無「燸」字。《後漢書・章帝紀》注作「煓，它官反」，與「湍」音合，《新唐書・宰相世系表》同，今依改。

又 仁而愛人。《類聚》引作「寬仁愛人」，與《漢書》、《漢紀》合。

又 泗水。《雜誌》云當依《漢書》作「泗上」，《類聚》、《御覽》引並作「上」。

又 醉卧。《類聚》引「醉」上有「飲」字。《御覽》八十七引作「時飲醉卧」，與《漢書》合。

又 隆準集解文穎。據《漢書》注及《索隱》當作「李斐」。

又卷三 北門七星索隱門第一天樞。「天樞」與《御覽》五引《運斗樞》合。單本誤作「魁」。

又 五帝坐正義中坐成形。《晉志》「刑」。

又 激爲雷電。《御覽》六引《大象列星圖》作「激爲雷震爲電」。

又 二十四變。《御覽》引《大象列星圖》作「十四變」，然數皆不合。

又 今之飢民采旅也。「采旅」下衍「生」字，依《漢志》注删。

又卷四 行人集解賓大客。「賓」《周禮》作「擯」。

又 韶護。《考證》云《左傳》及他書「護」皆作「濩」。

又 尚誰予乎。《御覽》七百七十七引「尚」作「當」。

又 怒相滅。《類聚》八十八引作「相怒喧」。

勞格《晉書校勘記》卷一 「少帝正始四年五月丁丑朔，日有蝕之。」《國志・齊王紀》失書，曰：「宋志無此食。」考長厤是年四壬辰朔、六辛卯朔，五月是壬戌朔，丁丑月十六日不當食。

又 「六年四月壬子朔，日有蝕之。」《齊王紀》無此食。案：四月辛亥朔，非壬子也。《宋志》無「朔」字。

又 「十月戊申朔，又日有蝕之。」《宋志》作「戊寅朔」，誤。盧學士云：「當作『庚申朔。』」亦非。

又　「元帝景元三年十一月己亥朔，日有蝕之。」《宋志》作「三月」。以長厤考之，則《宋志》誤也。長厤三壬寅朔，十己巳朔，則十一月是己亥朔。

又　「太始七年十月丁丑朔，日有蝕之。」《宋志》無此食，有五月庚辰日食。

又　「惠帝元康九年十一月甲子朔，日有蝕之。」《宋志》作「十月」，誤。

又　「成帝咸和六年三月壬戌朔，日有蝕之。」《宋志》無此食。

又卷二　「父夔，魏陽武亭侯。」《國志・夔傳》「封成陽亭侯」。

又　「祖茂，漢尚書令。」魚豢《魏略》云：「茂歷郡守『尚書』，非『尚書令』也。」

又　「增封菑陽侯。」「菑陽」，《宋書・荀伯子傳》作「蕭陽」。

又　「順初封習陽亭侯。」《國志・杜恕傳注》作「龍陽亭侯」。

又卷三　「時大將軍閻宇都督巴東。」《襄陽記》作「右大將軍」，是也。時姜維爲大將軍。

又　「子襲至廣漢太守。」《襄陽記》「追贈廣漢太守」。

又　「交阯太守孫諝。」《南中志》作「孫靖」。

又　「牙門王業爨能。」《南中志》作「王素爨熊」。

俞樾《諸子平議》卷一　「是故百貨賤，則百利不得。百利不得，則百事治。」樾謹按：《太平御覽・資産部》引此文作「百利得」，乃後人不得其義而臆改也。《管子》之意，本謂百貨賤則百利不得，於是人人竭其智力以求利，而百事反因之治。下文云「是故事者生於慮，成於務，失於傲。不慮則不生，不務則不成，不傲則不失」，正申説此文之義。百利不得，則謀慮從此出，事之所以生也。又不得不盡力於所當務，事之所以成也。若百利皆得，則轉以輕傲而失之矣。後人不達此旨，疑百利不得，何以百事能治，遂妄删「不」字。然貨賤何以得利，其説殊不可通。孫氏星衍、王氏念孫反以爲是，由未詳繹。

又卷二　「培夏。」樾謹按：《齊語》作「負夏」，古字通也。《尚書・禹貢篇》「至于陪尾」，《史記・夏本紀》作「至于負尾」，即其例矣。

又卷五　「右袪衣。」樾謹按：《説苑》作「左袪衣」，是也，説詳後。

又卷七　「醉而不出，是謂伐德，賓之罪也。」樾謹按：《説苑・反質篇》作「賓主之罪也」，當從之。上云「既醉而出，並受其福，賓主之禮也」，此云「醉而不出，是謂伐德，賓主之罪也」，兩文相應，不得無「主」字。後人因醉而不出以賓言，不以主言，故删「主」字。然不出者賓也，留賓不出者主也，是時晏子爲主人，則固不應專罪客矣。當從《説苑》補「主」字。

又　「夫愚者多悔，不肖者自賢。」樾謹按：「愚者多悔」與「不肖者自賢」兩意不倫。《説苑・雜言篇》載越石父曰「不肖人自賢也，愚者自多也」，即本《晏子》之言。疑此文本作「愚者自多」，傳寫奪「自」字，淺人妄補「悔」字耳。

又　「臣請⿰衤襄而去。」樾謹按：句末當有「之」字。《説苑・辨物篇》正作「臣請⿰衤襄而去之」。

又卷八　「是謂盜夸。」《五十三章》。樾謹按：「夸」字無義。《韓非子・解老篇》作「盜竽」，其解曰：「竽也者，五聲之長者也。故竽先則鍾瑟皆隨，竽唱則諸樂皆和。」今《大姦》作「則俗之民唱，俗之民唱，則小盜必和。故服文采，帶利劍，厭飲食，而貨盜有餘者，是之謂盜竽矣。」蓋古本如此，當從之。

又　「美言可以市尊，行可以加人。」《六十二章》。樾謹按：《淮南子》《道應篇》、《人間篇》引此文，並作「美言可以市尊，美行可以加人」，是今本脱下「美」字。

又　「不敢爲天下先，故能成器長。」《六十七章》。樾謹按：《韓子・解老篇》作「不敢爲天下先，故能爲成事長」。「事」、「器」異文，或相傳之本異，或彼涉上文「事無不事」句而誤，皆不可知。至「故能」下有「爲」字，則當從之。蓋「成器」二字相連爲文。襄十四年《左傳》「成國不過半天子之軍」，杜注曰：「成國，大國。」昭五年傳皆成縣也，成縣亦謂大縣。然則成器者，大器也。《二十九章》：「天下神器，不可爲也」，《爾雅・釋詁》「神，重也。」神器爲重器，成器爲大器，二者並以『天下』言。質言之，則止是不敢爲天下先，故能爲天下長耳，乃上言「天下」而下變文言「成器」，古人自有此例。《史記・伯夷傳》「伯夷叔齊雖賢，得夫子而名益彰。顔淵雖篤學，附驥尾而行益顯。」顔淵所附，本是夫子，因上句言「夫子」，故下句變文言「驥尾」。顧氏炎武謂是迴避假借之法，是也。自宋以來儒者，不以修辭爲事，莫窺斯祕矣。

又卷九　「仕者待禄，游者憂反。」《七患》。樾謹按：王氏念孫謂「待」當爲「持」，「憂反」當爲「愛交」。《管子・明法篇》「小臣持禄養交」，《晏子春秋・問篇》「士者持禄，游者養交」，「養交」與「愛交」同意。今按：王説是矣。然以「憂」爲「愛」字之誤，恐未必然。古書多言「持禄養交」，尠言「持禄愛交」者，且「持」、「養」二字同義。《荀子・勸學篇》「除其害者以持養之」，《榮辱篇》「以相羣居，以相持養」，《議兵篇》「高爵豐禄以持養之」，《呂氏春秋・長見篇》「申侯伯善持養吾意」，並以「持養」連文。《墨子・天志篇》亦云「持養其萬民」，然則此文既云「持禄」，必云「養交」，不當云「愛交」也。《墨子》原文蓋本作「恙交」。「恙」即「養」之假字，古

同聲而通用。《莊子・至樂篇》「若果養乎，予果歡乎」。「養」當讀爲「恙」，《爾雅・釋詁》「恙，憂也」，故與「歡」爲對文也。此云「仕者持禄，游者恙交」，「恙」當讀爲「養」。後人不達假借之旨，引《爾雅》「恙，憂也」之訓以釋之，遂有改其字作「憂」者，而《墨子》原文不可復見矣。

又卷一〇 「秦之西有儀渠之國者。」樾謹按：「渠」舊作「秉」，畢據《列子》改。今按《史記・秦本紀》「厲共公三十三年，伐義渠，虜其王」，即此國也。

又 「其道不可以期世。」樾謹按：《晏子春秋・雜篇》作「其道也不可以示世」，此文「期」字亦「示」字之誤。古文「其」字作「丌」，見《集韻》。「示」誤爲「亓」，因誤爲「期」矣。

又卷一三 「循乎道之人，汙邪之賊也。」樾謹按：《羣書治要》無「乎」字，當從之。「循」乃「脩」字之誤。盧校云：「元刻『循』作『脩』，是也。」「脩道」與「汙邪」相反，上文曰「使脩士行之，則與汙邪之人疑之」，亦以「脩」與「汙邪」對，是其證。

又卷一五 「奮於言者華，奮於行者伐。」樾謹按：《韓詩外傳》作「慎於言者不譁，慎於行者不伐」，當從之。「華」即「譁」之省文，兩「奮」字皆「昚」字之誤，乃古文「慎」字也。「昚」誤爲「奮」，則「奮於言行」不能謂之「不華不伐矣」，於是又删去兩「不」字耳。楊氏據誤本作注，非也。

又卷一六 「食不知所以。」樾謹按：《莊子・知北遊篇》作「食不知所味」。

又 「列子入，涕泣沾衾。」樾謹按：「衾」當作「衿」，即「襟」字也。《莊子・應帝王篇》正作「泣涕沾襟」。

又卷一七 「萌乎不震不正。」樾謹按：《列子・黄帝篇》作「罪乎不誫不止」，當從之。「罪」讀爲「崋」，《説文・山部》作「辠」，云山貌，是也。「誫」即「震」之異文。不誫不止者，不動不止也，故以崋乎形容之，言與山同也。今「罪」誤作「萌」，「正」誤作「止」，失其義矣。據《釋文》則崔本作「不誫不止」，與《列子》同，可據以訂正。

又卷一八 「用志不分，乃凝於神。」《達生》。樾謹按：「凝」當作「疑」。下文「梓慶削木爲鐻，鐻成，見者驚猶鬼神」，即此所謂「乃疑於神」也。《列子・黄帝篇》正作「疑」，張湛注曰「意專則與神相似者也」，可據以訂正。

又 「若正汝形，一汝視，天和將至。攝汝知，一汝度，神將來舍。」《知北遊》。樾謹按：「一汝度」當作「正汝度」。蓋此四句變文以成辭，其實一義也。「攝汝知」，即「一汝視」之意，所視者專一，故所知者收攝矣。「正汝度」，即「正汝形」之意，「度」猶「形」也。《淮南子・道應篇》、《文子・道原篇》並作「正汝度」，可據以訂正。

又卷一九 「不可内於靈臺。」樾謹按：「不可」上當有「萬惡」二字。上文云：「若是而萬惡至者，皆天也，而非人也，不足以滑成。」其文已足。「萬惡不可内於靈臺」，則又起下意。下文云：「靈臺者，有持而不知其所持，而不可持者也。」皆承此言之。讀者不詳文義，誤謂「不可内於靈臺」與「不足以滑成」，兩句相屬，故删「萬惡」二字耳。《文選・廣絶交論》李善注引此文，正作「萬惡不可内於靈臺」。

又卷二〇 「法制不明，而求明之行令也，不可得也。」《君臣》。樾謹按：下「明」字當爲「民」，古每假「萌」爲「甿」。《史記・三王世家》「加以姦巧邊萌」，《索隱》曰「萌」一作「甿」。《漢書・霍去病傳》「及厥衆萌」，《劉向傳》「民萌何以勸勉」，師古注並曰「萌」與「甿」同。然則此文「明」字，或亦當作「萌」。

戴望《管子校正》卷一 「不務地利則倉廩不盈。」《太平御覽》居處部十、資産部十六引此，均無「廩」字。

又 「滅不可復錯也。」《藝文類聚》五十二引「復錯」作「得復」，《御覽・六百二十四治道部》引「錯」作「措」。

又 「我存安之。」《御覽・治道部五》引作「我安存之」。

又 「故刑罰不足以畏其意。」《治要》引「畏」作「恐」，孫云：「下文曰『故刑罰繁而意不恐』」，則作「恐」字是。

又 「積於不涸之倉。」《治要》引「涸」作「凋」。

又 「使民於不争之官。」趙蕤《長短經》八引「民」作「士」，「争」作「諍」，望案：鄭注《周官・士師》曰：「官，官府也。」

又 「不偷取一世也。」《治要》「一」作「壹」。

又卷四 「釜鼓滿則人概之，人滿則天概之。」《意林》引此二句在上文「爵禄滿則忠衰矣」句下。

又 「吾畏事不欲爲事，吾畏言不欲爲言，故行年六十而老吃也。」《白帖》三十、《御覽・疾病部三》引此文，兩「欲」字俱作「敢」。「而老吃也」作「如老吃耳」，無兩「爲」字。

又卷五 「芸之不謹。」《御覽・地部三十》引此作「不勤」，「勤」、「謹」古通。

又 「什一之師，三年不解，非有餘食也，則民有鬻子矣。」劉云：「案别本作『十三之税，三年不解弛，若非蓄積有餘，又遇凶歲則民必鬻子矣』。」

又　「故安國在乎尊君，尊君在乎行令，行令在乎嚴罰。」《御覽・刑法部四三》「在」字皆引作「存」。

又卷六　「則上尊而民從。」《長短經》引作「則上尊崇」。

又　「則卒輕患而傲敵。」《長短經》引作「則卒輕死」。

又　「故赦者犇馬之委轡。」《御覽》兵部八十九、刑法部十八引此句，「轡」下並有「也」字，今本脱。

又　「明君公國一民。」《治要》引「一」作「壹」。

又　「正民之經也。」《治要》引「經」作「徑」。

又卷八　「君何不殺而受之其屍。」《左氏正義》引「受」作「授」，無「之」字。《齊語》作「殺而以其屍授之」。

又　「是君與寡君賦比也。」《左氏正義》引「君」下有「之」字，元刻同。

又　「非弊邑之君所謂也使臣不能受命。」《左氏正義》引無「君」字，「謂」作「請」，「能」作「敢」。《齊語》曰：「若不生得以戮於羣臣，猶未得請也。」

又　「治國不失秉。」《治要》引「秉」作「柄」，《齊語》同。

又　「使百姓皆加勇。」《左氏正義》引「加」作「知」，是。

又　「彼爲其君動也。」《左氏正義》引「動」作「勤」，《齊語》作「動」，洪云「勤」字是。僖二十八年《左傳》注曰：「盡心盡力，無所愛惜曰勤。」

又卷一〇　「秋出補人之不足者謂之夕。」孫云：「《晏子・内篇》『春時耕而補不足者謂之游，秋時實而助不給者謂之豫』，《孟子》亦作『一游一豫』，『夕』、『豫』聲相近。《白帖》三十六引『夕』作『豫』，下同。」

又　「弛弓脱釬而迎之。」孫云：「《御覽・兵部八十一》引『釬』作『捍』，《禮記・内則》『右佩決捍』，注：『捍，謂拾也，言可以捍弦也。』《説文》『釬』，臂鎧也，字从金旁作。」望案：《御覽・資産部十二》又引作「軒」，《北堂書鈔》一百六十引「釬」作「杆」。

又　「非皆二子之憂也。」《御覽》「非皆」作「皆非」，似誤倒也，當是「邪」字。古「也」、「邪」本通。

又卷一一　「堂巫。」《史記・齊世家》索隱引作「棠巫」，《吕覽・知務篇》、《漢書・古今人表》作「常之巫」。

又　「夫易牙以調和事公。」《治要》「和」作「味」，是。

又　「於是蒸其首子而獻之公。」《治要》「首子」作「子首」，《韓子・難篇》同，今本誤倒。

又　「葬以楊門之扇。」丁云：「《吕覽》作『蓋以楊門之扇，三月不葬』。」尹注云「謂用門扇以掩葬」也，疑所見本亦是「蓋」字，故以「掩」釋「蓋」也。

又　「闔不起爲寡人壽乎。」《治要》、《御覽・禮儀部十八》引「闔」俱作「盍」，古字通。

又卷一四　「水者地之血氣，如筋脈之通流者也。」《御覽・地部二十三》引作「地之血氣筋脈之流者」，無「如」字，中立本「通」、「流」二字誤倒。

又　「故曰水具材也。」《水經・河水》注作「其具材也而水最爲大」。

又　「夫水淖弱以清而好灑人之惡。」《文選・運命論》注引「弱」作「溺」，《御覽・地部》同，宋本「灑」作「洒」。

又　「已獨赴下。」《文選・海賦》注引「已」作「水」，《御覽》引「赴」作「趍」。

又卷一五　「不然則州縣鄉黨與宗族足懷樂也。」《通典》百四十八、《御覽・兵部一》引俱無「縣鄉」二字。

又　「不然則上之教訓習俗慈愛之於民也，厚無所往而得之。」《御覽》引此文「也」字在「得」之下，張云：「尹注無所他往，故得人之致死。」案：《九變》皆就民情論無所往而得之，謂不能望之他處。上句「也」字，當如《御覽》移「得」之下，句法方與上下一例。

又　「故堯之治也，善明法禁之令而已矣。」《藝文類聚》五十四引作「善明法察令而已」，「之」字衍文。

又　「民富則安鄉重家，安鄉重家則敬上畏罪，敬上畏罪則易治也。民貧則危鄉輕家，危鄉輕家則敢陵上犯禁，陵上犯禁則難治也。」《藝文類聚》五十二引作「民富則安鄉，安鄉則重家，重家則敬上畏罪。民貧則危鄉，危鄉則輕家，輕家則陵上犯禁。」《治要》引「陵」作「凌」。

又　「粟少則人貧，人貧則輕家，輕家則易去，易去則上令不能必行。」《治要》作「粟少則民貧，民貧則輕家易去，輕家易去則上令不能必行」。

又卷一六　「不見其形，不聞其聲，而序其成謂之道。」《文選・辯命論》注引作「視之不見其形，聽之不聞其聲，而序其成者道也」。

又卷一七　「故春政不禁則百長不生，夏政不禁則五穀不成。」《五行志》注引作「春政不禁則五穀不成，夏政不禁則草木不榮」。

又　「大風漂屋折樹。」《五行志》注引此「樹」下有「木」字。

又 「夫冬日之不濫非愛冰也。」《意林》、《御覽》時序部七、人事部三十六引「濫」作「盥」，「冰」作「水」，丁云：「『水』與『火』體爲均，當作『水』。」望案：《内則》「有濫」，以《周官・六飲》校之，「濫」即「涼」也，《吕覽・節喪篇》「鍾鼎壺濫」，注云：「以冰置水漿於其中爲濫，則濫近小招所謂凍飲者。」

又 「爲不適於身便於體也。」《御覽》引「便」上有「不」字，據尹注亦有「不」字，今本脱。

又 「夫明王不美宫室非喜小也。」《意林》「美」作「治」，「喜」作「愛」。

又卷二〇 「故曰奚仲之巧非斲削也。」《藝文類聚》引作「非斤力也」。

又 「於四方無擇也。」《治要》引「方」作「旁」。

又 「道之純厚。」《治要》作「導民」。

又 「奚仲之爲車器也。」《藝文類聚・舟車部》、《御覽・車部二》引此皆無「器」字，今本涉下文兩「器」字而衍。

又卷二一 「使農夫寒耕暑耘。」《藝文類聚・歲時部下》、《御覽・時序部十九》、《白帖》四引此，「暑」並作「熱」。

又卷二二 「故民無不累於上也。」《通典・食貨十二》引此「累」作「繫」，又引尹注云：「食者，民之司命。言人君唯能以食制其事，所以民無不繫於號令。」今本「繫」譌作「累」，又全脱尹注。

又 「民子則喜。」《通典》十二引「民」上有「夫」字。

又 「故民愛可洽於上也。」《通典》引「愛」作「憂」。

又卷二三 「上有陵石者。」《御覽》地部三引作「緑石」，珍寶部九引作「陵石」，與今本同。

又 「下有鉛錫赤銅。」《御覽》地部三、珠寶部九引並無「赤銅」二字。

又 「是歲相兼者諸侯十二。」《路史》注引作「諸侯相兼者十有二」。

又 「故天下之君頓戟一怒。」《路史》注引作「天下頓戟一怒」。

又 「十口之家，十人咶鹽。百口之家，百人咶鹽。」《御覽・飲食部二十二》引「咶」俱作「舐」。

又卷二四 「農事且作。」《御覽・時序部二》引作「農事既成」。

又 「絲纊之所作。」《御覽》「絲」作「蠶」。

又 「神農作樹五穀淇山之陽，九州之民乃知穀食而天下化之。」《路史・炎帝紀》注引「樹」作「種」，「淇」上有「于」字，「民」作「人」，無「而天下化之」五字。

又 「鑽燧生火。」《御覽・火部二》引「生」作「出」。

又 「以熟葷臊。」《路史》注引作「腥臊」。

又 「無茲腸之病。」《御覽・皇王部四》引「茲腸」作「腸胃」，《集韻》「胃」，古文作「腸」。《路史》注引作「無腥腸之疾」。

王先謙《魏書校勘記》 「傍覽川域。」「川域」，《北史》作「州城」。

又 《李惲傳》「事在高允高士頌」，下「高」字當依《北史》作「徵」。

又 《源思禮傳》「今獨若此等」，「若」當依《北史》作「苦」。

又 《初古拔傳》「一曰車輅拔」，「輅」，《北史》作「轂」，是「轂」古聲轉，不得爲「輅」。

又 《劉休賓傳》「許歷城降當即歸順」，「許」下當據《北史》增「待」字。

又 「因執不作。」「固」誤作「因」，《北史》不誤。

又 「陳留郡太守高邑子趙郡季才。」《北史》「季才」上有「吕」字。

又 「毛詩拾遺論。」《北史》無「論」字。

孫詒讓《札迻》卷一 「君臣取象，變節相和。」案：孔穎達《易疏序》引「和」作「移」，是，當據正。

又 「度時制宜，作罔罟，以畋以漁，以贍人用。」案：《易》正義引「作」下有「爲」字。「人用」作「民用」，此沿唐本避諱字。

又 「天子者，繼天理物，改一統，各得其宜。」案：《太平御覽》七十六引作「改一統政」，《玉燭寶典》引作「改正統一」，疑當從杜引爲「正」。

又卷四 「罪莫大於可欲。」案：《韓詩外傳》引「可欲」作「多欲」，義較長。

又 「人與天地相類，而心爲之主。」案：《五行大義》引作「與天相類，而心爲天」。此字誤。上文兩以天與人相比況而不及地，則此句似本無「地」字。蕭本爲善。

又 「天有五方，地有五行。」顧云：「《御覽》三百六十『方』、『行』二字互易。」案：《五行大義・論諸人篇》引作「天有五行，地有五嶽」。前《九守篇》亦云「天有四時五行」，足證今本以「五行」屬地之誤。

又卷七 「置社稷而分裂，容臺榭而掩敗。」盧云：「『稷』，別本作『稿』，疑是『槁』。潭本『榭』作『握』，別本作『振』。」案：「稷」，當作「槁」。「榭」，當依別本作「振」。《淮南子・覽冥訓》亦有此文，作「植社槁而墧裂，容臺振而掩覆」，可證此文之誤。

又 「今以涅染緇則黑於涅。」案：賈公彦《周禮・鍾氏》、《儀禮・士冠禮》疏引「染緇」並作「染紺」，疑據許本。《齊俗訓》云：「夫素之性白，染之以涅則黑。」則此本爲長。然賈兩引以證紺色，則唐時自有作「紺」之本。

理校分部

綜　述

郭京《周易舉正》卷上 「《彖》曰：『大哉乾元，萬物資始，乃統天，雲行雨施，品物流形，大明終始，六位時成，時乘六龍以御天。乾道變化，各正性命』。」注：「天也者，形之名也。乾也者，用形者也。夫形也者，物之累也。有天之形，而能永保无虧，爲物之首，統之者豈非至健哉。萬物資始而生，雲施雨潤，品類之物，各得流佈其形，大明乎終始之道，故六位不失時而成，升降无常，隨時而用，處則乘潛龍，出則乘飛龍，故曰時乘六龍也。乘變化而御大器，静專動直，不失太和，豈非正性命之情者邪。」謹按：「乾」字誤作「健」字。疏云：「天是定體之名，乾是體用之稱，體即形也。」足明用形是「乾」，不合作「健」，誤理昭矣。又脱「萬物資始」四句，審詳經文，細尋註義，足明轉寫脱遺也。

又 「大過。」音「過越」之「過」也。謹按：「音」字下誤增「相」字，「之」字上脱「越」字。其「過越」之「過」惟在去聲，「相過」之「過」在平聲，誤亦明矣。

又卷中 「明夷，上六至晦。」註：「處明夷之極，是則晦者也。」謹按：「晦」字上脱「至」字，誤增不明字。按初九註：「明夷之主，在於上六，上六爲至暗者也。」據此三爻註義，「至晦」之理極明，斷可知矣。

又 「益，六三，益之用凶事无咎，有孚中行，告公用圭。」註：「以陰居陽，求益者也，故曰益之，益不外來，已自爲之，物所不與也，故在謙則戮，救兇則免。以陰居陽，處下卦之上，壯之甚也。用救乘危物所恃也，故用凶事得无咎也。若能益不爲私，志在救難，壯不至亢，信不失中，以此告公，國主所任也。用圭之禮，備此道矣。故曰『有孚中行，告公用圭』也。公者臣之極也，凡事足以施天下則稱王，次天下之大者則稱公。六三，才不足以告王，足以告公，而得用圭者，故曰『告公用圭也』。」謹按：「亢」字下脱「信」字，「中」字下誤增「行」字。其「信」字本爲「有孚生義」，審詳首末註義，義亦自明。

又 「姤，女壯勿用取。《彖》曰：姤，遇也，柔遇剛也。女壯勿用取，不可與長也。」謹按：爻辭「勿用取」字下誤增「女」字。彖辭「勿用取」上脱「女壯」字，「勿用取」下誤增「女」字。非但不背定本，審詳六十四卦爻彖理例，誤增誤脱，亦甚昭晰可知。

又 「象，君子以居賢德善風俗。」賢德以止巽則居，風俗以止巽則善。謹按：脱「風」字。觀註，可知文句圓暢。若无「風」字，則文闕理亦甚明矣。

又 「渙，亨，王假有廟，利涉大川，利貞。《彖》曰：渙亨剛來而不窮，柔得位乎外而上同。註：「二以剛來居内以不窮於險，四以柔得位乎外而與上同，内剛而无險困之難，外順而无違逆之乖，是以亨利涉大川利貞也。凡剛得暢而无忌回之累，柔履正而同志乎剛，則皆亨，利涉大川利貞也。」王假有廟，王乃在中也。利涉大川利貞，乘木有功也。」註：「乘木即涉難也，木者所以涉川也，涉難而常用正道，必有功也。」謹按：「利涉大川」下脱「利貞」字，審詳爻辭及彖註，足明脱矣。又註「木者所以涉川也」，「所以」字下誤增「專」字。「專」字訓「獨不二」之義，木之爲用，廣矣大矣，而云專涉川，豈不大乖乎？又註「涉難而常用正道」，「正」字誤作「渙」字。蹇爻註，正道未否，難由正濟，遇難失正，吉可得乎。此涉難與蹇難何殊，足明合用正道，不合用渙離散之義，誤甚昭然。

又 「六五，小象，密雲不雨，已止也。」註：「陽已止下故也。」謹按：經註「止」字，並誤作「上」字，「故」字上仍脱「下」字，察其文義可見矣。

又卷下 「第九章，二與四，同功而異位，其善不同。二多譽，四多懼。」註：「懼近也，位逼於君故多懼。」謹按：誤將「近也」字作經，「近」字上仍脱「懼」字。三與五同功而異位，其善不同。三多兇，五多功。審其上下文，足明經註殊理，誤亦可知矣。

劉攽《東漢刊誤》卷一 出自景帝生長沙定王發。按：文言「出自景帝生長沙定王發」，文意不足，蓋此「生」字當作「子」字。

吴縝《五代史纂誤》卷中《王朴一事》 「治君之用能置賢知于近。」今按其上下文意，此「治君之用」當是「治國之君」傳寫之誤爾。

毛居正《六經正誤》卷二《尚書正誤》 《大禹謨》「蔽」，徐甫世反，「甫」當作「補」。「慢」，亡諫反，「亡」當作「忙」。

又 《益稷》「薄」，徐扶各反，「扶」當作「蒲」。「迭」，直結反，「直」當作「迪」。

又卷三《毛詩正誤》 《甘棠》「蔽」，徐「方四反」，又「方計反」，「方」皆當作

「邦」。「所憩」，徐「許罽反」，當作「去罽反」。

又 《行露》「夜莫」，「忙故反」，此「忙」字是。下又「亡博反」，亦當作「忙」。蓋亡博反乃「縛」字也，後多類此。

又 《邶柏舟》「邶」，《字林》「方代反」，當作「旁代反」。

又 《緑衣》「于」、「野」協韻，「羊汝反」，當作「常汝反」，蓋「野」古「墅」字也。

又卷四《禮記正誤》 「蟬始」，「市志反」，當作「申志反」，「申」字訛作「市」。「桃始華，桐始華，水始涸，霜始降，水始冰，地始凍，芸始生，鵲始巢」，義與此同，皆當音「試」。「貉」，依字作「貈」，當作「[illegible]」。

又卷五《周禮正誤》 《大司馬之職》注「監一國謂君也」，作「監，監國」，缺一字。「中軍以鼙令鼓」，「鼓人皆三鼓」，並作「鼓」，誤。「鼙鼓」之「鼓」，「鼓人之鼓」，皆當作「鼓」。从壴从支，壴音。拄「支」音「肢」字，亦作「鼓」，又作「皷」。「令鼓」之「鼓」，「三鼓」之「鼓」，皆當作「鼔」。从壴从攴，攴音扑，亦作攵，擊也。三鼓，謂三擊以動衆也，凡「鼓擊」、「鼓舞」之「鼓」，皆从攴，下乃「鼓」遂「鼓」並同，後倣此。

又 《量人》注「涂謂支湊之遠近」，此謂涂路支分相湊達，音如「支體」之「支」，从十从又，作「攴」誤。

又 《環人》注「揚威武以觀敵」謂示敵人也，「觀」當音「灌」。凡眼看物謂之觀，則平聲。以物示人使人來觀謂之觀，則去聲。《釋文》無音，不可不辯。

方崧卿《韓集舉正》卷一 其衆十旅。謝本校「十」作「千」。按：此專紀惠琳之亂也。惠琳之叛，嚴綬在河東，表請討之。詔與天德軍合擊，未嘗他出師也，十旅爲正。

又 夾以砧斧。「砧」當作「枮」，與「椹」同。《戰國策》「范雎曰：『臣之質不足以當椹質，要不足以待斧鉞。』」是也。

朱熹《昌黎先生集考異》卷一 輻湊。「輻」，方作「輪」。今按：輪者，轂輻之通名，其湊於轂者，輻而已。當作「輻」。

又 曙燈青睒睒。「燈」，方作「光」。「睒睒」，或作「錟錟」。今按：曉光不青，作「燈」是也。

又 朝雲。「朝」，方作「朔」。今按：既云江南，則不應言「朔雲」矣。兼作「朝雲」，語亦差響。

又卷二 與爲。「與」，方作「以」，云：「韓文『與』多作『以』，它文見者非一。」《詩》「之子歸，不我以」注：「以，猶與也。」今按：《陸宣公奏議》亦然，如云「未審云云以否」之類是也，然當作「與」爲正。

又 豪芒。「豪」，方作「毫」，云：「李本作『豪』。」按：《孟子》、《莊子》「秋豪之末」，班固《答賓戲》「銳思豪芒之内」，字皆作「豪」，然《楚詞》「秋毫微而見容」，王逸曰「銳毛爲毫」，是「毫」字通。今按：「毫」，俗字，當作「豪」爲正。

又 撒沙。諸本同。方作「撥」，云：「側手擊也。」盧詩作「撒」，今本從之，非也。今按：側手擊沙，於義不通。公於盧語固有損益，然改此字却無文理，當只作「撒」。

又卷六 諧和。「和」，方從閣、杭、蜀、《苑》作「聲」，云：「晉范啓謂孫綽《天台山賦》曰『恐此金石非中宫商』，故文章以諧聲爲尚。公《進平淮西表》曰『叢雜乖戾，律吕失次』，亦謂此也。」今按：「諧和」，即謂其聲之和耳，若作「諧聲」，却犯本字，而語意亦不活。方説非是。

又卷七 「公脱械還走州，賊急卒不暇走死，民抱扶迎盡出。」「急卒」，一作「竟平」。今按：「州」字句絶。賊即錡將之戍州作亂者，以公至之速，不及走死，爲州民執以迎公耳。然「民」字以下必有脱誤。

彭叔夏《文苑英華辨證》卷八《避諱》 凡避諱而易以他字者，如庾信《蕭太誌》，《周書》、《北史》並作「蕭泰」，庾信蓋避周太祖諱，「泰」改作「太」字。虞寄《諫陳寶應書》，見《南史》本傳，以「世故」作「艱故」，「不世」作「動俗」，「庇民」作「庇人」，迺作史者避唐諱耳。許敬宗《舉賢良詔》用「生民吏民致治成治」字，而《唐大詔令》改爲「生靈吏人致政成化」。當唐太宗時，二名不偏諱。見《實録》及《會要》。高宗雖諱「治」，而此詔在貞觀二十一年六月，疑是後人追改。新羅王織錦作詩「理物體含章」，「理」，《唐書》本傳作「治」，此在高宗永徽元年獻詩，當避高宗諱，則「理」字是。崔沔《對應封神嶽舉賢良策》用「治」字、「世」字，時神功元年，武后雖已革命，不應便用唐諱。蘇頲《册開元神武皇帝文》開者，泰也。罔不享，「享」疑作「亨」，或謂肅宗諱「亨」，故改作「享」，然此先天二年册文也。時肅宗諱「嗣昇」，開元十三年改諱「浚」，二十六年改諱「紹」，天寶二載方改諱「亨」，安得預爲之諱乎？又有避家諱者，如杜甫《宴王使君宅詩》「留歡上夜關」，世謂子美不避家諱，詩中兩押「閑」字。麻沙傳孫氏覿。《杜詩押韻》作「卜夜閑，北門閑」，今《文苑》亦作「卜夜閑」，其實皆非也，或改作「夜闌」，又不在韻。按：卞氏集注杜詩及別本自是「留歡上夜關」，蓋有投轄之意。「上」字訛爲「卜」字，「關」字訛爲「閑」字耳。北門閑者，迺諸將詩，曾閃朱旗北門殷。殷，於顔切，紅色也。用班固《燕然銘》「朱旗絳天」之意，或者當國初時，宣祖諱殷正緊，音雖不同，字則一體，遂改爲「閑」邪。《文苑》不載諸將詩，因併及之。

岳濬《刊正九經三傳沿革例·考異》 唐太宗諱「世民」，若單言「民」，則闕斜鉤而作「巳」。若從偏旁，則闕上畫而作「氏」。如《書·盤庚》之「不昏作勞」，《呂

刑》之「泜泜棼棼」，《左傳·昭公二十九》「若泜棄之」之類，今皆更定。

又 《喪服小記》「除殤之喪，其祭也必元」。注：「殤無變，文不縟。」諸本多作「縞」，惟興國本及《釋文》作「縟」。及考之疏，則曰：「除殤之喪，即從禫服。」是文不繁縟也，今從疏及《釋文》。

又 《少儀》「笏書脩苞苴弓茵席枕几熲杖琴瑟」。注：「熲，警枕也。」疏本作「穎」，《釋文》及建諸本作「熲」，監本及興本作「穎」。《玉篇》、《廣韻》亦有「穎」字，釋箧也。雖與注所謂「警枕」不同，亦足明「穎」爲一物也。但疏謂鄭注以「穎」爲「警枕」者，所以別下文經文「卻刃授穎」之「穎」，則以爲兩「穎」字字同而義異。《釋文》以「警枕之熲」其旁下從火，音京領反，以「授穎」之「穎」其旁下從禾者，役頂反，則字異而音亦異。又未知監、本興國本「穎」其旁下從木者以何本爲據。今「熲」、「穎」二字，皆依《釋文》而並識之，以見異同。

又 《禮·天官·大宰》「百工飭化八材」。鄭司農注云：「珠曰切，象曰磋。」諸本有作「骨曰切」者，及考疏，則云「珠曰切」之下，並《爾雅》文，皆治器用之名也。然今《爾雅》云「骨曰切」，蓋司農讀《爾雅》本作「珠」也。如此，則舊文自是「珠」字。由今觀之，則「骨曰切」爲通俗，「珠曰切」爲駭俗。今存古，只從「珠」字。

劉績《管子補注》卷三 其庶人好飲食而惡耕農，於是財用匱而飲食菜薪乏，上彌殘苟。居上位者小人，故殘賊苟且也。績按：當作「殘苛」，乃字之誤也。

又卷四 政易民利，利乃勸，勸則告。民既勸勉，故可以禮樂告之。績按：「告」當作「吉」，對下「兇」字。

梅鷟《尚書考異》卷五 「申命羲叔宅南交。」「南交」下有「曰明都」三字。鄭註云：「『南交』下三字摩滅，故以意補之也。」僞古文直無此三字，僞孔安國傳曰：「南交者，夏與春交也」。司馬貞曰：「孔註未是，然則冬與秋交，何故下無其文。且東嵎夷西昧谷北幽都三方皆言地，而夏獨不言地，乃云與春交，斯不例之甚也。然南方有地有名交趾者，或古文畧舉一字名地，南交則是交趾無疑也。」今按：小司馬之辨極有功於聖經，可見僞書僞傳私見妄削，非出壁藏之實矣。蔡沈不述鄭註「南交」下三字摩滅之故，及晉人任意削去之罪，其頓忘伏生書之爲聖經，甚矣，罪豈眚災也耶。失其本經，口以傳授者，猶有摩滅之形跡。僭號古文，目爲藏壁者，顧無三字之影響，而乃挾以自是。拑結後人之頰舌，晉人何其僭而狠也哉。蔡沈攘奪小司馬之註以作傳，而不著其辨。以康成註爲陳氏而不考所由來，又不知古文之非出於壁藏者，不公不明，真小黠而大癡者歟。

何焯《義門讀書記》卷一三 「其賜爾阜游。」「游」當作「斿」。

又 《秦始皇本紀》「昌平軍徙於郢」，「軍」當作「君」，即上所謂「相國昌平君」。反之於郢，故下「項燕得立以爲王也」。

又 「封紂比干之墓」三句，當作「封比干之墓，封紂子武庚、禄父」。此傳寫之誤。

又 「高圉立，子亞圉立。」上「立」字作「卒」字。

又 「乃其殺魏豹。」「其」字誤。

又 「小者不軌千法。」「千」作「于」。

又 「右四星曰天棓。」「四」作「五」。

又 「曰南方火，主夏，曰丙丁。」下「曰」字作「日」字。

又 「當出不出，是謂繫卒。」「繫」作「擊」。

又 「右數萬人戰。」「右」作「有」。

又卷一四 《申不害篇》「本于黄老而主刑名」，「刑」作「形」。

沈炳震《九經辨字瀆蒙》卷三 「利。」「後得主而有常。」《本義》：「程傳曰：『「主」下當有「利」字。』」

又 「順。」《蒙》：「行不順也。」《本義》：「『順』當作『慎』。」蓋「順」、「慎」古字通用，且『行不慎』於經意尤親切，今當從之。

姚範《援鶉堂筆記》卷三六 卷一「讚學」，「倪寬賣力於都巷」，「巷」當作「養」。

戴震《水經注》卷一 河水。案：二字原本誤連經文，今改正。近刻河水下有「一」、「二」等字，乃明人臆加，今删去。

畢沅《山海經新校正》卷一七 有繼無民，繼無民。沅曰：當爲「無繼」。

汪輝祖《元史本證》卷一 六月，徙謙州甲匠於松山。案：「松山」當作「松州」。

又卷二 二月，右丞相命吴堅、文天祥同行。案：「右丞相」當作「伯顔」。

又卷三 御史言沙不丁、納速剌丁滅里、烏里兒。案：「烏里兒」當作「烏馬兒」。

又卷四 二年正月，改爲碙門魚通黎雅長沙西寧遠軍民宣撫司。案：「沙」當作「河」。

王念孫《讀書雜志》一之一《舉旗以號令 無取侵暴》 「既勝人，案：「自此以下皆四字爲句，此句内疑脱一字。舉旗以號令，命吏禁略，無取侵暴。」念孫案：「取」字文義不明。「取」當爲「敢」，字之誤也。無敢侵暴，即所謂禁掠也，若粊誓之言無敢

寇攘矣。引之曰：「舉旗以號」下，疑衍「令」字。號，即令也。下句又有「命」字，則「令」爲贅文矣。且此以「號」、「暴」爲韻，下文以「虧」、「化」爲韻。「虧」，古讀若「科」。「化」，古讀呼禾反，説見《唐韻正》。若「號」下有「令」字，則失其韻矣。

又《收武釋賄》 《允文篇》：「收武釋賄，無遷厥里。」念孫案：「收武」二字，文義不明。「武」當爲「戎」，字之誤也。「收戎釋賄」者，謂勝敵之後，收其兵器，古謂兵器爲戎。《月令》「以習五戎」，鄭注：「五戎，謂五兵，弓矢殳矛戈戟也。」毋取財賄也。據孔注云「收其戎器」，則本作「收戎」明矣。

又《用損憂恥》 「命夫復服，用損憂恥。」引之曰：「損」當爲「捐」，字之誤也。捐者，除也，謂捐除其憂恥，非徒損之而已也。孔注「損除憂恥」，亦是「捐除」之誤。

又三之一《歷曰縣長》 「歷曰縣長。」念孫案：「縣」當爲「緜」，字之誤也。隸書「縣」字或作「縣」，「緜」字或作「緜」，二形相似，故「緜」誤爲「縣」。《漢緜竹令王君神道》「緜」字作「縣」，是其證也。《淮南・本經篇》「緜聯房植」，「緜」字亦誤作「縣」。《漢書》作「歷曰彌長」，「彌」亦「緜」也，故文十四年《穀梁傳》「緜地千里」，范甯注曰：「『緜』猶彌漫也。」《賈子・壹通篇》「彌道數千，猶緜道數千也」，「緜」與「彌」聲近而義同，故「緜」或作「彌」。《賈生傳》「彌融爚」，《漢書》作「偭蟂獺」。「偭」、「緜」古同聲，「彌」之通作「偭」，猶「彌」之通作「緜」也。若「縣」與「彌」，則聲遠而不可通矣。

又四之一《葢寬饒》 「大臣楊惲、葢寬饒等。」念孫案：景祐本「葢」作「盇」，古字假借也。「葢寬饒」之「葢」，本音公盇反，故與「盇」通。《藝文類聚・鳥部上》引《韓詩外傳》「船人葢胥跪而對」，今本作「盇胥」。後人依本傳改「盇」爲「葢」，未達假借之旨。

又五之五《一而伐之　文武具滿》 「一而伐之，武也。服而舍之，文也。文武具滿，德也。」念孫案：「一而伐之」，「一」當爲「二」。「二」與「貳」同。僖十五年《左傳》「貳而執之，服而舍之」，文義正與此同，尹注非。引之曰：「文武具滿」，「滿」，當爲「備」，字之誤也。俗書「滿」字作「滿」，「備」字作「備」，右邊相似。尹注非。

又《亂普而德》 「毋使讒人亂普而德。」念孫案：「普」當爲「晉」。「普」本作「晉」，形與「晉」相似。尹注「普廢其德」，「普」亦當爲「晉」。「晉」與「替」同，故注言「晉」廢。

又《令守法之官日行度必明》 「令守法之官日，行度必明，無失經常。」舊本脱「無」字，今據尹注補。尹讀「令守法之官日行」爲句，注云：「令守法之官日行邊鄙關塞。」又讀「度必明」爲句，「無失經常」爲句，注云：「其巡行之時必明其制度，無得失於經常。」念孫案：尹注甚謬。「日」當爲「曰」，字之誤也。「令守法之官曰」爲句，上文「問於邊吏曰」云云，即其證。「行度必明」爲句，「行度」，行法度也。「無失經常」爲句。

又六之一《尤佚　蔽諂　忠臣之常有災傷》 「民愁苦約病而姦驅尤佚。」念孫案：尤，過也，甚也。見《左傳・襄二十六年》注。「佚」與「溢」同。昭三年《左傳》曰「道殣相望而女富溢尤」，此云「民愁苦約病而姦驅尤佚」，句法正相似。「尤佚」即「溢尤」。「隱情奄惡，蔽諂其上」，案：蔽者擁蔽，諂者諂諛，二字義不相近，不當以「蔽諂」連文。「諂」當爲「謟」，字之誤也。「謟」讀若「滔」。謟者，惑也，謂隱其情，掩其惡，以蔽惑其君也。《爾雅》「蠱。謟，疑也」。疑即惑也。《管子・五輔篇》曰「上謟君上而下惑百姓，是以忠臣之常有災傷也」，案：「之」字衍。

又《數其常多先君桓公》 「使史固與祝佗巡山川宗廟，犧牲珪璧莫不備具，數其常多先君桓公。」念孫案：「數其常多先君桓公」，文不成義。當作「其數常多於先君桓公」，謂所用犧牲珪璧之數，常多於桓公也。故下文曰「桓公一則寡人再」，今本「其數」誤作「數其」，又脱「於」字。

又七之一《無故》 「其所賞者已無故矣，其所罰者亦無罪。」念孫案：「故」乃「攻」字之誤。「攻」、「故」字相似，又涉上文「無故富貴」而誤。「攻」即「功」字也。「無功」與「無罪」對文。

又《其》 「上以此爲賞罰，其明察以審信。」念孫案：「其」當爲「甚」。「甚明察以審信」，見中篇。

又《賞使家君》 「胡不賞使家君試用家君發憲布令其家。」念孫案：「賞」字義不可通。「賞」當爲「嘗」。「嘗」、「賞」字相似，又涉上下文「賞罰」而誤。「使家君」三字，則涉下文「使家君」而衍。既言用「家君」，則不得又言「使家君」。「胡不嘗試用家君發憲布令其家」，作一句讀。

又八之一《以脩身自名》 「以治氣養生，則後彭祖。以脩身自名，則配堯禹。」引之曰：「以脩身自名」，文義未安，當有脱誤。楊云「以脩身自爲名號」，則所見本已同今本。《韓詩外傳》作「以治氣養性，與「生」同。則身後彭祖。以脩身自强，今本脱「以」字。則名配堯禹」，於義爲長。《王霸篇》云「名配堯禹」，又云「名配禹舜」。

又《執詐》 「體倨固而心執詐。」引之曰：「執詐」當爲「埶詐」，字之誤也。《議兵篇》曰：「兵之所貴者埶利也，所行者變詐也。」又曰：「隆埶詐，尚功利。」又曰：

「焉慮率用賞慶刑罰執詐，險阸其下，獲其功用而已矣」。「執」與「詐」義相近，《後漢書・崔駰傳》「范蠡錯執於會稽」，李賢曰：「執，謂謀略也。」

又九之一《被髮文身》　「九疑之南，陸事寡而水事衆，於是民人被髮文身以像鱗蟲。」高注曰：「被，翦也。」引之曰：諸書無訓「被」爲「翦」者。「被髮」當作「劗髮」。注當作「劗，翦也」。《漢書・嚴助傳》「越，方外之地，劗髮文身之民也」。晉灼曰：「淮南云：『越人劗髮。』」見《齊俗篇》，又曰：「越王句踐劗髮文身。」張揖以爲古「翦」字也。字又作「鬋」。《逸周書・王會篇》曰：「越漚鬋髮文身。」《墨子・公孟篇》曰：「越王句踐，翦髮文身以治其國。」《史記・趙世家》曰：「夫翦髮文身，甌越之民也。」此言九疑之南，正是越地，故亦曰「劗髮文身也」。《主術篇》「是猶以斧劗毛」，高彼注曰：「劗，翦也。」後人見《王制》有「被髮文身」之語，遂改「劗」爲「被」，并注中「劗」字而改之，不知「劗」與「翦」同義。故云「劗，翦也」。若是「被」字，不得訓爲「翦」矣。《趙世家》之「翦髮」，《趙策》作「祝髮」，錢、曾、劉本並同，俗本亦改爲「被髮」。且越人以「劗髮」爲俗，若「被髮」則非其俗矣。《漢書・地理志》「文身斷髮以避蛟龍之害」，應劭曰：「常在水中，故短其髮。文其身以像龍子，故不見傷害。」即此所云『劗髮文身以像鱗蟲也』。」高注訓「劗」爲「翦」，亦與《漢書》「斷髮」同義。

又九之二《閒於無有》　「若光燿之閒於無，有退而自失也。」陳氏觀樓曰：「閒」當作「問」。「光燿問於無有」，事見《莊子・知北遊篇》。

又《餘編》上《無東無西》　「無南無北，奭然四解，淪於不測。無東無西，始於元冥，反於大通。」念孫案：「無東無西」當作「無西無東」。「北」、「測」爲韻，「東」、「通」爲韻。

又《田之際》　《辯土篇》「農夫知其田之易也，不知其稼之疏而不適也。知其田之際也，不知其稼居地之虚也。」念孫案：「際」字於義無取，蓋除字之誤。上言「田之易」，此言「田之除」。「易」與「除」，皆治也。《曲禮》「馳道不除」，鄭注曰：「除，治也。」且「易」、「適」爲韻，「除」、「虚」爲韻。若作「際」，則失其韻矣。

又《侵孟》　《難二篇》：「昔者文王侵孟，克莒，舉酆。」引之曰：「孟」當爲「盂」，字之誤也。《竹書紀年》「帝辛三十四年，周師取耆及邘」。《書大傳》「文王受命二年，伐邘」。《史記・周本紀》「文王敗耆國，明年伐邘」。作「盂」者借字耳。

黃丕烈《重刻剡川姚氏本戰國策札記》卷上　不攻無攻相事也。鮑「不攻」下補「耳」字，改「攻相」爲「相攻」。吳氏正曰：「韓作『有功無功相事也』。」丕烈案：「不」當作「又」，形近之譌。《策》文多用「又」爲「有」。

又卷中　云曰尚矣。今本「云曰」作「亡日」。鮑本作「亡日」。丕烈案：此「曰」字，當作「白」。「云白」者，「冤鬼」之省文，「尚」讀爲「儻」，即《說苑》之「冤鬼喪矣」也。作「亡日」者，非。

又　即墨大夫與雍門司馬諫而聽之。鮑改「與」爲「聞」。丕烈案：此當作以互易下文。

又　王收而與之百萬之衆。鮑改「百」作「十」，吳氏補曰：「《通鑑》作『數』，下同。」丕烈案：《通鑑》亦改耳。

又　請爲公令辛戎謂王曰。鮑改「辛」爲「芊」，吳氏補曰：「當作『芊』。」

又　如王若用，所以事趙之半收齊。吳氏正曰：「下有『若』字，如『王若用不成』語，當以『王』字句。」丕烈案：吳説未是，此「如若」二字，當衍其一。

又　其怨於趙。吳氏正曰：「『於趙』下有缺文，或『其怨於趙』句，因下文衍。」丕烈案：吳説非也。此「其」字，乃「甚」之誤，四字爲一句。

又卷下　秦權重魏，魏再明孰是。「再」，鮑本作「冉」，鮑改「孰」爲「熟」。吳氏補曰：「即『熟』。」丕烈案：此當讀「秦權重」爲一句，「魏冉明」爲一句。「魏」字誤複，「孰」字亦有誤，「是」字屬下句讀。鮑、吳皆非也。

阮元《十三經注疏校勘記・周易注疏校勘記》卷一　固爲占固。浦鏜云：「『爲』當作『謂』。」

又卷二　欲行九五之志。盧文弨云：「『志』當作『事』。」

又卷三　桎其小過。閩、監、毛本同，浦鏜云：「『桎』，當『懲』字誤。」

又　柱爲本。盧文弨云：「當作『棟爲本』。」

又卷四　无疑亨字在三事之中。浦鏜云：「『中』當作『外』。」

又卷五　故可以顯然發揚決斷之事於王者之庭。孫志祖云：「上『之』字當作『其』。」

又　此名井體有常。盧文弨云：「『名』當作『明』。」

又卷七　其纖利能斷絶於金。盧文弨云：「『纖』當作『鐵』是也。」

又　發其言辭出言而施政教也。浦鏜云：「『發』當作『法』。」

又　故法其陰陽變化。浦鏜云：「『故』當作『效』。」

又　是得以理之變也。盧文弨云：「『以』當作『其』。」

又卷八　或水澤以罔魚鼈也。浦鏜云：「『澤』當作『漁』。」

又　故稱離卦之名。浦鏜云：「『稱』當作『取』。」

又　皆習包犧氏之號也。浦鏜云：「『習』當作『襲』。」

又　生齵項於弱水。盧文弨云：「當作『若水』。」

又　无爲者爲每事因循。孫志祖云：「『爲』當作『謂』。」

又　待隼可射之動而射之。盧文弨云：「上『之』字下當有『時』字。」嚴杰云：「『動』，疑『時』字之誤。」

又　易之其稱萬物之名。浦鏜云：「『之其』當作『辭所』。」

又附《周易釋文校勘記》　擊去。起呂反。十行本、閩、監本、盧本同，宋本作「繫去」，宋本「起」作「紀」。按：當作「起」。

又《周易略例校勘記》　則雖遠而相得。盧文弨云：「當作『則雖近而不相得』。」

又《尚書注疏校勘記》卷一　及以王若曰庶邦亦誤矣。浦鏜云：「『及』，當『乃』字誤。」

又卷二　孔據古今別卷。按：此「今」字當作「文」。

又卷三　今在太史書矣。盧文弨云：「『書』當作『署』。」按：當作「臺」。

又卷六　今鉅鹿縣北廣河澤也。「河」，《纂傳》作「阿」。按：下「廣河」亦當作「阿」。

又卷九　行天時也。孫志祖云：「『也』，當『者』字之誤。」

又　相助慮也俱訓爲慮。兩『慮』字浦鏜以爲俱『勴』之誤。

又卷一二　惟木沴火。浦鏜云：「『水』誤『木』。」按：浦是也。

又　釋詁文廡豐茂也。浦鏜云：「『文』當『云』字誤，是也。」

又卷一三　以此四國將誅而無救者。浦鏜云：「『此』，當『比』字誤。」

又卷一四　於是曰。毛氏曰：「『曰』作『日』，誤。」

又　故此不友先言弟於兄者。「者」，宋板、十行俱作「若」。山井鼎曰「若」字似屬下句，然爲未穩。浦鏜云：「『者』，當『也』字誤。」

又卷一五　文武受民之於天下。「民」，宋板作「人」。浦鏜云：「當作『文武受民，受之於天』。」

又附《尚書釋文校勘記》卷下　渴。苦曷反。「渴」，十行本、毛本俱作「竭」。「苦曷」，毛本作「巨列」。盧文弨云：「此『渴曰』當如《公羊》『渴葬』之『渴』，不當作『竭』。」

又《周禮注疏校勘記》卷一　又以經書記轉相證明爲解。案：「轉」當作「傳」。

又　註奄精至宦女。案：此「宦」亦當作「官」。

又　皆是自脩止。案：「止」當作「正」，下同。

又　俱亡滅者多。浦鏜云：「『俱』，當『但』字誤。」

洪頤煊《管子義證》卷一　「訾食者不肥體。」頤煊案：「訾」當作「䜭」。《形勢解》「䜭食者多所惡也，人䜭食則不肥」，字皆作「䜭」。《玉篇》「䜭，嫌食貌」，義本此。

又　「民無取也。」頤煊案：「取」當作「恥」，謂民無愧厲雖衆而弱。《北堂書鈔》二十八引下文「則民無取」，《文選·射雉賦》李善注引下文「民無取」，「取」皆作「恥」，其證也。尹注非。

又　「道塗無行禽。」頤煊案：「無行禽」，謂不作禽荒。尹注非。

又卷二　「不可名而山是。」尹注「是」字屬下句讀。劉績曰：「『山』乃『止』字誤。」頤煊案：「山是」當作「由是」。言宙合之意，散之至于無間不可名，而民莫不由，是故下文云「大之無外，小之無内」。尹、劉注俱非。

又卷三　「三國所以亡者絶以小今君蘄封亡國。」星衍案：「蘄」當作「嶄」，求也。言三國所以亡者，以土地小不足自存。今君求封亡國，是自盡其國也。尹注非。

又　「費義數而不當。」頤煊案：「義」當作「犧」，謂費犧牲之數。尹注亦當作「犧」字。

又卷四　「我游猶軸轉斛。」頤煊案：「斛」當作「轂」。言游之不已，如軸轉轂中。《文子·上德篇》「通於道者，若車軸轉於轂中，不運於已」。《鹽鐵論·刺權篇》「齊國轉轂游海者，蓋三千乘」。尹注非。

又卷五　「不可以仕任。」頤煊案：依注當作「任仕」，與下句合韻。

又　「周門閭。」星衍案：「周」是「固」字之譌。《初學記》、《太平御覽》、《事類賦注》俱引作「謹門閭」。「謹」與「固」，義相近。

又　「繆受其刑。」頤煊案：注云：「則被誅戮受其刑罪也。」「繆」當爲「僇」字之譌。

又卷六　「傷而形不臧。」星衍案：「傷」上當有脱字。

又　「發食廩。」星衍案：「食」是「倉」字之譌。

又卷七　「則下饒。」頤煊案：「饒」當作「撓」，屈也。

又卷八　「今夫給之鹽筴。」頤煊案：「今」當作「令」。

又　「泰秋田穀之存予者若干。」頤煊案：「予」當作「子」。《臣乘馬篇》「春秋子穀大登」。又曰「幣之在子者，以爲穀而廩之州里」，下文文義俱相同。此作「予」字誤。

王引之《經義述聞》卷五《遵大路兮次章》　《遵大路》次章：「遵大路兮，摻執子之手兮。無我魗兮，不寁好也。」家大人曰：此章「路」字當作「道」，與下文「手」、

「䛼」、「好」爲韻。道，猶路也，變文協韻耳。若《洪範》「言無有作好遵王之道，無有作惡遵王之路也」。若蒙上章「遵大路」之文，則與下三句韻不相協。凡詩之例，次章弟二句、弟四句變首章之韻，而弟一句不變韻，則弟三句亦不變韻。若《兔罝》次章之「肅肅兔罝」，仍與「赳赳武夫」爲韻。《小星》次章之「嘒彼小星」，仍與「肅肅宵征」爲韻是也。若次章全變首章之韻，則弟一句先變韻而下三句從之。若《終風》次章之「終風且霾」，與「來來思」爲韻。《相鼠》次章之「相鼠有齒」，與「止止俟」爲韻，其變韻皆自弟一句始也。此章下三句既變韻，則弟一句亦當變韻，否則自亂其例矣。

又卷七《貽我嘉麰》 《思文篇》：「貽我來牟。」《文選・典引》注引《韓詩》作「貽我嘉麰」。家大人曰：「嘉」與「來」聲不相近，不得相通。「嘉」當爲「喜」，字之誤也。「來」、「麰」、「喜」，古聲相近，故毛詩作「來牟」，《漢書・劉向傳》作「麰麰」，《韓詩》作「喜麰」。猶僖公之爲「麰公」，「祝禧」之爲「祝麰」也。

又卷九《師都建旗　師都載旜》 《司常》：「師都建旗。」鄭注曰：「師都，六鄉六遂大夫也，謂之師都。都，民所聚也。」家大人曰：「師」當爲「帥」。《説文》引《周禮》作「率都建旗」。「帥」、「率」，古字通，則《周禮》本作「帥都建旗」，玩鄭注亦當作「帥」。蓋都爲民所聚，其帥之者大夫也。文十六年《左傳》「夫人王姬使帥甸攻而殺之，杜預注曰：『帥甸，郊甸之帥。』」義與「帥都」同。《大司馬》「師都載旜」，「師」字亦當爲「帥」也。《釋文》無「帥」字之音，賈疏釋「師」爲「衆」，則唐初已誤爲「師」，不始於開成石經矣。

又卷一一《如灌　脩其灌廟》 「是故聖人等之以禮，立之以義，行之以順，而民棄惡也，如灌。」引之謹案：「棄惡如灌」，文義不明。「灌」當爲「濯」，字之誤也，言民之棄惡，如洒濯之去垢也。孔氏撝約補注引《左傳》「洒濯其心」以釋之，是矣，但未破灌爲濯耳。王肅作《家語・王言篇》，全襲此篇之文，又未寤「灌」爲「濯」之譌，而增益其文曰「民之棄惡，如湯之灌雪焉」，斯爲謬矣。又《千乘篇》「脩其灌廟，建其宗主」，孔曰：「灌，社壝也。社有灌木，因以爲名。」引之謹案：古無謂「社」爲「灌」者，孔説非也。「灌」亦當爲「濯」，「濯」與「祧」古字通。《周官》「守祧」，鄭注曰：「故書『祧』作『濯』。」鄭司農「濯」讀爲「祧」。「翟」、「兆」古聲相近，故從翟、從兆之字多相通。《顧命》「王乃洮頮水」，鄭讀「洮」爲「濯」。《小雅・大東篇》「佻佻公子」，《韓詩》「佻」作「嬥」。《爾雅》「屭小者珧」，衆家本「珧」作「濯」。《祭法》曰：「遠廟爲祧。」「祧廟」，猶言「廟祧」。《周官・小宗伯》曰：「辨廟祧之昭穆。」《漢書・王莽傳》曰：「定祧廟，立社稷。」

又《田魂螺也者》 「二月，昆小蟲。昆者衆也，田魂螺也者。動也，小蟲動也。」家大人曰：舊本譌脱不成文理。宛平黄氏本作「昆者衆也，由魂魂也，『由』與『猶』同。由魂魂也者。動也，小蟲動也」。案：「由魂魂也者，動也」，當作「魂魂也者，動也」。黄本衍一「由」字。孔讀「由魂」爲句，「魂也者」爲句，非也。《一切經音義》九及二十一引此並云：「魂魂然小蟲動也」，是「魂魂」二字連讀。

又卷一二《國一逢有德之君》 「故國一逢有德之君，世受顯命，不失厥名，以御于天子。」家大人曰：「國」當作「回」。自「一逢有德之君」以下，皆指顔子而言，非指國而言，則「國」爲「回」之誤明矣。《家語》作「若逢有德之君」，亦指顔子而言。

又《于越》 《勸學篇》：「于越戎貉之子。」孔曰：于，發聲。于越，猶春秋於越。家大人曰：「于」，當作「干」。《荀子・勸學篇》「干越夷貉之子」，楊倞注：「干越，猶言吴越。」謝氏金圃校本改「干」爲「于」，又改注爲「于越猶言於越」，誤與孔同。説見《讀書雜志・漢書貨殖傳》。

又《楣機》 「此謂楣機。」孔曰：「此取人之要。若門有楣，若弩有機。」家大人曰：「楣」與「機」非一類，古書亦無並言「楣機」者。「楣機」當爲「樞機」。樞，户樞也，所以利轉。機，門梱也，所以止扉。鄭注《繫辭》「以機爲弩牙」，非也。辯見《周易》。皆門户之要也，故以喻用人之要。《文王官人篇》「其貌曲嫗」，《逸周書》「嫗」作「媚」，故知「楣」爲「樞」之誤。

又卷一三《志不裕》 「煩亂之而志不裕。」家大人曰：「裕」當作「治」，字之誤也。「治」與「煩亂」正相對。上文「煩亂之而志不營」，盧注曰：「營，猶亂也。」「不亂」與「不治」亦相對。下文「志治者也」，亦與「志不治」相對。今本「治」作「裕」，則於義疏矣。《逸周書》作「煩亂以事而志不治」。

又《何一之彊辟》 「子三辭，將對。公曰：『彊避。』」孔曰：「彊，人名。時侍公側，公疑子有隱言恐聞於三家，故令之避。」子曰：『彊侍，某聞大道不隱某言之。君發之於朝，行之於國。一國之人莫不知，何一之彊辟。』」陳氏觀樓曰：「何一之彊辟」，當作「何一彊之辟」。

又卷一五《莊敬恭順》 引之謹案：「順」當爲「慎」。《正義》曰：「外貌莊敬，謙恭謹慎，是禮之節制也。」則冲遠所據本作「慎」不作「順」可知。《史記・樂書》文與此同。張守節《正義》曰「謂容貌莊敬謙恭謹慎，是禮之節制也」，則張氏所據《史記》本亦作「慎」。今本《史記》作「順」，蓋後人據誤本《樂記》改之也，唐石經始誤

作「順」。

又卷二〇《至于武王》 「至于武王，昭前之光明，而加之以慈和，事神保民，莫弗欣喜。商王帝辛，大惡於民，庶民不忍，欣戴武王以致戎于商牧。」家大人曰：「至于」下當有「文王」二字。周人敘述祖德，未有稱武王而不及文王者。此文自「莫弗欣喜」以上，皆兼文武言之。自「商王帝辛」以下，乃專言武王耳。《史記・周本紀》載此文，正作「至于文王武王」。《文選・齊敬皇后哀策文》注引此云「至于文武，事神保民，莫不欣喜」，所引從略，而亦兼文武，則原有「文王」二字可知。

又《惠王三年》 「惠王三年，邊伯石速薦國出王而立子穨。」韋注曰：「三年，魯莊公十九年也。」引之謹案：下文始云「三年」，則此非「三年」矣。「三」當作「二」。《史記・周本紀》「惠王二年，邊伯等五人作亂，立釐王弟穨爲王」，《十二諸侯年表》「惠王二年，燕衛伐王，立子穨」，是也，注內「三」字亦當作「二」。《年表》「周惠王二年」，正當魯莊公十九年，故注曰「二年，魯莊公十九年也」。若作「三年」，則爲莊公之二十年，不得云「十九年」矣。

又卷二五《是以知其上爲事也》 「九年，楚公子嬰齊帥師伐莒。庚申，莒潰。」傳曰：大夫潰莒而之楚，是以知其上爲事也。惡之，故謹而日之也。引之謹案：「知」字義不可通。「知」當爲「叛」。范注曰：「臣以叛君爲事，依經爲説也。」疏曰：「今此莒帥衆民叛君從楚，故變文書日以見惡。」又僖四年疏曰：「莒潰書日，惡大夫之叛，故謹而日之」，則此傳作「叛其上」甚明。唐石經始誤爲「知」。左旁矢字尚存其半，右旁口字全。

汪遠孫《漢書地理志校本》 覃懷底績。案：「底」當作「厎」。

又 通于河，海岱惟青州，嵎夷既略，惟甾其道。案：「惟」當作「維」，琅邪郡「箕」下字作「維」。「維甾」，今加水作「濰淄」耳。

又 厥土惟壤下，土墳壚，田中上，賦錯上中，貢漆、臬、絺、紵，桌、纖纊錫貢磬錯，浮于洛。案：當作「雒」。

劉文淇《舊唐書校勘記》卷一 「九月壬寅。」張氏宗泰云：「大業十三年九月戊申朔，無壬寅。壬寅，八月二十四日。九月，當在下戊午上。」按：張説是也，《通鑑》在八月。

又卷八 「乙酉涇州奏吐蕃退去。」張氏宗泰云：「與上書『乙酉』複，當從新紀作『丙戌』。」

又 「建王審薨。」沈氏炳震云：「『審』當作『恪』。」

又 「壬子太子少師李夷簡卒。」沈氏炳震云：「壬子上下字有一譌。」張氏宗泰云：「癸卯之前不得有壬子，而在戊子下，非壬辰即庚子。」

又 「是夜金犯軒轅右角。」張氏宗泰云：「以太白行度考之，當爲『乙未』。」

又 「淄王傅分司元錫卒。」張氏宗泰云：「分司下當有『東都』二字。」

又卷五一 「屬希朝入覲。」張氏宗泰云：「『希』上當有『范』字。」

又 「不欲以戎服謁，入告其妻韋氏，恥抹首趨庭，謂峘曰。」按：以文義推之，「韋氏」下仍當有「韋氏」二字。

張文虎《校刊史記集解索隱正義札記》卷一 雲氣正義京房易兆候。案：《隋書・經籍志》、《周易飛候》九卷又六卷，並京房撰。《類聚》一、《御覽》八並引《易飛候》云「視四方常有大雲，五色俱，其下賢人隱」，正與此文合，「兆」當爲「飛」之誤。然《天官書》正義引此文亦作「易兆候」，姑仍之。

又 皇帝璽正義璽令施行。「璽」字上下當有脱文。

又 贅其索隱表作。當作「志屬」。

又 軍北軍。上「軍」字當作「居」，《漢書》正作「居北軍」，《通鑑》同。

又 二十三年崩謚爲孝文皇帝。此後人妄增。

又 世功。「世」字各本皆同，《漢書》亦作「世」，惟凌本作「曰」，蓋校者所改。

又 周昌子。「子」當作「孫」。

又 虢氏。《字類補遺》引「虢」作「虒」，與《漢書・郊祀志》合。今本作「虢」，蓋後人依《封禪書》改。

又 危亡。「亡」字原作「民」，依《漢書・五行志》改。

又卷三 天旗正義可以憂之。「憂」字誤。

又 可以罰人。「罰」當作「伐」。

又卷四 欒盈。警云：「《史記》當避孝惠諱，諸『盈』字皆當作『逞』。」案：如徐廣説則當時已有改作「盈」者矣。

又 使伐敗吳師於笠澤。「使」當爲「復」之譌，「復」與「復」通。案：《吳郡志・考證門》引《史記正義》云「《吳地記》云笠澤江，松江之別名。又云笠澤即太湖」。今本此文失。

又 多士稱曰。《撰異》云：「此下至『周多士』當別爲一節。」案：上文「無逸稱」云云，乃隱栝《無逸》文，此「多士稱曰」云云，是亦隱栝《多士》文。此至「其民皆可誅」當在上文「作多士」句下，而「周多士」三字宜依《志疑》衍。

勞格《晉書校勘記》卷一 「太安三年正月己卯，月犯太白。」案：正月己亥

朔，無己卯。

又 「元帝太興二年十一月辛巳，月犯熒惑。」案：十一戊戌朔，無辛巳。

又 「成帝咸康元年二月乙未，太白入月。四月甲午，月犯太白。」案：二月己亥朔，無乙未。四月戊戌朔，無甲午。

又 「三月景辰，劉裕起義兵。」「三月」當作「二月」。

又 「齊王冏兵敗夷滅，又殺其兄上軍將軍寔。」案：寔是冏弟，非兄也，志誤。

又卷二 「穆章何皇后，永興三年崩。」「永興」當作「元興」。

又 「初趙王倫爲鎮西將軍。」「鎮西」當作「征西」。

又 「以安平世子邕第四子敦爲嗣。」「敦」當作「殷」。「武紀咸寧元年十月，常山王殷薨」可證。

又 「轉持節寧北將軍都督并州諸軍事并州刺史。」「寧北」當作「平北」。《北史·衛操傳》亦作「平北」。

又卷三 「以何劭爲太師。」《通典》《職官十二》。「景帝諱師」，故改「太師」爲「太帥」，則「師」字當是「帥」字之誤。

又 「太子太傅楊濟，息毖。」「太傅」當作「太保」。

又 「揚州刺史殷浩以爲建威長史。」「建威」當作「建武」。

又 「遷左僕射。」「左」當作「右」，《武紀》太康九年可證。是年王渾爲左僕射。

又 「隗文鄧定等復反，立范賢子賁爲帝，撫與龍驤將軍朱壽擊破斬之。」「壽」當作「燾」。《本紀》亦誤。

又 「頓丘太守鄭琰爲右長史。」「琰」當作「球」。

又 「太安初，帝北征鄴。」「太安」當作「永興」。

俞樾《諸子平議》卷一 「不璋兩原，則刑乃繁。」樾謹按：尹注云：「『璋』當爲『章』。章，明也。兩原，謂妄之原，上無量也。淫之原，不禁文巧也。」尹氏據上文以説「兩原」，是矣。讀「璋」爲「章」，未得其字。「璋」乃「墇」字之誤。《説文·土部》「墇擁也」。經典多以「障」爲之。《吕氏春秋·貴直篇》「是障其原而欲其水也」，高誘注曰：「障，塞也。障塞即墇擁也。」此云「不墇兩原」，正與《吕氏春秋》所云「障其原者」同義。若非誤作「璋」，亦必改而爲「障」矣。

又卷二 「況主倨傲易令。」樾謹按：「主」乃「其」字之誤。尹注云「況其倨傲易風俗」，是其所據本未誤。

又 「世無公國之君，則無直進之士。無論能之主，則無成功之臣。」樾謹按：「無論能之主」，當作「無論能之士」。上文云「忠臣直進以論其能」，然則直進論能，皆以人臣言，不以人主言。論能之士，即直進之士也。雖分爲二句，其實一耳。後人不察，疑下言臣，上當言君，妄改爲「主」，非《管子》之舊矣。

又卷三 「楚取宋鄭而不知禁，是失宋鄭也。」樾謹按：此本作「楚取宋鄭而不止，止即禁也」，故下文曰「禁之，則是又不信於楚也」。後人因下文是「禁」字，遂改「不止」爲「不禁」，而傳寫者又或誤合之，故宋本作「楚取宋鄭而不止禁也」。今本作「不知禁」，則又因「止禁」連文，於義重複，故易「止」爲「知」耳。夫楚取宋鄭而不止者，非不知也，乃不能也。不曰「不能禁」，而曰「不知禁」，是可見其文之誤矣。下文曰「知失於内，兵困於外」，知失於内，猶云計失於内。此「知」字乃「智慮」之「智」，非「知識」之「知」，不得因此而疑本文之非誤也。

又卷四 「出者而不傷人，入者自傷也。」《白心》。樾謹按：此本作「出者而不傷人，傷人者自傷也」。今本奪「傷」字，「入」即「人」字之誤。尹注曰：「出者既主生，則不當傷人。違而傷人，是還自傷也。」注中有兩「傷人」字，知正文必有兩「傷人」字。注中無「入」字，知正文亦無「入」字矣。

又卷六 「萬乘之國，正九百萬也。」樾謹按：「九」乃「人」字之誤，隸書「人」字或作「九」。《張休崖涘銘》「行九過兹」，《隸續》云「『九』即『人』字」，是也。其形與「九」相似，又因上下文多言數，故誤爲「九」耳。「正人」二字連文。《國蓄篇》云：「以正人籍，謂之離情。以正户籍，謂之養贏。是正人正户，當時有此名目。」尹彼注曰：「正數之人，若丁壯也。此正人之義，亦當與彼同。」《揆度篇》曰：「萬乘之國爲户百萬户，爲開口千萬人，爲當分者百萬人。是萬乘之國，正人止百萬而已，故曰『正人百萬也』。」王氏引之説與余同，而誤以「正」字絶句，讀爲「征」，則猶未得。

又 「天酸然雨。」《輕重甲》。樾謹按：「酸」當爲「霰」。《説文·雨部》「霰，小雨也，從雨酸聲」。

又卷七 「寡人出入不起，交舉則先飲，禮也。」樾謹按：「也」當作「邪」，乃詰問之詞。古「也」、「邪」字通用，故陸德明《經典釋文》曰「邪也弗殊」，《顔氏家訓·音辭篇》曰「邪者未定之詞」，「北人即呼爲也」，並其證矣。《荀子·正名篇》「其求物也，養生也，粥壽也」，楊倞注曰「『也』皆當爲『邪』，問之詞」，正與此同。

又卷八　「是以聖人爲而不恃，功成而不處，其不欲見賢。《七十七章》。」樾謹按：「賢」下當有「乎」字。「其不欲見賢乎」，文義方足。「乎」者，語之餘，古從多不箸於文字，而使讀者自得之。《尚書·西伯戡黎篇》「我生不有命在天」，據《史記》則句末亦有「乎」字，而經文無有，即其例矣。

又　「信言不美，美言不信。」《八十一章》。樾謹按：此當作「信者不美，美者不信」，與下文「善者不辯，辯者不善」，「知者不博，博者不知」。文法一律。河上公於「信者不美」注云「信者如其實，不美者朴且質也」，是可證古本正作「信者不美」，無「言」字也。於「美言不信」注云「滋美之言者，孶孶華詞。不信者，飾僞多空虛也」，疑此注爲後人增益。其原文云：「美者孶孶華詞，不信者飾僞多空虛也。」自經文誤作「美言不信」，後人因改注文「美」者爲「滋美之言」者，不詞甚矣。

又卷九　「故賞不得下之情，而不可不察者也。」《尚同下》。樾謹按：「賞」下當有「罰」字，義見上文。「而不可」當作「不可而」，猶言「不可以」也，説見王氏引之《經傳釋詞》。

又卷一〇　「有能用之，費此之半。」樾謹按：上「之」字衍文，「費此」二字誤倒，當云「有能用，此費之半」。

又　「非其法亂也，非法不用也。」樾謹按：下「非」字當作「其」。

又卷一一　「被王衣。」樾謹按：「王」當作「玉」。《三國志·魏文帝紀》注云：「舜承堯禪，被珍裘。」玉衣猶云珍裘矣。古人於美好之物，皆曰玉。食言玉食，衣言玉衣，其義同也。此與下文之「握玉環」，本同作「玉」，後人不解而臆改耳。

又　「先問鄗之豪傑良臣，辯智果敢之士，盡與姓名。」樾謹按：「與」當作「舉」。《周官·師氏》「王舉則從」，注曰「故書『舉』爲『與』」，是其例也。襄二十七年《左傳》「仲尼使舉是禮也」，《釋文》引沈云：「舉，謂記録之也。然則盡舉姓名，爲悉記録其姓名矣。」

又卷一二　「壽長至，常亦然。」樾謹按：「常」乃「當」字之誤，「壽長至」三字連讀。下文高注曰：「推行仁義，壽長自至。」

又卷一七　「行中道而衣行勝，已羸弊矣。彊提荷弊衣而至，慮非假貸自詣，非有以所聞也。」樾謹按：盧校疑「行勝」當作「行縢」，已得之矣。自詣當從潭本作「自儲」，吉府本作「自諸」，「諸」即「儲」之假字也。「以所聞」三字，涉下「竊以所聞」句而衍。「慮非假貸自儲，非有也」，言大氐非假貸自儲，則無有也，非有猶無有耳。《痺篇》曰「死而非補」，猶死而無補也，可證此「非」字之義。

又卷三四　「不聰，實無耳也。不明，實無目也。」《問明》。樾謹按：兩「實」字皆當爲「是」，「不聰是無耳也，不明是無目也」，非「實無耳無目」也。「是」通作「寔」，故《爾雅·釋詁》曰：「寔，是也。」「寔」通作「實」，故《詩·韓奕篇》鄭箋云：「趙魏之東，『實』、『寔』同聲，然則『實』亦可通作『是』矣。」

戴望《管子校正》卷一　「不璋兩原。」丁氏士涵云：「『璋』當爲『障』。」高誘《吕覽注》曰：「障，塞也。」《説文》訓「隔」，「隔」亦「塞」也。又土部「墇，擁也」，義亦相近。

又　「考憲而有不合于太府之籍者。」陳先生云：「『考憲』乃『布憲』之誤。」

又　「故不可不正也。」丁云：「『也』即『地』字之壞。」下文「正地者」，即承此句言之。朱本作「不可正政也」，誤。

又卷二　「不爲愛親危其社稷。」丁云：「當作『不爲親戚危其社稷』。」《法法篇》兩見，皆作「親戚」。

又　「居身論道行理。」丁云：「『居』乃『君』之誤字。」《爾雅》曰：「身，親也」。「君」對下羣臣百吏言之。

又卷三　「視於新。」陳先生云：「『新』當爲『親』字之誤也。」親，近也。聽於至小，故能聞未極。視於至近，故能見未形也。「鈔」、「親」二義相同。

又　「故能實不可故也。」望案：「故」當爲「攻」字之誤。立於謀，故能兵甲堅實，使敵不可攻也。或云：「『故』、『敵』字之誤。」

又卷六　「國母怪嚴。」丁云：「『嚴』當爲『服』字之誤。『怪服』與『雜俗』、『異禮』對文。」下文云「變易風俗詭服殊説」，「詭服」與「怪服」同。

又　「故地削而國危矣。」丁云：「以上文及尹注校之，此『危』字當是『亡』字之誤。」

又卷八　「今齊求而得之則必長爲魯國憂。」丁云：「『今』當作『令』。」《齊語》曰「令彼在齊則必長爲魯國憂矣」，語意正同。

又卷二三　「秋斂落原。」望案：「斂」，疑「獻」字誤。

又　「魚以爲脯鯢以爲殽。」張云：「『魚』字，當脱右旁。」

又　「爲分者萬人。」丁云：「下文云『爲當分者十萬人，爲當分者百萬人』，皆有『當』字，宜據補。」

王先謙《魏書校勘記》　「六年將軍叔孫技與戰於渭北。」「技」字誤，案上文當作「拔」。

又《于烈傳》：「若是詔應遺官人，所由遺私奴索官家羽林。」上「官」作「宮」，「所」當作「何」。

又《崔浩傳》：「北上岸。」案：「岸」上亦當有「河」字。

又「大誤四千，小誤甚多。」「千」當作「十」，《北史》亦誤作「千」。

又《李憲傳》：「推憲不爲之屈。」「推」當作「惟」。

又《李騫傳》：「似窮葉之世濟。」「葉」當作「桑」，「窮桑」即「空桑」，蓋指伊尹。

又「太平中。」「太」當作「天」。

又「此城已平。」「此」當作「北」。

又《王瓊傳》：「崇小子青肫。」「肫」當作「豘」。「豘」者，南北朝時俗「豚」字。

又《李虔傳》：「乃授虔別領軍前慰勞事。」「別」下當有「將」字。

又《李義慎傳》：「義慎贈散騎常侍征東將軍雍州刺史。」此有脫文，義遠不應無贈官。

又《李輔傳》：「帶長社戍。」「戍」下當有「主」字。

又《李仲遵傳》：「請而諮議參軍。」「而」當作「爲」。

又「贊聲績洽，美矣。」「洽」上當有脫字，「美矣」二字自爲一句。

又「安定盧永劉超等。」「永」當作「水」。

又「無客不知。」「客」當作「容」。

又「顧憶誠言。」「誠言」本當作「忠言」，此或隋人所追改，下《延伯傳》「誠孝」，字亦同。

孫詒讓《札迻》卷一 「《泰》表載干。」注云：「山爲石體，有以行懼盧本作「體」。難之器。云應在上六，於人體俱須。」案：注「有以行懼難之器」，當作「有似扞難之器」，「懼」字衍文。「俱須」，疑當作「值頭」，並形之誤。

又「《遯》表日角連理。」注云：「衡者，平地。連理，或謂連珠者。」案：注「地」當作「也」。「連理，或謂連珠者」，《白虎通義・聖人篇》引《傳》云「伏羲日祿衡連珠」，羅泌《路史・太昊紀》注引《孝經援神契》云「伏羲日角而連珠衡」，宋均注云「珠衡，衡中有骨，表如連珠」。鄭即據《援神契》校此書也。

又「此皆律厤運期相一匡之神也。」案：「相」下有缺字。「一匡」，「匡」當爲「匝」。大意言律厤運期迭相代，一周匝而復始也。

又卷二 「楚有善相人者，所言無遺美。」趙校云：「《呂氏春秋・貴當篇》、《新序・雜事五》『美』皆作『策』。」案：「美」當作「筴」，與「策」字同。漢隸「策」字多作「莢」。見漢《北海相景君銘》、《郯令景君闕銘》、《馮煥殘碑》、《靈臺碑》。

又「春秋雜物其和，而冬夏代服其宜，則當得天地之美，而違天不遠矣。」案：「當」當作「常」。此言四時所食，常得天地之美物也。

又卷四 「夫之役者有執席食以視上者。」注云：「桓公與管仲謀時，役人於前，乃有執席而食，私因上視，所以察君也。」王云：「『視上』當爲『上視』。」案：食時必無執席之理，注義殆不可通。《呂氏春秋・重言篇》作「有執蹠痡而上視者」，此「席」當爲「庶」，即「蹠」之省，「食」當爲「鈶」之壞字，即「枱」之重文。《說文・木部》云：「枱，耒耑也，或作鈶。」此作「食」者，蓋傳寫僅存金形，又譌而爲食矣。《呂覽》作「痡」，亦即「枱」之別體也。說見《呂氏春秋》。

又卷五 「患生於官成，病始於少瘳，禍生於懈慢，孝衰於妻子，此四者，慎終如始也。」錢校依《意林》，引作「忠怠於宦成」。案：《說苑・敬慎篇》引曾子云「官怠於宦成，病加於少愈，禍生於懈惰，孝衰於妻子，察此四者，慎終如始」，與此正同。《韓詩外傳》八文亦略同。此「始」當作「殆」，「四者」上亦當有「察」字。《文子・符言篇》作「宦敗于官茂」，則繆。

又卷六 「白足之勝矣而不勝，是木賊金也。」案：「之」當作「以」。

又「犧牲駒犢，舉書其數。」注云：「舉其犢駒在犧牲者。」案：「在」當爲「任」之誤。

又卷七 「夫燕、宋之所以弒其君者，皆以類也。」案：「以類」當作「此類」。

又「耕者盡巧而正畦陌畦時者，非愛主人也。」顧云：「今本下『畦』作『疇』。」按『時』非此之用，句當衍二字，未詳。」案：「時」當作「埒」。《一切經音義》引《倉頡篇》云「時，埒也」，是其證。此「畦」、「埒」二字，蓋舊注之文，傳寫誤混入正文，遂複舛不可通耳。後文云：「趙主父令工施鉤梯而緣播吾，刻疎人迹其上。」盧校亦以「人迹」二字爲注誤入正文，與此正同。

又卷八 「矯弋飾而加其上。」案：「矯」當爲「矰」。張之象本肊改爲「繳」，與「矯」形聲殊遠，盧校從之，疏矣。

又「危事而蹟行。」案：「蹟」當作「踖」。《說文・足部》云：「踖，小步也。」

又卷九 「夫璧在地中，五子不知，相隨入拜，遠近不同，壓紐若神將教踞之矣。」案：「踞」當爲「諰」。《說文・言部》云：「諰，誡也。」

又「周宣王殺其臣杜伯，趙簡子殺其臣莊子義，其後杜伯射宣王，莊子義害

簡子。」案：此「趙簡子」當作「燕簡公」。殺莊子儀事見《墨子・明鬼篇》，本書《訂鬼篇》不誤。「義」，二篇同。《抱朴子・論仙篇》亦云：「子義掊燕簡。」《墨子》作「儀」，古字通。《死僞篇》作「趙簡公」亦誤。

又 「公孫術得白鹿，占何以兇。」案：「術」當作「述」，《後漢書・述傳》未載。

又卷一〇 「爲社立祀，始謂之稷，語不自變有内外。」盧云：「疑當作『爲社立稷，即謂之稷。語不變，示有内外』。」案：「爲社立祀」，當作「爲稷立祀」。餘當從盧校。

又 「或曰社稷，不以爲稷社。舊本譌，互不可讀，今從盧校。故不變其名，事自可知也。」案：「自」亦當作「示」。

又卷一一 「使善易以聞，爲惡易以聞。」案：「使」下亦當有「爲」字。

又 「請問古者包犧立周天厤度。」趙注云：「聞包犧立周天厤度，建章蔀之法。」案：注「聞」當作「問」。

又 李注云：「按梁武帝都金陵，云洛陽南北大較千里。」案：「云」當爲「去」之誤。

又 「至宋元嘉二年，徐受重鑄，用二尺三寸九分。」案：「受」亦當作「爰」，詳前。

又卷一二 「左雨師使徑侍兮。」案：「侍」當作「待」。《離騷》云：「路脩遠以多艱兮，騰衆車使徑待。」注云：「言崑崙之路險阻艱難，非人所能由，故令衆車先過，使從邪徑以相待也。」此文當與彼同。《離騷》洪校云：「『待』一作『侍』。」彼别本雖亦與此同，然以注「從邪徑相待」之義覈之，則王本必不作「侍」，明矣。

校勘原則部

實事是正分部

論述

彭叔夏《文苑英華辨證・叙》 叔夏嘗聞太師益公先生之言曰：「校書之法，實事是正，多聞闕疑。」叔夏年十二三時，手鈔《太祖皇帝實録》，其間云「興衰治□之源」，闕一字，意謂必是「治亂」，後得善本，迺作「治忽」。三折肱爲良醫，信知書不可以意輕改。

又卷一〇《雜録五》 凡《文苑》所編，失作者年代先後，或叢雜不倫，今各釐正，如表疏、哀册文、謚議，碑誌中釋門，家廟、神道中職官等卷是也。他皆倣此。覽者所宜詳也。

王引之《經義述聞》卷一五《夏后氏之鼓足》 「夏后氏之鼓足，殷楹鼓，周縣鼓。」《七經孟子考文補遺》曰：「足利本『鼓足』作『足鼓』。」或曰：「此《釋文》、《正義》無可考，但唐石本自作『鼓足』，未可輒改。」家大人曰：「足鼓」，鼓名也，與「楹鼓」、「縣鼓」，文同一例。若云「夏后氏之鼓足」，則文不成義。下文「垂之和鍾，叔之離磬」，亦與此文同一例。若云「垂之鍾和」，其可乎？據唐石經，又不如據本書之通例也。自《通典・樂四》引此，已誤作「鼓足」，不始於唐石經矣。案：《廣雅》鼓名有「足鼓」，《隋書・音樂志》「夏后氏加四足，謂之足鼓。殷人柱貫之，謂之楹鼓。周人縣之，謂之縣鼓」，皆本《明堂位》之文。《商頌・那篇》「置我鞉鼓」，毛傳曰：「夏后氏足鼓，殷人置鼓，周人縣鼓。」《正義》曰：「『夏后氏足鼓』以下，皆《明堂位》文。所異者，唯彼『置』作『楹』，傳依此經而改之矣。」《周頌・有瞽》正義曰：「《明堂位》云：『夏后氏之足鼓，殷人楹鼓，周人縣鼓。』」《詩正義》兩引《明堂位》，皆作「足鼓」，與毛傳、《廣雅》同，則孔本《禮記》之作「足鼓」甚明。若謂石本未可輒改，則豈唐初人所據之本，反不如後出之石本乎？斯不然矣。

綜述

張淳《儀禮識誤》卷一 「眂。」注曰：「天子與其臣元冕以視朔，皮弁以日視朝。諸侯與其臣皮弁以視朔，朝服以日視朝。」按《釋文》云：「『眂』，音『視』，本或作『視』，下同。」陸既音「視」，正文非「視」字明矣。其後「篹」音「纂」，而今文作「纂」，「遁」音「巡」，而今文作「巡」，「妃」音「配」，而今文作「配」，「筴」音「策」，而今文作「策」，「道」音「導」，而今文作「導」，「版」音「板」，而今文作「板」，「侇」音「夷」，而今文作「夷」，「辟」音「壁」，而今文作「壁」，「枋」音「柄」，而今文作「柄」，若此者，皆後人率意改之爾。《禮記・玉藻》「從視」，《周禮》「從眂」，雖「視」、「眂」義同，亦各從其初所用字可也。從《釋文》。

又 「筴。」經曰：「司馬執策立于其後。」按《釋文》云：「筴，音策。」《儀禮》謂「蓍」爲「筴」，《士冠禮》「筮人執筴」，《喪禮》「韇藏筴之器」者是也。謂「箠」爲「筴」，此「司馬執筴」，《既夕禮》「御者執筴」，《特牲饋食禮》「北面以筴動作豖」者是也。至此篇之「筴祝」、「策簡」，《既夕禮》之「書于策」，則「策」也。今本以「箠筴」亦爲「策」，其誤明矣。從《釋文》。案：《説文》無「筴」字，「筴」即「策」之俗體。《説文》云：「策，馬箠也。从竹，朿聲。」《五經文字》云：「『策』，《禮記》作『筴』。《釋文》以爲龜『策』字，久訛，今不敢輒改。」謂「策」久訛作「筴」，是也。張氏淳不知「箠筴」、「龜筴」，並「策」之訛，轉以作「策」者爲誤，而改是從非，于六書之學疎矣。

又 「簠。」經曰：「竹簋方。」按《釋文》云：「簠，音甫，劉音蒲。本或作『簋』，外圓内方曰簠，内圓外方曰簋。」《釋文》明著内外方圓之制，蓋辨或本之誤也。鄭氏注曰：「以竹爲之，狀如簋而方。」若取鄭注易「簋」以「簠」字讀之，簠義甚明，鄭氏固作「簠」字，解矣。今諸本猶從或本，惑之甚也。從《釋文》。

又 「賫。」經曰：「又賫皮。」馬注曰：「賫猶付也。」又曰：「馬云賫。」按《釋文》云：「賫，子兮反。」注同。《九經字様》云：「賫，持遺也，作『賫』者訛。見《周禮》。」竊意作《字様》者，見《周禮》而忘《儀禮》，今攷《聘禮》一篇，經注言「賫」凡二，一曰「使衆官具幣及所宜賫」，二曰「遂見問幾月之資」，注曰：「資，行用也。古文『資』作『賫』。」二「賫」文義皆「資」也，無「持遺」意，故其字從「賫」。至于「賫」也，鄭

氏皆爲「付」，不與「齎」同。義訓既別，豈得通用？況《釋文》「齎」、「賫」兩出，必非一義。從《釋文》。案：《説文》：「齎，持遺也，从貝，齊聲。」俗體作「賫」，又訛而爲「賷」，古字「資」亦通用「齎」。此注「齎猶付」，即持遺意，乃「齎」字本義。張氏于六書之學，未嘗講求，故往往不辨俗體，而改是從非，專就《釋文》字畫用爲據證，其亦昧于本矣。

又卷二 「復。」注曰：「不得祖公子。」又曰：「不得祀別子。」按《釋文》云：「不復，扶又反。」「復」謂此二句「得」字誤也。「不得」者，禁止之辭也，公子禰先君，公孫祖諸侯，于禮爲僭，禁之可也。其曰「不得禰」、「不得祖」，宜也。若公子之子孫有封爲國君者，則後世不祖公子，人情然也，何用禁爲？「不復」云者，蓋既祖此，則不再祖彼焉爾。經于上「禰先君」、「祖諸侯」，皆云「不得」，于下止言「不祖」，義可見矣。今改二句之「得」爲「復」，從《釋文》。

又 「右。」注曰：「几在南，變古文。」按疏云：「上文設几席于室中東面，右几，今云几在南，明其同。必變文者，按《少牢大夫禮》，亦几在南。此言右几，嫌與大夫同。」此疏之言也。予以爲鄭氏稱作經者變上右几之文而已，未必及大夫也。若以是爲嫌，上文何獨不嫌也？然古必作「右」，從疏。

又 「隋。」注曰：《士虞禮》古文曰：「祝命佐食墮祭。」《周禮》曰：「既祭，則藏其墮。」按《釋文》釋「挼祭」云：「音『墮』，後『墮祭』、『挼祭』皆放此。」後《少牢饋食禮》經曰：「墮祭爾敦。」按《釋文》亦作「隋」，許規反，下同。注又曰：「『挼』讀爲『墮』。」按《釋文》音「綏」字注云：「『隋』亦放此。」《有司》注曰：「『挼』讀爲『藏其墮』之『墮』。」按《釋文》音「綏」字注云：「并注『挼』及『隋』皆許恚反，後放此。」然則三篇之「墮」，皆「隋」字也。與《周禮》守祧之文合。至于《士虞禮》之「墮祭」，與舉《周禮》之文，《釋文》于彼自作「墮」。並從《釋文》。

又 「共。」經曰：「主人其祭糗脩。」竊疑「其」者，「共」字之誤，而無據。今攷此篇上文曰：「尸取麷蕡，宰夫贊者取白黑以授尸，尸受，兼祭于豆祭。」又曰：「侑又取麷蕡，同祭于豆祭。」又曰：「尸祭糗脩同祭于豆祭。」又曰：「尸祭糗脩兼祭于豆祭。」下文曰：「主婦又取麷蕡兼祭于豆祭。」又曰：「尸取棗糗，祝取栗脯以授尸，尸兼祭于豆祭。」夫「兼祭」、「同祭」、「共祭」，一義也。彼得以言「兼」言「同」，此不得以言「共」乎？今改「其」爲「共」，從上下文兼同之義。

毛居正《六經正誤》卷一《周易正誤》 六三注「志存于五」，「五」作「王」，誤。《正義》云：「以六三之微，而欲行九五之事。」是解注文「志存于五」也。紹興注疏本、興國軍本皆誤作「王」，唯建安余氏本作「五」。象辭「剛中正履帝位而不疚，光明也」，注云：「言五之德。」則六三注爲「五」字無疑。

又 《象辭》「先王以明罰勑法」，監本誤作「敕」，舊作「勑」，紹興府注疏本、建安余氏本皆作「勑」。伏覩高宗皇帝御書石經作「勑法」，陸德明《釋文》「勑法」恥力反，云「此俗字也」。《字林》作『敕』。鄭云：『勑』，猶『理』也，一云『整』也」。案：《釋文條例》，《易》以王弼注本爲主，特書而專音，是王本用此字。雖引《字林》作「敕」，《字林》乃晉人所著字書，非諸家《易》文。又引鄭康成解「勑」爲「理」，爲「整」，是漢以來作「勑」字也。《條例》又云「來旁作力，俗以爲約『勑』字」，《説文》以爲『勑倈』之字。如此之類，改便驚俗，但不可不知爾。此陸氏謂經文既用此字，不敢改也。然陸氏但知从來从力爲「勑勑」字，而不知「約勑」之「勑」本不从來。蓋「勑勑」字从「往來」之「來」，音力代反，「約勑」字从來从力，音「敕」。來从兩入，音「棘」，「往來」之「來」从兩人，音「萊」。「來」隸變爲「朿」，又音「刺」，重兩朿爲棗，並兩朿爲棘。自漢以來誤以來爲來，故東方朔謂兩來爲棗，其舛久矣。故《易》「勑法」、《書》「勑天」，只當依元本，不容改也。「敕」字雖見於史記，亦是从朿，非从約朿之朿也。从攵者，力之變也。「敕」出於「勑」，「勑」非俗字也。

又 繇辭「二簋可用亨」，象辭「二簋可用亨」，今皆作「享」，誤。案：《釋文》「用亨」音香兩反，蜀才音許庚反，若本作「享」字，必不音許庚反。況「享」字人皆識之，亦不待音香兩反。既有兩音，是元作「亨」字無疑。又《大有》卦「公用亨于天子」，音許庚反，通也，下同。衆家並香兩反，京云「獻也」，干云「享宴也」，姚云「享祀也」《隨》卦「王用亨于西山」，音許庚反，通也。陸許兩反，祭也。《升》卦「王用亨于岐山」，音許庚反，通也。馬、鄭、陸、王肅許兩反，馬云「祭也」，鄭云「獻也」，《益·六二》「王用亨于帝」，音香兩反，注同。王廙許庚反。凡《易》中「亨」字有「亨通」及「亨祀」、「亨宴」兩義者，皆有兩音。蓋王注解作「亨通」，諸家解作「亨祀」、「亨宴」、「亨獻」者，則先音許庚反，次音香兩反。王注解作「亨祀」，諸家解作「亨通」者，則先音香兩反，次音許庚反。雖作兩音，然字作「亨」，無畫，斷然可知。近世傳寫，不考元本及《釋文》，但見王注解作「亨祀」，即加一畫作「享」字，併連《釋文》所標「亨」字亦改作「享」，殊不思字既作「享」，何緣復音許庚反乎？此字當改從舊無疑。但承訛既久，未敢遽改，若《釋文》所標，不容不正，若亦仍俗誤，音切不通，何以垂後？

又卷二《尚書正誤》　「不昏作勞。」「昏」作「㫕」，誤。《正義》作「昏」，建本同。《正義》引孫炎云「昏，夙夜之强也」，从民，从日，亦作「暋」，非从氏也。

又　「改厥元子。」注：「皇天改其大子，言紂雖爲天所大子，無道猶改之。」《正義》曰：「改其大子，謂天子之位與他姓，以託戒諸侯，言天子雖大，猶改之，況已下乎！《釋詁》曰：『元，首也。首是體之大，故傳言大子。』」今監本作「太子」，而《顧命》注將正大子之尊，猶作「小大」之「大」，則知作「太」者，傳寫誤爾。興國及建本皆作「太」，誤。

又卷三《毛詩正誤》　《南有嘉魚》，注：「罩罩，篧也。」《正義》同，《釋文》亦同。興國、建本作「篧」，《玉篇》同。亦作「籗」。《説文》：「籗，罩魚者。省作『篧』。」《集韻》「籗」省作「篧」。

又　《采芑》「芑」作「芑」，誤。「路車有奭」，作「奭」，誤。《釋文》許力反，赤也。《正義》作「奭」，亦誤。興國、建本皆作「奭」。《説文》：「奭从大，从皕。奭，盛也。奭从大，从䀠。奭，目哀也，舉朱反。」《玉篇》同。《廣韻》「䀣」字下「奭」字或訛作「奭」，《集韻》「奭」字或作「奭」，「䀣」字下或作「奭」，皆傳寫訛也。蓋「皕」音「逼」，「䀠」音「瞿」，从「皕」者音許力反，从「䀠」者音舉朱反。今此詩當作「奭」，恐驚俗，姑從興國、建本作「奭」。

又　《正月》「役之圜土」作「圓」，誤。興國、建本皆作「圜」，《周禮》作「圜」。「指害其所憎」作「指」，誤。

又　《韓奕》「韓侯顧之」，注：「顧之猶顧道義也。」疏云：「以君子不妄顧視，而言『韓侯顧之』，則於禮當顧，故云『曲顧道義』。謂既受女以出門及升車授綏之時，當曲顧以道引其妻之禮義，於是之時，則有曲顧也。本或『曲』爲『囬』者，誤也。定本、集注皆爲『曲』字。」《釋文》：「曲顧，一本作『囬顧』。」非也。「曲」今作「猶」者，蓋「曲」誤爲「由」，「由」又轉爲「猶」，則不復可以理推矣。當改作「曲」，以諸本皆誤，未有善本可證，姑仍其舊，而具《正義》。《釋文》所辯于此，使學者知之。

又卷六《春秋左氏傳正誤》　六年「陳之藝極」，注：「藝，準也。」「準」作「准」，蓋先朝官文書避萊國忠愍公寇準名，省文作「准」。至孝宗朝，丞相益國公周必大申明改正訖。當復本字。

又　「請更諸爽塏者。」注：「爽，明也。塏，燥也。」「燥」作「燥」，誤。又欠「也」字。興國、建本皆作「燥」，潭本、《釋文》作「燥也」，當作「燥」，亦當有「也」字。

方崧卿《韓集舉正》卷一　雄偉不賞。杭本作「賞」，三館本、《文粹》皆同。校本一云「常」當作「賞」。《漢・蒯通傳》「功蓋天下者不賞」。以上文考之，義爲勝。

又　恒十年而不居。蜀本作「而」，鮑、謝校。恒，居鄧切，猶「亘竟」之「亘」。班固《叙傳》「恒以年歲」。《選》詩「徙倚恒漏窮」。舊本與《文粹》皆作「恒」，今本只作「亘」，當存本字。

又　皇帝曰嘉。杭作「嘉」，蜀作「嘻」，李、謝校從「嘻」。公上文已有「曰嘻」字，不當重出也。

又　怛威赧德。唐本、閣本、蜀本皆作「赧怛」字，得之。《文録》公《尊號表》有「怛威愧德」，與此同。上下文義亦可考也。

又　將歸操，孔子之趙聞殺鳴犢作。閣本只存此題義，無註文。唐令狐本註與題義皆不出，蜀本於註文上增「又曰」二字，與題義皆夾註寫。以此見雖題義亦後人以《琴操》續補也。歐、宋、荆公本皆用閣本，謝氏從唐本，今姑以閣本爲正。

又　澒洞。山谷本校作「鴻洞」。《淮南子》「澒濛鴻洞」，許氏音貢同。《選・王褒〈簫賦〉》、揚雄《羽獵賦》，所用皆同，唐人始兼用之。少陵詩「鴻洞半炎方」，又「澒洞不可掇」，是也。前輩校字之密如此。

又　或齊若友朋，或隨若先後。杭、蜀同。謝校。《方言》曰：「先後猶娣姒也。」《釋名》曰：「以來先後言也。」校本不詳先後之義，以「友朋」爲「隨迎」，復易「隨」爲「差」，誤甚矣。

又　適及城。閣。曾、李校。蜀本尚作「行」。范本云：「紹聖本作『城』。」作「驤」作「墻」，自杭本也。此詩視古用韻，首篇不入今韻者，多爲後學以意妄改。吴才老云：「詩人用行字韻二十有五，無叶今讀者。」此詩後用「東去趨彭城」、「諒知有所成」，皆庚韻也，何獨於此疑之？

又　醉贈張秘書。元和初作。今本下或注「徹」字，杭、蜀本無之。徹，元和四年進士，此時猶未第，公五六年間皆在東都，此詩蓋在長安日作，非徹也。

又　裋褐。公此語本之《前漢・貨殖傳序》，實用「裋」字。傳本多云：「裋，一作『短』。」董彦遠、洪慶善皆嘗辨古無「短褐」字。按「裋褐」，兩《漢》如《賈誼》、《貢禹傳》、《班彪》、《劉平》、《張衡傳》，與《貨殖傳序》，凡六見，無有作「短」字者。班彪《王命論》「裋褐之襲」，《漢書》作「裋」，《文選》則用丁管切。是唐儒方兩用之，故少陵詩以「長纓」、「短褐」爲對，而《史記・孟嘗君傳》與《戰國策》墨子語，蓋皆傳寫之訛。校本多兩見，公好古最深，當以「裋」爲正。

又　嗷嗷鳴鴈。蜀本作「鴻鴈」，李本從「鴻」。然以題語考之，「鳴鴈」爲是。

又　奈何許。杭、蜀同。《古樂府》：「奈何許。石闕生口中，銜碑不得語。」

朱熹《昌黎先生集考異》卷一　不常。「常」，方從杭本作「賞」，云：「取《漢書》『功蓋天下者不賞』之語。」今按：「不賞」，乃蒯徹教韓信背叛之語，而唐太宗亦嘗自言武德末年實有功高不賞之懼，施之於此，既不相似，且非臣子所宜言者，李亦未必敢取以爲用也。當從諸本爲正。

又　惟得之而不能「惟」，方作「雖」。今按：上文之意若曰「天之生我必有所用，何不力慕古人如傳説之徒，而獨怊悵於無位邪？惟或者苟得其位，而不能追配古人，但如二鳥之空被榮寵，乃是鬼神之所戲耳。故幸年歲之未晚，而庶幾無慕於斯類也。」「斯類」，蓋并指二鳥與彼得之而不能者而言也。「惟」字正是斡轉處，作「雖」即無力矣。「能」，或作「孤」，亦非是。

又　既勞。方無「既」字，非是。不脩。「脩」，方作「循」，云：唐人書「脩」近「循」，《楚詞》亦有誤者。今按：唐人書字之誤，方説是也。然此乃「脩」誤作「循」，非「循」誤作「脩」也。「脩」猶「脩好」、「脩怨」之「脩」，蓋因舊增新之意耳。

又　近武。「近」，或作「其」。十旅。「十」，或作「千」。方云：「按此專紀楊惠琳之亂也。時嚴綬在河東，表請討之，詔與天德軍合擊，未嘗他出師也。『十旅』爲正。」今按：《周禮》五人爲伍，五伍爲兩，四兩爲卒，五卒爲旅，則一旅五百人，而十旅五千人也。方説得之，亦見以順討逆，師不在衆之意。

又　帕首。方云：「荆公本音『麥』，潮本亦然。」《方言》注：「絡頭，帕頭也，音貊。」今多讀作莫轄切。公《送李益》、《鄭權序》皆用此語。或作「帓」字，蓋二音通讀。今按：《集韻》「帕，莫白切」，無莫轄音。「帓，莫葛切，帶也。」方説蓋誤。

又卷二　三星行之辰。方從閣本，「之」下有「三」字，云：「謂斗牛與箕也。」今按：辰，時也。《詩》云：「我辰安在。」方説非是。

又　照手欲把。諸本同。方獨從蜀本作「照把欲手」，云「《檀弓》有手弓，《列子》有手劍，《史記》有手旗」，義同此。諸本多誤。今按：方説手義固爲有據，然諸本云「照手欲把」，則是未把之時，光已照手，故欲把而疑之也。今云「照把」，則是已把之矣，又欲手之而復疑之，何耶？况公之詩，銜口而出，自然奇偉，豈必崎嶇偪仄，假此一字而后爲工乎？大氐方意專主奇澀，故其所取多類此。

又　善幻。「善」，方作「是」。今按：《漢書·西域傳》有「善眩」之語，顔注云：「『眩』，讀與『幻』同。眩，相詐惑也。」即今吞刀吐火、植瓜種樹、屠人截馬之術，韓公蓋用此語。方從閣本，誤矣。

又　抱華不能摛。蜀本作「把筆不能摛」。而「不能」或作「能不」。方從杭本如此，云：「班固《答賓戲》『摛藻如春華』。」蓋公寄崔詩正當冬月，故感窮景而不能摛發其春華耳。上文諸毛乃謂筆也，既隱其詞，則此不應又直言之，故作「抱筆」者亦非也。今按：方本及説皆是。但其詞有未足者，故今略爲補之。論諸毛功，必是爲《毛穎傳》而發，但蜀本之誤，不待以此爲辨而自明耳。

又卷三　驪目。「驪」，方從杭、蜀本作「離」，云：「『光映骨而睡離目』，言讀盧詩之快也。」今按：諸本蓋用《莊子》「取驪龍之珠者必遭其睡」之語，以目言之，則又不止其頷下之珠矣。方説不成文理，况上文初無欲睡之意邪！

彭叔夏《文苑英華辨證》卷一《用字二》

凡字因疑承訛，當是正者。如李邕《日賦》「將閑谷兮永言，豈覆盆兮貽悔」，「閑」當作「閉」，見《文選·曹植〈與吴質書〉》「閉濛汜之谷」。《驕陽賦》闕名。他皆倣此。「水于土而成妖」，「于」當作「干」，見《春秋繁露》「水干土則大旱」。又「誓中隅而有請」，詳上文，指廣漢從事。按《搜神記》，諒輔爲廣漢從事，夏旱出禱，誓至日中雨不降，請以身塞，迺積柴將自焚。至禺中時雨大作。據此，則「中隅」當作「禺中」。「禺」，《淮南子》作「隅」。吴融《沃焦山賦》「嘉穀薿薿，五穫何利」，詳上文，言幽并之墟。按《管子》「恒山有穀，四種五穫」。據此，則「嘉穀」當作「嘉穀」。賈餗《履薄冰賦》「時剡剡而屢起」，「屢」當作「屨」，《禮記》「弁行剡剡起屨」。王澄《梓材賦》「掄材者杍」，「杍」當作「杍」，《廣韻》「杍，木工匠。或作梓」。浩虚舟《王者父事天兄事日賦》「草邑難窮，屢軫南陔之戀。棠陰易匿，常思棣鄂之華」，「邑」或改作「昧」，非也，《南陔補亡詩》云「循彼南陔，厥草油油。彼居之子，色思其柔」，則「邑」當作「色」。《日中爲市賦》「權儈於焉積實」，按《漢·趙王彭祖傳》「爲賈人榷會」，師古曰「專榷賈人之會，若今和市。會，工外反」，則「權儈」疑作「榷會」。高郢《吴公子聽樂賦》「馬弭毛而仰秣，魚竦鱗而躍浪」，按左思《吴都賦》「馬弭髦而仰秣，魚竦鱗而上升」，則「毛」當作「髦」，「竦」當作「竦」。林慮山人《鍾期聽伯牙鼓琴賦》「納正集邪」，按《白虎通》「琴者，禁也，禁止於邪，以正人心也」，則「集」當作「禁」。梁涉《長竿賦》「有格檡之脩竿」，按司馬相如《大人賦》「建格澤之脩竿」，注：「格澤，氣也。格，胡各反。澤，大各反。」則「檡」當作「澤」。樊晦《燕巢賦》「或在王筵」，「王筵」當作「玉筐」。《文選·安陸王碑》注云：「有娀氏取燕，覆以玉筐。」王起《魚銜珠賦》「得廉寸之彩」，「廉」疑當作「兼」，左思《魏都賦》「明珠兼寸」，又疑作「度」，《韓詩外傳》「良珠度寸」。又如董思恭《日詩》「滄海十枝暉」，見《山海經》「扶桑九日居下枝，一日居上枝」，而或作「滄海十丈暉」。楊炯《酺宴應詔詩》「妖星六丈出」，見《漢·天文志》五殘、六賊、司詭、咸漢四星，並去地可六丈，而或作「妖星六紋出」。王勃《九成宫頌》「林兵護野，方臣啓路」，「臣」疑當作「神」，班固《東都賦》「山靈護野，屬御方神」。篇末第十七頌，亦云「方神護野」。又「架千樓而致極」，「致」疑當作「掇」，揚雄《甘泉賦》「掇北極之嶟嶟」。劉藏器《恤刑策》「赭衣艾筆」，「筆」疑作「畢」。《荀子》「治古無肉刑而有象刑，共艾畢，殺赭衣」，注：「畢，與韠同。」或云：「古文『筆』、『畢』通用。」薛道衡《老氏碑》「非纓知恥，畫服興慙」，「非」一作「丱」，疑當作「艸」。艸，古「草」字。「草纓」見

《慎子》。王延昌《河瀆碑》「春以泮凍，秋以涸流」，「涸流」當從《漢書・郊祀志》作「涸凍」。「文墨相望」，「文墨」當從《國語》作「丈墨」。五尺爲墨。「漸邑麾城」，「漸」當作「摲」，音㦤，舉手擬之也。見揚雄《長楊賦》。《崔太師家廟碑》「眊眊孝子」，「眊眊」疑當作「毣毣」，音沐，謹愿貌，見《漢書・鮑宣傳》。權德輿《李國貞碑》「亂之劇也」，「劇」當從集作「剡」，《國語》「舅犯曰：大亂之剡也，不可犯也」，注「剡，鋒也」。張説《鄭夫人誌》「閨門之訓」，「閨」當從集作「閫」，《國語》「文伯之母閫門與康子言」注「閫，闢寢門也」。「閫」音「蔿」。于邵《謝賜甘子狀》「分甘絶劣」，按《司馬遷傳》「李陵絶甘分少」，今文既顛錯，「少」又作「劣」，恐當云「絶甘分少」。温庭筠《上杜舍人啓》「物乘其勢，則嘒紀畫塗」，按《王褒傳》「忽若彗氾畫塗」，言其易也。今訛作「嘒紀」，恐當云「彗氾畫塗」。此類覽者所宜詳也。

又卷三《人名四》 其有訛舛，質於史傳，當是正者。如新羅王德真《織錦作太平詩》「新羅王德真，即新羅王金真平女也。平死無子，女乃嗣立爲王。大破百濟之衆，其弟子法敏以聞」。按《唐書》本傳，王真平死，無子，立女善德爲王。善德死，妹真德襲王，攻破百濟，遣弟伊贊子春秋之子法敏入朝，織錦爲頌以獻。據此，則「德真」當作「真德」，法敏乃真德弟，伊贊子，春秋之子也。李嶠《賀破契丹表》「逆賊孫萬榮」，按《唐書》，聖證元年改契丹首領李盡忠爲盡滅，孫萬榮爲萬斬。《陳子昂集》中亦作「萬斬」。今契丹已破，《賀表》猶稱「萬榮」，非。令狐楚《爲鄭儋謝河東節度使表》「本使李詵，奄從薨逝」，「詵」一作「悦」。按《舊唐書》，李説貞元十六年十月卒，以鄭儋代之。「詵」當作「説」。又見韓文《鄭儋碑》。侯莫陳悦《檄陳蕭摩訶文》，按悦以西魏永熙三年卒，後隋伐陳，乃以侯莫陳穎爲行軍總管。「悦」疑當作「穎」。盧思道《北齊興亡論》「李昌地迺密親」，「李昌」按《北史》當作「孝昭」。沈約《授蕭重俅左僕射詔》「征虜將軍吴興太守、建安縣開國子蕭重俅」，「重俅」一作「惠休」，是。《南史》惠休封建安縣子，徙吴興太守，徵爲右僕射。詔詞作「左僕射」。權德輿《自挹誌》「自挹德輿之族祖，其先殷王戊丁之友」，集本同。按世系表，權氏武丁之裔孫，「戊丁之友」疑當作「武丁之支」。此類覽者所宜詳也。

又《官爵二》 其有訛舛，當是正者。如《魏謩拜相制》「判户部事」，一作「兵部侍郎」。按《新史》謩本傳，遷御史中丞，兼户部侍郎。《舊史》云：「判户部事。」而制詞亦云：「貳于卿秩，掌我地征。」末云：「依前判户部事。」並無「兵部侍郎」。當作「户部侍郎」、「判户部事」。常衮《謝妻封弘農郡夫人表》「其後雖有石窌延卿之錫，亦無夫人之號」，《書顛表》無「延卿」二字。按《陳留風俗傳》，封丘者，高祖與項氏戰，厄於延鄉，有翟母者免其難，故以延鄉爲封丘縣，以封翟母。則「延卿」當作「延鄉」。《鄖國公韋孝寬檄陳文》「行軍總管、柱國公士彦」，「柱國公」按《梁士彦傳》，當作「上柱國、郕國公」。王志愔《應正論》「任延爲武建太守」，按《後漢》本傳，「武建」當從舊史作「武威」。庾信《齊王憲碑》「都督益、甯、壽等二十四州」，「益甯壽」當從《周書》本傳作「益甯巴瀘」。又《贈太子少保豆盧公碑》，此豆盧永恩也，當從本傳作「贈少保」。碑中亦云「贈少保」。李嶠《攀龍臺碑》「進封膺國公」，「膺」一作「晉」，此武士彟也，當從本傳作「應國公」。「次兄士逸封六安郡公」，當從二《唐書》作「安陸縣公」。《唐志》安州安陸郡安陸縣，無六安郡。張説《馮昭泰碑》「起家左奉格」，當從集作「奉裕」。《唐志》唐置兵曹，改司使左右復曰千牛備身。龍朔二年，改千牛備身曰奉裕。楊炯《任晃誌》「淮陽從事，術數知名」，此用任氏事也，當從集作「益州從事」。《後漢・方術傳》注：「任文公，巴郡人，爲州從事，以占術馳名。」白居易《元稹誌》「六代祖岩封武平公」，集作「昌平」，當從《文粹》作「平昌」，見《隋書》本傳及《唐・世系表》。此類覽者所宜詳也。

又卷五《年月四》 其有與史全異，所當考者。如劉洎《論太子初立請尊賢學表》一作《請太子尊賢重道書》。「竊以良娣之選，遍於中國，仰惟聖旨，本求內助，防微慎遠之慮，固非羣下所測。暨乎徵簡人物，則與聘納相違。監撫二周，未延一士。愚謂內既如彼，外亦宜然者，恐招物議，將謂陛下重內而輕外也」，此段《貞觀政要》、《唐會要》、新、舊《唐書》、《通鑑》並無，唯《文苑》有之。《會要》云：「武德九年，立中山王承乾爲太子。貞觀十三年，黄門侍郎劉洎上疏云云，上遂勑洎，令與岑文本、馬周，遞日往東宮，與太子談論」。《政要》云：「貞觀十八年，大帝初立爲皇太子，尚未尊賢重道。太宗又嘗令太子居寢殿之側，絶不往東宮。散騎常侍劉洎上書云云，太宗迺令洎與岑文本、馬周，遞日往東宮與太子談論。」桉太子承乾以貞觀十七年廢，遂立晉王爲太子。二《唐書》、《通鑑》皆載洎書於立晉王爲太子之後。今云「監撫二周」，則與《政要》所書貞觀十八年相近，而《會要》所載武德九年，及至貞觀十三年，則相遠矣。若以貞觀九年高祖崩，太子監國，至十三年亦與二周相遠。又洎書云：「古之太子，問安而退，異宮而處。今太子一侍天闈，動移旬朔。」此以諫太子居寢殿之側也。《新史・高宗紀》云：「太宗嘗命太子遊觀習射，太子辭以非所好，願得奉至尊，居膝下。太宗大喜，迺營寢殿側爲別院，使太子居之。」則與《政要》合。《會要》以爲承乾，恐非。于邵《爲楊炎請册皇太子第二表》「高祖義寧二年五月即位，六月立建成爲皇太子。太宗武德九年八月即位，十月立中山王爲

皇太子。高宗貞觀二十三年六月即位，七月立陳王爲皇太子」，按二《唐書》及《會要》，高宗永徽三年七月，立陳王忠爲皇太子。非貞觀二十三年也。然詳此表上下文意，皆謂祖宗即位之年，便立太子，故云六月即位，七月立皇太子。于邵爲楊炎作表，去高宗未遠，不應與《唐書》、《會要》牴牾如此。

又卷六《題目一》 凡題目有訛舛，當是正者。如張説《三月三日承恩讌樂遊園詩》，「三日」集作「二十日」。其詩云「旬宴美成功」，則非三日矣，今迺題作「三日」，編入上巳門。李白《秋夜獨坐懷古》，集作「懷故山」，詩意甚明，今迺題作「懷古」，編入懷古門。李益《宮苑花》，集作「宮怨」，詩云：「露溼晴花春殿香，月明歌吹在昭陽。似將海水添宮漏，共滴長門一夜長。」今迺題作「宮苑花」，編入雜花門。顔師古《太宗廟樂舞名議》，貞觀十四年六月一日，詔曰：「殷薦祖考，以崇功德，比雖加以誠潔，而廟樂未稱，宜令所司制定奏聞。」於是師古立議。與後篇許敬宗《定宗廟樂議》，實一事也。豈有貞觀中而預議太宗廟樂舞名乎，當題作《定宗廟樂舞名議》。蘇頲《唐中宗諡議册文》，《唐大詔令》、《文粹》並作「諡册文」，或謂此篇有「臣等上議」之語，而首末迺類諡册，故題目兼云「諡議册文」殆一時變禮。然「諡議」、「諡册」，《文苑》自分兩門，此爲可疑耳。柳宗元《左常侍柳渾諡議》，按宗元迺渾姪孫，作渾《行狀》，《行狀》載九百七十七卷。仍作此《上考功狀》，下太常博士裴寬，因諡曰貞。本集並載其事，而寬議不録。今迺編在諡議中。

岳濬《刊正九經三傳沿革例・考異》石經亦别有《考異》一卷，今倣之 《書・禹貢》「滎波既豬」及「導沇水，東流爲濟，入于河，溢爲滎」，凡「滎」字皆從水。《禮・夏官・職方氏》豫州「其川熒雒」，經文「熒」字從火，注「滎」字多从水。《左傳》衛懿公「及狄人戰于熒澤」及杜預注，自隱元年以來，所引「滎陽」者不一，率多從火。《釋文》云：「作『滎』者非」。若合《書》、《禮》、《左傳》而言之，則同此「滎」耳，以水溢言之，則曰「滎波」、「熒澤」，以秦漢置縣及魏晉之後置郡言之，其地在滎水之陽，則曰「滎陽」。故孔注《禹貢》則曰：「泉源爲沇，流去爲濟。濟水入河，並流十數里，而南截河。又並流數里，溢爲滎澤，在敖倉東南。」鄭注《職方氏》則曰：「滎，兖水，出東垣，入于河，泆爲滎。滎在滎陽。『波』，讀爲『播』，《禹貢》曰『滎播既都』。」杜預注熒澤之戰，則以熒澤當在河北。孔穎達：「《禹貢》豫州『滎波既豬』，『導沇水，入于河，溢爲滎』，在河南。此時衛都河北，爲狄所敗，乃東徙渡河，故知此熒澤當在河北。但沇水入河乃溢，被河南多，故專得滎名，其北雖小，亦稱滎也。」參考諸家之説，則滎波之滎，熒雒之熒，熒澤之熒，滎陽之滎，同以濟水溢爲波爲澤而得名。《釋文》於《左傳》決然以爲作「滎」者非，似未深考也。只如《禹貢》之「滎波既豬」，鄭引以注《職方氏》則曰「滎播既都」，《禹貢》之「沇水」，鄭注則曰「兖」。蓋「播」即「波」也，「豬」即「都」也，「兖」即「沇」也，而其字則異焉，各因其時所傳之本之舊也。「滎」字之或從火，要亦如此。今各從其本之舊，而實則一也。

又《春秋名號歸一圖》 按《宋・藝文志》：「《春秋名號歸一圖》二卷，馮繼先撰。」刊本多訛錯，嘗合京、杭、建、蜀本參校，有氏名略同，實非一人而合爲一者，有名字若殊，本非二人而析爲二者，有某國適他國而前後互見者，有稱某公與某年而經傳不合者。或以傳爲經，或以注爲傳，或偏旁疑似而亥豕之差，或行數牽聯而甲乙之别，若此類非一。今皆訂之經傳，刊其譌謬，且爲分行以見别書。若雜于經傳與注，而止稱經或傳注，散見于前後數年間，而止某公某年，蓋據始見而書之。廖本無《年表歸一圖》，今既刊《公》、《穀》，併補二書，以附經傳之後。

又《春秋年表》 《三朝藝文志》不載作者名，今諸本或闕號名，或紊年月，參之經傳，多有舛錯刊寫之誤。如諸國君繼立有簒奪者，表止書某立，今增入。諸國君有弑殺，表例書其卒，今改定。諸國君卒，或年與月誤，或稱某公子若弟與兄誤，今攷注疏刊正。諸國君卒與立皆書，惟魯闕，今依經傳添補。如鄭莊公卒，表書厲公突立、突出奔，按經傳：昭公立，宋人執蔡仲，以厲公歸而立之，昭公奔衛。如莒著丌公去疾，表書又名郊公。按傳「著丌公卒，郊公不慼」注：「郊公，著丌公子。」如「楚莊王旅」誤爲「旋」，「晉景公獳」誤爲「孺」。若此類，不可枚舉。皆以經傳正之。《史記》年表書事，今表止書繼立，循舊不改。按《館閣書目》：「元豐中，楊彦齡撰，二卷。紹興中，環中撰，一卷。今本一卷，與紹興本《藝文志》所載者同。」

何焯《義門讀書記》卷一三 「自琅邪北至榮成山。」亭林云：《寰宇記》：「秦始皇登勞盛山，望蓬萊。」後人因謂此山一名勞盛山，誤也。勞、盛，二山名。勞即勞山，盛即成山。《史記・封禪書》：「七曰日主，祠成山。成山斗入海。」《漢書》作『盛山』，古字通用。齊之東偏環以大海，海岸之上莫大於勞、成二山，故始皇登之。《史記・秦始皇紀》：『令入海者齎捕巨魚具，而自以連弩候大魚出射之，自琅邪北至榮成山，弗見。』《正義》曰：『榮成山即成山也。』」按：史及前代《地理志》並無榮成山，余向疑之，以爲其文在琅邪之下，成山之上，必「勞」字之誤。後見王充《論衡》引此正作「勞成山」，乃知晉人傳寫之誤，唐時諸君亦未之詳考也，遂使勞山并盛之名，成山冒榮之號。今特正之。

彭元瑞《石經考文提要》卷二 「予有亂十人。」監本「亂」下有「臣」字。案：

此文諸經凡四見，此與《論語・泰伯》句同。《左傳》襄公二十有八年「武王有亂十人」，昭公二十有四年「余有亂十人」是也。唐石經四見，皆無「臣」字。後人於《泰誓》、《左傳》昭公二十有四年、《論語》皆旁增「臣」字。襄公二十有八年復失不增。若云唐石經脱字，不應四見皆同也。《經典釋文》於《論語》明出「予有亂十人」，注云：「本或作『亂臣十人』，非是。」增「臣」字，自《論語》别本始也。王應麟《困學紀聞》云：「《論語釋文》：『予有亂十人。』《左傳》叔孫穆子亦曰：『武王有亂十人。』劉原父謂子無臣母之理，婦人蓋邑姜也。然本無『臣』字，舊説不必改。」南宋石經，岳珂荆溪家塾、廖瑩中世綵堂兩本《左傳》俱無「臣」字。《欽定春秋傳説彙纂》作「武王有亂十人」。今畫一从删。

又卷四 「乃縣治象之灋于象魏。」監本譌「之法」。案：《周禮》奇字作「灋」，不應復有「法」字。監本「灋」、「法」錯出，如《天官・大宰》之「乃施灋于官府」，《小宰》之「而觀治象之灋」。不用「灋」者，《司書》之「凡税斂掌事者受灋焉」，《地官・小司徒》之「掌建邦之教灋」，「乃頒比灋」，「而觀教灋之象」。不用「灋」者，「修灋糾職」，《鄉師》之「以國比之灋」，「出田灋于州里」，《鄉大夫》之「令羣吏考灋于司徒」，《州長》之「各掌其州之教治政令之灋」，「各屬其州之民而讀灋」，「則屬其民而讀灋」，「則讀教灋如初」，《黨正》之「則屬民而讀邦灋」，「則以其灋」，「屬民讀灋」，《族師》之「則屬民而讀邦灋」，「以邦比之灋」，《閭胥》之「既比則讀灋」，皆譌「法」。今悉改正。

又 「贊王幣爵之事。」坊本作「玉幣」。案：此沿唐石經之誤，《九經三傳沿革例》云：「諸本『王』皆作『玉』，惟越注疏及建大字本作『王』。」因《大宰職》有「贊玉幣爵」之文，遂以此亦爲「玉幣爵」。但此則決非「玉」字。《大宰》上文先有贊王牲事，小宰職卑，不獲贊王牲事，而與贊幣爵之事。上文未有「王」字，故以「王幣爵」言之。注所謂從大宰助王，其義甚明。今从武英殿本、《三禮攷注》、監本。

段玉裁《汲古閣説文訂》 玉部 王 「其聲舒揚，專以遠聞。」初印本如此。趙本、《五音韻譜》、《集韻》皆同，宋本、葉本作「尃」，譌字耳。專者，專壹之意，謂其堅故遠聞，《聘義》所謂「清越以長」。《管子・水地篇》説玉云：「其音清摶徹遠，純而不殺。」「摶」，古書多用爲專壹字，與《説文》正合。今依小徐剜改「專」字作「尃」字。專者，布也，與上文「舒揚」不爲複乎？

又 言部 諴 「《周書》曰：『不能諴于小民。』」按宋本、葉本、趙本、《五音韻譜》、《集韻》皆作「不能」，今刻《集韻》作「丕能」。元和周明經澍塘錫鑽所藏毛抄宋本《集韻》作「不」，則知今《集韻》及《類篇》皆淺人改也。今毛本《説文》「不」字作「丕」，蓋初刻時已誤，抑或剜板在四次以前者。

王念孫《讀書雜志》一之二《有生而不失其宜　天不失其時》 「夫然則有生而不失其宜，萬物不失其性，人不失其事，天不失其時。」念孫案：「有生而不失其宜」本作「土不失其宜」。上文曰「因其土宜以爲民資」，《文傳篇》曰「土不失宜」，皆其證。今本「土」誤作「生」，又衍「有而」二字，則文義不明，且與下三句不類矣。「天不失其時」本作「天下不失其時」，王者因時布令，故天下不失其時。若云「天不失其時」，則非其旨矣。「觀天之神道而四時不忒」，則天之不失時，非因王政而致然也。《藝文類聚・帝王部二》、《太平御覽・皇王部九》引此，並作「土不失其宜」、「天下不失其時」。

又二之三《令儀狄》 「昔者帝女令儀狄作酒而美，進之禹。」姚曰：「一本無『令』字。」念孫案：一本是也。儀狄即帝女之名，不當有「令」字。《文選》《七啓》、《七命》注，及《太平御覽・飲食部》引此，皆無「令」字。

又三之三《唐叔虞》 「唐叔虞者，周武王子而成王弟。」念孫案：「唐」上本有「晉」字，後人以晉、唐不當並稱，故删去「晉」字也。今案：昭元年《左傳》遷實沈子大夏，唐人是因，以服事夏商，其季世曰唐叔虞」，杜注曰：「唐人之季世，其君曰叔虞。」下文「當武王邑姜方震大叔，夢帝謂己『余命而子曰虞』」，注曰：「取唐君之名。」是唐人之季世，與周武王子封於唐者，皆謂之唐叔虞。而武王子封於唐者，寔爲晉之始祖，故言「晉唐叔虞」以别之。《索隱》本出「晉唐叔虞」四字，注曰：「晉初封於唐，故稱晉唐叔虞。」則有「晉」字明矣。

又《二十年》 「二十年，齊湣王欲爲從長。」念孫案：《索隱》本出「二十六年」四字，注曰：「案下文始言二十四年，又更有二十六年，則此云『二十六年』，衍字也。當是二十年事。」據此，則正文本作「二十六年」，而小司馬以爲當作「二十年」。今本依小司馬改爲「二十年」，則與注内「此云二十六年」之語不合，故又於注首加八字云「俗本或作二十六年」，然後接以「案下文」云云。甚矣其謬也。

又三之五《嫁庸奴亡其夫去》 「外黄富人女甚美，嫁庸奴，亡其夫，去抵父客。」《集解》於「亡其夫」下注曰：「一云『其夫亡』也。」念孫案：一本是也。「嫁」字後人所加，「亡」字本在「其夫」下，「庸奴其夫」爲句，「亡去」爲句，「抵父客」爲句。《漢書》作「外黄富人女甚美，庸奴其夫，師古曰：「言不恃賴其夫，視之若庸奴。」亡邸父

客一，如淳曰：「父時故賓客也。」是其證也。因「亡」字誤在「其夫」之上，遂與「庸奴」二字義不相屬。後人不得其解，輒於「庸奴」上加「嫁」字，而讀「嫁庸奴」爲句，《廿二史劄記》謂所嫁者乃庸奴，故逃之，非也。既爲富人女而又甚美，則無嫁庸奴之理。「亡其夫」爲句。其謬甚矣。徐廣讀「其夫亡」爲句，亦非。

又四之一《續食》 「徵吏民有明當世之務，習先聖之術者，縣次續食，令與計偕。」宋祁曰：「舊本『續』作『給』。」念孫案：舊本是也。據注云「縣次給之食」，則本作「給食」明矣。《平紀》亦有「縣次給食」之語。若作「續食」，則義不可通。《通鑑・漢紀十》作「續食」，則所見《漢書》本已誤。《太平御覽・治道部九》引此，正作「給食」，《通典・選舉一》同。

又九之二〇《繩之法法》 「若不脩其風俗，而縱之淫辟，乃隨之以刑，繩之法法，雖殘賊天下，弗能禁也。」念孫案：「繩之法法」，文不成義，當依劉本作「繩之以法」。茅本作「繩之以法，法雖殘賊天下」，以次「法」字屬下讀，亦非。莊本同。《文子・下德篇》作「棄之以法，隨之以刑，雖殘賊天下，不能禁其姦矣」，則劉本是也。

鈕樹玉《段氏說文注訂》卷一 「丄」、「丅」改爲「二」、「二」，注云：各本誤以「丄」爲古文，則不得不改篆文云「上」爲「丄」，而用爲部首，使下文从「二」之字皆無所統。按：「二」爲古文「上」，雖見於偏旁及注，然部首作「丄」，以視而可識爲指事也，若作「二」，則於指事晦。《說文》有但見於注而不箸於篆者，如「米」爲古文「旅」，「𠀁」爲古文「貴」是也。又「帝」爲古文「帝」，「𡿭」爲古文「示」，並省「丄」爲「二」，未可拘泥。

又 刪「瑳」字，注云：「玼」之或體作「瑳」。《詩・君子偕老》二章、三章皆曰「玼兮玼兮」，是以二章毛、鄭有注，三章無注，或兩章皆作「瑳」。自淺人分別「玼」屬二章，「瑳」屬三章，畫爲二字二義，又於《說文》增「瑳」爲訓釋。今刪。按：《玉篇》：「瑳，且我切，玉色鮮白也。」引《詩傳》曰：「瑳，巧笑貌。又七河切。」《廣韻》收平、上二聲。蓋「瑳」字夛見之字，是以毛、鄭不釋。陸氏《釋文》云：「舊本皆前作『玼』，後作『瑳』字。」《詩・淇奧》「如切如瑳」，或作「磋」，非。《論語》、《大學》、《爾雅》並同。《繫傳》偶脫「瑳」，因而致疑，過矣。《詩》釋文「玼」引沈云「王肅本或作『瑳』」，則「玼」或可疑，「瑳」不可刪。

又 「蓏，蓏婁，果蓏也。」注云：「蓏」，宋本作「菰」，依鍇本，與《詩》合。按舊本《繫傳》作「蓏」，《詩》及《釋草》作「蓏」。《說文》無「蓏」，「蓏」當不誤。

嚴可均等《說文校議》卷一上 一「太始」，宋本作「大始」，小徐、《韻會・四質》引作「太極」，可隨本。「皆从二」，小徐「从」皆作「從」。按：从，相聽也。從，隨行也。義別。檢六朝唐人引《說文》從某從某，無從「从」者也。《說文》舊有《音隱》，世所不傳，引見于六朝唐人之書者尚千許事。小徐新易之，大徐又易以孫愐音，朱翱又爲小徐作音，實則後世音變，以反切讀《說文》，十失三四。況許君既言「從某聲」、「讀若某」，不煩反切。今姑弗刪，其諸本互異，置之不議。

又 元「从一从兀」，小徐作「從一兀」，云：俗本有「聲」字，人妄加之也。余謂當作「兀聲」。《六書故》弟一引一本「从一兀聲」。《九經字樣》「從一兀聲」。古讀「兀」、「元」聲近，儿部「兀」讀若「夐」，髟部「髡」从兀聲，或从元作「髡」，車部「軏」从元聲，無聲字者，人妄刪之也。《說文》舊本當云「字從一，從兀聲」也。唐人引見語例如此。後人刪節，義亦無害，不勞改復，後皆放此。

又 祡「燒柴燓燎」，小徐、《釋天》釋文、《韻會・九佳》引作「燒柴燎」，《玉篇》、《列子・湯問》釋文、《集韻・十三佳》、《類篇》引作「燒柴燓燎」。按：當作「燒柴尞」。《舜典》釋文引馬融云「祭時積柴，加牲其上而燔之」，今此依篆作「燒祡」，將所燒者何物乎？「燓」亦「燒」也，云「燒」即不必云「燓」，無「燓」字爲是。火部尞「祡祭天也」，「燎」非此義。《說文》舊本引《書》偁《尚書》，或但偁《書》，六朝唐初引見如此。其唐、虞、夏、商、周等字，皆校者所加，亦有未盡加者，如「圛」下、「堣」下、「垔」下偁《尚書》，「蘄」下、「韶」下、「卟」下、「梧」下但偁《書》也。此類亦無害義，惟《周書》與七十一篇之《周書》無別，彼不得不加「逸」字，則不如舊本之安耳。議見「祘」字條。

又《說文訂訂》 弟四葉「紫菀出漢中房陵」至「謂眄曰瞯」。今《說文》「紫」作「茈」，「眄」作「眡」。《玉篇》作「紫」，作「眄」。當據改，不當私改。

又 「㬰，引也」，宋本作「神也」，恐是「伸」之誤。示部神「天神引出萬物者也」，人部伸「神也」，申部申「神也」。「引」、「神」兩得，未必「伸」之誤。

黃丕烈《重刻剡川姚氏本戰國策札記》卷上 秦攻魏將犀武軍於伊闕。今本「犀」作「屖」，鮑本作「犀」。吳氏補曰：「諸本『犀』作『屖』，當正。」丕烈案：「屖」即「犀」別體耳。後《策》文「殺犀武」，《史記》作「仆師武」，《集解》引此作「犀」。「師」、「犀」者，聲之轉也。

又 弓撥矢鉤。「鉤」，鮑本作「拘」，改爲「鉤」。吳氏補曰：「拘有鉤音，古或通。」丕烈案：「拘」字當是。此亦因《史記》而譌爲「鉤」耳。

又 而利温囿以爲樂。鮑改「利」爲「私」。吳氏補曰：「按：作『利』字，則與上協。」丕

烈案：吳氏説非是。詳高注、姚校，皆當作「私」。《秦策》「而私商於之地」，亦其證。

又 挾荆。吳氏補曰：「韓作『拔』。」丕烈案：「拔」字誤。「挾」當是「狹」，後《策》文「省攻伐之心」，《新序》作「挾戰功之心」，字與此同。

又 乃攻邯鄲。「乃」，鮑本作「以」。丕烈案：《韓子》是「以」字。

又 利盡西海。「西」，鮑本作「四」。吳補：「一本『西海』。《新序》同。」丕烈案：《史記》亦作「西」，「四」字誤。

又 道而聞之。吳氏補曰：「按：《韓非子》『道而』作『道穴』，云：『秦王欲將犀首，樗里疾恐代之將也。』」丕烈案：《韓子》在《外儲説右上》，事與《策》同。其樗里疾事，以「一曰」爲別。吳合爲一事者誤。

又 乃逐之。「之」，鮑本無。鮑補「之」字。丕烈案：《韓子》有。

又卷中 何以知其然矣。今本「矣」作「也」，乃誤涉鮑也。鮑改「矣」爲「也」。吳氏補曰：「上文例當作『也』。」

又 且王嘗用滑於越。今本「滑」上有「召」字，乃誤涉鮑也。鮑補「召」字。吳氏補曰：「《史》作『召滑』。」丕烈案：《韓子》有「邵」字。滑即召滑，不當補。李善注《文選·過秦論》「召滑」，引《韓子》、《史記》，而不引《策》。《策》本無「召」字，其明證也。賈誼《新書》作「召滑」，《秦本紀》作「昭滑」，後《策》作「卓滑」，《趙策》作「淖滑」。「召」、「昭」、「卓」、「淖」，聲之轉。

又 必開扃天下之匈。鮑改「開」爲「關」。吳氏補曰：「《史》同。按諸本多作『開』，或作『大開』，不若『關』義長。」丕烈案：《史記》作「必大關天下之匈」，徐廣曰：「『關』，一作『開』。」此當是《策》文作「必扃天下之匈」，「開」、「關」字皆所記《史記》異文而誤入者。「關」、「扃」同義。

又 皆以狄蒿苦楚廧之其高至丈餘。今本「苦」作「楛」，「之」下有「有楛」二字。「狄」，鮑本作「荻」。丕烈案：《韓子》作「皆以荻蒿楛楚牆之，有楛高至于丈」。此「苦」字當作「苦」，即《韓子》之「楛」字。《韓子》「有楛」二字，依此《策》文當衍。今本反依之添入，誤也。

又 中山必亡。「亡」，鮑本作「之」。吳補：「一本之作『亡』。是。」

又 李兑乃謂齊王曰。吳氏正曰：「『李兑』二字必誤。下云『使公孫衍説奉陽君』，即述上文『令公孫衍説李兑』也。其下豈得爲兑言乎？又後有循燕觀趙語，以爲兑言則不通。」丕烈案：吳氏定奉陽君爲李兑，其説最確。元和顧氏廣圻曰：「此下皆當爲蘇代謂齊王語，當爲『李兑』下有缺文也。」説詳其所著《思適齋筆記》。

又卷下 絶韓之上黨。吳氏補曰：「《史》作絶上黨。」丕烈案：《史記》有「韓」字，吳誤。

又 伐楚道涉而谷。今本「而」作「山」，乃誤涉鮑也。鮑改「而」爲「山」。丕烈案：今《史記》作「伐楚道涉山谷」，衍「山」字也。《索隱》作「道涉谷」，云：「道猶行也。涉谷是往楚之險路。」《策》文亦本云「道涉谷」，衍「而」字。鮑乃依今《史記》改，誤甚。今本初刻「道」誤「趙」，改刻不誤。

又 安陵君因使唐且使於秦。鮑改「且」作「雎」。丕烈案：《説苑》作「且」，《古今人表》中中安陵君唐雎即此也。吳氏正曰：唐且之名見於《策》者不一。其論是矣。唯引《新序》「司馬唐且」誤。此乃司馬唐，衍「且」字。

又 公仲明謂韓王曰。鮑改「明」作「朋」。吳氏補曰：「當作朋。」丕烈案：《史記》無「明」字。《索隱》曰：「韓相國，名侈。」考《韓子·十過》有此文，正作「朋」。吳説是矣。

又 觀鞅謂春申曰。「觀」，鮑本作「魏」。吳補：「一本『觀鞅』。《史》作觀津人朱英。」丕烈案：觀，觀津也。「鞅」即「英」字，作「魏」者譌。鮑從之，誤甚。

又 特以爲夫人麤糲之費。「夫」，鮑本作「丈」。吳補：「一本『夫人』。《史》同。韋昭云：『古者尊大嫗爲夫人。又或作大人。』」丕烈案：「丈」字當是。《顔氏家訓》有説。

又 而以啓爲吏。「啓」下鮑本有「人」字。丕烈案：有者當是。《韓子》、《史記》正有「人」字。《索隱》曰：「人猶臣也。」下文「而吏無非太子人者」可證。

又 乃使蘇代持質子於齊。鮑改「持」爲「侍」。吳氏補曰：「《史》作『侍』。」丕烈案：《世家》索隱引此《策》文，正作「侍」。

又 不悟先論之可以立功。「悟」，鮑本作「悞」。丕烈案：《史記》作「寤」。《新序》作「計」。

又 虜趙王。「王」下，鮑本有「遷」字。丕烈案：《史記》無。上韓王安不名，此有者誤。

又 此臣日夜切齒拊心也。「臣」下，鮑本有「之」字，「拊」作「腐」。吳補：「一本『拊心』。」丕烈案：《史記》作「腐」，有「之」字。

阮元《十三經注疏校勘記·周易注疏校勘記》卷二 而志存于五。岳本、閩、監、毛本同。宋本「五」作「王」。按盧文弨云：「王」字非也。毛居正云：《正義》云「以六三之微，而欲行九五之事」。則「五」字無疑。

又卷四 係遯。石經、岳本、閩、監、毛本同。《釋文》本或作「繫」。按：凡相連屬謂之係，此「係遯」是也。

又 所以在貴也。閩、監、毛本同。岳本、宋本、古本、足利本「以」作「之」。案：《噬嗑》注「皆所之在貴也」，足證此文「以」字爲「之」字之誤。

又 不成一伎王。閩、監、毛本同。錢本、宋本「王」作「術」。按盧文弨云：《顔氏家訓》作「不成技術」。知「王」字誤也。

又 能游不能度谷。閩、監、毛本同。錢本、宋本「度」作「渡」。按：《詩疏》亦作「渡」。

又卷五 長三尺。宋本同。閩、監、毛本「三」作「二」。按：「二」字誤。《禮記·雜記》云「枇以桑長三尺」，可證也。

又卷八　在位一百一十年。錢本、宋本同。閩、監、毛本下「一」作「二」。案：《帝王世紀》正作「一」。

又　力小而任重。岳本、閩、監、毛本同。石經「小」作「少」。錢大昕云：「當從唐石經爲正。」《後漢書・朱馮虞鄭周傳贊》注引《易》與石經同，《三國志・王脩傳》注引《魏略》「力少任重」。又《漢書・王莽傳》「自知德薄位尊，力少任大」，今本「少」作「小」，唯北宋景祐本是「少」字。

又　理而无形。閩、監、毛本同。岳本、宋本、古本、足利本「无」作「未」，《集解》同。孫志祖云：據《乾・文言》「可與幾也」疏，當作「有理而未形」。

又　天地絪緼萬物化醇男女構精萬物化生。岳本、閩、監、毛本同。《釋文》「絪緼」本又作「氤氲」，石經「構」字木旁磨改，初刻似从女。古本「精」下衍「而」字。

又卷九　爲蒼筤竹爲萑葦。岳本、閩、監、毛本同。《釋文》「蒼筤」或作「琅」，通。石經「萑」作「藿」。《釋文》出「萑葦」。按：依《説文》當作「萑」，从艸，萑聲。省作「萑」，俗作「藿」。

又　爲乾卦爲鱉。閩、監本同。岳本、毛本「鱉」作「鼈」。石經「鱉」字下半漫滅。《釋文》「乾」，董作「幹」。「鱉」，本又作「鼈」。按：「鼈」、「鱉」，正俗字。

又　物大然後可觀。石經、岳本、閩、監、毛本同。古本下有「也」字。下「剥窮上反下」下、「有无妄然後可畜」下、「物畜然後可養」下、「不養則不可動」下並同。案：「无妄然後可畜」下，石經初刻有「也」字，後改删去。

又附《周易釋文校勘記》　坤。本又作「巛」。「巛」，今字也。宋本、十行本、閩、監本同。盧本「巛」並改「坤」。案：「坤」，正字，「巛」，假借字。説詳王引之《經義述聞》。

又《尚書注疏校勘記》卷二　敬授人時。「人」，古本作「民」，注同。按：唐以前引此句，未有不作「民」者。疏云：「敬授下人以天時之早晚。」「下人」猶「下民」也。知孔疏所據之本，猶作「民」字。後人因疏作「人」，并經傳改之，自開成石經以後，沿譌至今。《舜典》「食哉惟時」，傳曰：「惟當敬授民時。」此未經改竄者。

又卷三　謂元子以下至卿大夫子弟。古本「謂」上有「子」字，「元」作「天」，「弟」下有「也」字。按《釋文》：「王云：『胄子，國子也。』馬云：『胄，長也，教長天下之子弟。』」如馬氏説，則「教胄」二字連文，「子」字單出，謂教長此子也。如王氏説，則「教」字單出，「胄子」二字連文，謂教此國子也。孔傳云：「教長國子。」「國子」二字取諸王，「教長」二字取之馬，則孔意亦「教胄」連文，「子」字單出也。上文所謂「胄，長也」者，乃「長養」之「長」，非「長幼」之「長」。當從古本「謂」上加「子」字爲是。然以疏考之，則孔穎達時已譌脱矣。又按：「胄」無「長」義，馬本未必作「胄」。《説文・云部》「育」子注云：「養子使伭善也。」《虞書》曰：「教育子。」然則古書作「育」，馬本亦必作「育」，故訓作「長」，「長」即「養」也。陸氏未經注明，偶失檢耳。僞孔於文則從王，於義則從馬，殊爲牽率。後人誤解「長」字，妄删「子」字，職此之由。

又卷六　島夷皮服。臧琳曰：「孔傳『海曲謂之島』。」《正義》曰：「孔讀『鳥』爲『島』。」鄭玄云：「鳥夷，東方之民，搏食鳥獸者也。」王肅云：「鳥夷，東北夷國名也。」與孔不同。據此，知鄭、王本皆作「鳥夷」，孔傳雖讀「鳥」爲「島」，然未改經字，故《正義》本亦作「鳥」也。《史記・夏本紀》冀州作「鳥夷」，揚州作「島夷」，蓋因《集解》采孔傳，後人遂私改《漢書・地理志》冀州、揚州皆作「鳥夷」。《羣經音辨・鳥部》云：「鳥，海曲也，當老切。」《書》「鳥夷」。是北宋孔傳尚作「鳥」字。按：唐石經已作「島」。

又　雲上夢作乂。陸氏曰：「『雲』，徐本作『云』。」沈括《筆談》曰：「舊《尚書・禹貢》云：『雲夢土作乂。』太宗皇帝時得古本《尚書》，作『雲上夢作乂』，詔改《禹貢》從古本。」按：《筆談》所謂太宗，乃宋太宗也。胡朏明《禹貢錐指》乃以爲唐太宗，殆誤矣。疏云：「經之『土』字在二字之間。」開成石經亦作「雲土夢作乂」，則古本即唐世通行本耳。至宋初監本，始倒「土夢」二字。蓋據《漢書・地理志》，不知《史記・夏本紀》「夢」字亦在「土」下。

又卷九　盤庚五遷將治亳殷。陸氏曰：「『盤』，本又作『般』。」按疏云：「壁内之書治皆作乿。」蓋《古文尚書》也。孔氏《正義》本用古文，後人改從今文。疏中間存古字，此「乿」字亦其一也。《羣經音辨》云：「『乿』，《古文尚書》『治』字也。『𤔔』、『𤔲』、『𤔔』，古文『亂』字也。」賈昌朝好宋次道家《古文尚書》，故其言如此。

又卷一〇　陰默也。此句上古本有「亮信也」三字。山井鼎曰：「《晉書・杜預奏議》中引《尚書傳》『亮，信也。陰，默也』。臣初疑之久矣，今得古本，乃知注疏諸本脱三字也。」按：傳例已釋者不再見，亮之爲信，已於《舜典》釋之矣，此處不得有「亮信也」三字。杜預在梅頤前，安得見孔傳？其所引者，伏生《大傳》也。山井鼎之説殊謬。

又　遂令傅險姓之。「令」，宋板作「以」。按：《史記・殷本起》作「以」。宋本是也。

又　不解怠。「解」，岳本。葛本、宋板、正、嘉、閩本、《纂傳》俱作「懈」。按：注疏本載《釋文》云：「解，佳賣反。」通志堂單行本《釋文》「解」作「懈」。但果係「懈」字，則陸氏不必作音，似當以「解」爲正。

又卷二〇　並起爲寇於魯。「並」上，古本有「以」字，似誤。「魯」下，古本有「東」字。按疏云：「此戎夷在魯之東。」似釋傳「魯東」之養。《匡謬正俗》引此有「東」字，無「魯」字。

又　斷斷猗無他伎。「斷」，古本作「鲇」，注同。按：《説文》「斷」古文作「𠢐」，引此句爲證。然則古本「鲇」字，殆「𠢐」字之誤歟。陸氏曰：「『他』，本亦作『它』。『技』，本亦作『伎』。」按：唐石經、宋板、葛本「伎」俱作「技」，與《釋文》合。至監本始從人，其所載《釋文》亦誤倒。下文「人之有技」仍從手，舛錯之甚。此節傳中「伎」字，葛本亦從人，宋板從手。按：「它」、「他」，古今字。「技」，正字。「伎」，假借字。

又《毛詩注疏校勘記》卷一　所以風天下。唐石經、小字本、相臺本同。案：《正義》云：「定本『所以風天下』，俗本『風』下有『化』字，誤也。」《考文》古本有采《正義》。考顔師古

爲太宗定五經，謂之定本，非孔穎達等作《正義》之本也。俗本謂當時通行之本，亦非即作《正義》者，兼不專指一本，故「禮義廢」下云：「或有俗本以『天下大亂』以下同爲鄭注者，誤。」是也。由此推之，則《正義》本之大槩可見矣。定本出於顔師古，見舊、新二《唐書》《太宗紀》、《顔籀傳》，《封氏聞見記》，《貞觀政要》等書。段玉裁所考得也。

又　當天子教諸侯教大夫。閩本、明監本、毛本重「諸侯」二字。案：所補非也。此謂鄉大夫亦天子教之。

又　距此六十二歲。閩本、明監本同。案：浦鏜云：「『一』誤『二』。」以《春秋》考之，浦校是也。

又　瓠葉捨番番之狀。閩本、明監本、毛本同。案：此不誤。浦鏜云：「幡幡」誤「番番」，非也。《正義》引《詩》，或不盡據本文，如《出其東門》引「白旆英英」以説「英」字，而本詩作「央」，可證。

又　發猶見也。閩本、明監本、毛本首有「箋」字，小字本、相臺本無。《考文》古本同。案：山井鼎云「箋云」二字，鄭申毛傳，所以別之也。毛不注序，無可辨嫌，故序注本應無「箋」字。後世諸本不知而妄加，非亦甚矣。其詳見於《正義》、《釋文》是也。凡序注之首，十行本悉無「箋」字，閩本以下乃誤加耳。餘同此。

又《周禮注疏校勘記》卷一　則其間九皇六十四民。案：《小學紺珠・氏族類》作「六十四氏」。按：「民」是也。《春官・都宗人》注「九皇六十四民」，古本皆作「民」，俗本作「氏」者誤。《都宗人》疏云：「按《史》，九皇六十四民，並是上古無名號之君。」既無名號，則古史謂之民，宜也。

又　腊之言夕也。疏云：「『夕』或作『久』，義亦通。」惠棟《九經古義》云：「《説文》：『昔，乾肉也。从殘肉，日以晞之。』」「昔」、「夕」古字通，《穀梁傳》「日入至於星出謂之昔」，《管子》「旦昔從事」，《楚辭章句》引《詩》「樂酒今昔」，是皆以「昔」爲「夕」。腊之爲物，經夕乃乾，故言夕或作久」，「久」猶「昔」也。按：「久」者，「夕」之誤也。

洪頤煊《管子義證》卷三　「比耒耜穀芨。」星衍案：「穀芨」當依《齊語》作「耞芟」，宋本「穀」作「殺」，即「耞」字之壞。

又　「管仲詘纓插衽。」星衍案：宋本「插」作「捷」。《太平御覽》六百八十六引作「揵衽」，「捷」即「揵」字之譌。

又卷四　「期而遠者莫如年。」星衍案：「而」當作「之」，與上文句法相同。《羣書治要》、《文選・陸士衡〈長歌行〉》注引，俱作「之」。

又卷七　「不以其理動者下瓦。」星衍案：宋本無「動者」二字，因涉下文而譌。《太平御覽》六百四十九引作「不以其理下瓦」。

又卷八　「問口千萬也。」星衍案：「問」當依宋本作「開」，《揆度篇》俱作「開口」，《通典》十引亦作「開口」。

王引之《經義述聞》卷二《利見大人亨聚以正也》　《萃・彖傳》：「利見大人，亨，聚以正也。」郭京《周易舉正》作「利見大人，亨，利貞，聚以正也」，以爲王、韓真本。引之謹案：王注曰：「大人，體中正者也。通聚以正，聚乃得全也。」「通聚以正」，即釋「亨聚以正也」五字。「亨」下無「利貞」二字明矣。而《九家易》及虞翻本則有此二字。《集解》引《九家易》曰：「五以正聚陽，故曰利貞。」然則「聚以正也」，乃釋「利貞」之義。又引虞翻釋《彖辭》曰：「大人謂五，三四失位，利之正變成離。離爲見，故『利見大人，亨，利貞，聚以正也。』」虞氏釋《彖辭》，多并舉傳文，如釋《蒙・彖辭》「童蒙求我」曰：「故童蒙求我，志應也。」釋《大畜・彖辭》「利涉大川」曰：「故利涉大川，應乎天也。」釋《坎・彖辭》「行有尚」曰：「故行有尚，往有功也。」此類匪一。然則釋此卦《彖辭》，而云「故利見大人，亨，利貞，聚以正也」，即是《彖傳》之文。蓋所見本「聚以正也」上有「利貞」二字也。「貞」訓爲「正」，故曰「利貞，聚以正也」，猶《大壯・彖傳》曰：「大壯，利貞，大者正也。」《既濟・彖傳》曰：「利貞，剛柔正而位當也。」九家及虞本爲長。郭氏不能詳考，而謂王、韓本有此二字，非也。《集解》「利貞」在「聚以正也」之下，亦失其次。豈有先釋其義，後舉其辭者乎？蓋寫者錯亂耳。

又卷二《不可榮以禄》　《否・象傳》：「君子以儉德辟難，不可榮以禄。」虞翻本「榮」作「營」。引之謹案：「營」字是也。高誘注《吕氏春秋・尊師篇》、《淮南・原道篇》並曰：「營，惑也。」《大戴禮・文王官人篇》曰：「煩亂以事而志不營。」「不可營以禄」者，世莫能惑以禄也。云「不可」者，若云「匹夫不可奪志」，非不可求榮禄之謂也。凡《象傳》言「君子以」、「先王以」、「后以」，皆無作戒辭者。孔沖遠謂「不可榮華其身以居倖位」，失之矣。《楚策》曰：「好利，可營也。」言可得而惑也。《大戴禮・文王官人篇》「臨之以貨色而不可營」，言不可得而惑也。《漢書・叙傳》「四皓遯秦，古之逸民，不營不拔，嚴平鄭真」，應劭曰：「爵禄不能營其志，威武不能屈其身也。」《易》曰：「不可營以禄。」又曰：「確乎不可拔也。」《漢書壽碑》曰：「安貧守賤，不可營以禄。」今本《隸釋》「營」作「榮」，後人所改也。都氏《金薤琳琅》及顧氏《隸辯》所載雙鉤本，正作「營」。《老子銘》曰：「樂居下位，禄執弗營。」《費鳳碑》曰：「退已進弟，不營榮禄。」是兩漢相傳之本，多作營惑之「營」。其作「榮」者，假借字也。《商子・農戰篇》曰：「上作壹，故民不榮。」謂民不營惑也。《韓子・内儲説》曰：「乃遺之

屈産之乘，垂棘之璧，女樂六，以滎其意而亂其政。」謂營惑其意也，借「滎」爲「營」，並與此同。

又卷八《疕瘍者》　《醫師》：「凡邦之有疾病者、疕瘍者造焉。」唐石經「疕瘍者」作「有疕瘍者」。惠校云：「宋王與之《周禮訂義》有『有』字，宋本注疏無。」《石經考文提要》云：「案下《獸醫》『凡獸之有病者、有瘍者』，亦疊『有』字。」今從唐石經。家大人曰：《太平御覽・疾病部一》引此，亦疊「有」字。

又卷一〇《西南》　「主人出，立于户外西南，祝東面告利成。」《識誤》曰：「案下文云『主人出，立于户外西面』，此『南』字亦當爲『面』。」《集釋》、《集説》並同。或曰：「唐石經亦作『南』，張氏以意改爲『面』，而李氏、敖氏從之。」家大人曰：張改「南」爲「面」，是也。「户外西面」者，主人之位也，故主人事尸禮畢，事養者禮畢，皆出立於户外西面。主人西面，故祝東面告利成，與主人相鄉也。疏云：「《少牢》云：『主人出，立于阼階上，西面。祝出，立于西階上，東面。祝告曰：「利成。」』此户外告利成，彼階上告利成。若天子諸侯禮畢，於堂下告利成。故《詩・楚茨》云：『孝孫徂位，工祝致告。』鄭箋云：『孝孫徂位，堂下西面位也。』」以上賈疏。然則户外西面者，主人之位也。天子、諸侯、大夫、士之位，雖有堂下、階上、户外之不同，而西面則同。若户外西南，則非主人之位，且與祝東面告利成不相當矣。唐石經作「西南」，字之誤耳。《楚茨正義》引此，正作「立于户外西面」，又云「《特牲》、《少牢》皆西面，故知天子之位亦西面也」。

又卷一一《時何也是食矩關而記之》　「菽糜以在經中，『以』與『已』同。又言之時何也？是食矩關而記之。」戴先生新校本改「時」爲「是」，「是」爲「時」。盧本「矩關」作「短閔」，云：「或曰當作『豆鬻』。」家大人曰：舊本「時」、「是」二字互譌，當依新校本改正。「矩關」或作「短閔」，皆「豆鬻」二字之譌。或謂經傳無謂菽爲豆者，非也。《投壺禮》云：「壺中實小豆焉。」則周時已有斯稱。傳之「豆鬻」，正釋經之「菽糜」也。孔引黄尚書曰：「矩，法也。以爲食法之所關而記之也。」此不得其解而爲之詞。傳云「以在經中，又言之，是何也？時食豆鬻而記之」者，謂上經已言菽，而此又言之，特著其時食豆鬻耳，非謂上經已言菽糜也。盧未達傳意，謂傳已在經中之云，連「糜」字言之，遂於上經内增「糜」字，蓋失之矣。

又《王左右》　「猶此觀之，『猶』與『由』同。王左右不可不練也。」《賈子》「王」作「立」，一本作「主」。家大人曰：「立」字是也。「主」者，「立」之譌，「王」又「主」之譌耳。《埤倉》云：「練，擇也。」見《文選・月賦》注。言立左右不可不擇，即上文所云「選左右」也。此本出《賈子書》，謂立左右，當以周爲法而以秦爲戒，所謂「不可不練者」，即指漢之立左右而言，則不當云「王左右」也。

又卷一二《履屨》　「於履屨爲銘焉。」家大人曰：「履」即「屨」之誤。今本作「履屨」者，一本作「屨」，一本作「履」，而後人誤合之耳。下文作「屨履」，亦誤。《學記正義》引此無「履」字。

又《滕氏　滕氏奔》　「顓頊娶于滕氏，滕氏奔之子，謂之女禄。」家大人曰：當作「顓頊娶于滕奔氏，滕奔氏之子謂之女禄」，今本上「滕奔氏」脱「奔」字，下「滕奔氏」「奔」字又倒在「氏」字下。今訂正。

又《庶虞草》　《千乘篇》：「及畜穀蜚征庶虞草。」新校本於「草」上增「百」字。孔曰：「『草』下疑脱『木』字。」家大人曰：新校本是也。下文曰「庶虞動，蜚征作，嗇民執功，百草咸淳」，是其證。

又卷二五《進不能守》　三十三年傳：「秦越千里之險，入虛國，進不能守，退敗其師。」疏標「進不至始也」五字，釋曰：「舊解『進不能守』謂入滑而去，『退敗其師』謂敗於殽也。本或别『進』字者。」引之謹案：「進不能守」當作「不能守」，「進不至始也」當作「不能至始也」，「舊解進不能守」當作「舊解不能守」，「本或别進字者」當作「本或别有進字者」。蓋疏所據本「不能守」上無「進」字。「不能守」即承「入虛國」言之，秦師入滑而去，故傳云「入虛國不能守」，疏云「舊解不能守謂入滑而去」也。後人以下云「退敗其師」，而增「進」字以爲對文，則義不可通。守以處言，非以行言，何進之有乎？疏既據無「進」字者作解，又存有「進」字者於後，故曰「本或别有進字者」，但記别本，不用其義也。自唐石經誤從别本作「進不能守」，而諸本因之，後人又改楊疏以從已誤之傳文，而原本幾不可復見。幸有疏之末句以「進」字爲别本，猶可知正本之無「進」字耳。

劉文淇等《舊唐書校勘記》卷一　「夏四月庚戌，秦王還京師，高祖迎勞於長樂宫。」張氏宗泰云：四月壬子朔無庚戌，考上下文，似當作「庚戌，秦王還京師。夏四月，高祖迎勞於長樂宫」。庚戌在丁未後三日，三月二十九日，秦王以丁未破黑闥，以後三日還京師，以四月至也。脱「至京師」，而誤倒「夏四月」於「庚戌」上。按：《通鑑》，夏四月庚申，「世民至長安，上迎之於長樂」，則「庚戌」當作「庚申」。庚申，四月九日。

又　「夏四月己未，舊宅改爲通義宫。」沈本「舊宅」上有「通義里」三字。王氏鳴盛云：「校本『舊』上有『幸』字，是。」按：《册府》十四：「四月，幸龍潛舊宅，改爲

通義宫。」又一百十三：「夏四月乙未，幸故宅，改明當作「名」。通義宫。」

又 「正月丙寅。」張氏宗泰云：「正月庚寅朔，不得有丙寅。依《新紀》改『甲寅』。」按：沈本作「甲寅」。

又 「夏五月辛巳。」沈本作「四月」。沈云：「六月丁巳朔，則五月不應有辛巳，當從《新書》。」張氏宗泰説同。

又 「乙卯，討劉武周。」沈本「乙卯」下有「秦王世民」四字。按：《通鑑》載秦王世民上表，請討武周，乙卯，幸華陰，至長春宫以送之。則有此四字是。

又卷八 「浙東奏移明州於鄮縣置。」張氏宗泰云：「《新・地理志》明州下云：『開元二十六年，齊澣奏以越州之鄮縣置。』」《舊志》同。紀何以於是年又書焉？及考《會要》七十一云：「長慶元年三月，浙東觀察使薛戎上言『明州北臨鄞江，城池卑隘，今請移明州於鄮縣置，其舊城西南高處置縣』。從之。」是「移明州於鄮縣置」與此紀同，然亦云「移於鄮縣」，志於始置明州之所治，不甚明曉。又考之《元和郡縣志》，於明州云：「本會稽之鄮縣，漢勾章縣地也。武德八年，廢鄞州立縣。開元二十六年，分置明州。勾章故城在州西一里。」於鄮縣下云：「郭下本漢縣也。隋平陳，省入勾章。武德八年，再置，仍移理勾章城。」一云「勾章故城」，一云「勾章城」，是勾章城有二，故城當即漢縣，而鄮縣下之勾章城，即《會要》所謂「北臨鄞江」者也。其在州西一里者，即《會要》所云「其舊城西南」者也。

又卷五一 「休烈至性貞慤。」《御覽》四百八「至」作「心」。「與會稽賀朝萬齊融、延陵包融爲文詞之友」，張本「萬」下仍有「萬」字，云本脱，《賀知章傳》同。按：今鄞縣有《育王寺常住田碑》，秘書監正字賀齊融所撰。《文苑英華》有李頎《寄萬齊融詩》，而《賀知章傳》末序云「朝萬」云云，俱上不書姓，則「齊」非融姓明矣。據以補之。丁氏子復云：「按齊融姓萬，此脱一『萬』字。詳《文苑・賀知章傳》。」按：《新書》亦脱「萬」字。錢氏大昕於《賀知章傳》條，亦引萬齊融所作碑。

又 「依前兼修國史。」張本「兼」作「監」，云：「《新書》作『兼』，當從之。」按：唐時以宰相監修國史，休烈位非宰相，不應有監修之名。且上文云「兼修國史」，則此句亦當作「兼修」，方與「依前」之語相合。

又 「會李藩知貢舉。」張本「藩」作「潘」，云：「藩在憲宗時，卒於元和六年。此傳所紀，乃宣宗時事。依《新書》改正。」按：上文有「大中朝駙馬都尉鄭顥」之語，證以《宣宗紀》及《鄭顥傳》，張説確不可易。

又 「深惟夫子張釋之之戒。」張氏宗泰云：一本脱下「之」字，依《新志》補入。

按：《册府》、《全唐文》無「張」字。

又 「今赦書雖已頒行，諸條尚猶未出。」《全唐文》無「已」字、「尚」字。「固未晚也」，《册府》、《全唐文》「未晚」作「其時」。

張文虎《校刊史記集解索隱正義札記》卷三 一曰天機。官本有「一曰」二字，與《晉志》合。

又 牢口。二字官本與《晉志》合，各本作「且」字。

又 明與井齊。官本有「明」字，與《晉志》合。

又 次北一星夫人也。官本有「一」字，與《晉志》合。

又 右一星大民太后宗也。官本有此九字，與《晉志》合。

又 天目也。官本「目」，與《晉志》合。各本譌「田」。

又卷四 崔杼毋歸。《索隱》本有「毋」字，各本脱，並删《索隱》。宋本徑作「無」，亦與《索隱》不合。蓋《史記》古本「無」字多作「毋」，故小司馬音無也。《雜志》云：「《左傳》『至則無歸矣』，《呂氏春秋・慎行篇》『崔杼歸，無歸』。」

又 曹叔振鐸者。各本別題「曹叔世家」四字。案：史公自序不及曹叔，小司馬述贊亦不別出。《索隱》云「附《管蔡》之末而不出題」，則《史》本無題矣。乃單本《索隱》雖不别題，卻中出「曹叔振鐸系家」六字，而系注於下，則自相矛盾矣。尋其補《史記》題此六字云「右亦姬姓之國，而文昭豈可附管蔡之末，今自爲一篇」，是亂史公之例者貞也。吴校删去甚是，今從之，而移注於《史》文下。

勞格《晉書校勘記》卷一 景初二年「五月乙亥，月又犯心距星及中央大星」。案：五月辛卯朔，無乙亥。當从《宋志》作「己亥」。

又 四年「十月甲辰，月犯亢。」十月庚戌朔，無甲辰。當從《宋志》作「甲戌」。

又 「木，晨與日合，伏順，十六日九十九萬七千八百四十二分。」一作「三十二」分。以下文證之，則「三」字是也。

又卷二 「遷宜陽、滎陽二郡太守。」《地理志》宜陽縣屬宏農，不云「魏立爲郡」。考《國志・高柔傳》有宜陽典農劉龜，則舒當是宜陽典農，非太守也。傳誤。考魏武興屯田，後置典農中郎將、典農都尉、典農校尉之官。典農中郎將秩比二千石，見魚豢《魏略》。不繫於郡，亦有以太守領典農者，孟康以恒農太守領典農校尉，見《漢書敘例》。傅玄以宏農太守領典農校尉，見本傳。故太守、典農往往互稱。如河間王洪爲原武太守，即原武典農也。《國志・后妃傳》毛曾爲原武典農。太原王輔爲野王太守，即野王典農也。《曹爽傳》：「其分割洛陽野王典農部桑田數百頃。」安平王孚嘗爲野王

典農中郎將，見《水經・沁水注》。楊肇除野王典農中郎將，見《肇碑》。魏舒遷宜陽太守，即宜陽典農也。或疑魏曾立原武、野王、宜陽三郡者，非是。

又「遷寧北將軍、青州刺史，尋徙寧朔將軍持節、都督幽州諸軍事。」案：晉無「寧北將軍」軍號，考《通典》晉官名，「寧朔」下有「寧遠將軍」，寧朔第四品。寧遠第五品。此傳「寧北」疑是「寧遠」之誤。或以爲當作「平北」者，非是。又案：《宋書・百官志上》「寧遠將軍，晉江左置」，則是時尚無寧遠將軍號。然考之《山濤傳》云「出爲冀州刺史，加寧遠將軍」在武帝時。《胡母輔之傳》「尋除寧遠將軍，揚州刺史」在懷帝時。則晉中朝已有此官，非江左置也。沈氏誤。

又卷三「並子含討蘇峻有功，封夏陽縣開國侯。」「夏陽」，《本紀》作「陽夏」。「並」，《法苑珠林》《受福篇・施福部感應緣》。引《冥祥記》作「普」，又云：「普子含以蘇峻之功，封東興。」與紀、傳又異。

俞樾《諸子平議》卷二「官無常則下怨上，器械不巧則朝無定，賞罰不明則民輕其產。」樾謹按：「巧」乃「功」字之誤，王氏念孫已據《七法篇》訂正矣。「定」乃「正」字之誤，「正」讀爲「政」。《七法篇》曰「朝無政」是也。王氏未訂。又以《七法篇》參考，則此文尚有錯誤，當作「官無常，下怨上，則器械不功，朝無正則賞罰不明，賞罰不明則民輕其產」，方與《七法篇》「官無常，下怨上，而器械不功，朝無政，則賞罰不明。賞罰不明，則民幸生」文義相合。

又「利適器之至也，用敵教之盡也。不能致器者，不能利適。不能盡教者，不能用敵。不能用敵者窮，不能致器者困。」樾謹按：諸「敵」字並當作「適」。「利適器之至也，用適教之盡也」，尹注曰：「兵刃利而適者，其器得宜之至。士卒用命而適者，則教練之盡。」是其所據本作「用適」，不作「用敵」也。「不能致器者不能利適，不能盡教者不能用適」，即承上二句爲文。乃「用適」誤作「用敵」，尹注遂曰：「器既不利，教又不盡，敵則不服，豈能用之哉！」望文爲說，而不一檢上文，何也？今本因下作「用敵」，遂并「用適教之盡也」亦改作「用敵」，則又非尹氏所據之舊矣。宋本尚不誤。

又「以待時，乃耕。」樾謹按：「時」字絕句，「乃」當作「及」，字之誤也。「及耕」二字屬下爲義，《齊語》作「及耕深耕而疾耰之」，是其證。惟《齊語》「時」下有「耕」字，似爲衍文，當據此删。

又「其相曰夷吾，大夫曰寧戚、隰朋、賓胥無、鮑叔牙，用此五子者何功。」樾謹按：尹注曰：「言何功而不成。」然正文止有「何功」二字，乃增益其文曰「何功而不成」，殆失之矣。據下文管仲請立隰朋爲大行，寧戚爲大司田，王子城父爲大司馬，賓胥無爲大司理，東郭牙爲大諫，而繼之曰「君若欲治國彊兵，則五子者在矣。若欲霸王，夷吾在此」。然則此文疑當作「寧戚、隰朋、王子城父、賓胥無、東郭牙」，所謂五子者，指此五人，不數夷吾。明桓公所以霸者，皆由其相夷吾之力，若止用此五人者，則何功之有？故下文曰「則唯有明君在上，察相在下也」。正見齊桓明君，夷吾察相，兩相得而成霸功，非由此五大夫矣。傳寫奪「王子城父」，又誤「東郭牙」爲「鮑叔牙」，與後文「五子」不合，遂并數夷吾爲五子，而「何功」之義不可解矣。《管子》此篇多與《齊語》同，蓋本齊國史之文，《齊語》末云「惟能用管夷吾、寧戚、隰朋、賓胥無、鮑叔牙之屬，而伯功立」。此自是當時公論，爲管氏之徒者取其文入《管子》書，則獨歸功於管仲，而他人不與焉，以其書固管氏之書也。今本錯誤，大非其旨矣。

又卷四「掃除不潔，神乃留處。」樾謹按：宋本作「神不留處」，當從之。下解曰「不潔則神不處」，是其證。

又卷六「非歲凶而民飢也，辟之以號令，引之以徐疾，施平其歸我若流水。」樾謹按：「施」乃「也」字之誤，「平」乃「乎」字之誤。宋本正作「乎」，可證也。「乎」上當有「粟」字。《管子》原文本云：「非歲凶而民飢也，辟之以號令，引之以徐疾也，粟乎其歸我若流水。」《輕重甲篇》曰：「故申之以號令，抗之以徐疾也，民乎其歸我若流水。」文法與此同。知此文是「粟乎」，非「民乎」者，以本文是言粟事耳。

又「桓公問於管子曰：『崇弟、蔣弟、丁惠之功世，吾歲罔，寡人不得籍斗升焉，去。菹菜、鹹鹵、斥澤、山間、堤壘不爲用之壤，寡人不得籍斗升焉，去一。剸稼緣封十五里之原，强耕而自以爲落，其民寡人不得籍斗升焉。則是寡人之國，五分而不能操其二。』」樾謹按：此文凡三云「寡人不得籍斗升焉」，句下並有「去一」兩字，言如此則是去其一分也。今第一句下有「去」字，而奪「一」字。第二句下「去一」兩字俱存，而誤屬下讀。第三句下「去一」兩字俱奪矣。「不能操其二」當作「不能操其三」，蓋上文三言「去一」，則是去其三分，故桓公言「五分不能操其三」也。如今本則皆不得其指矣。又按：「吾歲罔」者，即吾歲無也，「罔」、「無」一聲之轉，《尚書・湯誓》「罔有攸赦」，《西伯戡黎》「罔敢知吉」，《微子》「乃罔恒獲」，《金縢》「王其罔害」，《史記》並易以「無」字，是其證也。歲無即歲凶，或疑「罔」字爲「凶」字

之誤，非是。

又 「代民必去其本，而居山林之中。」樾謹按：《藝文類聚》及《御覽》引作「必去其農」，下文「代人果去其本，處山林之中」亦然。此後人不曉古語，而臆改之也。本者，根本也，凡有根本之義者，皆可以本言之，故古人言本者，初無定名。《禮記・大學篇》「此謂知本」，《正義》曰：「本謂身也。」《禮器篇》「反本脩古」，《正義》曰：「本謂心也。」《周易・大過・彖傳》「本末弱也」，侯果曰：「本，君也。」是知本無定名，對天下國家而言，則身爲本矣。對四體而言，則心爲本矣。對臣民而言，則君爲本矣。《管子・地數篇》「守圉之本，其用鹽獨重」，又云「夫齊衢處之本，通達所出也，游子勝商之所道，人求本者，食吾本粟，因吾本幣」。《輕重甲篇》曰「守圉之國，用鹽獨重」。《輕重乙篇》曰「吾國者，衢處之國也。遠秸之所通，游客蓄商之所道，財物之所遵，故苟入吾國之粟，因吾國之幣」。前後文小異大同，或言「本」，或言「國」者，「國」亦可謂之「本」也。《淮南子・氾論篇》「立之于本朝之上」，注曰：「本朝，國朝也。」此古人謂國爲本之證。是故「守圉之本」，言「守圉之國」也。「衢處之本」，言「衢處之國」也。「人求本者」，「求」乃「來」字之誤，言人來吾國也。「食吾本粟，因吾本幣」，言「食吾國粟，因吾國幣」也。此篇「代民必去其本而居山林之中」，言「去其國而居山林之中」也。若易「本」爲「農」，則失其義矣。

又卷七 「景公燕賞于國内，萬鍾者三，千鍾者五，令三出而職計莫之從。公怒，令免職計，令三出而士師莫之從。」王氏念孫《讀書雜志》曰：「元人刻本云『職計莫之從』、『士師莫之從』，一作『職計算之』、『士師算之』。明沈啓南本與此同。《羣書治要》作『職計筴之』、『士師筴之』。念孫按：《羣書治要》是也。『筴』，隸書『策』字也。據下文云『請從士師之策』，則本作『策之』明矣。『策之』蓋謂以策書諫也。」樾謹按：王氏説非也。「職計莫之從」、「士師莫之從」，文義甚明，若作「筴之」，則義轉晦矣。王氏謂以策書諫，無論以策書諫不可僅謂之策，且亦豈待令三出而始諫乎？令三出而莫之從，正見其持之堅，若令三出而始諫，轉病其諫之晚矣。蓋《晏子》原文，正作「莫之從」，傳寫奪「從」字，則「莫之」二字於義未足。後人因下文有「請從士師之策」句，以意妄改之，或爲「筴」，或爲「算」。《禮記・仲尼燕居篇》注曰：「策，謀也。」《文選・運命論》注引《倉頡》曰：「算，計也。」是「策」、「算」義相近，疑下文「請從士師之策」，或作「請從士師之算」，後人各據所見本改之耳。不作「策」而作「筴」者，因「策」字之形，與「莫」字不類也。即此可知原文之作「莫」矣。《晏子》曰：「今君賞讒諛之民，而令吏必從。」正指兩「莫之從」者而言。凡古書之義，必求其安，未可喜新而厭故也。

又 「置大立少，亂之本也。」樾謹按：王氏念孫從《羣書治要》作「置子立少」，非也。下文云：「廢長立少，不可以教。」下又云：「今君用讒人之謀，聽亂夫之言也，廢長立少，臣恐後人之有因君之過以資其邪，廢少而立長，以成其利者。」並以「長」、「少」對言。則此文亦當作「置大立少」。《國語・周語》曰：「是以小怨置大德也。」韋注曰：「置猶廢也。」然則「置大立少」，猶云「廢大立少」，正與「廢長立少」同義。《晏子》原文，疑本作「置大立小，亂之本也」，「大」與「小」對，猶「長」與「少」對也。後人因下文「立少」字兩見，因亦改爲「立少」耳。「少」、「小」音義並相近，故易淆亂。《儀禮・鄉飲酒禮》「主人少退」，注云：「少退，少避。」《釋文》作「小避」。《特牲饋食禮》「挂於季指」，注云：「季，小也。」《釋文》作「季少」。並其證也。王氏不知「少」爲「小」字之誤，而反以「置大」爲「置子」，失之矣。

又 「聾喑非害國家而如何也。」樾謹按：「害」下奪「治」字，「家」下衍「而」字。《晏子》原文，本作「非害治國家如何也」。古「而」、「如」通用，「如何」即「而何」。上文公曰「則曷害於治國家哉」，故《晏子》言「非害治國家如何也」，明其與治國家有害也。今奪「治」字，則與上語不應。又衍「而」字，則文義複矣。皆由後人臆改。《説苑・正諫篇》作「聾喑則非害治國家如何也」，當據以訂正。

又卷八 「抱一能無離乎。」《十章》。樾謹按：河上公本無「乎」字，唐景龍碑亦無「乎」字。然《淮南子・道應篇》引《老子》曰：「載營魄抱一，能無離乎？專氣至柔，能如嬰兒乎？」則古本固有「乎」字。又按：「能如嬰兒」句，河上公及王弼本均無「如」字，於文義未足，惟傅奕有「如」字，與古本合。

又 「其在道也，曰餘食贅行。」《二十四章》。樾謹按：此河上公本也。河上注曰：「使此自矜伐之人，在治國之道。」是河上本作「在道」。王弼注曰：「其唯於道而論之，若郤至之行，盛饌之餘也。」則當作「其於道也」，方與注合。今弼本作「在道」，河上本作「於道」，由傳寫互誤，兩失其真矣。

又 「果而勿强。」樾謹按：傅奕本作「是果而勿强」，當從之。上文云：「善者果而已，不以取强。」又云：「果而勿矜，果而勿伐，果而勿驕，果而不得已。」皆言其果，不言其强，故總之曰：「是果而不强。」正與上文「果而已，不以取强」相應。讀者誤謂此句與「果而勿矜」諸句一律，遂妄删「是」字耳。唐景龍碑亦有「是」字，當據增。

又 「入軍不被甲兵。」《五十章》。樾謹按：「被」，河上公本作「避」。據《韓非

子・解老篇》云：「入山不恃備以救害，故曰入軍不備甲兵。」則「甲兵」以在己者言，自當以作「被」爲長。

又卷一〇 「於是利爲舟楫，足以將之則上，雖止者三公諸侯至，舟楫不易，津人不飾。」樾謹按：「利」當作「制」，王氏念孫已訂正矣。「上」當作「止」，「止」當作「上」。「足以將之則止，雖上者三公諸侯至」，文義甚明，兩字互易，不可通矣。畢氏但訂正「止」字，未訂正「上」字，故爲補訂之。

又卷一三 「欲得善馭速致遠者，一日而千里。」樾謹按：盧校云：「『善馭』下，俗閒本有『及』字。」王氏念孫據《王霸篇》「欲得善馭，及速致遠，則莫若王良造父矣」，謂有「及」字者是，不知此與彼文不同。彼無「一日而千里」五字，故有「及速」二字。此云「一日而千里」，則「及速」不待言矣。《荀子》原文，不獨無「及」字，并無「速」字。《儒效篇》曰「與固馬選矣，而不能以致遠，一日而千里，則非造父也」，亦言「一日千里」，而無「及速」之文，可證也。俗本據《王霸篇》誤加「及速」二字，宋呂、錢本無「及」字而有「速」字，則刪之未盡者耳。

又 「水深則回，葉落糞本，弟子通利則思師。」樾謹按：「葉落」下當有「則」字，此以上二句喻下一句，若無「則」字，句法不一律矣。盧校曰：「宋本作『水深而回，樹落則糞本』。」今從元刻。其實宋本是也。古書每以「而」、「則」互用，《孟子・告子篇》：「人有雞犬放，則知求之，有放心而不知求。」《墨子・明鬼篇》：「非父則母，非兄而姒。」《史記・欒布傳》：「與楚則漢破，與漢而楚破。」皆其證也。宋本上句用「而」字，下二句用「則」字，必《荀子》之原文。乃反不之從，何歟？

又卷一四 「棺槨其須象版蓋斯象拂也。」樾謹按：板者，車轓也。《漢書・景帝紀》「令長吏二千石車朱兩轓，千石至六百石朱左轓」，應劭曰：「車耳反出，所以爲之藩屏，翳塵泥也。」《廣雅・釋器》曰：「轓謂之軬。」「版」與「軬」通。楊注説「版」字未了。又云：「斯，未詳。象，衍字。」「象」既爲衍字，則「斯拂」連文。楊云：「拂即茀也。」然則「斯」與「拂」必同類之物。《爾雅・釋器》云：「輿革前謂之鞎，後謂之茀。」「鞎」字從艮聲，與斤聲相近，故「垠」從艮聲，或體作「圻」，從斤聲，是其例也。「斯」疑「靳」字之誤，「靳」之本義爲當膺，而古或借爲「鞎」。《廣雅・釋器》「弸韇謂之靳」，王氏《疏證》亦云未詳，不知弸韇之靳，即輿革前謂之鞎也。惟其在前，故繫於韇也。此以「版蓋靳拂」並言，版即軬也，在車旁。蓋者，車蓋也，在車上。靳在前，拂在後。其所説至爲詳備矣。「靳」字本當作「鞎」，而借用「靳」，亦猶「齒」本字本當作「齗」，而《太元・密・次八》「琢齒依齦」，則借用「齦」。「齦」者，「齧」也，非「齒」本也。「艮」、「斤」聲近，故字得通耳。乃「靳」又誤作「斯」，則其義遂不可見矣。

又卷一六 「用志不分，乃疑於神。」樾謹按：「疑」，《道藏》本作「凝」，盧重元本亦作「凝」，《莊子》同。然此字實當作「疑」，即所謂「驚猶鬼神」也。上文孔子曰「吾以子爲鬼也，察子則人也」，亦可爲「乃疑於神」之證。《管子・形勢篇》「無廣者疑」。《神解篇》曰「以規矩爲方圜則成，以尺寸量長短則得，以法數治民則安。故事不廣於理者，其成若神」，此正「用志不分，乃疑於神」之謂也。説互詳《莊子》。

又卷一八 「一上一下，以和爲量。」《山木》。樾謹按：此本作「一下一上，以和爲量」，「上」與「量」爲韻。今作「一上一下」，失其韻矣。古書往往倒文以協韻，後人不知而誤改者甚多。《秋水篇》「無東無西，始於元冥，反於大通」，亦後人所改，《莊子》原文本作「無西無東」，與「通」爲韻也。王氏念孫已訂正矣。

又卷二〇 「就爲大庶長，故大庶長，就爲左更，故四更也，就爲大良造。」樾謹按：此當在上文「故爵五大夫」之下。「大庶長」之「大」，並衍文也。《漢書・百官公卿表》：「爵：一級曰公士，二上造，三簪褭，四不更，五大夫，六官大夫，七公大夫，八公乘，九五大夫，十左庶長，十一右庶長，十二左更，十三中更，十四右更，十五少上造，十六大上造，十七駟車庶長，十八大庶長，十九關内侯。」是大庶長之爵，尊於左更，乃云「故大庶長就爲左更」，不可通矣。故知「大」字衍文也。此「庶長」兼左右庶長而言，謂故爵五大夫者，就爲左右庶長也。左右庶長之上，即是左更，故曰「故庶長就爲左更」，於文正合。其云「故四更也就爲大良造」，此「四」字乃「三」字之誤。古書「三」字每誤作「四」，《儀禮・覲禮篇》「四享」，鄭注曰：「『四』當爲『三』。古書作『三』、『四』或皆積畫，字相似，由此誤也。」《周官・内宰》疏引鄭注曰「純四䋺」，「四」當爲「三」。古「三」、「四」積畫，是以「三」誤爲「四」。然則「三更」之爲「四更」，亦猶「三享」之爲「四享」，「三䋺」之爲「四䋺」矣。三更者，并左更、中更、右更而數之也。由左更、中更、右更而上之，即爲少上造、大上造，故曰「故三更也就爲大良造」，大良造即大上造也。不言「少良造」者，或文不備，或大、少良造亦猶左、右庶長，分之則爲二，合之則爲一耳。此書所言，與表皆合，足徵秦制之所自來。而傳寫譌奪，且多竄益，遂不可讀。

又卷二四 「以示諸民人。」樾謹按：舊校云：「『民人』一作『良人』。」當從之。「良人」見《序意篇》，蓋當時有此名目。高彼注曰：「君子也。」非是。説見前。

又 「知其能力之不足也，則以爲繼矣，以爲繼知，則上又從而罪之。」《適威》。

樾謹按：畢校云：「則以爲繼矣，以爲繼知」，當作「則難以爲繼矣，難以爲繼」，脱兩「難」字，下「知」字衍。今按：畢謂下「知」字衍，是也。謂脱兩「難」字，非也。「爲」當讀作「僞」，古字通用。知其能力之不足也，則以僞繼矣，以僞繼則上又從而罪之，文義甚明。《莊子・則陽篇》亦有此文，大略相同，正作「民知力竭，則以僞繼之」，可證明此文之義。

戴望《管子校正》卷一　「見其可也，喜之有徵。見其不可也，惡之有刑。」丁云：「『刑』當讀爲『形』，與上文『徵』字對。下文云『賞罰信於其所見，雖其所不見，其敢爲之乎』，是其證。望案：《韓子・難三篇》引此文作「見其可，説之有證。見其不可，惡之有形」。

又　「首憲既布，然後可以布憲。」丁云：「尹注上『憲』爲歲朝之憲，下『憲』爲月朝之憲，非也。『布憲』當爲『行憲』。上文云『憲既布，有不行憲者，謂之不從令』，故此謂『首憲既布，然後可以行憲』。下文云『首事既布，然後可以舉事』，舉亦行也，亦不謂『可以布事』矣。」

又卷二　「説在施，有衆在廢私。」臧氏庸云：「後解作『説在愛施，有衆在廢私』，而宋本作『四説在愛施』。其上文云：『愛施俱行，則説君臣，説朋友，説兄弟，説父子。』此『四説』之明證也。然則此文實五字爲句，本篇脱『四』字、『愛』字，後解有『愛』字而脱『四』字。合之宋本，而『四説』之旨乃明。」

又　「審用財，慎施報，察稱量。」丁云：「此三句不平列，『財』下脱一『力』字。下文『用財』、『用力』對舉，此不當專言『財』。『慎施報』是言『用財』，『察稱量』是言『用力』。上文『取人以己，成事以質』，亦分指『財』、『力』言。後解云：『成事以質者，用稱量也。取人以己者，度恕而行也。度恕而行，度之於己也。己之所不安，勿施於人。』」

又卷三　「動於昌，故能得其寶。」望案：「昌」當爲「冒」，「寶」當爲「實」，皆字之誤也。《説文》曰：「冒，蒙而前也。」段氏注：「蒙者，覆也。引伸之，有所干犯而不顧亦曰冒。」此「冒」字當同此意。實者，軍實也。《左氏・隱五年傳》「以數軍實」，杜注曰：「數車徒器械。」宣十二年傳「楚國無日不討軍實而申儆之」，襄二十四年傳「齊社蒐軍實」，杜注並云：「軍實，軍器。」此蓋言動於冒，故能得敵人之軍器，所謂先人有奪人之心是也。尹注大非。

又卷四　「夫名實之相怨久矣。」吴云：「『怨』當爲『苑』，言名實相因而至，亦交相爲病。」高誘注《淮南》曰：「苑，病也。」《禮運》曰「並行而不苑」，今名實並行，則苑矣，故下文曰「知其不可兩守，乃取一焉」，一者，去名取實。

又　「沌沌乎博而圜。」丁云：「『博』當爲『摶』，『摶』亦『圜』也。《攷工記》、《梓人》、《盧人》、《弓人》注並云：『摶，圜也。』《輪人》注：『摶，圜厚也。』《矢人》注：『摶，讀如摶黍之摶，謂圜也。』《楚辭・橘頌》『圜果摶兮』注：『摶，圜也，楚人名圜曰摶也。』『沌沌』亦圜轉之意，《孫子・兵法篇》曰：『渾渾沌沌，形圜而不可敗。』《説文》：『笹，篅也。』『篅，判竹圜以盛穀也。』」

又卷五　「凡田野萬家之衆，可食之地方五十里，可以爲足矣。」「方」，一本作「百」。丁云：「當以作『方』爲是。《乘馬篇》曰：『方一里，九夫之田也。』此《周官》井牧之法。又曰：『農服於公田。』此都鄙用助法，孟子所謂『方里而井，井九百畝，其中爲公田』也。又曰：『二田爲一夫。』此即《大司徒》造都鄙之制，通率不易、一易、再易三等之地，每家授田二百畝也。此篇曰：『凡田野萬家之衆，可食之地方五十里，可以爲足。』以二田一夫計之，方里之井私田八百畝，可食四家。方五十里得積二千五百里，一里食四家，則二千五百里適合萬家所食之數。《乘馬篇》以夫計，《大司徒》以室計，夫謂家也，室亦家也。此據可食之地言，故萬家以上去山澤，以上非餘於萬家之外。其萬家以下就山澤者，人少則可食之地亦少，此方五十里中可就山澤之地以足其數。制地必方五十里者，《大司徒》所謂『制其地域而封溝之』也。《管子》言山澤，《周官》言地域，義實相承。」

又卷七　「魯邑之教，好邇而訓於禮。」丁云：「『邇』乃『學』之誤。《漢書・地理志》『魯民好學，上禮義』，又云『好學猶愈於它俗』，是其證。」望案：「魯邑」當作「魯國」，「邇」乃「遜」之誤。《小匡篇》曰：「公子舉爲人博聞而知禮，好學而辭遜，請使游於魯。」「遜」、「邇」形相近，此當作「好遜」明矣。

又卷八　「察其四時而權其鄉之貨。」望案：「貨」當是「資」字之誤。韋注《齊語》亦作「資」，云：「資，財也。」王氏煦《國語釋文》曰：「資」讀如「宋人資章甫適越」之「資」。《越語》云：「夏則資皮，冬則資絺，旱則資舟，水則資車。」

又卷一四　「然則神筮不靈，神龜不卜，黄帝澤參，治之至也。」宋本「神龜」下有「衍」字。陳先生云：「此文及注錯誤不可讀。『筮』當爲『筴』，『靈』當爲『筮』。『神龜』與『神筴』對文，『不筮』與『不卜』對文。『衍』字當在下句内，而下句『黄帝』二字，又涉下文『昔者黄帝』而誤入於此也。『衍』字當在『澤』字上。衍，推演之也。『澤』讀爲『釋』，叚字也。釋猶舍也。凡每卜筮，必會人參立而占之，不筮不卜，故推演舍參，言不用設立占人以推衍也。《小雅・杕杜》傳曰：『卜之筮之，會人占之。』《洪範》

曰：『凡七，卜五，占之用二，衍貣。立時人作卜筮，三人占。』皆其義也。卜筮所以決疑明豫，不建立卜筮而能通天地之道，故曰『治之至也』。《心術下篇》：『能專乎？能一乎？能毋卜筮而知凶吉乎？』《白心篇》：『不卜不筮，而謹知吉凶。』」

又卷一九 「其種忍蓎，忍葉如萑葉，以長狐茸，黄莖黑莖黑秀。」張云：「『忍蓎』，《爾雅》作『隱荵』，《齊民要術》同。」丁云：「案：上下文言『其種某某』，皆先言種，下言莖秀之色，然後釋物種之形狀。此亦當先言『黄莖黑秀』，下乃接『忍葉』以下九字。又案：此『忍蓎』與下文『樠葛』皆不言大小，恐有闕文。如忍蓎、樠葛各分大小，正合上土十二種之數。下土十二種，一大華，二細華，三青梨，四雁膳，五朱跗，六大菽，七細菽，八陵稻，九黑鵝，十馬夫，十一白稻，尚缺其一，或青粱亦當有大小故邪？」望謂上下文皆言「其葉若某」，此「忍葉」當爲「其葉」之誤。

又卷二二 「行服連軺輂者。」朱本「輂」作「華」，《通典》引此亦作「華」。望案：尹注云「大車駕馬」，則作「華」字爲是。

王先謙《魏書校勘記》 《司馬休之傳》：「晉宣帝季弟譙王進之後也。」此及下兩「進」字，宋本皆作「遜」，是。《晉書・譙王傳》正作「遜」。觀其字子悌，則爲「遜」無疑。

又 「時鎮北將軍封沓。」「沓」，宋本作「沓」。先謙案：宋本是。《北史・楚之傳》亦作「沓」。

又 「隨舅廣契北奔伊吾。」「廣」，當作「唐」。本書及《北史・唐和傳》載和兄契事甚詳。

又 《源賀傳》：「人之立名，宜其得實。」「其得」當乙作「得其」。《北史》作「宜保其實」，「保」乃「得」字之誤。

又 《酈範傳》：「軍達升城。」「升」當作「斗」。《北史・慕容白曜傳》作「斗城」，不誤。考斗城在今山東濟南府禹城縣西南，然本書《白曜傳》及劉休賓、房法壽、崇吉等傳，《地形志》俱作「升城」，《北史》休賓等傳亦作「升」。古「升」、「斗」二字多相亂。

又 《盧元明傳》：「又復如此。」「又」上脱「詩」字。《北史》作「詩復如此」。

又 《尉元傳》：「瘃瓦膝行者。」「瓦」，宋本作「瓦」，當作「穴」，即「窋」字也。俗作「尪」。

孫詒讓《札迻》卷一 「故三王之郊，一用夏正，所以順四時，法天地之道也。」案：范、盧本並作「法天地之通道」，杜臺卿《玉燭寶典》引同。此本誤挩。《寶典》又引鄭注云：「三微而一著，自冬至正月中爲天 疑當作「自冬至至正月中爲泰」。郊之地。疑當作「郊天也」。」今本此注全挩，而書末後人附注中約引之，當參校補正。然杜氏所引，亦有挩誤。

又卷二 「春上豆實，夏上尊實，秋上朹實，冬上敦實。」又云：「尊實，醴也，夏之所受初也。」戴校引錢大昕云：「『尊』當爲『籩』。《周禮・籩人》『四籩以醴爲首』。尊，酒器，不可以盛籩實。隸書『籩』或省『辵』，因誤爲『尊』耳。」案：錢説是也。惟「㝕」與「尊」形實不相近，無由致誤。竊謂「尊」當爲「算」之譌。《禮記・明堂位》云：「薦用玉豆雕篹。」鄭注云：「篹，籩屬也，以竹爲之。」《史記・汲鄭列傳》云：「其餽遺人，不過算器食。」《集解》引徐廣云：「算，竹器。」「篹」從「算」得聲，古字通用。《儀禮・士冠禮》鄭注云：「匴，竹器。古文匴爲篹。」此以「算」爲「篹」，猶《今文禮》以「匴」爲「篹」也。此以「夏上算實」配「春上豆實」，猶《明堂位》以「雕篹」配「玉豆」，皆以「篹」當「籩」，明其同物也。「算」艸書或作「𠹠」，皇象書《急就篇》，凡从「竹」字，通作「艹」形，是其例。與「尊」正相似，因而致誤。《明堂位》孔疏云：「篹，籩也。」

又卷三 「南海之外，赤水之西，流沙之東，有獸，左右有首，名曰跊踢。」注云：「出狻名國。」洪頤煊云：「《集韻》引『有國曰狻氏』，『名』即『氏』之譌。」《訂譌補》。案：洪校是也。「出狻名國」四字當是正文，今本誤錯入注中，洪又援此以釋《大荒東經》之「來風曰狻」，則未塙。彼北方之風，此南海之國，迴不相涉也。

又 「東南海之外，甘水之間，有羲和之國。有女子名曰羲和，方日浴于甘淵。羲和者，帝俊之妻，生十日。」注云：「羲和，蓋天地始生，主日月者也。故《啓筮》曰：『空桑之蒼蒼，八極之既張，乃有夫羲和，是主日月，職出入，以爲晦明。』故堯因此而立羲和之官，以主四時，其後世遂爲此國。作日月之象而掌之，沐浴運轉之於甘水中，以效其出入暘谷、虞淵也。」又云：「言生十子，各以日名名之，故言生十日，數十也。」案：此文譎異，於古書皆不合，郭及畢、郝諸家亦未能質證。攷《史記・曆書》索隱引《世本》云：「黄帝使羲和占日，常儀占月。」疑此即因羲和占日而流傳譌貿以爲女子，又以爲帝俊之妻也。「方日浴于甘淵」，「日浴」當作「浴日」。注云「作日月之象而掌之，沐浴運轉之於甘水中」，疑郭所見本尚不誤。「生十日」，義難通，郭强爲之説，亦殊不塙。竊疑「生」當作「主」，猶《歸藏易》云「是主日月」，言主占算日行度之數也。後《大荒西經》云：「有女子方浴月。帝俊妻常羲，生月十有二，此始浴之。」注云：「義與羲和浴日同。」彼亦即因常儀占月而譌傳爲帝俊之妻，與此正同。「生月十有二」，「生」亦當作「主」。以兩文相參證，足以得其義。

而生日、生月，非謂生子以日月爲名，亦顯較無疑矣。

又卷四　「山之材，其草兢與蔷，其木乃格，鑿之二七十四尺，而至於泉。」注云：「蔷，音嗇，草名。」丁云：「兢，疑雚字誤。格木未聞，或柘字誤。」《校正》。俞云：「『格』、『椵』之叚字。」案：上文云：「斥埴宜大菽與麥，其草宜萯雚，其木宜杞。見是土也，命之曰再施，二七十四尺而至於泉。」此山之材，亦再施而至於泉，深淺正與彼同。此草宜兢蔷，丁校以「兢」爲「雚」之誤，是也。「蔷」當爲「菩」，亦即「萯」也。《月令》「孟夏，王瓜生」，鄭注云：「今《月令》王萯生。」《吕氏春秋·孟夏紀》作「王菩生」，《穆天子傳》云「爰有雚葦莞茅萯」，郭注云：「『萯』，今『菩』字。」皆其證也。「格」疑亦「杞」之誤。

又卷五　「精神者，天之分。」《釋文》「分」作「久」，云：「音『有』，下同。本作篆文，與『久』字相類。按《漢書》楊王孫曰：『精神者，天之有。骨骸者，地之有。』王孫常讀此經。今國子監本作『分』。」案：《釋文》謂「久」當作「有」，是也，但「有」篆文與「久」字不甚相類，疑殷所據别本，「有」當作「又」，篆文「又」作「ヌ」，「久」作「**久**」，正相類。「又」、「有」古通，故殷氏徑定爲「有」字也。

又卷六　「治亂以簡。」「治」，汪云：「沈本、《説郛》本作『制』，《治要》同。」錢校引《藏》本同。案：宋本亦作「制」。

又　「不知不害爲君子，知之無害爲小人。」汪云：「兩『爲』字，各本作『於』，據《治要》改。」案：宋本上「爲」字不誤，下「爲」字仍作「於」。

又　「路逢怒蛙而軾之。」汪云：「《御覽》百四十三作『下車而揖之』。」案：宋本正與《御覽》同。

又　「不係於不肖與仁賢也。」汪云：「《文選·薦士表》注、《東征賦》注並作『乎』。」案：宋本與《文選注》同。

又卷八　「公孫揮知四國之爲，而辨於其大夫之族姓，變而立至。」盧據《左·襄三十一年傳》校删「而」、「至」二字，云：「惠定宇云：『「變立」即古文「班位」。』然則『而』、『至』二字乃後人妄增也。《傳》『班位』下又有『貴賤能否』四字。」案：惠説是也。此文全本《左傳》，「變而立至」當作「變立而至」，即《左傳》之「班位能否」也，「而至」二字當在「立」下，實非衍文。「而」、「能」字同。「至」即「否」字之譌。「否」，《正字》作「**吾**」，與「至」形近而譌。《禮記·禮運》正義云：「劉向《説苑》『能』字皆爲『而』也。」是此書唐本「能」多作「而」，今本爲校者改竄殆盡，惟此文上下舛互，校者不曉其義，以意改爲「變而立至」，而「能」字之借用「而」，轉未改竄耳。

又卷一〇　「故《月令》『仲春之月，擇元日，命民社』。盧本此下增「仲秋之月，擇元日，命民社」十字。《援神契》曰：『仲春獲禾，盧本此下增「祈穀仲秋」四字，又改「獲」爲「穫」字。報祭社稷。』」陳壽祺《五經異義疏證》改《援神契》「仲春」爲「仲秋」，云：「《白虎通》引《月令》以證春求，引《援神契》以證秋報。『獲』與『穫』古通。盧校非是。」案：陳説是也。《玉海》九十九《郊祀》引《三禮義宗》云：「無土不立，無穀不生，故立社稷而祭之。春則求之，秋則拜之。「拜」當作「報」。下引《援神契》同。故《月令》云：『仲春之月，擇元日，命民社。』《孝經援神契》云：『仲秋穰禾，「穰」當爲「穫」。拜祭社稷。』」崔靈恩即本此文，蓋《月令》秋雖命社而無報文，故别引《孝經緯》以證義。盧氏未憭，兩增其文，斯爲複贅矣。

又卷一二　「進惡兮九旬，復顧兮彭務，擬斯兮二蹤，未知兮所投。」注云：「紂爲九旬之飲而不聽政。」洪校云：「『惡』，一作『思』。『進惡』，一作『集慕』。莊本正如此。『九旬』，一作『仇荀』。『復』，一作『退』。」莊本正如此。《補注》云：「仇、荀，謂仇牧、荀息。」案：此文當從别本。「惡」作「思」，「九旬」作「仇荀」，即仇牧、荀息，與下句「彭務」爲彭咸、務光正相對。故下文總承之曰「二蹤」也。「復」當作「復」。「復」、「退」古今字，故一本作「退」。「退」與「進」文亦正相對。以進退無主，故下承之云「未知所投」也。尋文究義，不當如今本，甚明。《九思》爲王逸自作，注不知何人所補，疑出魏、晋以後。此釋「九旬」爲「紂爲九旬之飲」，蓋所據已是誤本。洪興祖疑注爲叔師子延壽所作，則不宜有此巨謬，殆不然矣。

又　「篤棐不忘。」高云：「『篤棐』，鈔本作『謂督』，非是。」案：鈔本是也。此用《左氏·僖十二年傳》文。《外集·京兆尹樊德雲銘》云：「膺帝休命，謂篤不忘。」「督」作「篤」者，聲同字通。《書》僞古文《微子之命》，采《左傳》亦云「曰篤不忘」。

多聞闕疑分部

論述

彭叔夏《文苑英華辨證》卷一〇《雜録五》　又《李元賓墓誌》：「竟何爲哉，竟

何爲哉。」邵伯温次子博，字公濟，續父書，號《聞見後録》，謂石本以上句作「意何爲哉」爲妙，《舉正》遂信其説。大抵前輩文字，多自改於石刻之後，而石本真贋尚未可知，況邵氏父子所録，差誤非一端，不可盡信。以理觀之，則元本「竟」字，亦未爲不是，終勝「意」字。

王引之《經義述聞》卷三《平章百姓　平秩東作　王道平平》　惠氏定宇《尚書古義》曰：「『平章百姓』，《史記》作『便章』，《尚書大傳》作『辯章』。案下文『平秩』字，伏生作『便』，鄭玄作『辯』。《説文》曰：『釆，辨别也。讀若辨。』古文作『𠀭』。與『平』相似。虧部曰：『古文平作釆。』孔氏襲古文，誤以『𠀭』爲『平』，訓爲平和，失之。『辨』與『便』同音，故《史記》又作『便』。《汗簡》曰：『《古文尚書》平章字作□。』引之案：《汗簡》曰：「《古文尚書》『平』作『釆』。」不以爲「平章」。《玉篇》同。引之案：《玉篇》曰：「釆，古文平。」不以爲《尚書》。《毛詩·采菽》曰：『平平左右』，《左傳》作『便蕃』。毛萇曰：『平平，辯治也。』服虔亦曰：『平平，辯治不絶之貌。』亦當從古文作『𠀭』。」引之謹案：「平章」、「平秩」之「平」，訓爲辯治可也，必謂古文「𠀭」字之誤，則非。「平秩」之「平」，馬融本作「苹」，曰：「使也。」見《釋文》。《爾雅》曰：「抨，使也。」與「苹」同。《洛誥》「平來以圖」，《羣經音辨》所引如此，蓋據《釋文》原書。唐石經作「伻」，衛包所改。今本《釋文》作「伻」，則又陳鄂所改也。《集韻》：「拼，使也。或作『伻』。古作『平』、『苹』。」傳訓爲「遣使」，則「苹」與「平」同。馬本作「苹」，他本作「平」，猶《春官·車僕》「苹車」之「苹」，故書作「平」也。其非誤字可知。若是古文「𠀭」字，不得加艸作「苹」矣。自古豈有從艸𠀭聲之字乎？《説文》古文「𠀭」字注，不言《尚書》有此字。豊部「豑」字，則引《虞書》曰：「平豑東作。」其字正作「平」，與馬融本「苹」字同聲，許用本字，馬則假借字也。孔傳出於依託，或不可信，許、馬二君則傳真古文者，其字不當有誤。是之不察，而欲以他字易之，可乎？《初學記·禮部上》引崔駰《西巡頌》曰：「惟秋穀既登，上將省斂，平秩西成。」趙岐注《孟子·萬章篇》曰：「《書》曰：『平秩東作』，謂治農事也。」則崔、趙所見本亦作「平」也。鄭注《馮相氏》曰：「辨其序事，謂若仲春辨秩東作，仲夏辨秩南僞，仲秋辨秩西成，仲冬辨在朔易。」疏曰：「按《尚書》皆作『平秩』，不爲『辨秩』，今皆云『辨秩』，據書傳而言。」據此，則鄭所注《尚書》必作「平秩」，故賈公彦不言「辨秩」字據《尚書》，而但言據書傳。若鄭注《尚書》作「辨秩」，賈氏何得言《尚書》皆作「平秩」，不爲「辨秩」？且舍鄭氏《尚書》不引，而反引書傳，無是理也。《後漢書》《劉愷傳》、《班固傳》注並引《尚書》曰：「辯章百姓。」鄭注曰：「辯，别也。」蓋「平章百姓」，鄭氏從作「辯」之本，而其字作「辯」，不作「𠀭」。然則古本無作「𠀭」者矣。如古本作「𠀭」，則鄭當曰：「『𠀭』，古『辯』字。」或曰：「𠀭，辯别也。」始合詁經之體。不應翦滅古字而徑改爲「辯」也。又馬、鄭之本，往往不同，篇内「黎民阻飢」，《周頌·思文》釋文引馬融「阻」作「祖」，云：「始也。」《正義》引鄭注：「阻，讀曰俎。俎，阸也。」《禹貢》「沿于江海」，《釋文》：「『沿』，鄭本作『松』」，云：「『松當爲沿』。馬本作『均』」，云：「『均，平。』」《微子》「讐斂」，《釋文》：「徐曰：『讐，鄭音疇。』馬本作『稠』」，云：「『數也。』」《金縢》「丕子之責」，《釋文》：「丕，普悲反，馬同。鄭音『不』。」作「辯章」者爲鄭氏本，則作「平章」者爲馬融本可知。《後漢書·蔡邕傳》邕上封事曰：「更選忠清，平章賞罰。」李賢注：「平，和也。」「平章」字本於《堯典》。《白虎通義·説姓名》引《尚書》曰：「平章百姓。」曹植《求通親親表》引傳曰：「九族既睦，平章百姓。」李善注與李賢同。此皆在梅氏古文未出以前，而字正作「平」，不得以爲誤也。「平」與「辯」、「便」古音可通，「平」字古音在耕部，「辯」、「便」二字古音在真部，《王制》「行僞而堅，言僞而辯，學非而博，順非而澤」，「堅」、「辯」爲韻，「博」、「澤」爲韻。《史記·張釋之馮唐傳贊》「《書》曰：不黨不偏，王道便便」。「堅」、「辯」、「偏」、「便」四字，古音皆在真部也。陳琳《車渠椀賦》「爲用便兮」，亦與「珍」、「民」爲韻。真、耕二部之字，古音最相近，故《易》彖、象傳屢以爲韻。見顧氏甯人《易音》。《大戴禮·少閒篇》「天政曰正，地政曰生，人政曰辯」，「辯」與「正」、「生」爲韻，尤其明證也。又「平」與「苹」通，「辯」與「偏」通。《鄉飲酒禮》注：「今文『辯』皆作『偏』。」《説文》「蹁」字注曰：「讀若『苹』，或曰『偏』。」然則「平」、「辯」二音可以相通矣。《大戴禮·文王官人篇》「辯言而不顧行」，《逸周書·官人篇》「辯」作「屏」。《漢書·張敞傳》「自以便面拊馬」，即《王莽傳》之「屏面」。顔注曰：「『便面』，亦曰『屏面』。」「屏」與「平」同聲，「屏言」之作「辯言」，「屏面」之作「便面」，猶「平章」、「平秩」之「平」，作「辯」又作「便」也。《漢書·武帝紀》「初作便門橋」，顔注曰：「即平門也，古者『平』、『便』皆同字。」王氏《尚書後案》謂亦「采」字之誤，非是。此「平」與「便」通之證也。《廣雅》曰：「辯，使也。」馬融注《書序》「王辯榮伯」曰：「辯，使也。」《酒誥》「勿辯乃司民湎于酒」，傳訓「辯」爲「使」，「辯」即「平」之假借。平，使也。故《洛誥》「平來來示予卜休恒吉」，王應麟《藝文志考證》載漢儒引《書》異字作「辯來」。「平來」之「平」訓爲「使」，而他本作「辯」，猶「平秩」之「平」訓爲「使」，而他本作「辯」也。《荀子·富國篇》「忠信調和均辯之至也」，楊注以「辯」爲明察，失之。即均平字。《地官·賈師職》曰：「辨其物而均平

之。」此又「平」與「辯」通之證也。何必古文「𢆉」字，而後通於「辯」、「便」乎？《説文》曰：「辯，治也。」何休注隱元年《公羊傳》、高誘注《淮南·時則篇》並曰：「平，治也。」「平」與「辯」非獨聲音相近，抑且詁訓相同，是此而非彼，祇一偏之見也。且孔傳乃後人依託，作者實未見壁中文字，又安得古文而誤襲之乎？由是言之，《小雅·采菽》「平平左右」，《左傳》引作「便蕃」，毛傳訓爲「辯治」，《正義》曰：「《堯典》云：『平章百姓。』書傳作『辯章』，則『平』、『辯』義通，而古今之異耳。故云『平，辯治』。」亦是聲音相近，而非「𢆉」字之譌矣。《荀子·儒效篇》曰：「分不亂於上，能不窮於下，治辯之極也。《詩》曰：『平平左右，亦是率從。』」《荀子》以「平平」爲「治辯」，與毛傳同，而其字亦作「平」，非作「𢆉」也。至《洪範》「王道平平」，《史記·張釋之馮唐傳贊》引作「便便」，徐廣曰：「一作『辯』。」《宋微子世家》載《洪範》文則作「平平」，聲近字通，正與《堯典》之「平」作「辯」、「便」同。以義求之，「王道蕩蕩」既是平易之貌，《吕氏春秋·貴公篇》引《洪範》「王道蕩蕩」，高注曰：「蕩蕩，平易也。」引《詩》曰：「魯道有蕩。」則「王道平平」義亦如之。是其字正當作「平」。以韻考之，《説文》「蹁」字讀若「苹」，則「無黨無偏」正可與「平平」爲韻。「蹁」、「偏」皆以「扁」爲聲。《困學紀聞》曰：《尚書大傳》引《書·九共篇》「予辯下土，使民平平，使民無傲」。上已云「辯」，則下不得復言「辯辯」。其爲「平」字明矣。宋玉《高唐賦》説羽獵曰：「涉漭漭，馳苹苹。」謂曠野之中彌望平平然。李善、吕延濟以「苹苹」爲草貌，失之。「苹苹」與「平平」同，猶「平秩」之「平」，馬本作「苹」也。此皆「平平」二字之證。《墨子·兼愛篇》引周詩亦曰：「王道平平，不黨不偏。」《藝文志考證》載漢儒引《書》異字曰：「不黨不偏，王道平平。」其非誤字明甚。而王氏鳳喈《尚書後案》謂當作「釆釆」，殆踵惠氏之誤而不察耳。夫古字通用，存乎聲音，今之學者，不求諸聲而但求諸形，固宜其説之多謬也。

又卷七《靡神不宗》　「上下奠瘞，靡神不宗。」毛傳曰：「宗，尊也。」《後漢書·順帝紀》詔曰：「分禱祈請，靡神不禜。」錢氏《攷異》曰：「靡神不宗之『宗』，三家詩必有作『禜』者。《祭法》『雩宗，祭水旱也』，鄭讀『宗』爲『禜』。是『宗』與『禜』通。」家大人曰：錢説非也。鄭注《祭法》云：「『宗』，皆當爲『禜』，字之誤也。」言「字之誤」，則非聲之通。且「宗」與「蟲」、「宫」、「臨」、「躬」爲韻，若作「禜」，則失其韻矣。漢人用經，改字者多矣。即以《後漢》諸帝紀言之，《詩》言「哀此惸獨」，而章帝詔曰：「惠此煢獨。」《詩》言「假寐永歎」，而和帝詔曰：「寤寐永歎。」《詩》言「不遑啓處」，而桓帝詔曰：「匪遑啓處。」豈皆三家之異文乎？

綜　述

郭京《周易舉正》卷中　《豐》：「初九，遇其配主，雖旬無咎，往有尚。」註：「處豐之初，其配在四，以陽適陽，以明之動，能相光大者也。旬，均之也。初四俱陽爻，故曰均也。是以雖旬無咎，往有尚也。」今本註：「處豐之初，其配在四，以陽適陽，以明之動，能相光大者也。旬，均也。雖均無咎，往有尚也。初四俱陽爻，故曰均也。」謹按：註「初四俱陽爻，故曰均也。雖旬無咎，往有尚也」，前「雖」字上仍脱「是以」字，「雖」字下「旬」字，又誤作「均」字。爲脱誤相仍，恐難分別，故兩録定本今本對明，在達者審而詳之，是非可見矣。

張淳《儀禮識誤》卷一　「岌。」注曰：「足以韜髮而結之矣。」按《釋文》云：「岌，土刀反。」又《士昏禮》注之「縚髮」，《釋文》亦云：「他刀反。本又作『岌』。」以二音攷之，其字不爲「岌」，則爲「縚」。今之爲「韜」，未知孰據，從《釋文》。案：《説文》有「韜」無「縚」，「縚」即「韜」之别體耳。「岌」本訓「滑」，與「韜」同音，故「韜」亦借用「岌」。張氏淳于字學未有見，轉以作「韜」爲非，疎矣。

又　「大。」注曰：「諸侯謂司徒爲宰。」又曰：「宰夫，宰之屬也。」按《釋文》云：「大宰音泰。下放此。」自「宰命司馬」而下，皆不見「大」字。古者天子有大宰，諸侯則以司徒兼之。竊疑注「司徒爲宰」之句，合稱「大宰」。又《燕禮》注曰：「宰夫，大宰之屬。」《大射》注曰：「宰夫，冢宰之屬。」《公食大夫》注曰：「甸人，冢宰之屬。」又曰：「司宫，大宰之屬。」彼不兼大則兼冢，此不應獨稱「宰之屬」，故又疑注「宰之屬也」之句，亦有「大」字。餘無據者不敢增，獨增二「大」，從《釋文》。

毛居正《六經正誤》卷一《周易正誤》　九二「利用亨祀」，《釋文》：「亨祀，許兩反，注同。」今本作「享」，誤，不敢改也。

又　《彖辭》：「亨上帝。」《釋文》：「亨，香兩反，注同。」今本作「亨」，誤，不敢改也。

又卷二《尚書正誤》　「奭」字本作「奭」。《説文》：「奭，盛也。从大，从皕。」「皕」音「陌」。今《書》作「奭」，不敢改也。

又卷三《毛詩正誤》《谷風》：「行道遲遲。」建本亦作「遲」，紹興注疏本、興國本皆作「遲」，是否相半，不敢改也。「涇以渭濁，湜湜其沚」，箋云：「涇水以有渭，故見渭濁。湜湜，持正貌。喻君子得新昏，故謂己惡也。己之持正守初，如沚然不動摇。」《正義》曰：「婦人既言君子苦己，又本己見薄之由，言涇水以有渭水清，故見涇水濁，以興舊室以有新昏美，故見舊室惡。本涇水雖濁，未有彰見，由涇渭水相入而清濁異，言己顔色雖衰，未至醜惡，由新舊並而善惡别。新昏既駮，已爲惡，君子益憎惡於己。己雖爲君子所憎惡，尚湜湜然持正守初，狀如沚然不動摇。」又曰：「此以涇濁喻舊室，以渭清喻新昏。」又曰：「涇水言以有渭，故人見謂己濁，猶婦人言以有新昏，故君子見謂己惡也。見謂濁，言人見謂己涇之濁，由與清濁相入故也。定本『涇水以有渭，故見其濁』，《漢書・溝洫志》『涇水一碩，其泥數斗』，潘岳《西征賦》云『清渭濁涇』是也。」觀此，則箋所謂「故見渭濁」，當作「故見其濁」，作「渭」字誤，明矣。然《釋文》乃作「渭」字，云：「舊本如此，作『謂』者，後人改耳。」陸德明與孔穎達同時，獨不知定本作「其」字邪？今不敢改「渭」作「其」，唯取《正義》之説，表而出之，使後學知舊本「渭」字之誤。注：「屑，絜也。」作「絜」誤。「絜」从刀，不从刃也。「賈用不售」，「及爾顛覆」，「賈」、「覆」二字皆从襾，襾音罅，从西誤。「西」與「亞」同。「我有旨蓄」，作「言」誤。

又卷四《禮記正誤》「五巂」作「嶲」，誤。注云：「本亦作『嶲』。」亦誤。又曰：「車輪轉一周爲嶲。」亦誤。蓋「巂」音惠圭反，从屮，从隹，从冏。屮音撤，隹音追，冏音訥，嶲音髓。越嶲，蜀郡名，从山，从雋。雋音徂兖反。此非陸氏之誤，傳寫訛耳。觀其注云「本亦作『嶲』」，是上本作「巂」也。「亦作『嶲』」恐是「作『雋』」。

又「於滌。」注：「養牲宫也。」潭本作「宫」，建本亦作「宫」，唯興國軍本作「養牲官」。未詳孰是。

又卷五《周禮正誤》《司裘》注「中秋鳥獸毴毨」，《釋文》：「毴，音毛。」案《尚書》仲秋「鳥獸毛毨」，仲冬「鳥獸氄毛」，《釋文》：「毨，先典反。《説文》云：『仲秋鳥獸毛盛，可選取以爲器用也。』」「氄，如勇反，徐而充反。」馬云：「温柔貌。」《説文》「毨」字下注：「仲秋鳥獸毛盛，可選取以爲器用。从毛，先聲。穌典切。」此「毨」字音義也。其上「毴」字注：「毛盛也。从毛，隼聲。《虞書》曰：『鳥獸毴髦。』而尹切。又人勇切。」是「毴」與「氄」音義同也。《玉篇》：「毴，而勇、而允二切。衆也，聚也。」其下「氄」字注云：「同上。」是「毴」即「氄」字也。《廣韻》：「氄，而隴切，鳥細毛也。亦作『氄』。」《集韻》：「毴，乳勇切。」注引《説文》義，又云：「或作『氄』。」諸家字書「毛」字並無作「毴」者，「毴」字亦無音「毛」者，其誤明矣。但諸本皆誤，《釋文》又有誤音，不敢改也。「侯中廣」作「廣」，誤。「侯」作「矦」，誤。从人，从工，从矢。

又《職方氏》豫州「其川熒雒」，注：「熒，兖水也，出東垣，入于河，泆爲熒。熒在熒陽。《禹貢》曰：『熒播既都。』」興國本「熒雒」及注並與監本同，注疏本正文作「滎雒」，注「滎，兖水也」、「泆爲滎，滎在滎陽」，並作「滎」。《正義》「泆爲熒」作「滎」，「《春秋》戰于熒澤」作「滎」。建本正文「熒雒」作「滎」，注中並作「滎」。《左傳》釋文云：「作『滎』者非。」《禹貢》釋文又自作「滎」。未詳孰是。「其穀宜五種」注：「五種，黍、稷、菽、麥、稻。」青州「其穀宜稻麥」，「穀」作「穀」，「麥」作「麦」，誤。「麥」从來，從夂，來即麥也。《詩》「貽我來牟」是也。小麥曰來，大麥曰牟，總謂之麥。非从来从夂也。「其浸沂沭」，作「沐」，誤。「揚荆豫兖」，作「楊」，誤。《地理志》揚州，其性輕揚，故曰揚州。从手，非从木也。

又《函人》「其朕，直忍反」。案經文「眡其朕，欲其直也」，注：「鄭司農云：『朕謂革制。』」字書从舟从关者，音直錦反，我也。从目从关者，音直忍反，目瞳子，又兆眹也。今音直忍反，合从目也。从舟者誤。然《説文注》又云：「恐古或以『朕』爲『眹』。」故不敢改从目。

又卷六《春秋左氏傳正誤》「老夫耄矣。」潭本《釋文》作「耄」。《釋文》據唐本，今監本承訛，不敢改也。當作「耄」。

又「五穀皆熟。」作「穀」，誤。後同。唯地名「穀」字不知其義，則姑从木。

又「君惠徼福於敝邑之社稷。」「徼」，《釋文》作「儌」，是。然傳訛既久，不敢改也。「儌倖」之「儌」，工堯反，从人。「巡徼」之「徼」，居嘯反，从彳。彳音斥。

又「憖其見尸。」「憖」作「慭」，誤。莊十一年注「不爲天所憖弔」同。唐人諱「民」字，从民者皆作「氏」，因仍未改也。

又「君父之命不挍。乃徇曰：『校者吾讎也。』」「挍」作「校」，誤。傳訛既久，不敢改也。

又二十四年注「有如曒日」，《釋文》作「皦」。姑兩存之。

又《春秋穀梁傳正誤》「棗栗鍛脩。」「棗」作「棗」，誤。「棗」从兩朿，朿音棘，又音刺，不从「約束」之「束」。「鍛」當作「腶」，《禮記》作「腶」。脯脩之段者曰腶，字

从肉，不當从金。諸本多誤从金。恐或借用，不敢改也。

又 二十九年注「許夷狄者不一而足」，「一」當作「壹」，謂不齊壹而足也。《漢書》引此傳作「壹」。姑存之，不敢改也。

沈揆《顔氏家訓考證》 「孟子曰：『圖景失形。』」未詳。或恐是外書。

又 「又問東宮舊事，六色罽緫，是何等物，當作何音？答曰按《説文》云：『莙，牛藻也。讀若威。』《音隱》：『塢瑰反。』」《説文》：「莙，牛藻也。从艸，君聲。讀若『威』。渠隕切。」與《顔氏》所引不同。未詳。

又 「拭卜破字經」，《隋書·經籍志》有《破字要訣》一卷，又有《式經》一卷。「拭卜破字經」未詳。

方崧卿《韓集擧正》卷一 總七百一十六并目録合爲四十一卷。上文篇數並以閣本、杭本爲正。《文粹》亦同。蜀本作「總七百三十八」，兼外篇而言也。新舊監本皆作「七百一十六」。繹而考之，皆有不合。然閣本、杭本要是唐本之舊，蜀本、監本未免以見存之數而求合也。姑存其舊。

又 擒不藍縷。杭、三館本、《文粹》並同。姚令威曰：「唐令狐本作『襤褸』，蜀本始作『濫數』，校本多從之。」今姑存其舊。

又 日正當午。校本一作「日始東吐」，學者皆以爲當午無迴車之理，然諸本皆同，姑從上。

朱熹《昌黎先生集考異》卷一 光耀如此。「此」下諸本有「可以人而不如鳥乎」一句。方從閣本、《文粹》删去。今按：諸本所有之句，乃全用《大學》傳中語，而意則異矣。二本無之，豈公晚覺其陋而自削之歟，抑後之傳者爲賢者諱而删之也？方從二本，意則厚矣，然凡讀書者，但當據其本文實事，考評得失以自警戒，乃爲有益，正不必曲爲隱諱，以啓文過飾非之習也。今此一句，恐或公所自刊，故且從方本云。

又 羌永。「羌」，或作「差」。今按：作「差」固謬，然「羌」乃發語之詞，施之句内，似亦未安。以上文反顧流涕之語推之，則西路乃長安之路，而此字當爲浸漸愈益之意，不知的是何字，又恐或是「逾」字也。

又 獨閔閔其曷已。「閔閔」，或作「悶悶」，諸本句下有「兮」字。下文隔句皆有「兮」字。今按：洪慶善云：「歐、宋皆無『兮』字，後皆復添。」或云咸通本《復志賦》與此賦皆無「兮」字，未知孰是。

又卷二 失平生好樂。方從唐本如此。諸本或作「平生性不樂」，閣本作「不好」。今按：此句未詳，當闕。

又卷三 百二十刻。方云：「董彦遠云，世間只百刻，百二十刻，以星紀言也。」今按：星紀之説，未詳其旨。但漢哀帝嘗用夏賀良説，漏刻以百二十爲度矣。

又 駭牛躅。「駭」，方作「駴」，云：「駴，音俟。」《説文》：「馬行仡仡也。」《詩》「儦儦俟俟」，《韓詩》作「駓駓騃騃」，故《西京賦》云：「羣獸駓騃。」此當從「俟」音，則於躅且鳴義爲合也。今按：方説「駴」、「躅」二字，於牛義無取。疑當從蜀本作「駭」，而「躅」當作「觸」，乃於牛有意，又有上字相偶。然無所據，姑附於此。

又卷四 曰仁，曰禮，曰信，曰義，曰智。方從閣、杭、蜀本，云：「禮、信去仁爲近，諸本多作『曰仁，曰義，曰禮，曰智，曰信』。」今按：方本以五行相生之序而言，諸本以四方相對、一位居中而言，理皆可通。但竊意諸本語陳而韓公亦頗尚異，恐方本或得之。

又 其全。「其」，方作「於」。今按：作「其」語意爲近，但陸公此句正不敢必求全才之意，而下文韓公又以太詳而不早責之。殊不可曉，當更考之。

又卷五 師征。方從石本作「帥」。今按：《平淮西碑》云：「屢興師征。」作「師」爲是。石本或誤，未可知也。

又 太學生何蕃傳。方本作「書」，云：「此文總於書類，當從舊本。」今按：此當作傳而入書類，未詳其説，但其詞則實傳也，況有諸本可從乎？

又卷六 亦是何典，故赤令尚與中丞分道而行，何況京尹。方云：「吕丞相本改定此十九字綴於『事須臺參』之下，仍於『却不如』下添『中丞』二字。」洪慶善云：「今本顛倒不可讀，當從唐本。」不知洪所謂唐本者何本也。閣、杭、蜀本只同今文，姑以闕疑可也。一曰「不用臺參」已下當再出「臺參」二字，義亦自通。今按：二説皆未安，後説雖差勝，然文意似亦未足，當闕之以俟知者。

又 我衣之華兮，我佩之光陸，君之去兮，誰與翱翔。諸本如此，方從閣、杭本，「光」、「翔」下皆有「兮」字，「去」下無「兮」字。今按：古詩賦有句句用韻及語助者，《賡歌》是也。有隔句用韻及「兮」，而「兮」在上句之末，韻在下句之末者，《騷經》是也。有隔句用韻，而上句不韻不「兮」，下句押韻有「兮」者，《橘頌》之類是也。今此詩，方本若用《賡歌》之例，則「華」、「光」有「兮」而不韻，其「去」字一句又并無也。若用《騷經》之例，則「光」、「翔」當用韻，而不當有「兮」。「華」雖可以有「兮」，而「去」復不可以無「兮」也。若用《橘頌》之例，則下三句爲合，而首句不當有「兮」也。韓公深於《騷》者，不應如此，蓋方所從之本失之也。今定從諸本，以《騷經》及賈誼《弔屈》首章爲例。若欲以《橘頌》爲例，則止去方本首句一「兮」字，尤爲簡便，但無此本，不敢以意創耳。

又卷七 凡卅年。「卅」，或作「三」。方從石本，云：「此蓋言卅年前常有夢寐，非以貶日言之也。」今按：上文但言前歲之禱，則「實發夢寐」者，但謂不敢忘前歲之吉卜耳。此「卅」字未詳其義，恐亦石本之誤也，方説非是。

又 由四門助教爲太學助教，由助教爲博士太學。此從諸本。方從杭本，無「爲太學助教由助教」八字，云：「蓋言由四門助教至爲博士於太學故也，若從今文，則下『太學』字

贊矣。」今按：此既言其在太學者十九年，則所歷官不應但一再遷而已，當從諸本爲是。但下「太學」二字疑衍，不然，則或在「博士」上，或在下文「當去」下。然無所據，不敢輒改，姑存之以俟知者。

又卷八　矜奮。「奮」下，或有「曰」字。今按：宜有「曰」字，然石本無之，不欲補也。

又　與愉。「與」上，或有「余」字。今按：此合有「余」字，然石本無之，不欲補也。

又　公諱仲舒字弘中。蜀作「諱弘中字某」，後《墓志》同。今按：上句已有「公」字，此不當再出，當删。然無别本可據，姑存之。

又卷九　所在麻列。「麻」，或作「成」。方從閣、杭、《苑》、李、謝本。今按：作「麻」殊無理，疑此本是「森」字，誤轉作「麻」，後人見其誤而不得其説，乃改作「成」耳。且公《答孟簡書》亦有「森列」之語，可考也。方氏固執舊本，定從「麻」字，舛繆無理，不成文章，固爲可怪。然幸其如此，存得本字，使人得以因疑致察，遂得其真。若便廢「麻」而直作「成」字，則人不復疑，而本字無由可得矣。然則方本雖誤而亦不爲無功，但不當便以爲是而直廢它本，不復思索參考耳。今以無本，亦未敢輕改，且作「麻」字，而著其説，使讀爲「森」云。

彭叔夏《文苑英華辯證》卷一《用韻一》　凡前人用韻，有兩音而不可輒改者。如吴均《酬别詩》，押「亮」字韻。下云「七寶雕華裝」。「裝」，《唐韻》側亮反，行裝也。而《藝文類聚》改作「華杖」。陶翰《贈盧司倉詩》「末由飭仙裝」，亦是去聲，而或改作「仗」。孟浩然《送辛大不及詩》，押「汝」字韻。上云「日暮獨悲余」，「余」與「予」同。《楚詞》「目眇眇兮愁予」，從上聲讀。而集本改作「愁緒」。李乂《贈同行人詩》「驄馬何嘗驅」，正用樂府驄馬驅事。「驅」，《唐韻》區遇反，或改爲「駐」，而不知前已押「節序催難駐」矣。又如朱休《駕幸太學賦》「各呈材而切磋」，《唐韻》：「磋，七過反。」而或改作「效課」。楊濤《蟻穿九曲珠賦》「乍見規行之迂」，《唐韻》：「迂，於武反。迴曲貌。」而一本疑平聲不協韻，改作「迓」。尤非。此類當以《文苑》爲正。

又卷二《人名一》　凡用事有人名與他本異，不可輕改者。如皇甫湜《醉賦》「劉靈作《酒德頌》」。按《文選·酒德頌》五臣注：「臧榮緒《晉書》：『劉靈字伯倫。』顔延之《五君詠》：『劉靈善閉關。』《文中子》：『劉靈，古之閉關人也。』《語林》：『天生劉靈，以酒爲名。』」並作「靈」。而唐太宗《晉書》本傳作「伶」，故他書通用「伶」字。盧肇《觀雙柘枝舞賦》「燕趙懸妍，威嬙掩嫮」，按《戰國策》，晉文公得南威，三日不朝，曰：「後代必有以色亡國者。」莊子，毛嬙，麗姬，人之所美也，或迺改「威」作「嬪」。裴度《諸葛亮祠堂碑》「故州平心與元直神交」，謂亮與崔州平、徐庶友善也。庶字元直。而《文粹》以「故」作「荆」。孫逖《王敬從碑》「昔萬石君建陵侯，皆以訥言敏行，稱爲長者」，謂石奮衛綰也。而或以「建陵侯」作「建慶」。權德輿《容州刺史戴叔倫誌》「西晉則有司農逯」。逯字安丘，位至大司農，處士逵之弟也。而集以「逯」作「逵」。此類當以《文苑》爲正。

又卷三《人名三》　人名有與史傳集本異，不可輕改者。如張説《裴行儉碑》「自冀州刺史徽，至公十二代。中軍將軍夔虎，至公六葉」。按《唐·宰相世系表》，徽生黎，黎生苞，苞生軫，軫生嗣，嗣生天明，天明生雙虎，雙虎生惠秀，惠秀生嵩壽，嵩壽生伯鳳，伯鳳生定高，定高生仁基，仁基生行儉，乃十二代。自雙虎至行儉，乃六葉。集本脱「至公十二代中軍將軍雙虎」十一字，止云「自冀州刺史徽至公六葉」，非也。常衮《盧正已誌》「公字子寬，本諱元裕，以聲協上之尊稱，優詔改錫正已」。則元裕、正已本一人也。而《世系表》乃以爲兄弟二人。李華《慶王府司馬徐府君碑》「君諱堅，字某。名與宗人同，故以字稱」。此徐有功之子也。而《世系表》與本傳並作倫，字堅。張説《節愍太子妃楊氏誌》「高祖士達，天授中，以孝明高后之父，追封鄭王」。「孝明高后」謂武后之妣楊氏也。而集以「高后」爲「高氏」。韓愈《董晉行狀》「四子全道、溪、全素、澥」。集本或作「全道、全溪、全素、全澥」。按《世系表》及愈所作《董溪墓誌》，溪、澥並無「全」字。蓋全道、全素，皆上所賜名也。此類當以《文苑》爲正。

又《官爵一》　凡官職封爵，有與史集異，不可輕改者。如駱賓王《寄東臺詳正學士詩》，按《唐·百官志》，儀鳳中，置詳正學士。而集以「正」作「政」。劉禹錫《贈澧州高大夫司馬霞寓詩》，按霞寓本傳：「拜豐州刺史，後貶歸州刺史，不載澧州司馬。」今詩云「一誤雲中級，南游湘水清」，則似澧州也。蘇頲《授尹思貞御史大夫制》「將作大匠」。按唐制，隋煬帝改匠爲監，唐初復舊，天寶中再爲監，今思貞改命在開元初，猶爲大匠。或迺以「匠」爲「監」。張説《楊執一碑》「司徒觀王雄之曾孫」，「司徒」，集作「司空」。按《隋書·觀王傳》「贈司徒」。張九齡《李仁瞻誌》「五代祖始豐懿公璨」，「始豐」，集作「始封」。按《世系表》亦作「始豐」。權德輿《王崇術碑》「一命臨武校尉，蘭州金城府别將」，「金城府」，集作「金城縣」。按《唐·地理志》，蘭州有金城府。又有五泉縣，咸亨二年改名金城，天寶元年復舊。又有廣武縣，乾元二年更名金城，今云「别將」，則府爲是。蘇頲《命吕休璟等北伐制》「神山府折衝」，按《唐志》，神山府在晉州。《唐大詔令》迺作「神仙」。「莫門、積石等軍」，「建康軍使」，《唐志》，莫門軍在洮州，建康軍在甘州。《唐會要》乃作「英門」，「建

庫」。此類當以《文苑》爲正。

又卷四《郡縣一（地名附）》 凡郡縣名及地名，有不可以他本而輕改者。如楊炯《渾天賦》「太平太蒙」，《爾雅》「東至日所出爲太平，西至日所入爲太蒙。即蒙汜也。太平之人仁，太蒙之人信」，而《文粹》以「太蒙」作「太象」。又《任晃誌》：「太蒙之信，太平之仁。」集亦作「太象」。吴融《沃焦山賦》「歸塘之積」，或疑當從《列子》「渤海之東，有大壑焉，實惟無底之谷，名曰歸墟」，然《初學記》所引《列子》，迺作「歸塘」。唐太宗《望中南山詩》，或疑此詩編在終南山門，「中」當作「終」，然《詩・秦風・終南》注：「終南山，即周之中南山也。」潘岳《關中記》云：「終南，一名中南。言在天之中，居都之南，故曰中南。」李商隱《爲濮陽公陳情表》「貪泉滇水」。按《漢武帝紀》「下滇水」。滇水出滇陽縣，今屬英州，改作真陽，而集本以「滇」作「須」。庾信《宇文常碑》「羅州刺史」、又《鄭常誌》即宇文常也。「宇文」蓋賜姓。「遷州刺史」。按《隋・地理志》，西魏時於竹山縣置羅州，宇文後周於房陵郡置遷州，隋并號房州。碑誌蓋互言也。又如「隨」、「隋」二字，《通鑑》初書楊忠爲隨公，楊堅爲隨王，文帝方省文爲「隋」。牂牁郡，《漢書》雖作「牂柯」，而《後漢》、《隋書》、《文選》並作「牂牁」，皆船杙也。《集韻》通用。唐人多用此二字，亦或從牛。此類當以《文苑》爲正。

又《年月一》 凡年月與他本異，不可輕改者。如歐陽詹《迴鸞賦》「癸亥之歲，作幸于西」。詳上文云「承八聖之重光」，則德宗也。德宗建中四年歲在癸亥，有奉天之幸，而一本迺作「癸丑」。癸丑爲代宗大曆八年，無西幸事，且非承八聖也。張仁亶《賀中宗登極表》「今月一日牒至，皇帝去月二十五日光臨寶極」。按二《唐書》，神龍元年正月丙午，即二十五日。中宗即位。時仁亶在洛州，所上表作「去月」爲是。而《唐類表》迺作「五月」，失之遠矣。劉子玄《昭成皇太后册文》「開元四年秋八月甲辰朔」，考《通鑑目録》，八月爲是而《唐大詔令》迺作「七月」。權德輿《奏孝子劉敦儒狀》「貞元二十年，留守韋夏卿奏聞。臣至洛都，今又十年」。考《唐書》，德輿以元和八年罷相，後爲東都留守。自貞元二十年，至元和八年，恰十年。而集本乃作「貞元二年」。吕才《五行禄命葬書》，論《春秋》「魯桓公六年九月」，又云「建申之月」。周以子爲建正，九月即七月建申也。而二《唐書》改作「七月」，蓋從夏正，則非《春秋》本文矣。元稹《白氏長慶集叙》「長慶四年，樂天手自排纘，成五十卷。予以爲皇帝明年，當改元長慶，訖於是」。集作「明年秋當改元」。按長慶四年，穆宗崩，敬宗即位，明年改元，即正月也。按制詔内《寶曆赦書》：長慶五年正月七日，改寶曆元年。安得謂之秋乎？此類當以《文苑》爲正。

又卷八《鳥獸》 凡鳥獸名有訛舛，及與他本異者。如喬彝《渥窪馬賦》「夏后九伐」，按《山海經》：「大樂之野，夏后啓於此舞九代焉。」則「伐」疑當作「代」。張仲素《千金市駿骨賦》「豈辨靈螭之洪胤」，按顔延年《赭白馬賦》「祖雲螭兮則靈」，疑當作「雲」。張説《隴右監牧碑》「騅駓驒駱駰騢騂雒鴇駮」，集以「駱」作「駱」，「鴇」作「騮」，「騂雒」作「馲駱」。按《詩》「有驒有駱，有騂有雒」注：「白馬黑鬣曰駱。赤身黑鬣曰騂。黑身白鬣曰雒。」又「乘乘鴇」注：「驪白雜毛曰鴇。」此碑正用《詩》中語。集本恐非。牛上士《師子賦》「豈方姿於甝儵」，「儵」當作「虪」。張景陽《七命》曰「拉甝虪」。上胡甘切，白虎也。下式六切，黑虎也。石鎮《罔兩賦》「雖皃鵠而異稟，將斷續而則悲」，「鵠」，《莊子》作「鶴」。鄭愔《送金城公主適西蕃詩》「貴主悲黃鶴」，崔日用詩「雙鶴願爲歌」。李適詩「主歌悲顧鶴」。馬懷素詩「空餘願黃鶴」。「鶴」，《漢書》作「鵠」。按《玉篇》：「鶴，何各切。鵠，胡篤切。」《漢紀注》云：「黃鵠，大鳥。非白鵠也。」似是二物。然《莊子》「鵠不日浴而白」，陸德明《音義》直云：「鵠又作鶴。並胡洛切。」則是一物。又《藝文類聚・鶴門》亦有鵠事。樂府「飛來雙白鶴」，一作「白鵠」。則「鵠」、「鶴」通用，不可輕改。《解鵲語判》「驗茲鳱鵠取效何異於公明」，公明，管輅字也。此判題云：「鄰婦殺夫，鵲來相告。」事見《管輅傳》。則「鵠」疑當作「䧼」，古沃切。《玉篇》：「鳱，䧼鵲。」《廣韻》：「䧼，鳱鵠似鵲。」而《周禮》「設其鵠」注：「鳱鵠，小鳥。」今並存之。此類覽者所宜詳也。

又《草木》 凡草木名有訛舛，及與他本異者。庾信《枯樹賦》「松子古度，平仲居遷」，按左思《吴都賦》「平仲君遷，松梓古度」，注：「皆木名。桾櫏木出交阯。」《藝文類聚》、《古文苑》並作「君遷」，是矣。松、梓二木，而《類聚》、《古文苑》並作「松子」，未詳，姑闕之。敬括《豫章賦》「淹萛靈之光價」，按《莊子》「楚之南有冥靈者，以五百歲爲春，以五百歲爲秋」，「萛」疑當作「冥」。劉禹錫《傷往賦》「飄零日及之萼」，集作「日反」，按《廣志》：「日及，木槿也。晉成公綏、潘尼並有《日及賦》。「反」字恐非。敬括《木連賦》。《白居易集》有《木蓮樹詩》，序云「其花似蓮」，此賦亦云「狀中浦之芙蓉」，「連」疑當作「蓮」。李迥秀《和侍宴樂安公主山莊詩》「荻園竹徑接帷陰」，《苗税千畝判》「無聞荻竹之奢」。按《東方朔傳》「萩竹籍田」，是竇太主園。《貨殖傳》「河濟之間千樹萩」，「渭川千畝竹」。師古曰：「『萩』即『楸』字。」《集韻》「萩」、「楸」通用。「荻」字恐非。庾肩吾《和汎舟漢水詩》「桂棹柒堂船」，《初學記》作「架棠船」。按《古樂府》「沙棠爲船桂爲楫」。《廣韻》「柒棠，木名」。《玉篇》「柒棠，可衛水」。則「堂」當作「棠」，「架」字誤。吴筠《竹賦》「箄簩筋曼，射筒林

箬，「箬」，一作「簩」。篃箬箛筮「筮」，一作「箠」。」，按《吴都賦》「簟簩有叢」，《類聚》載「簕竹」。《初學記》載「蔓竹」。《吴都賦》又云「箖箊射筒，由梧有篁」，注：「由梧竹出交阯。」張衡《南都賦》「篠簳箛箠」。《初學記》竹譜又有「筮竹似桂」。疑當作「篻簩筋蔓，射筒箖箊，篃箬箛箠」，而「筮」字亦可並存。又「菡䈬綷文而繡攄」，「菡」疑作「箘」。《初學記》「箘䈬，竹皮類繡」。梁元帝《玄覽賦》「堯韭舜榮」，《本草》：「昌蒲，一名堯韭。一本作『堯悲』，非。」陳章《艾人賦》「列名號於冰壺」，「壺」一作「臺」，是，《爾雅》：「艾，冰臺」。康子《玉瓜賦》「大則三尺二升」，「升」疑當作「斗」，《廣志》：「青登瓜大如三斗魁。桂枝瓜長二尺餘。」若止二升，不足爲大。又「黄䤼白搏之質」，「搏」當作「搏」，陸機《瓜賦》「黄䤼白搏」。蓋押「班」字韻。王僧孺《有所思詩》「朝光照辟邪」，《樂府》作「昔邪」。一名垣衣。一名瓦松。見《本草》。「辟」字恐非。此類覽者所宜詳也。

又卷九《雜録一》 孫翃《文詞雅麗策》「反支通奏，甲夜觀書」。反支日不受章疏，見《後漢》。而一本作「及晨通奏」。未詳孰是。

又《雜録三》 李白藥《少年行》：「少年飛翠蓋，上路勒金鑣。始酌文君酒，新吹弄玉簫。少年子，歡樂盡芳朝。千金笑裏面，一搦掌中腰。挂纓豈憚宿，落珥不勝嬌。少年子，無辭歸路遥。」此篇用兩「少年子」，在每四句後，亦是。而《文粹》、《樂府》乃以前二句爲「少年不歡樂，何以盡芳朝」，後二句爲「寄語少年子，無辭歸路遥」。詳上下詞意，殆不如《文苑》。今姑存之。

又 《河南尹魏少游謝官表》：「蒙恩除臣河南尹。」又云：「發自渠州，星言即路。」按《唐書・少游傳》：「自渠州刺史授京兆尹。」而表文又引鉤距、平反二事。今云「河南」，未詳。

又卷一〇《雜録四》 徐陵自稱「徐君」。《與王僧辯書》「孤子徐君」。一作名。張説自稱「張君」。《祭殷仲堪文》、《弔陳司馬書》並稱「張君」，《張氏女墓誌》稱「季兄君」。本集並作「某」。或疑「君」古人自稱，如《文選・王僧達〈祭顔光禄文〉》自稱「王君」，《王績集》中載《兩答刺史杜之松》、《答處士馮子華》、《與江公重借隋紀》四書，並稱「王君白」。又《文選・任彦升〈固辭奪禮啓〉》「昉」字李善本作「君」。吕延濟曰：「昉，家集諱其名，但云君。」撰者因而録之。未詳孰是。

又《雜録五》 孔熙先《爲彭城王檄征鎮文》，見《宋書・范曄傳》，迺曅與熙先等謀逆之文也。《文苑》亦從而録之，未詳。

又 賦中押韻，間有不見官韻者，固所未詳。乃如漢文帝《幸細柳營賦》以「將軍出令，漢帝徐行」爲韻。賦内云「遥臨渭水之將」。《詩》「在渭之將」，將，側也。本是官韻，或乃改作「傍」。又《勤政樓視朔觀雲物賦》以「歡」作「端」。《沛父老留漢高祖賦》以「意」爲「里」。皆輕改官韻。

岳濬《刊正九經三傳沿革例・考異》 《檀弓》「孔子過泰山側，問婦人之哭于墓者，實使子貢」，而興國及建諸本皆作「子路」。考之疏，亦不明言何人。及考石本、舊監本、蜀大字本、越上注疏本，皆作「子貢」。未知孰是。以《家語》證之，則是「子貢」也。《月令》孟夏「丘蚓出」，仲冬「蚯蚓結」。同此「蚯蚓」也，而有「丘蚓」之異。既諸本皆然，不欲輕改。

又 《公羊》、《穀梁傳》、《春秋》三傳，於經互有發明。世所傳十一經，蓋合三傳並稱。乾淳間毛居正嘗參校六經三傳，當時皆稱其精確，刊修未竟，中輟。廖氏刊九經，未暇及《公羊》、《穀梁》二傳，或者惜其闕焉。因取建余氏本，合諸本再加考訂，與九經并刊，句讀字畫，悉用廖氏例。惟是余仁仲本，於陸氏《釋音》字或正文字不同，如「讓嘲」作「讓曰」，「蒐」作「廋」之類，並兩存之，他本皆然，今亦不敢輒有更定。

吴師道《戰國策校注》卷一 周共太子死。《周紀》云：「西周武公之共太子死。」正曰：「《策》元在東周，鮑據《周紀》改此，恐有誤。」而下注《周紀》之文以存疑。

何焯《義門讀書記》卷一三 「武安君攻皮牢，拔之。」一本無「君攻」二字，似脱。

又 「詩言意。」「詩言志」，此獨作「意」。按：趙明誠《書孔子廟置卒史碑》云：「《華陽國志》、《後漢書注》皆云：『趙戒字志伯。』而此碑乃作『意伯』，疑其避桓帝諱，故改焉。」此「志」字，其亦後漢人之所改歟。

沈炳震《九經辨字瀆蒙》卷三 「極。」《未濟》：「濡其尾，亦不知極也。」《本義》：「『極』字未詳，考上下韻亦不叶，或恐是『敬』字。今且闕之。」

又 「不喪七鬯。」《震》：「震驚百里，驚遠而懼邇也。出可以守宗廟社稷，以爲祭主也。」《本義》：「程子以爲『邇也』下脱『不喪七鬯』四字，今從之。或云：『出』即『鬯』字之誤。」

又 「之。」《漸》：《彖》曰：「漸之進也。」《本義》：「『之』字疑衍。或是『漸』字。」

姚範《援鶉堂筆記》卷三六 秦立權按：諸語並有脱誤。《公孫龍》有言曰：「論之爲道辯，故不可以不屬意。屬意相寬，相寬其歸争，争而不讓，則入於鄙。」按《公孫龍》書今所傳寥寥，未知真贗。其中無此語，蓋亡逸者多矣。

汪輝祖《元史本證》卷一　五年七月「以右丞相塔察兒爲御史大夫」。案：中統四年六月以塔察兒爲左丞相，《宰相表》同。此云「右丞相」，豈《表》失書抑《紀》誤耶？

又　八月「立羣牧所」。案：已書於中統元年十二月，此疑複。然《百官志》太僕寺下又云「中統四年，設羣牧所」。何也？

又卷八　「堅州，金隸太原路，元因之。」案：《紀》至元三年七月，「以崞、代、堅、臺四州隸忻州」。《志》與忻州並隸冀寧路，必尚有沿革失攷。

段玉裁《汲古閣説文訂》　**藋**「拜商藋。」惟趙本「商」作「啇」，《五音韻譜》同。曹刊《集韻》亦作「商」。俟攷。

黄丕烈《重刻剡川姚氏本戰國策札記》卷上　少海之上。鮑改「少」爲「沙」。吴氏補曰：「『少』當作『沙』。」丕烈案：此不當輒改。

又　必無處矣。鮑改「處」爲「慮」。吴氏正曰：「前後章有此字，義當同。」丕烈案：後《策》文有「必不處矣」，又有「請謂王聽東方之處」，吴氏指此也。

又　大原西止。鮑改「止」爲「土」。丕烈案：此有誤，但所改未是。

又　聽祝弗。吴補：「一本『祝弗』。」丕烈案：鮑當本不作「祝弗」，故吴校如此。詳姚校云：「《索隱》引《戰國策》作『祝弗』。」疑亦本不作「祝弗」也。今無可考。

又　蘇厲爲周最謂蘇秦曰。鮑改「秦」爲「子」。丕烈案：此有誤，但所改未是。

又　是公重周重周以取秦也。鮑衍「重周」二字。丕烈案：鮑衍非也。此有脱誤。

又　西周甚憎東周。鮑「西」上補「曰」字。吴氏正曰：「古書多如此，不必補。」

又　以西周之於王也。鮑改「西周」爲「惡」。吴氏補曰：「字有譌，未詳。」

又卷中　可見於前事。今本「事」下有「矣」字，乃誤涉鮑也。鮑補「矣」字。吴氏補曰：「『事』下或有缺字。」

又　求所以償者。今本「償」作「賞」，乃誤涉鮑也。鮑改「償」爲「賞」。吴氏補曰：「《呂春秋》作『賞』。」丕烈案：此以「償」爲「賞」字耳。不當輒改。

又　因罷兵到讀而去。今本「讀」作「櫝」。鮑改「到讀」爲「倒韣」。吴氏正曰：「未詳。或誤字、衍文。」丕烈案：鮑改吴補皆非也。「到」即「倒」字，又以「讀」爲「櫝」字耳。不當輒改。

又卷下　必不使相也。鮑下補「王曰然則寡人孰相」八字。吴氏正曰：「《史》有此八字。按此乃蘇代謂昭魚爲士而設爲王之辞，無此固可也。」丕烈案：《史》亦設辞，但不必與《策》文同耳。

又　而今負强秦之禍也。吴氏補曰：「《史》負强秦之親。」又曰：「《史》義長。」丕烈案：吴説未是，此不與《策》文同耳。下文「然而無與强秦隣之禍」語相應，當各依本書。

又　韓知亡。吴氏補曰：「《史》識亡。宜從《策》。」丕烈案：吴説非也。「識」即「知」，見《索隱》上文「此天下之所同知也」，下文「則皆知秦之無窮也」，《史記》亦皆云「識」，是其證矣。

又　而挾韓魏之質。鮑衍「魏」字。吴氏補曰：「字衍。《史》無。」丕烈案：《史記》作「趙挾韓之質」，與《策》文不同也。

阮元《十三經注疏校勘記・周易注疏校勘記》卷一　至静而德方。岳本、閩、監、毛本同。石經「德」下旁添「也」字。按：旁添字並後人妄增，不可信。

又《尚書注疏校勘記》卷二　心不則德義之經爲頑。「則」，古本作「測」。岳本此句下有「口不道忠信之言爲嚚」九字。按：前「嚚訟」傳云：「言不忠信爲嚚。」傳例一訓不重出，岳本恐非。

又卷四　惟先蔽志。孫志祖云：「《左傳・哀十八年》引《夏書》『官占惟能蔽志』，《釋文》云『《尚書》能作克，克亦能也』，孔疏則云『《夏書》，《大禹謨》之篇也。惟彼能作先耳』。此則陸氏所見本與今異，孔氏所見本與今同。頗疑《釋文》近得其真，「先」字後人以意改也。」按：既言「昆」，則不必言「先」，故知陸氏爲得也。但孔疏云「惟能先斷人志」，「先」字上仍有「能」字，則孔氏所見本，未必不作「克」。《左傳疏》「先」字疑本是「克」字，後人反據誤本《尚書》改之。

又卷六　碣石山在北平驪城縣西南。浦鏜云：「碣石山，《漢志》作『大揭石山』，『北平』上有『右』字。」按：疏引《漢志》多脱誤，諸本皆然，未可擅改，兹不悉校，讀者取本書覆閲可也。

又　怪異好石似玉者。毛氏曰：「怪石似玉者，『玉』作『三』，誤。」按：傳作「好石」，毛作「怪石」，當攷。

又　豫章歷陵縣南有博陽山。浦鏜云：「『博陽』，《漢志》作『傅易』。」師古曰：「『傅』讀曰『敷』。『易』，古『陽』字。」朱長孺曰：「《韻會》『敷，古作敷，隸作傅。』《史・世家》『傅錫庶民』，《漢文》『傅納以言』是也。『博陽山』字當作『敷』，『敷』轉爲『傅』，『傅』轉爲『博』耳。」按：此或刊本之誤，傳中「博」字疑亦當作「傅」。但陸氏不爲音，未可遽改。

又卷八　而遠方重譯而至七十六國。浦鏜云：「『者』誤『七』。《書傳》『重譯而朝者六國』，《説苑》作『七國』，《家語》作『十有六國』。疑『六』與『七』近之。」按：恐仍當以「七十六國」爲是。《書傳》脱「七十」二字，《説苑》脱「十六」二字耳。然「者」字似不可省，姑存浦説俟考。

又卷九　我不敢動用非罰加汝非德賞汝乎從汝善惡而報之。古本「我」下有「豈」字，「之」下有「乎」字。山井鼎曰：「古本不成文理，作『我豈敢動用非罰加汝，非德賞汝乎？從汝善惡而報之』，則爲穩。」今本「不」字亦似不隱，姑記以俟再考。按：浦鏜改「乎」爲「各」，云：「從疏校。」是亦一説。或疑「非德」上有缺文。

又卷一一　由字積與誤。浦鏜云：「與誤」二字疑倒。孫志祖云：「字積」者，即積畫

之說。「與誤」者，或誤寫四爲三也。不必疑倒。

又卷一五 不可去之。據疏，似無「之」字，或當作「不可去也」。

又 本說之。岳本作「故本而說之」。《沿革例》曰：「『本說之』三字不可曉，依疏云『故本而說之』，意始明。」按：傳文多簡，疏中述傳，往往增加數字，以顯其意，似未可據疏以改傳。

又卷一六 閔氏號國叔字文王弟夭名。「閔氏」二字，《纂傳》在「夭名」上。按王氏録諸家說，往往竄易字句，多不足據，然此處孔傳原文實不可解，故存以俟考。

又卷一八 一人冕執鋭。岳珂《沿革例》曰：「『鋭』實『鈗』字也。」《說文》以爲兵器。今注中釋爲矛屬，而陸德明又音以税反，且諸本皆作「鋭」，獨越中注疏於正文作「鈗」爾，疏中亦皆作「鋭」。案：《玉篇》無「鈗」字，《廣韻·十七準》亦無「鋭」字，則《說文》古本「鋭」字有無未可定也。

又卷一九 作君牙。陸氏曰：「『君牙』，或作『君雅』。」按：《禮記·緇衣》作「君雅」，注云：「《書序》作『牙』，假借字也。」然則《記》自作「雅」，經自作「牙」。陸言或作「君雅」，自指《記》言，非謂經之别本或作「雅」也。但無顯證，或僞孔本有作「雅」者，姑存以俟攷。

又 有要善。「善」，岳本、《纂傳》俱作「義」，與疏不合，俟攷。

汪遠孫《漢書地理志校本》 高都。「莞谷，丹水所出，東南入絶水。有天井關」。案：《水經·沁水注》引作「絶水」，毛本作「泫水」，未知孰是。

俞樾《諸子平議》卷四 「事有適而無適，若有適，觽解不可解，而後解。」樾謹按：王氏《讀書雜志》曰：「此當作『事有適，句。無適而后適。句。觽有解，句。不可解而后解。句。』言事之有適也，必無適而后適。觽之有解也，必不可解而后解。」其說誠是。然必改參差之文法，以爲整齊，轉非古書之舊矣。《小爾雅·廣言》曰：「若，乃也。」《管子書·君臣上篇》「若任之以事」、「若量能而授官」，下篇「若稽之以衆風，若任以社稷之臣」，諸「若」字並猶「乃」也。此文「若有適」，亦當訓爲「乃有適」，言事有適而無適，乃爲有適，觽必解其不可解，而後能解也。如此則從舊讀，義自可通，無庸增改。

又 「修概水上，以待乎天堇。」樾謹按：王氏念孫謂「上」當作「土」。然此與下文「治祀之下以觀地位」，相對爲文，則「上」字不誤也。其義未詳。

又卷七 「不權居以爲行，不稱位以爲忠。」樾謹按：王氏念孫據《羣書治要》，以「居」字爲「君」字之誤，非也。「權居」與「稱位」相對，「權」猶「稱」也，「居」猶「位」也。若作「權君」，則義不倫矣。古之君子，所居雖卑，所行則高，所居雖汙，所行則潔，是謂「不權居以爲行」。

又 「噎而遽掘井。」樾謹按：「掘井」與「噎」無涉。《說苑·雜言篇》作「譬之猶渴而穿井」。

又卷一三 「境内之聚也，保固視可。」樾謹按：楊讀「保固視可」四字爲句，解爲「保其險固，視其可進」。王氏念孫非之，謂「可」字衍文，「視」字當屬下「午其軍，取其將，若撥麷」讀。然《彊國篇》亦有「視可司閒」之文，舊說恐未可改。

又卷一七 「鯢桓之審爲淵，止水之審爲淵，流水之審爲淵，淵有九名，此處三焉。」樾謹按：「審」，司馬云：「當爲『蟠』。蟠，聚也。」崔本作「潘」，云：「回流所鍾之域也。」今以字義求之，則實當爲「瀋」。《說文·水部》：「瀋，大波也。從水，旛聲。」作「潘」者，字之省。司馬彪讀爲「蟠」，誤也。郭本作「審」，則失其字矣。又按：《列子·黄帝篇》云：「鯢旋之潘爲淵，止水之潘爲淵，流水之潘爲淵，濫水之潘爲淵，沃水之潘爲淵，氿水之潘爲淵，雍水之潘爲淵，汧水之潘爲淵，肥水之潘爲淵，是爲九淵焉。」九淵全列，然於上下文殊不相屬，疑爲它處之錯簡，莊子所見已然，雖不敢徑去，而實非本篇文義所繫，故聊舉其三耳。

戴望《管子校正》卷一七 「吏民規矩繩墨也。」丁云：「『吏』當爲『使』。」望案：《說文》「吏，治人者也」。此「吏」當訓爲「治」，不必改「使」字。

又卷二〇 「所謂抱蜀者祠器也。」宋云：「徐侍郎頲曰『祠』即『治』字。」《公羊春秋·莊八年》「甲午祠兵」，《穀梁》及《左氏》並作「治兵」。《公羊》雖以「治」爲「祠」，然傳及注但言「習戰」，義仍同「治」。惟陸氏《音義》云：「祠，祭也。」是望文附會。案：徐說極是。《公羊》作「祠」，是齊人語。解《管子》者亦齊人，故云「祠器」。《說文》：「辭，訟也。从𤔔，𤔔猶理辜也。𤔔，理也。重文𤔲，籀文辭从司。」案：此知「治」與「𤔲」義相近，「治」可通作「𤔲」。《公羊春秋》及《管子》「祠」字當爲「𤔲」，形聲相近，誤爲「祠」，故鄭《駮異義》亦謂《公羊》「祠兵」爲誤字也。《周官·大祝》「一曰祠」，鄭司農云：「『祠』當爲『辭』。」知「祠」亦通「辭」。《廣雅》：「蜀，弌也。」《方言》：「蜀，一也。南楚謂之『獨』。」《管子》之「抱蜀」，即《老子》之「抱一以爲天下式」。「式」亦器義。尹注本篇襲《形勢解》之文，而删「抱」字，但云：「蜀者，祠器也。」後人遂莫得其解。近見影宋本《管子》第一卷後載《音釋》，「蜀」音「猶」，「猶」字顯係「獨」字之誤，知《音釋》出尹注前矣。望案：此文當據尹注《形勢篇》作「所謂蜀者，祠器也」，衍「抱」字。蓋尹所見本無「抱」字也。宋謂尹所删削，似非。

又卷二一 「人君唯毋聽寢兵。」宋云：「『毋』當作『毌』，讀若『習貫』之『貫』，俗作『慣』。下文並同。有作『無』字、『勿』字者，『毌』誤作『毋』，『毋』又誤『無』、『勿』也。」望案：「毋」爲發聲語助之詞，周秦諸子中不可枚舉，說詳見王氏伯申《經傳釋

詞》。「母聽」，聽也。宋説蓋誤。

孫詒讓《札迻》卷一 「遂皇始出，握機矩，表計宜，其刻曰蒼牙通靈。昌之成孔演命，明道經。」案：《周禮疏序》引「遂」作「燧」，「宜」作「寘」。《書序疏》引同。《御覽》七十八皇王部引作「表計寘圖」，又「牙」作「渠」。此注云「圖緯計演」，下注又云「作計演之圖」。下文「一角期偶」章注則云：「自慮戲方牙記此，「記」疑當爲「訖」。皆《斗冥圖》言之也。」『言之』疑當爲『之言』。參互校審，似當作「計寘圖」，今本譌誤。凡作「宜」、作「演」、作「冥」者，皆「寘」之譌。又「蒼牙」、「蒼渠」未知孰是。下注亦云「蒼渠」，似《御覽》不誤。

又 「倉陽雲出平。」張云：「孫瑴《古微書》引『平』作『氏』。」案：《寶典》引「平」作「烝」，未詳。據注云宿次，當爲出尾，而言平，似誤者也，《寶典》未引。則孫引作「氏」，亦非。

又卷二 「齊桓公出遊，遇一丈夫褒衣應步，帶著桃殳。桓公怪而問之曰：『是何名？何經所在？何篇所居？何以斥逐？何以避余？』丈夫曰：『是名二桃，桃之爲言亡也。夫日日慎桃，何患之有。故亡國之社以戒諸侯，庶人之戒在於桃殳。』」案：「是名二桃」義不可通，疑「二」當作「戒」。「戒」，俗書或作「式」，見顔元孫《干禄字書》。與「貳」草書相似，傳寫譌省，又以「貳」爲「二」，遂莫能校覈。下援戒社爲比況，又云「庶人之戒在於桃殳」，即釋「戒桃」之義。

又 「有故則未三年而稱王變禮也。」盧云：「舊本作『有物故』，『物』字衍。」案：「物」字不當删。《毛詩・大雅・烝民》傳云：「物，事也。」此云「有物故」，亦謂有事故也，與《史記》、《漢書》以死亡爲物故者異。盧校失之。《韓非子・難三篇》云：「智不足以偏知物故。」

又卷三 「今秦出號令而行賞罰，不攻無攻相事也。」姚校云：「曾作『有功無功』。」吴校云：「《韓》作『有功無功相事也』。」黄校云：「『不』當作『又』，形近之譌。」鮑本作「不攻耳，無相攻事也」。注云：「言秦有不攻耳，無敢與相攻者。」案：曾本與《韓非子・初見秦篇》同，是也。「有功無功相事」，謂秦法上功，使無功之人爲有功者役也。《漢書・高帝紀》顔注引如淳云：「事，謂役使也。」《荀子・王制篇》云：「兩貴之不能相事，兩賤之不能相使。」是「相事」與「相使」義近。又《議兵篇》説秦法云：「功賞相長也，五甲首而隸五家。」即有功無功相使之法。鮑説殊繆。

又卷四 「士農工商四民者，國之石民也。」注云：「四者國之本，猶柱之石也，故曰石也。」案：注説迂繆，不足據。「石」當與「碩」通。《詩・邶風・簡兮》毛傳云：「碩人，大德也。」《文選・阮瑀〈爲曹操與孫權書〉》云：「明棄碩交。」李注云：「『碩』與『石』，古字通。」陸士衡《挽歌詩》及揚子雲《劇秦美新》注引此，「石」並作「正」者，乃不得其説而肊改。嵇叔夜《絶交書》、陳孔璋《檄吴將校文》注引仍作「石」，與今本同。孫校從之，非也。《義證》。

又卷五 「且非直虚言之謂也，不然。夫實曠土，出天寶。」嚴云：「一切舊本並作『且直言之謂也，不然。夫實壙什虚，出天寶』。今案文誼，移『虚』於『言』上，增『非』字，改『曠土』字。」案：此文舊本固多舛互，然嚴校亦不塙。「實壙什虚」，當作「實壙虚」。《吕氏春秋・貴卒篇》云：「於是令貴人往實廣虚之地。」此「實壙虚」與《吕覽》「實廣虚」義同。嚴專輒改竄，不可據。《漢書・晁錯傳》云：「徙遠方以實廣虚。」

又 「大有逕庭。」《釋文》云：「『逕』，司馬本作『莖』。」李云：「逕庭，謂激過也。」案：《文選・辯命論》李注引司馬彪云：「逕庭，激過之辭也。」則司馬本字義並與李頤同，與《釋文》不合，未詳。

又卷七 「韓子索兵於魏。」顧校引王渭云：「『子』字衍，《策》無。」案：《存韓篇》亦云：「詔以韓客之所上書，書言韓子之未可舉，下臣斯。」依宋本。則「子」字似非衍。

又卷八 「夫鑄僞金錢以有法，而錢之善惡，無增損於政。」俞校云：「『於政』二字疑衍文。『以』讀爲『已』。言鑄僞金錢已有重法，而錢之善惡仍如故，見其無益也。」案：俞讀「以」爲「已」是也。而疑「於政」二字爲衍文則非。此當作「而錢之善惡無增損於故」，今本「故」譌爲「政」，遂不可通。

又 「楚令尹死，景公遇成公乾曰：『令尹將焉歸？』」案：《渚宮舊事》二載此事作「成公朝」，未知孰是。

又卷九 「韓子曰：『龍之爲蟲也鳴，可狎而騎也。』」案：文見《韓非子・説難篇》。「鳴」，《韓》作「柔」，此不知何字之誤。

又卷一一 「若《周公黄録》記太白下爲王公，然歲星變爲甯壽公等，所見非一家」，案：《説文・女部》引《甘氏星經》云：「太白號上公，妻曰女媊，居南斗，食厲，天下祭之。」《漢書・地理志》右扶風陳倉有上公、明星祠。此疑本彼文。「《周公黄録》」書未聞，或當作《甘公星録》，「星」譌爲「皇」，三寫成「黄」，遂不可究詰。「王公」當作「上公」，「然」當作「媊」，上又脱「女」字耳。又攷《破邪論》云：「成帝鴻嘉三年，歲在癸卯，劉向撰《列仙傳》。」則古本《列仙傳叙》末蓋具紀年月，或亦放擬劉

向進書奏録，而今佚之。

又卷一二　「又前詔書實核，以主氣勢，爲官者踰時不覺。司隸校尉岑初考彦時，哉取典計教者一人綴之，如玉渚，所戒誡不朝可知。而還移州，釋本問末。」高云：「『主』，鈔本作『王』。『渚』，鈔本作『者』。『朝』，鈔本作『明』。」羅引顧廣圻云：「『哉』當作『裁』。」案：「以王氣勢」，「王」當作「玉」，即指霍玉也。「渚」，當依鈔本作「者」。「朝」，鈔本作「明」，疑「問」之誤。此文雖有挩誤，大旨蓋言詔書命實核玉罪，而玉氣勢甚盛，司隸校尉岑初考問之時，「考彦」，「彦」字疑當爲「讞」，聲之誤也。裁取典計一人籍之，置玉不問，故云「釋本問末也」。「誡不朝可知」，疑當作「誡不問可知」。

校勘名著部

《經典釋文》分部

綜　述

《經典釋文》卷一《序》　夫書音之作，作者多矣。前儒撰著，光乎篇籍，其來既久，誠無閒然。但降聖已還，不免偏尚，質文詳畧，互有不同。漢魏迄今，遺文可見，或專出己意，或祖述舊音，各師成心，製作如面。加以楚夏聲異，南北語殊，是非信其所聞，輕重因其所習。後學鑽仰，罕逢指要。夫筌蹄所寄，唯在文言，差若毫釐，謬便千里。夫子有言：「必也正名乎。名不正，則言不順；言不順，則事不成。故君子名之必可言也，言之必可行也。」斯富哉言乎，大矣，盛矣，無得而稱矣！然人稟二儀之淳和，含五行之秀氣，雖復挺生天縱，必資學以知道，故唐堯師於許由，周文學於虢叔，上聖且猶有學，而況其餘乎。至於處鮑居蘭，翫所先入，染絲斲梓，功在初變，器成采定，難復改移，一薰一蕕，十年有臭，豈可易哉！豈可易哉！余少愛墳典，留意藝文，雖志懷物外而情存著述。粤以癸卯之歲，承乏上庠，循省舊音，苦其太簡，況微言久絶，大義愈乖，攻乎異端，競生穿鑿。不在其位，不謀其政，既職司其憂，寧可視成而已？遂因暇景，救其不逮，研精六籍，采摭九流，搜訪異同，校之《蒼》《雅》，輒撰集《五典》、《孝經》、《論語》及《老》、《莊》、《爾雅》等音，合爲三帙三十卷，號曰《經典釋文》。古今並録，括其樞要；經注畢詳，訓義兼辯；質而不野，繁而非蕪。示傳一家之學，用貽後嗣，令奉以周旋，不敢墜失，與我同志，亦無隱焉，但代匠指南，固取誚於博識，既述而不作，言其所用，復何傷乎云爾。

又《條例》　先儒舊音，多不音注。然注既釋經，經由注顯。若讀注不曉，則經義難明。混而音之，尋討未易。今以墨書經本，朱字辯注，用相分別，使較然可求。舊音皆録經文全句，徒煩翰墨。今則各標篇章於上，摘字爲音，慮有相亂，方復其録。唯《孝經》童蒙始學，《老子》衆本多乖，是以二書特紀全句。五經人所常習，理有大宗，義行於世，無煩覼縷。至於《莊》、《老》，讀學者稀，故于此書微爲詳悉。又《爾雅》之作，本釋五經，既解者不同，故亦畧存其異。文字音訓，今古不同，前儒作音，多不依注，注者自讀亦未兼通，今之所撰微加斟酌，若典籍常用，會理合時，便即遵承，標之於首。其音堪互用，義可並行，或字有多音，衆家別讀，苟有所取，靡不畢書，各題氏姓，以相甄識，義乖於經，亦不悉記。其或音一音者，蓋出於淺近，示傳聞見，覽者察其衷焉。然古人音書，止爲譬況之説，孫炎始爲反語，魏朝以降漸繁，世變人移，音訛字替。如徐仙民反易爲神石，郭景純反餤爲羽鹽，劉昌宗用承音乘，許叔重讀皿爲猛，若斯之儔，今亦存之音內，既不敢遺舊，且欲俟之來哲。書音之用，本示童蒙，前儒或用假借字爲音，更令學者疑昧。余今所撰，務從易識，援引衆訓，讀者但取其意義，亦不全寫舊文。典籍之文，雖夫子删定，子思讀詩，師資已別，而況其餘乎？鄭康成云：其始書之也，倉卒無其字，或以音類比方，假借爲之，趣於近之而已。受之者非一邦之人，人用其鄉，同言異字，同字異言，於兹遂生矣。」戰國交争，儒術用息。秦皇滅學，加以坑焚，先聖之風，埽地盡矣。漢興，改秦之弊，廣收篇籍，孝武之後，經術大隆，然承秦焚書，口相傳授，一經之學，數家競爽，章句既異，踳駮非一。後漢黨人既誅，儒者多坐流廢，後遂私行金貨，定蘭臺漆書經字，以合其私文。靈帝乃詔諸儒，正定《五經》，於石碑之上，爲古文篆隸，三體書法，以相參檢，樹之學門，使天下取則。未盈一紀，尋復廢焉。班固云：「後世經傳，既已乖離，傳學者又不思多聞闕疑之義，而務碎義逃難，便詞巧説，安其所習，毁所不見，終以自弊，此學者之大患也。」誠哉是言。余既撰音，須定紕謬，若兩本俱用，二理兼通，今並出之，以明同異。其涇渭相亂，朱紫可分，亦悉書之，隨加刊正。復有他經別本，詞反義乖，而又存之者示博異聞耳。經籍文字相承已久，至如「悦」字作「説」，「閑」字爲「閒」，「智」但作「知」，「汝」止爲「女」，若此之類，今並依舊音之然。音書之體，本在假借，或經中過多，或尋文易了，則翻音正字，以辯借音，各於經內求之，自然可見。其兩音之者，恐人惑故也。《尚書》之字本爲隸古，既是隸寫古文，則不全爲古字。今宋齊舊本及徐李等音，所有古字，蓋亦無幾。穿鑿之徒，務欲立異，依傍字部，改變經文，疑惑後生，不可承用。今皆依舊爲音，其字有別體，則見之音內，然亦兼采《説文字詁》，以示同異者也。春秋人名字氏族及地名，或前後互出，或經傳更見，如此之類，不可具舉。若國異名同，及假借之字，兼相去遼遠，不容踈略，皆

斟酌折衷，務使得宜。《爾雅》本釋墳典，字讀須逐《五經》，而近代學徒，好生異見，改音易字，皆采雜書，唯止信其所聞，不復考其本末。且六文八體，各有其義，形聲會意，寧拘一揆，豈必飛禽即須安鳥，水族便應著魚，蟲屬要作虫旁，草類皆從兩屮，如此之類，實不可依。今並校量，不從流俗。方言差別，固自不同，河北江南，最爲鉅異，或失在浮清，或滯於沈濁，今之去取，冀祛兹弊，亦恐還是鷇音，更成無辯。夫質有精麤，謂之好惡，並如字心。有愛憎，稱爲好惡。上呼報反，下烏路反。當體即云名譽，音預。論情則曰毁譽。音餘。及夫自敗蒲邁反。敗他蒲敗反。之殊，自壞呼怪反。壞撤音怪。之異，此等或近代始分，或古已爲别，相仍積習，有自來矣。余承師説，皆辯析之。比人言者多爲一例，如而靡異，邪不定之詞。也助句之詞。弗殊，莫辯復扶又反重。復，音服反也。寧論過古禾反，經過。過。古卧反，超過。又以登升，共爲一韻，攻公分作兩音。如此之儔，恐非爲得，將來君子，幸留心焉。《五經》字體，乖替者多，至如黿鼉從龜，亂辭從舌，席下爲帶，惡上安西，析旁著片，離邊作禹，直是字譌，不亂餘讀，如寵丑隴反。字爲寵，力孔反。錫思歷反。字爲鍚，音陽。用攴普卜反字林普角反。代文，武云反。將无音無。混旡，音既。其闕。之流，便成兩失。又來旁作力，俗以爲約勑字，《説文》以爲勞倈之字。水旁作曷，俗以爲飢渴字，字書以爲水竭之字。如此之類，改便驚俗，止不可不知耳。

馮斑《經典釋文跋》 右《經典釋文》三十。原書文淵閣秘籍也，不知何自出於人間。震澤葉林宗購書工影寫一部，凡八百六十葉。嗚呼！經學盛於漢，至宋而疾漢儒如讎；玄學盛於晉，至宋而詆爲異端。註疏僅存，譌缺淆亂，今之學者至不能舉其首題。其間句讀字，秖賴有是書。世無刻本，又將澌滅矣。此與註疏中所引，往往不同，讀者幸詳而寶之也。崇禎十年歲次丁丑寫畢。越十四年，上黨馮斑識其後。

錢大昕《潛研堂文集》卷二七《跋經典釋文》 自六書之義不明，經生轉寫，字體譌變，而音亦從而譌。陸元朗集録諸家音，往往不能定而兼存之，尋其條例，當以先者爲優，後者爲劣。今攷之亦未盡當，如《周禮》「摶埴之工」，《釋文》兼收「團」、「博」二音，依前音宜从「專」，依後音宜从「尃」，據鄭氏注「摶之言拍也」，「拍」與「摶」聲相近，則經文當用「摶」字而讀如「博」矣。《尔雅・釋山篇》：「小山岌大山，峘。」《釋文》胡官反，又兼存「袁」、「恒」二音。依前二音，字當爲「峘」；依後音，字當爲「峘」，二字《説文》皆無之。尋小山及大山當取緜亘之義，則讀如「恒」者爲正矣。《釋草篇》：「蓤，蕨攈。」《釋文》兼收亡悲、居郡、居羣三音。依前音，宜从「麋」；依後二音，宜从「麋」。《説文》有「攈」無「攈」，且「蕨攈」爲雙聲，則文當作「攈」而讀如「麋」矣。《釋草》又云：「萉，小葉。」《釋文》：「豬葉反，又阻留反。」依前音宜从「耴」，依後音宜从「取」，《説文》有「菆」無「萉」，亦當以後音爲正。《左氏・成四年》「取汜祭」，《釋文》兼收「凡」、「祀」二音，依前音當从「巳」，依後音當从「巳」。桂注：「成臯縣東有汜水。」今土人讀如「祀」音，則文當作「汜」而讀如「祀」矣。文十一年「鍚穴」、哀十二年「戈鍚」，《釋文》並音「羊」，又星歷反。若用後音，字當爲「錫」，今無以辯之。

又 陸氏自序云：「粤以癸卯之歲，承乏上庠。」攷《唐書・儒學傳》，秦王平王世充，辟爲文學館學士，補太學博士。高祖釋奠，賜帛五十匹，遷國子博士，封吴縣男，卒。是元朗於高祖朝已任博士，史雖不言其卒年，大約在太宗貞觀之初，若癸卯歲，則貞觀十七年也，恐元朗已先卒，即或尚存，亦年近九十，不復能著書矣。且在國學久次，不當始云「承乏」。竊意癸卯乃是陳後主至德元年，元朗嘗受業於周宏正，宏正卒於太建中，則至德癸卯元朗年已非少。本傳但云解褐始興國左常侍，不言爲博士，恐是史家脱漏，細檢此書所述近代儒家，惟及梁、陳而止，若周、隋人撰音疏，絶不一及，又可證其撰述必在陳時也。

瞿鏞《鐵琴銅劍樓藏書目録》卷六 《經典釋文》一卷。宋刊殘本。此《春秋左氏音義》之六，即《愛日精廬藏書志》所稱元崇文閣官書也。起昭七年《經》，訖《後序》。其第三、第九葉板心皆有「重刊」字，不知何時修板。臧君在東跋云：「葉林宗影寫絳雲樓藏本，此卷皆與印合。」然以阮氏《校勘記》所載葉鈔本覈之，頗有不同。哀元年傳衍「昏忘亡亮反」五字，葉鈔無之，案：此五字實《後序》中之音，誤在此。似非即錢氏本矣。此卷勝於今刻處，臧君既舉「槜」字、「兹」字，《藏書志》益加詳焉。兹又攷得一條：昭廿八年傳「妾媵，蠅證反，又時證反」，注疏本、盧校本「蠅」並作「繩」。案：《釋文》於隱元年「娣媵，音以證反，又繩證反」，於《詩・鵲巢》「衆媵，音『孕』，又繩證反」，《江有汜》「美媵」同。於《曲禮》「非媵，音羊證反，又繩證反」。夫「以證」、「羊證」並音「孕」，是他處皆以「孕」音爲本音，「繩證」爲又音，不應此處獨異。惟作「蠅」字，與「以」及「羊」皆同位同等，正得本音矣。卷中有「毛晉私印」、「子晉藏」、「孫氏校閲」諸朱記。

傳記

《舊唐書》卷一八九上《儒學上·陸德明》 陸德明，蘇州吴人也。初受學於周弘正，善言玄理。陳太建中，太子徵四方名儒，講于承光殿，德明年始弱冠，往參焉。國子祭酒徐克開講，恃貴縱辨，衆莫敢當，德明獨與抗對，合朝賞歎。解褐始興王國左常侍，遷國子助教。陳亡，歸鄉里。隋煬帝嗣位，以爲祕書學士。大業中，廣召經明之士，四方至者甚衆。遣德明與魯達、孔褒俱會門下省，共相交難，無出其右者。授國子助教。王世充僭號，封其子爲漢王，署德明爲師，就其家，將行束脩之禮。德明恥之，因服巴豆散，卧東壁下。王世充子入，跪牀前，對之遺痢，竟不與語。遂移病於成臯，杜絶人事。王世充平，太宗徵爲秦府文學館學士，命中山王承乾從其受業。尋補太學博士。後高祖親臨釋奠，時徐文遠講《孝經》，沙門惠乘講《波若經》，道士劉進喜講《老子》，德明難此三人，各因宗指，隨端立義，衆皆爲之屈。高祖善之，賜帛五十匹。貞觀初，拜國子博士，封吴縣男。尋卒。撰《經典釋文》三十卷、《老子疏》十五卷、《易疏》二十卷，並行於世。太宗後嘗閲德明《經典釋文》，甚嘉之，賜其家束帛二百段。子敦信，龍朔中官至左侍極，同東西臺三品。

雜録

《舊唐書》卷四六《經籍上》 《經典釋文》三十卷。陸德明撰。

《新唐書》卷五七《藝文一》 陸德明《經典釋文》三十卷。

《宋史》卷二〇二《藝文一》 陸德明《釋文》一卷。

又 陸德明《經典釋文》三十卷。

《周易舉正》分部

綜述

郭京《周易舉正序》 我唐御注《孝經》，删定《月令》，蓋爲前儒用意，未極精研。後漢太學刊石，撰集《説文》，慮其日月浸深，轉寫訛謬。京也歷代傳授五經爲業，其於《易》道，討覈偏深。曾得王輔嗣、韓康伯手寫註定傳授真本讀誦，比校今世流行本，及國學、鄉貢學人等本，或將經入註，用註作經。《小象》中間，以下句反居其上。《爻辭》註内，移後義却處於前。又兼有脱漏，兩字顛倒，謬誤增省，義理不通。今並依定本，舉正其謬，仍於謬誤之處，以朱書異之。希好事君子，志學通儒，詳而觀之，則經註通流，雅鄭不紊。都計一部中差謬處，總一百三節，列爲一部，具述訛舛。因目爲《周易舉正》，分爲上、中、下三卷，傳諸志學者云。

晁公武《郡齋讀書志》卷一 《周易舉正》三卷。袁本《前志》卷一上《易類》第十。右唐郭京撰。京嘗任蘇州司户。序稱，京家藏王弼、韓康伯手札《周易》本及《石經》，校正一百三十五處、二百七十三字。蓋以繇彖相證，有闕漏處，可推而知，託云得王、韓手札與《石經》耳。如：《涣》之繇「利涉大川」下有「利貞」字，而彖辭無之，則增入，《漸》之繇「女歸吉」下無「也」字，而彖辭有之，則削去，他皆此類。

洪邁《容齋隨筆》卷五《易舉正》 唐蘇州司户郭京有《周易舉正》三卷，云：「曾得王輔嗣、韓康伯手寫注定傳授真本，比校今世流行本及國學、鄉貢舉人等本，或將經入注，用注作經，《小象》中間，以下句反居其上，爻辭注内，移後義却處於前。兼有脱遺，兩字顛倒謬誤者，並依定本舉正其訛，凡一百三節。」今略取其明白者二十處載於此：《坤》初六：「履霜堅冰至。」《象》曰：「履霜，陰始凝也。馴致其道，至堅冰也。」今本於《象》文「霜」字下誤增「堅冰」二字。《屯》六三《象》曰：「即鹿無虞何？以從禽也。」今本脱「何」字。《師》六五：「田有禽，利執之，无咎。」元本「之」字行書向下引脚，稍類「言」字，轉寫相仍，故誤作「言」，觀注義亦全不作「言」

字釋也。《比》九五《象》曰：「失前禽，舍逆取順也。」今本誤倒其句。《賁》：「亨，不利有攸往。」今本「不」字誤作「小」字。「剛柔交錯，天文也，文明以止，人文也。」注云：「剛柔交錯而成文焉，天之文也。」今本脱「剛柔交錯」一句。《坎卦》「習坎」上脱「坎」字。《姤》：「九四，包失魚。」注：「二有其魚，故失之也。」今本誤作「无魚」。《蹇》：「九三，往蹇來正。」今本作「來反」。《困》初六《象》曰：「入于幽谷，不明也。」今本「谷」字下多「幽」字。《鼎・象》：「聖人亨以享上帝，以養聖賢。」注云：「聖人用之，上以享上帝而下以養聖賢。」今本正文多「而大亨」三字，故注文亦誤增「大亨」二字。《震・象》曰：「不喪匕鬯，出可以守宗廟社稷，以爲祭主也。」今本脱「不喪匕鬯」一句。《漸・象》曰：「君子以居賢德，善風俗。」注云：「賢德以止巽則居，風俗以止巽乃善。」今本正文脱「風」字。《豐》九四《象》：「遇其夷主，吉，志行也。」今文脱「志」字。《中孚・象》：「豚魚吉，信及也。」今本「及」字下多「豚魚」二字。《小過・象》：「柔得中，是以可小事也。」今本脱「可」字，而「事」字下誤增「吉」字。六五《象》曰：「密雲不雨，已止也。」注：「陽已止下故也。」今本正文作「已上」，故注亦誤作「陽已上故止也」。《既濟・象》曰：「既濟，亨小，小者亨也。」今本脱一「小」字。《繫辭》：「二多譽，四多懼。」注云：「懼，近也。」今本誤以「近也」字爲正文，而注中又脱「懼」字。《雜卦》：「蒙稚而著。」今本「稚」誤作「雜」字。予頃於福州《道藏》中見此書而傳之，及在後省見晁公武所進《易解》，多引用之，世罕有其書也。

陳振孫《直齋書録解題》卷一 《周易舉正》三卷。唐蘇州司户參軍郭京撰。自言得王弼、韓康伯手寫真本，正其訛謬，凡一百三十五條。如《坤》初六《象》「履霜，陰始凝也」，多「堅冰」二字；《屯》六三《象》「以從禽也」，闕「何」字；《頤》「拂經」，當作「拂頤」；《坎》卦「習坎」上當有卦名之類，皆於義爲長。

馬端臨《文獻通考・經籍考》卷二 《易舉正》三卷。《崇文總目》：唐蘇州司户參軍郭京撰。京世授五經，得王輔嗣、韓康伯手寫《易經》，比世所行，或頗差駮，故舉正其訛而著於篇。晁氏曰：京自稱家藏王、韓手札《周易》及石經，校正一百三十五處，二百七十三字。蓋以爻象相正，有闕漏處可推而知，託云得王、韓手札與石經耳。容齋洪氏《隨筆》曰：《易舉正》三卷，云：曾得王輔嗣、韓康伯手寫註定傳授真本，比校今世流行本及國學、鄉貢、舉人等本，或將經入註，用註作經。《小象》中間以下句，反居其上，《爻辭》註内移後義，却處於前，兼有脱遺、兩字顛倒、謬誤者，並依定本舉正其訛，凡一百三節。今略取其明白者二十處，載於此。《坤》初六「履霜，堅冰至」。《象》曰：「履霜，陰始凝也。馴致其道，至堅冰也。」今本於《象》文「霜」字下誤增「堅冰」二字。《屯》六三《象》曰：「即鹿無虞，何以從禽也。」今本脱「何」字。《師》六五「田有禽，利執之，無咎」。元本「之」字誤作「言」，觀註義亦全不作「言」字釋也。《比》九五《象》曰：「失前禽，舍逆取順也」。今本誤倒其句。《賁》「亨不利有攸注」。今本「不」字誤作「小」字。「剛柔交錯，天文也。文明以止，人文也」。註云：「剛柔交錯，而成文焉，天之文也」。今本脱「剛柔交錯」句。《坎》卦「習坎」上脱「坎」字。《姤》九四「包失漁」，註云：「有其漁，故先之也」。今本誤作「無魚」。《蹇》九三「往蹇來正」。今本作「來反」。《困》初六《象》曰：「入於幽谷，不明也。」今本「谷」字下多「幽」字。《鼎・象》：「聖人亨以享上帝，以養聖賢」。今本正文多「而大亨」三字，故註文亦誤增「大亨」二字。《震・象》曰：「不喪匕鬯，出可以守宗廟社稷，以爲祭主也。」今本脱「不喪匕鬯」一句。《漸・象》曰：「君子以居賢德善風俗。」今本正文脱「風」字。《豐》九四《象》：「遇其夷主吉志行也。」今文脱「志」字。《中孚・象》：「豚魚吉信及也。」今本「及」字下多「豚魚」二字。《小過象》：「柔得中是以可小事也。」今本脱「可」字，而「事」字下誤增「吉」字。六五《象》曰：「密雲不雨已止也。」註：「陽已止下故也。」今本正文作「已上」，故註亦誤作「陽已上故止也」。《既濟・象》曰：「既濟，亨小，小者亨也。」今本脱一「小」字。《繫辭》「二多譽四多懼」註云：「懼近也。」今本誤以「近也」字爲正文，而註中又脱「懼」字。《雜卦》：「蒙稚而著。」今本「稚」誤作「雜」字。予頃於福州《道藏》中見此書而傳之，及在後省見晁公武所進《易解》多引用之，世罕有其書也。巽岩李氏曰：京此書使經傳不相混亂，殘闕復爲真全，頗有益於學者。然「能研諸侯之慮」，衍「侯之」字；成言乎艮，當作「誠」。若此等，京蓋未知，豈王、韓舊本固不免訛舛邪？京，開元後人，故所爲書不得著録，本末亦未詳，要可惜云。

嵇璜、劉墉等《清通志》卷一一一 唐郭京《周易舉正》，晁公武《讀書志》稱改正一百三十五處，洪邁《容齋隨筆》、趙汝楳《易序叢書》皆作「一百三處」。今據原序，當以洪、趙二説爲是。

《四庫全書總目提要》卷一 《周易舉正》三卷。舊本題唐郭京撰。京不知何許人，《崇文總目》稱其官爲蘇州司户參軍，據《自序》言御註《孝經》，删定《月令》，則當爲開元後人。《序》稱曾得王輔嗣、韓康伯手寫真本，比校今世流行本及國學鄉貢人等本，舉正其謬，凡所改定，以朱墨書別之，其書《崇文總目》始著録。《書録解題》於宋咸《易補註》條下，稱咸得此書於歐陽修，是天聖慶曆間，乃行於世也。洪邁、李燾並以爲信。晁公武則謂以繇、象相正，有闕漏可推而知，託言得王韓手

札及《石經》。趙汝楳亦詆其挾王韓之名以更古文，王應麟又援《後漢書・左雄傳》「職斯禄薄」句，證其改《旅》卦「斯」字爲「㪿」之非。近時惠棟作《九經古義》，駁之尤力。今考是書，《唐志》不載，李燾以爲京開元後人，故所爲書不得著録。案：燾說見《文獻通考》。然但可以解舊書《經籍志》耳。若新書《藝文志》則唐末之書，無不具列。豈因開元以後而遺之，疑其書出宋人依託，非惟王、韓手札不可信，併唐郭京之名，亦在有無疑似之間也。顧其所説，推究文義，往往近理，故晁公武雖知其託名，而所進《易解》，乃多引用，即朱子本義，於《坤》象傳之「履霜堅冰」，《賁》象傳之「剛柔交錯」，《震》象傳之「不喪匕鬯」，亦頗從其説，則亦未嘗無可取矣。晁公武《讀書志》載京原序，稱所改正者一百三十五處，二百七十三字，而洪邁《容齋隨筆》、趙汝楳《易序叢書》皆作一百三處，今本所載原序，亦稱差謬處一百三節，則晁氏所云，殆爲疎舛。又原本稱别以朱墨，蓋用《經典釋文》之例，今所行本，已全以墨書，蓋非其舊，以非宏旨之所繫，故仍從近刻焉。

傳記

徐松《登科記考》卷二〇　寶曆二年進士　郭言揚，《唐闕史》：「滎陽鄭氏，其先相故河中少尹諱復禮，應進士舉，十不中所司選，困危且甚。千佛寺有僧弘道者，人言晝則平居，夕則視事于陰府，十祈叩者，八九拒之。復禮不勝其蹇躓憤惋，則擇日齋沐候焉。頗容接之，且曰：『某未嘗妄洩于人，今知茂才抱積薪之歎且久之，不能隱忍耳。勉旃進取，終成美名。然其事類異，不可名也。』鄭拜請其期，弘道曰：『唯君無期，須四事相就，然後遂志。四缺其一，則復負冤。如是者骨肉相繼三榜，三榜之前，猶梯天之難，三榜之後，則反掌之易也。』鄭愕眙不諭，復再拜請語四事之目。弘遲疑良久，則曰：『慎勿言于人。君之成名，其事有四，亦可以爲異矣。其一須是國家改元之第二年，其二須是禮部侍郎再知貢舉，其三須是第三人姓張，其四同年須有郭八郎。四者闕一，則功虧一簣矣。如是者賢弟姪三榜，率須依此。』鄭雖大疑其言，然鬱鬱不樂，以爲無復望也。敬謝而退。長慶二年，人有導其姓名於主文者，鄭以其非再知貢舉，意甚疑之，果不中第。直至改元寶曆之二年，新昌楊相國再司文柄，乃私喜其事，未敢洩言，來春遂登第。第二人姓張名知實，同年郭八郎名言揚。鄭奇歎且久，因紀于小書之杪。次至故尚書右丞諱憲應舉，大和二年，頗有籍籍之譽。以主文非再知舉，試日果有期周之恤。爾後應大和九年，九舉年年敗于垂成。直至改元開成之二年，高鍇再司文柄，明年果登上第。第二人姓張名棠，同年郭八郎名植，又附書于小書之杪。次至故駙馬都尉諱顥應舉，時譽轉洽。至改元會昌二年，禮部柳侍郎璟再司文柄，都尉以狀頭及第。第二人姓張名潛，同年郭八郎名京。爾後滎陽之弟姪就試，如破竹之勢，迎刃自解矣。」

雜録

焦竑《國史經籍志》卷二　《周易舉正》三卷。唐郭京。

陳第《世善堂書目》卷上　《周易舉正》三卷。郭京。

董其昌《玄賞齋書目》卷一　郭京《周易舉正》。

趙琦美《脈望館書目・易》　《周易舉正》一本。

祁承爜《澹生堂藏書目》卷一　《周易舉正》一册。三卷。郭京著。范氏二十種奇書本。

毛晉《汲古閣校刻書目・第二集十種》　郭氏《周易舉正》三卷。三十六葉。

徐乾學《傳是樓書目》卷一　《周易舉正》。三卷。一本。

陸心源《皕宋樓藏書志》卷一　《周易舉正》三卷。明天一閣刊本。唐蘇州司户參軍郭京撰。自序。

《東漢刊誤》分部

綜述

晁公武《郡齋讀書志》卷七　《東漢刊誤》一卷。袁本前志、後志未收。右皇朝劉攽貢父撰。攽序稱，英宗讀《後漢書》，見「墾田」字皆作「懇」字，命國子監刊正之。攽爲直講，校正其謬誤不可勝數，然此書世無善本，率以己意定之。治平三年奏御。攽號有史學，温公修《通鑑》，以兩漢事付之。

又《附志》　《西漢刊誤》一卷，《東漢刊誤》一卷。右宣德郎守太常、博士、充國子監直講劉攽所撰也。仁宗讀《後漢書》，見「墾田」字皆作「懇」字，使侍中傳詔中書，使刊正之。攽爲學官，遂刊其誤，爲一書云。

傳記

王偁《東都事略》卷七六　攽字贛父，少疎俊，與兄敞同學，自刻厲，博讀羣書，遂偕中進士，調江陰簿，爲國子監直講。趙槩薦攽可備文館召試優等，當除直史館，攽與言者有憾，而執政乃擬校勘。熙寧初，知太常禮院。神宗手詔推求太祖諸孫屬行尊者爲王，以奉太祖後。攽曰：「禮，諸侯不得祖天子。太祖傳天下於太宗，繼體之君皆太祖子孫，不當別爲太祖置後。臣以謂太祖子，唯德昭、德芳二人宜從其後，世世勿降爵，宗廟祭祀，使之在位，則陛下褒揚藝祖，休顯著明矣。」會勸講邇英者建言，講官願得坐講，下太常議，攽曰：「侍臣見天子，應對顧問，日講論，不可安坐自若，避席立語，乃古今常禮，不可許。」或曰：「人臣何嘗不坐上前？今使講官坐，以示人主尊德樂道，何害？」攽曰：「不然。人主命之坐，與人主不命而請之，逆順分矣。」時議者不一，卒如攽言。考試開封府進士程文，有用小畜字者，王介謂犯神宗嫌名，攽曰：「此六畜之畜，亦嫌名也。」因紛爭，御史劾之，遂出通判泰州。代還，爲集賢校理，判登聞鼓院，三司户部判官，知曹州。嘗轉對，言強盜減罪流配，多逃還鄉里，復讎殺人，捕得亦死。宜約古制，凡強盜得貸減者，皆以刖代流配，盜不得去鄉里，全性命。神宗善之，而議者以斷趾駭衆，事不行。曹素多盜，朝廷立重法而盜不息，攽曰：「民不畏死，奈何以死懼之？」至則尚寬平，務在不撓，視官屬如子姪。歲中，盜賊衰息。召爲國史院編修，官開封府判官。元豐初，出爲京東轉運使，坐不按斥部吏，罷知兗州，徙亳州。後轉運使吳居厚以苛刻致財賦豐衍，擢天章閣待制，攽又坐廢弛奪兩官，黜監衡州鹽倉。起知襄州。元祐初，召爲祕書少監，以疾求補外，除直龍圖閣，知蔡州。召拜中書舍人，卒，年六十七。攽爲人博學守道，以故流離困躓，然不修威儀，喜諧謔，雜以嘲誚，每自比劉向也。所著文集，暨《五代春秋》、《内傳國語》、《經史新議》、《東漢刊誤》、《詩話録》、《芍藥譜》、《漢官儀》凡百卷。

《宋史》卷三一九《劉攽傳》　攽字貢父，與敞同登科，仕州縣二十年，始爲國子監直講。歐陽脩、趙槩薦試館職，御史中丞王陶有夙憾，率侍御史蘇寀共排之，攽官已員外郎，纔得館閣校勘。熙寧中，判尚書考功，同知太常禮院。詔封太祖諸孫行尊者爲王，奉太祖後。攽言：「禮，諸侯不得祖天子，當自奉其國之祖。宜崇德昭、德芳之後，世世勿降爵，宗廟祭祀，使之在位，則所以褒揚藝祖者著矣。」後二王紹封，如攽議。方更學校貢舉法，攽曰：「本朝選士之制，行之百年，累代將相名卿，皆由此出，而以爲未嘗得人，不亦誣哉。願因舊貫，毋輕議改法。夫士修於家，足以成德，亦何待於學官程課督趣之哉。」王安石在經筵，乞講者坐。攽曰：「侍臣講論於前，不可安坐，避席立語，乃古今常禮。君使之坐，所以示人主尊德樂道也。若不命而請，則異矣。」禮官皆同其議，至今仍之。考試開封舉人，與同院王介爭詈，爲監察御史所劾罷。禮院廷試始用策，初，考官吕惠卿列阿時者在高等，訐直者反居下。攽覆考，悉反之。又嘗詒安石書，論新法不便。安石怒摭前過，斥通判泰州，以集賢校理、判登聞檢院、户部判官知曹州。曹爲盜區，重法不能止。攽曰：「民不畏死，奈何以死懼之。」至，則治尚寬平，盜亦衰息。爲開封府判官，復出爲京東轉運使。部吏罷軟不逮者，務全安之。徙知兗、亳二州。吳居厚代爲轉運使，能奉行法令，致財賦，迺追坐攽廢弛，黜監衡州鹽倉。哲宗初，起知襄州。入爲秘書少監，以疾求去，加直龍圖閣，知蔡州。於是給事中孫覺、胡宗愈，中書舍人蘇軾、范百禄言：「攽博記能文章，政事侔古循吏，身兼數器，守道不回，宜優賜之告，使留京師。」至蔡數月，召拜中書舍人。請復舊制，建紫微閣於西省。竟以疾不起，年六十七。攽所著書百卷，尤邃史學。作《東漢刊誤》，爲人所稱。預司馬光修《資治通鑑》，專職漢史。爲人疎儁，不修威儀，喜諧謔，數用以招怨悔，終不能改。

陶宗儀《書史會要》卷六　劉攽字貢父，臨江新喻人，官至中書舍人。右自晏殊至此，並擅豪翰，其蹟雜見《羣玉堂法帖》中。按帖凡十卷，元係安邊所申發，朝廷以著庭東廊，爲庫架設之，榜曰「羣玉石刻」，著作佐郎傅行簡書。嘉定元年三月，祕書少監汪逵改建室屋以藏，名曰「羣玉堂」。

雜　録

晁公武《郡齋讀書志》卷七　《三劉漢書》一卷。袁本《後志》卷一史評類第五。右皇朝劉敞原父、弟攽貢父、子奉世仲馮撰。劉跂嘗跋其書尾，云：「余爲學官亳州，故中書劉舍人貢父實爲守，從容出所讀《漢書》示余，曰：『欲作補注，未能也。』然卷中題識已多，公之子方山亞夫録以相示也。」

陳振孫《直齋書録解題》卷四　《三劉漢書標注》六卷。侍讀學士清江劉敞原父、中書舍人劉攽貢父、端明殿學士劉奉世仲馮撰。奉世，敞之子也。又本題《公非先生刊誤》，其實一書。案《宋史・藝文志》：《三劉漢書標注》六卷，劉攽《漢書刊誤》四卷。宋代著《漢書刊誤》者四家，張泌、余靖、劉攽，其一亡其名氏。劉氏之書，因宋仁宗讀《後漢書》見「墾田」皆作「懇」字，於是使侍中傳詔中書刊正之。攽爲學官，遂刊其誤。劉氏書凡四卷，趙希弁《讀書附志》止云東、西《漢》各一卷，吴仁傑《兩漢刊誤補遺》，補劉氏之遺也。此書云其實一書，未知何據。公非，貢父自號也。《漢書》自顔監之後，舉世宗之，未有異其説者，至劉氏兄弟始爲此書，多所辨正發明。

周必大《文忠集》卷一六《跋劉原父貢父家書》　前輩日遠，公是文集僅有蜀本，而公非全書，學者或未盡覩。況其遺墨尺牘，豈易得耶？吾友子和、子澄，公之從曾孫也。樂道嗜學，篤行能文，寶此數帖，非特如鄭公之笏而已，要須挺挺有其風烈，乃無愧耳。惜二先生皆以忠厚爾雅之文，雋明邁往之氣，事累朝，爲名臣，然不得一直玉堂，議者惜之。不在其身，予于二君深有望矣。隆興二年十一月十五日。

又《又跋原父貢父仲馮帖》　此墨莊《寶章集》也。更數百年，學者讀三劉《漢書》而思其人，或於蛛絲煤尾中覩此帖，宜如何愛慕耶！隆興二年閏十一月二十三日，同家兄子友、子中、胡季懷、趙從季觀于永和本覺寺，而歸之子澄父。

又《跋蘇子由和劉貢父省上示座客詩》　集中觀詩難爲詩，猶羣姝中觀色難爲色也。吾友陸務觀，當今詩人之冠冕，數勸予哦蘇黄門詩。退取《欒城集》觀之，殊未識其旨趣。甲申閏月辛未，郊居無事，天寒踞爐如餓鴟，劉友子澄忽自城中寄此卷相示，快讀數過，溫雅高妙，如佳人獨立，姿態易見，然後知務觀于此道真先覺也。掖垣故事，最重省上及題名禮，頃予綴蛾眉班後，會張夔州真交初拜三省，老吏持供職牒，請舍人署，舍人涉筆從之。次則府史以狀交展而已。開宴既無近事，題名初未具石，而憂責叢併，唱酬亦廢。我思古人，豈獨歎其在筆力間哉！

陳第《世善堂藏書目録》上　《東漢刊誤》一卷。劉攽。

《儀禮識誤》分部

綜　述

張淳《儀禮識誤序》　《儀禮》未知孰作，或曰周公作之也。孔子、孟子有學《禮》之言，《禮記》有讀《禮》之文，當是時固已有簡牘之傳矣，決非秦、漢間筆也。其制度必出于聖人，若曰周公作之，則非淳之所知也。漢時言經則離記，言記則離經，今記附經之後者又誰也？出于孔氏之宅壁者曰《禮記》，河間獻王之得先秦古書者曰《禮記》。夫「禮」者，今之《儀禮》。「記」者，今《儀禮》之記。時未有《儀禮》之名也，豈漢後學者，覩十七篇中有儀有禮，遂合而名之歟？秦暴焚書，《禮》之見于漢者，猶有《古經》五十六卷，《經》七十篇，《記》百三十一篇，漢之君臣特不好不尚而已。至宣成世，大、小戴，劉向所録止十七篇，十蓋逸其七八。孰謂不好不尚之禍，乃甚于秦之焚之也！魯人高堂生傳《士禮》十七篇，其篇數與今《儀禮》同，陸德明、賈公彦皆以爲今《儀禮》。攷之西漢《藝文志》：高堂生之禮，后倉最明。倉以傳大、小戴。《古經》者，出魯淹中，多天子、諸侯、卿大夫制，愈于倉等推《士禮》以致天子。夫如是，則高堂生所傳，特《士禮》爾。今《儀禮》中所謂《士禮》，有《冠》、《昏》、《相見》、《喪》、《既夕》、《虞》、《特牲饋食》七篇，他皆天子、諸侯、卿大夫禮，必非高堂生所傳者，不知賈、陸二子何據而云爾。漢數六經，《禮》、《樂》與焉。厥後《樂書》亡矣，有《儀禮》在，亦復不取。《周禮》古矣，然聖人設官分職之書也。至其所用以長以治者，豈能舍《儀禮》？《禮記》古矣，然皆釋《儀禮》之義，若《祭義》、《冠義》、《昏義》、《鄉飲酒義》、《射義》、《燕義》、《聘義》是也，豈得而先《儀

禮》？班固之論曰：「六經之道同歸，《禮》、《樂》之用爲急。」固之言，必有得于先生長者之緒餘，而非臆度也。古者聖王重《禮》，以之修身，以之齊家，以之治國，以之平天下，以之豐財裕民，以之强兵禦侮。厥後狃于淫靡驕倨苟且之習，不惟緩其所急，亦既廢之。成德致治之具廢，而望學士大夫有日可見之行如三代，國之安富尊榮如三代，所以難也。鄭康成收拾于大、小戴及劉向《别録》中，參以今古之文，定爲之注，其書已不純古矣。陸德明因劉、范二家之音，作爲《釋文》。劉之本如以「時」爲「旹」，以「糟」爲「莤」，以「洗」爲「淬」，以「韁」爲「繮」，以「御」爲「衙」，與德明本異矣。德明之本尚非劉本，其可謂純鄭乎？至賈公彦所據作疏之本，又德明所謂「亦作」、「又作」、「或作」之本也。公彦論《鄉飲酒》「執觶興洗北面」之句云：「俗本有『盥』字。」案：「興洗」，《永樂大典》原本作「興所」。今據經文改正。然則今之本，又公彦所謂俗本也。此書之傳，如是而已。歲久而文益訛，既訛而莫之訂，《禮》之又失，其誰尤乎？乾道七年春，今兩浙轉運判官直秘閣曾公來守是邦，承洊歉之餘，究心于理，務廣上恩。其効績之著，至于風雨時、癘疫息。越明年夏，欲植教本，肇録《儀禮》。孔子曰：「禮儀三百，威儀三千，待其人而後行。」公豈其人也！淳初與謝黔論學曰：「《論語》曰：『子所雅言，《詩》、《書》、執禮。』又曰：『興於《詩》，立於《禮》。』又曰：『學《詩》。』『學《禮》。』」學其在是乎！相與取《詩》、《禮》歸而誦之。數年，黔皆終卷，且萃其說，淳敏不類，未能半也。而成歲之漂，黔不克免，淳愴孤陋，其學旋廢。案：「成歲之漂」未詳其義。據上言淳初與謝黔論學，似謂謝黔終年漂流。頃攖私喪，閲喪祭之禮，以省所忘，憒憒莫能再讀。公以淳嘗識此書也，命之校之。淳亦幸此書之且有善版也，遽拜不辭。此書初刊于周廣順之三年，復校于顯德之六年，本朝因之，所謂監本者也。而後在京則有巾箱本，在杭則有細字本，渡江以來，嚴人取巾箱本刻之，雖咸有得失，視後來者爲善，此皆淳之所見者也。淳首得嚴本，故以爲據，參以羣本，不足則質之疏，質之《釋文》，疏、《釋文》又不足，則闕之，蓋不敢以謏見斷古經也。監本者，天下後世之所祖。巾箱者，嚴本之所祖，故其有誤，則亦辨之。餘則采其所長而已。既畢，裒其所校之字，次爲二卷，以《釋文》誤字爲一卷附其後，總三卷，題曰《儀禮識誤》。豈獨以識《儀禮》之誤，亦以自識其誤也。

張淳《儀禮識誤跋》 淳于經注，兼辨監本、巾箱本之誤，今至《釋文》乃獨不然，非敢畧也，懼其煩而已。此本之「及」作「乃」、「旦」作「且」、「土」作「士」、「文」作「丈」之類，改而正之爾，亦不復辯。

周中孚《鄭堂讀書記》卷四 《儀禮識誤》三卷。武英殿聚珍版本。宋張淳撰。淳字忠甫，永嘉人。《四庫全書》著録。《書録解題》、《通考》、《宋志》俱載之。《通考》作「釋誤」，《宋志》作「一卷」，皆字之誤也。原本久佚，今館臣從《永樂大典》録出，惟闕《鄉射》、《大射》二篇。蓋乾道中，章貢曾仲躬逮重槧《儀禮》鄭注及陸氏《釋文》，忠甫以古監本、巾箱本、杭細字本、嚴本爲之校定，因舉所考異同，彙成此書。前有自序，亦言「淳首得嚴本，故以爲據，參以羣本，不足則質之疏，質之《釋文》，疏、《釋文》又不足，則闕之。既畢，裒其所校之字，次爲二卷，以《釋文》誤字爲一卷附其後，題曰《儀禮識誤》。豈獨以識《儀禮》之誤，亦以自識其誤也」。然忠甫於六書之學，未嘗講求，故往往不辨俗體，而改是從非，專就《釋文》字畫用爲據證，其亦昧於本矣。今是本於其所舛謬處各加案語，以訂正其得失，從此是書但覺其精密，不見其舛謬。阮雲臺師撰《校勘記》，亦資之以參考焉。

傳記

樓鑰《攻媿集》卷七七《書陳止齋所作張忠甫墓銘後》 乾道七年，客授東嘉，獲從一時賢士遊。忠甫居城南，相見如平生歡，學校中小有所聞，必詰其始末而是正之，略無隱情。嘗曰：「性直言惷，執友或不能堪，不意子之從我如流也。」鑰曰：「朋友道喪已久，勁語實所樂聞。」以此終三年，往來如一日。又自言舊與其友謝君黔講習，謂《易》與《春秋》，未易窺測，《詩》、《書》、《儀禮》，夫子雅言。于是相與讀《書》與《詩》。《儀禮》雖非全書，而禮節具在，自古以爲難讀，而公獨熟復而躬履之。貳卿曾公逮時以吏部典州，取其所校定大字刻之，實爲善本。嘗問何以不仕，曰：「今之仕皆非古之道，是以雖貧而不願禄也。」問其說，曰：「始至則朝拜，遇國忌則引緇黄而薦在天之靈，皆古所無也。」其持論不回類此。後十五年，叨冒假守，則公已亡。又二十五年，當嘉定四年，凡始以志銘求書丹。感念疇昔，併書于後。

黄宗羲等《宋元學案》卷五二《監嶽張忠甫先生淳》 張淳字忠甫，永嘉人也。五試禮部不中，授特奏名官，棄去養母。或薦之朝，禄以監嶽。先生以爲徒費縣官俸，歷三任不食禄，亦不書考。居母喪，無不與《士喪禮》合。間爲族姻治喪，亦斷斷持古制。時爲文章銘人墓，有諷有勸，皆不虚書。負其學，自刻苦忍窮以死。爲人嚴重深博，善忍事鎮物，絶有材智，抑不使出。其爲止齋所述如此。攻媿亦嘗述

其言曰：「今之仕者，皆非出于古之道。」或問之，曰：「始至則朝拜，遇國忌則引緇黄而薦在天之靈，古有之乎？是以雖貧不願禄也。」嗚呼！先生斯言，可謂得禮之精，而能以之自持，豈徒考度數之末文者哉！《永樂大典》中有《古禮》十七卷，《釋文》一卷，《識誤》三卷，雲濠案：謝山《學案劄記》作「釋説一卷」。則先生所校定也。補謝山《永嘉張氏古禮序》曰：「宋《中興藝文志》謂《儀禮》既廢，學者幾不復知有此書，忠甫始識其誤。則是經在宋，當以忠甫爲功臣之首。」又曰：「永嘉自九先生而後，伊川之學統在焉，其人才極盛。《宋史》不爲忠甫立傳，故其本末闕然，獨見于陳止齋所作《墓誌》，乃知其與薛士龍、鄭景望齊名，固乾淳間一大儒也。」

雜録

《宋史》卷二〇二《藝文一》 張淳《儀禮識誤》一卷。

楊紹和等《海源閣書目·經部》 聚珍本《儀禮識誤》三卷。宋張淳撰。清乾隆武英殿活字印聚珍版叢書本，一册。

《六經正誤》分部

綜述

魏了翁《六經正誤序》 自秦政滅學，經籍道熄，迨隸書之作，又舉先正文字而併棄之，承訛襲舛，愈傳愈失。蔡伯喈書石經，有意正救之，旋亦焚蕩。張參所見石經，又不知果爲蔡本以否，所引經文多失。字體魏晉以來，則又厭樸拙，耆姿媚，隨意遷改，義訓混淆，漫不可考。重以避就名諱，如「操」之爲「摻」，「昭」之爲「佋」，此類不可勝舉。況唐人統承西魏，尤爲謬亂。陸德明、孔穎達同與登瀛之選，而《釋文》、《正義》自多背馳。至開元所書五經，往往以俗字易舊文，如以「頗」爲「陂」，以「平」爲「便」之類，又不可勝舉，而古書益邈。五季而後，鋟版繙印，經籍之傳雖廣，而點畫義訓，謬誤自若。本朝胄監經史，多仍周舊，今故家往往有之，而與俗本無大相遠。南渡草創，則僅取版籍於江南諸州，與京師承平監本大有逕庭，與潭、撫、閩、蜀諸本互爲異同，而監本之誤爲甚。柯山毛居正誼父，以其先人嘗增註《禮部韻》，奏御於阜陵，遂又校讎增益，以申明於寧考更化之日。其於經傳，亦既博攬精擇。嘉定十六年春，會朝廷命胄監刊正經籍，司成謂無以易誼父，馳書幣致之。盡取六經三傳諸本，參以子、史、字書、《選》、《粹》、文集，研究異同。凡字義音切，豪釐必校。儒官稱歎，莫有異詞。旬歲間，刊修者凡四經，猶以工人憚煩，詭竄墨本，以紿有司，而版之誤字實未嘗改者，什二三也。繼欲修《禮記》、《春秋》三傳，誼父以病目移告，其事中輟。或者謂縱令盡正其誤，而諸本不同，何所取證。豈若録其正誤之籍而刊傳之，俾後學得以參攷。余觀其書，念今之有功於經者，豈無《經典釋文》、《六經文字》、《九經字樣》之等，然此書後出，殆將過之，無不及者。其於後生晚學，袪蔽竄疑，爲益不淺。因縱臾其成而序識之。《書》曰：「若升高，必自下。若陟遐，必自邇。」學者其毋忽於斯。寶慶初元冬十二月丁亥朔，臨邛魏了翁序。

周中孚《鄭堂讀書記》卷二 《六經正誤》六卷。《通志堂經解》本。宋毛居正撰。居正字誼父，或曰義甫，古字通也。衢州人，免解進士晃之子。《四庫全書》著録。《書録解題》、《通考》俱載之。《宋志》及倪氏《宋志補》俱失載。卷首有魏鶴山序，稱嘉定十六年，朝廷命胄監刊正經籍，司成謂無以易誼父，馳書幣致之。旬歲間刊修四經，猶以工人憚煩，詭竄墨本，以紿有司，而版之誤字實未嘗改正者，什二三也。繼欲修《禮記》、《春秋》三傳，誼父以病目移告，其事中輟。或者謂縱令盡正其誤，而諸本不同，何所取證。豈若録其正誤之籍而刊傳之，俾後學得以參攷云云。此誼父是書之所由作也。凡《易》、《書》、《詩》、《禮記》、《周禮》、《春秋左氏傳》各一卷。陳氏議其惟講偏旁疑似，然監版爲有司程式，義取通行，不偏旁之講，而何講乎？惟其譏陸氏偏於土音，因輒取他字以易之，後人信其説者，遽據以改《釋文》音切，皆此書有以誤之也。

雜録

錢溥《秘閣書目·諸經總集》 毛居正《六經正誤》。

趙用賢《趙定宇書目・經類》 《六經正誤》。四之六。一本。

焦竑《國史經籍志》卷二 《六經正誤》六卷。毛居正。

董其昌《玄賞齋書目》卷一 毛居正《六經正誤》。

趙琦美《脈望館書目・經書總類》 《六經正誤》四本。

又《經類》 《六經正誤》一本。

季振宜《季滄葦藏書目》 毛居正《六經正誤》六卷。三本。

徐乾學《傳是樓書目》卷一 《六經正誤》。六卷。宋毛居正。二本。抄本。又一部。二本。抄本。

毛扆《汲古閣珍藏秘本書目》 《六經正誤》五本。宋板影抄。六兩。

《荀子考異》分部

綜述

錢佃《荀子跋》 右《荀卿子書》，楊倞注，凡三十二篇，爲二十卷，并劉向篇目。舊嘗患此書無善本，求之國子監，亦未嘗版行。比集諸家所藏，得二浙、西蜀本凡四，增寡同異，莫適取正。末乃於廬陵學官藏書中，得元豐國子監刻者，遂取以爲據。然猶有謬誤，用諸本參校，凡是正一百五十有四字。其有疑而未決者，并世俗所習熟而未定，如「青出於藍而青於藍」者，監本所出，而文義或非，如「美善相樂」者，皆不敢没其實，著之卷末，又一百二十有六條。雖未敢以爲盡善，然耳目所及，已特爲精好。謹刻之江西計臺，俾學者得以攷訂而誦習焉。淳熙八年六月丙午，吴郡錢佃謹識。

陳振孫《直齋書録解題》卷九 《荀子注》二十卷。唐大理評事楊倞注。案劉向序，校中書三百二十二篇，以校除複重二百九十篇，定著三十二篇。《隋志》爲十二卷。至倞始分爲二十卷而注釋之。淳熙中，錢佃耕道用元豐監本參校，刊之江西漕司，其同異著之篇末，凡二百二十六條，視他本最爲完善。

錢曾《讀書敏求記》卷三 《荀子》二十卷。楊倞注《荀子》凡三十二篇，爲二十卷，并劉向篇目。淳熙八年六月，吴郡錢佃得元豐國子監本，并二浙西蜀諸本參校，刊於江西計臺。其跋云：「耳目所及，此特爲精好。」予又藏吕夏卿重校本，從宋刻摹寫者，字大悦目，與此可稱雙璧矣。

瞿鏞《鐵琴銅劍樓藏書目録》卷一三 《荀子考異》一卷。鈔本。宋淳熙間邑人錢氏佃刻《荀子》，既用各本參校，復有所疑，因著《考異》附卷末，自爲之《跋》。今淳熙本不獲見，惟傳此卷，其《跋》云：「右《荀卿子書》，楊倞注，凡三十二篇，爲二十卷。并劉向《篇目》。舊嘗患此書無善本，求之國子監，亦未嘗版行。比集諸家所藏，得二浙、西蜀本凡四，增寡同異，莫適取正。末乃於廬陵學官藏書中，得元豐國子監刻者，遂取以爲據。然猶有謬誤，用諸本參校，凡是正一百五十有四字，其有疑而未決者，并世俗所習熟而未定，如『青出於藍而青於藍』者，監本所出，而文義或非。又如『莫善於樂』而作『美善相樂』，皆不敢没其實，著之卷末，又一百二十有六條。雖未敢以爲盡善，然耳目所及，此已特爲精好，謹刻之江西計臺，俾學者得以攷訂而誦習焉。淳熙八年六月丙午，吴郡錢佃謹識。」案：佃字仲耕，政和進士，觀復之子，登紹興十五年進士，官至中奉大夫、秘閣修撰。著有《易解》十卷，《詞科類要》二十卷，《文集》二十卷。見《常熟縣志》。

繆荃孫《荀子考異跋》 《荀子》世傳有宋本二，一北宋吕夏卿熙甯本，一南宋錢佃淳熙本。而世間現行本，則以盧抱經所刊爲最善。盧本所據校宋，出于吕夏卿，日本黎星使所刻唐仲友台州公庫本，亦有王子韶、吕夏卿銜名，則皆出於一源矣。錢佃本久無人見，想已亡佚。按佃字仲耕，政和進士，觀復之子。登紹興十五年進士，官至中奉大夫、秘閣修撰。著有《易解》十卷，《詞科類要》二十卷，見《常熟縣志》。今存《考異》一卷。後跋自稱集諸家所藏二浙西、蜀本，元豐國子監本，是正一百五十有四字。其有疑而未決者，又著之卷末，共一百二十有六條。則此卷是也。是書雖屬鈔本，爲惠定宇、盧抱經、王懷祖、顧澗蘋所未見。其例：卷二、卷三、卷九、卷十一、卷十七、卷十八、卷十九，則云「此卷某某篇内」。卷四、卷五、卷六、卷七、卷八、卷九、卷十、卷十一、卷十二、卷十三、卷十四、卷十五、卷十六、卷十九，則單云卷内，無篇名。同卷另篇，又出篇名，則二十卷同。亦有誤者，如卷第一「青取之於藍」爲第一條，第二條轉云：「此卷《勸學篇》内。」不列於第一條，與他卷異。如《成相篇》上條：「脩領，監本作『循領』。注『脩領』亦同。」下條：「脩領，《賦篇》内『五聽循領』」，并注諸本作『脩領』。」兩條複出。而「五聽循領」亦不在《賦篇》内，則大誤。蓋輾轉傳鈔，不無譌脱，而别無他本可校，衹仍其誤而附識於此。其

他與盧本不合之處，讀者當自得之。光緒乙巳七月立秋日，江陰繆荃孫識。

傳記

《琴川志》卷八　錢佃字仲耕，弱冠入太學，登紹興十五年進士第，嚴州分水尉，池、真二州教授。改秩，除諸王宫教授，遷太宗正丞，通判太平州。太子尹臨安，擇寮采，佃獨以外庸在選中，擢吏部郎中。對便殿，言三事，上稱善。累遷左右司檢正，兼權吏、兵、工三侍郎，出爲江西路轉運副使。時盜賴文正起武陵，朝廷調兵討之，佃餽餉不乏。繼使福建，再使江西，奏蠲諸郡之逋。婺州飢，闕守，上曰：「錢某可。」郡薦飢，禱雨，鬚髮爲白。勸分移粟，所活口七十餘萬，政甲一路。朱文公熹時爲倉使，與陳亮書云：「婺人得錢守，比之他郡，事體殊不同。」又記江西漕司養濟院，謂其嘗奏免贛、吉麻租二千四百五十九斛，兩州之人尤歌舞之。今知婺州，救飢之政亦爲諸郡最，所以稱譽者蓋若此。佃忠信恭寬，根於天性，臨政不求赫赫聲，以字民爲先務，所至得民，家不取盈。損橐裝買田贍合族，名曰義莊。卒年六十二，終於中奉大夫、祕閣修撰。有《易解》十卷、《詞科類要》二十卷、《文集》二十卷。誠齋楊文節萬里志其墓。

《顔氏家訓考證》分部

綜述

沈揆《顔氏家訓附考證跋》　顔黄門學殊精博，此書雖辭質義直，然皆本之孝弟，推以事君上，處朋友鄉黨之間，其歸要不悖六經，而旁貫百氏，至辯析援證，咸有根據，自當啓悟來世，不但可訓思魯愍楚輩而已。揆家有閩本，嘗苦篇中字譌難讀，顧無善本可讎。比去年春，來守天台郡，得故參知政事謝公家藏舊蜀本，行間朱墨細字，多所竄定，則其子景思手校也。迺與郡丞樓大防，取兩家本讀之，大氐閩本尤謬誤，「五皓」實「五白」，蓋「博」名，而誤作「傳」。「元歎」本顧雍字，而誤作「凱」。《喪服經》自一書，而誤作「經」。馬牝曰「騲」，牡曰「騭」，而誤作「驒駱」。至以「吴趨」爲「吴越」，「桓山」爲「恒山」，「僮約」爲「童幼」，則閩、蜀本實同。惟謝氏所校頗精善，自題以五代宫傅和凝本參定，而側注旁出，類非取一家書。然不正「童幼」之誤，又《秦權銘文》「劓」實古「則」字，而謝音「制」，亦時有此疏舛。讎書之難如此。於是稍加刊正，多采謝氏書，定著爲可傳。又别列《攷證》二十有三條爲一卷，附於左。若其轉寫甚譌，與音訓辭義所未通者，皆存之，以俟洽聞君子。淳熙七年春二月，嘉興沈揆題。

傳記

陳騤《南宋館閣續録》卷七　沈揆。字虞卿，嘉興人，紹興三十年梁克家榜進士出身，治《書》。十一年十一月除，十四年五月爲秘閣修撰、江東運副。

《吴郡志》卷一一　沈揆。中大夫，祕閣修撰。紹熙二年六月到，四年二月除司農卿。

《景定建康志》卷二六　沈揆。中大夫，祕閣修撰，運副。淳熙十四年八月十七日到任。十五年七月宫觀。

王質《雪山集》卷六《沈氏勝棲堂記》案：此記當是孝宗隆興二年所作　余以歲戊寅來東林，此地方爲菰田，沈氏兄弟竭智力營之。自其先君睥睨十餘年，至是捐金錢數十萬，乃得集市之閒民，競輂土石實之，役工數千始平，稍徙花竹藩飾其處，余爲指其最勝者曰：「是可堂。異時果堂，其以勝棲名之。」二子齊諾，即所指地增築，將基爲堂者。後四年過之，所規爲略就，位置行列，皆應繩墨。曰：「凡堂之材若資悉具，忌歲未敢屋，以俟明年。」又三年過之，芙蓉、木犀、梅、杏、桃、李皆成林，楊柳、冬青皆成蔭。脩竹滿徑，菱荷滿池，隱然一堂，宏麗靖深，挾以蔽軒，引以脩廊，是爲勝棲。進二子而謂之曰：「余過此者三，初過之，地始除，再過之，堂始營，三過之，草木森然，棟宇穹然，昔意于心，今形于目。」二子持家有功，抑余告子：「物難于成，易毁；事難于進，易退。守之在誠，行之在勤。子惟肯堂之志甚確，誠守而勤行之，乃克有濟。先勁後弱，始鋭末殺，或隳其中，何成之云！不輟肯堂，惟堂故成；無斁治身，惟身故立。人情進退甚亟，上之其變三：『始而慢，再而駭，三而羨。』下之其變三：『始而疾，再而憐，三而鄙。』是故丘陵貴增，削則寖頹。江河

貴盈，縮則寖涸。學問貴益，損則寖荒。道德貴崇，卑則寖微。子以爲然，余將示子以方：「義重于財，厚義薄財。德重于勢，就德輕勢。禮重于物，崇禮卑物。恩重于怨，取恩舍怨。」今日三過堂，而堂之事三變。他日屢見子，而子之能屢更。將有信于余言。長字虞卿，次周輔。

樓鑰《攻媿集》卷三五《知平江府沈揆司農卿》　敕具官某：「朕臨御丕圖，求賢如渴，儲闈寮寀，選用無遺。蓋舉予所知，非止篤舊故之恩也。爾以儒學奮身，周旋清貫，詞藻之發，追配前良。肆朕纂承之初，最先收召，出守劇郡，試之益詳矣。漢二千石有治理效，公卿缺，則選諸所表，朱邑由北海入爲大司農，則其事也。朕之待汝，豈惟掌周稷之事哉！往祇厥官，嗣有褒陟。」

又卷三六《司農卿沈揆權吏部侍郎》　敕：「古有六官，孰若天官之重；部分四選，無如武選之繁。玆擇貳卿，宜求吉士。具官某高文贍麗，古學精深，自登周行，雅有清望。凡一時華要之選，以累載周旋其間。璧水道山，爲諸儒之領袖；儲寮詞掖，振六藝之英華。屢垂上于禁途，復優聞于郡課。蔽自朕志，召長大農，寵之荷橐之聯，畀以典銓之寄。惟公可以守成憲，惟明可以察衆欺。倚聞稱職之名，用助官人之道。」

又《中奉大夫吏部侍郎沈揆磨勘轉官》　敕：「制禄以官，式序百僚之進；在法當從，乃登四品之崇。具官某儒學老成，文華高勝，儲寀有執經之舊，祠臣推爲誥之工。屢結綬于朝行，幾問津于禁路。攝承民部，更一紀而有餘；積累年勞，雖九遷而未艾。玆擢天官之貳，始伸銓格之優。太中不易公卿，庸表褒遷之渥。大夫既掌論議，益思獻納之忠。」

又卷三九《大中大夫沈揆轉一官守權吏部侍郎致仕》　敕：「侍朝甚喜，方儀荷橐之聯；何恙之深，忽上掛冠之請。初不聞曾子之疾，乃欲爲疏傅之歸。具官某文有菁華，學稱博雅，頃屢登于位著，矧夙備于儲寮。嗣服云初，首頒于召節；殿邦既久，終入于從班。謂其數器之兼，畀以二銓之重。預修史策，勸講經帷，造膝陳謨，曾未浹日，抗章告老，胡不待年？許尋里社之閒，仍守天官之秩。子騫之在汶上，莫遂挽留；公幹之卧漳濱，徒深懷舊。尚祇涣渥，以保修名。」

又《沈揆贈四官》　敕：「孟軻之致爲臣，方軫留行之念；曾參之啓予手，忽聞將死之言。撫往事以何追，嗟若人之不淑。具官某老于文學，志在事功。博極羣書，而發于英詞；上下千載，而見之篤論。任握節分符之寄，所在著稱；登簪筆持橐之班，于時未久。抱疴自列，納禄言歸。當危惙以奏篇，眷忠勤而隕涕。爰加卹典，悉按彝章，進官序以甚優，畀賞延而不吝。尚惟英爽，歆此寵靈。」

雜録

樓鑰《攻媿集》卷五四《台州社壇記》　台州之北，大山綿亘，其一支自東而西，蜿蜒委蛇，至江而止，勢若回顧，是爲龍顧之山。子城據其下，官寺在焉。城西南隅去儀門百許步，爲社稷之壇，厥位面陽，爽塏平曠，昔人相攸而爲此，必不苟也。有司不戒，日就荒圮，頹垣成蹊，蕘牧無禁。淳熙己亥正月，宗正寺丞沈侯被選來守，仲春行祀，愀然顧其僚曰：是可以奉吾神乎？乃命撤而新之。臨海令彭仲剛，建縣治于煨燼之餘，侯知其才，舉以任焉。首按圖籍，斥地之舊，繚以周牆，數十百丈。始治地，得仆碑土中，洗而讀之，蓋政和中所頒社稷壇式也。制度明甚：「橫列三壝，門各四出，中立社稷二壇，風師居東，雷師雨師居西，亦各爲壇。壇之高二尺有半，又爲燎壇于風師之東南壝外，稍高于諸壇。」于是悉倣名數，因其舊而增築之。故有屋四楹，爲視饌待事之所，既葺新之，又增其一，爲齋潔之地。其途北出，表以二柱，中建臺門，嚴關鍵以守之。作于六月朔旦，又六旬有七日告成，靡金錢五十萬有奇。民不知役，工不告勤。過者肅然，始知有地主之敬。侯命鑰書之。鑰聞古者先成民而後致力于神，侯之下車，訪民隱，飭吏事，龎龎乎循良之風，而思不倦以終之。以是邦被山帶江，水旱仍歲，又間有鬱攸之災，謂職諸幽者非人力所及，故于神無所不致其敬，社稷之重，其可後乎！秋社展禮，氣象一新，環佩琮琤，豆籩静嘉，神貺昭答，如在左右。繼自今，氣淑民和，雨暘時若，其必有相之者。然則侯之政，真知所先後而致力于神者，乃所以成民也。侯名揆，字虞卿，秀之嘉興人。

陸心源《皕宋樓藏書志》卷五五　《顏氏家訓》七卷附《考證》。舊抄本。北齊黄門侍郎顏氏之推撰。《考證》後有結銜九行。無名氏序。沈揆跋。淳熙七年。

《韓集舉正》分部

綜述

方崧卿《韓集舉正》卷一　唐儒郭京有《周易舉正》三卷，蓋以所得王輔嗣、韓康伯註定真本。舉正傳本之訛，題義取此。韓文自校本盛行，世無全書，歐公謂韓文印本初未必誤，多爲校讎者妄改。僕嘗得祥符中所刊杭本四十卷，其時猶未有外集，今諸集之所謂舊本者此也。既而得蜀人蘇溥所校劉、柳、歐、尹四家本，此本嘉祐中嘗刊於蜀，故傳于世。繼又得李左丞漢老、謝參政任伯所校秘閣本，李本之校閣本最爲詳密，字之疑者，皆標同異於其上，故可得以爲據。大抵以公文石本之存者校之，閣本常得十九，校本得十七，而蜀本得十五六焉。今只以三本爲定。其詩十卷，則校之唐令狐氏本。碑志、祭文，則以南唐保大本兼訂焉。其趙德《文録》、《文苑英華》、姚寶臣《文粹》，字之與舊本合者，亦以參校。諸本所不具，而理猶未通者，然後取之校本焉。韓文舊本皆無「一作」，蜀本間有一二，亦只附見篇末，今皆一遵舊本而別出。此書字之當刊正者，以白字識之。當删削者，以圈毁之。當增者，位而入之。當乙者，乙而倒之。字須兩存而或當旁見者，則姑註於其下，不復標出。閣與杭、蜀皆同，則合三本而言之。同異不齊，則志其長者。其他如古本「汝」多作「女」，「互」多作「㸦」，「預」作「與」，「傲」作「敖」，「叢」作「藂」，「缺」作「缺」，「二十」、「三十」之爲「廿」、「卅」，此類非一，亦不敢盡從刊改。今之監本已非舊集，然校之潮、袁諸本，猶爲近古。如《送牛堪序》，閣本、杭本皆繫於十九卷之末，惟此本尚然。今用以爲正，而録諸本異同於其下，此本已正者，亦不復盡出，庶幾後學猶得以考韓氏之舊也。字誤字當刊。○衍字當削。□脱逸當增。己毅次當乙。

晁公武《郡齋讀書志・附志》　《韓集舉正》一卷。右莫詳誰作。而説云：「唐儒郭京有《周易舉正》三卷，蓋以所得王輔嗣、韓康伯註定真本，舉正傳本之訛。題義取此。」

陳振孫《直齋書録解題》卷一六　《昌黎集》四十卷、《外集》一卷、《附録》五卷、《年譜》一卷、《舉正》十卷、《外鈔》八卷。《年譜》，洪興祖撰，莆田方崧卿增攷，且撰《舉正》以校其同異，而刻之南安軍。《外集》但據嘉祐蜀本劉煜所録二十五篇，而附以石刻、聯句、詩文之遺見於他集者。及葛嶠刻柳文，則又以大庾丞韓郁所編注諸本號《外集》者，案：《文獻通攷》作「韓都」。并攷校疑誤，輯遺事，共爲《外鈔》刻之。

丁丙《善本書室藏書志》卷二四　《韓集舉正》十卷《外集舉正》一卷《叙録》一卷。精寫本。宋方崧卿撰。崧卿，莆田人，知台州軍事。淳熙己酉，自爲後跋云：「試郡嶺麓，閒日居多，課其餘力，從事於斯。韓氏舊集，世已罕傳，摭拾僅存，稽而正之。源流不白，何以傳諸人？因復次其異同，記其譌舛之自，使人開卷知所自擇，而韓氏義例亦粗見於綱領中。」末有校例：「一，誤字當刊。其於改正之字，則用朱書。一，衍字當削。衍去之字，以圓圈圍之。一，脱逸當增。凡增入之字，以方圈圍之。一，毅次當乙。顛倒之字，以墨綫曲折乙之。」自朱子《攷異》盛行於世，此本遂爲所掩。四庫館得宋刻本著録之，遂得傳録於世。

傳記

《嘉靖南安府志》卷二八　方崧卿字季申，莆田人。擢進士，歷通判明州，秩滿，知南安軍。律身廉，蒞事勤，平易得民。常校正《昌黎文集》，及譜其經行次第，爲《韓詩編年》十五卷。又與教授許開修《南安軍志》十卷，《拾遺》一卷，俱刊南安郡齋。論曰：「崧卿文學政事並優者也。廉勤得民，固其一端耳。修輯郡志，以表一方文獻，尤吾人之幸也。惜乎典籍不存，使今日倀倀然莫之攷，憾矣哉！」

楊萬里《誠齋集》卷七三《吉州新建六一堂記》　廬陵地廣而民衆，以故其事亦煩。其多士爲江右甲，朝廷視邦選侯，其重視姑蘇霅川諸郡云。紹熙元年春，皇咨于相。廬陵調守，孰可？於是莆陽方侯崧卿，以侍從之臣薦聞，首當其擇。既抵官下之若干月，教條既洽，歲事既登，士民既孚，迨暇，因與賓賛商畧曰：「是邦六一先生故鄉也，而郡治寂無紀焉，非闕歟！」捐布三十萬，召匠視成，官無所預。誅茀於郡圃之東，三瑞堂之左，爲堂七楹，踰月而落之，名以「六一」。丞相益公聞而賛之曰：「甚善名堂！雖欲易，焉得而易？」於是旁搜先生之遺墨，伐石刻之，爲屋居之。又令永豐尉曹及士子陳其姓者，葺先生之先阡，以存是邦之故事，以回先生

之緒風，以答士民之長思。移書於某曰：「子非先生之鄉人乎，於先生獨無情哉？記斯堂，子獨得辭其責哉？」某以書賀侯曰：「六一堂昔在潁，今在廬陵，是非先生之志也乎！然在潁之華屋，今爲荒煙野草；在廬陵之荒煙野草，今爲華屋。物之廢興，天乎，亦人乎！先生之賢，天下敬之，而其鄉里不敬之，可乎？不可也。當時敬之，而後世不敬之，可乎？不可也。然則鄉里之敬先生，後世之敬先生，人也，非天也。蓋人者可必者也。然間六一之堂其在永豐乎？曰：『否。』不在永豐，其在郡治乎？曰：『否。』然則敬先生者，鄉里反薄，而後世反短歟？人又不可必也。先生之没，距今百有餘歲矣，堂之在潁者，化爲荒煙野草矣，而斯堂自潁而歸廬陵，何其神也！非人也，天也。雖然，使吾邦不逢今侯，斯堂其能歸乎？然則天也，亦人也。既以爲侯賀，又以爲先生賀。紹熙二年五月二十六日具位楊某記。」

樓鑰《攻媿集》卷三六《廣西運判方崧卿京西運判提舉張釜廣西運判》 敕具官某等：嶺右分百越之半，漕計匪輕；京西總三司之繁，事權尤重。爾崧卿儒雅飭吏，廉按有稱，是用易以襄漢之節；璽釜清白傳家，斂散惟謹，是用圖爾桂林之居。道里略同，委寄無異。飛芻輓粟，既資辦治之才；攬轡登車，益抗澄清之志。爾惟自勉，朕不汝忘。

雜録

《宋史》卷二〇八《藝文七》 方崧卿《韓集舉正》一卷。

《昌黎先生集考異》分部

綜述

朱熹《韓文考異序》 南安韓文出莆田方氏，近世號爲佳本，予讀之信然。然猶恨其不盡載諸本同異，而多折衷於三本也。原三本之見信，杭、蜀以舊，閣以官，其信之也則宜。然如歐陽公之言，韓文印本初未必誤，多爲校讎者妄改，亦謂如《羅池碑》改「步」爲「涉」，《田氏廟》改「天明」爲「王明」之類耳。觀其自言，爲兒童時得蜀本韓文於隨州李氏。計其歲月當在天禧中年，且其書已故弊脱略，則其摹印之日，與祥符杭本蓋未知其孰先孰後，而嘉祐蜀本又其子孫明矣。然而猶曰「三十年間，聞人有善本者，必求而改正之」，則固本未嘗必以舊本爲是而悉從之也。至於祕閣官書，則亦民間所獻，掌故令史所抄，而一時館職所校耳。其所傳者，豈真作者之手藁；而是正之者，豈盡劉向、揚雄之倫哉？讀者正當擇其文理意義之善者而從之，不當但以地望形勢爲重輕也。抑韓子之爲文，雖以力去陳言爲務，而又必以文從字順、各識其職爲貴。讀者或未得此權度，則其文理意義正自有未易言者。是以予於此書，姑考諸本之同異而兼存之，以待覽者之自擇。區區妄意，雖或竊有所疑，而不敢偏有所廢也。慶元丁巳新安朱熹序。

朱熹《昌黎先生集考異》卷一 此集今世本多不同，惟近歲南安軍所刊方氏校定本號爲精善，别有《舉正》十卷，論其所以去取之意，又它本之所無也。然其去取，多以祥符杭本、嘉祐蜀本及李謝所據館閣本爲定。而尤尊館閣本，雖有謬誤，往往曲從。它本雖善，亦棄不録。至於《舉正》，則又例多而詞寡，覽者或頗不能曉知。故今輒因其書更爲校定。悉考衆本之同異，而一以文勢、義理及它書之可證驗者決之。苟是矣，則雖民間近出小本不敢違；有所未安，則雖官本、古本、石本不敢信。又各詳著其所以然者，以爲《考異》十卷，庶幾去取之未善者，覽者得以參伍而筆削焉。

張洽《昌黎先生集考異跋》 晦翁先生因方氏《舉正》之書，取而評論其未合者，使一歸於是。然後有以見韓子之文章，必主簡明而不爲艱深，雖去陳言而非尚險澀。朝廷之議嚴正，義理之文醇雅，記序之體簡古，若碑碣、雜志、遊藝等作，乃或放於奇怪。先生悉斟酌權衡，歸於當而後止，可謂詳密無遺憾矣。《昌黎集》行於世數百年，歐陽公嘗加釐正。今復百餘歲，讀而不知其旨，或以意改易，魚魯失真，紛紛靡定。方公從而是正之，什已得六七矣。先生復以稽經餘力，考所未合，定以是非之公，雖使韓子復生，當莞爾而笑，以爲得已之意也。今方氏書刊刻已廣，獨此書先生末年所著，未有善本。洽通守池陽，初欲刻之泮宮，已而不果，迺以本聽幣餘，命工刊刻。庚使趙侯范繼其費，益以屬邑學帑之助，并刊《考異》于後。《汪季路書》初存於末，今移附本卷之後。間有愚見一二，亦各繫卷末，以俟觀者采擇云。紹定己丑十有一月辛卯日南至門人清江張洽謹識。

李光地康熙四十七年刊本跋 《韓文考異》近年無原本，皆散入篇句中者，而

又或删減增益之，每令讀者有遺恨焉。呂晚村家藏宋刻，遭兵火逸其文，幸所存者，則《考異》也。其嗣君無黨及第後，與予言及，因屬以家書郵致，爲之付梓京師，無黨仍監其役，惜乎未觀厥成而下世矣。徐友壇長遂任校讐之勤，字畫簡謌，雖已登板，必剜剔補備，務合於正，以視舊本之體，完善爲多。書計十一萬七千九百餘字，内有補注，作行書，填「洽」字名，則此書疑是文公門人張元德所刊定，尤非近本可比。無黨又爲予言，其先人曾得朱子手記與蔡西山答問之語，曰：「翁季録者秘藏多年，與此之韓文並時失之，厥後訪求人間，則不復得矣。」可勝惜哉！康熙戊子閏三月望日，李光地識。

章學誠《章氏遺書》卷一三《朱崇沐校刊韓文考異書後》　《韓文公集》四十卷、《外集》十卷、《集傳》一卷、《遺文》一卷、《序目》一卷，總五十三卷。朱子校《昌黎文集》，别著《考異》十卷，自爲一書。留耕王氏伯大倅劍南時，取《考異》附於正集本文之下，而以洪氏興祖《年譜辨證》，樊氏汝霖《韓志》及《年譜注》，孫氏汝聽、韓氏醇、祝氏充三家全解參附其間。王氏又集諸家之善，更定音釋附於逐卷之後，不入正文，仍空其下，以待竄補。書以《考異》爲主，故正文篇次俱按方崧卿本，而以諸本參校，著爲凡例一十二條，所謂南劍官本是也。明萬曆中朱子裔孫崇沐又取劍本重刻，而以王氏音釋同附正文之下，以便省覽。蓋自朱子《考異》以後，三更其面目矣。此本行世最廣，而標名仍稱朱子《韓文考異》，學者不察，遂以王氏之書爲《考異》也。王氏此書兼採樊、韓、孫、祝諸家之説，補綴《考異》之所不逮，良亦有功。其於《考異》全文，初無改竄，至字句小有異同，或爲傳寫之訛。碑志數卷，《考異》於卷首注明某篇爲碑、某篇爲志，此本删去，尚無甚礙。惟於《遺文》傳末有《憲宗崩慰諸道疏》及慈恩、洛陽、華岳《題名》七段，朱子俱仍方本存録，今本删去不載。且他本所有而方本删去，或方本所有而朱子删去者，尚皆存其篇目而著説於下，獨於此處并篇目而删之，殆不可解。余家所藏韓文四本，此本最爲流俗通用，楮板未爲精佳，惟是童子塾中初購此書，即已寶如拱璧。其後先君丹墨評點，指示初學爲文義法，小子自幼習焉。手澤所存，珍而襲之，不特以其爲舊物也。憶此書乃甲戌秋冬所購，是時先君方官湖北應城知縣，塾師於舉業外，禁不得閲省他書，及得此集，匿藏篋笥，燈窗輒竊觀之。初不盡解，顧愛好焉，不忍釋手，今撫玩之，三十年前光景猶歷歷也。

又《朱子韓文考異原本書後》　朱子《韓文考異》十卷，自王留耕散入韓集正文之下，其原本久失傳矣。康熙中安溪李厚菴相國得宋槧本於石門藏書家，重付之梓，校讐字畫精密綦密，計字十一萬七千九百有奇。諦審此書，乃知俗本增删失舊觀也。第一卷、第四卷、第六卷、第七卷卷尾俱有補注，安溪公親見原本，補注皆作行書。第一卷注文，自稱曰「洽」，故疑爲朱子門人張元德所刊，尤非他宋槧本可比，洵可寶也。按第四卷補注引楊倞《荀子注·性惡》篇後注文全載《原性》一篇，與今本多異。而楊倞稱《原性》爲《性原》，則「五原」以「原」字在下，唐人所見之本已有如此者矣。方本諸篇皆以「原」字居上，獨《原性》題爲「性原」，宜朱子以爲不然，不知唐人已有是篇目也。此等雖無關於文義，然東雅堂本已以《淮南子·原道篇》相擬矣。今按劉勰《文心雕龍》亦有《原道》，與韓子《原道》鼎峙而三，韓最晚出，而世人言《原道》者，但知韓氏，不甚知彼二家，此布帛粟菽所以重於空青大浣也。古人讀書，不憚委曲繁重，初不近取耳目之便，故傳注訓故，其先皆離經而别目爲書，至馬、鄭諸儒，以傳附經，就經作注，觀覽雖便，而古法乃漸亡矣。評論文字，抑揚工拙，雖爲道之末務，然如摯氏《文章志論》、劉氏《文心雕龍》，亦離文而别自爲書。至真、謝諸公，就文加評，因評而加圈點識别，雖便誦習，而體例乃漸褻矣。至於校讐書籍，則自劉向、揚雄以還，類皆就書是正，未有辨論同異，離本文而别自爲書者。郭京《周易舉正》以家藏王、韓手寫真本比校世所行本，正得一百三十五處二百七十三字，自爲一書，不以入經，此尊經也。其餘則絶無其例矣。至宋人校正韓集，如方氏《舉正》、朱子《考異》，則用古傳注例，離文别自爲書，是皆後人義例之密過於古人。竊謂校書必當以是爲法，刻古人書亦當取善本校讐之，自爲一書者，附刻本書之後，俾後之人不憚先後檢閲之繁而參互審諦，則心思易於精入，所謂一覽而無遺，不如反覆之覈核也。古人離文别自爲書，非但自存謙牧，不敢參越前人之書而已，亦欲學者不憚繁難而致功，庶幾有益耳。一取便於耳目，未免漫忽而不經心，此意亦可思也。

瞿鏞《鐵琴銅劍樓藏書目録》卷一九　朱文公校《昌黎先生文集》四十卷《外集》十卷《遺文》一卷。元刊本。　題：「晦菴朱先生考異、留耕王先生音釋。」有李漢序及朱子、王伯大序，此王氏重編朱子《韓文考異》本，將考異散入集中各句下。曾刻南劍州。其音釋原附各篇末，此亦散入各句，乃元時書肆本，非王氏之舊矣。惟較明朱氏所刻誤脱尚少。舊爲黄丈琴六藏本。卷首有「林鴻之印」、「黄琴六讀書記」二朱記。

陸心源《皕宋樓藏書志》卷六九　朱文公校《昌黎先生文集》四十卷《外集》十卷《集傳》一卷《遺文》一卷。宋麻沙刊本。周九松舊藏。　唐韓愈撰。晦庵先生考異。

留耕王先生音釋。朱子序。郡齋近刊朱文公校定《昌黎集》，附以《考異》，而《音辨》則舊所刻也。初讀者未免求之《音辨》，質諸校本，既字不盡同，且音訛字多缺。此書有集注，有補注，有辨證，有全解，音通句釋，引物連類，雖若加詳，而於本文間亦牴牾，余頗病之。今悉從校本，更定音訓，因旁摭諸家注解，勘本文用事者枚舉而記，其凡有未備，則訪諸士友博極此書者併記之，意其間缺逸尚多也。昔黄太史有云：「杜詩韓文，無一字無來處。」竊謂必盡所云，而後可讀二文公之書，過不自料，附所嘗記録於逐卷之左，而空其下方，以待來者竄釋，冀更相緝續，於《音辯》或有補云。寶慶三年季夏既望，承議郎特添差通判南劒州軍州兼管内勸農事王伯大謹書。案：此宋刊宋印本，每葉十六行，每行二十三字，大黑口，卷中有「周良金印」朱文方印，「毘陵周氏九松迂叟藏書記」朱文長印。此書明覆本甚多，行款皆同，此則宋刊本也。

又《昌黎先生集》四十卷《外集》十卷《遺文》一卷《集傳》一卷。明東雅堂刊本。唐韓愈撰。李漢序。

又朱文公校《昌黎先生集》四十卷《外集》十卷《集傳》一卷《遺文》一卷。明正統刊本。唐韓愈撰。晦菴朱先生考異。留耕王先生音釋。朱子序。王伯大序。

又朱文公校《昌黎先生集》二十卷《外集》五卷《集傳》一卷《遺文》一卷。明成化刊本。唐韓愈撰。朱子序。王伯大序。

又朱文公校《昌黎先生集》四十卷《外集》十卷《集傳》一卷《遺文》一卷。吳免牀臨黄山谷、吳履齋批點本。唐韓愈撰。門人李漢編集。朱子序。慶元丁巳。朱吾弼序。萬曆三十三年。吳氏手跋曰：「秀水王元啟《讀韓記疑》云：『明新安朱崇沐刊是書脱多，因其行世最廣，故特據此詳校，俾讀者攷焉。』據王説，是此本誠未爲善本，暇日當以王記覆校之。」

陸心源《儀顧堂續跋》卷一二〈宋麻沙槧〈韓文考異〉跋〉　朱文公校《昌黎先生文集》四十卷，《外集》一卷，《集傳》一卷，《遺文》一卷。次行題「晦菴先生考異，留耕王先生音釋」。前有朱子序，次寶慶三年王伯大序，次凡例，次目録。每葉二十六行，每行二十三字，小字雙行。凡各本異同、各家註釋，皆以黑質白章别之。凡例後有云：「本宅所刊，係將南劒州官本爲據，併將音釋附正集焉。」乃宋末麻沙坊賈識語。明覆本譌奪甚多，此本字畫圓整，譌字亦少，宋季麻沙善本也。卷中有「周良金印」朱文方印，「毘陵周氏九松迂叟藏書記」朱文長印。

傳記

《宋史》卷四二九《道學三・朱熹》　朱熹字元晦，一字仲晦，徽州婺源人。父松字喬年，中進士第。胡世將、謝克家薦之，除祕書省正字。趙鼎都督川陝、荆、襄軍馬，招松爲屬，辭。鼎再相，除校書郎，遷著作郎。以御史中丞常同薦，除度支員外郎，兼史館校勘，歷司勳、吏部郎。秦檜決策議和，松與同列上章，極言其不可。檜怒，風御史論松懷異自賢，出知饒州，未上，卒。【略】其爲學，大抵窮理以致其知，反躬以踐其實，而以居敬爲主。嘗謂聖賢道統之傳散在方册，聖經之旨不明，而道統之傳始晦。於是竭其精力，以研窮聖賢之經訓。所著書有：《易本義》、《啓蒙》、《蓍卦考誤》、《詩集傳》、《大學》、《中庸》章句、《或問》、《論語》、《孟子》集註，《太極圖》、《通書》、《西銘》解，《楚辭》集註、《辨證》、《韓文考異》。所編次有：《論孟集議》、《孟子指要》、《中庸輯略》、《孝經刊誤》、《小學書》、《通鑑綱目》、《宋名臣言行録》、《家禮》、《近思録》、《河南程氏遺書》、《伊洛淵源録》，皆行於世。熹没，朝廷以其《大學》、《語》、《孟》、《中庸》訓説立於學官。又有《儀禮經傳通解》未脱稿，亦在學官。平生爲文凡一百卷，生徒問答凡八十卷，别録十卷。

理宗紹定末，祕書郎李心傳乞以司馬光、周敦頤、邵雍、張載、程顥、程頤、朱熹七人列于從祀，不報。淳祐元年正月，上視學，手詔以周、張、二程及熹從祀孔子廟。

黄榦曰：「道之正統待人而後傳，自周以來，任傳道之責者不過數人，而能使斯道章章較著者，一二人而止耳。由孔子而後，曾子、子思繼其微，至孟子而始著。由孟子而後，周、程、張子繼其絶，至熹而始著。」識者以爲知言。

熹子在紹定中爲吏部侍郎。

雜録

董其昌《玄賞齋書目》卷七　朱文公《韓文考異》。

佚名《近古堂書目》下　元版朱文公《韓文考異》。

季振宜《季滄葦藏書目》　朱文公校《昌黎集》四十卷《外集》十卷《遺文》

《傳》。三十本。

《文苑英華辨證》分部

綜述

彭叔夏《文苑英華辨證·敘》 《文苑英華》一千卷，字畫魚魯，篇次混淆，比他書尤甚。曩經孝宗皇帝乙覽，付之御前校勘官，轉失其真。詳見益公《序篇》。公既退老丘園，命以校讎，膚見淺聞，寧免謬誤。然考訂商搉，用工爲多，散在本文，覽者難徧。因會稡其説，以類而分，各舉數端，不復具載。小小異同，在所弗録。元注頗略，今則加詳。謂如「一作某字，非」者，今則聲説。其未注者，仍附此篇。初不注者，後因或人議及，今存一二。勒成十卷，名曰《文苑英華辨證》云。嘉泰四年冬十有二月己丑朔，鄉貢進士廬陵彭叔夏謹識。

鮑廷博《書文苑英華辨證後》 《文苑英華辨證》十卷，明正德丙寅，無錫華燧得陳湖陸氏宋本，以會通館活字印行。第一卷《用字門》，僅白居易《賀雨詩》、權德輿《李國貞碑》二條，固疑有脱簡矣。既借錢塘吴氏、慈谿鄭氏兩鈔本互校，則前尚有「玉有瑕穢」等一十九字，脱佚顯然，蓋華氏削之，以掩其不全之跡耳。頃從吴郡顧君澗薲假得手校影宋鈔本，卷首空白二紙，知爲活字祖本，而吴鄭本所自出也。摹以開雕，仍虚其端，以待補焉。宋刻凡遇廟諱俱缺末筆，今不固遵，惟序文提空處，略仍其式，以還舊觀云。乾隆乙卯二月十八日，歙鮑廷博識於西湖沈氏山莊。

瞿鏞《鐵琴銅劍樓藏書目録》卷二三 《文苑英華》一千卷。舊鈔本。宋太平興國七年，翰林學士承旨李昉、學士扈蒙、給事中直學士院徐鉉、中書舍人宋白、知制誥賈黄中、吕蒙正、李至等奉敕編，續命翰林學士蘇易簡、中書舍人王祐、知制誥范杲、宋湜等參修。刊於嘉泰改元春，至四年秋訖工。每卷後有「登仕郎胡柯、鄉貢進士彭叔夏校正」一條。卷末有「成忠郎新差充筠州臨江巡轄馬遞鋪王思恭點對兼督工」一條。周必大記纂修事始并序。此本爲明初人依宋本傳録，款式尚仍其舊。卷首有「曾在李松雲處」、「寫石經室」、「朱十彝尊」、「錫鬯」、「滄葦」諸朱記。

又 《文苑英華辨證》十卷。鈔本。宋彭叔夏撰并序。寶山黄平泉從潛研錢氏藏影鈔宋本傳録，有盛大士手跋曰：「寶山黄茂才臣夔貽余此本，余以鮑氏刻本校勘，其第一卷《用字門》鮑本脱簡二幅，空白二十行。廷博跋語云：『此是影宋鈔本之舊。』今此本僅存半幅。黄君云從竹汀先生借鈔，其所脱簡，短於鮑氏，未知孰是。又，誤處較鮑刻爲多，而亦有數處勝於鮑刻者，今就顯誤處校改之，其小異者仍其舊，以備參考焉。」

又 《文苑英華辨證》十卷。明活字本。此本出錫山華氏蘭雪堂，以銅字擺印，特無印記耳。板心有「歲在柔兆攝提格」及大小字數。是書字句多所脱遺，未爲精善，以其出自宋本存之。卷首有「范印文安」朱記。

雜録

彭叔夏《文苑英華辨證》附録《聚珍本補文三則》 「凡字有本之前人，不可移易者。如趙昂《攻玉賦》『匪瑕匪穢，寧有于吾欺』，『穢』一本作『歲』。按《春秋繁露》『玉至清而不蔽其惡，内』。」按：此四十六字在卷一首句「玉有瑕穢」之上。「玉」字應删。「案：此書所載《文苑英華》語句，考之《文苑英華》刊本，每有不同。如李邕《日賦》之『閑谷』，改作『閉閣』。董思恭《日賦》之『十枝』，仍作『十丈』。王延昌《河瀆碑》之『麾城』，誤作『靡城』。于邵《謝賜甘子狀》之『絶劣』，又作『絶少』。殆後來校刊，未見此《辨證》，且不盡依彭叔夏所據原本。今略舉大凡，附識於此。」按：此條是卷一末尾「此類當以《文苑》爲正」句下注文。「自挹德輿之族祖。」按：此七字是卷三權德輿《權自挹志》句注文。

錢溥《秘閣書目·文集》 《文苑英華辯證》。四。

李廷相《濮陽蒲汀李先生家藏目録·中間朝東頭櫃二層》 《文苑英華辨證》。四本。

錢曾《錢遵王述古堂藏書目録》卷七 《文苑英華辯證》十卷。四本。宋板。

楊紹和等《海源閣書目·集部》 明本會通館印正《文苑英華辨證》十卷。宋彭叔夏撰。明刻本。四册。

又　聚珍本《文苑英華辨證》十卷。宋彭叔夏撰。清乾隆武英殿活字印聚珍版叢書本。二册。三部。

《刊正九經三傳沿革例》分部

綜述

岳濬《刊正九經三傳沿革例》　世所傳九經，自監、蜀、京、杭而下，有建余氏、興國于氏二本，皆分句讀，稱爲善本。廖氏又以余氏不免誤舛，于氏未爲的當，合諸本參訂，爲最精板行之。初，天下寶之，流布未久，元板散落不復存。嘗博求諸藏書之家，凡聚數帙，僅成全書。懼其久而無傳也，爰仿成例，乃命良工，刻梓家塾。如字畫，如注文，如釋音，如句讀，悉循其舊。且與明經老儒，分卷校勘，而又證以許慎《說文》，毛晃《韻略》，非敢有所增損于前。偏旁必辨，圈點必校，不使有毫釐訛錯，視廖氏世綵堂本加詳焉。舊有總例，存以爲證。

又《書本》　九經本行于世多矣，率以見行監本爲宗，而不能無譌謬脱略之患。監中大小本凡三，歲久磨滅散落，未有能修補之者。蓋京師胄監經史，多仍五季之舊，今故家往往有之，實與俗本無大相遠。晁公武云：「公武守三榮，嘗對國子監所摸長興板本讀之，其差誤蓋多。議者謂太和石本授寫非真，時人弗之許，而以長興板本爲便。宋朝初，遂頒布天下，收向日民間寫本不用。然有訛舛，無由參校，判知其謬。獨以爲官既刊定，難於獨改。由是而觀，石經固脱錯，而監本亦難盡從。」紹興初，僅取刻板于江南諸州，視京師承平監本又相遠甚，與潭、撫、閩、蜀諸本，互爲異同。柯山毛居正誼父，以其父晃所增注《禮部韻》，乾淳間進之朝，後又校訂增益，申明於嘉定之初。其於經傳，亦既博擥精擇。辛巳春，朝廷命胄監刊正經籍，司成謂無以易誼父，遂取六經三傳諸本，參以子、史、字書、《選》、《粹》、文集，研究異同。凡字義音切，毫釐必校。儒官稱歎，莫有異詞。刊修僅及四級，猶以工人憚煩，詭竄墨本以給有司，而誤字實未嘗改者什二三。繼欲修《禮記》、《春秋》三傳，誼父以病目移告，事遂中輟。自時厥後，無復以爲意矣。余每惜之，誓欲修刊，有所未暇。且以世所傳本，互有得失，難于取正。前輩謂興國于氏本及建余氏本爲最善，逮詳考之，亦此善于彼爾。又于本《音義》不列於本文下，率隔數頁始一聚見，不便尋索，且經之與注，遺脱滋多。余本間不免誤舛。要皆不足以言善也。今以家塾所藏唐石刻本、晉天福銅板本、京師大字舊本、紹興初監本、監中見行本、蜀大字舊本、蜀學重刻大字本、中字本、又中字有句讀附音本、潭州舊本、撫州舊本、建大字本、俗謂無比九經。俞韶卿家本、又中字凡四本，婺州舊本，併興國于氏、建余仁仲，凡二十本。又以越中舊本注疏、建本有音釋注疏、蜀注疏，合二十三本，專屬本經名士，反覆參訂，始命良工入梓，固自信以爲盡善正恐掃塵隨生，亦或有之，惟通經先達不吝惠教。

彭元瑞《知聖道齋讀書跋》卷一《刊正九經三傳沿革例》　古人有所作，必先立例，匪特著書，即刻書亦然。此荆溪家塾刻經例也，未見所刻之書，不知此例之善，非此例，不知所刻之善。今岳氏本《易》、《書》、《詩》、《春秋左傳》、《禮記》，皆入天禄琳琅，命武英殿影刊頒行，續又見《論語》、《孝經》、《孟子》。烏虖！相去六百年，安能盡所刻之九經三傳而讀之哉！

焦循《雕菰集》卷一五《九經三傳沿革例序》　宋岳珂《九經三傳沿革例》一卷，乾隆戊申興化任侍御始刻之，以爲珂深於經訓，能會通經文上下語義，而證之以注、疏、《釋文》，然後求之於諸本異同，覃思旁訊，妙悟瑩澈，非僅以校本之多見該博也。既而鮑氏廷博亦刻桐花館訂本於《知不足齋叢書》。嘉慶甲戌，汪生紹成又影宋本，摹刻尤精善，以遺余，屬爲之序。余令兒子廷琥以任、鮑兩刻本校之，得其異同九十件。乙亥仲春，小雨新晴，開窗置長几，焚香對花，展此卷詳閲，則三本互有優劣。任刻本「《泰誓》注『言紂至親雖多，不如周家之多仁人』」，此本及鮑刻作「少仁人」。按今孔傳正作「少」，《正義》云：「明多惡不如少善，故言紂至親雖多，不如周家之少仁人也。」蓋「多」指億萬，「少」指十人，「少」字是也。任刻本「《顧命》『一人冕，執脱』，『脱』實『鋭』字也。按：《說文》以爲兵器，今注中釋爲『矛屬』，而陸德明又音以税反。且諸本皆作『鋭』，獨越中注疏於正文作『脱』爾。疏中又皆作『鋭』，今只從衆作『鋭』。」此本作「『一人冕，執鋭』，『鋭』實『鈗』字也」。又「越中注疏於正文作『鈗』」。按《說文·金部》：「鋭，芒也。」「鈗，侍臣所執兵也。」引《周書》此文，故珂以「鋭」字實是「鈗」字，言《說文》以爲兵器，乃約「侍臣所執兵」語，申明「鋭」即是「鈗」。而注云「矛屬」，則疑與芒義相近，而合乎以税反之爲「鋭」，諸本

又作「鋭」，不敢竟改作「銳」，故云「只從」。「只從」云者，本宜作「銳」，而姑作「鋭」也。以上二件，任刻本所不及也。任本「開元所書五經，往往以俗字易舊文，如以『頗』爲『陂』，以『便』爲『平』之類」。《洪範》「無偏無陂」，《新唐書・藝文志》言開元十四年，元宗以「頗」字聲不協，詔改爲「陂」，是「頗」爲舊文，「陂」爲所改。又「王道平平」，《史記》作「便便」。珂蓋以「便」爲舊文，與「頗」一例，「平」爲所改，與「陂」一例。此本作「以平爲便」，與上句不畫一矣。任本「『神祇』之『祇』從示而無畫，『祗敬』之『祗』從示而有畫。『底』音抵者上有點，『底』音止者上無點」。按《説文・广部》「底」，《厂部》「厎」，皆從氐聲，下皆有點，而上則一有點，一無點。此本作「『底』音『抵』者下有點，『底』音『止』者無點」，《説文》惟《疒部》「疷」字從氐，下無點。《广部》無從氏之字。珂明以在下者稱「畫」，以別於在上者稱「點」。以上二件，又此本所不及也。學者言經學則崇漢，言刻本則貴宋，余謂漢學不必不非，宋板不必不誤，本岳氏讎校之法，以讎校岳氏此書，略述此以應紹成之屬。紹成名昌序，儀徵縣學生，今將爲校官，讎校摹刻亦類於岳氏云。

周中孚《鄭堂讀書記》卷二一 《刊正九經三傳沿革例》一卷。儀徵任氏藤花榭刊本。宋岳珂撰。珂字肅之，號倦翁，湯陰人，居於嘉興。鄂忠武王飛之孫，敷文閣待制霖之子也。官至户部侍郎、淮東總領、制置使。《四庫全書》著録。《書録解題》、《通考》、《宋志》及倪氏《宋志補》俱不載。焦氏《經籍志》、朱氏《經義考》始載之。焦氏作《九經三傳沿革》，朱氏止作《九經沿革》，皆省文爾。倦翁嘗校刊九經三傳，此其總例也。其目凡七：曰書本，曰字畫，曰注文，曰音釋，曰句讀，曰脱簡，曰考異。前有小引，述校刊緣由甚詳。是書久無刊本，乾隆戊申任子田大椿。始刻之，稱其深於經訓，能會通經文上下語義，而證之以注、疏、《釋文》，然後求之於諸本異同，覃思旁訊，妙語瑩徹，非僅以校本之多見賅博也。既而鮑以文廷博。亦刻桐花館訂本於《知不足齋叢書》，此本又爲汪紹成昌序。所刻影宋本，尤極精善。余以任、鮑兩本校之，其異同處互有得失，固宜並存以資攷證。前有嘉慶乙亥焦里堂循。序，評斷三本優劣，俱極詳核，足爲定論云。

李慈銘《越縵堂讀書記七・語言文字》 《刊正九經三傳沿革例》。宋岳珂撰。閲岳倦翁《刊正九經三傳沿革例》，識議精當，足爲良法。南宋人學問如此謹慎守古訓者，甚不多見。鄴侯於掌故之學則有《愧郯録》，於金石之學則有《法書贊》，於詩詞之學則有《玉楮集》，而《金陀粹編》一書，則孝子慈孫，百代興感。此書及《愧郯録》，尤著述家眉目也。大忠之後，生此名儒，自爲佳話。惜其歷官無似，蒙譏史乘，轉有愧於秦氏義烈侯耳。同治壬戌十有十七日。

夜以吴刻岳氏《九經三傳沿革例》景宋本校《知不足齋本》。吴刻間有誤字，不及鮑刻之精。倦翁於小學尚疏，而別白謹慎，不敢妄改，南宋中人所僅見。其書雖僅三十餘葉，而詳載版本源流，經注體例，於音釋一門，尤爲賅備。此讀經者之津筏，尤刻書者之準繩，所當家置一編者也。同治壬申正月二十五日。

傳記

方回《桐江續集》卷二一《讀孟君復贈岳仲遠浚詩勉賦呈二公子》 維岳武穆王，復讎議不合。老檜賣中原，神龍困蟻嗜。維孟忠襄公，緩兵策弗納。清之三京師，萬衆死者卅。憸黨梗國論，孰與噬而嗑。世事可流涕，循至虞不臘。秦鄭兩姦駔，百年棺已闔。骨朽遺臭在，厥後極茸闒。岳氏家幾傳，陽羨溪山帀。故書三萬卷，金石爛模榻。孟氏神童孫，卜宅占苕霅。詩聲鸞鳳鳴，衆作掃蛙蛤。猗歟先王公，百戰動摧拉。身在國庶幾，心與天嚮荅。造物報勳裔，縱未黄其閤。各各神仙姿，不受塵土雜。臭味崇芝蘭，情誼篤鶼鰈。着我珠玉間，鬢蓬愧衰颯。冷話暗燈火，清宴倒壺榼。時凭城邊樓，同望湖外塔。二豪馬蹄花，春堤厭蹴踏。而我枯如僧，山肩一破衲。未甘脱儒冠，蕭寺求掛搭。終不望漢廷，安車聘申蓋。顧獨喜結交，勿疑朋簪盍。同道脂漆膠，開誠去梔蠟。將相棨戟門，六轡駕羣軜。七十返初服，無復韍韎韐。豈其珠履中，不許青鞋靸。

鄭元祐《遂昌雜録》 義興岳君仲遠，家唐門，其上世本田家，至仲遠所生父，與其叔皆選京學上舍。家貲産非過厚，而能折節下士，賓客至如歸焉。故南北士大夫無不至其家者。南士若牟誠甫、蔣泰軒、蔣竹軒、姚子敬、羅壺秋，其顯者若趙文敏公，至與之婚姻。當世貴官如高房山、廉端甫國公、李息齋學士其從兄李信菴處士、鮮于伯機經歷，仲遠皆傾心與之交。然自至治已後，郡縣狼牧羊，家事日不如日。後爲漢陽縣尹，坐掠死非辜，遭降黜，鬱鬱而没。仲遠昆季凡十二人，皆陵替不振。回首未二十年，宜興諸富家亦相次淪落。是皆廢興雖有命，然爲官司所朘剥，雖積銅爲山尚不給，況齊民乎？

傅習《元風雅》卷一《象山山長岳仲遠美仕》 象山天下秀，中有陸公祠。聖道開千載，皇天粲一儀。垣墻空草樹，禮貌見尊彝。惟有岳山長，三年今在茲。

又卷二《象山山長岳仲遠美任歸浙》　石泉笙磬静微聞，百尺蒼松立在門。道學宗風陸夫子，故家遺澤岳王孫。忠臣有後天心定，治世無爲聖教尊。官序改遷從此上，記當師友涉淵源。

凌迪知《萬姓統譜》卷一一四　岳浚。字仲遠，宜興人，飛九世孫。博學好義，爲石門縣尉，未幾乞歸侍親。積書萬卷，延好學之士，恣其檢閱，一時名士，多游其門。

雜　録

錢溥《秘閣書目・諸經總集》《九經三傳沿革例》。一。

葉盛《菉竹堂書目》卷一　《九經三傳沿革例》一册。

又《九經總例》一册。

焦竑《國史經籍志》卷二　《九經三傳沿革》一卷。

董其昌《玄賞齋書目》卷一　《九經三傳沿革例》。

趙琦美《脈望館書目・經書總類》　《九經三傳總例》一本。

《戰國策校注》分部

綜　述

姚宏《題戰國策》　右《戰國策》，《隋經籍志》三十四卷，劉向録。高誘註止二十一卷。漢京兆尹延篤《論》一卷。《唐・藝文志》劉向所録已闕二卷，高誘註乃增十一卷，延叔堅之《論》尚存。今世所傳三十三卷，《崇文總目》高誘註八篇，今十篇。第一、第五闕，前八卷，後三十二、三十三，通有十篇。武安君事在《中山》卷末，不知所謂。叔堅之《論》，今他書時見一二。舊本有未經曾南豐校定者，舛誤尤不可讀。南豐所校，乃今所行。都下建陽刻本，皆祖南豐，互有失得。余頃於會稽得孫元忠所校於其族子慤，殊爲疏略。後再叩之，復出一本，有元忠跋，并標出錢、劉諸公手校字，比前本雖加詳，然不能無疑焉。如用「埊」、「𢘑」字，皆武后字，恐唐人傳寫相承如此。諸公校書，改用此字，殊所不解。竇苹作《唐史釋音》，釋武后字內「埊」字云：「古字，見《戰國策》。」不知何所據云然。「埊」乃古「地」字，又「埊」字見《亢倉子》、《鶡冠子》，或有自來。至於「𢘑」字，亦豈出於古歟，幽州僧行均作《切韻訓詁》，以此二字皆古文，豈别有所見邪，孫舊云五百五十籤，數字難過之，然間有謬誤，似非元書也。括蒼所刊，因舊無甚增損。余萃諸本，校定離次之，總四百八十餘條。太史公所採九十餘條，其事異者止五六條。太史公用字，每篇間有異者，或見於他書，可以是證，悉註於旁。辯「灓水」之爲「潰水」，「案」字之爲語助，與夫不題校人，并題續註者，皆余所益也。正文遺逸，如司馬貞引「馬犯謂周君」，徐廣引「韓兵入西周」，李善引「呂不韋言周三十七王」，歐陽詢引「蘇秦謂元戎以鐵爲矢」，《史記正義》「碣石九門，本有宫室以居」，《春秋後語》「武靈王游大陵，夢處女鼓瑟」之類，略可見者如此，今本所無也。至如張儀説惠王乃韓非《初見秦》，厲憐王引《詩》乃韓嬰《外傳》，後人不可得而質矣。秦古書見於世者無幾，而予居窮鄉，無書可檢閱，訪《春秋後語》，數年方得之，然不爲無補。尚覬博採，老得定本，無劉公之遺恨。紹興丙寅中秋剡川姚宏伯聲父題。

鮑彪《戰國策序》　《國策》，史家流也。其文辯博，有焕而明，有婉而微，有約而深，太史公之所考本也。自漢稱爲《戰國策》，雜以「短長」之號，而有蘇、張縱横之説，學者諱之置不論，非也。夫史氏之法，具記一時事辭，善惡必書，初無所抉擇。楚曰《檮杌》，書惡也。魯曰《春秋》，善惡兼也。司馬《史記》，班固《漢書》，有佞幸等列傳，學者豈以是爲不正，一舉而棄之哉？矧此書，若張孟談、魯仲連發策之慷慨，諒毅、觸讋納説之從容，養叔之息射，保功莫大焉；越人之投石，謀賢莫尚焉；王斗之愛縠，憂國莫重焉。諸如此類不一，皆有合先王正道，孔、孟之所不能違也。若之何置之？曾鞏之序美矣，而謂「禁邪説者，固將明其説於天下」，則亦求其故而爲之説，非此書指也。起秦迄今，千四百歲，由學者不習，或衍或脱，或後或失次，故「肖」、「立」半字，時次相糅，劉向已病之矣。舊有高誘注，既疏略無所稽據，注又不全，浸微浸滅，殆於不存。彪於是考《史記》諸書爲之注，定其章條，正其衍説，而存其舊，慎之也。地理本之《漢志》，無則缺；字訓本之《説文》，無則稱猶。雜出諸書，亦别名之。人姓名多不傳見，欲顯其所説，故繫之一國。亦時有論説，以翊宣教化，可以正一史之謬，備《七略》之缺。於之論是非，辨得失，而考興亡，亦有補於世。紹興十七年丁卯仲冬二十有一日辛巳冬至，縉雲鮑彪序。

吴師道《姚氏校注戰國策後題》　頃歲，予辯正鮑彪《戰國策註》，讀呂子《大事記》引剡川姚宏，知其亦注是書。考近時諸家書録皆不載，則世罕有蓄者。後得於一舊士人家，卷末載李文叔、王覺、孫朴、劉敞語。其自序云：「嘗得本於孫朴之子慤。朴元祐在館中，取南豐曾鞏本，參以蘇頌、錢藻、劉敞所傳，併集賢院新本，上標錢、劉校字，而姚又會粹諸本定之。每篇有異及他書可正者，悉註於下。」因高誘註，間有增續。簡質謹重，深得古人論撰之意，大與鮑氏率意竄改者不同。又云訪得《春秋後語》，不爲無補。蓋晉孔衍所著者，今尤不可得，尚賴此而見其一二，詎可廢邪？考其書成，當紹興丙寅，而鮑註出丁卯，實同時。鮑能分次章條，詳述註説，讀者眩於浮文，往往喜稱道之，而姚氏殆絶，無足怪也。宏字令聲，今題伯聲甫，待制舜明廷輝之子。爲删定官，忤秦檜，死大理獄。弟寬令威、憲令則，皆顯於時。其人尤當傳也。余所得本，背紙有寶慶字，已百餘年物，時有碎爛處。既據以校鮑誤，因序其説於此，異時當廣傳寫，使學者猶及見前輩典則，可仰可慕云。至順四年癸酉七月吴師道識。

吴師道《戰國策校注序》　先秦之書，惟《戰國策》最古，文最訛舛。自劉向校定已病之，南豐曾鞏再校，亦疑其不可考者。後漢高誘爲注，宋尚書郎括蒼鮑彪詆其疏略繆妄，乃序次章條，補正脱誤，時出己見論説，其用意甚勤。愚嘗並取而讀之，高氏之疏略信矣，若繆妄，則鮑氏自謂也。東萊呂子《大事記》，間取鮑説而序次之，世亦或從之。若其繆誤，雖未嘗顯列，而因此考彼，居然自見，遂益得其詳焉。蓋鮑專以《史記》爲據，馬遷之作固采之是書，不同者當互相正，《史》安得全是哉？事莫大於存古，學莫善於闕疑。夫子作《春秋》，仍夏五殘文。漢儒校經，未嘗去本字，但云「某當作某」「某讀如某」，示謹重也。古書字多假借，音亦相通，鮑直去本文，徑加改字，豈傳疑存舊之意哉？比事次時，當有明徵，其不可定知者，闕焉可也，豈必强爲傅會乎？又其所引書，止於《淮南子》、《後漢志》、《説文》、《集韻》，多摭彼書之見聞，不問本字之當否。《史》注自裴、徐氏外，《索隱》、《正義》皆不之引，而《通鑑》諸書亦莫考。淺陋如是，其致誤固宜。顧乃極詆高氏以陳賈爲《孟子》書所稱，以伐燕爲齊宣，用是發憤更注。不思宣王伐燕，乃《孟子》明文，宣、閔之年，《通鑑》謂《史》失其次也。鮑以赧王爲西周君，而指爲正統，此開卷大誤，不知河南爲西周，洛陽爲東周。韓非子説秦王以爲何人，魏惠王盟臼里以爲他事，以魯連約矢之書爲後人所補，以魏幾、鄢陵爲人名，以公子牟非魏牟，以中山司馬子期爲楚昭王卿，此類甚多，尚安得詆高氏哉？其論説自謂翊宣教化，則尤可議。謂張儀之詆齊、梁爲將死之言善，周人詐以免難爲君子所恕，張登狡獪非君子所排，蘇代之訑爲不可廢，陳軫爲絶類離羣，蔡澤爲明哲保身，聶政爲孝，樂羊爲隱忍，君王后爲賢智婦人，韓幾瑟爲義嗣，衛嗣君爲賢君，皆悖義害正之甚者。其視名物人地之差失，又不足論也。鮑之成書，當紹興丁卯，同時剡川姚宏亦注是書，云得會稽孫朴所校，以閣本標出錢藻、劉敞校字。又見晉孔衍《春秋後語》，參校補注，是正存疑，具有典則。《大事記》亦頗引之，而世罕傳，知有鮑氏而已。近時浚儀王應麟嘗斥鮑失數端，而廬陵劉辰翁盛有所稱許，以王之博洽，知其未暇悉數，而劉特愛其文采，他固弗之察也。呂子有云：「觀戰國之事，取其大旨，不必字字爲據。蓋以游士增飾之辭多，矧重以訛舛乎！」輒因鮑注，正以姚本，參之諸書，而質之《大事記》，存其是而正其非，庶幾明事蹟之實，求義理之當焉。或曰：「《戰國策》者，六經之棄也。予深辨而詳究之，何其戾？」鮑彪之區區，又不足攻也。夫人患理之不明耳，知至而識融，則異端雜説，皆吾進德之助，而不足以爲病也。曾氏之論是書曰：「君子之禁邪説者，固將明其説於天下，使皆知其不可爲，然後以禁則齊，以戒則明。」愚有取焉爾。是非之在人心，天下之公也。是，雖芻蕘不遺；非，雖大儒必斥。愚何擇於鮑氏哉！特寡學謏聞，謬誤復恐類之，世之君子有正焉，固所願也。泰定二年歲乙丑八月日金華吴師道序。

陳祖仁《戰國策校注序》　至正初，祖仁始登史館，而東陽吴君正傳實爲國子博士。吴君之鄉則有王文憲、何文定、金文安、許文懿諸先生所著書，君悉取以訓諸生，匡末學。後君歸，丁母艱，病卒。祖仁亦嘗聞君校註《國策》，考覈精甚，而惜未之見也。今季夏，浙西憲掾劉瑛廷修，隨僉憲伯希顔公來按吴郡，一日，囊君所校《策》來言曰：「正傳，吾故人，今已矣，不可使其書亦已。吾嘗有請於僉憲公，取於其家，且刻梓學宫，君宜序之，幸毋辭。」祖仁竊惟古之君子，其居家也本諸身，其居官也本諸家，其訓人也本諸己，其安時也本諸天，文其餘也，而況於言乎？是故不以言爲上，而後之爲言者莫能上也；不以計爲高，而後之爲計者莫能高也。周衰，列國兵争，始重辭命，然猶出入《詩》、《書》，援據遺禮，彬彬焉先王流風餘韻存焉。壞爛而莫之存者，莫甚於戰國，當時之君臣，惴惴然惟欲强此以弱彼，而游談馳騁之士，逆探巧合，彊辯深語，以鬭争諸侯，矜讐妻子。雖其計不可行，言不可踐，苟有欲焉，無不售也，苟有隙焉，無不投也。卒之諸侯不能有其國，大夫不能有其家，而蘇秦之屬，不旋踵勢敗而身僨。由此觀之，非循末沿流，不知其本故耶？是《策》自劉向校定後，又校於南豐曾鞏，至括蒼鮑彪病高註疏謬，重定序次，而補

闕刪衍，差失於專，時有議論，非悉於正。故吴君復據剡川姚宏本參之諸書，而質之《大事記》以成此書。其事覈而義正，誠非鮑比。古書之存者希矣，而諸儒於是書校之若是其精者，以其言則季世之習，而其策則先秦之遺也。予何幸得觀吴君此書於身後，且知其所正者有所本，而又嘉劉掾不以死生異心而卒其志也，故不復辭而爲之序。至正十五年六月，浚儀陳祖仁序。

周中孚《鄭堂讀書記》卷一九《戰國策校注》十卷明刊本　元吴師道撰。師道字正傳，蘭谿人，至治元年進士，仕至國子博士致仕。後授禮部郎中。《四庫全書》著録。倪氏、錢氏《補元志》俱載之。正傳以鮑文虎注專取《史記》爲據，《史記注》自裴、徐外，《索隱》、《正義》皆不之引，而《通鑑》諸書亦莫考。淺陋如是，乃極詆高氏，輒因鮑注，正以姚本，參之諸書，而質之《大事記》，以成此書。其事覈而義正，誠非鮑比。其曰「注」者，皆鮑注也。其曰「補」、曰「正」者，皆吴注也。間有諸注未明備者，復以己意疏之，比類援義，求暢達焉。其書卷第章次，雖即鮑氏變亂之本，而仍以高本卷第章次列于目録，著于篇首，學者得據以攷云。注《國策》者，高氏闕而不全，鮑氏亂而無序，則惟是注爲最善矣。然是本爲明人所刊，以吴氏所補所正，不無繁複，稍加刪削。又《策》文爲鮑所改加除抹等字，吴氏舊並存疑，嫌其句讀懸斷，不可疾讀，因參酌諸本，不當者悉不録。間取張居正、陸深《策鈔批評》，分標於各章上方，已大失吴氏之舊。惜未得元明舊刻以校補之也。前載劉子政、曾子固二序，并紹興四年耿延禧。括蒼刊本序，紹興丁卯鮑文虎、元泰定乙丑吴正傳、至正十五年陳祖仁。明嘉靖改元王廷相。四序，萬曆五年王篆。《張陸二先生批評戰國策鈔》序，并萬曆辛巳張一鯤。序文凡例。

瞿鏞《鐵琴銅劍樓藏書目録》卷九　《戰國策校注》十卷。元刊本。題「縉雲鮑彪校注，東陽吴師道重校」。此書合高誘注、姚宏續注，校正鮑注闕失。每條注明「正曰」、「補曰」别之，仍不改鮑注原本面目，爲從來注《國策》之最善本。今世通行，有明初刻本、曲阜孔氏本。此則至正二十五年平江路所刊，迺吴氏成書後第一刻本也。剞劂精良，校讐無譌，乃元刻之僅見者。第三、四、五、六卷末，有「至正乙巳前藍山書院山長劉鏞重校勘」一行，第八、九、十卷末，有「平江路儒學正徐昭文校勘」一行。有彪自序，師道自序及陳祖仁序。其卷首牒文及劉向、曾鞏序，李文叔、王覺、孫元忠書後，姚寬、耿延禧序已闕。

陸心源《儀顧堂題跋》卷三《元槧戰國策校注跋》　《戰國策》十卷，題曰「縉雲鮑彪校注，東陽吴師道重校」。每頁二十二行，每行二十字，注雙行。至正平江路刊本，前有至正十五年牒文，劉向序、曾鞏序、鮑彪序、吴師道序、陳祖仁序，後有李文叔書後，王覺題，孫文忠書後，記劉原父語，姚宏題，吴師道識，姚寬序，師道再識。此書合高誘注，姚宏續注，校正鮑注闕失，每條注明「正曰」、「補曰」以别之，爲《國策注》最善之本。第三、四、五卷末有「至正乙巳前藍山書院山長劉鏞重校勘」一行，第八、九、十卷末有「平江路儒學正徐昭文校勘」一行。元時已有重刊本，行款不同。成化中有坊刊小字本，嘉靖中張一鯤與《國語》同刊，皆有譌舛。此則其祖本也。卷中有「青浦王昶字曰德甫」白文方印，「一字述菴别號蘭泉」朱文方印。

森立之《經籍訪古志》卷三　《戰國策》十卷。朝鮮國刊本。昌平學藏。

宋鮑彪校注。首載紹興辛亥王信序，紹興十七年鮑彪序，及曾鞏、劉向二序，彪校書題語。卷首題「《戰國策》西周卷第一。縉雲鮑彪校注」。每半板十一行，行二十一字。楷法端雅，攷板式，與尋常朝鮮本不同，恐是高麗時就紹興原本重雕者。卷首有「經筵」朱印，北宋本《孝經》、《説文正字》、《通典》、《姓解》及《文中子》亦捺此印。

又　嘉靖壬子刊本。昌平學藏。

首有鮑序，曾序，劉序及彪題語。卷首題「鮑氏《國策》西周卷第一。縉雲鮑彪校注」。每半板十一行，行二十字。卷末有鮑彪語，李文叔、王覺跋，又有嘉靖壬子吴郡杜詩梓記。此本亦取源於宋本者，每卷有「□霜亭圖書記」印。卷末有「含香閣」印。

又　元槧本。昌平學藏。

卷首有至正十五年六月牒，劉、曾二序，吴師道識語，鮑彪序并校語，泰定二年吴師道序，至正十五年陳祖仁序，及目録校正凡例。卷首題「《戰國策》西周卷第一。縉雲彪鮑校注。東陽吴師道重校」。每半板十一行，行二十字，左右雙邊，烏絲。外標題注中「正曰」、「補曰」二字，皆白文摸出。四、五兩卷末有「至正乙巳前藍山書院山長劉鏞重校勘」記。每卷有「通庵藏書」印。册皮上有「魏氏家藏」、「念介記」印。

又　明正德丁卯刊本。容安書院藏。

此依前本重刊者，卷首體例一與前本同，但卷中誤字不少。然吴氏校本，以此爲第二等而可也。此本係根本伯修舊藏。

又　明嘉靖元年刊本。懷仙樓藏。

首有嘉靖改元王廷相子衡序、劉序、曾序、吴序、王覺題辭、陳祖仁序、紹興四年耿延禧百順序。卷首題「《戰國策》卷第一西周安王」。每半板□行，行二十字。

此本删注文，最爲劣等。

傳記

《元史》卷一九〇《儒學二・吴師道》 吴師道字正傳，婺州蘭溪人。自羈丱知學，即善記覽。工詞章，才思涌溢，發爲歌詩，清麗俊逸。弱冠，因讀宋儒真德秀遺書，乃幡然有志於爲己之學，刮摩淬礪，日長月益，嘗以持敬致知之説質于同郡許謙，謙復之以理一分殊之旨，由是心志益廣，造履益深，大抵務在發揮義理，而以闢異端爲先務。登至治元年進士第，授高郵縣丞，明達文法，吏不敢欺。再調寧國路録事，會歲大旱，饑民仰食于官者三十三萬口，師道勸大家得粟三萬七千六百石，以賑饑民。又言于部使者，轉聞於朝，得粟四萬石、鈔三萬八千四百錠賑之，三十餘萬人賴以存活。遷池州建德縣尹，郡學有田七百畝，爲豪民所占，郡下其事建德，俾師道究治之，即爲按其圖籍，悉以歸於學。建德素少茶，而榷税尤重，民以爲病，即爲極言于所司，榷税爲減。中書左丞吕思誠、侍御史孔思立列薦之，召爲國子助教，尋陞博士。其爲教，一本朱熹之旨，而遵許衡之成法，六館諸生，人人自以爲得師。丁内憂而歸，以奉議大夫、禮部郎中致仕，終于家。所著有《易》、《詩》、《書》《雜説》、《春秋胡傳附辨》、《戰國策校註》、《敬鄉録》及文集二十卷。師道同郡又有王餘慶，字叔善，仕爲江南行臺監察御史，亦以儒學名重當世云。

雜録

焦竑《國史經籍志》卷四下 《戰國策》十卷。元吴師道校注。

祁承㸁《澹生堂藏書目》卷四 《春秋戰國策》六册。三十三卷。鮑彪註，吴師道正。

董其昌《玄賞齋書目》卷五 吴師道註《戰國策》。

《管子補注》分部

綜述

張嵲《管子補注跋》 余讀《管子》，然後知莊生、晁錯、董生之語，時出於《管子》也。不獨此耳，凡《漢書》語之雅馴者，率多本《管子》。《管子》，天下之奇文也，所以著見於天下後世者，豈徒其功烈哉！及讀《心術》上下、《白心》、《内業》諸篇，則未嘗不廢書而歎，益知其功業之所本，然後知世之知《管子》者殊淺也。《管子》書多古字，如「專」作「摶」、「忒」作「貣」、「宥」作「侑」、「況」作「兄」、「釋」作「澤」，此類甚衆。《大匡》載召忽語曰：「百歲之後，吾君下世，犯吾君命，而廢吾所立，奪吾糾也，雖得天下，吾不生也，兄與我齊國之政也。」而注乃謂召忽呼管仲爲兄。曰「澤命不渝」，而注乃以爲澤恩之命。甚陋不可徧舉。書既雅奥難句，而爲之注者復繆於訓故，益使後人疑惑不能究知。世傳房玄齡所注者非是。予求《管子》書久矣，紹興己未，乃從人借得之，伏而讀者累月，始頗窺其義訓。然舛脱甚衆，其所未解尚十二三。用上下文義，及参以經史訓故，頗爲是正。其訛謬疑者表而發之，其所未解者置之，不敢以意穿鑿也。既取其間奥於理、切於務者，抄而藏於家，將得善本而卒業焉。張嵲跋。

耿文光《萬卷精華樓藏書記》卷七六《管子》二卷四卷明本 尹注多訛，劉績補定多所發明，而宋本不載。

又 朱氏序曰：「《列子》晚出，與《莊子》、《管子》皆僞，多不可信。尹注蕪陋，劉績所定多舛，校而標之，約十得五。《輕重篇》全僞，弗論。」

傳記

過庭訓《本朝分省人物考》卷七六 劉績，字用熙，江夏人。幼聰敏不羈，貫穿羣籍，尤精於考究。凡所撰述，古雅冲淡，根極理要，貧一時物望。弘治庚戌進

士，歷吏部員外，補鎮江知府。所著有《禮記正訓》、《蘆泉詩文集》。

雜録

焦竑《國史經籍志》卷四下　劉注《管子》二十卷。劉績。

祁承㸁《澹生堂藏書目》卷六　《管子》六册。二十四卷。房玄齡注，劉績補注。《十子全書》本。

楊紹和等《海源閣書目・子部》　《管子補註》二十四卷。明劉績撰。明天啟五年朱養純、沈鼎新花齋刻清嘉慶九年姑蘇聚文堂印本。九册。兩部。

《尚書考異》分部

綜述

孫星衍《尚書考異序》　《尚書》二十九篇之外有張霸僞書，自漢時已罷黜不傳於世，後有晉梅賾之廿五篇，并託孔安國序傳，謂之古文，六朝已來不能識别，《水經注》、《北堂書鈔》等俱引其文，唐傅仁均僧一行至以僞允征五子歌詞考辨曆法，而孔氏穎達竟列爲五經正義，梅氏僞書矯誣五帝三王，疑誤後學，實經學之一戹，至宋吴氏棫及朱晦庵始覺其非真，朱氏疑古文易讀，言書傳是魏晉間人作，託安國爲名，似與孔叢子同出一手，尚不能探索證據，折服人心也。明梅氏鷟創爲《考異》，就僞書本文，究其据摭錯誤之處，條舉件繫，加總論於前，存舊文於後，於是閻氏若璩推廣爲《疏證》，惠氏棟、宋氏鑒皆相繼《辯駁》世儒方信廿五篇孔傳之不可雜於二十九篇矣，然其書自唐列於學官不敢公言廢斥。乾隆五十二年，故紀相國昀校上四庫書，以梅氏鷟《考異》所言孔安國序，并增多之廿五篇悉雜取傳記中語以成文，指摘皆有依據，其爲依託，佐證顯然，奏蒙高宗純皇帝睿鑒，始有定論，而海內窮經之士，若披雲霧覩天日矣。顧其書藏在祕閣，傳寫不易，今閻氏《疏證》及惠氏、宋氏之書皆有刊本，惟梅氏《考異》在前，反不行於世，予嘗憾焉。揚州鮑君均耆古敦素，屬爲開彫，嘉惠後學，因與顧君廣圻及鈕君樹玉，悉心讎校，校各本卷數字句，繁簡殊異，或梅氏成書時，又有更定，兹得舊寫本，合取其長，録爲定本，共成六卷，至梅氏以真泰誓爲僞作，則承馬氏融之誤，以孔壁真古文十六篇爲即張霸書，則承孔氏穎達之誤，雖非己説，亦千慮之失，後人已覺其非，不復删除條辨，嗚呼！僞爲廿五篇者，晉之梅氏；指駁廿五篇者，明之梅氏。亂經之罪，即自一家發之，悖出悖入，豈非天道好還，聖人所以言矯誣之禍甚於殺人也，明人性靈爲舉業所汩，一代通經之士甚少，惟以詞章傳世，如梅氏之守經據古，有功聖學，足稱一代名儒，不可使後學不見其書，今爲流布以廣其傳，且以宣國家表章經學之恉，其梅氏族望官位，已詳顧君序中，兹不贅。嘉慶癸酉歲，三月廿二日，孫星衍序。

雜録

丁丙《善本書室藏書志》卷一　《尚書攷異》五卷。舊鈔本。明梅鷟撰。此書辨正《古文尚書》具有根據，《明史・藝文志》不著録，《經義攷》作一卷。天一閣所藏不題撰人，以書中自稱鷟按，則爲梅氏可知。原稿未分卷，然斷不止一卷，今從閣鈔五卷本存之。

黄虞稷《千頃堂書目》卷一　梅鷟《尚書譜》五卷，又《尚書考異》。旌德人，正德癸酉舉人，南京國子監助教，復官鹽課司提舉，力攻古文之僞。

楊紹和等《海源閣書目・經部》　《尚書考異》六卷。明梅鷟撰，清道光五年朱琳立本齋刻本。二册。

《老子翼考異》分部

綜述

焦竑《老子翼考異原序》　《老子》，明道之書也，而唐王真也者，至以爲譚兵

而作，豈其「佳兵」、「善戰」之言，亦有以啟之歟？余曰《老子》非言兵也，明致柔也。天下之喜强者莫逾於兵，而猶然以柔詘也，即無之而不柔可知已。柔也者，剛之對也。道無不在，而獨主柔而賓剛，何居？余曰《老子》非言柔也，明無爲也。柔非即爲道，而去無爲也近；剛非外於道，而去無爲也遠。故自柔以求之，而無爲可幾也。夫無之不能不有，猶之柔之不能無剛也。而建之以常無有。夫建之以常無有，則世之仁義聖智，不至絶而棄之不止也，是亦歸於舉一而廢百者耳。余曰《老子》非言無之無也，明有之無也。無之無者，是舍有以適無者也，其名爲輐斷。有之無者，是即有以證無者也，其學爲歸根。苟物之各歸其根也，即芸芸並作，而卒不得命之曰有，此致虚守静之極也。蓋學者知器而不知道，故易明器即道；見色而不見空，故釋明色即空；得有而不得無，故老明有即無。審知有之即無也，則爲無爲，事無事，而爲與事舉不得以礙之矣。斯又何絶棄之有？故曰《老子》明道之書也。余幼好剛使氣，讀《老子》，如以耳食無異也。年二十有三，聞師友之訓，稍志於學，而苦其難入。有譚者以所謂昭昭靈靈引之，忻然如有當也。反之於心，如馬之有銜勒，而户之有樞也，參之近儒，如契之有合也。自以爲道在此矣。顧二十年以來，觸塗成窒，有窒必有疑，考古多乖，有乖必有反。蓋未嘗暫去於懷也。頃歲困衡既久，浸以成疴，偃息之餘，俄有獨寤，乃喟然嘆曰：「鄉也未嘗不非意識，而或思滅識以趣寂；未嘗不貴無心，而不知本心之自無。知慕清浄，而不知無垢之非浄；知有真我，而不知無物之非我。皆譚者有以誤之也。」自此馳求意見，寂無影響，而余亦幸爲無事人矣。時友人翟德孚好言《老子》，間舉以相訊，余以近寤疏之，德孚未嘗不擊節也。屬余章爲之解，因取家藏《老子》故，暨道藏所收，徧讀之，得六十有四家。博哉言乎！其間叛道離經之語，雖往往有之，而合者爲不少矣。吟諷迴環，繼以太息。嗟乎！老氏五千言，或以爲盡容成子書。《列子》又言「谷神不死」爲《黄帝書》，故曰「述而不作，信而好古。竊比於我老彭」。古之聖人可以明道，不必皆己出也。況余之於斯，秋毫之端萬分未處一者乎？於是輟不復作，第取前人所疏，手自排纘爲一編，而一二膚見附焉。德孚亦方解《陰符》未竟也，俟其成，當並出以示學者。今姑叙之，藏於家。時萬曆丁亥冬仲焦竑弱侯序。

焦竑《老子翼考異序》 古書傳世，爲人所竄易者多矣，而《老子》尤甚。開元注明言「我獨異於人，而貴求食於母」、「先無『求』、『於』兩字，予所加也」。則後人之妄增而不及自道者，可勝言哉？史遷言著書五千餘言，亦其大率耳。妄者至盡削語助之詞，以就五千之數，是史遷一言，爲此書禍也。薛君采氏作《老子集解》，别爲《考異》一篇附焉。顧其所見，裁十數本耳。余覩卷軸既多，異同滋甚，其爲余所安者，已載正經，而悉以其餘系之卷末，仍名曰《考異》，俟世之好古者參焉。弱侯題。

周中孚《鄭堂讀書記》卷六九《老子翼》二卷原刊本 明焦竑撰。《四庫全書》著録。《明史·藝文志》亦載之。其書采古來解《老子》者六十四家，取其醇正條達、有合於經者，手爲纂録，而以所著《筆乘》附之，合爲六十五家。其訓詁音義，列經文之下，各家注及《筆乘》列每章之後，而標舉其姓名。其采摭極博贍而精審。其蓋澹園講學，皆涉《老》、《莊》，其得於兩家者殊深，故其解《老》乃多得其本旨。其於各家注，爲所安者既載之正經上下卷，其餘悉斂爲附録，及《考異》一卷，亦頗賅備，足有裨於好古者之參攷焉。前有自序，及王孟起元貞。序。其《考異》前亦有自題。至國朝乾隆庚申，郭羲一乾泗。重加校刊，改爲《老子元翼》，其妄不待辨矣。

傳記

《明史》卷二八八《文苑四·焦竑》 焦竑，字弱侯，江寧人。爲諸生，有盛名。從督學御史耿定向學，復質疑於羅汝芳。舉嘉靖四十三年鄉試，下第還。定向遴十四郡名士讀書崇正書院，以竑爲之長。及定向里居，復往從之。萬曆十七年，始以殿試第一入官翰林修撰，益討習國朝典章。二十二年，大學士陳于陛建議修國史，欲竑專領其事，竑遜謝，乃先撰《經籍志》，其他率無所撰，館亦竟罷。翰林教小内侍書者，衆視爲具文，竑獨曰：「此曹他日在帝左右，安得忽之。」取古奄人善惡，時與論説。

皇長子出閣，竑爲講官。故事，講官進講罕有問者。竑講畢，徐曰：「博學審問，功用維均，敷陳或未盡，惟殿下賜明問。」皇長子稱善，然無所質難也。一日，竑復進曰：「殿下言不易發，得毋諱其誤耶？解則有誤，問復何誤？古人不恥下問，願以爲法。」皇長子復稱善，亦竟無所問。竑乃與同列謀先啓其端，適講《舜典》，竑

舉「稽於衆，舍己從人」爲問。皇長子曰：「稽者，考也。考集衆思，然後舍己之短，從人之長。」又一日，舉「上帝降衷，若有恒性」。皇長子曰：「此無他，即天命之謂性也。」時方十三齡，答問無滯，竑亦竭誠啓迪。嘗講次，羣烏飛鳴，皇長子仰視，竑輟講肅立。皇長子斂容聽，乃復講如初。竑嘗採古儲君事可爲法戒者，爲《養正圖説》，擬進之。同官郭正域輩惡其不相聞，目爲賈譽，竑遂止。竑既負重名，性復疏直，時事有不可，輒形之言論，政府亦惡之，張位尤甚。二十五年主順天鄉試，舉子曹蕃等九人文多險誕語，竑被劾，謫福寧州同知。歲餘大計，復鐫秩，竑遂不出。

竑博極羣書，自經史至稗官、雜説，無不淹貫。善爲古文，典正馴雅，卓然名家。集名《澹園》，竑所自號也。講學以汝芳爲宗，而善定向兄弟及李贄，時頗以禪學譏之。萬曆四十八年卒，年八十。熹宗時，以先朝講讀恩，復官，贈諭德，賜祭廕子。福王時，追謚文端。子潤生，見《忠義傳》。

葉昌熾《藏書紀事詩》卷三 委宛、羽陵方蔑如，廣寒清暑殿中儲。校讐但惜無臣向，《七略》於今未有書。焦文憲竑。

《明詩綜》小傳：焦竑，字弱侯，上元人。萬曆己丑賜進士第一，授翰林修撰，謫福寧州同知。追謚文憲。有《澹園集》。王文簡《説楛跋》：「澹園，山東日照人，以軍籍居金陵。」《千頃堂書目・簿録類》：「《焦氏藏書目》二卷。焦竑。」《澹生堂藏書訓》：「金陵焦太史弱侯，藏書兩樓，五楹俱滿，余所目覩。而一一皆經校讎探討，尤人所難。」《徵刻唐宋祕本書例》：「前代藏書之富，南中以焦澹園太史爲最。」黄宗羲《天一閣藏書記》：「余在南中，聞焦氏書欲賣，急往訊之，不受奇零之值，二千金方得爲售主。時馮鄴仙官南納言，余以爲書歸鄴仙，猶歸我也。鄴仙大喜，及余歸而不果，後來聞亦散去。」《四庫提要》：「《國史經籍志》六卷。明焦竑撰。蓋萬曆間陳于陛議修國史，引竑專領其事，書未成而罷，僅成此志。其書叢鈔舊目，無所考核，最不足憑。」《國史經籍志自序》：「宣德以來，世際昇平，篤念文雅，廣寒清暑二殿，及東西瓊島，游觀所至，悉置墳典，委宛羽陵之有，方之蔑如矣。」《天禄琳琅》：「宋板《演繁露》，明板《事類賦》，有『澹園焦氏珍藏』、『子子孫孫永保』、『抱甕軒』、『竹浪齋品』四印。」《鐵琴銅劍樓書目》：「《六經正譌》有『弱侯』、『漪南生』二朱記。」

雜録

焦竑《老子考異》采摭書目 洪武御注。開元御注。政和御注。開元疏。開元廣疏義。《韓非子》。有《解老》、《喻老》二篇。河上公注。嚴君平《指歸》。鍾會注。王輔嗣注。鳩摩羅什注。肇法師注。傅奕校定古本。唐太史令有《老子注》。今惟古本一篇存。杜光庭《廣聖義》。後蜀廣德先生天復辛酉著《廣聖義》五十卷。陸希聲注。唐相。李約注。唐兵部郎勉子。顧歡注。李榮注。司馬氏論四卷。温公。王介甫注。蘇子由注四卷。元符庚辰造。陸農師注。宋中大夫。知亳州時造。張文潛義。吕吉甫注四卷。元豐間進。王補之義。无咎。王元澤注。程俱《老子論》。見《北山集》。陳象古注二卷。丞議郎。建中、靖國間造。陳碧虚《藏室纂微》。熙寧間造。薛致《玄纂微開題科文疏》。李息齋注。嘉謀。著《道德經》、《先天道德經》二解。藏本。强思齊《玄德纂疏》二十卷。乾德間造。章安《解義》十卷。政和間進。江澂《疏義》十四卷。政和間進。鶴林彭耜《集注》十八卷。董思靖《集解》。饒陽李霖《取善集》。趙志堅《疏義》。邵若愚《直解》。本來子。紹興間造。程泰之注。大昌。吏部尚書，龍圖閣學士。乾道間造《易老通言》。趙秉文《集解》。宋學士。時雍《全解》。龍興觀碑《次解》。無名氏。葉夢得《解》。劉仲平注。劉巨濟注。涇。宋職方郎中。劉辰翁《點校道德經》。黄茂材注。知荆門軍事。淳熙間造。林鬳齋《口義》。希逸。翰林學士。景定間造。白紫清《老子解》。玉蟾。劉師立《節解》。真静子。紹熙間造。劉惟永《集義》。大德間造。丁易東《解》石潭。大德間樞密院編修。吴幼清注。澂。林志堅注。盱江危大有《集義》。鄧錡《道德三解》。大德間造。張嗣成《訓頌》。至治間造。李道純《會元》。至元間造。杜道堅《原旨》。當塗人。大德間造。《原旨發揮》。薛君采《集解》。蕙。亳州人。考功郎中。嘉靖間造。王純甫《老子億》。道。武城人。祭酒，禮部侍郎。嘉靖間造《周易億》四卷，《老子億》四卷。李宏甫《解老》。載贄。温陵人。姚安太守。所著有《李氏春秋》、《老子解》、《莊子内篇解》、《心經提綱》。《焦氏筆乘》。余舊讀書所劄記，間及《老子》者，今悉附入。

陳第《世善堂藏書目録》上 《老子考異》一卷。抄。

又 《老莊翼》十一卷。焦澹園。

祁承㸁《澹生堂藏書目》卷八 《老子翼》二册。二卷。《老子考異》一卷。《附録》一卷。焦竑。

《義門讀書記》分部

綜述

何堂《義門讀書記序》 古之善讀書者，將窮其理以爲措施之本也。是故別是非，辨利害，審成敗，明體達用之方於是焉立。自競爲博士家言，而古書浸閣不理，即有其人，亦無非襲文法，擷辭句，以矜奇炫博而已。故自明萬曆以後，其得讀書之真者蓋鮮。

若吾從父學士先生，自少至老，無日不從事古書。口不絶吟，手不停披，簡端行側，丹黄錯雜。於以發先哲之精義，究未顯之微言而又考訂校讎，不捐細大，蓋遠擬之則劉原父、貢父、王伯厚之儔，近言之則顧寧人先生其亞也。

先生之書滿家，而身没京邸，莫之愛護，取攜狼藉者有人，而書以散佚。喪舟南歸，書簏半浸於水，而書以腐敗破缺。然所存者猶足沾潤後學而有餘。

迨先生殁久而名益盛，聞風向慕，争欲一覩其書爲幸者，幾無遠近。於是評閲之本，且走四方。所幸及門之士，昔時所通，假而傳録者，尚存什之三四。而往往珍惜過甚，秘不肯出。

堂昔從從父小山先生傳得數種，此蓋無過什一，然竊願公諸同志，乃與同學沈君冠雲、陳君和叔精搜而詳擇之。先《春秋》三傳，而次以兩《漢書》、《國志》焉。其他將以漸採續，緣各成卷帙，無妨次第也。至漢、魏、三唐之詩，先生工力最深，箋識不下數十家，兹非其類，當別謀單行耳。所纂將成，從弟祖述聞而躍然以喜，力請任校刊之役，遂以付之。後學之士誠由此而蘄進於古之讀書者，則先生之記與此記之編皆不徒矣。乾隆十六年，歲在辛未，六月朔，受學從子堂謹序。

何雲龍《義門讀書記跋》 先君子捐館都門，雲龍年甫九齡，藐無知識，插架萬卷，一時雲散，囊中著述耗矣無存。既長，恨不能讀父書，輒思網羅遺帙，冀綿先志於一綫。因偕族兄子未有《讀書記》之葺，而從兄祖述慨然以剞劂爲任。時隨事遷，僅畢六卷，賫志未逮，愸焉傷之。年表蔣君研溪，杜門汲古，孳孳不倦，蓄意博採先人微言大義，嘉惠後學。蒐討有年，由經史而下，録成一十八種，不惜重貲，盡付開雕。雲龍讀之終編，感深以泣。竊嘆墜緒茫茫，吾子孫既弗克世守其業，獨賴通門賢者廣其傳於斯世，能不悲夫！因雪涕而書諸卷尾。男雲龍謹志。

何忠相《義門讀書記跋》 伯祖義門老人幼頗魯，年十四，遊道院，倚石欄，見蝴蝶飛則心開。自時枕經葄史，十行俱下，殫洽爲士友冠。二十四歲，交閻徵君百詩，主其家，上下論議，宵分索巨燭輒達曉。徵君惑何爲，伺其出，發篋闚之，迺即紀日間互訂語也。百詩嘆服，私謂此君且蓋代。中年問業安溪先生，隨侍保定，益收儒先夙遁之義，辯晳豪芒，匪直爲深博無涯涘而已。性最勤，日坐語古小齋中，丹鉛不去手，蠅跡細楷必謹。舟車南北，未始一晷輟。其苦心如此。

康熙壬寅捐館舍，遺書充棟，時孤山學叔甫九歲，書賈百計購，評本風馳電捲，百無三四存。其得之者强半皆維揚富人，秘不出，承學士喁喁引領以爲大戚。

歲庚午，祖述二叔，始謀開三傳，名曰《義門讀書記》。會忠相正以膺薦入都，僅受校《後漢書》。蓋此書爲老人最愜心之筆，望溪方二丈嘗手自繕録，詫爲絶倫者也。餘卒卒未遑。吾友將八兄硯溪家多藏本，與同志更互紬繹，次第開雕，用以慰四遠嚮慕之誠，而老人一生意理血脈，得班班天地間。自喟門祚衰薄，無力以揚清芬，而憑藉同志戚友以大其傳，尤予小子之額手且下拜者也。硯溪謂相當跋後，於分義無可辭。世有如吾硯溪之傾倒筐篋，表章前哲，嘉惠來兹，大有造於蓺圃者哉！書以志勿諼。乾隆三十四年己丑六月，姪孫忠相謹志。

蔣元益《義門讀書記序》 昔先大夫從何學士義門先生遊最久，常述先生言：「書載道，讀書以明道。非收視返聽以精研夫天地之理，古今之變，事物之繁賾，則夸多鬬靡，徒以干利禄，讀猶不讀耳。」蓋其言與朱子《記稽古閣》語同。後生迂其説而不能行，可慨已。

先生儲書數萬卷，丹鉛不去手，所發正咸有義據。其大在知人論世，而細不遺草木蟲魚，識者嘆其學問殫洽不讓王厚齋，非鄭漁仲輩所可幾。然當時得其隻字，盡秘枕中，不復示人。其後耗蠹散亡，僅有存者。談藝家所由抱恨於生不同時也。

先生門下士著録者千餘人，自先大夫外，惟陳丈少章、季方、金丈來雍等得窺精要，共相參稽，故吾家猶存先生手書幾軼，其餘俱係先大夫所手録。中年宦遊，未遑求備，而諸丈傳鈔亦與吾家互有無。嗟夫！以今之時去先生不甚遠，弟子彬彬多入室，而守匱抱殘，僅存百一，歷年更久，并不可知。則網羅收輯，何可無人？

從弟維鈞好讀書，嗜何氏學，以先生猶子祖述向曾開雕《讀書記》止六卷，思續

其志，且廣其傳。博搜遐訪，擴至十數種，與同志審真贋，訂魚魯，凡三閱寒暑而竣剞劂，厥功最偉。其中《史記》、兩《漢書》、《三國志》，昔年太學刊經史，從桐城方侍郎請，取以釐正。不朽之功同於儒先。茲所增刻如干種，並資汲古學者所當家有其書也。

元益學術譾陋，無能仰承先志，而師門墜緒不忘淵源。願世之讀是記者，以窮理爲設施之本，而不囿於俗學。此先生之志也夫。乾隆三十四年己丑，長至後一日，小門生蔣元益謹序。

錢大昕《潛研堂文集》卷三〇《跋義門讀書記》 劉原父嘗病歐九不讀書，讀《集古録跋尾》，乃知其信。予讀原文《漢書刊誤》，則亦未爲能讀書者。近世吴中言實學，必曰何先生義門。義門固好讀書，所見宋元槧本，皆一一記其異同，又工於楷法，蠅頭朱字，粲然盈帙。好事者得其手校本，不惜善價購之。至其援引史傳，掎摭古人，有絶可笑者。《宋書・陶潛傳》云：「所著文章，皆題其年月，義熙以前，則書晉氏年號，自永初以來，唯云甲子而已。」休文生于元嘉中，所見聞必不誤。義門乃援陶詩書甲子者八事，譏其紀事之失實。夫本傳固云「所著文章」，不云所著詩也。詩亦文章之一，而其體則殊，文章當題年月，詩不必題年月，夫人而知之矣。《隋志》載《淵明集》凡九卷，今文之存者不過數首。就此數首考之，《桃花源詩序》稱太元中，《祭程氏妹文》稱義熙三年，此書晉氏年號之證也。《自祭文》則但稱丁卯，此永初以後書甲子之證也。與休文所云，如合符節。休文於淵明之文，固徧觀而盡識之，義門未嘗盡見淵明所著文，何由知其失寔？以是訾謷休文，恐兩公有知，當胡盧地下矣。

予作是辨在戊戌五月，後讀《七修類稿》，乃知義門亦有所本。今附其説於左云。

五臣注《文選》，以淵明詩晉所作者皆題年號，入宋但題甲子，意謂恥事二姓，故以異之。後世因仍其説。治平中，虎丘僧思悦編陶之詩，辨其不然，謂「淵明之詩有題甲子者，始庚子，終丙辰，凡十七年，詩一十二首，皆安帝時作也。至恭帝元熙二年庚申始禪宋，夫自庚子至庚申，計二十年，豈有晉未禪宋之前二十年内，輒有恥事二姓而所作即題甲子以自異哉！矧詩中又無標晉年號者，所題甲子，偶紀一時事耳。」

予謂五臣誤讀《宋書》，妄欲以詩證史，思悦辯之當矣。後人乃援以攻休文，不知本傳只言文章，未嘗及詩，休文初無誤也。

傳記

全祖望《鮚埼亭集》卷一七《翰林院編修贈學士長洲何公墓碑銘》 國初多稽古洽聞之士，至康熙中葉而衰。士之不欲以帖括自竟者，稍廓之爲詞章之學已耳。求其原原本本確有所折衷而心得之者，未之有也。

長洲何公生於三吴聲氣之場，顧獨篤志於學。其讀書，繭絲牛毛，旁推而交通之，必審必覈。凡所持論，攷之先正，無一語無根據。吴下多書估，公從之訪購宋元舊槧及故家抄本，細讎正之，一卷或積數十過，丹黄稠疊，而後知近世之書脱漏譌謬，讀者沉迷於其中而終身未曉也。公少嘗選定坊社時文以行世，是以薄海之内，五尺童子皆道之，而不知其爲劉道原、洪野廬一輩。及其晚歲，益有見於儒者之大原。嘗嘆王厚齋雖魁宿，尚未洗盡詞科習氣爲可惜，而深自欿然，以爲特不賢者識小之徒。而公之所得，自此益遠，則世固未之能盡知也。

顧公一生遭遇之蹇，則人世之所絶少者。公天性最耿介，取與尤廉，苟其胸中所不可，雖千金不屑，晨炊未具，不計也。每面斥人過，其一往厄窮，蓋由於此。

初，受知於崑山徐尚書。崑山之門，舉世以爲青雲之藉，所以待公者甚沃，而爲忌者所中，失歡。戊辰校文之役，至訟於大府，遂有下石欲殺之者。崑山謂何生狂士，不過欲少懲之耳，夫何甚事。乃得解。已而常熟翁尚書亦延致之，翁之子，妄人也，公又忤之，大爲所窘。及尚書受要人指，劾睢州湯文正公，滿朝憤之，莫敢訟言其罪，獨慈谿姜徵君西溟移文譏之。而公上書請削門生之籍，天下快焉。然公竟以是潦倒場屋，不得邀一薦，最後始爲安溪李相所知，相與發明大義，脱落枝葉，醇如也。

於是，聖祖仁皇帝聞其姓名，召見，侍直南書房。尋特賜甲乙科，入翰林，兼侍直皇八子府中。然忌者滋多，三年散館，置之下等而斥之，天下之人駭焉。尋得恩旨留，浮沉庶常間。洊歷内外艱，又十年，始復以安谿薦。得召，授編修，然不復直南書房。忌者終無已時，箕斗交搆，幾陷大禍。幸賴聖祖如天之仁，兼以知人之哲，得始終曲全，然亦悕矣。方事之殷，校尉縛公馬上，馳送獄，家人皇怖。公入獄，眠食如故。及所司盡籍其邸中書以進，聖祖乙夜覽之，曰：「是固讀書種子也。」而其中曾無失職觖望之語。又見其草稿有辭吴縣令餽金札而異之，乃盡以其

書還之，罪止解官，仍參書局。公出獄，即趨局校書如故。是時諸王皆右文，朱邸所聚册府多資公校之。世宗憲皇帝在潛藩，亦以《困學紀聞》屬公箋書。康熙六十一年六月九日病卒，時聖祖方有用公之意，聞之軫悼，特贈超坊局諸階，爲侍讀學士。

公之卒踰二十餘年，而其門人陸君錫疇謂予曰：「吾師遭遇之詳，子既熟知之矣。其身後之蹇，亦知之乎？」予曰：「未之聞也。」曰：「吾師最矜慎，不肯輕著書。苟有所得，再三詳定，以爲可者，則約言以記之。積久遂成《道古録》如干卷，蓋亦厚齋《困學紀聞》之流。乃同門有荷吾師噓拂之力而晚背之者，竊其書去，因乾没焉，今遂不可得。是一恨也。年來頗有嗜吾師之學者，兼金以購其所閲經史諸本，吴下估人多冒其跡，以求售。於是有何氏僞書而人莫之疑，又一恨也。吾師之殁時，值諸王多獲戾者，風波之下，麗牲之石未具。近幸得常熟陶穉中太常許爲之，而太常遽死，又一恨也。子能爲補太常之一恨否？」予曰：「諾。」乃綜述其門人沈彤所爲行狀而序之。

公諱焯，字屺瞻，晚字茶仙，江南蘇州府長洲縣人也。先世曾以義門旌，學者因稱爲義門先生。康熙癸未進士。曾祖思佐，祖應登，父棟，皆諸生。娶王氏。卒年六十有二。子一，壽餘，諸生。葬於某鄉之某原。

其所著惟《困學紀聞箋》行世，而書法尤爲時所傳云。

公與桐城方侍郎望谿論文不甚合。望谿最惡□□之文，而公頗右之，謂自□□後更無人矣。蓋公少學於邵僧彌，僧彌出自□□故也。望谿争之力，然望谿有作，必問其友曰：「義門見之否？如有言，乞以告我。」義門能糾吾文之短者。」嗚呼！前輩直諒之風遠矣。

其銘曰：「天子知之，宰相知之，而竟坎壈，以尼於時。穹窿山上，帶草絲絲。」

雜録

楊紹和等《海源閣書目・子部》 《何義門讀書記》五十八卷。清何焯撰。清乾隆三十四年刻本。十六册。

又 《何義門讀書記》五十八卷。清何焯撰。清乾隆三十四年刻本。十二册。

《九經辨字瀆蒙》分部

綜述

丁丙《善本書室藏書志》卷四 《九經辨字瀆蒙》十二卷。鈔本。歸安沈炳震撰。是書以九經文字分爲十類，曰經典重文，曰經典闕文，曰經典傳譌，曰經典傳異，曰經典通借，曰先儒異讀，曰同音異義，曰異音異義，曰異字同義，曰注解傳述人。其排比鉤稽頗爲細密，可因文字之異同，究訓詁之得失，於經學有裨。炳震字東甫，歸安人，一門羣從並有著作。此編傳本極稀，雖其裔孫秉成中丞尚從斯帙傳録，又未爲之雕行也。

傳記

李元度《國朝先正事略》卷四一《沈東甫先生事略》弟炳謙。 乾隆丙辰之舉詞科也，先後應召至者二百餘人，而著書之多，莫如歸安沈東甫。先生篤志古學，窮年著書，其最精者，有《新舊唐書合鈔》二百六十卷，折衷二史之異同而審定之，而莫善於《宰相世系表》之正譌，《方鎮表》之補列拜罷承襲諸節目。全謝山謂可援王氏《漢書藝文志》之例，孤行於世者也。又撰《九經辨字瀆蒙》十二卷，以正九經文字。其一卷爲經典重文，二卷爲經無重文，三卷爲經典傳譌，四、五卷爲經典傳異，六卷爲經典通借，七、八、九卷爲先儒異讀，十卷爲異音通義，十一卷爲異音異義，十二卷則注解傳述人也。又有《讀史四譜》及《唐詩金粉》等書，皆博而能精。其自爲之書曰《增默齋集》。先生與季弟幼牧並應召試，人謂庶幾厚齋、盤洲伯仲之風。臨川李侍郎見其所著書，驚喜曰：「不意近世尚有此人。」亟欲推挽之，會左遷，不竟其志。先生兄弟亦放還，未一年，先生卒。又六年，嘉善錢侍郎陳羣以《唐書》奏進於于朝，有詔付書局。時方令史館校勘《唐書》，諸公得之大喜，盡采之卷

中。論者謂先生不得附劉向、荀勖之徒，審正《七略》、《中經》之籍，身後猶得邀採掇之餘，以肩隨於應劭、如淳、薛瓚之後，著録四部，俯視竇苹、董衝一輩，亦可瞑目於九原矣。先生名炳震，字寅馭，號東甫，居歸安之竹墩，卒年五十有九。幼牧名炳謙。

雜　録

丁立中《八千卷樓書目》卷三　《九經辨字瀆蒙》十二卷。國朝沈炳震撰。抄本。

《援鶉堂筆記》分部

綜　述

姚瑩《閩刻援鶉堂筆記後序》　右《援鶉堂集》詩七卷，文六卷，《筆記》二十四卷，都四十七卷，先曾祖編修公之遺業也。公之歿，於今四十二年矣，先德闇然不章，渺焉滋懼論著之遺，多所放失，若復不能搜羅綴輯，以著於篇，小子瑩之咎將何追耶！公名位不顯於朝，史傳無由紀其事蹟，又未乞當世名公大人志表與傳，用章後世，然其生平懿行篤學，實能無愧。古人小子瑩雖不獲親承規矩，以所聞里中前輩，往往稱述不衰。考諸遺編，合之先府君訓誥所及，有確然信其不誣者。公諱某，字某，號薑塢先生，几蘧老人晚所號也。乾隆七年進士，由庶吉士改授編修，充三禮纂修官。九年，充順天鄉試同考官，未幾歸里，往來天津維揚間，主講書院。以乾隆二十六年卒。公生而淵静，篤於行誼，勤於問學，早孤，憤發策勵。內偕從曾祖贈禮部公事母，以孝聞，外友天下賢俊以相資。長博聞强記，於書無所不窺。故同遊天台齊息園、仁和杭堇浦、山陰胡稚威、常熟邵叔宀、山陽周白民，同邑則劉海峯、葉華南、方巨川諸先生，皆於公尤厚，謂姚君之學不可以涯涘窺也。生平論學大旨，以駿博爲門户，以沈潛爲堂奥，而議論篤實，粹然一軌於先儒。病近代諸公或競談考據，以芳詆宋儒爲能也，謂此人心之敝，充其説，將使天下不復知有身心倫紀之事，常慨然欲有所論著，以明其義，不果就。方三禮館之開也，總裁爲高安朱相國軾、臨川李尚書紱、吾鄉方侍郎苞，咸誦法先儒，爲人倫師表，故説經雖不專主宋儒，尚平心以折中其義，所咨獲於公者尤多。公所爲詩古文辭，皆力追古人，而得其淵詣。嘗與同人約，十年不下樓，成舉世不好之文。其談藝精深，多前人所未發，今散見所著筆記中，不綴綴。其持論之大者如此。先是，公所考論經史子集，蓋嘗萬餘卷矣，皆細書條記，未有譔述，世頗有竊之以爲己説者。歿後益散亡，於是先王父率府君羣從輩收録其餘，成若干册。既以貧遊四方，未卒業，而從祖惜抱先生藏之，嘗有意論集之矣，復未果。然頗載其説於《惜抱軒經説》及《筆記》中，意欲以引其端，冀後人或能成之也。至嘉慶十三年，瑩成進士，至京師歸，乃舉以授瑩而命之曰：「此編修公一世之業也，不幸未成而歿，吾欲成之，而又不果。今老矣，夫道不終晦，意者成之將有在乎？然是即著書，非其人莫屬，則甯藏之耳。昔人問顧亭林《日知録》復增幾，顧唅其妄，不可不審也。」瑩悚然受之以退。自維闇陋不足以成先業，然及是而不成，滋懼，乃就所已成録，及諸奇零紛散，所在蒐羅，凡五載，端緒略具。謹區其條例，詳其目次，第爲《詩集》、《文集》、《筆記》各若干卷，冀及惜抱先生從祖之存，有以論定云爾。嗟乎！學之顯晦，時也。而述其先祖之學，以著於世，又或顯或不顯，則存乎子孫之賢否。編修公之學，蓋亦精矣。以先王父及府君兩世録之，而不獲詮次；以從祖嘗欲論集之，而不肯輕作。其慎之也如此。瑩何人，而能成此業哉！然則瑩之夙夜兢兢，懼以獲咎者，兹以深矣。

姚瑩《重刻援鶉堂筆記後跋》　先曾祖《筆記》初刻於閩中，惟時案牘紛紜，地方多事，不能審校，訛謬頗多。常思重爲整理，而人事乖迕，奔走宦轍，未暇也。兹來江南，與友人方植之言，植之博學多聞，貫穴精通，力任其事，遂以屬之。并搜葺十餘年來所續得者若干條，以類附入。删其煩冗，撮其精要，重爲五十卷。道光十五年，重刻於淮南監掣官署，閲五月刻竣。爰記其始末如右。曾孫瑩謹跋。

傳　記

李兆洛《養齋文集》卷一五《桐城姚氏薑塢惜抱兩先生傳》　薑塢先生諱範，字南青，國初名臣刑部尚書文然曾孫也。少孤，勵學，中乾隆七年進士，授編修，充

武英殿經史館校刊官，兼三禮館、文獻通考館纂修官。十五年，京察一等，以病免歸。主講席於問津書院者八年。三十一年正月八日卒，年七十。先生之學嚴於慎獨，宴處無惰容，出門無妄交。任卹里黨，視人猶己，接物和易，誘進後學，如恐不及。衆流之學，無不賅貫。藏書數千卷，丹黄遍焉。有所論正，輒書之簡端，多發前賢所未發。或勸之著書，笑而不言。殁六十年，曾孫瑩編輯遺論，爲《援鶉堂筆記》四十卷，詩七卷，文六卷。【略】李兆洛曰：君子所尚，躬行而已。躬行而知行之難，然後其心坦以謐，其氣潛以温，其識宏以淳，而其言自不得不訒。凡爲言者皆宜如是也。而況讀聖賢之遺經，尋求其義類，以自抒其所得者哉！明之時，學者不能行程朱之言，今之時不屑言程朱之言，而并蔑程朱之行，一襲取以爲名，一旁馳以求勝，大抵不足於内焉耳。薑塢先生淵詣極理，而欿然不肯著書以自襮。惜抱先生清明在躬，蓄雲洩雨，文章爲光嶽於天下。兩先生之躬行同也，故不言文而其言立，片語破惑，單義樹鵠，有若蓍蔡。其發而爲文，則明晰黑白，流示孚尹，穆然和順於道德也。讀先生遺書，求得行事始末，恨不得在弟子之列，故私録其概，時觀省焉。

雜録

楊紹和等《海源閣書目・集部》 《援鶉堂筆記》五十卷。清姚範撰。清道光十五年姚瑩刻本。十二册。二部。

方東樹《援鶉堂筆記刊誤》 往歲癸巳、甲午，爲姚石甫饌其曾大父薑塢先生《筆記》，寡昧不學，多所繆盭，浩袠已行，不及削改。中心思之，如芒在背。一己之遺譏通識，其事小，古義之疑誤來學，則其害大矣。故即其所已悟者，亟改正於此。其未悟者，則望之來哲。戊戌秋仲記於廣東藩署九曜一石之南軒。方東樹石園。

卷弟一《易》。弟三葉「《釋文》，鄧彭祖字長夏。未詳孰是」條下按語削去不用。

卷弟十二《左傳》。弟二十六葉末按語削去不用。

卷弟十四經部末。弟二十九葉「通志堂目總經解」。

樹按：通志堂原目末題曰「總經解」，指《經典釋文》等七書也。閻百詩譏其不通。乾隆間翁氏方綱與浙人丁杰重校刻，何屺瞻校勘通志堂原目，改題曰「諸經總類」，竊謂亦不妥。通志堂所刊《經解》中，鄭樵《六經奥論》似非漁仲之書。漁仲平生排斥《詩序》及《古文尚書》，而此書皆反之，何也？又稱朱子爲朱文公，其前云鄭斯立批陳存中論云云，皆非鄭語也。其第二卷論《尚書》云：「今愈謂《堯典》出於姚氏。疑『愈』即其人之自名也。」又引古詩云：「讀書未到康成處，不敢高聲論聖賢。」此本宋人語，而謂古詩，俱非夾漈之言。其《二南辨》據「以雅以南」，論「南」爲樂名，本程大昌之説，疑采取衆説而爲此書。後人不知，妄題爲「夾漈」耳。

樹按：翁氏校刊原目云：「黎温序云：『是鄭樵。』」《唐荆川稗編》從之。朱氏《經義考》已正其誤。又按：全謝山《外編》卷三十四云：「竹垞先輩《跋六經奥論》，據漁仲所上書無《奥論》，且謂其議論頗與《通志略》不合。」然其於是書之妄，有未盡者。蓋漁仲卒於高宗末年，其於乾淳諸老，則前輩也。而書中稱薛常州者四，則孝宗以後之人之書矣。稱朱文公者一，則寧宗以後之人之書矣。又引晁公武《易解》，皆漁仲後輩也。而最發露者，其《天文總辨》中論鬼料竅一條，謂夾漈先生嘗得是書而讀之，尚得以爲漁仲所著乎？乃笑明中葉人傳是書，蓋未嘗讀是書也。又其論《易》，謂先天諸圖，康節得之希夷將啓手足之際，則作是書者，於人之系代源流且不知也。要其中固有發前人所未逮，如論《秦誓》之類。

又通志堂所刊《經解》，有《春秋名號歸一圖》上下二卷，不著撰人名氏。按《崇文總目》云：「僞蜀馮繼元撰。」但余疑此書不類。據李巽巖云：「繼元集列國君臣名字同者爲一百六十篇，音同者附焉。」又云：「宋大夫莊堇，秦右大夫詹，據傳未始有父字，而繼元輒增之，或所見異本。」若韓子皙者，蓋齊頃公系。《世族譜》與傳同。而繼元獨以韓子皙與楚鄭二公孫黑共篇，蓋誤也。此書無莊堇、詹。據韓子皙，而楚鄭二公子各係於國，亦無共篇之文。則此書或非異巖所見馮氏之書也。

樹按：通志堂原目作「蜀馮繼先」，翁校云：「閻百詩《與戴唐器書》云『先』當作『元』。」非不著名氏也。抑或先生所見本書無名，而原目爲後人據《崇文總目》所補與？

《十三經注疏正字》分部

綜述

沈廷芳《十三經注疏正字例言》 一，唐太宗詔國子祭酒孔穎達等撰定五經

義疏，凡百七十卷，名曰《五經正義》。高宗永徽中，賈公彦始撰《周禮》、《儀禮》義疏。宋真宗景德中，因判國子監李至請，命直講崔頤正、孫奭、崔偓佺等讐校二傳、二禮、《孝經》、《論語》、《爾雅》七經疏，刊刻布下。明神宗萬曆中，并《孟子》彙爲十三經，令國子監刊本，即今國子監本也。焦氏《經籍志》謂唐定註疏始爲十三經，略言之耳。

一，十三經所見者有四本：一監本。一監本修板，修板視原本誤多十之三。一陸氏閩本。一毛氏汲古閣本。閩本及舊監本世藏較少，故據監本修板及毛氏本正焉。《釋文》則從徐氏通志堂本校。

一，字一本誤者曰「某本誤」。並誤者曰「某字誤某」。誤而無可考曰「當某字誤」。可商曰「疑某字誤」。不可知曰「某字疑」。或脱或衍或誤而不能定，則概曰「疑」。

一，字有形誤，有聲誤，上下互易，左右跳行，前脱者後重，初衍則中落。甚者以《釋文》羼註，以傳註併經，或疏存而經亡，或彼疏而此註。諸如此例，難可因仍。若疏中標目，自某至某，間有繆訛，經註可考，則從省略。

一，字乖六體，已見宋玉山毛氏《六經正誤》。至於加「場」成「場」，減「錫」作「錫」，「祇」去下以同「示」，「卻」易旁而殊「却」，各爲音義，非可混淆。若監本以士衡名，更陸璣爲「機」，毛氏緣熹宗諱，改學校作「挍」，是處多同，則從間出。

一，註疏引經，字體不一，或文有假借，或本有異同，俱載原文，兼述義訓。惟《論語》、《大學》、《中庸》、《孟子》，士人羈丱誦習，所引異同，概不標出。至史傳諸子，義異聖言，引歸體要，其於詳畧，不盡以本文正焉。若夫緯候之繆言，湮沉之古册，無可攷按，抑又畧諸。

一，書有因校而誤者，如《鄭志》中孫皓，康成弟子也。後人誤以皓爲歸命侯，而改《鄭志》作《吴志》，誤「史起」爲「吴起」，而改「魏襄王」爲「魏文侯」。此因校得誤也。極知檮昧，未敢莽鹵。至於參伍考校，未能盡正，尚以俟好古博學之君子云。

傳記

錢儀吉《碑傳集》卷八四 《誥授通議大夫山東提刑按察使司按察使原品致仕恩加一級沈公廷芳行狀》汪中。公諱廷芳，字椒園，本徐姓，世爲仁和人。自公考出嗣於舅氏沈，遂承沈姓。沈故吴興望族，明歲貢生首暘始遷仁和，於公爲六世祖。康熙五十年八月，公生於海甯之園華里。幼端慤有志操，嘗書其坐曰「守道守身，爲忠爲孝」。又嘗讀明楊忠愍公繼盛傳，激昂慨慕，思其爲人。外祖查少詹事昇歎曰：「是奇童也。即異日立朝，其風節自此見矣。」少長，益潛心正業，博綜羣典，學以大殖。弱冠游京師，聲譽籍甚，鉅人耆德，接待若恐不及。安溪李侍郎清植、長洲惠學士士奇、太倉張詹事鵬翀、桐城方侍郎苞，於時並申師友之契。雍正十一年，丁文昌公憂歸。明年，故大學士高文定公時總督南河，聞公名，馳書幣致諸幕府。文定公素習有宋諸儒之學，好賓接士大夫，於公尤有加禮。嘗謂公曰：「君年方少，而博聞篤行遂至於是，不圖今世乃見古人。」既服闋，再至京師，補《一統志》館校録。先是，世宗憲皇帝詔舉博學宏詞，公入都既晚，蟄居卻軌，未嘗詣人求舉。乾隆元年，故左都御史楊恪勤公汝穀時以兵部右侍郎祭告南岳還朝，上命續舉所知，遂以公名及其學行對。十月，御試保和殿，名在二等，選翰林院庶吉士。明年，授編修，入直武英殿，同修起居注，總理宗人府，各學三年，充《一統志》纂修官，兼校勘。明年殿試，充收掌試卷官。公嘗集前世君臣善敗之蹟，爲類各十有六，名曰《鑒古録》，以備法戒。是年冬表進，賜段四匹，書交懋勤殿。六年，補山東道監察御史。公精敏絶人，諳悉舊典，朝章國故，官方民隱，口陳手畫，本末如流。通於當世之事，而務出於忠厚。【略】公學詩於海甯查編修慎行及編修弟侍讀嗣瑮，學文於方侍郎，並冲融醇懿，稱其德量。有《理學淵源》十卷，《續經義考》四十卷，《鑒古録》十六卷，《文章指南》四卷，《隱拙齋詩集》四十卷，《文集》二十卷，《盥蒙雜著》四卷。其《十三經注疏正字》八十卷，則嘉善浦鏜同校。公由庶吉士授編修，兩官監察御史，出爲山東登萊青道參議，河南山東按察使，誥授通議大夫，致仕加一級。娶汪氏，誥封淑人，令德莊儉，白首無違。子世煒，庶吉士，改禮部主客司主事，明達負氣，得公之節。世炯、世炆，並先卒。孫守正、守誠、守純、守端。公官在三品，不得請謚於考功，謹具歷官事蹟，上翰林院國史館論撰，伏惟鑒察。乾隆四十年正月某日，門人江都縣附學生員汪中謹狀。

葉昌熾《藏書紀事詩》卷五 查浦查田有典型，涪陵留共片氈青。吴山家近忠清里，燕市園鄰接葉亭。沈廷芳畹叔。

《鶴徵後録》：「沈廷芳，字畹叔，一字萩林，號椒園，浙江仁和人。由兵部侍郎楊汝穀薦舉，除庶吉士。官至河南按察使。著有《隱拙齋集》。」昌熾案：杭大宗有《隱拙齋箴》，沈果堂有《隱拙齋記》。果堂又有沈公墓表，云：仁和沈公，以乾隆十六年十一月壬申葬其縣皋亭山。公子

廷芳請表其墓。公諱元滄，字麟洲，以副榜貢生進經籍。聖祖仁皇帝命入武英殿書局。康熙六十年，授文昌縣。全祖望《送沈萩林之蔚州》，引康熙中葉鹽官查氏之詩，鼓動一時。萩林尊公文昌君，爲聲山詹事愛壻。詹事下世，查田諸老相繼歸里，而風波驟起，門户蕩析，文昌亦横遭吏議。萩林崎嶇患難，藏書星散。《藤陰雜記》：接葉亭在爛麪胡同。乾隆丁巳，沈椒園侍御寓此。徐恕齋以丹贈詩云：「牀休論上下，廨各占西東。詩派追初白，宦情共輭紅。」《楹書隅録》：《黄先生大全文集》五十卷。後有跋云：《黄山谷集》，南宋刊本。吾家世藏宋本，僅留此種，是可寶也。子孫其善守之。乾隆壬戌除夕，隱拙翁廷芳志。各册有「查昇之印」、「仁和沈廷芳字畹叔一字茉園」、「古柱下史」、「古杭忠清里沈氏隱拙齋藏書印」、「購此書甚不易遺子孫弗輕棄」等印。先生爲聲山宫詹外孫，是書乃查氏所藏，而後歸沈者。世無二本，洵至寶矣。

《羣書拾補》分部

綜　述

盧文弨《羣書拾補·小引》　文弨於世間技藝，一無所能。童時喜鈔書，少長漸喜校書。在中書日，主北平黄崑圃先生家，退直之暇，兹事不廢也。其長君雲門時爲侍御史，謂余曰：「人之讀書，求己有益耳。若子所爲，書并受益矣。」余洒然知其匪譽而實諷也。友人有講求性命之學者，復謂余：「此所爲玩物喪志者也。子何好焉？」斯兩言也，一則微而婉，一則簡而嚴，余受之皆未嘗咈也，意亦怦怦有動於中。輟之，遂覺闕然有所失，斯實性之所近，終不可以復反。自壯至老，積累漸多，嘗舉數册付之剞劂氏矣。年家子梁曜北語余曰：「所校之書，勢不能皆流通于世，其藏之久，不免朽蠹之患，則一生之精神虚擲既可惜，而謬本流傳後來，亦無從取正。雖自有餘，奚裨焉？意莫若先舉缺文斷簡，譌繆尤甚者，摘録以傳諸人。則以傳一書之力，分而傳數書，費省而功倍，宜若可爲也。」余感其言，就余力所能，友朋所助，次第出之，名曰《羣書拾補》。雖然，即一書之訛，而欲悉爲標舉之，又復累幅難罄，約之又約，余懷終未快也。然余手校之書，將來必有散於人間者，則雖無益於己，寧不少有益於人乎？後有與余同好者，而且能公諸世，庶余之勤爲不虚也已。乾隆五十二年八月丁巳，杭東里人盧文弨書於鍾山書院。時年七十有一。

錢大昕《潛研堂文集》卷二五《盧氏羣書拾補序》　顔之推有言曰：「校定書籍，亦何容易，自揚雄、劉向方稱此職耳。觀天下書未徧，不得妄下雌黄。」予每誦其言，未嘗不心善之。海内文人學士衆矣，能藏書者十不得一，藏書之家能讀者十不得一，讀書之家能校者十不得一。金根、白芨之徒，日從事於丹鉛而翻爲本書之累，此固不足道。其有得宋元槧本，奉爲枕中祕，謂舊本必是，今本必非，專己守殘，不復别白，則亦信古而失之固者也。蘇明允讀《漢王子侯表》，不知「元始」當爲「始元」；于思容讀《晉地理志》，不知濟南非治平壽。宋元之本果盡可據乎？更進而上之，東方割名，師古不能正；建武省郡，章懷滋其疑。鄴下名儒，猶執寶力；江南舊本，或誤田宵。以至《易》脱「悔亡」，《書》空《酒誥》，《玉藻》、《樂記》之錯簡，《南陔》、《華黍》之亡辭，在漢代已然。自非通人大儒，焉能箴其闕而補其遺乎！

學士盧抱經先生，精研經訓，博極羣書，自通籍以至歸田，鉛槧未嘗一日去手。奉廩脩脯之餘，悉以購書。遇有祕鈔精校之本，輒宛轉借録。家藏圖籍數萬卷，皆手自校勘，精審無誤。凡所校定，必參稽善本，證以它書，即友朋後進之片言，亦擇善而從之，洵有合於顔黄門所稱者，自宋次道、劉原父、貢父、樓大防諸公，皆莫能及也。

客有復於先生者，謂：「古人校理圖籍，非徒自適，將以嘉惠來學。今犇藏則於世無益，盡刊則力有未暇，盍擇其最切要者，件别條繫，梓而行之，俾讀書之家得據以改正，或亦宣尼舉一反三之遺意與！」先生曰：「諾。」因檢四部羣書，各取數條譌脱尤甚者，次弟刊布。貽書吴門，屬大昕序之。

自念四十年來，仕隱蹤迹，輒步先生後塵，而嗜古顓僻之性，謬爲先生所許。讀是書，竊願與同志紬繹，互相砥厲，俾知通儒之學，必自實事求是始，毋徒執村書數篋自矜奥博也。

吴騫《愚谷文存續編》卷一《抱經堂集序》　抱經盧先生之歸道山，屈指十八載矣。方先生之歿也，騫走哭諸寢門，葬往視其窆，畢封乃去。及同人彙刻遺集，得之爲獨先。他日，鮑君以文過溪上之敝廬，而言《抱經堂集》梓成久矣，未有序，環顧先生平昔交游，太半零謝，子其可無一言乎？騫深謝不敏，既而伏念，辱先生之知垂數十年，每摳趨請業，無少厭倦，謬以直諒多聞之友見許，晚至有願言與夫子永結爲弟昆之語。且先君子碣墓之文，實出先生手筆。嗚呼！是雖欲以不文辭，得乎！竊觀先生之學，原本六經，沿洄於先秦、兩漢，扶樹風骨，含咀英華。其發而爲文，磅礴鬱積，牢籠萬有，灝灝噩噩，日星麗而霞霨變。至於探賾索隱，浸淫

乎義訓，反覆乎句讀，開來繼往，其勤可謂至矣。先生少志卓犖，厲操任，孝以事親，忠以取友，廉謹方嚴，忼慨懷濟時之略。比掇巍科，入詞苑，出典粤東試，視學湘楚，思以文章報國。俄因言事，議左遷，旋請養歸，遂不復出。林居餘二十年，歷主晉陽、鍾山、龍城、婁東、暨陽等講席，所至執經問業弟子之舍恒滿。先生教人，首重倫品而次學術，耳一善言，見一善行，輒津津道之不去口，故被賞識士，莫不束脩自好。尤癖嗜典籍，幾忘寢饋。聞人有異書，必宛轉假録，遇亥豕則爲校正而歸焉，人亦樂以借之。嘗謂士不可頃刻離書，譬魚不可須臾離水，時以爲名言。家貧，無負郭之産，藉脩脯以給。晚主崇文書院，浙西人士咸樂其化，駸駸有鄒魯之風。會榷使者晉接禮稍弛，先生乃拂衣去，而之鍾山。時已篤老，抱痾衝嚴寒，道病劇，還抵龍城書院而終。無何，儀徵阮侍郎來視浙學，雅慕先生名，甫下車即訪之，則先生已謝世，爲悼悵者久之。噫！奚晚景之多轗軻也！然而先生著書滿家，已足垂諸不朽，矧擘摩經傳，起廢鉤沈，尤有裨於聖賢。昔人嘗惜鄭康成未與天禄、石渠之選，竊以爲藉使先生生於隋唐間，與老師宿儒整齊故訓，蒐集遺亡，其匡贊宏益之功，當亦不在陸、曹、顔、孔諸公之亞。爰不揣固陋，聊抒梗概，以諗於飽君云爾。壬申冬十月。

周中孚《鄭堂讀書記》卷五五 《羣書拾補初編》。不分卷。抱經堂刊本。國朝盧文弨撰。文弨字召弓，號抱經，仁和人。乾隆壬申賜進士第三。官至翰林院侍讀學士。抱經家藏羣書，皆手自校勘，精審無誤。凡所校定，必參稽善本，證以他書。即友人後進之片言，亦擇善而從之。然弆藏則於世無益，盡刊則力有未暇，因擇其最切要者，件別條繫，梓而行之。凡經八種，史十二種，子十二種，集五種。内惟《易經注疏》、《周易略例》、《尚書注疏》、《史通》、《鹽鐵論》、《新序》、《説苑》、《申鑒》、《列子》、《韓非子》、《晏子》、《風俗通》、劉勰《新論》、《潛虚》、《鮑照集》、《韋蘇州集》、《元微之集》、《白氏長慶集》、《林和靖集》十九種，俱就全部各爲校正，并補其遺。其餘十八種，或校正一二篇，或補遺、補闕、補脱一二條。惟《禮記注疏》則校正八篇爾。考抱經所校全書，已刊者十有餘種，其未及刊者，當繫此編所校所補以改正之，即屬完善之本。向推何義門《讀書記》點校諸書，皆極精審。抱經此編固當與何氏書並稱矣。前有錢竹汀序，擬以劉向、揚雄，不虚也。前有自撰小引及目録，目録稱此編爲初稿。今《宋史藝文志補》、《補遼金元藝文志》二種，版心雖作《羣書拾補》，而目録不載，當屬二編之書，而未及刊全者也。

傳記

段玉裁《經韻樓集》卷一一《翰林院侍讀學士盧公墓誌銘》 公諱文弨，字紹弓，號抱經。其先自餘姚遷杭州。曾祖父承芳，明末建平令，有治績。祖父之翰，有《春柳堂詩》。父存心，恩貢生，召試博學鴻詞，有《白雲詩文集》。母馮太恭人，馮先生景女也。公生而穎異，濡染庭訓，又漸涵於外王父之緒論。長則桑先生調元壻而師之。馮、桑二公皆浙中懋學之士，故其學具有原本。乾隆戊午，舉順天鄉試。壬戌，考授内閣中書。壬申，以一甲第三人成進士，授翰林院編修。丁丑，命尚書房行走。遂由左春坊左中允洊陞翰林院侍讀學士，爲乙酉廣東正典試，旋提督湖南學政。戊子，以學政言事不當，例議左遷。明年，先生以繼母張太恭人年高，遂請歸養，時年五十有四。公好校書，終身未嘗廢。在中書十年，及在尚書房與歸田後主講四方書院凡二十餘年，雖耄，孳孳無怠。早昧爽而起，繙閲點勘，朱墨並作，几間闃闃無置茗盌處。日且冥，甫出户散步庭中，俄而篝燈如故，至夜半而後即安。祁寒酷暑不稍閒。官俸脯脩所入，不治生産，僅以購書。聞有舊本，必借鈔之；聞有善説，必謹録之。一策之間，分别迻寫諸本之乖異，字細而必工。今抱經堂藏書數萬卷皆是也。校讎之事，自漢劉向、揚雄後，至聖朝極盛。公自以家居無補於國，而以刊定之書惠學者，亦足以裨益右文之治。出所定《經典釋文》、《孟子音義》、《逸周書》、《賈誼新書》、《春秋繁露》、《方言》、《白虎通》、《荀卿子》、《吕氏春秋》、《韓詩外傳》、《獨斷》諸善本，鏤版行世。又苦鏤板難多，則合經史子集三十八種，如《經典釋文》例，摘字而注之，名曰《羣書拾補》以行世。所自爲書，有《文集》三十四卷，《儀禮注疏詳校》十七卷，《鍾山札記》四卷，《龍城札記》三卷，《廣雅釋天已下注》二卷。皆使學者諟正積非，蓄疑涣釋。向時棄官歸，天下爲公惜之。然擘摩歲月，衣被將來，昌黎子云：「雖爲將相於一時，以彼易此，孰得孰失，必有能議之者。」公治經有不可磨之論，其言曰：「唐人之爲義疏也，本單行，不與經注合。單行經注，唐以後尚多善本。自宋後附疏於經注，而所附之經注，非必孔、賈諸人所據之本也，則兩相鉏鋙矣。南宋後又附《經典釋文》於注疏間，而陸氏所據之經注，又非孔、賈諸人所據也，則鉏鋙更多矣。淺人必比而同之，則彼此互改，多失其真，有改之不盡以滋其鉏鋙者，故注、疏、《釋文》合刻似便，而非古法

也。」其讀書特識類如此。公生於康熙丁酉六月初三日，卒於常州龍城書院，乾隆乙卯十一月廿八日也，年七十有九。平生事親孝謹，年七十三喪繼母，猶盡禮，與弟韶音友愛，篤於師友之誼，皆鄉邦所共信者。配桑氏、謝氏、楊氏。子四人，慶詒、武謀皆太學生，慶詒踵公没，武謀早逝，慶鍾、慶録皆業儒。女四人，適庠生周方岳、江寧府知府李堯棟、舉人陳春華、庠生朱元熼。孫男一人，能庸。孫女二人。公之没也，無以爲家。公之執友有爲謀以抱經堂書數萬卷歸有力，有力佽助其家，待公子孫如約取歸，如南陽井公與晁昭德故事。慶鍾、慶録曰：「先人手澤存焉，雖貧，安忍一日離也。」烏呼！公可謂有子矣。嘉慶元年十一月廿四日，與桑、謝、楊三恭人合葬仁和芝芳橋之原。公之弟子臧鏞堂以公與余相知最深，來請銘。銘曰：「先生與余交忘年，一字剖析歡開顔，十年知己情則堅。先生一去予介然，歸於其宫神理緜，其書可讀其澤延。」

葉昌熾《藏書紀事詩》卷五 月蝕盧仝認舊題，抱經分峙浙東西。金峨玉几青厓宅，學士姚江近會稽。盧文弨紹弓。盧青厓。翁方綱《抱經先生墓誌銘》：「公姓盧氏，諱文弨，字紹弓，號磯漁，又號檠齋，晚更號弓父。抱經其堂顔也，人稱曰抱經先生。乾隆壬申，一甲第三人進士，官翰林院侍讀學士。生於康熙丁酉六月三日，卒於乾隆乙卯十一月二十八日。子男四：慶詒，武謀，慶鍾，慶録。」嚴元照《書盧抱經先生札記後》：「先生喜校書，自經傳字史，下逮説部詩文集，凡經披覽，無不丹黄。即無别本可勘同異，必爲之釐正字畫然後快。嗜之至老愈篤，自笑如猩猩之見酒也。」錢大昕《盧氏〈羣書拾補〉序》：「抱經先生精研經訓，自通籍以至歸田，鉛槧未嘗一日去手。奉廪修脯之餘，悉以購書。遇有祕鈔精校之本，輒宛轉借録。家藏圖籍數萬卷，手自校勘，精審無誤。自宋次道、劉原父諸公，皆莫能及也。」金甡《題盧紹弓編修檢書圖》：「盧郎温潤乃如玉，獨有校勘嚴仇讐。目勞手倦苦相角，授經餘力閒須偷。矧當退食百城擁，縱横穿穴資旁搜。尋蹤宛轉蛇赴壑，得雋掣曳魚銜鉤。後先佐證每連逮，新舊逋責期畢收。時時堆案礙雙肘，正似獺祭陳沙洲。」

錢大昕《抱經樓記》：「四明古稱文獻之邦，宋元之世，攻媿樓氏、清容袁氏，藏書之富，甲於海内。明代儲藏家，則有天一閣范氏，而四香居陳氏、南軒陸氏次之。然聚多易散，唯范氏之書，巋然獨存。浙東西故家，莫能逮焉。盧君青厓，詩禮舊門，自少博學嗜古，尤善聚書，遇有善本，不惜重價購之。聞朋舊得異書，宛轉借鈔，晨夕讐校。搜羅三十年，得書數萬卷，爲樓以貯之，名之曰『抱經』，蓋取昌黎贈玉川子詩語也。曩余在京師，與君家召弓學士游，學士性狷介，與俗多忤，而於余獨有水乳之投。學士藏書萬餘卷，皆手校精善，而以『抱經』自號。青厓與學士里居不遠，而嗜好亦略相似，浙中有東西抱經之目。兹樓之構，修廣閒架，皆摹天一閣，而子孫又多能讀書者，日積而月益之，罔俾范氏專美於前，是所望也。」《兩浙輶軒録補遺》：「倪家占，字九山，象山優貢生。著有《青樞館詩》。館郡城盧青厓家，盧氏有抱經樓，藏書數萬卷，九山俱經手校，乃作《抱經樓藏書記》一篇，石刻行世。」

雜　録

楊紹和等《海源閣書目·子部》 《羣書拾補》無卷數。不分卷。清盧文弨撰。清乾隆五十五年盧氏抱經堂刻本。十册。

《水經注》分部

綜　述

戴震《水經酈道元注序》 後魏御史中尉范陽酈道元字善長，撰《水經注》四十卷。蕭寶夤之亂，道元叱賊而死，贈吏部尚書、冀州刺史、安定縣男。善長雖依經附注，不言《水經》撰自何人，《唐書·藝文志》始以爲桑欽撰。欽在班固前，固嘗引其説，與《水經》違異。晉已來注《水經》凡二家，郭璞注三卷，唐時猶存。杜君卿言「二家均不詳所撰者名氏，亦不知何代之書」，則景純已不能言其作者矣。

《崇文總目》：「《水經注》亡者五卷。」今所傳即宋之殘本，後人又加割裂，以傳合四十卷之數。如注文「江水又東逕巫縣故城南」，注謁列爲經，遂與前經文「又東過巫縣南」割分異卷。《唐六典》注云：「《水經》所引天下之水百三十七。」今自河水至斤員水，案：舊作「斤江水」，今從《漢志》作「員」。凡百二十三，應脱逸十有四水，蓋在五卷中者也。王伯厚《通鑑地理通釋》引《水經》四事，惟魏興安陽一事屬經文，餘三事咸酈注之謁爲經者。故其作書時世，益莫能定。

《水經》立文，首云某水所出，已下無庸重舉水名，而注内詳及所納羣川，加以採摭故實，彼此相雜，則一水之名不得不更端重舉。經文叙次所過郡縣，如云「又東過某縣」之類，一語實該一縣，而注則沿溯縣西以終於東，詳記所逕委曲。經據當時縣治，至善長作注時，縣邑流移，是以多稱故城，經無言故城者也。凡經例云

「過」，注例云「逕」。以是推之，雖經注相淆，而尋求端緒，可俾歸條貫。善長於經文「涪水至小廣魏」解之曰：「小廣魏即廣漢縣也。」於「鍾水過魏寧縣」解之曰：「魏寧，故陽安也，晉太康元年，改曰晉寧。」然則《水經》上不逮漢，下不及晉初，實魏人纂叙無疑。

史言善長好學，廣覽奇書。故是注之傳，或以其綜覈，或尚其文詞，至於觸類引伸，因川源之派别，知山勢之逶迤，高高下下，不失地防，取資信非一端。然譌舛既久，雖善讀古書如閻百詩、顧景范、胡朏明諸子，其論述所涉，猶輒差違，斯訂正之不可以已也。

審其義例，按之地望，兼以各本參差，是書所由致謬之故，昭然可舉而正之。至若四十卷之爲三十五，合其所分，無復據證。今以某水各自爲篇，北方之水莫大於河，而河已北、河已南衆川，因之得其叙矣。南方之水莫大於江，而江已北、江已南衆川，因之得其叙矣。惟以地相連比，篇次不必一還其舊。庶乎川渠纏絡，有條而不紊焉。休寧戴震。

又《書水經注後》 夏六月，閱胡朏明《禹貢錐指》所引《水經注》，疑之，因檢酈氏書，展轉推求，始知朏明所由致謬之故。

是書至唐宋間，遂殘闕淆紊，經多誤入注内，而注誤爲經，校者往往以意增改。如河水注「北河又東逕莎車國南」，「北河又東南逕温宿國」，「北河」皆當作「枝河」，蒙上左合枝水之文，今本作「北河」者，殆後人所改。又如濟水經文：「東至北礫溪南。」注文：「又東南，礫石溪水注之，水出滎陽城西南李澤。」「東北注於濟，世謂之礫石澗，即經所謂礫溪矣。經云『濟水出其南』，非也。」今注重列爲經。胡朏明引其文，乃曰：「上有北礫溪，故此謂南礫溪，『石』字衍。」不知注明言礫石溪東北注濟，則濟實過其北，且辨正經文不當云「至礫溪南」。其無二礫溪固顯然，「南」、「北」二字殆後人誤增。書中類此者，不勝悉數。

據《崇文總目》：「酈氏書四十卷，亡其五。」今仍作四十卷者，蓋後人所分，以傳合其卷數。《元和志》、《寰宇記》等書，引《水經注》滹沱河、涇水、洛水，今皆無之，或在所亡之五卷内歟？

《水經》有郭璞注三卷，唐時猶存。杜氏《通典》引《水經》四事，證其爲順帝以後纂叙。《郡國志》桂陽郡「漢寧，永和元年置，吴改曰陽安，晉太康元年改曰晉寧縣，在桂陽郡東百二十里」。三國時，吴與蜀分荆州，南郡、零陵、武陵已西爲蜀，江夏、桂陽、長沙已東爲吴，南陽、襄陽、南鄉三郡爲魏。《吴志》「孫皓甘露元年十一月，以桂陽南郡爲始興郡，十二月晉受魏禪，未聞魏取陽安事」，而《水經》鍾水「北過魏寧縣之東」。蓋作《水經》者魏人，故於廣漢、漢寧，悉改曰「魏」，其書實出一手。《舊唐志》云「郭璞撰」，《新唐志》以爲桑欽，晁公武云「欽爲此書，而後人附益」，王伯厚云「酈氏附益」，皆非也。

今就酈氏所注，考定經文，别爲一卷，兼取注中前後倒紊不可讀者，爲之訂正，以附於後。是役也，爲治酈氏書者棼如亂絲，而還其注之脈絡，俾得條貫，非治《水經》而爲之也。

乙酉秋八月，戴震記。

朱筠《笥河文集》卷六《戴氏校訂水經注書後》 此吾友休寧戴震東原初徵入四庫館，以其生平所校《水經注》本，更據《永樂大典》所引互校，損益至二三千言之多，而酈氏《原序》亦出焉，乃并録以成書，官刻編之聚珍板中者也。東原嘗言：是書今本經傳混淆者不少，顧賴其書例可考，而最易明者，若經稱一水，必過一郡，而注則屢言是水逕某縣某故城，自西而南而東，或西北而東。此經與注一定之例也。傳寫者不知，往往取過與逕字，妄改其舊，而郡縣及故城之例具在，不可易也。其刻本混淆者，大抵自朱以後，於是博考唐以前人撰著，若《通典》、《初學記》諸書所引，輒與東原所意斷是非符合，用是益以自信，而條理秩然。余謂其所校，有功于酈氏良多，然或過信其説，不疑而徑改者間有之，雖十得其八九，然于孔聖多聞闕疑之指，未敢以爲盡然也。要爲近來校讐絶無之本矣。歲乙未，余購得此本於武英殿中，越四年己亥冬，携以來閩。庚子二月，在延平使院偶紬此書，紙裹撏敗，爰令及門青陽徐生鈺章之以琉球紙易去敗葉，裝爲八册，重閱之，因嘆東原校讐之精，而墓草之宿，于兹三歲，於是乎書。

錢大昕《潛研堂文集》卷二九《跋水經注新校本》 吾友戴東原校刊《水經》，於經注混淆之處一一釐正，可謂大有功于酈氏矣。但此書屢經轉刻，失其本真。頃偶讀涔水注云：「東北流逕城固南城北。」義熙九年，索遐爲果州刺史，自城固治此，故謂之南城。」因思六朝無果州之名，必是梁州之譌。再撿温公《通鑑》，是年果有索邈爲梁州刺史。「邈」與「遐」字形相涉，要其爲梁州無疑也。又撿《宋書・州郡志》：「譙縱時，刺史治魏興。縱滅，刺史還治漢中之苞中縣，所謂南城也。」索邈爲刺史，正在譙縱初平之後。《宋志》有城固，無苞中，然則酈注之城固南城其即苞中歟？

傳記

錢大昕《潛研堂文集》卷三九 戴先生震，字東原，休寧人。少從婺源江慎修游，講貫禮經制度名物及推步天象，皆洞徹其原本。既乃研精漢儒傳注及《方言》、《説文》諸書，由聲音文字以求訓詁，由訓詁以尋義理，寔事求是，不偏主一家，亦不過騁其辯以排擊前賢。【略】

《水經注》譌舛久矣。王伯厚引經文四事，其三事皆注之溷於經者，則經注之淆，南宋時已然。先生獨尋其義例，區而別之云：「經文每一水云，某水出某郡縣，此下不更舉水名，注則兼及所納羣川，故須重舉。經云過某縣者，統一縣而言，注則詳言所逕委曲，故有一縣而再三見者。經據當時縣治，善長作注時，縣邑流移，是以多稱故城，經無言故城者也。經例云『過』，注例云『逕』。以是推之，經注之淆者可正也。」閻百詩、顧景范、胡朏明雖善讀古書，猶未悟斯失，先生始釐正之。同時頗有狂而不信者，予深贊成其説。今武英殿所刊，用先生校本，海内始復見此書之真面目焉。

雜録

段玉裁《戴東原年譜》 乾隆三十年乙酉，四十三歲。

是年秋八月，定《水經》一卷。自記云「夏六月閲胡朏明《禹貢錐指》引《水經注》，疑之，因檢酈氏書，展轉推求，始知朏明所由致謬之故，實由唐以來經注互譌。如濟水經文『東至礫溪南』，注文『又東南，礫石溪水注之。水出滎陽城西南李澤，東北注於濟，世謂之礫石澗，即經所謂礫溪矣。經云濟水出其南，非也』。今注重列爲經，乃妄增字爲北礫溪南礫溪。朏明從之。不知注明言礫石溪東北注濟，濟實過其北。辨正經文，不當云至礫溪南，其無二礫溪固顯然也。書中類此者不勝悉數，今得其立文定例，就酈氏所注考定經文別爲一卷，兼取注中前後倒紊不可讀者，爲之訂正，以附於後。是役也，爲酈氏書還其脈絡，非治《水經》而爲之也」。玉裁。按，此《水經》一卷，今未著録，然別經於注，令經注不相亂，此卷最爲明晰。後召入四庫館纂修此書，綱領不外乎是，特於討論字句加詳耳。玉裁。昔年寫得此本，并自記一篇，固當鐫贈同志。

乾隆三十七年壬辰，五十歲。

是年主講浙東金華書院，刊自定《水經注》，至癸巳，未及四之一，而奉召入都矣。後在都踵成之，今不用校語之本是也。聚珍板本依舊時卷第，全載校語，而經注相淆者悉更之。得之者可以知宋後本之無不舛誤。自刻本悉去校語，悉將正之改定，於注文循其段落，每節跳起，難讀處可一目了了，而不分卷數，爲十四册。以今所存水百二十三，每水爲一篇，以河江爲綱，按地望先後，分屬於河江，左右爲次。得之者可以撤棄校訂，專壹攷古，善長之書，合二本，無遺憾矣。自刻本有先生自序，及孔户部序，與聚珍板同時而出者也。

乾隆三十九年，甲午，五十二歲。

是年十月，先生校《水經注》成，恭上。《水經注》自北宋以來無善本，不可讀。先生讀此書既久，得經注分別之例有三：一則《水經》立文，首云某水所出，已下無庸再舉水名，而注内詳及所納羣川，加以采摭故實，彼此相襍，則一水之名，不得不更端重舉。一則經文叙次所過州縣，如云「又東過某縣」之類，一語實賅一縣，而注則沿溯縣西以終於東，詳記所逕委曲。經據當時縣治，至善長作注時，縣邑流移，是以多稱「故城」，經無有言「故城」者也。一則經例云「過」，注例云「逕」，不得相淆。得此三例，迎刃分解如庖丁之解牛，故能正千年經注之互譌，俾言地理者有最適於用之書。《大典》本較勝於各本，又有道元《自序》，鉤稽校勘，凡補其缺漏者二千一百二十八字，删其妄增者一千四百四十八字，正其臆改者三千七百一十五字。高廟褒嘉，頒行御製詩六韻，有云：「悉心編纂誠堪獎，觸目研摩亦可親。設以春秋素臣例，足稱中尉繼功人。」蓋先生之受主知深矣。顧此書自先生校定後，宋以來舊刻必盡廢，更數十百年後，且莫知先生發潛之功，故聚珍板足貴，好事當廣其傳也。……按先生於《水經注》改正經注互淆者，使經必統注，注必統於經，其功最鉅，此乃先生積久頓悟所成，非他人能贊一辭也。顧更正經注定於乾隆乙酉，入都即以示紀文達、錢曉徵、姚姬傳及玉裁，不過四五人。錢姚皆録於讀本，玉裁。亦以明人黄省曾刊本，依仿以硃分勒，自此傳於四方矣。杭州趙東潛一清。精於地理之學，研摩《水經注》者數十年，但其校本從未至京師。先生與趙雖或相聞，未嘗相識，其所業未嘗相觀也。四書館搜討遺書，趙書亦得著録，其書校正字句，及剖析地理最詳，而更正經注一如戴本者，蓋趙精詣絶羣。鄞全謝山太史七校是書，深窺

秘奥，兩公交最深，或閉户暗合，或麗澤相取，而其説往往與先生同是可以知著書精美，不患千年後無校讎諟正之人，而學問深醇，即未相謀面，所言如一。且趙書經錢塘梁處素履繩。校刊，有不合者攈戴本以正之，故今二本大段不同者少也。先生言《水經注》「水流松果之山」，鍾伯敬本「山」譌作「上」，遂連圈之以爲妙景，其可笑如此。「松果之山」見《山海經》。

魏源《書趙校水經注後》 近世趙一清《水經注》爲戴氏所剿，而其徒金壇段氏反覆力辯爲趙之剿戴，謂趙氏成書在前，刊書在其後。凡分經分注之例，趙氏未嘗一言，至戴氏始發明。及聚珍板官爲刊行，而後人校刊趙書，或采取戴説，故二書經文無異。是不以爲戴氏之剿趙，而反以爲趙氏之剿戴。且怪梁曜北昆仲刊趙書時，何不明著其參取戴校之故，謂以攘美成疑案。其説吺吺千餘言，註誤後學，靡所折衷。請詳闢其妄，以正欺世盜名之罪。

考趙氏書未刊以前，先收入《四庫全書》。今《四庫書》分貯在楊州文滙閣、金山文宗閣者，與刊本無二。是戴氏在四庫館時，先覩預竊之明證。其後聚珍官板刻行，又在其後。若謂趙氏後人刊本采取於戴，則當與《四庫》著録之本判然不符而後可。豈《四庫書》亦爲趙氏後人所追改乎？其妄一也。

若謂趙氏序例中未言「經文不重舉某水，注必重舉某水」之例，則不知趙本第二卷《河水篇》下首言之矣。江水「又東逕永安宮」下，爲注之混經，則附録中歐陽玄《水經序》又言之矣。皆戴氏所本，何謂趙氏不言？妄二也。

且趙一清與全氏祖望同時治《水經》。全氏《水經》未刊，予曾見其鈔本凡例一卷，於經注分晰尤詳，凡戴氏所舉三例，皆在其中，故趙書不復重述凡例。豈戴氏攘人所纂，故於趙書首闢其注中有疏之説，謂同於豐坊之僞本。及戴氏所校《水經》，則又於第一卷《河水篇》「《爾雅》河出崑崙墟」下引《物理論》十六字，爲注中之小注，故雜在所引《爾雅》之間。《山海經》下引《括地圖》十三字，亦同此例。其餘不一而足。是則注中小注之説，戴氏既竊之而又斥之。盜憎主人，不顧矛盾，壹至是乎！妄三也。

此外戴氏臆改經注字句，輒稱《永樂大典》本，而《大典》現貯存翰林院，源曾從友人親往翻校，即係明朱謀㙔等所見之本，不過多一酈序。其餘删改字句，皆係戴之僞託於《大典》，而《大典》實無其事。且恃秘閣官書，海内無從窺見，可憑城社售其臆欺。妄四也。

至趙氏《畿輔水利書》百六十卷，爲戴氏就館方制府時删成八十卷，則段氏亦不能曲諱，謂戴就方敏恪制府館半載，何能成此鉅帙？知其必有底稿，非出戴一人之手！試問戴氏《水利書》既據趙爲藍本，何以凡例中又不一字及於原書，深没其文，若同創造？是戴氏之於趙，一竊再竊，不僅月攘。宜其書至嘉慶中又爲吴江通判王履泰所竊，删改爲《畿輔安瀾志》，進呈被賞，可爲郭象之報。妄五也。

戴爲婺源江永門人，凡六書、三禮、九數之學，無一不受諸江氏，有同門方晞所作《羣經補義序》稱曰「同門戴震」可證。及戴名既盛，凡己書中稱引師説，但稱爲同里老儒江慎修，而不稱師説，亦不稱先生。其背師盜名，合逢蒙齊豹爲一人，則攘他人之書，猶其罪之小者也！平日譚心性，詆程朱，無非一念争名所熾。其學術心術均與毛大可相符。江氏亦不願有此弟子也。

《唐石經考異》分部

綜　述

孫毓修《唐石經考異跋》 《唐石經考異》不分卷，錢大昕撰。按：大昕字曉徵，號辛楣，又號竹汀。嘉定人。乾隆乙丑進士，官至少詹事。歸田後歷主鍾山、婁東、紫陽書院。里居三十年。六經、百家無所不通，蔚爲著述。事迹詳國史《儒林傳稿》。熹平以後所立《石經》，今悉不存。惟唐太和石壁二百廿八石尚在，後唐雕版實依之。句度鈔寫，爲近世版本之祖。乃閲宋、元、明，未有過而問者。顧氏炎武始一讀之，然誤以王堯惠等補字爲正本，又惑于裝潢者所顛倒舛錯，且刺取亦多未備。

嘉慶間，嚴氏可均撰《唐石經校文》十卷，發凡起例，極爲詳盡。不知錢氏之書已開其先，如斥旁添字之謬誤，辨磨改字之異同，又據石本以正版本，皆精審不苟，發前人所未發。

其書未經刊行，流傳絶少。此爲袁又愷手寫本，復經臧鏞堂、顧千里、瞿木夫諸人籤校，洵爲秘帙。惟夾籤殘闕失序，至不可讀，董而理之，爲《唐石經考異補》

附于卷末。大約《易》、《詩》、《書》出臧氏手，《三禮》以下則未詳其名，俱有顧、瞿二氏按語。顧氏于臧氏語頗多詆諆，由所見有不同也。戊午九月，無錫孫毓修跋。

傳記

江藩《國朝漢學師承記》卷三　錢大昕，字曉徵，一字辛楣，又號竹汀。先世自常熟徙居嘉定，遂爲嘉定人。生而穎悟，讀書十行俱下。年十五，爲諸生，有神童之目。時紫陽書院院長王侍御峻詢嘉定人材於王光禄西沚，以先生對。先生，西沚之妹壻也。侍御告之巡撫雅蔚文，檄召至院中，試以《周禮》、《文獻通考》兩論，下筆千言，悉中典要，侍御歎爲奇才。乾隆十六年，高宗純皇帝南巡，獻賦行在，召試舉人，以内閣中書補用。在京師與同年長洲褚寅亮、全椒吴朗購明九章算學，及歐羅巴測量弧三角諸法。時禮部尚書大興何翰如久領欽天監事，精於推步，時來内閣與先生論李氏、薛氏、梅氏及西人利瑪竇、湯若望、南懷仁諸家之術，翰如遜謝，以爲不及也。

先是，在吴門時，與元和惠定宇、吴江沈冠雲兩徵君游，乃精研古經義聲音訓詁之學，旁及壬遁、太乙、星命，靡不博綜而深究焉。乾隆十九年莊培因榜，成進士，散館，授編修。二十三年大考翰林，以二等一名擢右贊善，尋遷侍讀。二十八年，又以大考一等三名擢侍講學士，充日講起居注官。三十七年，改補侍讀學士。其年冬，擢詹事府少詹事。純皇帝深知爲績學之士，官侍讀學士時即命入直上書房，授皇十二子書。又奉敕修《熱河志》、《續文獻通考》、《續通志》、《一統志》、《天毬圖》，皆預纂修之列。己卯、壬午、乙酉、甲午，充山東、湖南、浙江、河南主考官。庚辰、丙戌，充會試同考官。主考河南之年，授廣東學政。明年夏，以丁外艱歸。先生淡於名利，慕邴曼容之爲人，嘗謂官至四品，可以歸田，故奉諱家居之後，即引疾不出矣。嘉慶四年，今上親政，垂詢大昕家居狀，朝貴寓書敦勸還朝，婉言謝之。嘉慶九年十月二十日，卒於紫陽書院，年七十有七。

震鈞《國朝書人輯略》卷五《錢大昕》　字及之，又字曉徵，號辛楣，又號竹汀。江蘇嘉定人。乾隆甲戌進士，官少詹事。先生平生著述等身，博於金石，尤精漢隸。《墨林今話》。

雜録

錢林《文獻徵存録》卷九《袁廷檮》　又云：「且顧《微子之命》叙，故特言默殷命也。」據此，則《正義》本實有「命」字。近見錢少詹《唐石經考異》云：「『將黜殷』下，本有『命』字，後摩改。」因取舊藏石經檢視，「作」字之旁，猶留「命」字右偏之波磔。「誥」字既移第二行之末矣，而第三行之首，猶有摩未盡之「誥」字具存。此摩改之明徵也。

《山海經新校正》分部

綜述

畢沅《山海經新校正序》　《山海經》作於禹、益，述於周、秦。其學行於漢，明於晉，而知之者魏酈道元也。《五藏山經》三十四篇，實是禹書。禹與伯益主名山川，定其秩祀，量其道里，類别草木鳥獸。今其事見於《夏書・禹貢》、《爾雅・釋地》及此經《南山經》已下三十四篇。《爾雅》云「三成爲昆侖丘」，「絶高爲之京山」，「再成，英」，「鋭而高，嶠」，「小而衆，巋」，「屬者，嶧」，「獨者，蜀」，「上正，章」，「山脊，岡」，「如堂者，密」，「大山宫小山，霍。小山别大山，鮮。山絶，陘」，「山東曰朝陽」，皆禹所名。桉此經有昆侖山、京山、英山、高山、歸山、嶧皋之山、獨山、章山、岡山、密山、霍山、鮮山、少陘山、朝陽谷，是其山也。《夏書》云「奠高山大川」，孔子告子張，以爲牲幣之物，五嶽視三公，小名山視子男。桉此經云，凡某山至某山，其祠之禮，何用何瘞，糈用何，是其禮也。《列子》引「夏革云」，吕不韋引「伊尹書云」，多出此經。二書皆先秦人著，夏革、伊尹又皆商人，是故知此三十四篇爲禹書無疑也。《海外經》四篇，《海内經》四篇，周、秦所述也。禹鑄鼎象物，使民知神姦，桉其文有國名，有山川，有神靈奇怪之所際，是鼎所圖也。鼎亡於秦，故其先時人猶能

説其圖，以著于册，劉秀又釋而增其文，是《大荒經》以下五篇也。《大荒經》四篇釋《海外經》，《海内經》一篇釋《海内經》。當時漢時所傳，亦有《山海經圖》，頗與古異，秀又依之爲説，即郭璞、張駿見而作讚者也。劉秀之表《山海經》云「可以考禎祥變怪之物，見遠國異人之謡俗」。郭璞之注《山海經》云「不怪所可怪，則幾於無怪矣；怪所不可怪，則未始有可怪也」。秀、璞此言，足以破疑《山海經》者之惑，而皆不可謂知《山海經》。何則？《山海經・五藏山經》三十四篇，古者土地之圖，《周禮》大司徒用以周知九州之地域，廣輪之數，辨其山林、川澤、丘陵、墳衍、原隰之名物。《管子》「凡兵主者，必先審知地圖。轘轅之險，濫車之水，名山、通谷、經川、陸陸、丘阜之所在，苴草、林木、蒲葦之所茂，道里之遠近」，皆此經之類。故其書世傳不廢，其言怪與不怪，皆末也。《南山經》其山可考者，惟䧿山、句餘、浮玉、會稽諸山。其地漢時爲蠻中，故其他書傳多失其跡也。《西山經》其山率多可考，其水有河，有渭，有漢，有洛，有涇，有符禺，有灌，有竹，有丹，有楚，有洋，有弱，有洱，有辱，有諸次，有端，有生，有濫，是皆雍、梁二州之水，見於經傳。其川流沿注，至今質明可信者也。《北山經》其山皆在塞外，古之荒服，經傳亦失其跡，而有泑澤及河原可信。《北次三經》以下，其山亦多可考，其水有汾，有酸，有晉，有勝，有狂，有修，有雁門，有聯，有教，有平，有沁，有嬰侯，有淇，有黄，有洹，有釜，有歐，有清漳、濁漳，有涑，有牛首，有泜，有槐，有彭，有虖沱，有滋，有寇，是皆冀州之水，見于經傳。其川流沿注，又至今質明可信者也。《東山經》其山水多不可考，而有泰山，有空桑之山，有濼水，有環水，是爲青州之地也。《中山經》起薄山，是禹所都，故其山水之名尤著。水有渠豬，有滂，有潏，有少，有伊，有即魚，有鮮，有陽，有菱，有墠渚，有畛，有正回，有兩滽滽，有甘，有虢，有浮豪，有熒洛之洛，有元扈，有户，有良餘，有乳，有龍餘，有黄酸，有交觸，有俞隨，有轂，有謝，有少，有瞻，有波，有惠，有澗，有豪，有共，有厭染，有橐，有譙，有菑，有湖，有門，有藉姑，有明，有狂，有來需，有合，有休，有汜，有器難，有太，有役，有沫，是皆豫州之水。《中次八經》起景山，有睢，有漳，有浘。《中次九經》有緜洛之洛，有岷江、南江、北江，有湍，有淯，有潕，有清泠淵，有涀，有汝，有殺，有澧，有淪，有澧、沅、湘、九江，是皆荆州之水，見于經傳。其川流沿注，又至今質明可信者也。郭璞之世，所傳地里書尚多，不能遠引。今觀其注釋山水，不校道里，其有名同實異，即云今某地有某山，未知此是非。又《中山經》有牛首之山及勞、潏二水，在今山西浮山縣境，而妄引長安牛首山及勞、潏二水。霍山近牛首，則在平陽，而妄多引灊及羅江、鞏縣之山。其疏類是。酈道元作《水經注》，乃以經傳所紀方土舊稱，考驗此經山川名號，校其涂數，十得者六。始知經云東西道里，信而有徵，雖今古世殊，未嘗大異，後之撰述地里者多從之。沅是以謂其功百倍于璞也。然酈書所著，僅述水道所逕，而其他山水，紀傳所稱，足爲經證者，亦閒有焉。《西山經》有女牀之山，薛綜云：「在華陰西六百里。」今山不可考，而道里則合于經也。《西次三經》云「洱水注洛」，《隋書・地理志》云：「洛原縣有洱水。」必其水也。《北次三經》云「泜水注彭水」，《隋書・地理志》云：「房子有彭水。」亦必其水也。又《太平寰宇記》云「保安軍有吃莫川，注洛，其水不勝船筏，今在陝西靖邊縣」，校《西次三經》有弱水注洛，其川流既同，又名弱水，合于不勝船筏之説，亦必其水也。《海内經》凌門之山當即龍門之山，今陝西韓城是。楊汙之山當即秦之楊紆，今陝西潼關是。而古今地里家疑其域外，是由漢、魏以來，不知聲轉，斯爲謬也。凡此諸條，皆郭璞所不詳，道元所未取，又沅之有功於此經者也。又《山海經》未嘗言怪，而釋者怪焉。經説鴟鳥及人魚，皆云人面。人面者，略似人形，譬如經云鸚母狌狌能言，亦略似人言。而後世圖此，遂作人形。此鳥及魚，今常見也。又「崇吾之山有獸焉，其狀如禺而文臂，豹虎而善投，名曰舉父」，郭云：「或作『夸父』。」校之《爾雅》，有貜父，善顧。是即蠔猱之屬。「舉」、「夸」、「貜」三聲相近，郭注二書，不知其一，又不知其常獸，是其惑也。以此而推，則知《山海經》非語怪之書矣。又經所言草木治疾，多足證發《内經》。沅雖未達，是知非後人所及也。《海外》、《海内經》八篇，多雜劉秀校注之辭，詳求郭意，亦不能照酈道元注《水經》，多連引其文，今率細書以别之。沅不敏，役于官事，校注此書，凡閲五年，自經傳子史、百家傳注，類書所引，無不徵也。其有闕略，則古者不著，非力所及矣。既依郭注十八卷，不亂其例，又以考定目録一篇附于書。其云「新校正」者，仿宋林億之例，不敢專言牋注，將以俟後之博物也。乾隆四十六年九月九日。

孫星衍《山海經新校正後序》 秋颿先生作《山海經新校正》，其考證地理，則本《水經注》，而自九經箋注、史家地志、《元和郡縣志》、《太平寰宇記》、《通典》、《通考》、《通志》，及近世方志，無不徵也。自漢以來，未有知《山海經》爲地理書，司馬遷云「所有怪物不敢言」，班固云「放哉」。鄭玄注《尚書》，用《河圖》地説、《地理志》，班固著《地理志》，用《禹貢》、桑欽説，而皆不徵《山海經》。然則劉秀稱文學大儒皆讀學以爲奇，不過以考禎祥變怪之物耳。酈道元所稱，有《太康地志》、《十三州記》、《晉書地道記》等書。山名水源，多有自古傳説，合于經證。李吉甫諸人亦取諸此，以此顯經，故足據也。先生開府陝西，假節甘肅，粤自崤函以西，玉門以

外，無不親歷。又嘗勤民灑通水利，是以《西山經》四篇、《中次五經》諸篇，疏證水道爲獨詳焉。常言《北山經》泑澤、涂吾之屬，聞見不誣。惜在塞外，書傳少徵，無容附會也。其《五藏山經》，郭璞、道元不能遠引，今輔其識者，奚啻十五，恐博物君子，無以加諸。星衍嘗欲爲《五藏經圖》，繪所知山水，標今府縣，疑者則闕，顧未暇也。先秦簡册，皆以篆書，後乃行隸，偏旁相合，起于六代，六書之義，假借便亡。此書甚者，「大䓘山」之「䓘」，「𡸣𡸣」之「𡸣」，「蒲鷜」之「鷜」，偏檢唐、宋字書，都無所見。今考「䓘」即「苦」字，「𡸣」、「鷜」則未聞。後世字書乃遂取經俗寫，以廣字例。其有知者，反云依傍字部，改變經文，此以不狂爲狂。先生若蚩鼠云「當爲嵩」，涔水云「當作涻」，樗木云「當作枰」，其類引據書傳，改正甚多，寔是漢、唐舊本如此，古今讀者，不加察核。又如「淩門」之爲「龍門」，「帝江」之爲「帝鴻」，「舉父」之爲「玃父」，此則聲音文字之學，直過古人。星衍夙著《經子音義》，以補陸氏德明《釋文》，有《山海經音義》二卷，及見先生，又焚筆硯。若《海外經》已下諸篇，雜有劉秀校注之詞，分別其文，降爲細字，其在近世，可與戴校《水經》並行不倍。先生又謂星衍：孔子曰「多識于鳥獸草木之名」，多莫多于《山海經》。神農《本草》載物性治疾甚詳，此書可以證發。遇物能名，儒者宜了。惜未優游山澤，深體其原，以俟他時案經補疏。世有知者，冀廣異聞。然則先生勤學好問之心，又非星衍所能傳已。乾隆四十八年癸卯二月廿六日，陽湖後學孫星衍書於陝西節院長歡書屋。

阮元《揅經室三集》卷五《郝户部山海經箋疏序》 畢氏校本于山川考校甚精，而訂正文字尚多疎略。

傳記

錢大昕《潛研堂文集》卷四二《太子太保兵部尚書湖廣總督世襲二等輕車都尉畢公墓誌銘》 嘉慶二年秋七月庚午，兵部尚書、湖廣總督、世襲輕車都尉鎮洋畢公以疾終於辰陽行館。公久在行間，勛勞懋著，及移駐楚南，籌畫善後之策，苗境敉寧。上聞公積勞遘疾，手足不仁，即馳賜上藥，諭以安心調攝。公自念受恩深重，且當三楚多事，不敢以私誤公，力疾視事，有加無瘳，遂致不起。遺疏入告，九重軫恤，加贈太子太保，諭祭如禮。文通武達，生榮死哀，可謂令德考終也已。諸孤奉公靈歸吴門里第，越明年三月十有八日，卜新阡於吴縣靈巖鄉上沙里，以元配汪夫人祔，禮也。大昕與公同里閈，先後入館閣，論文道古，數共晨夕。晚歲雖雲泥分隔，而公不忘久要，書問屢至，每有撰述，必先寄示。兹諸孤述遺言，請文刻諸貞石，大昕泫然不敢辭。

按狀：公諱沅，字纕蘅，一字秋帆，自號靈巖山人。先世居徽之休寧，明季避地蘇之崑山，又徙太倉州，後析置鎮洋縣，遂占籍焉。【略】

公識量閎遠，喜愠不形於色，遇僚屬以禮，議事不執己見，人人皆得盡其言。若大疑難事，衆莫識所措者，公沈機立斷，雖萬口不能奪。久莅方面，職事修舉，不以察察爲明，亦不以煦煦要譽。所薦拔多至大僚，或在同列，亦未嘗引爲己功。公天性純孝，既貴，自傷禄不逮養，賴母氏教誨成立，迎養官齋，修潔白之膳。及張太夫人棄世，遇諱日，哀慕出涕。嘗陳情上前，御賜「經訓克家」四大字，隨於靈巖南麓築樓以奉御書，旁建張太夫人祠堂，俾子孫毋忘所自。與竹癡、梅泉兩弟，友愛無間，視諸姪如己子。兩妹早寡，爲置產贍其孤甥，俾克有成。生平篤於故舊，尤好汲引後進，一時名儒才士，多招致幕府，公務之暇，詩酒唱酬，登其門者以爲榮。

性好著書，雖官至極品，鉛槧未嘗去手。謂經義當宗漢儒，故有《傳經表》之作。謂文字當宗許氏，故有《經典文字辨正書》及《音同義異辨》之作。謂編年之史，莫善於涑水，續之者有薛、王、徐三家，徐雖優於薛、王，而所見書籍猶未備，且不無詳南略北之病，乃博稽羣書，攷證正史，手自裁定，始宋訖元，爲《續資治通鑑》二百二十卷，别爲《攷異》附於本條之下，凡四易稿而成。謂史學當究流别，故有《史籍攷》之作。謂史學必通地理，故於《山海經》、《晉書地理志》皆有校注，又有《關中勝蹟圖記》、《西安府志》之作。謂金石可證經史，宦跡所至，搜羅尤博，有《關中、中州、山左《金石記》。詩文下筆立成，不拘一格，要自運性靈，不違大雅之旨，有《靈巖山人詩集》四十卷，《文集》八卷。

張維屏《國朝詩人徵略》卷三七《畢沅》 字緗蘅，號秋帆，江南鎮洋人。乾隆二十五年賜進士第一人。官湖廣總督，贈太子太保。有《靈巖山人集》。《關中勝蹟圖志》，陝西巡撫畢沅所進。其書以郡縣爲經，以地理、名山、大川、古蹟四子目爲緯，而以諸圖附於後。援據考證，各附本條，具有始末。《四庫提要》。

秋帆制府愛才下士，又好刻書。惠定字徵君所著經説，悉爲剞劂。生平有幹濟材，在陝重建省城，又修華陰太白祠及涇渠。在豫開賈魯河，修桐柏淮源廟。《湖海詩傳》。

雜録

張之洞《書目答問》卷二　《山海經》十八卷。畢沅校。經訓堂本。

《石經考文提要》分部

綜述

許宗彦《石經考文提要跋》　石經始於漢，而殘字僅存。唐石經雖在，然以後人改補，轉失其真。高宗純皇帝敦崇經術，乾隆五十六年，命刊立石經，以詔示天下萬世。其時校勘諸臣，據欽定御纂本及内府所藏宋元舊刻，以訂監本之譌，刊石既竟，大司空彭芸楣師，仿唐張參《五經文字》例，别撰《考文提要》，每經爲一卷，凡十三卷。少司農阮芸臺師謂宗彦曰：「石經列在太學，鄉曲之士或不能盡見，而正譌補脱，畧具《提要》中，使學者先見此書，不至爲坊本所惑，由是以窺石經之涯涘，亦高宗純皇帝嘉惠士林之至意也。」爰録本而授之梓。嘉慶四年冬十月，兵部車駕司額外主事許宗彦謹跋。

傳記

李元度《國朝先正事略》卷一七　彭公元瑞，字掌仍，一字輯五，號芸楣，南昌人。乾隆二十二年進士，由編修入直南書房，官至工部尚書、協辦大學士，贈太子太保，予謚文勤。公天才敏贍，與紀文達公同有才人之目。早直西清，疊司文枋，所作應奉文字，婉麗清新，蒙獎賚不次，而恭跋高宗御製《全韻詩》，乃集《千字文》爲之。又撰乾清宫前燈詞，駢語尤奇麗。上賜以貂裘端硯，中外榮之。雖爲和珅所齕，而恩眷始終不替，尤可想其風節云。著有《恩餘堂稾》。所選宋人四六，藝林争傳誦焉。子邦疇，官侍讀學士。

雜録

楊紹和等《海源閣書目・經部》　《石經考文提要》十三卷。清彭元瑞撰。清嘉慶四年許宗彦刻本。二册。

又　《石經考文提要》十三卷。清彭元瑞撰。清嘉慶四年許宗彦刻本。四册。

《元史本證》分部

綜述

汪輝祖《元史本證序》　予録《三史》同名，閲《元史》數周，病其事跡舛闕，音讀歧異，思欲略爲釐正，而學識淺薄，衰病侵尋，不能博攷羣書，旁搜逸事，爲之糾繆拾遺。因於課讀之餘，勘以原書，疏諸别紙，自丙辰創筆，迄於庚申，流覽無閒，刺取寖多，遂彙爲一編，區以三類：一曰《證誤》，一事異詞，同文疊見，較言得失，定所適從，其字書爲刊寫脱壞者，弗録焉；二曰《證遺》，散見滋多，宜書轉略，拾其要義，補於當篇，其條目非史文故有者，弗録焉；如《藝文志》、《國語解》之類。三曰《證名》，譯無定言，聲多數變，輯以便覽，藉可類求，其漢語之彼此訛舛者，弗録焉。凡斯數端，或舉先以明後，或引後以定前，無證見則弗與指摘，非本有則不及推詳，爰取陳第《毛詩古音攷》之例，名之曰《本證》。曩者《三史同名録》草稾初成，子繼培復爲增補，因將《證名》一門并令校録，有及《證誤》、《證遺》亦録之。時賢訂《元史》者，錢宫詹《攷異》最稱精博，戊午暮秋，始得披讀。凡以本書互證，爲鄙見所未及者，悉采案詞分隸各卷，不辭誚于竊取，幸免恥于攘善。自維桑榆景迫，梨棗功艱，强記日疎，求正益切。去夏《同名録》竣工，隨取是編重加排比，付諸剞劂。非

敢規前人之過，銜其所長，庶逮聞大雅之言，補吾所短。若夫假以餘年，益所新得，此則區區之志，所不能自必者也。嘉慶七年歲在壬戌正月三日蕭山汪輝祖叙。

錢大昕《元史本證序》 讀經易，讀史難。讀史而談褒貶易，讀史而證同異難。證同異於漢、魏之史易，證同異於後代之史難。昔温公《資治通鑑》成，惟王勝之假讀一過，他人閲兩三紙輒欠伸思卧，況宋、元之史文字繁多，雖頒在學官，大率束之高閣。文多則檢閲難周，又鮮同志相與商榷者，則鑽研無自。即有譔述，世復不好，甚或笑其徒費日力。史學之不講久矣！僕少時有志於此，晨夕擕一編隨手紀録，於《元史》得《攷異》十五卷，自媿搜索未備。今老病健忘，舊學都廢。頃汪君龍莊以所著《元史本證》若干卷寄示，竊喜天壤間尚有同好。而龍莊好學深思，沿波討源，用力之勤，勝於予數倍也。

《本證》之名昉於陳季立《詩古音》，然吴廷珍《新唐書糾繆》已開其例矣。歐宋負一代盛名，自謂事增文簡，既精且博，廷珍特取記、志、表、傳之文彼此互勘，而罅漏已不能掩。若明初史臣，既無歐宋之才，而迫於時日，潦草塞責，兼以國語繙譯，尤非南士所解。或一人而分兩傳，或兩人而合一篇，前後倒置，黑白混淆，謬妄相沿，更僕難數。而四百年來，未有著書以規其過者，詎非藝林之闕事歟？廷珍求入史局弗得，年少負氣，有意吹求，其所指摘往往不中要害。龍莊則平心静氣，無適無莫，所立《證誤》、《證遺》、《證名》三類，皆自攄新得，實事求是，不欲馳騁筆墨，蹈前人輕薄褊躁之弊。此所以有大醇而無小疵也。

攷史之家，每好搜録傳記小説，矜銜奥博，然羣言殽亂，可信者十不二三。就令采擇允當，而文士護前，或轉謂正史之有據。兹專以本史參證，不更旁引，則以子之矛刺子之盾，雖好爲議論者，亦無所置其喙。懸諸國門以待後學，不特讀《元史》者奉爲指南，即二十三史皆可推類以求之。視區區評論書法，任意褒貶，自詭於《春秋》之義者，所得果孰多哉！嘉慶七年歲次壬戌四月辛丑朔嘉定錢大昕書。

周中孚《鄭堂讀書記》卷一五《元史本證》五十卷嘉慶壬戌刊本 國朝汪輝祖撰。後十四卷，其子繼培所補也。輝祖字焕曾，號龍莊，蕭山人。乾隆乙未進士。官湖南寧遠縣知縣。繼培字因可，號厚叔。嘉慶乙丑進士。官吏部主事。龍莊閲《元史》數周，病其事蹟舛闕，音讀歧異，因勘以原書，疏證别紙，後彙爲一編，區以三類：一曰《證誤》，爲卷二十三。二曰《證遺》，爲卷十三。三曰《證名》，爲卷十四。凡斯數端，或舉先以明後，或引後以定前，無證見則弗與指摘，非本有則不及推詳。爰取陳季立《毛詩古音攷》之例，名之曰《本證》。皆自攄新得，實事求是，不欲馳騁筆墨，蹈前人輕薄褊躁之弊，此所以有大醇而無小疵也。其證名一門，并令厚叔增補，有及證誤、證遺者亦録之，猶范氏注《穀梁》，録及邵泰雍凱之説云爾。又于時賢之訂《元史》者，獨取錢竹汀《攷異》，凡以本書互證，爲是編所未及者，悉采案詞，分隸各卷，以臻美備。是不特讀《元史》者當奉爲指南，即二十三史皆可推類以求之矣。書成于嘉慶壬戌，自爲之序，又屬竹汀爲之序。

傳記

王宗炎《汪龍莊行狀》 君姓汪氏，諱輝祖，字焕曾，號龍莊，晚號歸廬。【略】君邃於史，尤留意名姓之學，謂古者書記姓名而已，後世春秋家有王侯大夫諸譜，班氏《古今人表》，蓋其遺意，而後遂失傳也。乃以姓統名，爲《史姓韻編》六十四卷。讀新、舊《唐書》，以梁元帝、余寅書例，録姓名之同者以辯其異。次及新、舊五代、宋、遼、金、元、明諸史，爲《九史同姓名略》七十二卷。歸里以後，復通校全史，彙爲《二十四史同姓名録》一百六十卷，仿楊慎《希姓録》、單隆周《希姓補》，爲《二十四史希姓録》四卷。遼、金、元三史人名之取國語者，不盡繫姓，别爲《三史同名録》四十卷。《元史》之成最爲艸略，紀、傳、志、表參録歧誤，援彼證此，爲《元史本證》五十卷。《元史》脱誤難讀，以官本校明南、北監本，爲《元史正字》八卷。讀史有得，録於簡端，爲《讀史掌録》十二卷。應場屋所業，爲《策拾》十卷。乾隆丁丑，在江南，記南巡時所集大小船名若式，爲《舟見録》一卷。家牒浩穰，檢記爲難，節録近蜀，附以行略，爲《汪氏追遠録》八卷。推兩母之志，編訪同郡八縣婦女貞孝節烈，力不能請旌者，録册上學使者，扁表其門，行册於縣，以裨志表，爲《越女表微録》六卷，《續録》一卷。答甥孫繼蕃問習幕之道，爲《佐治藥言》一卷，《續佐治藥言》一卷。官寧遠時，病俗未醇美，思户知家諭，隨事興革，爲《善俗書》一卷，裒窮嫠以示風教，爲《春陵褒貞録》一卷。戊申、己酉兩爲湖南鄉試同考官，記闈中瑣事，爲《藍豪隨筆》一卷，《載筆》一卷。居長沙一年，有問政者，爲《學治肊説》二卷；答慎咸熙問，爲《續説》一卷；答徐秉銓問，爲《説贅》一卷。追述先世嘉言、善行、生平，師友及立身行己之要示子孫，爲《庸訓》六卷。雜記聞見，閒涉攷證，爲《過眼雜録》二卷，《詒穀燕談》四卷。病間感異夢，記生平行事以自質，爲《病榻夢痕録》二卷。其後續有所記，爲《録餘》一卷。

君讀書貴通大義，不好章句瑣碎，所謂者，金玉、布粟、藥石也，實有濟於用，其道易知，其迹易由，其事盡人能之，其業終身莫能竟，惟君則皆身所履心所得也。古者學以成德，仕以行義，後世經述事功，歧而爲二，而學與仕違，文章道德，歧而爲二，而學與行又戾，求其兼長，必至互絀。君事親爲孝子，佐治爲名幕，入官爲良吏，里居爲鄉先生，教子孫爲賢父師，可謂有德有言學優而仕者已。

李元度《國朝先正事略》卷五三《汪龍莊大令事略》 汪君名輝祖，字煥曾，號龍莊，浙江蕭山人。父楷，官河南淇縣典史。君年十一而孤，繼母王、生母徐教之成立，世稱汪氏兩節母。君才識開敏，十七補縣學生，練習吏事，前後入諸州縣幕佐其治，疑難紛淆，一覽得要領。尤善治獄，倅境揣形，多所全活。以其略讀書。乾隆三十一年成進士，授湖南甯遠知縣。縣雜瑶俗，積逋而健訟，前令被訐去，攝者務姑息，莠民益伺閒爲挾持地，流丐强横，勢洶洶。君下車即掩捕其尤，而驅餘黨出境。徵賦期迫，君爲文告諭民，剴切誠至，讀之慙且感，相戒無負好官，不逾月而賦額足。治事廉平，尤善色聽，剖條發蘊，不爽錙銖。及其援據比傅，律之所窮，通以經術，所決獄詞皆曲當。人藉藉頌神明，而君益欿然，按事畢，輒問堂下觀者曰：「允乎？」僉曰：「允矣。」遇罪人當予杖，輒呼之前曰：「若律不可逭，然若受父母膚體，柰何行不肖虧辱之？」再三語，罪人泣，君亦泣，或對簿者反代請得免，卒改行爲善良。延見紳耆，問民間疾苦，所語皆籍記之。教民廣種殖，導以興禮讓，惜廉恥。誡昏禮煩費，而民知儉。禁喪禮用酒，而民知哀。俗丕變。歲復屢稔，乃復行鄉飲酒賓興禮，建節孝祠，行保甲，政聲大播。他邑有訟，聞移君鞫之，則皆喜。甯遠例食淮鹽，直數倍於粵鹽，民多食粵私，大府遣營弁偵捕，人情惶擾。君爲帖白上官，請改淮引爲粵引，久之未報，君引例張示：「零鹽不及十斤者聽。」偵弁謂君故縱私，聞於總督，君復揭辨，謂縣官當綏靖地方，張示諭民，勢非得已。揭上，總督畢公沅尤嘉賞，立弛零鹽禁，時偉其議，稱莽知縣云。官甯遠未及四年，以足疾請告。時大吏已疏調君善化，疑君規避，劾免歸。民走送境上，老幼泣擁輿不得行。君歸里，值西江塘圮，闔數邑水利，巡撫長麟公先後遣官勸君董其事，不獲辭。初估工費錢二萬八千九百緡，用君議，增工倍而省錢六千三百緡，工用堅，實爲永利。君渡江一謝巡撫，歸而閉户讀書，不問外事。嘉慶元年，詔舉孝廉方正，邑人以君應，固辭免。君少尚志節，老而愈厲，持論挺特不可屈，而從善如轉圜。性至孝，痛父早殁，兩母茹苦鞠孤，撰父母行狀，乞天下能文章者表之，得傳、志、銘、誄、賦、詩數千百篇，彙爲《雙節堂贈言集》六十二卷。自以孤子所繫甚重，故於守身之義，懍懍自防，終其身罔敢隕越。官私一介不取，而不以所守自矜。有譽之者，君怫然曰：「爲淑女褰修，而稱其不淫，可乎？」所交多老宿，以道誼文章相切劘，尤邃於史，著有《元史本證》五十卷，《讀史掌録》十二卷，《史姓韻編》六十四卷，《九史同姓名略》七十二卷，《二十四史同姓名録》百六十卷，《二十四史希姓録》四卷，《遼金元三史同名録》四十卷，《龍莊四六稾》二卷，《紀年》、《獨吟草》各一卷，《題衫集》三卷，《辛辛草》四卷，《岫雲初筆》二卷，《楚中雜詠》四卷，《歸盧晚稾》六卷，《汪氏追遠録》八卷，《越女表微録》七卷，《善俗書》一卷，《庸訓》六卷，《過眼録》二卷，《詒穀燕談》三卷。其尤著者，《學治臆説》四卷，《佐治藥言》二卷，言吏治者多宗之。阮文達撫浙及豫，皆刻行其書，下有司俾爲法式。嘉慶十二年卒，年七十有八。子繼芳，丙午舉人。四子繼培，乙丑進士，吏部主事。

《蜀石經毛詩考異》分部

綜述

吴騫《蜀石經毛詩考異序》 石經自漢東都太學始立，迨乎唐宋，不下六七刻。中間惟後蜀孟氏廣政中寫刊，光稱善本，故朱子注《論語》，亦嘗引以爲説。顧自益都淪覆，石久散佚，後世獲其殘編斷搨，不翅珍爲祕笈。昔錢塘厲徵士鶚見蜀石經毛詩殘本于南華堂趙氏，同人賦詩以紀其異，自後此帖不知流落何所。昨歲予友仁和魏叔子鉽復獲二卷于舊肆，今轉歸于吴趍黄孝廉丕烈，予因得傳鈔而讀之。惜卷首《周南》以下闕，至《召南·鵲巢》之箋始，迄于二卷終《二子乘舟》止，每卷有朱文方印云「□□□□□敬以此書義助於浙江杭州府武林門外廣仁義塾永遠爲有志之士公讀者」，凡五行三十五字，闕五字。蓋武林黄氏樹穀先世所藏，不知何時助于義塾。樹穀本明參議汝亨之後，此豈其所遺邪？然百餘年來，展轉流傳，仍歸黄氏，亦可異也。予細爲讎校，經文字句不同者，已不下十餘。合之厲詩所舉「惄如輖饑」之「輖」字，未審皆在晁公武所舉四十七科之内者否。至毛傳、鄭箋，更不勝更。僕數雖其間衍脱譌舛，要亦不免，然究優于世本遠矣。即如小序下注本

無「箋」字，據《七經孟子考文》云：「謹案：『箋云』二字，鄭申毛傳，所以别之也。毛不註序，無可辨嫌，故序註本無『箋』字，後世諸本不知而妄加，非亦甚矣。其詳見于孔穎達《正義》、陸德明《釋文》，必如古本爲是。」今此本獨否，即其合古之一端也。晁氏作《蜀石經攷異》，而張奐又作《註文攷異》四十卷，惜今皆不可見，輒因誦習之暇，爲校其同異，附石經之末，以俟留心古訓者。

陳鱣《蜀石經毛詩考異序》 《蜀石經毛詩》二卷，吾友錢唐魏君禹新客震澤，得之苕谿書賈者，復爲一賈以它物易去，今歸吴中黄君紹甫，裝以藏經箋，函以香楠木，目爲鎮庫之寶。余與禹新嘗同客震澤，近余雖客吴，然書札往來無虚月，禹新凡有所得，靡不告余者，獨此余不及知，殆有數存乎其間耶？猶幸不歸它人而歸紹甫，更能保守是册。既得之後，急以示余，屬其影寫一本，蓋余曾箸《石經説》，見此不啻獲一珍珠船也。未幾，自吴携呈兔牀先生，先生欣然賞之，遂作《攷異》二卷，以證今本之失，可爲蜀石經之功臣矣。卷中「察」字缺筆，避孟知詳祖諱，獨怪知祥父名道，而「道」字又不缺筆。攷《蜀檮杌》云：「知祥父名巘。」今以此證之，則非名道。紹甫曰：「惜不見《公劉篇》『陟則在巘』之字一辨之也。」嘉慶九年冬十二月望日，陳鱣記于津逮舫。

傳記

葉昌熾《藏書紀事詩》卷五 爲慕一廛藏百宋，更移十架庋千元。生兒即以周官字，俾守楹書比孝轅。吴騫槎客。子壽暘虞臣。孫之淳鱸鄉。姪昂駒醒園。春煦子撰。《海昌備志》：「吴騫，字槎客，號兔牀，家新倉里。篤嗜典籍，遇善本，傾囊購之弗惜，所得不下五萬卷，築拜經樓藏之，晨夕坐樓中，展誦摩挲，非同志不得登也。得宋本《咸淳臨安志》九十一卷，《乾道志》三卷，《淳祐志》六卷，刻一印曰『臨安志百卷人家』，其風致如此。子壽照，字南輝，號小尹，乾隆丙午舉鄉試。壽暘，字虞臣，槎客以宋槧《東坡先生集》授之，因自號蘇閣。取拜經樓書有題跋者，手録成帙，爲《題跋記》。虞臣子之淳，諸生，亦能守遺籍，校讀不倦。海昌百年來藏書家，若前步橋許氏之惇叙樓，今遺籍蕩然，樓亦毁矣。胡陳村胡氏華鄂堂所藏，僅有存者。獨拜經樓完好無恙，賢子孫善守之效也。」昌熾案：兔牀先生一字葵里，之淳號鱸鄉。虞臣《題東坡先生鹽官縣絶句殘碑》云：「扁舟載過蘇閣中，醃醽芸编日爲伍。」自注云：「家君得宋槧《百家注東坡先生集》，因名藏書處曰蘇閣。」蓋先以蘇詩名其閣，繼即以閣名字其子也。《東湖叢記》：「黄蕘圃主政百宋一廛，吴兔牀明經以千元十架相敵，故老風流，猶令聞者色飛眉舞。」昌熾案：拜經「十架」，諸家所記皆作插架之「架」，獨蕘圃《席上輔談跋》云：「余藏書所曰『百宋一廛』，海昌吴槎客聞之，即自題其居曰『千元十駕』，謂千部元板，遂及百部之宋板，如駑馬十駕耳。潛研老人《十駕齋養新録》，即此十駕之義。」其字作「駕」，且從而爲之辭。蕘翁同時同好，不知何以傳聞異詞也。《拜經樓藏書題跋記》：「《周禮》宋刻二十卷。」陳簡莊跋云：「槎客得此書時，適生次君虞臣，故其小字曰周官。」又管庭芬跋：「兔牀先生祖籍休寧，流寓尖山之陽，博綜好古，纂述宏富。拜經樓之藏弆，足與道古、得樹二家後先鼎峙。」嘉慶癸酉，先生年八十一下世。蘇閣父子保守遺籍，累世不怠，亦自來藏書家所難能也。《暴書雜記》：「吴春煦，字子撰，兔牀先生之姪。擩染家學，校讐極精審。其兄醒園昂駒，亦好古籍。」

《汲古閣説文訂》分部

綜述

段玉裁《汲古閣説文訂序》 《説文解字》一書，自南宋而後有二本，一爲徐氏鉉奉勅校定許氏，始一終亥，原本也；一爲李氏燾所撰《五音韻譜》，許氏五百四十部之目，以《廣韻》、《集韻》始東終甲之目次之，每部中之字，又以始東終甲爲之先後。雖大改許氏之舊，而檢閲頗易，部分未泯，勝於徐氏《篆韻譜》遠矣。自李氏而前有二本，一即鉉校定三十卷，一爲南唐徐氏鍇《説文解字繫傳》四十卷。自鉉書出，而鍇書微，自李氏《五音韻譜》出，而鉉書又微。前明一代，多有刊刻《五音韻譜》者，而刊刻鉉書者絶無，好古如顧亭林，乃云：「《説文》原本次第不可見，今以四聲列者，徐鉉等所定也。」嘻，其亦異矣！當明之末年，常熟毛晉子晉及其子毛扆斧季，得宋始一終亥小字本，以大字開雕，是亭林時非無鉉本也。毛氏所刊版，入本朝，歸祁門馬氏，在揚州者，近年又歸蘇之書賈錢姓。值國家右文，崇尚小學，此書盛行。《繫傳》四十卷，僅有傳鈔本，至難得。近杭州汪部曹啓淑雕版，亦盛行。今學者得鍇本，謂必勝於鉉本，得鉉本，謂必勝於《五音韻譜》。愚竊謂讀書貴於平心綜覈，得其是非，不當厭故喜新，務以數見者爲非，罕見者爲善也。玉裁自僑居蘇州，得見青浦王侍郎昶所藏宋刊本，既而元和周明經錫瓚盡出其珍藏，一曰宋刊本，一曰明葉石君所鈔宋本。已上三本皆小字，每葉廿行，小字夾行則四十行，每小字一行約二十萬。

四五六字不等。一曰明趙靈均均。所鈔宋大字本，即汲古閣所仿刻之本也。一曰宋刊大字《五音韻譜》。三小字宋本不出一槧，故大略相同而微有異。趙氏所鈔異處較多，稍遜於小字本。若宋刊《五音韻譜》則略同趙鈔本，而尚遠勝於明刊者。明經又出汲古閣初印本，一斧季親署云：「順治癸巳汲古閣校改第五次本。」卷中旁書朱字，復以藍筆圈之。凡其所圈，一一剜改。考毛氏所得小字本，與今所見三小字本略同，又參用趙氏大字本，四次以前微有校改，至五次則校改特多，往往取諸小徐《繫傳》，亦間用他書。夫小徐、大徐二本，字句駁異，當並存以俟定論。況今世所存小徐本，乃宋張次立所更定，而非小徐真面目。小徐真面目，僅見於黄氏公紹《韻會舉要》中，而斧季據次立剜改，又識見駑下，凡小徐佳處，遠勝大徐者，少所采掇，而不必從者，乃多從之。今坊肆所行，即第五次校改本也。學者得一始一終亥之書，以爲拱璧，豈知其繆戾多端哉！初印往往同於宋本，故今合始一終亥四宋本，及宋刊、明刊兩《五音韻譜》及《集韻》、《類篇》偁引鉉本者，以校毛氏節次剜改之鉉本，詳記其駁異之處，所以存鉉本之真面目，使學者家有真鉉本而已矣。若夫鉉之是非，以及鍇之得失，則又非專書不可明也。是役也，非明經之博學好古，多藏不吝，不能肇端。而助予繙閲者，則吴縣袁上舍廷檮也。書成，名之曰《汲古閣説文訂》。訂者，平議也。嘉慶二年七月十五日，金壇段玉裁書於姑蘇朝山墩之枝園。

嚴可均《説文訂訂序》　《汲古閣説文訂》一卷，金壇段君若膺纂。其助之者，吾友又愷袁氏也。段君素以治《説文》有聲于時，嘉慶三年，此書流播都下，都下翕然稱之。余不觀近人書，以又愷故亦寓目焉。四年春，余道經姑蘇，又愷謂余曰「《説文訂》近頗改正數事」，出新印本詒余。今年冬，余覆閲一過，如「淮南宋蔡舞嗙喻」，舊印脱「南」字；《廣韻·五支》作「攵也」，舊印「攵」誤「久」；「或訓于宋大廟」，舊印「于」誤「干」；「大徐」，舊印「大」誤「本」。諸小失皆改正。余既愛又愷之勤且慎，能助段君，能令天下之治《説文》者，獲此一編，似獲數宋本也，又服段君之援稽當而決擇明也。尚有與鄙見未合者，下六十二籤，倩友人匯録一卷，題云《説文訂訂》，以寄文愷，且就正段君。庚申孟冬，宛平嚴可均。

傳　記

李元度《國朝先正事略》卷三五《段玉裁》　段先生玉裁，字若膺，一字懋堂，金壇人，東原高第弟子也。年十三，受知學使尹元孚先生，爲諸生，授以梁谿高愈所著小學，遂究心焉。乾隆庚辰舉人，貴州玉屏知縣。越三年，改四川巫山知縣。辛丑，引疾歸，遂不復出。生平講求古義，精小學，著書滿家。行世者有《説文解字注》、《尚書撰異》、《毛詩傳小注》、《詩經小學録》、《經韻樓文集》。

《讀書雜志》分部

綜　述

王念孫《讀史記雜志序》　太史公書，東漢以來注者無多，又皆亡逸。今見存者，唯裴駰《集解》、司馬貞《索隱》、張守節《正義》而已。宋本有單刻《集解》本，有兼刻《索隱》本。明季毛氏有單刻《索隱》本。而《正義》則唯附見於震澤王氏本，其單行者不可得矣。是書傳寫或多脱誤，解者亦有踳駁，所亟宜辯正者也。近世錢少詹事大昕作《史記攷異》，詩論精核，多所發明，足爲司馬氏功臣。後有梁明經玉繩作《志疑》一書，所説又有錢氏所未及者，而校正諸表特爲細密。余鄙好此學，研究《集解》、《索隱》、《正義》三家訓釋，而參攷經史諸子及羣書所引，以釐正譌脱，與錢氏、梁氏所説或同或異。歲在丁丑，又從吴侍御榮光假宋本參校，因以付之剞劂，凡所説與錢、梁同者，一從刊削，尚存四百六十餘條。一勺之流，一卷之石，未足以言海嶽之大也。嘉慶二十二年冬十一月五日，高郵王念孫叙，時年七十有四。

又《讀管子雜志序》　《管子》書八十六篇，見存者七十六篇，中多古字古義，而流傳既久，譌誤滋多。自唐尹知章作注，已據譌誤之本强爲解釋，動輒抵牾。明劉氏績頗有糾正，惜其古訓未閑，讐校猶略。曩余撰《廣雅疏》成，則於家藏趙用賢本《管子》詳爲稽核，既又博考諸書所引，每條爲之訂正。長子引之亦婁以所見質疑，因取其説附焉。余官山東運河兵備道時，孫氏淵如采宋本與今不同者録以見示，余乃就曩所訂諸條，擇其要者商之淵如氏，淵如見而韙之。而又與洪氏筠軒稽合異同，廣爲考證，誠此書之幸也。及余《淮南子》校畢，又取《管子》書而尋繹之，

所校之條差增於舊。歲在己卯，乃手録前後諸條，並載劉氏及孫、洪二君之説之最要者，凡六百四十餘條，編爲十二卷。學識淺陋，討論多踈，補而正之，以竢來喆。嘉慶二十四年三月既望，高郵王念孫叙，時年七十有六。

又《讀荀子雜志補序》 余昔校《荀子》，據盧學士校本而加案語，盧學士校本，則據宋吕夏卿本而加案語。去年，陳碩甫文學以手録宋錢佃校本異同郵寄來都，余據以與盧本相校，已載入《荀子雜志》中矣。今年，顧澗薲文學又以手録吕、錢二本異同見示，余乃知吕本有刻本、影鈔本之不同，錢本亦有二本，不但錢與吕字句多有不同，即同是吕本，同是錢本，而亦不能盡同，擇善而從，誠不可以已也。時《荀子雜志》已付梓，不及追改，乃因顧文學所録而前此未見者，爲補遺一編。並以顧文學所考訂，及余近日所校諸條，載於其中，以質於好古之士云。道光十年五月二十九日，高郵王念孫叙，時年八十有七。

又《讀晏子春秋雜志序》 《晏子春秋》舊無注釋，故多脱誤。乾隆戊申，孫氏淵如始校正之，爲撰《音義》，多所是正，然尚未該備，且多誤改者。盧氏抱經《羣書拾補》，據其本復加校正，較孫氏爲優矣，而尚未能盡善。嘉慶甲戌，淵如復得元刻影鈔本，以贈吴氏山尊，山尊屬顧氏澗薲校而刻之，其每卷首皆有總目，又各標於本篇之上，悉復劉子政之舊，誠善本也。澗薲以此書贈予，時予年八十矣，以得觀爲幸，因復合諸本，及《羣書治要》諸書所引，詳爲校正。其元本未誤而各本皆誤，及盧、孫二家已加訂正者，皆世有其書，不復羅列。唯舊校所未及，及所校尚有未確者，復加考正。其《諫下篇》有一篇之後脱至九十餘字者，《問上篇》有併兩篇爲一篇，而删其原文者。其他脱誤及後人妄改者尚多，皆一一詳辯之，以俟後之君子。道光十一年三月九日，高郵王念孫叙，時年八十有八。

王引之《顧校淮南子序》 歲在庚辰，元和顧澗蘋文學寓書於顧南雅學士，索家大人《讀書雜志》，乃先詒以《淮南雜志》一種，而求其詳識宋本與《道藏》本不同之字，及平日校訂是書之譌，爲家刻所無者，補刻以遺後學。數月書來，果録宋本佳處以示，又示以所訂諸條，其心之細、識之精，實爲近今所罕有。非孰於古書之體例而能以類推者，不能平允如是。家大人既以數年之力，校成《淮南雜志》，而又得文學所校以補而綴之，蓋至是搜剔靡遺矣。今年將補刻所校，爰揚搉之以爲讀書者法。道光元年二月既望，高郵王引之叙。

又《讀書雜志餘編序》 先子所著《讀書雜志》十種，自嘉慶十七年以後陸續付梓，至去年仲冬甫畢。中月而先子病没，敬檢遺稿十種而外，猶有手訂二百六十餘條，恐其久而散失，無以遺後學，謹刻爲《餘編》二卷，以附於全書之後。道光十二年四月朔日，哀子引之泣書。

傳　記

繆荃孫《續碑傳集》卷七二《封光禄大夫原任直隸永定河道王公事略狀》徐士芬 公性方正無依違，居官事上侃侃，遇屬官奬飭不少假借，禮節疏則弗之責。河工題銷，往往準駁參半，公所詳無可駁。性儉約，配吴夫人，早卒，數十年塊然獨居。生平專守經訓，自壯年好古，精審聲音、文字、訓詁之學，手編《詩》三百篇、九經、《楚詞》之韻，剖析精微。分顧亭林古韻十部爲二十一部，而於支、脂、之三部之分，辨之尤力，海内惟金壇段氏與之合。而分至、祭、盍、緝四部，則又段氏所未及。官御史時，注釋《廣雅》，日以三字爲率，十年而成書，名曰《廣雅疏證》，學者比諸酈道元注《水經》，注優於經云。罷官後，校正《淮南子》内篇、《戰國策》、《史記》、《管子》、《晏子春秋》、《荀子》、《逸周書》、《漢書》、《墨子》，附以《漢隸拾遺》，凡十種八十二卷，名曰《讀書雜志》。吾師承庭訓，著《經義述聞》及《經傳釋詞》行世，海内宗之。【略】

先生又長于校讐，凡經子史書，晉、唐、宋以來古義之晦誤，寫校之妄改，皆一一正之，著《讀書雜志》八十二卷，分《逸周書》、《戰國策》、《管子》、《荀子》、《晏子春秋》、《墨子》、《淮南子》、《史記》、《漢書》、《漢隸拾遺》，凡十種。一字之證，博及萬卷，折心解頤，他人百思不能到。

雜　録

楊紹和等《海源閣書目·子部》 《讀書雜志》八十二卷《餘編》二卷。清王念孫撰。清嘉慶十七年至道光十二年王氏家塾刻本。二十二册。

《孫子十家注》分部

綜　述

孫星衍《孫子兵法序》　黃帝《李法》、周公《司馬法》已佚，太公《六韜》原本今不傳，兵家言惟《孫子》十三篇最古。古人學有所受，孫子之學或即出于黃。其書通三才五行，本之仁義，佐以權謀，其説甚正。古之名將用之則勝，違之則敗。稱爲兵經，比于六藝，良不媿也。孫子爲吴將兵，以三萬破楚二十萬，入郢，威齊晉之功歸之子胥，故《春秋傳》不載其名，蓋功成不受官。《越絶書》稱「巫門外大冢吴王客孫武冢」，是其證也。其著兵書八十二篇，圖九卷，見《藝文志》。其圖八陳有苹車之陳，見《周官》鄭注。有《算經》，今存。有《雜占六甲兵法》，見《隋志》。其與吴王問答，見于《吴越春秋》諸書者甚多，或即八十二篇之文。今惟傳此十三篇者，《史記》稱闔閭有「十三篇吾盡觀之」之語。《七録》「《孫子兵法》三卷」，《史記正義》云：「十三篇爲上卷，又有中下二卷。」則上卷是孫子手定，見於吴王，故歷代傳之勿失也。秦漢已來用兵皆用其法，而或祕其書，不肯注以傳世。魏武始爲之注，云「撰爲略解」，謙言解其觕略。《漢官解詁》稱「魏氏瑣連孫武之法」，則謂其捷要，杜牧疑爲魏武删削者，謬也。此本十五卷，爲宋吉天保所集，見《宋・藝文志》，稱「十家會注」。十家者，一魏武，二梁孟氏，三唐李筌，四杜牧，五陳皥，六賈林，七宋梅聖俞，八王晳，九何延錫，十張預也。書中或改曹公爲曹操，或以孟氏置唐人之後，或不知何延錫之名，稱爲何氏，或多出杜佑，而置在其孫杜牧之後。吉天保之不深究此書可知。今皆校勘更正。杜佑實未注孫子，其文即《通典》也，多與曹注同，而文較備，疑佑用曹公、王淩、孟氏諸人古注，故有「王子曰」，即淩也，今或非全注本。《孫子》有王淩、張子尚、賈詡、沈友鄭本，所採不足，今佚矣。曩予游關中，讀華陰嶽廟《道藏》，見有此書，後有鄭友賢《遺説》一卷。友賢亦見鄭樵《通志》，蓋宋人。又從大興朱氏處見明人刻本，餘則世無傳者。國家令甲以《孫子》校士，所傳本或多錯謬，當用古本是正其文。適吴念湖太守、畢恬溪孝廉皆爲此學，所得或過于予，遂刊一編以課武士。孔子曰：「軍旅之事未之學。」又曰：「我戰則克。」孔子定禮正樂，兵則五禮之一，不必以爲專門之學，故云「未學」。所爲聖人有所不知，或行軍好謀則學之，或善將將如伍子胥之用孫子，又何必自學之？故又曰「我戰則克」也。今世泥孔子之言，以爲兵書不足觀，又泥趙括徒能讀父書之言，以爲成法不足用，又見兵書有權謀，有反間，以爲非聖人之法，皆不知吾儒之學者。吏之治事可習而能，然古人猶有學製之懼，兵凶戰危，將不素習，未可以人命爲嘗試，則十三篇之不可不觀也。項梁教籍兵法，籍略知其意，不肯竟學，卒以傾覆，不知兵法之弊，可勝言哉！宋襄、徐偃仁而敗，兵者危機，當用權謀，孔子猶有要盟勿信，微服過宋之時，安得妄責孫子以言之不純哉！孫子蓋陳書之後，陳書見《春秋傳》，稱「孫書」，姓氏書以爲景公賜姓，言非無本。又泰山新出《孫夫人碑》，亦云與齊同姓，史遷未及深考。吾家出樂安，真孫子之後，媿余徒讀祖書，考證文字，不通方略，亦享承平之福者久也。陽湖孫星衍撰。

江藩《國朝漢學師承記》卷四　孫星衍字伯淵，讀書破萬卷，訓詁輿地及陰陽五行之學靡不貫串。乾隆丙午舉人，丁未以第二人及第，今官山東糧道。

李慈銘《越縵堂讀書記》六《軍事》　校《孫子十家注》，曹公李筌以外，杜牧最優，證引古事，亦多切要，知樊川真用世之才，其《罪言》、《原十六衛》等篇，不虚作也。惜孫刻據《道藏》本，尚多誤字。同治壬申五月十一日。

傳　記

張維屏《國朝詩人徵略》卷四八《孫星衍》　字淵如，號季逑，江南陽湖人。乾隆五十二年賜進士第二人。官山東糧道。有《雨粟樓集》。【略】

秋帆撫軍刻惠徵君《易漢學》、《九經古義》、《禘説》、《明堂大道録》、《古文尚書攷》諸書，皆淵如爲之校定。秋帆撰《山海經校正》，亦藉其蒐討之力。其學以漢魏詁訓爲宗，銘深索奥，孫穀、董悦所弗能逮。《湖海詩傳》。觀察清真灑脱，好游揚後進，僑寓白門，座客恒滿，有陳太丘之風。嘗與余論一前輩曰：「彼之不愛才，畢竟自家才識有限耳。」《羣雅集》。淵如觀察詩云：「千杯酬我上北邙，不及容我生前狂。千言相思寄行路，不及逢君得君怒。」又云：「獸鑪紅深三寸灰，那信急雪凌春來。停歌出户一驚顧，醉影忽落瓊瑶臺。」此觀察中年以前詩，頗有太白神氣。《聽

松廬詩話》。

葉昌熾《藏書紀事詩》卷五　沈湘爲我謝彭咸，廉石歸裝穩布帆。一榭五松相對峙，名山占盡積書巖。孫星衍伯淵。

阮文達《山東糧道孫君傳》：「君諱星衍，字淵如，江蘇陽湖人。父勳，河曲知縣。君乾隆丁未一甲第二，賜進士及第，授編修。散館改主事，官至山東督糧道。勤於著述，性好聚書，聞人家藏有善本，借鈔無虚日。金石文字搨本，古鼎彝書畫，靡不攷其源委。有《孫氏家藏書目內編》四卷、《外編》三卷。」姚鼐《題淵如觀察萬卷歸裝圖詩》：「自興雕板易鈔胥，市册雖多亂魯魚。君自石渠繙《七略》，復依官閣惜三餘。世推列架皆精本，我願連牆借讀書。政恐衡山承召起，牙籤三萬又隨車。」陳宗彝《廉石居藏書記序》：「丙申二月，訪陽湖孫公子竹庲於五松園，假歸《廉石居藏書記》一卷，爲其先淵如先生遺書也。先生官山東糧儲時，有《平津館鑒藏書籍記》四卷，此題廉石居，五松園額也。曩偕陽城張公子小餘觀冶城山館，樓上藏書五楹，册首各有手書題記。今竹庲昆仲分藏虎丘一榭園、金陵五松祠，間有散佚。」《前塵夢影録》：「庚申吳城陷後，越二年，虎丘山寺見一室，亂書堆積，搜之頗有善本，如《范文正事跡》，祗二十餘葉，字悉吳興體。末有孫淵翁題跋、黄蕘翁三跋。淵翁云：『此等元大德延祐本，直欲駕於宋刻尋常本之上。紙堅白而極薄，墨色如漆。寺中一僧，目不識丁，余以賤價購之。』書之首葉，皆有印記。知爲一榭園中所庋。今則池館樓臺，鞠爲茂草，非佛家所云壞劫歟！」昌熾案：《廉石居藏書記》，會稽章氏刊入《式訓堂叢書》。《平津館鑒藏書籍記》三卷、《續編》一卷、《補遺》一卷，李木齋同年刊於廣陵。《祠堂書目》，先生自刊入《岱南閣叢書》。余見元本《顏氏家訓》，有先生跋云：「過南陽湖，舟覆，書數十簏俱沈溼。顧千里告予，何義門家藏書，亦皆沈水。此有義門跋，蓋兩經水厄矣。」其藏印曰「東方廉使」，曰「東魯觀察使者」，曰「孫忠愍侯祠堂藏書」。

震鈞《國朝書人輯略》卷六《孫星衍》　字伯淵，一字淵如，又字季逑，江蘇陽湖人。乾隆丁未榜眼。官山東督糧道。深究經史文字音訓之學，旁及諸子百家，皆心通其義。研精金石碑版，工篆隸，校刻古書最精。《昭代尺牘小傳》。吾友孫君星衍，工六書篆籀之學。《北江詩話》。孫淵如觀察守定舊法，當爲善學者，微嫌取則不高，爲夢英所囿耳。《履園叢話》。

雜録

丁丙《善本書室藏書志》卷一五　《十一家注孫子十三卷》。鈔《道藏》本。

前有孫子本傳，又《孫子遺説》一卷，滎陽鄭友賢序。嘉慶二年，孫星衍校刊於兗州觀察署，即從此本出也。多《孫子兵法序》，魏武帝策。

《經籍跋文》分部

綜述

管庭芬《經籍跋文跋》　吾鄉陳簡莊徵君，生平專心訓詁之學，閉户勘經，著述不倦。中年需次公車，嘗與錢竹汀宫詹、翁覃谿閣學、段懋堂大令抽甲庫之祕，質疑問難以爲樂。如《綴文》所載《校勘宋刻周易本義跋》之類，攷證異同，有竹垞《經義攷》所未及者。晚客吳門，聞黄蕘圃主政百宋一廛，九經三傳各藏異本，于是欣然定交，互攜宋鈔元刻，往復易校，校畢並繫跋語，以疏其異同，兼志刊版之歲月，册籍之款式，收藏之印記，莫不精審確鑿。俾經生家如見原書，不至爲俗刻所誤，其功與攷定石經無以異。暮年歸隱紫微講舍，手自鈔撮成書，已見《綴文》者不録，凡十有九篇，署曰《經籍跋文》。吳兔床明經讀而善之，其詳已見《題辭》。未幾，徵君下世，手校手著，盡爲苕估所得，《跋文》一書，并無副本，學者惜之。戊子春季，庭芬於西吳書舫適見是册，爲徵君手稿，不覺狂喜，急以善價購歸。學師錢深廬夫子亦讀而稱善，手録一通，藏諸學舍。今夏，命芬校定數字，將屬同門蔣君光煦刻入《別下齋叢書》。竊幸是書既佚而復存，後儒之專訓詁者，得見古經面目，不更勝讀《九經三傳沿革例》乎？于是志其緣起如此。道光十有七年，歲在丁酉清和月，後學管庭芬芷湘氏謹跋于渟江寓館之太古軒。

傳記

葉昌熾《藏書紀事詩》卷六　新坡垷上各收藏，辛苦求書鬢已霜。吳越浮家津逮舫，宋元插架士鄉堂。陳鱣仲魚。《杭郡詩輯》：「陳鱣，字仲魚，號簡莊，海寧人，璘子。嘉慶丙辰舉孝廉方正。戊午舉人。」注云：「簡莊營別業於硤川之東園，在紫薇山麓，購藏宋雕元槧及近世罕見本甚夥。」管庭芬《經籍跋文書後》：「吾鄉陳簡莊徵君，生平專心訓詁之

學，嘗與錢竹汀宫詹、翁覃溪閣學、段懋堂大令抽甲庫之祕，質疑問難以爲樂。晚客吴門，聞黄蕘圃百宋一廛，九經三傳各藏異本，於是欣然定交，互攜宋鈔元刻，往復易校，疏其異同，精審確鑿，其功與攷定石經無以異。暮年歸隱紫薇講舍，手自鈔撮成書，凡十有九篇，署曰《經籍跋文》。」《東湖叢記》：「吾鄉陳仲魚徵君向上閣藏書，大半歸馬二槎上舍。其藏書印記云『得此書，費辛苦，後之人，其鑿我』。又刻仲魚圖象鈐於上。」《士禮居藏書題跋記》：「萃古齋送來《吴志》二十卷，專刻本。明日訪友城西，出金閶門，至海寧陳仲魚寓中，出此相賞，並告以欲住山塘書肆，遂借仲魚舟同往。其艙有一小榜，曰『津逮舫』。」余謂仲魚曰：「君好書，故所乘舟以是名之。今遇借此訪書，則若豫知有是事也。」我兩人不覺掀髯而笑。吴壽暘《過簡莊徵君紫薇講舍詩》：「背倚蒼厓各一間，雲生北牖抹煙鬟。放翁詩句堪移贈，買宅錢多爲見山。新坡舊業本黄岡，卷軸丹鉛説士鄉。重繼白公吟眺地，紫薇花下讀書堂。」注云：「士鄉堂，先生峴上藏書處。」昌熾案：先生《南部新書跋》，自署「新坡陳鱣記於六十四硯齋」。又案：先生殁於丁丑二月，見黄蕘圃《郤埽編跋》。

《説文校議》分部

綜　述

嚴可均《説文校議叙》　叙曰：嘉慶初，姚氏文田與余同治《説文》而勤于余，己未後，余勤于姚氏。合兩人所得，益徧索異同，爲《説文長編》，亦謂之《類攷》，有天文算術類、地理類、艸木鳥獸蟲魚類、聲類、《説文》引羣書類、羣書引《説文》類，積四十五册。又輯鐘鼎拓本，爲《説文翼》十五篇，將校定《説文》，撰爲疏義。至乙丑秋，屬稿未半，孫氏星衍欲先覩爲快，乃撮舉大略，就毛氏汲古閣初印本，别爲《校議》卅篇，專正徐鉉之失。其諸訓故、形聲、名物、象數，旁稽互證，詳于疏義，中不徧及也。夫《説文》爲六藝之淵海，古學之總匯，視《爾雅》相敵，而賅備過之。《説文》未明，無以治經。由宋迄今，僅存二徐本，而鉉本尤盛行，謬譌百出，學者何所依準？余肆力十年，始爲此《校議》，姚氏之説亦在其中。凡所舉正三千四百四十條，皆援據古書，注明出處，疑者闕之，不敢謂盡復許君之舊，以視鉉本，則居然改觀矣。同時錢氏坫、桂氏馥、段氏玉裁亦爲此學，余僅得段氏《説文訂》一卷，他皆未見，各自成書，不相因襲，海内同志，倘如余議，固所願也。有所駁正，將删改之。或乃挾持成見，請與往復，必得當乃已。丙寅八月廿四日，嚴可均書于維揚舟次。

嚴可均《説文校議後叙》　後叙曰：嘉慶丙寅冬，余爲《説文校議》成，質之孫氏，孫氏繕寫一本，復擇其尤要者，爲余手寫一本，加以商訂閲。二年，又取余底稿手寫一本，亟欲爲余付梓。余以底稿未正，應補改者尚多，且意見不能全合，故力阻之。其商訂之精善者，如余于人部「偲」引《韻會》作「强力也」，女部「嬾」引小徐作「一曰卧食」，若此之類，初未下斷語。孫氏云「强力」當作「㔩」，「卧食」當作「飺」，轉寫誤分兩字耳。余皆補入《校議》中。而其商訂與余不合者，如云《説文》引《周禮》，俱謂周時禮文，不謂《周官》，其引《周官》，則單謂之禮。又云《説文叙》言「始試諷籀書九千字」，則《説文》九千字即籀書九千字。若此之類，余皆不謂然。又云《初學記》卷十三《稽含祖道賦序》引《説文》「祈請道神謂之祖」，今示部「祖」下脱「一曰祈請道神」。余云：《初學記》誤。《宋書·歷志上》引《稽含序》作「説者云」，非《説文》。孫氏以余言爲然。異日編《續古文苑》，及作《重刊宋本説文序》，仍據《初學記》以爲今本脱文，則偶忘余説也。乃其商訂又有極精善，而余未補入者，如云衣部「襹」引《爾雅》「襹襹襀襀」，即《釋訓》「委委蛇蛇」，《衡方碑》「禕隋在公」，蓋出三家《詩》。知許所據《爾雅》作「襹襹褙褙」，轉寫誤「褙」爲「襀」也。余云此證甚確。今此付梓，仍用郭《音義》，則余亦偶忘孫説也。烏部「舄，䧿也」，必有脱文。孫氏之族弟星海云「『舄』在烏部，疑當云『烏䧿也』」。余又補入《校議》中。其人通小學，促余付梓，復資其商訂焉。戊寅六月既望，嚴可均書于冶城山館。

傳　記

繆荃孫《續碑傳集》卷七二《書嚴先生逸事》楊峴　先生諱可均，姓嚴氏，烏程人。於學無不通，尤邃於許氏書。鄉之人識與不識，皆敬服甚。峴獲見先生時，已七十餘矣，白須朱履，莊然儒者。一日過書肆，有少年驟詢先生誰也，先生孰視久，指架上書某册曰：「將來。」少年以進，則《説文聲類》，先生所著也。曰：「是即余

矣。」少年駭走。峴從長興臧眉卿先生游歸，舟泊城外十許里之八字橋，鄰舟有命酒獨酌者，視之，先生也。詰峴何自，以實對，詫曰：「是村夫子，堪若師乎？」它曰，峴叩臧先生：「嚴某何如人？」曰：「矗能諷三字經。」三字經者，學童初入塾試諷者也。有知先生曩事者，爲言先生負糧課，校官甚焉，先生跳，遂入京師，籍宛平，舉於鄉，故又爲宛平人。明年，試禮部，主試者貴人，索得先生卷，欲魁之，以詩失諧斥。或勸先生詣謝，貴人喜，且謂之曰：「君大博通，顧詩失諧何？」先生瞠目曰：「唐始以律詩取士，今所傳失諧者十九矣。」貴人失色罷。有子初墮地，先生自卜六齡當孤，命曰六孤。六孤耆博，先生卒，圖書金石率償博進，亂後不知所終。

葉昌熾《藏書紀事詩》卷六 酒誥無爲歎俄空，斷爛不全亦足重。此非譽言君所言，誰謂古書非骨董。嚴可均鐵橋。

《鐵橋漫稾·書葛香士林屋藏書圖後》：「余家貧，不能多聚書，顧自周秦漢以逮北宋，苟爲撰述之所必需，亦略皆有之。南宋以下，寥寥焉。非不欲也，力不足也。四十年來，南游嶺海，北出塞垣，遇希有之本，必倩精寫，或肯售，即典衣下吝。今插架僅二萬卷，不全不備，以檢近代諸家書目，如世善堂、天一閣、萬卷樓、世學樓、傳是樓、暴書亭，及同時同好如魯孔氏、閩張氏、漢陽葉氏、陽湖孫氏、績溪方氏，以至石刻之本，異國之本，道釋之藏，彼有而余無者多矣，彼無而余有者亦不少也。黄氏丕烈聚書多宋本，余與久交，不敢效之。書非骨董，未得宋本，得校宋本，足供撰述可耳。」又《書宋本北周書後》：「宋監本，大板厚紙，有漫漶損缺處，非余所愛重者。偶檢《賀蘭祥傳》，其篇末多出今本六十餘字。書貴宋元本者，非但古色古香，閲之爽心豁目也。即使爛壞不全，魯魚彌望，亦仍有絶佳處，略讀始能知之。」

雜録

雷浚《説文辨疑叙》 昔歸安嚴孝廉可均箸《説文校議》，所據者毛刻大字本也。後陽湖孫觀察星衍得宋小字本，欲重刊行世，延孝廉校字。孝廉自用其《校議》説，多所校改。元和顧茂才廣圻以爲不必改，觀察從茂才言。今所傳《説文》孫本是也。孝廉校改之本，世遂不見。孝廉頗與茂才不平，故《校議叙》有「或乃挾持成見，請與往復，必得當乃已」之語，所謂或指茂才也。茂才於《校議》中，摘尤不可從者三十四條，欲加辨正，至二十條而病卒，稿藏於家，僅吾輩數人傳鈔之未廣也。不知何由流傳至湖北崇文書局，彼局當事諸君，未悉此書原委，艸艸刊布。書中凡云「舊説」、云「此説」，皆《校議》説。而局刻無叙，未將此意叙明，則所云「舊説」、「此説」，讀者芒然不知何說。竟有誤以爲許説者。如卷中「喁」字條，原本有「《説文》之爲書，斷不容妄議一字也」二句。局刻本無之，想亦誤以辨疑爲辨許，故以此二語爲自相矛盾而去之也。子故叙而重刻之。茂才辨正各條，無一條不細入豪芒，出人意外，人人意中。孝廉未見此耳，使見之，豈有往復得當之語哉？何也？孝廉究非懜於此事者也。吴縣雷浚。

此澗蘋先生未成之書，先生身後，予始見於先生之孫河之孝廉案頭，尚無書名。後河之録一副本，借與同人鈔之，則已有書名矣。顧書名當云《説文校議辨疑》，不當云《説文辨疑》，此四字不完，不醒目也。而局刻仍其舊題，故予亦仍之。然此四字實非澗蘋先生手定也。

劉世珩《説文辨疑跋》 顧澗蘋先生《説文辨疑》一卷，初刻於湖北崇文書局，前後無序跋，亦無目録。世珩細讀之，所云「舊説」者，爲訂正烏程嚴氏可均《説文校議》而作，且屬未完之書，疑從書眉摘出者，非辨許氏之疑也。後又得吴縣雷甘溪明經刻本，序言顧先生因嚴氏爲孫平津館刻宋小字本《説文》，多所校改，先生以爲當依原本，孫刻從先生言，嚴氏頗不平，見於《校議序》。兹書專訂《校議》之失，目凡舉三十四字，今止二十字有辨，自是未完之書。惟崇文附「神」、「球」等九字，與雷本之目又不合。且五條明著「校議」，不作「舊説」。疑崇文刻爲顧氏手寫之本，雷刻爲顧氏後人寫定之本矣。今用雷刻付梓，而以崇文本附刻九字列於後，而著其緣起如此。光緒辛丑二月，貴池劉世珩識。

《重刻剡川姚氏本戰國策札記》分部

綜述

顧廣圻《思適齋集》卷七《重刻剡川姚氏本戰國策并札記序》代黄蕘圃。 曩者顧千里爲予言，曾見宋槧剡川姚氏本《戰國策》，予心識之，厥後遂得諸鮑绿飲所，楮墨精好，蓋所謂梁溪高氏本也。千里爲予校盧氏雅雨堂刻本一過，取而細讀，始知盧本雖據陸敕先抄校姚氏本所刻，而實失其真，往往反從鮑彪所改，及加

字并抹除者，未知盧陸誰爲之也。夫鮑之率意竄改，其謬妄固不待言。乃更援而入諸姚氏本之中，是爲厚誣古人矣。金華吴正傳氏重校此書，其《自序》有曰：「事莫大於序古，學莫大於闕疑。」知言也哉！後之君子未能用此爲藥石，可一慨已。今年命工纖悉影橅宋槧而重刊焉，并用家藏至正乙巳吴氏本互勘，爲之《札記》，凡三卷。詳列異同，推原盧本致誤之由，訂其失，兼存吴氏重校語之涉於字句者，亦下己意，以益姚氏之未備。大旨專主師法乎闕疑存古，不欲苟取文從字順。願貽諸好學深思之士。吴氏校每云「一本」，謂其所見浙、建、括蒼本也，今皆不可復得，故悉載之。宋槧更有所謂梁溪安氏本，今未見，見其影鈔者，在千里之從兄抱沖家。其云經前輩勘對疑誤，采正傳補注，標舉行間，惜乎不并存也。非一刻小小有異，然皆較高氏本爲遜，故不復論。

又《戰國策札記後序》 黄君蕘圃刻姚伯聲本《戰國策》及所撰《札記》既成，屬廣圻爲之序，爰序其後曰：《戰國策》傳於世者，莫古於此本矣。然就中舛誤不可讀者，往往有焉。考劉向《叙録》云：「皆定以殺青，書可繕寫。」是向書初非不可讀者也。高誘即以向所定著爲之注，下迄唐世，其書具存，故李善、司馬貞等徵引依據，絶無不可讀之云。逮曾南豐氏編校，始云疑其不可知者，而同時題記，類稱爲舛誤。蓋自誘注僅存十篇，而宋時遂無善本矣。伯聲續校，總四百八十餘條，其所是正亦云多矣，但其所萃諸本，既皆祖南豐，又旁採他書，復每簡略，未爲定本，尚不能無劉原父之遺恨耳。厥後吴師道駮正鮑注，用功甚深，發疑正讀，殊有出於伯聲外者矣。今蕘圃之《札記》，雖主於據姚本訂今本之失，而取吴校以益姚校之未備，所下己意，又足以益二家之未備也。凡於不可讀者，已稍稍通之矣。後世欲讀《戰國策》，舍此本其何由哉！廣圻於是書尋繹累年，最後於《叙録》所云「臣向因國别者，略以時次之，分别不以序者以相補，除複重，得三十三篇」者，恍然而知《戰國策》實向一家之學，與韓非、太史公諸家牴牾，職此之由，無足異也。因欲放杜征南於《左氏春秋》之意，撰爲《戰國策釋例》五篇，一曰《疑年譜》，二曰《土地名》，三曰《名號歸一圖》，四曰《詁訓微》，五曰《大目録》。私心竊願爲劉氏擁篲清道者也。高注殘闕，艱於證明，粗屬草藁，牽率未竟。他年倘能徧稽載籍，博訪通人，勒爲一編，俾相輔而行，未始非讀此本之助也。諗諸蕘圃，其以爲何如？

傳記

石韞玉《獨學廬四稿》卷五《秋清居士家傳》 居士姓黄氏，名丕烈，字紹武，一字蕘圃。先世居閩之莆田，其十世祖秀陸遷至江寧，及曾祖琅始移居吴門，再傳至君考維號耐菴，以忠信直諒訓其子弟。君生有至性，克承家範，謹以持己，直以待人。少歲讀書，務爲精純，發爲文章，必以六經爲根柢。嘗仿宋人春秋類對之法，摘經語集爲駢四儷六之文，以類相從，裒然成編，其勤學如此。年十九，補學官弟子，尋食餼。二十六，舉於鄉，屢赴公車不售，意泊如也。嘉慶六年，由舉人挑一等，以知縣用，籤發直隸。君意不欲就，則納貲議叙，得六部主事。旋歸里，杜門著書二十餘年，未嘗作仕宦想。性孝友，耐菴先生新喪，家人不戒於火，災及寢室，君據父櫬不捨，誓以身殉，火亦不及，人以爲孝思所感。兄承勳出爲伯任達先生後，君承父産，與兄分受之。與朋友交，然諾必信，有善必贊，有過必規，多聞直諒，三者兼之。平生無聲色雞狗之好，惟性喜聚書，遇一善本，不惜破産購之。嘗得宋刻書百餘種，貯諸一室，顧南雅學士顔其室曰「百宋一廛」。每獲一書，必手自讐校，一字一句之異同，必研索以求其是。如《荀子・勸學篇》「冰生于水而寒於水」，古本作「冰水爲之而寒于水」。《陶淵明集・桃花源記》「欣然親往」，古本作「欣然規往」。諸如此類，君皆一一發明之。非好學深思，心知其義，孰能如此？所刻書，有《周禮鄭注》、《國語》、《國策》、《焦氏易林》等書，一以宋刻爲準，蓋惟恐古學之淪亡也，可謂有功藝苑者矣。晚年自號秋清居士。道光乙酉，春秋六十三，秋八月，微示疾，遂不起。當易簀之時，神明不亂，識者知其得力於直養無害云。余與君中表弟兄，少時同塾讀書，迄今垂六十年，知君素行者，莫余若也。因著爲傳，列諸家乘。

雜録

楊紹和等《海源閣書目・史部》 《重刻宋剡川姚氏本戰國策》三十三卷。漢高誘注。《札記》三卷。清黄丕烈撰。清嘉慶八年黄氏據宋剡川姚氏本景刻士禮居叢書本。

六册。

《十三經注疏校勘記》分部

綜述

段玉裁《十三經注疏併釋文校勘記序》 六經猶日月星辰也。無日月星辰，則無寒暑昏明，無六經則無人道。爲傳注以闡明六經，猶天象日月星辰，以授民時，釐百工也。孔子既没，七十子終，而經多歧惑。漢初儒者各述所聞，言之詳矣，而書不盡傳。迨鄭康成氏，囊括百家，折衷一是，其功最鉅，而其要在發疑正讀。其所變易，其所彌縫，蓋善之善者也。顧鄭氏於六經不盡注。自是而後，南北學者，所主不一。唐人就所主而爲《正義》焉。貞觀中，有陸德明《釋文》，自唐以前各家經本乖異，立説參差，皆於是焉可考。又有顔師古奉敕考定五經，凡《正義》中所云「今定本」者是也。至宋，有《孝經》、《論語》、《孟子》、《爾雅》四疏，於是或合集爲《十三經注疏》。凡疏與經注，本各單行也，而北宋之季合之，維時《釋文》猶未合於經、注、疏也，而南宋之季合之。夫合之者將以便人，而其爲經注之害，則未有能知之者也。唐之經本存者尚多，故課士於定本外，許用習本。習本流傳至宋，授受不同，合之者以所守之經注，冠諸單行之疏，而未必爲孔穎達、賈公彦所守之經注也。其字其説，乃或齟齬不謀，淺者乃或改一以就一。陸氏所守之本，又非孔賈所守之本，其齟齬亦猶是也。自有十三經合刊注、疏、音釋，學者能識其源流同異抑尠矣。有求宋本以爲正者，時代相積而愈譌，相距稍遠而較善，此事勢之常。顧凡宋本之書，絶少大勝今本之處，况校經如毛居正、岳珂、張淳之徒，皆學識未至，醇玼錯出。胸中未有漢本、唐本，而徒沾沾於宋本，抑末也。臣玉裁竊見臣阮元，自諸生時至今，校誤有年，病有明南、北雕及琴川毛氏《十三經注疏》本紕繆百出，近年巡撫浙中，復取在館時奉敕校石經《儀禮》之例，衡之羣經，又廣搜江東故家所儲各善本，集諸名士，授簡詁經精舍，令詳其異同，抄撮會萃之，而以官事之暇，篝燈燮燭，定其是非。復以家居讀《禮》數年，卒業於鄭氏三禮，條分縷析，犂然悉當，成此巨編。

俾好古之士，知讀注、疏、《釋文》者，以是鱗次櫛比，詳勘而丹黄之，庶不爲南、北雕及毛本所囿。家可具宋元本，人可由是得漢唐本。其在我朝，校唐之陸德明《釋文》爲無讓矣。抑校讎經注之書，亦猶測量日月星辰也，千百年而象數有差焉，則隨時修正之，千百年而經注之譌又或滋蔓焉，亦隨時整飭之。以烏知今日之不譌者，後日不且譌哉？所望測日月星辰者，有如此日而已矣。嘉慶戊辰酉月，金壇前玉屏縣知縣臣段玉裁敬記。

阮元《宋本十三經注疏併經典釋文校勘記凡例》 一，《周易》、《尚書》、《毛詩》、《周禮》、《禮記》、《春秋左氏傳》、《公羊傳》、《穀梁傳》、《論語》、《孟子》凡十經，以宋版十行本爲據。《孝經》以翻宋本爲據。他本注疏每半葉九行，此獨十行。雕版南宋遞有修補，下至明正德間，其版猶存，爲注疏中之善本，與日本《七經孟子考文》所稱宋版多合。惟《考文》所載，漏略甚多，今依原書校出。凡與明神廟間國子監本、明閩中御史李元陽本，及崇禎間汲古閣毛晉本，字有多寡，文有異同處，皆詳載之。

一，《儀禮》、《爾雅》無十行本，而有北宋時所刊之單疏本，爲賈公彦、邢昺之原書。《禮記正義》宋本亦多缺泐，依惠棟所校南宋本補録。《穀梁傳》據影宋鈔單疏本。「惜文公」以上缺。《周易》依盧文弨所校錢孫保影宋本。《左氏傳》據宋慶元間所刻三十六卷本。此六經義疏，又在宋十行本之上。

一，今學者所習，不外閩本、監本、毛本，大較閩本即出於宋十行，監本出於閩，毛本又出於監。閩、監二本，錯字略少，脱簡特多，《毛詩》或逸數章，《周禮》間缺一職。毛本《詩》少譜序，《左傳》失刊後序。且魯魚亥豕之訛，觸處皆是，棼不可理。近日坊間又將毛本重刊，則譌字又倍之。今以單疏本、宋本訂三本之失，三本之失，不及悉載。其謬誤特甚者，必爲之舉正也。

一，此校以宋本爲據，上考之《經典釋文》、開成石經。《論語》則考之皇侃《義疏》，《孟子》則考之孫奭《音義》、宋高宗御書石經，及何焯校不全北宋蜀大字本《經注》。《孝經》則考之唐石臺本《經注》。餘若宋小字本《毛詩經注》，嚴本《儀禮經注》，李如圭《儀禮集解》内鄭注，錢孫保所校宋《周禮經注》，宋監本《禮記經注》，不全北宋刻小字本及不全宋本《春秋經傳集解》，又淳熙本《春秋經傳集解》，惠棟所校宋鄂州本《公羊經注》，何煌所校宋《穀梁經注》殘本，元雪窻本《爾雅經注》，及明吴元恭仿宋刻《爾雅經注》，相臺岳珂所刻各本《經注》，嘉靖間仿宋刻《三禮經注》，並爲參校，輒附折衷之語。

一，經注之傳於唐者，自孔穎達、賈公彦《義疏》本外，一曰陸德明本，《經典釋文》所載之大字是也。一曰顔師古本，《義疏》中所載之定本是也。記中凡遇二本，並爲載入。

一，近日校經之書，莫詳於嘉善浦鏜《十三經注疏正字》，及日本西條掌書記山井鼎、東都講官物觀所撰《七經孟子考文補遺》二書，多詳備可觀。但浦鏜雖研覈孜孜，惜未見古來善本，又以近時文體，讀唐代《義疏》，往往疑所不當疑。又援俗刻他書，肆意竄改，不知他書不必盡同《義疏》。所引而他書之俗刻，尤非唐代所傳之本也。至若山井鼎、物觀於《易》、《詩》、《左傳》、《論語》、《孟子》，其所謂宋本《注疏》者，與宋十行本相同。惟《禮記》一書，未見宋刻絶無闕字之本。而其所謂古本，又多攙撫於《釋文》、《正義》中，亦仍不免錯誤。其餘則私爲改易，更喜句中增加虚字，尤失古義。故記中於此二書，多慎取之。間亦辨其似是而非之處，不欲多言滋蔓也。

一，《經典釋文》，明代無單行之本，崇禎間，震澤葉林宗仿明閣本影寫一部。國朝徐乾學取以刻入《通志堂經解》，盧文弨又刻之抱經堂。雖皆據原書訂正，亦或是非互易，棄瑜録瑕。今仍取原書，以校徐盧兩刻，拾遺訂誤，分配各經。《孟子》則取通志堂《音義》，以孔繼涵微波榭本、韓岱雲本、盧文弨本附校於後。

一，《釋文》、《義疏》以外，唐以前之本雖不可見，然古書稱引，確然有據者，如《水經注》之引《禹貢》「浮於淮泗，達於菏」，《通典》之引《攷工記》「革鼓瑕如積環」，注：「革謂急。」諸如此類，皆足以訂《正義》本之失。我朝文教深厚，治經者多以根柢之學，研求古義，學識超軼前代。凡事涉校勘，擇其精粹。其他通論大義之書，概不淆入也。

一，諸經皆舊有校本，復就江浙經生授經分校，復加親勘，定其是非，以成是記。

阮元《十三經注疏校勘記・周易注疏校勘記序》　古《周易》十二篇，漢後至宋晁以道、朱子，始復其舊。自晁以道、朱子以前，皆《彖》、《象》、《文言》分入上下經卦中，別爲《繫辭》上下、《説卦》、《序卦》、《雜卦》五篇。鄭玄、王弼之書，業已如是。此學者所共知，無庸覼縷者也。《易》之爲書最古，而文多異字。宋晁以道《古文易》撏撦爲之，如郭忠恕、薛季宣《古文尚書》之比。國朝之治《周易》者，未有過於徵士惠棟者也。而其校刊雅雨堂李鼎祚《周易集解》，與自著《周易述》，其改字多有似是而非者。蓋經典相沿已久之本，無庸突爲擅易，況師説之不同，他書之引用，未便據以改久沿之本也，但當録其説於考證而已。臣元於《周易注疏》，舊有校正各本。今更取唐、宋、元、明經本、經注本、單疏本、經注疏合本讎校，各刻同異，屬元和生員李鋭筆之，爲書九卷，別校《略例》一卷、陸氏《釋文》一卷，而不取他書妄改經文，以還王弼、孔穎達、陸德明之舊。謹列目録如左。臣阮元恭記。

又《尚書注疏校勘記序》　自梅頤獻孔傳，而漢之真古文與今文皆亡。乃梅本又有今文、古文之別。《新唐書・藝文志》云：「天寶三載，詔集賢學士衛包改古文從今文。」説者謂今文從此始，古文從此絶。殊不知衛包以前，未嘗無今文，衛包以後，又別有古文也。《隋書・經籍志》有《古文尚書》十五卷、《今字尚書》十四卷。又顧彪《今文尚書音》一卷。是隋以前已有今文矣。蓋變古文爲今文，實自范甯始。甯自爲集注，成一家言。後之傳寫孔傳者，從而效之，此所以有今文也。六朝之儒，傳古文者多，傳今文者少。今文自顧彪而外，不少概見。李巡、徐邈、陸德明皆爲古文作音。孔穎達《正義》出於二劉，蓋亦用古文本。如「塗」之爲「斁」、「云」之爲「員」是也。然疏内不數數覯，殆爲後人竄改，如陳鄂等之於《釋文》歟。然則衛包之改古從今，乃改陸、孔而從范、顧，非倡始爲之也。乃若天寶既改古文，其舊本藏書府，民間不復有之，更經喪亂，即書府所藏，亦不可問矣。開成初，鄭覃進石經，悉用今文。前此張參之壁經，後此長興之板本，廣政之石本，當無不用今文者。乃後周顯德六年，郭忠恕獨校《古文尚書》上之，上距天寶三載，已二百餘年，不知郭氏從何而得其本？宋初仍不甚行，至吕大防得於宋次道、王仲至家，而晁公武取以刻石，薛季宣據以作訓，然後大顯。今按《釋文序録》云：「《尚書》之字，本爲隸古。既是隸寫古文，則不全爲古字。今宋齊舊本及徐李等音，所有古字，蓋亦無幾。穿鑿之徒務欲立異，依傍字部，改變經文，疑惑後生，不可寫用。」是所謂古文，不過如《周禮》、《漢書》，略有古體及假借通用之字而已。晁氏《讀書志》云：「陸德明獨存一二於《釋文》。」此正與古字無幾之説相合。若連篇累牘，悉是奇字，則陸氏豈得或釋或不釋哉？晁氏又云：「以《古文尚書》校《釋文》，雖小有異同，而大體相類。」夫《釋文》所存，僅止一二，就此一二之中，復小有異同，則全經不合者必十之九，其爲贋本無疑。然觀陸氏之言，則穿鑿立異，自古而然，不獨郭氏也。臣於《尚書注疏》，舊有校本，茲以各本授德清貢生徐養原校之，并及《釋文》。臣復定其是非，且考其顛末，著於簡首。臣阮元恭記。

又《毛詩注疏校勘記序》　攷異於《毛詩經》，有齊、魯、韓三家之異。齊、魯詩久亡，韓詩則宋以前尚存，其異字之見於諸書可攷者。大約毛多古字，韓多今字，

有時必互相證，而後可以得毛義也。毛公之傳詩也，同一字，而各篇訓釋不同，大抵依文以立解，不依字以求訓，非孰於《周官》之假借者，不可以讀毛傳也。毛不易字，鄭箋始有易字之例，顧注《禮》則立説以改其字，而《詩》則多不欲顯言之，亦或有顯言之者。毛以假借立説，則不言易字，而易字在其中。鄭又於傳外研尋，往往傳所不易者而易之，非好異也，亦所謂依文立解，不如此，則文有未適也。孟子曰：「不以文害辭，不以辭害志。」孟子所謂文者，今所謂字，言不可泥於字，而必使作者之志昭著顯白於後世。毛、鄭之於《詩》，其用意同也。傳箋分，而同一《毛詩》，字有各異矣。自漢以後，轉寫滋異，莫能枚數。至唐初，而陸氏《釋文》、顏氏《定本》、孔氏《正義》，先後出焉。其所遵用之本，不能畫一。自唐後至今，鋟版盛行，於經，於傳、箋，於疏，或有意妄更，或無意譌脱，於是繆戾莫可究詰。因以臣舊校本，授元和生員顧廣圻，取各本校之。臣復定是非，於以知經有經之例，傳有傳之例，箋有箋之例，疏有疏之例。通乎諸例，而折衷於孟子「不以辭害志」，而後諸家之本，可以知其分，亦可以知其一定不可易者矣。臣阮元恭記。

又《周禮注疏校勘記序》 有杜子春之《周禮》，有二鄭之《周禮》，有後鄭之《周禮》。《周禮》出山嚴屋壁間，劉歆始知爲周公之書而讀之，其徒杜子春乃能略識其字。建武以後，大中大夫鄭興、大司農鄭衆，皆以《周禮解詁》著，而大司農鄭康成乃集諸儒之成爲《周禮注》。蓋經文古字不可讀，故四家之學，皆主於正字。其民間傳寫不同者，則爲今書。有云其云「故書」者，謂初獻於祕府所藏之本也。其云「讀如」者，比擬其音也；有云「讀爲」者，就其音以易其字也；有云「當爲」者，定其字之誤也。三例既是，而大義乃可言矣。説皆在後鄭之注。唐賈公彦等作疏，發揮殊未得其肯綮。臣元於此經，舊有校本，且合經、注、疏讀之時，闕見其一二，因通校經、注、疏之譌字，更屬武進監生臧庸蒐校各本，併及陸氏《釋文》，臣復定其是非。凡言周制、言漢學者，容有藉於此。其目録列於左方。臣阮元恭記。

又《儀禮注疏校勘記序》 《儀禮》最爲難讀。昔顧炎武以唐石刻九經校明監本，惟《儀禮》譌脱尤甚。經文且然，況注疏乎？賈疏文筆冗蔓，詞意鬱轖，不若孔氏《五經正義》之條暢。傳寫者不得其意，脱文誤句，往往有之。宋世注、疏各爲一書，疏自咸平校勘之後，更無别本，誤謬相沿，迄今已無從一一釐正。朱子作《通解》，於疏之文義未安者，多爲删潤，在朱子自成一家之書，未爲不可。而明之刻注疏者，一切惟《通解》之從，遂盡失賈氏之舊。臣於《儀禮注疏》，舊有校本。奉旨充石經校勘官，曾校經文上石。今合諸本，屬德清貢生徐養原詳列異同，臣復定其是非。大約經注則以唐石經及宋嚴州單注本爲主，疏則以宋單行本爲主，參以《釋文》、《識誤》諸書，於以正明刻之譌。雖未克盡得鄭、賈面目，亦庶還唐、宋之舊觀。鄭注疊古今文，最爲詳覈，語助多寡，靡不悉紀。今校是經，寧詳毋略，用鄭氏家法也。臣阮元恭記。

又《禮記注疏校勘記序》 《小戴禮記》，隋、唐《志》並二十卷，唐石經所分是也。貞觀中，孔穎達等爲《正義》，舊、新《唐志》皆云七十卷，晁氏《讀書志》、陳氏《書録解題》皆同。案：古人義疏，皆不附於經注而單行，猶古《春秋》三傳、《詩》毛傳，不附於經而單行也。單行之疏，北宋皆有鐫本，今廑有存者。《儀禮》、《穀梁》、《爾雅》間存藏書家，而他經多亡。《正義》多附載經注之下，其始謂之「兼義」，其後直謂之「某經注疏」，其始本無《釋文》，其後又附以《釋文》，謂之「附釋音某經注疏」，最後又去「附釋音」三字。蓋皆紹興以後所爲，而北宋無此也。有在兼義之先爲之者，今所見吴中藏本，有《春秋》、《禮記》二種。《春秋》曰「《春秋正義》卷第幾」，《禮記》曰「《禮記正義》卷第幾」，皆不標爲「某經注疏」。其卷數，則《春秋》三十六卷，《禮記》七十卷，皆與唐志《正義》卷數合。蓋以單行《正義》爲主，而以經注分置之，此紹興初年所爲，非如兼義、注疏之以經注爲主，而以疏附之，既不用經注之卷數，又不用《正義》之卷數。《春秋》爲六十卷，《禮記》爲六十三卷，遂使唐人《正義》之卷次不可知。蓋古今之遷變如此。《禮記》七十卷之本，出於吴中吴泰來家。乾隆間，惠棟用以校汲古閣本，識之云：「譌字四千七百有四，脱字一千一百四十有五，闕文二千二百一十有七，文字異者二千六百二十有五，羨文九百七十有一。點勘是正。四百年來闕誤之書，犂然備具，爲之稱快。」今記中所云惠棟校宋本者是也。其真本今藏曲阜孔氏。近年有巧僞之書賈，取六十三卷書刻，添注塗改，綴以惠棟跋語，鬻於人，鏤板京師者，乃贋本耳。今屬臨海生員洪震煊，以惠棟本爲主，並合臣舊校本及新得各本，考其異同，臣復定其是非，爲《校勘記》六十有三卷。《釋文》則别爲四卷。後之爲小戴學者，庶幾有取於是。臣阮元恭記。

又《春秋左傳注疏校勘記序》 《春秋左氏傳》，漢初未審獻於何時。《漢·藝文志》説孔壁事，祇云得《古文尚書》及《禮記》、《論語》、《孝經》，不言《左氏》經傳也。《景十三王傳》亦但云「得古文經傳」，所謂傳者，即《禮》之記及《論語》，亦未言有《左氏》也。《楚元王傳》劉歆讓太常博士，亦以《逸禮》三十有九、《書》十六篇，系之魯恭王所得、孔安國所獻，而於《春秋左氏》所修二十餘通，則但云「藏於秘府」，不言獻自何人。惟《説文解字序》分别言之曰：「魯恭王壞孔子宅，得《禮記》、《尚

書》、《春秋》、《論語》、《孝經》。又北平侯張倉獻《春秋左氏傳》。」然後《左氏》經傳所自出，始大白於世。顧許言恭王所得，有《春秋》，豈孔壁中有《春秋》經文，爲孔子手定者與？北平侯所獻，蓋必有經有傳。度其經，必與孔壁經大同。然則班志所云《古經》十二篇者，指恭王所得與？抑指北平所獻與？《左氏傳》之學，與於賈逵、服虔、董遇、鄭衆、潁容諸家，杜預因之，分經比傳，爲之《集解》。今諸家全書不可見，而流傳閒見者，往往與杜本乖異。古有吴皇象所書本，宋臧榮緒、梁岑之敬所校本，今皆不可得。蓋傳文異同可考者亦僅矣。唐人專宗杜注，惟蜀石經兼刻經、傳、杜注文，而蜀石盡亡，世間搨本僅存數百字。後唐詔儒臣田敏等校九經，鏤本於國子監，此亦經、傳、注兼刻者，而今多不存。至於孔穎達等，依經、傳、杜注爲《正義》三十六卷，本自單行。宋淳化元年，有刻本。至慶元間，吴興沈中賓分系諸經注本合刻之，其跋云：「踵給事中汪公之後，取國子監《春秋》經、傳、《集解》、《正義》精校，萃爲一書。」蓋田敏等所鏤，淳化元年所頒，皆最爲善本，而畢集於是。後此附以《釋文》之本，未有能及此者。元和陳樹華即以此本，遍考諸書，凡與《左氏》經傳文有異同，可備參考者，撰成《春秋內傳考證》一書。《考證》所載之同異，雖與《正義》本夐然不同，然亦間有可采者。臣更病今日各本之踳駁，思爲諟正。錢塘監生嚴杰，熟於經疏，因授以舊日手校本，又慶元間所刻之本，并陳樹華《考證》，及唐石經以下各本，及《釋文》各本，精詳捃摭，共爲《校勘記》四十二卷。雖班孟堅所謂「多古字古言」，許叔重所謂「述《春秋傳》用古文」者，年代綿邈，不可究悉，亦庶幾網羅放佚，冀成注疏善本，用裨學者矣。臣阮元恭記。

又《春秋公羊傳注疏校勘記序》 漢武帝好《公羊》，治其學者，胡母子都、董膠西爲最著。膠西下帷講誦，著書十餘萬言，皆明經術之意，至於今傳焉。子都爲景帝時博士，後年老歸教於齊，齊之言《春秋》者，莫不宗事之。《公羊》之著竹帛，自子都始。戴宏序稱子夏傳與公羊高，高傳其子平，平傳其子地，地傳其子敢，敢傳其子壽，壽與弟子胡母子都，著於竹帛是也。何休爲膠西四傳弟子，本子都《條例》以作注，著《公羊墨守》、《公羊文謚例》、《公羊傳條例》，尤邃於陰陽五行之學，多以讖緯釋傳。惟黜周王魯，傳無明文。晉王接以爲乖硋大體，非過毀也。《公羊傳》文初不與經相連綴，《漢志》各自爲卷。孔穎達《詩正義》云：「漢世爲傳訓者，皆與經別行。」故蔡邕石經，《公羊》殘碑無經，《解詁》亦但釋傳也。分經附傳，大氐漢後人爲之。而唐開成始取而刻石。徐彦疏，《唐志》不載，《崇文總目》始著録，亦無撰人名氏。宋董逌云：「世傳徐彦所作，其時代里居不可得而詳矣。」光禄寺卿王鳴盛云：「即《北史》之徐遵明。不爲無見也。蓋其文章似六朝人，不似唐人所爲者。」《郡齋讀書志》、《書録解題》並作三十卷，世所傳本乃止二十八卷，其參差之由，亦無可考也。臣舊有校本，今更以何煌所校蜀大字本、宋鄂州官本，及唐石經本、宋元以來各注疏本，屬武進監生臧庸，臚其同異之字。臣爲訂其是非，成《公羊注疏校勘記》十一卷，《釋文校勘記》一卷。後之爲是學者，俾得有所考焉。臣阮元恭記。

又《春秋穀梁傳注疏校勘記序》 《六藝論》云：「穀梁善于經。」豈以其親炙於子夏，所傳爲得其實，與公羊同歸子夏，而鄭氏《起廢疾》則以穀梁爲近孔子，公羊爲六國時人。又云：「傳有先後。」然則穀梁實先於公羊矣。今觀其書，非出一人之手，如隱五年、桓六年並引尸子，説者謂即尸佼。佼爲秦相商鞅客，鞅被刑後，遂亡逃入蜀，而預爲徵引，必無是事。或傳中所言者非尸佼也。自漢宣帝善《穀梁》，於是千秋之學起，劉向之義存。若更始、唐固、麋信、孔衍、徐乾，皆治其學。而范甯以未有善釋，遂沈思積年，著爲《集解》。《晉書》范傳云：「徐邈復爲之注，世亦稱之。」似徐在范後，而書中乃引邈注一十有七，可知邈成書於前，范甯得以捃拾也。讀《釋文》所列經解傳述人，亦可得其後先矣。《漢志》經傳各自爲帙，今所傳本，未審合併於何時也。《集解》則經傳並釋，豈即范氏之所合與？范注援漢魏晉各家之説甚詳，唐楊士勛疏分肌擘理，爲《穀梁》學者，未有能過之者也。但晉豕魯魚，紛綸錯出，學者患焉。康熙間，長洲何煌者，焯之弟，其所據宋槧經注殘本、宋單疏殘本，並希世之珍，雖殘編斷簡，亦足寶貴。臣曾校録，今更屬元和生員李鋭，合唐石經、元版注疏本及閩本、監本、毛本，以校宋十行本之譌。臣復定其是非，成《穀梁注疏校勘記》十二卷，《釋文校勘記》一卷。臣阮元恭記。

又《論語注疏校勘記序》 《春秋》、《易大傳》，聖人自作之文也。《論語》，門弟子所以記載聖言之文也。凡記言之書，未有不宗之者也。魯齊古本異同，今不可詳，今所習者，則何晏本也。臣元於《論語注疏》，舊有校本，且有箋識，又屬仁和生員孫同元推而廣之，於經、注、疏、《釋文》，皆據善本，讎其同異。暇輒親訂成書，以詒學者云爾。臣阮元恭記。

又《孝經注疏校勘記序》 《孝經》有古文，有今文，有鄭注，有孔注。孔注今不傳，近出於日本國者，誕妄不可據。要之，孔注即存，不過如《尚書》之僞，傳決非真也。鄭注之僞，唐劉知幾辨之甚詳，而其書久不存。近日本國又撰一本，流入中國，此僞中之僞，尤不可據者。《孝經注》之列於學宮者，係唐元宗御注，唐以前諸

儒之説，因藉捃摭以僅存。而當時元行沖《義疏》，經宋邢昺删改，亦尚未失其真。學者舍是，固無繇闚《孝經》之門徑也。惟其譌字實繁。臣元舊有校本，因更屬錢塘監生嚴杰，旁披各本，並《文苑英華》、《唐會要》諸書，或讎或校，務求其是。臣復親酌定之，爲《孝經校勘記》三卷，《釋文校勘記》一卷。臣阮元恭記。

又《爾雅注疏校勘記序》 《爾雅》一書，舊時學者苦其難讀，今則三家村書塾匙不讀者，文教之盛，可云至矣。《爾雅注》郭氏後出，不必精審，而從前古注之散見者，通儒多愛惜捃拾之，若近日寶應劉玉麐、武進臧庸，皆采輯成書可讀。邢昺作疏，在唐以後，不得不綷唐人語爲之。近者翰林學士邵晉涵改弦更張，别爲一疏，與邢並行，時出其上。顧邢書列學官已久，士所共習，而經、注、疏三者皆譌舛日多，俗間多用汲古閣本，近年蘇州翻版尤劣。臣元搜訪舊本，於唐石經外，得明吴元恭仿宋刻《爾雅經注》三卷，元槧雪牕書院《爾雅經注》三卷，宋槧《爾雅》邢疏，未附合經注者十卷，皆極可貴。授武進監生臧庸，取以正俗本之失，條其異同，纖悉畢備。臣復定其是非，爲《爾雅注疏校勘記》六卷。上、中、下三卷，各分上下卷。後之讀是經者，於此不無津梁之益。陸德明《經典釋文》，此經爲最詳，仍别爲校訂譌字，不依注疏本，與經注相淆。若夫《爾雅》經文之字，有不與經典合者，轉寫多歧之故也。有不與《説文解字》合者，《説文》於形得義，皆本字本義，《爾雅》釋經，則假借特多，其用本字本義少也。此必治經者深思而得其意，固非校勘之餘所能盡載矣。臣阮元恭記。

又《孟子注疏校勘記序》 漢人《孟子注》存於今者，惟趙岐一家。趙岐之學，以較馬、鄭、許、服諸儒，稍爲固陋，然屬書離辭，指事類情，於詁訓無所戾，七篇之微言大義，藉是可推，且章别爲指，令學者可分章尋求，於漢傳注别開一例，功亦勤矣。唐之張鎰、丁公著始爲之音，宋孫奭采二家之善，補其闕遺，成《音義》二卷，本未嘗作《正義》也。未詳何人擬他經爲《正義》十四卷，於注義多所未解，而妄説之處，全抄孫奭《音義》，略加數語，署曰「孫奭疏」，朱子所云邵武一士人爲之者是也。又盡删章指矣，而疏内又往往詮釋其所削。於十三卷自稱其例曰：「凡於趙注有所要者，雖於文段不録，然於事未嘗敢棄之而不明。」其可議有如此者。自明以來，學官所貯，注疏本而已。疏之悠繆不待言，而經注之譌舛闕逸，莫能諟正。吴中舊有北宋蜀大字本、宋劉氏丹桂堂巾箱本、相州岳氏本、盱郡重刊廖瑩中世綵堂本，皆經注善本也，賴吴寬、毛扆、何焯、何煌、朱奂、余蕭客先後傳校，迄休寧戴震，授曲阜孔繼涵、安丘韓岱雲鋟版，於是經注譌可正，闕可補。而注疏本有十行者，亦較它注疏本爲善。今屬元和生員李鋭，合諸本臚其同異。臣爲辨其是非，以經注本正注疏本，以注疏十行本正明之閩本、北監本、汲古閣本，爲《校勘記》十四卷。《章指》及《篇叙》既學者所罕見，則備載之。《音義》亦校訂附後，俾爲趙氏之學者，得有所參考折衷。日本《孟子考文》所據，僅足利本古本二種，今則所據差廣，考《孟子》者，殆莫能捨是矣。臣阮元恭記。

汪文臺《十三經注疏校勘記識語跋》 向借讀《十三經注疏校勘記》，甚好之，不能竟學。道光庚寅，買得南昌盧本，點看一徧，意有未安，别爲表識，實求其是云爾。此記成於衆手，故時有駁文，然實有益後學之書。初出時，翁學士方綱有違言，閩陳編修壽祺移書争之，翁爲失糾。今之校語，亦未敢自信。阮宫保位尊地隔，既無由就正，録爲一册，庶好學深思如陳君者之有以教我也。辛卯二月十二日，文臺謹記。

傳記

江藩《國朝漢學師承記》卷七 伯元名元，一字芸臺，儀徵人，乾隆丙午舉人，己酉進士，授編修，官至浙江巡撫，今官詹事府少詹事。於學無所不通，著有《考工車制考》、《石經校勘記》、《十三經注疏校勘記》、《曾子注》、《論語論仁論》、《疇人傳》等書。

葉昌熾《藏書紀事詩》卷五 一留湖上一江湄，鷲嶺藏書許共窺。欲到建安真洞府，選樓高處有雙碑。阮文達元。

《先正事略》：「儀徵相國，名元，姓阮氏，字伯元，號雲臺。乾隆五十四年進士。子常生，官清河道，前卒。福，平涼知府。祜，舉人，官知府。」昌熾案：祜字叔錫。文達《靈隱書藏記》：「嘉慶十四年，杭州刻朱文正公、翁覃溪先生、法時帆先生諸集，覃溪寓書於紫陽院長石琢堂曰『《復初齋集》爲我置一部於靈隱』。元與諸君子議曰：『史遷之書，藏之名山，副在京師，白少傅分藏其集於東林諸寺，孫洙得《古文苑》於佛龕。皆因寬閒遠僻之地，可傳久也。今盍使凡願以其所著、所刊、所寫、所藏之書藏靈隱者，皆裒之，其爲藏也大矣。』乃於大悲閣後造木廚，以唐人『鷲嶺鬱岧嶤』詩字編爲號，送雲林寺玉峰、偶然二僧簿録管鑰之。」又《焦山書藏記》：「嘉慶十八年春，元轉漕於揚子江口，焦山詩僧借庵、巨超，翠屏洲詩人王柳村豫來瓜洲舟次，論詩之暇，及藏書事。遂議於焦山亦立書藏，以《瘞鶴銘》『相此胎禽』七十四字編號，屬借庵簿録管鑰，一如靈隱。」韓崇《爲妙詮和尚題焦山暴書圖詩序》：「儀徵阮相國，立書藏於焦山，妙詮收掌曬晾，

三十餘年，不懈益勤。屬几谷和尚繪《暴書圖》，同人題詠焉。」詩云：「焦仙高隱處，雲海盪心目。中有積書巖，瑶函謹編録。山僧善收掌，不使塵手觸。春秋佳日多，時向晴曦暴。浩浩海風來，芸香吹滿屋。左右青琅玕，翠陰覆玉軸。繪圖索題句，展閲散古馥。何日寄禪關，十年快披讀。」李黼平《小琅嬛仙館圖詩》：「司空博物冠今古，聞自建安游洞府。奇書天與特寓言，三十輛車人所睹。羽陵嵩少自世間，宛委況自君家山。但然松節縛麻炬，是身到處皆琅嬛。」文達《南宋淳熙貴池尤本文選序》：「元昔但得元張伯顔、明晉府諸本，即以爲祕册。嘉慶丁卯，始從昭文吴氏易得南宋尤延之本，爲無上古册矣。元家居揚州舊城文樓巷，即隋曹憲故里，李崇賢所由傳《文選》學者也。元既構文選樓於家廟旁，繼得此册，藏之樓中，別爲校勘記，以貽學者。」又《題家藏延熹華嶽廟碑詩》：「我今快得四明本，玉軸綈囊示尊顯。豐全范錢三百年，入我樓中伴《文選》。」昌熾案：余所見宋刻《金石録》文達藏本，有印曰「癸巳」，曰「節性齋」，曰「文選樓」，曰「石墨書樓」，曰「雷塘盦主」，曰「亮功錫祜」，曰「體仁閣大學士」，曰「隋文選樓之印」，曰「泰華雙碑之館」，曰「五雲多處是三台」，曰「家住揚州文選樓隋曹憲故里」。其内府校書一印曰「臣元奉敕審釋内府金石文字」，又一方印，其文曰「揚州阮伯元氏藏書處」，曰「琅嬛仙館藏金石處」，曰「積古齋藏研處」，曰「譜研齋著書處」，曰「揅經室」。又有「闕里阮孔經樓」、「孔子七十三代長孫女」諸印，則文達繼配衍聖公女孔夫人也。夫人著有《唐宋舊經樓稾》，世號經樓夫人。又有「静春居士」、「阮劉書之」二印。文達集中屢有示書之詩，當是其侍姬也。

繆荃孫《續碑傳集》卷三《阮文達公傳》劉毓崧　阮元，字伯元，一字雲臺。乾隆丙午舉人，已酉進士。由翰林院編修大考一等第一名，擢少詹事。歷官詹事、内閣學士、户禮兵工等部侍郎、山東浙江學政、浙江河南江西巡撫、漕運總督、兩湖兩廣雲貴總督、太子少保、體仁閣大學士。嘉慶已未、道光癸巳，兩充會試總裁。戊戌秋，予告回籍，晉加太子太保，支食半俸。丙午科，重宴鹿鳴，晉加太傅，支食全俸。二十九年十月十三日卒，年八十六歲。予謚文達。【略】至其論學之宗旨，在於實事求是，自經史小學，以及金石詩文，鉅細無所不包，而尤以發明大義爲主。所著《性命古訓》、《論語孟子論仁論》、《曾子十篇注》，推闡古聖賢訓世之意，務在切於日用，使人人可以身體力行。初在史館，采諸書爲《儒林傳》，合師儒異派，而持其平，未嘗稍存門户之見。其餘説各經之精義，如《周易·文言》、《堯典》朔閏，雅頌《文王》、《清廟》、《禮記》、《孝經》明堂，載於《揅經室集》者，不可枚舉。所編《經籍籑詁》、《十三經校勘記》，傳布海内，爲學者所取資。《疇人傳》、《淮海英靈集》、《鐘鼎款識》、山左兩浙《金石志》，並爲考古者所重。即隨筆記録，如《廣陵詩事》、《小滄浪筆談》等書，亦皆有關於掌故。所刻之書甚多，最著者爲《十三經注疏》、《皇清經解》，嘉惠後學甚溥。督學時，士有一藝之長，無不奬勵。能解經義及古今體詩者，必擢置於前。總裁會試，合校二三場文策，績學之士多從此出，論者謂得士之盛，不減於鴻博科。主持風會五十餘年，士林尊爲山斗。蓋生平以座師大興朱文正公爲模楷，故其經術政事，與文正相類云。

雜　録

阮元《揅經室二集》卷八《恭進十三經注疏校勘記摺子》　欽惟皇上聖德天縱，典學日新，爲政本乎六經，教士先夫儒術。此我朝聖聖相承之極軌也。臣幼被治化，肄業諸經，校理注疏，綜核經義。於諸本之異同，見相沿之舛誤，每多訂正，尚未成書。乾隆五十六年，奉敕分校太學石經，曾以唐石經及各宋板，悉心校勘，比之幼時所校，又加詳備。自後出任外省，復聚漢、唐、宋石刻，暨各宋元板本，選長於校經之士，詳加校勘。自唐以後，單疏分合之不同，明閩附音之有別，皆使異同畢録，得失兼明，成《十三經注疏校勘記》二百十七卷，附《孟子音義校勘記》一卷，《釋文校勘記》二十五卷。昔唐國子博士陸德明慮舊籍散失，撰《經典釋文》一書，凡漢晉以來，各本之異同，師承之源委，莫不兼收並載。凡唐以前諸經舊本，賴以不墜。臣撰是書，竊仿其意。連年校改方畢，敬裝十部，進呈御覽。臣自維末學，莫贊高深，妄瀆聖聰，不勝戰慄悚惶之至。謹奏。嘉慶二十一年十二月。

錢泰吉《曝書雜記》卷一　江西南昌學所刻《十三經注疏》共四百十六卷，并附《校勘記》。經始於嘉慶二十年二月，成於二十一年八月。儀徵相公時官巡撫，與僚屬紳士捐貲校刻，董其事者，鹽法道盧江胡稷、武寧貢生盧旬宣也。以十行本十一經及《儀禮》、《爾雅》單疏本爲主，不欲臆改古書，即明知宋版之誤，但加圈於誤字之旁，而附《校勘記》於每卷之末。《校勘記》者，儀徵舊有各經校本，撫浙時，屬詁經精舍諸君分撰成書也。《易》、《穀梁》、《孟子》則屬之元和李鋭，《書》、《儀禮》則屬之德清徐養原，《詩》則屬之元和顧廣圻，《周禮》、《公羊》、《爾雅》則屬之武進臧庸，《禮記》則屬之臨海洪震煊，《春秋左傳》、《孝經》則屬之錢塘嚴杰，《論語》則屬之仁和孫同元。惜南昌刊板時，原校諸君已散亡，刊者意在速成，不免小有舛誤。當檢單刻《十三經校勘記》，并覓舊本審核也。嘉慶二十三年，衎石兄之南昌，許爲購《注疏》，未至。余夢兄攜《注疏》歸，字旁有圈，心異之，及得而讀之，果然。

蓋余聞南昌新刻《注疏》成，欲得之久矣。其即所謂思夢歟！然余先期未嘗知新刻《注疏》有旁圈也。異哉！

《文選考異》《韓非子識誤》分部

綜　述

顧廣圻《思適齋集》卷一〇《文選考異序》　《文選考異》，起於五臣，然使有五臣，而不與善注合并，若合并矣，而未經合并者具在，即任其異而勿考，當無不可也。今世間所存，僅有袁本，有茶陵本，及此次重刻之淳熙辛丑尤延之本。夫袁本、茶陵本固合併者，而尤本仍非未經合并也。何以言之？觀其正文，則善與五臣已相羼雜，或沿前而有譌，或改舊而仍誤，悉心推究，莫不顯然也。觀其注，則題下篇中，各經闌入吕向、劉良，頗得指名，非特意主增加，他多誤取也。觀其音，則當句每未刊五臣，注内間兩存善讀，割裂既時有之，删削殊復不少。崇賢舊觀，失之彌遠也。然則數百年來，徒據後出單行之本，便云顯慶勒成，已爲如此，豈非大誤！即何義門、陳少章，斷斷於片言隻字，不能絜其綱維，皆繇有異而弗知考也。余夙昔鑽研，近始有悟，參而會之，徵驗不爽。又訪於知交之通此學者，元和顧君廣圻、鎮洋彭君兆蓀，深相剖判，僉謂無疑，遂乃條舉件係，編成十卷。諸凡義例，反覆詳論，幾於二十萬言。苟非體要，均在所略。不敢秘諸篋衍，用貽海内好學深思之士，庶其有取於斯。

又卷九《韓非子識誤序》　予之爲《韓子識誤》也，歲在乙丑，客於揚州太守陽城張古餘先生許，宋槧本太守所借也，與予向所得述古堂影鈔正同。第十四卷失第二葉，以影鈔者補之。前人多稱《道藏》本，其實差有長於趙用賢刻本者耳，固遠不如宋槧也。宋槧首題「乾道改元中元日黄三八郎印」，亦頗有誤。通而論之，宋槧之誤，由乎未嘗校改，故誤之迹往往可尋也。而趙刻之誤，則由乎凡遇其不解者，必校改之。於是而并宋槧之所不誤者，方且因此以至於誤；其宋槧之所誤，又僅苟且遷就，仍歸於誤，而徒使可尋之迹泯焉，豈不惜哉！子讐校數過，推求彌年，既窺得失，乃條列而識之，不可解者，未敢妄説。庚午在里中，友人王子渭爲之寫録，間有所論。厥後攜諸行篋，隨加增定。甲戌以來，再客揚州，值全椒吴山尊學士知宋槧之善，重刊以行，復舉《識誤》附於末。竊惟智茶學短，曾何足云，庶後有能讀此書者，將尋其迹，輒以不敏爲之先道也。

又《韓非子識誤後序》　《韓子》各本之誤，近又得其二事。《外儲説左下》兩云「孟獻伯」，「孟」皆當作「盂」。盂者，晉邑。杜預云「太原盂縣」者是也。獻伯晉卿，盂其食邑，以配謚而稱之，猶言隨武子之比矣。《説疑》云「楚申胥」，「申胥」當作「葆申」。葆申者，楚文王之臣，極言文王茹黄狗、宛路矰、丹姬事，而變更之。下文所謂疾争强諫以勝其君者也。見《吕氏春秋》高誘注曰：「葆，太葆官，名申。」又載《説苑》「葆」作「保」。《古今人表》同，「葆」、「保」同字也。時已刻成，補識於後。

傳　記

戈襄《半樹齋文》卷七《思適軒記》　思適軒者，顧子之思不適也。因不適而思其適，軒于是名。或曰何謂也？夫顧子，天下才也。窮而在下，不得一試其道。家居鬱鬱，寧獨無思乎？思矣而又不得遂，寧獨適乎？思愈甚，不適愈甚。曰取古人書縱觀之，期自適。思于古，治亂得失孰譜之？又于古人豪窮放廢、英特發露、際會奮興之處，深究之。出以告人無所闢，默以藏己無所洩。煢獨一身，倚書而俞拙。於是乃喟然嘆曰：「乃今知書不適我甚矣。」而其思不輟，間嘗謂余曰：「讀書貴經濟，經濟又貴用而不貴言，今豈無奇士可用矣，并恐噤不得言，奈何言己。」坐中有沈狎鷗，與余皆嘆息。狎鷗者，顧子所謂奇士也。有經濟才，恒默默，遇知己則説古今成敗不住口。是日，聞顧子言，心不懌，罷酒去。翌日，顧子乃持《思適軒圖》示余，曰：「予志在是，惟君其識！」

吁！顧子，天下才也。才成而無所用，徒苦其思于片詞隻義，以自晦匿。而其思俞不能適，乃爲此圖以寄其欣愉于萬一。顧子果適乎哉？然而嘲之者又曰：「顧子居湫隘，有書無地，所謂思適軒安在耶？在今黄君蕘圃家耶？抑别有寄耶？」吁！顧子，天下才也。其思非一家所能限，亦豈黄君所能私？顧子有思，顧子無軒。顧子有思，顧子又奚必以他人之軒爲軒？不特此也，設使顧子家不貧，有廣廈大室以藏書，顧子豈遂無思耶？設使顧子不師而官，或得一第，或宰一邑，其

身已顯榮，其志未抜出，顧子亦豈侈然厚自奉養，以爲吾思既適耶？思適軒者，顧子之思不適也。顧子何思乎？知其思者，狎鷗也，知其不適者，予也。

夏寶晉《冬生草堂文録》卷四《奎文閣典籍顧君墓誌銘》 世之爲漢學者，往往不讀唐以後書，或非毁程朱，厭薄詞賦。自處過高，好人之同己。雖所得有淺深，其習固如是也。元和顧君則不然。博極羣書而研窮義理，昌明絶學而留意文章。少以江處士聲爲師，長與孫兵備星衍爲友，晚而獨有所得，議論宏通，於亭林爲近，世徒以其勤於考證，遂共目爲章句之學，蓋未足以知君也。

君諱廣圻，字千里，一字澗薲。祖某，父諱文煜，篤行君子也。君以諸生屢應鄉試不利，孫兵備舉爲衍聖公典籍，得封其親。以學官弟子爲素王家臣，數百年來，惟君爲克稱其官。云明人讀書鹵莽，鏤板者絶無善本。傳布既久，譌脱滋多。君讎校最精，爲當世所貴。鄱陽胡氏《通鑑》、《文選》，蘭陵孫氏《平津館叢書》，皆出君手。其他訂正復數十部，補亡糾繆，頓還舊觀，有功於古人甚鉅。然特以貧故，見役於人，一生心力，實耗於此。身通六藝，僅爲謀食之資，學貫百家，窮於反古之世，終以不遇，豈不悲哉！

余初與相見於揚州，使酒難近。既通款洽，久乃益親。旅館連榻者半載，聞其緒論，獲益良多。及捧檄西征，數與書通政，勉以有用之學。後數年，不相聞。比東歸訪之，則病風逾年歿矣。時道光十五年月日也。年六十有九。著書若干卷，藏於家。夫人韓氏，子某，孫某，葬君於某阡。銘曰：「烏乎顧君，實能守先。源流相貫，門户弗專。卓爲通人，高乎世賢。漢儒説經，禄利使然。於今何用，矻矻窮年。志古人學，除孔氏官。迄無召貢，遂老丘園。抱書而逝，此其躅焉。」

錢林《文獻徵存録》卷九 顧廣圻，字千里，一字澗薲，元和人，諸生。經、史、小學、曆算，靡不研究。校宋本《列女傳》、《國語》，爲之札記。江聲弟子也。

李元度《國朝先正事略》卷三八《顧廣圻》 元和顧廣圻，長洲徐頲，最知名。廣圻字千里，號澗薲，邑諸生。天資過人，無書不讀。經、史、小學、天文、曆算、輿地之學，靡不貫通。又能爲詩古文詞及駢體，爲海内所推重。頲字述卿，嘉慶乙丑，以第二人賜進士及第，官編修。先生老友中，來往親密者，自錢宫詹大昕外，推褚部郎寅亮爲最。

葉昌熾《藏書紀事詩》卷六 不校校書比校勤，几塵風葉埽繽紛。誤書細勘原無誤，安得陳編盡屬君。顧廣圻千里。

李兆洛《顧先生墓誌銘》：「先生名廣圻，字千里，以字行，號澗蘋。年三十，補博士弟子員。孫淵如觀察、張古愚太守、黄蕘圃孝廉、胡果泉中丞、秦敦夫太史、吴山尊學士，皆推重先生，延之刻書。道光十五年二月十九日卒，年七十。先生論古書訛舛處，細若毛髮，棼如亂絲，一經剖析，劃然心開而目明。」銘曰：「安得古書，盡經君手。凡立言者，藉君不朽。書有時朽，先生不朽。」案：先生自號思適居士。《百宋一廛賦注》云：「居士元和縣學生，喜校書，皆有依據，絶無鑿空。其持論謂凡天下書，皆當以不校校之。深有取於邢子才『日思誤書，更是一適』語，以之自號云。」先生《思適齋圖自記》：「史稱子才不甚校讎，子才誠不校乎哉！則烏由思其誤，又烏由而有所適也？故子才之不校，乃其思。不校之誤使人思，誤於校者使人不能思，去誤於校者，而存不校之誤，於是日思之，與天下後世樂思者共思之，此不校校之所以有取於子才也。」《吹網録》：《遯翁苦口》一書，節録《朱子語類》，録者爲无悶子，不著姓氏。程稟初語余，无悶子即其師顧澗蘋先生。其藏書記曰「一雲散人」，又有「陳黄門侍郎三十五代孫」一印。

繆荃孫《續碑傳集》卷七七《澗薲顧君墓誌銘》李兆洛 鄭漁仲輯《藝文略》，始附以校讎之名，然其所言校讎之事，惟編纂類例，搜求亡書，不啻灌灌，則尚是目録家也，無與校讎事。劉向別傳曰：「校讎者，一人持本，一人讀詞，若怨家相對，故曰讎。」向於奉詔校理者，必補其缺脱，正其訛謬，而條上之，如以「見」爲「典」、以「陶」爲「陰」，甚者「閏月」爲「門五日」、「己亥」爲「三豕」之類。以後相承，如潁容、向朗、鄭默、褚元量、顔師古，皆其選也。然皆校正其字形而已，繼乃有校者荒陋，不知守闕如之戒，妄緣疑而致誤，至剜肉而成瘡。至有謬稱皇考、妄易銀根者，本初無誤，校乃至誤。此自書有刊本，輕加雌黄，儻經三刻，而古人之真書失矣。此亭林先生羅列改書之弊，以爲後戒者也。自爾諸儒，如惠氏半農、戴氏東原，從而張之，故本朝讀書士，共守此訓，不敢妄改。而讎校之事，確然有所守，故所刊書籍，賢於前代遠甚。乾隆中極盛矣，上自鉅卿名儒，下逮博士學究，無不通知此義。一時如抱經盧學士、懷祖王觀察父子、竹汀錢詹事，無不兼擅其長，而元和顧君澗薲尤魁傑者也。君名廣圻，字千里，號澗薲，陳黄門侍郎野王之三十五世孫。曾祖沛，祖松，父文煜，俱業醫，世爲吴人，少孤多病，枕上未嘗廢書，人咸異之。年十二，隨舅氏鄭源濤侍御於京師，弱冠南回，從張白華先生遊，館於程氏。程富於藏書，君徧覽之，學者稱萬卷書生焉。不事科舉業，年三十始補博士弟子員，縣府試皆冠其曹。繼從江艮亭先生遊，得惠氏遺學，因盡通經學、小學之義。嘗論經學云：「漢人治經，最重師法，古文今文，其説各異。混而一之，則轇轕不勝矣。」論小學云：「《説文》一書，不過爲六書發凡，原非字義盡於此。」欲取漢人經注，作叚借

長編，而未屬稿。君從兄之逵字抱沖，亦邃於學，而多藏宋本元本書，君一一訂正之，刻《列女傳》以傳。當是時，孫淵如觀察、張古愚太守、黄蕘圃孝廉、胡果泉中丞、秦敦夫太史、吴山尊侍讀，皆深於校讐之學，無不推重君，延之刻書。爲孫刻宋本《説文》、《古文苑》、《唐律疏義》，爲黄刻《國語》、《國策》，爲張刻撫州本《禮記》、嚴州本單疏本《儀禮》，爲湖刻《文選》、元本《通鑑》，爲秦刻《鹽鐵論》、《揚子法言》、《駱賓王集》、《吕衡州集》，爲吴刻《晏子》、《韓非子》。每一書刻竟，綜其所正定者，爲考異，或爲校勘記於後。學者讀之益欽嚮。爲漢學者，往往不平宋儒而訾謷之，君獨服膺焉，徧讀先儒語録，摘其切近者，爲《遯翁苦口》一卷，以教學者。胸中博綜，而能識之無遺，每論議，滔滔不竭，而是非所在，持之甚力，無所瞻徇。家故貧，常爲人校刻，博糈以食，雖往來皆名公卿，未嘗有以自潤。晚得類中症，卧牀第者五年，道光十九年二月十九日卒，年七十。兆洛以道光二年客授揚州，君時館洪賓華殿撰家，爲汪孟慈校刻其尊人《廣陵通典》，所居相近，故得朝夕握手焉。向聞君與金門學使、懋堂大令以言語牴牾，竊疑其盛氣難近，及見之，進退粥粥，詞色嫗煦，知君徒以愨愿自守，而狹中護前者，不能無所忤也。君嘗從容論古書舛訛處，細若毛髮，棼如亂絲，一經剖析，豁然心開而目明。歎君慧業，一時無匹，惜未及隨時鈔録，取爲學者導師。嗚呼！今則往矣。配韓氏，卒於道光十五年八月十九日，年七十。子鎬，孫瑞清，從余遊。將以某年月日，葬於一雲山祖塋之旁，瑞清請爲之銘。君所著多零星，瑞清能守護之者，予最愛君《汪氏藏書目録序》及《思適寓齋記》，以爲可以見君之志，故著之。序曰：「汪君閬原藏書甚富，取宋本元本，别編其目，各成一册。以予於此向嘗究心，屬爲序。夫宋元本之可貴，前人所論綦詳，收藏之家罔不知寶。汪君宿具神解，凡於有板以來，官私刊刻，支流派别，心開目瞭，遇則能名。而又嗜好專壹，兼收並蓄，既精既博，希有大觀，海内好古敏求之士，未能或之先也。閒嘗思之，天水蒙古兩朝，自祕閣興文，以暨家塾坊場、儒學書院，雕鋟印造，四部咸備，往往可考，固無書無地無人而非宋元本也。其距今日，遠者八百餘年，近者五百年，而天壤間乃已萬不存一，雖常熟之錢、毛，泰興之季，崑山之徐，著於録者，亦十不存二三。然則物無不遷，後乎今日之年何窮，而其爲宋元本者，竟將同三代竹簡、六朝油素，名可得而聞，形不可得而見，豈非必然之數哉！然則爲宋元本計者當奈何？曰舉斷不可少之書，覆而墨之，勿失其真，是縮今日爲宋元也，是緩千百年爲今日也。幸其閒更生同志焉，而所爲宋元本者，或得以相尋而無窮，計無過於此者矣。汪君之於宋元本，知之深，愛之篤，其欲爲之計者，當必有度越尋常之見，故詳述斯語，用爲序而諗焉。」記曰：「以思適名齋者何？顧子有取於邢子才之語也。史稱子才不甚校讐，顧子役役校書，而取之者何？顧子之於書，以不校校之也。子才誠僅曰不校乎哉，則烏由思其誤，又烏由而有所適也？故子才之校，乃其思也。不校之誤使人思，誤於校者使人不能思，去誤於校，而存不校之誤，於是日思之，遂以與天下後世樂思者共思之，此不校校之者，之所以有取於子才也。顧子貧，齋非所能闢也，即身之所寓而思寓焉，而思適之名亦寓焉。當其坐齋中，陳書積几，居停氏之所藏，同志之所借，以及敝篋之所有，參互鉤稽，以致其思，思其孰爲不校之誤，孰爲誤於校也。思而不得，困於心，衡於慮，皇皇然如索其所失，而杳乎無覩，人恒笑其不自適，而非不適也，乃所以求其適也。思而得之，豁然如啟幽室而日月之，舉世之適，誠莫有適於此也。自反其思，不知於子才何若也。使誠善思之至，則顧子每曰天下有誤書，而後天下無誤書。雖論似矯，要不病其過也。爲之圖而記之，且求先生長者及諸交遊題詠焉，以爲此亦天下後世樂思者之所願聞也。圖之者，誰某也。所圖者，今寓某也。時則某年也。寓齋中人顧子，名廣圻，字千里，號澗薲也。」銘曰：「先生之學，惟無自欺。以誠而明，不爲書欺。惟無自欺，亦無書欺。存其真面，以傳來兹。不爲書欺，書無能欺。屏絶附會，定其然疑。書以益人，通知古今。暨之梨棗，以無沇淪。人以益書，古典古居。非今斯今，永無模糊。惟其不欺，是以不苟。安得古書，盡經君手。凡立言者，藉君不朽。書有朽時，先生不朽。」

雜録

顧廣圻《思適齋集》卷一〇《重刻宋淳熙本文選序》代胡果泉己巳二月 《文選》於孟蜀時，毋昭裔已爲鏤板，載《五代史補》，然其所刻何本，不可考也。宋代大都盛行五臣，又并善爲六臣，而善注反微矣。淳熙中，尤延之在貴池倉使，取善注讐校鋟木，厥後單行之本咸從之出，經數百年轉展之手，譌舛日滋，將不可讀。恭逢國家文運昭回，聖學高深，苞函藝府，受書之士，均思熟精選理，以潤色鴻業，而往往罕覯，誦習爲難，寧非缺事歟！往歲顧千里、彭甘亭見語，以吴下有得尤槧者，因即屬兩君遴手影摹，校刊行世。踰年功成，雕造精緻，勘對嚴密，雖尤氏真本，殆不是過焉。從此讀者開卷快然，非敢云是舉即崇賢功臣，抑亦學海文林之一助已。其善注

之并合五臣者，與尤殊別，凡資參訂，既所不廢，又尋究尤本，輒有所疑，鉤稽探索，頗具要領，宜諗來者，撰次爲《考異》十卷，詳著義例，附列於後，而別爲之序云。

阮元《揅經室三集》卷四《南宋淳熙貴池尤氏本文選序》 元幼爲《文選》學，而壯未能精熟其理，然訛文脫字，時時校及之。昔但得元張伯顔、明晉府諸本，即以爲祕冊。嘉慶丁卯，始從昭文吳氏易得南宋尤延之本，爲無上古冊矣。按是冊，宋孝宗淳熙八年辛丑，無錫尤延之在貴池學宮所刻，世謂之淳熙本。每半葉十行，每行大字廿一二，小字廿一二三四不一。惜原板間有漫漶，其修板至理宗景定間止。卷二八葉及卷九十九葉書口，並有「景定壬戌重刊」木記可見。其中佳處，即以脱文而論，如《東京賦》「上下通情」注，宋本卷三十五下。毛本脱「言君情通於下，臣情達於上，故能國家安而君臣歡樂也」廿二字。又「重舌之人九譯」注，宋本卷三廿八下。毛本脱「韓詩外傳」至「獻白雉于周公」廿三字。《秋興賦》「天晃朗以彌高兮」注，宋本卷十三六上。毛本脱「杜篤」至「高明」廿字。以上毛初刻本脱，後得宋本改。《思元賦》「行頗僻而獲志兮」注，宋本卷十五三下。毛本脱「蕭該音」至「廣雅曰陂邪也」卌五字。陸士衡《答賈長淵詩》「我求明德」注下，宋本卷廿四十七上。毛本脱正文「魯侯戾止」八字，注文卌二字。《七發》「客見太子有悦色」下，宋本卷卌四九下。毛本脱數百字。諸如此類，不勝枚舉。其中異文，如《蜀都賦》「千廡萬室」，宋本卷四二十下。晉府本、毛本「室」改「屋」，則與上下文「出」、「術」等字不韻矣。《羽獵賦》「羣娭乎其中」，宋本卷八廿三上。翻張本、晉府本、毛本「娭」改「嬉」，則與《漢書・揚子雲傳》不合矣。《宋書・謝靈運傳》論「莫不寄言上德」，注引《老子德經》，宋本卷五十十四上。翻張本、晉府本、毛本並作「道德經」。不知「德經」二字，見陸氏《經典釋文》及《禮記正義》也。《吴都賦》「趫材悍壯」注引胡非子，宋本五卷五十五上。毛本「胡」改「韓」。不知胡非乃墨子弟子，見漢隋史志也。騷下《山鬼篇》「采三秀兮于山間」，宋本卷卅三〇三上。注文「三秀」上，晉府本、毛本增「逸曰」二字，此沿六臣本之舊，崇賢本不當有也。《永明九年策秀才文》「自萌俗澆弛」，宋本卷卅六十上。及《齊故安樂昭王碑文》「緝熙萌庶」，宋本卷五十九〇十八下。翻張本、晉府本、毛本「萌」改「氓」，然古書多作「萌」也，亦非他本之所可及。元人張正卿翻刻是書，行款一切頗得其模範，第書中字句同異，未能及此。若翻張本及晉府諸刻，改其行款，更同自鄶矣。惜是冊缺第四十一、四十二兩卷，近人即以正卿本補入，雖非完書，實亦希世珍也。此冊在明，曾藏吳縣王氏、長洲文氏、常熟毛氏，本朝則句容笪氏、泰興季氏、昭文潘氏，以至吳氏。獨怪冊中皆有汲古閣印，而毛板訛脱甚多，豈刊板後始獲此本，未及校改耶？元家居揚州舊城文樓巷，即隋曹憲故里，李崇賢所由傳《文選》學而爲《選注》者也。元既構文選樓于家廟旁，繼得此冊，藏之樓中，別爲《校勘記》以貽學者。裝訂既成，因序于卷首。

楊紹和等《海源閣書目・子部》 重刻宋乾道本《韓非子》二十卷，《識誤》三卷。清嘉慶二十三年全椒吳氏刻本。四冊。

又 重刻宋乾道本《韓非子》二十卷，《識誤》三卷。清嘉慶二十三年全椒吳氏刻道光二十五年揚州汪氏重印本。四冊。二部。

《經義述聞》分部

綜　述

王引之《經義述聞序》 引之受性檮昧，少從師讀經，裁能絕句，而不得其解。既乃習舉子業，旦夕不輟，雖有經訓，未及搜討也。年廿一，應順天鄉試，不中式而歸，亟求《爾雅》、《說文》、《音學五書》讀之，乃知有所謂聲音文字詁訓者。越四年而復入都，以己所見，質疑於大人前，大人則喜曰：「乃今可以傳吾學矣。」遂語以古韻廿一部之分合，《說文》諧聲之義例，《爾雅》、《方言》及漢代經師詁訓之本原。大人曰：「詁訓之指，存乎聲音。字之聲同聲近者，經傳往往假借。學者以聲求義，破其假借之字，而讀以本字，則渙然冰釋。如其假借之字，而强爲之解，則詰鞫爲病矣。故毛公《詩傳》多易假借之字，而訓以本字，已開改讀之先。至康成箋《詩》注《禮》，婁云『某讀爲某』，而假借之例大明。後人或病康成破字者，不知古字之多假借也。」大人又曰：「說經者，期於得經意而已。前人傳注不皆合於經，則擇其合經者從之。其皆不合，則以己意逆經意，而參之他經，證以成訓，雖別爲之說，亦無不可。必欲專守一家，無少出入，則何邵公之《墨守》，見伐於康成者矣。」故大人之治經也，諸說並列，則求其是。字有假借，則改其讀。蓋孰於漢學之門户，而不囿於漢學之藩籬者也。引之過庭之日，謹録所聞於大人者，以爲圭臬，日積月累，遂成卷帙。既又由大人之說，觸類推之，而見古人之詁訓，有後人所未能發明

者，亦有必當補正者。其字之假借，有必當改讀者。不揆愚陋，輒取一隅之見，附於卷中，命曰《經義述聞》，以志義方之訓。凡所説《易》、《書》、《詩》、《周官》、《儀禮》、大小戴《記》、《春秋》内外傳、《公羊》、《穀梁傳》、《爾雅》，皆依類編次，附以《通説》。其所未竟，歸之續編。亦欲當世大才通人糾而正之，以袪煩惑云爾。嘉慶二年三月二日，高郵王引之叙。合《春秋名字解詁》、《大歲攷》，凡三十二卷。道光七年十二月，重刊於京師西江米巷壽藤書屋。

阮元《經義述聞序》 昔郢人遺燕相書，夜書曰「舉燭」，因而過書「舉燭」。燕相受書，説之曰：「舉燭者，尚明也。尚明者，舉賢也。」國以治。治則治矣，非書意也。鄭人謂玉未理者璞，周人謂鼠未腊者璞。周人曰：「欲買璞乎？」鄭賈曰：「欲之。」出其璞，乃鼠也。夫誤會舉燭之義，幸而治；誤解鼠璞，則大謬。由是言之，凡誤解古書者，皆舉燭鼠璞之類也。古書之最重者，莫逾於經。經自漢晉以及唐宋，固全賴古儒解注之力，然其間未發明而沿舊誤者尚多，皆由於聲音文字假借轉注未能通徹之故。我朝小學訓詁，遠邁前代，至乾隆間，惠氏定宇、戴氏東原大明之。高郵王文肅公以清正立朝，以經義教子，故哲嗣懷祖先生家學，特爲精博，又過於惠、戴二家。先生經義之外，兼覈諸古子史，哲嗣伯申繼祖又居鼎甲，幼奉庭訓，引而申之，所解益多，著《經義述聞》一書。凡古儒所誤解者，無不旁徵曲喻，而得其本義之所在。使古聖賢見之，必解頤曰：「吾言固如是。數千年誤解之，今得明矣。」嘉慶二十年，南昌盧氏宣旬讀其書而慕之，既而伯申又從京師以手訂全帙寄余。余授之盧氏，盧氏於刻《十三經注疏》之暇，付之刻工。伯申亦請余言序之。昔余初入京師，嘗問字於懷祖先生，先生頗有所授。既而伯申及余門，余平日説經之意，與王氏喬梓投合無閒。是編之出，學者當曉然於古書之本義，庶不致爲成見舊習所膠固矣。雖然，使非究心於聲音文字，以通訓詁之本原者，恐終以燕説爲大寶，而嚇其腐鼠也。嘉慶二十二年春，阮元序於荆州舟中。

周中孚《鄭堂讀書記》卷二《經義述聞》十五卷嘉慶丁丑南昌盧氏刊本 國朝王引之撰。引之字伯申，高郵人，嘉慶己未賜進士第三。現官吏部侍郎。伯申之父懷祖念孫。著有《廣雅疏證》一書，於聲音文字訓詁，一以貫之。而其治經也，諸説並列，則求其是。字有假借，則改其讀。其所爲説，俱見於《廣雅疏證》中。伯申即本《疏證》所詮，及平日所聞於其父者，旁徵曲喻，證明其説，日積月累，遂成此帙。故曰《經義述聞》。凡《周易》、《尚書》各一卷，《毛詩》二卷，《周官》、《儀禮》、《大戴禮》各一卷，《禮記》、《左傳》各一卷，《國語》、《公羊傳》、《穀梁傳》、《通説》各一卷，計得六百有九條。其解及《大戴禮》、《國語》者，以宋時有十四經之説，《大戴》居其一。《國語》則《漢曆律志》有《春秋外傳》之目也。其書皆摘經句爲題而解之，間有摘一字，及類摘二句三句數句不等者。凡前人傳注，不皆合於經，則擇其合經者從之；其皆不合，則以己意逆經意，而參之他經，證以成訓，而别爲之説，非專守一家，無少出入，如何邵公之《墨守》，反見伐於康成也。顧其於近儒惠定宇、戴東原諸公之説，引古義以駁正之，未始不可。而於毛鄭《詩》、《禮》傳注，亦憑文字假借之義，辨其非是，恐啟後學蔑古注而逞新説之弊。至僞孔《書傳》、《家語》僞本，近儒皆不屑稱道，而亦引以爲證，是太不分涇渭矣。此則賢智之過也。然其爲書，有《九經古義》之精核，而更加詳明，有《經義雜記》之詳明，而更加精核。當與《潛研堂文集》答問數卷，方軌並駕，未知其孰先孰後矣。前有阮雲臺師序及自序，自序稱「凡所説《易》、《書》、《詩》、《周官》、《儀禮》、大小戴《記》、《春秋》内外傳、《公羊》、《穀梁傳》、《爾雅》，皆依類編次。其所未竟，歸之續編。」今續編未出，而是書獨不及《爾雅》。末一卷《通説》所解易、吊、孝、孝慈、有、時、爲、猶豫、從容、無慮諸字凡十，則亦非爲《爾雅》而設。則序所稱《爾雅》，當屬《通説》之誤也。承幹按：引簡。之官至工部尚書，謚文。

傳記

李元度《國朝先正事略》卷一六 引之字伯申，登嘉慶四年進士，出朱文正、阮文達兩公門。廷試以一甲第三人賜及第，授編修。累官禮部尚書，所涖皆能張其職。父憂歸，服闋，署工部尚書，薨於位。賜祭葬，予謚文簡。初，伯申年二十一歲，應順天鄉試，下第歸，急究心《爾雅》、《説文》、《音學五書》，以求聲音文字訓詁之學。越四年，復入都，以所見質疑於石臞先生，先生喜曰：「乃今可以傳吾學矣。」遂語以古韻二十一部之分合，《説文》諧聲之義例，《爾雅》、《方言》及漢代經師詁訓之本原。【略】伯申推廣庭訓，遂成《經義述聞》十五卷、《經傳釋詞》十卷。精博過於惠、戴二家。凡前人誤解者，獨能旁引曲喻，以得其本原之所在，使人頤解心折，歎爲確不可易，而又百思不能到。使古聖賢見之，必曰：「吾言固如是，沿誤數千年，而今乃得明矣。」此誠不可不開之奥窔。阮文達謂恨不能起毛鄭孔諸儒，而共證此快論者也。高郵王氏，自文肅公以清正立朝，以經義教子孫，至石臞、伯申，三世相承，而其緒益拓。論

者謂本朝經術，獨絶千古，而王氏一家之學，自長洲惠氏父子孫外，蓋鮮見其匹云。

繆荃孫《續碑傳集》卷一〇《誥授光禄大夫經筵講官工部尚書加二級謚文簡伯申王公墓誌銘》湯金釗

道光十四年冬十一月二十四日，工部尚書王公卒於位。遺疏入，上心軫惜，命照尚書例賜卹，賜謚文簡。越明年秋，孤子壽昌等奉靈櫬，反葬於安徽天長縣諭興集之東原，將以十二月初七日堋。以金釗與公同年進士，知公深，丐爲藴幽之文。雖不文，不敢辭。按狀，公諱引之，字伯申，號曼卿，姓王氏。先世由江蘇蘇州遷高郵，五世祖開運，州學生，治《尚書》有聲。高祖式耜，副貢生，博通五經，貧而好行其德。曾祖曾禄，拔貢生，邃於理學。祖安國，由一甲二名進士授編修，歷官吏部尚書，賜謚文肅，國史有傳。文肅公之祖父母、父母，俱以文肅公貴，誥贈如例。父念孫，由庶吉士歷官永定河道，著有《廣雅疏證》、《讀書雜志》諸書行於世。以公貴，封光禄大夫、工部尚書，加二級。母氏吴，贈一品夫人。吴太夫人孕八月而生公，公身小氣弱，性穎異好學。年十七，補州學生，從事聲音文字詁訓之學。以所得質於光禄公，光禄公喜曰：「是可以傳吾學矣。」乾隆乙卯，舉順天鄉試。嘉慶己未，成進士，殿試一甲第三名，授編修。癸亥大考翰林，欽取一等第三名，擢侍講。歷官庶子、侍講學士、通政司副使、太僕寺卿、大理寺卿、左副都御史，晉禮部侍郎、教習庶吉士，調吏部侍郎。累署兵部、刑部、户部侍郎，授工部尚書，賜紫禁城騎馬，署吏部尚書，調禮部尚書。父喪，服闋，復授工部尚書。公事君以誠，持己以正，擾而能毅，直而能温。忠愛之念，上結主知。凡民生國計之大，講求諮度，知無不言。林清之變，有議加培圓明園宫垣者，公具疏切辨，蒙召見嘉納。閩省署能溪令朱履中，誣方伯李賡芸受賕，總督某劾方伯，罷其任。既對簿，無左驗，而按事者持之急，方伯不能堪，遂雉經。事聞，命公偕熙少宰昌往讞之，悉得其情，獄遂平反。爲少宰時，有議爲生祖母承重丁憂三年者，公力持不可。會奉使去，持議者遽奏行之。公還，疏陳庶祖母非祖敵體，不得以承重論。緣情即終身持服，不足以報罔極；制禮則承重之義，不能加於支庶。請復治喪一年舊例。遂更正。其長冬官也，銘稽必嚴，察核必至，素精算術，嘗取奏銷册覆核，所用帑無慮數十百萬，執管以計，日未移晷而畢，僚屬皆驚歎。又河工工程名目，歲修之外，又有另案，廳員率藉此自肥，而工反遜於舊。光禄公官河道六年，所屬不報一另案，公習知其弊，故有請嚴禁東南兩河另案工程之奏。得旨允行。恭脩《仁宗實録》，充總裁官，敬謹編輯，始終其事。總裁國史，細心簽酌，務臻允當。充武英殿正總裁，召對時從容奏言：「字典一書，當年成書較速，纂輯諸臣間有未及詳校者，應加校正。」上然之。公手自校勘，凡訂正二千五百八十一條，輯《考證》十二卷以進。他若畿輔歲歉，則請寬京城米禁以濟民食；山左旱蝗，則請設廠收買以杜胥吏。奉符滋擾，身無地方之責，而殫心民瘼。皆此類也。辛酉，典試貴州。甲子，典試湖北。戊寅、辛巳，兩典浙江試。己卯、癸未，兩典會試。所取多知名士。視學河南，則捐廉購《十三經注疏》百餘部，分貯各屬學宫。教士子以根柢之學，訂詩韻以導諸生韻語之不協律者。爲山東學政時，值教匪滋事，壹以正風俗爲先。撰《闡訓化愚論》、《見利思害説》，刊布以曉愚民。至地方官有聲名平常者，直陳無隱，按驗皆實，則又公之公忠，足以仰副委任者也。公天性純孝，官庶子時，居母喪，哀毁盡禮。光禄公以河工漫口，罷觀察，居京邸，公侍色養志，退食之暇，以考訂經義爲承歡。光禄公重宴鹿鳴，公撰杖以侍，都人士艷稱之。居喪年已六十有七，孺慕之色結心而形。篤於本根，置田以贍族人之貧者。子孫自幼訓以朱子小學，及陳文恭公《養正遺規》，莫不循循有規矩。政事之外，以纂述爲事。著有《經義述聞》三十二卷，不爲鑿空之談，不爲墨守之見，聚訟之説，則求其是，假借之字，則正其解。又就古人名字音義之相比附，以觀聲音訓詁之會通，作《周秦名字解詁》。又考明《漢志》「太歲在子」爲「在寅」之譌，爲説二十八篇以正之，名曰《太歲考》。又以小學之書，皆釋名物實義，若經傳語辭，釋之者無幾。語義未明，經義反因之而晦。爰博考九經三傳，及周秦西漢之書，發明助語古訓，分字編次，爲《經傳釋辭》十卷，以補《爾雅》、《説文》、《方言》之缺。公説經，尤精於轉注假借之字，幼承庭訓，精通於光禄公古均廿一部之分。於九經、《楚詞》、諸子之有韻者，剖析精微。又熟於篆隸遞變源流，因聲音以審文字，因文字以察詁訓。凡漢唐諸儒就借用之字，望文生義而未安者，公釋以本字，無不冰釋理順。公生於乾隆三十一年三月十一日，享年六十有九。元配沈夫人，孝謹德讓，動合禮法，歸逾年而殁，葬於天長縣石梁鎮祖塋側。繼室范夫人，孝慈勤儉，侍養光禄公數十年，一飲一食，必手治以進。綜理家政，内外秩如。孝子以嚴，御下有恩，雖膺極品之封，家居衣猶補紉。族黨稱之。先公八年卒，葬於天長縣諭興集之東原。公子遵公命合葬焉。子四人：壽昌，正二品廕生，由户部主事洊升河南歸德府知府。彦和，廣西鬱林直隸州知州。壽朋，早殁。壽同，拔貢生，八旗教習候補郎中。女五人，孫七人，女孫八人，嫁娶皆名族。銘曰：「通儒之子，克承家學。聲音文字，詁經精確。繩其祖武，洊爲正卿。嘉猷入告，忠愛篤誠。屢掌文衡，得人爲盛。經術造士，士習以正。大臣規畫，昭垂信史。名山著述，足傳千禩。長淮之南，大江之北。子孫繁興，視此兆域。」

又《工部尚書高郵王文簡公墓表銘》龔自珍　公諱引之，姓王氏，江南高郵人。祖安國，禮部尚書，謚文肅。祖妣車氏、徐氏。考念孫，四品卿銜，前分守永定河兵備道。妣吳氏。公乾隆六十年舉人，嘉慶四年進士，由翰林院編修累禮部尚書，改工部尚書，卒於位，賜謚文簡。生乾隆三十一年，卒道光十四年。明冬十有二月七日，葬於州治之賜塋。公典鄉試事四，典會試事二，龔自珍則其典浙江鄉試所得士。公之學及其著書大凡，嘗不以自珍爲不可裁而請之矣。其行誼始末，自珍又窺其數大耑矣。將葬，公弟四子壽同則使自珍表諸墓。自珍爰述平日所聞於公者曰：「吾之學，於百家未暇治，獨治經。吾治經，於大道不敢承，獨好小學。夫三代之語言，與今之語言，如燕越之相語也。吾治小學，吾爲之舌人焉。其大歸曰用小學説經、用小學校經而已矣。」又聞之公曰：「吾用小學校經，有所改，有所不改。周以降，書體六七變，爲官主之。寫官誤，吾則勇改。孟蜀以降，槧工主之，槧工誤，吾則勇改。唐宋明之士，或不知聲音文字而改經，以不誤爲誤，是妄改也，吾則勇改其所改。若夫周之没，漢之初，經師無竹帛，異字博矣，吾不能擇一以定，吾不改。假借之法，由來舊矣，其本字十八可求，什二不可求，必求本字以改假借字，則考文之聖之任也，吾不改。寫官槧工誤矣，吾疑之，且思而得之矣，但羣書無佐證，吾懼來者之滋口矣，吾又不改。」又聞之公曰：「吾之學，未嘗外求師，本於吾父之訓。」先是，兵備公校定晚周諸子、太史公書，一時言小學者宗之。公所著書三十二卷，謂之《經義述聞》，述聞者，乃述所聞於兵備公也。《通説》四十餘事，又説經之大者，在《述聞》之末。又聞之公曰：「吾著書，不憙放其辭。」自珍受而讀之，每一事就本事説之，栗然止，不溢一言，如公言。公之色孺子色，與人言，未嘗有所高論吴譚。年近七十，爲禮部尚書，兵備公猶在。公終身皆其爲子之年，門下士私相謂曰：「以王公名位齒髮，而辭色如子弟，所學殊與？所養殊與？其諸人論歸之師，海内歸之福也與！」公以事親爲讀書，以讀書爲事親，門内之士勉勉顓顓，人知之。立朝循比丁憂服闋，再補工部尚書，而公旋卒矣。典常，侯乾斷，無所表暴，天下頗無由測公。嘉慶十八年，巨逆林清以七十七人入禁門，既殄定，同朝有議圓明園宫牆高厚者，有議增圓明園兵額者，公皆不謂然，具摺上，睿皇帝大動容，召對良久，乃罷。上諭軍機大臣：「王引之言人所不敢言。」其事卒見施行與否，海内弗知，其奏牘何辭，海内迄今弗知也。由此例之，公之風旨，其視徒表暴於道路者何如哉！公配沈，繼配范。子四：壽昌，彦和，壽朋，壽同。范出。孫七。銘曰：「璞之瑟瑟，外有文也。鏐之沈沈，中有堅也。君子肖之，以事其親也。於乎！欲事親者考斯，欲事君者考斯。斯人而不敢承，孰爲大道。」

雜録

丁立中《八千卷樓書目》卷三　《經義述聞》三十二卷。國朝王引之撰。《皇清經解》本。活字板本。

《漢書地理志校本》分部

綜述

汪遠孫《漢書地理志校本序》　秦有天下，改三代三等地變爲郡縣。漢雖設立諸侯王國，究亦仍秦之制，不復反古。班氏孟堅創作《地理志》，上綴《禹貢》、《周官》、《春秋》，下及戰國秦漢，迄乎平帝元始二年，以爲西漢一代之志乘。又本朱贛條其風俗，考其山川，則行乎地者可以施其政。後世之言地理者，悉祖是書矣。然而傳寫之異同，錯綜之得失，方俗語言之音譌，誠非積功所可淬治。伯兄小米氏好是學，多考校，悲不永年，未曾完業。嘗自作《國語校注本》，而欲以此志屬授金氏甥善，善又遽没於京師。今《國語校注本》已延請蘇州陳碩甫先生奐脩整成書，而此志之殘紙遺編，終不忍屏棄散佚，故復請碩甫重加對讎，以付剞劂，庶以備家塾之考校已爾。本據明人汪文盛，而他本則附載參訂，謂之曰《校本》，仍兄之舊題。道光二十七年丁未冬十月，同懷弟汪邁孫謹書。

楊守敬《漢書地理志補校》　校《漢書地理志》者，錢塘汪氏，稍後出，亦最精。惜其甄録諸家，猶多未備。書中不引全氏《稽疑》，當由未見。弘農縣下引錢氏坫説，亦非其《斠注》本語。疑汪亦未見錢書。而出於汪氏後者，又有番禺陳氏澧、江寧汪氏士鐸。守敬流覽所及，亦閒事校讎，札記於書眉。積久得若干條。衰病浸淫，自量不復有所得，乃别出爲一册，意在補汪書。凡汪所已引，則不復録。山川與《禹貢》、《水經》不合者析之，侯國至新室始除者補之。他如東郡之堂邑、桂

陽之陰山、淮陽之固始、山陽之西防、泰山之桑丘，特欲頓還舊觀，豈矜獨標新說。宗旨與汪書不悉合，故其文亦稍繁重云。光緒二十有五年四月，宜都楊守敬自記於晦鳴軒。

傳　記

葉昌熾《藏書紀事詩》卷五　握手城東問紀羣，弟兄父子並能文。勘書難似孫深柳，池館松聲坐水雲。汪憲千陂。子汝瑮坤伯。瑜季懷。璐仲連。孫誡孔皆。曾孫遠孫久也。【略】又：汪遠孫，字久也，號小米，誡子。嘉慶丙子舉人，候補內閣中書。注云：「小米溺苦於學，盡發先世藏書讀之，所著有《詩攷補遺》、《國語攷異》、《發正》、《古注》、《漢書地理志校勘記》、《借閒生詞》。購別業於水磨頭，曰借閒小築，因自號借閒漫士。」【略】胡敬《內閣中書汪小米傳》：「孔皆公以君之嗜學也，病中指楹書示曰：『他日以畀汝。』君著書務爲根柢之學，子一，曾撰。」陳用光《振綺堂書目序》：「余來杭州，聞汪舍人遠孫家藏書甚富，借觀其目。舍人既以《臨安志》見贈，並索爲目録序。舍人之藏書，分經、史、子、集爲四部，部各有子目，而所攷證其書之佳否真僞，及得書之緣起，自注於上方甚詳，且秩然有條理也。」鮑廷博《輓汪魚亭比部詩》：「整整牙籤萬軸陳，林間早乞著書身。種松漸喜龍鱗老，埋玉俄驚馬鬣新。清白家聲欽有素，丹黄手澤借還頻。西風誰送山陽笛，偏感春明僦宅人。」自注：「先生既捐館，余尚向鄴架借書。」龔自珍《雜詩》：「振綺堂中萬卷書，乾嘉九野有誰如。季方玉粹元方死，握手城東問蠹魚。」張廷濟《題汪小米松聲勘書圖》：「校書難比著書難，深柳圖傳孫叔然。難得水雲今健者，更搜文字到盧前。」自注：「『校書難比著書難』，孫頤谷侍御自題深柳勘書圖句。」

繆荃孫《續碑傳集》卷二〇《內閣中書汪君墓誌銘》胡敬　吾鄉自杭厲後，績學能文，有稱於時者不多見，獨山舟學士以翰林名動四裔，餘事發爲詩古文詞，繼以曜北、處素兩先生，經史各名家，兼通音韻之學。其所自出，能成梁氏宅相，而以著述聞者，羣推吾友汪君小米。君名遠孫，字久也，系出安徽黟縣，世居鄉之宏邨。十世祖文宇公諱元台，始遷錢塘。曾祖容谷公諱寬，早世。本生曾祖千陂公諱憲，乾隆甲子舉人，乙丑進士，官刑部陝西司員外郎。祖仲連公諱璐，丙午舉人，官太常寺博士。父孔皆公諱誡，甲寅舉人，官刑部江西司主事。母梁宜人，文莊公曾孫女，沖泉少司空孫女，處素孝廉之女。君幼聰穎，十歲遭梁宜人喪，侍祖父受經，通大義。嘉慶甲戌，入郡庠，孔皆公督課嚴，命寄居中表孫午泉大令家，偕午泉攻舉子業。夜漏未盡，即篝鐙起讀，如是者二年。丙子，舉於鄉。兩赴計偕，循例爲內閣中書。戊寅，在京待銓，聞父疾，歸里。是秋，孔皆公捐館舍，君銜哀風木，絶意進取，而一意肆力於著書。先是，千陂公性耽插架，多善本，甲乙編排，丹黄多所手定。吾鄉之藏書家，若趙氏小山堂、吳氏瓶花齋、杭厲輩所借觀珍惜者，今皆散佚不存，惟振綺堂所藏，巋然具在。孔皆公以君之嗜學也，病中指楹書示曰：「他日以畀汝。」君著書，務爲根柢之學，排日讀《十三經注疏》，以心得者著爲《攷異》。又以抱經堂《釋文》多譌缺，欲爲補正，功雖未竟，其宗尚已可概見。近人於《注疏》，能守一經終業者已鮮，矧全經攷其異耶！盧氏《釋文》本於《注疏》脱誤處，所載已大半增改，近人讀不終篇，倦而棄去，矧全帙加以補正耶！君讀書，心敏而志定，敏故洞達，定故持久不輟。著述之暇，與同里耆彦結東軒吟社，凡爲歲十，爲集百。薈萃所作，且繪爲圖。於湖濱起水北樓，春秋佳日，棲息其中，勘經之餘，焚香晏坐。時復登山臨水，寄其曠逸之懷，因自號曰借閒居士。吾鄉志乘，以南宋《咸淳臨安志》爲最古，君重雕以廣其傳。他若厲樊榭《遼史拾遺》、《東城雜記》，梁處素《左通》，汪選樓《三祠志》，俱次第梓行，以及亡友詩文，代爲校刊者，難以悉數。事繼母姚以順，率諸弟以端，待戚黨以睦。方孔皆公棄養時，君年甫二十六，五弟一妹皆幼，友愛兼至，爲締姻舊家，八年來，婚嫁遞畢。治家遵祖父遺訓，豐約得中，不染習俗流弊。重然諾，見事明決，與人交以至誠，貧者感其施，饒裕者亦倚以定是非可否。易簀之日，里中士大夫無親疏遠邇，皆咨嗟歎息，且有泣下霑襟者。娶於梁，爲萊子教諭女，生子一，曾撰，女五。而梁孺人歿，篤於伉儷，鰥居九載。以內顧憂不獲已，繼娶於湯，未踰年，又以瘵歿。副室李氏，生女一。君卒於道光丙申五月八日，年四十三。所著有《詩攷補遺》、《國語攷異》、《發正》、《古注》、《漢書地理志校勘記》、《借閒生詩》三卷、《詩餘》一卷。配梁孺人著有《列女傳校注》，湯孺人著有《玉臺畫史》，半爲君所訂定云。

論曰：余官京師時聞君名。癸未歸田，得與君締交。曁丙申，歲星更始矣。余齒長於君二十餘歲，既老且病，閒有所作，謂異時當賴君訂正，不圖君之先我辭世也。余里中所交友，凡通訓詁、擅辭章者，前後無慮數十輩，至晨夕晤聚，殷嚮往而深知性情者，始則汪選樓家禧，繼則陳扶雅善仁，最後惟君耳。選樓學博而志鋭，力欲抗衡古人，於詩不多作。扶雅明《易》學，工古文辭，詩詞亦非所長。能兼而有之者，君也。選樓墓木已拱，得君梓其遺編，以行於世矣。扶雅之歿，

後君衹半載。餘所注《晉書》已垂成，君不及與爲商搉，惜哉！君既承梁氏兩世學，此二人亦素爲山舟學士所稱，而又皆爲君所推重者，志同道合，故連類及之。

雜録

楊紹和等《海源閣書目・史部》 《漢書地理志校本》二卷。清汪遠孫撰。清道光二十八年汪氏振綺堂刻本。一册。

《校勘史記集解索隱正義札記》分部

綜述

張文虎《舒藝室雜著》甲編卷下《校刊史記集解索隱正義札記跋》 《史記》自漢已殘缺竄亂，迄今又千數百年，展轉傳寫，積非成是，蓋有明知其誤而不能改者矣。裴氏《集解序》稱采經傳百家并先儒之説，豫是有益，悉皆鈔納。今史文之下，箸注寥寥，大非完帙。惟《索隱》有汲古閣單刻，所出正文，每勝通行之本。然其注改宋本大字爲小字，頗有混淆。又或依俗改竄，反失小司馬之真。張氏《正義》僅存於南宋以來之合刻本，删削既多，舛誤彌甚。三家注又有互相重複錯亂者。先是，嘉興錢警石學博泰吉，嘗彙校各本，歷三十餘年，點畫小殊，必詳記之。烏程周縵雲侍御學濬，借其本過録，擇善而從。同治五年，請於署江督肅毅伯今相國合肥李公，以屬學博高弟海寧唐端甫文學仁壽覆校付刊。及明年春，相侯湘鄉曾文正公自淮北回金陵，命文虎同校。文虎與侍御及唐君議以新刊史文及注，皆不主一本，恐滋讀者疑，請於刊竣以後，附記各本異同，及所以去取意，文正頷之。七年冬，公將移任畿輔，命凡已刻之卷，有宜改者，隨時剜補。以是至九年夏，始克印行。乃屬稿爲《札記》。是年冬，公復任江督，文虎以先成稿二卷呈，公以爲善。去冬既蕆事，請公序其簡端，公命先以《札記》授梓氏，并附述緣起於末。烏乎！孰意寫未竟而公薨，不及爲之序乎！所記異同，大半取資於錢校本，其外兼采諸家緒論，則梁氏《志疑》、王氏《讀書雜志》爲多。文虎與唐君管見所及，不復識别。其有偶與前賢闇合者，悉歸之前賢，以避攘善之譏。餘例散見記中。限於聞見，不免挂漏，有志於校史者，以此爲質，而益精攷之，以成善本，庶有當於兩爵相嘉惠來學之意云。

傳記

繆荃孫《續碑傳集》卷七五《州判銜候選訓導張先生墓誌銘》繆荃孫 先生姓張氏，諱文虎，字孟彪，又字嘯山，江蘇南匯人。幼穎異，見書籍輒自翻閱。嘗讀元和惠氏、歙江氏、休甯戴氏、嘉定錢氏諸家書，慨然歎：「爲學自有本，馳騖枝葉無益也。」則取漢唐宋人注疏若説經諸書，由形聲以通其字，由訓詁以會其義，由度數名物以辨其制作，由言語事蹟以窺古聖賢精義，旁及子史，是非得失，源流異同，以參古今風會之變。壬辰大比，歲友强之行，試卷墨汙，題詩號舍而出，自是不復應試。金山錢雪枝通守熙祚輯《守山閣叢書》，屬先生校訂，館錢氏三十年，所校書若《守山閣叢書》、《指海珠叢别録》，及鼎卿學博熙輔續輯《藝海珠塵》壬癸集，子醫少尹培名輯《小萬卷樓叢書》，無慮數百種，時稱善本。嘗三詣杭州文瀾閣，縱觀《四庫》書，手自校録。績溪胡竹村培翬、元和陳碩甫奂時同寓西湖，過從商榷甚歡。中間西游天目，南登會稽，尤愛天目之勝，因自號曰天目山樵。年二十八，始就婚於金山姚氏。越四年，舉一子，曰錫卣。癸卯，偕錢通守游京師。通守卒於邸，先生載其柩南歸。時輯《指海》未竟，其嗣偉甫培杰、子馨培名請畢之，先生力任不辭。海甯李壬叔善蘭與先生讀算契合，咸豐初，李先生從英吉利士人艾約瑟、偉力烈、亞力新譯《重學》及《幾何原本》後九卷，而艾約瑟輩深明算理格致之學，聞先生名，數數造訪，質疑問難，咸大折服，歎爲彼國專家，勿能及。丙辰，移家張涇堰，蓋贅於姚二十有二年，至是始有家也。粤匪之亂，轉輾避難，曾文正公聘赴安慶，李文忠公繼督兩江，議刻經史，因與先生商定條例，文忠稱善，遂留書局。八年癸酉，先生以老固請，始得旋里。蘇撫檄各屬修志乘，邑令金福曾造門敦請，奉賢韓令佩金、華亭楊令開第，亦相繼以志事來聘，勉應之。錢子馨議輯先世書目，留先生於郡城復園。丙子秋，子馨歿，遺孤幼，先生傷之，爲處分其喪事。再聞姚孺人之訃，

悲慟不能已，自是神氣稍衰矣。癸未，學使瑞安黄公體芳創建南菁書院於江陰，按臨松江，躬延先生主講席。時先生足艱於行，再三辭不獲，秋七月，赴江陰。冬十一月，旋里。足疾加甚，乃具書請退。甲申長至，得類中疾。乙酉下月，卒於復園，年七十有八。先生於書無所不覽，過目輒記，尤長於比勘，遇疑義必反覆窮究，廣證旁引，以匯於通，往往發前人所未發。所著各書，曰《校刊史記集解索隱正義札記》五卷，《舒藝室隨筆》六卷、《續筆》一卷、《餘筆》三卷，《雜著甲編》二卷、《乙編》二卷，《賸稿》一卷，《詩存》七卷，《索笑詞》二卷。又嘗以漢魏以來，古樂失傳，而古書之存於今者，祇滋後人聚訟。乃因端以考其器數，審其聲氣，以究古今之變異，作《古今樂律攷》一書。顧尚之先生作《殷曆攷》，申鄭氏一家之言，先生證之經傳，謂鄭氏誤執緯書及《大傳》之文，致《召誥》注破經從曆，而劉歆又損夏益周，移前五十七算，以求密合經文，爲作《周初歲朔攷》以疏通之。先生之學，博大宏達，既以經學、小學、曆算、樂律立其本，泛濫以及其他，莫不洞悉源流，燭見幽隱，實事求是，由博返約，勿苟於著述，勿囿於門户。溯自惠、江、戴、錢諸家，而後可謂集大成也已。然先生豐於學而嗇於遇，少時疊遭大故，家屢空，殆人所難堪。自是客游日多，垂白歸來，又抱伯道之戚，而先生不以是廢學，手一卷外，無他嗜好，老而彌篤。顧尚之爲先生世交，著作等身，先生爲謀於上海令獨山莫公祥芝，俾爲刊布。婁朱虞卿先生大韶邃於經術，先生選録其經義若干篇，今李勉林中丞校付梓人，海内迺知有朱顧之學，先生力也。曩以諸生從文正公軍營保，以訓導選用。光緒初，援例加州判銜。錫卣遺腹有一女，贅同邑附貢生王保如，生外曾孫孝曾，歸爲先生後。孝曾殤，復以慰曾來歸焉。荃孫幼攖兵燹，避地楚蜀，未曾捧手受教，後先生四年，來主南菁講席。華亭張錫恭出此狀來求銘，爰作銘曰：「東南諸老，首推潛研。先生繼之，名滿垓埏。六書九數，如日中天。合朔周初，協律宫縣。微言克紹，絶學能專。少絶仕進，青紫無緣。晚爲賓客，戇直自全。校讐最工，几席丹鉛。更生子固，輝映後先。明湖之湄，冶城之巔。大名不滅，遺事獨傳。龍蛇歲厄，牛斗星懸。隻雞斗酒，誰過新阡。」

雜　録

張文虎《校刊史記集解索隱正義札記》所據各本　常熟毛晉刻《集解》本。云據宋板，今刊《集解》多據此。毛刻單行本《索隱》。云據北宋祕省大字刊本。今刊《索隱》多據此，省稱「索隱本」。明震澤王延喆翻宋合刻《集解》、《索隱》、《正義》本。今刊《正義》多據此。舊刻本。上海郁氏藏本。字形古樸，雜採《集解》、《索隱》頗略，似元明間刊本，無序跋年月，卷尾多缺壞，蓋書估去之以充宋本，今不敢定，祇稱「舊刻本」。明豐城游明刻本。獨山莫子偲大令友芝藏本。有《集解》、《索隱述贊》，首有董浦序，蓋其本自中統出。明金臺汪諒刻本。云據舊本，有《集解》、《索隱》、《正義》，首有嘉靖四年費懋中序。以柯維熊所校，世稱「柯本」。明吴興凌稚隆刻本。有《集解》、《索隱》、《正義》，云以宋本與汪本字字詳對，有不合者又以他善本參之。北宋本。諸城劉燕庭方伯喜海所藏。集宋殘本之一。但有《集解》，「桓」字不避，知爲北宋刊本。此下並據嘉興錢警石學博泰吉校録本。宋本。集宋殘本之二。但有《集解》，「桓」字、「慎」字不避，蓋亦南宋以前刊本，今統稱「宋本」以爲别。南宋本。集宋殘本之三。有《集解》、《索隱》，「桓」字、「慎」字避缺。南宋建安蔡夢弼刻本。集宋殘本之四。有《集解》、《索隱述贊》，卷後題「建安蔡夢弼謹案京蜀諸本校理梓實於東塾」。詳見嘉定錢氏《十駕齋養新録》及昭文張氏《愛日精廬藏書志》。元中統本。有《集解》、《索隱述贊》，首有「中統二年校理」，董浦序稱「平陽道參幕段子成刊行」，蓋當宋理宗景定時。明南雍本。有《集解》、《索隱》、《正義》，多删削。明秦藩刻本。莫大令藏本。有《集解》、《索隱》、《正義》，首有嘉靖十三年秦藩鑒抑道人序，大致同王本。錢唐汪小米舍人遠孫校宋本。海寧吴子撰春照校柯本。乾隆四年經史館校刊本。今稱「官本」。

《斠補隅録》分部

傳　記

葉昌熾《藏書紀事詩》卷六　羣玉英光訪寶章，積書忙似鼠搬薑。匳中舊史遺蠶室，别下叢編繼兔牀。蔣光煦生沐。

錢儀吉《蔣母馬安人傳》：「安人海昌馬氏，歸候選布經歷蔣君星槐，亦州人也。蔣君箟劉氏生子光煦，十歲，蔣君卒，安人課之讀，涕泣告誡之，光煦亦感動，自厲於學。」《廿泉鄉人稾》：「以常南陔刻《率更千文》贈蔣生沐，生沐報以漳蘭四盆，賦《寄生沐詩》『蔣君邇來富墨妙，佳刻

喜得英光堂。欲師米老録待訪，寶章一一加評量』。」自注：「生沐近得岳倦翁所刻米帖。」光煦《刻拜經樓藏書題跋記後序》：「光煦少孤，先人手澤，半爲蠹魚所蝕。顧自幼即好購藏，三吴間販書者皆吾人，來則持書，入白太安人請市焉，輒歎曰：『昔人有言，積金未必能守，積書未必能讀。若能讀，即爲若市。』以故架上書日益積。稍長，欲得舊刻舊鈔本，而吾賈射利之術，往往索時下諸刻與易而益之金，則輾轉貿易，所獲倍蓰。未幾，凡余家舊藏世所恒有之書，易且盡矣。今計先後裒集者，蓋得四五萬卷。」昌熾案：先生撰《東湖叢記》，其小引題咸豐六年丙辰七月，放庵居士蔣光煦識於商觚周鼎秦鏡漢甓之齋。又嘗刻《別下齋叢書》、《涉聞梓舊》，世稱善本。

雜録

丁立中《八千卷樓書目》卷一二 《斠補隅録》不分卷。國朝蔣光煦撰。別下齋本。刊本。

《諸子平議》《古書疑義舉例》分部

綜述

俞樾《諸子平議序》 《諸子平議》三十五卷，德清俞樾撰。樾有《羣經平議》三十五卷，已自爲序録矣。及《諸子平議》成，又序其端曰：聖人之道，具在於經。而周秦兩漢諸子之書，亦各有所得。雖以申韓之刻薄，莊列之怪誕，要各本其心之所獨得者，而著之書，非如後人剽竊陳言，一倡百和者也。且其書往往可以考證經義，不必稱引其文，而古言古義，居然可見。故讀《莊子・人間世篇》曰：「大枝折，小枝泄。」「泄」即「枻」之假字，謂牽引也。而《詩・七月篇》「以伐遠揚，猗彼女桑」之義見矣。讀《賈子・君道篇》曰：「文王有志爲臺，令匠規之。」而《詩・靈臺篇》「經始靈臺，經之營之」之義見矣。讀《管子・大匡篇》曰：「臣禄齊國之政。」而知《尚書》今文家説「大麓」，古有此説。讀董子《春秋繁露・王道篇》曰：「恩衛葆。」而知《春秋左氏傳》「齊人來歸衛俘」，字固不誤。讀《商子・禁使篇》曰：「騶虞以相監。」而知韓魯詩説，以騶虞爲掌鳥獸官，亦古義也。讀《揚子・吾子篇》曰：「如其智，如其智。」而知《論語》「如其仁，如其仁」，非孔子之許管仲以仁矣。讀《揚子・五百篇》曰：「月未望則載魄于西。」而知僞孔傳解「哉生魄」之誤。讀《商子・賞刑篇》曰：「昔湯封於贊茅。」而知皇甫謐謂湯居穀熟之非。讀《吕氏春秋・音律篇》曰：「固天閉地，陽氣且泄。」而知《月令》「以固而閉地氣沮泄」之文，有奪誤也。讀《淮南子・時則篇》曰：「大禱祭于公社。」而知《月令》「大割祠于公社」，「割」乃「周」之誤字，「周」乃「禂」之假字，「禂祠」即「禱祭」也。凡此之類，皆秦火以前，六經舊説，孤文隻字，尋繹無窮。烏呼！西漢經師之緒論，已可寶貴，況又在其前歟！然諸子之書，文詞奥衍，且多古文假借字，注家不能盡通，而儒者又屏置弗道，傳寫苟且，莫或訂正，顛到錯亂，讀者難之。樾治經之暇，旁及諸子，不揣鄙陋，用《羣經平議》之例，爲《諸子平議》，亦三十五卷。今録其目於左方。《管子平議》六卷。《晏子春秋平議》一卷。《老子平議》一卷。《墨子平議》三卷。《荀子平議》四卷。《列子平議》一卷。《莊子平議》三卷。《商子平議》一卷。《韓非子平議》一卷。《吕氏春秋平議》三卷。《董子春秋繁露平議》二卷。《賈子平議》二卷。《淮南内經平議》四卷。《揚子太玄經平議》一卷。《揚子法言平議》二卷。是書也成，與《羣經平議》同置匧中，未出也。及《羣經平議》刻成，而此書亦遂不自祕，稍稍聞於人。諸君子聞有此書，乃謀醵錢而刻之，經始於强圉單閼之歲，至上章敦牂而始觀厥成，蓋非一日之功，亦非一人之力也。《詩》不云乎，「無德不讎」，輒仿漢人碑陰之例，書其名字焉。曰潘君霨，字偉如。曰李君鴻裔，字眉生。曰吴君煦，字曉帆。曰吴君雲，字平齋。曰郭君德炎，字日長。曰劉君佐禹，字治卿。曰沈君瑋寶，字書森。曰陳君其元，字子莊。曰馮君渭，字少渠。烏呼！成書難，傳書不易，諸君子之刻此書，將謂此書足以傳乎？抑愛樾而姑以徇其意乎？樾固不足以知之。

俞樾《古書疑義舉例序》 夫周、秦、兩漢，至於今遠矣。執今人尋行數墨之文法，而以讀周、秦、兩漢之書，譬猶執山野之夫，而與言甘泉、建章之巨麗也。夫自大小篆而隸書，而真書，自竹簡而縑素，而紙，其爲變也屢矣。執今日傳刻之書，而以爲是古人之真本，譬猶聞人言筍可食，歸而煮其簀也。嗟夫，此古書疑義所以日滋也歟！竊不自揆，刺取《九經》諸子，爲《古書疑義舉例》七卷，使童蒙之子，習知其例，有所據依，或亦讀書之一助乎？若夫大雅君子，固無取乎此。俞樾記。

傳　記

震鈞《國朝書人輯略》卷一〇《俞樾》　字蔭甫，號曲園居士，浙江德清人。道光丁未進士，官編修，箸有《俞氏叢書》。江艮亭先生生平不作楷書，雖艸艸涉筆，非篆即隸也。一日，書片紙付奴子至藥肆購藥物，字皆小篆，市人不識，更以隸書往，仍不識。先生愠曰：「隸本以便徒隸，若輩并徒隸不如耶！」余生平亦有先生之風，尋常書札，率以隸體書之。湘鄉公述此事戲余，因録之以自嘲焉。《春在堂隨筆》。

勒少仲同年方錡。寄宣紙長一丈有二尺者，索余書大字作楹帖。其來書云：「曩在京師，見伊墨卿先生以六尺素紙作五言楹帖，可喜之至，惜未購得，至今憾之。同年中平時欽佩，出於肝鬲，無逾兄者。如不能多得兄書，他日老去，定以爲憾矣。」余深愧其言。同上。

李筱泉中丞以筆見贈，來書云：「長頭羊毫筆，昔姚伯昂先生最善用之，弟苦不能用，管城子歎失所久矣。公精篆隸，必能任意揮灑，爲此子一吐氣也。」語甚雋永。同上。

繆荃孫《續碑傳集》卷七五《清誥授奉直大夫誥封資政大夫重宴鹿鳴翰林院編修俞先生行狀》繆荃孫　先生諱樾，字蔭甫，號曲園。舊居德清東門之南埭。姚太夫人生子二，先生居次。先生生三日，太夫人得病，甚危，積二十餘日始愈。四歲，遷居仁和之臨平鎮。先生幼有夙慧，太夫人口授四子書，過目不忘。九歲，戲爲書，自注其下。著述等身，篤老不倦，實兆於此。年十六，補縣學生。道光丁酉科副榜貢生甲辰恩科舉人。庚戌，舉禮部試，覆試一等第一名，殿試二甲，賜進士出身，改翰林院庶吉士。覆試詩題爲《澹煙疏雨落花天》，首句云「花落春仍在」，爲曾文正公所賞，謂詠落花而無衰颯意，與小宋落花詩意相類。言於同閲卷諸公，置第一。此先生受知文正公之始，後遂以「春在堂」名其全書，志知遇也。咸豐壬子，散館授編修，以博物閎覽，稱於輦下名輩。乙卯四月，考差，上以「舜在牀琴」命題。時海宇多故，宵旰憂勤，先生借題發揮，以見古聖人不懟不竦，遇變如常，并旁引文王之羑里鳴琴，孔子之匡邑被圍絃歌不輟，以明先後聖之同揆。八月，簡放河南學政。奏請以公孫僑從祀文廟，及聖兄孟皮配享崇德祠。並邀俞允。甫再歲，以人言罷歸，僑居蘇州。先生既反初服，乃壹意治經，以高郵王氏爲宗。其大要在正句讀，審字義，通古文假借。由經以及諸子，皆循此法，冀不背王氏之旨。其《羣經平議》則繼王氏《經義述聞》而作，《諸子平議》則竊附《讀書雜志》之後。《古書疑義舉例》則小變《經傳釋詞》之例，而推衍之。先生之私淑王氏，謹守家法不苟如此。逮其後，《俞樓雜志》、《曲園雜纂》、《茶香室經説》諸書出，其析疑振滯，皆與前書相仿，或有精義較勝於昔，學與年進，先生不自諱也。先生居吴，猶及見宋大令翔鳳，得聞武進莊氏之學，故一切毖緯家言，先生亦偶涉之。要見先生精力過絶於人遠甚。先生業以著書自娱，遂不復出。曾文正之督兩江，李文忠之撫吴下，咸愛重之。先生以巾服從游，往來如處士。文正有閎才不薦，徒竊高位之語，論者謂文正懲徐侍郎之奏，不敢繼進，於先生本志所在，固未喻也。先生歷主講蘇州紫陽、上海求志、德清清溪、歸安龍湖等書院，而主杭州詁經精舍至三十一年，爲歷來所未有。其課諸生，一稟阮文達公成法，王侍郎昶、孫觀察星衍兩先生之緒，至先生復起而振之。兩浙知名之士，承聞訓迪，蔚爲通材者，不可勝數。門人爲築俞樓於孤山之麓，以與薛廬相配。游湖上者，皆能指其所在，相與樂道其地不絶。先生自少至老，讀書著述，皆有常程。每竟一歲，皆有寫定之書，刊布於世。晚年足跡不出江浙，聲名溢於海内，遠及日本，文士有來執業門下，其不及者，則從海舶寄書質證，賦詩相祝。而如蒙古賢王、京邸宗藩，或遠來求書，或以楹帖寄贈，以致傾慕。先生居林下四十餘年，於光緒癸卯正科，溯舉道光甲辰鄉試，計周一甲子，浙中大吏以重宴鹿鳴請，得旨，復編修原官，有「早入翰林，殫心著述，啟迪後進，人望允孚」之諭。先是，先生省母於其兄福甯官舍，詔閩浙制府英香巖相國，爲道咸豐間以河南巡撫入覲，文宗猶詢及姓名，有「人頗聰明，寫作俱佳」之諭。先生聞之，不覺失聲。至今上復有此旨，稽古之榮，一時無兩。往者，曾文正謂先生拼命著書，食報之隆，乃償於後，可謂極儒生之殊遇矣。先生訓詁主漢學，義理主宋學，教弟子以通經致用，蔚然爲東南大師。晚歲憂傷時局，常語人曰：「形而上者謂之道，形而下者謂之器。以中學爲體者，道也；以西學爲用者，器也。」病中猶以毋域見聞，毋忘國本垂爲家訓。束脩所入，别以賣文字自給有餘，則振贍親族，拯卹災患，樂以爲常。授孫陛雲讀，不名他師。陛雲以戊戌第三人及第，親見其典試蜀中，舉特科，乞假侍左右，賦詩相樂。其祖孫翰林，庶幾亦猶高郵王氏文肅之於文簡先生，雖得年稍遜，懷祖名山之業，固實繼之。世俗耳食，多以曲園比之隨園，雷同相和，所謂貌同心異，有道於通人之前，宜不值一吷也。先生以光緒丙午十二月二十

三日，卒於蘇州寓廬，臨終賦自喜留别詩，以牋啟代訃，夷然委化，至無所苦。朝野人士聞之，相與咨歎，謂頓失儒宗，後生小子於何宗仰。今江蘇巡撫陳公，臚舉先生學術及所著書入奏，天語寵被，詔入國史儒林傳，以旌其學。耆儒著書之富，受知之厚，信無如先生者。即其仕不中蹶，度至卿相而止耳，以彼易此，殊有不侔，先生可以慰矣。先生著書凡五百餘卷，其有功經義諸子，則有《羣經平議》五十卷，《諸子平議》五十卷、《第一樓叢書》三十卷、《曲園》、《俞園雜纂》共一百卷、《茶香室經説》十六卷、《古書疑義舉例》七卷。餘具先生自著全書録要中。先生於兵燹後，總辦浙江書局，建議江、浙、揚、鄂四省，分刻二十四史，於浙局精刻子書二十四種，海内稱爲善本。又議鈔補浙江文瀾閣舊藏《四庫全書》，今閣重建，而書亦觕具，沾溉儒林，嘉惠尤非淺尠。古來小説，《燕丹子》，傳奇體也，《西京雜記》，小説體也。至《太平廣記》以博采爲宗旨，合兩體爲一帙，後人遂不能分。先生《右台筆記》，以晉人之清談，寫宋人之名理，勸善懲惡，使人觀感於不自知。前之者《閲微草堂》五種，後之者《寄龕》四種，皆有功世道之文，非私逞才華者所可比也。荃孫於光緒丁丑，初見先生於曲園，奉手受教，先生因與先君子丁酉同譜，誨之尤切。後每過蘇，必侍談數次，先生成書，必先遺之，荃孫有所撰述，亦必郵呈訓誨。去年九月，猶侍談三時之久，窺見先生精神强固，言語貫串，私心自喜，以爲可繼伏生之長壽，爲後進之導師。别後又兩奉手書，而孰意竟不及再見耶！嗚呼悲已！謹略舉先生爲學大概，及聞見所及如右，以備當世爲志傳者之采擇。若其持論之精，先生全書具存，第而擷之，是在史氏。鄙之所述，庶亦以附麗焉。

雜録

丁立中《八千卷樓書目》卷一二　《諸子平議》三十五卷。國朝俞樾撰。春在堂本。

丁立中《八千卷樓書目》卷三　《古書疑義舉例》七卷。國朝俞樾撰。春在堂本。《續經解》本。

又卷一二　《古書疑義舉例》七卷。國朝俞樾撰。春在堂本。

《管子校正》分部

綜述

潘祖蔭《管子校正序》　戴君子高寄其所著《管子校正》，屬序於蔭。蔭何足以序子高之書哉！蔭之慕子高久矣，則於其書何可以無言？自明人刊書而書亡，諸子幸以《道藏》本得存。《管子》不列於《道藏》，故屢經明人刊刻，其書在若泯若没間。吾吴黄蕘圃有紹興本，其中足證各本之謬者實多。如《形勢篇》「虎豹託幽而威可載也」，未誤爲「得幽」；「邪氣襲内」，未誤作「入内」；「莫知其澤之」，未誤作「釋之」；「其功逆天者天圍之」，未誤作「違之」。《乘馬篇》「凡立國都，非於大山之下，必於廣川之上」，未誤作「太山」；「藪鎌纆得入焉」，未誤作「纏得」。《版法篇》「法天合德，象地無親」，未誤作「象法」。《幼官篇》「必得文威武官習勝」下，未衍「之」字；「則其攻不待權與，明必勝則慈者勇」，未誤作「權輿」。《宙合篇》「内縱於美好音聲」，未誤作「美色淫聲」。《樞言篇》「賢大夫不恃宗室」，未誤作「宗至」。《八觀篇》「故曰入朝廷觀左右本朝之臣」，「右」下未衍「求」字。《法法篇》「矜物之人」，未誤作「務物」；「内亂從此起矣」，未脱「矣」字。《小匡篇》「管仲詘纓捷衽」，未誤作「插衽」；「維順端慤以待時使」，注「待時、待可用之時也」，「也」上未衍「而使之」三字。《霸言篇》「驥之材百馬代之」，又「彊最一代」，未均誤作「伐」。《戒篇》「東郭有狗嘊嘊」，注「枷謂以木連狗」，未誤作「猳謂」。《形勢解》「臣下墮而不忠」，未誤作「隨」；「而弱子慈母之所愛也，不以其理」下，未衍「動者」二字；「亂生獨用其智，而不任聖人之智」，未誤作「衆人」；「使人有理，遇人有禮」，「理」、「禮」二字未互倒。《版法解》「往事必登」，未誤作「畢登」。《海王篇》「萬乘之國人數開口千萬」，未誤作「問口」。《山國軌篇》「不藉而贍國爲之有道乎」，未誤作「道予」。皆與王懷祖先生《讀書雜志》相合。其他類是者尚多，今歸東昌楊氏矣。子高陳碩甫先生高足弟子，實事求是，深惡空腹高心之學，是書精當，必傳無疑。先是，湘鄉師聞蔭欲爲刊其所箸書，併欲重刻《管子》，且推及荀、賈、董、劉、揚、老、莊、列、淮南諸

子善本。會師歸道山，其議遂罷，而子高亦病矣。古學廢興，間不容穟，可慨也夫。同治十二年癸酉二月，吳縣潘祖蔭。

李慈銘《越縵堂讀書記》一《哲學思想》 《管子校正》。清戴望校。得朱修伯書，以戴子高新刻《管子校正》二卷見視。其書本陳碩甫所校爲據，稱引宋本、元刻本、朱東光本、《羣書治要》、《藝文類聚》、《北堂書鈔》、《太平御覽》，及王氏念孫、孫氏星衍、顧氏廣圻、丁氏士涵、俞氏正燮、宋氏翔鳳、王氏引之、洪氏頤煊、臧氏庸，近人張君文虎、俞君樾、日本人安井衡纂詁之説，間附己意，主于文從字順，不失校書家法。同治癸酉二月二十四日。

傳記

繆荃孫《續碑傳集》卷七五《戴子高傳》張星鑑。 君姓戴，名望，字子高，浙江德清人。父某，舉人。母周氏，中孚先生女也。周先生深於漢學，爲詁經精舍名宿，君之學淵源於是。年若干，爲縣學生。一赴秋試，遂棄舉業。好讀先秦古書，遊長洲陳先生碩甫之門，既從宋于廷先生爲莊劉之學，皆兩漢今文也。性倨傲，門户之見持之甚力。論學有不合家法者，必反覆辨難而後已。人故忌之，君亦不妄交，交則必全始終。嘗屬星鑑點定其文稿，遇有可商處，輒爲改易，君未嘗不以爲然也。兵燹後，當事開書局於金陵，延君校勘所刊《穀梁》、《毛詩》、《後漢書》，皆出君手。每與星鑑札曰：「世事紛紜，師資道喪，原伯魯之徒，咸思襲迹程朱，以自文其陋。一二大僚倡之於前，無知之人和之於後，勢不至流入西人天主教不止。所冀吾黨振而興之，徵諸古訓，求之微言，貫經術、政事、文章於一，則救世敝而維聖教在是矣。」君生平不作徒隸書，點畫悉本小篆，見者以爲江氏艮廷復生。所學在《論語》，嘗曰：「鄭康成、何劭公皆注《論語》，而康成遺説，今猶存佚相半，劭公爲《公羊》大師，其本當依齊論，必多七十子相傳大義。而孤文碎句，百不遺一，良可痛也。魏時鄭沖、何晏、包咸、王肅諸家作解，至梁皇侃附以江熙等説，爲之《義疏》，雖舊説略具，而諸家之説因此亡佚。」遂爲《論語》作注，本六經大例，以明七十子共撰微言之旨，爲書二十卷，凡三易稿而成。其他所著，有《管子校證》、《顔氏學記》、詩文集各若干卷，藏於行篋。癸酉正月朔，偶感微疾，夢故友招之去，自知不起。二月二十六日，歿於金陵書局，年三十七。娶某氏，無子。友人温州孫詒讓、海昌唐仁壽，爲君謀歸葬事，并持所藏書分別沽之，以其資刻遺書。

又《戴子高哀辭》莊棫 余於癸亥年，譚子仲修自福州移書來，盛稱子高之爲人，敦樸古處，能讀書，今世之君子也。自是常耿耿於中，欲一見之。及丙寅中冬，余游省垣，有人叩門，而頎然而長，鬑鬑有鬚，就而問之，則子高也。於是縱談者累日。子高嘗從宋于廷先生游，于廷先生治《管子》，子高亦治《管子》。方乾嘉時，名儒輩出，然所研習討論，多在於三禮，而《易》與《春秋》鮮盡心焉。《易》自惠氏開其端，武進張氏繼之，稍有可釋者。《春秋》則《公羊》、《穀梁》爲正，《左氏》尚浮夸，而意例多闕，非聖人筆削之本意。至顨軒孔氏，申受劉氏，始究其端緒，于廷先生學劉氏之學者也，子高從于廷先生游，故亦學劉氏之學。因以夫子既修《春秋》，則《論語》爲孔氏之書，義例必與《春秋》同。遂取《公羊》義例，成《論語注》若干卷。工甫竣，而子高死矣。嗚呼！子高今年三十有五，殁以二月廿六日，無子，省中友人爲理棺槨焉。余識子高，於今八年，丁卯戊辰，間隔三日必相見，至今思之，何其速也！余詩嘗刪訂，以《答子高久離別》一首殿其末，至今思之，此詩永不復棄矣。而仲修他日見此詩，其必感慨欷歔，而莫能已也。而余之哀，其又將何所終極也！悲夫！

雜録

丁立中《八千卷樓書目》卷一〇 《管子校正》二十四卷。國朝戴望撰。刊本。

《札迻》分部

綜述

孫詒讓《札迻序》 詒讓少受性迂拙，於世事無所解，顧竊嗜讀古書。咸豐丙辰丁巳間，年八九歲，侍家大人於京師澄褱園，時甫受四子書，略識文義。庋閣有

明人所刻《漢魏叢書》，愛其多古册，輒竊觀之，雖不能解，然瀏覽篇目，自以爲樂也。年十六七，讀江子屏《漢學師承記》及阮文達公所集刊《經解》，始窺國朝通儒治經史小學家法。既又隨大人官江東，適當東南巨寇蕩平，故家祕臧多散出，閒收得之，亦累數萬卷。每得一佳本，晨夕目誦。遇有鉤棘難通者，疑悟累積，輒鬱轄不怡。或窮思博討，不見耑倪，偶涉它編，迺獲確證，曠然昭寤，宿疑冰釋，則又欣然獨笑，若陟窮山，榛莽霾塞，忽覯微徑，竟達康莊。邢子才云：「日思誤書，更是一適。」斯語亮已。卅年以來，凡所采獲，咸綴識簡耑。或别紙識録，朱墨戢孴，紛如落葉。既又治《周禮》及墨翟書，爲之疏詁，稽覽羣籍，多相通貫，應時椾記，所積益衆。中年早衰，意興零落，惟此讀書結習，猶復展卷忘倦，綴艸雜遝，殆盈篋衍矣。竊謂校書如讐，例肇西漢，都水《别録》，間舉譌文，若以「立」爲「齊」，以「肖」爲「趙」之類，蓋後世校字之權輿也。晉、唐之世，束皙、王劭、顔師古之倫，皆著書匡正羣書違繆，經疏史注，咸資援證。近代鉅儒，脩學好古，校刊舊籍，率有記述，而王懷祖觀察，及子伯申尚書，盧紹弓學士，孫淵如觀察，顧澗薲文學，洪筠軒州倅，嚴鐵橋文學，顧尚之明經，及年丈俞蔭甫編修，所論著尤衆。風尚大昌，覃及異域，若安井衡、蒲阪圓所箋校，雖疏淺亦資攷證。綜論厥善，大氐以舊刊精校爲據依，而究其微恉，通其大例，精孯博攷，不參成見。其諟正文字譌舛，或求之於本書，或旁證之它籍，及援引之類書，而以聲類通轉爲之錧鍵，故能發疑正讀，奄若合符。及其蔽也，則或穿穴形聲，捃摭新異，馮肊改易，以是爲非。乾嘉大師，唯王氏父子郅爲精博，凡舉一誼，皆確鑿不刊。其餘諸家，得失間出，然其稽覈異同，啓發隱滯，咸足餉遺來學，沾溉不窮。我朝樸學超軼唐、宋，斯其一耑與！詒讓學識疏譾，於乾嘉諸先生無能爲役，然深善王觀察《讀書雜志》及盧學士《羣書拾補》，伏案孯誦，恒用檢覈，閒竊取其義法以治古書，亦略有所寤。嘗謂秦漢文籍，誼恉奧博，字例文例多與後世殊異，如《荀卿書》之「案」，《墨翟書》之「唯」、「毋」，《晏子書》之以「敚」爲「對」，《淮南王書》之以「士」爲「武」，《劉向書》之以「能」爲「而」，驟讀之，幾不能通其語。復以竹帛梨棗，鈔刊婁易，則有三代文字之通假，有秦漢篆隸之變遷，有魏、晉正艸之輥淆，有六朝唐人俗書之流失，有宋元明校槧之羼改，逵徑百出，多岐亡羊，非覃思精勘，深究本原，未易得其正也。今春多暇，檢理篋臧，自以卅年覽涉所得，不欲棄置，輒取秦漢以逮齊梁故書雅記都七十餘家，丹鉛所識，按册迻録，申證厥誼，間依盧氏《拾補》例，附識舊本異文，以備甄攷。漢唐舊注，及近儒校釋，或有回穴，亦附糾正，寫成十有二卷。其羣經、三史、《説文》之類，誼證緐博，别有著録，以竢續訂。凡所攷論，雖復簡絲數米，或涉瑣屑，於作述閎恉，未窺百一，然匡違芮佚，必有誼據，無以孤證肊説，貿亂古書之真，則私心所遵循，而不敢越者。儻附王、盧諸書之後，以裨補遺闕，或有所取爾。編寫既竟，謹舉漢唐以來校讐家之例，論厥要略，覬與學者共商榷焉。光緒十有九年十一月，瑞安孫詒讓叙。

俞樾《札迻序》　昔人有謂盧紹弓學士者曰：「他人讀書，受書之益。子讀書，則書受子之益。」盧爲憮然，蓋其言固有諷焉。余喜讀古書，每讀一書，必有校正。所著《諸子平議》凡十五種，而其散見於《曲園》、《俞樓》兩《雜纂》者又不下四十種。前輩何子貞先生謂余曰：「甚乎哉，子之好治閒事也！」余亦無以解也。今年夏，瑞安孫詒讓仲容以所著《札迻》十二卷見示，讎校古書共七十有七種，其好治閒事，蓋有甚於余矣。至其精熟訓詁，通達假借，援據古籍以補正訛奪，根柢經義以詮釋古言，每下一説，輒使前後文皆怡然理順。阮文達序王伯申先生《經義述聞》云：「使古聖賢見之，必解頤曰：『吾言固如是。』數千年誤解，今得明矣。」仲容所爲《札迻》，大率同此。然則書之受益於仲容者，亦自不淺矣。余嘗謂校讎之法出於孔氏。子貢讀《晉史》，知「三家」爲「己亥」之誤，即其一事也。昭十二年《公羊傳》：「伯于陽者何？公子陽生也。子曰：『我乃知之矣！』」何劭公謂：「知『公』誤爲『伯』，『子』誤爲『于』，『陽』在，『生』刊滅闕。」是則讀書必逐字校對，亦孔氏之家法也。漢儒本以説經，蓋自杜子春始。杜子春治《周禮》，每曰「字當爲某」，即校字之權輿也。自是以後，是正文字，遂爲治經之要。至後人又以治經者治羣書，而筆鍼墨灸之功徧及四部矣。夫欲使我受書之益，必先使書受我之益。不然，「劊申勸」爲「周田觀」，「而肆赦」爲「内長文」，且不能得其句讀，又烏能得其旨趣乎？余老矣，未必更能從事於此。仲容學過於余，而年不及余，好學深思，以日思誤書爲一適，吾知經疾史恙之待治於仲容者，正無窮也。光緒二十一年夏，德清俞樾。

雜録

丁立中《八千卷樓書目》卷一二　《札迻》十二卷。國朝孫詒讓撰。刊本。

文獻學分典

引用書目

説明

一、本書目按作者的時代先後順序排列，年代不詳者，一律排在朝代之末。

二、各書著録内容依次爲書名、作者姓名（先秦文獻不署）、朝代、版本。其中版本項所標《四庫全書》本，即上海古籍出版社一九八九年影印版；《十三經注疏》本，即中華書局一九八〇年版；《諸子集成》本，即上海書店一九八八年版；《漢魏六朝百三家集題辭注》本，即人民文學出版社一九六〇年版；《中國歷代書院志》本，即江蘇教育出版社一九九五年版。

三、其他古籍叢書整理本，首次著録時標明出版社及出版時間；此後著録則僅標明某某叢書本，不再詳列其他出版事項。

《尚書》，商周之際，《十三經注疏》本。

《周易》，商周之際，《十三經注疏》本。

《詩經》，春秋，《十三經注疏》本。

《周禮》，春秋，《十三經注疏》本。

《老子》，春秋，《諸子集成》本。

《春秋》，春秋，《十三經注疏》本。

《左傳》，春秋，《十三經注疏》本。

《孝經》，春秋，《十三經注疏》本。

《孫子兵法》，春秋，上海古籍出版社一九七八年版。

《墨子》，春秋，中華書局一九八六年版《墨子閒詁》。

《司馬法》，春秋，河南大學出版社二〇〇七年版。

《禽經》，春秋，《四庫全書》本。

《論語》，戰國，《十三經注疏》本。

《禮記》，戰國，《十三經注疏》本。

《管子》，戰國，《諸子集成》本。

《山海經》，戰國，上海古籍出版社一九八五年版。

《靈樞經》，戰國，人民衛生出版社二〇〇九年版。

《孟子》，戰國，《諸子集成》本。

《莊子》，戰國，《諸子集成》本。

《公孫龍子》，戰國，上海古籍出版社二〇〇一年版。

《晏子春秋》，戰國，《諸子集成》本。

《鶡冠子》，戰國，中華書局二〇〇四年版。

《荀子》，戰國，《諸子集成》本。

《韓非子》，戰國，《諸子集成》本。

《列子》，戰國，《諸子集成》本。

《春秋公羊傳》，戰國，《十三經注疏》本。

《春秋穀梁傳》，戰國，《十三經注疏》本。

《國語》，戰國，上海古籍出版社一九七八年版。

《戰國策》，戰國，上海古籍出版社一九八五年版。

《爾雅》，戰國，《十三經注疏》本。

《尸子》，戰國，上海古籍出版社二〇〇六年版。

《慎子》，戰國，中華書局一九八五年《叢書集成初編》本。

《穆天子傳》，戰國，中華書局一九二〇年至一九三〇年編印《四部備要》本。

《吕氏春秋》，吕不韋等，秦，中國書店一九八五年版《吕氏春秋集釋》。

《孔叢子》，孔鮒，漢，中華書局二〇一一年版。

《握奇經》，漢，清張惠言定本。

《韓詩外傳》，韓嬰，漢，上海古籍出版社一九八九年版。

《司馬文園集》，司馬相如，漢，《漢魏六朝百三家集題辭注》本。

《淮南子》，劉安，漢，《諸子集成》本。
《賈誼集》，賈誼，漢，上海人民出版社一九七六年校點本。
《新書》，賈誼，漢，中華書局二〇〇〇年《新編諸子集成》本。
《九章算術》，張蒼等，漢，《四庫全書》本。
《春秋繁露》，董仲舒，漢，上海古籍出版社一九八五年版。
《東方大中集》，東方朔，漢，《漢魏六朝百三家集題辭注》本。
《道德指歸論》，嚴遵，漢，明崇禎間刻《津逮秘書》本。
《別録》，劉向，漢，清光緒十年章邱李氏刊《玉函山房輯佚書》本。
《説苑》，劉向，漢，華東師範大學出版社一九八五年版《説苑疏證》本。
《新序》，劉向，漢，中華書局一九九一年版。
《列女傳》，劉向，漢，商務印書館一九三四年至一九三六年《國學基本叢書二集》本。
《方言》，揚雄，漢，科學出版社一九五六年版。
《法言》，揚雄，漢，《諸子集成》本。
《太玄·從中至增》，揚雄，漢，《四庫全書》本。
《史記》，司馬遷，漢，中華書局一九八二年版。
《鹽鐵論》，桓寬，漢，《諸子集成》本。
《王諫議集》，王褒，漢，《漢魏六朝百三家集題辭注》本。
《七略》，劉歆，漢，上海古籍出版社一九九五年影印《續修四庫全書》本。
《西京雜記》，劉歆，漢，中華書局一九八五年版。
《大戴禮記》，戴德，漢，《四庫全書》本。
《急就篇》，史游，漢，《叢書集成初編》本。
《漢書》，班固，漢，中華書局一九六二年版。
《班蘭臺集》，班固，漢，《漢魏六朝百三家集題辭注》本。
《白虎通義》，班固，漢，商務印書館一九一九年《四部叢刊初編》本。
《説文解字》，許慎，漢，中華書局一九六三年版。
《張河間集》，張衡，漢，《漢魏六朝百三家集題辭注》本。
《馬季長集》，馬融，漢，《漢魏六朝百三家集題辭注》本。
《箴膏肓》，鄭玄，漢，清嘉慶中南匯吴氏聽彝堂刊《藝海珠塵叢書》本。
《起廢疾》，鄭玄，漢，《藝海珠塵叢書》本。
《發墨守》，鄭玄，漢，《藝海珠塵叢書》本。
《論衡》，王充，漢，《諸子集成》本。
《獨斷》，蔡邕，漢，《四部叢刊三編》本。
《蔡中郎集》，蔡邕，漢，《四部備要》本。
《東觀漢記》，劉珍，漢，中華書局二〇〇八年吴樹平校注本。
《桓子新論》，桓譚，漢，上海人民出版社一九七七年版。
《釋名》，劉熙，漢，臺北商務印書館二〇一一年版。
《王粲集》，王粲，漢，中華書局一九八〇年版。
《申鑒》，荀悦，漢，中華書局二〇一二年《新編諸子集成續編》本。
《漢紀》，荀悦，漢，中華書局二〇〇二年張烈點校《兩漢紀》本。
《荀侍中集》，荀悦，漢，《漢魏六朝百三家集題辭注》本。
《潛夫論》，王符，漢，《諸子集成》本。
《風俗通義》，應劭，漢，上海古籍出版社一九九〇年版。
《吴越春秋》，趙曄，漢，中華書局一九八五年版。
《越絶書》，袁康等，漢，商務印書館一九五六年張宗祥校注本。
《周髀算經》，佚名，漢，中華書局一九六三年版。
《居延漢簡》，漢，中國社會科學院一九八〇年版《居延漢簡甲乙編》本。
《廣雅》，張揖，三國，明正統《廣雅疏證》刻本。
《嵇中散集》，嵇康，三國，《四部叢刊初編》本。
《諸葛丞相集》，諸葛亮，三國，《漢魏六朝百三家集題辭注》本。
《人物志》，劉邵，三國，《四部備要》本。
《毛詩草木鳥獸蟲魚疏》，陸璣，三國，清咸豐七年刻本。
《典論》，曹丕，三國，《叢書集成初編》本。
《魏文帝集》，曹丕，三國，《漢魏六朝百三家集題辭注》本。
《孔子家語》，王肅，三國，《四部備要》本。
《應休連集》，應璩，三國，《漢魏六朝百三家集題辭注》本。
《曹植集》，曹植，三國，人民文學出版社一九八四年版。
《陳思王集》，曹植，三國，岳麓書社一九九二年《三曹集》本。
《阮步兵集》，阮籍，三國，《漢魏六朝百三家集題辭注》本。
《海島算經》，劉徽，晉，中華書局一九六三年版。

《古今注》，崔豹，晉，商務印書館一九五六年版。
《新刊王氏脉經》，王叔和，晉，《四部叢刊初編》本。
《高士傳》，皇甫謐，晉，《四部備要》本。
《鍼灸甲乙經》，皇甫謐，晉，《漢魏六朝百三家集題辭注》本。
《傅鶉觚集》，傅玄，晉，《漢魏六朝百三家集題辭注》本。
《傅子》，傅玄，晉，山東畫報出版社二〇〇四年版。
《春秋左傳集解》，杜預，晉，上海人民出版社一九七七年版。
《張司空集》，張華，晉，《漢魏六朝百三家集題辭注》本。
《博物志》，張華，晉，《叢書集成初編》本。
《三國志》，陳壽，晉，中華書局一九五九年版。
《鄴中記》，陸翽，晉，《叢書集成初編》本。
《陸機集》，陸機，晉，中華書局一九八二年版。
《陸士衡文集》，陸機，晉，人民文學出版社一九五八年版。
《傅中丞集》，傅咸，晉，婁東張氏明刻本。
《陸士龍集》，陸雲，晉，《四庫全書》本。
《陸清河集》，陸雲，晉，《漢魏六朝百三家集題辭注》本。
《南方草木狀》，嵇含，晉，上海古籍出版社一九九三年版。
《爾雅注疏》，郭璞，晉，《十三經注疏》本。
《爾雅音圖》，郭璞，晉，清嘉慶六年藝學軒刻本。
《抱朴子》，葛洪，晉，《諸子集成》本。
《神仙傳》，葛洪，晉，中華書局二〇一〇年版。
《王右軍集》，王羲之，晉，《漢魏六朝百三家集題辭注》本。
《王大令集》，王獻之，晉，《漢魏六朝百三家集題辭注》本。
《華陽國志》，常璩，晉，《叢書集成初編》本。
《陶淵明集》，陶淵明，晉，中華書局一九七九年版。
《拾遺記》，王嘉，晉，中華書局一九八一年版。
《汲冢周書》，孔晁，晉，《四部叢刊初編》本。
《夏侯陽算經》，夏侯陽，南北朝，中華書局一九六三年版。
《傅光禄集》，傅亮，南北朝，《漢魏六朝百三家集題辭注》本。
《高令公集》，高允，南北朝，《漢魏六朝百三家集題辭注》本。
《張邱建算經》，張邱建，南北朝，中華書局一九六三年版。
《談藪》，陽松玠，南北朝，中華書局一九九六年版。
《後漢書》，范曄，南北朝，中華書局一九六五年版。
《宋書》，沈約，南北朝，中華書局一九七四年版。
《張長史集》，張融，南北朝，《漢魏六朝百三家集題辭注》本。
《江文通集》，江淹，南北朝，《漢魏六朝百三家集題辭注》本。
《孔詹事集》，孔稚圭，南北朝，《漢魏六朝百三家集題辭注》本。
《謝宣城詩集》，謝朓，南北朝，明末汲古閣影抄宋本。
《水經注》，酈道元，南北朝，上海古籍出版社一九九〇年版陳橋驛點校本。
《南齊書》，蕭子顯，南北朝，中華書局一九七二年版。
《魏書》，魏收，南北朝，中華書局一九七四年版。
《洛陽伽藍記》，楊衒之，南北朝，中華書局二〇一〇年版。
《謝靈運集》，謝靈運，南北朝，岳麓書社一九九九年版。
《謝康樂集》，謝靈運，南北朝，《漢魏六朝百三家集題辭注》本。
《弘明集》，釋僧祐，南北朝，《四部備要》本。
《出三藏記集》，釋僧祐，南北朝，中華書局一九九五年版。
《高僧傳》，釋慧皎，南北朝，中華書局一九九二年版。
《鮑參軍集》，鮑照，南北朝，上海古籍出版社二〇〇五年版。
《文心雕龍》，劉勰，南北朝，上海古籍出版社一九八四年版。
《論語集解義疏》，皇侃，南北朝，上海古書流通處一九二一年影印鮑氏《知不足齋叢書》本。
《何遜集》，何遜，南北朝，中華書局二〇一〇年李伯齊校注本。
《玉臺新詠》，徐陵，南北朝，上海古籍出版社二〇〇五年版。
《真誥》，陶弘景，南北朝，民國刻《金陵叢書》本。
《十六國春秋》，崔鴻，南北朝，商務印書館一九五八年《十六國春秋輯補》重印本。
《齊民要術》，賈思勰，南北朝，中華書局一九五六年版。
《世説新語》，劉義慶，南北朝，中州古籍出版社二〇〇八年版。
《文選》，蕭統，南北朝，中華書局一九七四年版。
《梁簡文帝集》，蕭綱，南北朝，《漢魏六朝百三家集題辭注》本。
《金樓子》，蕭繹，南北朝，《四庫全書》本。

《庾開府集》，庾信，南北朝，上海古籍出版社一九八九年版。
《玉篇》，顧野王，南北朝，《叢書集成初編》本。
《顏氏家訓》，顏之推，南北朝，上海古籍出版社一九八〇年版。
《劉子》，劉晝，南北朝，中華書局一九八九年《新編諸子集成》本。
《五經算術》，甄鸞，南北朝，中華書局一九六三年版。
《論書表》，虞龢，南北朝，中華書局一九八五年《法書要録》本。
《比丘尼傳》，釋寶唱，南北朝，日本大正昭和間印行《大正新修大藏經》本。
《元包經傳》，衛元嵩，南北朝，《四庫全書》本。
《赤松子章曆》，佚名，南北朝，明正統間刻《道藏》本。
《摩訶止觀》，釋智顗，隋，《大正新修大藏經》本。
《國清百録》，釋灌頂，隋，《大正新修大藏經》本。
《歷代三寶記》，費長房，隋，臺灣世樺印刷企業有限公司一九九〇年《大藏經》本。
《中説》，王通，隋，《四部備要》本。
《編珠》，杜公瞻，隋，清康熙三十七年高士奇清吟堂刻本。
《經典釋文》，陸德明，隋，中華書局一九八〇年版。
《北堂書抄》，虞世南，唐，清光緒十四年孔廣陶本。
《藝文類聚》，歐陽詢等，唐，上海古籍出版社一九八五年版。
《梁書》，姚思廉，唐，中華書局一九七三年版。
《陳書》，姚思廉，唐，中華書局一九七二年版。
《北齊書》，李百藥，唐，中華書局一九七二年版。
《五經正義》，孔穎達，唐，上海古籍出版社一九九〇年版。
《晉書》，房玄齡等，唐，中華書局一九七三年版。
《詮叙管子成書》，房玄齡等，唐，明天啟五年刻本。
《隋書》，魏徵等，唐，中華書局一九七三年版。
《匡謬正俗》，顏師古，唐，清同治刻《小學彙函》本。
《周書》，令狐德棻等，唐，中華書局一九七一年版。
《東皋子集》，王績，唐，《四庫全書》本。
《續高僧傳》，釋道宣，唐，《大正新修大藏經》本。
《關中創立戒壇圖經》，釋道宣，唐，一九二三年涵芬樓本。
《外臺秘要》，王燾，唐，人民衛生出版社一九八二年版。
《李嶠集》，李嶠，唐，上海古籍出版社一九九五年版。
《李嶠雜詠》，李嶠，唐，日本寬正至文化間本。
《李嶠詩注》，李嶠，唐，上海古籍出版社一九九五年版。
《駱丞集》，駱賓王，唐，明萬曆四十三年宣城顏氏家刻本。
《北史》，李延壽，唐，中華書局一九七五年版。
《南史》，李延壽，唐，中華書局一九七五年版。
《唐律疏儀》，長孫無忌等，唐，中華書局一九八三年劉文俊點校本。
《盧照鄰集》，盧照鄰，唐，岳麓書社二〇〇一年版。
《大唐西域求法高僧傳》，釋義凈，唐，中華書局一九八四年版《中華大藏經》本。
《玄沙師備禪師語録》，釋師備，唐，一九二三年上海涵芬樓本。
《六祖大師法寶壇經》，釋慧能，唐，《大正新修大藏經》本。
《王子安集》，王勃，唐，上海古籍出版社一九九二年版。
《盈川集》，楊炯，唐，上海古籍出版社一九九二年版。
《法苑珠林》，釋道世，唐，文物出版社一九八九年版。
《龍筋鳳髓判》，張鷟，唐，《四庫全書》本。
《史通》，劉知幾，唐，上海古籍出版社二〇〇八年版。
《初學記》，徐堅，唐，中華書局二〇〇四年版。
《陳子昂集》，陳子昂，唐，中華書局一九六〇年版。
《張燕公集》，張説，唐，上海古籍出版社一九九二年版。
《樂府古題要解》，吴兢，唐，中华书局一九九一年本。
《貞觀政要》，吴兢，唐，上海古籍出版社一九七八年版。
《曲江集》，張九齡，唐，廣東人民出版社一九八六年版。
《李北海集》，李邕，唐，上海古籍出版社一九九二年版。
《孟浩然詩集》，孟浩然，唐，上海古籍出版社一九九四年版。
《高適集》，高適，唐，上海古籍出版社一九八四年版。
《李太白全集》，李白，唐，中華書局一九七九年版。
《代宗朝贈司空大辨正廣智三藏和上表制集》，釋不空，唐，《大正新修大藏經》本。
《顏魯公集》，顏真卿，唐，清道光間黄本驥刊三十卷本。
《杼山集》，釋皎然，唐，江西傅氏雙鑑樓藏影宋精抄本。
《杜工部集》，杜甫，唐，上海古籍出版社二〇〇三年版。

《毛詩指説》，成伯璵，唐，《四庫全書》本。
《長短經》，趙蕤，唐，《四庫全書》本。
《二皇甫集》，皇甫冉等，唐，《四庫全書》本。
《元次山集》，元結，唐，中華書局一九六〇年版。
《書斷》，張懷瓘，唐，中華書局一九八五年《法書要録》本。
《通典》，杜佑，唐，中華書局一九八八年版。
《韋蘇州集》，韋應物，唐，《四部備要》本。
《韋刺史詩集》，韋應物，唐，《四部叢刊初編》本。
《韋應物詩集》，韋應物，唐，中華書局二〇〇二年孫望繫年校箋本。
《孟東野詩集》，孟郊，唐，上海書店一九八七年版。
《孟郊集》，孟郊，唐，浙江古籍出版社一九九五年版。
《陸宣公集》，陸贄，唐，《叢書集成初編》本。
《陸宣公奏議》，陸贄，唐，元至正十四年翠巖精舍刻郎曄注釋本。
《華陽集》，顧况，唐，上海古籍出版社一九九三年版。
《元和郡縣志》，李吉甫，唐，中華書局一九八三年版。
《權載之文集》，權德輿，唐，《四部叢刊初編》本。
《權文公集》，權德輿，唐，《四庫全書》本。
《昌黎先生集》，韓愈，唐，《四部備要》本。
《韓昌黎文集》，韓愈，唐，上海古籍出版社一九八七年版。
《韓昌黎全集》，韓愈，唐，中國書店一九九一年版。
《王司馬集》，王建，唐，上海古籍出版社一九九三年版。
《薛濤詩》，薛濤，唐，人民文學出版社一九八四年版。
《吕衡州文集》，吕温，唐，《叢書集成初編》本。
《李文公集》，李翺，唐，《四庫全書》本。
《劉賓客文集》，劉禹錫，唐，上海古籍出版社一九九三年版。
《劉禹錫集》，劉禹錫，唐，中華書局一九九〇年版。
《白居易集》，白居易，唐，上海古籍出版社一九八八年版。
《白居易詩集》，白居易，唐，中華書局二〇〇六年版。
《白氏長慶集》，白居易，唐，《四部叢刊初編》本。
《白香山詩集》，白居易，唐，《四部備要》本。
《柳宗元集》，柳宗元，唐，中華書局一九七九年版。
《龍城録》，柳宗元，唐，上海文藝出版社一九九一年《古今説部叢書》本。
《皇甫持正集》，皇甫湜，唐，北京圖書館出版社二〇〇四年版。
《姚少監詩集》，姚合，唐，上海古籍出版社一九九四年版。
《長江集》，賈島，唐，《叢書集成初編》本。
《唐國史補》，李肇，唐，上海古籍出版社一九七九年版。
《翰林志》，李肇，唐，商務印書館一九三〇年版。
《李文饒文集》，李德裕，唐，《四部叢刊初編》本。
《李賀詩集》，李賀，唐，人民文學出版社一九八四年版。
《春秋摘微》，盧仝，唐，清抄本。
《酉陽雜俎》，段成式，唐，齊魯書社二〇〇七年版。
《松陵集》，皮日休，唐，中國書店二〇〇八年版。
《杜荀鶴文集》，杜荀鶴，唐，上海古籍出版社一九八〇年版。
《法書要録》，張彦遠，唐，上海書畫出版社一九八六年版。
《歷代名畫記》，張彦遠，唐，《叢書集成初編》本。
《蠻書》，樊綽，唐，中華書局一九六二年向達校注本。
《封氏聞見記》，封演，唐，中華書局一九五八年版。
《雲仙雜記》，馮贄，唐，《叢書集成初編》本。
《李遐叔文集》，李華，唐，《四庫全書》本。
《周易略例注》，邢璹，唐，《四庫全書》本。
《隋唐嘉話》，劉餗，唐，中華書局一九七九年版。
《孫可之文集》，孫樵，唐，上海古籍出版社一九七九年版。
《唐六典》，李林甫等，唐，中華書局一九九二年版。
《春秋集傳》，啖助，唐，《四庫全書》本。
《春秋微旨》，陸淳，唐，《四庫全書》本。
《春秋集傳纂例》，陸淳，唐，清光緒十五年湖南書局刊《古經解匯函》本。
《春秋集傳辨疑》，陸淳，唐，《四庫全書》本。
《春秋釋例序》，劉蕡，唐，《四庫全書》本。
《毗陵集》，獨孤及，唐，《叢書集成初編》本。
《開元釋教録》，釋智昇，唐，《中華大藏經》本。

《唐甫里先生文集》，陸龜蒙，唐，《四部叢刊初編》本。
《笠澤叢書》，陸龜蒙，唐，清雍正九年江都陸氏刻本。
《貞元新定釋教目録》，釋圓照，唐，《大正新修大藏經》本。
《李群玉詩集》，李群玉，唐，岳麓書社一九八七年版。
《追昔游集》，李紳，唐，明汲古閣刻《五唐人集》本。
《趙州和尚語録》，釋從諗，唐，臺北新文豐出版公司影印《嘉興藏》本。
《元稹集》，元稹，唐，中華書局一九八二年版。
《歌詩編》，李賀，唐，一九二二年刻本。
《歐陽行周文集》，歐陽詹，唐，《四部叢刊初編》本。
《大唐西域記》，釋玄奘，唐，上海人民出版社一九七七年點校本。
《樊川文集》，杜牧，唐，上海古籍出版社一九七八年版。
《大唐新語》，劉肅，唐，中華書局一九八四年版。
《北户録》，段公路，唐，上海古籍出版社一九八七年版。
《樊南文集》，李商隱，唐，上海古籍出版社一九八八年版。
《玉溪生詩集》，李商隱，唐，上海古籍出版社一九七九年版馮浩箋注本。
《北山録》，釋神清，唐，文史哲出版社一九七四年版。
《因話録》，趙璘，唐，中華書局一九八五年版。
《丁卯集》，許渾，唐，臺北中華書局一九七六年版。
《禪月集》，釋貫休，唐，巴蜀書社二〇〇六年版。
《成唯識論述記》，釋窺基，唐，清光緒二十七年金陵刻經處刻本。
《司空表聖文集》，司空圖，唐，《四部叢刊初編》本。
《韓内翰别集》，韓偓，唐，明汲古閣刻《五唐人集》本。
《幽閒鼓吹》，張固，唐，上海文明書局一九二二年石印《寶顔堂秘笈》本。
《詠史詩》，胡曾，唐，《四庫全書》本。
《雲溪友議》，范攄，唐，《叢書集成初編》本。
《元英集》，方干，唐，《四庫全書》本。
《録異記》，杜光庭，唐，《津逮秘書》本。
《白蓮集》，釋齊己，唐，上海書店一九八九年版。
《嶺表録異》，劉恂，唐，廣東人民出版社一九八三年版。
《唐黄先生文集》，黄滔，唐，《四部叢刊初編》本。
《釣磯文集》，徐寅，唐，《四部叢刊三編》本。
《劉賓客嘉話録》，韋絢，唐，明《顧氏文房小説》本。
《雪峰義存禪師語録》，釋義存，唐，一九二三年上海涵芬樓本。
《鎮州臨濟慧照禪師語録》，釋義玄，唐，《大正新修大藏經》本。
《劉隨州集》，劉長卿，唐，《四部叢刊初編》本。
《南北史續世説》，李垕，唐，明萬曆間安茂卿刻三十七年俞安期重修本。
《大業雜記》，杜寶，唐，民國二十四年本。
《兩部大法相承師資付法記》，釋海雲，唐，《大正新修大藏經》本。
《梵網經記》，釋傳奥，唐，一九二三年涵芬樓本。
《魏鄭公諫録》，王方慶，唐，明正德二年刻本。
《諸方門人參問語録》，釋慧海，唐，一九二三年上海涵芬樓本。
《頓悟入道要門論》，釋慧海，唐，一九二三年上海涵芬樓本。
《曹祠部集》，曹鄴，唐，《四庫全書》本。
《周易舉正》，郭京，唐，《四庫全書》本。
《周易集解》，李鼎祚，唐，清乾隆二十一年《雅雨堂叢書》本。
《唐摭言》，王定保，五代，中華書局一九六〇年版。
《舊唐書》，劉昫等，五代，中華書局一九七五年版。
《北夢瑣言》，孫光憲，五代，中華書局二〇〇二年版。
《金華子》，劉崇遠，五代，中華書局一九五八年標點本。
《滹南遺老集》，王若虚，宋，《叢書集成初編》本。
《徐騎省集》，徐鉉，宋，《四部備要》本。
《清異録》，陶穀，宋，上海古籍出版社二〇一二年版。
《舊五代史》，薛居正，宋，中華書局一九七六年版。
《汗簡》，郭忠恕，宋，中華書局二〇一〇年版。
《宋高僧傳》，釋贊寧，宋，中華書局一九八七年版。
《説文解字繫傳》，徐鍇，宋，清道光十九年祁寯藻刻本。
《唐會要》，王溥，宋，中華書局一九五五年版。
《五代會要》，王溥，宋，中華書局一九九八年版。
《太平廣記》，李昉等，宋，江蘇廣陵古籍刻印社一九八四年版。
《太平御覽》，李昉等，宋，中華書局一九六〇年版。

《賈氏譚録》，張洎，宋，上海古籍出版社二〇一二年版。
《咸平集》，田錫，宋，巴蜀書社二〇〇八年版。
《河東先生集》，柳開，宋，《四部叢刊初編》本。
《三禮圖集注》，聶崇義，宋，《四庫全書》本。
《江表志》，鄭文寶，宋，《叢書集成初編》本。
《小畜集》，王禹偁，宋，《四部備要》本。
《九國志》，路振，宋，《叢書集成初編》本。
《文房四譜》，蘇易簡，宋，中華書局二〇一一年版。
《册府元龜》，王欽若等，宋，鳳凰出版社二〇〇六年版。
《南陽集》，趙湘，宋，廣雅書局清光緒二十五年刻本。
《宋太宗實録》，錢若水等，宋，《四部叢刊三編》本。
《大宋重修廣韻》，陳彭年，宋，粵東書局清同治十三年刻本。
《唐文粹》，姚鉉，宋，《四部叢刊初編》本。
《閒居編》，釋智圓，宋，商務印書館民國十二年至十四年影印本。
《河南穆公集》，穆修，宋，《四部叢刊初編》本。
《雲笈七籤》，張君房，宋，齊魯書社一九八八年版。
《集韻》，丁度，宋，上海古籍出版社一九八三年版。
《史質》，王洙，宋，齊魯書社一九九七年《四庫全書存目叢書》本。
《宋景文公筆記》，宋祁，宋，商務印書館民國十一年影印本。
《梅堯臣集》，梅堯臣，宋，上海古籍出版社二〇〇六年版。
《崇文總目》，王堯臣等，宋，現代出版社一九八七年《中國歷代書目叢刊》影印本。
《新唐書》，歐陽修、宋祁，宋，中華書局一九七五年版。
《新五代史》，歐陽修，宋，中華書局一九七四年版。
《歐陽文忠公集》，歐陽修，宋，《四部叢刊初編》本。
《歐陽修全集》，歐陽修，宋，中華書局二〇〇一年版。
《易童子問》，歐陽修，宋，上海古籍出版社一九八七年版。
《集古録跋尾》，歐陽修，宋，上海古籍出版社一九八九年版。
《六一詩話》，歐陽修，宋，《津逮秘書》本。
《直講李先生文集》，李覯，宋，中華書局一九八一年點校本。
《李覯集》，李覯，宋，中華書局一九八一年版。
《端明集》，蔡襄，宋，上海古籍出版社一九八九年版。
《周子通書》，周敦頤，宋，《四部備要》本。
《古靈集》，陳襄，宋，《四庫全書》本。
《資治通鑑》，司馬光，宋，中華書局一九五六年版。
《司馬温公文集》，司馬光，宋，《叢書集成初編》本。
《華陽集》，王珪，宋，《叢書集成初編》本。
《曾鞏集》，曾鞏，宋，中華書局一九八四年版。
《隆平集》，曾鞏，宋，《四庫全書》本。
《唐大詔令集》，宋敏求，宋，中華書局二〇〇八年版。
《公是集》，劉敞，宋，《叢書集成初編》本。
《蘇魏公文集》，蘇頌，宋，中華書局一九八八年版。
《臨川先生文集》，王安石，宋，中華書局一九五九年版。
《小山詞》，晏幾道，宋，上海古籍出版社二〇〇五年版。
《忠肅集》，劉摯，宋，中華書局二〇〇二年點校本。
《夢溪筆談》，沈括，宋，上海書店出版社二〇〇九年版。
《澠水燕談録》，王闢之，宋，中華書局一九八一年版。
《清江三孔集》，孔文仲，宋，齊魯書社二〇〇二年版。
《王氏談録》，王欽臣，宋，上海古籍出版社一九八九年版。
《麈史》，王得臣，宋，上海古籍出版社一九八六年版。
《營造法式》，李誡，宋，中華書局一九九二年版。
《東坡詞》，蘇軾，宋，天津古籍出版社一九八九年版。
《東坡志林》，蘇軾，宋，《叢書集成初編》本。
《蘇東坡全集》，蘇軾，宋，中國書店一九八六年版。
《蘇軾詩集》，蘇軾，宋，中華書局一九八二年版。
《蘇軾文集》，蘇軾，宋，中華書局一九八六年版。
《欒城集》，蘇轍，宋，上海古籍出版社一九八七年版。
《墨池編》，朱長文，宋，清康熙五十三年吴縣朱氏就閑堂刻本。
《范太史集》，范祖禹，宋，《四庫全書》本。
《孔氏雜説》，孔平仲，宋，明末刻《寶顔堂秘笈》本。
《山谷詩集》，黄庭堅，宋，上海古籍出版社二〇〇三年任淵等校注本。

《山谷外集詩》，黄庭堅，宋，上海書店一九八五年版。
《山谷集》，黄庭堅，宋，《四庫全書》本。
《黄庭堅全集》，黄庭堅，宋，四川大學出版社二〇〇一年版。
《山谷老人刀筆》，黄庭堅，宋，上海古籍出版社一九八九年版。
《灌園集》，吕南公，宋，上海古籍出版社一九八九年版。
《淮海集》，秦觀，宋，上海古籍出版社一九九四年版。
《書史》，米芾，宋，上海古籍出版社一九八九年版。
《硯史》，米芾，宋，《叢書集成初編》本。
《慶湖遺老詩集》，賀鑄，宋，河南大學出版社二〇〇八年版。
《後山談叢》，陳師道，宋，中華書局二〇〇七年版。
《龜山集》，楊時，宋，《叢書集成初編》本。
《張耒集》，張耒，宋，中華書局一九八九年版。
《片玉集》，周邦彦，宋，江蘇廣陵古籍刻印社一九八〇年版。
《近事會元》，李上交，宋，清光緒間王氏謙德堂刊《畿輔叢書》本。
《墨經》，晁説之，宋，《叢書集成初編》本。
《景迂生集》，晁説之，宋，上海古籍出版社一九八七年版。
《泊宅編》，方勺，宋，中華書局一九八三年版。
《眉山唐先生文集》，唐庚，宋，《四部叢刊三編》本。
《斜川集》，蘇過，宋，巴蜀書社一九九六年版。
《春渚紀聞》，何薳，宋，中華書局一九八三年版。
《石林燕語》，葉夢得，宋，江蘇廣陵古籍刻印社一九八四年版。
《避暑録話》，葉夢得，宋，《叢書集成初編》本。
《建康集》，葉夢得，宋，《四庫全書》本。
《麟臺故事》，程俱，宋，中華書局二〇〇〇年《麟臺故事校證》本。
《事物紀元》，高承，宋，中華書局一九八九年版。
《東觀餘論》，黄伯思，宋，中華書局一九八七年版。
《金石録》，趙明誠，宋，齊魯書社二〇〇九年版。
《梁溪集》，李綱，宋，《四庫全書》本。
《跨鼇集》，李新，宋，《四庫全書》本。
《楚辭補注》，洪興祖，宋，中華書局一九八三年版。
《中吴紀聞》，龔明之，宋，上海古籍出版社二〇一二年版。
《韋齋集》，朱松，宋，《四庫全書》本。
《通志》，鄭樵，宋，中華書局一九八七年版。
《西溪叢話》，姚寬，宋，江蘇廣陵古籍刻印社一九八四年版。
《郡齋讀書志》，晁公武，宋，上海古籍出版社一九九〇年版。
《明秀集注》，蔡松年，宋，北京圖書館出版社二〇〇五年版。
《續博物志》，李石，宋，《叢書集成初編》本。
《方舟集》，李石，宋，《四庫全書》本。
《梅溪集》，王十朋，宋，上海古籍出版社一九九八年版。
《王十朋全集》，王十朋，宋，上海古籍出版社一九九八年版。
《拙齋文集》，林之奇，宋，《四庫全書》本。
《續資治通鑒長編》，李燾，宋，上海古籍出版社一九八六年版。
《注解傷寒論》，成無已，宋，人民衛生出版社一九六三年版。
《鐵圍山叢談》，蔡絛，宋，中華書局一九八三年版。
《隸釋》，洪適，宋，中華書局一九八五年版。
《辨歙石説》，洪適，宋，《叢書集成初編》本。
《歙硯説》，洪適，宋，《叢書集成初編》本。
《盤洲文集》，洪適，宋，《四部叢刊初編》本。
《文定集》，汪應辰，宋，《四庫全書存目叢書》本。
《南澗甲乙稿》，韓元吉，宋，《叢書集成初編》本。
《甕牖閑評》，袁文，宋，中華書局二〇〇七年版。
《程氏演繁露》，程大昌，宋，北京圖書館出版社二〇〇三年版。
《雍録》，程大昌，宋，明末刻《古今逸史》本。
《容齋續筆》，洪邁，宋，北京圖書館出版社二〇〇三年版。
《劍南詩稿》，陸游，宋，上海古籍出版社二〇〇五年版。
《渭南文集》，陸游，宋，《四部叢刊初編》本。
《入蜀記》，陸游，宋，中華書局一九七六年版。
《老學庵筆記》，陸游，宋，中華書局一九七九年版。
《范石湖集》，范成大，宋，上海古籍出版社二〇〇六年版。
《吴郡志》，范成大，宋，《叢書集成初編》本。

《廣川書跋》，董逌，宋，《叢書集成初編》本。
《珍席放談》，高晦叟，宋，《四庫全書》本。
《圖畫見聞志》，郭若虛，宋，人民美術出版社二〇〇三年版。
《陵陽集》，韓駒，宋，《四庫全書》本。
《學易集》，劉跂，宋，《叢書集成初編》本。
《東軒筆録》，魏泰，宋，中華書局一九八三年版。
《湘山野録》，文瑩，宋，中華書局一九八四年版。
《青箱雜記》，吴處厚，宋，中華書局一九八五年版。
《萍洲可談》，朱彧，宋，上海古籍出版社二〇一二年版。
《新唐書糾繆》，吴縝，宋，《四庫全書》本。
《五代史纂誤》，吴縝，宋，《四庫全書》本。
《書舟詞》，程垓，宋，《四庫全書》本。
《廬陵周益國文忠公集》，周必大，宋，清道光二十八年瀛塘別墅刻本。
《文忠集》，周必大，宋，《叢書集成初編》本。
《清波別志》，周煇，宋，江蘇廣陵古籍刻印社一九八四年版。
《清波雜志》，周煇，宋，中華書局一九九四年版。
《誠齋集》，楊萬里，宋，《四部叢刊初編》本。
《遂初堂書目》，尤袤，宋，清道光二十九年潘仕成刊《海山仙館叢書》本。
《揮麈録》，王明清，宋，中華書局一九六一年版。
《文則》，陳騤，宋，《叢書集成初編》本。
《晦庵先生朱文公集》，朱熹，宋，《四部備要》本。
《晦庵先生朱文公文集》，朱熹，宋，北京圖書館出版社二〇〇六年影印本。
《論語集注》，朱熹，宋，齊魯書社一九九二年版。
《孟子集注》，朱熹，宋，上海古籍出版社一九八七年版。
《宋名臣言行録》，朱熹，宋，江蘇廣陵古籍刻印社一九八七年版。
《朱子全書》，朱熹，宋，安徽教育出版社二〇一〇年版。
《朱子語類》，朱熹，宋，中華書局一九八六年版。
《三朝名臣言行録》，朱熹，宋，《四部叢刊初編》本。
《昌黎先生集考異》，朱熹，宋，上海古籍出版社二〇〇二年《朱子全書》本。
《宋朝事實類苑》，江少虞，宋，上海古籍出版社一九八一年版。
《于湖集》，張孝祥，宋，《四庫全書》本。
《癸巳論語解》，張栻，宋，《叢書集成初編》本。
《浪語集》，薛季宣，宋，上海社會科學院出版社二〇〇三年點校本。
《新安志》，羅願，宋，臺北成文出版社一九七五年版。
《東萊集》，吕祖謙，宋，《四庫全書》本。
《吕東萊先生文集》，吕祖謙，宋，江蘇廣陵古籍刻印社一九八三年版。
《攻媿集》，樓鑰，宋，中華書局一九九一年《叢書集成初編》本。
《陸九淵集》，陸九淵，宋，中華書局一九八〇年版。
《雲莊集》，劉爚，宋，《四庫全書》本。
《葉適集》，葉適，宋，中華書局一九六一年點校本。
《習學記言序目》，葉適，宋，中華書局一九七七年版。
《拙軒集》，王寂，宋，清光緒二十五年廣州廣雅書局刊《武英殿聚珍版叢書》本。
《野客叢書》，王楙，宋，中華書局一九八七年版。
《龍洲集》，劉過，宋，上海古籍出版社一九七八年版。
《閑閑老人滏水文集》，趙秉文，宋，《叢書集成初編》本。
《增修東萊書説》，時瀾，宋，《叢書集成初編》本。
《剡録》，高似孫，宋，臺北成文出版社一九七〇年版。
《子略》，高似孫，宋，中華書局一九八五年版。
《史略》，高似孫，宋，《古逸叢書》本。
《輿地紀勝》，王象之，宋，中華書局一九九二年版。
《韻語陽秋》，葛立方，宋，上海古籍出版社一九八四年版。
《洺水集》，程珌，宋，《四庫全書》本。
《建炎以來朝野雜記》，李心傳，宋，中華書局二〇〇〇年版。
《書經集傳》，蔡沈，宋，上海古籍出版一九八七年版。
《漫塘文集》，劉宰，宋，文物出版社一九八二年版。
《春秋分記》，程公説，宋，清抄本。
《平庵悔稿》，項安世，宋，江蘇古籍出版社一九八八年版。
《春秋説》，洪咨夔，宋，晦木齋清光緒十年刻本。
《莊靖集》，李俊民，宋，明正德三年李瀚刻本。
《重校鶴山先生大全文集》，魏了翁，宋，《四部叢刊初編》本。

《四書集編》，真德秀，宋，粵東書局清同治十二年刻本。
《敝帚稿略》，包恢，宋，國家圖書館出版社二〇一一年版。
《直齋書録解題》，陳振孫，宋，上海古籍出版社一九八七年版。
《宋寶章閣直學士忠惠鐵庵方公文集》，方大琮，宋，明正德八年方良節刻本。
《江湖小集》，陳起，宋，《四庫全書》本。
《江湖後集》，陳起，宋，《四庫全書》本。
《後村集》，劉克莊，宋，《四庫全書》本。
《後村居士集》，劉克莊，宋，北京圖書館出版社二〇〇四年版。
《群書考索》，章如愚，宋，廣陵書社二〇〇八年版。
《雲麓漫鈔》，趙彦衛，宋，中華書局一九九六年版。
《鶴林玉露》，羅大經，宋，中華書局一九八三年版。
《六書故》，戴侗，宋，上海社會科學院出版社二〇〇六年版。
《負暄野録》，陳槱，宋，《叢書集成初編》本。
《木鐘集》，陳埴，宋，《四庫全書》本。
《嘉泰會稽志》，施宿等，宋，臺北成文出版社一九八三年版。
《巽齋文集》，歐陽守道，宋，上海古籍出版社一九八九年版。
《黄氏日抄》，黄震，宋，《叢書集成初編》本。
《本堂集》，陳著，宋，清光緒四明陳氏刊本。
《雪坡舍人集》，姚勉，宋，《豫章叢書》本。
《會稽續志》，張淏，宋，臺北成文出版社一九八三年版。
《方泉詩集》，周文璞，宋，上海古籍出版社一九八九年版。
《玉海》，王應麟，宋，清光緒九年浙江書局刻本。
《漢藝文志考證》，王應麟，宋，中華書局二〇一〇年版。
《困學紀聞》，王應麟，宋，上海書店一九八五年版。
《鶴林集》，吴泳，宋，《叢書集成續編》本。
《遊宦紀聞》，張世南，宋，中華書局一九八一年點校本。
《謝疊山全集》，謝枋得，宋，華東師範大學出版社一九九四年校注本。
《洞天清禄集》，趙希鵠，宋，《叢書集成初編》本。
《癸辛雜識》，周密，宋，中華書局一九八八年版。
《齊東野語》，周密，宋，中華書局一九八三年版。
《文山先生全集》，文天祥，宋，江西人民出版社一九八七年點校本。
《羅氏識遺》，羅璧，宋，《叢書集成初編》本。
《梁谿漫志》，費衮，宋，山西人民出版社一九八六年點校本。
《文章精義》，李塗，宋，人民文學出版社一九六二年點校本。
《文苑英華辨證》，彭叔夏，宋，《叢書集成初編》本。
《邵氏聞見後録》，邵博，宋，中華書局一九八三年版。
《學齋占畢》，史繩祖，宋，上海古籍出版社一九九二年版。
《學林》，王觀國，宋，中華書局一九八八年版。
《韓文類譜》，魏仲舉，宋，廣陵馬氏小玲瓏山館清雍正七年刻本。
《東都事略》，王偁，宋，揚州書局本。
《法帖譜系》，曹士冕，宋，明弘治間刻《百川學海》本。
《事文類聚》，祝穆，宋，清乾隆積秀堂重刊七集本。
《南湖集》，張鎡，宋，《叢書集成初編》本。
《東皋雜録》，孫宗鑑，宋，商務印書館民國十六年鉛印本。
《歙州硯譜》，唐積，宋，《叢書集成初編》本。
《燕翼詒謀録》，王栐，宋，中華書局一九八一年版。
《兩宋名賢小集》，陳思，宋，《四庫全書》本。
《寶刻叢編》，陳思，宋，《叢書集成初編》本。
《端溪硯譜》，葉樾，宋，《叢書集成初編》本。
《南宋館閣録續録》，陳騤，宋，中華書局一九九八年版。
《九華詩集》，陳岩，宋，民國十年刻本。
《佩韋齋集》，俞德鄰，宋，《四庫全書》本。
《開慶四明續志》，梅應發等，宋，臺北成文出版社一九八三年版。
《大金國志》，宇文懋昭，宋，中華書局一九八六年校證本。
《墨莊漫録》，張邦基，宋，中華書局二〇〇二年版。
《卻掃編》，徐度，宋，上海古籍出版社二〇〇一年版。
《北磵集》，釋居簡，宋，《四庫全書》本。
《嵩山集》，晁公遡，宋，《四庫全書》本。
《宋朝事實》，李攸，宋，《叢書集成初編》本。
《姑溪居士集》，李之儀，宋，清道光光緒間南海伍氏刊《粤雅堂叢書》本。

《歸潛志》，劉祁，宋，中華書局一九八三年版。
《重刊增廣分門類林雜説》，王朋壽，宋，一九一五年劉氏嘉業堂刻本。
《明道篇》，王惟一，宋，商務印書館民國十二年至十五年影印本。
《二妙集》，段克己，宋，上海古籍出版社一九八九年版。
《元好問詩詞集》，元好問，元，中國展望出版社一九八七年版。
《遺山先生全集》，元好問，元，《四部叢刊初編》本。
《中州集》，元好問，元，中華書局一九五九年版。
《元遺山詩集》，元好問，元，人民文學出版社一九五八年箋注本。
《唐詩鼓吹》，元好問，元，清順治十六年陸貽典錢朝鼒刻本。
《湛然居士集》，耶律楚材，元，中國書店二〇〇九年版。
《陵川集》，郝經，元，山西古籍出版社二〇〇六年版。
《秋澗集》，王惲，元，《四庫全書》本。
《紫山大全集》，胡祗遹，元，中國書店一九九〇年《三怡堂叢書》本。
《桐江集》，方回，元，清嘉慶《宛委別藏》本。
《桐江續集》，方回，元，《四庫全書》本。
《資治通鑑音注》，胡三省，元，胡克家清嘉慶二十一年刻本。
《牧庵集》，姚燧，元，《叢書集成初編》本。
《中庵集》，劉敏中，元，書目文獻出版社一九八八年影印《北京圖書館古籍珍本叢刊》本。
《西巖集》，張之翰，元，《四庫全書》本。
《剡源戴先生文集》，戴表元，元，《四部叢刊初編》本。
《静修先生文集》，劉因，元，《畿輔叢書》本。
《雪樓集》，程鉅夫，元，陶氏涉園刻本。
《吴文正公全集》，吴澄，元，明成化二十年刻本。
《雲峰集》，胡炳文，元，《四庫全書》本。
《墻東類稿》，陸文圭，元，臺北新文豐出版公司一九八五年《元人文集珍本叢刊》本。
《松鄉集》，任士林，元，《四庫全書》本。
《文獻通考》，馬端臨，元，中華書局二〇一一年版。
《趙孟頫文集》，趙孟頫，元，上海書畫出版社二〇一〇年版。
《榘庵集》，同恕，元，《四庫全書》本。
《山居新語》，楊瑀，元，上海古籍出版社二〇一二年版。
《巴西文集》，鄧文原，元，《北京圖書館古籍珍本叢刊》本。
《知非堂稿》，何中，元，《四庫全書》本。
《清容居士集》，袁桷，元，《叢書集成初編》本。
《存悔齋稿》，龔璛，元，元至正五年抄本。
《閒居録》，吾丘衍，元，《四庫全書》本。
《桂隱詩集》，劉詵，元，《四庫全書》本。
《柳待制文集》，柳貫，元，《四部叢刊初編》本。
《柳貫詩文集》，柳貫，元，浙江古籍出版社二〇〇四年版。
《共山書院藏書目録》，柳貫，元，《中國歷代書院志》本。
《翰林楊仲弘詩》，楊載，元，《四部叢刊初編》本。
《畏齋集》，程端禮，元，民國《四明叢書》本。
《栲栳山人詩集》，岑安卿，元，味書室清抄本。
《西湖書院重整書目記》，陳袤，元，北京燕山出版社一九九九年《武林藏書録》本。
《農書》，王禎，元，中華書局一九九一年《叢書集成初編》本。
《范德機詩集》，范梈，元，《四部叢刊初編》本。
《道園學古録》，虞集，元，《四部叢刊初編》本。
《道園遺稿》，虞集，元，《四庫全書》本。
《宛陵群英集》，汪澤民，元，《四庫全書》本。
《揭傒斯全集》，揭傒斯，元，上海古籍出版社一九八五年版。
《金華黄先生文集》，黄溍，元，《四部叢刊初編》本。
《文忠集》，王結，元，《四庫全書》本。
《鎮江志》，俞希魯，元，《宛委別藏》本。
《續軒渠集》，洪希文，元，《四庫全書》本。
《敬鄉録》，吴師道，元，《四庫全書》本。
《禮部集》，吴師道，元，《四庫全書》本。
《至正集》，許有壬，元，《叢書集成續編》本。
《圭塘小稿》，許有壬，元，《四庫全書》本。
《蛻庵詩》，張翥，元，《四部叢刊續編》本。

《安雅堂集》，陳旅，元，《四庫全書》本。
《鄭元祐集》，鄭元祐，元，浙江大學出版社二〇一〇年版。
《僑吴集》，鄭元祐，元，《北京圖書館古籍珍本叢刊》本。
《元文類》，蘇天爵，元，上海商務印書館一九五八年版。
《滋溪文稿》，蘇天爵，元，中華書局一九九七年版。
《惟實集》，劉鶚，元，《四庫全書》本。
《燕石集》，宋褧，元，《北京圖書館古籍珍本叢刊》本。
《樵雲獨唱》，葉顒，元，《叢書集成續編》本。
《龜巢稿》，謝應芳，元，《四部叢刊三編》本。
《東維子文集》，楊維楨，元，《四部叢刊初編》本。
《學言稿》，吴當，元，《四庫全書》本。
《玩齋集》，貢師泰，元，清乾隆南湖書塾刊本。
《近光集》，周伯琦，元，《四庫全書》本。
《翠屏集》，張以寧，元，明成化刻本。
《傅與礪詩集》，傅若金，元，金氏文瑞樓清抄本。
《傅與礪文集》，傅若金，元，書目文獻出版社一九九一年版。
《説學齋稿》，危素，元，知不足齋抄本。
《危學士全集》，危素，元，齊魯書社一九九七年版。
《策要》，梁寅，元，《宛委别藏》本。
《石門集》，梁寅，元，《四庫全書》本。
《蟻術詞選》，邵亨貞，元，《四部叢刊三編》本。
《玉山璞稿》，顧瑛，元，中華書局二〇〇八年版。
《草堂雅集》，顧瑛，元，《四庫全書》本。
《玉山名勝集》，顧瑛，元，《四庫全書》本。
《遼史》，脱脱等，元，中華書局一九七四年版。
《金史》，脱脱等，元，中華書局一九七五年版。
《宋史》，脱脱等，元，中華書局一九七七年版。
《九靈山房集》，戴良，元，《叢書集成初編》本。
《夷白齋稿》，陳基，元，鐵琴銅劍樓藏明抄本。
《麟原文集》，王禮，元，《四庫全書》本。
《不繫舟漁集》，陳高，元，《四庫全書》本。
《南村輟耕録》，陶宗儀，元，中華書局一九五九年版。
《説郛三種》，陶宗儀，元，上海古籍出版社一九八八年版。
《書史會要》，陶宗儀，元，上海書店影印一九二九年武進陶氏影刊明洪武本。
《草莽私乘》，陶宗儀，元，浙江鮑士恭家藏本。
《遊志續編》，陶宗儀，元，《宛委别藏》本。
《南村詩集》，陶宗儀，元，中國書店一九九〇年《元人十種詩》本。
《東山存稿》，趙汸，元，清康熙辛酉趙吉士刊本。
《王忠文公集》，王褘，元，中華書局一九八五年版。
《箋紙譜》，費著，元，顧氏秀野草堂清康熙刻本。
《文説》，陳繹曾，元，有正書局民國五年石印本。
《一山文集》，李繼本，元，沔陽盧氏慎始基齋民國十二年影印本。
《墨史》，陸友，元，《叢書集成初編》本。
《書經》，吕宗傑，元，上海書畫出版社二〇〇〇年《中國書畫全書》本。
《艮齋詩集》，侯克中，元，《四庫全書》本。
《水雲村泯稿》，劉壎，元，清道光十八年愛余堂刻本。
《霞外詩集》，馬臻，元，《四庫全書》本。
《養吾齋集》，劉將孫，元，《四庫全書》本。
《申齋集》，劉岳申，元，中國國家圖書館館藏抄本。
《積齋集》，程端學，元，《四明叢書》本。
《純白齋類稿》，胡助，元，《四庫全書》本。
《羽庭集》，劉仁本，元，中國國家圖書館藏清抄本。
《玉斗山人集》，王奕，元，民國刻枕碧樓叢書本。
《五峰集》，李孝光，元，《四庫全書》本。
《尚書通考》，黄鎮成，元，清《通志堂經解》本。
《研北雜誌》，陸友仁，元，民國景明寶顔堂秘笈本。
《玉井樵唱》，尹廷高，元，《四庫全書》本。
《芳谷集》，徐明善，元，民國《豫章叢書》本。
《夢觀集》，釋大圭，元，《四庫全書》本。
《至正直記》，孔齊，元，上海古籍出版社一九八七年版。

《江月松風集》，錢惟善，元，清《武林往哲遺著》本。
《秘書監志》，王士點，元，浙江古籍出版社一九九二年版。
《伊濱集》，王沂，元，《四庫全書》本。
《言行龜鑑》，張光祖，元，《四庫全書》本。
《樹藝篇》，胡古愚，元，明純白齋抄本。
《雪厓先生詩集》，金守正，元，明永樂刻本。
《庸庵集》，宋禧，元，《四庫全書》本。
《得月稿》，吕不用，元，清抄本。
《聞過齋集》，吴海，元，民國《嘉業堂叢書》本。
《至元嘉禾志》，徐碩等，元，《四庫全書》本。
《至正崑山郡志》，楊譓等，元，清宣統元年本。
《師山先生文集》，鄭玉，元，清補明嘉靖刻本。
《漢唐事箋》，朱禮，元，《宛委別藏》本。
《南湖集》，貢性之，元，《四庫全書》本。
《雲陽集》，李祁，元，《北京圖書館古籍珍本叢刊》本。
《張小山小令》，張可久，元，明嘉靖四十五年李開先刻本。
《張光弼詩集》，張昱，元，《四部叢刊續編》本。
《樗隱集》，胡行簡，元，《四庫全書》本。
《桐山老農集》，魯貞，元，《四庫全書》本。
《金臺集》，納新，元，明末汲古閣刻本。
《至元法寶勘同總録》，釋浄伏，元，中國藏學出版社二〇〇三年版。
《録鬼簿》，鍾嗣成，元，上海古籍出版社一九七八年版。
《灤京雜咏》，楊允孚，元，商務印書館一九三六年版。
《元朝秘史》，佚名，元，内蒙古人民出版社一九八〇年版。
《廟學典禮》，佚名，元，浙江古籍出版社一九九二年版。
《氏族大全》，佚名，元，《四庫全書》本。
《青雲梯》，佚名，元，《宛委別藏》本。
《群書通要》，佚名，元，《宛委別藏》本。
《居家必用事類全集》，佚名，元，書目文獻出版社一九八九年版。
《東南紀聞》，佚名，元，臺北商務印書館一九八三年版。
《松雨軒詩集》，平顯，明，《宛委別藏》本。
《東皋録》，釋妙聲，明，《四庫全書》本。
《蘇平仲文集》，蘇伯衡，明，《四部叢刊初編》本。
《格古要論》，曹昭，明，荆山書林明萬曆二十五年刻本。
《臨安集》，錢宰，明，《四庫全書》本。
《宋濂全集》，宋濂，明，浙江古籍出版社一九九九年版。
《元史》，宋濂等，明，中華書局一九七六年版。
《清江文集》，貝瓊，明，《四庫全書》本。
《白雲稿》，朱右，明，《四庫全書》本。
《槎翁詩集》，劉崧，明，《四庫全書》本。
《王忠文公集》，王禕，明，上海古籍出版社一九九一年版。
《明太祖集》，朱元璋，明，上海古籍出版社一九九二年版。
《北郭集》，徐賁，明，《四部叢刊三編》本。
《頤庵文選》，胡儼，明，《四庫全書》本。
《遜志齋集》，方孝孺，明，《四部備要》本。
《唐愚士詩》，唐之淳，明，《四庫全書》本。
《王舍人詩集》，王紱，明，《四庫全書》本。
《東里文集》，楊士奇，明，中華書局一九九八年版。
《東里集》，楊士奇，明，上海古籍出版社一九九一年版。
《文淵閣書目》，楊士奇，明，《叢書集成初編》本。
《夏忠靖公集》，夏原吉，明，明弘治十三年刻本。
《省愆集》，黄淮，明，民國《敬鄉樓叢書》本。
《金文靖公集》，金幼孜，明，《四庫全書》本。
《胡文穆公文集》，胡廣，明，清乾隆十五年刻本。
《覺非齋文集》，金實，明，明成化元年唐喻刻本。
《楊文敏集》，楊榮，明，《四庫全書》本。
《楊文定公詩集》，楊溥，明，《四庫全書存目叢書》本。
《古廉文集》，李時勉，明，《四庫全書》本。
《南齋先生魏文靖公摘稿》，魏驥，明，明弘治刻本。
《王文安公詩文集》，王英，明，清樸學齋抄本。

《抑庵文後集》，王直，明，《四庫全書》本。
《薛敬軒先生文集》，薛瑄，明，中華書局一九八五年版。
《兩溪文集》，劉球，明，《四庫全書》本。
《倪文僖集》，倪謙，明，清《武林往哲遺著》本。
《彭文憲公筆記》，彭時，明，《叢書集成初編》本。
《水東日記》，葉盛，明，中華書局一九八〇年版。
《菉竹堂書目》，葉盛，明，中華書局一九八五年版。
《中州名賢文表》，劉昌，明，海虞邵氏鴻文書局清光緒三十年石印本。
《縣笥瑣探摘抄》，劉昌，明，《叢書集成初編》本。
《清風亭稿》，童軒，明，《四庫全書》本。
《寓圃雜記》，王錡，明，上海古籍出版社二〇〇五年版。
《張東海詩文集》，張弼，明，明正德十三年周文儀福建刻本。
《椒邱文集》，何喬新，明，上海古籍出版社一九九一年版。
《彭惠安集》，彭韶，明，《四庫全書》本。
《西村集》，史鑑，明，《四庫全書》本。
《未軒文集》，黄仲昭，明，《四庫全書》本。
《匏翁家藏集》，吴寬，明，《四部叢刊初編》本。
《菽園雜記》，陸容，明，中華書局一九八五年版。
《楓山章先生集》，章懋，明，《金華叢書》本。
《龍皋文稿》，陸簡，明，明嘉靖元年楊鑨刻本。
《樓居雜著》，朱存理，明，《四庫全書》本。
《珊瑚木難》，朱存理，明，民國《適園叢書》本。
《篁墩文集》，程敏政，明，上海古籍出版社一九九一年版。
《新安文獻志》，程敏政，明，祁司員彭哲等明弘治十年刻本。
《篁墩集》，程敏政，明，明正德二年刻本。
《明文衡》，程敏政，明，吉林人民出版社一九九八年版。
《唐氏三先生集》，程敏政，明，明正德十三年刻本。
《東田漫稿》，馬中錫，明，明嘉靖十七年文三畏刻本。
《懷麓堂集》，李東陽，明，上海古籍出版社一九九一年版。
《博趣齋稿》，王雲鳳，明，中國國家圖書館藏明刻本。
《明道編》，黄綰，明，中華書局一九五九年版。
《震澤集》，王鏊，明，明萬曆三槐堂刻本。
《古城集》，張吉，明，《四庫全書》本。
《楊文恪公文集》，楊廉，明，《續修四庫全書》本。
《見素集》，林俊，明，上海古籍出版社一九九一年版。
《楊一清集》，楊一清，明，中華書局二〇〇一年版。
《柴墟文集》，儲巏，明，明嘉靖四年刻本。
《小鳴稿》，朱誠泳，明，《四庫全書》本。
《東江家藏稿》，顧清，明，《四庫全書》本。
《懷星堂集》，祝允明，明，西泠印社出版社二〇一二年版。
《容春堂集》，邵寶，明，鳳凰出版社二〇一一年版。
《容春堂後集》，邵寶，明，《四庫全書》本。
《困知記》，羅欽順，明，中華書局一九九〇年版。
《甫田集》，文徵明，明，清康熙間文氏重刻本。
《静觀堂集》，顧潛，明，清《玉峰雍里顧氏六世詩文集》本。
《王文成公全書》，王守仁，明，上海書店一九八九年影印《四部叢刊初編》本。
《空同先生集》，李夢陽，明，掃葉山房本。
《餘冬序録摘抄内外篇》，何孟春，明，商務印書館民國二十六年版。
《陶莊敏公文集》，陶諧，明，明天啟四年陶崇道刻本。
《顧華玉集》，顧璘，明，《四庫全書》本。
《顧璘詩文全集》，顧璘，明，《四庫全書》本。
《華泉集》，邊貢，明，清嘉慶十年歷城李肇慶修訂本。
《華泉先生集選》，邊貢，明，《四庫全書存目叢書》本。
《竹澗集》，潘希曾，明，《四庫全書》本。
《春雨堂隨筆》，陸深，明，《叢書集成初編》本。
《古奇器録》，陸深，明，《叢書集成新編》本。
《玉堂漫筆》，陸深，明，上海古籍出版社二〇〇五年版。
《江東藏書目録》，陸深，明，上海文明書局一九二二年石印本。
《停驂録摘抄續》，陸深，明，《叢書集成初編》本。
《儼山集》，陸深，明，《四庫全書》本。

《儼山外集》，陸深，明，《四庫全書》本。
《蒼谷全集》，王尚絅，明，清乾隆純密止堂刻本。
《崔氏洹詞》，崔銑，明，《四庫全書存目叢書》本。
《涇野子内篇》，吕柟，明，中華書局一九九二年版。
《吴興掌故集》，徐獻忠，明，上海古籍出版社二〇一〇年版。
《何大複集》，何景明，明，中州古籍出版社一九八九年版。
《莊渠遺書》，魏校，明，《四庫全書》本。
《太白山人漫稿》，孫一元，明，《四庫全書》本。
《七修續稿》，郎瑛，明，杭州抱經書局本。
《七修類稿》，郎瑛，明，中華書局一九五九年版。
《方齋存稿》，林文俊，明，《四庫全書》本。
《丹鉛總録》，楊慎，明，浙江古籍出版社二〇一三年王大淳箋證本。
《升庵集》，楊慎，明，上海古籍出版社一九九三年版。
《朝邑縣志》，韓邦靖，明，《四庫全書》本。
《考功集》，薛蕙，明，上海古籍出版社一九九三年版。
《南廱志》，黄佐，明，臺北偉文圖書出版社一九七六年版。
《泰泉鄉禮》，黄佐，明，清道光二十三年刻本。
《汴京遺跡志》，李濂，明，《四庫全書》本。
《嵩渚文集》，李濂，明，《北京圖書館古籍珍本叢刊》本。
《庚巳編》，陸粲，明，上海古籍出版社二〇〇五年版。
《宋史新編》，柯維騏，明，臺北文海出版社一九七四年版。
《皇甫司勳集》，皇甫汸，明，《四庫全書》本。
《吾學編》，鄭曉，明，《續修四庫全書》本。
《吾學編餘》，鄭曉，明，《續修四庫全書》本。
《愚谷集》，李舜臣，明，《四庫全書》本。
《李中麓閒居集》，李開先，明，《四庫全書存目叢書》本。
《念庵文集》，羅洪先，明，《四庫全書》本。
《戒庵老人漫筆》，李詡，明，中華書局一九八二年版。
《嵩陽集》，劉繪，明，明嘉靖三十七年方顯刻本。
《震川先生集》，歸有光，明，上海古籍出版社一九八一年版。
《四友齋叢説》，何良俊，明，中華書局一九五九年版。
《重刊荆川先生文集》，唐順之，明，《四部叢刊初編》本。
《吴都文粹續集》，錢谷，明，臺北商務印書館一九八六年版。
《清暑筆談》，陸樹聲，明，周南李際期宛委山堂清順治間刻本。
《遵岩集》，王慎中，明，世界書局一九八八年版。
《茅鹿門先生文集》，茅坤，明，明萬曆刻本。
《唐宋八大家文鈔》，茅坤，明，黄山書社二〇一〇年版。
《歸田稿》，洪朝選，明，《四庫全書》本。
《千一録》，方弘静，明，《續修四庫全書》本。
《衡廬精舍藏稿》，胡直，明，《四庫全書》本。
《萬卷堂書目》，朱睦㮮，明，清光緒二十九年《觀古堂書目叢刊》本。
《鳴玉堂稿》，張天復，明，《續修四庫全書》本。
《靳兩城先生集》，靳學顔，明，明萬曆十七年本。
《南詞叙録》，徐渭，明，中國戲劇出版社一九八九年版。
《徐渭集》，徐渭，明，中華書局一九八三年版。
《古今振雅雲箋》，徐渭，明，明末刻本。
《方麓集》，王樵，明，《四庫全書》本。
《世廟識餘録》，徐學謨，明，《四庫全書存目叢書》本。
《江西省大志》，王宗沐，明，中國國家圖書館館藏明嘉靖間刊本。
《鯤溟詩集》，郭諫臣，明，《四庫全書》本。
《論硯》，張應文，明，清同治九年古岡劉氏藏修書屋刻《清秘藏》本。
《清秘藏張氏藏書》，張應文，明，李濩叟清抄本。
《蕉窗九録》，項元汴，明，西泠印社民國三年木活字本。
《來瞿唐先生日録》，來知德，明，《四庫全書存目叢書》本。
《弇州山人續稿》，王世貞，明，臺北文海出版社一九七〇年版。
《藝苑卮言》，王世貞，明，齊魯書社一九九二年版。
《萬曆通州志》，王世貞，明，臺北成文出版社一九七五年版《中國方志叢書》。
《弇山堂别集》，王世貞，明，中華書局一九八五年版。
《條麓堂集》，張四維，明，明萬曆二十三年張泰徵刻本。
《焚書》，李贄，明，中華書局一九七五年版。

《皇明書》，鄧元錫，明，《四庫全書存目叢書》本。
《師竹堂集》，王祖嫡，明，北京出版社一九九八年《四庫未收書輯刊》本。
《亦玉堂稿》，沈鯉，明，《四庫全書》本。
《萬曆紹興府志》，蕭良幹、張元忭等，明，臺北成文出版社一九七五年版《中國方志叢書》本。
《王百穀集十九種》，王穉登，明，北京出版社二〇〇五年《四庫禁毀書叢刊》本。
《明會典》，申時行等，明，中華書局一九八九年版。
《澹園集》，焦竑，明，中華書局一九九九年版。
《焦氏筆乘》，焦竑，明，中華書局二〇〇八年版。
《焦氏筆乘續集》，焦竑，明，中華書局一九八五年版。
《國史經籍志》，焦竑，明，中華書局一九八五年版。
《碧山學士集》，黄洪憲，明，《四庫禁毀書叢刊》本。
《鑑略妥注》，李廷機，明，岳麓書社一九八八年版。
《考槃餘事》，屠隆，明，《叢書集成初編》本。
《由拳集》，屠隆，明，齊魯書社一九九七年版。
《娑羅館清言》，屠隆，明，中州古籍出版社二〇〇八年版。
《續娑羅館清言》，屠隆，明，《叢書集成初編》本。
《皇明典故紀聞》，余繼登，明，書目文獻出版社一九九五年版。
《田亭草》，黄鳳翔，明，明萬曆四十年刻本。
《快雪堂漫録》，馮夢禎，明，齊魯書社一九九五年版。
《湯顯祖詩文集》，湯顯祖，明，上海古籍出版社一九八二年版。
《宗伯集》，孫繼皋，明，《四庫全書》本。
《少室山房筆叢》，胡應麟，明，中華書局一九五八年版。
《少室山房集》，胡應麟，明，上海古籍出版社一九九三年版。
《少室山房類稿》，胡應麟，明，江蘇廣陵古籍刻印社一九八三年版。
《甲乙剩言》，胡應麟，明，上海文明書局民國十四年石印本。
《鹿裘石室集》，梅鼎祚，明，明天啟三年玄白堂刻本。
《皇霸文紀》，梅鼎祚，明，《四庫全書》本。
《昆山人物傳》，張大復，明，明刻清雍正二年重修本。
《山堂肆考》，彭大翼，明，上海古籍出版社一九九二年版。
《學古緒言》，婁堅，明，上海古籍出版社一九九三年版。
《仰節堂集》，曹于汴，明，《四庫全書》本。
《妮古録》，陳繼儒，明，華東師範大學出版社二〇一一年版。
《岩棲幽事》，陳繼儒，明，《叢書集成初編》本。
《太平清話》，陳繼儒，明，《叢書集成初編》本。
《陳眉公全集》，陳繼儒，明，廣益書局一九三六年版。
《寓林集》，黄汝亨，明，明天啟四年刻本。
《白蘇齋類集》，袁宗道，明，上海古籍出版社二〇〇七年版。
《四品稿》，李若訥，明，明天啟二年刻本。
《徐氏筆精》，徐𤊹，明，《叢書集成續編》本。
《紅雨樓書目》，徐𤊹，明，上海古籍出版社二〇〇五年版。
《高子遺書》，高攀龍，明，《四庫全書》本。
《鐵網珊瑚》，趙琦美，明，三聯書店一九八五年版。
《脉望館書目》，趙琦美，明，《叢書集成續編》本。
《藩獻記》，朱謀㙔，明，杭州抱經堂刻本。
《六研齋二筆》，李日華，明，有正書局民國間本。
《澹生堂藏書約》，祁承㸁，明，上海古籍出版社二〇〇五年版。
《客座贅語》，顧起元，明，上海古籍出版社二〇〇五年版。
《説略》，顧起元，明，《四庫全書》本。
《雪堂隨筆》，顧起元，明，明天啟七年刻本。
《袁中郎集箋校》，袁宏道，明，上海古籍出版社二〇〇八年版。
《鎸宣城湯睡庵集》，湯賓尹，明，《四庫禁毀書叢刊》本。
《五雜俎》，謝肇淛，明，上海古籍出版社二〇一二年版。
《剩言》，戴君恩，明，浙江巡撫采進本。
《遵生八箋》，高濂，明，人民衛生出版社二〇〇七年版。
《石倉歷代詩選》，曹學佺，明，上海古籍出版社一九八七年版。
《太霞新奏》，馮夢龍，明，江蘇古籍出版社一九九三年版。
《七十二家集》，張燮，明，《續修四庫全書》本。
《人譜類記》，劉宗周，明，湖北崇文書局清光緒三年刻本。
《白毫庵》，張瑞圖，明，明崇禎刻本。

《文遠集》，姚希孟，明，明《清閟全集》本。
《萬曆野獲編》，沈德符，明，中華書局一九五九年版。
《十竹齋箋譜》，胡正言，明，北京榮寶齋一九五二年印本。
《陳靖質居士文集》，陳山毓，明，明天啟年間刻本。
《酌中志》，劉若愚，明，《叢書集成初編》本。
《詩經說約》，顧夢麟，明，明崇禎間刻本。
《几亭外書》，陳龍正，明，明崇禎間刻本。
《文生小草》，文震亨，明，明崇禎間刻本。
《徐霞客遊記》，徐霞客，明，中華書局二〇〇九年版。
《天工開物》，宋應星，明，上海古籍出版社二〇〇八年版。
《國榷》，談遷，明，中華書局一九五八年版。
《棗林雜俎》，談遷，明，中華書局二〇〇六年版。
《寒夜録》，陳宏緒，明，《叢書集成初編》本。
《江城名跡》，陳宏緒，明，《四庫全書》本。
《陶庵夢憶》，張岱，明，中州古籍出版社二〇一二年版。
《夜航船》，張岱，明，浙江古籍出版社二〇一二年版。
《石匱書》，張岱，明，上海古籍出版社二〇〇八年版。
《西湖夢尋》，張岱，明，上海古籍出版社二〇〇一年版。
《嶧桐文集》，劉城，明，清光緒十九年養雲山莊刻本。
《嶧桐詩集》，劉城，明，清光緒十九年養雲山莊刻本。
《津逮秘書》，毛晉，明，上海博古齋一九二二年版。
《汲古閣書跋》，毛晉，明，上海古籍出版社二〇〇五年版。
《閱藏知津》，釋智旭，明，綫裝書局二〇〇一年版。
《盧忠肅公文集》，盧象昇，明，清道光二十八年袁江節署求是齋刊《乾坤正氣集》本。
《漢魏六朝百三家集題辭注》，張溥，明，人民文學出版社一九六〇年版。
《榮木堂合集》，陶汝鼐，明，清康熙刻世采堂匯印本。
《遠山堂曲品》，祁彪佳，明，國家圖書館出版社二〇一一年版。
《祁彪佳集》，祁彪佳，明，中華書局一九六〇年版。
《媚幽閣文娱》，鄭元勳，明，明崇禎三年刻本。
《陶菴全集》，黃淳耀，明，《四庫全書》本。
《睹堂詩集》，天然和尚，明，中山大學出版社二〇〇六年版。
《陳子龍詩集》，陳子龍，明，上海古籍出版社二〇〇六年版。
《明經世文編》，陳子龍，明，中華書局一九六二年版。
《吳梅村全集》，吳偉業，明，上海古籍出版社一九九〇年版。
《綏寇紀略》，吳偉業，明，《叢書集成初編》本。
《今水經》，黃宗羲，明，天津古籍出版社一九八七年版。
《金石要例》，黃宗羲，明，《叢書集成初編》本。
《明儒學案》，黃宗羲，明，中華書局二〇〇八年版。
《宋元學案》，黃宗羲，明，中華書局一九八六年版。
《明文海》，黃宗羲，明，上海古籍出版社一九九四年版。
《南雷文定前集》，黃宗羲，明，中華書局一九八五年版。
《易學象數論》，黃宗羲，明，廣雅書局刻本。
《通雅》，方以智，明，中國書店一九九〇年版。
《陸桴亭思辨録》，陸世儀，明，《叢書集成初編》本。
《田間文集》，錢澄之，明，黃山書社一九九八年版。
《賴古堂集》，周亮工，明，上海古籍出版社一九七九年版。
《方氏墨譜》，方于魯，明，山東畫報出版社二〇〇四年版。
《顧亭林詩集》，顧炎武，明，上海古籍出版社二〇〇六年版。
《金石文字記》，顧炎武，明，臺北藝文印書館一九七六年版。
《日知録》，顧炎武，明，中華書局一九八九年版。
《亭林文集》，顧炎武，明，《四部備要》本。
《音學五書》，顧炎武，明，清光緒十六年思賢講舍刻本。
《徧行堂集》，金堡，明，廣東旅游出版社二〇〇八年版。
《雪翁詩集》，魏耕，明，浙江古籍出版社一九八五年版。
《茗香堂史論》，彭孫貽，明，廣東巴陵方氏清光緒十年刻本。
《圖學辨惑》，黃宗炎，明，《四庫全書》本。
《周易尋門餘論》，黃宗炎，明，《四庫全書》本。
《水田居文集》，賀貽孫，明，齊魯書社一九九七年版。
《壯悔堂文集》，侯方域，明，《四部備要》本。

《尤西堂全集》，尤侗，明，文瑞樓民國間石印本。
《讀通鑑論》，王夫之，明，中華書局一九七五年版。
《莊子解》，王夫之，明，中華書局一九六四年版。
《續南雍志》，黄儒炳，明，臺北偉文圖書出版社一九七六年版。
《居易堂集》，徐枋，明，華東師範大學出版社二〇〇九年版。
《魏叔子文集》，魏禧，明，中華書局二〇〇三年版。
《墨志》，麻三衡，明，《叢書集成初編》本。
《書法離鉤》，潘之淙，明，《叢書集成初編》本。
《吴都文粹續集》，錢谷，明，《四庫全書》本。
《墨法集要》，沈繼孫，明，《叢書集成初編》本。
《硯譜圖》，沈士，明，《叢書集成初編》本。
《弘治徽州府志》，汪舜民等，明，上海古籍書店一九六四年版。
《白雲樵唱集》，王恭，明，《四庫全書》本。
《天下金石志》，于奕正，明，臺北新文豐出版公司一九七九年版。
《張光弼詩集》，張昱，明，金侃清康熙十八年抄本。
《滎陽外史集》，鄭真，明，上海古籍出版社一九九一年版。
《香乘》，周嘉胄，明，明崇禎間刻本。
《正字通》，廖文英，明，清康熙二十四年刻本。
《字彙》，梅膺祚，明，清光緒十年刻本。
《續文獻通考》，王圻，明，現代出版社一九八六年版。
《仁文書院志》，岳和聲，明，《中國歷代書院志》本。
《共學書院志》，岳和聲，明，《中國歷代書院志》本。
《金陵梵刹志》，葛寅亮，明，天津人民出版社二〇〇七年版。
《行人司書目》，徐圖，明，書目文獻出版社一九九四年版。
《宋史質》，王洙，明，臺北大化書局一九七七年版。
《天台山幽溪別志》，釋無盡，明，《四庫全書存目叢書》本。
《巵林》，周嬰，明，中華書局一九八五年版。
《嘉靖浙江通志》，胡宗憲，明，上海古籍出版社一九九一年版。
《嘉靖河間府志》，郜相、樊深等，明，上海古籍出版社二〇一〇年版。
《清江縣志》，秦鏞，明，國家圖書館出版社二〇一〇年版。
《弘治建陽縣志》，袁銛，明，臺北成文出版社一九七五年版《中國方志叢書》。
《益部談資》，何宇度，明，中華書局一九八五年版。
《萬曆嘉定縣志》，韓浚，明，中國書店出版社二〇一〇年版。
《醫藏書目》，殷仲春，明，中華書局二〇〇〇年版。
《道藏目録詳注》，白雲霽，明，商務印書館一九三三年版。
《曲品》，吕天成，明，中華書局一九九〇年版。
《巽隱集》，程本立，明，《四庫全書》本。
《三國志通俗演義》，羅貫中，明，明嘉靖元年刻本。
《愼修堂集》，亢思謙，明，《四庫未收書輯刊》本。
《北虞先生遺文》，邵圭潔，明，《四庫全書存目叢書》本。
《崇相集》，董應舉，明，明崇禎間刻本。
《戲瑕》，錢希言，明，《叢書集成初編》本。
《蒼霞草》，葉向高，明，《四庫禁毁書叢刊》本。
《隱秀軒集》，鍾惺，明，明天啟二年沈春澤刻本。
《顧太史文集》，顧天埈，明，明崇禎間刻本。
《明朝小史》，吕毖，明，巴蜀書社二〇〇〇年版。
《南宋書》，錢士升，明，《四庫全書存目叢書》本。
《金印記》，蘇復之，明，明崇禎間刻本。
《登州集》，林弼，明，《四庫全書》本。
《群書類編故事》，王罃，明，《宛委別藏》本。
《劉仲修先生詩文集》，劉永之，明，《續修四庫全書》本。
《心遠樓存稿》，楊琢，明，清康熙三十九年楊湄刻本。
《耕學齋詩集》，袁華，明，《四庫全書》本。
《安分先生集》，鄭本忠，明，《四庫全書存目叢書》本。
《藍山集》，藍仁，明，《四庫全書》本。
《三華集》，錢子正，明，《四庫全書》本。
《尚絅齋集》，童冀，明，《四庫全書》本。
《滎陽外史集》，鄭真，明，《四庫全書》本。
《易齋稿》，劉璟，明，《續修四庫全書》本。
《中丞集》，練子寧，明，《四庫全書》本。

《練中丞集》，練子寧，明，《四庫全書》本。
《硯泉集》，張宇初，明，《四庫全書》本。
《蘭亭集》，謝晉，明，《四庫全書》本。
《汲古堂集》，何白，明，上海社會科學院出版社二〇〇六年版。
《新增格古要論》，王佐，明，清《惜陰軒叢書》本。
《明太學經籍志》，郭盤，明，學苑出版社一九九六年版。
《慎齋集》，蔣主忠，明，《宛委別藏》本。
《蟫精雋》，徐伯齡，明，《四庫全書》本。
《方洲集》，張寧，明，《四庫全書》本。
《海岱會集》，石存禮等，明，《四庫全書》本。
《雙槐歲鈔》，黄瑜，明，上海古籍出版社二〇〇五年版。
《王養静先生集》，王褒，明，明成化十年謝光刻本。
《青溪暇筆》，姚福，明，《續修四庫全書》本。
《草窗集》，劉溥，明，明成化十六年劉氏刻本。
《襪線集》，史傑，明，明弘治四年誠刻本。
《重編瓊臺稿》，邱浚，明，《四庫全書》本。
《安老懷幼書》，劉宇，明，明弘治十一年刻本。
《皇明名臣琬琰録》，徐紘，明，臺北明文書局一九九一年版。
《皇明紀略》，皇甫録，明，《叢書集成初編》本。
《明南雍經籍考》，梅鷟，明，學苑出版社一九九六年版。
《劉西坡集》，劉儲秀，明，明嘉靖刻本。
《倪小野先生全集》，倪宗正，明，清康熙四十九年倪繼宗清暉樓刻本。
《東川劉文簡公集》，劉春，明，明嘉靖三十三年刻本。
《五清集》，劉瑞，明，《四庫未收書輯刊》本。
《王陽明全集》，王陽明，明，上海古籍出版社一九九二年版。
《瑶石山人稿》，黎民表，明，《四庫全書》本。
《費巨集集》，費巨集，明，上海古籍出版社二〇〇七年版。
《半洲稿》，張經，明，明嘉靖十六年司馬泰刻本。
《百川書志》，高儒，明，古典文學出版社一九五九年鉛印本。
《左華丙子集》，張光孝，明，《四庫未收書輯刊》本。
《楚紀》，廖道南，明，明嘉靖二十五年何城李桂刻本。
《山樵暇語》，俞弁，明，《涵芬樓秘笈》本。
《執齋先生文集》，劉玉，明，《續修四庫全書》本。
《瓊臺會稿》，鄭廷鵠，明，《四庫全書》本。
《伐檀齋集》，張元凱，明，《四庫全書》本。
《鴻猷録》，高岱，明，上海古籍出版社一九九二年版。
《留青日劄》，田藝蘅，明，上海古籍出版社一九八五年版。
《香宇集》，田藝蘅，明，明嘉靖刻本。
《皇明太學志》，王材等，明，學苑出版社一九九六年版。
《東岩文集》，夏尚樸，明，明嘉靖四十五年斯正刻本。
《京師五城坊巷胡同集》，張爵，明，北京出版社一九六二年版。
《趨庭集》，胡安，明，《四庫未收書輯刊》本。
《稗海》，商濬，明，大化書局一九八五年版。
《大隱樓集》，方逢時，明，清乾隆四十二年滋元堂刻本。
《童子鳴集》，童珮，明，《四庫全書》本。
《西臺漫記》，蔣以化，明，《四庫全書》本。
《建文朝野彙編》，屠叔方，明，《四庫全書存目叢書》本。
《天一閣集》，范欽，明，寧波出版社二〇〇六年版。
《孫山甫督學文集》，孫應鼇，明，《叢書集成續編》本。
《禮部志稿》，俞汝楫，明，《四庫全書》本。
《白雲巢集》，邢大道，明，明萬曆十五年刻補修本。
《任文逸稿》，任翰，明，《四庫全書》本。
《太函集》，汪道昆，明，黄山書社二〇〇四年版。
《國朝典故》，鄧士龍，明，北京大學出版社一九九三年版。
《山堂肆考》，彭大翼，明，清北京文錦堂刊本。
《兩浙名賢録》，徐象梅，明，浙江古籍出版社二〇一二年版。
《堯山堂外紀》，蔣一葵，明，明刻本。
《西樓全集》，鄧原岳，明，明崇禎刻本。
《内閣書目》，孫能傳、張萱，明，《適園叢書》本。
《宋藝圃集》，李蓘，明，《四庫全書》本。

《長水先生文鈔》，沈懋孝，明，《四庫禁毁書叢刊》本。
《胡維霖集》，胡維霖，明，《四庫禁毁書叢刊》本。
《吴興藝文補》，董斯張等，明，明崇禎六年刻本。
《陳學士先生初集》，陳懿典，明，明萬曆四十八年曹憲來刻本。
《雲間志略》，何三畏，明，國家圖書館出版社二〇一〇年版。
《水西全集》，李培，明，明天啟元年刻本。
《荷華山房詩稿》，陳邦瞻，明，明萬曆四十六年牛維赤刻本。
《古儷府》，王志慶，明，《四庫全書》本。
《在魯齋文集》，孔貞時，明，《四庫禁毁書叢刊》本。
《名山藏》，何喬遠，明，福建人民出版社二〇一〇年版。
《閩書》，何喬遠，明，福建人民出版社一九九四年版。
《數馬集》，黄克纘，明，《四庫禁毁書叢刊》本。
《書畫題跋記》，郁逢慶，明，《四庫全書》本。
《清白堂稿》，蔡獻臣，明，明崇禎刻本。
《西園聞見録》，張萱，明，臺北明文書局一九九一年版。
《今是堂集》，陶奭齡，明，《四庫全書》本。
《明宫史》，劉若愚，明，北京古籍出版社一九八〇年版。
《疑雨集》，王彦泓，明，清光緒郎園先生刻本。
《蕭林初集》，錢棻，明，《四庫未收書輯刊》本。
《天問閣集》，李長祥，明，民國《求恕齋叢書》本。
《江止庵遺集》，江天一，明，《四庫未收書輯刊》本。
《蓮須閣集》，黎遂球，明，清康熙黎延祖刻本。
《崇禎松江府志》，方岳貢等，明，書目文獻出版社一九九一年版。
《百泉書院志》，吕顓，明，《中國歷代書院志》本。
《白鹿洞書院志》，周偉，明，《中國歷代書院志》本。
《虞山書院志》，張鼐等，明，《中國歷代書院志》本。
《東林書院志》，嚴瑴，明，《中國歷代書院志》本。
《聖諭一卷奏疏九卷》，朱東觀，明，《四庫禁毁書叢刊》本。
《明實録》，官修，明，綫裝書局二〇〇五年版。
《元音遺響》，佚名，明，《四庫全書》本。
《耳鳴集》，王邦畿，清，《四庫禁毁書叢刊》本。
《列朝詩集小傳》，錢謙益，清，古典文學出版社一九五七年版。
《牧齋初學集》，錢謙益，清，上海古籍出版社二〇〇九年版。
《牧齋有學集》，錢謙益，清，上海古籍出版社一九九六年版。
《絳雲樓書目》，錢謙益，清，《叢書集成初編》本。
《中州人物考》，孫奇逢，清，清謝氏刊本。
《夏峰先生集》，孫奇逢，清，清道光二十五年大梁書院刻本。
《孫徵君日譜録存》，孫奇逢，清，清光緒十一年刻本。
《理學宗傳》，孫奇逢，清，山東友誼書社一九八九年版。
《李介節先生全集》，李天植，清，清嘉慶十九年錢椒刻本。
《歷代不知姓名録》，李清，清，北京圖書出版社二〇〇四年版。
《三垣筆記》，李清，清，民國《嘉業堂叢書》本。
《諸史異匯》，李清，清，《四庫禁毁書叢刊》本。
《春明夢餘録》，孫承澤，清，北京出版社一九九二年版。
《硯山齋雜記》，孫承澤，清，清同治光緒間孫氏《古香齋袖珍十種》本。
《畿輔人物志》，孫承澤，清，《古香齋袖珍十種》本。
《天府廣記》，孫承澤，清，《古香齋袖珍十種》本。
《雪堂先生文集》，熊文舉，清，《北京圖書館古籍珍本叢刊》本。
《四照堂集》，王猷定，清，清康熙二十二年刻本。
《翠岩偶集》，李雍熙，清，清康熙湛恩堂刻本。
《逍遥遊》，丁耀亢，清，《四庫禁毁書叢刊》本。
《青巖集》，許楚，清，清康熙五十四年許象縉刻本。
《愚庵小集》，朱鶴齡，清，上海古籍出版社一九七九年版。
《古歡社約》，丁雄飛，清，上海古籍出版社二〇〇五年版。
《蓼齋集》，李雯，清，清順治十四年石維崑刻本。
《墨論》，張仁熙，清，上海古籍出版社二〇一二年《筠廊偶筆》本。
《雪堂墨品》，張仁熙，清，《叢書集成初編》本。
《憨叟詩鈔》，紀映鐘，清，《叢書集成初編》本。
《濼函》，葉承宗，清，清順治葉承祧友聲堂刻本。
《大愚集》，王鑨，清，清康熙四年王允明刻本。

《明書》，傅維鱗，清，《叢書集成初編》本。
《偏行堂續集》，金堡，清，上海古籍出版社二〇一〇年版《清代詩文集彙編》本。
《恥躬堂詩文鈔》，彭士望，清，《清代詩文集彙編》本。
《留素堂詩刪》，蔣薰，清，清康熙刻本。
《石村詩文集》，郭金臺，清，岳麓書社二〇一〇年版。
《桴亭先生詩文集》，陸世儀，清，清光緒二十五年唐受祺刻《陸桴亭先生遺書》本。
《閒情偶寄》，李漁，清，浙江古籍出版社一九八七年版。
《尺牘初徵》，李漁，清，清順治十七年刻本。
《閩小紀》，周亮工，清，清康熙周氏賴古堂刻本。
《印人傳》，周亮工，清，清光緒《翠琅玕館叢書》本。
《賴古堂集》，周亮工，清，《續修四庫全書》本。
《田間尺牘》，錢澄之，清，清光緒三十四年刻本。
《藏山閣集》，錢澄之，清，清光緒三十四年刻本。
《田間易學》，錢澄之，清，黄山書社一九九八年版。
《嵞山集》，方文，清，《續修四庫全書》本。
《流通古書約》，曹溶，清，上海古籍出版社二〇〇五年版《澹生堂藏書約》（外八種）本。
《確庵文稿》，陳瑚，清，清康熙毛氏汲古閣刻本。
《頑潭詩話》，陳瑚，清，民國《峭帆樓叢書》本。
《定山堂詩集》，龔鼎孳，清，《續修四庫全書》本。
《兼濟堂文集》，魏裔介，清，中華書局二〇〇七年版。
《玉琴齋詞》，余懷，清，《清代詩文集彙編》本。
《寒松堂全集》，魏象樞，清，中華書局一九九六年版。
《大觀堂文集》，余縉，清，《清代詩文集彙編》本。
《懷古堂詩選》，楊炤，清，華東師範大學出版社二〇一〇年版。
《鈍齋詩選》，方孝標，清，《清代詩文集彙編》本。
《侯方域集》，侯方域，清，中州古籍出版社一九九二年王樹林校箋本。
《學餘堂文集》，施閏章，清，清宣統間上海國學扶輪社石印本。
《嵩陽書院志》，耿介，清，《中國歷代書院志》本。
《得閒人集》，孫望雅，清，《四庫未收書輯刊》本。
《治鮮集》，林華皖，清，《續修四庫全書》本。
《魏伯子文集》，魏際端，清，寧都謝庭綬紱園書塾清道光二十五年刻本。
《姚端恪公集》，姚文然，清，清康熙二十二年姚士塈等刻本。
《溉堂集》，孫枝蔚，清，上海古籍出版社一九七九年版。
《繹史》，馬驌，清，齊魯書社二〇〇一年版。
《白茅堂集》，顧景星，清，清康熙四十三年刻本。
《明季北略》，計六奇，清，中華書局一九八四年版。
《杲堂詩文鈔》，李鄴嗣，清，浙江古籍出版社二〇一三年版。
《甬上耆舊詩》，李鄴嗣，清，寧波出版社二〇一〇年版。
《砥齋集》，王弘撰，清，《清代詩文集彙編》本。
《山志》，王弘撰，清，中華書局一九九九年版。
《采菽堂古詩選》，陳祚明，清，《續修四庫全書》本。
《鈍翁前後類稿》，汪琬，清，齊魯書社一九九七年版。
《改亭詩文集》，計東，清，清乾隆十三年計瓌刻本。
《嚴白雲詩集》，嚴熊，清，清乾隆十九年嚴有禧刻本。
《讀史方輿紀要》，顧祖禹，清，中華書局一九五五年版。
《松陵文獻》，潘檉章，清，清康熙三十二年潘耒刻本。
《來齋金石刻考略》，林侗，清，上海古籍出版社一九九五年版。
《湯子遺書》，湯斌，清，《四庫全書》本。
《碩園詩稿》，王昊，清，五石齋抄本。
《魏季子文集》，魏禮，清，寧都謝庭綬紱園書塾清道光二十五年刻本。
《十國春秋》，吴任臣，清，中華書局二〇一〇年版。
《黄山志》，閔麟嗣，清，《續修四庫全書》本。
《寄園寄所寄》，趙起士，清，清康熙三十五年刻本。
《經義考》，朱彝尊，清，中華書局一九九八年版。
《詞綜》，朱彝尊，清，上海古籍出版社二〇〇五年版。
《曝書亭集》，朱彝尊，清，清嘉慶間刻《曝書亭集箋注》本。
《讀書敏求記》，錢曾，清，書目文獻出版社一九八三年版。
《讀書齋偶存稿》，葉方藹，清，《四庫全書》本。
《葉文敏公集》，葉方藹，清，《續修四庫全書》本。

《吕晚村詩》，吕留良，清，《續修四庫全書》本。
《經鋤堂詩稿》，葉奕苞，清，《四庫禁毁書叢刊》本。
《韻石齋筆談》，姜紹書，清，《知不足齋叢書》本。
《三魚堂文集》，陸隴其，清，《四庫全書》本。
《古文尚書考》，陸隴其，清，齊魯書社一九九七年版。
《廣東新語》，屈大均，清，中華書局一九八五年版。
《翁山詩外》，屈大均，清，清康熙刻凌鳳翔補修本。
《屈翁山詩集》，屈大均，清，《四部禁毁書叢刊》本。
《廣東文選》，屈大均，清，清康熙二十六年三閭書院刻本。
《屈大均全集》，屈大均，清，人民文學出版社一九九六年版。
《資治通鑑後編》，徐乾學，清，《四庫全書》本。
《憺園文集》，徐乾學，清，《四庫全書存目叢書》本。
《獨漉堂詩文集》，陳恭尹，清，清道光五年陳量平刻本。
《儲遯菴文集》，儲方慶，清，清康熙四十年儲右文等刻本。
《霽軒詩鈔》，袁佑，清，清康熙五十六年陸師等刻本。
《池北偶談》，王士禛，清，中華書局一九八二年版。
《分甘餘話》，王士禛，清，掃葉山房民國元年石印本。
《居易録》，王士禛，清，《叢書集成初編》本。
《香祖筆記》，王士禛，清，上海古籍出版社一九八二年版。
《漁洋山人精華録》，王士禛，清，《四部叢刊初編》本。
《含經堂集》，徐元文，清，清刻本。
《東江詩鈔》，唐孫華，清，上海古籍出版社一九七九年版。
《湘瑟詞》，錢芳標，清，清康熙刻本。
《漫堂墨品》，宋犖，清，《叢書集成初編》本。
《含星集》，王譽昌，清，《四庫未收書輯刊》本。
《蚓峰文集》，李驎，清，清康熙刻本。
《矩庵詩質》，高一麟，清，清乾隆高莫及刻本。
《南州草堂集》，徐釚，清，清康熙三十四年刻本。
《今世説》，王晫，清，上海古籍出版社二〇一二年版。
《潛邱劄記》，閻若璩，清，《四庫全書》本。
《文端集》，張英，清，《四庫全書》本。
《淵鑑類函》，張英，清，清康熙四十九年内府刻本。
《青門簏稿》，邵長蘅，清，清光緒二十三年刻本。
《水田居文集》，賀貽孫，清，清道光至同治間《水田居全集》本。
《佩文齋書畫譜》，孫岳頒等，清，《摛藻堂四庫全書薈要》本。
《擔峰詩》，孫洤，清，《四庫未收書輯刊》本。
《榕村續語録》，李光地，清，中華書局一九九五年版。
《榕村全書》，李光地，清，福建人民出版社二〇一三年版。
《二十七松堂集》，廖燕，清，中國文哲研究所籌備處一九九五年版。
《横山初集》，裘璉，清，《清代詩文集彙編》本。
《式古堂書畫彙考》，卞永譽，清，浙江人民美術出版社二〇一二年版。
《續編珠》，高士奇，清，《四庫全書》本。
《全唐詩》，彭定求等，清，中華書局一九九九年版。
《遂初堂文集》，潘耒，清，齊魯書社一九九七年版。
《鳳池園詩文集》，顧汧，清，《四庫未收書輯刊》本。
《姚際恒著作集》，姚際恒，清，臺灣「中央研究院」文哲研究所二〇〇四年版。
《滄湄詩鈔》，尤珍，清，《四庫未收書輯刊》本。
《百僚金鑑》，牛天宿，清，忠愛堂刻本。
《思復堂集》，邵廷采，清，《叢書集成續編》本。
《廣陽雜記》，劉獻廷，清，中華書局二〇〇七年版。
《樸村詩集》，張雲章，清，清康熙華希閔等刻本。
《四照堂詩集》，盧紘，清，清康熙汲古閣刻本。
《敬業堂詩集》，查慎行，清，上海古籍出版社一九八六年版。
《敬業堂詩續集》，查慎行，清，清乾隆查學等刻本。
《人海記》，查慎行，清，北京古籍出版社一九八九年版。
《六藝論》，臧琳，清，江蘇廣陵古籍刻印社一九八二年影印《鄦齋叢書》本。
《松鶴山房文集》，陳夢雷，清，《清代詩文集彙編》本。
《福惠全書》，黄六鴻，清，清康熙三十八年金陵濂溪書屋刊本。
《正誼堂文集》，張伯行，清，《叢書集成初編》本。
《金石史》，郭宗昌，清，《四庫全書》本。

《笛漁小稿》，朱昆田，清，《四部叢刊初編》本。
《格致鏡原》，陳元龍，清，清雍正十三年海寧陳氏重印本。
《戴名世集》，戴名世，清，中華書局一九八六年版。
《連山書院志》，李來章，清，《中國歷代書院志》本。
《桂山堂詩文選》，王嗣槐，清，清康熙青筠閣刻本。
《懷清堂集》，湯右曾，清，《四庫全書》本。
《秋泉居士集》，汪士鋐，清，《清代詩文集彙編》本。
《但吟草》，蕭惟豫，清，清康熙五十年刻本。
《藝林彙考》，沈自南，清，清康熙二年吴江沈氏刻本。
《浙西六家詞》，龔翔麟，清，清康熙龔氏玉玲瓏閣刻本。
《匠門書屋文集》，張大受，清，清雍正七年顧詒禄刻本。
《樸學齋詩稿》，林佶，清，清乾隆九年家刻本。
《嘉禾徵獻録》，盛楓，清，民國三十五年嘉興金氏刊本。
《柯庭餘習》，汪文柏，清，《四庫未收書輯刊》本。
《不下帶編》，金埴，清，中華書局一九八二年版。
《巾箱説》，金埴，清，中華書局一九八二年版。
《詹鐵牛詩文集》，詹賢，清，《四庫禁毁書叢刊》本。
《芋香詩鈔》，釋宗渭，清，清康熙四十三年刻本。
《元詩選》，顧嗣立，清，《四庫全書》本。
《史傳三編》，朱軾等，清，清同治三年重刊本。
《存研樓二集》，儲大文，清，清乾隆京江張氏刻十九年儲球孫等補修本。
《方苞集》，方苞，清，上海古籍出版社二〇〇八年版。
《寤硯齋集》，戴晟，清，清乾隆七年戴有光等刻本。
《精訂綱鑑通俗衍義》，吕撫，清，清乾隆活字泥板。
《史記論文》，吴見思，清，上海古籍出版社二〇〇八年版。
《明史》，張廷玉等，清，中華書局一九七四年版。
《延緑閣集》，華希閔，清，鳳凰出版社二〇一二年版。
《杞田集》，張貞，清，清康熙春岑閣刻本。
《清詩別裁集》，沈德潛，清，上海古籍出版社一九八四年版。
《穆堂初稿》，李紱，清，《續修四庫全書》本。
《國朝宫史》，鄂爾泰等，清，北京古籍出版社一九八七年版。
《八旗通志》，鄂爾泰等，清，東北師範大學出版社一九八五年版。
《曉亭詩鈔》，塞爾赫，清，清乾隆十四年鄂洛順刻本。
《南宋雜事詩》，符曾，清，浙江古籍出版社一九八七年版。
《含英閣詩草》，鄭熙績，清，清康熙含英閣刻本。
《二希堂文集》，蔡世遠，清，《四庫全書》本。
《了庵詩文集》，王岱，清，清康熙十二年刻本。
《删後文集》，陳梓，清，清嘉慶二十年胡氏敬義堂刻本。
《柳南隨筆續筆》，王應奎，清，中華書局一九八三年版。
《敬亭詩文》，沈起元，清，華東師範大學出版社二〇〇九年版。
《香樹齋詩文集》，錢陳群，清，《四庫未收書輯刊》本。
《長沙府嶽麓志》，趙寧，清，《中國歷代書院志》本。
《康熙無錫縣志》，徐永言，清，清康熙二十九年刻本。
《憶雪樓詩集》，王煐，清，清康熙三十五年王氏貞久堂刻本。
《雅雨堂集》，盧見曾，清，清乾隆七年賀克章刻本。
《青溪集》，程廷祚，清，黄山書社二〇〇四年版。
《健餘先生文集》，尹會一，清，《畿輔叢書》本。
《樊榭山房集》，厲鶚，清，《四部備要》本。
《東城雜記》，厲鶚，清，《粤雅堂叢書》本。
《玉臺書史》，厲鶚，清，清道光中吴江沈氏世楷堂刊《昭代叢書》本。
《遼史拾遺》，厲鶚，清，《叢書集成初編》本。
《松泉集》，汪由敦，清，《四庫全書》本。
《檇李詩繫》，沈季友，清，《四庫全書》本。
《鄭板橋文集》，鄭燮，清，巴蜀書社一九九七年版。
《弢甫集》，桑調元，清，清乾隆間蘭翊草堂精寫刻本。
《續禮記輯説》，杭世駿，清，臺北明文書局一九九二年版。
《石笥山房集》，胡天游，清，《清代詩文集彙編》本。
《古文尚書考》，惠棟，清，《續修四庫全書》本。
《松厓文鈔》，惠棟，清，《續修四庫全書》本。
《西湖志纂》，梁詩正，清，《四庫全書》本。

《香雪文鈔》，曹學詩，清，《四庫未收書輯刊》本。
《書隱叢説》，袁棟，清，《四庫全書存目叢書》本。
《論文偶記》，劉大櫆，清，商務印書館一九六三年版。
《陸氏經典異文輯》，沈淑，清，《叢書集成初編》本。
《看山閣集》，黄圖珌，清，《四庫未收書輯刊》本。
《邊隨園集》，邊連寶，清，中華書局二〇〇七年版。
《蜀故》，彭遵泗，清，江蘇廣陵古籍刻印社一九九〇年版。
《白蕁詩集》，張開東，清，清乾隆五十三年張兆騫刻本。
《静廉齋詩集》，金甡，清，清嘉慶二十五年姚祖恩刻本。
《前漢書考證》，齊召南，清，清光緒二十三年陝甘味經刊書處刻本。
《寶綸堂詩文鈔》，齊召南，清，清嘉慶二年刻本。
《巢林筆談續編》，龔煒，清，清乾隆三十四年刻本。
《觚賸》，鈕琇，清，上海古籍出版社一九八六年版。
《鮚埼亭集外編》，全祖望，清，《四部叢刊初編》本。
《全祖望集》，全祖望，清，上海古籍出版社二〇〇〇年版。
《佔畢叢談》，袁守定，清，豐城袁氏清嘉慶十九年刻本。
《金石圖説》，牛運震，清，臺北新文豐出版公司一九七九年版。
《瀟湘聽雨録》，江昱，清，清乾隆二十八年春草軒刻本。
《王石和文》，王珻，清，《叢書集成續編》本。
《王石和文集》，王珻，清，齊魯書社一九九七年版。
《上湖詩文編》，汪師韓，清，清光緒十二年汪氏刻《汪氏遺書》本。
《緝齋詩文集》，蔡新，清，《清代詩文集彙編》本。
《蘀石齋詩集》，錢載，清，《四庫未收書輯刊》本。
《啖蔗全集》，張羲年，清，清光緒十九年鉛印本。
《御製詩四集》，弘曆，清，《四庫全書》本。
《御製文集》，弘曆，清，《四庫全書》本。
《續通志》，嵇璜等，清，《萬有文庫》（十通）合刻本。
《續文獻通考》，嵇璜，清，《萬有文庫》（十通）合刻本。
《清文獻通考》，嵇璜等，清，《萬有文庫》（十通）合刻本。
《後漢書補逸》，姚之駰，清，清康熙五十二年姚氏刊本。

《月山詩集》，恒仁，清，《叢書集成初編》本。
《病榻夢痕録》，汪輝祖，清，清道光三十年龔裕刻本。
《欽定天禄琳琅書目》，于敏中等，清，中華書局一九九五年版。
《吞松閣集》，鄭虎文，清，《四庫未收書輯刊》本。
《小倉山房文集》，袁枚，清，《四部備要》鉛印本。
《永樂大典采輯書》，王際華等，清，北京圖書館出版社二〇〇五年版。
《抱經堂文集》，盧文弨，清，中華書局二〇〇六年版。
《群書拾補》，盧文弨，清，《叢書集成初編》本。
《勉行堂文集》，程晉芳，清，《續修四庫全書》本。
《棕亭詩鈔》，金兆燕，清，清嘉慶贈雲軒刻本。
《緑筠書屋詩鈔》，葉觀國，清，清乾隆五十七年刻本。
《尚書集注音疏》，江聲，清，《續修四庫全書》本。
《紫峴山人全集》，張九鉞，清，清咸豐元年張氏賜錦樓刻本。
《十七史商榷》，王鳴盛，清，商務印書館一九五九年版。
《蛾術編》，王鳴盛，清，上海商務印書館一九五八年版。
《尚書後案》，王鳴盛，清，《續修四庫全書》本。
《筆史》，梁同書，清，《叢書集成初編》本。
《切問齋集》，陸燿，清，清乾隆五十七年暉吉堂刻本。
《戴震集》，戴震，清，上海古籍出版社一九八〇年版。
《戴震文集》，戴震，清，中華書局一九八〇年版。
《乾隆汾州府志》，戴震，清，清乾隆三十六年刻本。
《紀文達公遺集》，紀昀，清，獻縣紀氏清嘉慶十七年刻本。
《閩中理學淵源考》，李清馥，清，《四庫全書》本。
《明善堂詩集》，弘祥，清，清乾隆四十二年刻本。
《操齋集》，蔡衍鎤，清，《四庫未收書輯刊》本。
《紅葉村稿》，梁逸，清，《四庫未收書輯刊》本。
《南山堂自訂詩》，吴景旭，清，《清代詩文集彙編》本。
《西溪先生文集》，沈嘉客，清，清康熙三十九年沈寅清刻本。
《復庵删詩舊集》，孫錫蕃，清，《四庫未收書輯刊》本。
《半蕪園集》，黄石麟，清，清康熙六十一年黄承炅等刻本。

《學易庵詩集》，趙賓，清，清康熙二十四年劉植等刻本。
《窺園稿》，賀振能，清，《四庫未收書輯刊》本。
《瀑音》，苗蕃，清，《四庫禁毁書叢刊》本。
《孫宇台集》，孫治，清，清康熙二十三年孫孝楨刻本。
《閑存堂集》，張永銓，清，《清代詩文集彙編》本。
《高雲堂詩集》，釋曉青，清，《四庫未收書輯刊》本。
《木厓集》，潘江，清，《四庫禁毁書叢刊》本。
《古處齋詩集》，陳祖法，清，《四庫禁毁書叢刊》本。
《洛閩源流録》，張夏，清，清康熙二十一年黄昌衢彝叙堂刻本。
《遺愁集》，張貴勝，清，清康熙二十七年刻本。
《餘年閒話》，葉良儀，清，清康熙四十五年葉士行三當軒刻本。
《太倉州儒學志》，俞天倬，清，清康熙四十七年刻雍正元年增修本。
《明儒言行録》，沈佳，清，《四庫全書》本。
《燕日堂録七種》，廖志灝，清，《四庫禁毁書叢刊》本。
《竹嘯餘音》，王特選，清，《四庫未收書目輯刊》本。
《白鹿書院志》，毛德琦，清，清康熙周光蘭補修本。
《容齋詩集》，茹綸常，清，清嘉慶四年十三年增修本。
《通藝録》，程瑶田，清，江蘇廣陵古籍刻印社一九九一年版。
《金石萃編》，王昶，清，臺北藝文印書館一九七六年版。
《蒲褐山房詩話》，王昶，清，人民文學出版社二〇一一年周維德校點本。
《忠雅堂文集》，蔣士銓，清，清嘉慶二十一年刻本。
《壹齋集》，黄鉞，清，清咸豐九年許文深刻本。
《鐘山書院志》，湯椿年，清，《中國歷代書院志》本。
《紫陽書院志》，董桂敷，清，《中國歷代書院志》本。
《七録齋詩鈔》，阮葵生，清，《清代詩文集彙編》本。
《茶餘客話》，阮葵生，清，中華書局一九五九年版。
《陔餘叢考》，趙翼，清，中華書局一九六三年版。
《廿二史劄記》，趙翼，清，中華書局二〇一三年曹光甫校注本。
《甌北集》，趙翼，清，上海古籍出版社一九九七年版。
《水曹清暇録》，汪啟淑，清，清乾隆五十七年汪氏飛鴻堂刻本。
《續印人傳》，汪啟淑，清，清道光二十年海虞顧氏刻本。
《笥河詩集》，朱筠，清，清嘉慶九年朱珪椒華吟舫刻本。
《笥河文集》，朱筠，清，清嘉慶二十年椒華吟舫刻本。
《培蔭軒詩文集》，胡季堂，清，清道光二年胡鏻刻本。
《古經解鉤沉》，余蕭客，清，清光緒二十一年杭州簡齋石印本。
《河東鹽法備覽》，蔣兆奎，清，清乾隆五十五年刻本。
《白華前稿》，吴省欽，清，《四庫未收書輯刊》本。
《説文解字舊音》，畢沅，清，《叢書集成初編》本。
《儒藏説》，周永年，清，仁和吴氏雙照樓《松林叢書》本。
《夢樓詩集》，王文治，清，清乾隆刻道光補修本。
《惜抱軒全集》，姚鼐，清，《四部備要》本。
《惜抱軒詩集》，姚鼐，清，《清代詩文集彙編》本。
《惜抱軒文集》，姚鼐，清，《四部備要》本。
《惜抱軒詩文集後集》，姚鼐，清，上海古籍出版社一九九二年《中國古典文學叢書》本。
《惜抱軒文集》，姚鼐，清，臺北文海出版社一九七九年版。
《知聖道齋讀書跋》，彭元瑞，清，《叢書集成初編》本。
《漢唐地理書鈔》，王謨，清，中華書局一九六一年版。
《漢魏遺書鈔》，王謨，清，《續修四庫全書》本。
《乾隆西安府志》，嚴長明等，清，三秦出版社二〇一一年版。
《愚古文存》，吴騫，清，上海博古齋《拜經樓叢書》影印本。
《經義考補正》，翁方綱，清，《叢書集成初編》本。
《四庫提要分纂稿》，翁方綱等，清，上海科學技術文獻出版社二〇〇五年版。
《篁村集》，陸錫熊，清，清道光二十九年陸成沅刻本。
《賦話》，李調元，清，《叢書集成初編》本。
《童山集》，李調元，清，清乾隆刻函海道光五年增修本。
《春秋左氏古經》，段玉裁，清，《續修四庫全書》本。
《瘦暈山房詩刪》，羅天尺，清，清乾隆二十五年刻三十一年羅天俊增修本。
《頤綵堂文集》，沈叔埏，清，清嘉慶二十三年沈維鐈武昌刻本。
《頤綵堂詩鈔》，沈叔埏，清，清道光二十八年沈維鐈刻本。

《樹經堂文集》，謝啟昆，清，《續修四庫全書》本。
《小學考》，謝啟昆，清，漢語大詞典出版社一九九七年版。
《清宫史續編》，慶桂，清，民國二十一年北平故宫博物院圖書館鉛印本。
《金石契》，張燕昌，清，文史哲出版社一九七一年版。
《文史通義》，章學誠，清，中華書局一九九四年版。
《章氏遺書》，章學誠，清，文物出版社一九八二年版。
《校讎通義》，章學誠，清，上海古籍出版社一九八七年版。
《嘉慶湖北通志檢存稿》，章學誠，清，劉氏嘉業堂刻《章氏遺書》本。
《小學鉤沉》，任大椿，清，《續修四庫全書》本。
《秋室學古録》，余集，清，《續修四庫全書》本。
《聽彝堂偶存稿》，吴省蘭，清，大連師專出版社一九八四年版。
《國朝畫識》，馮金伯，清，中華書局一九四一年版。
《雜體文稿》，孔繼涵，清，《續修四庫全書》本。
《竹初詩文鈔》，錢維喬，清，《清代詩文集彙編》本。
《全唐文》，董誥，清，中華書局一九八三年版。
《午風堂詩集》，鄒炳泰，清，《續修四庫全書》本。
《午風堂叢談》，鄒炳泰，清，《續修四庫全書》本。
《乾隆韓城縣志》，錢坫，清，清乾隆四十九年刻本。
《還古書院志》，施璜，清，《中國歷代書院志》。
《與稽齋叢稿》，吴翌鳳，清，《清代詩文集彙編》本。
《景文堂詩集》，戚學標，清，清乾隆五十六年刻本。
《四庫全書總目》，永瑢等，清，中華書局一九六五年版。
《南江文鈔》，邵晉涵，清，《續修四庫全書》本。
《讀書雜志》，王念孫，清，江苏古籍出版社一九八五年本。
《新編汪中集》，汪中，清，廣陵書社二〇〇五年版。
《嘉定錢大昕全集》，錢大昕，清，江蘇古籍出版社一九九七年版。
《潛研堂文集》，錢大昕，清，《續修四庫全書》本。
《竹汀先生日記鈔》，錢大昕，清，遼寧教育出版社一九九八年版。
《王深寧先生年譜》，錢大昕，清，江蘇古籍出版社一九九七年版《嘉定錢大昕全集》本。
《五研齋詩文鈔》，沈赤然，清，《續修四庫全書》本。
《洪亮吉集》，洪亮吉，清，中華書局二〇〇一年版。
《毓文書院志》，洪亮吉，清，《中國歷代書院志》本。
《乾隆震澤縣志》，陳和志等，清，清光緒十九年重刊本。
《澹静齋詩文鈔》，龔景瀚，清，清道光二十年恩錫堂刻《澹静齋全集》本。
《寄庵詩文鈔》，劉大紳，清，民國《雲南叢書》本。
《秋水閣詩文集》，許兆椿，清，清道光二十五年刻本。
《静厓詩稿》，汪學金，清，清乾隆刻嘉慶增修本。
《虚白齋詩集》，欽璉，清，《四庫未收書目輯刊》本。
《思居堂集》，喬于泂，清，《四庫未收書目輯刊》本。
《儉重堂詩》，紀邁宜，清，《四庫未收書目輯刊》本。
《揚州畫舫録》，李斗，清，中華書局一九六〇年版。
《介石堂集》，郭起元，清，《清代詩文集彙編》本。
《欽定熱河志》，和珅，清，臺北文海出版社一九六六年版。
《金石文鈔》，趙紹祖，清，臺北新文豐出版公司一九七九年版。
《涇川金石記》，趙紹祖，清，《叢書集成初編》本。
《瞻衮堂文集》，袁鈞，清，《叢書集成續編》本。
《鄭氏佚書》，袁鈞，清，浙江書局清光緒十四年刻本。
《隋經籍志考證》，章宗源，清，《四庫未收書輯刊》本。
《陶廬雜録》，法式善，清，中華書局一九九七年版。
《存素堂文集》，法式善，清，《續修四庫全書》本。
《存素堂文集續集》，法式善，清，《續修四庫全書》本。
《鵝湖書田志》，王賡言，清，《中國歷代書院志》本。
《陶山詩録》，唐仲冕，清，清嘉慶十六年刻道光增修本。
《經籍跋文》，陳鱣，清，《叢書集成初編》本。
《簡莊文鈔》，陳鱣，清，《續修四庫全書》本。
《問字堂集》，孫星衍，清，中華書局一九九六年版。
《廉石居藏書記》，孫星衍，清，上海古籍出版社二〇〇八年版。
《芙蓉山館全集》，楊芳燦，清，清光緒十七年活字印本。
《通俗編》，翟灝，清，清乾隆十六年翟氏無不宜齋刻本。

《留春草堂詩集》，伊秉綬，清，清嘉慶十九年秋水園刻本。
《稻香吟館集》，李賡芸，清，清道光刻本。
《曬書堂集》，郝懿行，清，《續修四庫全書》本。
《校禮堂文集》，凌廷堪，清，中華書局一九九八年版。
《淵雅堂全集》，王芑孫，清，《清代詩文集彙編》本。
《獨學廬稿》，石韞玉，清，寫刻《獨學廬全稿》本。
《大雲山房文稿》，惲敬，清，《四部叢刊初編》本。
《秋室集》，楊鳳苞，清，清光緒十一年陸心源刻本。
《邃雅堂集》，姚文田，清，清道光元年江陰學使署刻本。
《履園叢話》，錢泳，清，中華書局一九七九年版。
《三省邊防備覽》，嚴如熤，清，江蘇廣陵古籍刻印社一九九一年版。
《賞雨茅屋詩集》，曾燠，清，清嘉慶刻增修本。
《荷塘詩集》，張五典，清，《清代詩文集彙編》本。
《煙霞萬古樓詩選》，王曇，清，清咸豐元年徐渭仁刻本。
《天真閣集》，孫原湘，清，清嘉慶五年刻增修本。
《緑天書舍存草》，錢楷，清，清嘉慶二十三年阮元刻本。
《存悔齋集》，劉鳳誥，清，清道光十七年刻本。
《漢學師承記》，江藩，清，中華書局一九八三年版。
《茗柯文二編》，張惠言，清，上海古籍出版社一九八四年版。
《閩中書畫録》，黄錫蕃，清，民國三十二年《合衆圖書館叢書》本。
《全上古三代秦漢三國六朝文》，嚴可均，清，中華書局一九五八年版。
《鐵橋漫稿》，嚴可均，清，《續修四庫全書》本。
《尚絅堂集》，劉嗣綰，清，清道光大樹園刻本。
《蕘圃藏書題識》，黄丕烈，清，民國八年江陰繆氏刻本。
《蕘圃藏書題識再續録》，黄丕烈，清，民國二十八年刻本。
《雕菰集》，焦循，清，《叢書集成初編》本。
《道光濟南府志》，成瓘等，清，清道光二十年刻本。
《十三經注疏》，阮元，清，中華書局一九八〇年阮元校勘本。
《揅經室集》，阮元，清，《叢書集成初編》本。
《經籍纂詁》，阮元，清，中華書局一九八二年版。
《三家詩補遺》，阮元，清，《續修四庫全書》本。
《瓶水齋詩集》，舒位，清，上海古籍出版社二〇〇九年版。
《台州札記》，洪頤煊，清，上海古籍出版社二〇〇二年版。
《筠軒文鈔》，洪頤煊，清，民國二十三年《邃雅齋叢書》本。
《武英殿聚珍版程式》，金簡，清，《叢書集成初編》本。
《青芝山館詩集》，樂鈞，清，清嘉慶二十二年刻後印本。
《香蘇山館詩集》，吴嵩梁，清，木犀軒刻本。
《顧千里集》，顧廣圻，清，中華書局二〇〇七年版。
《拜經堂文集》，臧庸，清，《續修四庫全書》本。
《漢書音義》，臧庸，清，《叢書集成續編》本。
《冬青館甲集》，張鑑，清，《續修四庫全書》本。
《冬青館乙集》，張鑑，清，《續修四庫全書》本。
《鑒止水齋集》，許宗彦，清，清嘉慶二十四年德清許氏家刻本。
《淮海英靈續集》，王豫，清，《續修四庫全書》本。
《太乙舟詩集》，陳用光，清，清咸豐四年孝友堂刻本。
《養一齋文集》，李兆洛，清，《續修四庫全書》本。
《嘉慶鳳臺縣志》，李兆洛，清，《續修四庫全書》本。
《端溪硯坑記》，李兆洛，清，清宣統三年上海神州國光社鉛印本。
《竹葉庵文集》，張塤，清，清乾隆五十一年刻本。
《宸垣識略》，吴長元，清，北京古籍出版社一九八二年版。
《左海文集》，陳壽祺，清，《續修四庫全書》本。
《五經異義疏證》，陳壽祺，清，《續修四庫全書》本。
《三家詩遺説考》，陳壽祺，清，《續修四庫全書》本。
《尚書大傳定本》，陳壽祺，清，《叢書集成初編》本。
《恩福堂筆記》，英和，清，北京古籍出版社一九九一年版。
《拜經樓藏書題跋記》，吴壽暘，清，上海古籍出版社二〇〇七年版。
《頤道堂集》，陳文述，清，清嘉慶十二年刻道光增修本。
《求古録禮説》，金鶚，清，清光緒二年孫熹刻本。
《儀衛軒文集》，方東樹，清，文聽閣圖書有限公司二〇一一年版。
《竹葉亭雜記》，姚元之，清，上海古籍出版社一九九六年版。

《金石續編》，陸耀遹，清，臺北藝文印書館一九七六年版。
《泥版試印初編》，翟金生，清，清道光二十四年涇縣翟氏泥活字本。
《浪跡叢談》，梁章鉅，清，中華書局一九八一年版。
《楹聯叢話》，梁章鉅，清，中華書局一九八七年版。
《倉頡篇校證》，梁章鉅，清，《四庫未收書輯刊》本。
《癸巳類稿》，俞正燮，清，遼寧教育出版社二〇〇一年版。
《癸巳存稿》，俞正燮，清，《續修四庫全書》本。
《幼學堂詩文稿》，沈欽韓，清，清嘉慶十八年刻道光八年增修本。
《劉禮部集》，劉逢禄，清，清道光十年思誤齋刻本。
《南村草堂文鈔》，鄧顯鶴，清，清咸豐元年刻本。
《沅湘耆舊集》，鄧顯鶴，清，清道光二十三年鄧氏南村草堂刻本。
《讀白華草堂詩初集》，黄釗，清，《清代詩文集彙編》本。
《琴隱園詩集》，湯貽汾，清，清同治十三年曹士虎刻本。
《陶文毅公全集》，陶澍，清，《續修四庫全書》本。
《介亭文集》，江濬源，清，《介亭全集》本。
《樸學齋文録》，宋翔鳳，清，《續修四庫全書》本。
《帝王世紀》，宋翔鳳，清，《叢書集成初編》本。
《十三經拾遺》，王朝渠，清，《四庫未收書輯刊》本。
《宋會要輯稿》，徐松，清，中華書局一九五七年版。
《登科記考》，徐松，清，中華書局一九八四年版。
《唐兩京城坊考》，徐松，清，《叢書集成初編》本。
《是程堂集》，屠倬，清，清嘉慶十九年真州官舍刻本。
《研六室文鈔》，胡培翬，清，《續修四庫全書》本。
《碑傳集》，錢儀吉，清，中華書局一九九三年版。
《衎石齋記事續稿》，錢儀吉，清，《續修四庫全書》本。
《左傳杜注辨證》，張聰咸，清，《續修四庫全書》本。
《柯家山館遺詩》，嚴元照，清，《湖州叢書》本。
《鄉園憶舊録》，王培荀，清，清道光二十五年刻本。
《春草堂集》，謝堃，清，清道光《春草堂叢書》本。
《樫華館雜録》，路德，清，清光緒七年解梁刻本。
《抱沖齋詩集》，斌良，清，清光緒五年崇福湖南刻本。
《越中金石記》，杜春生，清，臺北新文豐出版公司一九七九年版。
《壹是紀始》，魏崧，清，北京圖書館出版社二〇〇三年版。
《程侍郎遺集》，程恩澤，清，《粤雅堂叢書》本。
《雲左山房詩鈔》，林則徐，清，清光緒十二年刻本。
《小重山房詩詞全集》，張祥河，清，清道光刻光緒增修本。
《柏梘山房全集》，梅曾亮，清，清咸豐六年刻民國補修本。
《織簾書屋詩鈔》，沈兆澐，清，清咸豐二年刻本。
《增默菴詩遺集》，郭尚先，清，清光緒十六年刻《吉雨山房全集》本。
《愛日精盧藏書志》，張金吾，清，中華書局二〇一二年版。
《嘉定鎮江志校勘記》，劉文淇，清，臺北大化書局一九八七年影印《嘉定鎮江志》本。
《青溪舊屋集》，劉文淇，清，清光緒九年刻本。
《借閑生詞》，汪遠孫，清，清道光二十年錢塘汪氏振綺堂刻本。
《漢碑録文》，馬邦玉，清，清光緒七年刻本。
《友聲集》，王相，清，清咸豐八年信芳閣刻本。
《吴門表隱》，顧震濤，清，江蘇廣陵古籍刻印社一九八六年版。
《論語正義》，劉寶楠，清，中華書局一九九〇年版。
《甘泉鄉人稿》，錢泰吉，清，《續修四庫全書》本。
《曝書雜記》，錢泰吉，清，《叢書集成初編》本。
《鷗陂漁話》，葉廷琯，清，清同治九年刻本。
《楙花庵詩》，葉廷琯，清，《滂喜齋叢書》本。
《丹魁堂詩集》，季芝昌，清，清同治四年紫琅寓館刻本。
《知止齋詩集》，翁心存，清，清光緒三年常熟毛文彬刻本。
《龔自珍全集》，龔自珍，清，上海人民出版社一九七五年版。
《世本集覽》，王梓材，清，北京圖書館出版社二〇〇七年版。
《兩般秋雨庵隨筆》，梁紹壬，清，清道光振綺堂刻本。
《松風閣詩鈔》，彭蘊章，清，清同治刻《彭文敬公全集》本。
《養吉齋叢録》，吴振棫，清，中華書局二〇〇五年版。
《子良詩存》，馮詢，清，清道光刻本。

《求古精舍金石圖》，陳經，清，臺北新文豐出版公司一九七九年版。
《金石苑》，劉喜海，清，臺北藝文印書館一九七六年版。
《祁寯藻集》，祁寯藻，清，三晉出版社二〇一一年版。
《鐵琴銅劍樓藏書目録》，瞿鏞，清，上海古籍出版社二〇〇〇年版。
《玉函山房輯佚書》，馬國翰，清，廣陵書社二〇〇四年版。
《佚禮扶微》，丁晏，清，《續修四庫全書》本。
《鄭氏詩譜考正》，丁晏，清，《續修四庫全書》本。
《皇朝經世文編》，魏源，清，世界書局一九六四年版。
《古微堂集》，魏源，清，《續修四庫全書》本。
《松龕先生詩文集》，徐繼畬，清，民國四年《松龕先生全集》本。
《道光大定府志》，黄宅中，清，巴蜀書社二〇〇六年版。
《十三經注疏校勘記識語》，汪文臺，清，清嘉慶間阮氏文選樓刻本。
《述記》，任兆麟，清，《四庫未收書輯刊》本。
《有竹居集》，任兆麟，清，清道光六年刻本。
《李文恭公遺集》，李星沅，清，清同治五年李概等刻本。
《百柱堂全集》，王柏心，清，清光緒十九年刻本。
《落帆樓文集》，沈垚，清，《續修四庫全書》本。
《補三國藝文志》，侯康，清，《叢書集成初編》本。
《日知録集釋》，黄汝成，清，上海古籍出版社二〇〇六年版。
《七緯拾遺》，顧觀光，清，上海古籍出版社影印《緯書集成》本。
《神農本草經》，顧觀光，清，蘭州大學出版社二〇〇九年版。
《四庫全書輯永樂大典本書目》，孫馮翼，清，北京圖書館出版社二〇〇五年《永樂大典研究資料輯刊》本。
《樸學齋筆記》，盛大士，清，民國《嘉業堂叢書》本。
《蘊愫閣文集》，盛大士，清，清道光六年刻本。
《溪山卧遊録》，盛大士，清，西泠印社出版社二〇〇八年版。
《守柔齋詩鈔》，蘇廷魁，清，清同治三年都門刻後印本。
《光緒重修安徽通志》，何紹基，清，《續修四庫全書》本。
《嶺南群雅》，劉彬華，清，清嘉慶十八年玉壺山房刻本。
《樂志堂詩集》，譚瑩，清，清咸豐九年吏隱園刻本。
《樂志堂文集》，譚瑩，清，清咸豐九年吏隱園刻本。
《冷廬雜識》，陸以湉，清，寧波出版社二〇一〇年版。
《見聞隨筆》，齊學裘，清，清同治十年天空海闊之居刻本。
《怡志堂詩初編》，朱琦，清，清咸豐七年刻本。
《九家舊晉書輯本》，湯球，清，中州古籍出版社一九九一版。
《十六國春秋輯補》，湯球，清，《叢書集成初編》本。
《國朝詞綜續編》，黄燮清，清，清同治十二年刻本。
《復莊詩問》，姚燮，清，清道光姚氏刻《大梅山館集》本。
《柈湖文集》，吴敏樹，清，清光緒十九年思賢講舍刻本。
《梅莊詩鈔》，華長卿，清，清同治九年刻本。
《今白華堂詩録補》，童槐，清，清光緒三年童華刻本。
《崇雅堂詩鈔》，胡敬，清，清道光二十六年刻本。
《石泉書屋類稿》，李佐賢，清，《清人別集筆記叢刊》本。
《魯詩遺説考》，陳喬樅，清，《續修四庫全書》本。
《詩緯集證》，陳喬樅，清，《續修四庫全書》本。
《齊詩翼氏學疏證》，陳喬樅，清，《續修四庫全書》本。
《小知録》，陸鳳藻，清，上海古籍出版社一九九一版。
《朱九江先生集》，朱次琦，清，清光緒刻本。
《三十六灣草廬稿》，黄本騏，清，《三長物齋叢書》本。
《南漢金石志》，吴蘭修，清，清光緒間刻本。
《舒藝室詩存》，張文虎，清，上海古籍出版社二〇一〇年版。
《同治蘇州府志》，馮桂芬，清，清光緒間江蘇書局刻本。
《讀書雜釋》，徐鼒，清，中華書局一九九七年版。
《小腆紀傳》，徐鼒，清，中華書局一九五八年版。
《廣雅書院志》，陳澧，清，《中國歷代書院志》本。
《咄咄吟》，貝青喬，清，民國《嘉業堂叢書》本。
《曾國藩全集》，曾國藩，清，岳麓書社一九八七年版。
《曾文正公文集》，曾國藩，清，《四部備要》本。
《郘亭知見傳本書目》，莫友芝，清，臺北廣文書局一九九一年版。
《箴言書院記》，胡林翼，清，《中國歷代書院志》本。

《簠齋傳古別録》，陳介祺，清，《叢書集成初編》本。
《藝概》，劉熙載，清，上海古籍出版社一九七八年版。
《玉鑑堂詩集》，汪曰楨，清，民國《吴興叢書》本。
《止園筆談》，史夢蘭，清，清光緒四年刻本。
《爾爾書屋詩草》，史夢蘭，清，清光緒元年止園刻本。
《宋元四明六志》，徐時棟，清，清光緒五年刻本。
《烟嶼樓文集》，徐時棟，清，《續修四庫全書》本。
《漢書注校補》，周壽昌，清，上海古籍出版社二〇〇六年版。
《遜學齋詩鈔》，孫衣言，清，《清代詩文集彙編》本。
《適適齋文集》，馮志沂，清，清同治九年刻本。
《詒安堂詩稿》，王慶勳，清，清咸豐三年刻五年增修本。
《緯捃》，喬松年，清，《續修四庫全書》本。
《古謡諺》，杜文瀾，清，世界書局一九六四年版。
《二知軒詩續鈔》，方濬頤，清，《清代詩文集彙編》本。
《八瓊室金石補正》，陸增祥，清，文物出版社一九八五年版。
《帶耕堂遺詩》，蒯德模，清，民國十八年刻《蒯氏家集》本。
《笏庵集》，吴清鵬，清，清咸豐五年刻《吴氏一家稿》本。
《光緒湘陰縣圖志》，郭嵩燾，清，湘陰縣志局光緒七年刻本。
《養知書屋文集》，郭嵩燾，清，《續修四庫全書》本。
《通義堂文集》，劉毓崧，清，《續修四庫全書》本。
《通義堂文集》，劉毓崧，清，民國《求恕齋叢書》本。
《柏堂師友言行記》，方宗誠，清，民國十五年京華印書局本。
《讀宋鑑論》，方宗誠，清，清光緒三年刻《柏堂遺書》本。
《上海格致書院志》，徐壽，清，《中國歷代書院志》本。
《多歲堂詩集》，成書，清，清道光十一年刻本。
《金石聚》，張德容，清，臺北新文豐出版公司一九七九年版。
《尺岡草堂遺集》，陳璞，清，清光緒十五年刻本。
《壺園詩鈔選》，徐寶善，清，清道光間刻本。
《春在堂雜文》，俞樾，清，臺北文海出版社一九六九年版。
《札迻》，俞樾，清，中華書局二〇〇九年版。
《天岳山館文鈔》，李元度，清，岳麓書社二〇〇九年版。
《國朝先正事略》，李元度，清，岳麓書社二〇〇八年版。
《小匏庵詩存》，吴仰賢，清，《清代詩文集彙編》本。
《明會要》，龍文彬，清，中華書局一九八九年版。
《面城樓集鈔》，曾釗，清，《續修四庫全書》本。
《濂亭文集》，張裕釗，清，《續修四庫全書》本。
《濂亭集》，張裕釗，清，清光緒八年查氏木漸齋蘇州刻本。
《李文忠公奏稿》，李鴻章，清，民國景金陵原刊本。
《陶樓文鈔》，黄彭年，清，《續修四庫全書》本。
《求益齋文集》，强汝詢，清，《續修四庫全書》本。
《廣經室文鈔》，劉恭冕，清，民國九年匯刻《廣雅叢書》本。
《朔方備乘》，何秋濤，清，清光緒七年刊本。
《一燈精舍甲部稿》，何秋濤，清，《續修四庫全書》本。
《續資治通鑑長編拾補》，黄以周，清，中華書局二〇〇四年版。
《扶桑遊記》，王韜，清，小方壺齋《輿地叢鈔》本。
《瀛壖雜志》，王韜，清，清光緒元年刻本。
《弢園文録外編》，王韜，清，清光緒九年刻本。
《蘅華館詩録》，王韜，清，清光緒六年《弢園叢書》本。
《六一山房詩集》，董沛，清，清同治十三年刻增修本。
《退補齋文存》，胡鳳丹，清，臺北文海出版社一九六九年版。
《湖南文徵》，羅汝懷，清，岳麓書社二〇〇八年版。
《楹書隅録》，楊紹和，清，臺北廣文書局一九八九年版。
《越縵堂讀書記》，李慈銘，清，上海書店二〇〇〇年版。
《越縵堂日記》，李慈銘，清，廣陵書社二〇〇四年版。
《瓶廬詩稿》，翁同龢，清，民國八年刻本。
《復堂日記》，譚獻，清，河北教育出版社二〇〇一年版。
《善本書室藏書志》，丁丙，清，臺北廣文書局一九八八年版。
《夜雨秋燈録》，宣鼎，清，清光緒《申報館叢書》本。
《霞外攟屑》，平步青，清，上海古籍出版社一九八二年版。
《湘綺樓全集》，王闓運，清，長沙《湘綺樓詩別集》本。

《光緒湘潭縣志》，王闓運，清，清光緒十五年刻本。
《皕宋樓藏書志》，陸心源，清，清光緒八年歸安陸氏十萬卷樓刻本。
《宋史翼》，陸心源，清，中華書局一九九一年版。
《儀顧堂題跋》，陸心源，清，中華書局二〇〇九年版。
《儀顧堂續跋》，陸心源，清，中華書局二〇〇九年版。
《光緒歸安縣志》，陸心源，清，《中國方志叢書》本。
《同治蘇州府志》，李銘皖，清，《中國地方志集成》本。
《七經樓文鈔》，蔣湘南，清，清同治八年馬氏家塾刻本。
《春暉閣詩選》，蔣湘南，清，民國十年陝西教育圖書社本。
《澤雅堂詩二集》，施補華，清，清光緒十六年兩研齋刻本。
《逸禮大誼論》，汪宗沂，清，《四庫未收書輯刊》本。
《拙尊園叢稿》，黎庶昌，清，臺北成文出版社一九六八年版。
《光緒順天府志》，張之洞等，清，清光緒十二年刻十五年重印本。
《張文襄公古文書劄駢文詩集》，張之洞，清，民國十七年刻《張文襄公全集》本。
《庸庵文編》，薛福成，清，清光緒間刻《庸庵全集》本。
《石蓮闇詩》，吴重憙，清，民國五年刻本。
《日本訪書志》，楊守敬，清，遼寧教育出版社二〇〇三年版。
《晦明軒稿》，楊守敬，清，臺北文海出版社一九七九年版。
《衣讔山房詩集》，林昌彝，清，清同治二年廣州刻本。
《射鷹樓詩話》，林昌彝，清，清咸豐元年刻本。
《吴汝綸尺牘》，吴汝綸，清，黄山書社一九九〇年版。
《吴汝綸全集》，吴汝綸，清，黄山書社二〇〇二年版。
《寄簃文存》，沈家本，清，臺北商務印書館一九七六年版。
《枕碧樓偶存稿》，沈家本，清，江蘇廣陵古籍刻印社一九八七年刻本。
《三國志注所引書目》，沈家本，清，中華書局一九六三年版。
《郎潛紀聞初筆二筆三筆》，陳康祺，清，中華書局一九八四年版。
《郎潛紀聞四筆》，陳康祺，清，中華書局一九九〇年版。
《壬癸藏札記》，陳康祺，清，清光緒六年琴川刻本。
《偶齋詩草》，寶廷，清，清光緒二十一年方家澍刻本。
《咸豐順德縣志》，郭汝誠，清，清咸豐三年刻本。
《粟香三筆》，金武祥，清，清光緒十一年刻本。
《粟香隨筆》，金武祥，清，清光緒七年刻本。
《兩浙輶軒續録》，潘衍桐，清，浙江書局光緒十七年刻本。
《三國藝文志》，姚振宗，清，中華書局一九五六年《二十五史補編》本。
《漢書藝文志條理》，姚振宗，清，《二十五史補編》本。
《漢書藝文志拾補》，姚振宗，清，《二十五史補編》本。
《後漢藝文志叙録》，姚振宗，清，《二十五史補編》本。
《七略别録佚文》，姚振宗，清，上海古籍出版社二〇〇八年版。
《隋書經籍志考證》，姚振宗，清，《二十五史補編》本。
《師石山房叢書》，姚振宗，清，上海開明書店一九三六年版。
《葵園四種》，王先謙，清，岳麓書社一九八六年版。
《虚受堂書札》，王先謙，清，《清代詩文集彙編》本。
《詩三家義集疏》，王先謙，清，中華書局一九八七年版。
《環遊地球新録》，李圭，清，湖南人民出版社一九八〇年版。
《嘉業堂藏書志》，繆荃孫、吴昌綬，清，復旦大學出版社一九九七年版。
《藝風堂藏書記》，繆荃孫，清，上海古籍出版社二〇〇七年版。
《藝風藏書續記》，繆荃孫，清，上海古籍出版社二〇〇七年版。
《藝風堂友朋劄》，繆荃孫，清，上海古籍出版社一九八〇年版。
《藝風堂文集》，繆荃孫，清，《續修四庫全書》本。
《藕香拾零》，繆荃孫，清，中華書局一九九九年版。
《愚齋存稿》，盛宣懷，清，中國書店一九八七年版。
《漢孳室文鈔》，陶方琦，清，《續修四庫全書》本。
《字林考逸補》，陶方琦，清，《續修四庫全書》本。
《荔村草堂詩鈔》，譚宗浚，清，清光緒十八年廖廷相羊城刻本。
《荔村草堂詩續鈔》，譚宗浚，清，清宣統二年譚祖任京師刻本。
《希古堂集》，譚宗浚，清，《續修四庫全書》本。
《樊山續集》，樊增祥，清，清光緒二十八年西安臬署刻本。
《樊山集》，樊增祥，清，清光緒十九年渭南縣署刻本。
《契文舉例》，孫詒讓，清，齊魯書社一九九三年版。
《墨子後語》，孫詒讓，清，上海掃葉山房光緒間石印本。

《墨子閒詁》，孫詒讓，清，中華書局二〇〇九年版。
《温州經籍志》，孫詒讓，清，上海社會科學院出版社二〇〇五年版。
《籀廎遺著輯存》，孫詒讓，清，齊魯書社一九八七年版。
《澗于集》，張佩綸，清，臺北文海出版社一九六七年版。
《藏書紀事詩》，葉昌熾，清，中華書局二〇一一年版。
《語石》，葉昌熾，清，遼寧教育出版社一九九八年版。
《賀濤文集》，賀濤，清，華東師範大學出版社二〇一一年版。
《經學博採録》，桂文燦，清，民國刻《敬躋堂叢書》本。
《雪門詩草》，許瑶光，清，《清代詩文集彙編》本。
《經學通論》，皮錫瑞，清，中華書局一九五四年版。
《經學歷史》，皮錫瑞，清，中華書局二〇〇八年版。
《尚書大傳疏證》，皮錫瑞，清，《續修四庫全書》本。
《尚書古文疏證辨正》，皮錫瑞，清，《續修四庫全書》本。
《明詩紀事》，陳田，清，上海古籍出版社一九九三年版。
《尚書集注述疏》，簡朝亮，清，臺北新文豐出版公司一九八四年版。
《古學考》，廖平，清，景山書社一九三五年版。
《南朝齊會要》，朱銘盤，清，上海古籍出版社二〇一二年版。
《南朝宋會要》，朱銘盤，清，上海古籍出版社二〇〇六年版。
《南朝梁會要》，朱銘盤，清，上海古籍出版社二〇〇六年版。
《南朝陳會要》，朱銘盤，清，上海古籍出版社二〇一二年版。
《無邪堂答問》，朱一新，清，中華書局二〇〇〇年版。
《散原精舍詩》，陳三立，清，清宣統上海商務印書館本。
《石遺室詩集》，陳衍，清，清光緒三十一年武昌初刻本。
《國朝書人輯略》，震鈞，清，清光緒三十四年刻本。
《天咫偶聞》，震鈞，清，清光緒甘棠精舍刻本。
《新學僞經考》，康有爲，清，中華書局一九五六年版。
《孔子改制考》，康有爲，清，中華書局一九五八年版。
《丁戊之閑行卷》，易順鼎，清，清光緒五年貴陽刻本。
《麓山精舍叢書》，陳運溶，清，岳麓書社二〇〇八年版。
《錦江書院紀略》，李承熙，清，《中國歷代書院志》本。
《純常子枝語》，文廷式，清，江蘇廣陵古籍刻印社一九七九年版。
《鐵雲藏龜》，劉鶚，清，北京圖書館出版社二〇〇〇年版。
《木犀軒藏書題記及書録》，李盛鐸，清，北京大學出版社一九八五年版。
《一山文存》，章梫，清，清宣統刻本。
《春冰室野乘》，李岳瑞，清，清宣統三年上海廣智書局本。
《嶺雲海日樓詩鈔》，丘逢甲，清，上海古籍出版社二〇〇九年版。
《清朝續文獻通考》，劉錦藻，清，上海古籍出版社二〇〇〇年版。
《書林清話》，葉德輝，清，上海古籍出版社二〇一二年版。
《郋園讀書志》，葉德輝，清，上海古籍出版社二〇一〇年版。
《輯郭氏玄中記》，葉德輝，清，《叢書集成續編》本。
《國故論衡》，章炳麟，清，中華書局二〇〇八年版。
《太炎文録初編》，章炳麟，清，上海書店出版社一九九二年版。
《傳書堂藏善本書志》，王國維，清，浙江教育出版社、廣東教育出版社二〇一〇年《王國維全集》本。
《信江書院志》，鍾世楨，清，《中國歷代書院志》本。
《清稗類鈔》，徐珂，清，中華書局一九八四年版。
《安樂康平室隨筆》，朱彭壽，清，中華書局一九八二年版。
《白鷺洲書院志》，劉繹，清，《中國歷代書院志》本。
《小學鉤沉續編》，顧震福，清，《續修四庫全書》本。
《寧鄉雲山書院志》，周瑞松，清，《中國歷代書院志》本。
《夷牢溪廬詩鈔》，黎汝謙，清，清光緒二十五年羊城刻本。
《鳳巘書院志》，朱點易，清，《中國歷代書院志》本。
《萇楚齋續筆》，劉聲木，清，中華書局一九九八年版。
《學海堂志》，林伯桐，清，《中國歷代書院志》本。
《然脂餘韻》，王蘊章，清，臺北新文豐出版公司一九八七年版。
《岳陽慎修書院志》，鍾英，清，《中國歷代書院志》本。
《石鐘山志》，李成謀，清，清光緒九年聽濤眺雨軒刻本。
《冠山書院志》，王世珍，清，《中國歷代書院志》本。
《陝甘味經書院志》，史家榮，清，《中國歷代書院志》本。
《明道書院志》，吕永輝，清，《中國歷代書院志》本。

《顧黄書寮雜録》，王獻唐，清，齊魯書社一九八四年版。
《大梁書院志》，顧璜，清，《中國歷代書院志》本。
《興化文正書院志》，徐振鏞，清，《中國歷代書院志》本。
《仙源書院志》，馬徵慶，清，《中國歷代書院志》本。
《端溪書院志》，傅維森，清，《中國歷代書院志》本。
《嚴州金石録》，鄒柏森，清，臺北新文豐出版公司一九七九年版。
《復小齋賦話》，浦銑，清，秀水孫氏望雲仙館清末刻本。
《藏書紀要》，孫慶增，清，中華書局二〇一一年版。
《兩漢三國學案》，唐晏，清，中華書局一九八六年版。
《西夏書事》，吴廣成，清，江蘇廣陵古籍刻印社一九九一版。
《前塵夢影録》，徐康，清，《叢書集成初編》本。
《雪橋詩話續集》，楊鍾義，清，文物出版社一九八四年版。
《金石存》，趙搢，清，《叢書集成初編》本。
《稿本華鄂堂讀書小識》，葉啟發，清，中華全國圖書館文獻縮微複製中心一九九六年版。
《春秋内傳古注輯存》，嚴蔚，清，《續修四庫全書》本。
《嘉慶孟津縣志》，宋縉，清，清嘉慶二十年刻本。
《韓詩内傳徵》，宋緜初，清，《續修四庫全書》本。
《永樂大典考》，孫壯，清，北京圖書館出版社二〇〇五年版。
《十經齋文集》，沈濤，清，中國書店一九四九年版。
《文獻徵存録》，錢林，清，臺北明文書局一九八五年版。
《留春書屋詩集》，平恕，清，清道光九年刻本。
《十種古遺書》，茅泮林，清，清道光二十二年刻本。
《爾雅舊注考證》，李曾白，清，《續修四庫全書》本。
《雅學考》，胡元玉，清，國立北京大學民國二十五年鉛印本。
《詩異文録》，黄位清，清，《續修四庫全書》本。
《詩説考略》，成僎，清，《續修四庫全書》本。
《春秋會義》，杜諤，清，清光緒十八年榮成孫氏刻本。
《南屏山房集》，陳昌圖，清，《四庫未收書輯刊》本。
《中州雜俎》，汪价，清，民國十年安陽三怡堂排印本。
《補勤詩存》，陳錦，清，清光緒三年橘蔭軒刻光緒十年增修本。
《六藝之一録》，倪濤，清，《四庫全書》本。
《宫巘詩集》，李予望，清，清乾隆三十五年李翬等刻本。
《餘慶堂詩文集》，陳美訓，清，《四庫未收書輯刊》本。
《玉山詩鈔》，項樟，清，清乾隆二十六年項成龍等刻本。
《仿潛齋詩鈔》，李嘉樂，清，清光緒十五年刻本。
《内閣小志附内閣故事》，葉鳳毛，清，《續修四庫全書》本。
《事物異名録》，厲荃，清，中國書店出版社一九九〇年版。
《賜綺堂集》，詹應甲，清，清道光止園刻本。
《浮春閣詩集》，沈景運，清，《四庫未收書目輯刊》本。
《庭立記聞》，梁學昌，清，清嘉慶刻《清白士集》本。
《桂留山房詩集》，沈學淵，清，清道光二十四年鬱松年刻本。
《無事爲福齋隨筆》，韓泰華，清，清光緒《功順堂叢書》本。
《三餘雜志》，張定鋆，清，《四庫未收書目輯刊》本。
《國朝閨閣詩鈔》，蔡殿齊，清，清道光嫏嬛别館刻本。
《時務通考》，杞廬主人，清，清光緒二十三年點石齋石印本。
《金陵通志》，陳作霖，清，清光緒三十三年刻本。
《可園文存》，陳作霖，清，《續修四庫全書》本。
《紅杏山房聞見隨筆》，盧秉鈞，清，清光緒十八年盧氏家塾刻本。
《金粟山房詩鈔》，朱雋瀛，清，清光緒二十七年刻本。
《五百石洞天揮麈》，邱煒萲，清，清光緒二十五年邱氏粵垣刻本。
《夢澤堂詩文集》，黄師憲，清，《四庫未收書目輯刊》本。
《羅浮山志會編》，宋廣業，清，《續修四庫全書》本。
《鶴關詩集》，吴邦治，清，《四庫未收書目輯刊》本。
《燕在閣知新録》，王棠，清，《四庫全書存目叢書》本。
《春蕪詞》，越闓，清，《四庫未收書輯刊》本。
《修潔齋閒筆》，劉堅，清，《四庫全書存目叢書》本。
《宋東京考》，周城，清，文史哲出版社一九八〇年版。
《芥浦詩刪》，胡蘇雲，清，《四庫禁毁書目叢刊》本。
《雙橋隨筆》，周召，清，《四庫全書》本。

《雪杖山人詩集》，鄭炎，清，清嘉慶五年鄭師尚刻本。
《重修白鹿洞書院志》，廖文英，清，《中國歷代書院志》本。
《問經堂叢書》，孫馮翼，清，清嘉慶間刻本。
《鼇峰書院紀略》，來錫蕃，清，《中國歷代書院志》本。
《賭棋山莊集》，謝章鋌，清，江蘇古籍出版社二〇〇〇年版。
《桐陰清話》，倪鴻，清，清同治十三年刻本。
《六藝之一録》，倪濤，清，上海古籍出版社一九九一年版。
《金石屑》，鮑昌熙，清，嘉興鮑昌熙清光緒二年至七年刻本。
《味經書院志》，劉光蕡，清，民國刻《煙霞草堂遺書》續刻本。
《静娱亭筆記》，張培仁，清，《續修四庫全書》本。
《舊唐書逸文》，岑建功，清，《續修四庫全書》本。
《粤秀書院志》，梁廷枏，清，《中國歷代書院志》本。
《聽秋聲館詞話》，丁紹儀，清，無錫丁氏清同治八年刻本。
《鐵琴銅劍樓藏書題跋集録》，瞿良士，清，上海古籍出版社二〇〇五年版。
《玉函山房輯佚書續編》，王仁俊，清，上海古籍出版社一九八九年版。
《玉函山房輯佚書補編》，王仁俊，清，上海古籍出版社一九八九年版。
《經籍佚文》，王仁俊，清，上海古籍出版社一九八九年版。
《大清歷朝實録》，清官修，清，臺北華文書局一九七〇年版。
《朝鮮史略》，不著撰人，清，《四庫全書》本。
《清史列傳》，不著撰人，清，中華書局一九八七年版。

《中華大典》辦公室

主任：于永湛

副主任：伍傑

姜學中

工作人員：

編審：趙含坤

崔望雲

馮寶志

宋志英

谷笑鵬

封面裝幀設計：章耀達

《中華大典·文獻目録典》出版工作委員會

主任：何林夏

委員：（按姓氏音序排列）

范　寧　馮妍菲　黃進德　黃珊虎　黃希堅

姜華文　金學勇　雷回興（項目主持）　李加凱

劉隆進　魯朝陽　馬豔超　丘立軍　饒欽珩

沈　明　湯文輝　唐曉娥　王曉春　吴企明

肖愛景　肖承清　楊春陽　曾　玲　張　佳

周　靜

圖書在版編目（CIP）數據

中華大典．文獻目録典．文獻學分典．校勘 /《中華大典》工作委員會，《中華大典》編纂委員會編纂．—桂林：廣西師範大學出版社，2016.11
ISBN 978-7-5495-9070-4

Ⅰ．①中… Ⅱ．①中…②中… Ⅲ．①百科全書—中國②文獻學—中國 Ⅳ．①Z227②G256

中國版本圖書館 CIP 數據核字（2016）第 271427 號

中華大典·文獻目録典·文獻學分典·校勘

編纂：《中華大典》工作委員會
《中華大典》編纂委員會
出版：廣西師範大學出版社
（廣西桂林市中華路 22 號　郵政編碼　541001）
發行：廣西師範大學出版社
（廣西桂林市中華路 22 號　郵政編碼　541001）
排版：南京展望文化發展有限公司
印刷：長沙鴻發印務實業有限公司印刷
（湖南省長沙縣黄花鎮黄壟村黄花工業園 3 號　郵政編碼　410137）
開本：787×1 092 毫米　1/16
印張：31.5　　字數：1 028 000
2016 年 11 月第 1 版　2016 年 11 月第 1 次印刷
書號：ISBN 978-7-5495-9070-4
定價：380.00 圓

《校勘總部》編委會名單

主　編： 鄧瑞全

副主編： 張振利　李開升　陳　娜

編纂者： 鄧瑞全　張振利　李開升　陳　娜　謝　輝
馬素娟　陳　瑩　周美華　周敏華　張文博
張　敏　楊雪婷

校勘總部

主　編：鄧瑞全
副主編：張振利　李開升　陳　娜

《文獻學分典》編纂説明

一、本分典爲《中華大典·文獻目録典》兩個分典之一。

二、本分典的編纂，希望通過各級經目的科學設計，覆蓋文獻學各門專學的各個領域，提供一個代表當前文獻學研究最新水平的學科體系；通過各類緯目廣輯資料，以反映文獻學各門專學的概念、術語和方法，文獻考辨的實例，以及古代文獻學家的重要事蹟和主要成果。

三、全面系統地彙編古代文獻學資料是本分典之首創，它集文獻學各門專學之大成，力圖爲本專業工作者和相關研究人員提供豐富、系統的資料和便利檢索條件，爲傳統學術研究和發展古籍整理事業奠定堅實的基礎。

四、本分典所轄九個總部，分別爲文獻總論、目録、版本、校勘、注釋、辨僞、輯佚、典藏、流通等。文獻總論總部下設文獻概念、文獻載體材料、文獻生産技術、文獻功用等四部；目録總部下設總論、國家目録、史志目録、私藏目録、知見目録、地方目録、專科目録、特種目録等八部；版本總部下設總論、書册制度、歷代圖書刊行、版本類型與特徵、版本鑒別實例等五部；校勘總部下設總論、校勘内容、校勘方法、校勘原則、校勘名著等五部；注釋總部下設總論、注釋體例、注釋内容、注釋名著等四部；辨僞總部下設總論、僞書成因、僞書類型、考辨僞書、辨僞名篇名著等五部；輯佚總部下設總論、佚書類型、輯佚方法、輯佚名著等四部；典藏總部下設總論、收藏、典藏制度方法、藏書樓、藏書家等五部；流通總部下設總論、文獻流散、流通方式、中外文獻流通等四部。有的部之下還列有分部。在每個部或分部之下，設有論述、綜述、雜録、傳記、紀事、藝文、圖表等不同的緯目。

五、本分典輯録資料範圍總的原則是上起先秦，下迄一九一一年。輯録時在儘量利用善本的前提下，盡可能地選用版本價值較高的通行本古籍，也充分利用今人整理點校的新版古籍。

六、本分典附《引用書目》，按著作撰成年代先後順序排列，年代不詳者，排列於相關朝代之後。

《中華大典·文獻目録典·文獻學分典》編委會

二〇一二年二月十二日

《文獻學分典》編纂委員會

文献学分典

中华大典·文献目录典

中華大典·文獻目録典

文獻學分典

主編：閻崇東

中華大典·文獻目録典

總目

古籍目録分典

經總部
史總部
子總部
集總部
叢書總部
譯著總部

文獻學分典

文獻總論總部
目録總部
版本總部
校勘總部
注釋總部
辨僞總部
輯佚總部
典藏總部
流通總部

志》簡稱《漢志》，《四庫全書總目提要》簡稱《四庫提要》，書名簡稱所對應的全稱在《引用書目》中説明。在同一部典籍的不同部分引用兩段以上材料而又排列相連時，可用「又」字代替與前文重複的引書標示。

六、所引資料如在一段之中有省略之處，用【略】標明。

七、所引資料的正文中如有注疏文字，則按古籍原貌隨文夾注，並以大小字型區分正文與注疏文字。有的資料中注疏文字較多，形式繁雜，容易混淆，爲方便利用，則以方括號標注注疏者姓名及注疏方式，如[鄭玄注]。

八、校勘只對引書底本明顯的訛、脱、衍、倒進行勘正，不出校記。採用圓括號標署訛字、衍字和倒文，方括號標署正字、順文和增補的脱字。

九、引書底本的古今字、通假字，一般不作改動。不用簡化字。避諱字多一仍其舊，但因避諱而缺筆者，則補足筆畫，空字者補字。

十、採用新式標點符號標點資料原文。

十一、採用中文數字，不用阿拉伯數字。引書標示中對古籍卷次的標示，僅用一、二、三、四、五、六、七、八、九、〇，不用十、百、千、萬。

十二、各分典附《引用書目》，書目包括書名、作者、時代、版本等項内容。本典從實用出發，對一部典籍的引用不限於一種版本，擇善而從。

《中華大典·文獻目録典》編纂委員會

二〇一二年一月三十一日

《中華大典·文獻目録典》凡例

《文獻目録典》是《中華大典》二十四個典之一。本典以《中華大典》工作總則等條例爲依據，並結合本典内容的實際情況作個别變通，形成以下編纂體例。

一、本典由《文獻學分典》和《古籍目録分典》組成。分典下設總部，《文獻學分典》包括《文獻總論總部》《目録總部》《版本總部》《校勘總部》《注釋總部》《辨僞總部》《輯佚總部》《典藏總部》《流通總部》；《古籍目録分典》包括《經總部》《史總部》《子總部》《集總部》《叢書總部》《譯著總部》。總部下設部，部之下按需要再立分部、專題，由此構成典、分典、總部、部、分部、專題等六級經目。

二、各總部及其所轄經目之下設緯目，用以羅織相關材料。緯目設置視所據資料的情况而定，有則設之，無則不設。本典所設緯目有七項。論述：收録有關論述所屬經目的概念、涵義、特點、分類依據、發展源流的資料。綜述：全面、系統地收録對相關學術、事物或典籍作記述、評介或例證的資料。傳記：收録有關人物的具有代表性的傳記資料。紀事：收録對相關活動的具體記載和史實。藝文：收録吟誦相關事物或人物的韻文或散文。雜録：收録未採用於上述緯目，而又具有較高參考價值的資料。圖表：收録對相關事物作形象描述或簡明表述的圖表。

三、本典的《文獻學分典》彙編先秦至清末有關文獻産生發展、收藏流通及文獻學各門專學的重要資料。《古籍目録分典》彙編古今各種古籍目録的重要資料，用以著録一九一一年以前産生的所有中國古籍的狀况。收録典籍資料的範圍包括傳世典籍、出土文獻和域外漢籍。

所收資料分類編排於相應的緯目之下，並按資料成書的時代先後排列，時代難以考實者就近排列，或遵從歷史習慣。

四、在所引資料前標明出處，常用而熟知的古籍如先秦典籍、《十三經》《二十四史》可不標作者姓名，其他引書標注則均標明作者、書名、卷次或篇名。

五、爲避免不必要的文字重複，一些書名和篇名在引書標示時採用通行的簡稱，如《資治通鑑》簡稱《通鑑》，《漢書·藝文

《中華大典·文獻目録典》在長達六年的編纂工作中，來自北京師範大學、内蒙古師範大學、河北師範大學、安徽大學、河南師範大學、内蒙古大學、南開大學、天津師範大學、雲南大學的近百名專家學者，以嚴謹認真的科學態度，團結協作，甘於奉獻，付出了大量辛勤的勞動。本典的編纂工作自始至終得到《中華大典》工委會、編委會和大典辦公室的悉心指導，得到廣西師範大學出版社的大力支持和密切配合，得到上述高校各級領導的關心支持，以及國家圖書館、有關省級圖書館和高校圖書館的熱情幫助。謹此表示衷心的感謝。並懇望海内外學術界和讀者諸君對本典存在的失誤不吝賜教。

《中華大典·文獻目録典》編纂委員會

二〇一二年一月三十日

以往相同領域的文獻類編。

二、《文獻目録典》兼具資料類編與書目兩大功能，既是中國文獻學的資料大全，又是中國存佚古籍的解題全目。本典的《文獻學分典》彙集古代學者對目録、版本、校勘、注釋、辨僞、輯佚等各專學相關概念、術語、涵義、地位及淵源流别的論述，收録古代學者運用各專學考辨文獻的方法與實例，以及對他們考校典籍的具體事蹟和成果的記載，爲專業人員和其他學科的研究者提供古代文獻學豐富的史料，也可作爲高等院校文獻學教學的參考素材，從而適應了我國文獻學學科建設和古籍整理發展的需要。

本典的《古籍目録分典》則汲取南宋文獻學家鄭樵「紀百代之有無，廣古今而無遺」的目録學思想，廣採古今公私古籍目録，對産生於一九一一年以前的中國古籍，不論存佚，皆予著録。從一定意義上講，它是第一部反映我國古代文化典籍全貌的中國古籍解題全目，其中有關亡佚古籍的豐富材料，必將在全面發掘我國古代文化遺産，深入開展中國文化史研究的進程中顯示其重要的價值。

三、《文獻目録典》的框架體例體現了高度的科學性、系統的完整性和清晰的條理性。本典採用現代科學分類的方法，並吸收當今文獻學研究和古籍分類的最新成果，對我國古籍的傳統分類加以改造，形成了由典、分典、總部、部、分部、專題等六級經目及若干緯目相互交織的框架結構，用以容納豐富的資料。同時也展現了我國文獻學完整、清晰的學科體系和對古籍的科學分類。這種按學術内容分類統轄、依時間順序排列資料的邏輯體系，不僅有利於揭示典籍文獻的本質屬性和内容上的相互關係，而且有助於反映我國古代各門學術形成發展的淵源脉絡，發揮「辨章學術，考鏡源流」的作用。本典所設計的文獻學框架和對古籍分類體系的改造，也將有益於進一步規範我國文獻學的學科體系和完善古籍目録的分類方法。

四、《文獻目録典》的編纂確保了資料的廣泛性、文獻選編的實用性和校勘標點的準確性。本典的資料採編、整理堅持網羅宏富和質量第一的原則。收録資料的範圍包括傳世典籍、出土文獻和域外漢籍，普查典籍文獻達一萬四千餘種，其中查閲的書目文獻則遍及古今各種古籍目録；採録資料選用典籍較好的版本，並充分利用二十世紀以來古籍整理的優秀成果。文獻採選則注意去粗取精，既選用有代表性和稀見的資料，又兼收不同流派、不同觀點的材料，以求客觀地反映古代學術的面貌。類編文獻務求歸類恰當，並標明出處，配以詳細的《引用書目》，以利使用。由於本典編纂人員是來自國内文獻學界的專家和中青年學者，富有古籍整理的經驗，因而校點工作力求準確規範，在整理資料過程中還改正了以往古籍點校中的一些錯誤。

《中華大典·文獻目録典》序

中國古籍素以浩如烟海、汗牛充棟而著稱。浩瀚的中華典籍哺育了世世代代的炎黄子孫，既是中華文明綿延五千年從不中斷的歷史標志，又是當今弘揚民族精神和時代精神，建設社會主義文化强國的重要資源。

整理研究古代文化典籍，在我國有悠久的歷史。從孔子整理「六經」開始，歷代學者爲了更好地認識和利用典籍，嬗遞文化傳統，非常重視對傳世典籍的考辨整理。他們或校勘異同、訂正訛誤，或訓釋箋注、闡幽發微，或編目著録、考鏡源流，或審定版本、辨别真僞。在整理典籍的長期實踐中，積累了豐富的經驗和資料，編纂出數逾千計的書目著作，逐漸形成了涵蓋目録、版本、校勘、注釋、辨僞、輯佚等專學的文獻校讎之學，並於二十世紀，最終確立了具有民族特色和現代科學體系的中國文獻學。

二十世紀八十年代以來，爲了推進社會主義文化的建設，黨中央多次號召加强古籍整理工作，指出「整理古籍是一件大事，得搞上百年」。古籍整理和文獻學研究的工作任重而道遠。在《中華大典》這項古籍整理的重大文化工程中，工委會和編委會於二十四典中特别設立了《文獻目録典》。其任務是分類彙集古代書目資料和文獻學資料，全面反映中國古代典籍編纂和典籍整理的豐富成果，以促進古籍整理和文獻學的持久發展。因此，《中華大典·文獻目録典》既是古籍整理實踐的産物，又肩負著爲今後古籍整理與文獻學研究的深入開展建設信息庫的歷史使命。

《文獻目録典》的編纂工作自二〇〇六年啓動，歷時六年而完成。全書約三千五百萬字，下設《文獻學分典》和《古籍目録分典》。本典的内容具有以下學術價值和特點：

一、《文獻目録典》推陳出新，規模宏大，是迄今爲止，首創類編文獻學與書目資料的大型工具書。在中國類書編纂史上，也曾有彙編前代評述典籍資料的類書，如南宋王應麟的《玉海·藝文》和清代官修類書《古今圖書集成》中的《理學彙編·經籍典》，然二者皆忽略對典籍整理資料的收集和類編。本典從繼承傳統又超越前賢的目標出發，彙編先秦至清末古籍中有關文獻校讎的重要資料，以及歷代古籍目録著録典籍的重要資料，彌補了古代類書編纂的不足；在規模和體制上，也大大超過了

《中華大典·文獻目録典》編纂委員會

⑥著錄：重要人物或文獻的有關著作資料，如專集介紹、序跋、藏書題記，以及有關著作的成書經過、版本源流等。

⑦藝文：有關屬於文學欣賞性的散文或韵文。

⑧雜錄：凡未收入以上各緯目，而又有較高參考價值的資料，均入雜錄。

⑨圖表：根據有關經目的内容需要，圖與表附於相關專題之下，或集中匯總於某級經目之後。

《大典》以内容分類安排各級緯目，各級緯目的正文，一般以原書爲單位，按時代順序排列。每一條資料前標明出處，包括書名或作者名、篇名或卷次，以利讀者核對原書。

五、書目：每分典後附有該分典所收書之書目，書目包括書名、作者、時(年)代、版本等内容。時代以成書時代爲準，成書時代不詳者，以作者主要活動時代爲準，並遵從歷史習慣。

六、版本：《大典》在選用版本時儘量採用古人的精校精刻本，亦採用學術界通用的近現代整理圈點本及現代學者校點整理本。

七、校點：爲儘可能保存古籍原貌，《大典》衹對底本中明顯的脱、訛、衍、倒進行勘正。古本中的避諱字一般不作改動，衹對缺筆字補足筆畫。後人刻書時避當朝人諱而改動的字，據古本改回。《大典》採用新式標點法。

一九九六年八月

二〇〇六年十一月修訂

《中華大典》編纂通則

一、性質：《中華大典》（以下簡稱《大典》）是對漢文古籍（含已翻譯成漢文的少數民族古籍）進行全面的、系統的、科學的分類整理和匯編總結的新型類書，是在繼承歷代類書優良傳統、考慮漢文古籍固有特點的基礎上，借鑒和參照近代編纂百科全書的經驗和方法編纂而成。編纂《大典》的目的，是爲學術界及願意瞭解中國古代珍貴文化典籍的人士提供各種分門別類的、準確詳細的古代漢文專題資料。

二、規模和體例：《大典》所收古籍的時限，上自先秦，下迄辛亥革命。全書共收各類漢文古籍三萬餘種，七億多字。全書體例，着重汲取清代《古今圖書集成》所採用的經目和緯目相交織這一統一框架結構的模式，同時參照現代科學的學科、目錄分類方法，並根據各類學科内容的實際情況，一般將每一大類學科輯爲一典，也有將幾個相關學科共輯爲一典的。對各典名稱，均以現代學科命名，對於所收入的各種古籍資料，亦儘可能納入現代科學分類體系之中。

三、經目：大典共分二十四個典，即哲學典、宗教典、政治典、軍事典、經濟典、法律典、教育典、語言文字典、文學典、藝術典、歷史典、歷史地理典、民俗典、數學典、物理化學典、天文典、地學典、生物學典、醫藥衛生典、農業典、林業典、工業典、交通運輸典、文獻目錄典。典以下以分典、總部、部、分部分級，分部之下的標目根據各學科特點由各典自行擬定。

四、緯目：共設置九項緯目，用以包容各級經目的具體内容：

①題解：對有關學科的名稱、概念、涵義、特點等作總體介紹的資料。

②論説：有關理論部份的資料。

③綜述：有關學科或事物的系統性資料，凡有關學科或事物的性狀、制度、範疇、特點及學科地位、發展情況等具體内容均編入此緯目中。

④傳記：有關人物的傳記資料。

⑤紀事：有關學科或事物的具體活動或事例的資料。

國家重點古籍整理項目。一九九二年九月，正式成立了《中華大典》工作委員會和《中華大典》編纂委員會，召開了《中華大典》工作、編纂會議。自此，《中華大典》的編纂工作由試點轉入正式啓動，逐步鋪開。

編纂《中華大典》，學術性很强，工作量很大，工程十分艱巨，全賴廣大專家學者和全國各有關高等院校、科研院所、圖書館、出版單位的鼎力支持與積極參與。大家本着弘揚中華民族優秀文化的心願，發揚奉獻精神，克服各種困難，團結協作，給這部巨大類書的出版提供了根本保證。在此謹表示誠摯的謝意。

對本書的批評與建議，我們將十分歡迎。

《中華大典》編纂委員會

一九九七年四月

二〇〇六年十一月修訂

《中華大典》前言

《中華大典》是運用我國歷代漢文古籍編纂的一部大型工具書。其目的是爲學術界及願意瞭解中國古代珍貴文化典籍的人士提供準確詳實、便於檢索的漢文古籍分類資料。

中國是世界文明古國之一，幾千年來纂寫和聚集的文化典籍浩如烟海。我國歷代都有編纂類書的優良傳統，具有代表性的《永樂大典》等大多已佚失，現存《古今圖書集成》編就距今也已數百年。爲了適應今天和以後研究和檢索的需要，一九八八年海内外三百多位專家學者和各古籍出版社同仁倡議，在已有類書的基礎上，用現代科學方法編纂一部新的類書《中華大典》。

國務院在關於編纂《中華大典》問題的批覆中指出，編纂《中華大典》「是我國建國以來最大的一項文化出版工程」。本書所收漢文古籍上起先秦，下迄清末，約三萬種，達七億多字，分爲二十四個典，近百個分典，内容廣博，規模宏大，前所未有。

《中華大典》的編纂工作堅持科學態度和百花齊放、百家争鳴方針。儘量採用古精校精刻本，優先採用我國建國後文獻學和考古學的優秀成果。對傳統文化中重要的不同學派的資料，兼收並蓄。運用現代圖書分類的方法，對收集到的資料，精選、精編，力求便於檢索、準確可信。

這項工作從開始起就受到中共中央、國務院和有關部門的重視和支持。國家主席江澤民、國務院總理李鵬分别爲《中華大典》題詞。江澤民的題詞是：「同心同德群策群力認真編好中華大典爲建設有中國特色的社會主義服務。」李鵬的題詞是：「繼承和弘揚民族優秀傳統文化。」全國政協主席李瑞環、國務委員李鐵映也作了重要指示，要求抓緊辦理。一九九零年五月，國務院批准《中華大典》爲

《中華大典》編纂委員會

《中華大典》工作委員會

中華大典

文獻目録典

廣西師範大學出版社集團有限公司

ISBN 978-7-5495-9070-4

中華人民共和國國務院批准的重大文化出版工程

國家文化發展規劃綱要的重點出版工程項目

新聞出版總署列爲「十一五」國家重大工程出版規劃之首

國家出版基金重點支持項目